本書被列爲國家古籍整理出版「十一五」重點規劃項目
本書出版得到國家古籍整理出版專項經費資助

天津圖書館古籍善本圖録

鑒賞圖録

TIANJINTUSHUGUANGUJISHANBENTULUJIANSHANG

天津圖書館 編

天津古籍出版社

鑒賞圖錄編委會

鑒賞圖錄編例

一、收錄範圍：天津圖書館藏一、二、三級古籍善本；

二、本書以殿版和唐人寫經為主，兼錄明清泥金寫本等具有鑒賞價值的古籍善本，收入館藏古籍善本約二一四種，唐人寫經一七八種；

三、仿《中國版刻圖錄》編例，分前後兩個部分：前半部分為著錄釋文，後半部分為書影圖錄。兩個部分的編排形式相同，前後一致：按照經史子集四部分類順序編排，各類之中，再按一定順序組織；

四、著錄釋文包括書名卷數、著者、版本、冊數、版框尺寸、行款、刻工及鈐印等。其中，將書名卷數、著者和版本列為首行，其下標明『圖版幾』，與後半部分的『圖版幾』相呼應。著錄釋文時，凡引用《中國版刻圖錄》和《明代版本圖錄》內容者均注明出處；

五、書影圖錄包括一書的圖版和簡要的釋文。圖版在一般情況下，一書只選一幅；在特殊情況下，一書選取兩幅或兩幅以上。所選圖版以卷端為主，兼取牌記、序跋等。簡要的釋文包括書名卷數、版本，其下標明『圖版幾』，與前部分的『圖版幾』相呼應；

六、館藏唐人寫經，全部由方廣錩和李際甯等先生負責著錄。每一條著錄事項包括：中散號（即中國散存敦煌遺書之序號）、津圖號（即天津圖書館收藏敦煌遺書之序號）、經名（因津圖收藏敦煌遺書多屬於無首尾之殘卷，故經名均為重新確認）、字行數，高寬尺寸、裝幀形式及殘存描述、首尾殘存情況、版本（均為重新鑒定）、字體及備註等。本書悉遵著錄，未改動。

天津圖書館古籍善本圖録・鑑賞圖録

欽定篆文六經四書六十一卷　清李光地等撰　清康熙內府刻本　圖版〇〇一

三十二册　版框高二二.六釐米　寬一五.八釐米　八行十二字白口左右雙邊（館藏號：S4021）

御纂七經五種二百九十一卷　清康熙至乾隆間內府刻本　圖版〇〇二

一百九十六册　版框高二二.二釐米　寬十六.二釐米　八行十八字小字雙行二十一字白口四周雙邊（館藏號：S4045）

五經四書大全一百七十五卷　明胡廣等輯　明內府刻本　圖版〇〇三　〇〇四

九十册　版框高二六.四釐米　寬一七.五釐米　十行二十二字小字雙行二十一字黑口四周雙邊　鈐八千卷樓藏書印朱文方印　錢塘丁氏正修堂藏書朱文方印　善本書室朱文方印（館藏號：S1563）

重刻十三經注疏附考證三百四十七卷　清乾隆四年內府刻本　圖版〇〇五

一百册　版框高二二.六釐米　寬一五.一釐米　十行二十一字小字雙行字同白口左右雙邊　上書口鐫乾隆四年校刊（館藏號：Z1）

周易本義十二卷易圖一卷五贊一卷筮儀一卷 宋朱熹撰 清康熙内府刻本 圖版〇〇六

四册 版框高二四.二釐米 寬一六.七釐米 六行十五字小字雙行字同白口左右雙邊 （館藏號：S4455）

書集傳六卷書圖一卷朱子説書綱領一卷 宋朱熹撰 明正統十二年内府刻本 圖版〇〇七

六册 版框高二二.五釐米 寬一六.四釐米 八行十四字小字雙行十七字黑口四周雙邊 （館藏號：S412）

欽定書經傳説彙纂二十一卷首二卷書序一卷 清王頊齡等撰 清雍正八年内府刻本 圖版〇〇八

十二册 版框高二二.二釐米 寬一六釐米 六行十八字小字雙行二十二字白口四周雙邊。（館藏號：S6723）

吕氏家塾讀詩記三十二卷 宋吕祖謙撰 明嘉靖十年傅應臺南昌郡刻本 圖版〇〇九

十册 版框高一四釐米 寬一二.五釐米 十四行十九字細黑口左右雙邊 明代版本圖録初編卷二 三五頁著録：按卷五首行下有四明陸釴校刻六字當係應臺倩其經營者也釴字舉之號少石子正德十六年進士 （館藏號：S711）

詩外傳十卷 漢韓嬰撰 明嘉靖沈辨之野竹齋刻本 圖版〇一〇

十册 版框高一九.八釐米 寬一四.九釐米 九行十七字白口左右雙邊 序後鐫吴郡沈辨之野竹齋校雕牌記 有刻工 鈐白雲山館白文方印 明代版本圖録初編卷六 五一頁著録 （館藏號：S718）

儀禮疏五十卷　唐賈公彥撰　清道光十年汪氏藝芸書舍刻本　圖版〇一一

十冊　框高二二.七釐米　寬一五.六釐米　十五行二十七字白口左右雙邊　中國版刻圖録九三頁著録：道光十年汪士鐘據自藏南宋浙本影刻。士鐘字閬源，為嘉、道以來蘇州派藏書家巨擘。黄氏士禮居、顧氏小讀書堆、袁氏五硯樓。三家精本多歸汪氏，故當時汪氏藏書之富甲天下。此本鐫法工整，校勘精審，督工摹刻出顧廣圻手。（館藏號：S4754）

儀禮註疏十七卷　漢鄭玄註　唐賈公彥疏　唐陸德明釋文　明崇禎十三年虞山毛氏汲古閣刻本　圖版〇一二

八冊　版框高一八.一釐米寬一二.八釐米　九行二十字白口左右雙邊　明代版本圖録初編卷七　四頁著録：按此毛氏刊十三經之一全書起崇禎元年戊辰迄十三年庚辰雕竣每經之後均有篆文年月戳記　（館藏號：S1701）

春秋三十卷諸國興廢說一卷圖一卷　宋胡安國撰　明正統十二年司禮監刻五經本　圖版〇一三

六冊　版框高二三釐米　寬一六.四釐米　八行十四字小字雙行十七字黑口四周雙邊　鈐廣運之寶朱文方印　（館藏號：S431）

欽定春秋傳說彙纂三十八卷首二卷　清王掞等撰　清康熙六十年內府刻本　圖版〇一四

二十四冊　版框高二〇.二釐米　寬一六.一釐米　八行大字不等小字雙行二十一字白口四周雙邊（館藏號：S4544）

論語集註大全二十卷序說一卷讀論語孟子法一卷　明胡廣等輯　明內府刻四書集註大全本

圖版〇一五

三冊　版框高二六.九釐米　寬一七.九釐米　十行二十二字小字雙行二十一字黑口四周雙邊　存　論語集註大全七卷　三至七　十三至十四（館藏號：S23）

圖版〇一六

孟子集註大全十四卷　明胡廣等撰　明內府刻本

四冊　版框高二六.八釐米　寬一七.七釐米　十行二十二字小字雙行二十一字黑口四周雙邊　存八卷　三至八　十一至十二（館藏號：S24）

圖版〇一七

日講四書解義二十六卷　清喇沙裹　陳廷敬等撰　清康熙十六年內府刻本

二十四冊　版框高一九.三釐米　寬一四.三釐米　九行十八字黑口四周雙邊（館藏號：S7151）

圖版〇一八　〇一九

說文字原一卷　元周伯琦撰　元至正十五年高德基等刻明修本

一冊　版框高二四.八釐米寬一五.三釐米　五行大字不等小字雙行二十字細黑口左右雙邊　鈐積學齋徐乃昌藏書朱文長方印（館藏號：Z0067）

圖版〇二〇

說文字原一卷　元周伯琦撰　清虞獻廷影元鈔本

一冊　版框高二三.三釐米　寬一五.四釐米　五行大字不等小字雙行二十字白口四周雙邊　清翁同龢題識（館藏號：Z150）

圖版〇二一

六書正譌五卷　元周伯琦撰　清虞獻廷影元鈔本

五冊　版框高二三.九釐米　寬一五.四釐米　五行大字不等小字雙行二十字白口四周雙邊（館藏號：

Z150）

康熙字典十二集三十六卷總目一卷檢字一卷辨似一卷等韻一卷補遺一卷備考一卷　清張玉書淩紹雯等纂修　清康熙五十五年內府刻本　圖版〇二二

四十冊　版框高一九.五釐米　寬一三.九釐米　八行大字不等小字雙行二十四字白口四周雙邊　（館藏號：S4630）

欽定西域同文志二十四卷　清傅恒等撰　清乾隆二十年內府刻本　圖版〇二三

二十四冊　版框高一九.二釐米　寬一四.一釐米　九行字數不等白口四周雙邊　（館藏號：S7167）

廣韻五卷　宋陳彭年等撰　清康熙四十三年張氏澤存堂刻本　圖版〇二四

五冊　框高二〇.七釐米　寬一四.八釐米　十行　註文雙行二十七字白口左右雙邊　中國版刻圖録八二頁著録：康熙間吳人張士俊校刻澤存唐五種之一，據毛氏汲古閣、徐氏傳是樓藏南宋中葉浙刻本翻雕。廣韻外，又刻玉篇、羣經音辨、斑馬字類、字鑑，以校勘精審，版刻工整著稱。古逸業書本，與此本同源。（館藏號：S7346）

韻補五卷　宋吳棫撰　明嘉靖中咸寧許宗魯刻本　圖版〇二五

四冊　版框高一八.七釐米　寬一三.五釐米　九行字數不等白口左右雙邊　明代版本圖録初編卷六一二二頁著録：按許宗魯字東侯，號伯誠。正德十二年進士，嘉靖視湖廣學政。以義倡士，楚風益振。此書疑當時所刻者。尚刻有呂氏春秋。此本特少見，刻書字體多仿篆籀。（館藏號：S621）

音韻闡微十八卷韻譜一卷　清李光地等撰　清雍正六年內府刻本　圖版○二六

五冊　版框高二〇.七釐米　寬一五釐米　八行大字不等小字雙行二十四字白口四周雙邊　（館藏號：S5680）

欽定同文韻統六卷　清允祿等纂　清乾隆內府刻本　圖版○二七

五冊　版框高二〇.八釐米　寬一三.五釐米　九行二十字白口四周雙邊　（館藏號：S1934）

二十四史三千二百五十卷　清乾隆四年、四十九年武英殿刻本　圖版○二八

六百四十冊　版框高二二.四厘米　寬一五.三厘米　十行二十一字小字雙行字同白口左右雙邊　上書口鐫乾隆四年或四十九年校刊　（館藏：Z3）

古香齋鑒賞袖珍史記一百三十卷附司馬貞補史記一卷　漢司馬遷撰　劉宋裴駰集解　唐司馬貞索隱唐張守節正義　清乾隆武英殿刻古香齋袖珍十種本　圖版○二九　○三○

二十冊　版框高一〇釐米　寬八釐米　十行二十一字小字雙行字同白口四周雙邊　鈐華陽高氏蒼茫齋收藏金石書籍記朱文橢圓印　蒼茫齋收藏精本朱文方印　高世異藏書記朱文橢圓印　蒼茫齋精鑑章朱文長方印　高氏家藏白文方印　尚同藏書小記朱文方印　尚同珍賞朱文圓印　（館藏號：S5065）

通志二百卷　宋鄭樵撰　清乾隆十二年武英殿刻本　圖版○三一　○三二

一百十八冊　版框高二一.七釐米　寬一五釐米　十行二十一字小字雙行字同白口左右雙邊　上書口鐫乾隆十二年校刊　（館藏號：S7581）

欽定續通志六百四十卷　清嵇璜　曹仁虎纂修　清乾隆五十年武英殿刻本　圖版〇三三

一百九十冊　版框高二〇.五釐米　寬一四.八釐米　九行二十一字白口四周雙邊　（館藏號：S8012）

漢書一百卷　漢班固撰　唐顏師古註　清乾隆四年武英殿刻本　圖版〇三四

三十二冊　版框高二一.九釐米　寬一五.二釐米　十行二十一字小字雙行字同白口左右雙邊　上書口鐫乾隆四年校刊鈐　金鶴清印白文方印　建德周氏藏書白文方印　何氏珍藏白文方印　清金鶴清録何焯批校並跋　（館藏號：S4541）

唐書二百卷　晉劉昫等撰　明嘉靖十八年餘姚聞人詮刻本　圖版〇三五

四十冊　版框高二一.五釐米　寬一四.九釐米　十四行二十六字白口左右雙邊　明代版本圖録初編卷二一五頁著録：按聞人詮字邦正嘉靖五年進士由寶應知縣擢山西道御史督學南畿酷志刊復此書遂稱善本（館藏號：S495）

少微通鑑節要五十卷　宋江贄撰　明正德九年司禮監刻本　圖版〇三六

十八冊　版框高二二.五釐米　寬一四.四釐米　九行十五字小字雙行字同黑口四周雙邊　存四十八卷一至三　六至五十　（館藏號：S374）

資治通鑑綱目集覽五十九卷　元王幼學撰　明陳濟正誤　明內府刻本　圖版〇三七　〇三八

二冊　版框高二七.三釐米　寬一八.三釐米　八行十八字小字雙行二十一字黑口四周雙邊　鈐廣運之寶朱文方印　希鄭軒蔡虎臣藏書印朱文方印　表章經史之寶朱文方印　（館藏號：S1630）

御批資治通鑑綱目全書一百九卷　清康熙四十六年內府刻本　圖版〇三九
五十冊　版框高二一.六釐米　寬十三.四釐米　十一行二十二字小字雙行字同下黑口四周雙邊　（館藏號：S7685）

御定歷代紀事年表一百卷　清王之樞撰　清康熙五十四年內府刻本　圖版〇四〇
一百冊　行款字數不等白口四周雙邊　（館藏號：S7305）

汲冢周書十卷　晉孔晁註　明嘉靖二十二年章檗刻本　圖版〇四一
二冊　版框高一八.一釐米　寬一三.九釐米　九行二十字小字雙行字同白口左右雙邊　有刻工　鈐鏡西珍賞朱文方印　清姚尹題識　明代版本圖録初編卷六　一四一頁著録（館藏號：S1627）

國語二十一卷　吳韋昭註　明嘉靖七年金李澤遠堂刻本　圖版〇四二
八冊　版框高二二.一釐米　寬一六釐米　十行二十字小字雙行字同白口左右雙邊　有刻工　明代版本圖録初編卷六　二五頁著録（館藏號：S419）

國語九卷　明閔齊伋裁註　明萬曆四十七年閔齊伋刻三色套印本　圖版〇四三　〇四四
六冊　版框高二一.三釐米　寬一五.一釐米　九行十九字小字雙行十八字白口四周單邊　各卷末鐫皇明萬曆己未仲秋烏程閔齊伋遇五父裁註　鈐閔白文方印　齊伋朱文方印　明代版本圖録初編卷十　七頁著録（館藏號：S1764）

鮑氏國策十卷　宋鮑彪校註　明嘉靖七年龔雷影宋刻本　圖版〇四五

八冊　版框高二一.四釐米　寬一五.一釐米　十一行二十字小字雙行字同白口左右雙邊　卷末鐫嘉靖戊子後學吳門龔雷校刊牌記　有刻工　鈐荃孫朱文長方印　埶風堂藏書朱文方印　海昌陳琰朱文方印　于省吾印朱文方印　（館藏號：S434）

貞觀政要十卷　唐吳兢撰　元戈直集論　明成化元年內府刻明補刻本　圖版〇四六

六冊　版框高二六.五釐米　寬一八.八釐米　十行二十字小字雙行字同大黑口四周雙邊　鈐廣運之寶朱文大方印　（館藏號：S525）

聖諭講解録不分卷　明張福臻撰　明天啟二年刻藍印本　圖版〇四七

一冊　版框高二三釐米　寬一五釐米　九行二十字白口四周單邊　（館藏號：Z30）

硃批諭旨三卷　清鄂爾泰　張廷玉編　清乾隆三年內府刻套印本　圖版〇四八　〇四九

一百十二冊　版框高二四釐米　寬一四.一釐米　十行二十一字白口四周雙邊　（館藏號：S1774）

上諭內閣一百五十九卷　清允祿撰　清允祥等編　清雍正九年內府刻乾隆六年增刻本　圖版〇五〇

三十四冊　版框高三二釐米　寬一四.七釐米　十一行二十一字白口四周雙邊　（館藏號：S7558）

表忠録一卷　明楊繼盛撰　清順治十三年內府刻本　圖版〇五一

一冊　版框高一九.八厘米　寬一三.八厘米　九行十八字白口四周單邊　（館藏號：S4982）

孝順事實十卷　明成祖朱棣撰　明永樂十八年內府刻本　圖版〇五二　〇五三

五冊　版框高二七.三釐米　寬一八釐米　十行十九字黑口四周雙邊　鈐安樂堂藏書記朱文長方印　明善堂覽書畫印記白文長方印　（館藏號：S582）

歷代臣鑒三十七卷　明宣宗朱瞻基撰　明宣德元年內府刻本　圖版〇五四

二十冊　版框高二六.六釐米　寬一八釐米　十行二十字黑口四周雙邊　鈐廣運之寶朱文方印　（館藏號：S162）

歷代君鑒五十卷　明景帝朱祁鈺撰　明景泰四年內府刻本　圖版〇五五

十冊　版框高二七.六釐米　寬一七.九釐米　十行二十字黑口四周雙邊　鈐廣運之寶朱文方印　（館藏號：S161）

帝鑑圖說前卷四卷後卷二卷　明張居正等撰　明天啟二年司禮監重刻本　圖版〇五六　〇五七

六冊　版框高二〇.五釐米　寬一四.二釐米　附圖　九行十九字白口四周雙邊　（館藏號：S1640）

唐才子傳十卷附攷異　元辛文房撰　清嘉慶十年三間草堂刻本　圖版〇五八

二冊　版框高一六.八釐米　寬一二.八釐米。十行二十字黑口左右雙邊　中國版刻圖録九〇頁著録：辛文房字良史，元時西域人。此書輯録唐代文學家二百七十八人小傳，為十卷。原書中土久佚，嘉慶間齋山陸芝圃據日本佚存叢書本重刻，版心下鐫三間草堂雕五字。　（館藏號：S5599）

四世恩綸不分卷　明畢自嚴輯　明末刻朱印本　圖版〇五九

二冊　版框高二一.九釐米　寬一四.釐米　五行十字白口四周單邊　（館藏號：S586）

八旗滿州氏族通譜八十卷目録二卷　清乾隆九年內府刻本　圖版〇六〇

二十冊　版框高一九.五釐米　寬一四.一釐米　十行十八字小字雙行字同白口四周雙邊　鈐侯官劉筠川藏書印朱文長方印　（館藏號：S7313）

國朝歷科館選録不分卷特授改補館職一卷　清沈廷芳原輯　清翰林院刻本　圖版〇六一

四冊　版框高一五.六釐米　寬一三.三釐米　八行字數不等　封面鐫翰林院藏板　徐沅等朱筆批校並跋（館藏號：S4612）

諸史提要十五卷　宋錢瑞禮撰　清張英補　清康熙五十二年武英殿刻本　圖版〇六二

十六冊　版框高一六.六釐米　寬二.三釐米　十行二十二字小字雙行字同白口四周雙邊　鈐建德周氏藏書朱文方印　（館藏號：S4525）

月令輯要二十四卷圖說一卷　清李光地　吳廷楨等撰　清康熙五十四年內府刻本　圖版〇六三

十二冊　版框高一八.七釐米　寬一二.五釐米　七行小字雙行二十字白口四周雙邊　（館藏號：S5412）

大明一統志九十卷　明李賢　萬安等纂修　明天順五年內府刻本　圖版〇六四　〇六五

四十冊　版框高二六.三釐米　寬一七.五釐米　十行二十二字小字雙行字同大黑口四周雙邊　鈐振采珍藏朱文方印　天春園圖書印朱文長方印　（館藏號：Z162）

一統志案說十六卷　題清顧炎武撰　清道光七年張青選清芬閣活字印本　圖版〇六六

六冊　版框高二十.六釐米　寬一四.八釐米　九行二十字小字雙行字同白口左右雙邊　下書口鐫清芬閣

（館藏號：F2905）

大清一統志不分卷　清蔣廷錫　王安國等纂修　清康熙內府鈔本　圖版〇六七
十三冊　版框高二三.四釐米　寬一六釐米　九行二十一字小字雙行字同紅格白口四周雙邊　鈐任氏振采朱文方印　存　河南開封府屬五冊　彰德府屬二冊　湖北荊州府屬三冊　襄陽府屬二冊　鄖陽府屬一冊
（館藏號：F2909）

大清一統志不分卷　清蔣廷錫　王安國等纂修　清乾隆內府鈔四庫全書本　圖版〇六八
一冊　版框高二一.六釐米　寬一五.五釐米　十行二十一字小字雙行十九字黃格白口左右雙邊　鈐任氏振采朱文方印　三殘書屋朱文方印　存　甘肅涼州府　（館藏號：F2910）

大清一統志三百五十六卷　清蔣廷錫　王安國等纂修　清乾隆九年內府刻本　圖版〇六九
一百二十冊　版框高二二.六釐米　寬一五.三釐米　十行二十一字小字雙行字同白口左右雙邊　鈐任氏振采朱文方印　（館藏號：F4592）

大清一統志四百二十四卷目録二卷　清和珅等纂修　清乾隆五十五年內府刻本　圖版〇七〇
一百六十冊　版框高二一.二釐米　寬一五.三釐米　十行二十一字小字雙行字同白口左右雙邊　（館藏號：F4633）

皇輿表十六卷　清喇沙裏等纂修　清揆敘等增修　清康熙內府刻本　圖版〇七一
二十四冊　版框高二二釐米　寬一四.五釐米　行款不一白口四周單邊　（館藏號：S5568）

欽定方輿路程考略不分卷　清錢名世　汪士鋐等纂修　清康熙內府刻本　圖版〇七二

八冊　版框高一七.一釐米　寬一一釐米　十行二十一字白口四周雙邊　鈐三殘書屋朱文方印　莫繩孫白文方印　莫友芝圖書印朱文長方印　（館藏號：Z49）

欽定皇輿全覽　清揆敘等纂修　清康熙內府刻本　圖版〇七三

二十二冊　版框高一七.七釐米　寬一二釐米　九行二十二字小字雙行字同白口左右雙邊　有刻工　鈐曾藏汪閬源家朱文方印　存二十二卷　一至十　十四至十八　二十五至三十一　（館藏號：Z46）

[乾隆]欽定熱河志一百二十卷　清和珅　梁國治纂修　清內府鈔本　圖版〇七四　〇七五

四十九冊　版框高一八.九釐米　寬一四釐米　九行二十字紅格白口四周雙邊　（館藏號：Z55）

[乾隆]欽定熱河志一百二十卷　清和珅　梁國治纂修　清乾隆四十六年武英殿刻本　圖版〇七六　〇七七

四十八冊　版框高一六.九釐米　寬一五.一釐米　九行二十字小字雙行字同白口四周雙邊　鈐任氏振采朱文方印　三殘書屋朱文方印　（館藏號：F2919）

中吳紀聞六卷　宋龔明之撰　明崇禎毛氏汲古閣刻本　圖版〇七八

一冊　版框高一八.三釐米　寬一三.二釐米　九行十八字大黑口左右雙邊　明代版本圖録初編卷七一三頁著録：按汲古閣刊此書，版式與通行本不類。相傳此書刊成，未付印行，後其子扆重爲校定始，印傳於世。（館藏號：S568）

閩小記四卷　清周亮工撰　清乾隆寫文津閣四庫全書撤出本　圖版〇七九　〇八〇

二册　版框高二二釐米　寬一四.二釐米　八行二十一字小字雙行字同　鈐文津閣寶朱文大方印　避暑山莊朱文大方印　（館藏號：Z144）

盤山志十六卷首五卷　清蔣溥等纂　清乾隆二十年武英殿刻本　圖版〇八一

十册　版框高一九.二釐米　寬一三釐米　有圖　九行二十一字白口四周雙邊　鈐臣許乃普朱白文方印　賜本朱文橢圓印　任氏振采朱文方印　（館藏號：S4562）

海内奇觀十卷　明楊爾曾撰　明萬曆三十八年夷白堂刊本　圖版〇八二

五册　版框高二三釐米　寬一五.四釐米　十行二十四字白口四周單邊　明代版本圖録初編卷十一　九頁著録：按此書一圖一説，版心下端間刻夷白堂三字，凡例末楊爾曾署名，下有錢塘陳一貫繪，新安汪忠信鐫二行。凡例有雲圖摹名筆説自臆裁其間，詩詞祗借筆名公揮灑，前人佳製恐蹈指名之譏，概不直書姓字。又雲繪圖係今時名士，鐫刻皆宇内奇工，筆筆傳神，刀刀得法，覽者當具隻眼。又雲作字具有體法，山水自有定名，不宜增減竄易，以亂舊章。是刻間有減去點畫竄易字眼者，因忌諱故，幸勿以魯魚亥豕見譏。據此可知是書當推爲萬曆間良工精槧也。（館藏號：S555）

水經注四十卷　北魏酈道元撰　明嘉靖十三年黄省曾刻本　圖版〇八三

十二册　版框高二〇.四釐米　寬一五.五釐米　十二行二十字白口左右雙邊　明代版本圖録初編卷六　六九頁著録（館藏號：S553）

水經注釋四十卷首一卷附録二卷水經注箋刊誤十二卷　清趙一清撰　清乾隆五十一年趙氏小山堂

刻本　圖版〇八四

二十冊　版框高二〇釐米　寬一四釐米　十行二十二字小字雙行字同白口左右雙邊　下書口鐫東潛趙氏定本　封面鐫小山堂雕　中國版刻圖録八九頁著録（館藏號：S5572）

滿文熱河三十六景圖不分卷　清武英殿刻本　圖版〇八五

一冊　版框高二〇釐米　寬一二.九釐米　鈐宜興任氏天春園藏書印朱文長方印　（館藏號：Z91）

欽定續通典一百五十卷　清嵇璜　曹仁虎等撰　清乾隆四十八年武英殿刻本　圖版〇八六

六十四冊　版框高二〇.三釐米　寬一五釐米　九行二十一字白口四周雙邊　（館藏號：S8011）

文獻通考三百四十八卷　元馬端臨撰　明嘉靖三年司禮監刻本　圖版〇八七

一百冊　版框高二五.四釐米　寬一七.五釐米　十行二十字小字雙行字同黑口四周雙邊　（館藏號：S311）

文獻通考三百四十八卷　元馬端臨撰　清乾隆十二年武英殿刻本　圖版〇八八

一百二十冊　版框高二二.二釐米　寬一五.二釐米　十行二十一字白口左右雙邊　上書口鐫乾隆十二年校刊　（館藏號：S8010）

欽定續文獻通考二百五十卷　清嵇璜　曹仁虎等撰　清乾隆四十九年武英殿刻本　圖版〇八九

一百二十八冊　版框高二〇.七釐米　寬一四.九釐米　九行二十一字白口四周雙邊　（館藏號：S8013）

大明會典一百八十卷 明徐溥等纂修 明正德六年司禮監刻本 （卷八十四至八十八 一百十三 一百二十至一百二十四配鈔本） 圖版〇九〇

一百冊 版框高二六釐米 寬一七.二釐米 十行二十字大黑口四周雙邊 鈐廣運之寶朱文方印 （館藏號：S321）

欽定大清會典一百卷則例一百八十卷 清張廷玉等纂修 清乾隆二十九年武英殿刻本 圖版〇九一 〇九二

一百二十冊 版框高二八.二釐米 寬一七.一釐米 十行二十字小字雙行字同白口四周雙邊 （館藏號：S7583）

皇朝文獻通考三百卷 清嵇璜等纂修 清乾隆武英殿刻本 圖版〇九三

一百六十冊 版框高二〇.三釐米 寬一五釐米 九行二十一字白口四周雙邊 （館藏號：S8015）

皇朝通典一百卷 清嵇璜等纂修 清乾隆武英殿刻本 圖版〇九四

四十冊 版框高一九.六釐米 寬一五.一釐米 九行二十一字白口四周雙邊 （館藏號：S8014）

大明集禮五十三卷 明徐一夔 梁寅等撰 明嘉靖九年內府刻本 圖版〇九五

四十八冊 版框高二四.五釐米 寬一七釐米 九行十八字白口四周雙邊 鈐欽文之璽朱文大方印 （館藏號：S305）

明倫大典二十四卷 明楊一清 熊浹等纂修 明嘉靖七年內府刻本 圖版〇九六 〇九七

十六冊　版框高二七釐米　寬一八.一釐米　八行十八字大黑口四周雙邊　鈐欽文之璽朱文大方印　廣運之寶朱文大方印（館藏號：S304）

大禮記注二十卷　清張廷玉等撰　清雍正四年武英殿刻本　圖版〇九八

八冊　版框高一九.六釐米　寬一三.八釐米　七行十八字白口四周雙邊（館藏號：S4517）

萬壽盛典初集一百二十卷千叟宴詩四卷　清王原祁等撰　清康熙五十六年內府刻本　圖版〇九九

四十七冊　版框高二二.九釐米　寬一六.九釐米　九行十九字白口四周雙邊（館藏號：S5489）

南巡盛典一百二十卷　清高晉等撰　清乾隆三十六年武英殿刻本　圖版一〇〇　一〇一

四十冊　版框高二一.六厘米　寬一六.五厘米　九行十九字白口四周雙邊（館藏號：S4019）

八旬萬壽盛典一百二十卷　清阿桂　劉鳳誥等纂修　清乾隆五十七年武英殿活字印本　圖版一〇二

二十冊　版框高二二.八釐米　寬一六.九釐米　十一行二十五字白口四周雙邊（館藏號：S4044）

皇朝禮器圖式十八卷　清彭元瑞等纂修　清乾隆二十四年武英殿刻本　圖版一〇三　一〇四

三十二冊　版框高二〇.二釐米　寬一六釐米　十一行二十字白口四周雙邊（館藏號：S4014）

補漢兵志不分卷　宋錢文子撰　清影宋鈔本　圖版一〇五　一〇六

一冊　版框高二〇.六釐米　寬一四.一釐米　七行十七字小字雙行字同白口左右雙邊　鈐延古堂李氏珍藏白文長方印　徐乃昌讀朱文方印（館藏號：S2835）

武英殿聚珍版程式一卷　清金簡撰　清乾隆四十一年武英殿聚珍版印本　圖版一〇七

一册　版框高一八.四釐米　寬一一.八釐米　九行二十一字白口四周雙邊　中國版刻圖録一〇二頁著録：乾隆三十八年，朝議纂修四庫全書，復命選擇其中罕見本排印流傳，又户部侍郎朝鮮籍金簡司其事。簡創製木活字二十五萬多個，並編此書詳述木活字印書工作程式及做法，附圖説明。（館藏號：S8053）

欽定四庫全書總目二百卷　清紀昀等撰　清乾隆四庫館寫文溯閣本　圖版一〇八　一〇九

八十八册　版框高二一.八釐米　寬一四.二釐米　九行二十一字紅格白口四周雙邊　鈐文溯閣寶朱文大方印　乾隆御覽之寶朱文方印　存一百四十三卷　一至三十三　三十五　三十六　三十八至四十一　四十四至四十七　五十至八十　八十二至九十　一百十七至一百十八　一百二十四至一百二十九　一百三十六至一百三十七　一百四十六至一百五十一　一百五十六至一百七十四　一百七十七至二百（館藏號：Z163）

欽定四庫全書總目二百卷首四卷　清紀昀等撰　清乾隆武英殿刻本　圖版一一〇

一百四十四册　版框高一九.五釐米　寬一三釐米　九行二十一字白口四周雙邊　（館藏號：S5234）

欽定四庫全書提要不分卷　清紀昀等撰　清乾隆四庫館寫本　圖版一一一

六十册　版框高二二.二釐米　寬一五釐米　八行二十一字紅格白口四周雙邊　（館藏號：S4001）

金石苑不分卷　清劉喜海輯　清道光二十六年刻本　圖版一一二

三十四册　版框高二二.一釐米　寬一三.一釐米　十行字數不等白口四周單邊　中國版刻圖録九四頁著録：劉喜海字燕庭，諸城人。好聚書，手輯金石文字拓本尤富。金石苑原稿六十餘册，絕大部分未刻，

已刻者僅三巴漢石紀存，蒼石洞宋人題名。摹刻工緻，可與阮刻王厚之鐘鼎款識媲美。（館藏號：S4608）

六子全書六十卷存五種四十四卷　明顧春編　明嘉靖十二年顧春世德堂刻本　圖版一一三　一一四

十三册　版框高一九.七釐米　寬一四釐米　八行十七字小字雙行字同白口四周雙邊　上書口鐫世德堂刊　明代版本圖録初編卷六　三一頁著録（館藏號：S1608）

淵鑒齋御纂朱子全書六十六卷　清熊賜履　李光第等纂修　清康熙五十二年内府刻本　圖版一一五

二十八册　版框高一九釐米　寬一四釐米　九行二十字小字雙行十九字黑口四周單邊　鈐八千卷樓朱文方印　八千卷樓藏書之記朱文方印　嘉惠堂丁氏藏書記白文方印　光緒庚寅嘉惠堂所得白文方印（館藏號：S4469）

大學衍義四十三卷　宋真德秀撰　明嘉靖六年司禮監刻本　圖版一一六

二十册　版框高二二.二釐米　寬一六.四釐米　八行十四字小字雙行字同黑口四周雙邊　鈐江永文藏書記朱文方印（館藏號：S126）

聖學心法四卷　明成祖朱棣編　明永樂七年内府刻本　圖版一一七

四册　版框高二五.五釐米　寬一八.八釐米　十行二十二字小字雙行字同黑口四周雙邊　鈐李氏珍藏白文花邊方印（館藏號：S163）

御制資政要覽三卷　清世祖福臨撰　清順治十二年内府刻小字本　圖版一一八

三冊　版框高一三.五釐米　寬九.四釐米　六行十四字小字雙行字同黑口四周雙邊（館藏號：S4505）

御制資政要覽三卷　清世祖福臨撰　清順治十二年內府刻大字本　圖版一一九
三冊　版框高二四.五釐米　寬一六.六釐米　八行十五字小字雙行字同黑口四周雙邊（館藏號：S7933）

御制資政要覽三卷　清世祖福臨撰　清順治十二年內府刻本　圖版一二〇
四冊　版框高一八.二釐米　寬一一.七釐米　六行十二字黑口四周雙邊（館藏號：S8058）

御制勸善要言不分卷　清世祖福臨撰　清順治十二年內府刻大字本　圖版一二一
一冊　版框高二五.二釐米　寬一七.四釐米　八行十一字黑口四周雙邊（館藏號：S7936）

御制勸善要言一卷　清世祖福臨撰　清順治十二年刻滿漢合璧本　圖版一二二
一冊　版框高二五.一釐米　寬一七.四釐米　十行字數不等白口四周雙邊（館藏號：S8298）

範行恒言一卷　清世祖福臨撰　清順治十二年內府刻本　圖版一二三
一冊　版框高二十.五釐米　寬一三.七釐米　六行十一字白口四周單邊（館藏號：S4812）

御制人臣儆心録一卷　清世祖福臨撰　清順治十二年內府刻本　圖版一二四
一冊　版框高十七.三釐米　寬一一.六釐米　六行十一字白口四周雙邊（館藏號：S4893）

勸學文一卷　清世祖福臨撰　清順治十三年內府刻本　　圖版一二五
一冊　版框高一七.六釐米　寬一二釐米　九行十六字白口四周單邊　（館藏號：S5110）

聖祖仁皇帝庭訓格言不分卷　清聖祖玄燁撰　清雍正八年內府刻本　　圖版一二六
一冊　版框高二三.四釐米　寬一五.五釐米　七行二十字白口四周雙邊　（館藏號：S4582）

欽定執中成憲八卷　清世宗胤禛撰　清乾隆元年內府刻本　　圖版一二七
四冊　版框高二〇.四釐米　寬一五.二釐米　八行二十字白口四周雙邊　（館藏號：S5131）

孝經衍義一百卷首二卷　清張英等撰　清康熙二十九年內府刻本　　圖版一二八
三十冊　版框高一八.八釐米　寬一四.五釐米　九行十八字小字雙行字同黑口四周雙邊　（館藏號：S7055）

御纂性理精義十二卷　清李光地等撰　清康熙五十六年武英殿刻本　　圖版一二九
五冊　版框高二二.三釐米　寬一六.一釐米　八行十八字小字雙行二十二字白口四周雙邊　（館藏號：S7154）

日知薈說四卷　清高宗弘曆撰　清乾隆元年武英殿刻本　　圖版一三〇
四冊　版框高一八.九釐米　寬一四釐米　七行十八字白口四周雙邊　（館藏號：S4522）

御覽經史講義三十卷首一卷　清蔣溥等撰　清乾隆武英殿刻本　　圖版一三一

四十八册 版框高一八.六釐米 寬一四.五釐米 十行十八字白口四周雙邊 鈐徐氏傳是樓印白文長方印 徐衡之印白文長方印 東海朱文葫蘆印 （館藏號：S5009）

農政全書六十卷 明徐光啓撰 明崇禎十二年平露堂刻本 圖版一三二

十六册 版框高二〇.五釐米 寬一四.六釐米 有圖 九行二十字小字雙行字同白口四周單邊 下書口鐫平露堂 鈐八千卷樓藏書之記 明代版本圖録初編卷二 二四頁著録（館藏號：S283）

醫要集覽九種九卷 明經廠刻本 圖版一三三

六册 版框高二四.七釐米 寬一七.六釐米 十行二十字黑口四周雙邊 （館藏號：S240）

重廣補注黄帝内經素問二十四卷 唐王冰註 宋林億等校 宋孫兆改誤 明嘉靖二十九年顧從德影宋刻本 圖版一三四

一册 版框高二一.八釐米 寬一五.四釐米 十行二十字小字雙行三十字白口左右雙邊 有刻工 存六卷 十一至十六 （館藏號：S244）

御纂醫宗金鑑九十卷首一卷 清吴謙等撰 清乾隆七年武英殿刻本 圖版一三五 一三六

九十册 版框高二三.四釐米 寬一六.三釐米 九行十九字白口四周雙邊 （館藏號：S4504）

尊生圖要不分卷 明文徵明撰 稿本 圖版一三七 一三八

二册 版框高二八.七釐米 寬二一.五釐米 有彩圖 十二行二十四字 明周天球跋 （館藏號：S2780）

新編西方子明堂灸經八卷 西方子撰 明嘉靖中山西平陽府刊本 圖版一三九 一四〇

二冊 版框高一八.五釐米 寬一三.四釐米 十行二十一字白口四周單邊 明代版本圖録初編卷二三三頁著録：按此書目録前有山西平陽府重刊一行蓋與銅人鍼灸經爲合刊之本 （館藏號：S266）

御制律曆淵源一百卷 清允祿 允祉纂修 清雍正二年內府刻本 圖版一四一

六十五冊 版框高二一.一釐米 寬一四釐米 九行二十字白口四周雙邊 （館藏號：S4042）

欽定協紀辨方書三十六卷 清允祿等撰 清乾隆六年武英殿刻本 圖版一四二

二十四冊 版框高二一.釐米 寬一三.九釐米 九行二十字白口四周雙邊 （館藏號：S4030）

五代名畫補遺一卷 宋劉道醇撰 明末毛氏汲古閣影宋鈔本 圖版一四三 一四四

一冊 版框高一九.九釐米 寬一四.三釐米 十一行二十字白口左右雙邊 鈐汲古閣朱文長方印 毛晉私印朱文方印 毛扆之印朱文方印 宋本朱文橢圓印 甲朱文方印 節子辛酉以後所得書朱文方印 大興傅氏朱文方印 （館藏號：Z41）

程氏墨苑十四卷人文爵裏八卷 明程大約撰 明萬曆程氏滋蘭堂刻本 圖版一四五 一四六

四冊 版框高二四.一釐米 寬一四.四釐米 釋文行字數不等 白口四周單邊 下書口間鐫滋蘭堂 存二卷玄工上 玄工下 中國版刻圖録一〇八頁著録（館藏號：S297）

墨志一卷 明麻三衡撰 清臨金農寫本 圖版一四七

一冊 無版框 十三行十九至二十一字不等 （館藏號：S2789）

佩文齋廣群芳譜一百卷目録二卷　清汪灝等撰　清康熙四十七年內府刻本　圖版一四八

三十二冊　版框高一六.三釐米　寬一一.六釐米　十一行二十一字　（館藏號：S7744）

呂氏春秋二十六卷　宋陸遊評　明淩稚隆批　明萬曆四十八年淩毓枏刻套印本　圖版一四九

八冊　版框高一九.六釐米　寬一四.六釐米　九行十八字白口四周單邊　明代版本圖録初編卷十　一四頁著録（館藏號：S1798）

西溪叢語二卷　宋姚寬撰　明嘉靖二十七年俞憲鴸鳴館刻本　圖版一五〇　一五一

二冊　版框高一八.五釐米　寬一二.三釐米　十行二十一字小字雙行字同白口四周單邊　下書口鐫鴸鳴館刻　黄裳題識　明代版本圖録初編卷六　九二頁著録（館藏號：S1472）

南村輟耕録三十卷　元陶宗儀撰　明嘉靖中玉蘭草堂刻本　圖版一五二

十六冊　版框高二〇.六釐米　寬一二.六釐米　十行二十一字白口左右雙邊　明代版本圖録初編卷八二五頁著録：按此本據元刻重雕，世稱佳槧。萬曆甲辰雲間王圻取版重修，附刻秋江送別圖幷贈詩及序，實卽同一版刻焉。（館藏號：S1476）

餘冬序録六十卷閏集五卷　明何孟春撰　明何仲方編　明嘉靖七年刻藍印本　圖版一五三

二十冊　版框高二〇.三釐米　寬一三.五釐米　十一行二十一字小字雙行字同白口左右雙邊　有刻工存　餘冬序録六十卷　（館藏號：S1485）

世說新語三卷　劉宋劉義慶撰　梁劉孝標註　明嘉靖十四年袁氏嘉趣堂刻本　圖版一五四

三冊　版框高二〇釐米　寬一四.八釐米　十行二十字小字雙行字同白口左右雙邊　佚名批校　中國版刻圖録七二頁著録　明代版本圖録初編卷六　三六頁著録（館藏號：S1341）

為善陰騭十卷　明成祖朱棣編　明永樂十七年內府刻本　圖版一五五

一冊　版框高二七.八釐米　寬一七.八釐米　十行十九字黑口四周雙邊　（館藏號：S153）

大明仁孝皇后勸善書二十卷　明仁孝皇后徐氏撰　明永樂五年內府刻本　圖版一五六

十冊　版框高二九.六釐米　寬一九.四釐米　十四行二十八字黑口四周雙邊　鈐厚載之記朱文大方印（館藏號：S156）

初學記三十卷　唐徐堅等輯　明嘉靖十年安國桂坡館刻本　圖版一五七　一五八

十二冊　版框高二〇.八釐米　寬一六.釐米　九行十八字小字雙行二十四字白口左右雙邊　上書口鐫安桂坡館　目録題銜處鐫大明嘉靖辛卯錫山安國重校刊　有刻工　明代版本圖録初編卷六　八八頁著録（館藏號：S1394）

錦繡萬花谷前集四十卷後集四十卷續集四十卷　明嘉靖十五年錫山秦汴繡石書堂刻本　圖版一五九　一六〇

三十六冊　版框高一八.九釐米　寬一三.二釐米　十二行二十一字小字雙行字同白口左右雙邊　上書口間鐫繡石書堂　明代版本圖録初編卷六　九〇頁著録（館藏號：S1445）

新編古今事文類聚前集六十卷後集五十卷續集二十八卷別集三十二卷新集三十六卷外集

十五卷　宋祝穆編　元富大用編　明內府刻本　圖版一六一　一六二

一百三十冊　版框高二四.八釐米　寬一七釐米　十行十八字黑口四周雙邊　（館藏號：S1408）

佩文韻府一百六卷　清張玉書　蔡升元等輯　清康熙五十一至五十二年內府刻本　拾遺一百六卷　清汪灝　何焯等輯　清康熙五十九年內府刻本　圖版一六三

一百十六冊　版框高一七.二厘米　寬一一.一厘米　十二行二十五字小字雙行字同白口四周雙邊　（館藏號：S4025）

分類字錦六十四卷　清何焯等輯　清康熙六十一年內府刻本　圖版一六四

四十冊　版框高一八.七釐米　寬一二.五釐米　八行二十四字小字雙行字同白口四周雙邊　（館藏號：S7636）

欽定古今圖書集成一萬卷目録四十卷　清蔣廷錫　陳夢雷等輯　清雍正四年內府銅活字印本　圖版一六五　一六六

九冊　版框高二一.三釐米　寬一四.八釐米　九行二十字白口四周雙邊　鈐周氏尗弢朱文方印　存十六卷方輿彙編山川典存二卷　一百八十七至一百八十八　方輿彙編職方典存四卷　一千五百十三至一千五百十四　一千五百二十一至一千五百二十二　理學彙編　經籍典存四卷　一百七至一百一十　博物彙編藝術典存八卷　八十七至八十八　六百七十七至六百七十八　八百十九至八百二十二　（館藏號：S2702）

子史精華一百六十卷　清吳士玉等輯　清雍正五年內府刻本　圖版一六七

三十六冊　版框高一八.五釐米　寬一二釐米　八行二十四字小字雙行字同白口四周雙邊　（館藏號：S5264）

御定駢字類編二百四十卷　清沈宗敬等撰　清雍正四年武英殿刻本　圖版一六八

一百二十冊　版框高一七.一釐米　寬一一.七釐米　十行小字雙行二十一字黑口四周雙邊　（館藏號：S8034）

大明重刊三藏聖教一千六百六種六千三百八十二卷目録三卷　明嘉靖四十四年南京徐筠泉家重刻本　圖版一六九

六千三百二十三冊　版框高二四.三釐米　六行十七字上下單邊　大般若波羅密多經卷十後鐫嘉靖四十四年歲次乙丑孟冬吉旦重刊、南京聚寶門外第二牌樓邊師姑巷裏經房徐筠泉家印行牌記　存六千三百三十一卷　（館藏號：S1）

御製二十八經一百四十七卷　清雍正十三年武英殿刻本　圖版一七〇

三十二冊　版框高二〇釐米　寬一四釐米　十行二十字白口四周單邊　存二十七種一百四十五卷　（館藏號：S4478）

金剛般若波羅密經一卷　姚秦釋鳩摩羅什譯　明永樂二十一年晉王泥金寫本　圖版一七一　一七二

一冊　版框高二四.三釐米　寬一一.五釐米　五行十三字上下單邊　卷末鐫大明永樂貳拾壹年玖月拾捌日施牌記　（館藏號：S8426）

金剛般若波羅密經一卷 姚秦釋鳩摩羅什譯 元釋莫庵道肯集篆 明崇禎二年刻篆文本 圖版一七三

四冊 版框高二六.五釐米 寬一四.七釐米 三行七字釋文一行二十一字白口四周雙邊 卷末鐫崇禎己巳孟夏奉佛弟子屈宷熏沐百拜畫並篆書 鈐八千卷樓朱文方印 嘉惠堂丁氏藏書白文方印 （館藏號：S173）

金剛般若波羅密經附人物像十二幅 清乾隆泥金寫本 圖版一七四 一七五

一冊 版框高二一.九釐米 寬一五.六釐米 右圖左文贊文四行八字經文十三行二十八字 （館藏號：S3476）

佛說大乘百福莊嚴相經一卷 唐釋地婆訶羅等譯 清汪廷璵泥金寫進呈本 圖版一七六 一七七

一冊 版框高一七.四釐米 寬八.五釐米 五行十三字 卷末附圖 封面題書名並臣汪廷璵敬書一行 （館藏號：S8433）

宗鏡録一百卷 宋釋延壽集 清雍正十二年內府刻本 圖版一七八

二十冊 版框高一七.五釐米 寬一三.釐米 十行二十字白口四周單邊 （館藏號：S4493）

諸佛世尊如來菩薩尊者神僧名經二十卷諸佛世尊如來菩薩尊者名稱歌曲不分卷感應歌曲二卷 明成祖朱棣御制 明永樂內府刻本 圖版一七九

二冊 版框高二九.六釐米 寬一九.五釐米 十六行三十字黑口四周雙邊 （館藏號：S185）

御録經海一滴六卷 清世宗胤禛輯 清雍正十三年內府刻本 圖版一八〇 一八一

六冊　版框高一七.四釐米　寬一三.釐米　十行二十字白口四周單邊　（館藏號：S4480）

重訂教乘法數十二卷　清世宗胤禛重訂　清雍正十三年武英殿刻本　圖版一八二

六冊　版框高二〇.一釐米　寬一四.一釐米　行數字數不等白口四周單邊　（館藏號：S4485）

御録宗鏡大綱二十卷　清世宗胤禛輯　清雍正十二年內府刻本　圖版一八三

四冊　版框高一七.四釐米　寬一三.釐米　十行二十字白口四周單邊　（館藏號：S4497）

御制揀魔辨異録八卷　清世宗胤禛撰　清雍正十二年武英殿刻本　圖版一八四

四冊　版框高一七.五釐米　寬一三.釐米　十行二十字白口四周單邊　（館藏號：S4488）

關尹子二卷　周尹喜撰　宋陳顯微註　明朱蔚然校　明天啟杭州書肆讀書坊刻本　圖版一八五

一冊　版框高二一.六釐米　寬一四.四釐米　九行二十字白口四周單邊　明代版本圖録初編卷八　三二頁著録：按此爲諸子全書之一，合刻諸子凡十五種，每種書面各題坊齋藏版及發行鋪名。此本題讀書坊藏版，杭城段景亭發行。蓋當時杭城各鋪合刊成帙而分別發行者，可爲今日坊肆刊本署發行之先河。（館藏號：S370）

楚騷五卷附録一卷　楚屈原撰　漢司馬遷撰　明正德十五年熊宇刻篆楷對照本　圖版一八六　一八七

四冊　版框高一九.四釐米　寬一四.七釐米　五行篆楷各五字白口四周單邊　有刻工　鈐八千卷樓收藏書籍朱文方印　世德堂朱文長方印　善本書室朱文方印　（館藏號：S785）

離騷集傳一卷　宋錢杲之撰　清影宋鈔本　圖版一八八

一冊　版框高二〇釐米　寬一四.八釐米　九行十八字小字雙行字同白口左右雙邊　鈐小李山房朱文方印　徐維則讀書記朱文長方印　會稽徐氏鑄學齋藏書印朱文方印　清李宏信跋　（館藏號：S2964）

類箋唐王右丞詩集十卷唐王右丞文集四卷集外編一卷唐王右丞年譜一卷歷朝諸家評王右丞詩畫鈔一卷唐諸家同詠集一卷贈題集一卷　唐王維撰　宋劉辰翁評　明顧起經輯註　明嘉靖三十五年顧氏奇字齋刻本　圖版一八九　一九〇　一九一

十二冊　版框高二〇.二釐米　寬一四.七釐米　九行十八字小字雙行字同細黑口左右雙邊　有刻工　中國版刻圖録七三頁著録（館藏號：S932）

河東先生集四十五卷外集二卷龍城録二卷附録二卷傳一卷　唐柳宗元撰　宋廖瑩中校正　明郭雲鵬濟美堂刻本　清盧文弨硃校　圖版一九二

二十冊　版框高二〇.一釐米　寬一三.五釐米　九行十七字小字雙行字同白口四周雙邊　下書口鎸濟美堂　每卷後鎸東吳郭雲鵬校壽梓　有刻工　明代版本圖録初編卷六　四六頁著録（館藏號：S943）

增廣註釋音辯唐柳先生集四十三卷別集二卷外集二卷附録一卷　唐柳宗元撰　宋童宗説釋　宋張敦頤音辯　宋潘緯音義　明正統十三年善敬堂刻萬曆三年補刻本　圖版一九三

八冊　版框高二二.三釐米　寬一三.七釐米　九行十八字小字雙行字同黑口四周雙邊　補版下書口鎸萬曆三年補　諸賢姓氏後鎸正統戊辰善敬堂刊　明代版本圖録初編卷八　七頁著録（館藏號：S967）

李丞相詩集二卷　南唐李建勳撰　清影鈔宋臨安陳宅書籍鋪本　圖版一九四　一九五　一九六

一冊　版框高一七.七釐米　寬一二.七釐米　十行十八字白口左右雙邊　（館藏號：S3697）

公是集五十四卷　宋劉敞撰　清四庫全書館寫本　圖版一九七

二十二冊　版框高二二.四釐米　寬一五.四釐米　八行二十一字紅格白口四周雙邊　佚名簽批　（館藏號：Z56）

石門文字禪三十卷　宋釋德洪撰　明萬曆二十五年徑山興聖萬壽禪寺刻徑山藏本　圖版一九八

六冊　版框高二三.三釐米　寬一五釐米。十行二十字白口四周雙邊　中國版刻圖録七五頁著録：歷代大藏，多係梵夾本或卷子本。徑山藏獨爲方冊本，故又名方冊藏。全藏由馮夢禎、陸光祖倡議募刻。始事於五臺，繼在徑山寂照菴、興聖萬壽禪寺及嘉興、吳江、金壇等地刻版。自明萬曆七年至清康熙十六年正藏告成，其後又刻續藏、又續藏。明末移民逃爲僧者，其著作多刻入又續藏。六百七十八函，六千九百五十六卷，函編號始天終魚。續藏十九函，又續藏四十函，均未編號。每書卷後有刻書年月，施刻人及刻工姓名。北京佛教協會、北京圖書館藏有全藏，缺卷不多。　（館藏號：S1009）

湖山類稿五卷附録一卷　宋汪元量撰　清乾隆三十年鮑氏知不足齋刻本　圖版一九九

一冊　版框高一八.三釐米　寬一二.七釐米　十行十九字黑口左右雙邊　中國版刻圖録八八頁著録：汪元量字大有，號水雲，錢塘人。宋末以善琴供奉宮廷，後隨太后幼帝被俘北去，目擊心傷，吟詠不輟，當時有時史之目。此集舊刻不傳，乾隆間鮑廷博得錢牧齋藏舊鈔本水雲詩，又藏劉須溪評本湖山類稿合刻成書。廷博乾、嘉間藏書名家，鈔校書極多，刻有知不足齋叢書。此本版心鐫知不足齋正本六字，版式寬大，不在叢書內。　（館藏號：S7406）

青崖集五卷　元魏初撰　清四庫全書館鈔本　圖版二〇〇　二〇一

二冊　版框高二一釐米　寬一三.八釐米　八行二十一字白口四周雙邊　上書口鐫四庫全書　鈐古稀天子之寶白文方印　乾隆御覽之寶朱文方印　存三卷　一至三　（館藏號：Z50）

斗南老人詩集四卷　明胡奎撰　明姚綬鈔本　圖版二〇二　二〇三　二〇四

四冊　版框高一六.二釐米　寬一一.七釐米　十行字數不等無格　鈐項墨林鑑賞章白文方印　季振宜朱文方印　明項元汴跋　（館藏號：Z44）

石田先生集不分卷　明沈周撰　明萬曆四十三年陳仁錫閱帆堂寫刻本　圖版二〇五

四冊　版框高二二.二釐米　寬一四.二釐米　九行十九字白口四周雙邊　明代版本圖録初編卷一　八二頁著録（館藏號：S1135）

南沙先生文集八卷　明熊過撰　明泰昌元年熊胤衡刻本　圖版二〇六

四冊　版框高二一釐米　寬一三.五釐米　九行十九字白口四周單邊　明代版本圖録初編卷一　八七頁著録（館藏號：S1150）

弇州山人四部稿一百八十卷目録十二卷　明王世貞撰　明萬曆中王氏世經堂刻本　圖版二〇七

六十二冊　版框高二〇.四釐米　寬一五.七釐米　十行二十字白口四周雙邊（館藏號：S1186）

陳白陽集不分卷　明陳淳撰　明萬曆四十三年陳仁錫閱帆堂寫刻本　圖版二〇八

四冊　版框高二一.二釐米　寬一四.二釐米　九行十九字白口四周雙邊　明代版本圖録初編卷一　八〇

頁著録：按此書寫刻甚精與沈石田集合刻。（館藏號：S1170）

李氏焚書六卷　明李贄撰　明萬曆中晉江李氏刻本　圖版二〇九

十册　版框高二三釐米　寬一五．一釐米　九行二十字白口四周單邊　明代版本圖録初編著録：按此書入禁書總目。贄所著尚有李氏藏書、續藏書、李氏遺書等，又評點諸書甚多，一時頗風行其學。（館藏號：S1167）

牧齋初學集一百十卷目録二卷　清錢謙益撰　明崇禎十六年瞿式耜刻本　圖版二一〇

二十四册　版框高二一．二釐米　寬一四．五釐米　十行十八字白口四周單邊　明代版本圖録初編卷一一〇〇頁著録：按此集皆牧齋在明時所作詩文，門人瞿式耜爲之鏤板。全書字體仿誠懸，鐫工爲旌德劉文華，明季刻書之工無逾於此者。（館藏號：S1288）

世宗憲皇帝御製文集三十卷目録四卷　清世宗胤禛撰　清乾隆三年武英殿刻本　圖版二一一

十六册　版框高一八．六釐米　寬一三．三釐米　六行十六字白口四周雙邊　鈐珊瑚閣珍藏印朱文長方印（館藏號：S4738）

樂善堂全集定本三十卷　清乾隆二十四年武英殿刻本　圖版二一二

八册　版框高二〇．四釐米　寬一四釐米　九行十七字白口四周雙邊　（館藏號：S5162）

御製詩初集四十四卷目録四卷　清高宗弘曆撰　清乾隆十四年武英殿刻本　圖版二一三

二十四册　版框高二〇．六釐米　寬一三．九釐米　九行十七字白口四周雙邊　（館藏號：S5210）

御製詩餘集二十卷目録三卷文三集十六卷文餘集二卷　清高宗弘曆撰　清彭元瑞等編　清嘉慶五年武英殿刻本　圖版二一四

二十二冊　版框高一九.九釐米　寬一四.一釐米　九行十七字小字雙行字同白口四周雙邊　（館藏號：S5217）

御制文初集三十卷目録二卷　清高宗弘曆撰　清于敏中等編　清乾隆二十八年武英殿刻本　圖版二一五

八冊　版框高二〇釐米　寬一四釐米　九行十七字小字雙行字同白口四周雙邊　（館藏號：S5212）

御製文二集四十四卷目録二卷　清高宗弘曆撰　清梁國治等編　清乾隆五十一年武英殿刻本　圖版二一六

八冊　版框高一九.五釐米　寬一四釐米　九行十七字小字雙行字同白口四周雙邊　（館藏號：S5214）

御製避暑山莊詩二卷　清高宗弘曆撰　清鄂爾泰等註　清乾隆六年武英殿刻套印本　圖版二一七

二冊　版框高一九.七釐米　寬一三.三釐米　六行十六字白口四周雙邊　（館藏號：S1894）

御製圓明園詩二卷　清高宗弘曆撰　清鄂爾泰等註　清孫祐等繪圖　清乾隆武英殿刻套印本　圖版二一八　二一九

二冊　版框高一九.六釐米　寬一三.四釐米　有圖　六行十六字小字雙行字同白口四周雙邊　（館藏號：S1745）

長留集十一卷　清孔尚任撰　清康熙五十四年岱寶樓刻本　圖版二二〇

八册　版框高一七.五釐米　寬一二.一釐米　九行十九字白口左右雙邊　中國版刻圖録八三頁著録：康熙間與劉廷璣詩同刻，俱名長留集。廷璣字在園，與東塘交，稱知己。二集行款版式如一，康熙間寫刻本之最精者。東塘除此集外，尚有湖海集行世。（館藏號：S4760）

文選六十卷　梁蕭統輯　唐李善註　明嘉靖元年金臺汪諒刻本　佚名批校　圖版二二一　二二二

三十册　版框高二〇.四釐米　寬一三.七釐米　十行二十一字小字雙行字同白口左右雙邊　目録後鐫嘉靖元年十二月望日金臺　汪諒古板校正新刊牌記　有刻工　中國版刻圖録七一頁著録（館藏號：S654）

六家文選六十卷　梁蕭統編　唐呂延祚等註　明嘉靖二十八年吳郡袁氏嘉趣堂覆宋刻本　圖版二二三

二十八册　版框高二四.一釐米　寬一八.九釐米　十一行十八字白口左右雙邊　明代版本圖録初編卷六四〇頁著録：按此爲袁刻最初印本，各卷後牌記俱全，後印本漸次剜去。（館藏號：S420）

文苑英華一千卷　宋李昉等輯　明隆慶元年胡維新、戚繼光刻本　圖版二二四

一百三十二册　版框高二一.一釐米　寬一五.七釐米　十一行二十二字白口四周單邊　有刻工　中國版刻圖録七四頁著録（館藏號：S672）

古文苑二十一卷　宋章樵註　明成化十八年刻本　圖版二二五　二二六

八册　版框高一八.五釐米　寬一二.五釐米　十行十八字小字雙行字同黑口四周雙邊間左右雙邊　鈐弢齋藏書記白文長方印　明代版本圖録初編卷一　三四頁著録（館藏號：S670）

玉臺新詠十卷　陳徐陵輯　明崇禎六年趙均刻本　圖版二二七

二册　版框高二〇.五釐米　寬一三.三釐米　十行二十字白口左右雙邊　中國版刻圖録七八頁著録：崇禎六年趙均刻於蘇州。均字靈均，偕妻文瑞容隱於寒山，世爲藏書名家。玉臺新詠在明有雲溪館銅活字本，又有萬曆中茅元禎刻本。此據宋本翻刻，密行小字，版式精雅，在諸本中爲最善之本。近年徐乃昌刻本，即據此本影刻。（館藏號：S706）

御選宋金元明四朝詩三百二卷首二卷姓氏爵裏十三卷　清張豫章等輯　清康熙四十八年內府刻本　圖版二二八

一百五十六册　版框高一七.一釐米　寬一一.六釐米　十一行二十一字小字雙行三十一字白口左右雙邊（館藏號：S4654）

佩文齋詠物詩選四百八十六卷　清張玉書　汪霦等輯　清康熙四十六年內府刻本　圖版二二九　二三〇

六十四册　版框高一六.四釐米　寬一一.五釐米　十一行二十一字細黑口左右雙邊（館藏號：S5716）

御定歷代題畫詩類一百二十卷　清陳邦彥輯　清康熙四十六內府刻本　圖版二三一

三十册　版框高一八.六釐米　寬一二.七釐米　十一行二十三字黑口左右雙邊（館藏號：S4028）

御選唐宋詩醇四十七卷　清高宗弘曆輯　清乾隆十五年內府刻四色套印本　圖版二三二

二十四册　版框高一九.二釐米　寬一四.二釐米　九行十九字白口四周單邊（館藏號：S1828）

御定歷代賦彙一百四十卷外集二十卷逸句二卷補遺二十二卷目録二卷　清陳元龍輯　清康熙四十五年內府刻本　圖版二三三

六十四冊　版框高一八.七釐米　寬一四.二釐米　十一行二十一字黑口左右雙邊　（館藏號：S5798）

諸儒箋解古文真寶前集十卷後集十卷　元黃堅輯　明萬曆十一年司禮監刻本　圖版二三四　二三五

八冊　版框高二五.七釐米　寬一七.五釐米　八行二十字小字雙行字同黑口四周雙邊　鈐廣運之寶朱文方印　（館藏號：S678）

古文淵鑒六十四卷　清徐乾學輯並註　清康熙內府刻四色套印本　圖版二三六

二十四冊　版框高一九.二釐米　寬一四.二釐米　九行二十字小字雙行字同黑口四周單邊　（館藏號：S1813）

御選唐宋文醇五十八卷詩醇四十七卷　清高宗弘曆輯　清乾隆十五年武英殿刻四色套印本　圖版二三七　二三八

四十冊　版框高一九.三釐米　寬一四.一釐米　九行二十二字白口四周單邊　（館藏號：S4038）

六朝文絜四卷　清許槤輯評　清道光五年許槤享金寶石齋刻套印本　圖版二三九

二冊　版框高一六.七釐米　寬一〇.七釐米　九行十八字黑口左右雙邊　中國版刻圖録九三頁著録：許槤道光年間僑寓吳中，刻書工雅絕倫，一時無匹。此書朱墨套印，評選六朝駢儷文，共七十二篇。（館藏號：S1908）

圖版二四〇

重校正唐文粹一百卷　宋姚鉉輯　明嘉靖三年徐焴刻本

三十册　版框高一九.九釐米　寬一四.四釐米　十四行二十五字白口左右雙邊　有刻工　明代版本圖録初編卷六　六七頁著録（館藏號：S686）

圖版二四一

御選唐詩三十二卷目録三卷　清聖祖玄燁選　清陳廷敬等輯　清康熙五十二年内府刻套印本

三十六册　版框高一八.九釐米　寬一二.六釐米　七行十七字小字雙行二十四字白口四周雙邊　（館藏號：S7546）

圖版二四二

御定全唐詩録一百卷　清徐倬等輯　清康熙四十五年内府刻本

四十八册　版框高一六.五釐米　寬一一.七釐米　十一行二十一字小字雙行三十一字黑口左右雙邊　鈐果親王府圖書記朱文長方印　（館藏號：S4675）

圖版二四三

御訂全金詩增補中州集七十二卷首二卷　金元好問撰　清郭元釪補輯　清康熙五十年内府刻本

二十四册　版框高一八.二釐米　寬一二.四釐米　八行十九字細黑口四周單邊　（館藏號：S4008）

圖版二四四

元文類七十卷目録三卷　元蘇天爵輯　明嘉靖十六年晉藩刻遞修本

十五册　版框高二十釐米　寬一四.七釐米　十行十九字小字雙行字同白口四周單邊　上書口間鐫晉府重刊　有刻工　存五十一卷　二十至七十卷　明代版本圖録初編卷四　一〇頁著録（館藏號：S845）

列朝詩集八十一卷　清錢謙益編　清順治間毛氏汲古閣刊本　圖版二四五

十六册　版框高二〇.四釐米　寬一三.二釐米　十五行二十八字白口四周雙邊　明代版本圖録初編卷七二四頁著録：按是書實刊成於清順治中毛氏蓋代任剞劂之事款式又創一格與所刻他種絕異特附於後藉窺其善變焉　（館藏號：S5205）

皇清文穎一百卷首二十四卷目録六卷　清張廷玉等輯　清乾隆十二年武英殿刻本　圖版二四六

五十四册　版框高十九.一釐米　寬一四釐米　八行二十字白口四周雙邊　（館藏號：S4039）

甫里逸詩二卷　清周秉鑑輯　清乾隆五十八年周氏易安書屋活字印本　圖版二四七

二册　版框高一九釐米　寬一二.八釐米　十行十九字白口四周單邊　下書口鐫易安書屋　存一卷　卷上　中國版刻圖録一〇三頁著録（館藏號：S2335）

精訂綱鑑廿一史通俗衍義二十六卷四十四回　清呂撫撰　清雍正至乾隆間正氣堂活字泥版印本　圖版二四八　二四九

二十四册　版框高二一釐米　寬一三.二釐米　有圖　十行二十二字白口四周單邊　封面鐫正氣堂藏板（館藏號：S2671）

臺灣外記三十卷　清江日昇撰　清康熙求無不獲齋活字印本　圖版二五〇

十册　版框高一七.九釐米　寬一〇.九釐米　十行二十三字白口四周雙邊　封面鐫癸巳仲夏求無不獲齋刊（館藏號：S2672）

新刻繡像批評金瓶梅二十一卷一百回　題明蘭陵笑笑生撰　明刻本　圖版二五一　二五二　二五三

三十六冊　版框高二十.八釐米　寬一四.七釐米　有圖　十行二十二字白口四周單邊　中國版刻圖録一一一頁著録（館藏號：Z9）

儒林外史　清吴敬梓撰　清嘉慶二十一年藝古堂刻本　圖版二五四

十二冊　版框高一二.五釐米　寬八.八釐米　九行十八字白口四周單邊　中國版刻圖録九一頁著録：吴敬梓字敏軒，又字文木，全椒人。此書以反對科舉制度為中心，對腐朽的封建社會予以嚴峻批判，為清代有名的諷刺小説。封面鐫嘉慶丙子年新鐫、藝古堂藏板兩行。（館藏號：S5997）

紅樓夢一百二十回　清曹霑撰　清高鶚補　清乾隆五十七年程氏萃文書屋活字印本　圖版二五五

四十八冊　版框高十七釐米　寬一一.六釐米　有圖　十行二十四字白口上下雙邊　書尾鐫萃文書屋藏板　中國版刻圖録一〇三頁著録（館藏號：Z7）

御選歷代詩餘一百二十卷　清沈辰垣等輯　清康熙四十六年内府刻本　圖版二五六　二五七

三十冊　版框高一六.六釐米　寬一一.五釐米　十一行二十一字小字雙行二十九字白口左右雙邊　（館藏號：S5810）

詞譜四十卷　清王奕清等編　清康熙五十四年内府刻套印本　圖版二五八

二十冊　版框高一九.三釐米　寬一二.三釐米　八行二十字小字雙行字同白口四周雙邊　（館藏號：S1910）

秦樓月二卷　清朱曤撰　清康熙文喜堂刻本　圖版二五九

一冊　版框高一九.九釐米　寬一三.三釐米　九行二十字白口左右雙邊　中國版刻圖録一一四頁著録：演揚州女子陳素素與吕貫遇合故事。後附素素二分明月集。附圖七幅，工緻絶倫。刻工為徽州名匠鮑天錫、鮑承勛。承勛，旌德人，又刻雜劇新編、懷嵩堂雜言等書。古本戲曲叢刊印本，即據此帙影印。茲選陳素素小像及陳吕邂逅二幅。（館藏號：Z34）

勸善金科二十卷首一卷　清張照等撰　清乾隆武英殿刻五色套印本　圖版二六〇

二十冊　版框高二〇.七釐米　寬一四.二釐米　八行二十二字白口四周雙邊　（館藏號：S1901）

看山閣樂府雷鋒塔二卷　清黄圖珌撰　清乾隆三年黄氏看山閣刻本　圖版二六一

二冊　版框高一七.六釐米　寬一二.三釐米　十行二十九字黑口左右雙邊　中國版刻圖録八六頁著録：譜許宣、白娘子神話故事。黄圖珌字容之，松江人，有看山閣集。（館藏號：S6108）

曲譜十二卷首一卷末一卷　清王奕清等編　清康熙内府刻套印本　圖版二六二

十四冊　版框高一九.一釐米　寬一一.八釐米　八行二十一字小字雙行字同白口四周雙邊　（館藏號：S1914）

新定九宫大成總目不分卷　清末五色寫本　圖版二六三

十二冊　版框高二一.四釐米　寬一三.二釐米　八行字數不等白口四周單邊　（館藏號：S3172）

古今說海一百三十五種一百四十二卷　明陸楫等編　明嘉靖二十三年陸楫儼山書院雲山書院刻本

四十冊　版框高一六.九釐米　寬一二.二釐米　八行十六字白口左右雙邊　下書口鐫儼山書院　雲山書院　青藜館　明代版本圖録初編卷五　一九頁著録（館藏號：S1540）

圖版二六四

漢魏叢書三十八種二百五十卷　明程榮輯　明萬曆中新安程氏刻本

圖版二六五

四十冊　版框高二〇釐米　寬一四.二釐米　明代版本圖録初編卷六　九八頁著録：按程榮彙刊此書分經史子集四類。經籍十一種，史籍四種，子籍二十三種，獨集籍未成。屠隆爲之作序，亦未明言所自。蓋明季新安刻書之風甚盛，榮或爲高資家，未必邃於學業耳。京氏易傳其首種也。（館藏號：S939）

武英殿聚珍版叢書一百三十八種二千四百十六卷　清紀昀等編　清乾隆武英殿聚珍版印本

圖版二六六　二六七

七百十一冊　初刻四種　版框高二一.六釐米　寬一五釐米　十行二十一字小字雙行字同白口四周雙邊

聚珍版版框高一九.四釐米　寬一二.六釐米　九行二十一字小字雙行字同白口四周雙邊　（館藏號：Z4）

一・一　中散一九七八號

一・五　津圖〇〇一號

一・三　**大安般守意經卷下**

圖版二六八

一・四　殘1-1

二・一　寬七釐米，高二六釐米；一紙；四行；行一七字。

二・三　卷軸裝。首尾均斷。有烏絲欄。

三・一　首殘→大正0602，15/0168C05；

三・二　尾殘→15/0168C09。

八　七至八世紀。唐寫本。
九・一　楷書。

一・一　中散一九七九號
一・五　津圖〇〇二號
一・三　**摩訶般若波羅蜜經卷一**　　圖版二六八
一・四　殘1–2
二・一　寬八.三釐米，高二六釐米；一紙；五行；行一七字。
二・三　卷軸裝。首殘尾斷。有烏絲欄。
三・一　首2行下殘→大正0223，08/0217B19～21；
三・二　尾殘→08/0217B25。
五　與《大正藏》本對照，行文略有差異。《大正藏》本之「南西北方四維上下」，本卷為「乃至十方」。
八　七至八世紀。唐寫本。
九・一　楷書。

一・一　中散一九八〇號
一・五　津圖〇〇三號
一・三　**大般若波羅蜜多經卷八九**　　圖版二六九
一・四　殘1–3
二・一　寬八.五釐米，高二六.四釐米；一紙；五行；行一七字。

二・三、卷軸裝。首斷尾殘。有烏絲欄。
三・一　首殘→大正0220，05/0497B17；
三・二　尾2行下殘→05/0497B20～21。
八　八至九世紀。吐蕃統治時期寫本。
九・一　楷書。

一・一　中散一九八一號
一・五　津圖〇〇四號
一・三　**藥師琉璃光如來本願功德經**
一・四　殘1–4
二・一　寬九.二釐米，高二六釐米；一紙；六行；行一七字。
二・三　卷軸裝。首斷尾殘。有烏絲欄。
三・一　首殘→大正0450，14/0407C03；
三・二　尾殘→14/0407C09。
八　七至八世紀。唐寫本。
九・一　楷書。

圖版二六九

一・一　中散一九八二號
一・五　津圖〇〇五號
一・三　**金剛般若波羅蜜經**
一・四　殘1–5

圖版二七〇

二・一　寬一三.八釐米，高一九.二釐米；二紙；八行。

二・二　1：8.4，5；　2：5.4，3。

二・三　卷軸裝。首斷尾殘。通卷下殘。有烏絲欄。

三・一　首殘→大正0235，08/0749A11；

三・二　尾殘→08/0749A18。

八　七至八世紀。唐寫本。

九・一　楷書。

一・一　中散一九八三號

一・五　津圖〇〇六號

一・三　維摩詰所說經卷上

圖版一一七〇

一・四　殘1–6

二・一　寬八釐米，高二一釐米；一紙；五行。

二・三　卷軸裝。首尾均殘。通卷下殘。有烏絲欄。

三・一　首殘→大正0475，14/0537B08；

三・二　尾殘→14/0537B12。

八　七至八世紀。唐寫本。

九・一　楷書。

一・一　中散一九八四號

一・五　津圖〇〇七號

一・三　金剛般若波羅蜜經（菩提流支譯本）　圖版二七一

一・四　殘1–7

二・一　寬一九.五釐米，高一六.二釐米；一紙；一一行。

二・三　卷軸裝。首斷尾殘。通卷下殘。有烏絲欄。

三・一　首殘→大正0236a，08/0755A07；

三・二　尾殘→08/0755A16。

八　六至七世紀。隋寫本。

九・一　楷書。

一・一　中散一九八五號

一・五　津圖〇〇八號

一・三　待考佛經　圖版二七一

一・四　殘1–8

二・一　寬一九.八釐米，高一五.七釐米；一紙；一〇行。

二・三　卷軸裝。首尾均殘。通卷下殘。有烏絲欄。

三・四　說明：本文獻未為我國歷代大藏經所收。疑為疑偽經。

八　七至八世紀。唐寫本。

九・一　楷書。

一・一　中散一九八六號

一・五　津圖〇〇九號

一・三 妙法蓮華經卷五

一・四 殘1–9

二・一 寬一一.一釐米，高一七釐米；一紙；六行。

二・三 卷軸裝。首脱尾殘。通卷下殘。卷面有殘洞。有烏絲欄。

三・一 首殘→大正0262，09/0037A17；

三・二 尾殘→09/0037A23。

八 七至八世紀。唐寫本。

九・一 楷書。

一一 《添品妙法蓮華經》卷五亦有相同經文。參見大正0264,09/0171B23～28。

圖版二七二

一・一 中散一九八七號

一・五 津圖〇一〇號

一・三 阿彌陀經

一・四 殘1–10

二・一 寬一〇釐米，高一六.六釐米；一紙；六行。

二・三 卷軸裝。首尾均殘。通卷下殘。有烏絲欄。

三・一 首殘→大正0366，12/0347B18；

三・二 尾殘→12/0347B23。

八 七至八世紀。唐寫本。

九・一 楷書。

圖版二七二

一·一 中散一九八八號

一·五 津圖〇一一號

一·三 金剛般若波羅蜜經 圖版二七三

一·四 殘1-11

二·一 寬一〇.七釐米，高二五釐米；一紙；六行；行一七字。

二·三 卷軸裝。首尾均斷。有烏絲欄。

三·一 首殘→大正0235，08/0749A12；

三·二 尾殘→08/0749A18。

八 七至八世紀。唐寫本。

九·一 楷書。

一·一 中散一九八九號

一·五 津圖〇一二號

一·三 大般若波羅蜜多經卷二九 圖版二七三

一·四 殘1-12

二·一 寬一〇.三釐米，高二六.一釐米；一紙；六行；行一七字。

二·三 卷軸裝。首尾均斷。有烏絲欄。

三·一 首殘→大正0220，05/0159B21；

三·二 尾殘→05/0159B27。

八 八至九世紀。吐蕃統治時期寫本。

九·一 楷書。

一·一　中散一九九〇號

一·五　津圖〇一三號

一·三　金光明經卷二

圖版二七四

一·四　殘1–13

二·一　寬一二.五釐米，高二六釐米；一紙；八行；行一七字。

二·三　卷軸裝。首尾均殘。卷面殘損，有殘洞。有烏絲欄。

三·一　首行下殘→大正0663，16/0345B01～02；

三·二　尾殘→16/0345B07。

八　五至六世紀。南北朝寫本。

九·一　隸楷。

一一　《合部金光明經》卷六亦有相同經文。參見大正0664，16/0388B04～10。

一·一　中散一九九一號

一·五　津圖〇一四號

一·三　妙法蓮華經卷一

圖版二七四

一·四　殘1–14

二·一　寬一一.二釐米，高二五釐米；一紙；七行；行一六字。

二·三　卷軸裝。首尾均斷。有烏絲欄。

三·一　首殘→大正0262，09/0002C09；

三·二　尾殘→09/0002C18。

八　七至八世紀。唐寫本。

九・一　楷書。

一一　《添品妙法蓮華經》卷一亦有相同經文。參見大正0264，09/0135C15～24。

一・一　中散一九九二號

一・五　津圖〇一五號

一・三　## 妙法蓮華經卷一

圖版二七五

一・四　殘1–15

二・一　寬一一釐米，高二五.三釐米；一紙；六行；行二〇字。

二・三　卷軸裝。首殘尾斷。卷面有殘洞。有烏絲欄。

三・一　首殘→大正0262，09/0004C06；

三・二　尾殘→09/0004C17。

八　七至八世紀。唐寫本。

九・一　楷書。

一一　《添品妙法蓮華經》卷一亦有相同經文。參見大正0264，09/0137C03～14。

一・一　中散一九九三號

一・五　津圖〇一六號

一・三　## 妙法蓮華經卷四

圖版二七五

一・四　殘1–16

二・一　寬一〇釐米，高二五.二釐米；一紙；六行；行一七字。

二・三　卷軸裝。首尾均斷。左下殘缺。有烏絲欄。
三・一　首殘→大正0262，09/0030C06；
三・二　尾殘→09/0030C12。
八　七至八世紀。唐寫本。
九・一　楷書。
一一　《添品妙法蓮華經》卷四亦有相同經文。參見大正0264_p0165a22～28。

一・一　中散一九九四號
一・五　津圖〇一七號
一・三　大般若波羅蜜多經卷一七八　圖版二七六
一・四　殘1–17
二・一　寬五.五釐米，高二七.二釐米；一紙；三行；行一七字。
二・三　卷軸裝。首脫尾斷。有烏絲欄。
三・一　首殘→大正0220，05/0958B24；
三・二　尾殘→05/0958B27。
八　八至九世紀。吐蕃統治時期寫本。
九・一　楷書。

一・一　中散一九九五號
一・五　津圖〇一八號
一・三　大般若波羅蜜多經卷二〇二　圖版二七六

一·四 殘1–18

二·一 寬八.八釐米，高二七.六釐米；一紙；五行；行一七字。

二·三 卷軸裝。首尾均斷。有烏絲欄。

三·一 首殘→大正0220，06/0007C25；

三·二 尾殘→06/0008A01。

八 八至九世紀。吐蕃統治時期寫本。

九·一 楷書。

妙法蓮華經卷五

一·一 中散一九九六號

一·五 津圖〇一九號

一·三 妙法蓮華經卷五

一·四 殘1–19

二·一 寬八.八釐米，高二七釐米；一紙；五行；行一七字。

二·三 卷軸裝。首脫尾斷。有烏絲欄。

三·一 首殘→0262，009/0039A03；

三·二 尾殘→09/0039A08。

八 九至一〇世紀。歸義軍時期寫本。

九·一 楷書。

一一 《添品妙法蓮華經》卷五亦有相同經文。參見大正0264，09/0173B05～10。

一·一 中散一九九七號

圖版二一七六

一・五　津圖〇二〇號

一・三　金剛般若波羅蜜經　　圖版二七六

一・四　殘1–20

二・一　寬五.二釐米，高二四.七釐米；一紙；三行；行一七字。

二・三　卷軸裝。首尾均斷。有烏絲欄。

三・一　首殘→大正0235，08/0752B13；

三・二　尾殘→08/0752B16。

八　七至八世紀。唐寫本。

九・一　楷書。

一・一　中散一九九八號

一・五　津圖〇二一號

一・三　妙法蓮華經卷二　　圖版二七七

一・四　殘1–21

二・一　寬四.五釐米，高二六釐米；一紙；二行；行一六字。

二・三　卷軸裝。首尾均斷。有烏絲欄。

三・一　首殘→大正0262，09/0019A03；

三・二　尾殘→09/0019A05。

八　七至八世紀。唐寫本。

九・一　楷書。

一一　《添品妙法蓮華經》卷二亦有相同經文。參見大正0264，09/0151C09~11。

一・一 中散一九九九號

一・五 津圖〇二二號

一・三 妙法蓮華經卷五

一・四 殘1－22

二・一 寬八.六釐米，高二五.五釐米；一紙；五行；行一七字。

二・三 卷軸裝。首尾均斷。有烏絲欄。

三・一 首殘→大正0262，09/0037A18；

三・二 尾殘→09/0037A23。

八 七至八世紀。唐寫本。

九・一 楷書。

一一 《添品妙法蓮華經》卷五亦有相同經文。參見大正0264，09/0171B24～29。

圖版二七七

一・一 中散二〇〇〇號

一・五 津圖〇二三號

一・三 金光明經卷一

一・四 殘1－23

二・一 寬九釐米，高二五.七釐米；一紙；五行；行一六字。

二・三 卷軸裝。首尾均斷。卷面有殘損。有烏絲欄。

三・一 首殘→大正0663，16/0337C29；

三・二 尾殘→16/0338A06。

圖版二七七

五　與《大正藏》本對照，「潦」字本卷為「老」。
八　七至八世紀。唐寫本。
九・一　楷書。
一一　《合部金光明經》卷二亦有相同經文。參見大正0664，16/0367A08～14。

圖版二七七

一・一　中散二〇〇一號
一・五　津圖〇二四號
一・三　妙法蓮華經卷一
一・四　殘1－24
二・一　寬六.二釐米，高二一.九釐米；一紙；三行。
二・三　卷軸裝。首尾均斷。通卷上邊殘，卷面有殘損。有烏絲欄。
三・一　首殘→大正0262，09/0002A17；
三・二　尾殘→09/0002A21。
八　七至八世紀。唐寫本。
九・一　楷書。
一一　《添品妙法蓮華經》卷一亦有相同經文。參見大正0264，09/0135A25～28。

一・一　中散二〇〇二號
一・五　津圖〇二五號
一・三　妙法蓮華經卷五
一・四　殘1－25

圖版二七八

二・一 寬三．九釐米，高二四．七釐米；一紙；二行；行一七字。
二・三 卷軸裝。首尾均斷。有烏絲欄。
三・一 首殘→0262，09/0037B06；
三・二 尾殘→09/0037B08。
八 七至八世紀。唐寫本。
九・一 楷書。
一一 《添品妙法蓮華經》卷五亦有相同經文。參見大正0264，09/0171C11～13。
一・一 中散二〇〇三號
一・五 津圖〇二六號

一・三 **金光明最勝王經卷一**

圖版二一七八

一・四 殘1–26
二・一 寬八．五釐米，高二六釐米；一紙；五行；行一七字。
二・三 卷軸裝。首尾均斷。卷面有横裂。有烏絲欄。
三・一 首殘→大正0665，16/0403A21；
三・二 尾殘→16/0403A26。
八 九至一〇世紀。歸義軍時期寫本。
九・一 隸楷。
一・一 中散二〇〇四號
一・五 津圖〇二七號

一・三　妙法蓮華經卷五　圖版二七八

一・四　殘1－27

二・一　寬八.九釐米，高二六.五釐米；一紙；五行；行一七字。

二・三　卷軸裝。首尾均斷。有烏絲欄。

三・一　首殘→大正0262，09/0041C07；

三・二　尾殘→09/0041C12。

八　七至八世紀。唐寫本。

九・一　楷書。

一・一　中散二〇〇五號

一・五　津圖〇二八號

一・三　金剛般若波羅蜜經　圖版二七八

一・四　殘1－28

二・一　寬四.四釐米，高二六.二釐米；一紙；二行；行一七字。

二・三　卷軸裝。首殘尾脫。有烏絲欄。

三・一　首殘→大正0235，08/0750C19；

三・二　尾殘→08/0750C21。

八　七至八世紀。唐寫本。

九・一　楷書。

一・一　中散二〇〇六號

一・五 津圖〇二九號

一・三 金光明最勝王經卷二 圖版二一七九

一・四 殘1−29

二・一 寬六.八釐米，高二五.二釐米；一紙；四行；行二〇字。

二・三 卷軸裝。首尾均斷。有烏絲欄。

三・一 首殘→大正0665，16/0412A16；

三・二 尾殘→16/0412A23。

八 九至一〇世紀。歸義軍時期寫本。

九・一 隸楷。

一・一 中散二〇〇七號

一・五 津圖〇三〇號

一・三 妙法蓮華經卷一 圖版二一七九

一・四 殘1−30

二・一 寬七釐米，高二五.七釐米；一紙；四行；行一七字。

二・三 卷軸裝。首尾均斷。有烏絲欄。

三・一 首殘→大正0262，09/0003C11；

三・二 尾殘→09/0003C15。

八 七至八世紀。唐寫本。

九・一 楷書。

一・一　中散二〇〇八號

一・五　津圖〇三一號

一・三　妙法蓮華經卷四

一・四　殘1—31

二・一　寬七.五釐米，高二六.四釐米；一紙；五行；行一七字。

二・三　卷軸裝。首殘尾斷。有烏絲欄。

三・一　首4行上殘→大正0262，09/0027B26～28；

三・二　尾殘→09/0027C01。

五　與《大正藏》本對照，首行二字不同。

八　七至八世紀。唐寫本。

九・一　楷書。

一一　《添品妙法蓮華經》卷四亦有相同經文。參見大正0264，09/0162A18～22。

圖版二一七九

一・一　中散二〇〇九號

一・五　津圖〇三二號

一・三　雜寶藏經（兑廢稿）卷四

一・四　殘1—32

二・一　寬七.一釐米，高二三.四釐米；一紙；三行（後空一行）；行一七字。

二・三　卷軸裝。首斷尾殘。有烏絲欄。

三・一　首殘→大正0203，04/0469A14；

三・二　尾缺→04/0469A18。

圖版二一七九

八　七至八世紀。唐寫本。
九・一　楷書。

一・一　中散二〇一〇號
一・五　津圖〇三三號
一・三　妙法蓮華經卷四　圖版二八〇
一・四　殘1−33
二・一　寬八釐米，高三五.六釐米；一紙；四行；行一七字。
二・三　卷軸裝。首尾均斷。有烏絲欄。
三・一　首殘→大正0262，09/0034C25；
三・二　尾殘→09/0034C29。
八　七至八世紀。唐寫本。
九・一　楷書。
一一　《添品妙法蓮華經》卷四亦有相同經文。參見大正0264，09/0169B03～06。

一・一　中散二〇一一號
一・五　津圖〇三四號
一・三　大般涅槃經（北本）卷一〇　圖版二八〇
一・四　殘1−34
二・一　寬一五.七釐米，高七.五釐米；一紙；九行。
二・三　卷軸裝。首尾均斷。通卷上殘。有烏絲欄。

三·一 首殘→大正0374，12/0426C09；

三·二 尾殘→12/0426C18。

八 五至六世紀。南北朝寫本。

九·一 隸楷。

一一 《大般涅槃經》（南本）卷一〇亦有相同經文。參見大正0375，12/0668A09～18。

一·一 中散二〇一二號

一·五 津圖〇三五號

一·三 **大智度論卷一九** 圖版二八一

一·四 殘2–1

二·一 寬四三.二釐米，高二七釐米；一紙；二〇行；行一七字。

二·三 卷軸裝。首尾均脫。有烏絲欄。

三·一 首殘→大正1509，25/0204B24；

三·二 尾殘→25/0204C17。

五 與《大正藏》本對照，文字略有不同。

八 五至六世紀。南北朝寫本。

九·一 隸書。

一·一 中散二〇一三號

一·五 津圖〇三六號

一·三 **大般涅槃經（北本）卷三〇** 圖版二八二

一・四 殘2−2

二・一 寬四二.二五釐米，高二六.二釐米；一紙；二七行；行一七字。

二・三 卷軸裝。首尾均脱。卷面有殘洞。有烏絲欄。

三・一 首殘→大正0374，12/0545A21；

三・二 尾殘→12/0545B20。

五 與《大正藏》本對照，文字略有參差。

八 五至六世紀。南北朝寫本。

九・一 隸書。

一一 《大般涅槃經》（南本）卷二八亦有相同經文。參見大正0375，12/0790C08～0791A08。

一・一 中散二〇一四號

一・五 津圖〇三七號

一・三 大般涅槃經（北本）卷一二

圖版二八三

一・四 殘2−3

二・一 寬三六釐米，高二六釐米；一紙；二二行；行一七字。

二・三 卷軸裝。首殘尾脱。卷面有殘損。有烏絲欄。

三・一 首2行上殘→大正0374，12/0435B27；

三・二 尾殘→12/0435C19。

八 五至六世紀。南北朝寫本。

九・一 隸書。

一一 《大般涅槃經》（南本）卷一一亦有相同經文。參見大正0375，12/0677A12～B5

一・一 中散二〇一五號

一・五 津圖〇三八號

一・三 佛名經（十二卷本）卷六

一・四 殘2–4

二・一 寬三〇.二釐米，高二六.三釐米；一紙；一五行；行字不等。

二・三 卷軸裝。首脱尾斷。有烏絲欄。

三・一 首殘→大正0440，14/0143B16；

三・二 尾殘→14/0143B28。

八 七至八世紀。唐寫本。

九・一 楷書。

圖版二八四

一・一 中散二〇一六號

一・五 津圖〇三九號

一・三 添品妙法蓮華經卷六

一・四 殘2–5

二・一 寬二八釐米，高二六.一釐米；一紙；一七行；行一七字。

二・三 卷軸裝。首尾均斷。卷面略殘。有烏絲欄。

三・一 首殘→大正0264，09/0187C13；

三・二 尾殘→09/0188A01。

四・一 妙法蓮華經藥王菩薩本事品第二十二（首）

圖版二八五

八　七至八世紀。唐寫本。
九・一　楷書。

一・一　中散二〇一七號
一・五　津圖〇四〇號
一・三　妙法蓮華經卷三　　圖版二八六
一・四　殘2-6
二・一　寬二一.四釐米，高二六釐米；一紙；一二行；行一六字。
二・三　卷軸裝。首斷尾脫。有烏絲欄。
三・一　首殘→大正0262，09/0021B01；
三・二　尾殘→09n0262_p0021B16。
八　七至八世紀。唐寫本。
九・一　楷書。
一〇　旁有鉛筆註「甲十一」。
一一　《添品妙法蓮華經》卷三亦有相同經文。參見大正0264，09/0156A03～18。

一・一　中散二〇一八號
一・五　津圖〇四一號
一・三　妙法蓮華經卷三　　圖版二八六
一・四　殘2-7
二・一　寬一九.九釐米，高二六釐米；一紙；一一行；行一七字。

二・三　卷軸裝。首脱尾斷。有烏絲欄。
三・一　首殘→大正0262，09/0025C24；
三・二　尾殘→09/0026A06。
八　七至八世紀。唐寫本。
九・一　楷書。
一一　《添品妙法蓮華經》卷三亦有相同經文。參見大正0264，09/0160B18～29。

一・一　中散二〇一九號
一・五　津圖〇四二號
一・三　**妙法蓮華經卷三**　圖版二一八七
一・四　殘2–8
二・一　寬一二.三釐米，高二六.四釐米；一紙；九行；行約三三字。
二・三　卷軸裝。首斷尾脱。有烏絲欄。
三・一　首殘→大正0262，09/0023A21；
三・二　尾殘→09/0023B15。
八　八至九世紀。吐蕃統治時期寫本。
九・一　楷書。
一〇　旁有鉛筆註「甲十一」。
一一　《添品妙法蓮華經》卷三亦有相同經文，參見大正0264，09/0157C19～0158A13。

一・一　中散二〇二〇號

圖版二八七

一．五　津圖〇四三號

一．三　妙法蓮華經卷二

一．四　殘2–9

二．一　寬九.八釐米，高二八.三釐米；一紙；七行；行約四〇字。

二．三　裝幀形態不清。首尾均斷。上下邊有殘破。有烏絲欄。

三．一　首殘→大正0262，09/0013B05；

三．二　尾殘→09/0013B24。

八　八至九世紀。吐蕃統治時期寫本。

九．一　楷書。

九．二　有硃筆點標。

一〇　旁有鉛筆註「甲卅二」。

一一　《添品妙法蓮華經》卷二亦有相同經文。參見大正0264，09/0146A18～B7。

一．一　中散二〇二一號

圖版二八八

一．五　津圖〇四四號

一．三　法華經疏（擬）

一．四　殘2–10

二．一　寬三〇.一釐米，高二八.二釐米；一紙；一九行；行約二六字。

二．三　卷軸裝。首尾均斷。有烏絲欄。

三．四　説明：所疏為《妙法蓮花經》卷一。

八　七至八世紀。唐寫本。

九・一　行草。

一〇　旁有鉛筆註「甲八」。

一・一　中散二〇二二號

一・五　津圖〇四五號

一・三　妙法蓮華經卷一　　圖版二八九

一・四　殘2–11

二・一　寬三一.五釐米，高二六釐米；一紙；一九行；行一七字。

二・三　卷軸裝。首斷尾脫。有烏絲欄。

三・一　首殘→大正0262，09/0006C08；

三・二　尾殘→09/0007A05。

八　七至八世紀。唐寫本。

九・一　楷書。

一一　《添品妙法蓮華經》卷一亦有相同經文。參見大正0264，09/0139C03～28。

一・一　中散二〇二三號

一・五　津圖〇四六號

一・三　法華經疏（擬）　　圖版二九〇

一・四　殘2–12

二・一　寬二五.三釐米，高二七.一釐米；二紙；一四行；行一七字。

二・二　1：2.2，1：　2：23.1，13。

二·三　卷軸裝。首斷尾殘。卷面有一小殘洞。有烏絲欄。
三·四　說明：所疏為《妙法蓮花經》卷一。
八　九至一〇世紀。歸義軍時期寫本。
九·一　楷書。
九·二　有倒乙符號。
一〇　旁有鉛筆註「丙十一」。

圖版二一九〇

一·一　中散二〇二四號
一·五　津圖〇四七號
一·三　維摩詰所說經卷下
一·四　殘2–13
二·一　寬一〇.一釐米，高二五釐米；一紙；五行。
二·三　卷軸裝。首斷尾脫。折疊欄。
三·一　首殘→大正0475，14/0552A29；
三·二　尾殘→14/0552B04。
八　七至八世紀。唐寫本。
九·一　楷書。

圖版二一九一

一·一　中散二〇二五號
一·五　津圖〇四八號
一·三　摩訶般若波羅蜜經卷三

一・四　殘2–14
二・一　寬四一.二釐米，高二六釐米；一紙；二四行；行一七字。
二・三　卷軸裝。首脱尾斷。有烏絲欄。
三・一　首殘→大正0223，08/0238A05；
三・二　尾殘→08/0238B01。
八　五至六世紀。南北朝寫本。
九・一　楷書。
一〇　旁有鉛筆註「廿四」。

一・一　中散二〇二六號
一・五　津圖〇四九號
一・三　**妙法蓮華經卷六**　圖版二九二
一・四　殘2–15
二・一　寬三〇釐米，高二六.八釐米；一紙；一七行；行二〇字。
二・三　卷軸裝。首脱尾斷。有烏絲欄。
三・一　首殘→大正0262，09/0048C13；
三・二　尾殘→09/0049A17。
八　七至八世紀。唐寫本。
九・一　楷書。
一一　《添品妙法蓮華經》卷六亦有相同經文。參見大正0264，09/0182C24~0183A28。

一・一 中散二〇二七號

一・五 津圖〇五〇號

一・三 妙法蓮華經卷七　圖版二九三

一・四 殘2–16

二・一 寬三〇釐米，高二六.一釐米；一紙；一八行；行一七字。

二・三 卷軸裝。首尾均斷。未入潢。有烏絲欄。

三・一 首殘→大正0262，09/0060B12；

三・二 尾殘→09/0060C03。

八 七至八世紀。唐寫本。

九・一 楷書。

一一 《添品妙法蓮華經》卷七亦有相同經文。參見大正0264，09/0194A04～23。

一・一 中散二〇二八號

一・五 津圖〇五一號

一・三 佛名經（十二卷本）卷六　圖版二九四

一・四 殘2–17

二・一 寬三六釐米，高二五.二釐米；一紙；二三行；行字不等。

二・三 卷軸裝。首脫尾斷。有烏絲欄。

三・一 首殘→大正0440，14/0142C09；

三・二 尾殘→14/0142C25。

八 七至八世紀。唐寫本。

九・一 楷書。

一・一 中散二〇二九號

一・五 津圖〇五二號

一・三 大般涅槃經（北本）卷一〇　圖版二九五

一・四 殘2–18

二・一 寬三七.五釐米，高二五.三釐米；一紙；二二行；行一七字。

二・三 卷軸裝。首脫尾斷。有烏絲欄。

三・一 首殘→大正0374，12/0423B02；

三・二 尾殘→12/0423B24。

八 七至八世紀。唐寫本。

九・一 楷書。

一〇 旁有鉛筆註「甲六」。

一一 《大般涅槃經》（南本）卷九亦有相同經文。參見大正0375，12/0664B18~0664C13。

一・一 中散二〇三〇號

一・五 津圖〇五三號

一・三 維摩詰所說經卷下　圖版二九六

一・四 殘2–19

二・一 寬四九.二釐米，高二四.二釐米；二紙；二八行；行一七字。

二·二　1：10.1，6；　2：39.1，22。
二·三　卷軸裝。首尾均斷。有烏絲欄。
三·一　首殘→大正0475，14/0554A28；
三·二　尾殘→14/0554C01。
八　七至八世紀。唐寫本。
九·一　楷書。

一·一　中散二〇三一號
一·五　津圖〇五四號

一·三　維摩詰所説經卷下

一·四　殘2–20
二·一　寬三七.八釐米，高二五.二釐米；一紙；二二行；行一七字。
二·三　卷軸裝。首尾均斷。有烏絲欄。
三·一　首殘→大正0475，14/0552C11；
三·二　尾殘→14/0553A04。
八　七至八世紀。唐寫本。
九·一　楷書。
一〇　旁有鉛筆註「甲廿二」。
一一·一　中散二〇三二號
一一·五　津圖〇五五號

圖版二九七

一・三 ## 金剛般若波羅蜜經 圖版二一九八

一・四 殘2−21

二・一 寬一九.一釐米，高二四.八釐米；一紙；一二行；行一七字。

二・三 卷軸裝。首尾均斷。有烏絲欄。

三・一 首殘→大正0235，08/0750A27；

三・二 尾殘→08/0750B09。

八 七至八世紀。唐寫本。

九・一 楷書。

一〇 旁有鉛筆註「乙十二」。

一・一 中散二〇三三號

一・五 津圖〇五六號

一・三 ## 金光明經卷四 圖版二一九八

一・四 殘2−22

二・一 寬八.六釐米，高二四.五釐米；一紙；五行；行一七字。

二・三 卷軸裝。首脫尾斷。有烏絲欄。

三・一 首殘→大正663，16/353C16；

三・二 尾殘→16/353C20。

八 七至八世紀。唐寫本。

九・一 楷書。

圖版二九九

一・一 中散二〇三四號

一・五 津圖〇五七號

一・三 維摩詰所說經卷上

一・四 殘2—23

二・一 寬二四.七釐米，高二八釐米；一紙；一八行；行約三〇字。

二・三 卷軸裝。首尾均斷。有烏絲欄。

三・一 首殘→大正475，16/543C16；

三・二 尾全→16/544A19。

四・二 維摩詰經卷上（尾）

八 八至九世紀。吐蕃統治時期寫本。

九・一 楷書。

一〇 旁有鉛筆註「甲卅四」。

圖版三〇〇

一・一 中散二〇三五號

一・五 津圖〇五八號

一・三 灌頂拔除過罪生死得度經

一・四 殘2—24

二・一 寬三五.九釐米，高二五.八釐米；一紙；一七行；行一七字。

二・三 卷軸裝。首斷尾全。有烏絲欄。

三・一 首殘→大正1331，21/536A14；

三・二 尾全→21/536B06。

四·二　藥師經（尾）
八　七至八世紀。唐寫本。
九·一　楷書。
一〇　旁有鉛筆註「甲二十」。

一·一　中散二〇三六號
一·五　津圖〇五九號
一·三　藥師琉璃光如來本願功德經

圖版三〇一

一·四　殘2–25
二·一　寬一五.八釐米，高二五.九釐米；一紙；九行；行一七字。
二·三　卷軸裝。首斷尾脫。有烏絲欄。
三·一　首殘→大正0450，14/0405C25；
三·二　尾殘→14/0406A05。
六·一　首→津圖〇六〇號。
八　七至八世紀。唐寫本。
九·一　楷書。
一〇　旁有鉛筆註「乙三十」。

一·一　中散二〇三七號
一·五　津圖〇六〇號
一·三　藥師琉璃光如來本願功德經

圖版三〇一

一・四 殘2－26

二・一 寬二三.九釐米，高二五.九釐米；二紙；一三行；行一七字。

二・二 1：2.7，1； 2：21.2，12。

二・三 卷軸裝。首尾均斷。有烏絲欄。

三・一 首殘→大正0450，14/0405C11；

三・二 尾殘→14/0405C24。

六・二 尾→津圖〇五九號。

八 七至八世紀。唐寫本。

九・一 楷書。

一・一 中散二〇三八號

一・五 津圖〇六一號

一・三 稱讚淨土佛攝受經

一・四 殘2－27

二・一 寬一七釐米，高二六.一釐米；一紙；一〇行；行一七字。

二・三 卷軸裝。首脫尾斷。有烏絲欄。

三・一 首殘→大正0367，12/0349A21；

三・二 尾殘→12/0349B01。

八 七至八世紀。唐寫本。

九・一 楷書。

圖版三〇二

一・一 中散二〇三九號

一・五 津圖〇六二號

一・三 妙法蓮華經卷四　圖版三〇二

一・四 殘2–28

二・一 寬一八.八釐米，高二五.二釐米；一紙；一〇行；行一七字。

二・三 卷軸裝。首尾均斷。有烏絲欄。

三・一 首殘→大正0262，09/0035A28；

三・二 尾殘→09/0035B11。

八 七至八世紀。唐寫本。

九・一 7~8世紀。唐寫本。

一〇 旁有鉛筆註「甲廿一」。

一一 《添品妙法蓮華經》卷四已有相同經文。參見大正0264，09/0169C06~17。

一・一 中散二〇四〇號

一・五 津圖〇六三號

一・三 陀羅尼雜集卷三　圖版三〇三

一・四 殘2–29

二・一 寬四三.二釐米，高二八.九釐米；二紙；二四行；行字不等。

二・二 1：17.1，10；　2：26.1，14。

二・三 卷軸裝。首尾均斷。卷面殘破，有殘洞。有烏絲欄。

三・一 首殘→大正1336，21/0597A21；

三・二　尾殘→21/0597C03。

五　與《大正藏》本對照，文字略有不同。與《普寧藏》同。

八　九至一〇世紀。歸義軍時期寫本。

九・一　楷書。

九・二　有行間加行及硃筆校改字。

一・一　中散二〇四一號

一・五　津圖〇六四號

一・三　維摩詰所説經卷中　　圖版三〇四

一・四　殘2–30

二・一　寬三六.八釐米，高二八.二釐米；一紙；二三行；行二〇字。

二・三　卷軸裝。首斷尾脱。上邊有一殘洞。有烏絲欄。

三・一　首殘→大正0475，14/0544C09；

三・二　尾殘→14/0545A10。

八　八至九世紀。吐蕃統治時期寫本。

九・一　楷書。

一・一　中散二〇四二號

一・五　津圖〇六五號

一・三　妙法蓮華經卷一　　圖版三〇五

一・四　殘2–31

二・一　寬三九.九釐米，高二五.五釐米；一紙；二二行；行一六字。

二・三　卷軸裝。首脫尾斷。有烏絲欄。

三・一　首殘→大正0262，09/0002C21；

三・二　尾殘→09/0003A27。

八　七至八世紀。唐寫本。

九・一　楷書。

一〇　旁有鉛筆註「甲十三」。

一一　《添品妙法蓮華經》卷一亦有相同經文。參見大正0264，9/0135C27~0136A27。

一・一　中散二〇四三號

一・五　津圖〇六六號

一・三　千眼菩薩總攝身印第一

圖版三〇六

一・四　殘2–32

二・一　寬一九.一釐米，高二七.一釐米；一紙；一二行；行一七字。

二・三　卷軸裝。首尾均斷。有烏絲欄。

三・四　説明：參見《觀自在菩薩怛嚩多唎隨心陀羅》、《千眼千臂觀世音菩薩陀羅尼神呪經》等。與上述經典中的「總攝身印」略有不同。

四・一　千眼菩薩總攝身印第一（首）。

八　九至一〇世紀。歸義軍時期寫本。

九・一　楷書。

一〇　旁有鉛筆註「丙十七」。

一·一 中散二〇四四號

一·五 津圖〇六七號

一·三 法句經（僞經）

圖版三〇六

一·四 殘2–33

二·一 寬二九.一釐米，高二六.四釐米；一紙；一七行；行一七字。

二·三 卷軸裝。首斷尾脱。有烏絲欄。

三·一 首殘→大正2901，85/1434B17；

三·二 尾殘→85/1434C07。

五 與《大正藏》本對照，文字略有參差。

八 七至八世紀。唐寫本。

九·一 楷書。

一·一 中散二〇四五號

一·五 津圖〇六八號

一·三 辯中邊論卷一

圖版三〇七

一·四 殘2–34

二·一 寬三〇.二釐米，高三〇.四釐米；一紙；二〇行；行約二八字。

二·三 卷軸裝。首脱尾斷。下部有紅色水漬印。有烏絲欄。

三·一 首殘→大正1600，31/0467A01；

三·二 尾殘→31/0467B11。

八 九至一〇世紀。歸義軍時期寫本。

九・一 楷書。

圖版三〇八

一・一 中散二〇四六號

一・五 津圖〇六九號

一・三 妙法蓮華經卷一

一・四 殘2−35

二・一 寬三六.八釐米，高二五.六釐米；一紙；二二行；行一六字。

二・三 卷軸裝。首斷尾脫。有烏絲欄。

三・一 首殘→大正0262，09/0003A07；

三・二 尾殘→09/0003B07。

八 七至八世紀。唐寫本。

九・一 楷書。

一〇 旁有鉛筆註「甲廿五」。

一一 《添品妙法蓮華經》卷一亦有相同經文。參見大正0264，09/0136A07～B7。

圖版三〇九

一・一 中散二〇四七號

一・五 津圖〇七〇號

一・三 四分比丘尼戒本

一・四 殘2−36

二・一 寬四三.五釐米，高二七釐米；二紙；二七行；行約二八字。

二・二　1：7.8，5：；2：35.7，22。
二・三　卷軸裝。首斷尾全。尾部殘破。有烏絲欄。
三・一　首殘→大正1431，22/1040B12；
三・二　尾殘→22/1041a17。
八　八至九世紀。吐蕃統治時期寫本。
九・一　楷書。
一〇　旁有鉛筆註「丙七」。
一・一　中散二〇四八號

一・五　津圖〇七一號

一・三　思益梵天所問經卷三

圖版三一〇

一・四　殘2–37
二・一　寬二五釐米，高二六.二釐米；一紙；一四行；行一七字。
二・三　卷軸裝。首尾均斷。有烏絲欄。
三・一　首殘→大正0586，15/0047C10；
三・二　尾殘→15/0047C24。
八　九至一〇世紀。歸義軍時期寫本。
九・一　楷書。
一〇　旁有鉛筆註「丙卅八」。
一・一　中散二〇四九號

一・五　津圖〇七二號

一・三　妙法蓮華經卷四　圖版三一〇

一・四　殘2–38

二・一　寬二五.七釐米，高二五.四釐米；一紙；一四行；行一七字。

二・三　卷軸裝。首尾均斷。有烏絲欄。

三・一　首殘→大正0262，09/0036A22；

三・二　尾殘→09/0036B08。

八　七至八世紀。唐寫本。

九・一　楷書。

一一　《添品妙法蓮華經》卷四亦有相同經文。參見大正0264，09/0170B28～C14。

一・一　中散二〇五〇號

一・五　津圖〇七三號

一・三　藥師琉璃光如來本願功德經　圖版三一一

一・四　殘2–39

二・一　寬三六.八釐米，高二七釐米；一紙；二一行；行一七字。

二・三　卷軸裝。首殘尾斷。卷面略殘。有烏絲欄。

三・一　首殘→大正0450，14/0405C11；

三・二　尾殘→14/0406A04。

八　七至八世紀。唐寫本。

九・一　楷書。

一〇 旁有鉛筆註「甲三十」。

一・一 中散二〇五一號

一・五 津圖〇七四號

一・三 老子　圖版三一一

一・四 殘2-40

二・一 寬一九.四釐米，高一〇.二釐米；一紙；一一行。

二・三 卷軸裝。首脫尾斷。通卷下殘。有烏絲欄。

三・四 説明：此號為《老子》白文。文字相當於《河上公章句》之「順化第五十八」到「謙德第六十一」。與傳世本文字略有異同，可資校勘。

八 七至八世紀。唐寫本。

九・一 楷書。

一・一 中散二〇五二號

一・五 津圖〇七五號

一・三 藥師琉璃光如來本願功德經　圖版三一二

一・四 殘2-41

二・一 寬二六釐米，高二五.四釐米；一紙；一五行；行一七字。

二・三 卷軸裝。首殘尾斷。有烏絲欄。

三・一 首2行上下殘→大正0450，14/0407A02～03；

三・二 尾殘→14/0407A16。

八 九至一〇世紀。歸義軍時期寫本。
九・一 楷書。

一・一 中散二〇五三號
一・五 津圖〇七六號
一・三 維摩詰所説經卷中　圖版三一二
一・四 殘2－42
二・一 寬二一.六釐米，高二六.二釐米；一紙；一二行；行一七字。
二・三 卷軸裝。首脱尾斷。有烏絲欄。
三・一 首殘→大正0475，14/0548A05；
三・二 尾殘→14/0548A18。
六・一 首→中散二〇五九號。
八 八至九世紀。吐蕃統治時期寫本。
九・一 楷書。

一・一 中散二〇五四號
一・五 津圖〇七七號
一・三 妙法蓮華經卷七　圖版三一三
一・四 殘2－43
二・一 寬一八釐米，高二七釐米；一紙；一一行；行一七字。
二・三 卷軸裝。首尾均斷。有烏絲欄。

三・一　首殘→大正0262，09/0058B26；
三・二　尾殘→09/0058C08。
八　七至八世紀。唐寫本。
九・一　楷書。

一・一　中散二〇五五號
一・五　津圖〇七八號
一・三　妙法蓮華經卷五　圖版三一四
一・四　殘2−44
二・一　寬四六.七釐米，高二八釐米；二紙；二八行；行一七字。
二・二　1：8.5，5；　2：38.2，23。
二・三　卷軸裝。首尾均斷。有烏絲欄。
三・一　首殘→大正0262，09/0040B15；
三・二　尾殘→09/0041A03。
八　九至一〇世紀。歸義軍時期寫本。
九・一　楷書。
一〇　旁有鉛筆註「丙廿一」。

一・一　中散二〇五六號
一・五　津圖〇七九號
一・三　妙法蓮華經卷三　圖版三一五

一・四　殘2－45

二・一　寬三二.六釐米，高二五.八釐米；一紙；一九行；行一七字。

二・三　卷軸裝。首尾均斷。有烏絲欄。

三・一　首殘→大正0262，09/0025B26；

三・二　尾殘→09/0025C17。

八　七至八世紀。唐寫本。

九・一　楷書。

一〇　旁有鉛筆註「乙廿三」。

一一　《添品妙法蓮華經》卷三亦有相同經文。參見大正0264，09/_p0160A21～B12。

一・一　中散二〇五七號

一・五　津圖〇八〇號

一・三　金剛般若波羅蜜經

圖版三一五

一・四　殘2－46

二・一　寬一三.四釐米，高二七釐米；一紙；八行；行一七字。

二・三　卷軸裝。首脫尾斷。上下邊外各有一道墨欄。有烏絲欄。

三・一　首殘→大正0235，08/0752B08；

三・二　尾殘→08/0752B16。

八　七至八世紀。唐寫本。

九・一　楷書。

一・一 中散二〇五八號
一・五 津圖〇八一號
一・三 大般若波羅蜜多經卷五〇四　圖版三一六
一・四 殘2－47
二・一 寬三九.二釐米，高二五.六釐米；一紙；二三行；行一七字。
二・三 卷軸裝。首脫尾斷。有烏絲欄。
三・一 首殘→大正0220，07/0569B24；
三・二 尾殘→07/0569C18。
八 八至九世紀。吐蕃統治時期寫本。
九・一 楷書。
一〇 旁有鉛筆註「丙廿三」。

一・一 中散二〇五九號
一・五 津圖〇八二號
一・三 維摩詰所說經卷中　圖版三一七
一・四 殘2－48
二・一 寬四九釐米，高二六.二釐米；一紙；二八行；行一七字。
二・三 卷軸裝。首尾均脫。
三・一 首殘→大正0475，14/0547C03；
三・二 尾殘→14/0548A05。
六・二 尾→中散二〇五三號。

八　九至一〇世紀。歸義軍時期寫本。
九・一　楷書。
一〇　旁有鉛筆註「乙十七」。

圖版三一八

一・一　中散二〇六〇號
一・五　津圖〇八三號
一・三　**瑜伽師地論卷七**
一・四　殘2–49
二・一　寬五三.四釐米，高二六.四釐米；二紙；三〇行；行一七字。
二・二　1：9，4；　2：44.4，26。
二・三　卷軸裝。首尾殘。上邊有等距離殘缺。有烏絲欄。
三・一　首殘→大正1579，30/0309C06；
三・二　尾殘→30/0310A08。
八　八至九世紀。吐蕃統治時期寫本。
九・一　楷書。
九・二　有硃筆斷句與科分。

圖版三一九

一・一　中散二〇六一號
一・五　津圖〇八四號
一・三　**大通方廣懺悔滅罪莊嚴成佛經卷上**
一・四　殘2–50

二・一　寬二二.六釐米，高二四.八釐米；一紙；一三行；行字不等。
二・三　卷軸裝。首殘尾脱。上邊略殘。有烏絲欄。
三・一　首殘→大正2871，85/1343C27；
三・二　尾殘→85/1344A08。
八　五至六世紀。南北朝寫本。
九・一　隸楷。
一〇　旁有鉛筆註「乙廿一」。

圖版三一九

一・一　中散二〇六二號
一・五　津圖〇八五號
一・三　**大乘密嚴經（地婆訶羅譯本）卷上**
一・四　殘2－51
二・一　寬二〇.八釐米，高二五.四釐米；二紙；一二行；行二〇字。
二・二　1：16.7，10；　2：4.1，2。
二・三　卷軸裝。首尾均斷。有烏絲欄。
三・一　首殘→大正0681，16/0728A20；
三・二　尾殘→16/0728B12。
八　七至八世紀。唐寫本。
九・一　楷書。
一〇　旁有鉛筆註「丙十三」。

一・一 中散二〇六三號

一・五 津圖〇八六號

一・三 添品妙法蓮華經卷一

一・四 殘2—52

二・一 寬三七.四釐米，高二五.二釐米；二紙；二二行；行一七字。

二・二 1：30.6，18；2：6.8，4。

二・三 卷軸裝。首尾均斷。第二紙有一火燒殘洞。有烏絲欄。

三・一 首殘→大正0264，09/0137A25；

三・二 尾殘→09/0137B17。

八 七至八世紀。唐寫本。

九・一 楷書。

九・二 有行間校加字。

一〇 旁有鉛筆註「乙卅四」。

圖版三三〇

一・一 中散二〇六四號

一・五 津圖〇八七號

一・三 論八背捨（擬）

一・四 殘2—53

二・一 寬三四.九釐米，高三一.二釐米；一紙；一九行；行約三一字。

二・三 卷軸裝。首尾均斷。上邊有殘洞。有烏絲欄。

八 八至九世紀。吐蕃統治時期寫本。

圖版三三一

九・一　楷書。

九・二　有墨筆點標。有倒乙。

一・一　中散二〇六五號

一・五　津圖〇八八號

一・三　妙法蓮華經卷六　圖版三三二

一・四　殘2－54

二・一　寬五四釐米，高二六.五釐米；二紙；三〇行；行一七字。

二・二　1：6.8，3；　2：47.2，27。

二・三　卷軸裝。首殘尾斷。上邊略殘。有烏絲欄。

三・一　首殘→大正0262，09/0047A11；

三・二　尾殘→09/0047C01。

八　九至一〇世紀。歸義軍時期寫本。

九・一　楷書。

一一　《添品妙法蓮華經》卷六亦有相同經文。參見大正0264，09/0181A27～C5。

一・一　中散二〇六六號

一・五　津圖〇八九號

一・三　金光明經卷四　圖版三三三

一・四　殘2－55

二・一　寬二九.四釐米，高二四.六釐米；一紙；一八行；行一六字。

二・三　卷軸裝。首尾均斷。有烏絲欄。

三・一　首殘→大正0663，16/0356B17；

三・二　尾殘→16/0356C11。

八　七至八世紀。唐寫本。

九・一　楷書。

一一　《合部金光明經》卷八亦有相同經文。參見大正0664，16/0399B19～C13。

圖版三二四

一・一　中散二〇六七號

一・五　津圖〇九〇號

一・三　四分比丘尼戒本

一・四　殘2—56

二・一　寬三〇.二釐米，高二九釐米；二紙；一九行；行約二二字。

二・二　1：10.2，6；　2：20，13。

二・三　卷軸裝。首尾均斷。有烏絲欄。

三・一　首殘→大正1431，22/1031B04；

三・二　尾殘→22/1031C01。

八　九至一〇世紀。歸義軍時期寫本。

九・一　楷書。

一〇　旁有鉛筆註「丙十八」。

一一・一　中散二〇六八號

一・五 津圖〇九一號

一・三 金剛般若波羅蜜經（三十二分本）

圖版三二五

一・四 殘2–57

二・一 寬二四.九釐米，高二五.二釐米；二紙；一四行；行一七字。

二・二 1：17.6，10；2：7.3，4。

二・三 卷軸裝。首尾均殘。上邊燒灼殘缺兩處。有烏絲欄。

三・一 首殘→大正0235，08/0749C25；

三・二 尾殘→08/0750A10。

八 九至一〇世紀。歸義軍時期寫本。

九・一 楷書。

一〇 旁有鉛筆註「乙一」。

一・一 中散二〇六九號

一・五 津圖〇九二號

一・三 維摩詰所說經卷下

圖版三二六

一・四 殘2–58

二・一 寬二六.六釐米，高二六釐米；一紙；一五行；行一七字。

二・三 卷軸裝。首脫尾斷。有烏絲欄。

三・一 首殘→大正0475，14/0552C05；

三・二 尾殘→14/0552C20。

六・一 首→天圖〇九六

八 九至一〇世紀。歸義軍時期寫本。
九・一 楷書。
九・二 有行間校加字。
一〇 旁有鉛筆註「丙十九」。殘2附有方爾謙題記三條，分別記在三張紙上，其中一條首殘。

一・一 中散二〇七〇號
一・五 津圖〇九三號
一・三 **大般涅槃經（北本）卷一三** 圖版三二七
一・四 殘3–1
二・一 寬四九釐米，高二五.二釐米；一紙；二八行；行一七字。
二・三 卷軸裝。首尾均斷。有烏絲欄。
三・一 首殘—→大正0374，12/0441a02；
三・二 尾殘—→12/0441b02。
五 與《大正藏》本對照，文字略有參差。
八 五至六世紀。南北朝寫本。
九・一 隸楷。
一一 《大般涅槃經》（南本）卷一二亦有相同經文。參見大正0375，12/0682B28～0683A01。

一・一 中散二〇七一號
一・五 津圖〇九四號
一・三 **法華經疏（擬）** 圖版三二八

一・四　殘3－2
二・一　寬四九釐米，高二七.四釐米；二紙；二八行；行約一八字。
二・二　1：29.6，17；　2：19.4，11。
二・三　卷軸裝。首尾均斷。有烏絲欄。
八　七至八世紀。唐寫本。
九・一　楷書。

一・一　中散二〇七二號
一・五　津圖〇九五號
一・三　大般涅槃經（北本）卷一九　　圖版三二九
一・四　殘3－3
二・一　寬二八.八釐米，高二三.二釐米；一紙；一六行；行一七字。
二・三　卷軸裝。首殘尾斷。有烏絲欄。
三・一　首殘→大正0374，12/0476B17；
三・二　尾殘→12/0476C04。
八　五至六世紀。南北朝寫本。
九・一　隸楷。
一一　《大般涅槃經》（南本）卷一七亦有相同經文。參見大正0375，12/0719B12～28。
一・一　中散二〇七三號
一・五　津圖〇九六號

一·三 維摩詰所說經卷下 圖版三三〇

一·四 殘3－4

二·一 寬三四.四釐米，高二六釐米；一紙；一九行；行一七字。

二·三 卷軸裝。首尾均殘。卷面有殘損。有烏絲欄。

三·一 首殘→大正0475，14/0552B14；

三·二 尾殘→14/0552C05。

六·二 尾→天圖〇九二

八 九至一〇世紀。歸義軍時期寫本。

九·一 楷書。

一·一 中散二〇七四號

一·五 津圖〇九七號

一·三 妙法蓮華經卷五 圖版三三〇

一·四 殘3－5

二·一 寬一五.四釐米，高二八釐米；二紙；九行；行一七字。

二·二 1：3.6，2；　2：11.8，7。

二·三 卷軸裝。首尾均斷。未入潢。有烏絲欄。

三·一 首殘→大正0262，09/0041A04；

三·二 尾殘→09/0041A13。

八 五至六世紀。南北朝寫本。

九·一 隸楷。

一一 《添品妙法蓮華經》卷五亦有相同經文。參見大正0264_p0175B04～12。

一·一 中散二〇七五號

一·五 津圖〇九八號

一·三 大佛頂如來密因修證了義諸菩薩萬行首楞嚴經卷七 圖版三三一

一·四 殘3–6

二·一 寬四七.二釐米，高二五.六釐米；一紙；二七行；行一七字。

二·三 卷軸裝。

三·一 首全→大正0945，19/0133A03；

三·二 尾殘→19/0133B01。

四·一 大佛頂如來密因修證了義諸菩薩萬行首楞嚴經第七/一名中印度那蘭陀大道/場經，於灌頂部録出別行/（首）。

七·四 首部後代粘有一紙，上貼護首經名簽，3×11釐米，作「大佛頂經卷第七」，上有經名號。

八 七至八世紀。唐寫本。

九·一 楷書。

一·一 中散二〇七六號

一·五 津圖〇九九號

一·三 金剛般若波羅蜜經 圖版三三二

一·四 殘3–7

二·一 寬五四.一釐米，高二五.六釐米；二紙；二七行；行一七字。

二・二　1：40.6，23；　2：13.5，4。
二・三　卷軸裝。首斷尾全。有燕尾。有烏絲欄。
三・一　首殘→大正0235，08/0752B06；
三・二　尾殘→08/0752C03。
四・二　金剛般若波羅蜜經（尾）
八　七至八世紀。唐寫本。
九・一　楷書。

圖版三三三

一・一　中散二〇七七號
一・五　津圖一〇〇號
一・三　金剛般若波羅蜜經
一・四　殘3–8
二・一　寬四九.二釐米，高二五.四釐米；一紙；二七行；行一七字。
二・三　卷軸裝。首尾均脫。有烏絲欄。
三・一　首殘→大正0235，08/0752B03；
三・二　尾殘→08/0752C02。
八　七至八世紀。唐寫本。
九・一　楷書。

一・一　中散二〇七八號
一・五　津圖一〇一號

一·三　妙法蓮華經卷六　　圖版三三四

一·四　殘3–9

二·一　寬五〇.八釐米，高二五.三釐米；一紙；二八行；行一七字。

二·三　卷軸裝。首尾均脫。有烏絲欄。

三·一　首殘→大正0262，09/0050B28；

三·二　尾殘→09/0050C27。

八　七至八世紀。唐寫本。

九·一　楷書。

一一　《添品》卷六亦有相同經文。參見大正0264，09/0184C10~0185A09。

一·一　中散二〇七九號

一·五　津圖一〇二號

一·三　金剛般若波羅蜜經　　圖版三三五

一·四　殘3–10

二·一　寬五三釐米，高二五.六釐米；二紙；三〇行；行一七字。

二·二　1：27，15；2：26，15。

二·三　卷軸裝。首斷尾殘。

三·一　首殘→大正0235，08/0750C07；

三·二　尾殘→08/0751A09。

八　七至八世紀。唐寫本。

九·一　楷書。

一・一　中散二〇八〇號
一・五　津圖一〇三號
一・三　金剛般若波羅蜜經　圖版三三六
一・四　殘3－11
二・一　寬三七.八釐米，高二五釐米；二紙；二二行；行一七字。
二・二　1：25.6，17；　2：12.5，5。
二・三　卷軸裝。首殘尾斷。尾部略殘。有烏絲欄。
三・一　首殘→大正0235，08/0749A01；
三・二　尾殘→08/0749A25。
八　七至八世紀。唐寫本。
九・一　楷書。

一・一　中散二〇八一號
一・五　津圖一〇四號
一・三　千手千眼觀世音菩薩姥陀羅尼身經（別本）　圖版三三七
一・四　殘3－12
二・一　寬三六.八釐米，高二七.五釐米；二紙；二四行；行約一九字。
二・二　1：7，5；　2：29.8，19。
二・三　卷軸裝。首尾均斷。卷面殘破。有烏絲欄。
三・四　說明：與《大正藏》本對照，內容相同，但行文有較大差異。故作為別本處理。參見《大正藏》第1058號，20/0102A26～B24。

八　九至一〇世紀。歸義軍時期寫本。

九・一　楷書。

一・一　中散二〇八二號

一・五　津圖一〇五號

一・三　金剛般若波羅蜜經　圖版三三八

一・四　殘3—13

二・一　寬四八.五釐米，高二五.四釐米；二紙；二八行；行一七字。

二・二　1：35.7，21；2：12.2，7。

二・三　卷軸裝。首尾均斷。有烏絲欄。

三・一　首殘→大正0235，08/0749A26；

三・二　尾殘→08/0749B25。

八　七至八世紀。唐寫本。

九・一　楷書。

一・一　中散二〇八三號

一・五　津圖一〇六號

一・三　觀彌勒菩薩上生兜率天經　圖版三三九

一・四　殘3—14

二・一　寬五五.三釐米，高二六.四釐米；三紙；三三行；行一七字。

二·二 1：5，3；2：39.5，24；3：10.8，6。
二·三 卷軸裝。首尾均殘。卷面有殘損。有烏絲欄。
三·一 首殘→大正0452，14/0418B26；
三·二 尾殘→14/0419A03。
八 七至八世紀。唐寫本。
九·一 楷書。8～9世紀。吐蕃統治時期寫本。

一·一 中散二〇八四號
一·五 津圖一〇七號
一·三 大佛頂如來密因修證了義諸菩薩萬行首楞嚴經卷三

圖版三四〇

一·四 殘3－15
二·一 寬五三.二釐米，高二五.六釐米；二紙；二九行；行一七字。
二·二 1：51.2，28；2：2，1。
二·三 卷軸裝。首尾均斷。有烏絲欄。
三·一 首殘→大正0945，19/0117B11；
三·二 尾殘→19/0117C11。
八 七至八世紀。唐寫本。
九.一 楷書。

一·一 中散二〇八五號
一·五 津圖一〇八號

一・三 菩薩地持經卷一〇 圖版三四一

一・四 殘3–16

二・一 寬五二.三釐米，高二五.八釐米；二紙；二九行；行一七字。

二・二 1：43.4，24；2：8.9，5。

二・三 卷軸裝。首尾均斷。有烏絲欄。

三・一 首殘→大正1581，30/0957A10；

三・二 尾殘→30/0957B08。

五 與《大正藏》本對照，文字略有不同。有重復鈔寫「是名惡戒（見）。身口意惡行種種邪見。」

八 七至八世紀。唐寫本。

九・一 楷書。

一・一 中散二〇八六號

一・五 津圖一〇九號

一・三 救拔焰口餓鬼陀羅尼經 圖版三四二

一・四 殘3–17

二・一 寬五〇.四釐米，高二七釐米；一紙；四二行；行約二九字。

二・三 卷軸裝。首尾均脫。首部有殘洞。有烏絲欄。

三・一 首殘→大正1313，21/0464C02；

三・二 尾殘→21/465B23。

五 與《大正藏》本對照，文字略有不同。

六・一　首→津圖一一一二號二。

六・二　尾→津圖一一一〇號一。

八　九至一〇世紀。歸義軍時期寫本。

九・一　楷書。

九・二　有倒乙。

一・一　中散二〇八七號一

一・五　津圖一一一〇號一

一・三　救拔焰口餓鬼陀羅尼經

圖版三四三

一・四　殘3–18

二・一　寬五〇.四釐米，高二七釐米；一紙；四二行；行約二九字。

二・三　卷軸裝。首尾均脫。有烏絲欄。

二・四　本件鈔寫兩個文獻：（一）救拔焰口餓鬼陀羅尼經，四行，今編為津圖一一一〇號一；（二）長者女菴提遮師子吼了義經，三八行，今編為津圖一一一〇號二。

三・一　首殘→大正1313，21/465B23；

三・二　尾殘→21/0465B29。

四・二　佛說救拔焰口餓鬼陀羅尼經（尾）。

五　與《大正藏》本對照，文字略有不同。末句作「所稱四如來名號，若不梵誦，但漢稱亦得」。

六・一　首→津圖一一〇九號。

八　九至一〇世紀。歸義軍時期寫本。

九・一 楷書。

一・一 中散二〇八七號二

一・五 津圖一一〇號二

一・三 長者女菴提遮師子吼了義經 圖版三四三

一・四 殘3—18

二・四 本件鈔寫兩個文獻，此為第二個文獻。餘請參見津圖一一〇號一第二項。

三・一 首殘→大正0580，14/0962C18；

三・二 尾殘→14/0963B28。

四・一 佛說長者女菴提遮師子吼了義經（首）。

六・二 尾→津圖一一一號。

八 九至一〇世紀。歸義軍時期寫本。

九・一 楷書。

一・一 中散二〇八八號

一・五 津圖一一一號

一・三 長者女菴提遮師子吼了義經 圖版三四四

一・四 殘3—19

二・一 寬五〇.三釐米，高二七釐米；一紙；四二行；行約二八字。

二・三 卷軸裝。首尾均脫。上部殘破。有烏絲欄。

三・一 首殘→大正0580，14/0963B28；

三・二　尾殘→14/0964B16。

六・一　首→津圖一一〇號二。

六・二　尾→津圖一一三號。

八　九至一〇世紀。歸義軍時期寫本。

九・一　楷書。

九・二　有行間校加字。

一・一　中散二〇八九號一

一・五　津圖一一二號一

一・三　讚僧功德經

圖版三四五

一・四　殘3—20

二・一　寬五〇.四釐米，高二七釐米；一紙；四二行；行約二八字。

二・三　卷軸裝。首尾均斷。卷首有殘洞。有烏絲欄。

二・四　本件鈔寫兩個文獻：（一）讚僧功德經，三八行，今編為津圖一一二號一；（二）救拔焰口餓鬼陀羅尼經，四行，今編為津圖一一二號二。

三・一　首殘→大正2911，85/1457B08；

三・二　尾全→85/1458A23。

四・二　讚僧功德經一卷（尾）

五　與《大正藏》本相比，多尾題。

八　九至一〇世紀。歸義軍時期寫本。

九・一　楷書。

九・二 有倒乙。

一・一 中散二〇八九號二

一・五 津圖一一二號二

一・三 ## 救拔焰口餓鬼陀羅尼經

圖版三四五

一・四 殘3－20

二・四 本件鈔寫兩個文獻，本號爲第二個。餘參見津圖一一二號一第二項。

三・一 首殘→大正1313，21/0464B20；

三・二 尾殘→21/0464C02。

四・一 佛說救拔焰口餓鬼陀羅尼經（首）

五 與《大正藏》本相比，無譯者題名。

六・二 尾→津圖一〇九號。

八 九至一〇世紀。歸義軍時期寫本。

九・一 楷書。

一・二 中散二〇九〇號

一・五 津圖一一三號

一・三 ## 長者女菴提遮師子吼了義經

圖版三四六

一・四 殘3－21

二・一 寬三三釐米，高二四.四釐米；一紙；二五行。

二・三 卷軸裝。首脫尾殘。通卷上殘，殘破形態規則。有烏絲欄。

三・一 首殘→大正0580，14/0964B16；
三・二 尾殘→14/0964C28。
六・一 首→津圖一一一號。
八 九至一〇世紀。歸義軍時期寫本。
九・一 楷書。

一・一 中散二〇九一號
一・五 津圖一一四號
一・三 大方廣佛華嚴經（晉譯六十卷本）卷四六　圖版三四七
一・四 殘3—22
二・一 寬五六釐米，高二七.二釐米；三紙；三三行；行一七字。
二・二 1：8.9，5；2：41.6，25；3：5.5，3。
二・三 卷軸裝。首尾均斷。卷面有殘損。有烏絲欄。
三・一 首殘→大正0278，09/0693B02；
三・二 尾殘→09/0693C07。
八 五至六世紀。南北朝寫本。
九・一 隸書。

一・一 中散二〇九二號
一・五 津圖一一五號
一・三 觀佛三昧海經卷九　圖版三四八

一・四　殘3－23

二・一　寬五二.六釐米，高二六釐米；一紙；二八行；行一七字。

二・三　卷軸裝。首尾均脱。尾部有等距離殘洞三個。有烏絲欄。

三・一　首殘→大正0643，15/0692B02；

三・二　尾殘→15/0692C01。

八　七至八世紀。唐寫本。

九・一　楷書。

一〇　卷首上邊有一硃文方印「滎陽會/天宇字和/君攷藏記」，2.2×2釐米。

一・一　中散二〇九三號

一・五　津圖一一六號

一・三　妙法蓮華經卷三

一・四　殘3－24

二・一　寬五一.六釐米，高二五.八釐米；一紙；二八行；行一六字（偈頌）。

二・三　卷軸裝。首尾均脱。有烏絲欄。

三・一　首殘→大正0262，09/0019C18；

三・二　尾殘→09/0020A26。

八　七至八世紀。唐寫本。

九・一　楷書。

一・一　中散二〇九四號

圖版三四九

圖版三五〇

一・五 津圖一一七號

一・三 增壹阿含經卷四七

一・四 殘3—25

二・一 寬五二釐米，高二五.八釐米；二紙；二七行；行一七字。

二・二 1：45.7，24；2：6.3，3。

二・三 卷軸裝。首尾均斷。有烏絲欄。

三・一 首殘→大正0125，02/0806A02；

三・二 尾全→02/0806B03。

八 九至一〇世紀。歸義軍時期寫本。

九・一 楷書。

圖版三五一

一・一 中散二〇九五號

一・五 津圖一一八號

一・三 妙法蓮華經卷一

一・四 殘3—26

二・一 寬五一.六釐米，高二五.八釐米；一紙；二八行；行一七字。

二・三 卷軸裝。首尾均脫。有烏絲欄。

三・一 首殘→大正0262，09/0004B15；

三・二 尾殘→09/0005A08。

八 七至八世紀。唐寫本。

九・一 楷書。

一·一 中散二〇九六號
一·五 津圖一一九號
一·三 金剛般若波羅蜜經
一·四 殘3-27
二·一 寬四三.六釐米，高二五.四釐米；一紙；二四行；行一七字。
二·三 卷軸裝。首斷尾脱。尾部有裂痕。有烏絲欄。
三·一 首殘→大正0235，08/0752A05；
三·二 尾殘→08/0752B03。
八 七至八世紀。唐寫本。
九·一 楷書。

圖版三五二

一·一 中散二〇九七號
一·五 津圖一二〇號
一·三 藥師琉璃光如來本願功德經
一·四 殘3-28
二·一 寬三八.六釐米，高二四.九釐米；一紙；二一行；行一七字。
二·三 卷軸裝。首斷尾脱。有烏絲欄。
三·一 首殘→大正0450，14/0407C01；
三·二 尾殘→14/0407C23。
八 七至八世紀。唐寫本。

圖版三五三

九・一　楷書。

一・一　中散二〇九八號

一・五　津圖一二一號

一・三　妙法蓮華經卷三　　圖版三五四

一・四　殘3－29

二・一　寬四八.五釐米，高二五.九釐米；二紙；二七行；行一七字。

二・二　1：9.1，5；　2：39.6，22。

二・三　卷軸裝。首尾均斷。有烏絲欄。

三・一　首殘→大正0262，09/0021C15；

三・二　尾殘→09/0022A17。

八　七至八世紀。唐寫本。

九・一　楷書。

一一　《添品妙法蓮華經》卷三亦有相同經文。參見大正0264，09/0156B16～C17

一・一　中散二〇九九號

一・五　津圖一二二號

一・三　金光明最勝王經卷三　　圖版三五五

一・四　殘3－30

二・一　寬四四.八釐米，高二六釐米；一紙；二五行；行一七字。

二・三　卷軸裝。首脫尾斷。有烏絲欄。

三・一 首殘→大正0665，16/0415C20；
三・二 尾殘→16/0416A17。
八 七至八世紀。唐寫本。
九・一 楷書。

一・一 中散二一〇〇號
一・五 津圖一二三號
一・三 妙法蓮華經卷七
一・四 殘3－31
二・一 寬五一.七釐米，高二五.八釐米；二紙；二八行；行一七字。
二・二 1：22.4，12； 2：29.3，16。
二・三 卷軸裝。首尾均斷。有烏絲欄。
三・一 首殘→大正0262，09/0060C25；
三・二 尾殘→09/0061A23。
八 七至八世紀。唐寫本。
九・一 楷書。

圖版三五六

一・一 中散二一〇一號
一・五 津圖一二四號
一・三 般若波羅蜜多心經
一・四 殘3－32

圖版三五七

二·一 寬四九釐米，高二五.八釐米；一紙；一八行；行一七字。

二·三 卷軸裝。首殘尾全。卷面有殘破，多處有殘洞。背面有三層古代裱補紙。有烏絲欄。

三·一 首全→大正0251，08/0848C07；

三·二 尾全→08/0848C24。

四·一 般若多心經一卷（首）。

四·二 般若多心經（尾）。

八 九至一〇世紀。歸義軍時期寫本。

九·一 楷書。

一·一 中散二一〇二號

一·五 津圖一二五號

一·三 七倶胝佛母准提大明陀羅尼經　圖版三五八

一·四 殘3－33

二·一 寬四三.八釐米，高二九釐米；二紙；三〇行；行二四至二八字。

二·二 1：40.5，27；2：3.3，3。

二·三 卷軸裝。首全尾斷。前部上下端殘破，卷面有殘損。有烏絲欄。

三·一 首殘→大正1075，20/0173A04；

三·二 尾殘→20/0173B29。

四·一 佛說七倶胝佛母准提大明陀羅尼經，金剛智三藏譯（首）。

五 與《大正藏》本對照，前部缺失咒語。所缺咒語可參見《大正藏》，20/0173A12～14。

八 九至一〇世紀。歸義軍時期寫本。

九・一　楷書。

一・一　中散二一〇三號
一・五　津圖一二六號
一・三　摩訶僧祇律卷五　圖版三五九
一・四　殘3－34
二・一　寬二二.八釐米，高二六釐米；一紙；一三行；行二〇字。
二・三　卷軸裝。首尾均斜殘，卷面呈不規則菱形。卷面有殘損。有烏絲欄。
三・一　首殘→大正1425，22/0268B16；
三・二　尾殘→22/0268C01。
五　與《大正藏》本對照，文字略有不同。
八　五至六世紀。南北朝寫本。
九・一　行書。
九・二　有行間校加字。

一・一　中散二一〇四號
一・五　津圖一二七號
一・三　妙法蓮華經卷五　圖版三五九
一・四　殘3－35
二・一　寬二七.二釐米，高二六.二釐米；一紙；一七行；行一七字。
二・三　卷軸裝。首殘尾斷。尾部有裂痕。有烏絲欄。

三・一 首殘→大正0262，09/0045A09；

三・二 尾殘→09/0045B12。

八 七至八世紀。唐寫本。

九・一 楷書。

一一 《添品妙法蓮華經》卷五亦有相同經文。參見大正0264，09/0179A27～B28。

一・一 中散二一〇五號

一・五 津圖一二八號

一・三 佛名經（三十卷本）卷一一　圖版三六〇

一・四 殘3－36

二・一 寬五〇.四釐米，高二五.六釐米；一紙；二八行；行一七字。

二・三 卷軸裝。首尾均脱。有烏絲欄。

三・一 首殘→大正0441，14/0228C20；

三・二 尾殘→14/0229A22。

五 與《大正藏》本對照，文字略有不同。並有缺文「歸命如是等十方盡虛空界一切三寶」

八 九至一〇世紀。歸義軍時期寫本。

九・一 楷書。

一・一 中散二一〇六號

一・五 津圖一二九號

一・三 金剛般若波羅蜜經　圖版三六一

一・四　殘3—37
二・一　寬四三.三釐米，高二五.四釐米；一紙；二六行；行一七字。
二・三　卷軸裝。首斷尾脱。卷面有小殘孔。有烏絲欄。
三・一　首殘→大正0235，08/0752A05；
三・二　尾殘→08/0752B05。
八　七至八世紀。唐寫本。
九・一　楷書。

一・一　中散二一〇七號
一・五　津圖一三〇號
一・三　妙法蓮華經卷三
一・四　殘3—38
二・一　寬四一.四釐米，高二五.四釐米；一紙；二三行；行一七字。
二・三　卷軸裝。首脱尾斷。有烏絲欄。
三・一　首殘→大正0262，09/0021B17；
三・二　尾殘→09/0021C14。
八　九至一〇世紀。歸義軍時期寫本。
九・一　楷書。
一一　《添品妙法蓮華經》卷三亦有相同經文。參見大正0264，09/0156A19～B15。
一・一　中散二一〇八號

一・五　津圖一三一號

一・三　**天地八陽神咒經**　圖版三六三

一・四　殘3－39

二・一　寬五二釐米，高二五釐米；三紙；三〇行；行一七字。

二・二　1'：3.5，2'；　2'：44.5，25'；　3'：4，2。

二・三　卷軸裝。首脱尾斷。

三・一　首殘→大正2897，85/1423A25；

三・二　尾殘→85/1423C01。

五　與《大正藏》本對照，內容相同，文字有較大差別。漏鈔一段文字，可參見《大正藏》，85/1423B25～27。

八　七至八世紀。唐寫本。

九・一　楷書。

一・一　中散二一〇九號

一・五　津圖一三二號

一・三　**四分律比丘戒本**　圖版三六四

一・四　殘3－40

二・一　寬四二.二釐米，高二六.五釐米；一紙；二五行；行字不等。

二・三　卷軸裝。首斷尾殘。有烏絲欄。

三・一　首殘→大正1429，22/1019B15；

三・二　尾殘→22/1019C13。

五　與《大正藏》本對照，有重復鈔寫：第20行1～8字。

八　八至九世紀。吐蕃統治時期寫本。

九・一　楷書。

九・二　有朱筆校加字。

一〇　尾有一方形陰文硃印「李印/盛鐸」，2×2釐米。

一・一　中散二一一〇號

一・五　津圖一三三號

一・三　**妙法蓮華經卷七**　　圖版三六五

一・四　殘3－41

二・一　寬二三.六釐米，高二五.三釐米；一紙；一三行；行一七字。

二・三　卷軸裝。首尾均斷。有烏絲欄。

三・一　首殘→大正0262，09/0057C01；

三・二　尾殘→09/0057C18。

八　七至八世紀。唐寫本。

九・一　楷書。

一・一　中散二一一一號

一・五　津圖一三四號

一・三　**大般涅槃經（北本）卷一九**　　圖版三六六

一・四　殘3－42

二・一　寬四四釐米，高二六.二釐米；一紙；二八行；行一七字。
二・三　卷軸裝。首尾均殘。卷面有殘洞，有蟲蛀。有烏絲欄。
三・一　首殘→大正0374，12/0476A02；
三・二　尾殘→12/0476B01。
六・二　尾→津圖一三五號。
八　七至八世紀。唐寫本。
九・一　楷書。
一一　《大般涅槃經》（南本）卷一七亦有相同經文，參見大正0375，12/0718C25～719A25。

一・一　中散二一一二號
一・五　津圖一三五號
一・三　大般涅槃經（北本）卷一九

圖版二六七

一・四　殘3-43
二・一　寬四七釐米，高二六.二釐米；一紙；二九行；行一七字。
二・三　卷軸裝。首脫尾斷。卷面有殘洞。有烏絲欄。
三・一　首殘→大正0374，12/0476B01；
三・二　尾殘→12/0476C02。
六・一　首→津圖一三四號。
八　七至八世紀。唐寫本。
九・一　楷書。
一一　《大般涅槃經》卷一七亦有相同經文，參見大正0375，12/0719A26～0719B20。

圖版三六八

一・一 中散二一一三號

一・五 津圖一三六號

一・三 **般若波羅蜜多心經**

一・四 殘3－44

二・一 寬三二.六釐米，高二二.六釐米；一紙；一八行；行一七字。

二・三 卷軸裝。首尾均全。卷面有殘破，有等距離殘洞。有烏絲欄。

三・一 首全→大正0251，08/0848C04；

三・二 尾全→08/0848C24。

四・一 般若波羅蜜多心經（首）。

四・二 般若波羅蜜多心經（尾）。

八 八至九世紀。吐蕃統治時期寫本。

九・一 楷書。

圖版三六九

一・一 中散二一一四號

一・五 津圖一三七號

一・三 **勸善經**

一・四 殘3－45

二・一 寬四二.二釐米，高三〇釐米；一紙；一六行；行一九至二〇字。

二・三 卷軸裝。首尾均全。

三・一 首全→大正2916，85/1462A03；

三・二　尾全→85/1462A19。

四・一　勸善經一卷（首）。

五　與《大正藏》本對照，文字略有不同。

七・一　尾有題記1行：「戊戌年十二月三十日清信弟子董在奴一心供養。」

八　九至一〇世紀。歸義軍時期寫本。

九・一　楷書。

九・二　有行間校加字。

圖版三七〇

一・一　中散二一一五號

一・五　津圖一三八號

一・三　延壽命經（小本）

一・四　殘3－46

二・一　寬四六.四釐米，高三二.二釐米；一紙；一八行；行一五字。

二・三　卷軸裝。首尾均全。有折疊欄。

八　九至一〇世紀。歸義軍時期寫本。

九・一　楷書。

圖版三七一

一・一　中散二一一六號一

一・五　津圖一三九號一

一・三　新菩薩經

一・四　殘3－47

二·一 寬五二.二釐米，高二七釐米；二紙；二八行；行一七至一八字。

二·二 1：21.2，11； 2：31，16。

二·四 本件鈔寫二個文獻：（一）《新菩薩經》，一四行，今編為津圖一三九號一；（二）《新菩薩經》，一四行，今編為津圖一三九號二。

二·三 卷軸裝。首尾均全。卷面多殘洞。有烏絲欄。

三·一 首殘→大正2917A，85/1462A26；

三·二 尾殘→85/1462B08。

四·一 新菩薩經一卷（首）。

四·二 新菩薩經一卷（尾）。

五 與《大正藏》本對照，文字略有參差。

八 八至九世紀。吐蕃統治時期寫本。

九·一 楷書。

圖版三七一

一·一 中散二一一六號二

一·五 津圖一三九號二

一·三 新菩薩經

一·四 殘3—47

二·四 本件由二個主題文獻組成，此為第二件。餘參見津圖一三九號一第二項。

三·一 首殘→大正2917A，85/1462A24；

三·二 尾殘→85/1462B08。

四·一 新菩薩經一卷（首）。

四・二　新菩薩經一卷（尾）。
五　與《大正藏》本對照，文字略有參差。
七・三　尾題下有雜寫三字，難以辨認。
八　八至九世紀。吐蕃統治時期寫本。
九・一　楷書。

一・一　中散二一一七號
一・五　津圖一四〇號

新菩薩經

圖版三七二

一・四　殘3–48
二・一　寬二〇.八釐米，高二九.八釐米；一紙；九行。
二・三　卷軸裝。首尾均全。通卷下殘。卷面殘損。
三・一　首殘→大正2917A，85/1462A24；
三・二　尾殘→85/1462B08。
四・一　新菩薩經一卷（首）。
四・二　新菩薩經一卷（尾）。
八　八至九世紀。吐蕃統治時期寫本。
九・一　楷書。硬筆。

一・一　中散二一一八號
一・五　津圖一四一號

一・三 **正法華經卷一** 圖版三七三
一・四 殘3－49
二・一 寬四五.五釐米，高二六釐米；一紙；二四行；行一七字。
二・三 卷軸裝。首全尾斷。卷面尚好。有烏絲欄。
三・一 首殘→大正0263，09/0063A03；
三・二 尾殘→09/0063B04。
四・一 正法華經光瑞品第一，卷之一（首）。
八 九至一〇世紀。歸義軍時期寫本。
九・一 楷書。
一・一 中散二一一九號
一・五 津圖一四二號

一・三 **木捺佛像** 圖版三七四
一・四 殘3－50
二・一 寬一紙。
二・三 卷軸裝。每排5鋪，3排。共15鋪木捺佛像。
八 九至一〇世紀。歸義軍時期印本。
九・一 楷書。
一・一 中散二一二〇號
一・五 津圖一四三號

一・三　般若波羅蜜多心經　　圖版三七五

一・四　殘3—51

二・一　寬一紙；一七行；行一七字。

二・三　卷軸裝。首尾均全。有烏絲欄。

三・一　首殘→大正0251，08/0848C04；

三・二　尾殘→08/0848C23。

四・一　佛說般若波羅蜜多心經（首）。

八　七至八世紀。唐寫本。

九・一　楷書。

一・一　中散二一二一號

一・五　津圖一四四號

一・三　金剛般若波羅蜜經　　圖版三七六　三七七　三七八　三七九

一・四　冊1—1～7

二・一　寬六七.八釐米，高二六.二釐米；七紙；四〇行；行一七字。

二・二　1：10.2，6；　2：10，6；　3：10.4，6；　4：10.2，6；　5：10.2，6；　6：10.2，6；　7：6.6，4。

二・三　原為卷軸裝，後割爲7紙，裝裱爲冊頁。該7紙經文相連，故編為一號。有烏絲欄。

三・一　首殘→大正235，08/0750B09；

三・二　尾殘→08/0750C23。

八　九至一〇世紀。歸義軍時期寫本。

九・一 楷書。

一・一 中散二一二二號

一・五 津圖一四五號

一・三 妙法蓮華經卷六 圖版三八〇

一・四 冊1-8

二・一 寬一六釐米，高二四釐米；一紙；九行；行二〇字（偈頌）。

二・三 卷軸裝。首尾均斷。上邊殘缺。有烏絲欄。

三・一 首殘→大正0262，09/0049C05；

三・二 尾殘→09/0049C21。

八 七至八世紀。唐寫本。

九・一 楷書。

一〇 經文後有一硃文方印，印文為「徐良珍藏」，1.6×1.6釐米。

一一 《添品妙法蓮華經》卷六亦有相同經文，參見大正0264，09/0183C16~0184A03。

一・一 中散二一二四號

一・五 津圖一四七號

一・三 佛名經（十二卷本）卷六 圖版三八一

一・四 字1-1

二・一 寬一四.八釐米，高二五.五釐米；一紙；八行；行字不等。

二・三 卷軸裝。首斷尾脫。尾部有殘破。有烏絲欄。

三・一　首殘→大正440，14/0145A06；
三・二　尾殘→14/0145A12。
五　與《大正藏》本對照，文字略有不同。
八　九至一〇世紀。歸義軍時期寫本。
九・一　楷書。

一・一　中散二一一二五號
一・五　津圖一四八號
一・三　佛名經（十二卷本）卷八

圖版三八二

一・四　字1-2
二・一　寬一八.六釐米，高三一.三釐米；一紙；八行；行字不等。
二・三　卷軸裝。首斷尾殘。有烏絲欄。
三・一　首殘→大正0440，14/0156A10；
三・二　尾殘→14/0156A19。
五　與《大正藏》本對照，文字略有不同。
八　九至一〇世紀。歸義軍時期寫本。
九・一　楷書。

一・一　中散二一一二六號
一・五　津圖一四九號
一・三　佛名經（三十卷本）卷二一

圖版三八三

一・四　字1—3

二・一　寬一六.五釐米，高二八釐米；一紙；九行；行字不等。

二・三　卷軸裝。首斷尾脱。卷面略殘。有烏絲欄。

三・一　首殘→大正0441，14/0271A03；

三・二　尾殘→14/0271A10。

八　五至六世紀。南北朝寫本。

九・一　隸楷。

一・一　中散二一二七號

一・五　津圖一五〇號

一・三　佛名經（十二卷本）卷六

圖版三八三

一・四　字1—4

二・一　寬一八釐米，高二六.五釐米；二紙；八行；行字不等。

二・二　1：10.2，5；　2：7.8，3。

二・三　卷軸裝。首斷尾殘。下邊略殘。有烏絲欄。

三・一　首殘→大正0440，14/0143A21；

三・二　尾殘→14/0143A27。

八　五至六世紀。南北朝寫本。

九・一　隸楷。

一・一　中散二一二八號

一·五　津圖一五一號

一·三　妙法蓮華經卷三　圖版三八四

一·四　字1–5

二·一　寬一七.二釐米，高二四.七釐米；一紙；一〇行；行一七字。

二·三　卷軸裝。首脱尾斷。有烏絲欄。

三·一　首殘→大正0262，09/0025C21；

三·二　尾殘→09/0026A02。

八　七至八世紀。唐寫本。

九·一　楷書。

一一　《添品妙法蓮華經》卷三亦有相同經文。參見大正0264，09/0160B15~25。

一·一　中散二一二九號

一·五　津圖一五二號

一·三　妙法蓮華經卷七　圖版三八四

一·四　字1–6

二·一　寬一四.三釐米，高二六.三釐米；一紙；八行；行一七字。

二·三　卷軸裝。首脱尾斷。有烏絲欄。

三·一　首殘→大正0262，09/0058A24；

三·二　尾殘→09/0058B07。

八　七至八世紀。唐寫本。

九·一　楷書。

一一　《添品妙法蓮華經》卷七亦有相同經文。參見大正0264，09/0193A18～29。

一・一　中散二一三〇號

一・五　津圖一五三號

一・三　妙法蓮華經卷三　　圖版三八五

一・四　字1–7

二・一　寬一一釐米，高二五.二釐米；一紙；七行；行一七字。

二・三　卷軸裝。首斷尾脱。有烏絲欄。

三・一　首殘→大正0262，09/0021A16；

三・二　尾殘→09/0021A23。

八　七至八世紀。唐寫本。

九・一　楷書。

一一　《添品妙法蓮華經》卷三亦有相同經文。參見大正0264，09/0155C18～24。

一・一　中散二一三一號

一・五　津圖一五四號

一・三　妙法蓮華經卷四　　圖版三八五

一・四　字1–8

二・一　寬一二釐米，高二六.五釐米；一紙；七行；行二〇字。（偈頌）

二・三　卷軸裝。首尾均斷。有烏絲欄。

三・一　首殘→大正0262，09/0028B10；

三・二　尾殘→09/0028B22。

八　五至六世紀。南北朝寫本。

九・一　隸楷。

一一　《添品妙法蓮華經》卷四亦有相同經文。參見0264，09/0162c29~0163A12。

圖版三八六

一・一　中散二一三二號

一・五　津圖一五五號

一・三　妙法蓮華經卷一

一・四　字1–9

二・一　寬一七.八釐米，高二五.五釐米；二紙；一〇行；行一七字。

二・二　1：3.6，2；　2：14.2，8。

二・三　卷軸裝。首脫尾殘。首部殘破，卷面有殘損。有烏絲欄。

三・一　首殘→大正0262，09/0002A16；

三・二　尾殘→09/0002A27。

八　七至八世紀。唐寫本。

九・一　楷書。

一一　《添品妙法蓮華經》卷一亦有相同經文。參見大正0264，09/0135A24~B05

一・一　中散二一三三號

一・五　津圖一五六號

一・三　妙法蓮華經度量天地品第二十九

圖版三八六

一・四　字1–10
二・一　寬一四釐米，高一七釐米；一紙；八行；行一七字。
二・三　卷軸裝。首脱尾斷。有烏絲欄。
八　九至一〇世紀。歸義軍時期寫本。
九・一　楷書。

一・一　中散二一三四號
一・五　津圖一五七號
一・三　妙法蓮華經卷一　圖版三八七
一・四　字1–11
二・一　寬一六釐米，高二四.五釐米；一紙；九行；行二〇字。（偈頌）
二・三　卷軸裝。首殘尾斷。上下邊略殘。有烏絲欄。
三・一　首殘→大正0262，09/0005B06；
三・二　尾殘→09/0005B23。
八　七至八世紀。唐寫本。
九・一　楷書。
一一　《添品妙法蓮華經》卷一亦有相同經文。參見大正0264，09/0138b03～20。

一・一　中散二一三五號
一・五　津圖一五八號
一・三　妙法蓮華經卷六　圖版三八七

一・四　字1—12
二・一　寬九.九釐米，高二六.五釐米；一紙；六行；行一七字。
二・三　卷軸裝。首尾均斷。有烏絲欄。
三・一　首殘→大正0262，09/0051A15；
三・二　尾殘→09/0051A21。
八　七至八世紀。唐寫本。
九・一　楷書。
一一　《添品妙法蓮華經》卷六亦有相同經文，參見大正0264，09/0185A24～B01。

圖版三八八

一・一　中散二一三六號
一・五　津圖一五九號
一・三　摩訶般若波羅蜜經卷一一
一・四　字1—13
二・一　寬一六.四釐米，高二五.五釐米；一紙；九行；行一七字。
二・三　卷軸裝。首尾均斷。下部殘破較甚。有烏絲欄。
三・一　首殘→大正0223，08/0304B05；
三・二　尾殘→08/0304B14。
五　與《大正藏》本對照，文字略有參差。
八　五至六世紀。南北朝寫本。
九・一　隸楷。

一・一　中散二一三七號
一・五　津圖一六〇號
一・三　摩訶般若波羅蜜經卷一三　圖版三八九
一・四　字1－14
二・一　寬九釐米，高二六.四釐米；一紙；五行；行一七字。
二・三　卷軸裝。首尾均斷。尾部殘破。有烏絲欄。
三・一　首殘→大正0223，08/0315C03；
三・二　尾殘→08/0315C09。
六・二　尾→津圖一六一
八　七至八世紀。唐寫本。
九・一　楷書。

一・一　中散二一三八號
一・五　津圖一六一號
一・三　摩訶般若波羅蜜經卷一三　圖版三八九
一・四　字1－15
二・一　寬一〇.六釐米，高二六.四釐米；一紙；六行；行一七字。
二・三　卷軸裝。首尾均斷。首尾均有殘缺。有烏絲欄。
三・一　首殘→大正0223，08/0315C09；
三・二　尾殘→08/0315C15。
六・一　首→津圖一六〇

八　七至八世紀。唐寫本。

九．一　楷書。

一．一　中散二一三九號

一．五　津圖一六二號

一．三　佛頂尊勝陀羅尼經（佛陀波利本）　圖版三九〇

一．四　字1–16

二．一　寬九.五釐米，高二五.七釐米；一紙；五行；行一七字。

二．三　卷軸裝。首殘尾脫。卷面有殘洞。有烏絲欄。

三．一　首殘→大正0967，19/0350A19；

三．二　尾殘→19/0350A23。

八　七至八世紀。唐寫本。

九．一　楷書。

一．一　中散二一四〇號

一．五　津圖一六三號

一．三　大般涅槃經（南本）卷一四　圖版三九一

一．四　字1–17

二．一　寬一一.七釐米，高二五.三釐米；一紙；七行；行一七字。

二．三　卷軸裝。首尾均斷。卷面殘損，有殘洞。有烏絲欄。

三．一　首殘→大正0375，12/0699C18；

三・二 尾殘→12/0699C25。

五 與《大正藏》本對照，文字有不同。

八 七至八世紀。唐寫本。

九・一 楷書。

一・一 中散二一四一號

一・五 津圖一六四號

一・三 大般涅槃經（北本）卷七 圖版三九二

一・四 字1－18

二・一 寬一六.七釐米，高二五釐米；一紙；一〇行；行一七字。

二・三 卷軸裝。首脱尾斷。右下殘破。卷面殘損。背面有字跡，因被粘貼，無法辨認。有烏絲欄。

三・一 首殘→大正0374，12/0407A27；

三・二 尾殘→12/0407B08。

八 七至八世紀。唐寫本。

九・一 楷書。

一・一 中散二一四二號

一・五 津圖一六五號

一・三 大般涅槃經（北本）卷二一 圖版三九三

一・四 字1－19

二・一 寬一一.三釐米，高二五.六釐米；一紙；六行；行一七字。

二·三 卷軸裝。首尾均斷。右下殘缺。有烏絲欄。

三·一 首殘→大正0374，12/0490B08；

三·二 尾殘→12/0490B14。

八 五至六世紀。南北朝寫本。

九·一 隸楷。

一一 《大般涅槃經》（南本）卷一九亦有相同經文。參見大正0375，12/0733B23～C01。

一·一 中散二一四三號

一·五 津圖一六六號

一·三 維摩詰所說經卷上 圖版三九四

一·四 字1－20

二·一 寬一四釐米，高二五.三釐米；一紙；八行；行一七字。

二·三 卷軸裝。首尾均斷。上下邊略殘。有烏絲欄。

三·一 首殘→大正0475，14/0537B26；

三·二 尾殘→14/0537C05。

八 七至八世紀。唐寫本。

九·一 楷書。

一·一 中散二一四四號

一·五 津圖一六七號

一·三 金光明經卷三 圖版三九四

一・四　字1—21
二・一　寬一一.八釐米，高二五.三釐米；一紙；七行；行一六字（偈頌）。
二・三　卷軸裝。首尾均斷，略有殘破。有烏絲欄。
三・一　首殘→大正0663，16/0350A13；
三・二　尾殘→16/0350A22。
八　五至六世紀。南北朝寫本。
九・一　隸書。
一一　《合部金光明經》卷七亦有相同經文。參見大正0664，16/0393A25～B05。

一・一　中散二一四五號
一・五　津圖一六八號

一・三　妙法蓮華經卷一　圖版三九五

一・四　字1—22
二・一　寬四.九釐米，高二六釐米；一紙；三行；行一六字。（偈頌）
二・三　卷軸裝。首尾均斷。有烏絲欄。
三・一　首殘→大正0262，09/0003B19；
三・二　尾殘→09/0003B23。
八　七至八世紀。唐寫本。
九・一　楷書。
一〇　托裱紙有題記：「是冊殘經卅餘頁，書法精嚴，應以此三行為最。丙寅年十二月，季木審訂。」

一一　《添品妙法蓮華經》卷一亦有相同經文。參見大正0264，09/0136B19～23。

圖版三九六

一·一　中散二一四六號

一·五　津圖一六九號

一·三　妙法蓮華經卷三

一·四　字1—23

二·一　寬一三.八釐米，高二五.二釐米；一紙；八行；行一七字。

二·三　卷軸裝。首尾均斷。有烏絲欄。

三·一　首殘→大正0262，09/0023C04；

三·二　尾殘→09/0023C12。

六·二　尾→津圖一七〇

八　七至八世紀。唐寫本。

九·一　楷書。

一一　《添品妙法蓮華經》卷三亦有相同經文。參見大正0264，09/0158b02～09。

圖版三九六

一·一　中散二一四七號

一·五　津圖一七〇號

一·三　妙法蓮華經卷三

一·四　字1—24

二·一　寬一六.六釐米，高二五.三釐米；一紙；九行；行一七字。

二·三　卷軸裝。首尾均斷。有烏絲欄。

三・一　首殘→大正0262，09/0023C12；

三・二　尾殘→09/0023C26。

六・一　首→津圖一六九

八　七至八世紀。唐寫本。

九・一　楷書。

一一　《添品妙法蓮華經》卷三亦有相同經文。參見大正0264，09/0158b09～22。

一・一　中散二一四八號

一・五　津圖一七一號

一・三　大般涅槃經（北本）卷三〇　圖版三九七

一・四　字1—25

二・一　寬一二.四釐米，高二六.三釐米；一紙；八行；行一七字。

二・三　卷軸裝。首尾均斷。卷面殘破嚴重。有烏絲欄。

三・一　首殘→大正0374，12/0543C18；

三・二　尾殘→12/0543C26。

八　五至六世紀。南北朝寫本。

九・一　隸書。

一一　《大般涅槃經》（南本）卷二八亦有相同經文。參見大正0375，12/0789A28～B07。

一・一　中散二一四九號

一・五　津圖一七二號

一・三 藥師琉璃光如來本願功德經

圖版三九七

一・四 字1−26

二・一 寬一〇.三釐米，高二五.五釐米；一紙；六行。

二・三 卷軸裝。首殘尾斷。通卷下殘。有烏絲欄。

三・一 首殘→大正0450，14/0405A27；

三・二 尾殘→14/0405B04。

八 七至八世紀。唐寫本。

九・一 楷書。

一・一 中散二一五〇號

一・五 津圖一七三號

一・三 大般若波羅蜜多經卷二四二

圖版三九八

一・四 字1−27

二・一 寬一五釐米，高二六釐米；一紙；八行；行一七字。

二・三 卷軸裝。首尾均斷。有烏絲欄。

三・一 首殘→大正0220，06/0221C25；

三・二 尾殘→06/0222A04。

六・二 尾→中散二一五一號。

八 八至九世紀。吐蕃統治時期寫本。

九・一 楷書。

一・一 中散二一五一號

一・五 津圖一七四號

一・三 大般若波羅蜜多經卷二四二

圖版三九八

一・四 字1—28

二・一 寬一三.五釐米，高二六釐米；一紙；七行；行一七字。

二・三 卷軸裝。首尾均斷。有烏絲欄。

三・一 首殘→大正220，06/0222A04；

三・二 尾殘→06/0222A11。

六・一 首→中散二一五〇號。

八 八至九世紀。吐蕃統治時期寫本。

九・一 楷書。

一・一 中散二一五三號

一・五 津圖一七五號

一・三 金光明最勝王經卷四

圖版三九九

一・四 字1—29

二・一 寬一〇.六釐米，高二六釐米；一紙；六行；行一七字。

二・三 卷軸裝。首脫尾斷。有烏絲欄。

三・一 首殘→大正0665，16/0419B09；

三・二 尾殘→16/0419B15。

八 九至一〇世紀。歸義軍時期寫本。

九・一　楷書。

一・一　中散二一五三號

一・五　津圖一七六號

一・三　大般涅槃經（北本）卷三五　圖版四〇〇

一・四　字1—30

二・一　寬一八.三釐米，高二六釐米；一紙；一二行；行一七字。

二・三　卷軸裝。首脫尾斷。未入潢。

三・一　首殘→大正0374，12/0572A13；

三・二　尾殘→12/0572A25。

六・二　尾→津圖一七七

八　五至六世紀。南北朝寫本。

九・一　隸書。

一一　《大般涅槃經》（南本）卷三二亦有相同經文。參見大正0375，12/0819A13～26。

一・一　中散二一五四號

一・五　津圖一七七號

一・三　大般涅槃經（北本）卷三五　圖版四〇〇

一・四　字1—31

二・一　寬一九釐米，高二六釐米；一紙；一三行；行一七字。

二・三　卷軸裝。首尾均斷。卷面有殘洞。未入潢。

三・一 首殘→大正0374，12/0572A25；

三・二 尾殘→12/0572B09。

六・一 首→津圖一七六

八 五至六世紀。南北朝寫本。

九・一 隸書。

一一 《大般涅槃經》（南本）卷三二亦有相同經文。參見大正0375，12/0819A26～B10。

一・一 中散二一二三號

一・五 津圖一四六號

一・三 大般若波羅蜜多經卷三五五 圖版四〇一 四〇二 四〇三 四〇四 四〇五 四〇六 四〇七 四〇八 四〇九 四一〇 四一一 四一二 四一三 四一四 四一五 四一六 四一七 四一八 四一九 四二〇

一・四 真1

二・一 寬四四四.九釐米，高二二.八釐米；五〇紙；二六七行；行一七字。

二・二 1：11.5，7； 2：11.7，7； 3：11.7，7； 4：11.9，7； 5：11.5，7； 6：11.5，7； 7：11.7，7； 8：11.7，7； 9：11.9，7； 10：11.8，7； 11：11.7,7； 12：11.8，7； 13：11.9，7； 14：11.6，7； 15：11.8，7； 16： 11.7，7； 17：11.8，7； 18：11.6，7； 19：11.7，7； 20：11.7，7； 21：11.9，7； 22：11.8，7； 23：11.6，7； 24：11.6，7； 25：11.8，7； 26：11.8，7； 27：11.8，7； 28：11.8，7；29：12，7； 30，12，7； 31：11.6，7； 32：11.7，7； 33：11.8，7； 34：11.8，7； 35：11.6，7； 36：11.8，7； 37：11.8，7； 38：11.8，7； 39：1.7，1。

二・三　原為卷軸裝，後割爲39葉，裱為冊頁。有烏絲欄。。

三・一　首殘→大正0220，06/0827B05；

三・二　尾殘→0830B09。

三・四　説明：本經割裱時錯簡。正確的經文順序，應為：（第1葉第一行～第4葉第6行，06/0827B05～0827C02倒數第6字）→（第5葉第6行～第39葉第一行，0827C02倒數第5字～0830B03第6字）→（第4葉第7行～第5葉第5行，06/0830B03第7字～B09第3字）。

八　八至九世紀。吐蕃統治時期寫本。

九・一　楷書。

一〇　第6紙2行下有長方形陽文硃印「問畊/收（攷？）藏/」一方；尾有方形陽文硃印「□易/□/集□/」一方；方形陰文硃印「宿芳/草堂/」一方。

一・一　中散二一五五號

一・五　津圖一七八號

一・三　**蓮華經提婆達多品**　　圖版四二一　四二二　四二三　四二四　四二五　四二六

一・四　殘

二・一　寬八.六釐米，高二三釐米；一四紙；五九行；行一七字

二・二　1：23，5；　2：23，5；　3：23，5；　4：23，5；　5：23，5；　6：23，5；　7：23，5；　8：23，5；　9：23，5；　10：23，5；　11：23，5；　12：23，5；

二・三　原為卷軸裝　後割為12葉　裱為冊頁　首殘尾全　有烏絲欄

三・一　首断→大正　262，9/35A23

三・二　尾断→9/35C26

八　　六至七世紀　唐寫本

九·一　楷書

一〇　首鈐「小松曾觀」白文方印、「澂齋收藏書畫」朱文方印

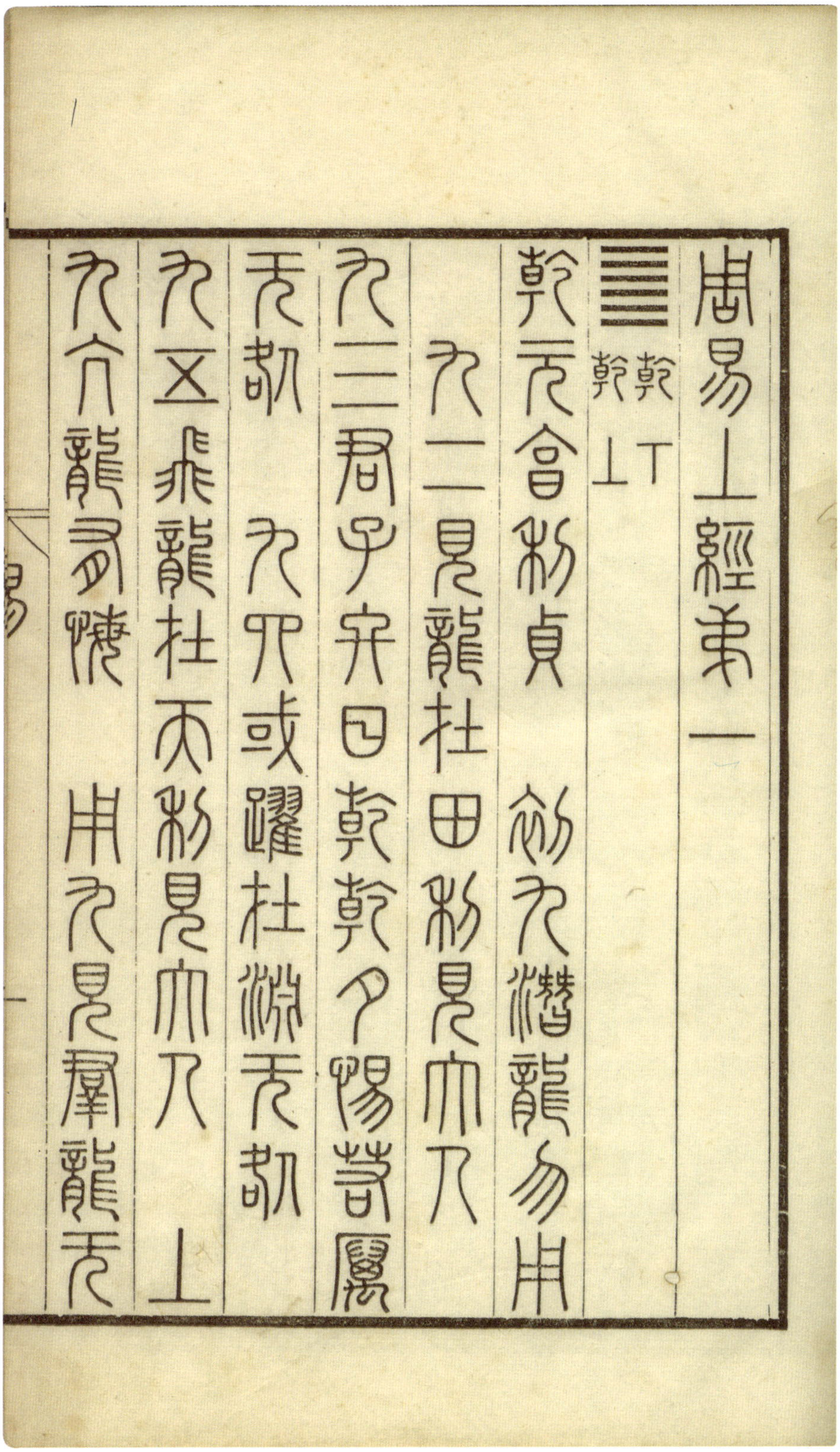

周易上經第一

䷀ 乾下乾上

乾元亨利貞 初九潛龍勿用

九二見龍在田利見大人

九三君子終日乾乾夕惕若厲

无咎 九四或躍在淵无咎

九五飛龍在天利見大人 上

九亢龍有悔 用九見羣龍无

欽定篆文六經四書六十一卷

清康熙內府刻本

御纂七經五種二百九十一卷

清康熙至乾隆間内府刻本

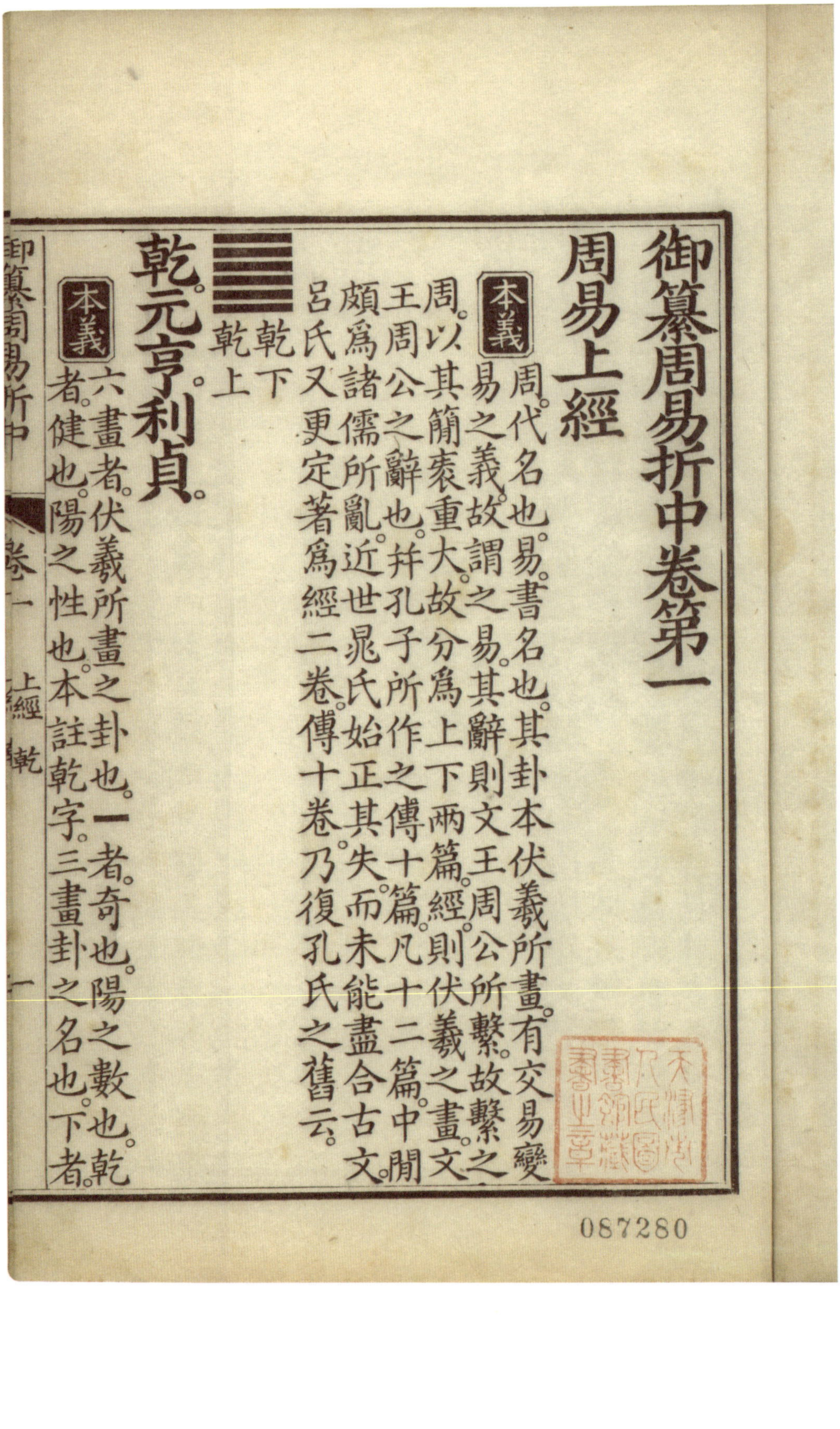

御纂周易折中卷第一

周易上經

本義 周代名也。易書名也。其卦本伏羲所畫，有交易變易之義，故謂之易。其辭則文王周公所繫，故繫之周。以其簡袠重大，故分爲上下兩篇。經則伏羲之畫，文王周公之辭也。并孔子所作之傳十篇，凡十二篇。中閒頗爲諸儒所亂，近世晁氏始正其失，而未能盡合古文。呂氏又更定著爲經二卷，傳十卷，乃復孔氏之舊云。

䷀ 乾下乾上

乾。元亨利貞。

本義 六畫者，伏羲所畫之卦也。一者，奇也，陽之數也。乾者，健也，陽之性也。本註乾字，三畫卦之名也。下者

御纂周易折中　卷一　上經　乾　一

087280

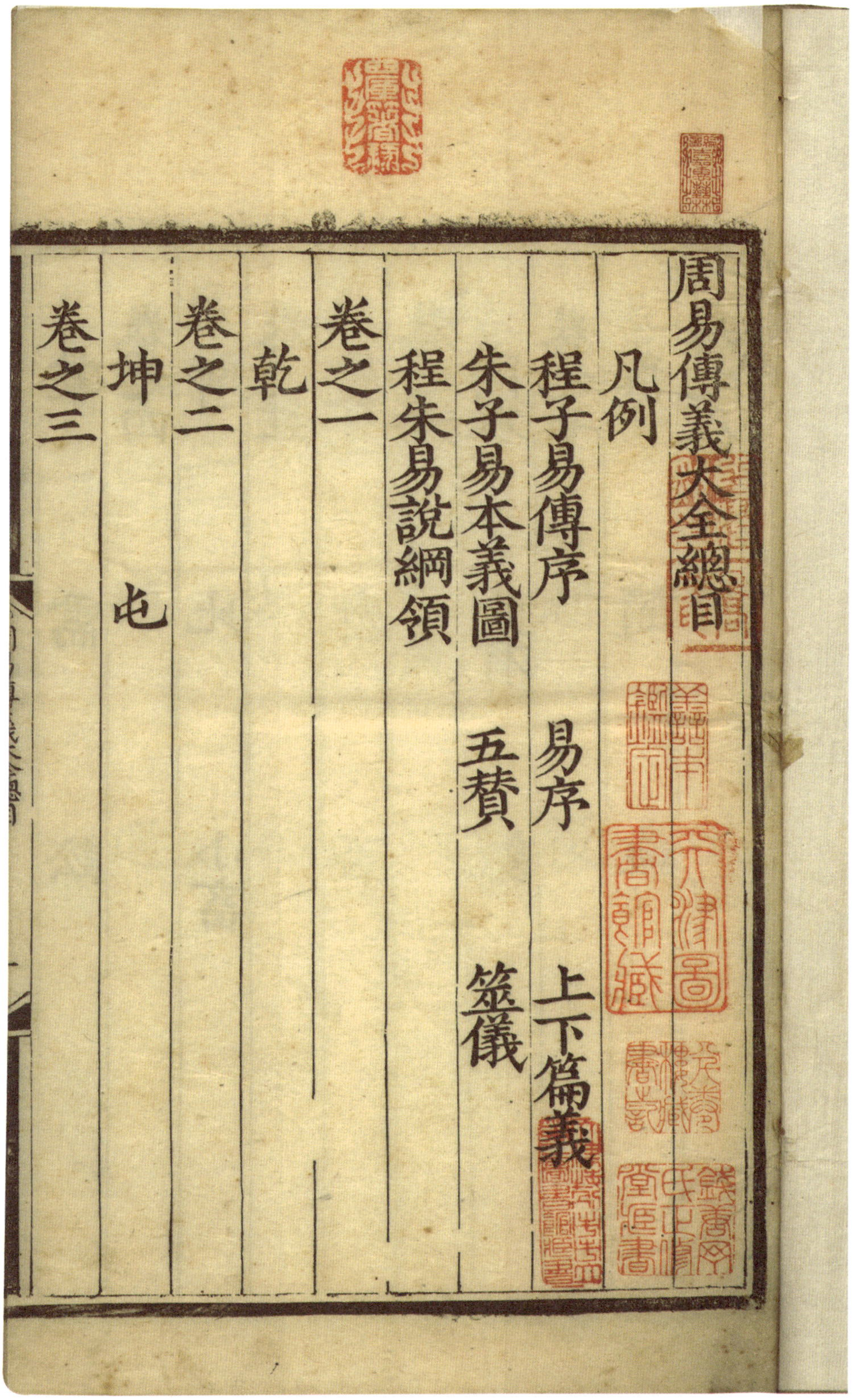

周易傳義大全總目

凡例
程子易傳序　易序　上下篇義
朱子易本義圖　五贊　筮儀
程朱易說綱領
卷之一
乾
卷之二
坤　屯
卷之三

五經四書大全一百七十五卷　明內府刻本

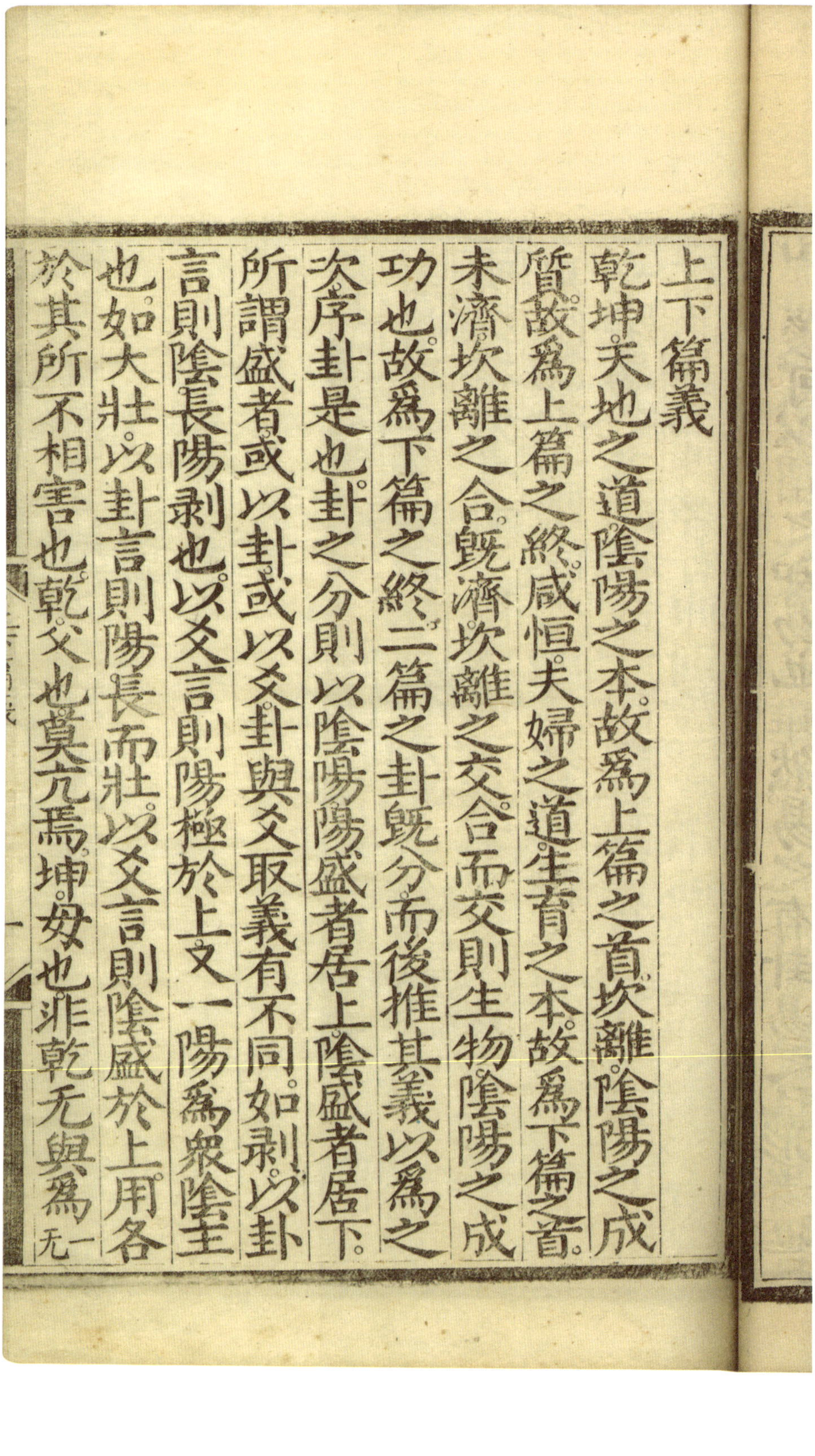

上下篇義

乾坤天地之道陰陽之本故爲上篇之首坎離陰陽之成質故爲上篇之終咸恒夫婦之道生育之本故爲下篇之首未濟坎離之合既濟坎離之交合而交則生物陰陽之成功也故爲下篇之終二篇之卦既分而後推其義以爲之次序卦是也卦之分則以陰陽陽盛者居上陰盛者居下所謂盛者或以卦或以爻卦與爻取義有不同如剝以卦言則陰長陽剝也以爻言則陽極於上又一陽爲衆陰主也如大壯以卦言則陽長而壯以爻言則陰盛於上用各於其所不相害也乾父也莫亢焉坤母也非乾无與爲无一

五經四書大全一百七十五卷　明內府刻本

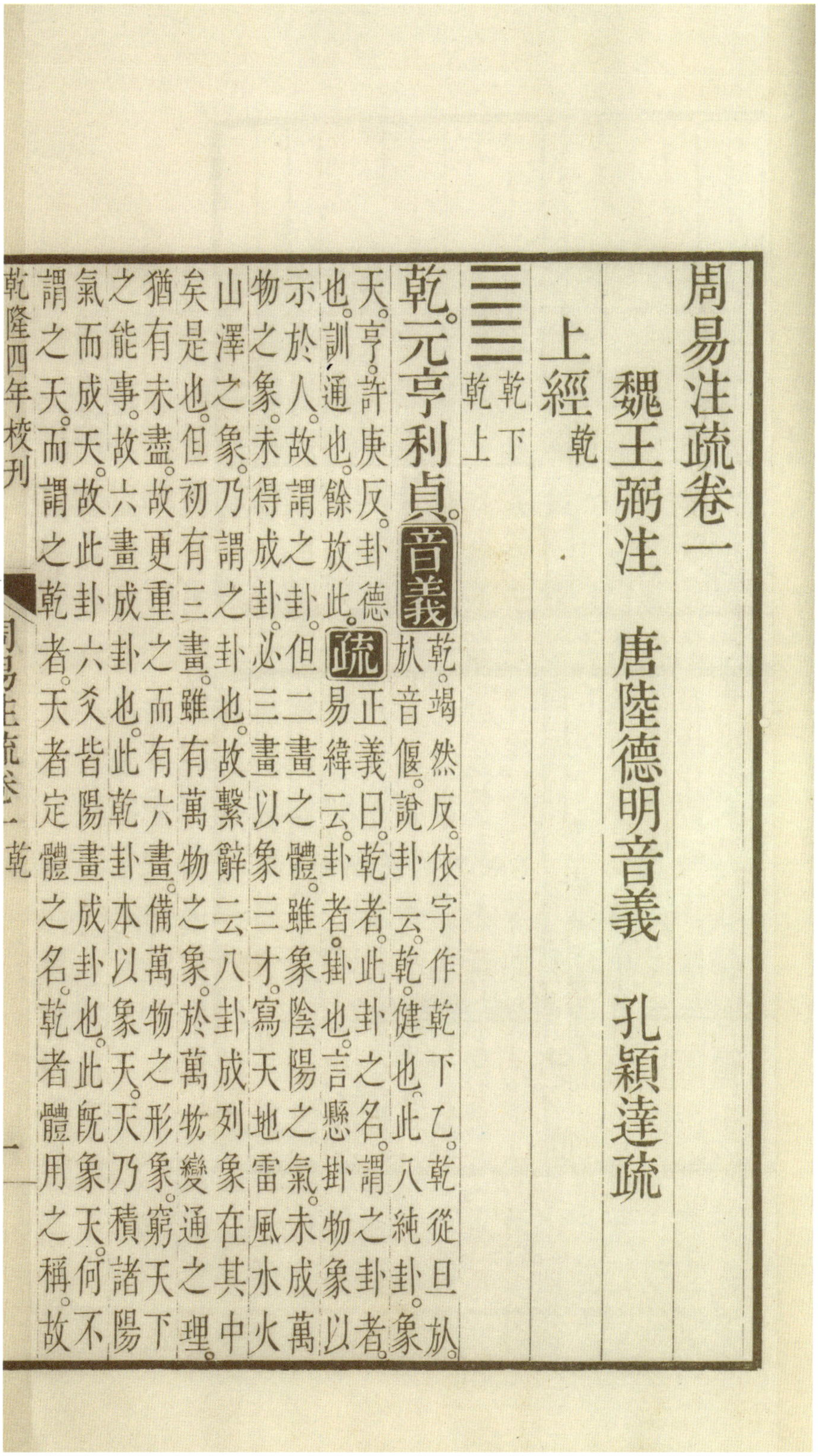

周易注疏卷一

魏王弼注　唐陸德明音義　孔穎達疏

上經　乾

☰☰ 乾下 乾上

乾元亨利貞【音義】乾竭然反依字作乾下乙乾從旦倝倝音偃說卦云乾健也此八純卦象天亨許庚反卦德也訓通也餘放此【疏】正義曰乾者此卦之名謂之卦者易緯云卦者掛也言懸掛物象以示於人故謂之卦但二畫之體雖象陰陽之氣未成萬物之象未得成卦必三畫以象三才寫天地雷風水火山澤之象乃謂之卦也故繫辭云八卦成列象在其中矣是也但初有三畫雖有萬物之象於萬物變通之理猶有未盡故更重之而有六畫備萬物之形象窮天下之能事故六畫成卦也此乾卦本以象天天乃積諸陽氣而成天故此卦六爻皆陽畫成卦也此既象天何不謂之天而謂之乾者天者定體之名乾者體用之稱故

乾隆四年校刊

周易注疏卷一　乾　一

重刻十三經注疏附考證三百四十七卷

清乾隆四年內府刻本

周易本義十二卷易圖一卷

清康熙內府刻本

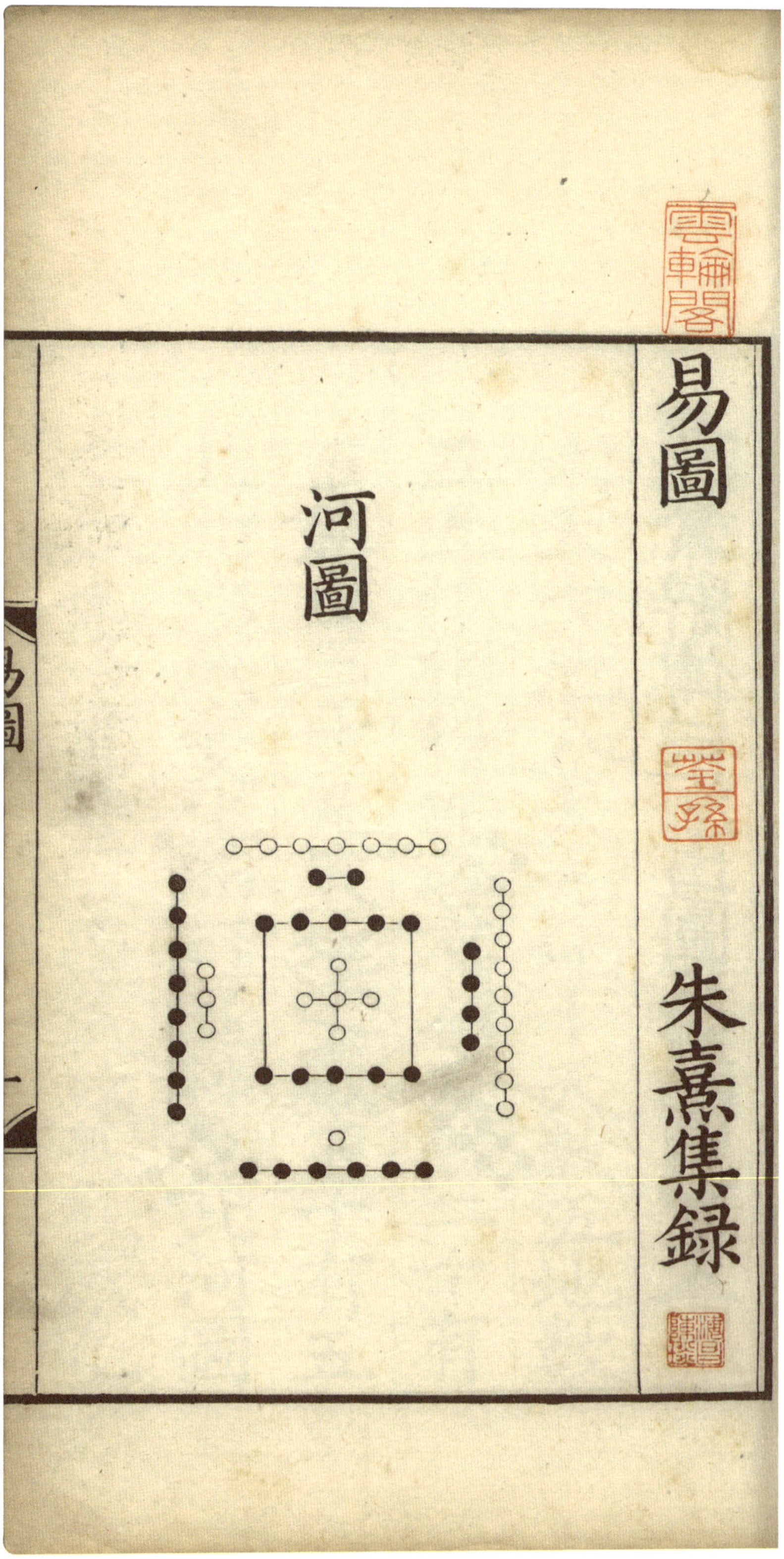

書集傳六卷　明正統十二年內府刻本

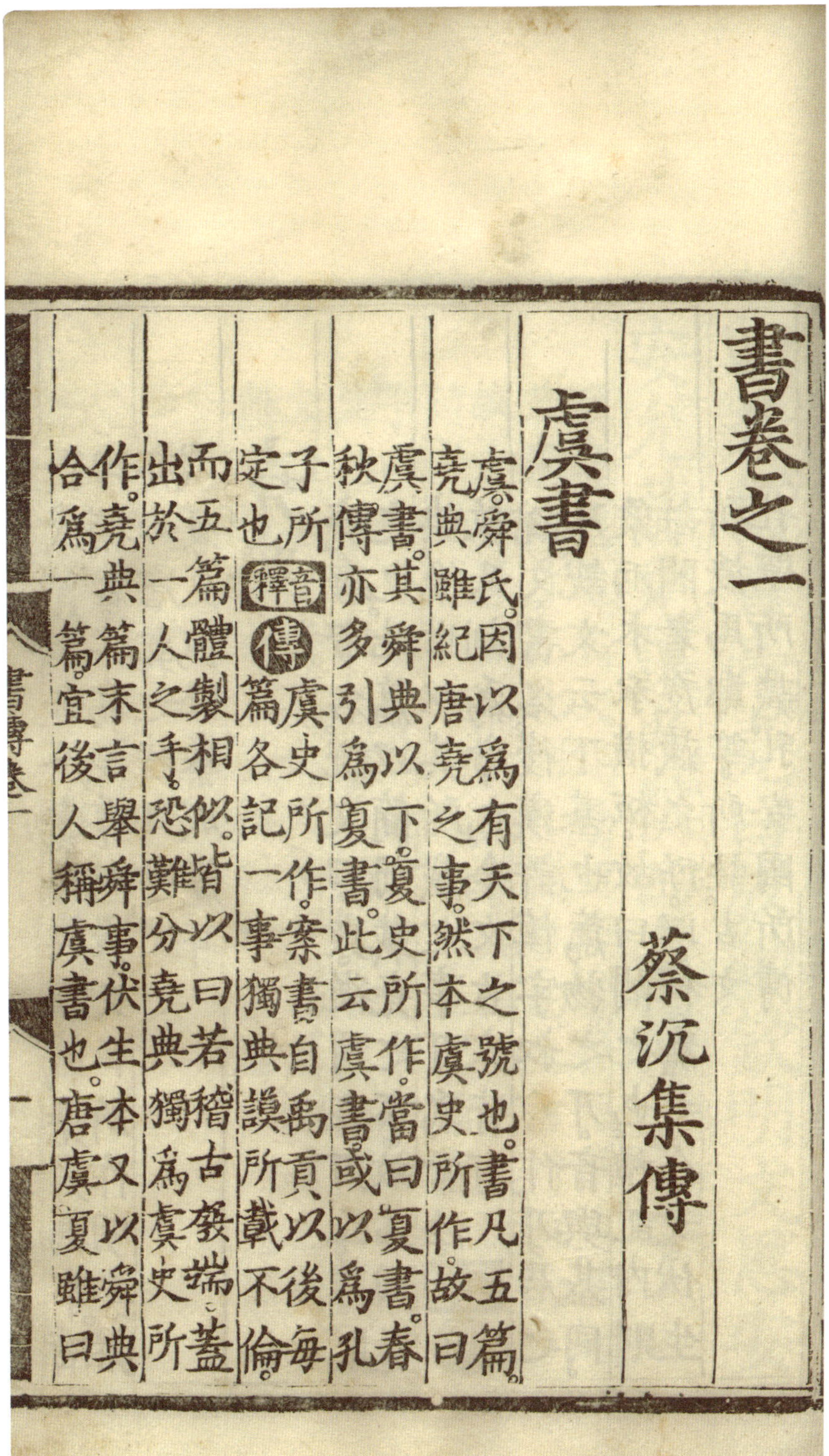

書卷之一

蔡沉集傳

虞書

虞舜氏。因以爲有天下之號也。書凡五篇。堯典雖紀唐堯之事。然本虞史所作。故曰虞書。其舜典以下。夏史所作。當曰夏書。春秋傳亦多引爲夏書。此云虞書或以爲孔子所定也。音釋 傳 虞史所作。案書自禹貢以後每篇各記一事。獨典謨所載不倫。而五篇體製相似。皆以曰若稽古發端。蓋出於一人之手。恐難分堯典獨爲虞史所作。堯典篇末言舉舜事。伏生本又以舜典合爲一篇。宜後人稱虞書也。唐虞夏雖曰

書傳卷一　一

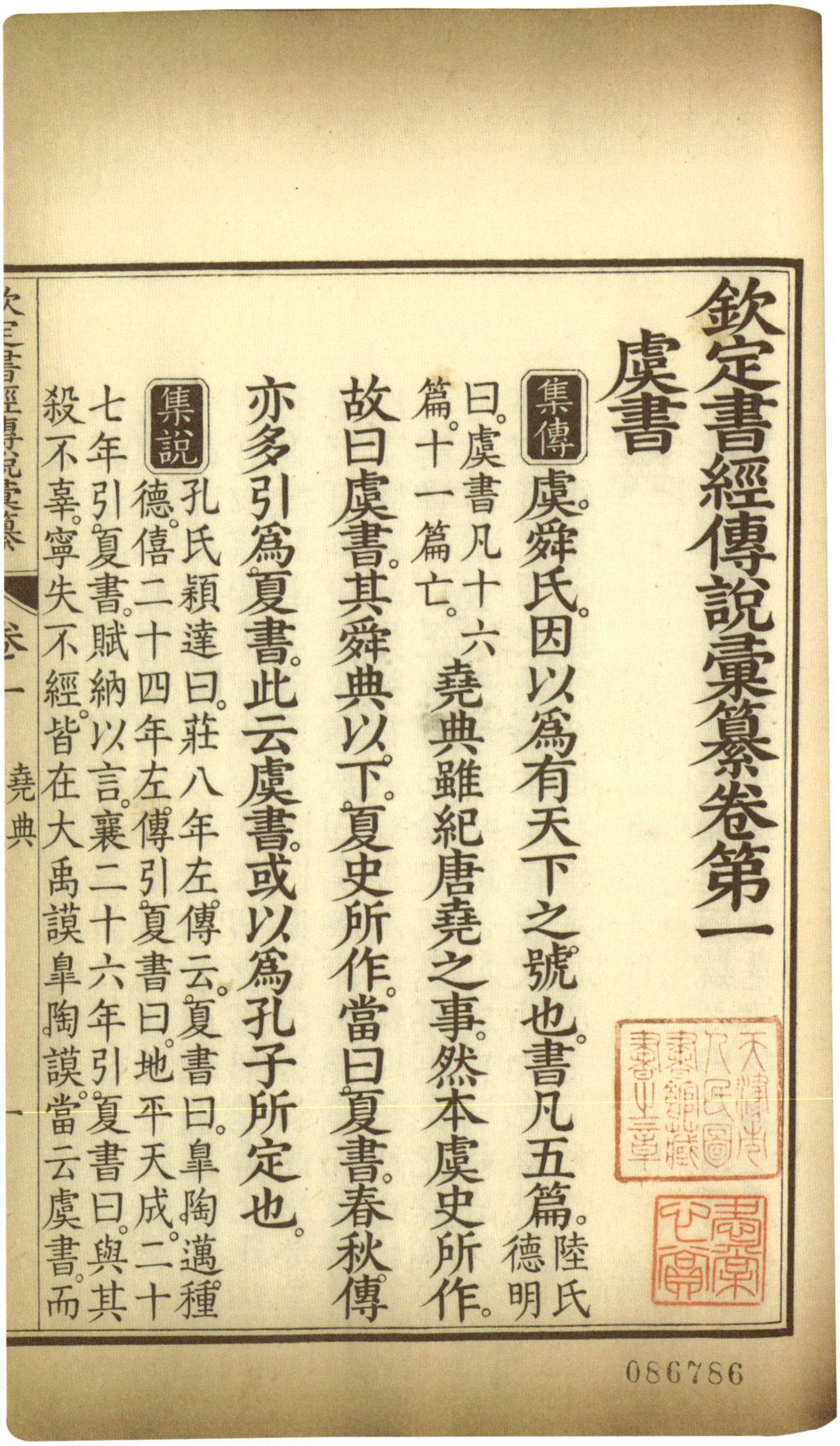

欽定書經傳說彙纂卷第一

虞書

集傳 虞舜氏因以爲有天下之號也書凡五篇陸氏德明曰虞書凡十六篇十一篇亡 堯典雖紀唐堯之事然本虞史所作故曰虞書其舜典以下夏史所作當曰夏書春秋傳亦多引爲夏書此云虞書或以爲孔子所定也

集說 孔氏穎達曰莊八年左傳云夏書曰臯陶邁種德僖二十四年左傳引夏書曰地平天成二十七年引夏書賦納以言襄二十六年引夏書曰與其殺不辜寧失不經皆在大禹謨臯陶謨當云虞書而

欽定書經傳說彙纂 卷一 堯典 一

欽定書經傳說彙纂二十一卷 清雍正八年內府刻本

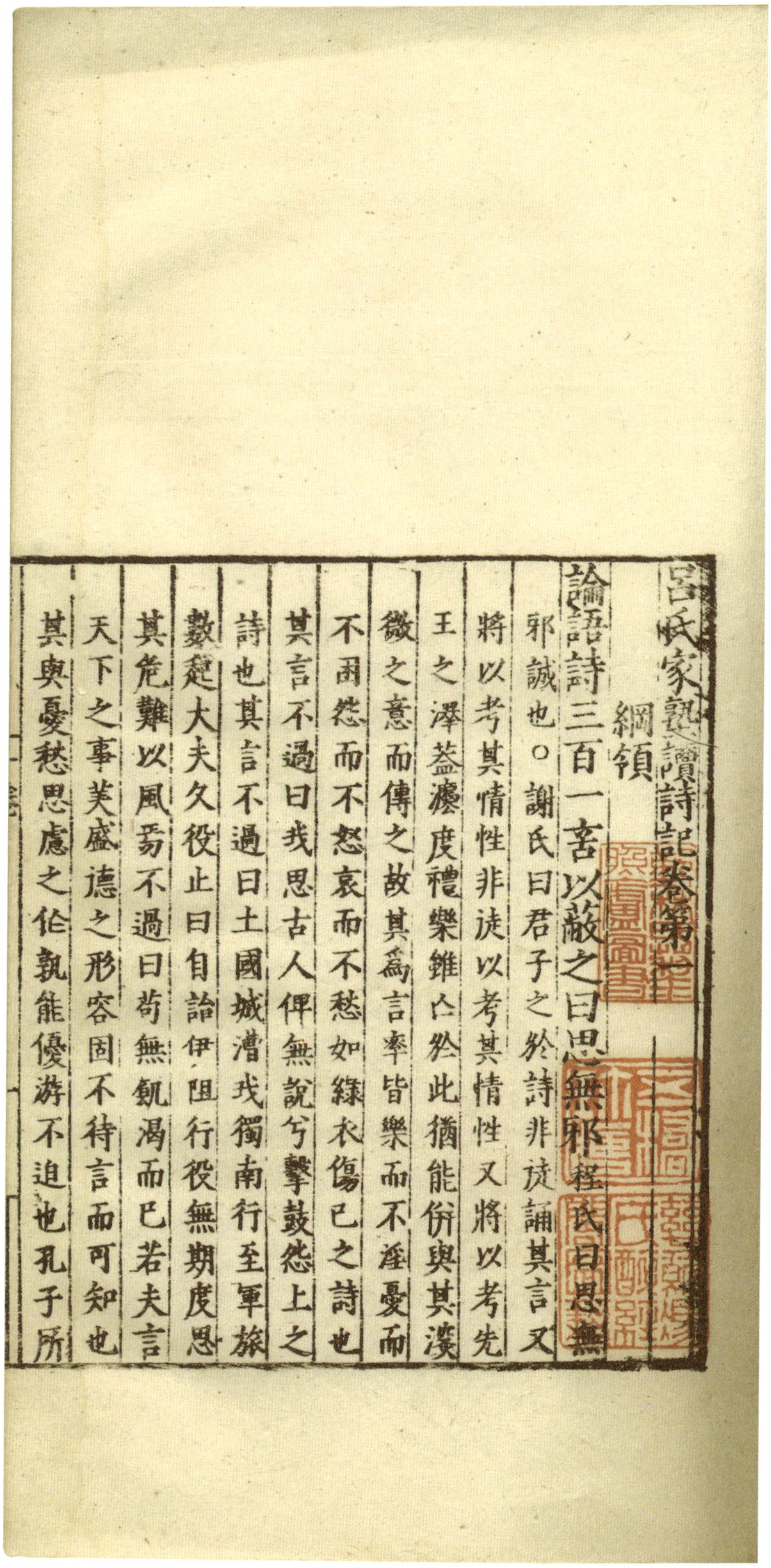

呂氏家塾讀詩記卷第一
綱領
論語詩三百一言以蔽之曰思無邪程氏曰思無
邪誠也○謝氏曰君子之於詩非徒誦其言又
將以考其情性非徒以考其情性又將以考先
王之澤蓋灋度禮樂雖亡於此猶能併與其深
微之意而傳之故其爲言率皆樂而不淫憂而
不困怨而不怒哀而不愁如綠衣傷已之詩也
其言不過曰我思古人俾無訧兮擊鼓怨上之
詩也其言不過曰土國城漕我獨南行至軍旅
數起大夫久役止曰自詒伊阻行役無期度思
其危難以風焉不過曰苟無飢渴而已若夫言
天下之事美盛德之形容固不待言而可知也
其與憂愁思慮之作孰能優游不迫也孔子所

呂氏家塾讀詩記三十二卷

明嘉靖十年傅應臺南昌郡刻本

詩外傳十卷

明嘉靖沈辨之野竹齋刻本

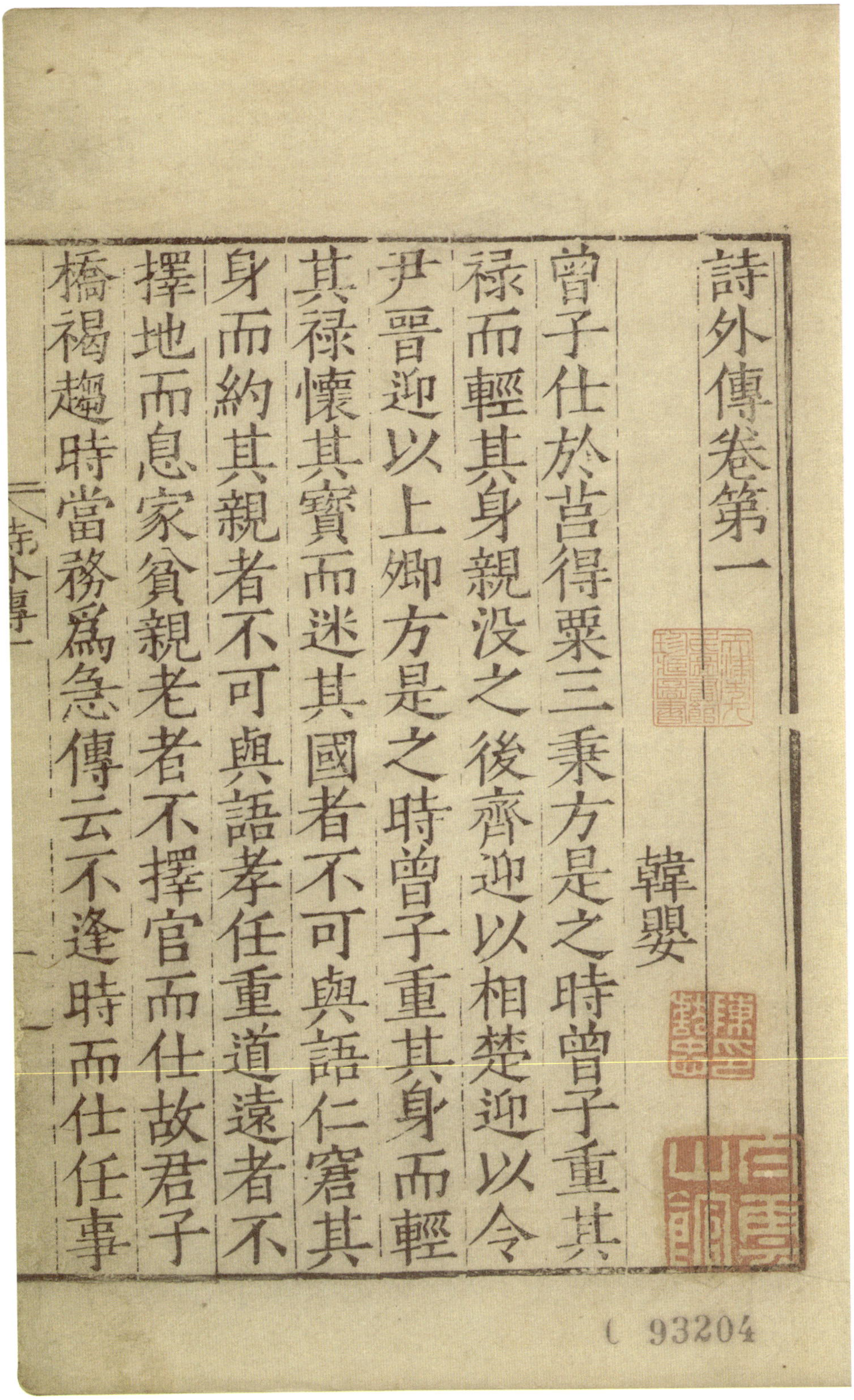
詩外傳卷第一

韓嬰

曾子仕於莒得粟三秉方是之時曾子重其禄而輕其身親没之後齊迎以相楚迎以令尹晉迎以上卿方是之時曾子重其身而輕其禄懷其寶而迷其國者不可與語仁窘其身而約其親者不可與語孝任重道遠者不擇地而息家貧親老者不擇官而仕故君子橋褐趨時當務爲急傳云不逢時而仕任事

詩外傳一　一

儀禮疏五十卷

清道光十年汪氏藝芸書舍刻本

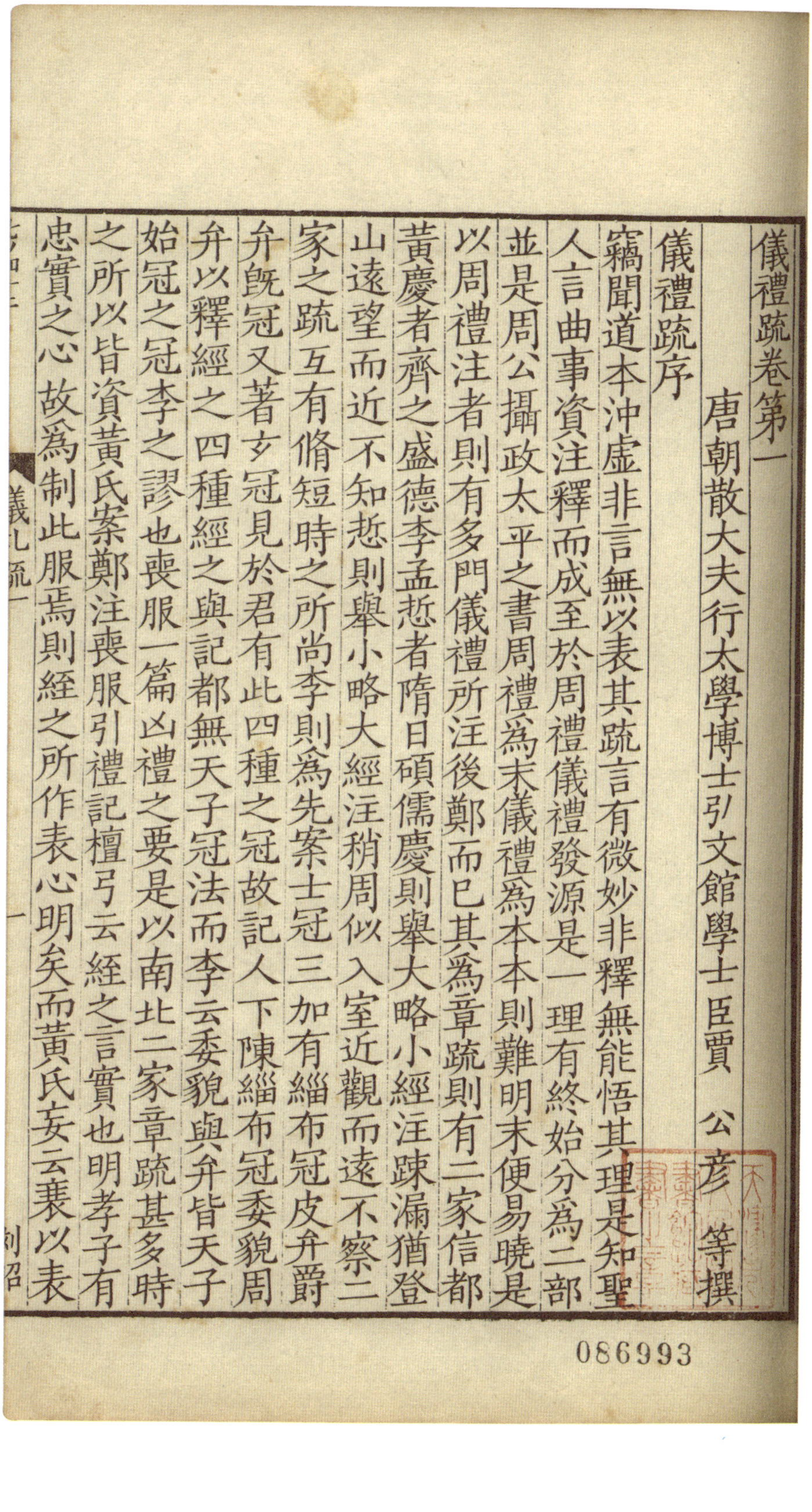
儀禮疏卷第一

唐朝散大夫行太學博士弘文館學士臣賈　公彥等撰

儀禮疏序

竊聞道本沖虛非言無以表其疏言有微妙非釋無能悟其理是知聖人言曲事資注釋而成至於周禮儀禮發源是一理有終始分爲二部並是周公攝政太平之書周禮爲末儀禮爲本本則難明末便易曉是以周禮注者則有多門儀禮所注後鄭而已其爲章疏則有二家信都黄慶者齊之盛德李孟悊者隋日碩儒慶則舉大略小經注疎漏猶登山遠望而近不知悊則舉小略大經注稍周似入室近觀而遠不察二家之疏互有脩短時之所尚李則爲先案士冠三加有緇布冠皮弁爵弁既冠又著玄冠見於君有此四種之冠故記人下陳緇布冠委貌周弁以釋經之四種經之與記都無天子冠法而李云委貌與弁皆天子始冠之冠李之謬也喪服一篇凶禮之要是以南北二家章疏甚多時之所以皆資黄氏案鄭注喪服引禮記檀弓云經之言實也明孝子有忠實之心故爲制此服焉則經之所作表心明矣而黄氏妄云衰以表

儀禮疏一　一

儀禮註疏十七卷

明崇禎十三年虞山毛氏汲古閣刻本

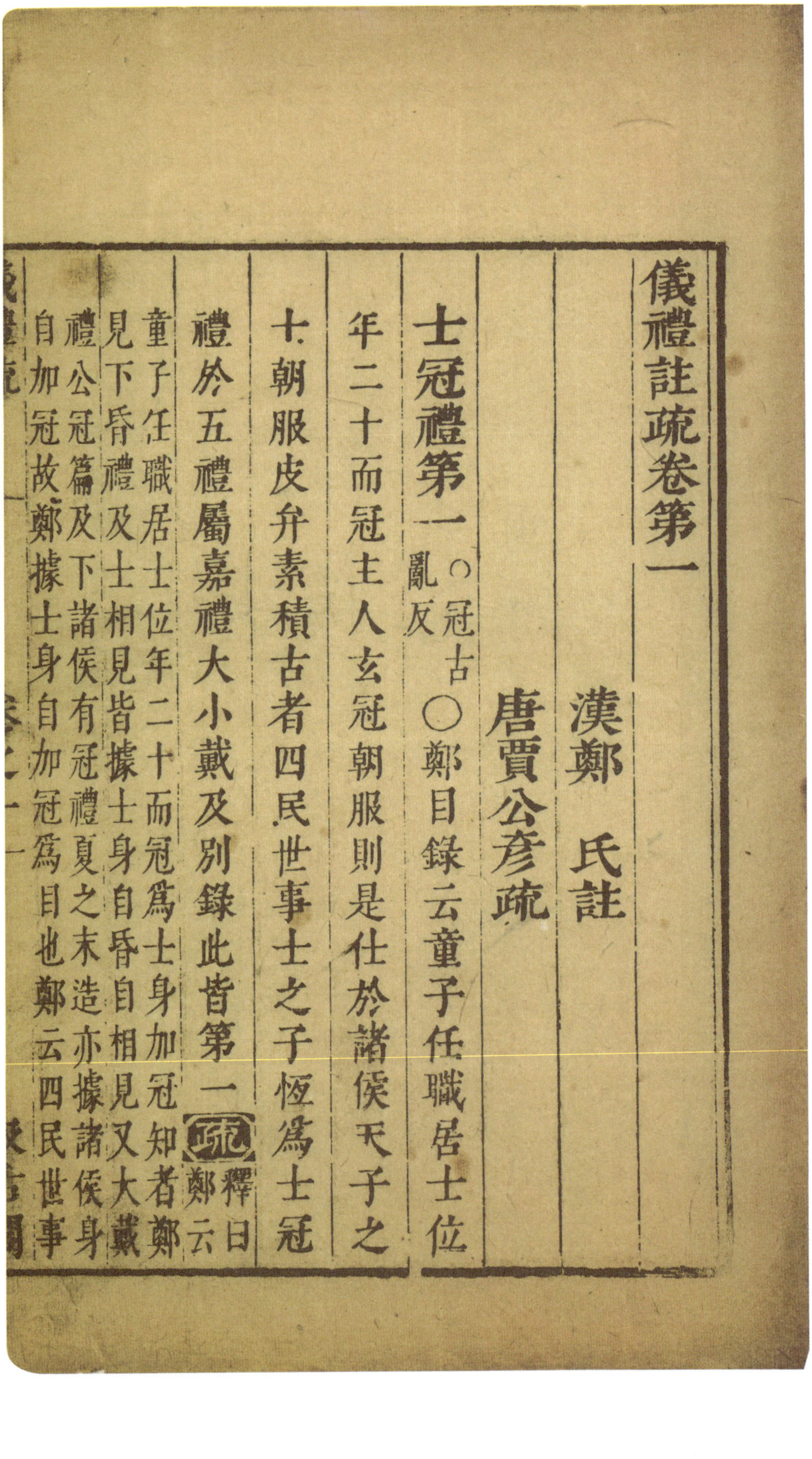

儀禮註疏卷第一

漢鄭　氏註

唐賈公彦疏

士冠禮第一　○冠古亂反　○鄭目錄云童子任職居士位年二十而冠主人玄冠朝服則是仕於諸侯天子之士朝服皮弁素積古者四民世事士之子恒爲士冠禮於五禮屬嘉禮大小戴及別錄此皆第一　疏　釋曰鄭云童子任職居士位年二十而冠爲士身加冠知者鄭見下昏禮及士相見皆據士身自昏自相見又大戴禮公冠篇及下諸侯有冠禮夏之末造亦據諸侯身自加冠故鄭據士身自加冠爲目也鄭云四民世事

儀禮疏　卷一　一　汲古閣

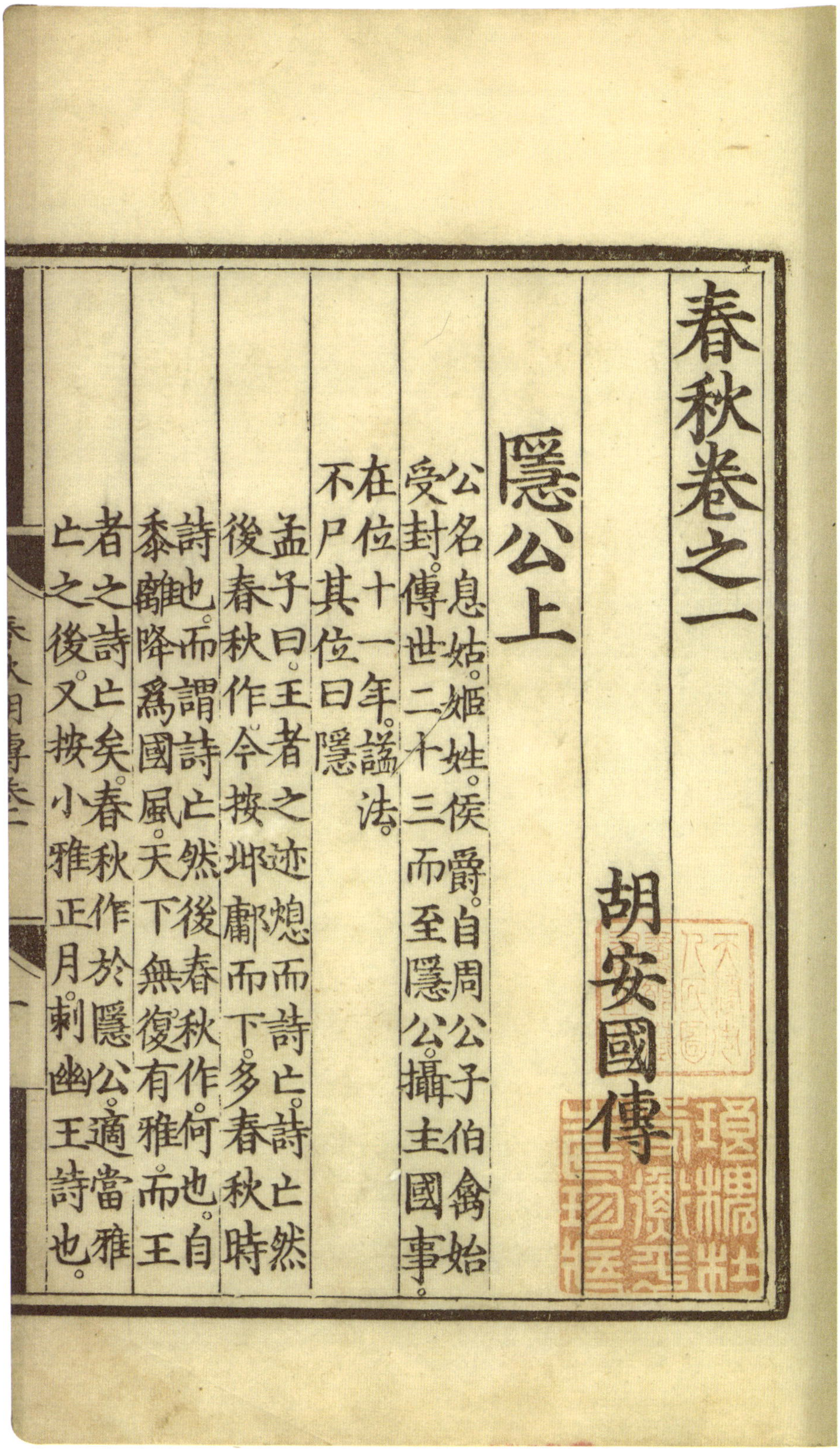
春秋卷之一

隱公上　　胡安國傳

公名息姑。姬姓。侯爵。自周公子伯禽始受封。傳世二十三而至隱公。攝主國事。在位十一年。謚法。不尸其位曰隱

孟子曰。王者之迹熄而詩亡。詩亡然後春秋作。今按邶鄘而下。多春秋時詩也。而謂詩亡。然後春秋作。何也。自黍離降爲國風。天下無復有雅。而王者之詩亡矣。春秋作於隱公。適當雅亡之後。又按小雅正月。刺幽王詩也。

春秋三十卷　明正統十二年司禮監刻五經本

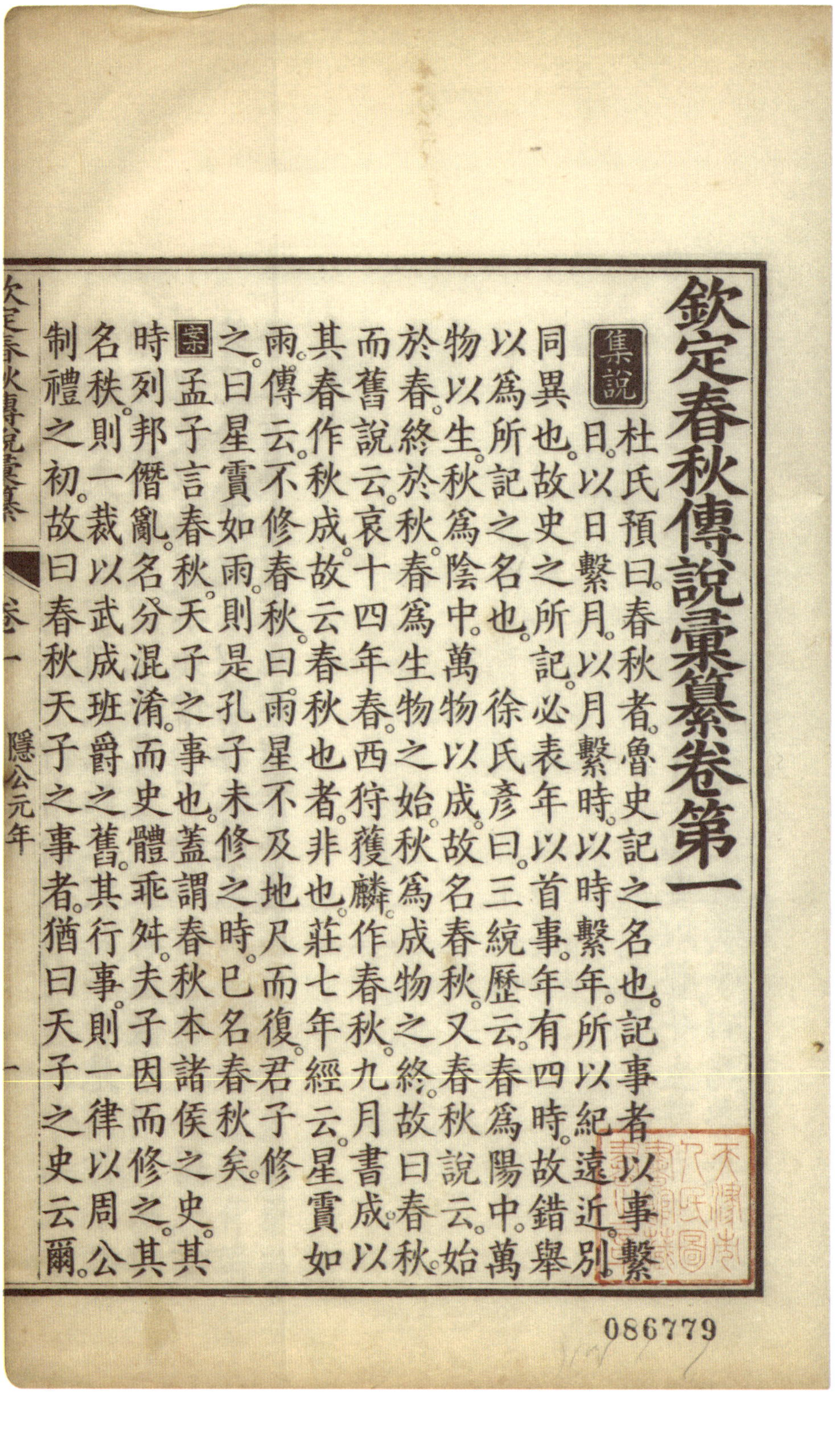
欽定春秋傳說彙纂卷第一

集說 杜氏預曰。春秋者。魯史記之名也。記事者以事繫日。以日繫月。以月繫時。以時繫年。所以紀遠近。別同異也。故史之所記。必表年以首事。年有四時。故錯舉以爲所記之名也。徐氏彥曰。三統歷云。春爲陽中。萬物以生。秋爲陰中。萬物以成。故名春秋。又春秋說云。始於春。終於秋。春爲生物之始。秋爲成物之終。故曰春秋。而舊說云。哀十四年春。西狩獲麟。作春秋。九月書成以其春作秋成。故云春秋也者。非也。莊七年經云。星貫如雨。傳云。不修春秋。曰雨星不及地尺而復。君子修之。曰星貫如雨。則是孔子未修之時。已名春秋矣。

案 孟子言春秋天子之事也。蓋謂春秋本諸侯之史。其時列邦僭亂。名分混淆。而史體乖舛。夫子因而修之。其名秩。則一裁以武成班爵之舊。其行事。則一律以周公制禮之初。故曰春秋天子之事者。猶曰天子之史云爾。

欽定春秋傳說彙纂三十八卷 清康熙六十年內府刻本

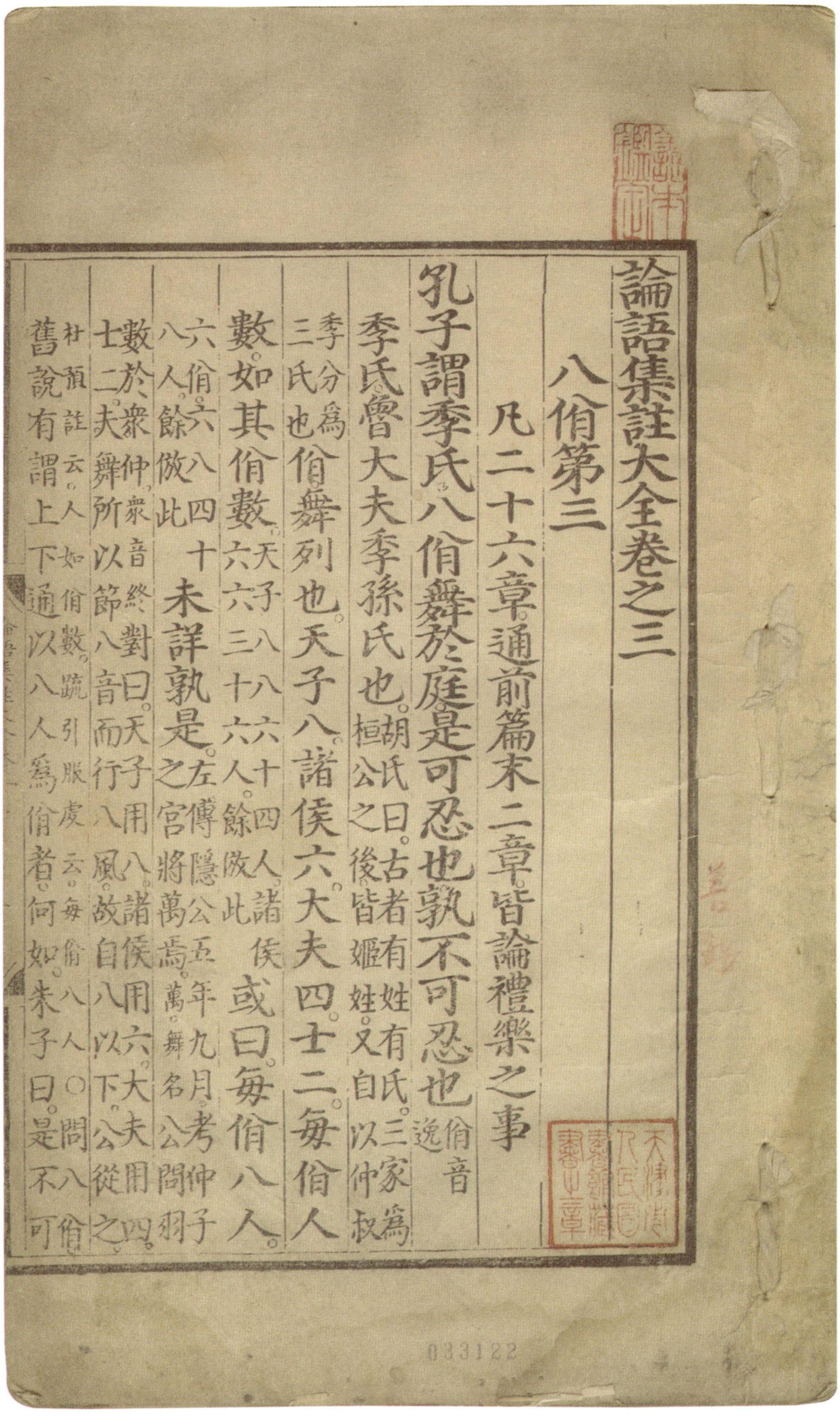
論語集註大全卷之三

八佾第三

凡二十六章通前篇末二章皆論禮樂之事

孔子謂季氏八佾舞於庭是可忍也孰不可忍也佾音逸

季氏魯大夫季孫氏也。胡氏曰。古者有姓有氏。三家爲桓公之後。皆姬姓。又自以仲叔季分爲三氏也。佾舞列也。天子八。諸侯六。大夫四。士二。每佾人數。如其佾數。天子八八六十四人。諸侯六六三十六人。餘倣此。或曰。每佾八人。六佾六八四十八人。餘倣此。未詳孰是。左傳隱公五年九月。考仲子之宮。將萬焉。萬。舞名。公問羽數於衆仲。衆音終。對曰。天子用八。諸侯用六。大夫用四。士二。夫舞所以節八音而行八風。故自八以下。公從之。杜預註云。人如佾數。疏引服虔云。每佾八人。○問八佾舊說有謂上下通以八人爲佾者。何如。朱子曰。是不可

論語集註大全二十卷

明內府刻四書集注大全本

孟子集註大全十四卷　明內府刻本

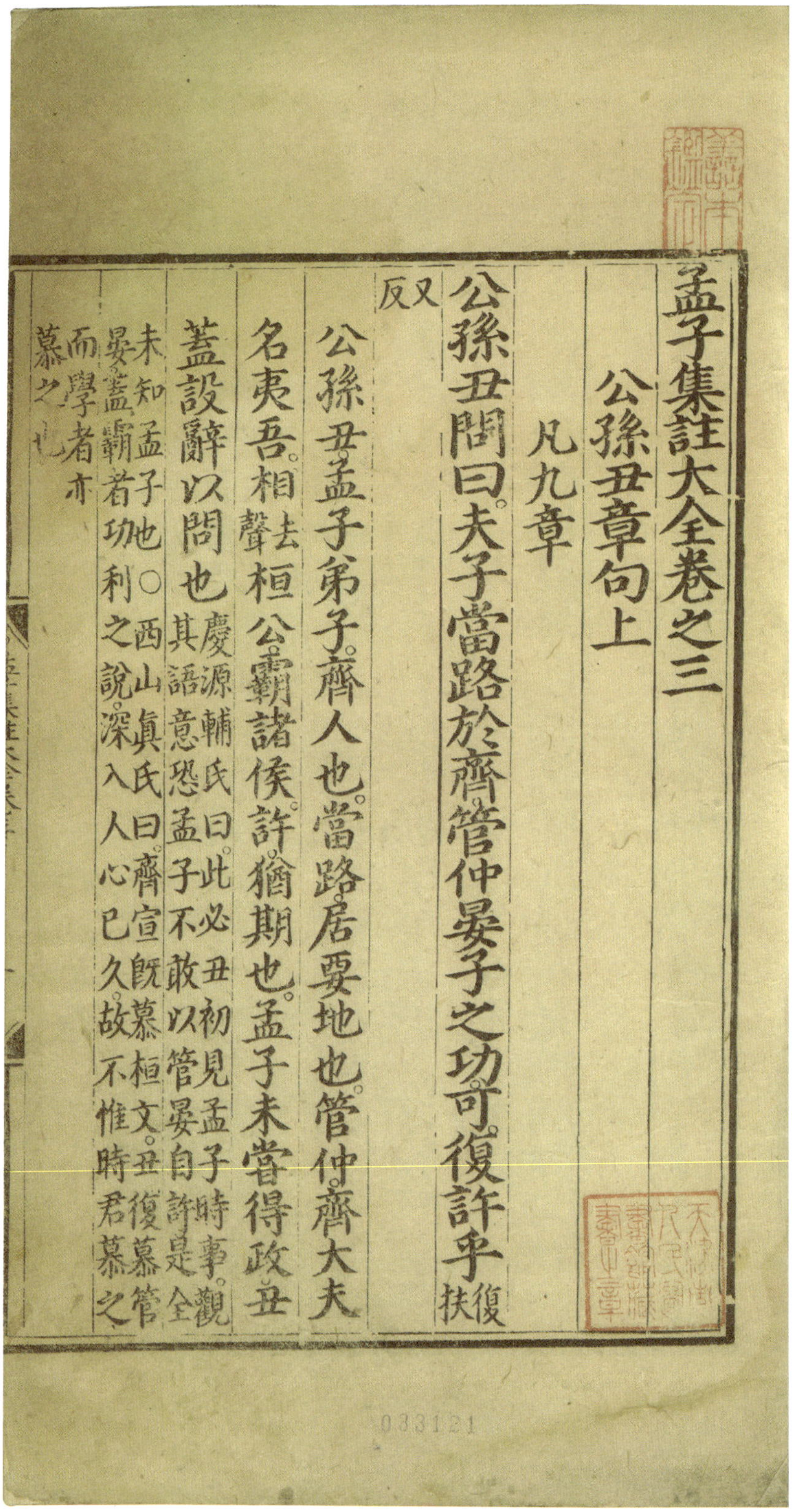

孟子集註大全卷之三

公孫丑章句上

凡九章

公孫丑問曰夫子當路於齊管仲晏子之功可復許乎（復扶又反）

公孫丑孟子弟子齊人也當路居要地也管仲齊大夫名夷吾相（去聲）桓公霸諸侯許猶期也孟子未嘗得政丑蓋設辭以問也　慶源輔氏曰此必丑初見孟子時事觀其語意恐孟子不敢以管晏自許是全未知孟子也○西山眞氏曰齊宣既慕桓文丑復慕管晏蓋霸者功利之說深入人心已久故不惟時君慕之而學者亦慕之也

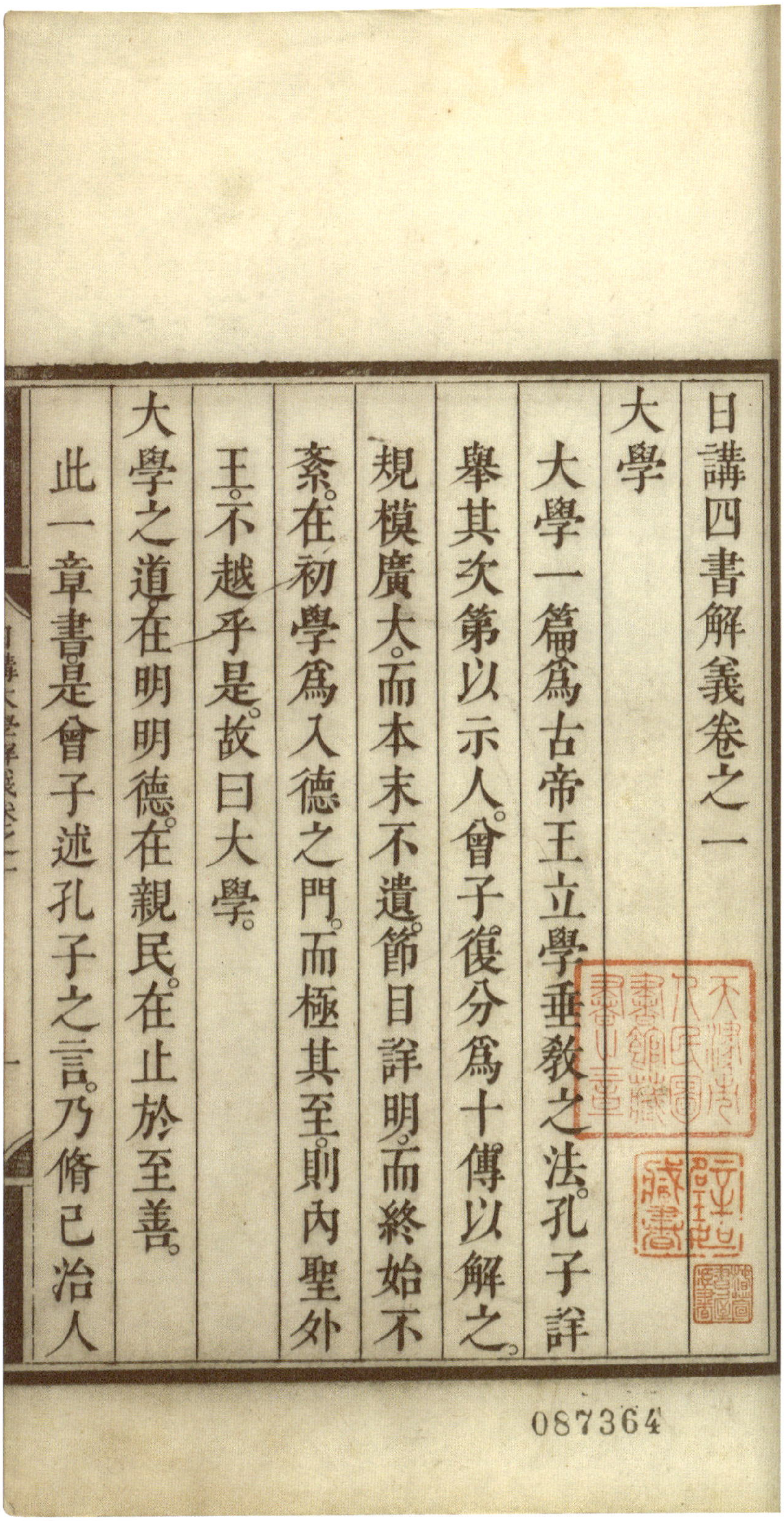
日講四書解義卷之一

大學

大學一篇爲古帝王立學垂教之法。孔子詳舉其次第以示人。曾子復分爲十傳以解之。規模廣大。而本末不遺。節目詳明。而終始不紊。在初學爲入德之門。而極其至。則內聖外王。不越乎是。故曰大學。

大學之道。在明明德。在親民。在止於至善。

此一章書。是曾子述孔子之言。乃脩己治人

日講四書解義二十六卷

清康熙十六年內府刻本

說文字原一卷

元至正十五年高德基等刻明修本

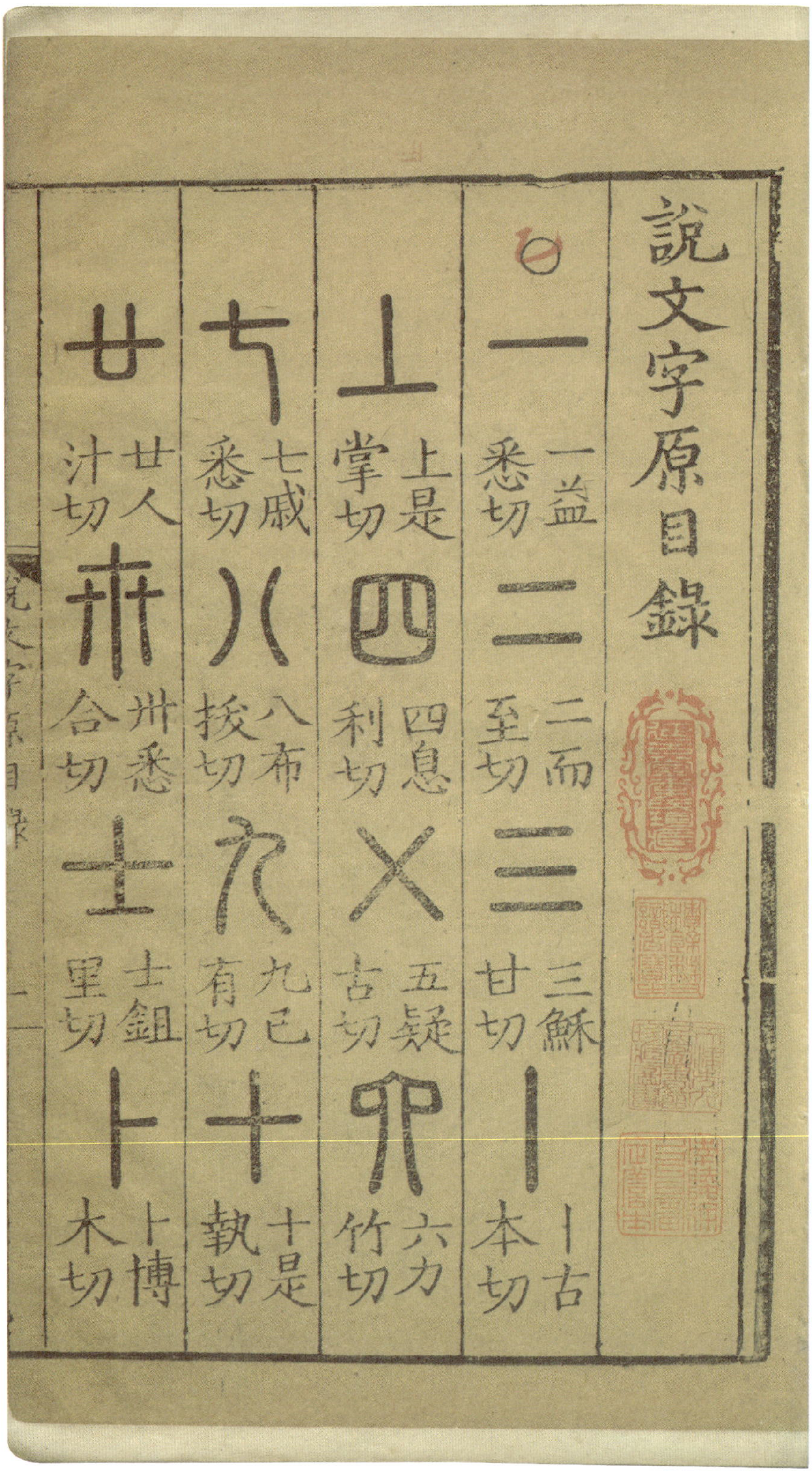

說文字原目錄

一 益悉切　二 而至切　三 穌甘切　丨 古本切

上 是掌切　四 息利切　五 疑古切　六 力竹切

七 戚悉切　八 布拔切　九 已有切　十 是執切

廿 人汁切　卅 悉合切　士 鉏里切　卜 博木切

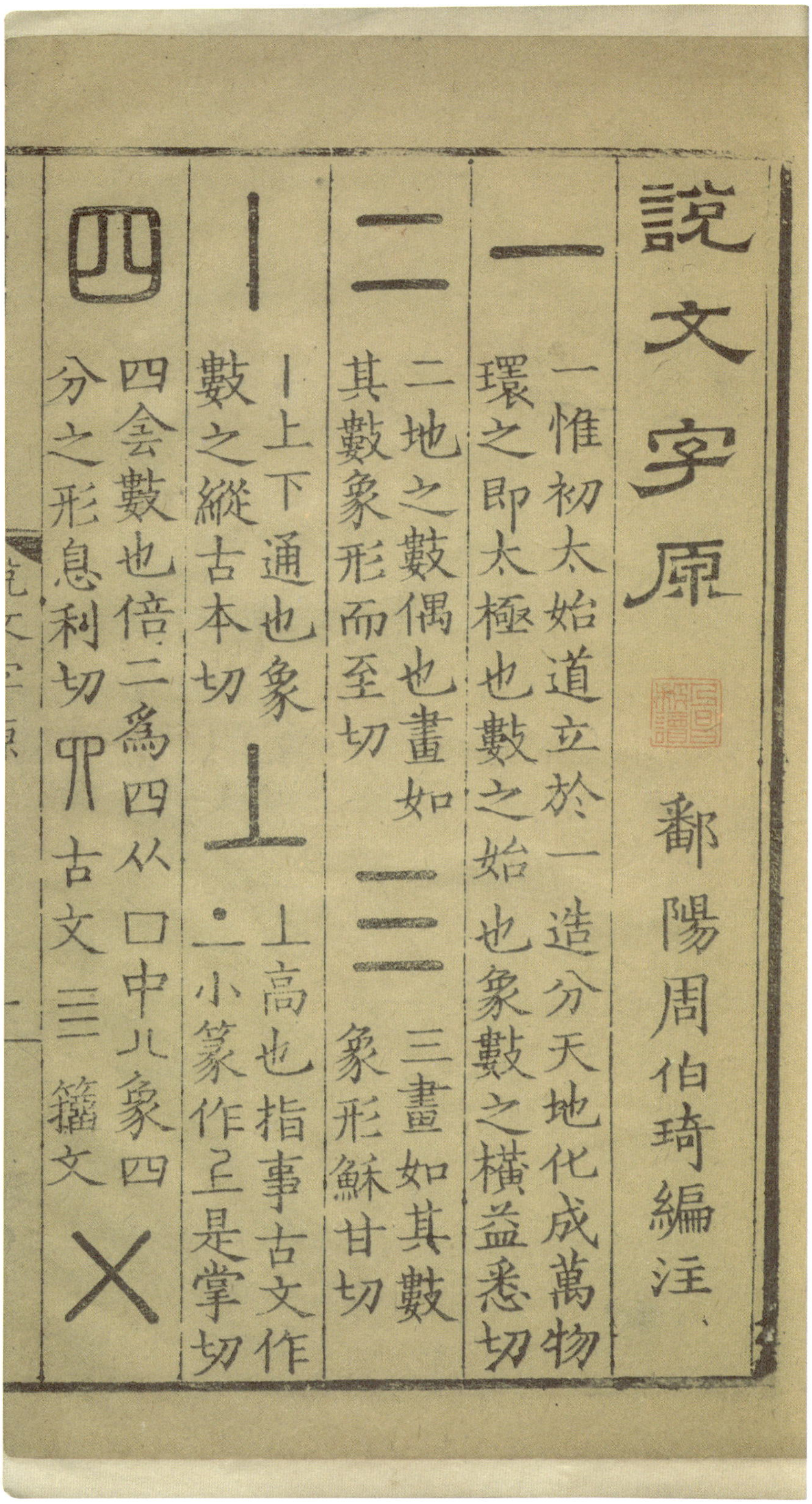
說文字原
鄱陽周伯琦編注
一 一惟初太始道立於一造分天地化成萬物環之即太極也數之始也象數之橫益悉切
二 二地之數偶也畫如其數象形而至切
三 三畫如其數象形穌甘切
丨 丨上下通也象數之縱古本切
丄 丄高也指事古文作二小篆作上是掌切
四 四会數也倍二為四从口中八象四分之形息利切 𠘨古文 亖籀文
乂

說文字原一卷　元至正十五年高德基等刻明修本

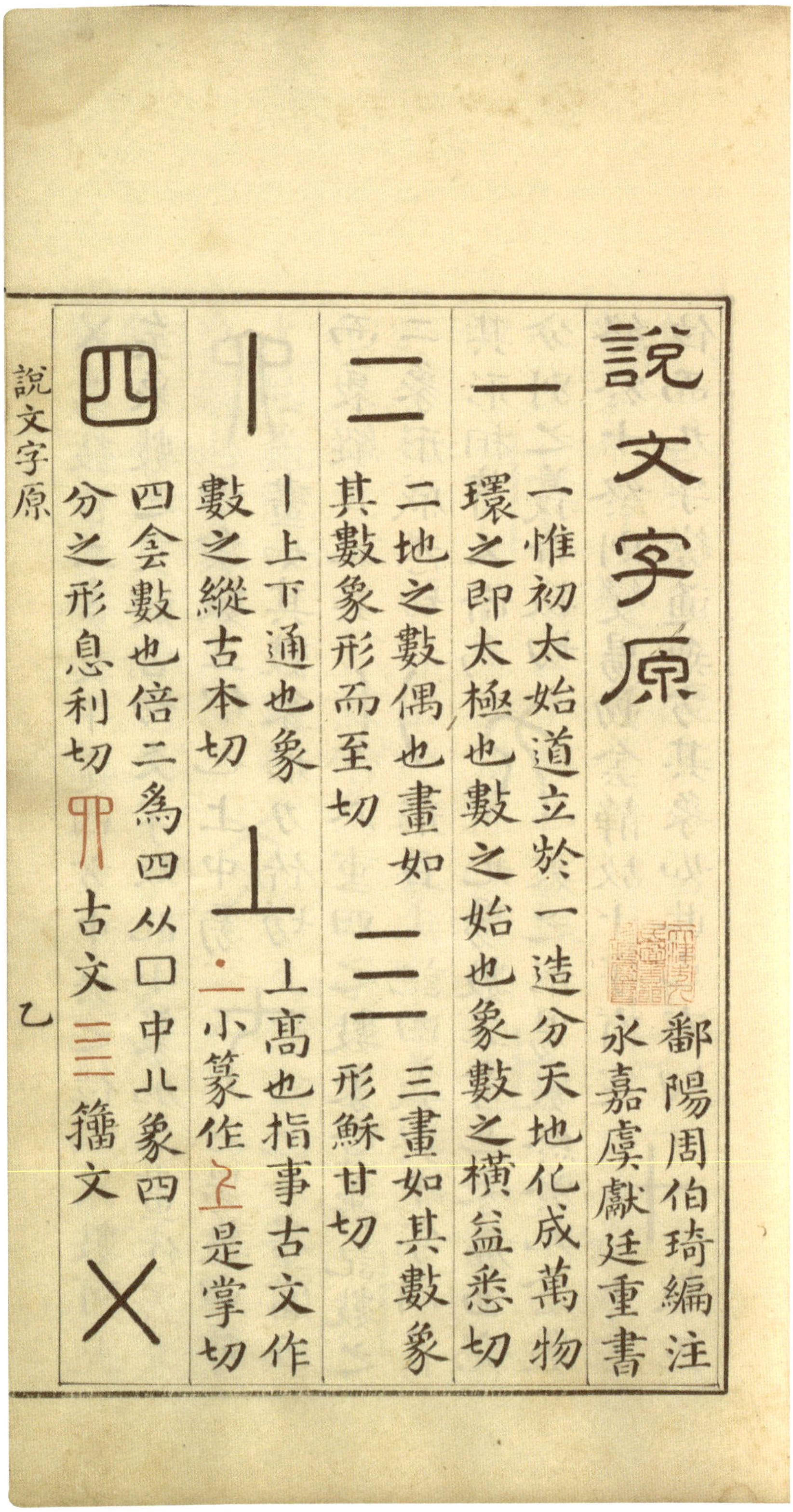
說文字原

鄱陽周伯琦編注
永嘉虞獻廷重書

一

一惟初太始道立於一造分天地化成萬物
環之即太極也數之始也象數之横益悉切

二

二地之數偶也畫如
其數象形而至切

三

三畫如其數象
形穌甘切

丨

丨上下通也象
數之縱古本切

丄

丄高也指事古文作
二小篆作丄是掌切

四

四侌數也倍二為四从口中儿象四
分之形息利切

𦉭古文亖籒文

㐅

說文字原　乙

說文字原一卷　清虞獻廷影元鈔本

天津圖書館古籍善本圖録

鑒賞

六書正譌五卷

清虞獻廷影元鈔本

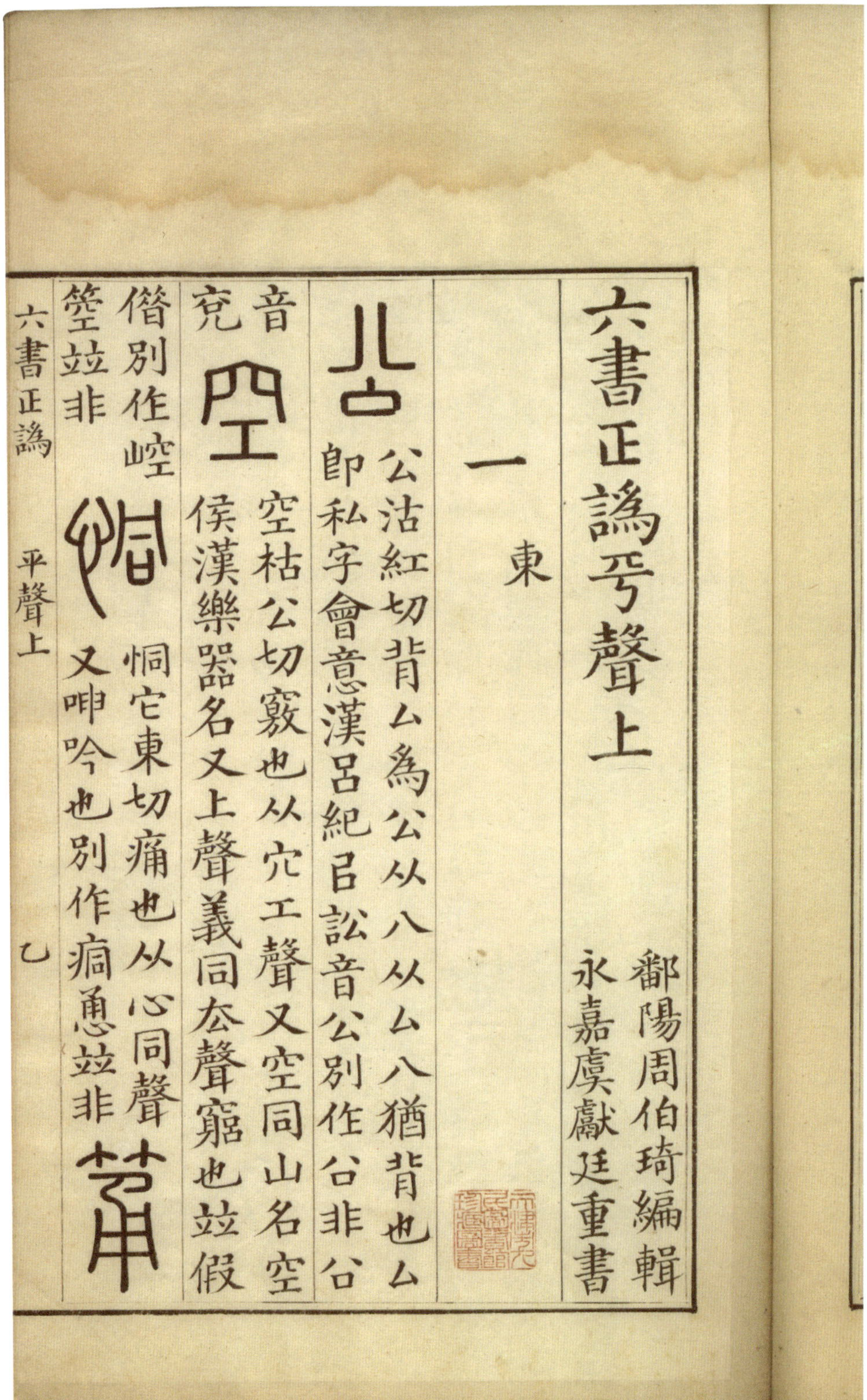

六書正譌平聲上

鄱陽周伯琦編輯

永嘉虞獻廷重書

一 東

公 公沽紅切背厶為公从八从厶八猶背也厶即私字會意漢呂紀呂訟音公別作谷非谷音究

空 空枯公切竅也从穴工聲又空同山名空侯漢樂器名又上聲義同厺聲竆也竝假借別作崆箜竝非

恫 恫它東切痛也从心同聲又呻吟也別作痌恿竝非

[illegible]

六書正譌　平聲上　乙

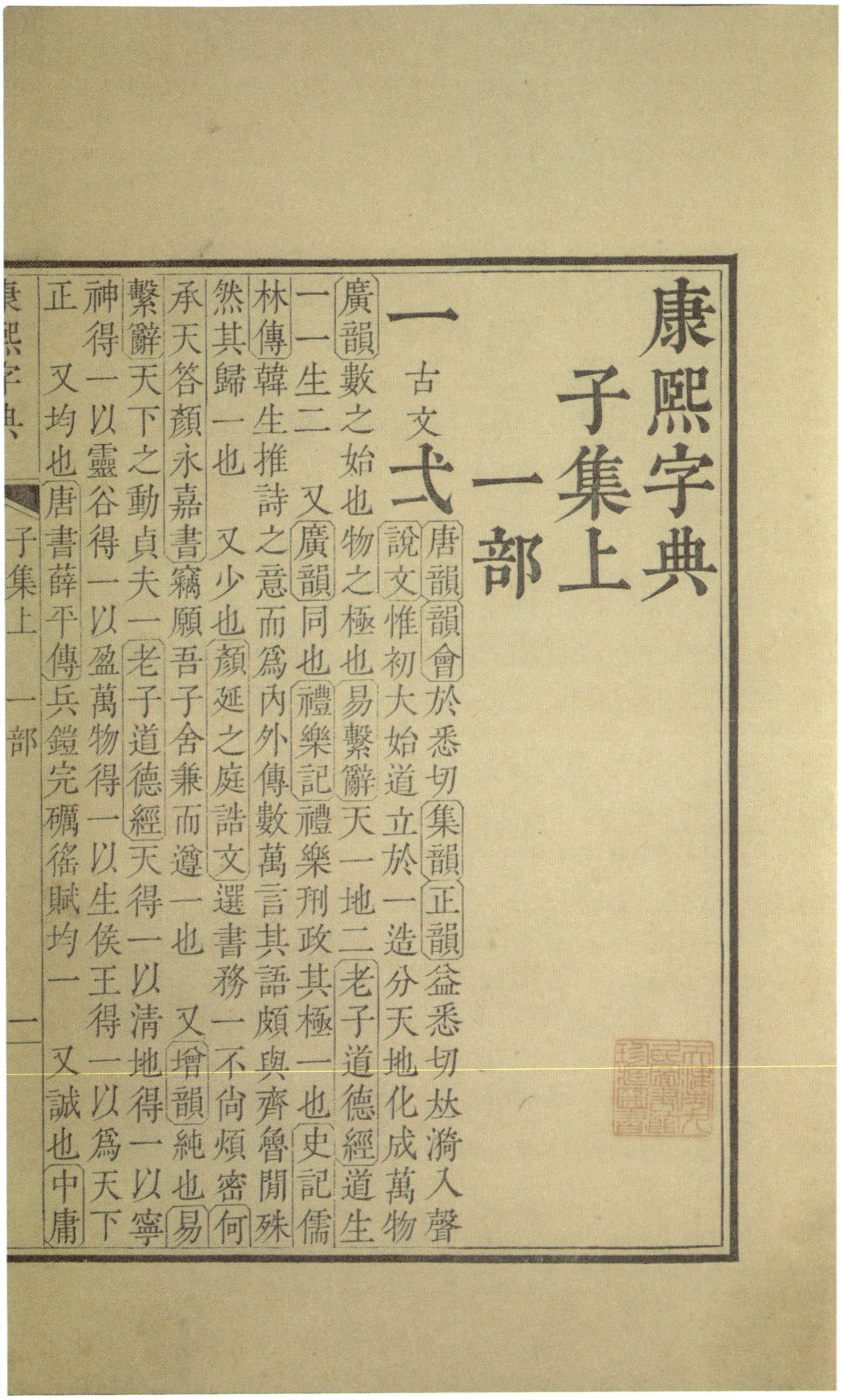
康熙字典
子集上
一部
一 古文弌 【唐韻】【韻會】於悉切【集韻】【正韻】益悉切𠀀漪入聲【說文】惟初大始道立於一造分天地化成萬物【廣韻】數之始也物之極也【易·繫辭】天一地二【老子·道德經】道生一一生二 又【廣韻】同也【禮·樂記】禮樂刑政其極一也【史記·儒林傳】韓生推詩之意而爲內外傳數萬言其語頗與齊魯閒殊然其歸一也 又少也【顏延之·庭誥文】選書務一不尚煩密【何承天·答顏永嘉書】竊願吾子舍兼而遵一也 又【增韻】純也【易·繫辭】天下之動貞夫一【老子·道德經】天得一以清地得一以寧神得一以靈谷得一以盈萬物得一以生侯王得一以爲天下正 又均也【唐書·薛平傳】兵鎧完礪徭賦均一 又誠也【中庸】
康熙字典 子集上 一部 一

康熙字典十二集三十六卷 清康熙五十五年內府刻本

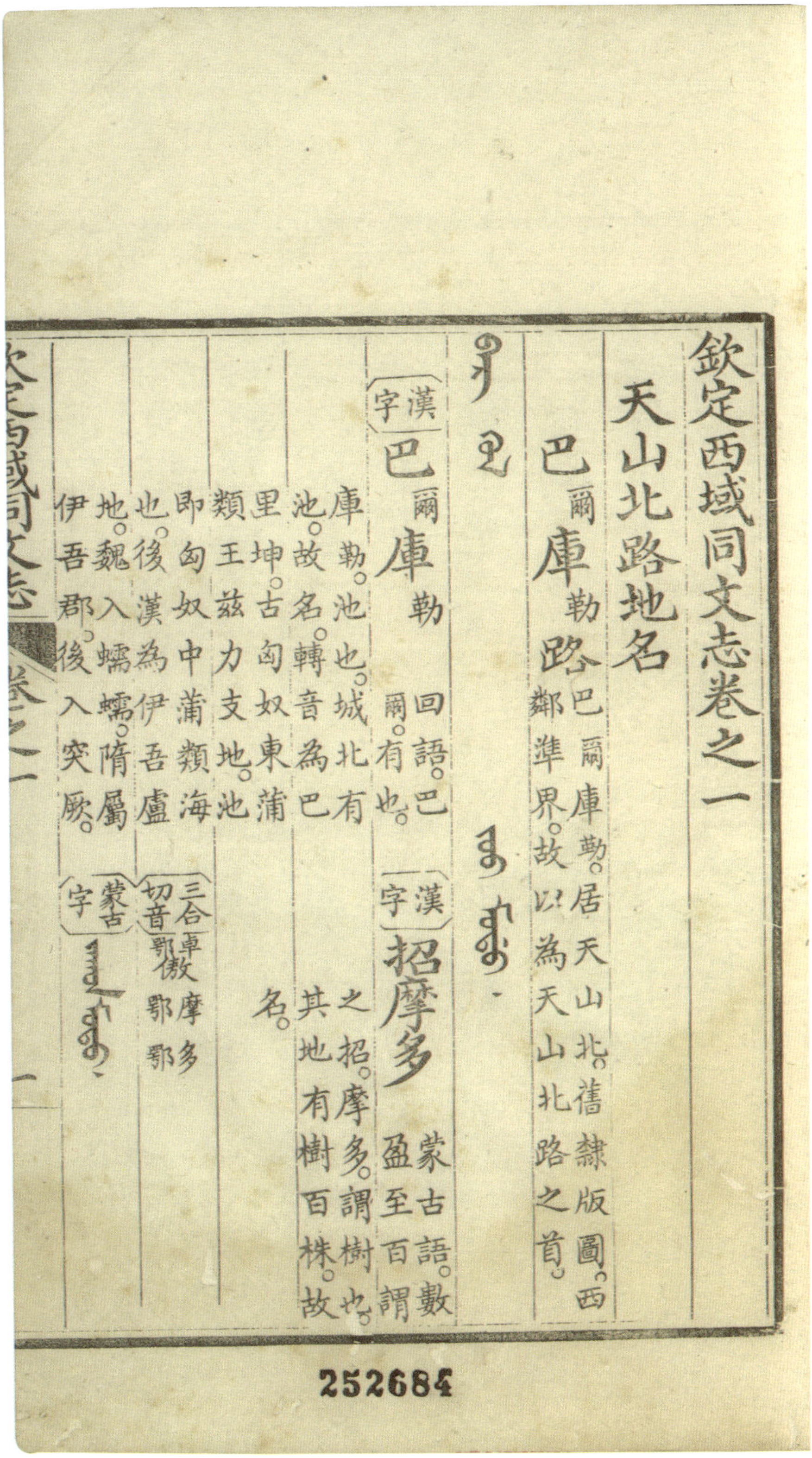
欽定西域同文志卷之一

天山北路地名

巴爾庫勒路 巴爾庫勒。居天山北。舊隸版圖。西鄰準界。故以為天山北路之首。

漢字 巴爾庫勒 回語。巴爾。有也。庫勒。池也。城北有池。故名。轉音為巴里坤。古匈奴東蒲類王茲力支地。池即匈奴中蒲類海也。後漢為伊吾盧地。魏入蠕蠕。隋屬伊吾郡。後入突厥。

漢字 招摩多 蒙古語。數盈至百謂之招。摩多。謂樹也。其地有樹百株。故名。

三合切音 卓鄂 傲 摩鄂 多鄂

蒙古字

欽定西域同文志 卷之一 一

欽定西域同文志二十四卷 清乾隆二十年內府刻本

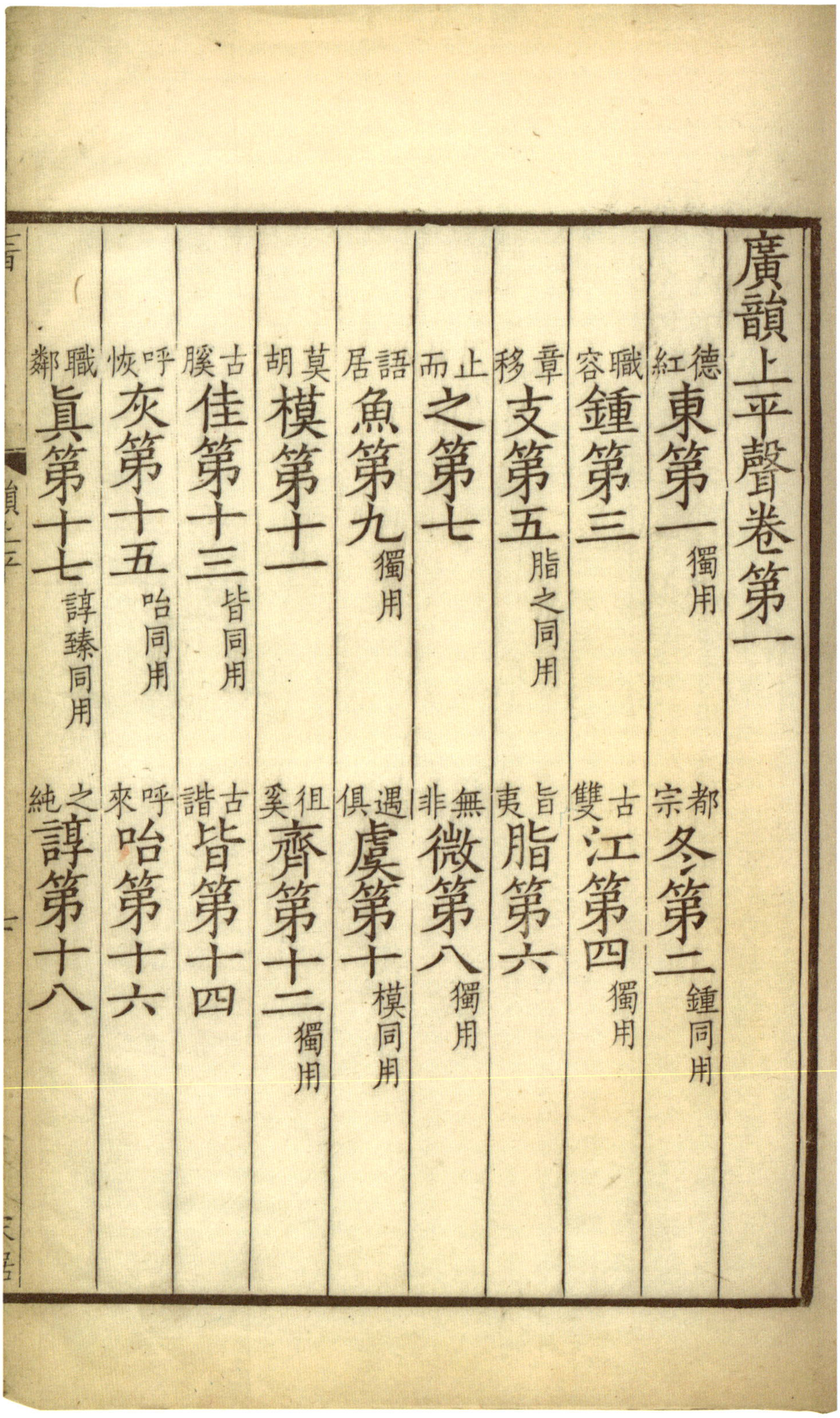
廣韻上平聲卷第一

德紅 東第一 獨用　都宗 冬第二 鍾同用

職容 鍾第三　古雙 江第四 獨用

章移 支第五 脂之同用　旨夷 脂第六

止而 之第七　無非 微第八 獨用

語居 魚第九 獨用　遇俱 虞第十 模同用

莫胡 模第十一　徂奚 齊第十二 獨用

古膎 佳第十三 皆同用　古諧 皆第十四

呼恢 灰第十五 咍同用　呼來 咍第十六

職鄰 眞第十七 諄臻同用　之純 諄第十八

廣韻五卷

清康熙四十三年張氏澤存堂刻本

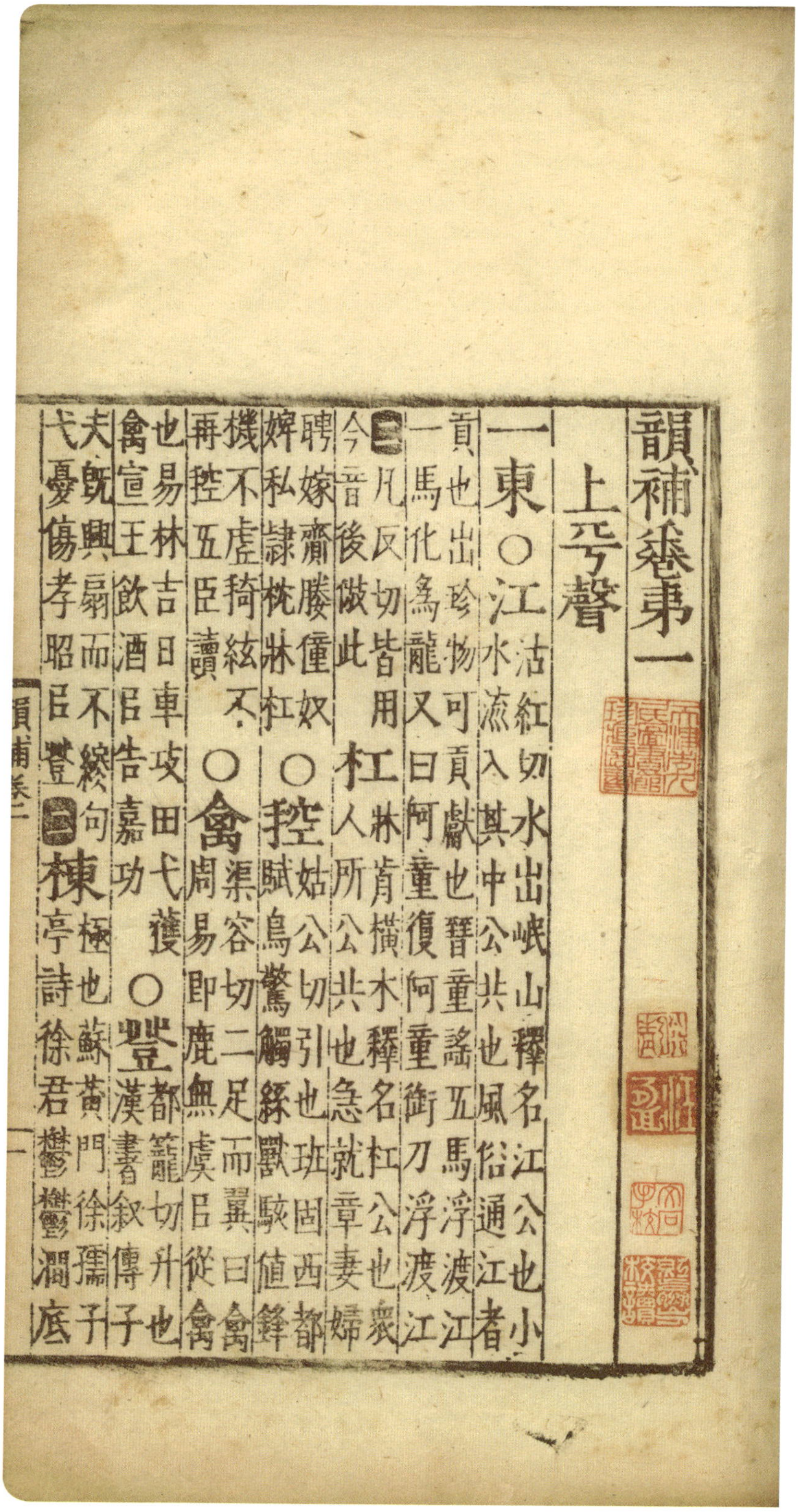
韻補卷第一
上聲
一東〇江沽紅切水出岷山釋名江公也小
水流入其中公共也風俗通江者
貢也出珍物可貢獻也晉童謠五馬浮渡江
一馬化為龍又曰阿童復阿童銜刀浮渡江
三凡反切皆用
今音後倣此杠林肯橫木釋名杠公也衆
人所公共也急就章妻婦
騁嫁齎媵僮奴〇控姑公切引也班固西都
婢私隷㮁㭁杠賦鳥驚觸絲獸駭値鋒
機不虛掎絃不〇禽渠容切二足而翼曰禽
再控五臣讀周易即鹿無虞虞臣從禽
也易林吉日車攻田弋獲〇豐都籠切升也
禽宣王飲酒臣告嘉功漢書叙傳子
夫既興扇而不絃句極也蘇黃門徐孺子
弋憂傷孝昭臣豐三倲亭詩徐君鬱鬱澗底
韻補卷一　一

韻補五卷

明嘉靖中咸寧許宗魯刻本

音韻闡微十八卷　清雍正六年內府刻本

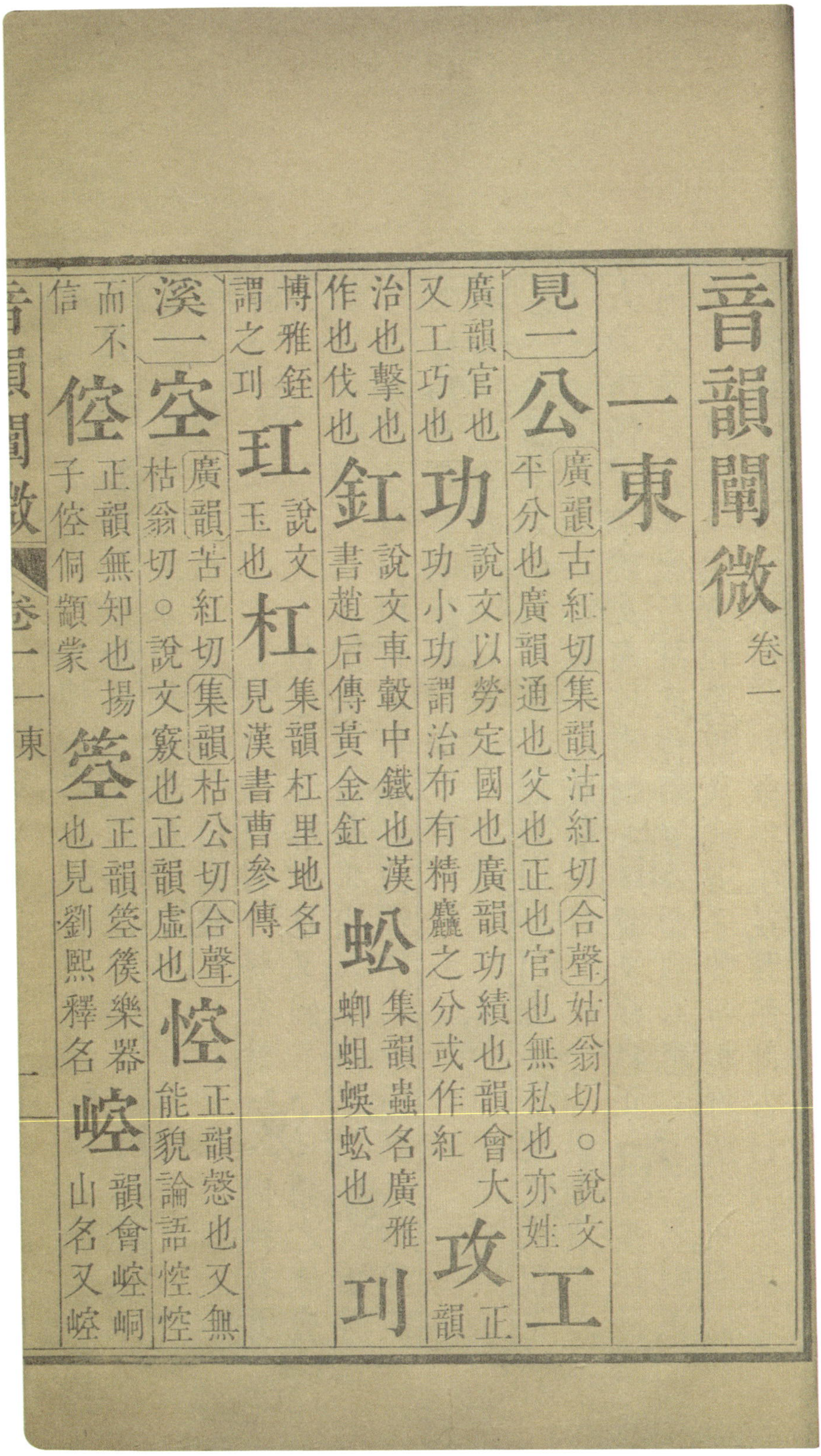
音韻闡微卷一

一東

見一公 廣韻古紅切集韻沽紅切合聲姑翁切○說文平分也廣韻通也父也正也官也無私也亦姓 工 廣韻官也又工巧也 功 說文以勞定國也廣韻功績也韻會大功小功謂治布有精麤之分或作紅 攻 正韻治也擊也作也伐也 釭 說文車轂中鐵也漢書趙后傳黃金釭 蚣 集韻蟲名廣雅蜙蝑蜈蚣也 玒 博雅鉦謂之玒 玒 說文玉也 杠 集韻杠里地名見漢書曹參傳

溪一空 廣韻苦紅切集韻枯公切合聲枯翁切○說文竅也正韻虛也 悾 正韻愨也又無能貌論語悾悾而不信 倥 正韻無知也揚子倥侗顓蒙 箜 正韻箜篌樂器也見劉熙釋名 崆 韻會崆峒山名又崆

音韻闡微　卷一　一東　一

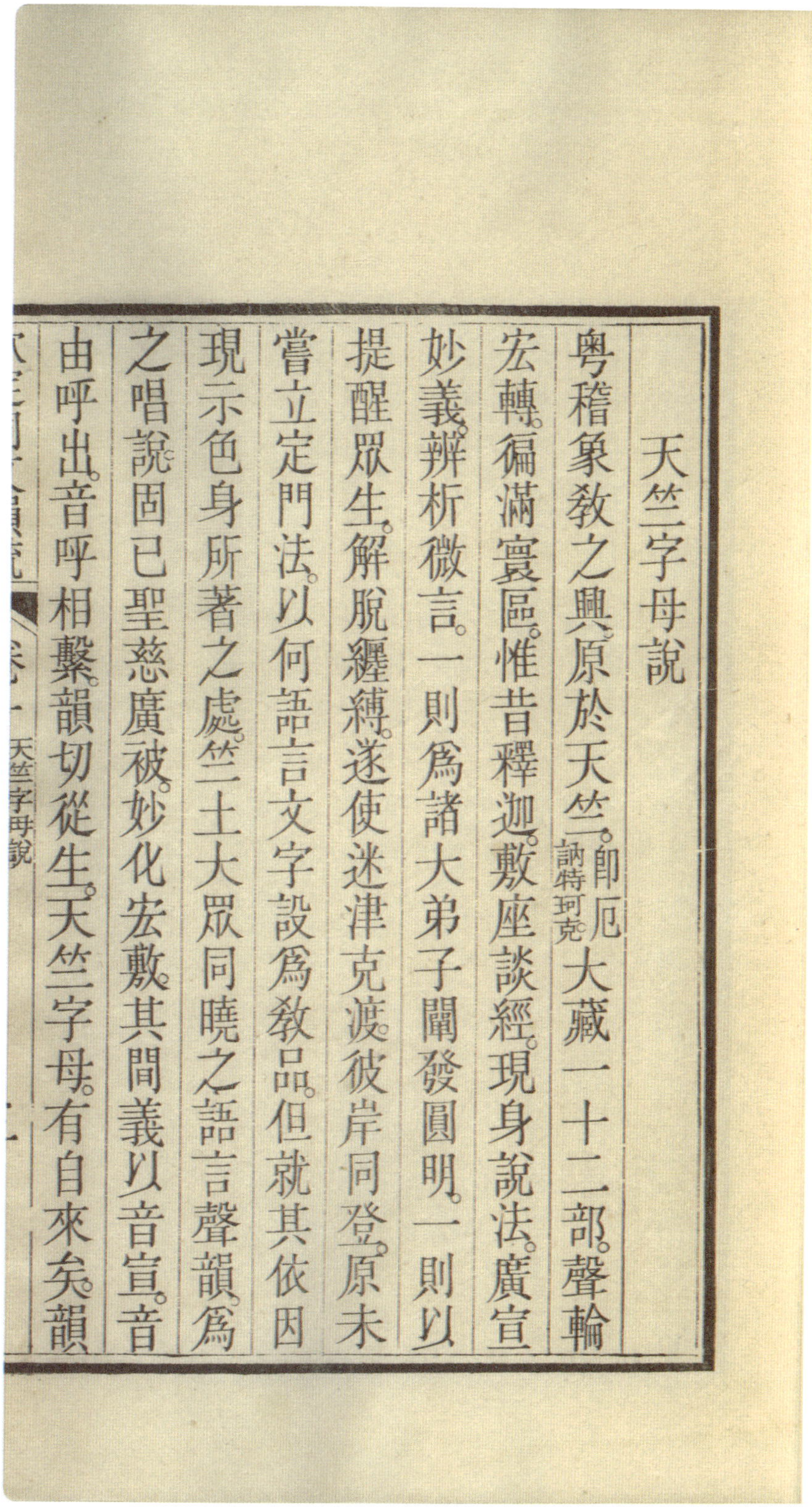
天竺字母說

粤稽象教之興原於天竺（卽厄訥特珂克）大藏一十二部聲輪宏轉徧滿寰區惟昔釋迦敷座談經現身說法廣宣妙義辨析微言一則爲諸大弟子闡發圓明一則以提醒衆生解脫纏縛遂使迷津克渡彼岸同登原未嘗立定門法以何語言文字設爲教品但就其依因現示色身所著之處竺土大衆同曉之語言聲韻爲之唱說固已聖慈廣被妙化宏敷其間義以音宣音由呼出音呼相繫韻切從生天竺字母有自來矣韻

欽定同文韻統　卷一　天竺字母說

欽定同文韻統六卷

清乾隆內府刻本

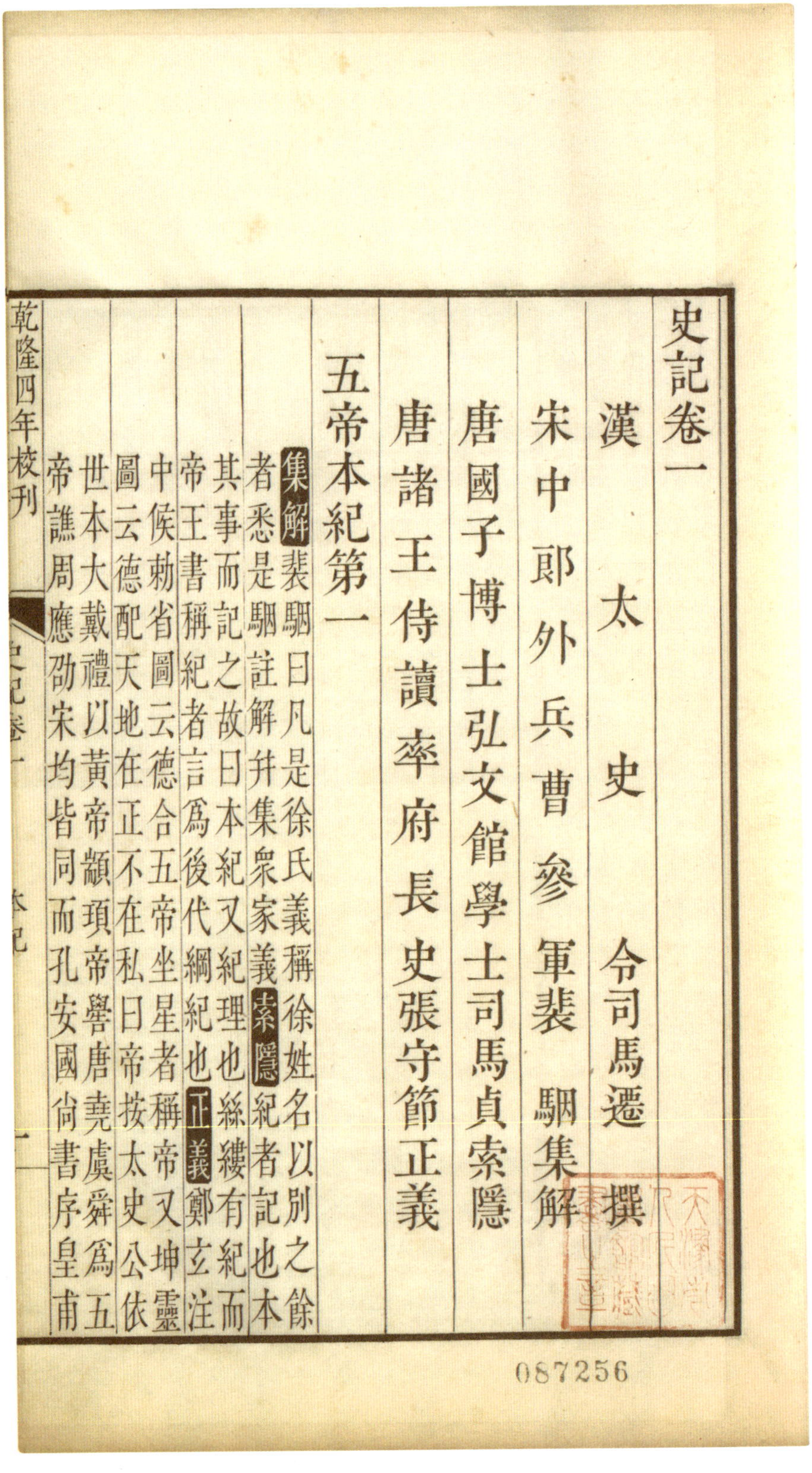

史記卷一

漢　太　史　令司馬遷　撰

宋中郎外兵曹參軍裴駰集解

唐國子博士弘文館學士司馬貞索隱

唐諸王侍讀率府長史張守節正義

五帝本紀第一

集解裴駰曰凡是徐氏義稱徐姓名以別之餘者悉是駰註解并集衆家義索隱紀者記也本其事而記之故曰本紀又紀理也絲縷有紀而帝王書稱紀者言爲後代綱紀也正義鄭玄注中候勑省圖云德合五帝坐星者稱帝又坤靈圖云德配天地在正不在私曰帝按太史公依世本大戴禮以黄帝顓頊帝嚳唐堯虞舜爲五帝譙周應劭宋均皆同而孔安國尚書序皇甫

乾隆四年校刊　史記卷一　本紀　一

087256

二十四史三千二百五十卷

清乾隆四年、四十九年武英殿刻本

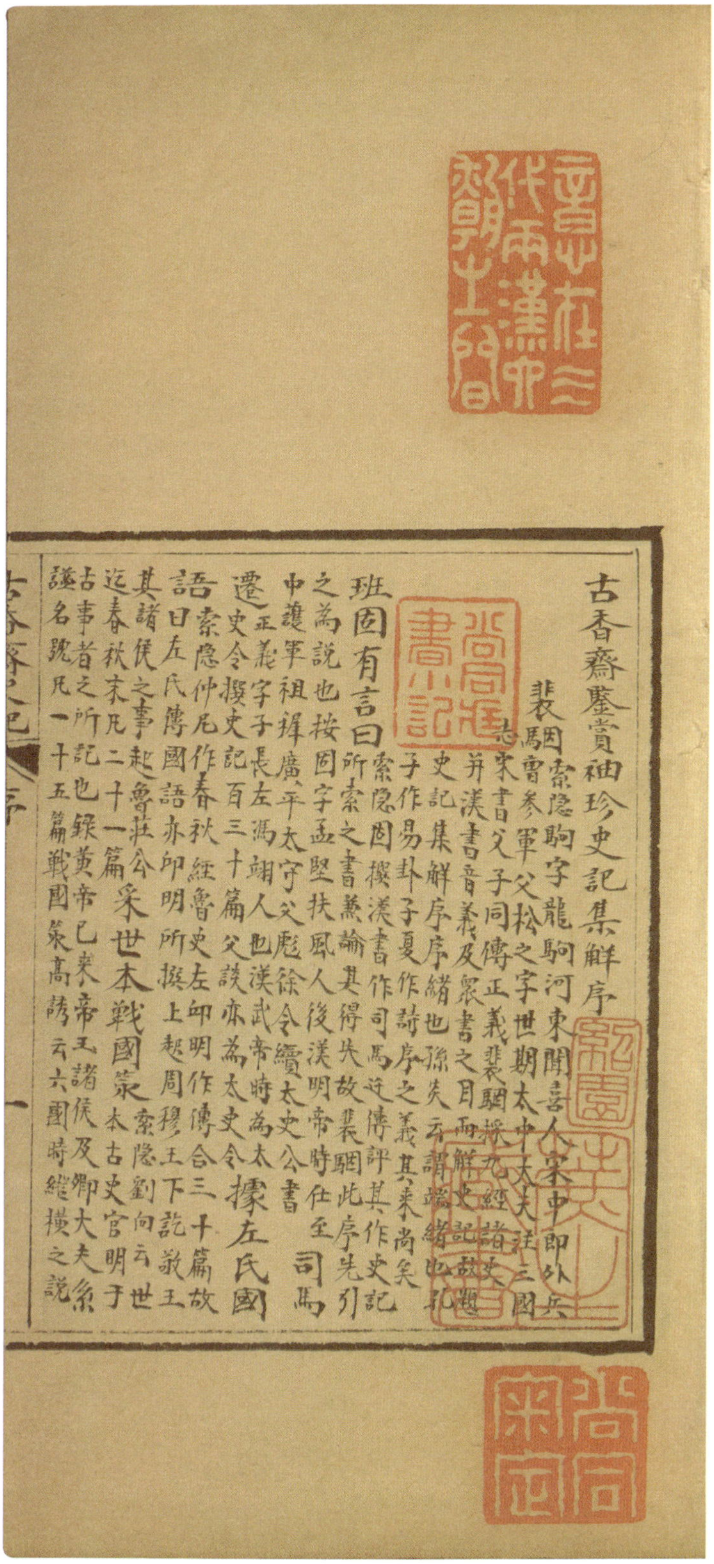
古香齋鑒賞袖珍史記集解序

裴駰索隱駰字龍駒河東聞喜人宋中郎外兵曹參軍父松之字世期太中大夫注三國志宋書父子同傳正義裴駰採九經諸史并漢書音義及衆書之目而解史記故題

史記集解序序緒也孫炎云謂端緒也孔子作易卦子夏作詩序之義其來尚矣

班固有言曰索隱固撰漢書作司馬遷傳評其作史記所索之書兼論其得失故裴駰此序先引之為說也按固字孟堅扶風人後漢明帝時任至中護軍祖穉廣平太守父彪徐令續太史公書司馬遷正義字子長左馮翊人也漢武帝時為太史令撰史記百三十篇父談亦為太史令據左氏國語索隱仲尼作春秋經魯史左邱明作傳合三十篇故曰左氏傳國語亦邱明所撰上起周穆王下訖敬王采世本戰國策索隱劉向云世本古史官明于古事者之所記也錄黃帝已來帝王諸侯及卿大夫系謚名號凡一十五篇戰國策高誘云六國時縱橫之說

古香齋鑒賞袖珍史記一百三十卷

清乾隆武英殿刻古香齋袖珍十種本

古香齋鑒賞袖珍史記一百三十卷　清乾隆武英殿刻古香齋袖珍十種本

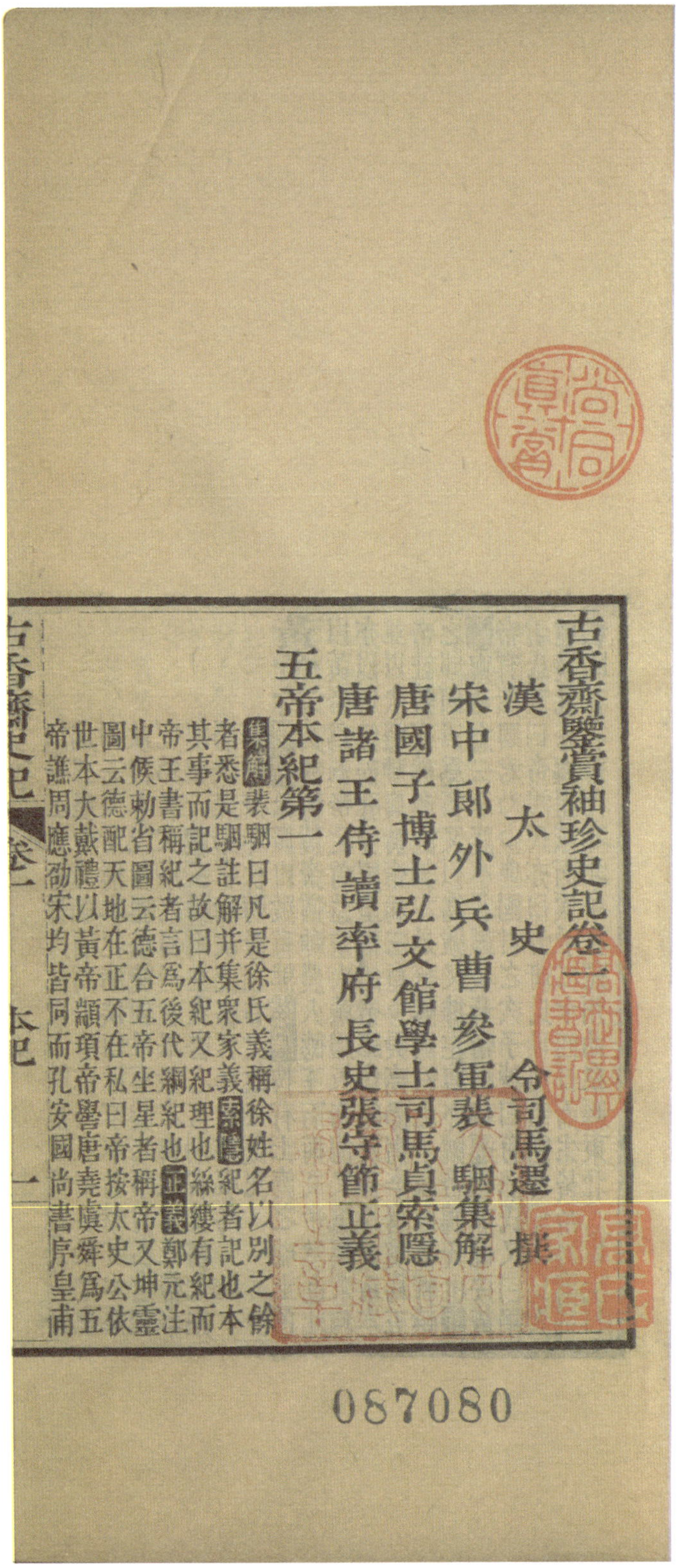
古香齋鑒賞袖珍史記卷一

漢　太　史　令司馬遷　撰

宋中郎外兵曹參軍裴　駰集解

唐國子博士弘文館學士司馬貞索隱

唐諸王侍讀率府長史張守節正義

五帝本紀第一

集解 裴駰曰凡是徐氏義稱徐姓名以別之餘者悉是駰註解并集衆家義 索隱 紀者記也本其事而記之故曰本紀又紀理也絲縷有紀而帝王書稱紀者言爲後代綱紀也 正義 鄭元注中候勑省圖云德合五帝坐星者稱帝又坤靈圖云德配天地在正不在私曰帝按太史公依世本大戴禮以黄帝顓頊帝嚳唐堯虞舜爲五帝譙周應劭宋均皆同而孔安國尚書序皇甫

古香齋史記　卷一　本紀　一

通志二百卷　清乾隆十二年武英殿刻本

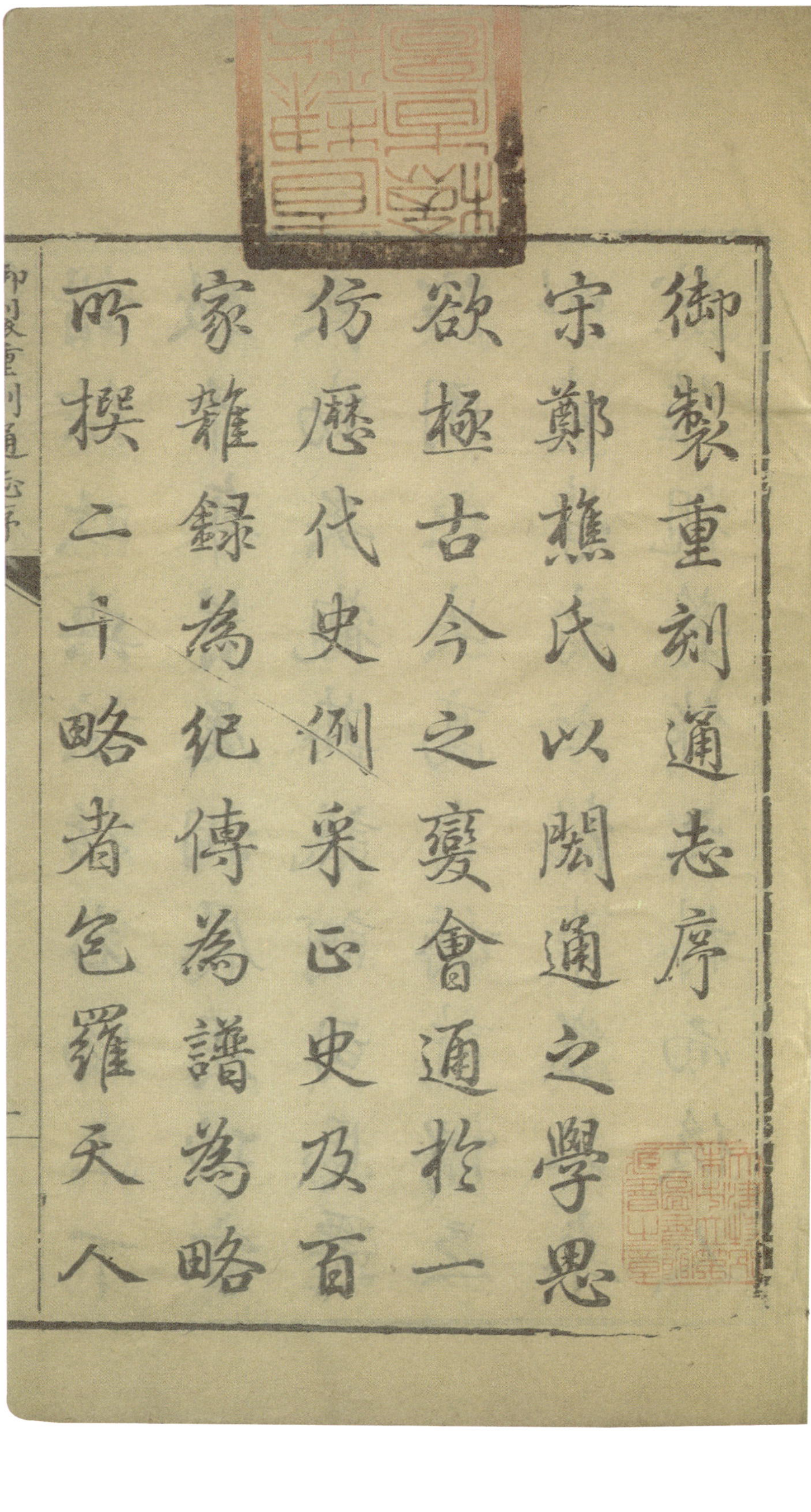

御製重刻通志序
宗鄭樵氏以閎通之學思
欲極古今之變會通於一
仿歷代史例釆正史及百
家雜録為紀傳為譜為略
所撰二十略者包羅天人

通志卷第一
宋右迪功郎鄭樵漁仲撰
三皇紀第一
太昊　炎帝　黃帝
臣謹按三皇伏羲但稱氏神農始稱帝堯舜始稱國
自上古至夏商皆稱名至周始稱謚而稱氏者三皇
以來未嘗廢也年代則稱紀自開闢至獲麟凡二百
厯初生民穴居野處聖人教之結巢以避蟲豸之害
而食草木之實故號有巢氏亦曰大巢氏亦謂之始
君言君臣之道於是乎始也有天下百餘代民知巢

通志二百卷　清乾隆十二年武英殿刻本

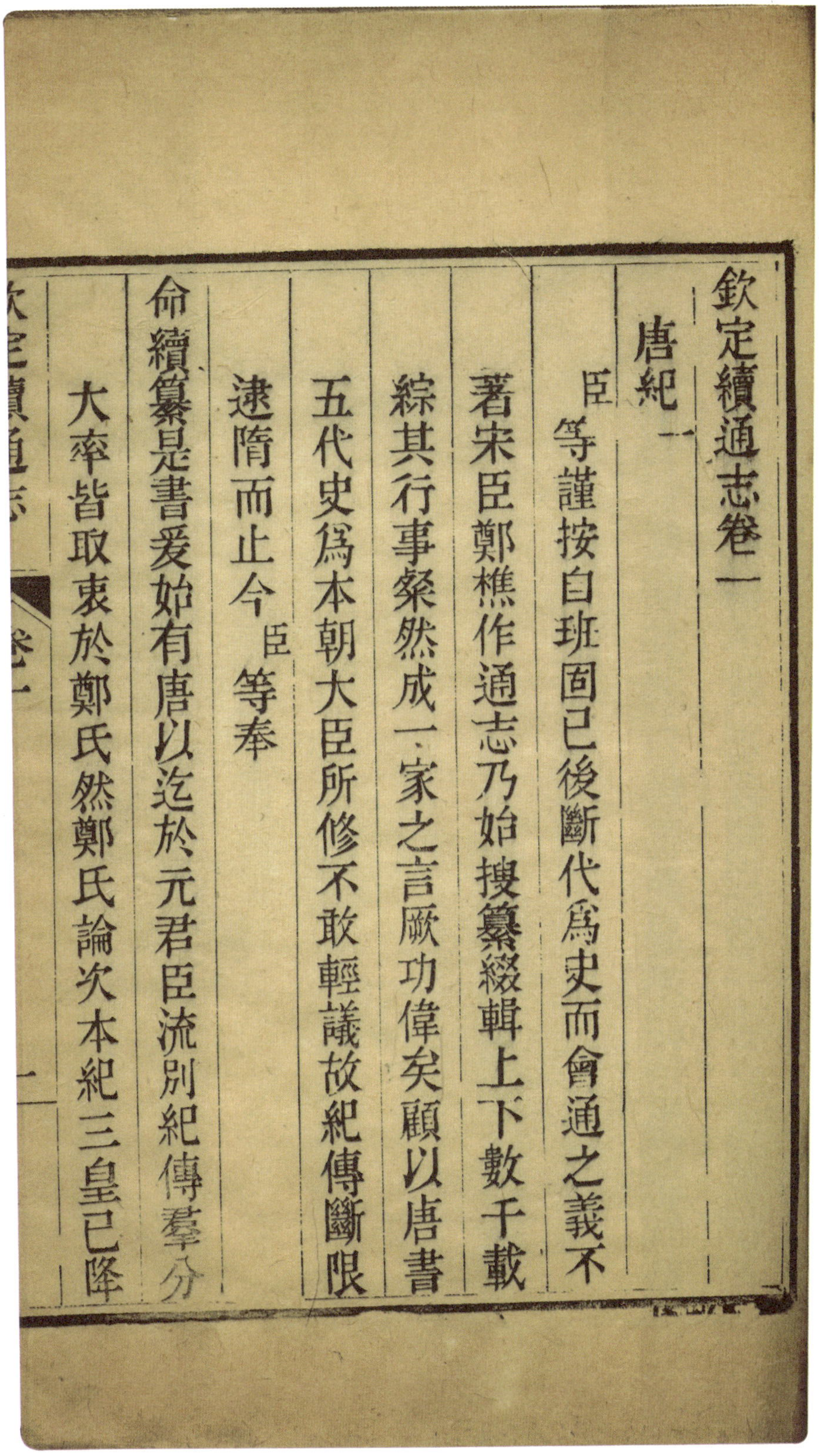
欽定續通志卷一

唐紀一

臣等謹按自班固已後斷代爲史而會通之義不著宋臣鄭樵作通志乃始搜纂綴輯上下數千載綜其行事粲然成一家之言厥功偉矣顧以唐書五代史爲本朝大臣所修不敢輕議故紀傳斷限逮隋而止今臣等奉

命續纂是書爰始有唐以迄於元君臣流別紀傳羣分大率皆取東於鄭氏然鄭氏論次本紀三皇已降

欽定續通志　卷一　一

欽定續通志六百四十卷

清乾隆五十年武英殿刻本

漢書一百卷

清乾隆四年武英殿刻本

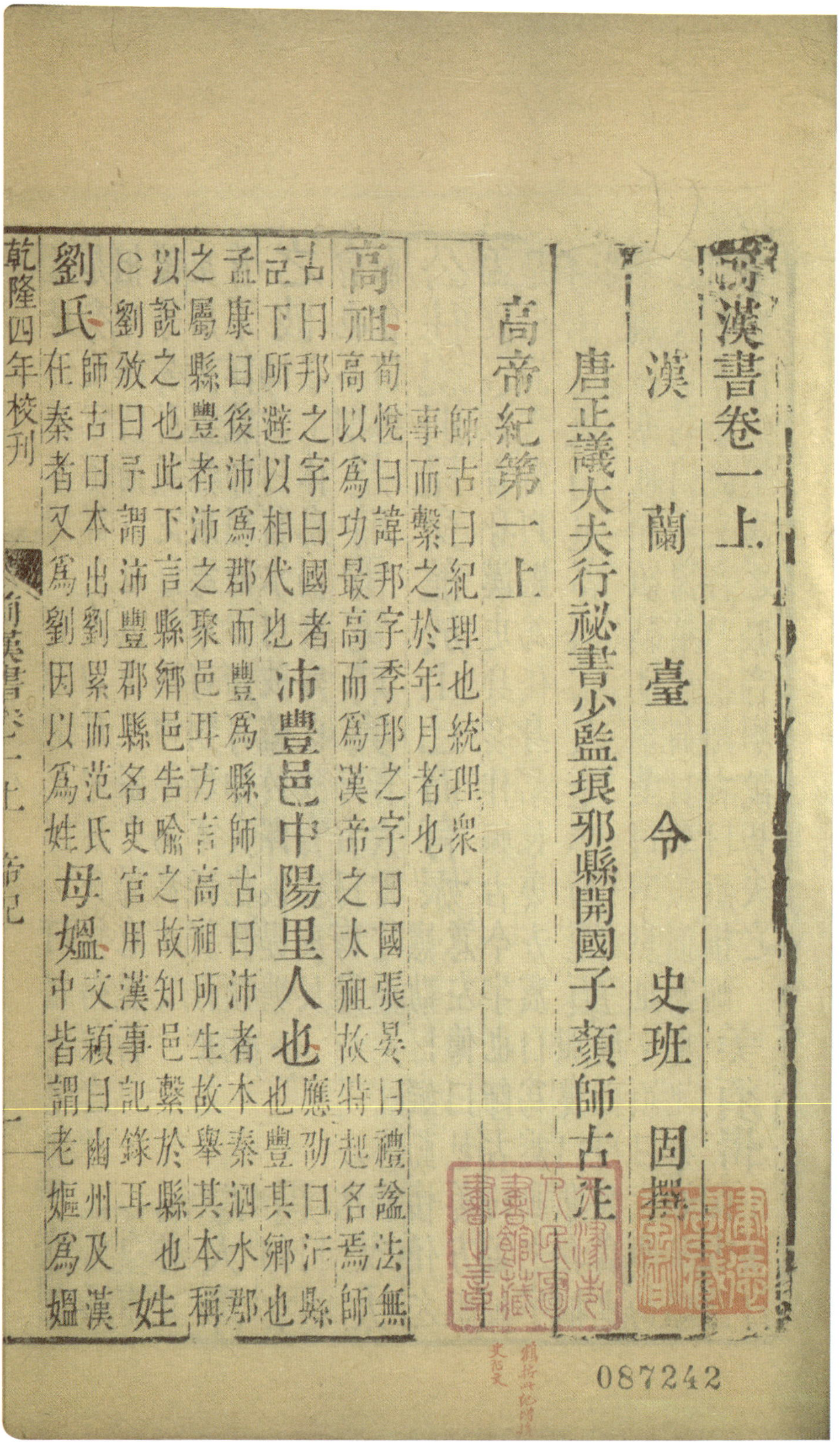
漢書卷一上
漢　蘭　臺　令　史班　固撰
唐正議大夫行祕書少監琅邪縣開國子顔師古注
高帝紀第一上
師古曰紀理也統理衆事而繫之於年月者也
高祖荀悅曰諱邦字季邦之字曰國張晏曰禮謚法無高以爲功最高而爲漢帝之太祖故特起名焉師古曰邦之字曰國者臣下所避以相代也沛豐邑中陽里人也應劭曰沛縣也豐其鄉也孟康曰後沛爲郡而豐爲縣師古曰沛者本秦泗水郡之屬縣豐者沛之聚邑耳方言高祖所生故舉其本稱以說之也此下言縣鄉邑告喻之故知邑繫於縣也○劉攽曰予謂沛豐郡縣名史官用漢事記錄耳姓劉氏師古曰本出劉累而范氏在秦者又爲劉因以爲姓母媪文穎曰幽州及漢中皆謂老嫗爲媪
乾隆四年校刊
前漢書卷一上　帝紀　一
087242

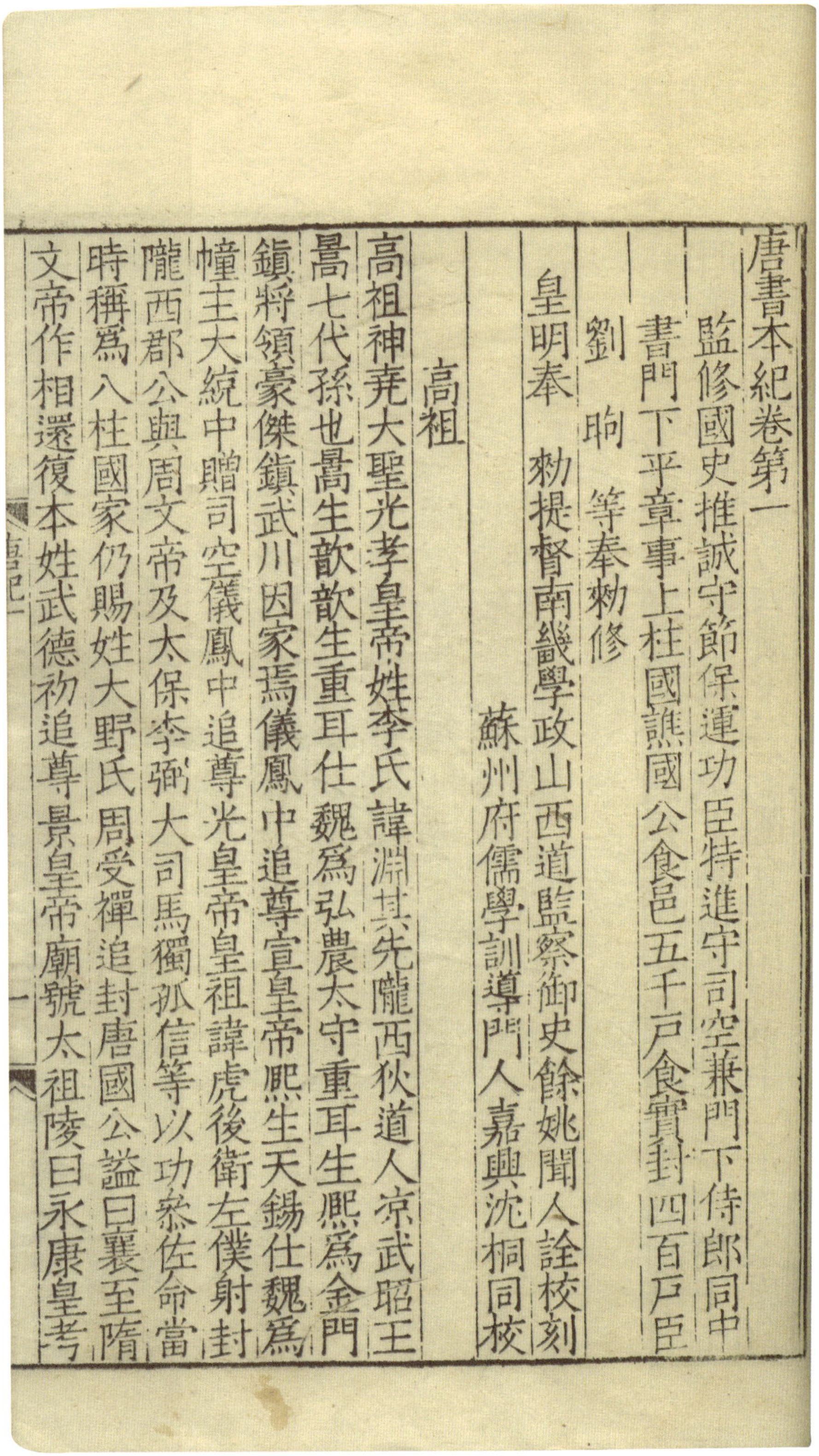

唐書本紀卷第一
監修國史推誠守節保運功臣特進守司空兼門下侍郎同中
書門下平章事上柱國譙國公食邑五千戶食實封四百戶臣
劉昫等奉勑修
皇明奉勑提督南畿學政山西道監察御史餘姚聞人詮校刻
蘇州府儒學訓導門人嘉興沈桐同校
高祖
高祖神堯大聖光孝皇帝姓李氏諱淵其先隴西狄道人凉武昭王暠七代孫也暠生歆歆生重耳仕魏爲弘農太守重耳生熈爲金門鎮將領豪傑鎮武川因家焉儀鳳中追尊宣皇帝熈生天錫仕魏爲幢主大統中贈司空儀鳳中追尊光皇帝皇祖諱虎後衛左僕射封隴西郡公與周文帝及太保李弼大司馬獨孤信等以功參佐命當時稱爲八柱國家仍賜姓大野氏周受禪追封唐國公謚曰襄至隋文帝作相還復本姓武德初追尊景皇帝廟號太祖陵曰永康皇考

唐書二百卷　明嘉靖十八年餘姚聞人詮刻本

少微通鑑節要五十卷

明正德九年司禮監刻本

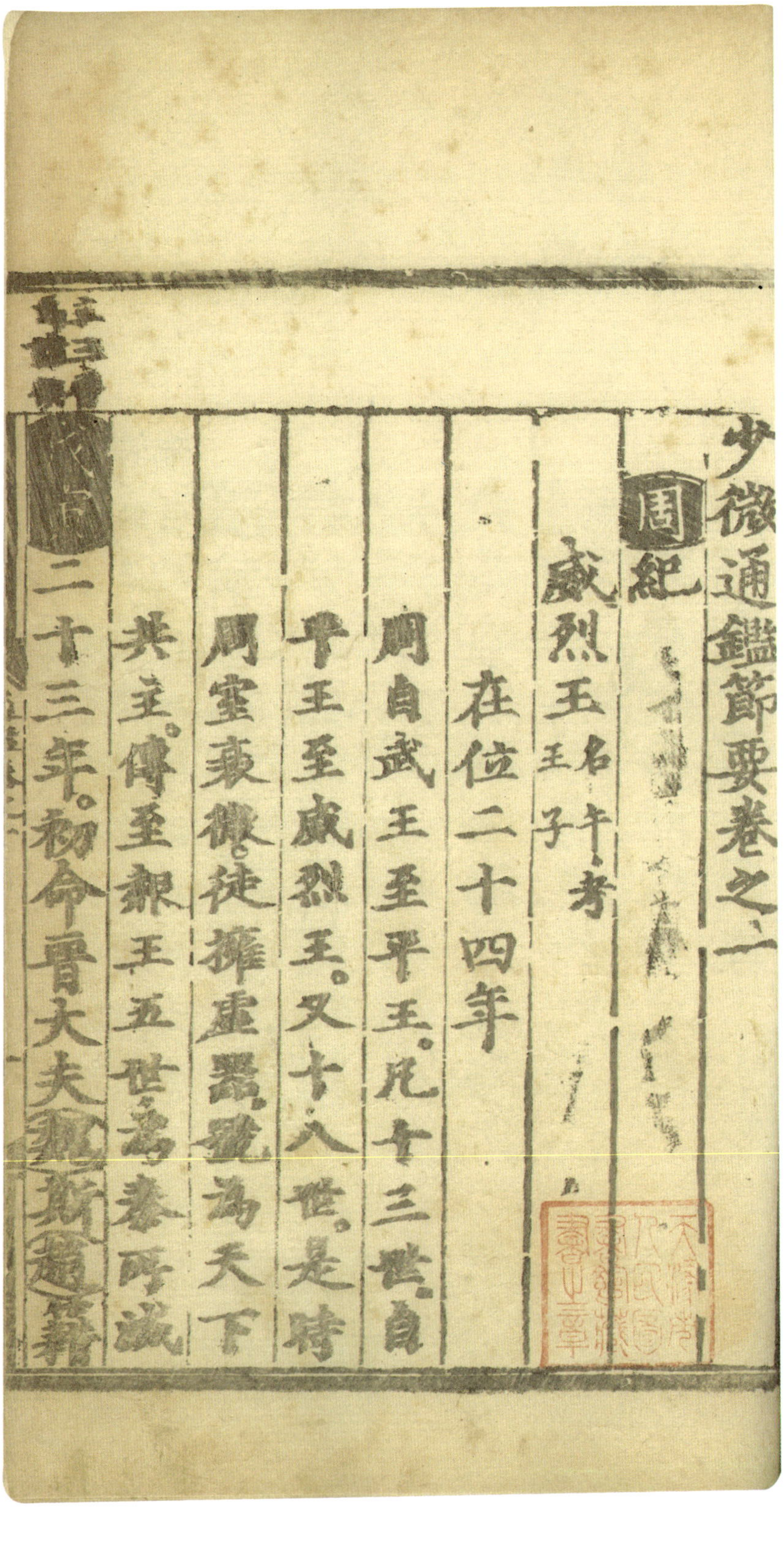
少微通鑑節要卷之一

周紀

威烈王 名午考王子

在位二十四年

周自武王至平王。凡十三世。自平王至威烈王。又十八世。是時周室衰微。徒擁虛器。號為天下共主。傳至赧王五世。為秦所滅

二十三年。初命晉大夫魏斯趙籍

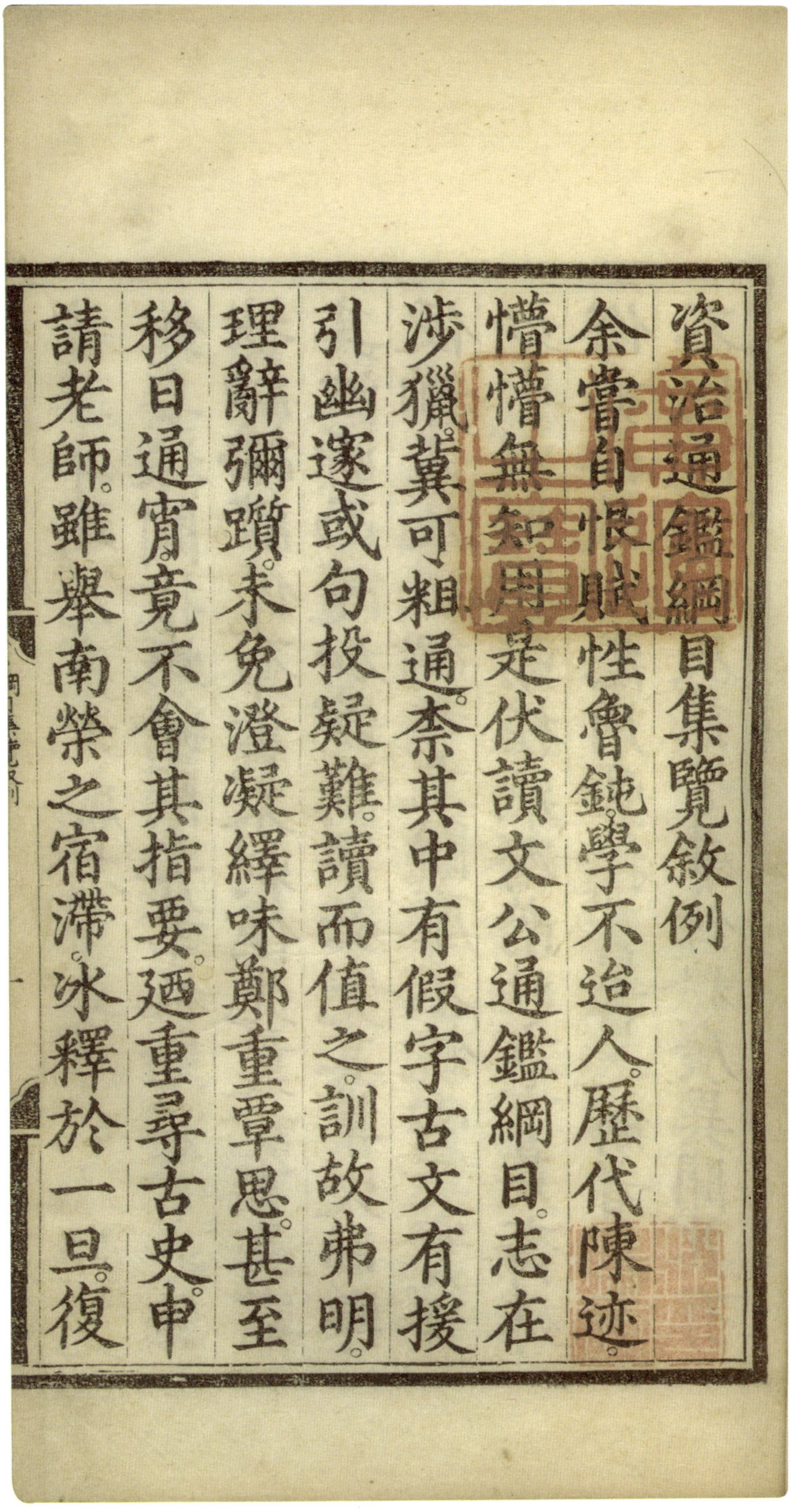
資治通鑑綱目集覽敘例
余嘗自恨賦性魯鈍學不逮人歷代陳迹
懵懵無知用是伏讀文公通鑑綱目志在
涉獵冀可粗通柰其中有假字古文有援
引幽邃或句投疑難讀而值之訓故弗明
理辭彌蹟未免澄凝繹味鄭重覃思甚至
移日通宵竟不會其指要迺重尋古史申
請老師雖舉南榮之宿滯冰釋於一旦復

資治通鑑綱目集覽五十九卷　明內府刻本

資治通鑑綱目集覽五十九卷　明內府刻本

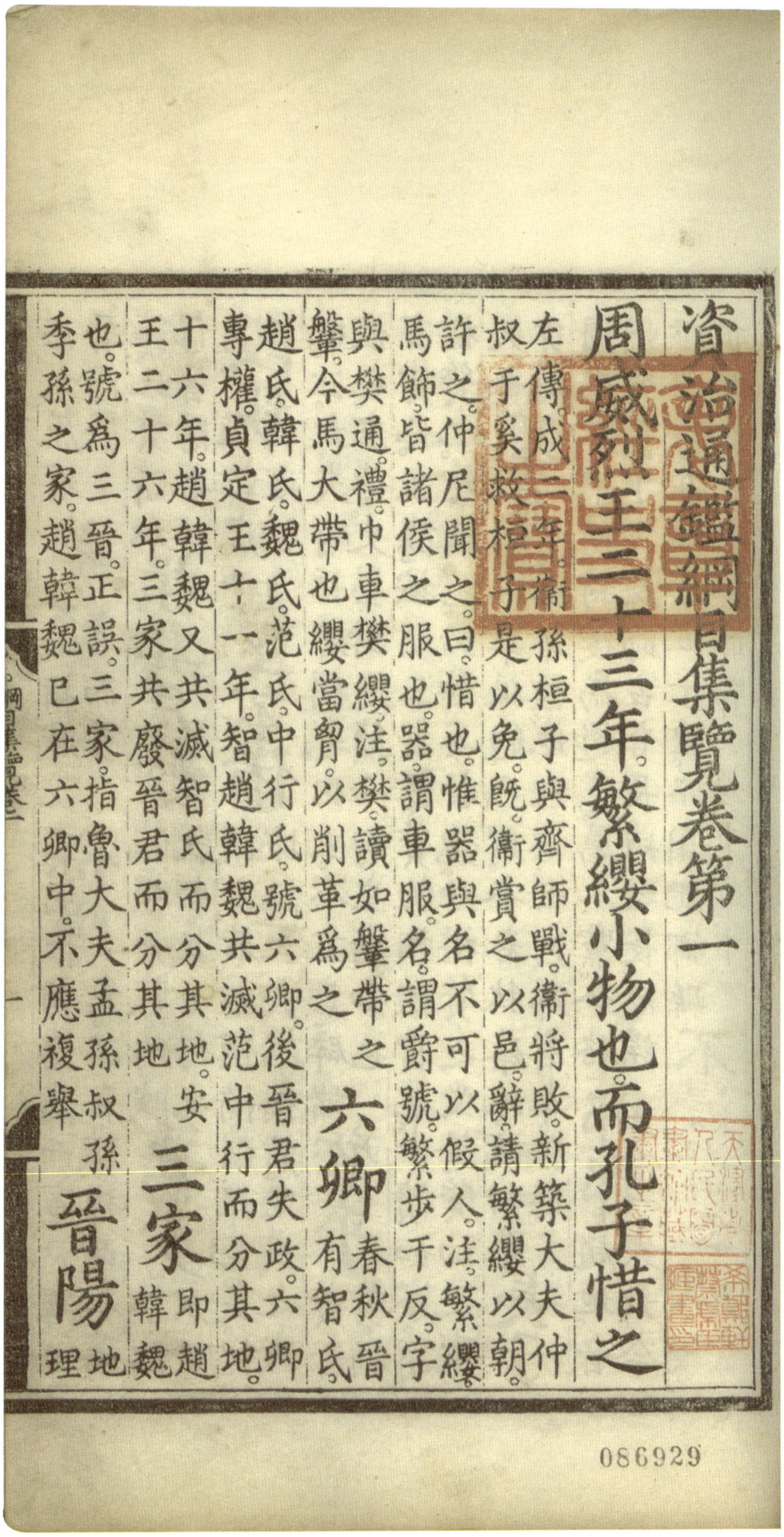
資治通鑑綱目集覽卷第一

周威烈王二十三年繁纓小物也而孔子惜之左傳成二年衛孫桓子與齊師戰衛將敗新築大夫仲叔于奚救桓子是以免既衛賞之以邑辭請繁纓以朝許之仲尼聞之曰惜也惟器與名不可以假人注繁纓馬飾皆諸侯之服也器謂車服名謂爵號繁步干反字與樊通禮巾車樊纓注樊讀如鞶帶之鞶今馬大帶也纓當胷以削革爲之

六卿春秋晉有智氏趙氏韓氏魏氏范氏中行氏號六卿後晉君失政六卿專權貞定王十一年智趙韓魏共滅范中行而分其地十六年趙韓魏又共滅智氏而分其地安王二十六年三家共廢晉君而分其地

三家即趙韓魏也號爲三晉正誤三家指魯大夫孟孫叔孫季孫之家趙韓魏已在六卿中不應複舉

晉陽地理

綱目集覽卷一　一

086929

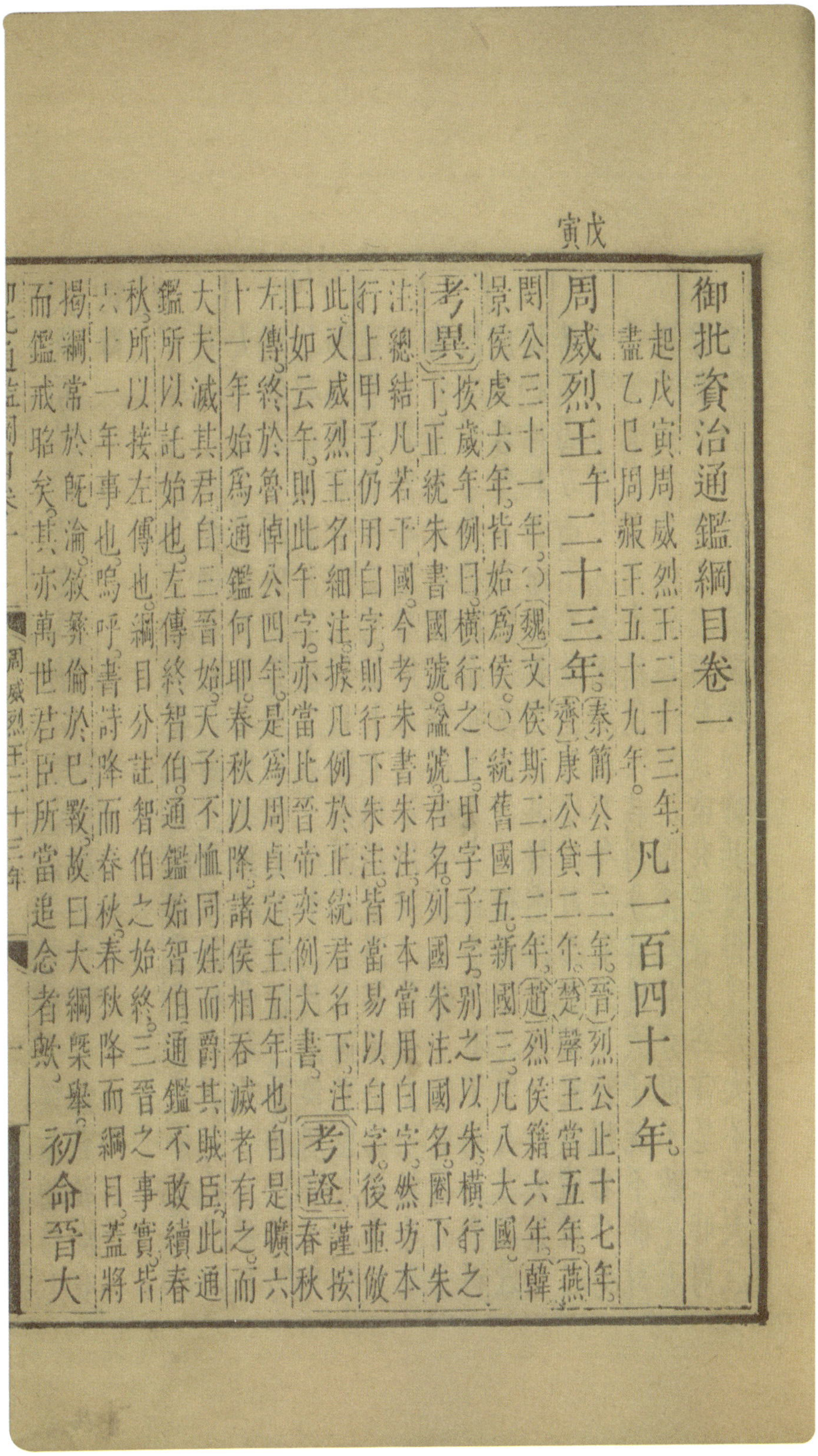

戊寅

御批資治通鑑綱目卷一

起戊寅周威烈王二十三年。盡乙巳周赧王五十九年。凡一百四十八年。

周威烈王午二十三年。秦簡公十二年。晉烈公止十七年。齊康公貸二年。楚聲王當五年。燕閔公三十一年。○魏文侯斯二十二年。趙烈侯籍六年。韓景侯虔六年。皆始爲侯。○統舊國五。新國三。凡八大國。

考異 按歲年例曰。橫行之上。甲字子字。別之以朱。橫行之下。正統朱書國號。諡號。君名。列國朱注國名。圈下朱注總結凡若干國。今考朱書朱注。刊本當用白字。然坊本行上甲子。仍用白字。則行下朱注。皆當易以白字。後並倣此。又威烈王名細注。據凡例於正統君名下。注曰如云午。則此午字。亦當比晉帝奕例大書。

考證 謹按春秋左傳終於魯悼公四年。是爲周貞定王五年也。自是曠六十一年始爲通鑑何耶。春秋以降。諸侯相吞滅者有之。而大夫滅其君自三晉始。天子不恤同姓而爵其賊臣。此通鑑所以託始也。左傳終智伯。通鑑始智伯。通鑑不敢續春秋。所以接左傳也。綱目分註智伯之始終。三晉之事實。皆六十一年事也。嗚呼。書詩降而春秋。春秋降而綱目。蓋將揭綱常於旣淪。敘彝倫於已斁。故曰大綱槩舉。而鑑戒昭矣。其亦萬世君臣所當追念者歟。

初命晉大

周威烈王二十三年

御批資治通鑑綱目全書一百九卷

清康熙四十六年內府刻本

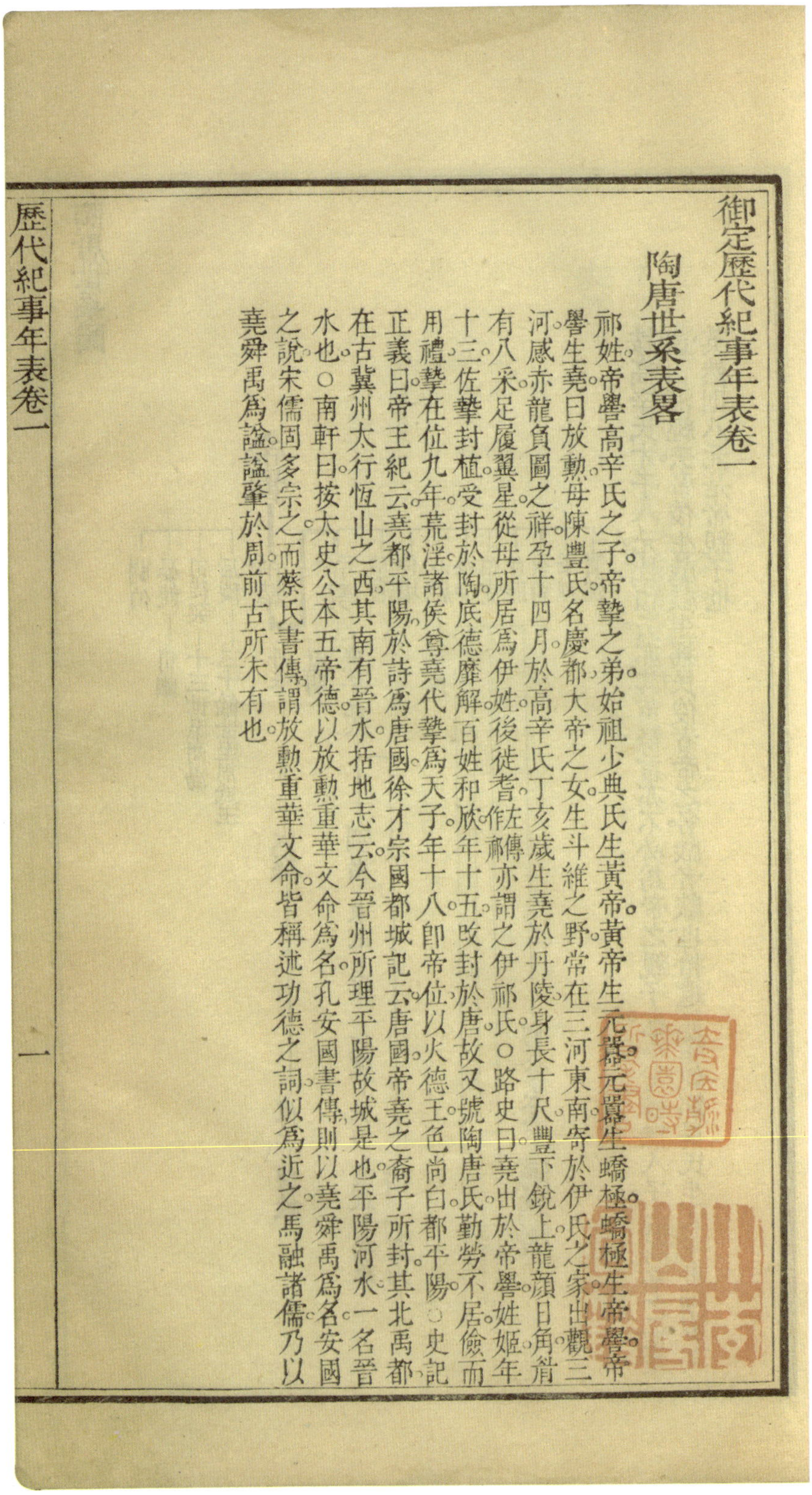

御定歷代紀事年表卷一

陶唐世系表畧

祁姓帝嚳高辛氏之子帝摯之弟始祖少典氏生黃帝黃帝生元囂元囂生蟜極蟜極生帝嚳帝嚳生堯曰放勳母陳豐氏名慶都大帝之女生斗維之野常在三河東南寄於伊氏之家出觀三河感赤龍負圖之祥孕十四月於高辛氏丁亥歲生堯於丹陵身長十尺豐下銳上龍顏日角眉有八采足履翼星從母所居爲伊姓後徙者（左傳作祁）亦謂之伊祁氏○路史曰堯出於帝嚳姓姬年十三佐摯封植受封於陶底德靡解百姓和欣年十五改封於唐故又號陶唐氏勤勞不居儉而用禮摯在位九年荒淫諸侯尊堯代摯爲天子年十八即帝位以火德王色尚白都平陽○史記正義曰帝王紀云堯都平陽於詩爲唐國徐才宗國都城記云唐國帝堯之裔子所封其北禹都在古冀州太行恆山之西其南有晉水括地志云今晉州所理平陽故城是也平陽河水一名晉水也○南軒曰按太史公本五帝德以放勳重華文命爲名孔安國書傳則以堯舜禹爲名安國之說宋儒固多宗之而蔡氏書傳謂放勳重華文命皆稱述功德之詞似爲近之馬融諸儒乃以堯舜禹爲諡諡肇於周前古所未有也

歷代紀事年表卷一　一

御定歷代紀事年表一百卷　清康熙五十四年內府刻本

汲塚周書十卷

明嘉靖二十二年章檗刻本

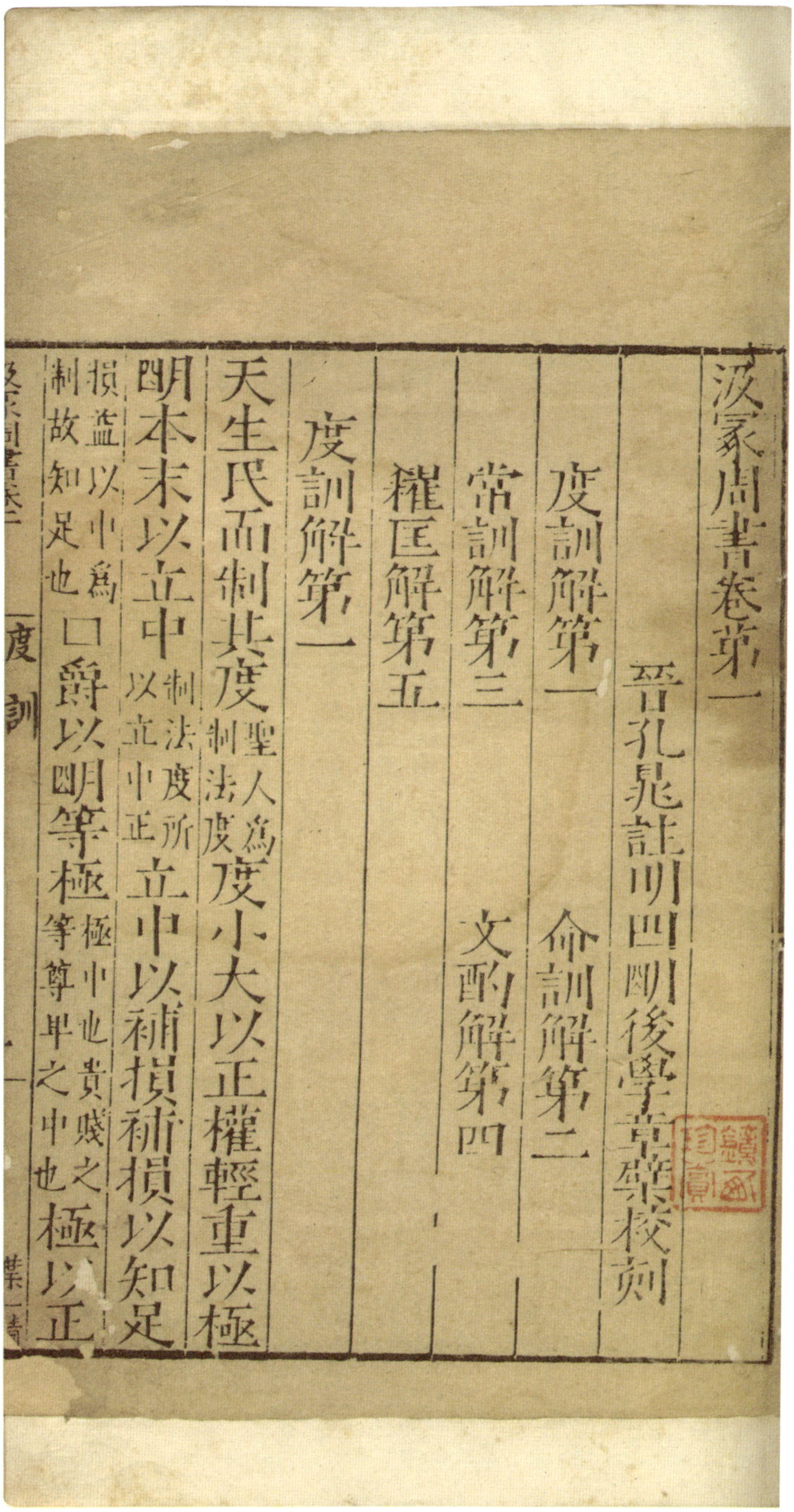
汲冢周書卷第一

晉孔晁註　明四明後學章檗校刻

度訓解第一　命訓解第二

常訓解第三　文酌解第四

糴匡解第五

度訓解第一

天生民而制其度（聖人爲制法度）度小大以正權輕重以極明本末以立中（制法度所以立中正）立中以補損補損以知足（損益以中爲制故知足也）口爵以明等極（極中也貴賤之等尊卑之中也）極以正

國語二十一卷　明嘉靖七年金李澤遠堂刻本

周語上第一　　國語　韋氏解

穆王將征犬戎穆王周康王之孫昭王之子穆王滿也征正也上討下之稱犬戎西戎之別名在荒服祭公謀父諫曰不可祭畿內之國周公之後爲王卿士謀父字也傳曰凡蔣邢茅胙祭周公之胤也先王耀德不觀兵耀明也觀示也明德尚道化也不示兵者有大罪惡然後致誅不以小小而示威武夫兵戢而時動動則威戢聚也威畏也時動謂三時務農一時講武守則有財征則有威觀則玩玩則無震玩黷也震懼也是故周文公之頌曰文公周公旦之謚也頌時邁之詩武王既伐紂周公爲作此詩巡守告祭之樂歌載戢干戈載櫜弓矢載則也干盾也戈戟也櫜韜也言天下已定聚斂其干戈韜藏其弓矢示不復用也我求懿德肆于時夏懿美也肆陳也于於也時是也夏大也言武王常求美德故陳其功於是夏而歌之樂章大者曰夏允王保之

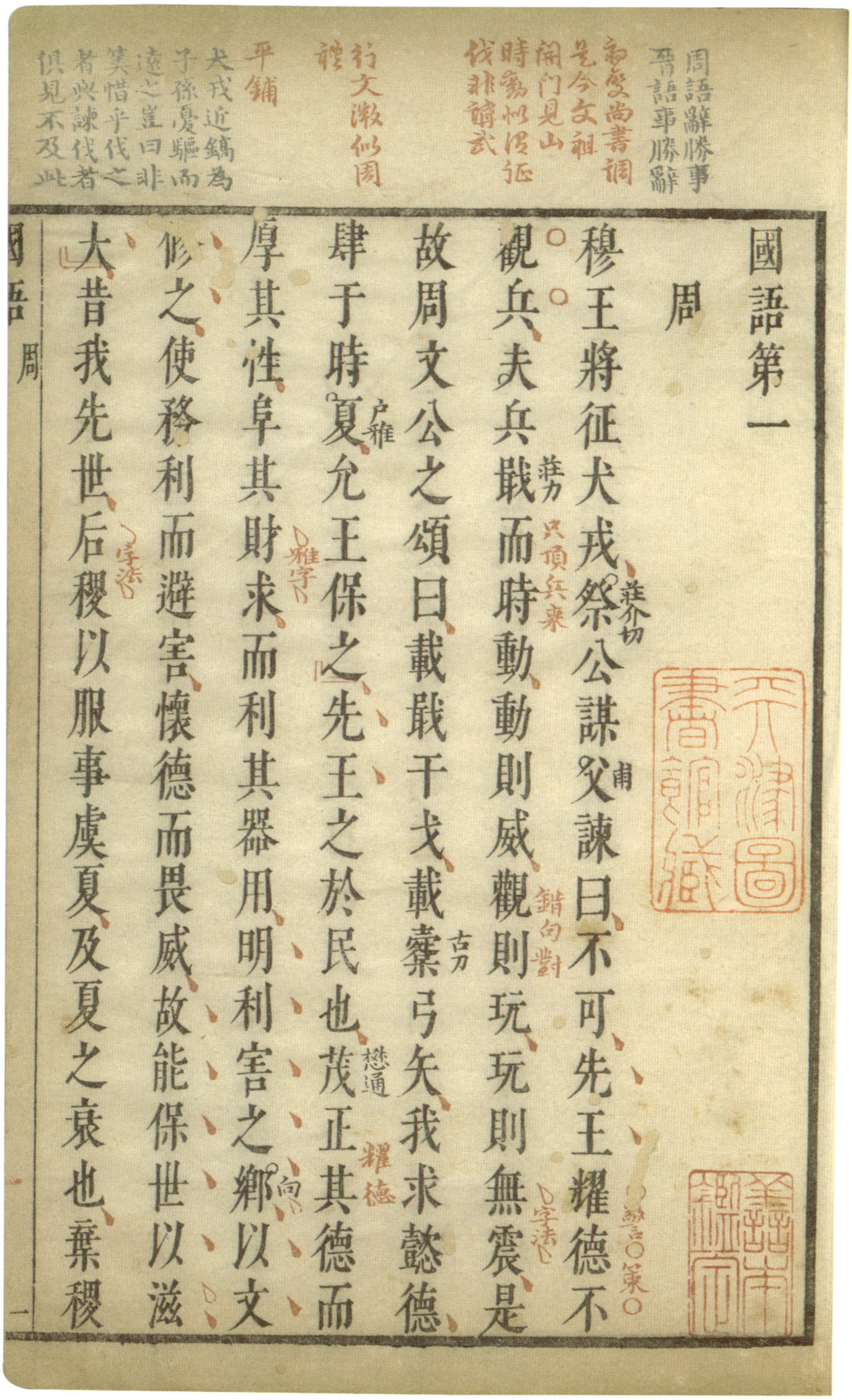

周語辭勝事
晉語事勝辭
而受尚書調是今文祖
開門見山
時勢相得証
伐非諱武
行文激似周
禮
平鋪
犬戎近鎬為子孫憂驅而遠之豈曰非
策惜乎伐之者與諫伐者
但見不及此

國語第一

周

穆王將征犬戎祭公謀父諫曰不可先王耀德不觀兵夫兵戢而時動動則威觀則玩玩則無震是故周文公之頌曰載戢干戈載櫜弓矢我求懿德肆于時夏允王保之先王之於民也茂正其德而厚其性阜其財求而利其器用明利害之鄉以文修之使務利而避害懷德而畏威故能保世以滋大昔我先世后稷以服事虞夏及夏之衰也棄稷

國語　周　一

國語九卷　明萬曆四十七年閔齊伋刻三色套印本

國語九卷　明萬曆四十七年閔齊伋刻三色套印本

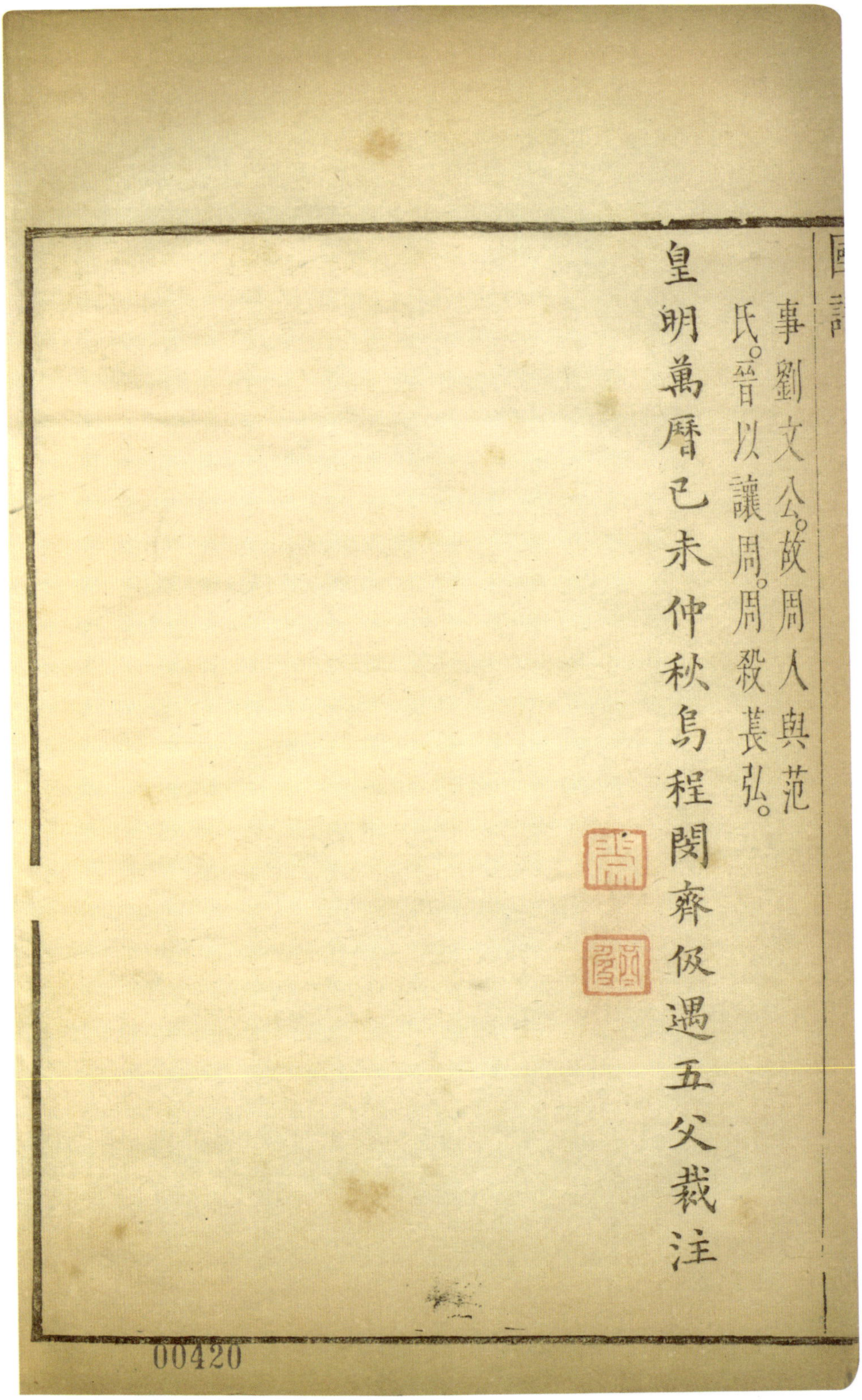
國語
事劉文公。故周人與范
氏。晉以讓周。周殺萇弘。
皇明萬曆己未仲秋烏程閔齊伋遇五父裁注
00420

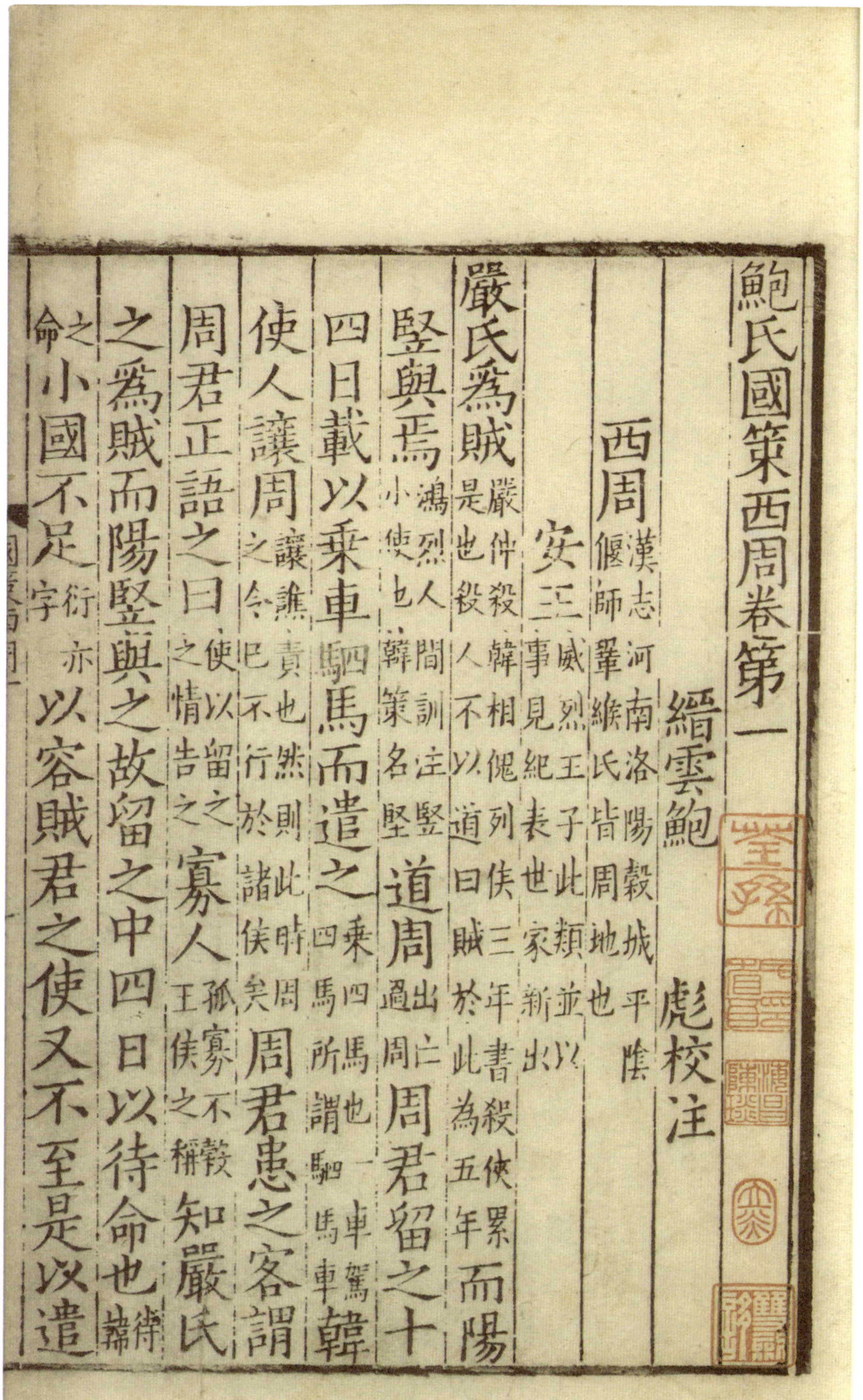

鮑氏國策西周卷第一

縉雲鮑　彪校注

西周漢志河南洛陽穀城平陰偃師鞏緱氏皆周地也

安王威烈王子此類並以事見紀表世家新出

嚴氏爲賊嚴仲殺韓相傀列侯三年書殺俠累是也殺人不以道曰賊於此爲五年而陽豎與焉鴻烈人間訓注豎小使也韓策名堅道周出亡過周周君留之十四日載以乘車駟馬而遺之乘四馬也一車駕四馬所謂駟馬車韓使人讓周讓譙責也然則此時周之令已不行於諸侯矣周君患之客謂周君正語之曰使以留之之情告之寡人孤寡不穀王侯之稱知嚴氏之爲賊而陽豎與之故留之中四日以待命也待嚴氏之命小國不足衍亦字以容賊君之使又不至是以遺

鮑氏國策十卷

明嘉靖七年龔雷影宋刻本

貞觀政要十卷

明成化元年內府刻明補刻本

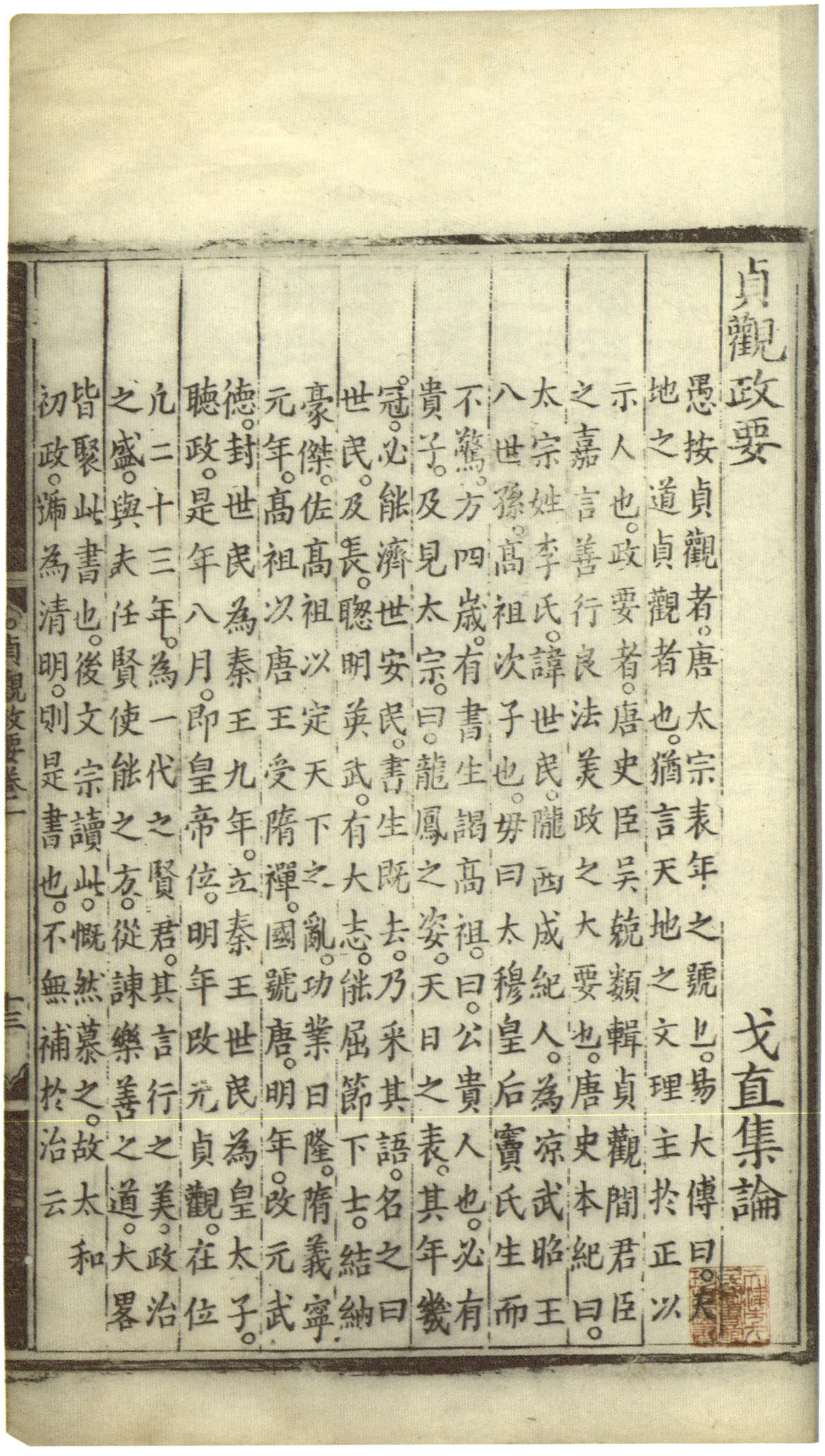

貞觀政要　戈直集論

愚按貞觀者。唐太宗表年之號也。易大傳曰。天地之道貞觀者也。猶言天地之文理主於正以示人也。政要者。唐史臣吳兢類輯貞觀間君臣之嘉言善行良法美政之大要也。唐史本紀曰。太宗姓李氏。諱世民。隴西成紀人。為涼武昭王八世孫。高祖次子也。母曰太穆皇后竇氏生而不驚。方四歲。有書生謁高祖。曰。公貴人也。必有貴子。及見太宗。曰。龍鳳之姿。天日之表。其年幾冠。必能濟世安民。書生既去。乃采其語。名之曰世民。及長。聰明英武。有大志。能屈節下士。結納豪傑。佐高祖以定天下之亂。功業日隆。隋義寧元年。高祖以唐王受隋禪。國號唐。明年。改元武德。封世民為秦王。九年。立秦王世民為皇太子。聽政。是年八月。即皇帝位。明年改元貞觀。在位凡二十三年。為一代之賢君。其言行之美。政治之盛。與夫任賢使能之方。從諫樂善之道。大畧皆聚此書也。後文宗讀此。慨然慕之。故太和初政。號為清明。則是書也。不無補於治云

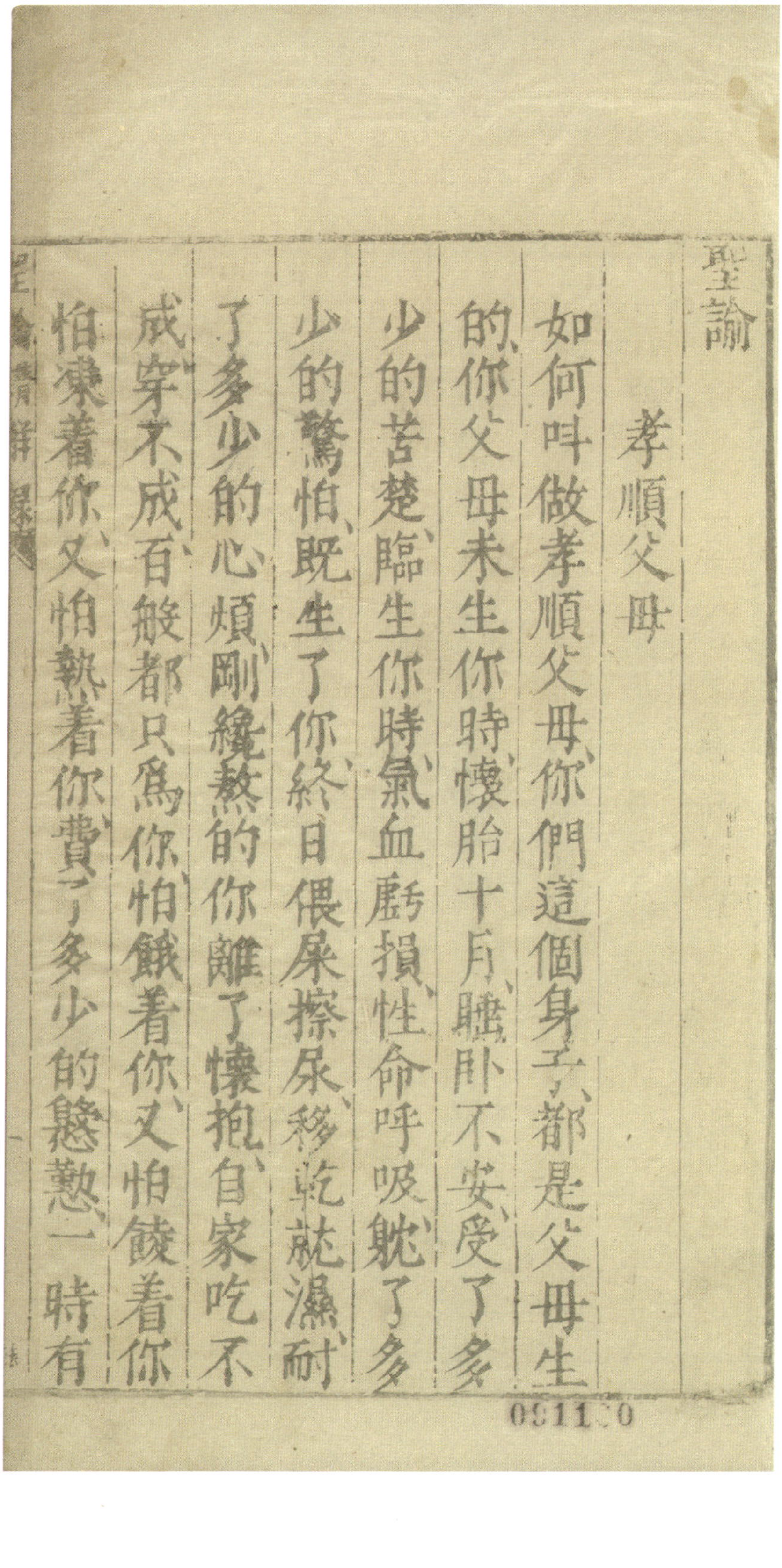
聖諭

孝順父母

如何叫做孝順父母、你們這個身子、都是父母生的、你父母未生你時、懷胎十月、睡卧不安、受了多少的苦楚、臨生你時、氣血虧損、性命呼吸、躭了多少的驚怕、既生了你、終日偎屎擦尿、移乾就濕、耐了多少的心煩、剛纔熬的你離了懷抱、自家吃不成穿不成、百般都只爲你、怕餓着你、又怕餧着你、怕凍着你、又怕熱着你、費了多少的懸懸、一時有

聖諭講解録

聖諭講解録不分卷　明天啟二年刻藍印本

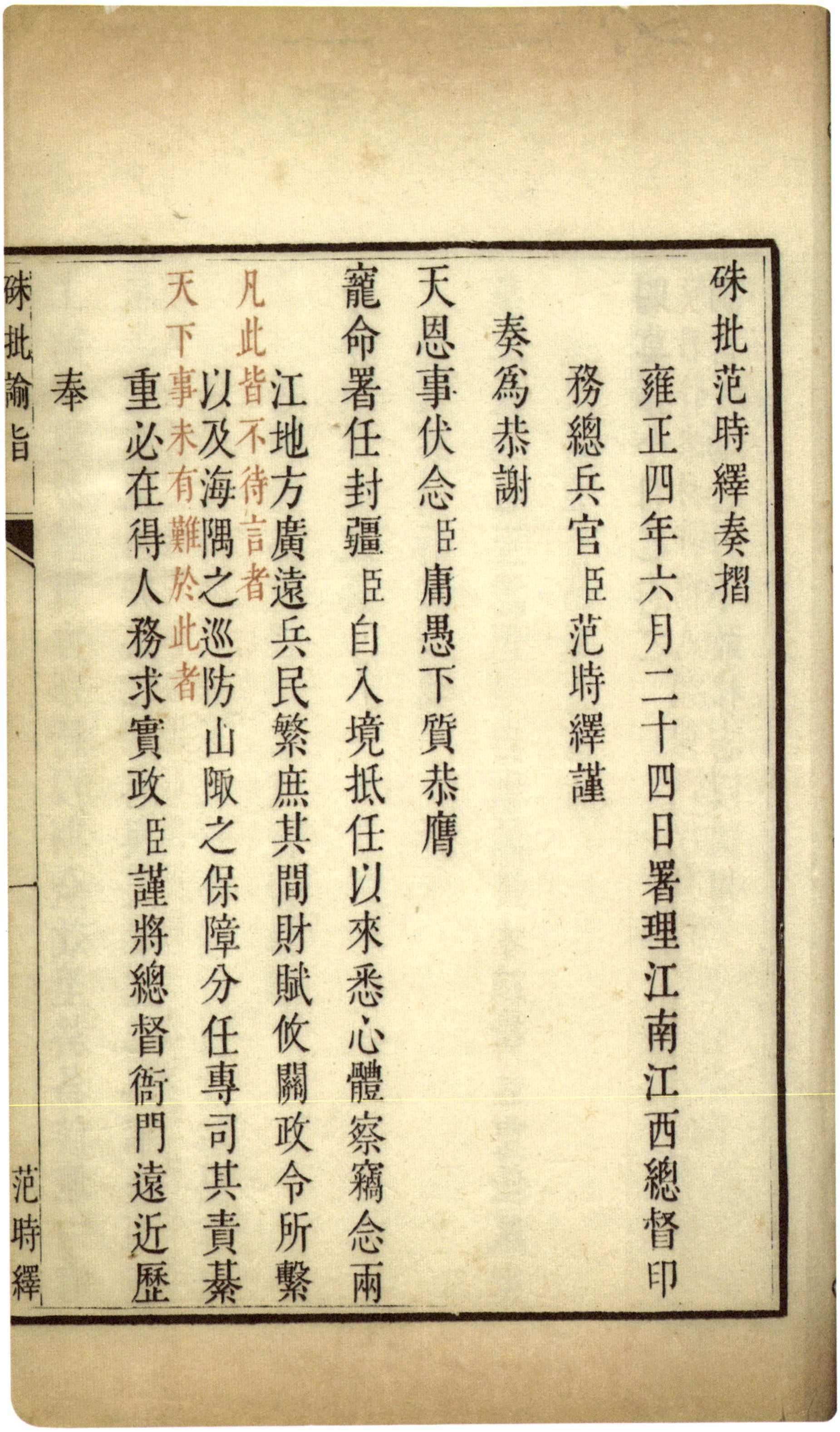

硃批范時繹奏摺
雍正四年六月二十四日署理江南江西總督印
務總兵官臣范時繹謹
奏爲恭謝
天恩事伏念臣庸愚下質恭膺
寵命署任封疆臣自入境抵任以來悉心體察竊念兩
江地方廣遠兵民繁庶其間財賦攸關政令所繫
凡此皆不待言者
以及海隅之巡防山陬之保障分任專司其責綦
天下事未有難於此者
重必在得人務求實政臣謹將總督衙門遠近歷
奏

硃批諭旨　范時繹

硃批諭旨三卷　清乾隆三年內府刻套印本

硃批諭旨三卷

清乾隆三年內府刻套印本

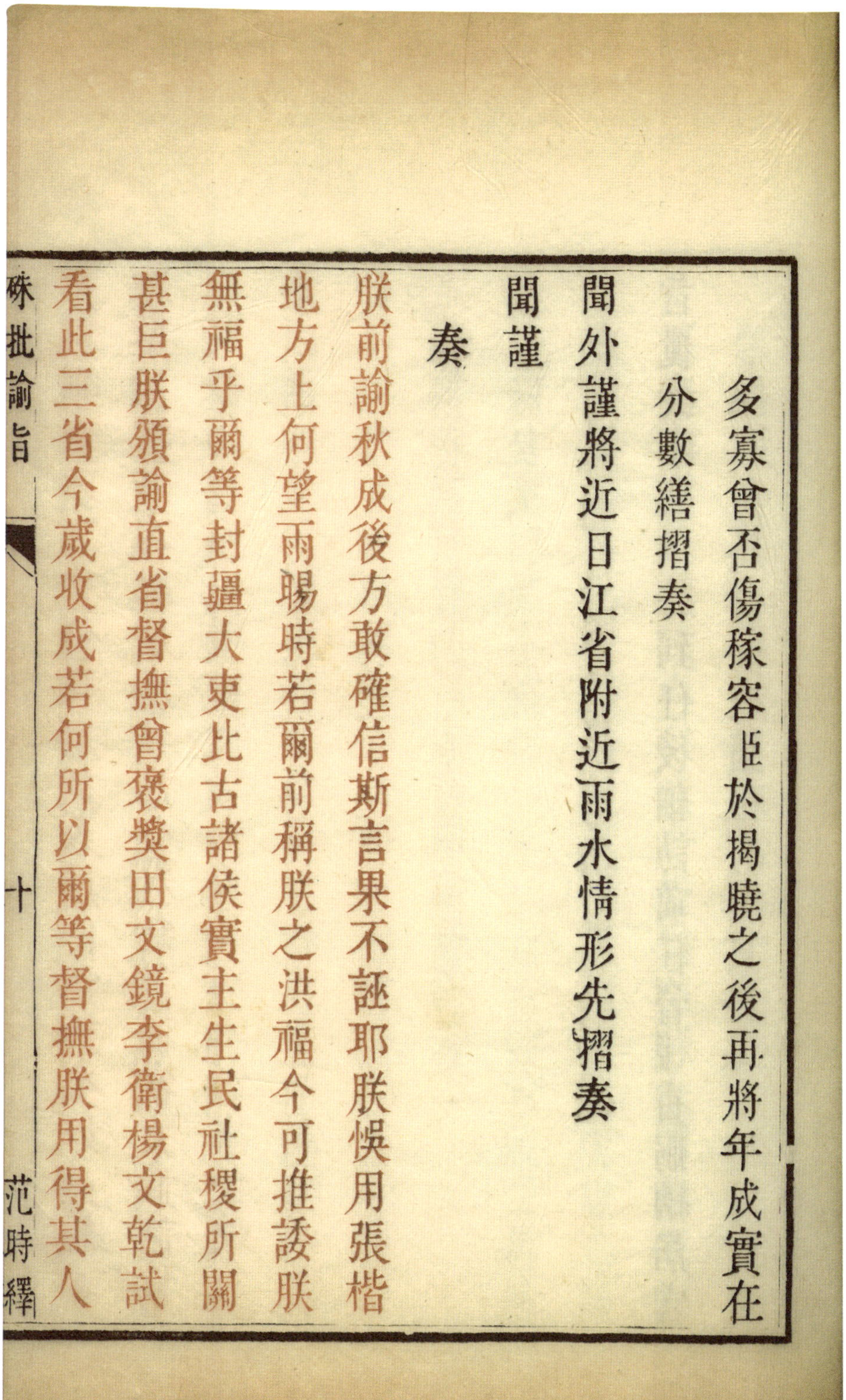
多寡曾否傷稼容臣於揭曉之後再將年成實在
分數繕摺奏
聞外謹將近日江省附近雨水情形先摺奏
聞謹
奏
朕前諭秋成後方敢確信斯言果不誣耶朕悞用張楷
地方上何望雨暘時若爾前稱朕之洪福今可推諉朕
無福乎爾等封疆大吏比古諸侯實主生民社稷所關
甚巨朕頒諭直省督撫會褒奬田文鏡李衛楊文乾試
看此三省今歲收成若何所以爾等督撫朕用得其人

硃批諭旨　十　范時繹

上諭內閣一百五十九卷

清雍正九年內府刻乾隆六年增刻本

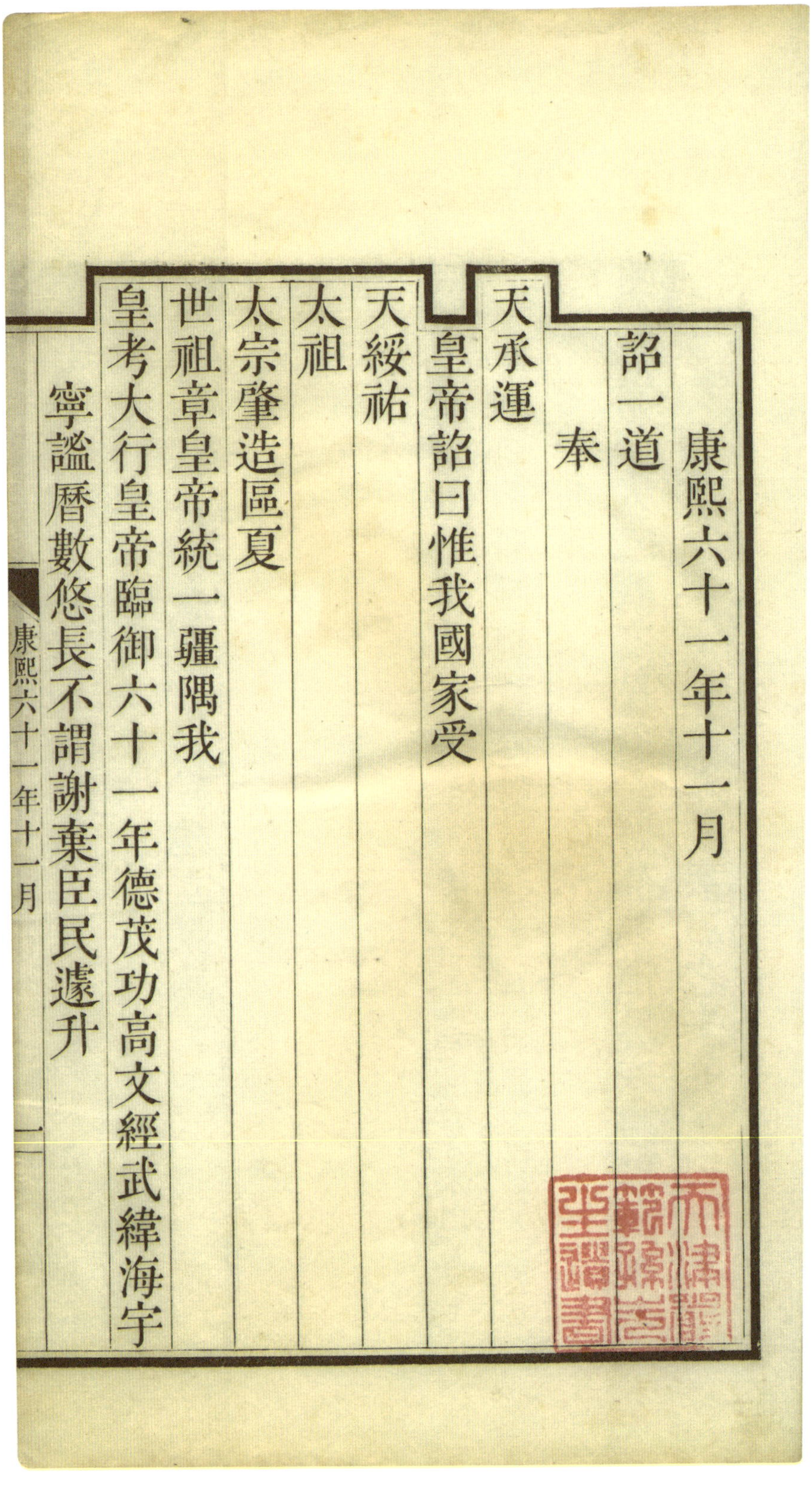

康熙六十一年十一月

詔一道

奉

天承運

皇帝詔曰惟我國家受

天綏祐

太祖

太宗肇造區夏

世祖章皇帝統一疆隅我

皇考大行皇帝臨御六十一年德茂功高文經武緯海宇

寧謐曆數悠長不謂謝棄臣民遽升

康熙六十一年十一月　一

表忠録一卷

清順治十三年內府刻本

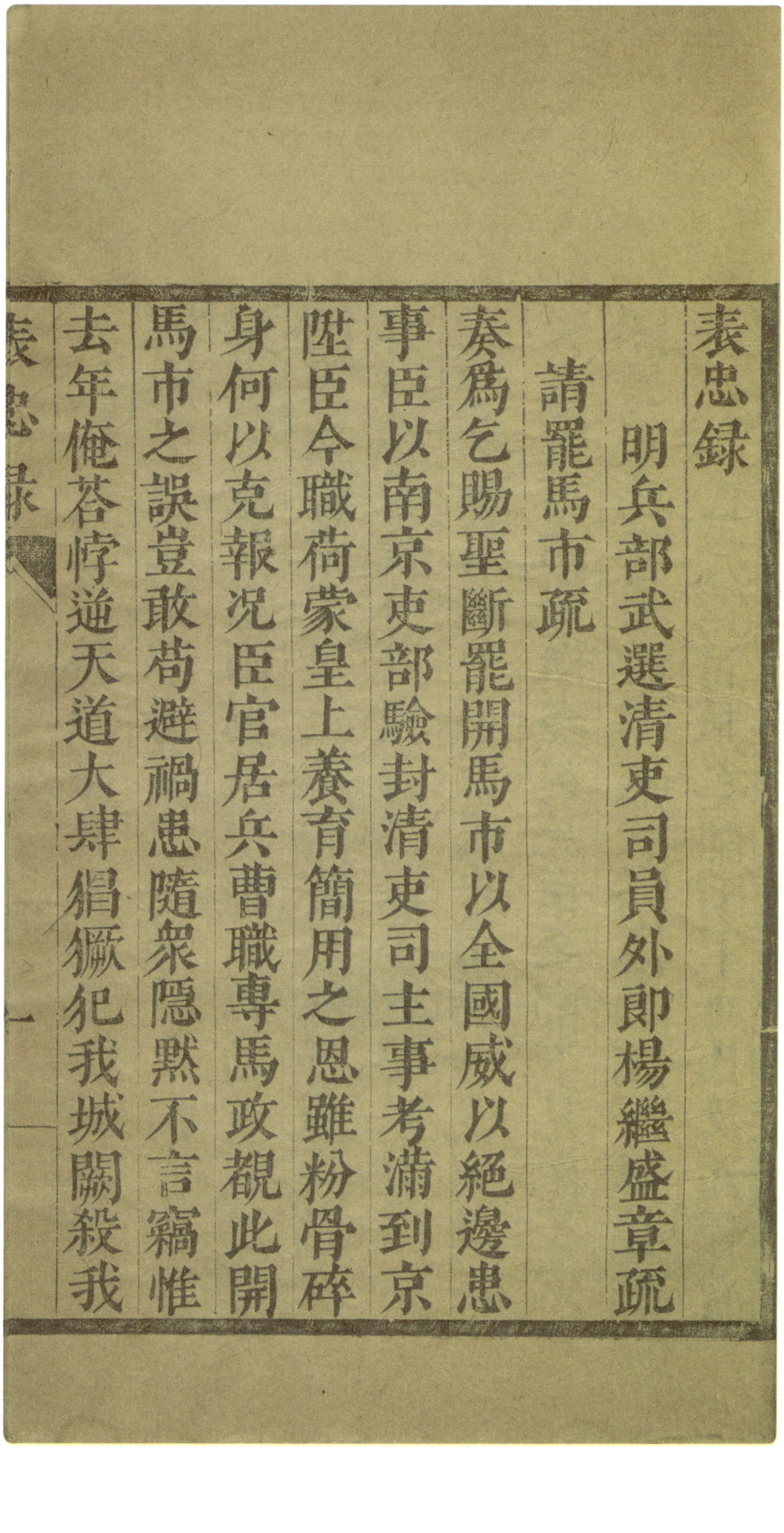

表忠録

明兵部武選清吏司員外郎楊繼盛章疏

請罷馬市疏

奏為乞賜聖斷罷開馬市以全國威以絕邊患事臣以南京吏部驗封清吏司主事考滿到京陞臣今職荷蒙皇上養育簡用之恩雖粉骨碎身何以克報況臣官居兵曹職專馬政覩此開馬市之誤豈敢苟避禍患隨衆隱默不言竊惟去年俺荅悖逆天道大肆猖獗犯我城闕殺我

表忠録　一

孝順事實十卷

明永樂十八年內府刻本

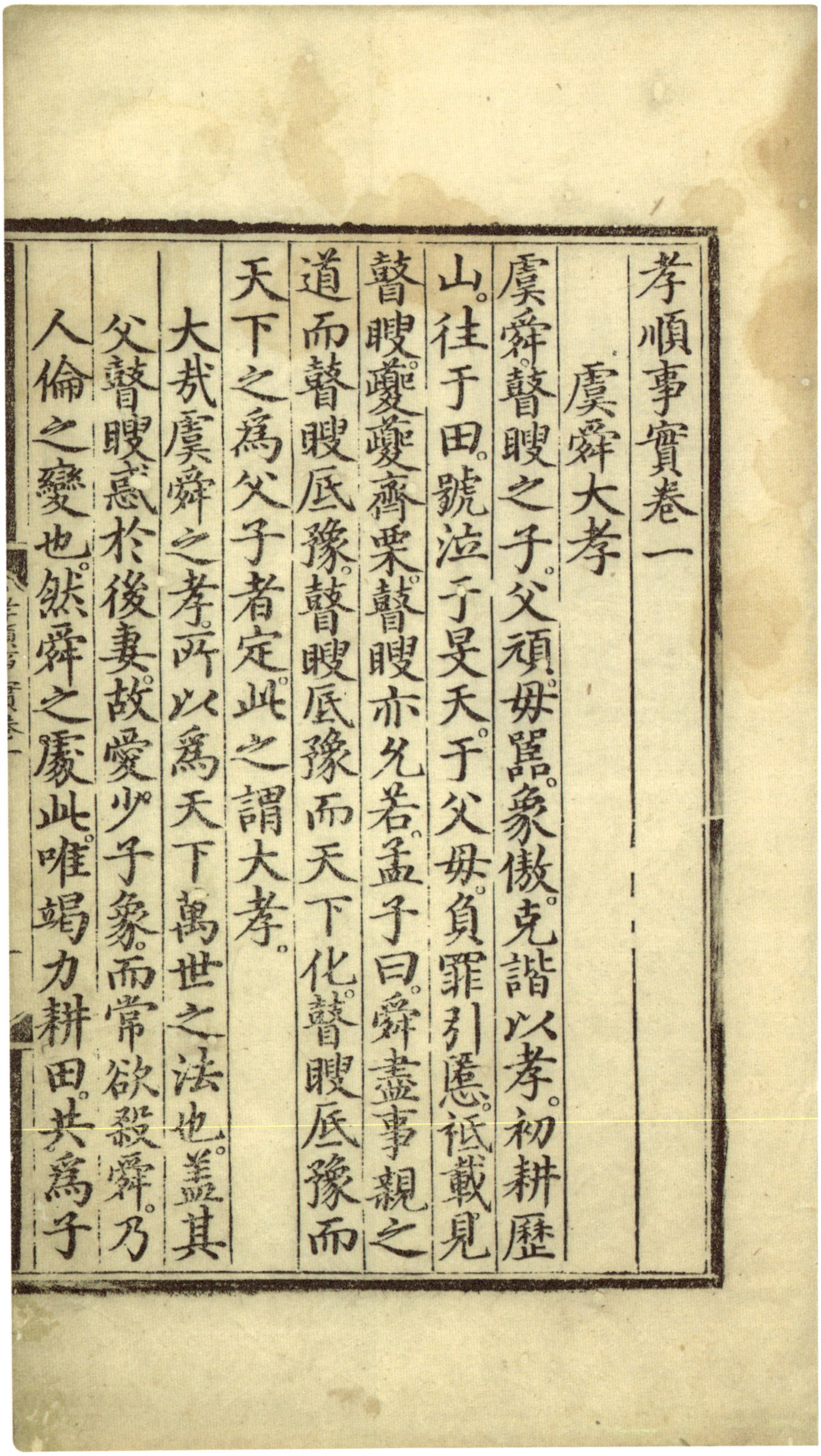

孝順事實卷一

虞舜大孝

虞舜瞽瞍之子。父頑。母嚚。象傲。克諧以孝。初耕歷山。往于田。號泣于旻天。于父母。負罪引慝。祗載見瞽瞍。夔夔齊栗。瞽瞍亦允若。孟子曰。舜盡事親之道而瞽瞍厎豫。瞽瞍厎豫而天下化。瞽瞍厎豫而天下之爲父子者定。此之謂大孝。

大哉虞舜之孝。所以爲天下萬世之法也。蓋其父瞽瞍惑於後妻。故愛少子象。而常欲殺舜。乃人倫之變也。然舜之處此。唯竭力耕田。共爲子

孝順事實十卷

明永樂十八年內府刻本

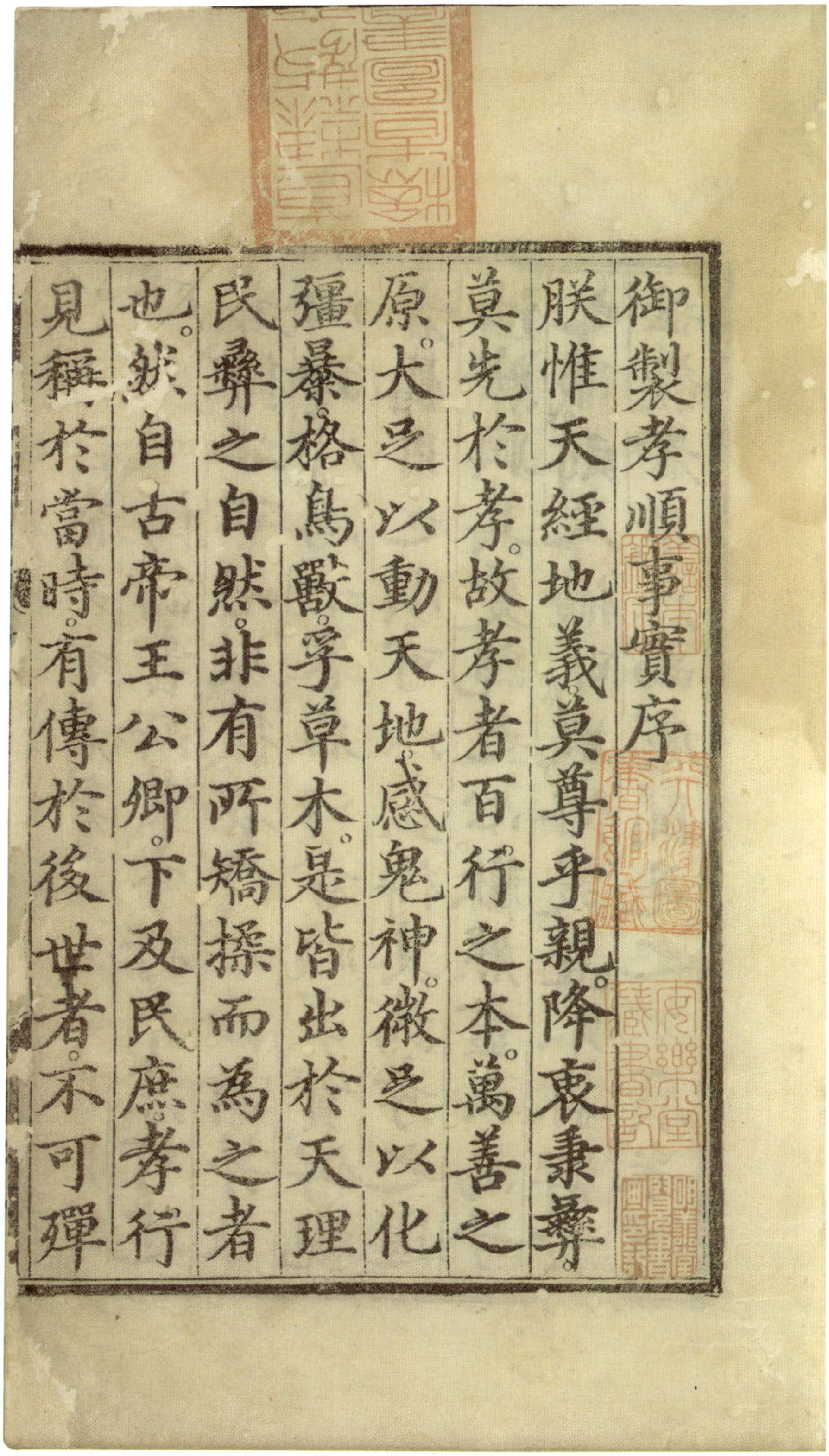

御製孝順事實序

朕惟天經地義莫尊乎親降衷秉彛莫先於孝故孝者百行之本萬善之原大足以動天地感鬼神微足以化彊暴格鳥獸孚草木是皆出於天理民彛之自然非有所矯揉而為之者也然自古帝王公卿下及民庶孝行見稱於當時有傳於後世者不可殫

歷代臣鑒三十七卷　明宣德元年內府刻本

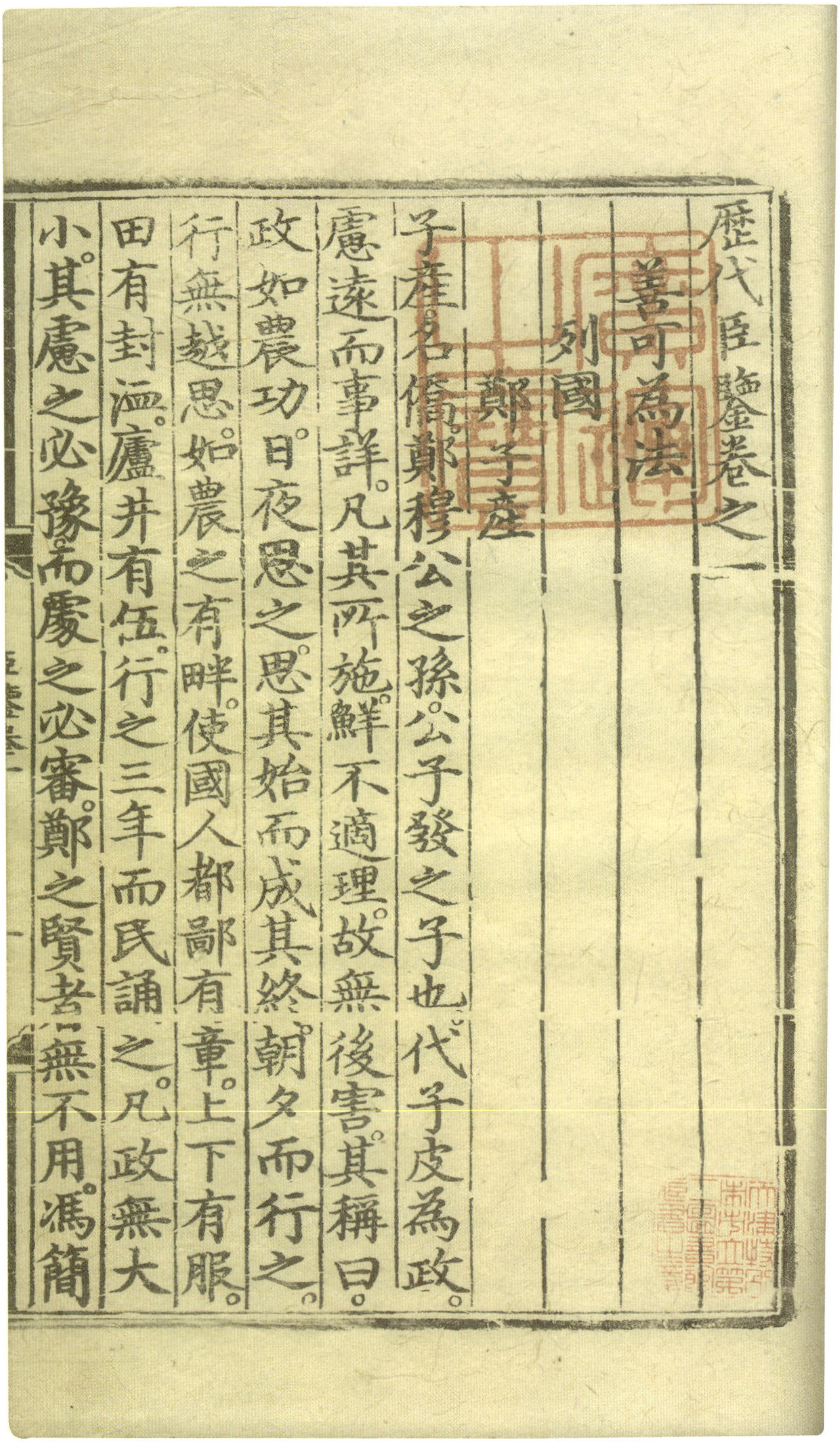

歷代臣鑒卷之一

善可爲法

列國

鄭子產

子產名僑鄭穆公之孫公子發之子也代子皮爲政慮遠而事詳凡其所施鮮不適理故無後害其稱曰政如農功日夜思之思其始而成其終朝夕而行之行無越思如農之有畔使國人都鄙有章上下有服田有封洫廬井有伍行之三年而民誦之凡政無大小其慮之必豫而處之必審鄭之賢者無不用馮簡

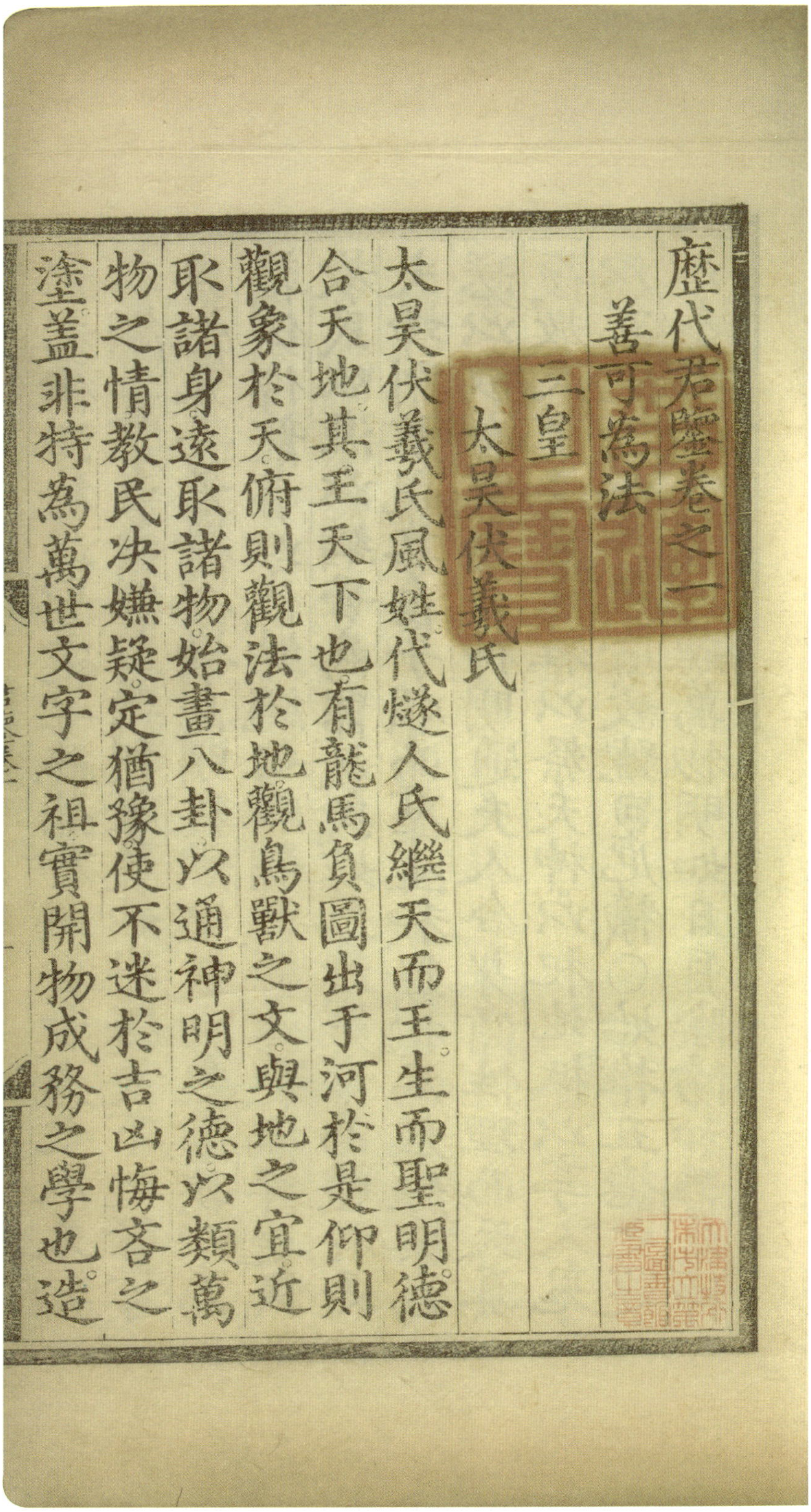
歷代君鑑卷之一
善可爲法
三皇
太昊伏羲氏
太昊伏羲氏風姓代燧人氏繼天而王生而聖明德
合天地其王天下也有龍馬負圖出于河於是仰則
觀象於天俯則觀法於地觀鳥獸之文與地之宜近
取諸身遠取諸物始畫八卦以通神明之德以類萬
物之情教民決嫌疑定猶豫使不迷於吉凶悔吝之
塗蓋非特爲萬世文字之祖實開物成務之學也造

歷代君鑑五十卷

明景泰四年內府刻本

帝鑑圖說前卷四卷後卷二卷　明天啟二年司禮監重刻本

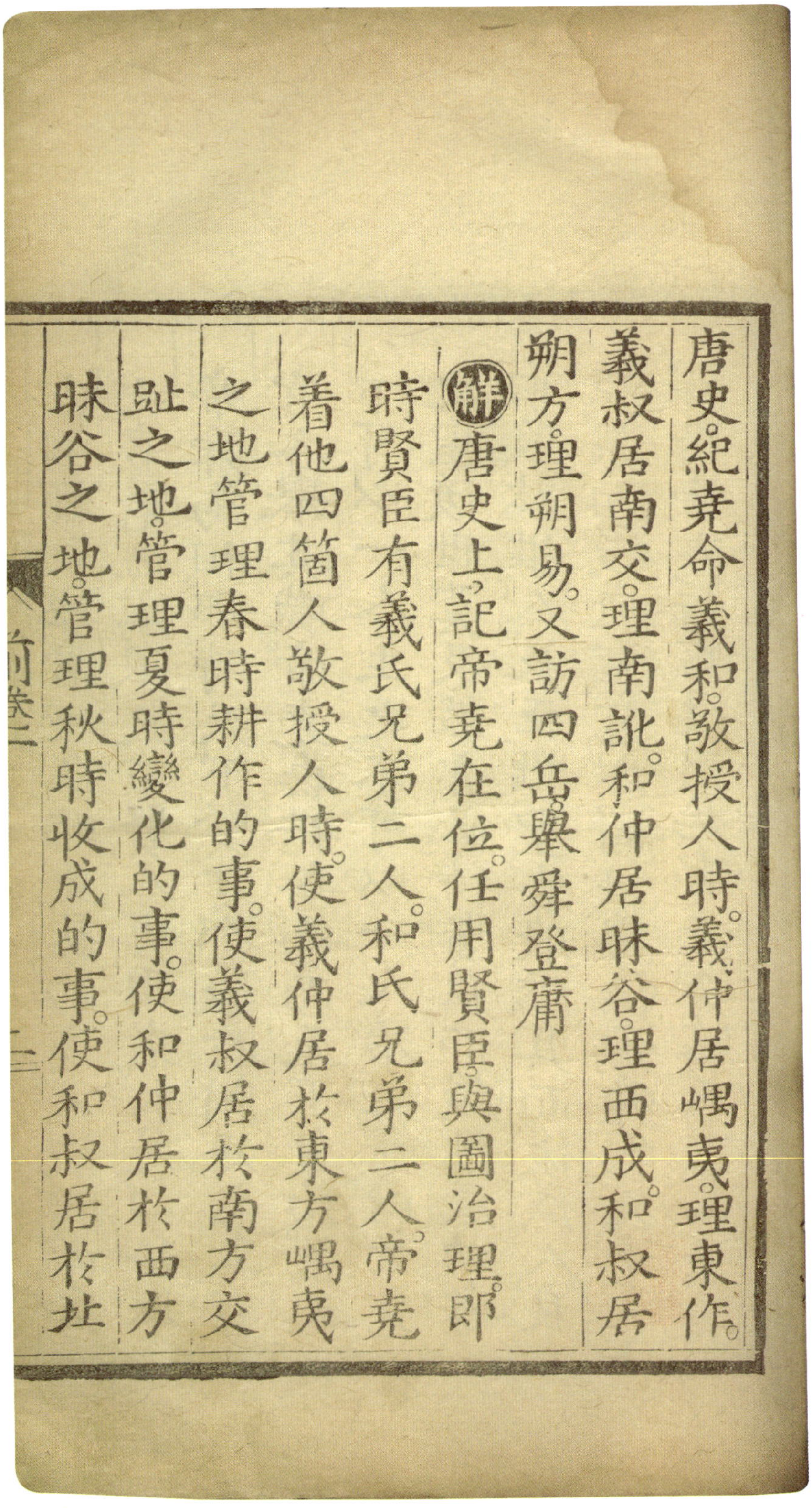
唐史。紀堯命羲和。敬授人時。羲仲居嵎夷。理東作。羲叔居南交。理南訛。和仲居昧谷。理西成。和叔居朔方。理朔易。又訪四岳。舉舜登庸

解 唐史上。記帝堯在位。任用賢臣。與圖治理。即時賢臣有羲氏兄弟二人。和氏兄弟二人。帝堯着他四箇人敬授人時。使羲仲居於東方嵎夷之地。管理春時耕作的事。使羲叔居於南方交趾之地。管理夏時變化的事。使和仲居於西方昧谷之地。管理秋時收成的事。使和叔居於北

帝鑑圖說前卷四卷後卷二卷　明天啟二年司禮監重刻本

唐才子傳十卷

清嘉慶十年三間草堂刻本

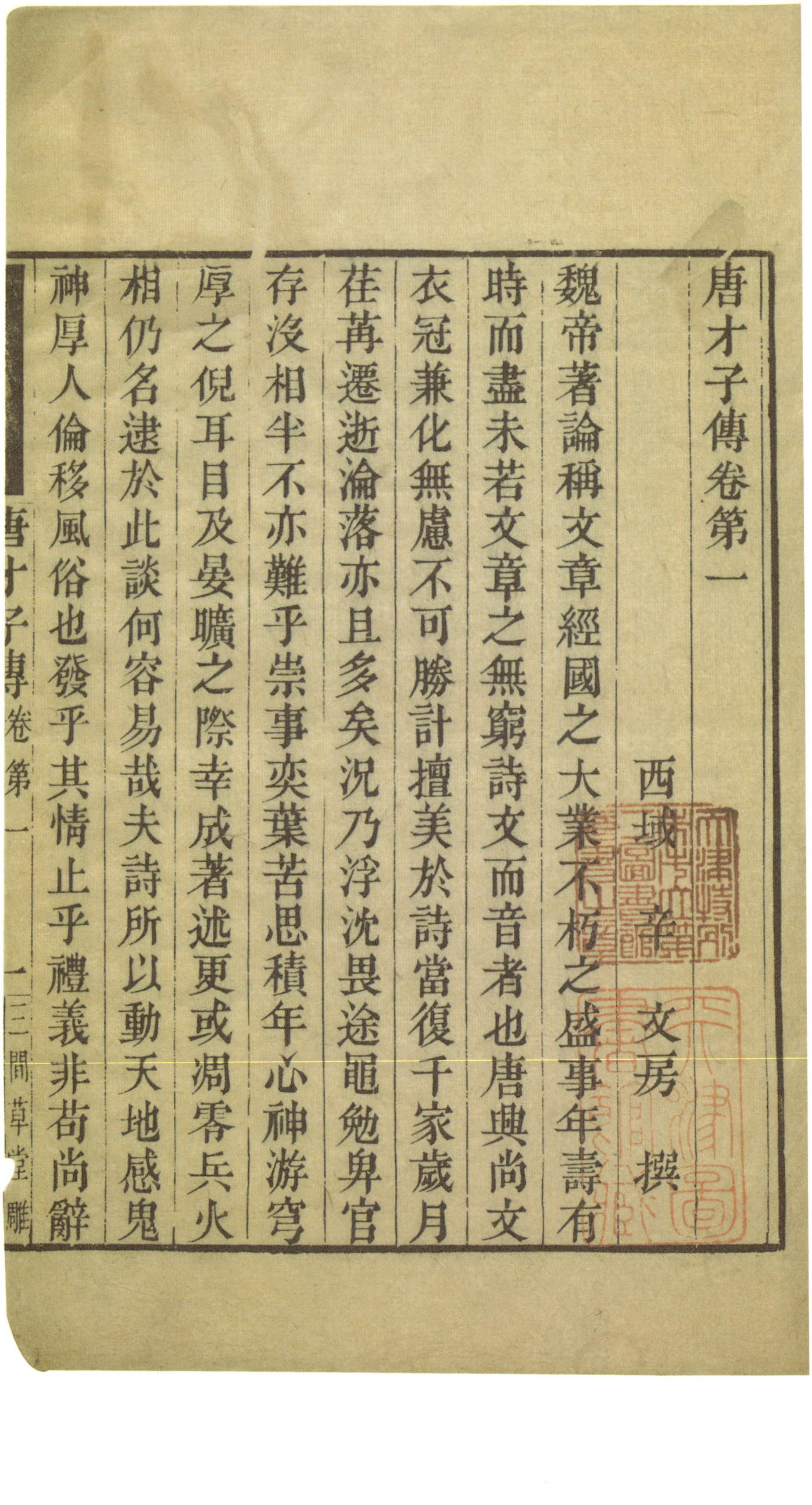

唐才子傳卷第一

西域辛　文房　撰

魏帝著論稱文章經國之大業不朽之盛事年壽有時而盡未若文章之無窮詩文而音者也唐興尚文衣冠兼化無慮不可勝計擅美於詩當復千家歲月荏苒遷逝淪落亦且多矣況乃浮沈畏途黽勉卑官存沒相半不亦難乎崇事奕葉苦思積年心神游穹厚之倪耳目及晏曠之際幸成著述更或凋零兵火相仍名逮於此談何容易哉夫詩所以動天地感鬼神厚人倫移風俗也發乎其情止乎禮義非苟尚辭

唐才子傳卷第一　一　三間草堂雕

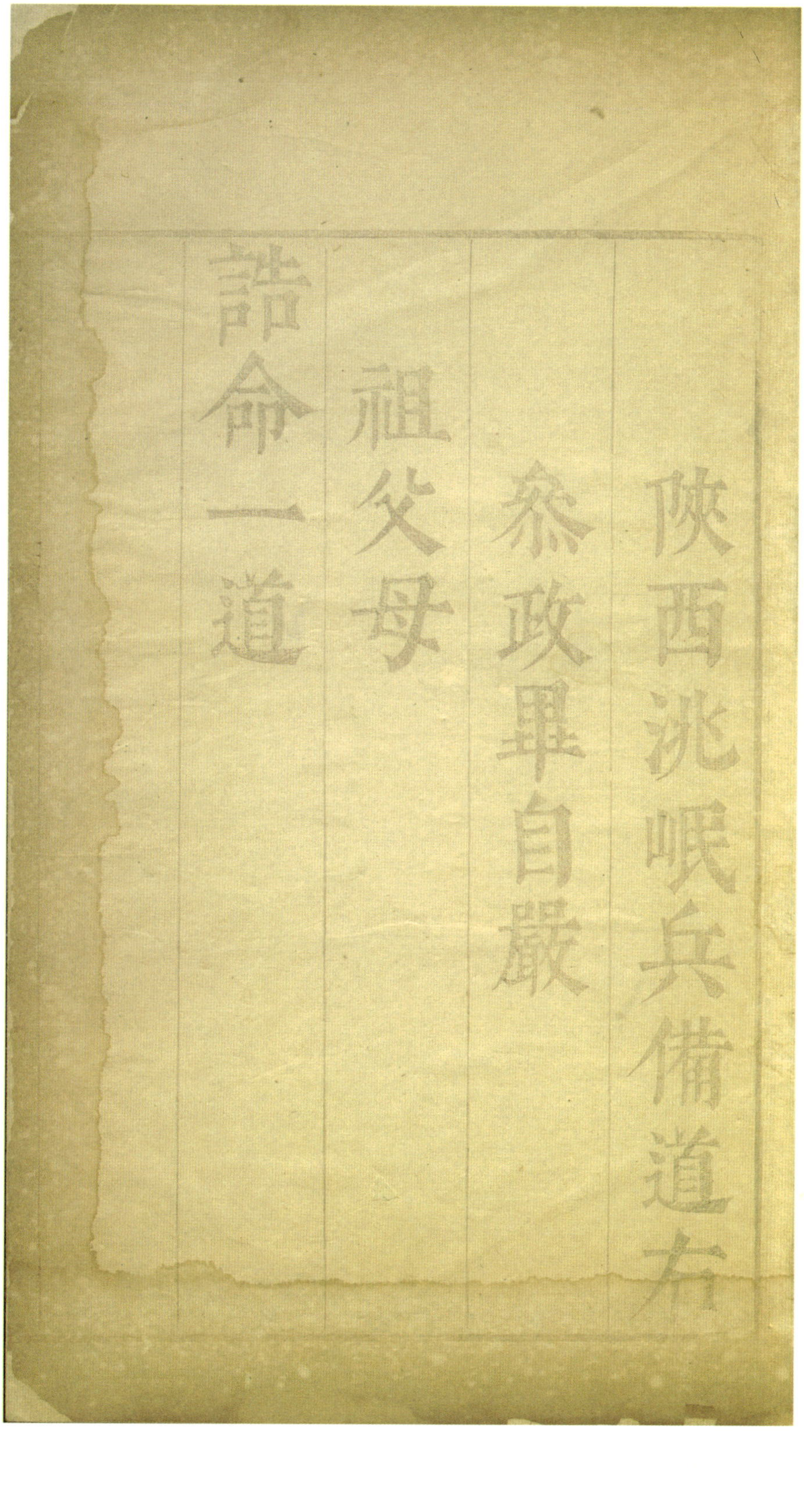

四世恩綸不分卷

明末刻朱印本

八旗滿洲氏族通譜八十卷

清乾隆九年內府刻本

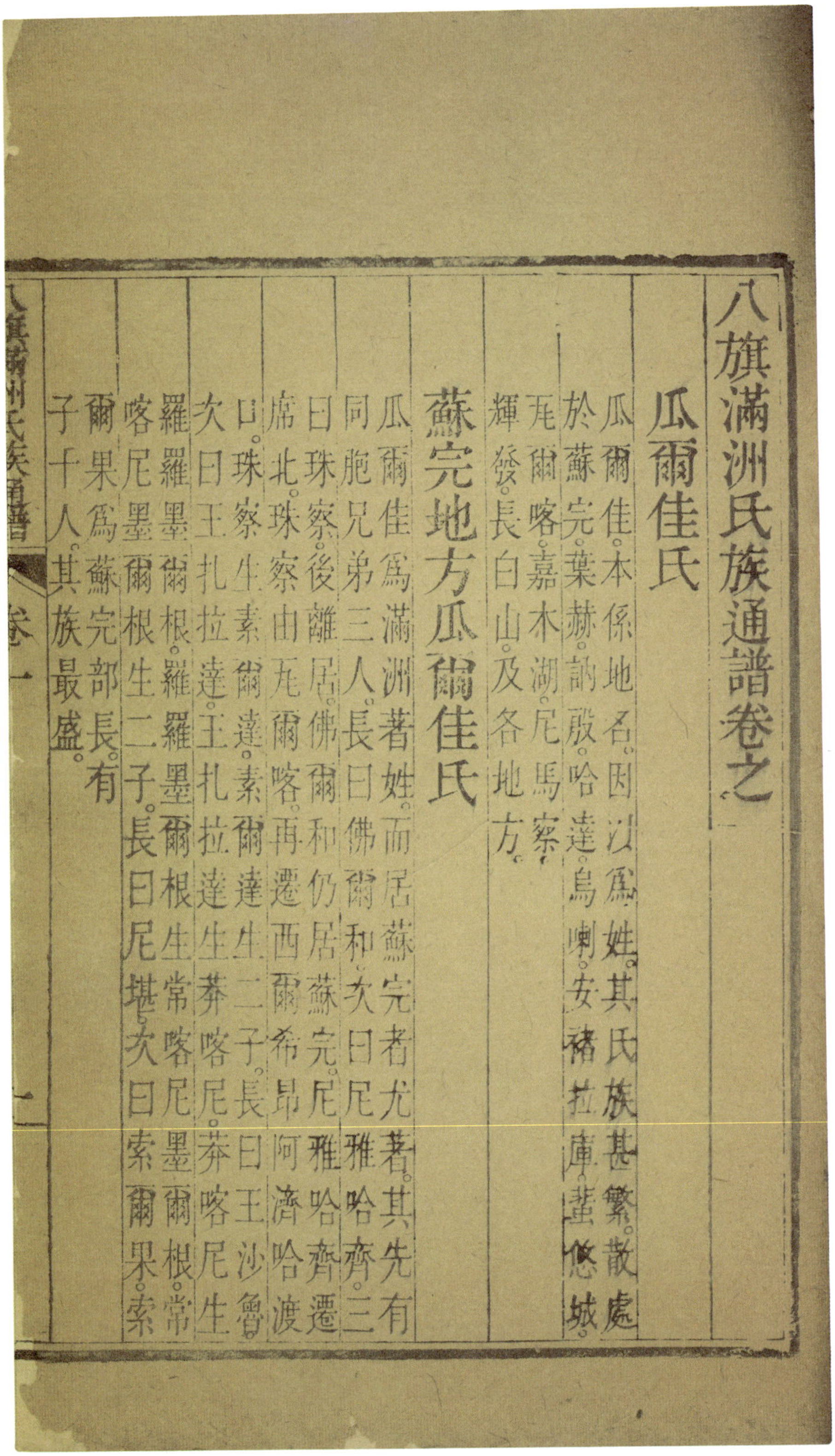

八旗滿洲氏族通譜卷之一

瓜爾佳氏

瓜爾佳本係地名因以爲姓其氏族甚繁散處於蘇完葉赫訥殷哈達烏喇安褚拉庫蜚悠城瓦爾喀嘉木湖尼馬察輝發長白山及各地方

蘇完地方瓜爾佳氏

瓜爾佳爲滿洲著姓而居蘇完者尤著其先有同胞兄弟三人長曰佛爾和次曰尼雅哈齊三曰珠察後離居佛爾和仍居蘇完尼雅哈齊遷席北珠察由瓦爾喀再遷西爾希昂阿濟哈渡口珠察生索爾達素爾達生二子長曰王沙魯次曰王扎拉達王扎拉達生莽喀尼莽喀尼生羅羅墨爾根羅羅墨爾根生常喀尼墨爾根常喀尼墨爾根生二子長曰尼堪次曰索爾果索爾果爲蘇完部長有子十人其族最盛

八旗滿洲氏族通譜　卷一　一

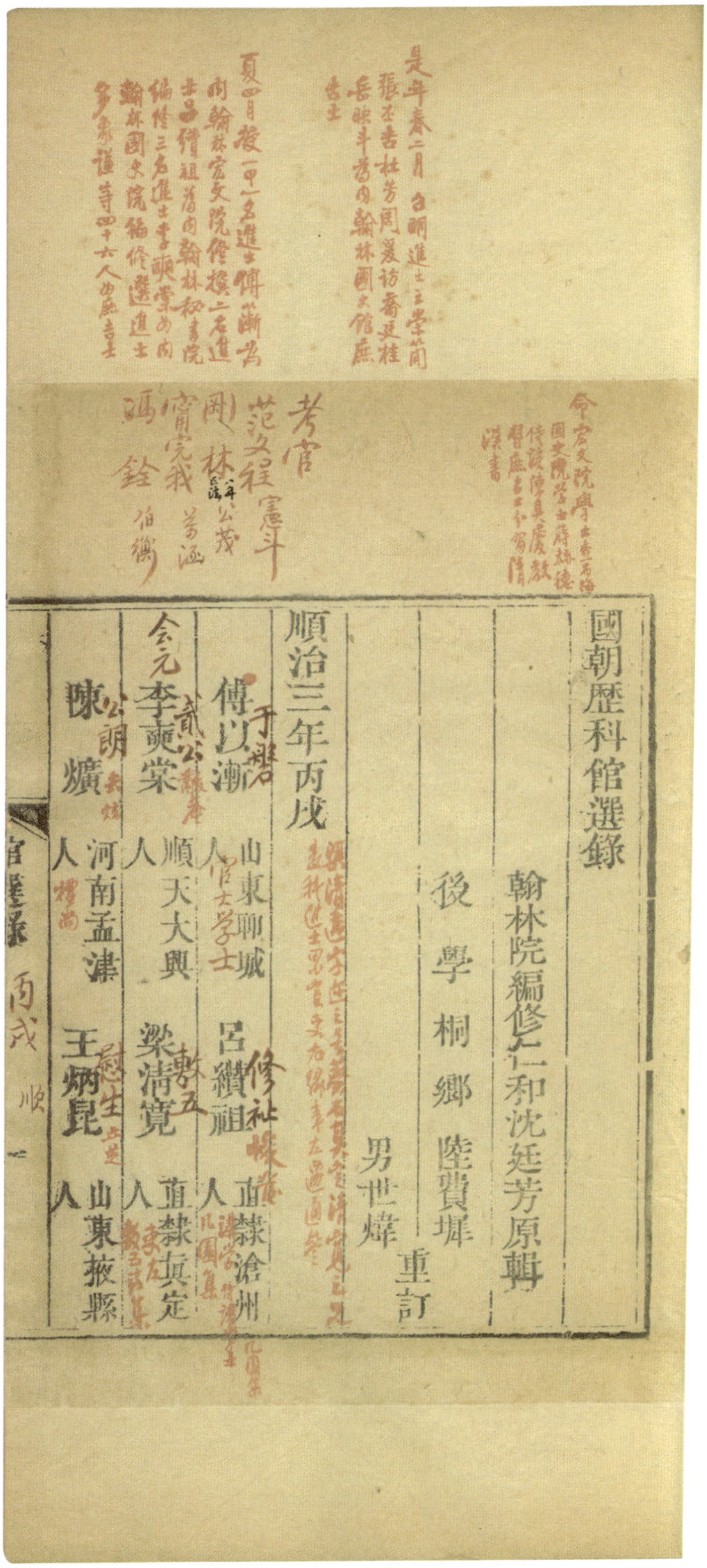

國朝歷科館選錄不分卷

清翰林院刻本

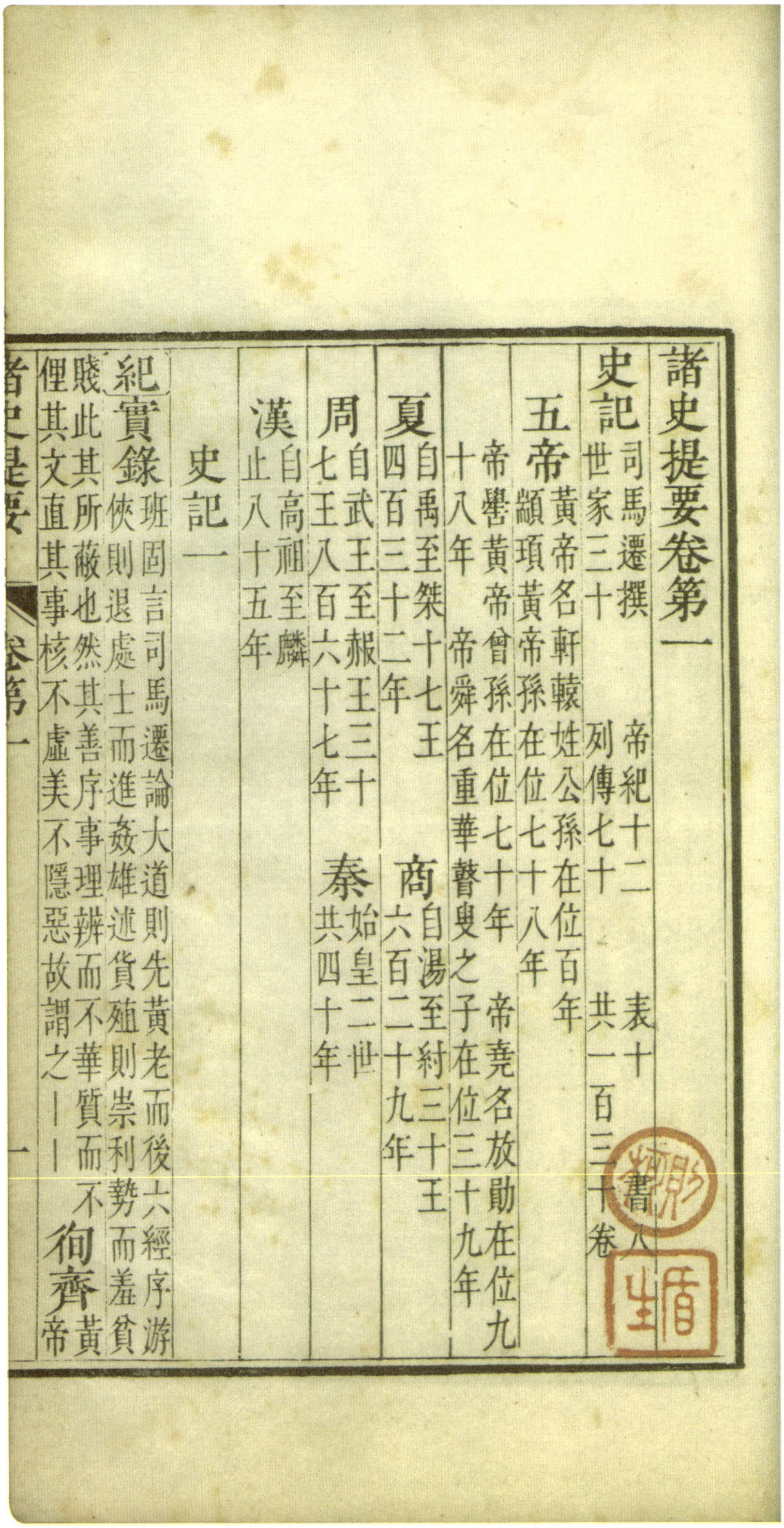

諸史提要卷第一

史記司馬遷撰帝紀十二表十書八世家三十列傳七十共一百三十卷

五帝黃帝名軒轅姓公孫在位百年顓頊黃帝孫在位七十八年帝嚳黃帝曾孫在位七十年帝堯名放勛在位九十八年帝舜名重華瞽叟之子在位三十九年

夏自禹至桀十七王四百三十二年　商自湯至紂三十王六百二十九年

周自武王至赧王三十七王八百六十七年　秦始皇二世共四十年

漢自高祖至麟止八十五年

史記一

紀

實錄班固言司馬遷論大道則先黃老而後六經序游俠則退處士而進姦雄述貨殖則崇利勢而羞貧賤此其所蔽也然其善序事理辨而不華質而不俚其文直其事核不虛美不隱惡故謂之||

徇齊黃帝

諸史提要　卷第一　一

諸史提要十五卷

清康熙五十二年武英殿刻本

月令輯要二十四卷

清康熙五十四年內府刻本

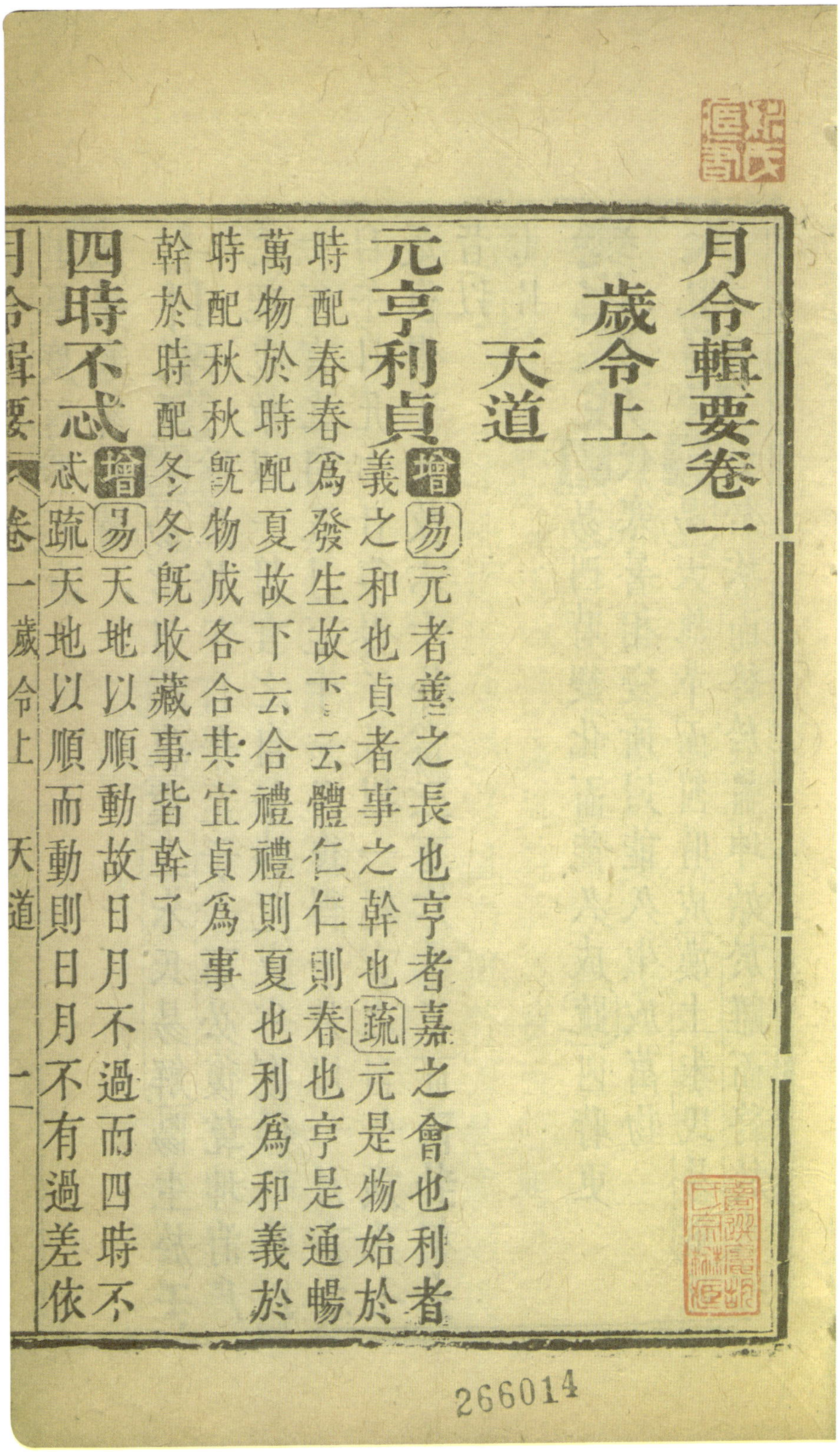
月令輯要卷一

歲令上

天道

元亨利貞【增】【易】元者善之長也亨者嘉之會也利者義之和也貞者事之幹也【疏】元是物始於時配春春爲發生故下云體仁仁則春也亨是通暢萬物於時配夏故下云合禮禮則夏也利爲和義於時配秋秋既物成各合其宜貞爲事幹於時配冬冬既收藏事皆幹了

四時不忒【增】【易】天地以順動故日月不過而四時不忒【疏】天地以順而動則日月不有過差依

月令輯要　卷一　歲令上　天道　一

大明一統志九十卷　明天順五年內府刻本

御製大明一統志序
朕惟我
太祖高皇帝受
天明命混一天下薄海內外恙入
版圖盖自唐虞三代下及漢唐
以來一統之盛蔑以加矣顧惟
覆載之內古今已然之跡精粗

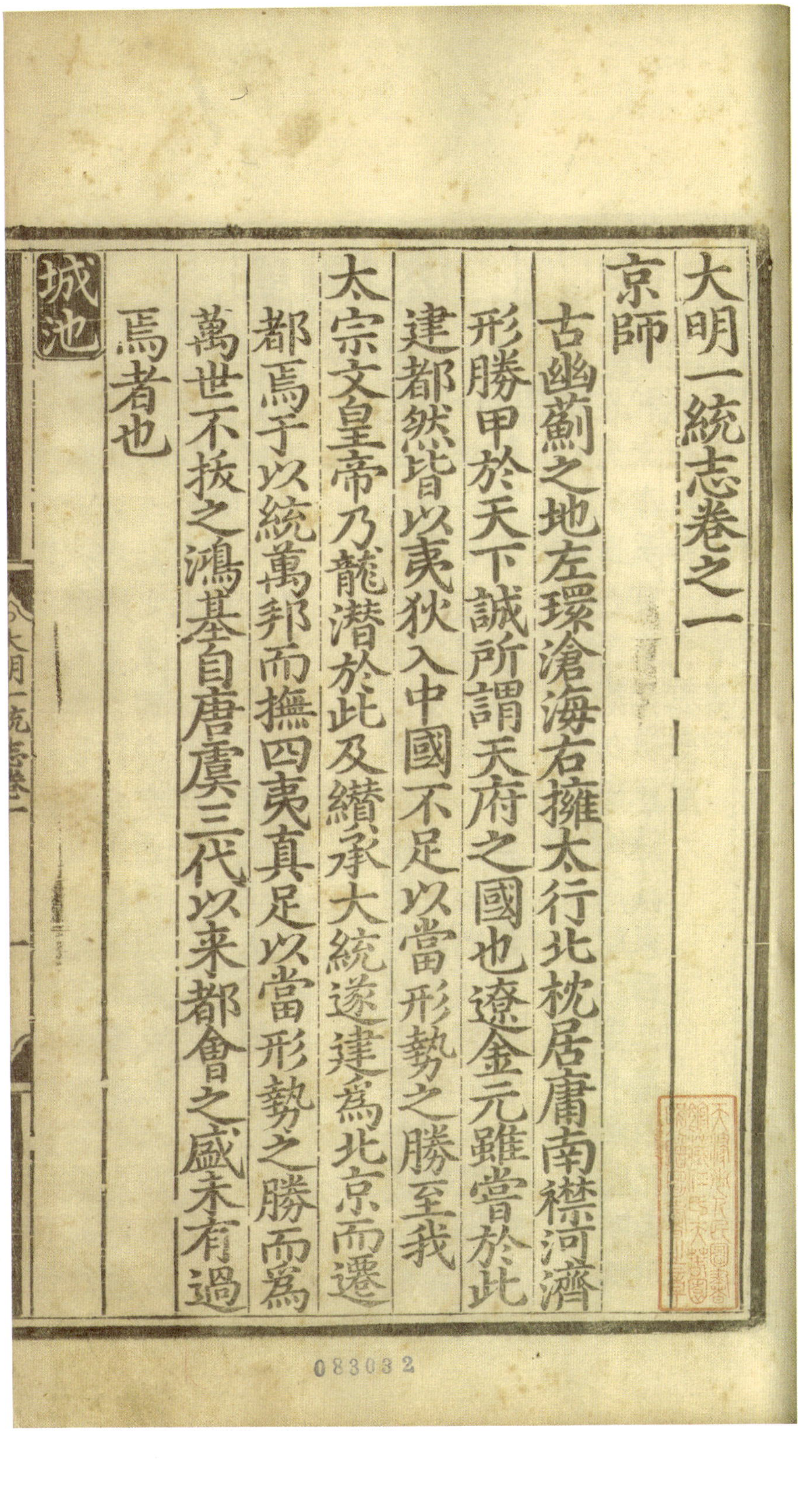

大明一統志卷之一

京師

古幽薊之地左環滄海右擁太行北枕居庸南襟河濟
形勝甲於天下誠所謂天府之國也遼金元雖嘗於此
建都然皆以夷狄入中國不足以當形勢之勝至我
太宗文皇帝乃龍潛於此及纘承大統遂建爲北京而遷
都焉于以統萬邦而撫四夷真足以當形勢之勝而爲
萬世不拔之鴻基自唐虞三代以來都會之盛未有過
焉者也

城池

大明一統志九十卷

明天順五年內府刻本

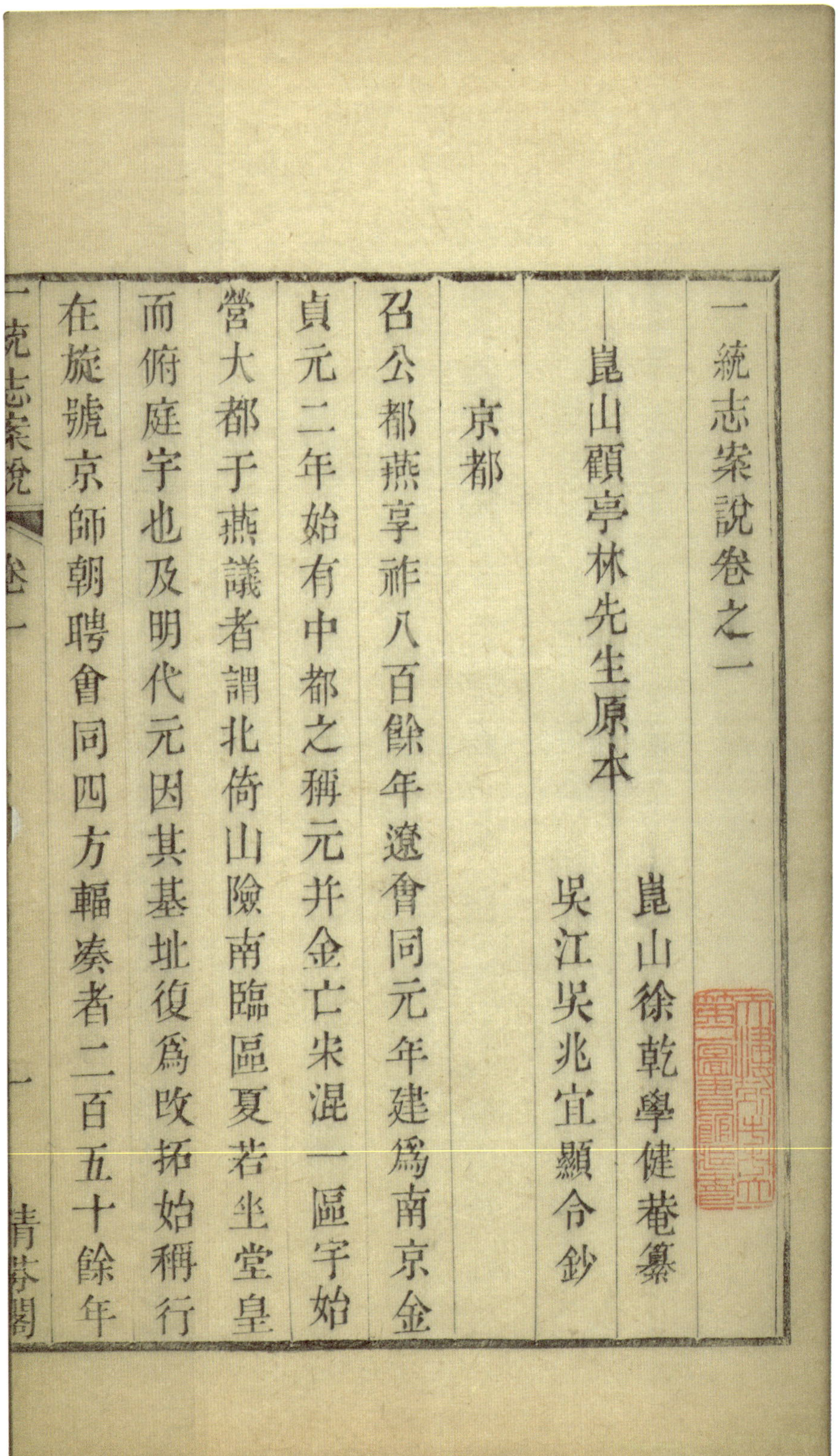
一統志案說卷之一

崑山顧亭林先生原本　崑山徐乾學健菴纂

吳江吳兆宜顯令鈔

京都

召公都燕享祚八百餘年遼會同元年建爲南京金貞元二年始有中都之稱元并金亡宋混一區宇始營大都于燕議者謂北倚山險南臨區夏若坐堂皇而俯庭宇也及明代元因其基址復爲改拓始稱行在旋號京師朝聘會同四方輻湊者二百五十餘年

一統志案說　卷一　一　清芬閣

一統志案說十六卷

清道光七年張青選清芬閣活字印本

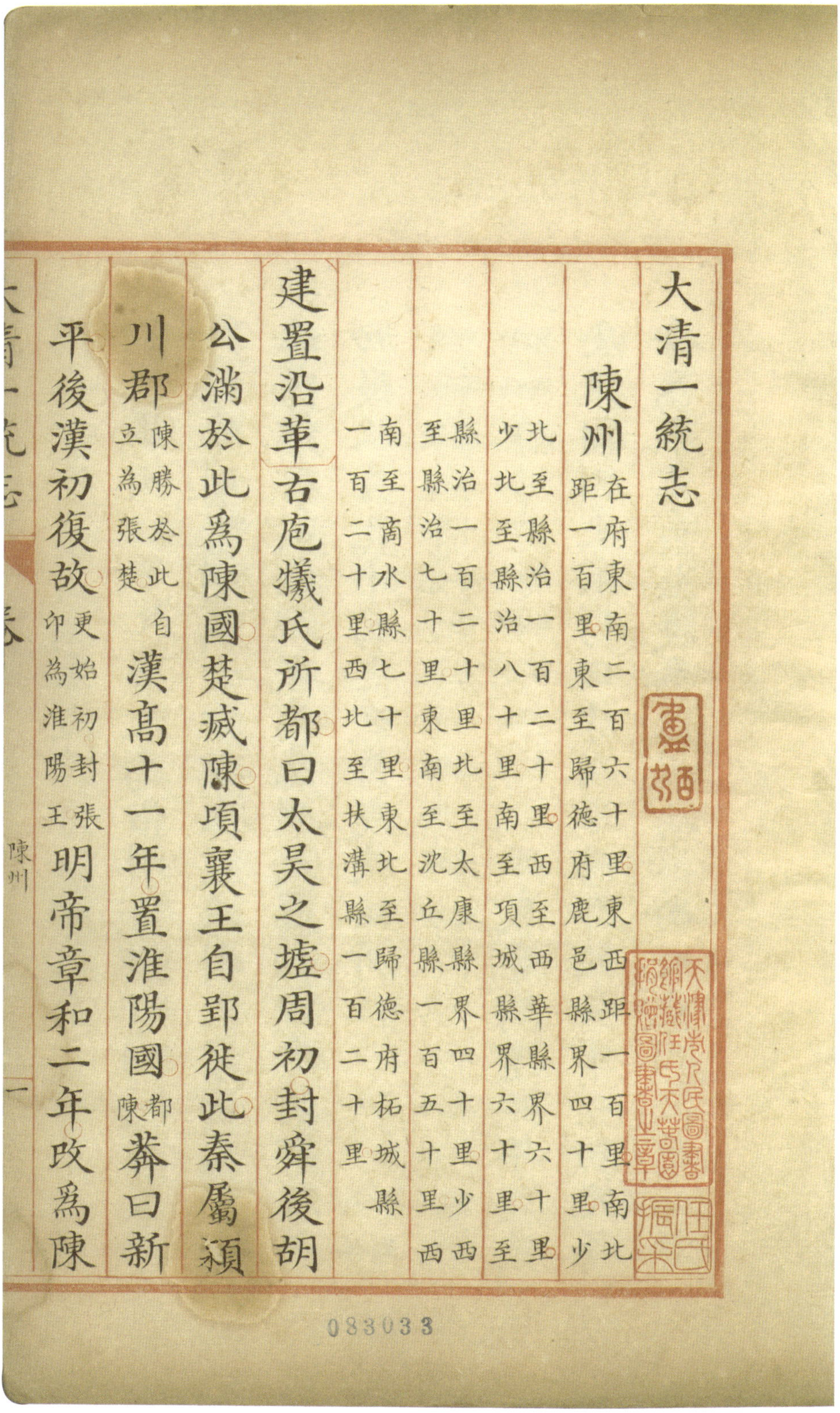
大清一統志

陳州在府東南二百六十里東西距一百里南北距一百里東至歸德府鹿邑縣界四十里少北至縣治一百二十里西至西華縣界六十里少北至縣治八十里南至項城縣界六十里至縣治一百二十里北至太康縣界四十里少西至縣治七十里東南至沈丘縣一百五十里西南至商水縣七十里東北至歸德府柘城縣一百二十里西北至扶溝縣一百二十里

建置沿革古庖犧氏所都曰太昊之墟周初封舜後胡公滿於此爲陳國楚滅陳項襄王自郢徙此秦屬潁川郡陳勝於此自立為張楚漢高十一年置淮陽國都陳莽曰新平後漢初復故更始初封張卬為淮陽王明帝章和二年改爲陳

大清一統志 卷 陳州 一

083033

大清一統志不分卷

清康熙內府鈔本

大清一統志不分卷

清乾隆內府鈔四庫全書本

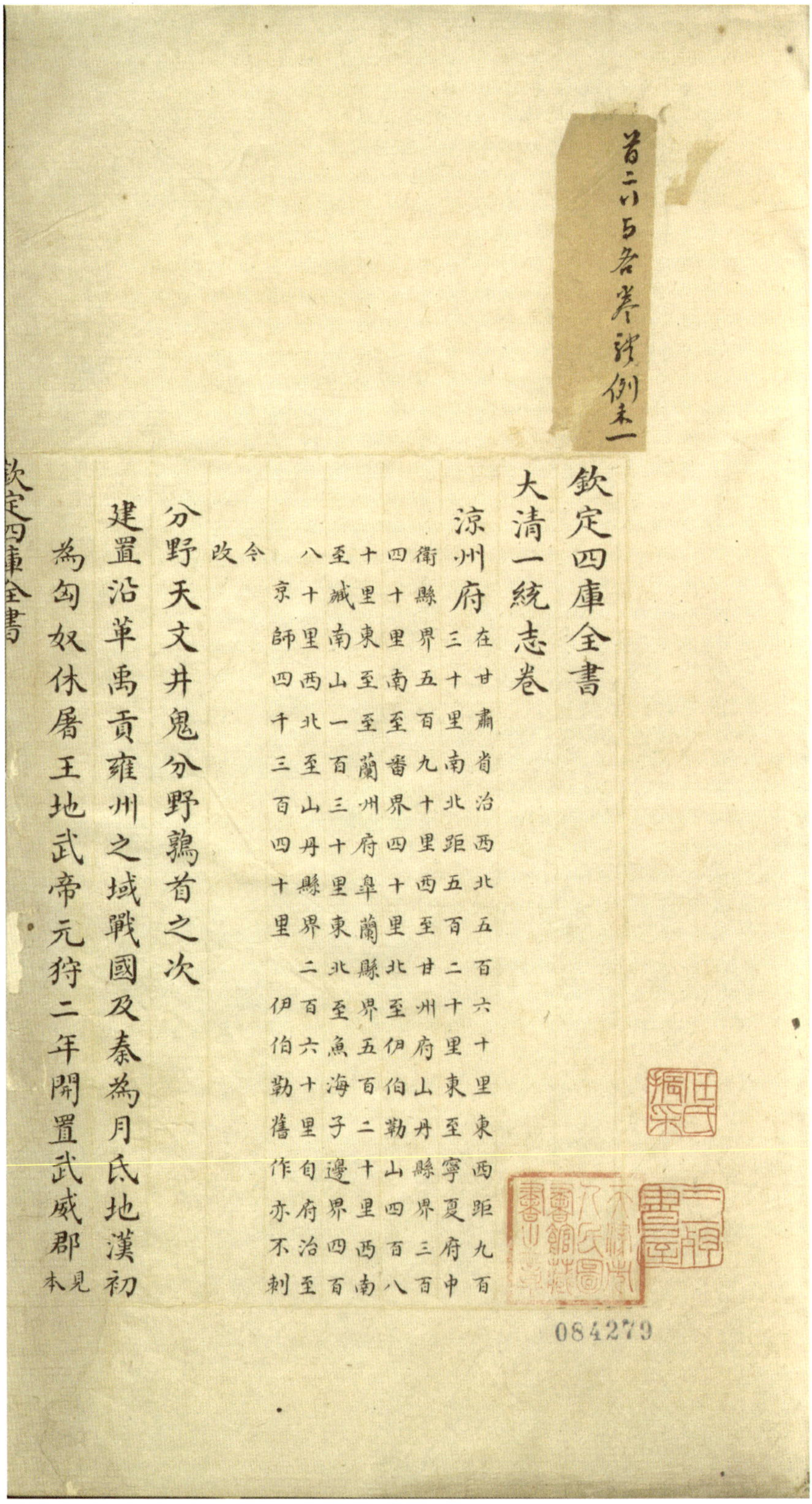
欽定四庫全書

大清一統志卷

涼州府在甘肅省治西北五百六十里東西距九百三十里南北距五百二十里東至寧夏府中衛縣界五百九十里西至甘州府山丹縣界三百四十里南至番界四十里北至伊伯勒山四百八十里東南至蘭州府皋蘭縣界五百二十里西南至臧南山一百三十里東北至魚海子邊界四百八十里西北至山丹縣界二百六十里自府治至京師四千三百四十里伊伯勒舊作亦不剌今改

分野天文井鬼分野鶉首之次

建置沿革禹貢雍州之域戰國及秦為月氏地漢初為匈奴休屠王地武帝元狩二年開置武威郡見本

欽定四庫全書

084279

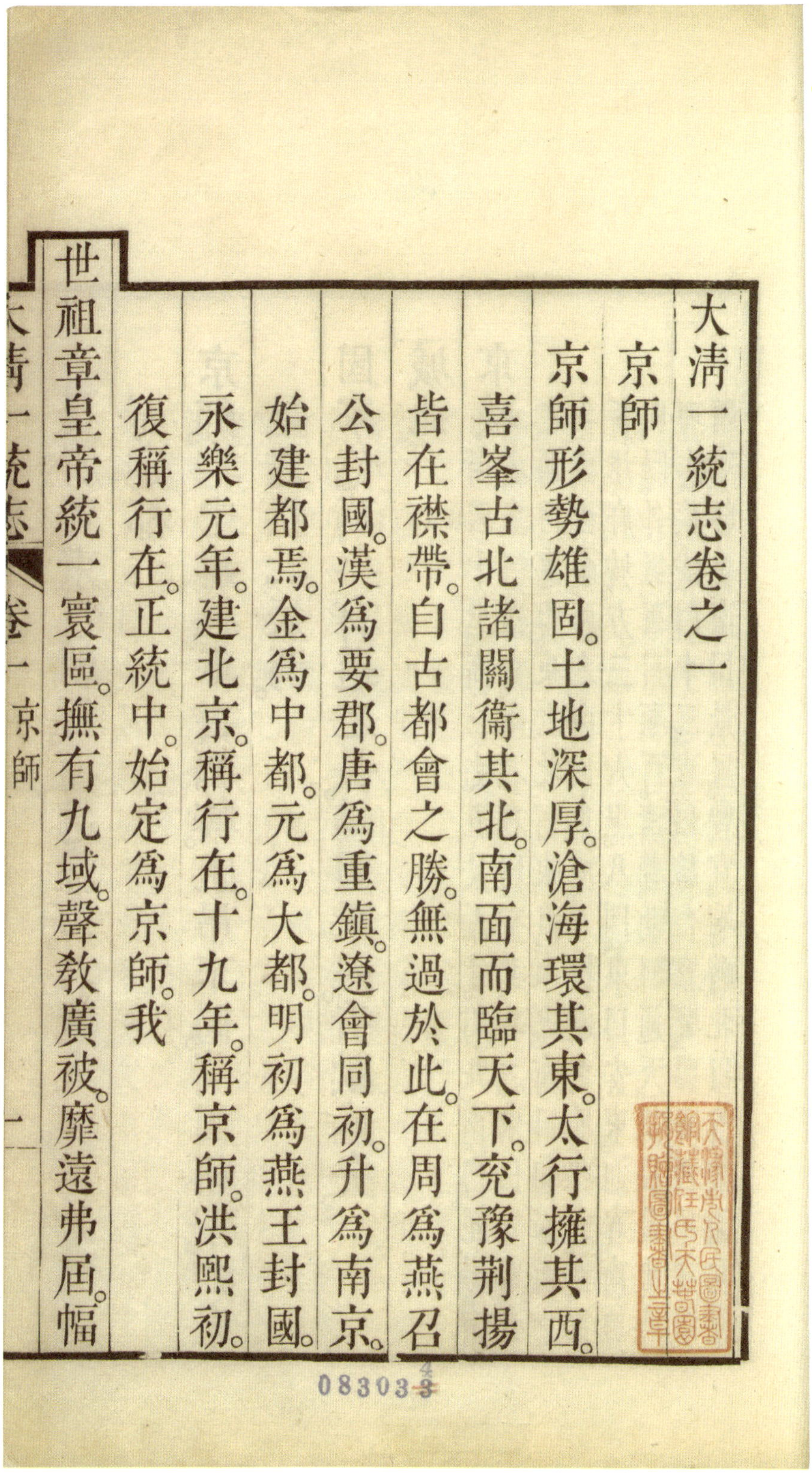

大清一統志卷之一
京師
京師形勢雄固。土地深厚。滄海環其東。太行擁其西。
喜峯古北諸關衞其北。南面而臨天下。兖豫荊揚
皆在襟帶。自古都會之勝。無過於此。在周爲燕召
公封國。漢爲要郡。唐爲重鎮。遼會同初。升爲南京。
始建都焉。金爲中都。元爲大都。明初爲燕王封國。
永樂元年。建北京。稱行在。十九年。稱京師。洪熙初。
復稱行在。正統中。始定爲京師。我
世祖章皇帝統一寰區。撫有九域。聲教廣被。靡遠弗屆。幅
大清一統志 卷一 京師 一

大清一統志三百五十六卷

清乾隆九年內府刻本

大清一統志四百二十四卷
清乾隆五十五年內府刻本

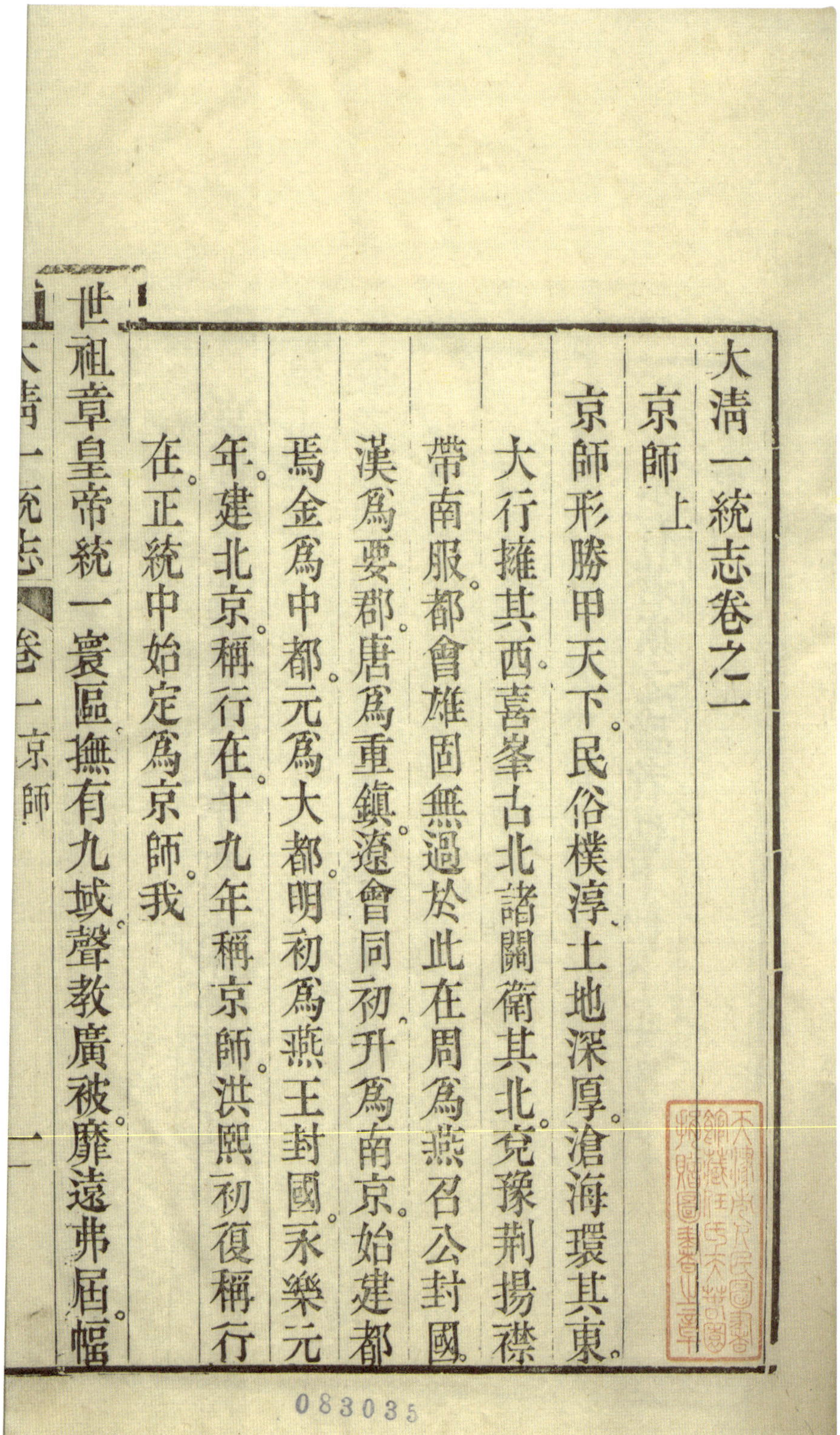
大清一統志卷之一

京師上

京師形勝甲天下民俗樸淳土地深厚滄海環其東大行擁其西喜峯古北諸關衛其北兗豫荊揚襟帶南服都會雄固無過於此在周爲燕召公封國漢爲要郡唐爲重鎮遼會同初升爲南京始建都焉金爲中都元爲大都明初爲燕王封國永樂元年建北京稱行在十九年稱京師洪熙初復稱行在正統中始定爲京師我

世祖章皇帝統一寰區撫有九域聲教廣被靡遠弗屆幅

大清一統志　卷一　京師　一

皇輿表十六卷

清康熙內府刻本

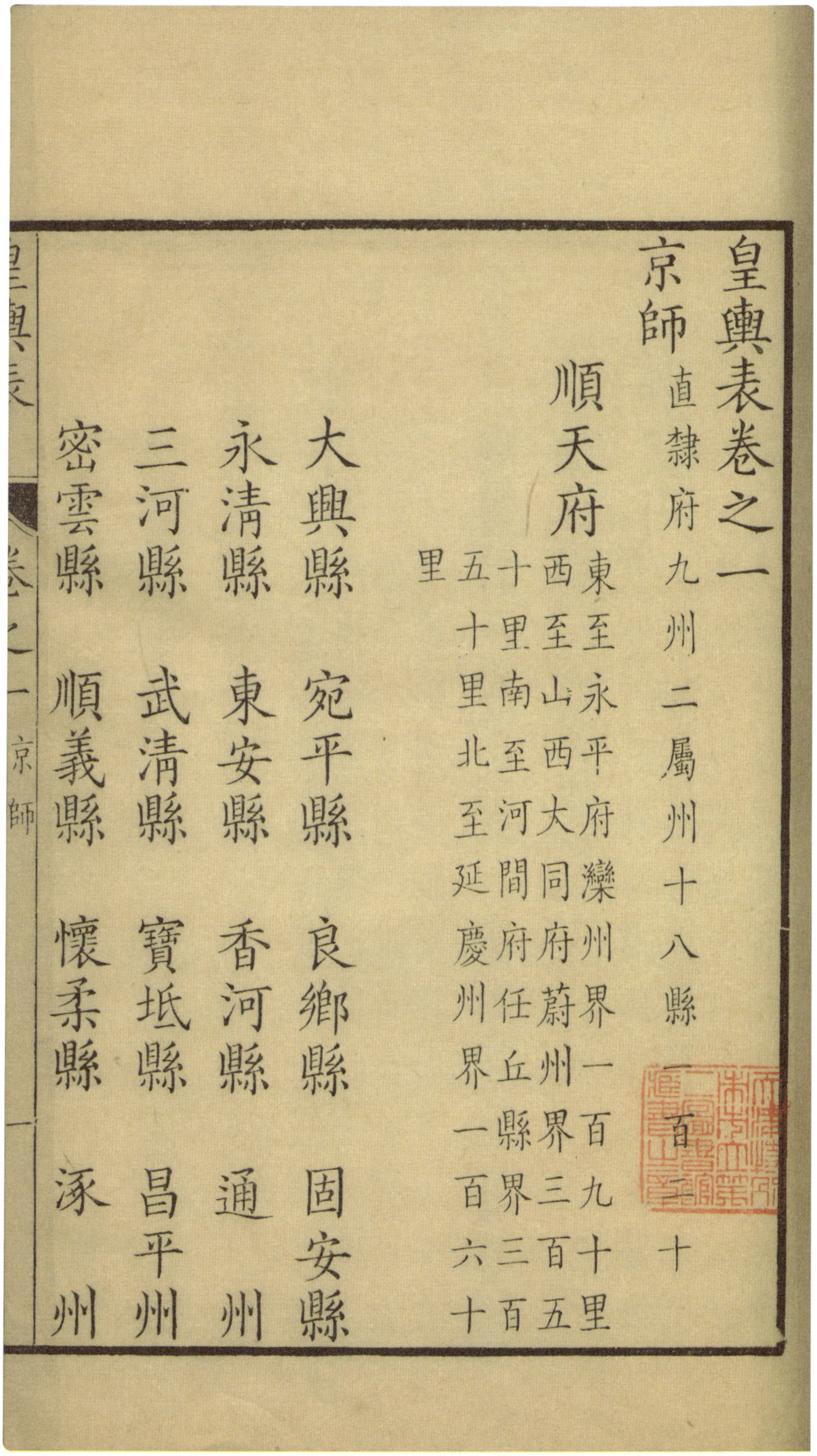

皇輿表卷之一

京師直隸府九州二屬州十八縣一百一十

順天府

東至永平府灤州界一百九十里西至山西大同府蔚州界三百五十里南至河間府任丘縣界三百五十里北至延慶州界一百六十里

大興縣 宛平縣 良鄉縣 固安縣

永清縣 東安縣 香河縣 通州

三河縣 武清縣 寶坻縣 昌平州

密雲縣 順義縣 懷柔縣 涿州

皇輿表 卷之一 京師 一

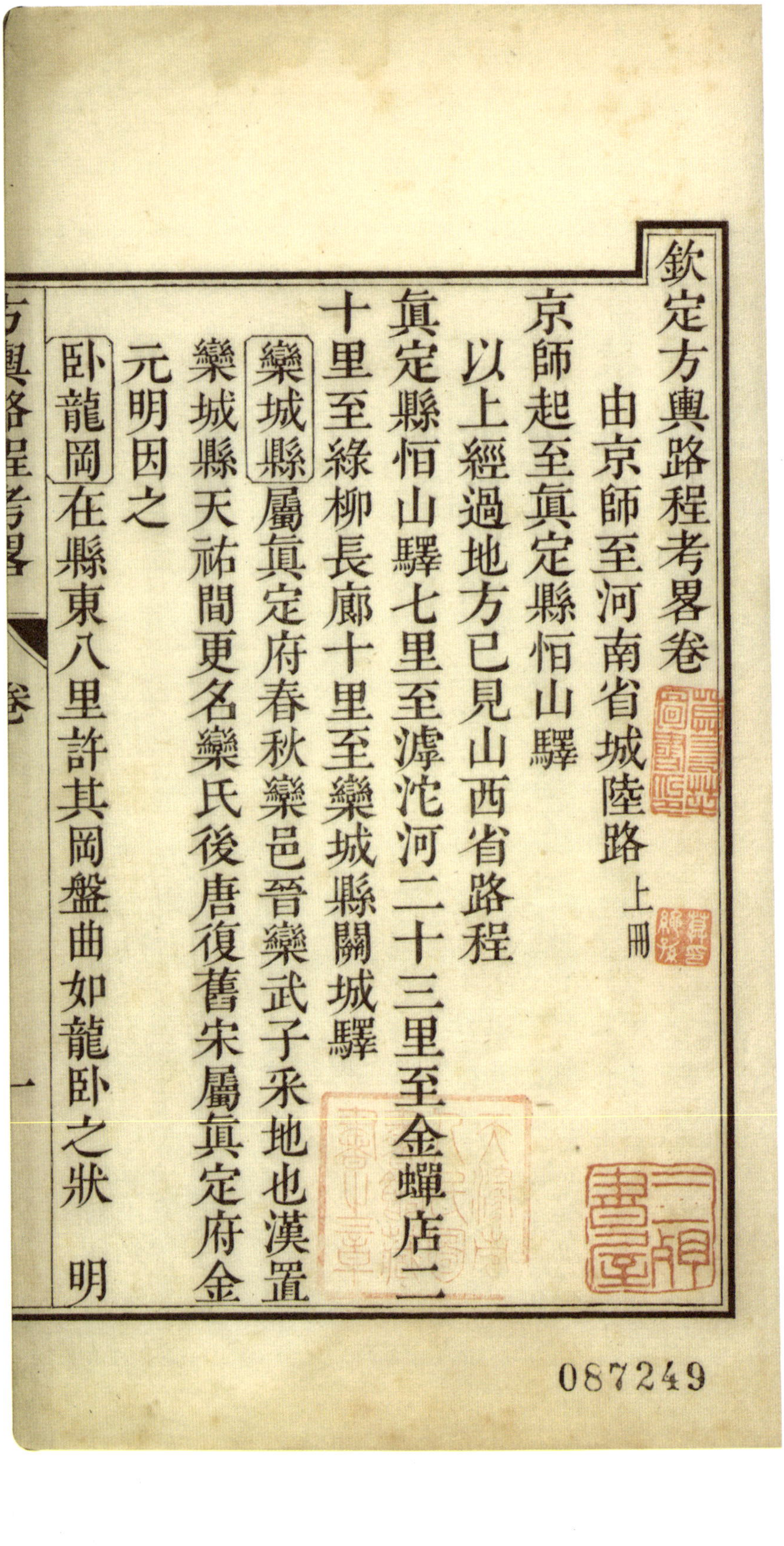

欽定方輿路程考畧卷

由京師至河南省城陸路 上冊

京師起至眞定縣恒山驛

以上經過地方已見山西省路程

眞定縣恒山驛七里至滹沱河二十三里至金蟬店二十里至綠柳長廊十里至欒城縣關城驛

欒城縣屬眞定府春秋欒邑晉欒武子釆地也漢置欒城縣天祐間更名欒氏後唐復舊宋屬眞定府金元明因之

臥龍岡在縣東八里許其岡盤曲如龍臥之狀 明

方輿路程考畧 卷 一

欽定方輿路程考略不分卷 清康熙內府刻本

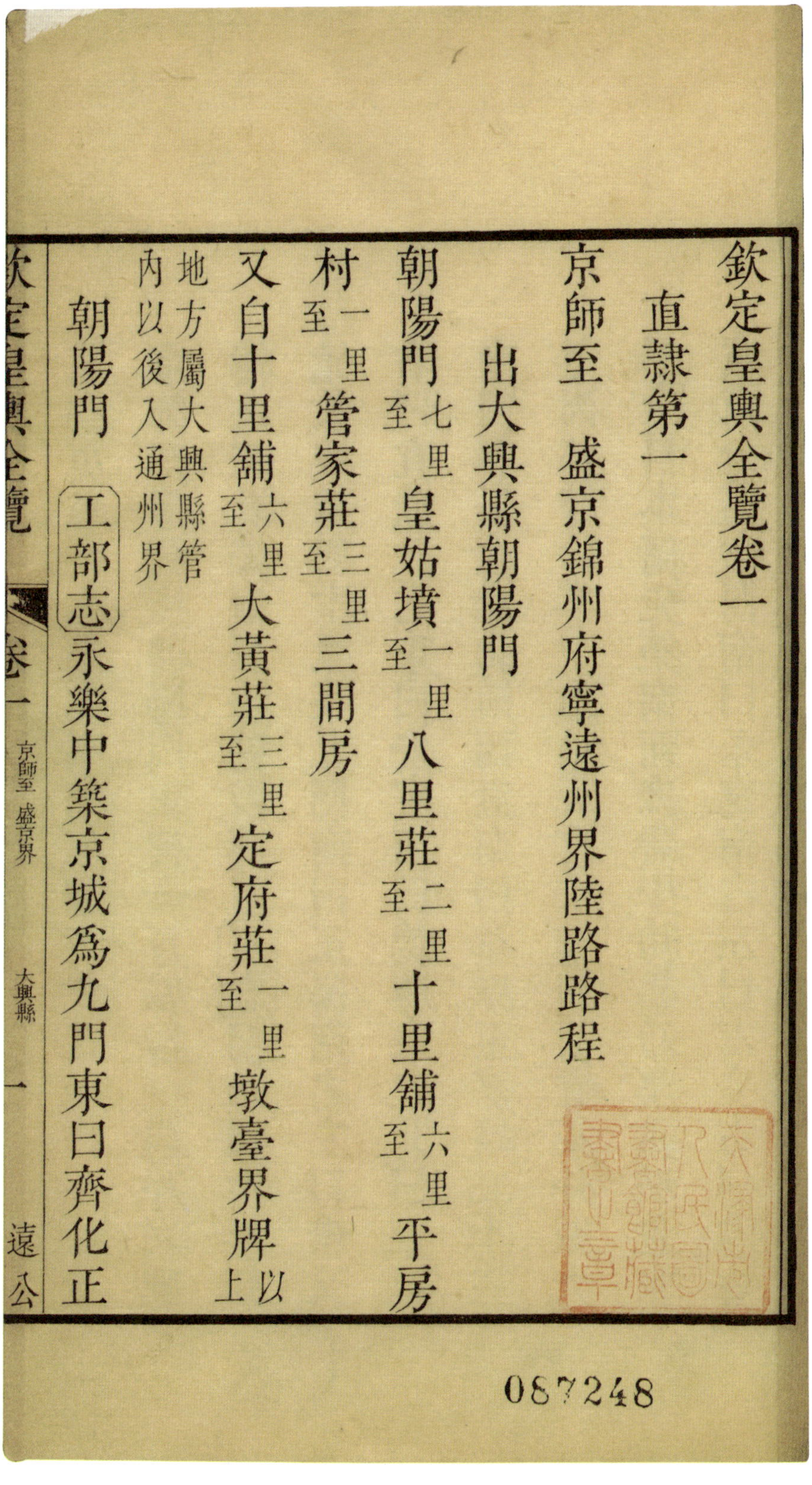

欽定皇輿全覽卷一

直隷第一

京師至　盛京錦州府寧遠州界陸路路程

出大興縣朝陽門

朝陽門至七里皇姑墳至一里八里莊至二里十里鋪至六里平房

村至一里管家莊至三里三間房

又自十里鋪至六里大黃莊至三里定府莊至一里墩臺界牌以上地方屬大興縣管內以後入通州界

朝陽門　工部志　永樂中築京城爲九門東曰齊化正

欽定皇輿全覽　卷一　京師至盛京界　大興縣　一　遠公

欽定皇輿全覽

清康熙內府刻本

〔乾隆〕欽定熱河志一百二十卷　清內府鈔本

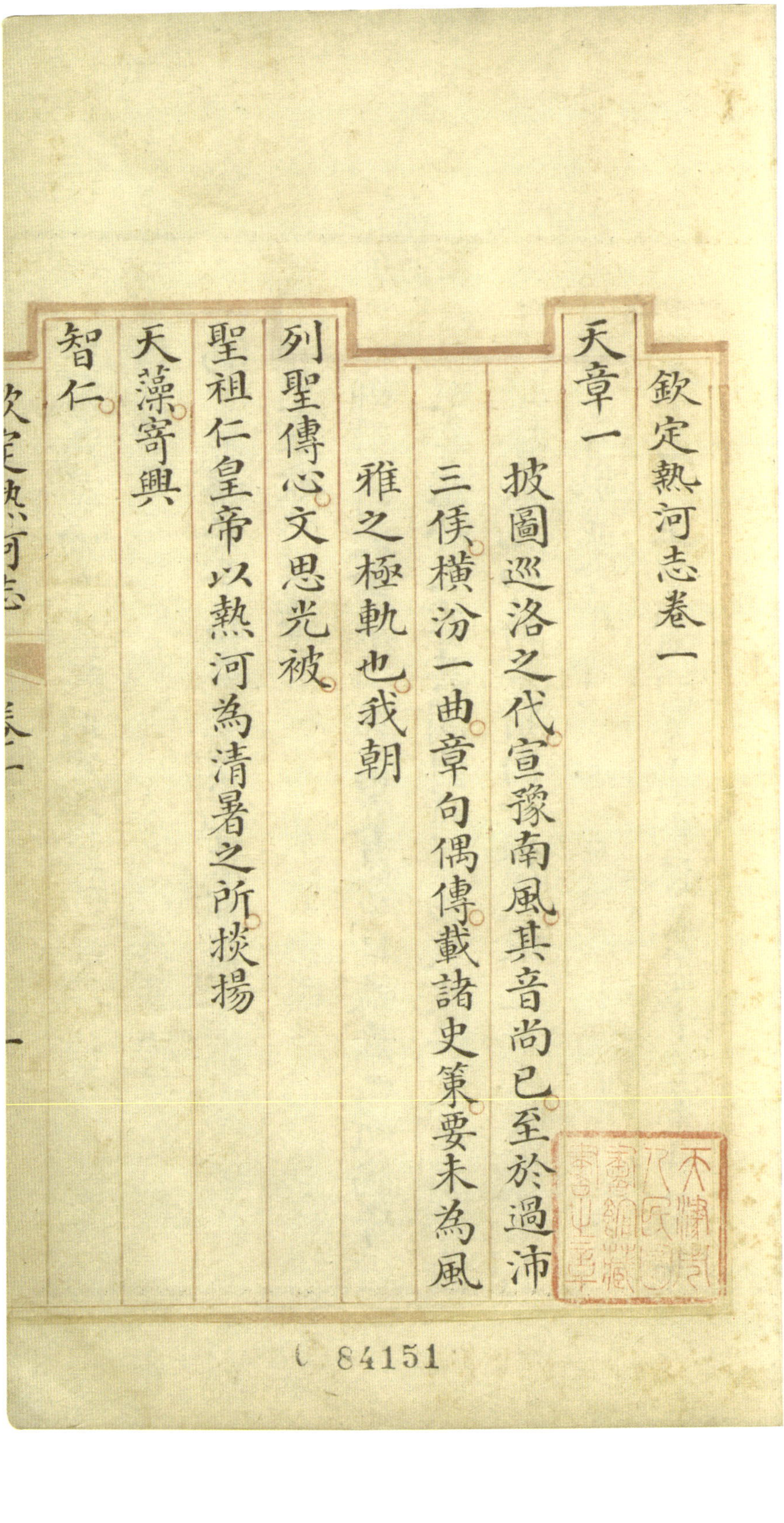

欽定熱河志卷一

天章一

披圖巡洛之代宣豫南風其音尚已至於過沛

三侯橫汾一曲章句偶傳載諸史策要未為風

雅之極軌也我朝

列聖傳心文思光被

聖祖仁皇帝以熱河為清暑之所揆揚

天藻寄興

智仁

欽定熱河志　卷一　一

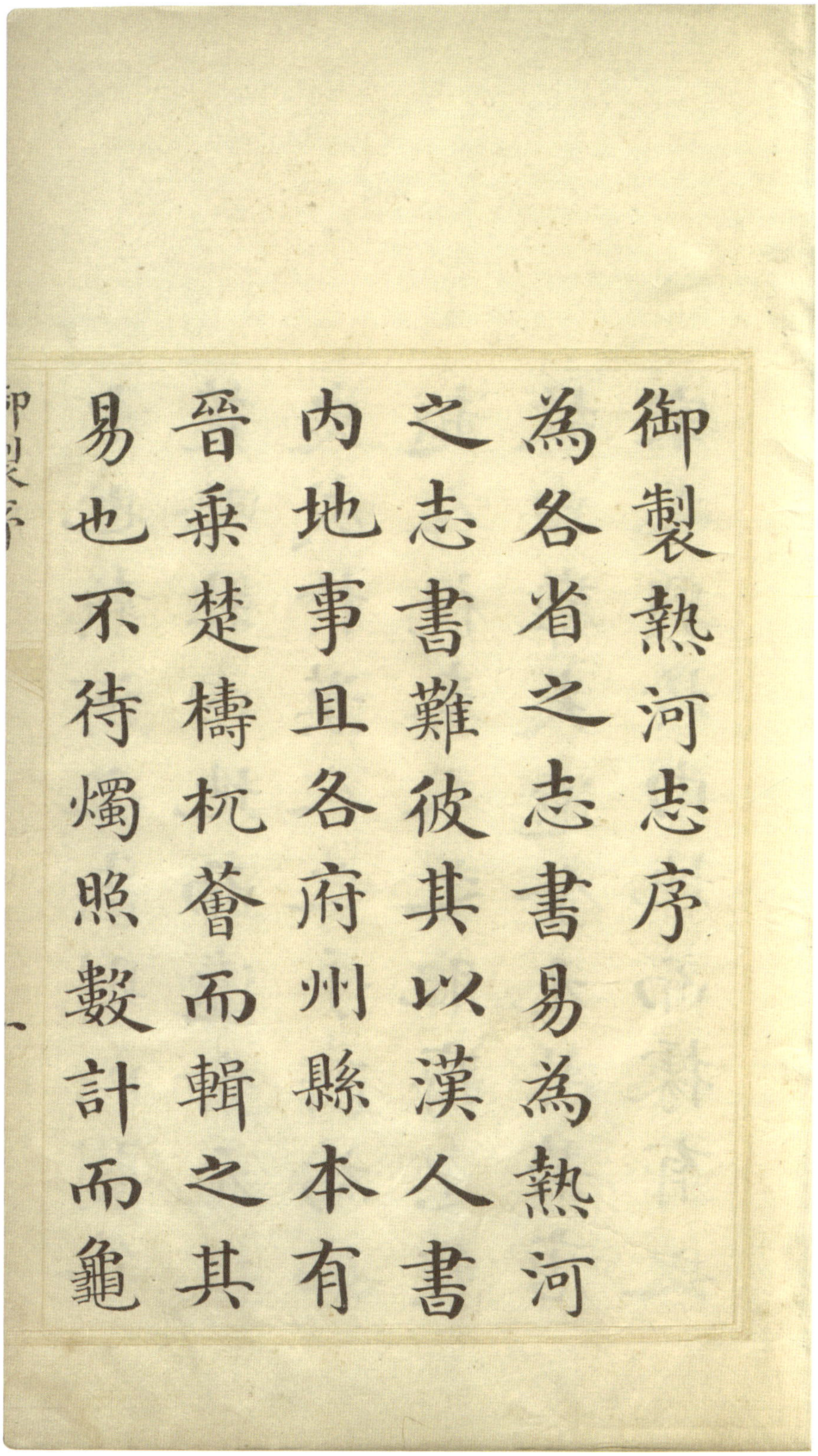
御製熱河志序
為各省志書易為熱河
之志書難彼其以漢人書
內地事且各府州縣本有
晉乘楚檮杌薈而輯之其
易也不待燭照數計而龜

〔乾隆〕欽定熱河志一百二十卷　清內府鈔本

〔乾隆〕欽定熱河志一百二十卷　清乾隆四十六年武英殿刻本

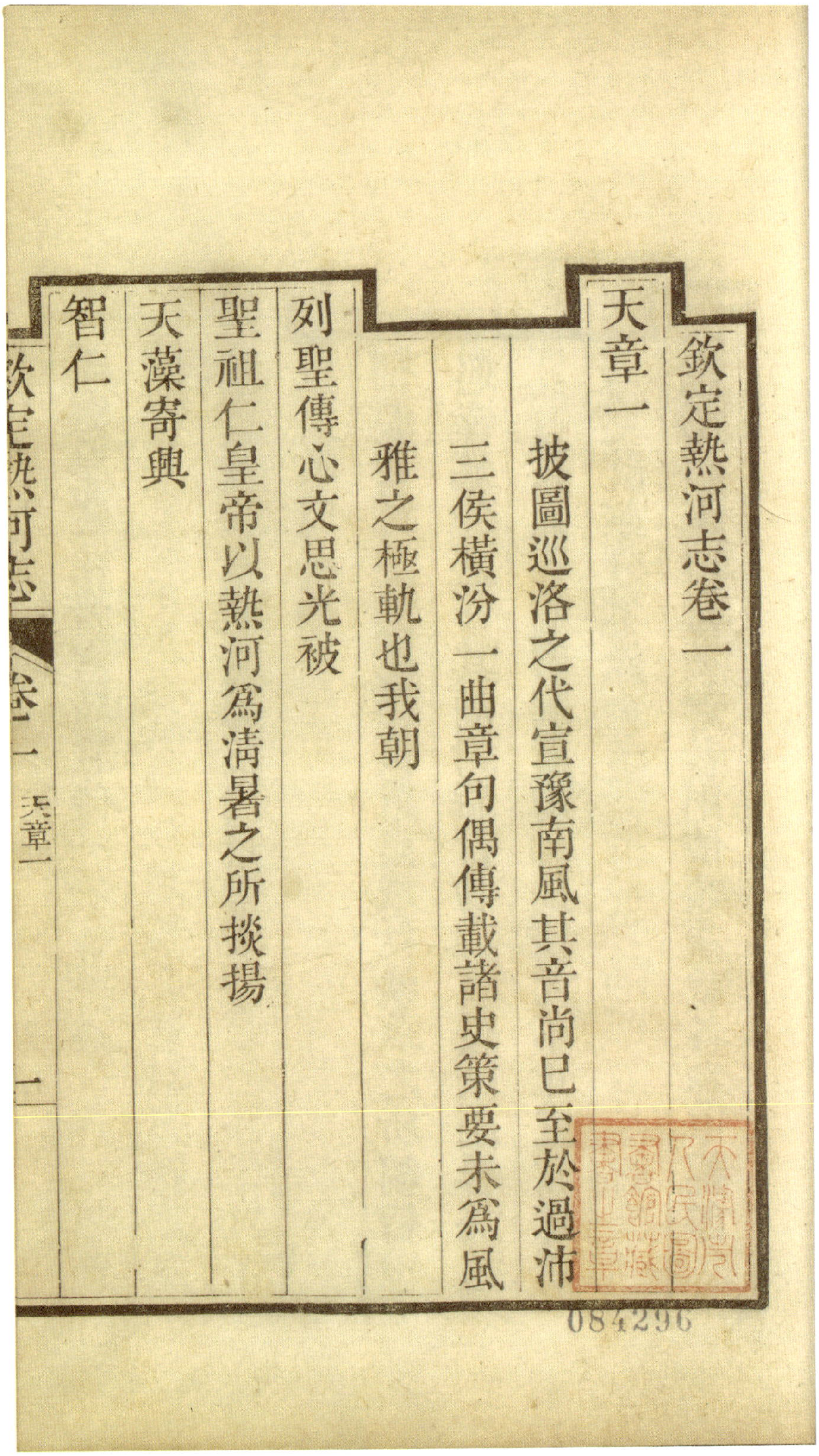

欽定熱河志卷一

天章一

披圖巡洛之代宣豫南風其音尚已至於過沛

三侯橫汾一曲章句偶傳載諸史策要未爲風

雅之極軌也我朝

列聖傳心文思光被

聖祖仁皇帝以熱河爲清暑之所摛揚

天藻寄興

智仁

欽定熱河志　卷一　天章一　一

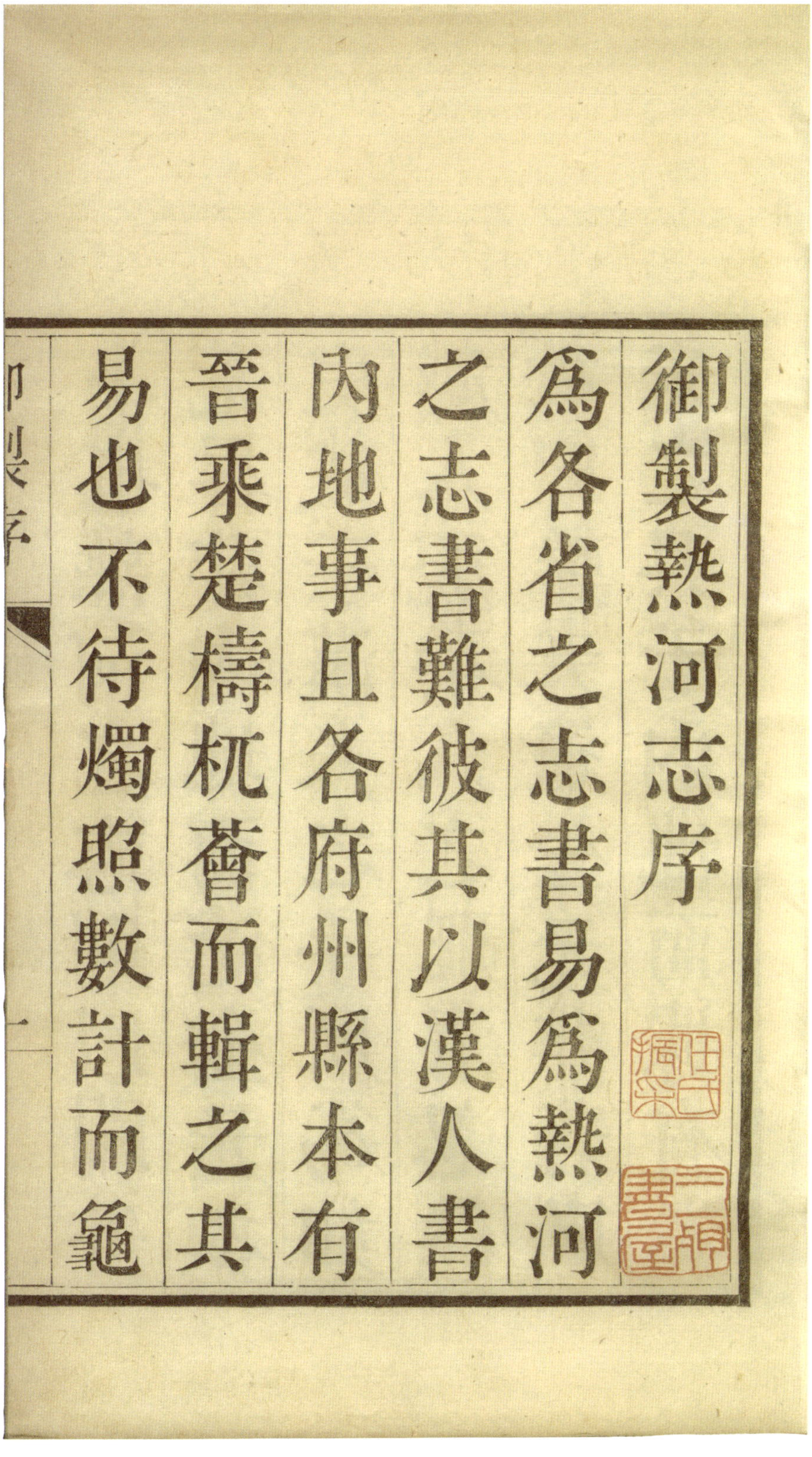

御製熱河志序
爲各省之志書易爲熱河
之志書難彼其以漢人書
內地事且各府州縣本有
晉乘楚檮杌薈而輯之其
易也不待燭照數計而龜

御製序　一

［乾隆］欽定熱河志一百二十卷　清乾隆四十六年武英殿刻本

中吳紀聞六卷　明崇禎毛氏汲古閣刻本

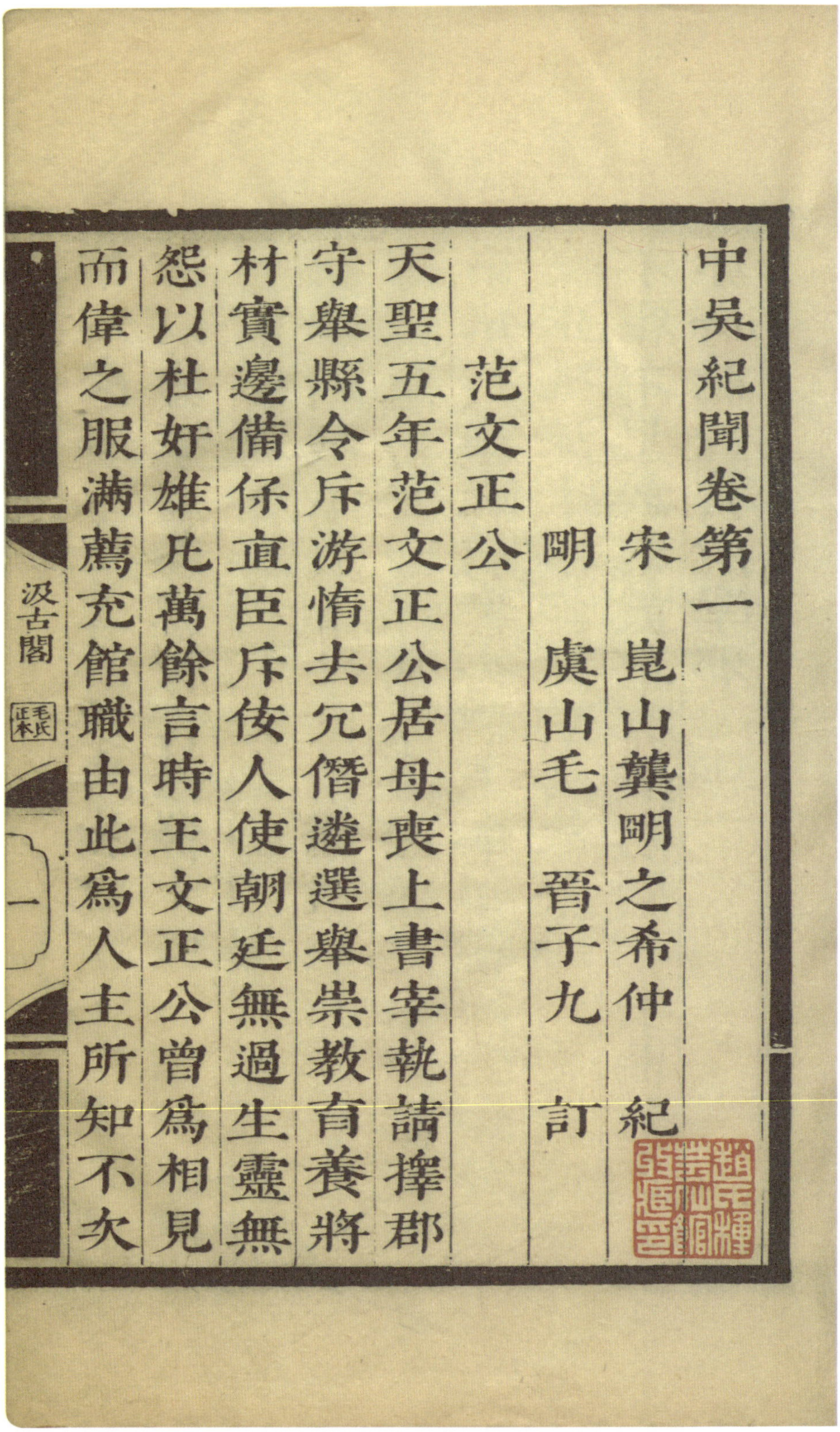
中吳紀聞卷第一
宋　崑山龔明之希仲　紀
明　虞山毛　晉子九　訂
范文正公
天聖五年范文正公居母喪上書宰執請擇郡
守舉縣令斥游惰去冗僭遴選舉崇教育養將
材實邊備傒直臣斥佞人使朝廷無過生靈無
怨以杜奸雄凡萬餘言時王文正公曾爲相見
而偉之服滿薦充館職由此爲人主所知不次

汲古閣　毛氏正本　一

閩小記四卷

清乾隆寫文津閣四庫全書撤出本

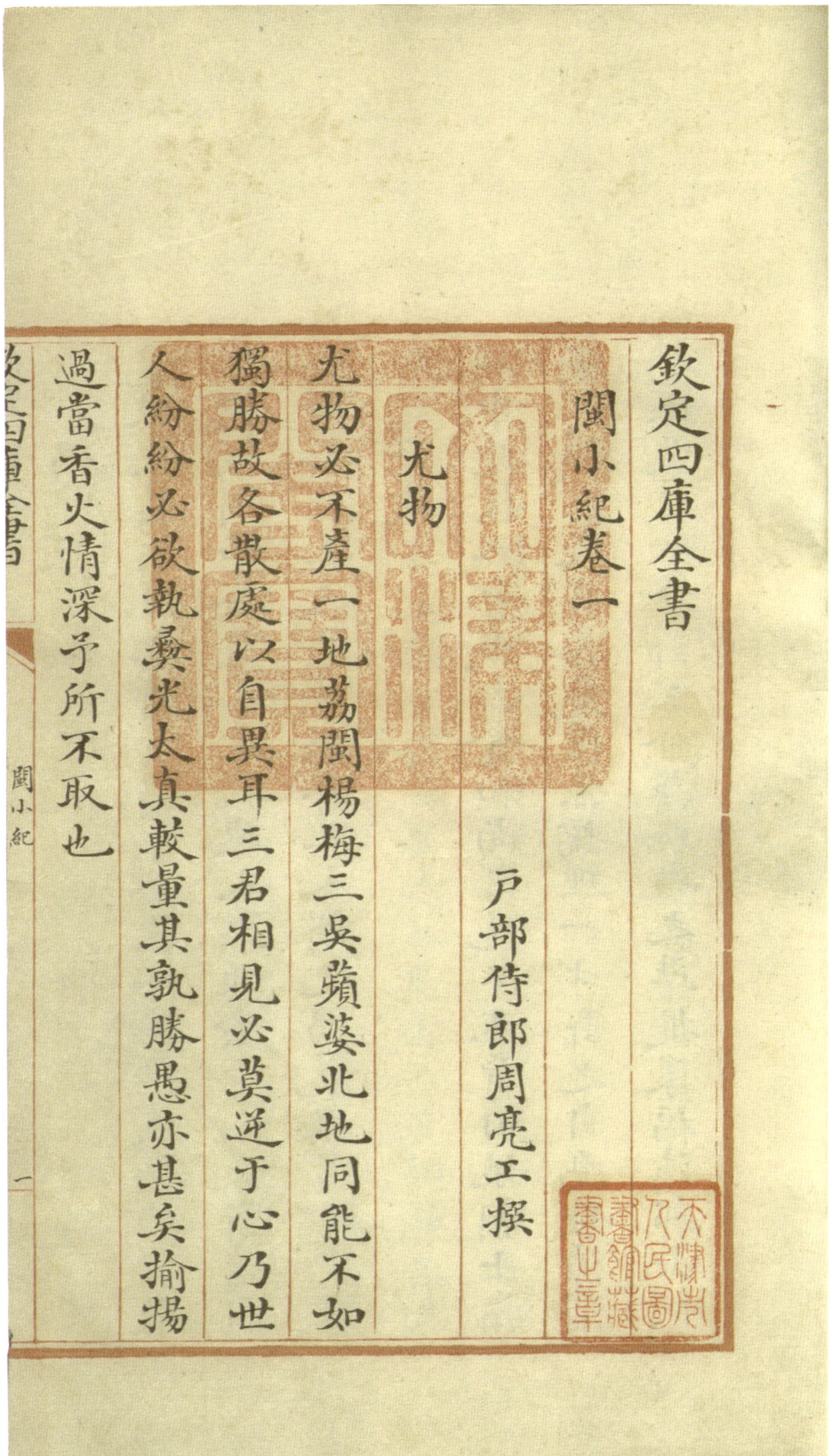

欽定四庫全書

閩小紀卷一

戸部侍郎周亮工撰

尤物

尤物必不產一地荔閩楊梅三吳蘋婆北地同能不如獨勝故各散處以自異耳三君相見必莫逆于心乃世人紛紛必欲執羿光太真較量其孰勝愚亦甚矣揄揚過當香火情深予所不取也

欽定四庫全書 閩小紀 一

閩小記四卷

清乾隆寫文津閣四庫全書撤出本

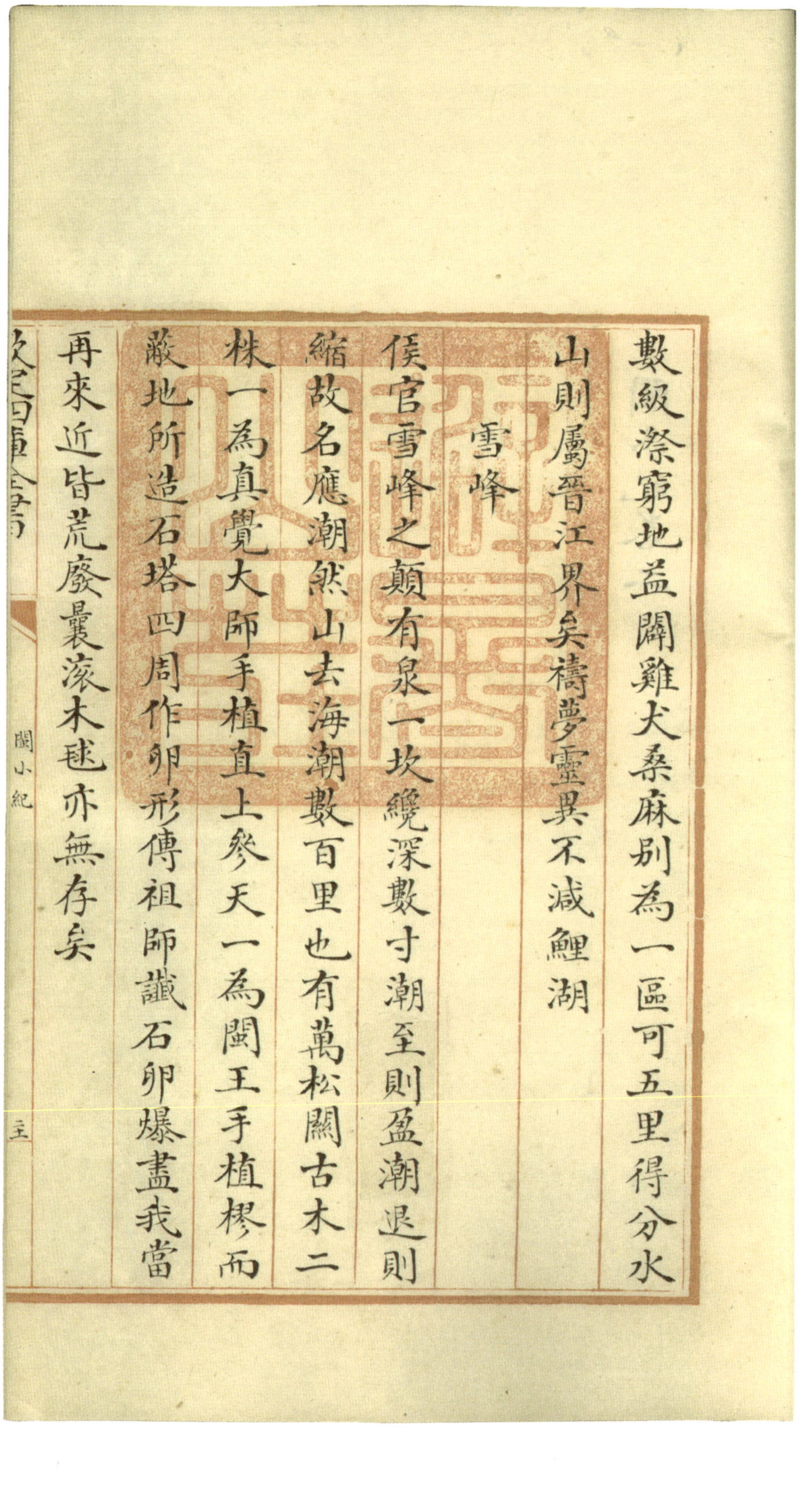
數級潨窮地益闢雞犬桑麻別為一區可五里得分水
山則屬晉江界矣禱夢靈異不減鯉湖
雪峰
侯官雪峰之顛有泉一坎纔深數寸潮至則盈潮退則
縮故名應潮然山去海潮數百里也有萬松關古木二
株一為真覺大師手植直上參天一為閩王手植樛而
蔽地所造石塔四周作卵形傳祖師讖石卵爆盡我當
再來近皆荒廢曩滚木毬亦無存矣

欽定四庫全書　閩小紀　三

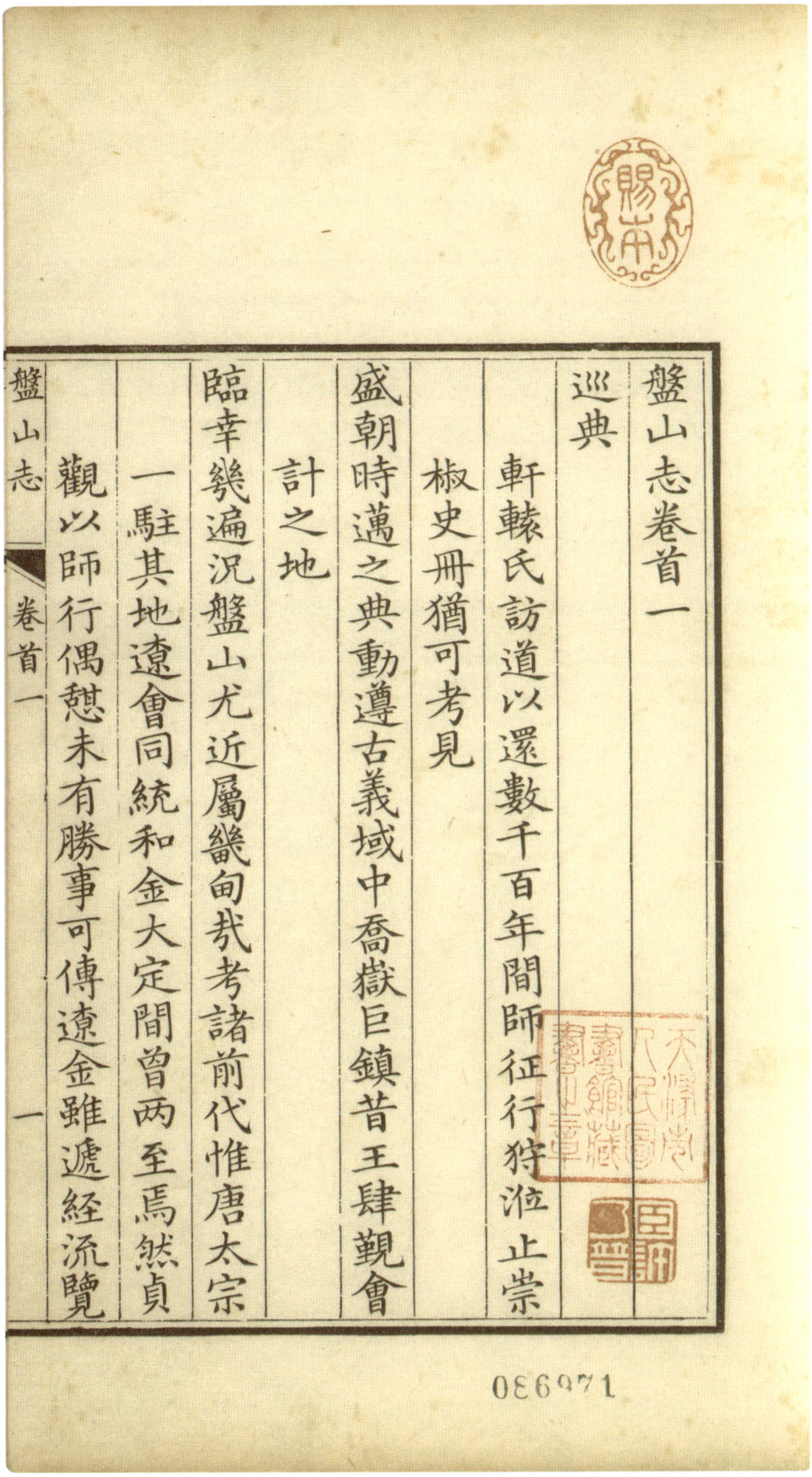
盤山志卷首一

巡典

軒轅氏訪道以還數千百年間師征行狩涖止崇

椒史冊猶可考見

盛朝時邁之典動遵古義域中喬嶽巨鎮昔王肆覲會

計之地

臨幸幾遍況盤山尤近屬畿甸我考諸前代惟唐太宗

一駐其地遼會同統和金大定間曾兩至焉然貞

觀以師行偶憩未有勝事可傳遼金雖遞經流覽

盤山志　卷首一　一

盤山志十六卷　清乾隆二十年武英殿刻本

海內奇觀十卷 明萬曆三十八年夷白堂刊本

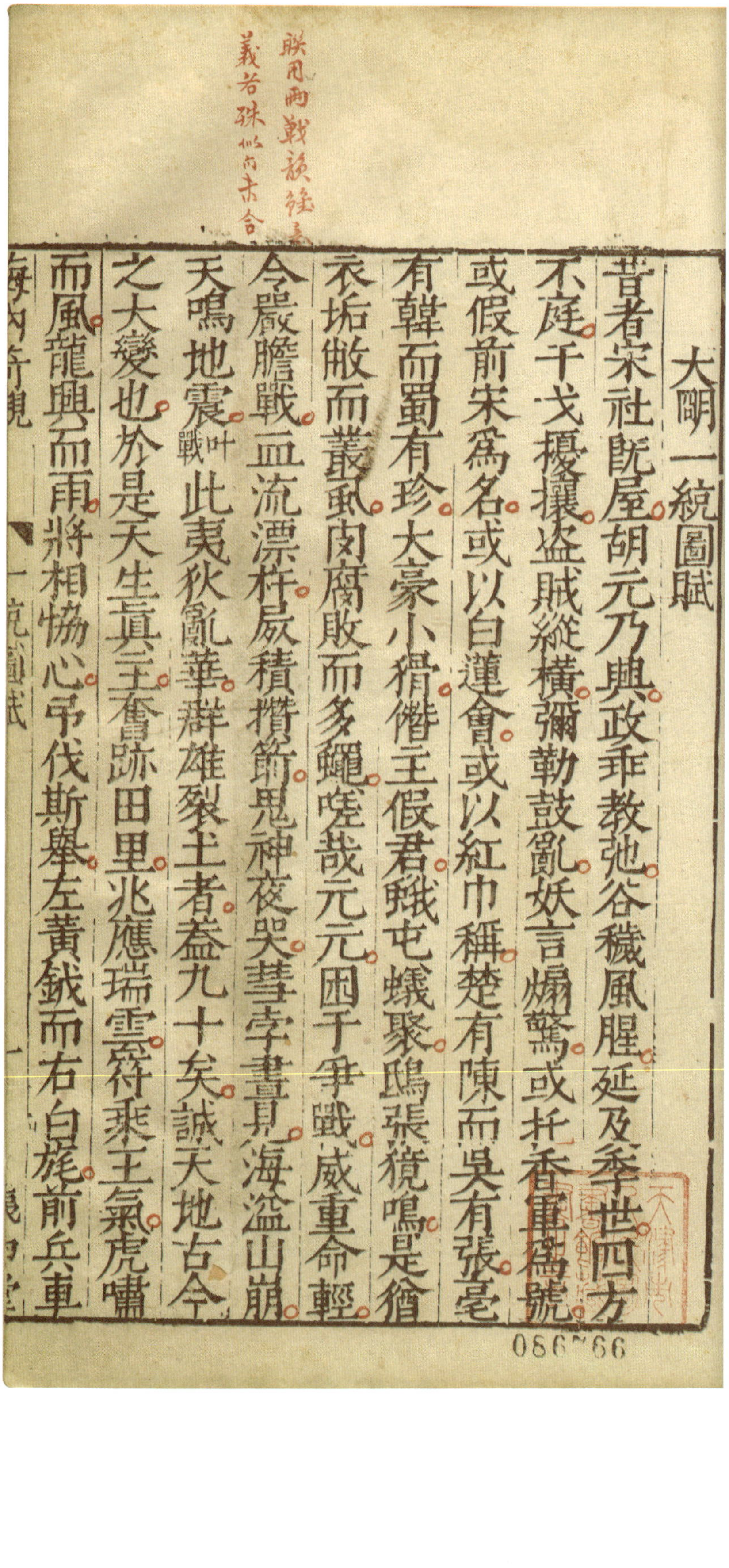

朕用兩戰韻強義若殊似亦未合

大明一統圖賦

昔者宋社既屋胡元乃興政乖教弛谷穢風腥延及季世四方不庭干戈擾攘盜賊縱橫彌勒鼓亂妖言煽驚或托香軍爲號或假前宋爲名或以白蓮會或以紅巾稱楚有陳而吳有張亳有韓而蜀有珍大豪小猾僭王假君蟻屯蜂聚鴟張獍鳴是猶衣垢敝而叢虱肉腐敗而多蠅嗟哉元元困于爭戰威重命輕今巖牆戰血流漂杵戾積攢箭鬼神夜哭孛彗晝見海溢山崩天鳴地震(叶戰)此夷狄亂華群雄裂土者蓋九十矣誠天地古今之大變也於是天生眞主奮跡田里兆應瑞雲符乘王氣虎嘯而風龍興而雨將相協心弔伐斯舉左黃鉞而右白旄前兵車

海內奇觀　卷一　一統圖賦　一　夷白堂

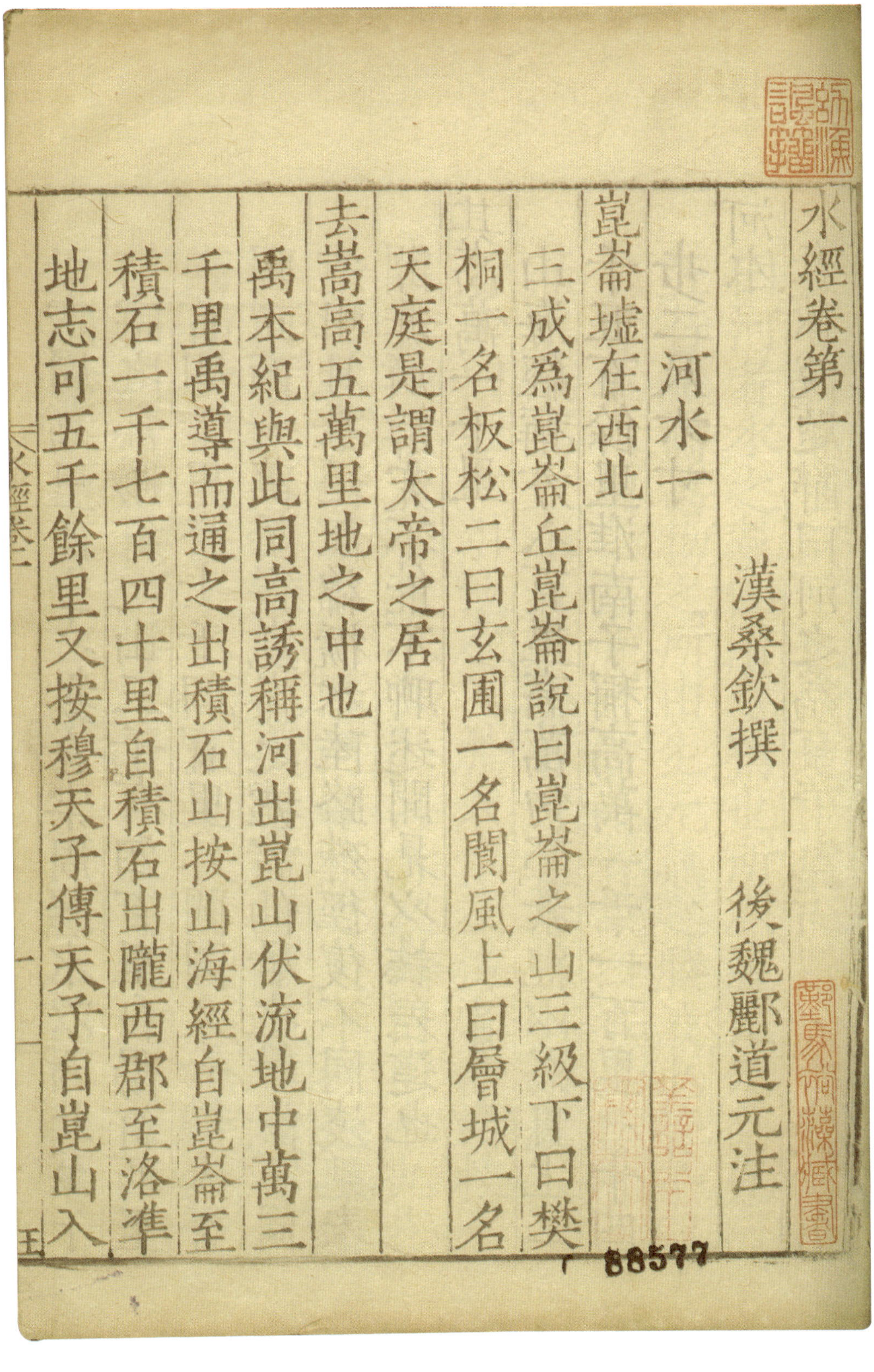

水經卷第一

漢桑欽撰　後魏酈道元注

河水一

崑崙墟在西北

三成爲崑崙丘崑崙說曰崑崙之山三級下曰樊桐一名板松二曰玄圃一名閬風上曰層城一名天庭是謂太帝之居

去嵩高五萬里地之中也

禹本紀與此同高誘稱河出崑山伏流地中萬三千里禹導而通之出積石山按山海經自崑崙至積石一千七百四十里自積石出隴西郡至洛準地志可五千餘里又按穆天子傳天子自崑山入

水經注四十卷

明嘉靖十三年黄省曾刻本

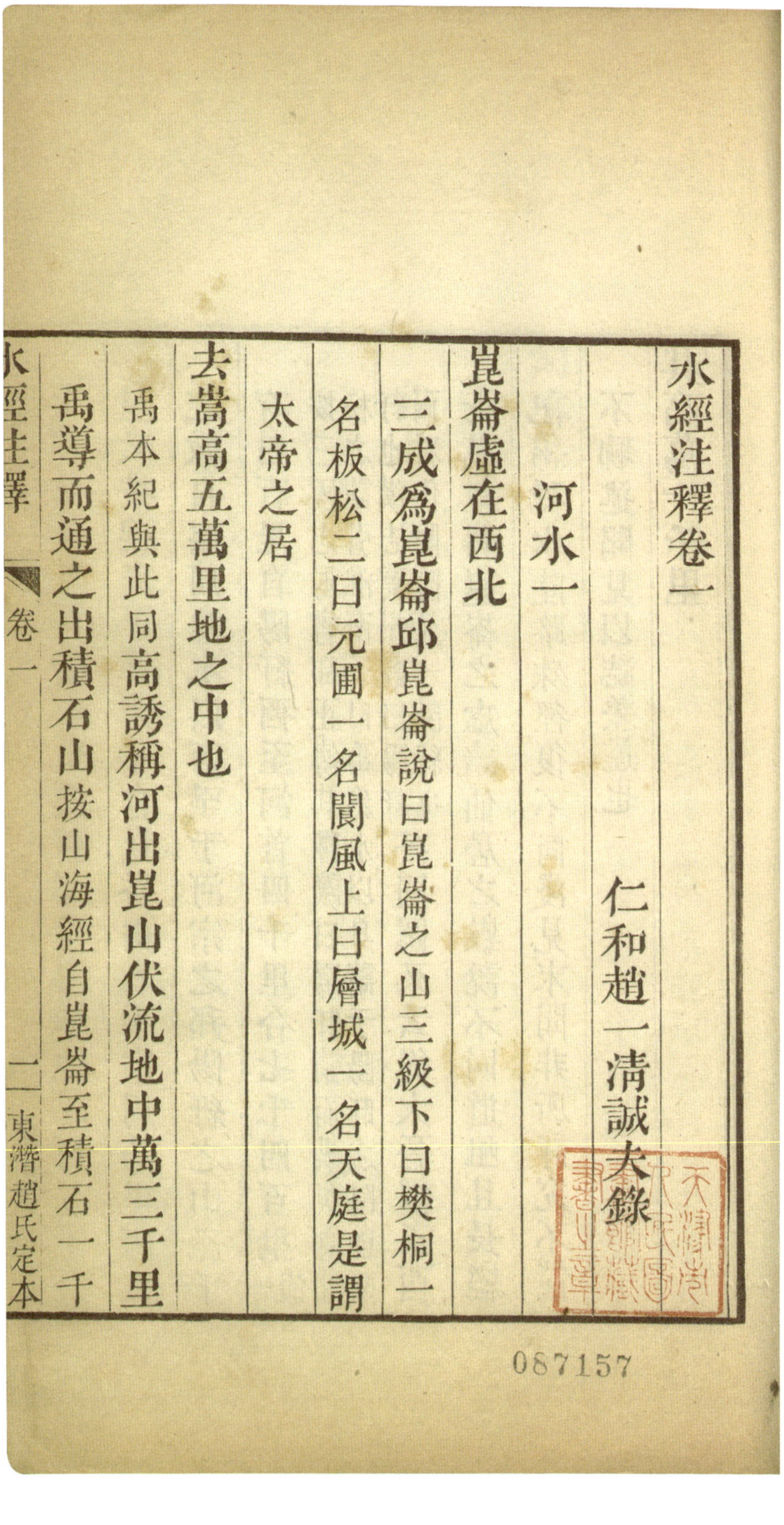

水經注釋卷一

仁和趙一清誠夫錄

河水一

崑崙虛在西北

三成爲崑崙邱崑崙說曰崑崙之山三級下曰樊桐一名板松二曰元圃一名閬風上曰層城一名天庭是謂太帝之居

去嵩高五萬里地之中也

禹本紀與此同高誘稱河出崑山伏流地中萬三千里禹導而通之出積石山按山海經自崑崙至積石一千

水經注釋　卷一　一　東潛趙氏定本

087157

水經注釋四十卷　清乾隆五十一年趙氏小山堂刻本

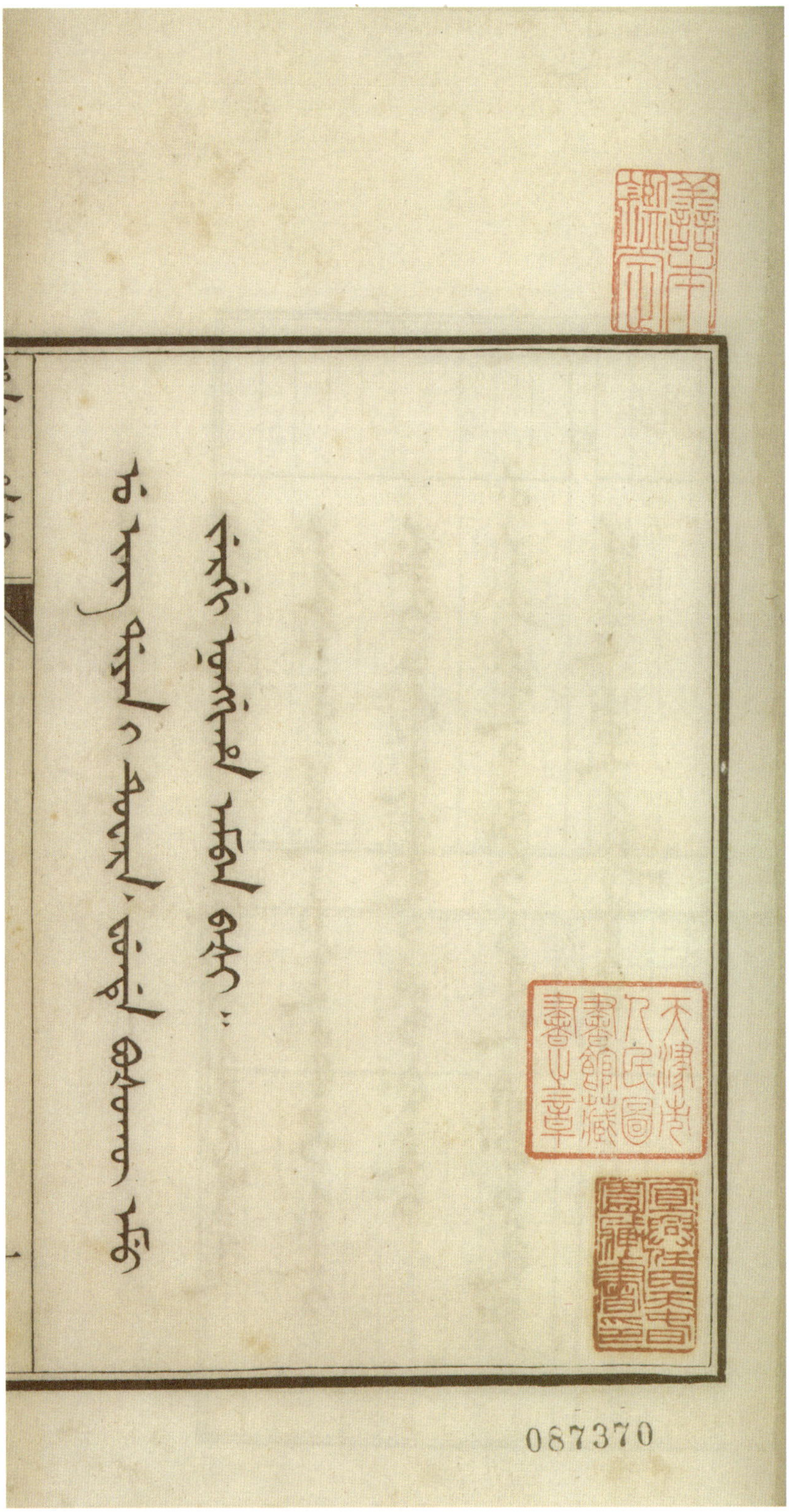

滿文熱河三十六景圖不分卷

清武英殿刻本

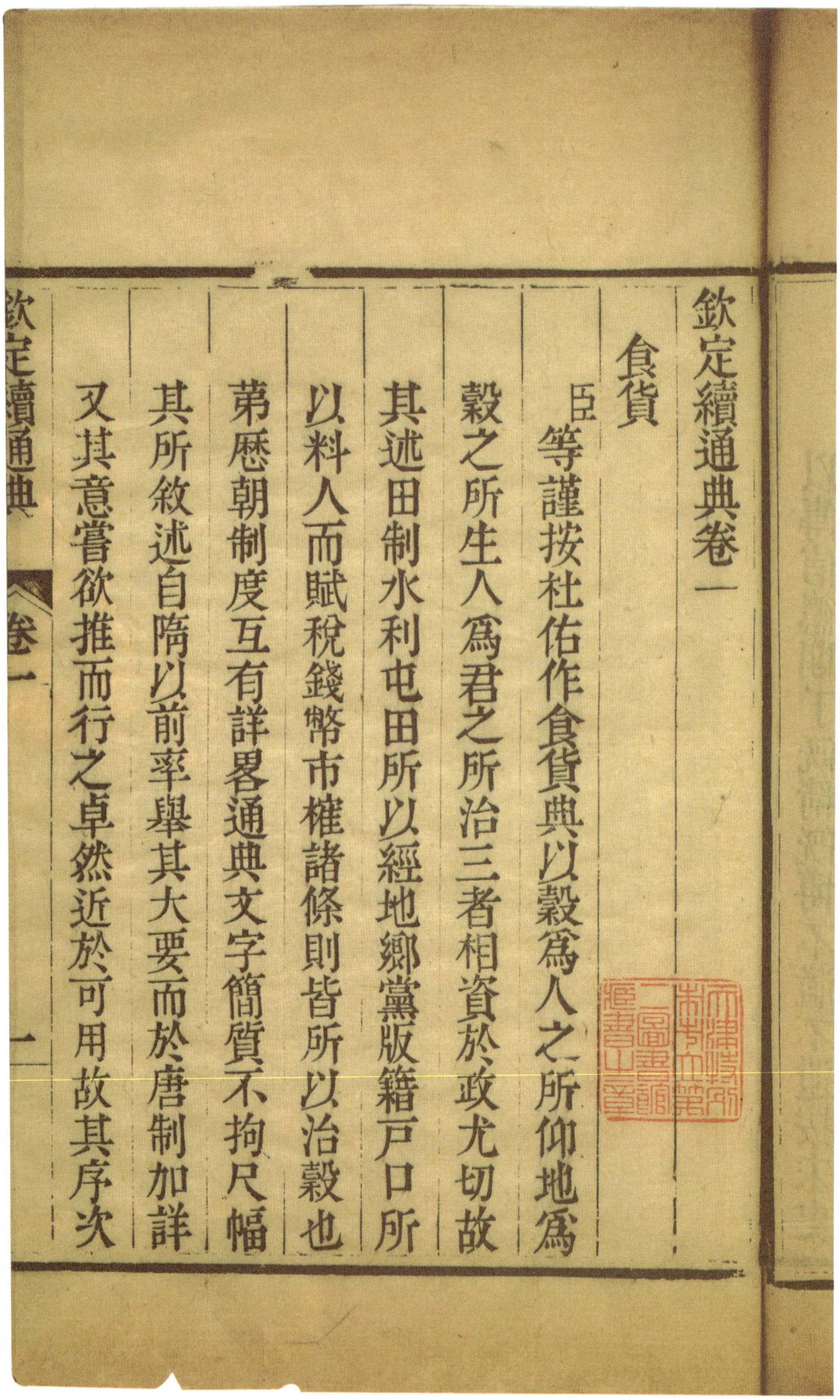
欽定續通典卷一

食貨

臣等謹按杜佑作食貨典以穀爲人之所仰地爲穀之所生人爲君之所治三者相資於政尤切故其述田制水利屯田所以經地鄉黨版籍戶口所以料人而賦稅錢幣市榷諸條則皆所以治穀也第歷朝制度互有詳畧通典文字簡質不拘尺幅其所敘述自隋以前率舉其大要而於唐制加詳又其意嘗欲推而行之卓然近於可用故其序次

欽定續通典　卷一　一

欽定續通典一百五十卷　清乾隆四十八年武英殿刻本

文獻通考三百四十八卷

明嘉靖三年司禮監刻本

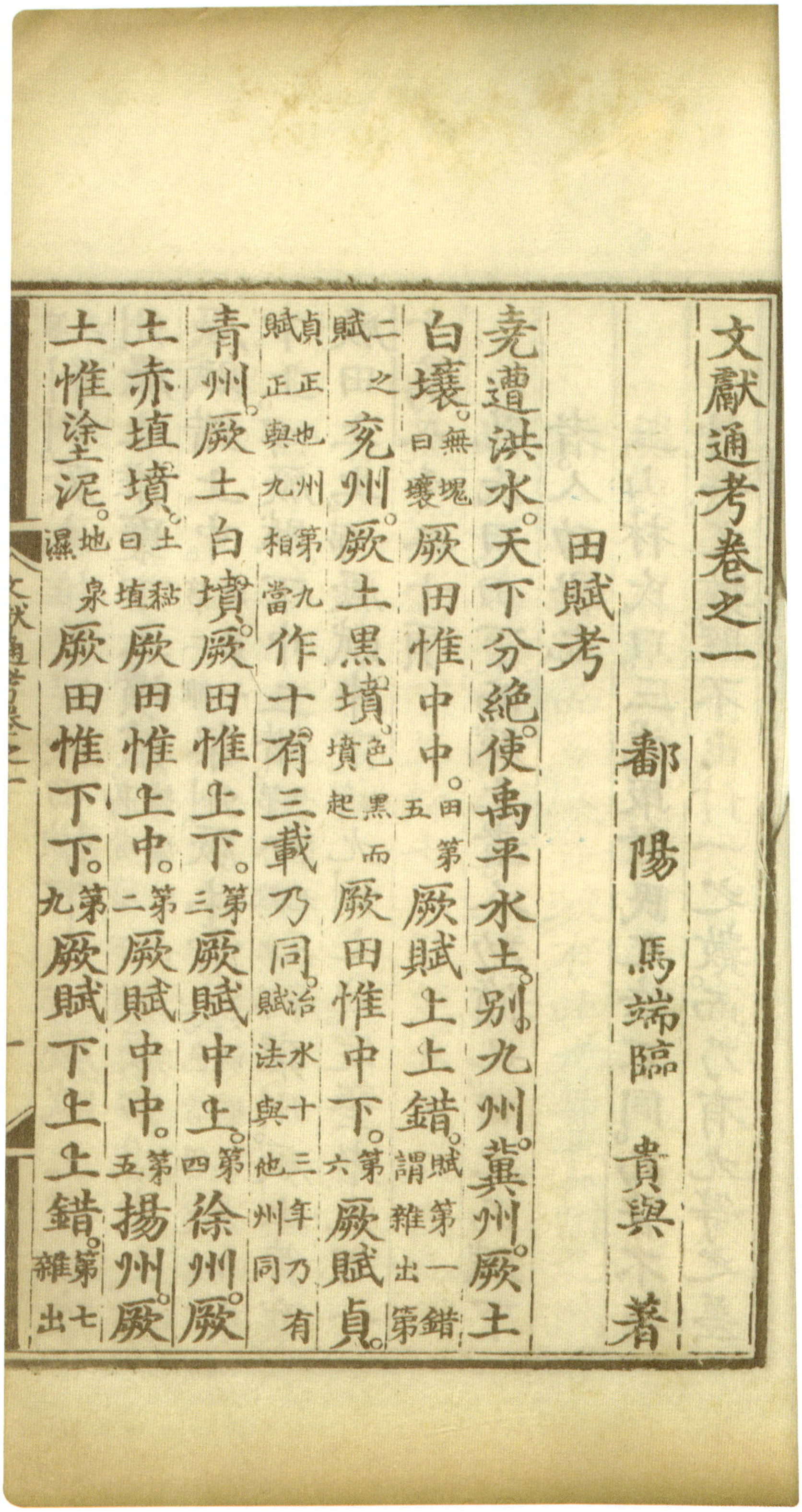

文獻通考卷之一

鄱陽 馬端臨 貴與 著

田賦考

堯遭洪水。天下分絶。使禹平水土。别九州。冀州。厥土白壤。無塊曰壤厥田惟中中。田第五厥賦上上錯。賦第一錯謂雜出第二之賦兖州厥土黒墳。色黒而墳起厥田惟中下。第六厥賦貞。貞正也州第九賦正與九州相當作十有三載乃同。治水十三年乃有賦法與他州同青州厥土白墳。厥田惟上下。第三厥賦中上。第四徐州厥土赤埴墳。土黏曰埴厥田惟上中。第二厥賦中中。第五揚州厥土惟塗泥。地泉濕厥田惟下下。第九厥賦下上上錯。第七雜出

文獻通考三百四十八卷　清乾隆十二年武英殿刻本

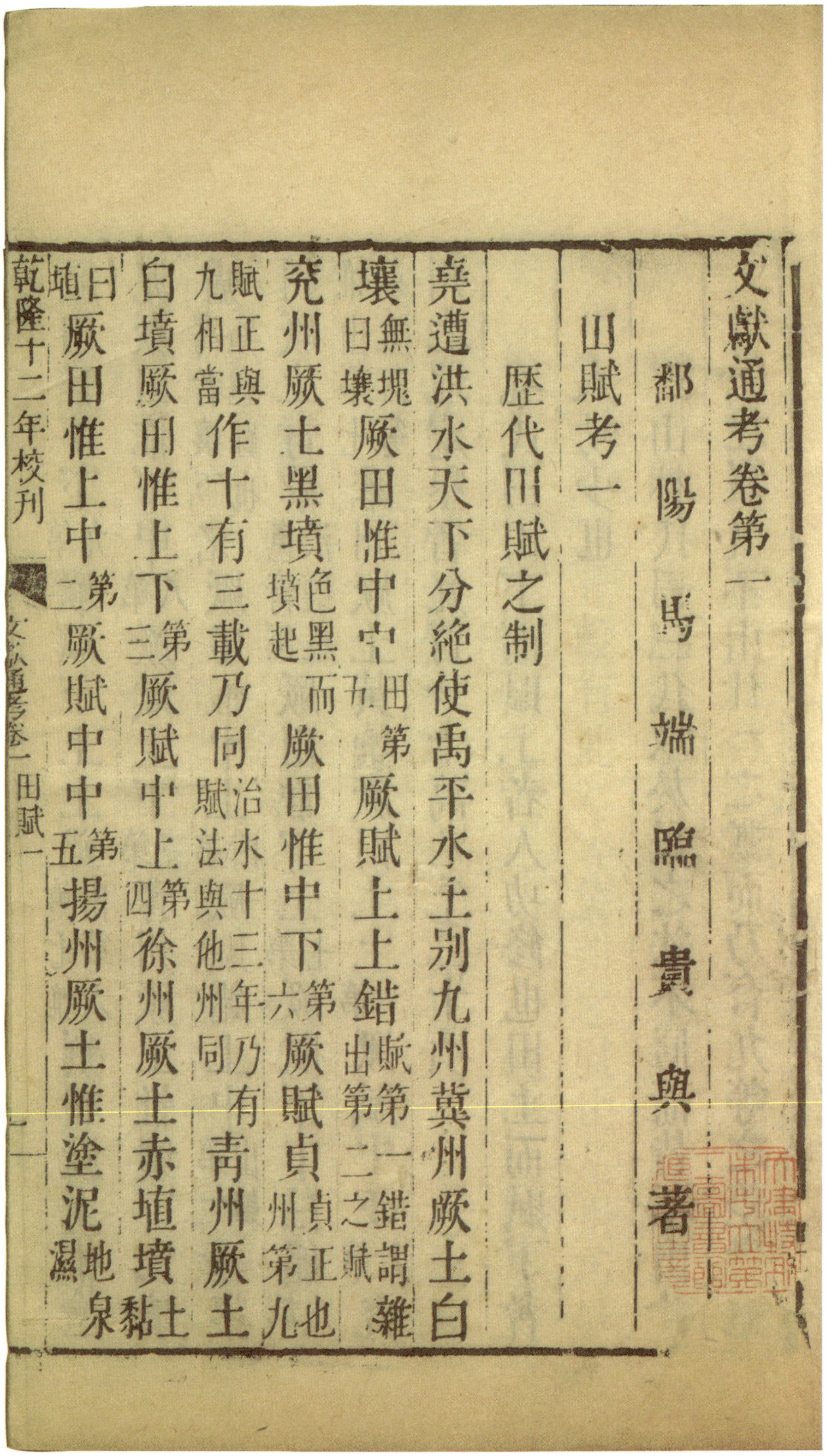

文獻通考卷第一

鄱陽馬端臨貴與著

田賦考一

歷代田賦之制

堯遭洪水天下分絶使禹平水土别九州冀州厥土白壤無塊曰壤厥田惟中中田第五厥賦上上錯賦第一錯謂雜出第二之賦兖州厥土黑墳色黑而墳起厥田惟中下第六厥賦貞貞正也州第九賦正與九相當作十有三載乃同治水十三年乃有賦法與他州同青州厥土白墳厥田惟上下第三厥賦中上第四徐州厥土赤埴墳土黏曰埴厥田惟上中第二厥賦中中第五揚州厥土惟塗泥地泉濕

乾隆十二年校刊

文獻通考卷一　田賦一　一

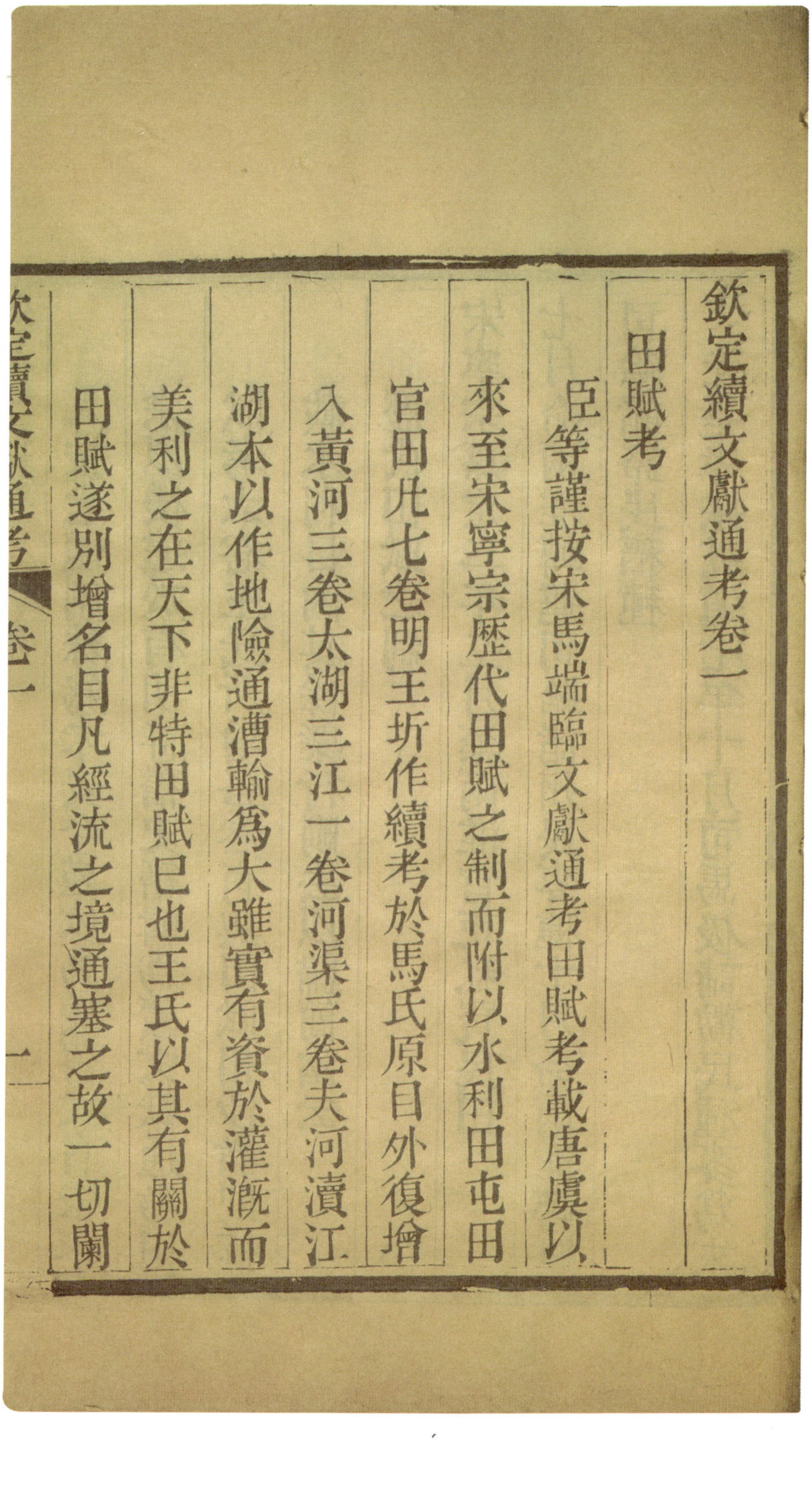
欽定續文獻通考卷一

田賦考

臣等謹按宋馬端臨文獻通考田賦考載唐虞以來至宋寧宗歷代田賦之制而附以水利田屯田官田凡七卷明王圻作續考於馬氏原目外復增入黃河三卷太湖三江一卷河渠三卷夫河瀆江湖本以作地險通漕輸爲大雖實有資於灌溉而美利之在天下非特田賦已也王氏以其有關於田賦遂別增名目凡經流之境通塞之故一切闌

欽定續文獻通考　卷一　一

欽定續文獻通考二百五十卷

清乾隆四十九年武英殿刻本

大明會典一百八十卷

明正德六年司禮監刻本

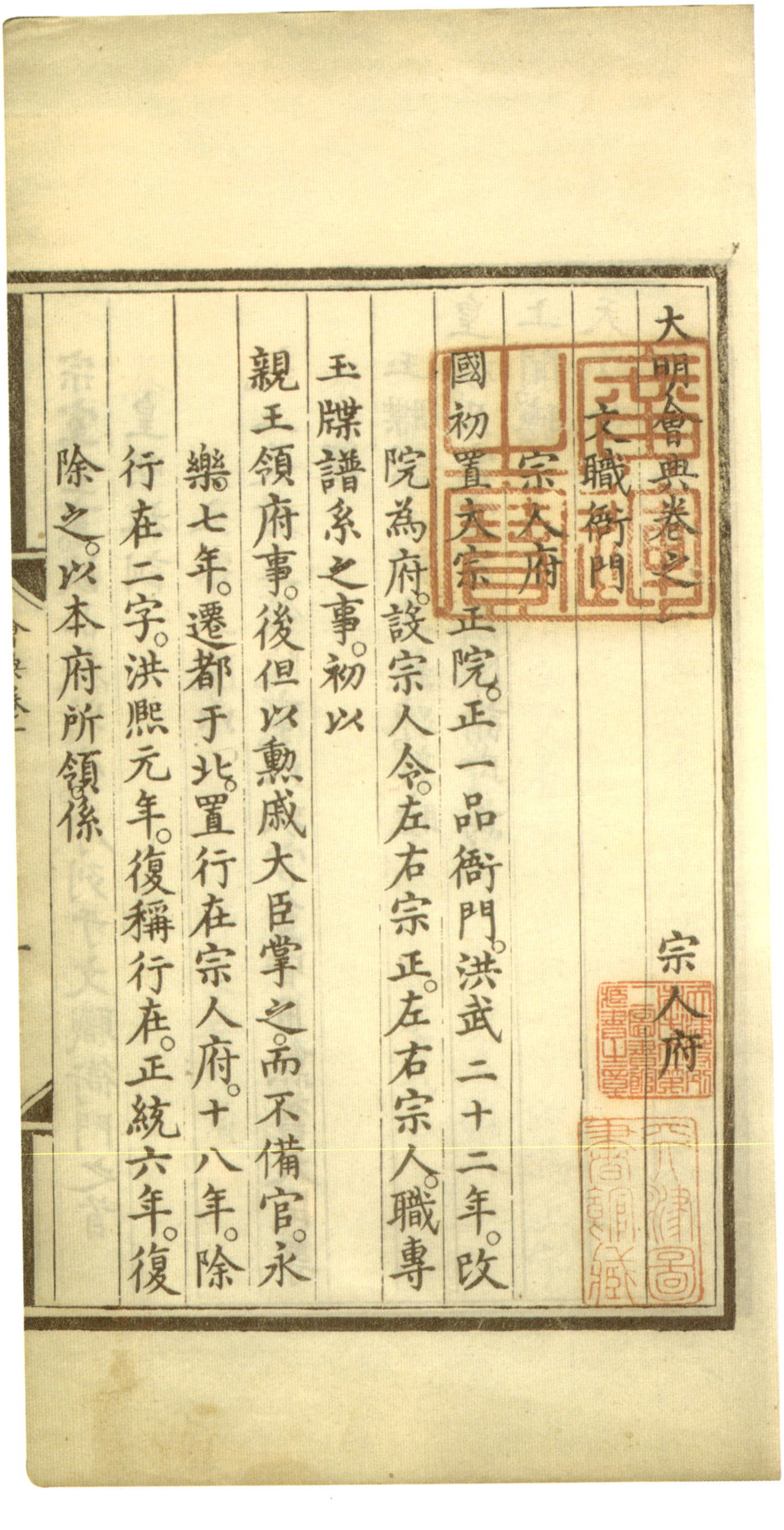

大明會典卷之一　　宗人府

文職衙門

宗人府

國初置大宗正院。正一品衙門。洪武二十二年。改院為府。設宗人令。左右宗正。左右宗人。職專玉牒譜系之事。初以親王領府事。後但以勲戚大臣掌之。而不備官。永樂七年。遷都于北。置行在宗人府。十八年。除行在二字。洪熙元年。復稱行在。正統六年。復除之。以本府所領係

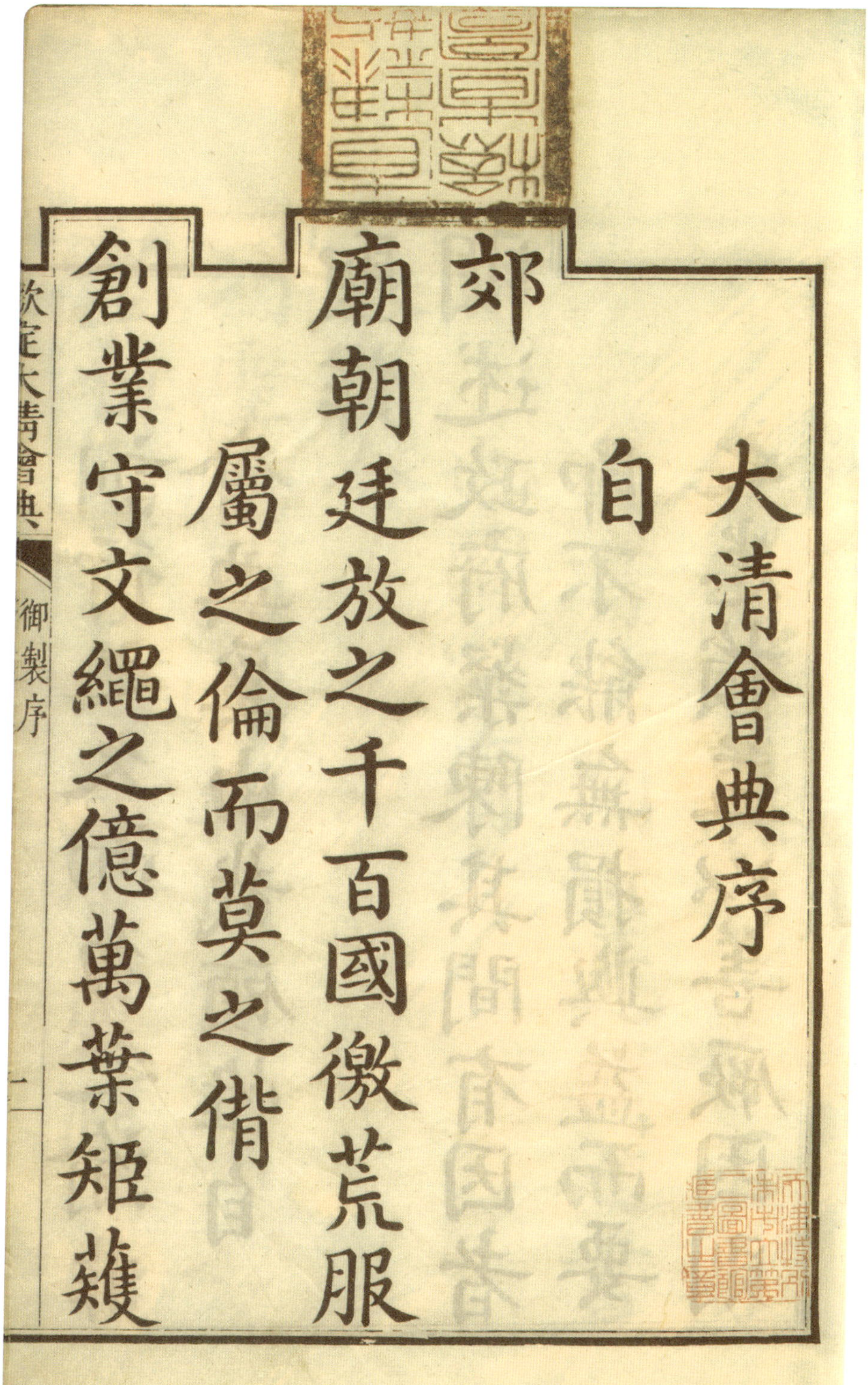

大清會典序

自

郊

廟朝廷放之千百國徼荒服

屬之倫而莫之偕

創業守文繩之億萬葉矩矱

欽定大清會典 御製序 一

欽定大清會典一百卷則例一百八十卷

清乾隆二十九年武英殿刻本

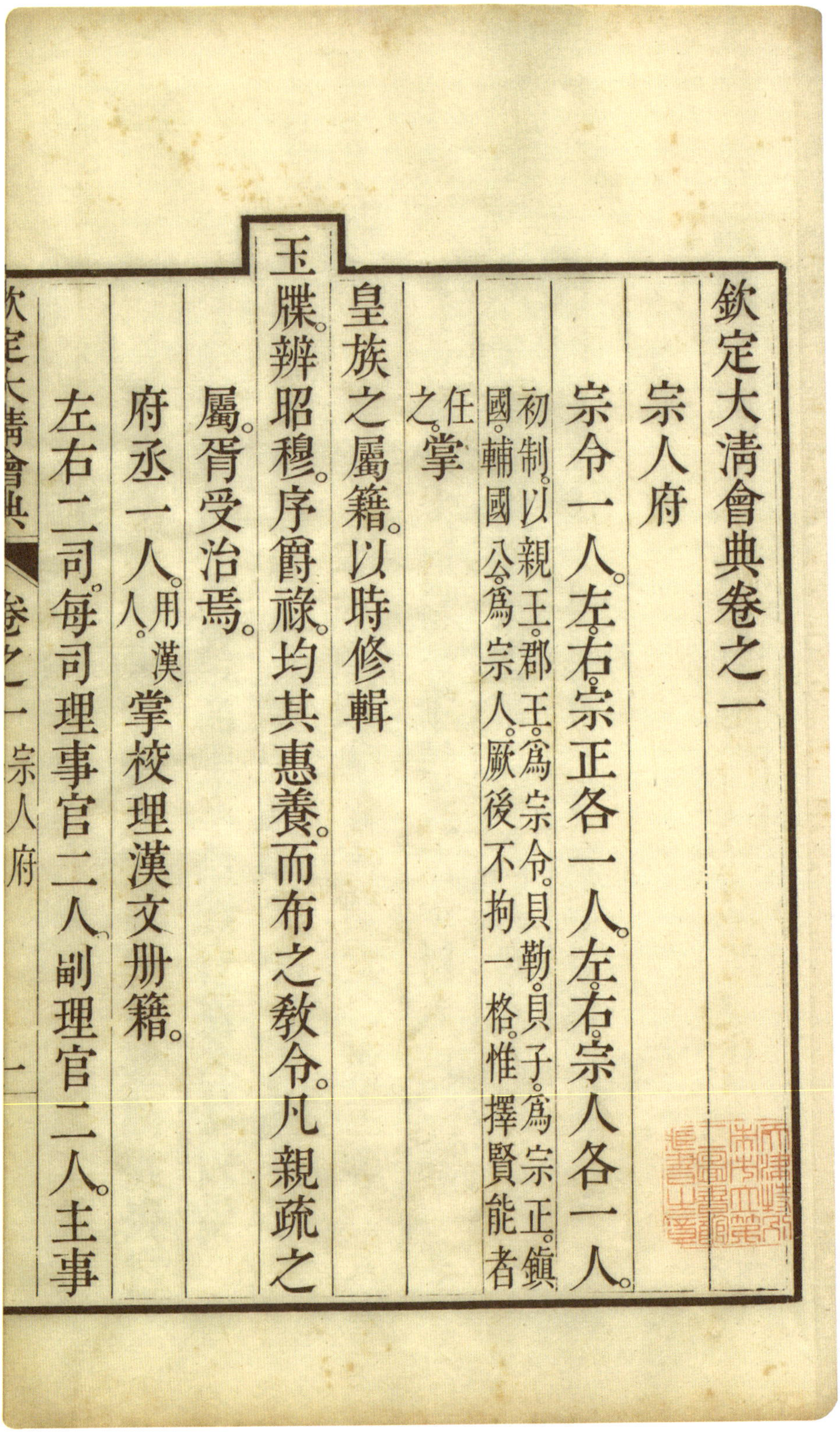
欽定大清會典卷之一

宗人府

宗令一人。左右宗正各一人。左右宗人各一人。初制。以親王。郡王。爲宗令。貝勒。貝子。爲宗正。鎮國。輔國。公爲宗人。厥後不拘一格。惟擇賢能者任之。掌

皇族之屬籍。以時修輯

玉牒。辨昭穆。序爵祿。均其惠養。而布之教令。凡親疏之屬。胥受治焉。

府丞一人。用漢人。掌校理漢文册籍。

左右二司。每司理事官二人。副理官二人。主事

欽定大清會典　卷之一　宗人府　一

欽定大清會典一百卷則例一百八十卷　清乾隆二十九年武英殿刻本

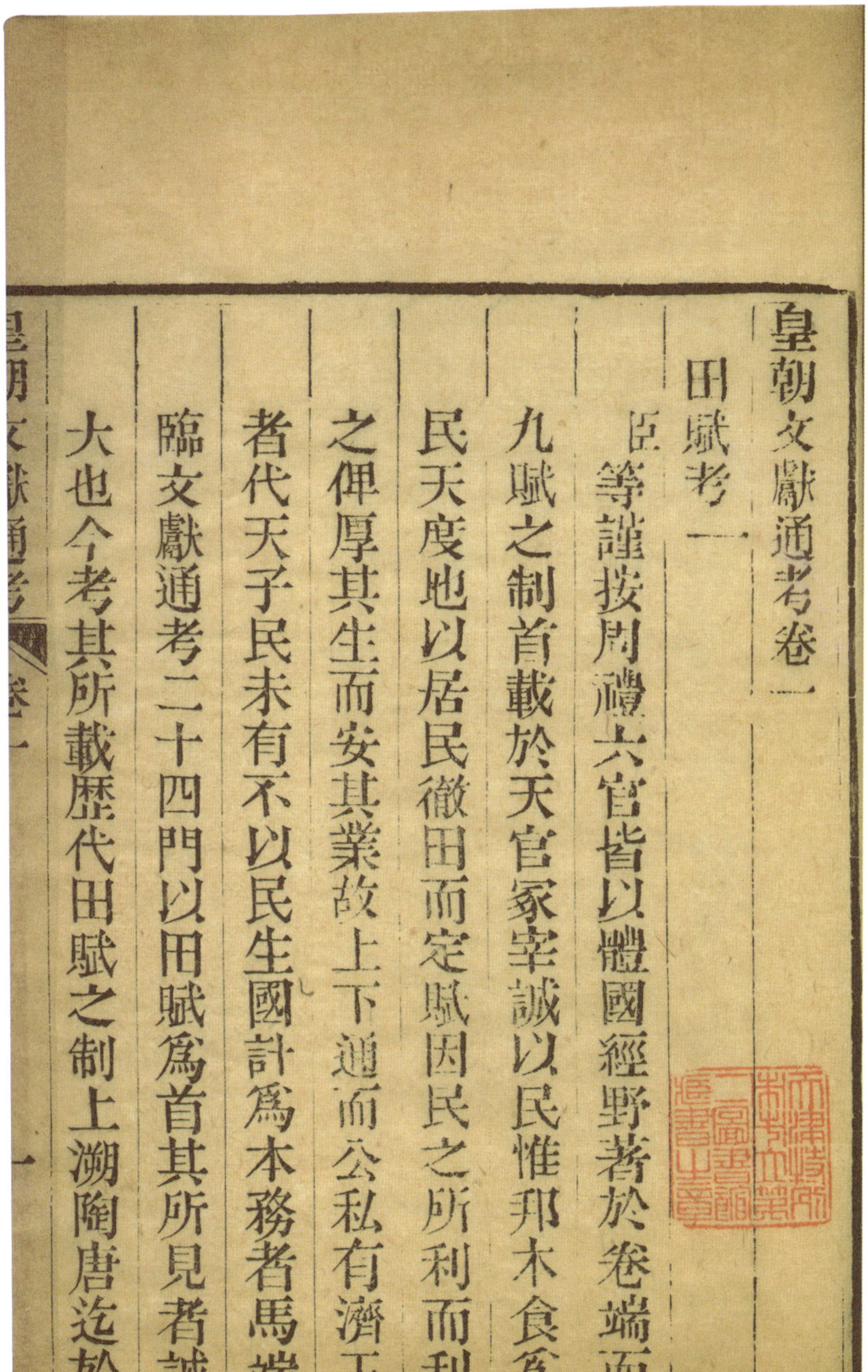

皇朝文獻通考卷一

田賦考一

臣等謹按周禮六官皆以體國經野著於卷端而

九賦之制首載於天官冢宰誠以民惟邦本食爲

民天度地以居民徹田而定賦因民之所利而利

之俾厚其生而安其業故上下通而公私有濟王

者代天子民未有不以民生國計爲本務者馬端

臨文獻通考二十四門以田賦爲首其所見者誠

大也今考其所載歷代田賦之制上溯陶唐迄於

皇朝文獻通考三百卷

清乾隆武英殿刻本

皇朝通典一百卷　清乾隆武英殿刻本

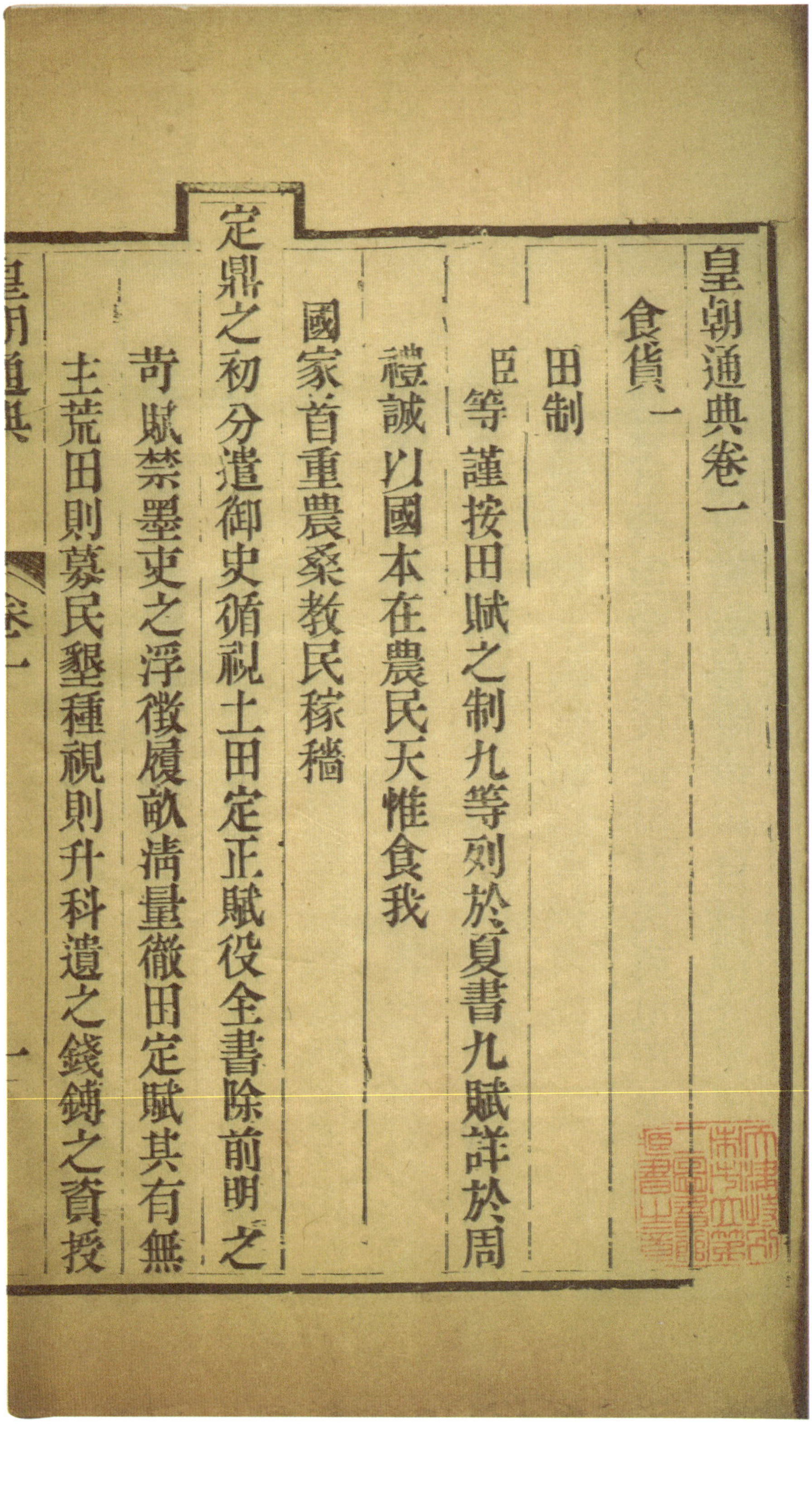
皇朝通典卷一
食貨一
田制
臣等謹按田賦之制九等列於夏書九賦詳於周
禮誠以國本在農民天惟食我
國家首重農桑教民稼穡
定鼎之初分遣御史循視土田定正賦役全書除前明之
苛賦禁墨吏之浮徵履畝清量徹田定賦其有無
主荒田則募民墾種視則升科遺之錢鎛之資授
皇朝通典　卷一　一

大明集禮五十三卷

明嘉靖九年內府刻本

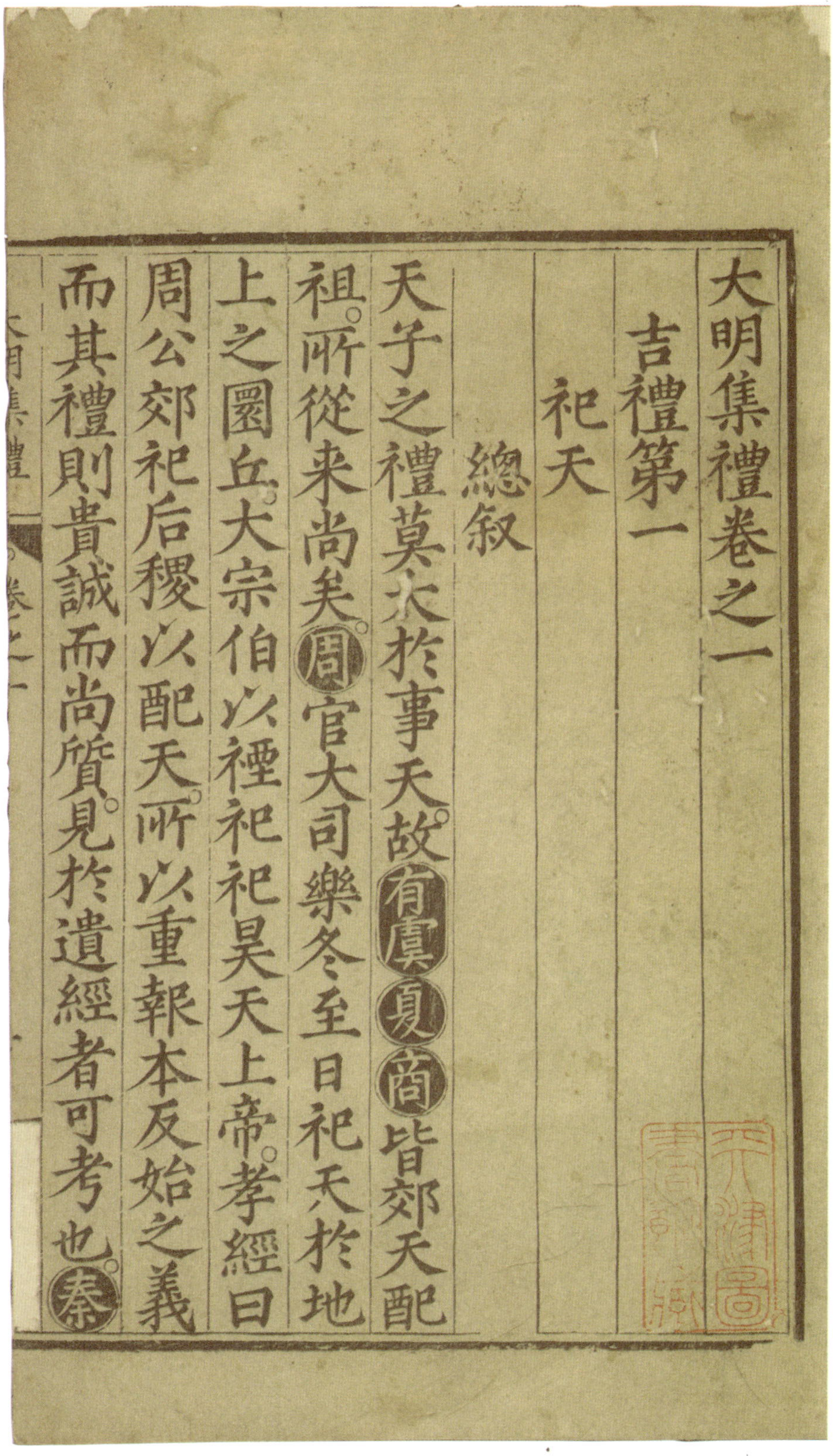
大明集禮卷之一

吉禮第一

祀天

總叙

天子之禮莫大於事天故有虞夏商皆郊天配祖所從来尚矣周官大司樂冬至日祀天於地上之圜丘大宗伯以禋祀祀昊天上帝孝經曰周公郊祀后稷以配天所以重報本反始之義而其禮則貴誠而尚質見於遺經者可考也秦

明倫大典二十四卷

明嘉靖七年內府刻本

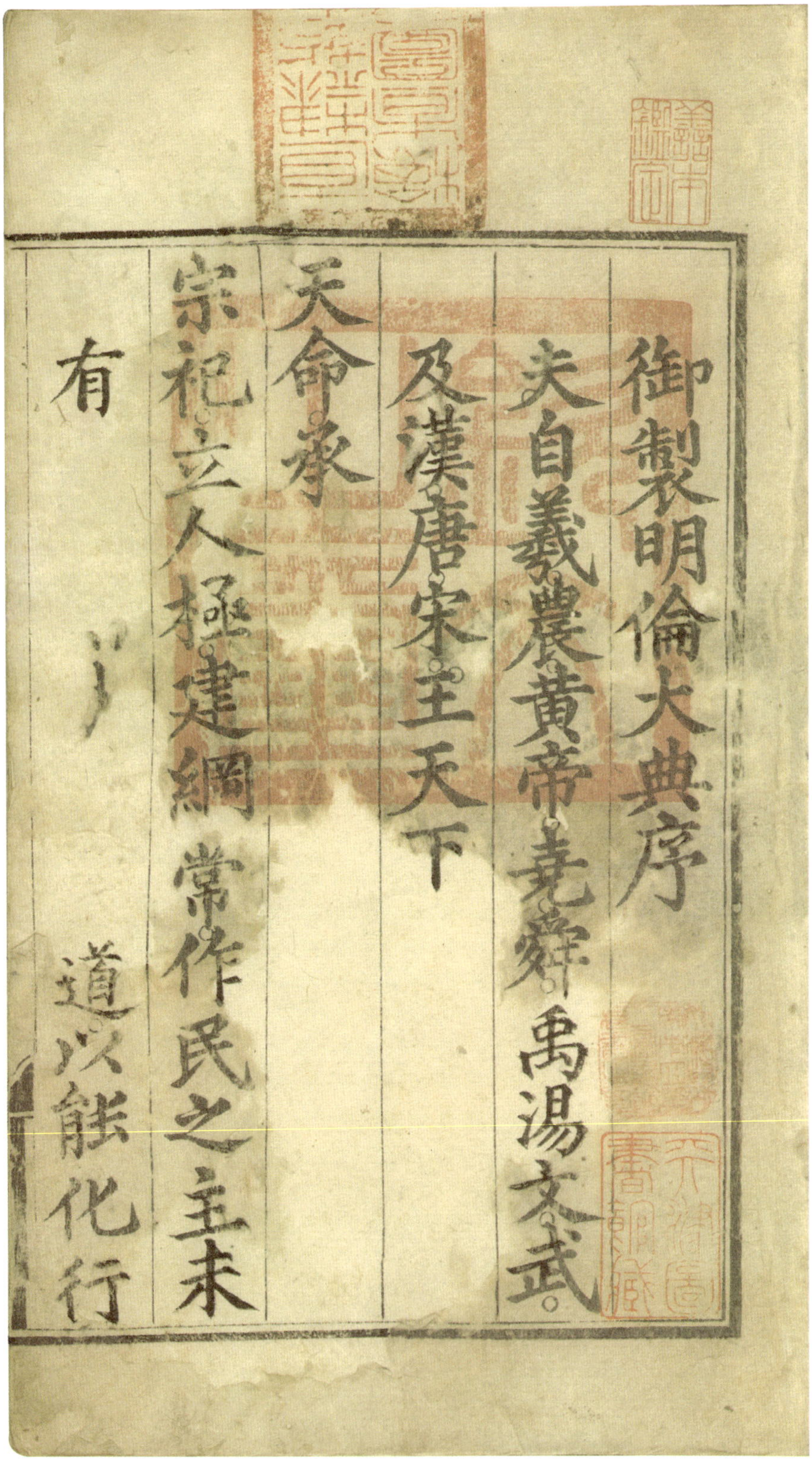
御製明倫大典序
夫自羲農黄帝堯舜禹湯文武
及漢唐宋主天下
天命承
宗祀立人極建綱常作民之主未
有
道以能化行

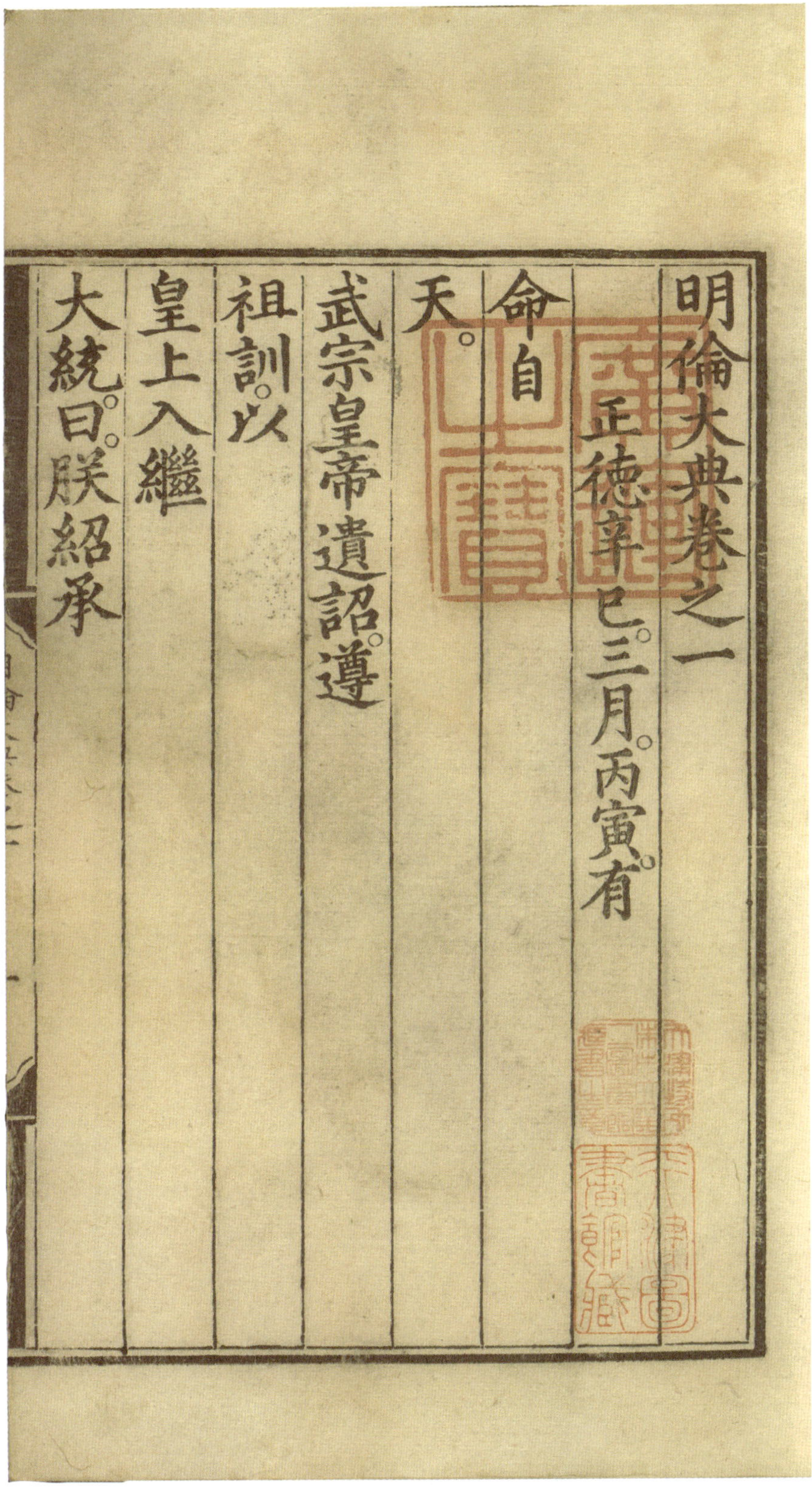

明倫大典卷之一
正德辛巳三月丙寅有
命自
天
武宗皇帝遺詔遵
祖訓以
皇上入繼
大統曰朕紹承

明倫大典二十四卷

明嘉靖七年內府刻本

大禮記注二十卷　清雍正四年武英殿刻本

大禮記注卷第一

欽惟我

皇上大孝性成至行純篤事

聖祖仁皇帝竭誠盡敬承歡四十餘年如一日

聖祖仁皇帝眷惟神器默定

聖衷康熙六十一年十一月冬至

南郊大祀時

大禮記注　卷一　一

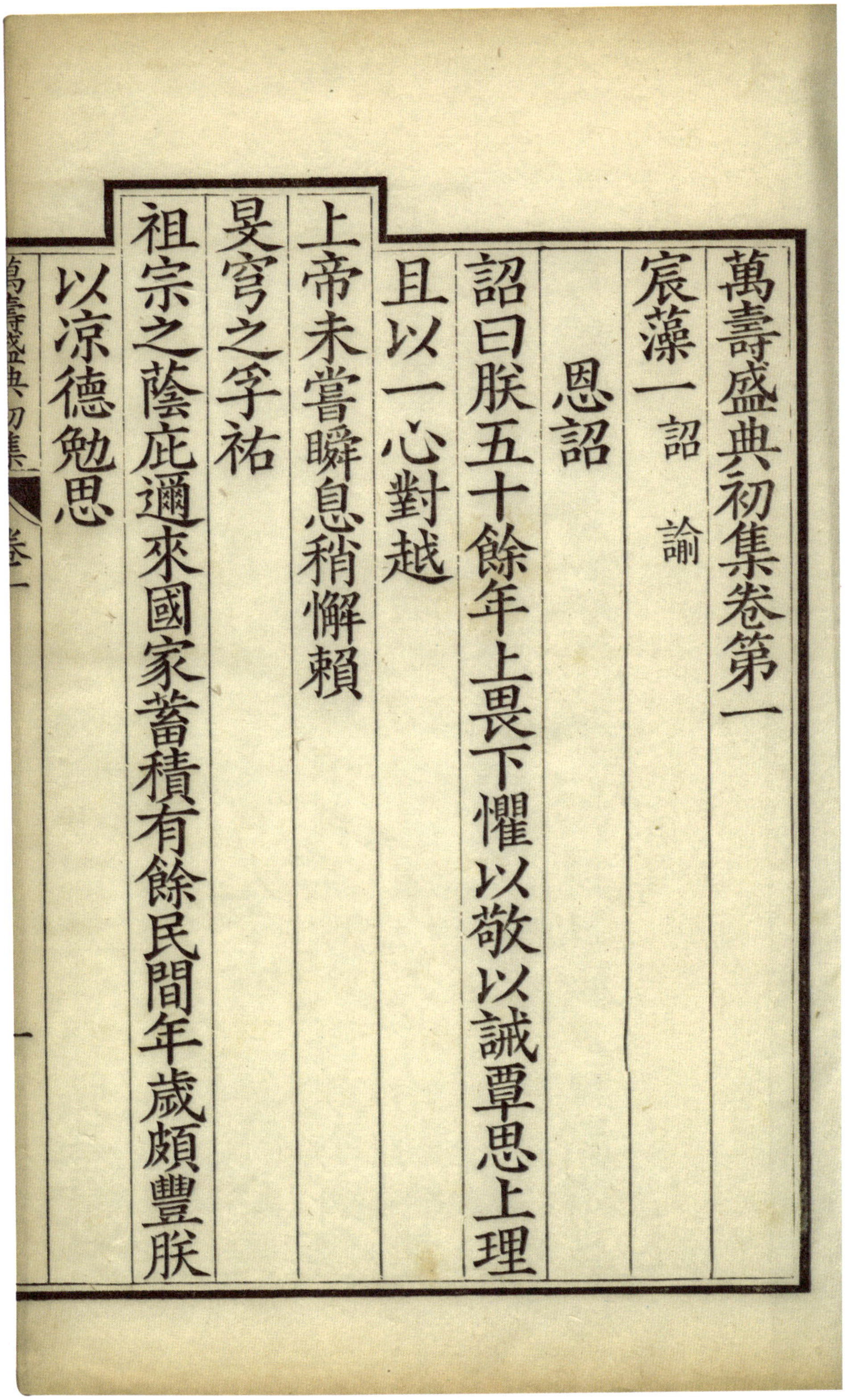
萬壽盛典初集卷第一
宸藻一　詔　諭
恩詔
詔曰朕五十餘年上畏下懼以敬以誠覃思上理
且以一心對越
上帝未嘗瞬息稍懈賴
旻穹之孚祐
祖宗之蔭庇邇來國家蓄積有餘民間年歲頗豐朕
以涼德勉思

萬壽盛典初集　卷一　一

萬壽盛典初集一百二十卷
清康熙五十六年內府刻本

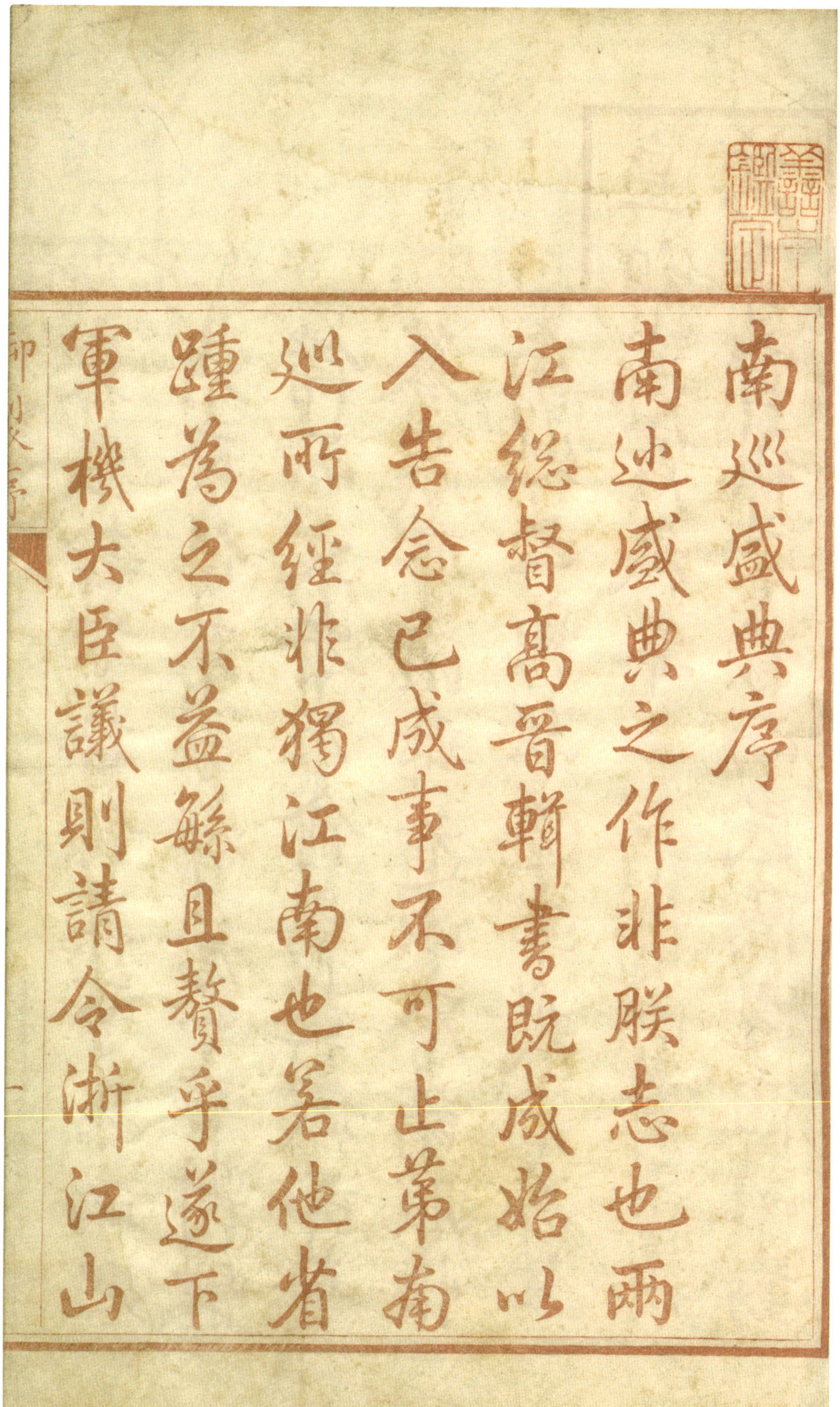
御製序

南巡盛典序

南巡盛典之作非朕志也兩江總督高晉輯書既成始以入告念已成事不可止第南巡所經非獨江南也若他省踵為之不益緐且贅乎遂下軍機大臣議則請令浙江山

一

南巡盛典一百二十卷

清乾隆三十六年武英殿刻本

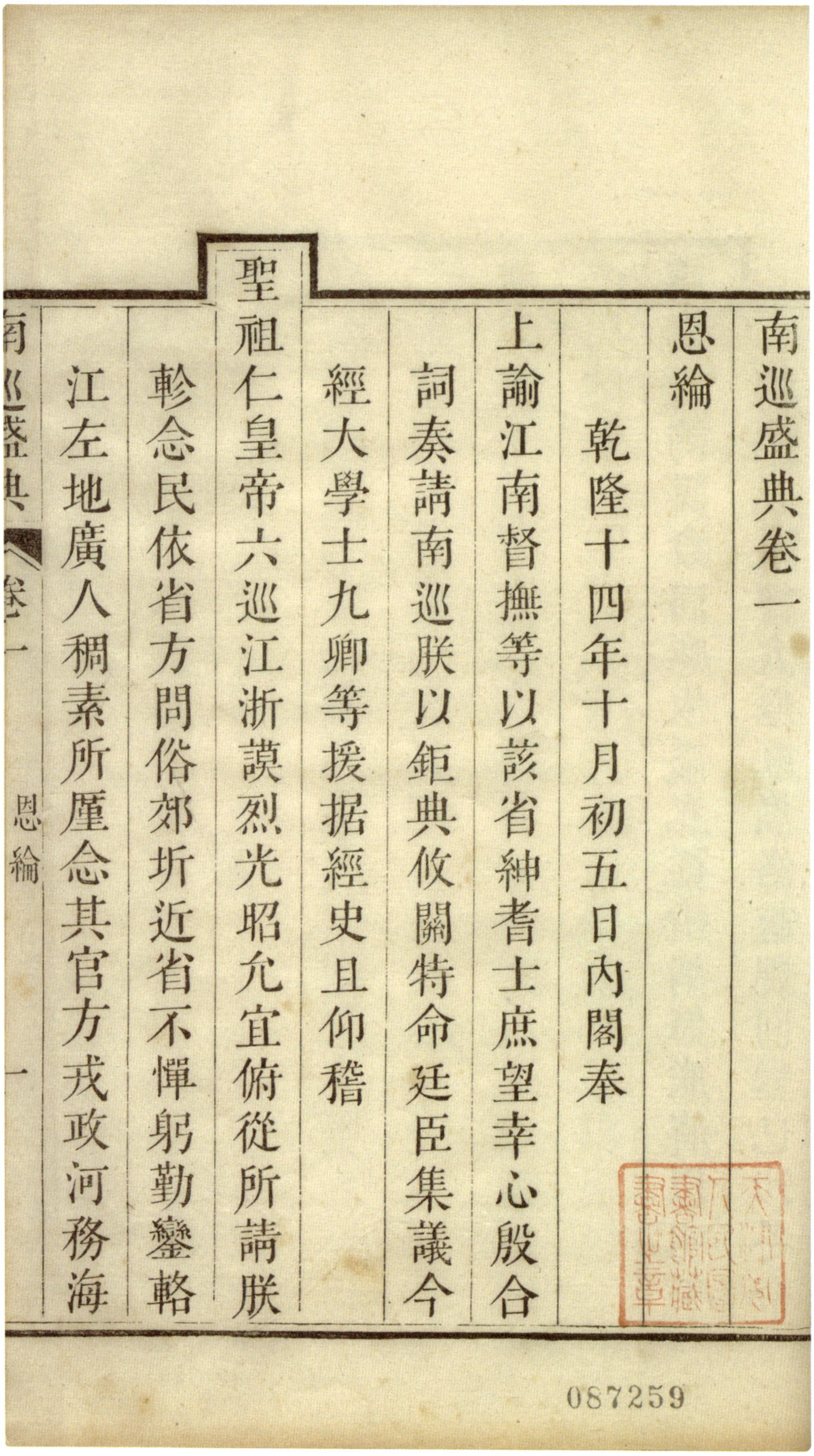
南巡盛典卷一
恩綸
乾隆十四年十月初五日内閣奉
上諭江南督撫等以該省紳耆士庶望幸心殷合
詞奏請南巡朕以鉅典攸關特命廷臣集議今
經大學士九卿等援据經史且仰稽
聖祖仁皇帝六巡江浙謨烈光昭允宜俯從所請朕
軫念民依省方問俗郊圻近省不憚躬勤鑾輅
江左地廣人稠素所廑念其官方戎政河務海
南巡盛典　卷一　恩綸　一

南巡盛典一百二十卷
清乾隆三十六年武英殿刻本

八旬萬壽盛典一百二十卷

清乾隆五十七年武英殿活字印本

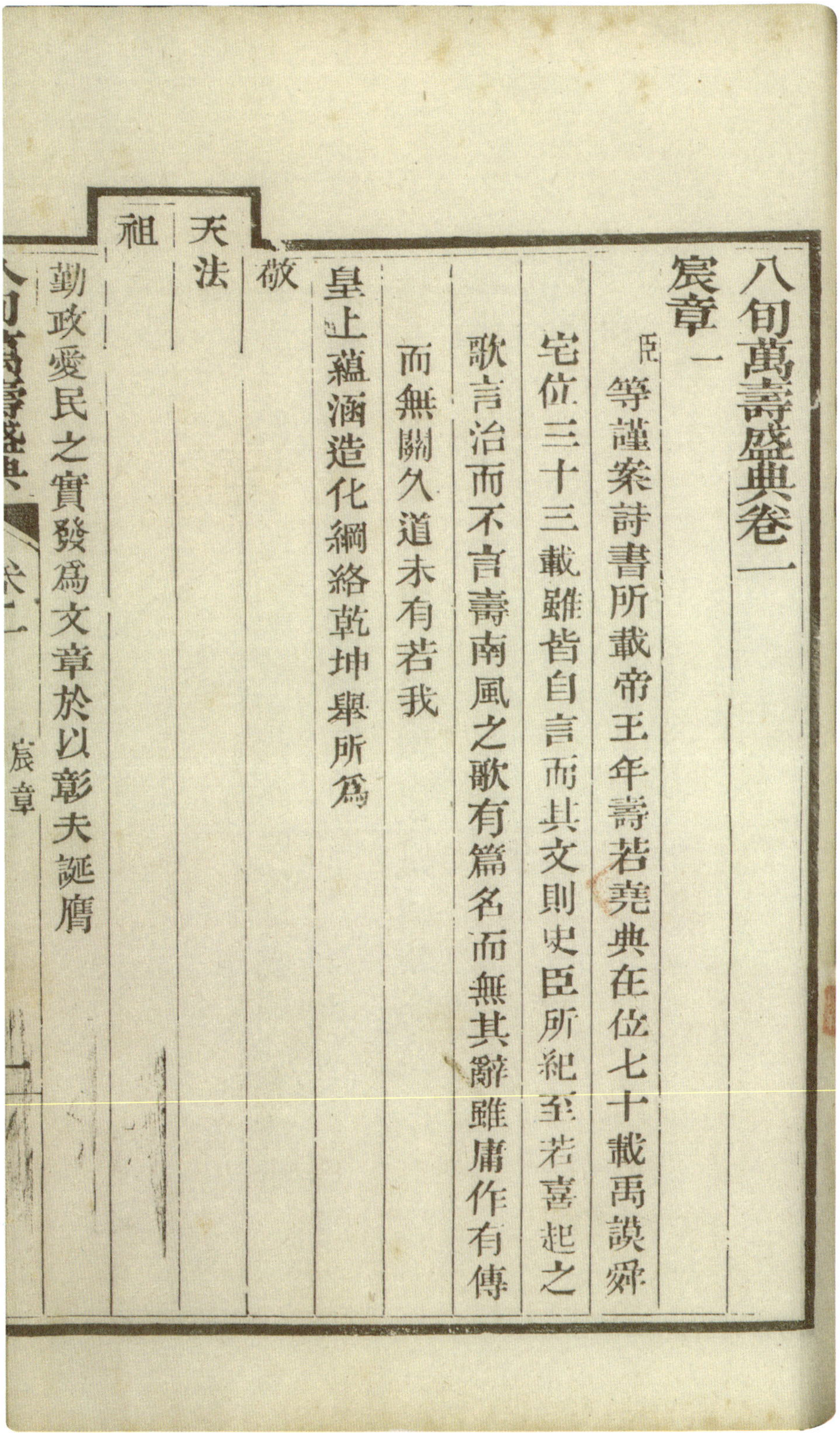
八旬萬壽盛典卷一
宸章一
臣等謹案詩書所載帝王年壽若堯典在位七十載禹謨舜
宅位三十三載雖皆自言而其文則史臣所紀至若喜起之
歌言治而不言壽南風之歌有篇名而無其辭雖庸作有傳
而無關久道未有若我
皇上蘊涵造化綱絡乾坤舉所爲
敬
天法
祖
勤政愛民之實發爲文章於以彰夫誕膺

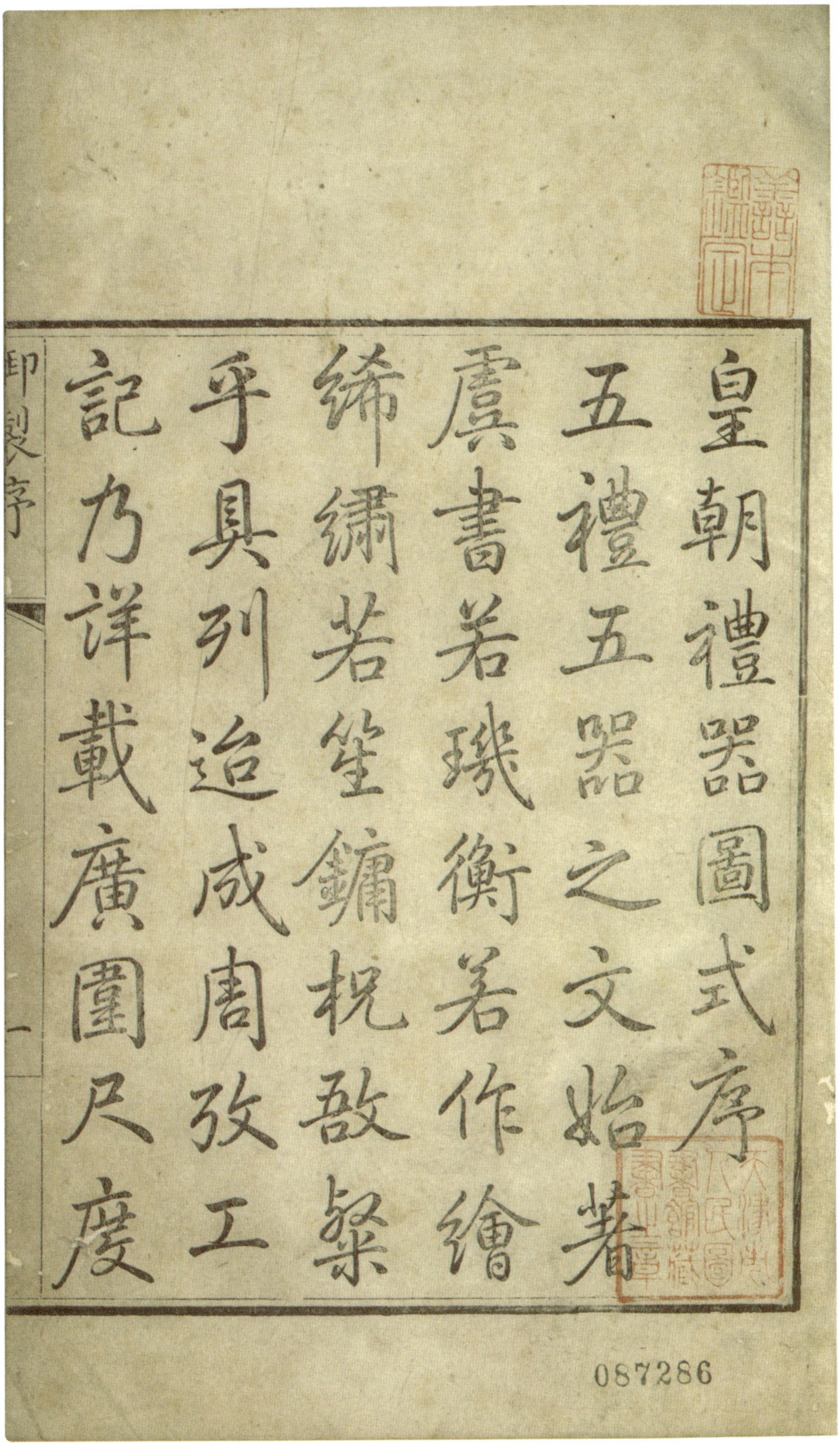
御製序
皇朝禮器圖式序
五禮五器之文始著
虞書若璣衡若作繪
絺繡若筐鏞柷敔粲
乎具列追成周攷工
記乃詳載廣圍尺度
087286

皇朝禮器圖式十八卷

清乾隆二十四年武英殿刻本

皇朝禮器圖式十八卷

清乾隆二十四年武英殿刻本

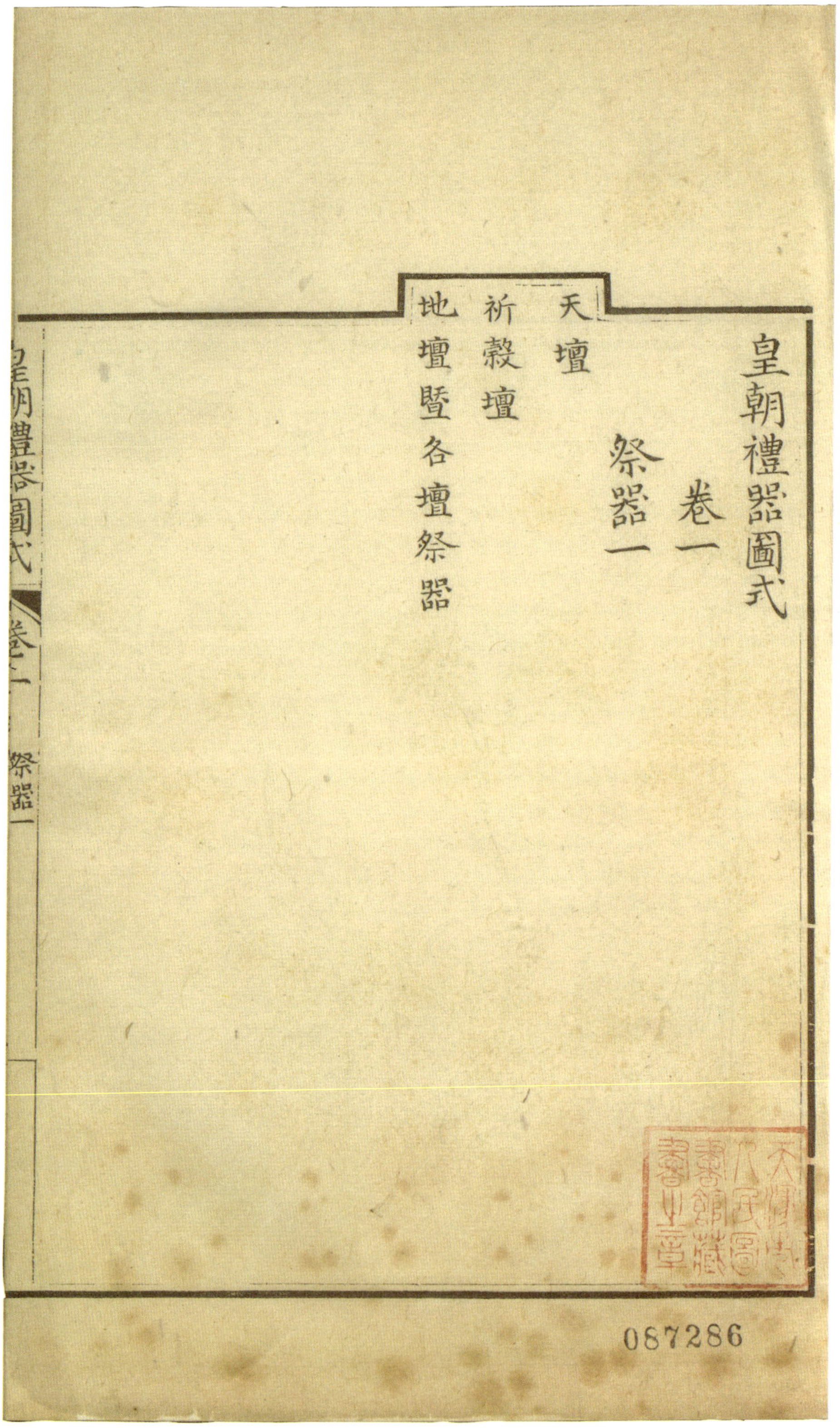

皇朝禮器圖式 卷一

祭器一

天壇

祈穀壇

地壇暨各壇祭器

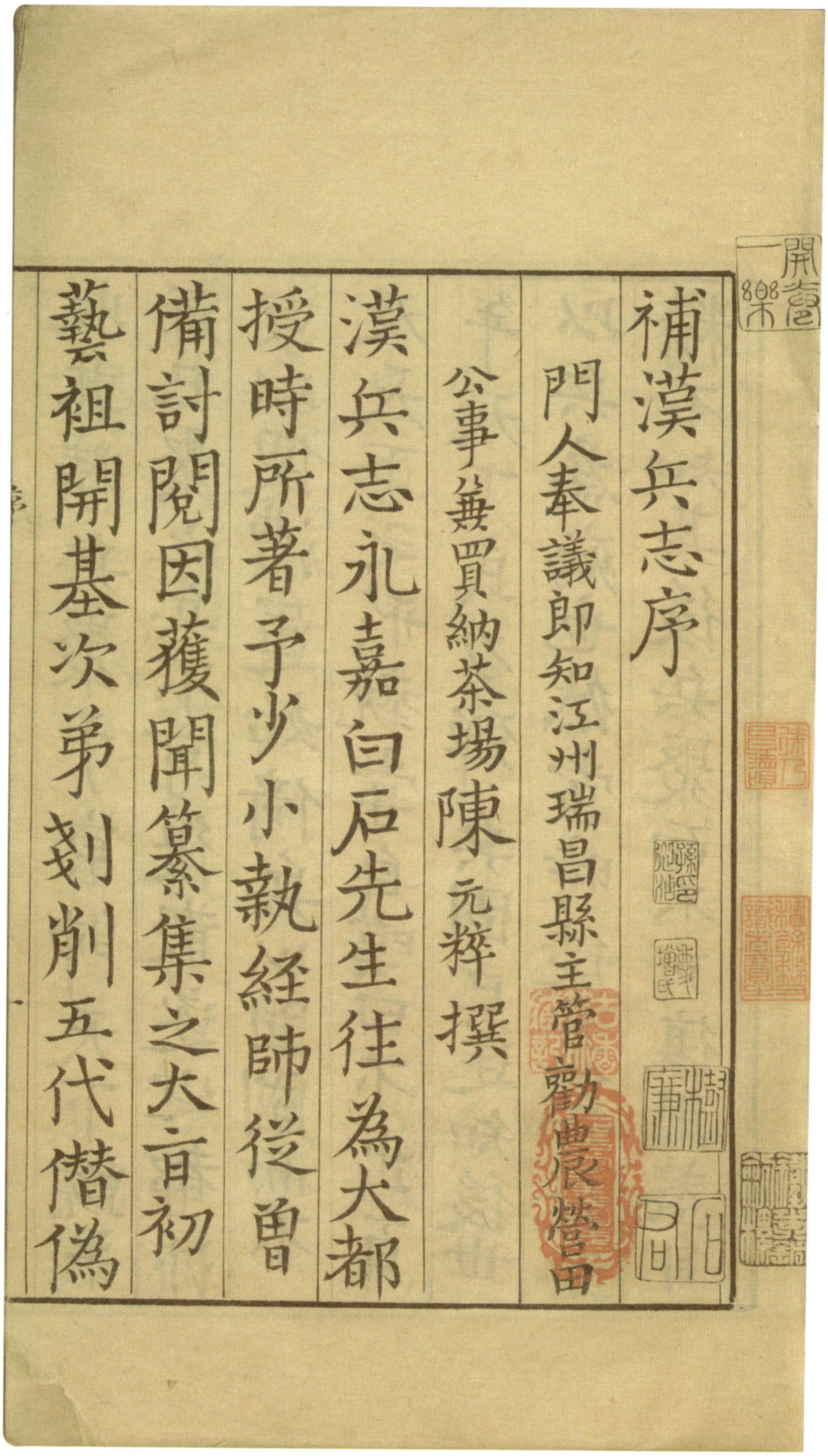
補漢兵志序
門人奉議郎知江州瑞昌縣主管勸農營田
公事兼買納茶場陳 元粹 撰
漢兵志永嘉白石先生往為大都
授時所著予少小執經師從曾
備討閱因獲聞纂集之大旨初
藝祖開基次第剗削五代僭偽

補漢兵志不分卷　清影宋鈔本

補漢兵志不分卷　清影宋鈔本

補漢兵志 并註　白石先生錢氏譔

漢法民二十始傅 高紀二年蕭何發關中老弱未傅者悉詣軍服虔曰傅音附孟康曰古者二十而傅三年耕有一年儲故二十三而後役之如淳曰律年二十三傅之疇官各從其父疇學之師古曰傅著也言著名籍給公家傜役也景紀二年令天下男子二十始傅師古曰舊註二十三今二十更爲異制當考本末 二十三爲正卒 漢儀註民年二十三爲正一歲爲衛士一歲爲材官騎士習射御騎馳戰陣漢舊儀民年二十三爲正一歲爲衛士一歲爲材官騎士水處爲樓船 自始傅爲

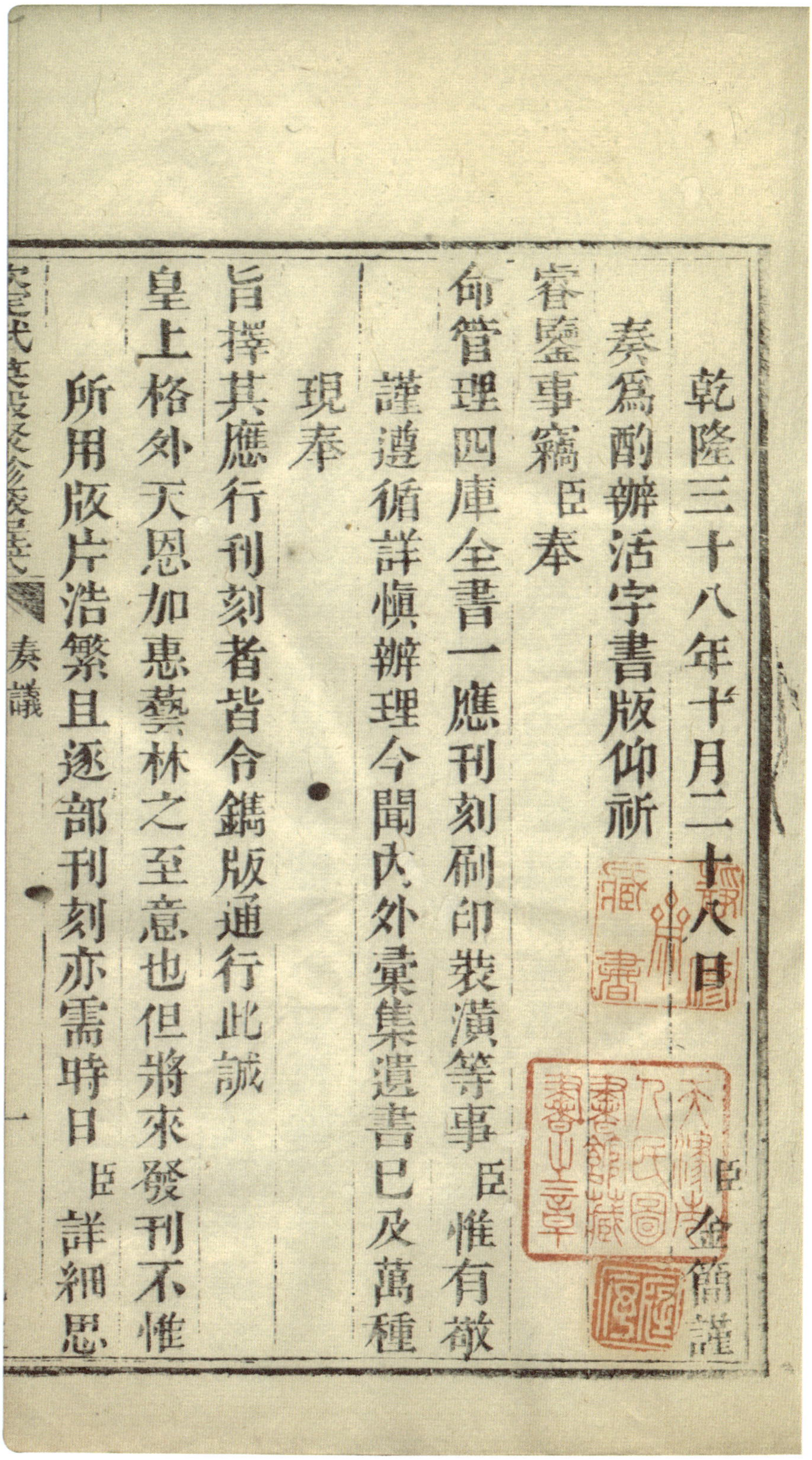
乾隆三十八年十月二十八日 臣金簡謹
奏爲酌辦活字書版仰祈
睿鑒事竊 臣奉
命管理四庫全書一應刊刻刷印裝潢等事 臣惟有敬
謹遵循詳慎辦理今聞內外彙集遺書已及萬種
現奉
旨擇其應行刊刻者皆令鐫版通行此誠
皇上格外天恩加惠藝林之至意也但將來發刊不惟
所用版片浩繁且逐部刊刻亦需時日 臣詳細思
欽定武英殿聚珍版程式 奏議 一

武英殿聚珍版程式一卷
清乾隆四十一年武英殿聚珍版印本

欽定四庫全書總目二百卷
清乾隆四庫館寫文溯閣本

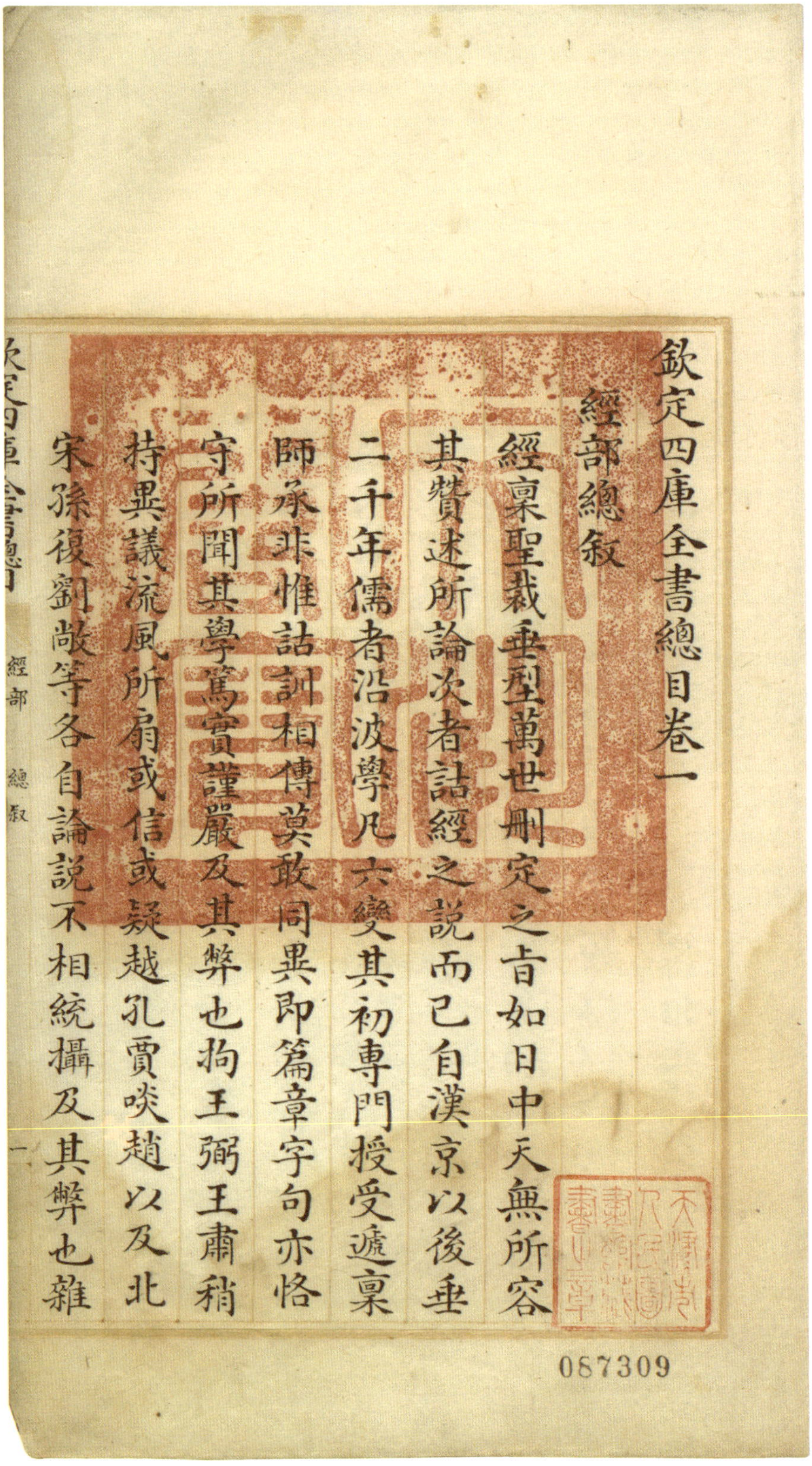
欽定四庫全書總目卷一
經部總敘
經禀聖裁垂型萬世删定之旨如日中天無所容
其贊述所論次者詁經之說而已自漢京以後垂
二千年儒者沿波學凡六變其初專門授受遞禀
師承非惟詁訓相傳莫敢同異即篇章字句亦恪
守所聞其學篤實謹嚴及其弊也拘王弼王肅稍
持異議流風所扇或信或疑越孔賈啖趙以及北
宋孫復劉敞等各自論說不相統攝及其弊也雜
欽定四庫全書總目 經部 總敘 一
087309

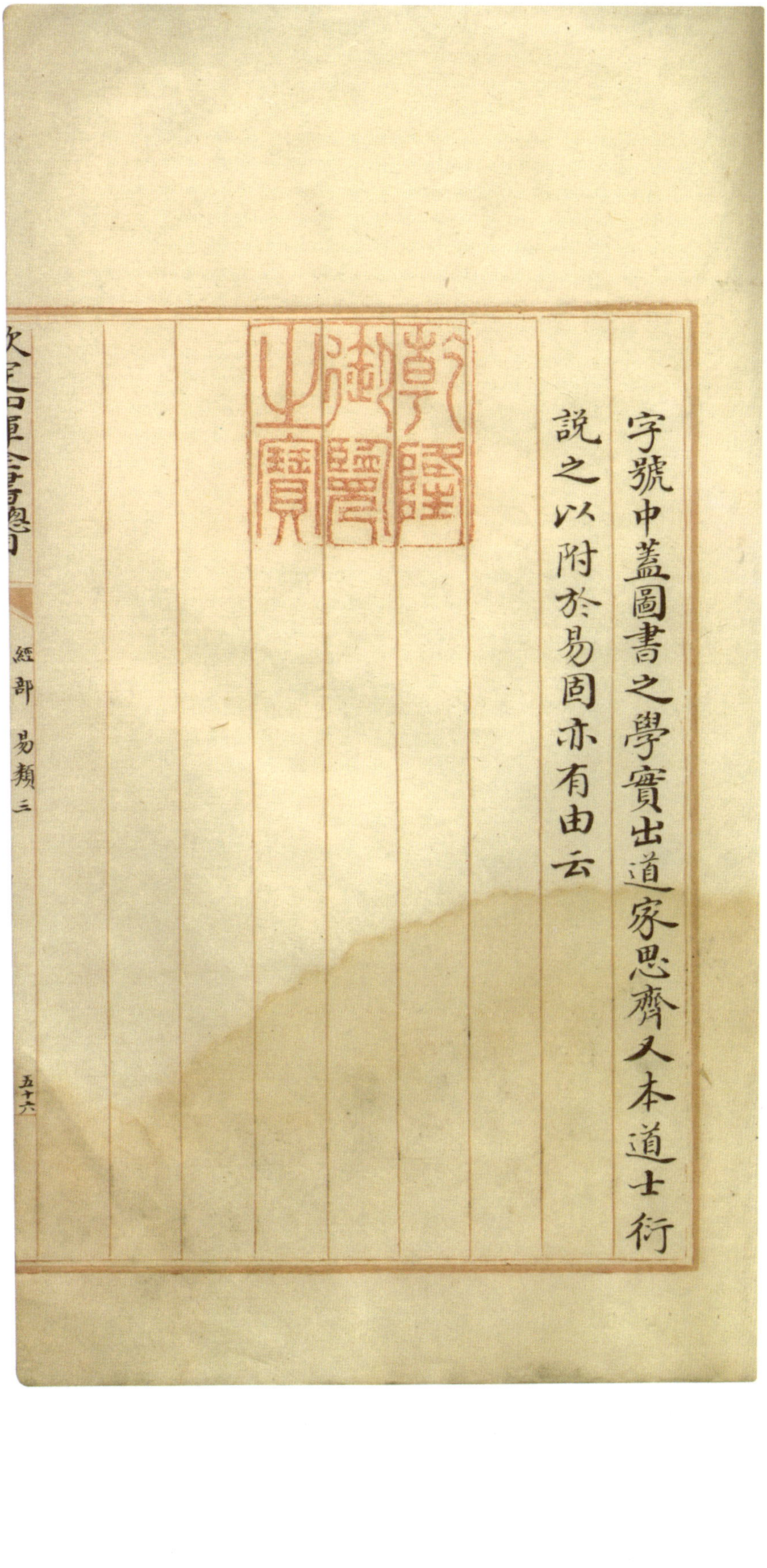

字號中蓋圖書之學實出道家思齊又本道士行
說之以附於易固亦有由云

乾隆御覽之寶

欽定四庫全書總目　經部　易類三　五十六

欽定四庫全書總目二百卷

清乾隆四庫館寫文溯閣本

欽定四庫全書總目二百卷　清乾隆武英殿刻本

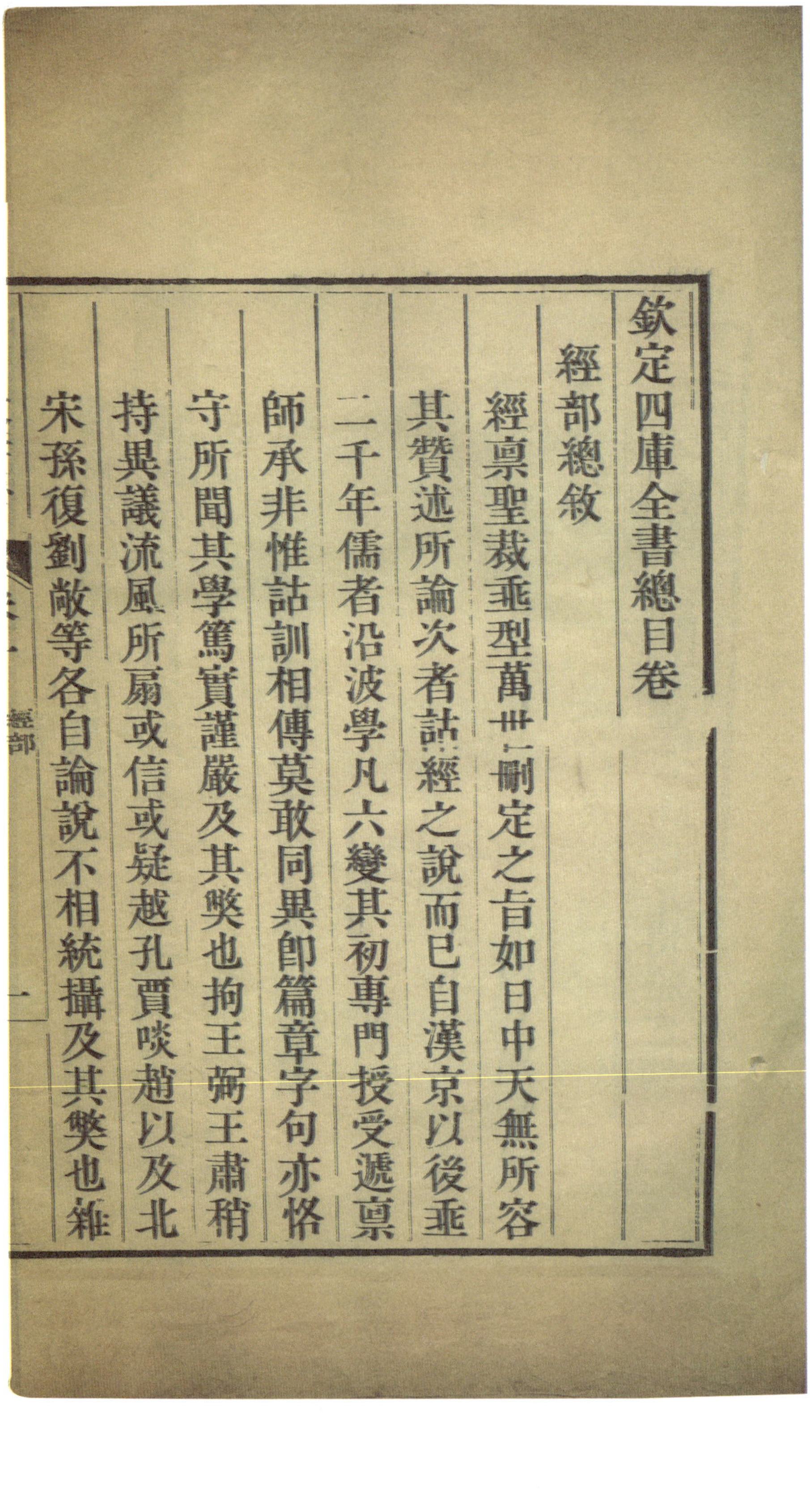
欽定四庫全書總目卷

經部總敘

經禀聖裁垂型萬世刪定之旨如日中天無所容其贊述所論次者詁經之說而已自漢京以後垂二千年儒者沿波學凡六變其初專門授受遞禀師承非惟詁訓相傳莫敢同異即篇章字句亦恪守所聞其學篤實謹嚴及其弊也拘王弼王肅稍持異議流風所扇或信或疑越孔賈啖趙以及北宋孫復劉敞等各自論說不相統攝及其弊也雜

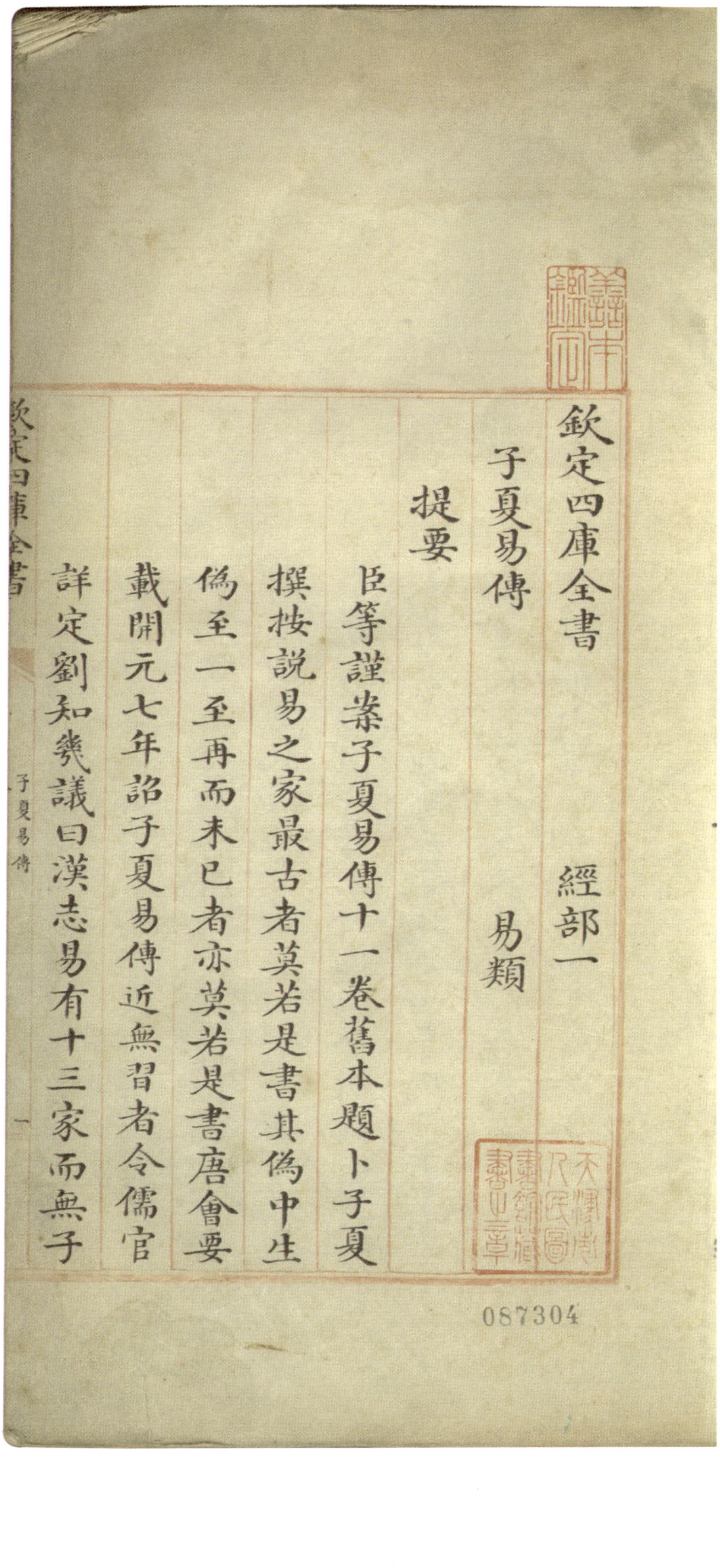
欽定四庫全書　經部一

子夏易傳　易類

提要

臣等謹案子夏易傳十一卷舊本題卜子夏撰按說易之家最古者莫若是書其僞中生僞至一至再而未已者亦莫若是書唐會要載開元七年詔子夏易傳近無習者令儒官詳定劉知幾議曰漢志易有十三家而無子

欽定四庫全書　子夏易傳　一

欽定四庫全書提要不分卷　清乾隆四庫館寫本

金石苑不分卷　清道光二十六年刻本

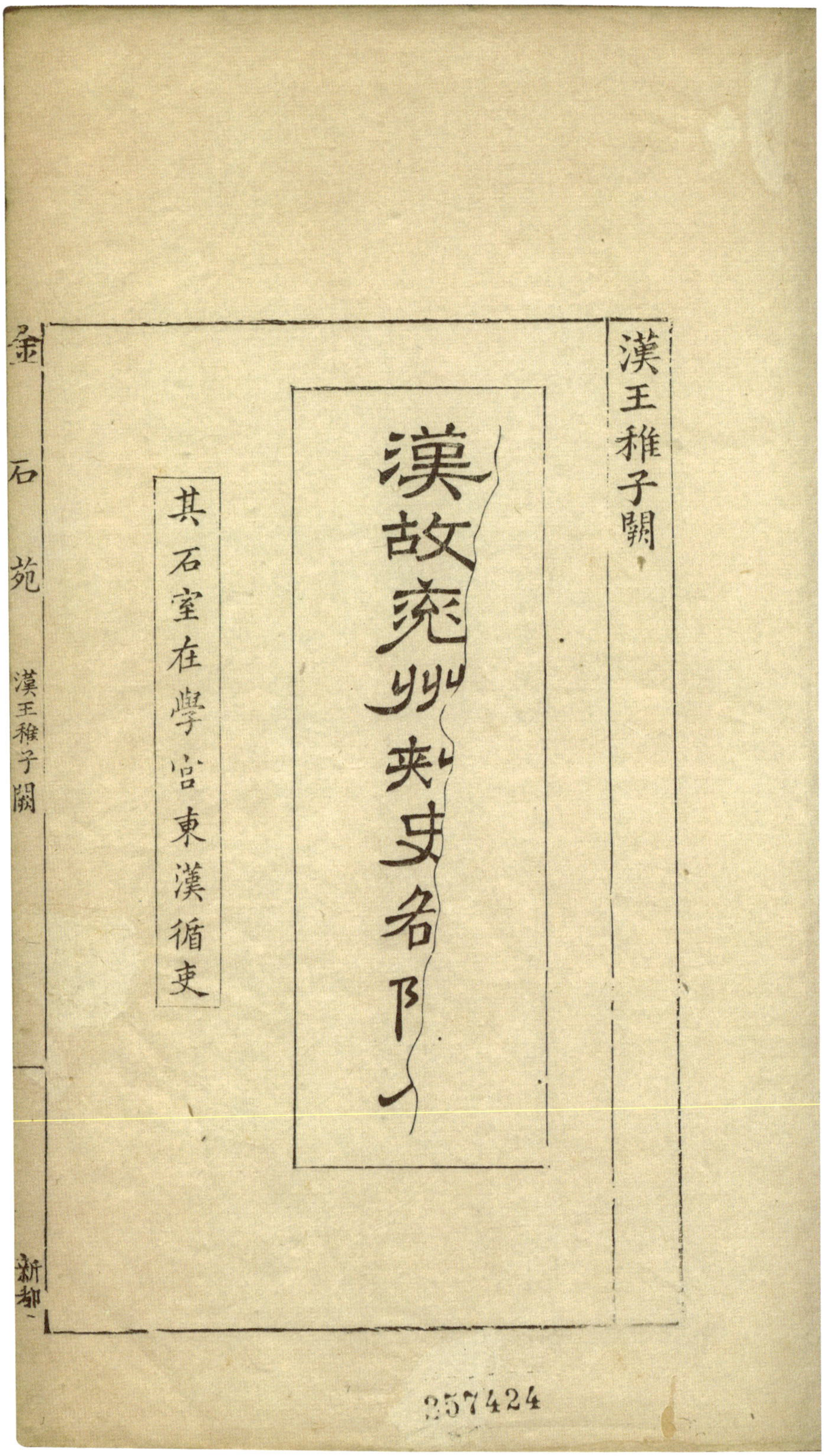
漢王稚子闕

漢故兖州刺史[illegible]

其石室在學宮東漢循吏

金石苑　漢王稚子闕　新都一

六子全書六十卷

明嘉靖十二年顧春世德堂刻本

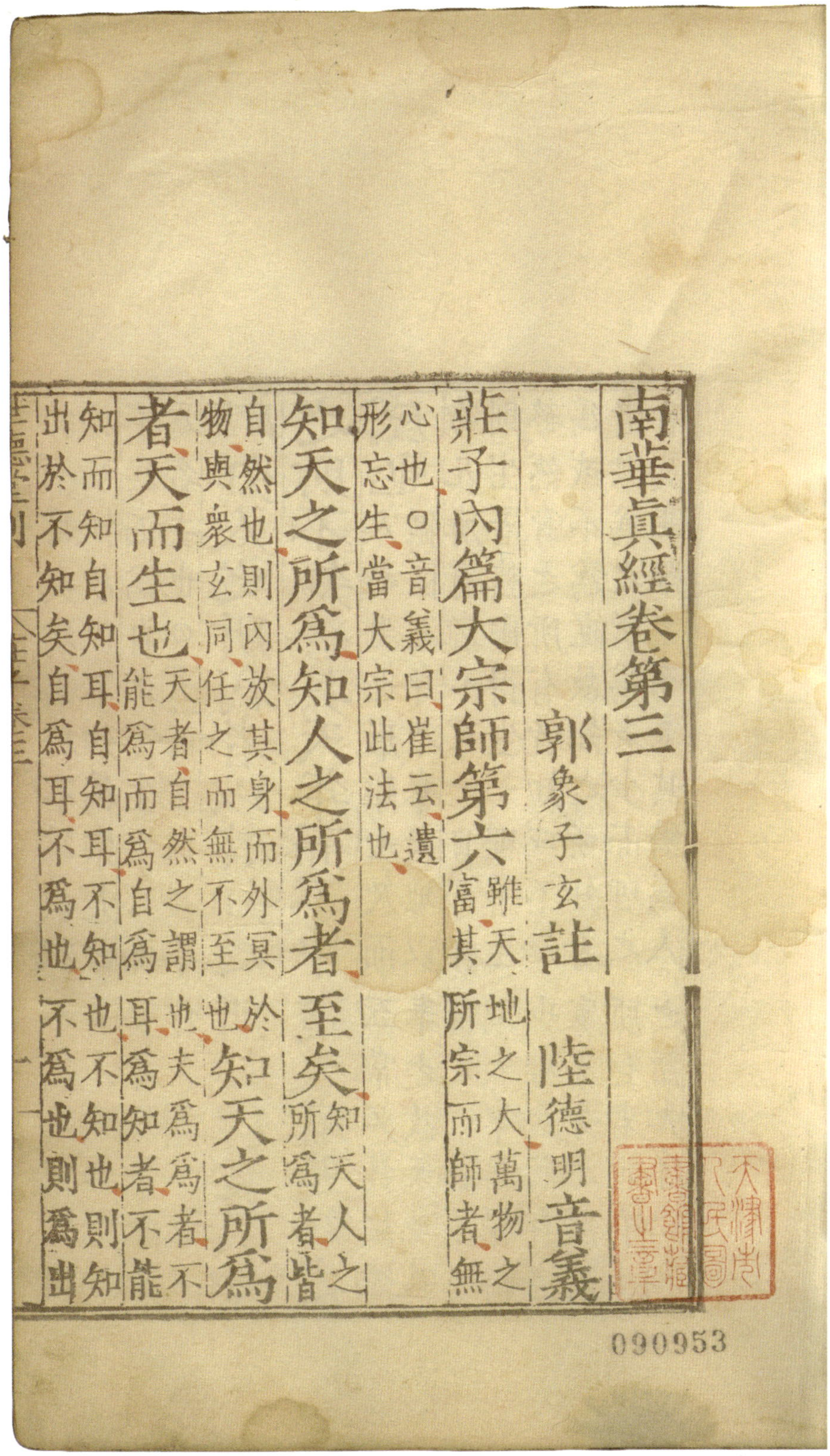

南華眞經卷第三

郭象子玄註　陸德明音義

莊子內篇大宗師第六雖天地之大萬物之富其所宗而師者無心也○音義曰崔云遺形忘生當大宗此法也

知天之所爲知人之所爲者至矣知天人之所爲者皆自然也則內放其身而外冥於物與衆玄同任之而無不至也知天之所爲者天而生也天者自然之謂也夫爲爲者不能爲而爲自爲耳爲知者不能知而知自知耳自知耳不知也不知也則知出於不知矣自爲耳不爲也不爲也則爲出

世德堂刊　莊子卷三　一

六子全書六十卷　明嘉靖十二年顧春世德堂刻本

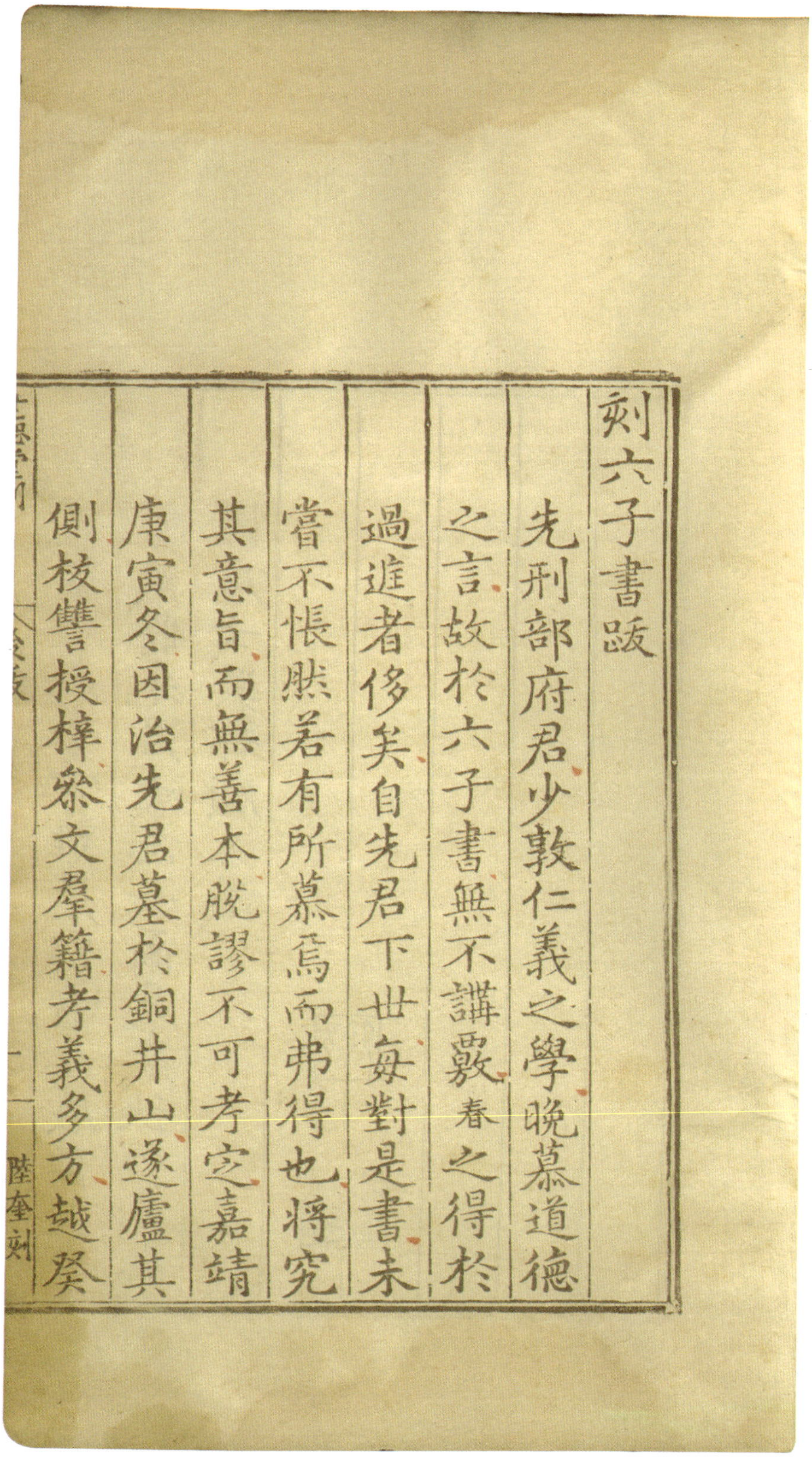

刻六子書跋

先刑部府君少敦仁義之學晚慕道德之言故於六子書無不講覈春之得於過進者侈矣自先君下世每對是書未嘗不悵然若有所慕焉而弗得也將究其意旨而無善本脫謬不可考定嘉靖庚寅冬因治先君墓於銅井山遂廬其側校讐授梓叅文羣籍考義多方越癸

陸奎刻

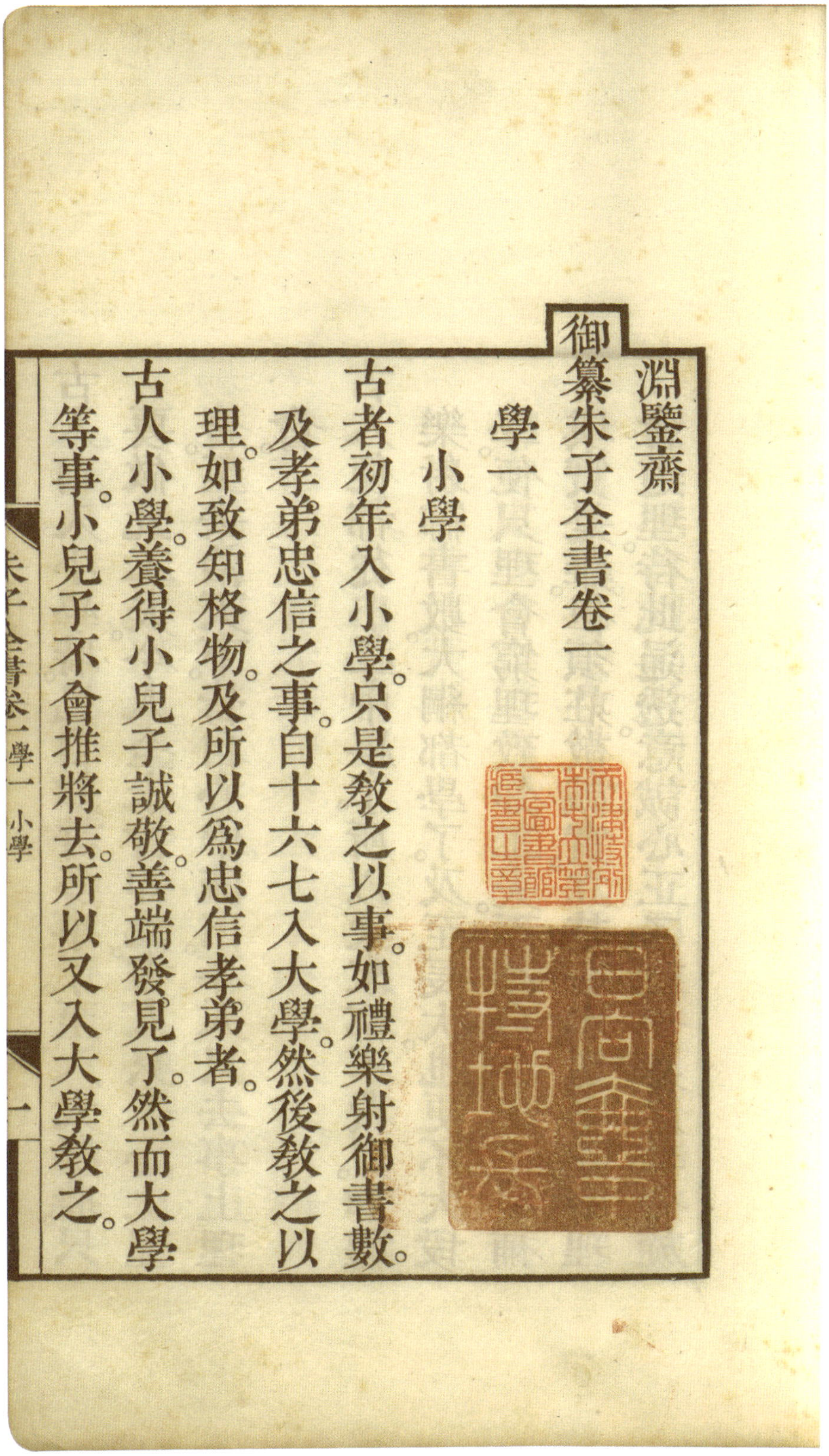
淵鑑齋
御纂朱子全書卷一
學一
小學
古者初年入小學只是教之以事如禮樂射御書數
及孝弟忠信之事自十六七入大學然後教之以
理如致知格物及所以爲忠信孝弟者
古人小學養得小兒子誠敬善端發見了然而大學
等事小兒子不會推將去所以又入大學教之

淵鑑齋御纂朱子全書六十六卷
清康熙五十二年內府刻本

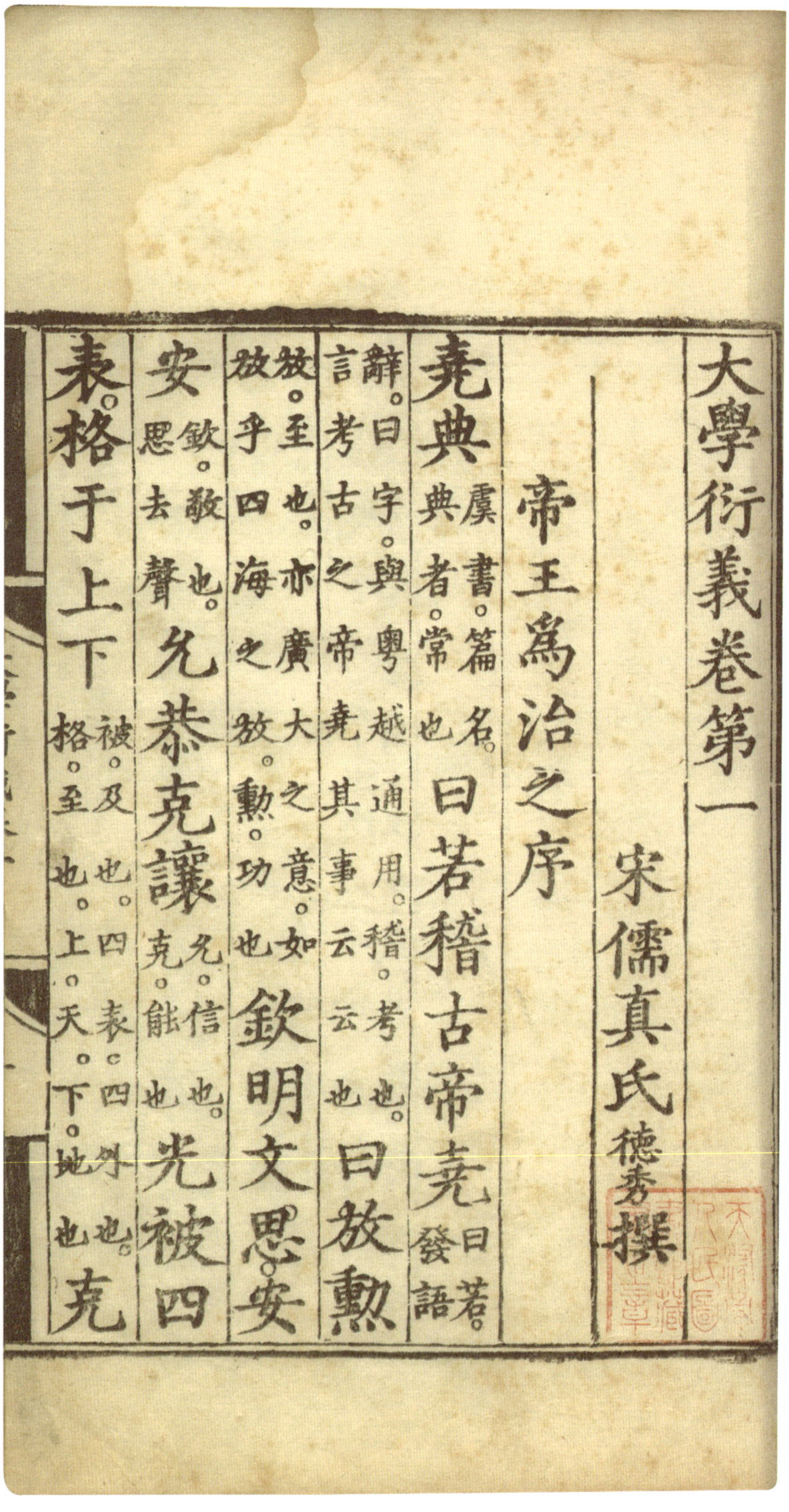

大學衍義卷第一

宋儒真氏德秀撰

帝王爲治之序

堯典虞書。篇名。典者。常也。曰若稽古帝堯曰若。發語辭。曰字。與粤越通用。稽。考也。言考古之帝堯其事云云也。曰放勳放。至也。亦廣大之意。如放乎四海之放。勳。功也。欽明文思安安欽。敬也。思去聲。允恭克讓允。信也。克。能也。光被四表格于上下被。及也。四表。四外也。格。至也。上。天。下。地也。克

大學衍義四十三卷　明嘉靖六年司禮監刻本

聖學心法四卷

明永樂七年內府刻本

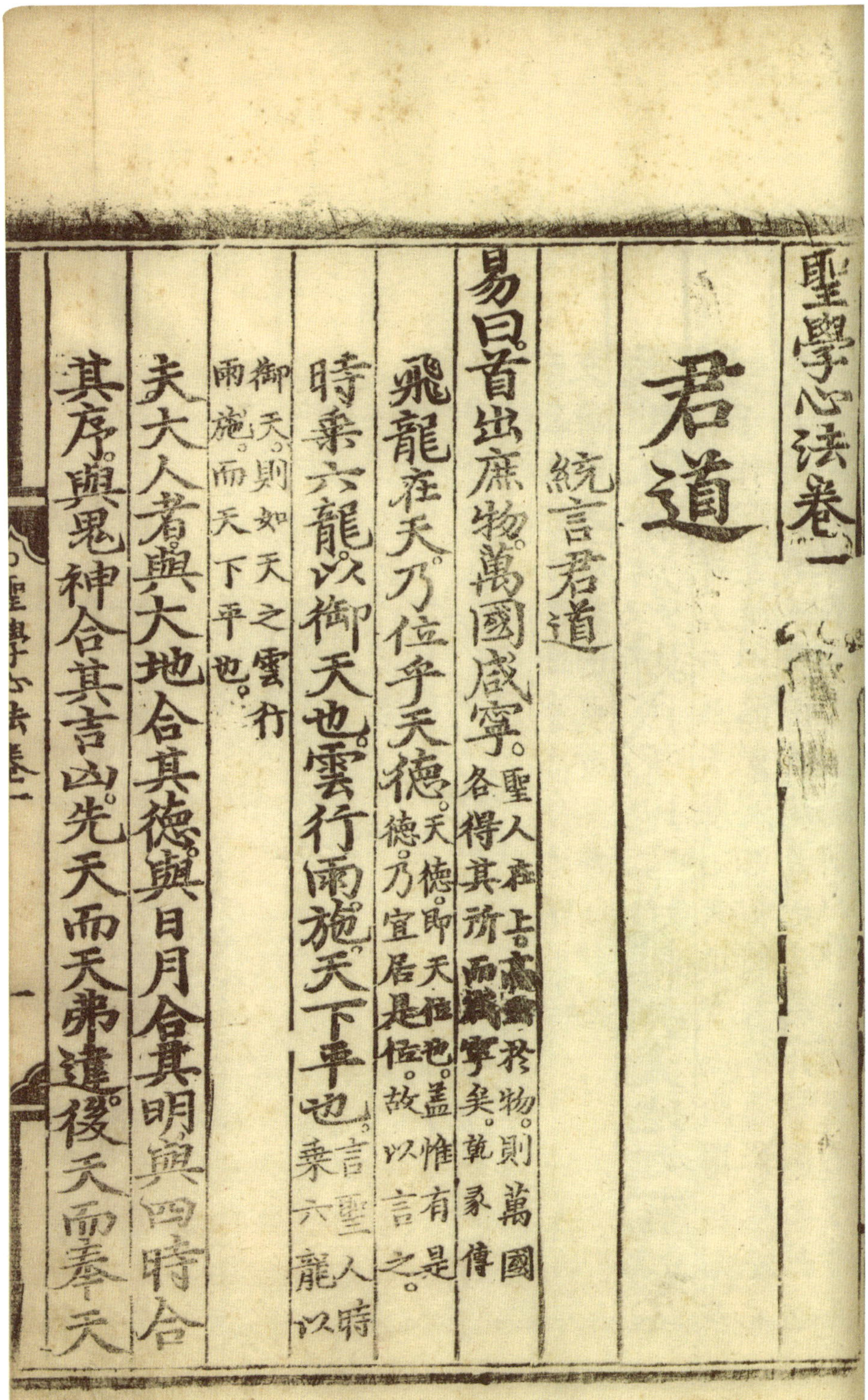

聖學心法卷一

君道

統言君道

易曰首出庶物萬國咸寧。聖人在上高出於物則萬國各得其所而咸寧矣。乾彖傳

飛龍在天乃位乎天德。天德即天位也。蓋惟有是德乃宜居是位。故以言之。

時乘六龍以御天也。雲行雨施天下平也。言聖人時乘六龍以御天則如天之雲行雨施而天下平也。

夫大人者與天地合其德與日月合其明與四時合其序與鬼神合其吉凶先天而天弗違後天而奉天

御制資政要覽三卷

清順治十二年內府刻小字本

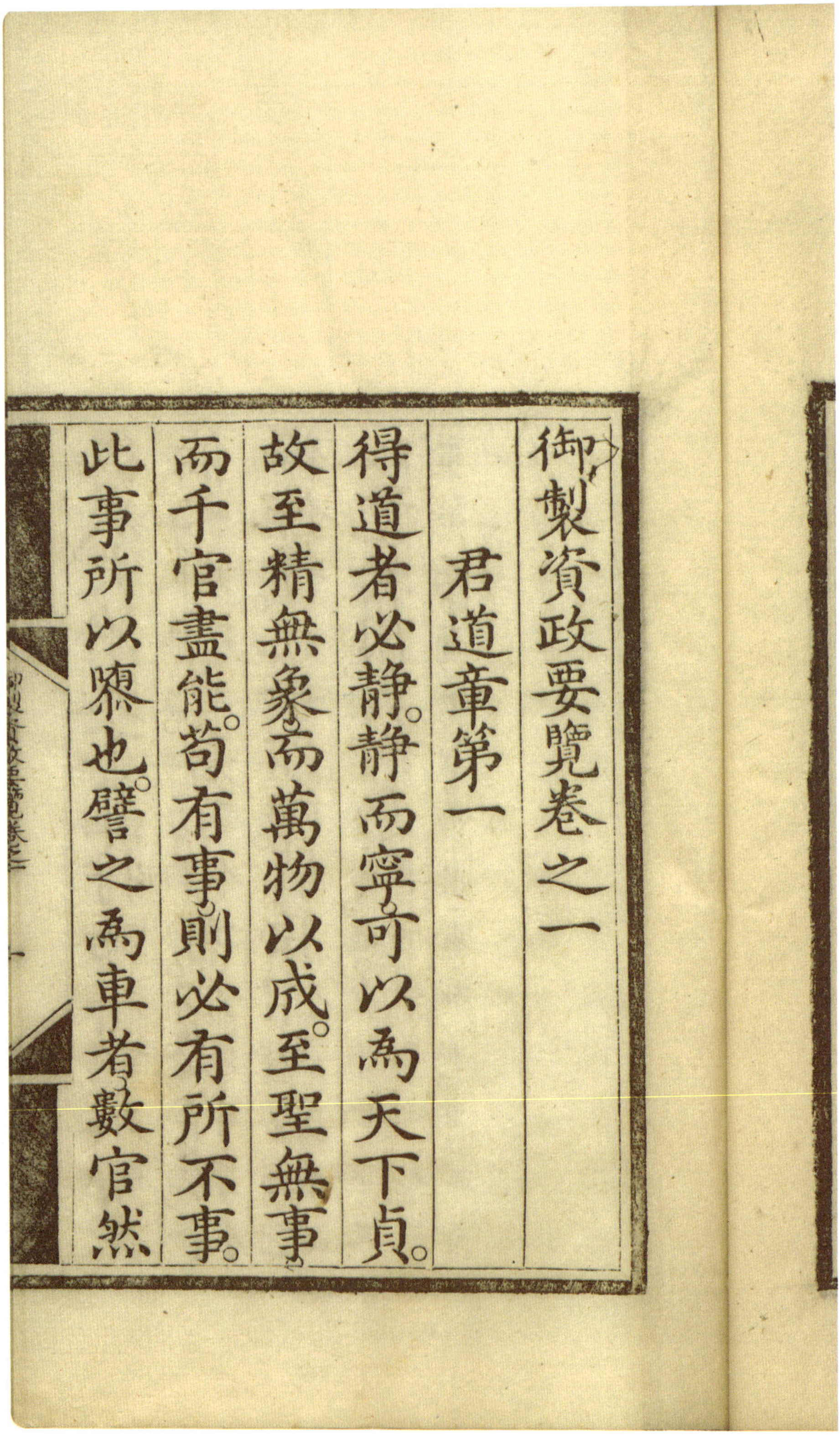
御製資政要覽卷之一

君道章第一

得道者必静。静而寧可以爲天下貞。故至精無象。而萬物以成。至聖無事。而千官盡能。苟有事則必有所不事。此事所以驟也。譬之爲車者數官然

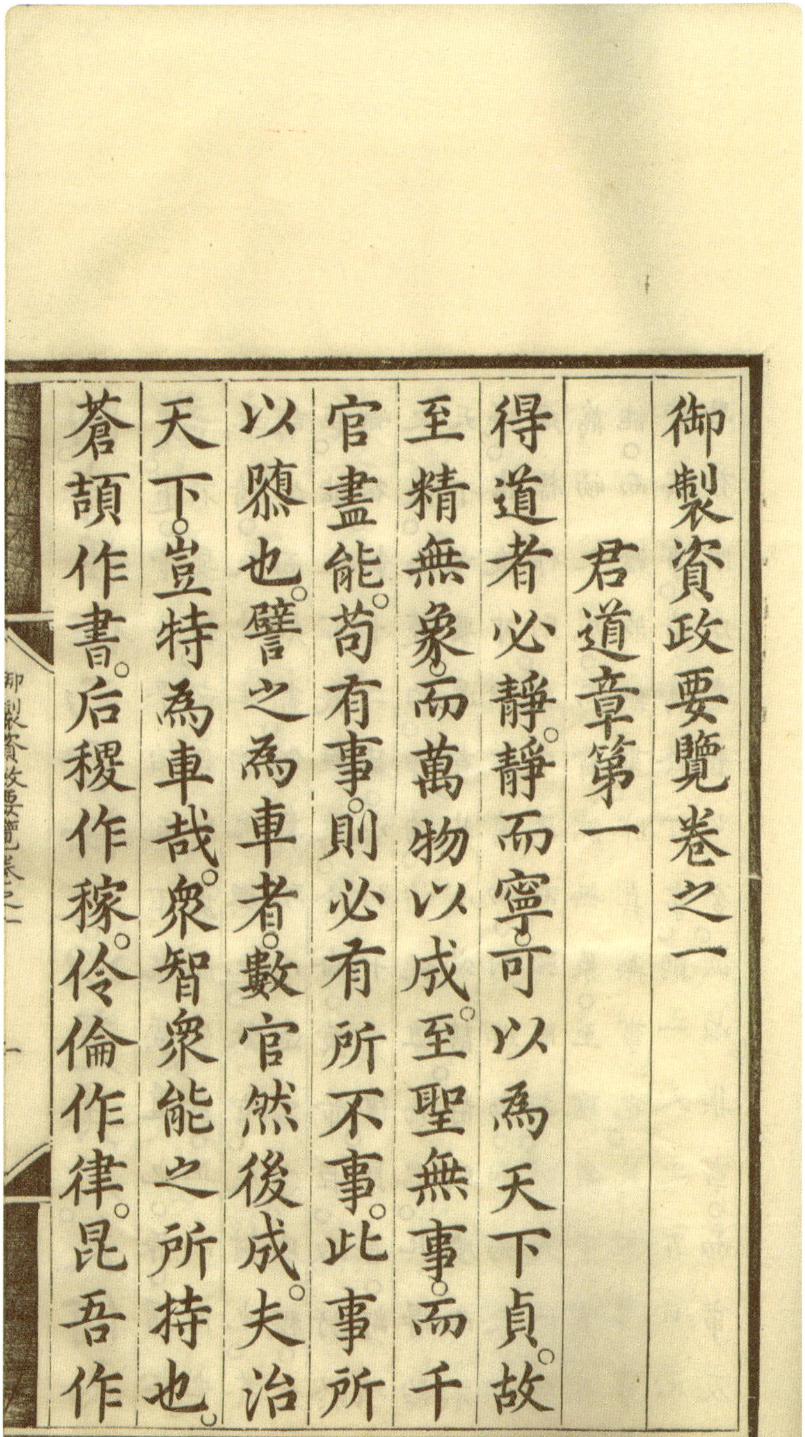

御製資政要覽卷之一

君道章第一

得道者必靜靜而寧可以為天下貞故至精無象而萬物以成至聖無事而千官盡能苟有事則必有所不事此事所以聽也譬之為車者數官然後成夫治天下豈特為車哉衆智衆能之所持也蒼頡作書后稷作稼伶倫作律昆吾作

御製資政要覽卷之一　一

御制資政要覽三卷

清順治十二年內府刻大字本

御制資政要覽三卷　清順治十二年內府刻本

御製資政要覽卷之一

君道章第一

得道者必靜。靜而寧。可以爲天下貞。故至精無象。而萬物以成。至聖無事。而千官盡能。苟有事。則必有所不事。此事所以隳也。

譬之爲車者。數官然後成。夫治天下。豈特爲車哉。衆智衆能之所持也。蒼頡作書。后稷作稼。伶倫作律。昆吾作陶。皆臣作而君任之。以竟其用。夫何爲哉。道。帝王平治天下之要道也。靜。謂心不妄動。寧。謂所處而安。貞。正而固也。

御制勸善要言不分卷

清順治十二年內府刻大字本

御製勸善要言

積善之家必有餘慶積不善之家必有餘殃

唯上帝不常作善降之百祥作不善降之百殃

惠迪吉從逆凶唯影響

懷善者應之以祚挾惡者報之以殃

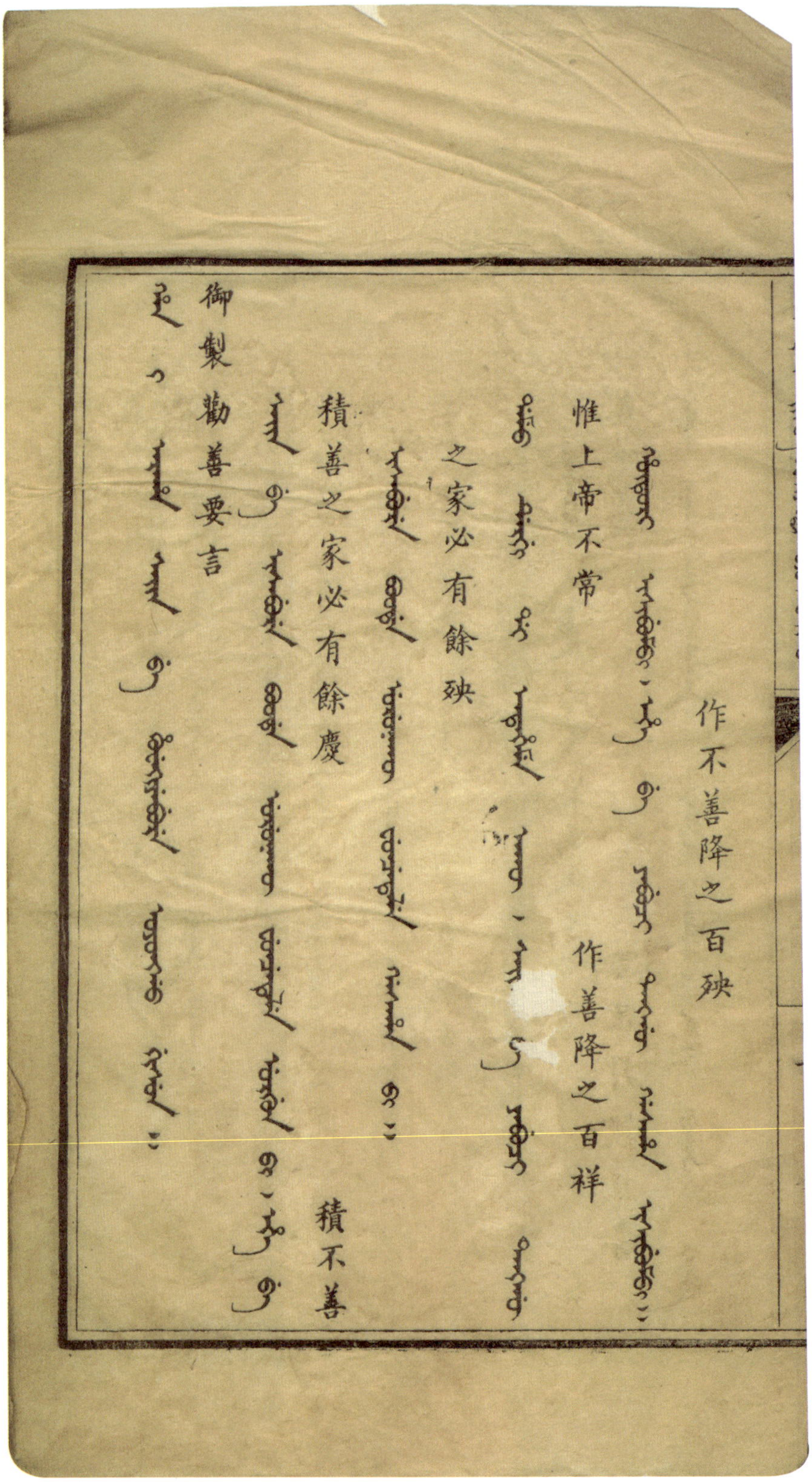
作不善降之百殃
惟上帝不常
作善降之百祥
之家必有餘殃
積善之家必有餘慶
積不善
御製勸善要言

御制勸善要言一卷
清順治十二年刻滿漢合璧本

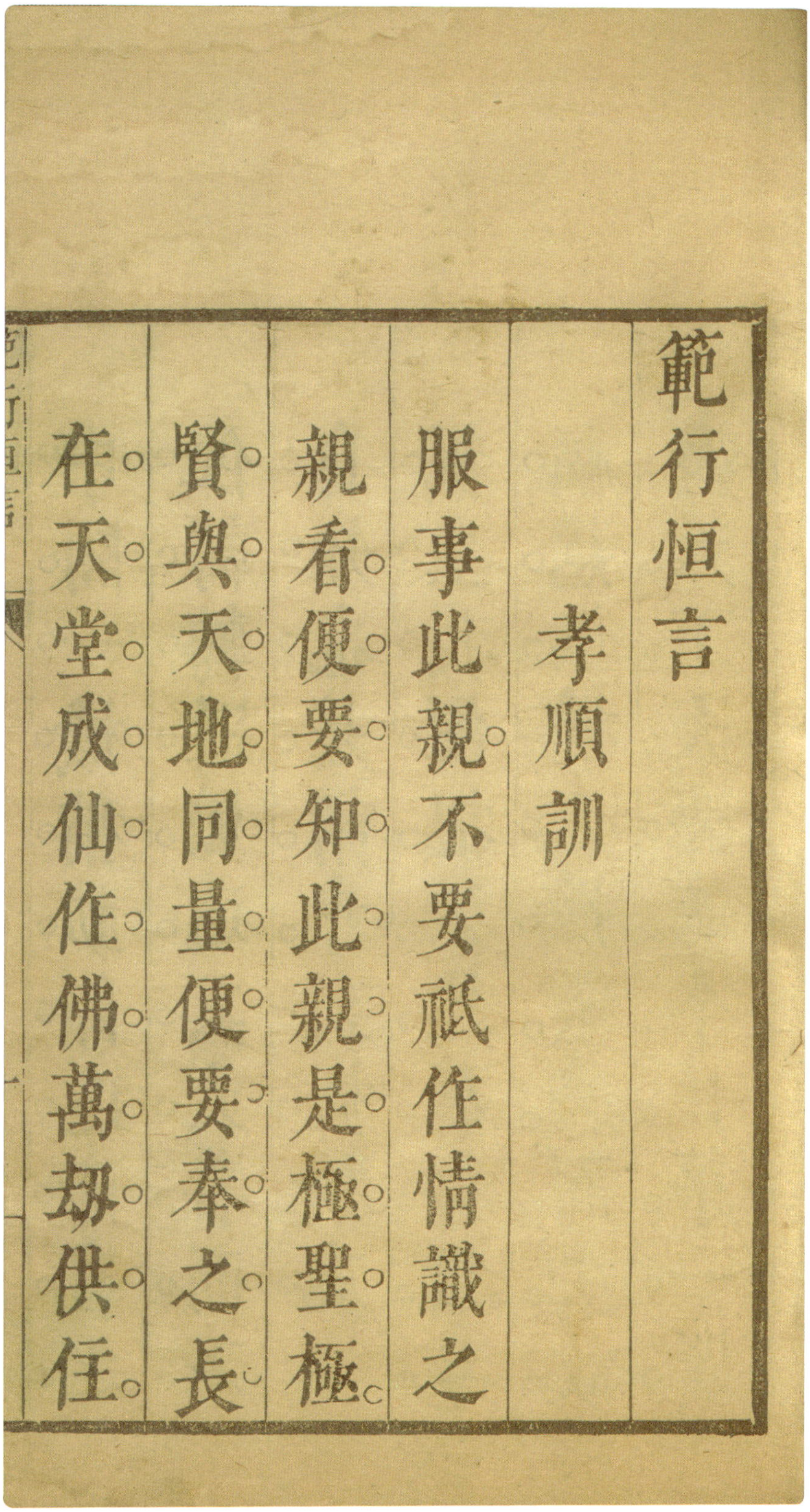
範行恒言

孝順訓

服事此親不要祇作情識之
親看便要知此親是極聖極
賢與天地同量便要奉之長
在天堂成仙作佛萬刼供任

範行恒言一卷　清順治十二年內府刻本

御制人臣儆心錄一卷

清順治十二年內府刻本

御製人臣儆心錄

植黨論

自古國家太平之治率由大小臣工協力和衷以熙庶績乃能久安長泰流譽靡窮顧爲臣之道其類不一大約不

儆心錄 一

勸學文一卷

清順治十三年內府刻本

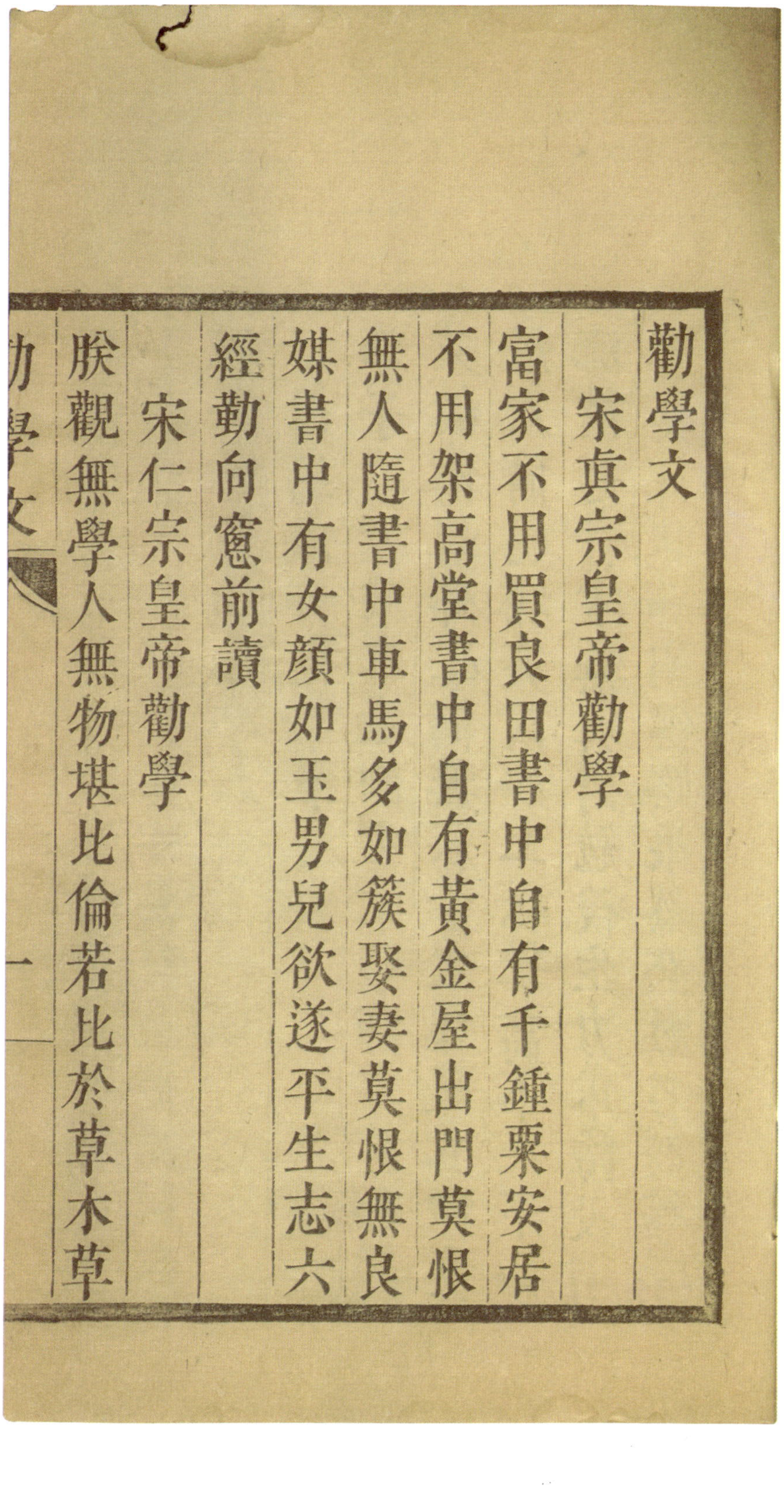
勸學文

宋眞宗皇帝勸學

富家不用買良田書中自有千鍾粟安居不用架高堂書中自有黄金屋出門莫恨無人隨書中車馬多如簇娶妻莫恨無良媒書中有女顔如玉男兒欲遂平生志六經勤向窻前讀

宋仁宗皇帝勸學

朕觀無學人無物堪比倫若比於草木草

勸學文　一

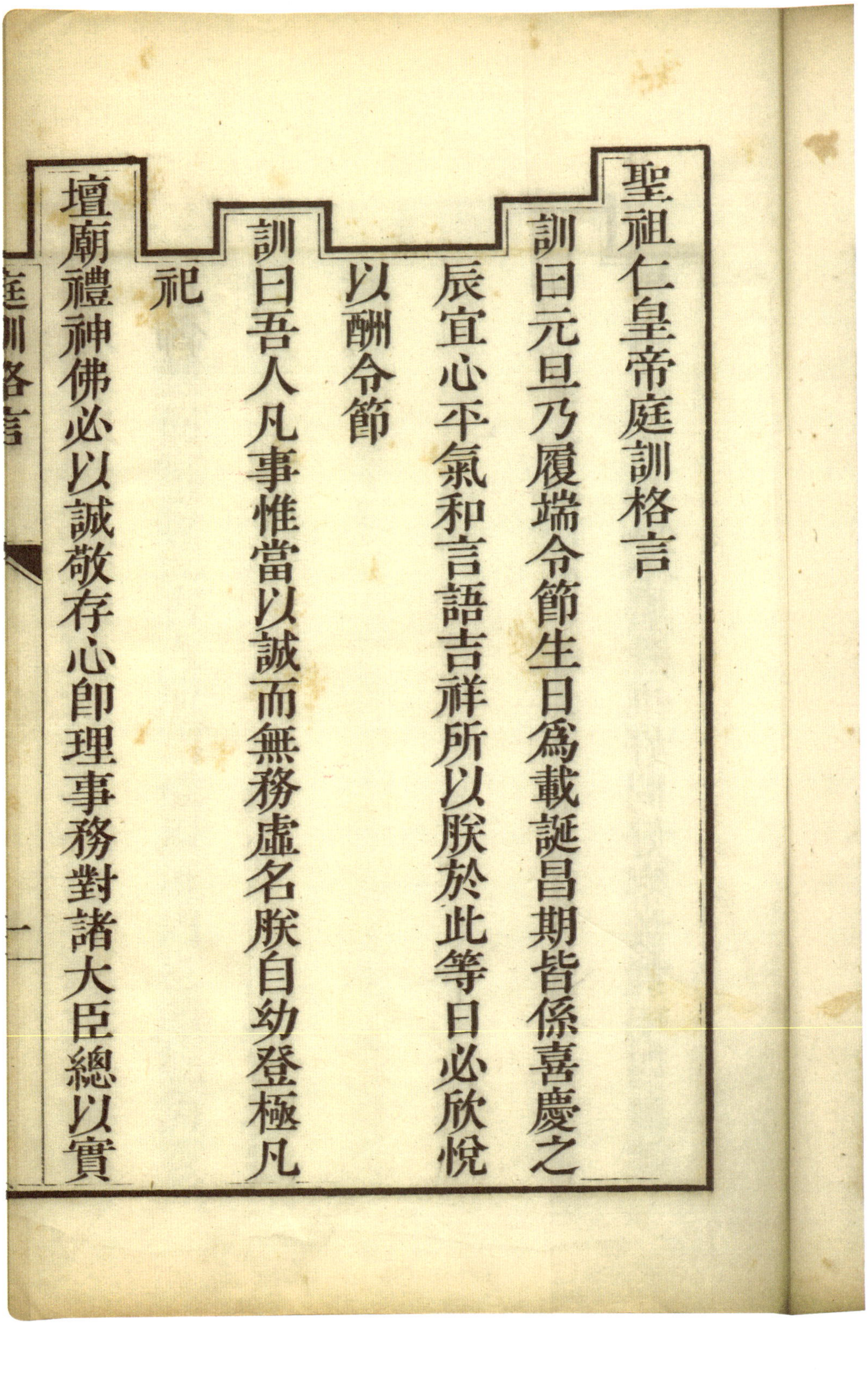
聖祖仁皇帝庭訓格言
訓曰元旦乃履端令節生日爲載誕昌期皆係喜慶之
辰宜心平氣和言語吉祥所以朕於此等日必欣悅
以酬令節
訓曰吾人凡事惟當以誠而無務虛名朕自㓜登極凡
祀
壇廟禮神佛必以誠敬存心卽理事務對諸大臣總以實
庭訓格言 一

聖祖仁皇帝庭訓格言不分卷　清雍正八年內府刻本

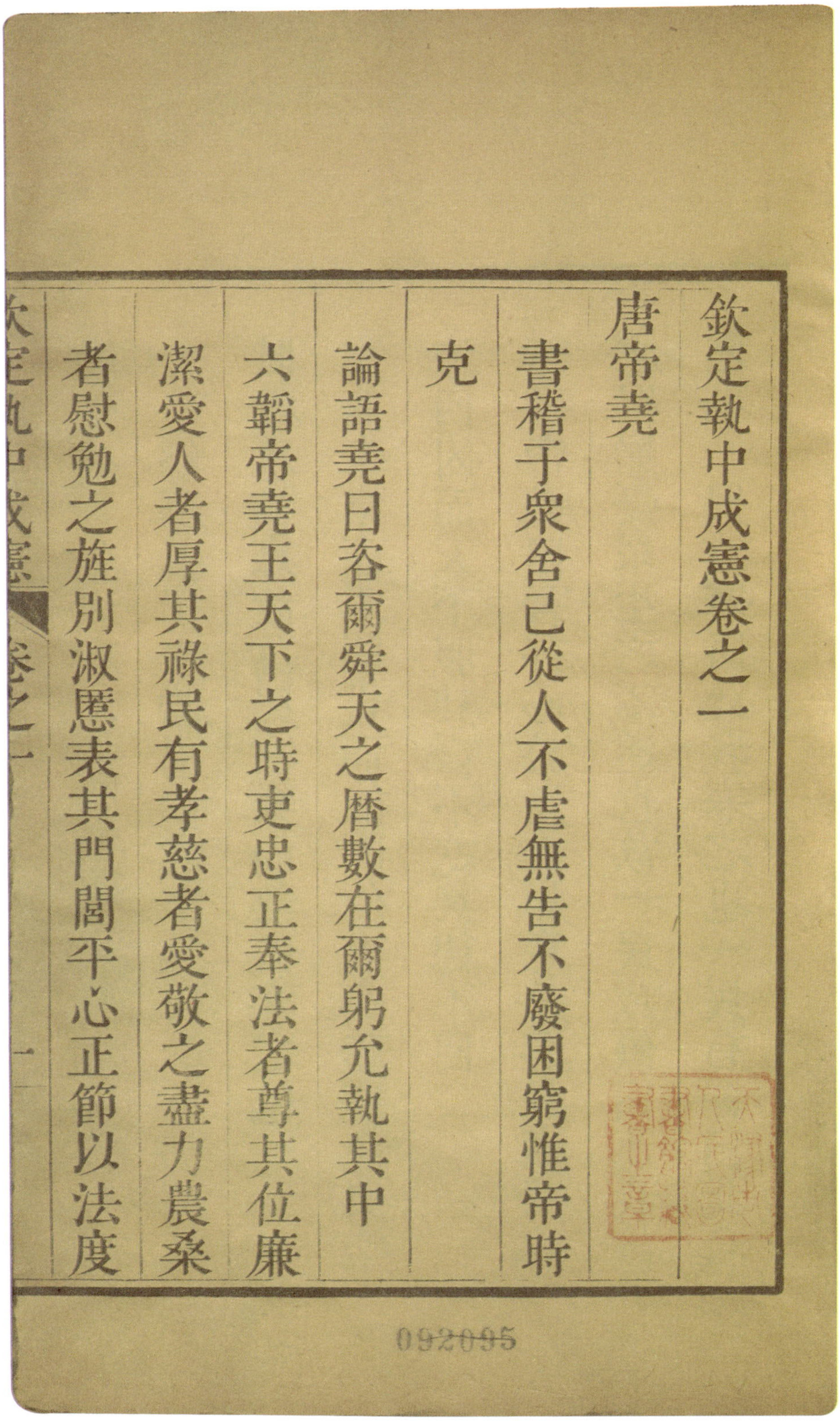
欽定執中成憲卷之一

唐帝堯

書稽于衆舍己從人不虐無告不廢困窮惟帝時

克

論語堯曰咨爾舜天之曆數在爾躬允執其中

六韜帝堯王天下之時吏忠正奉法者尊其位廉

潔愛人者厚其祿民有孝慈者愛敬之盡力農桑

者慰勉之旌別淑慝表其門閭平心正節以法度

欽定執中成憲　卷之一　一

欽定執中成憲八卷　清乾隆元年內府刻本

孝經衍義一百卷　清康熙二十九年內府刻本

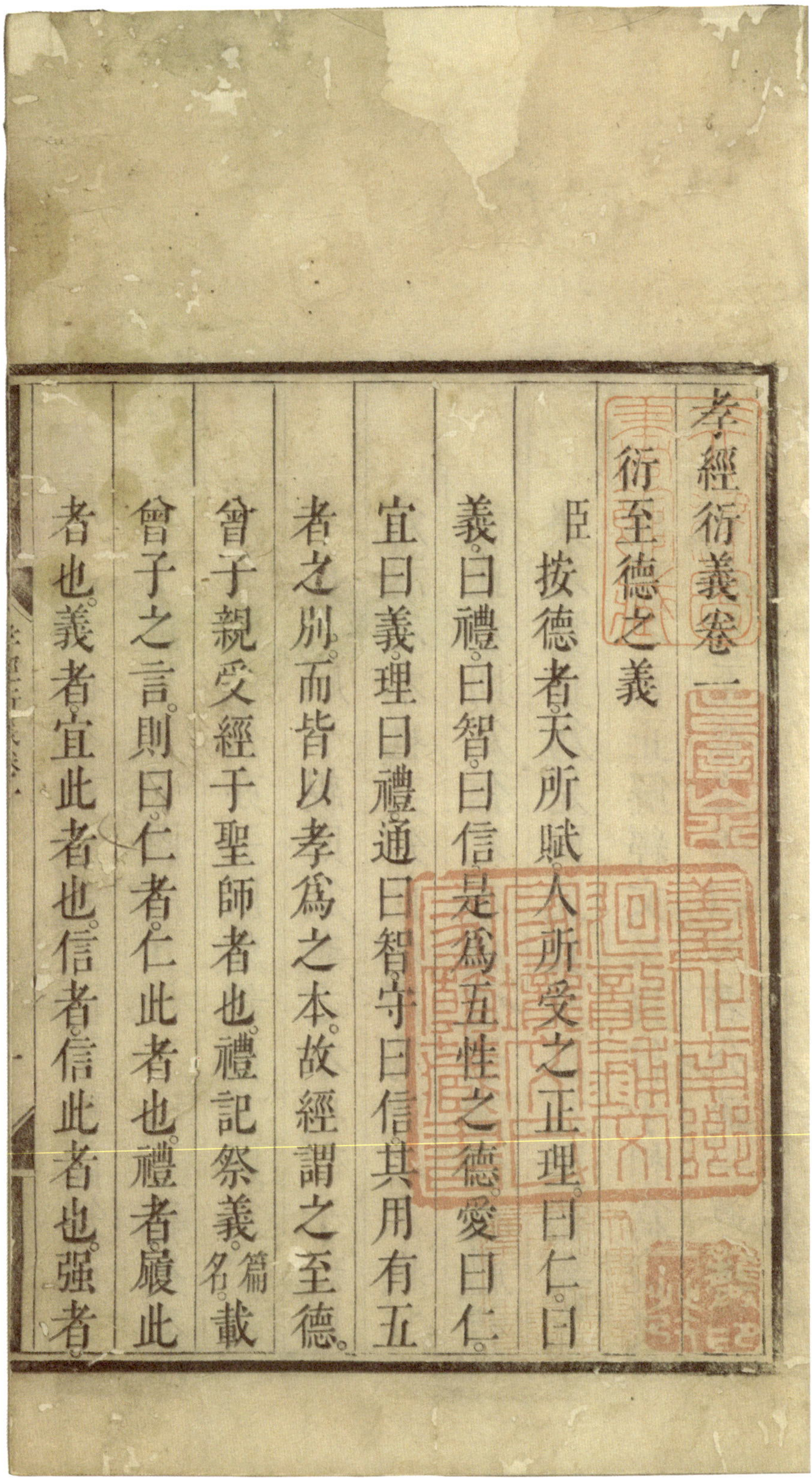
孝經衍義卷一
衍至德之義
臣按德者天所賦人所受之正理曰仁曰
義曰禮曰智曰信是爲五性之德愛曰仁
宜曰義理曰禮通曰智守曰信其用有五
者之別而皆以孝爲之本故經謂之至德
曾子親受經于聖師者也禮記祭義篇名載
曾子之言則曰仁者仁此者也禮者履此
者也義者宜此者也信者信此者也强者

御纂性理精義十二卷

清康熙五十六年武英殿刻本

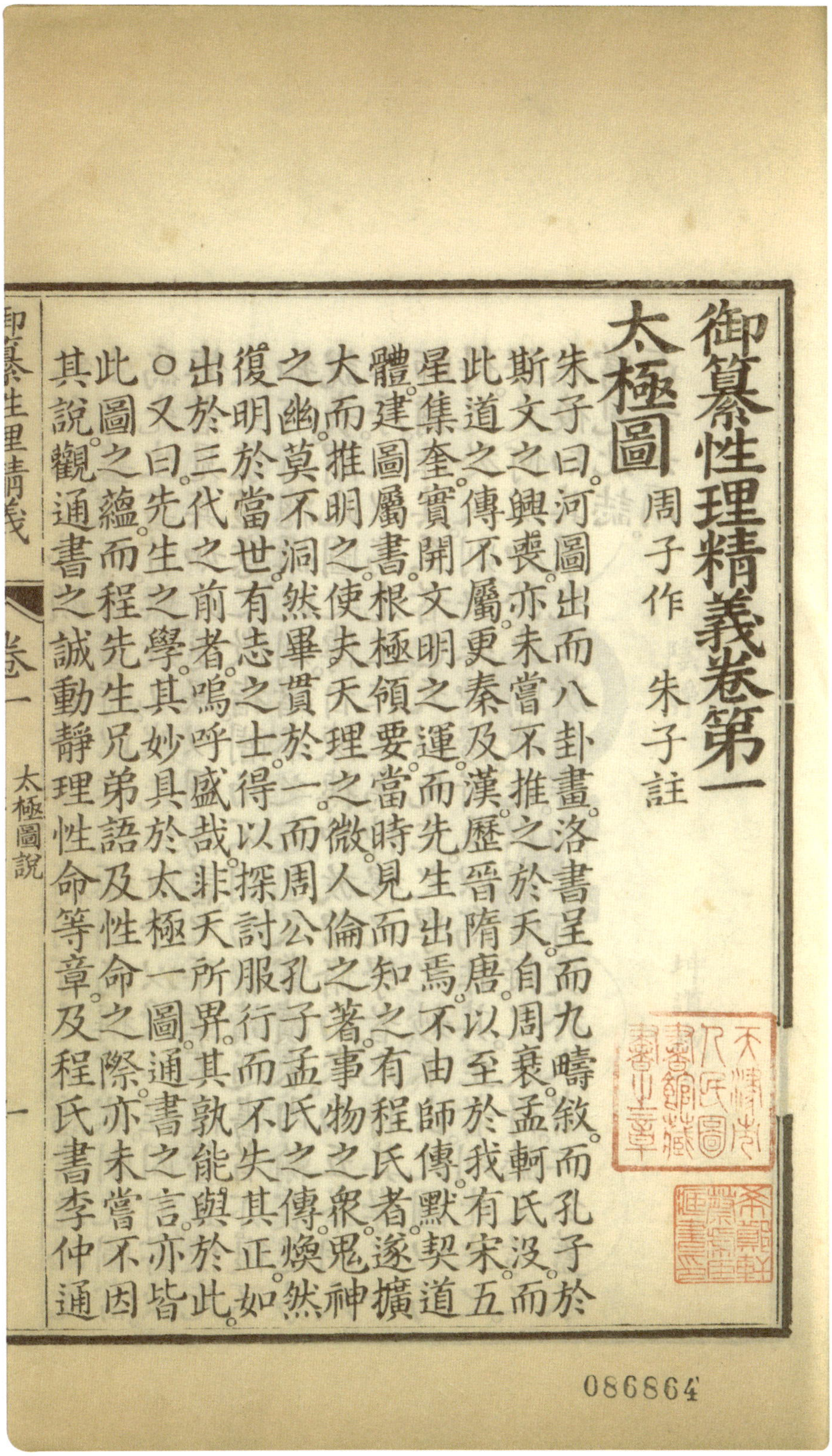

日知薈說四卷

清乾隆元年武英殿刻本

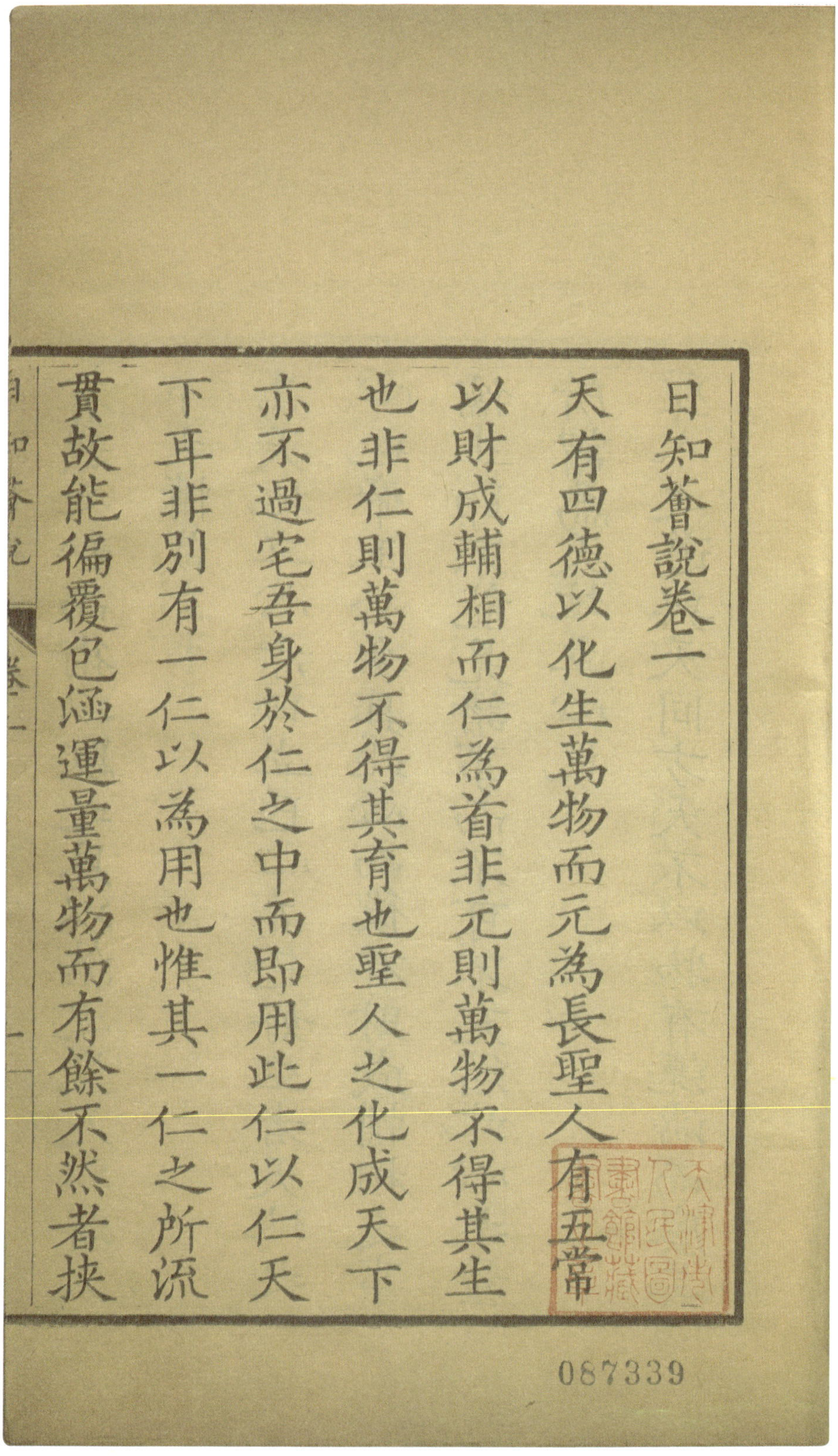
日知薈說卷一
天有四德以化生萬物而元為長聖人有五常
以財成輔相而仁為首非元則萬物不得其生
也非仁則萬物不得其育也聖人之化成天下
亦不過宅吾身於仁之中而即用此仁以仁天
下耳非别有一仁以為用也惟其一仁之所流
貫故能徧覆包涵運量萬物而有餘不然者挾

御覽經史講義三十卷　清乾隆武英殿刻本

御覽經史講義卷一

周易

乾元亨利貞

檢討臣陳兆崙

朱子曰伏羲仰觀俯察見陰陽有奇耦之數故畫一奇以象陽畫一耦以象陰見一陰一陽有各生一陰一陽之象故自下而上再倍而三以成八卦見陽之性健而其成形之大者爲天故三奇之卦名之曰乾而擬之於天也三畫已具八卦已成則又三倍其畫以成六畫而於八卦

御覽經史講義　卷一　一

農政全書六十卷　明崇禎十二年平露堂刻本

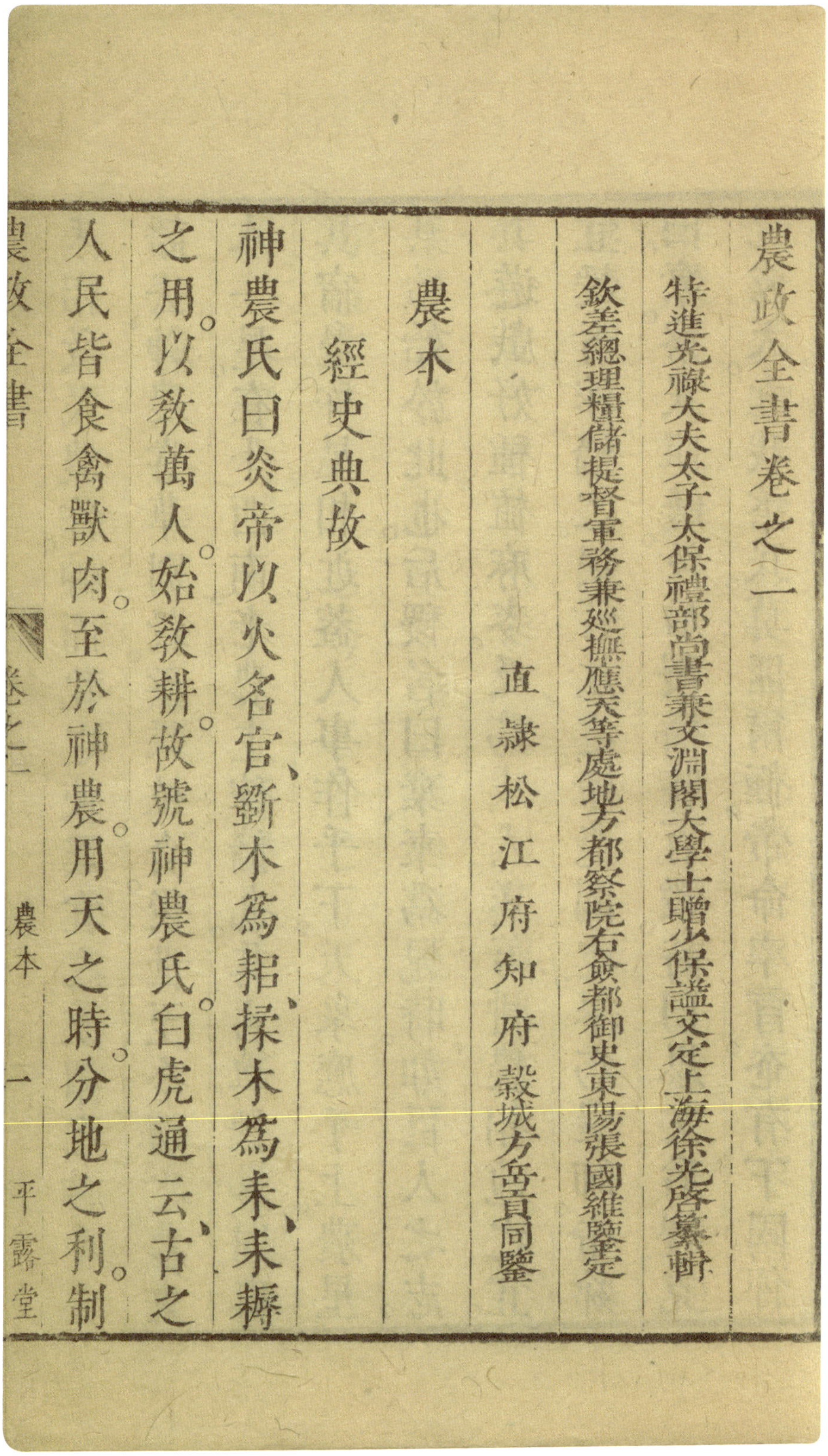

農政全書卷之一

特進光祿大夫太子太保禮部尚書兼文淵閣大學士贈少保諡文定上海徐光啓纂輯

欽差總理糧儲提督軍務兼巡撫應天等處地方都察院右僉都御史東陽張國維鑒定

直隸松江府知府穀城方岳貢同鑒

農本

經史典故

神農氏曰炎帝以火名官、斲木爲耜、揉木爲耒、耒耨之用。以教萬人。始教耕。故號神農氏。白虎通云古之人民皆食禽獸肉。至於神農。用天之時。分地之利。制

農政全書　卷之一　農本　一　平露堂

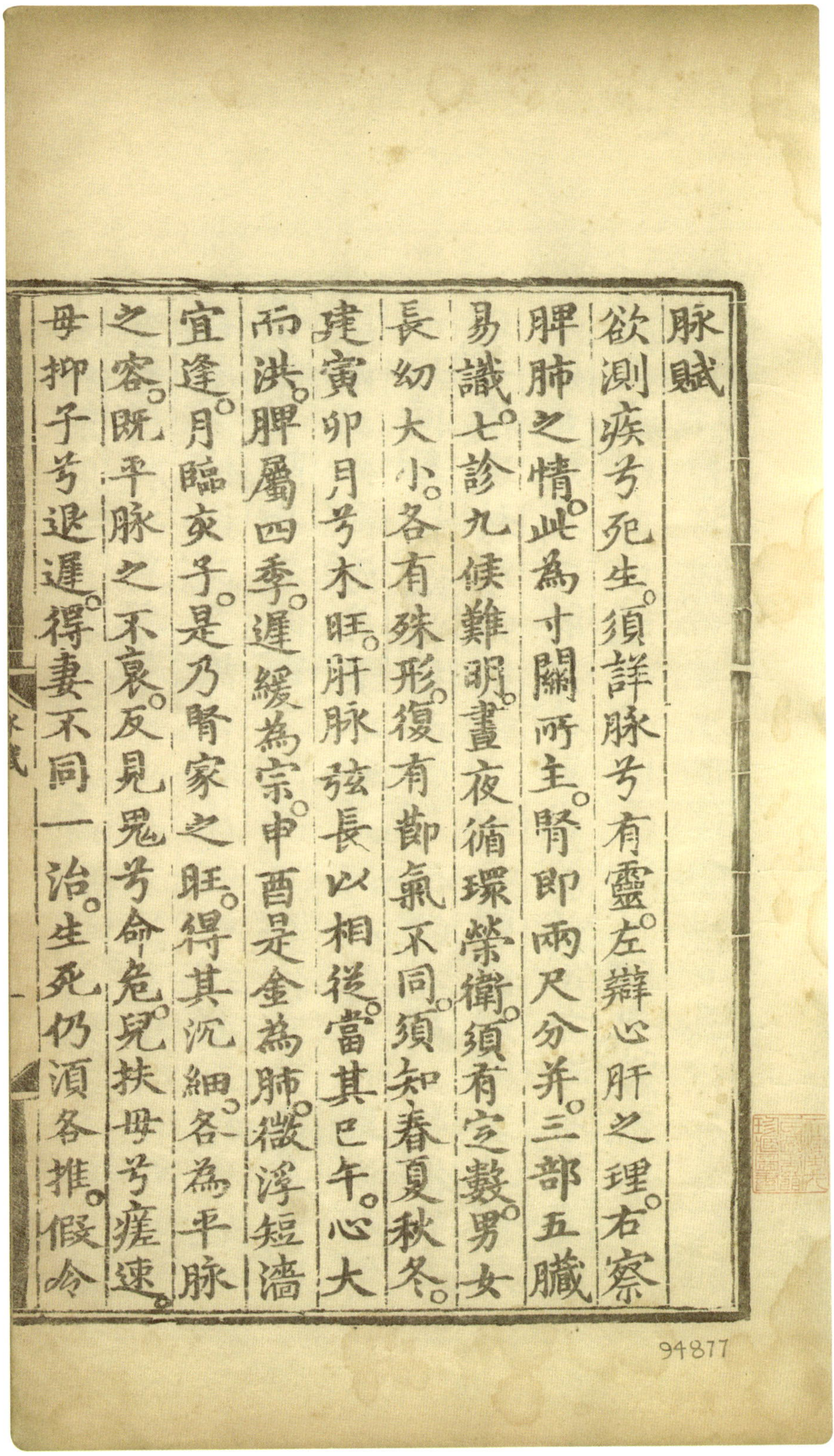

脉賦

欲測疾兮死生。須詳脉兮有靈。左辯心肝之理。右察脾肺之情。此為寸關所主。腎即兩尺分并。三部五臟易識。七診九候難明。晝夜循環榮衛。須有定數。男女長幼大小。各有殊形。復有節氣不同。須知春夏秋冬。建寅卯月兮木旺。肝脉弦長以相從。當其巳午。心大而洪。脾屬四季。遲緩為宗。申酉是金為肺。微浮短濇宜逢。月臨亥子。是乃腎家之旺。得其沉細。各為平脉之容。既平脉之不衰。反見鬼兮命危。兒扶母兮瘥速。母抑子兮退遲。得妻不同一治。生死仍須各推。假令

醫要集覽九種九卷

明經廠刻本

重廣補注黄帝内經素問二十四卷　明嘉靖二十九年顧從德影宋刻本

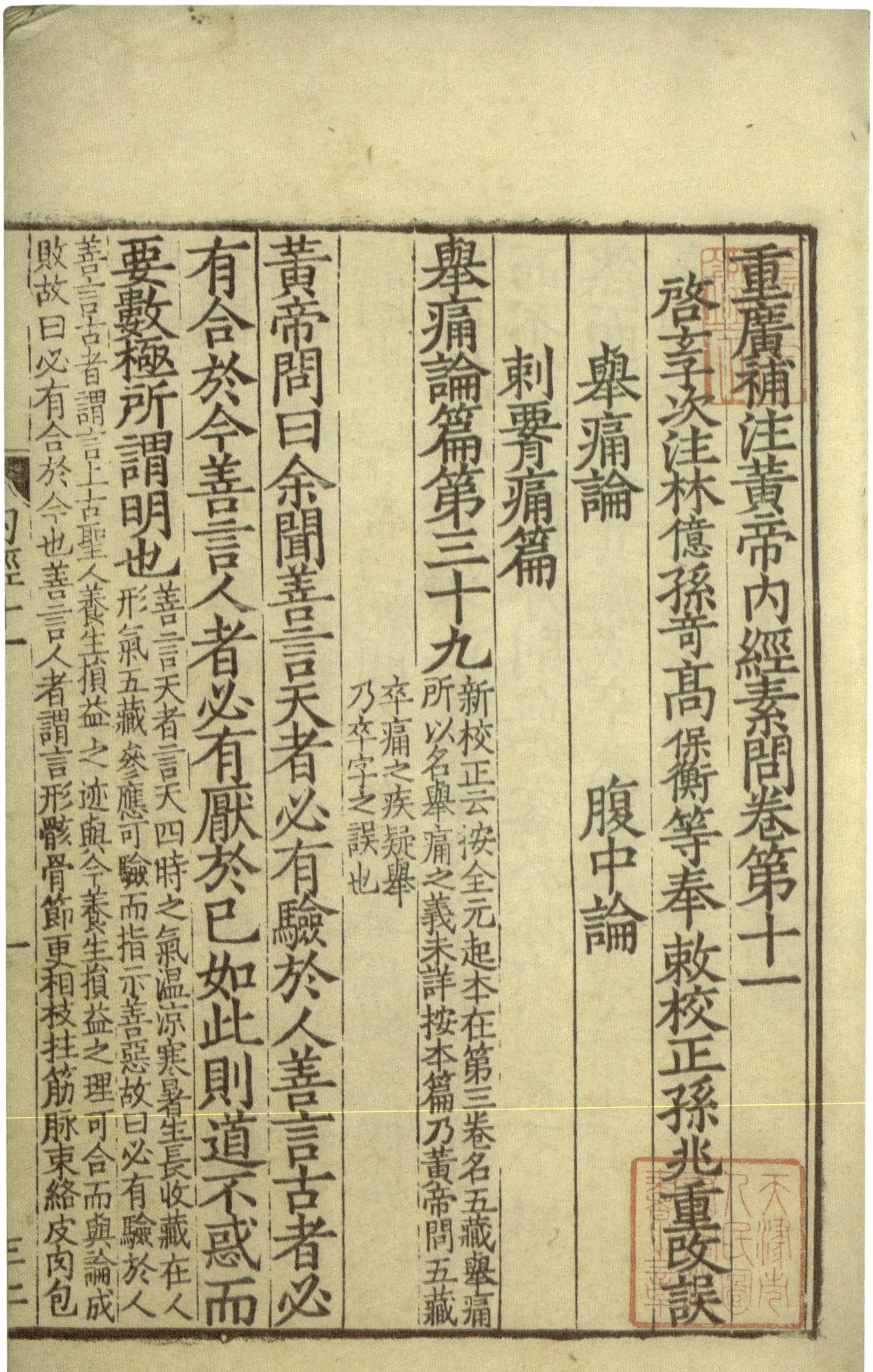
重廣補注黄帝内經素問卷第十一

啓玄子次注林億孫奇高保衡等奉敕校正孫兆重改誤

舉痛論　腹中論

刺腰痛篇

舉痛論篇第三十九 新校正云按全元起本在第三卷名五藏舉痛所以名舉痛之義未詳按本篇乃黄帝問五藏卒痛之疾疑舉乃卒字之誤也

黄帝問曰余聞善言天者必有驗於人善言古者必有合於今善言人者必有厭於已如此則道不惑而要數極所謂明也 善言天者言天四時之氣温凉寒暑生長收藏在人形氣五藏參應可驗而指示善惡故曰必有驗於人善言古者謂言上古聖人養生損益之迹與今養生損益之理可合而與論成敗故曰必有合於今也善言人者謂言形骸骨節更相枝拄筋脉束絡皮肉包

御纂醫宗金鑑九十卷

清乾隆七年武英殿刻本

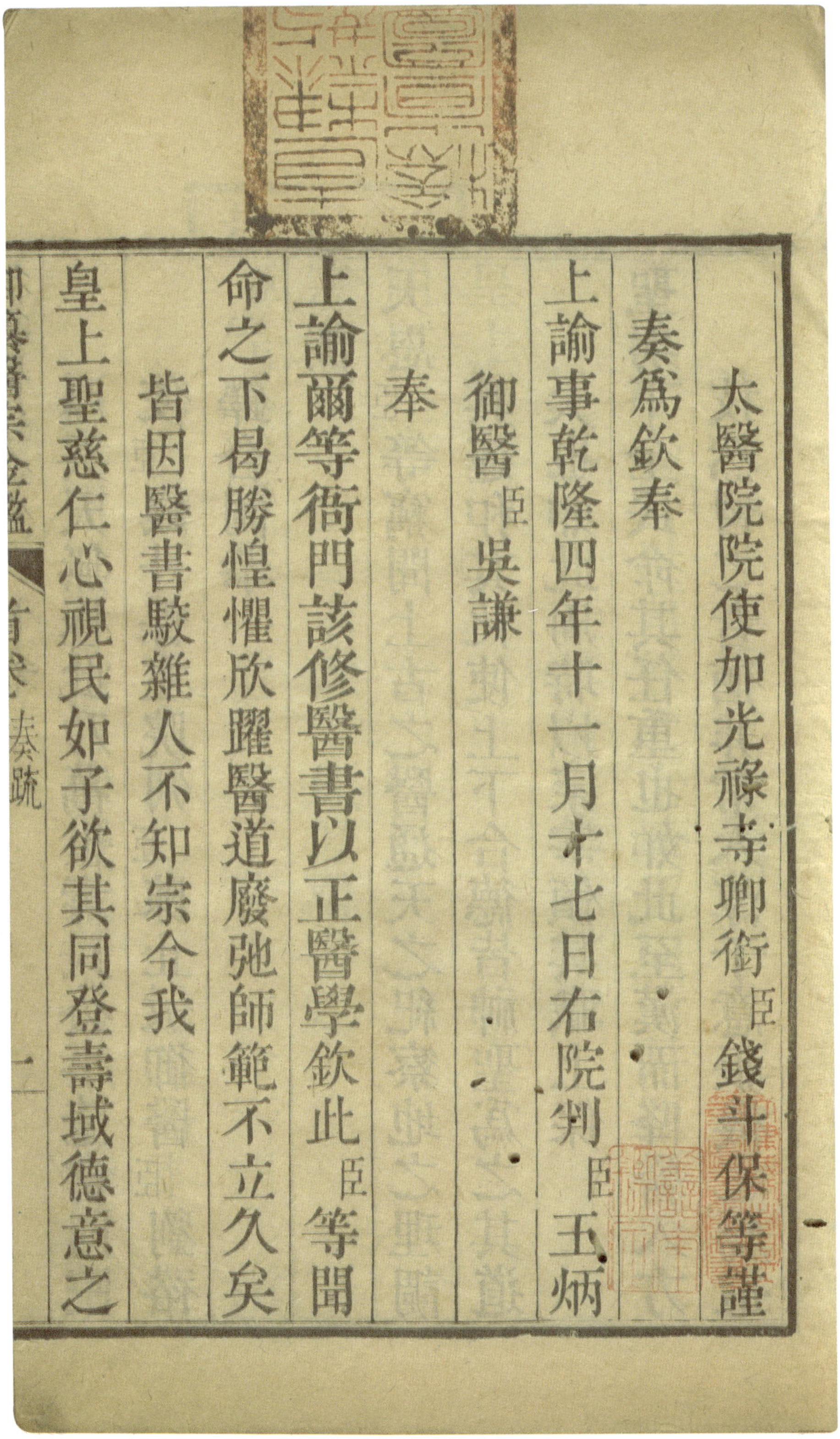
太醫院院使加光祿寺卿銜臣錢斗保等謹
奏爲欽奉
上諭事乾隆四年十一月十七日右院判臣王炳
御醫臣吳謙
奉
上諭爾等衙門該修醫書以正醫學欽此臣等聞
命之下曷勝惶懼欣躍醫道廢弛師範不立久矣
皆因醫書駁雜人不知宗今我
皇上聖慈仁心視民如子欲其同登壽域德意之

御纂醫宗金鑑 首卷 奏疏 一

御纂醫宗金鑑九十卷

清乾隆七年武英殿刻本

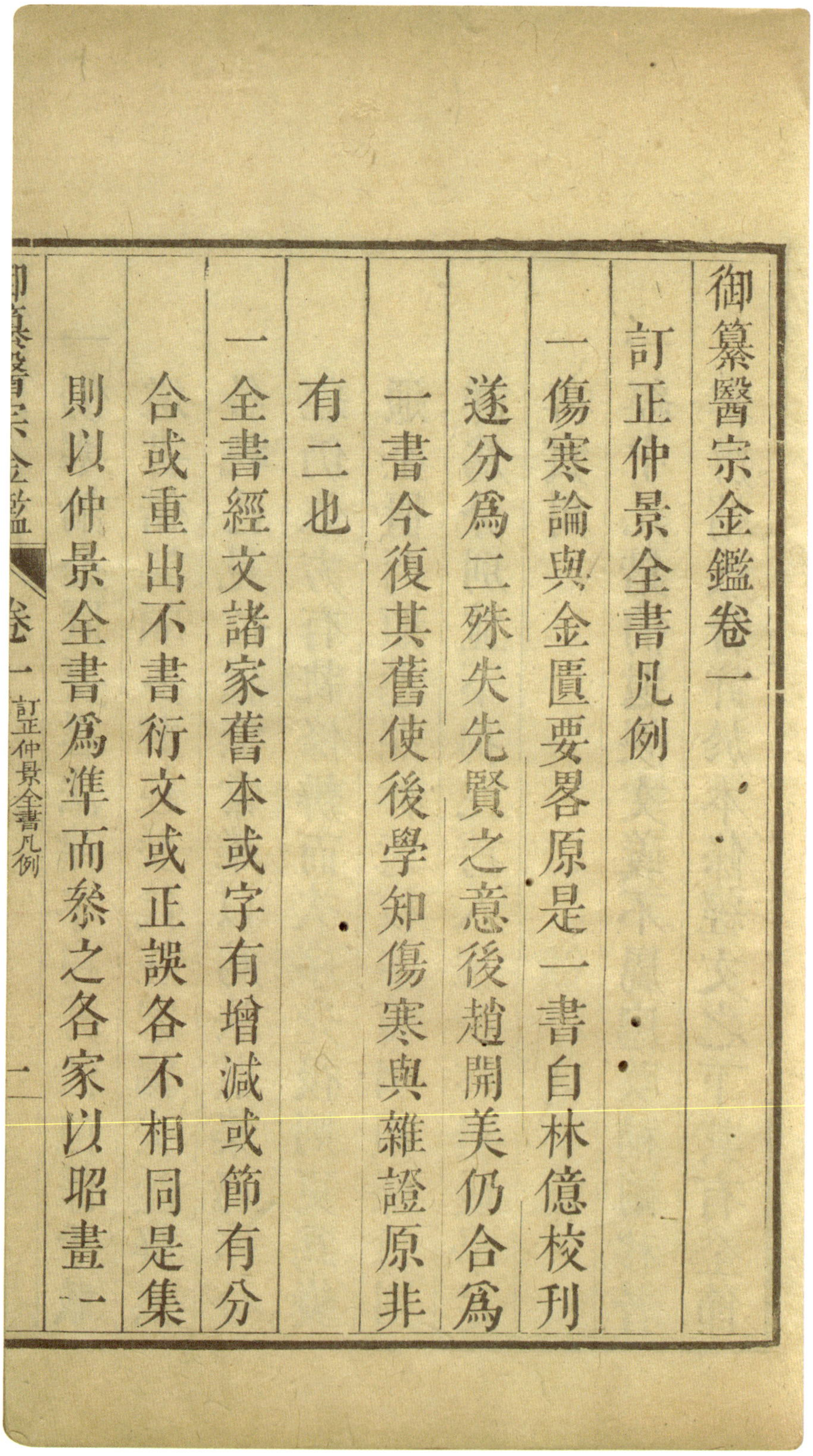

御纂醫宗金鑑卷一

訂正仲景全書凡例

一傷寒論與金匱要畧原是一書自林億校刊遂分爲二殊失先賢之意後趙開美仍合爲一書今復其舊使後學知傷寒與雜證原非有二也

一全書經文諸家舊本或字有增減或節有分合或重出不書衍文或正譌各不相同是集則以仲景全書爲準而參之各家以昭畫一

御纂醫宗金鑑　卷一　訂正仲景全書凡例　一

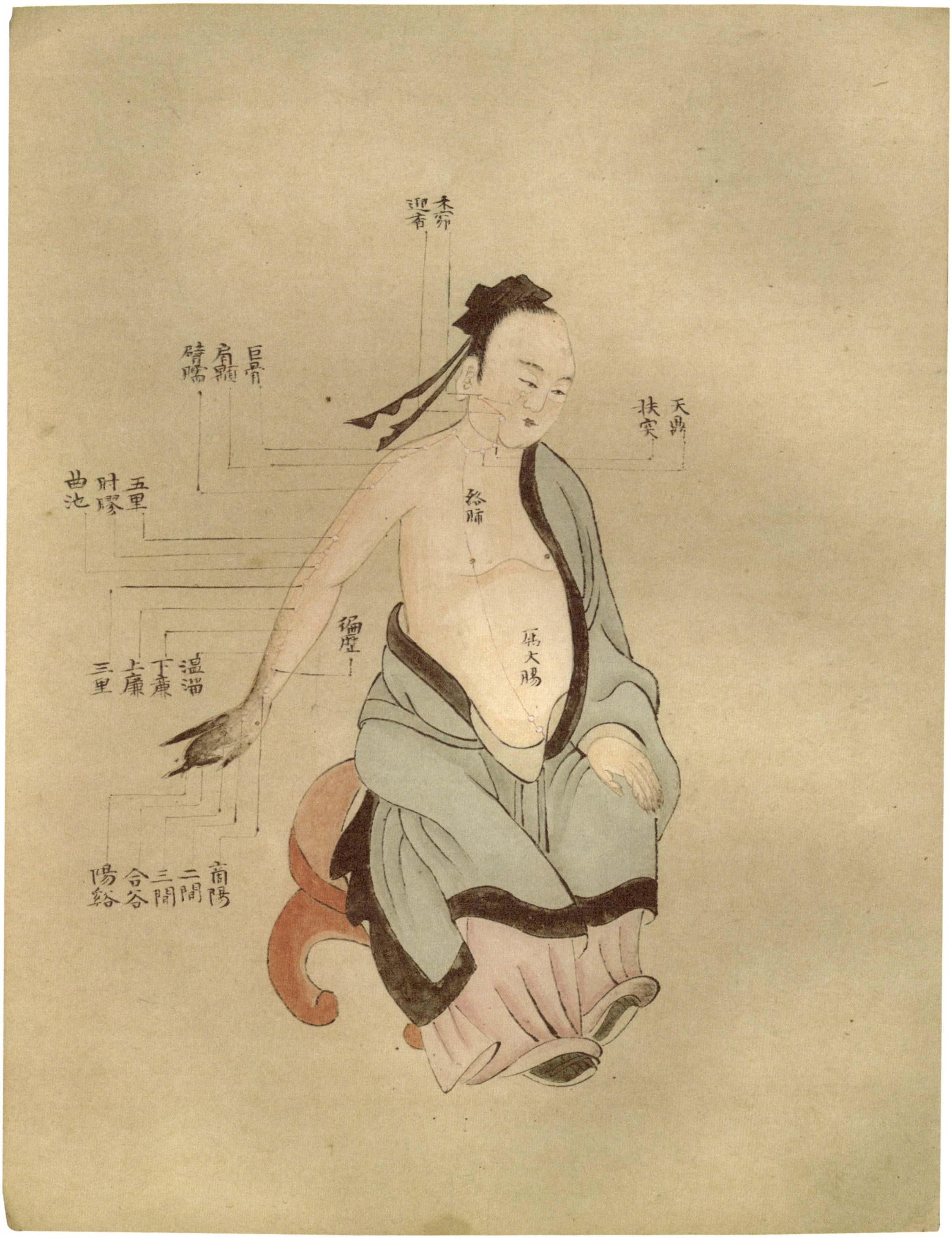

尊生圖要不分卷　稿本

手太陰肺經　辛金

肺者相傳之官治節出焉
肺者氣之本魄之處也爲陽中之太陰通於秋氣
肺配胸中與大腸爲表裏其母脾土其子腎水其尅肝木其賊
心火其象金其藏魄其旺秋其絶夏其色白其位西其卦乾其
惡寒其性義其音商其數九其味辛其臭腥其華毛其候鼻其
充皮其液涕其聲哭其氣呬其不足則太息其有餘則喘嗽其
平脉浮短其賊脉洪其死丙丁日其畜馬其穀稻上爲太白星
其見症也善嚏悲愁欲哭洒淅寒熱缺盆中痛腹痛肩背痛臍
右少腹脹痛小便數溏泄皮膚痛及麻木喘少氣頰上氣見
秋胃微毛曰平毛多胃少曰肺病但毛無胃曰死毛而有弦曰
春病弦甚曰今病

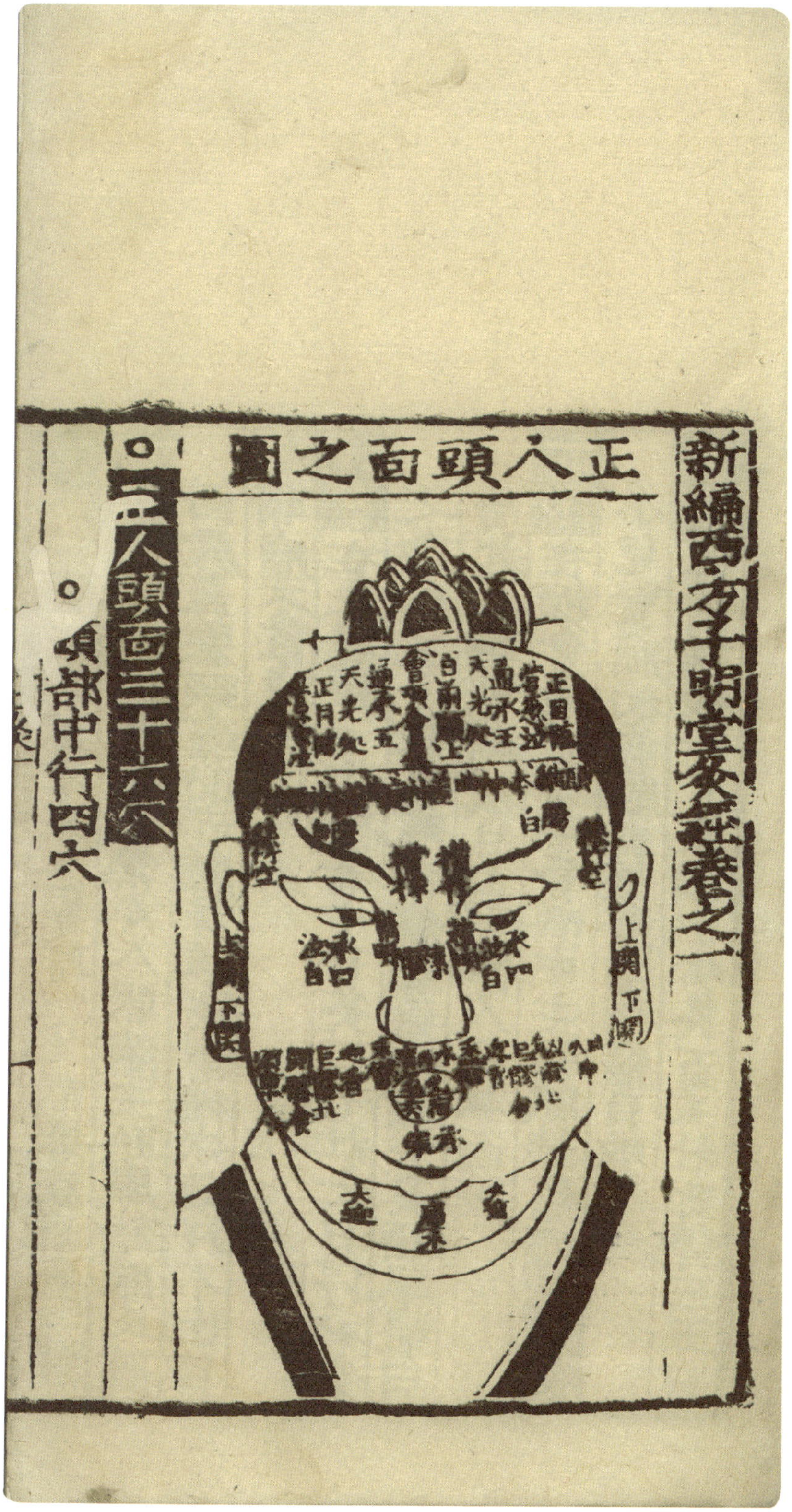

新編西方子明堂灸經八卷

明嘉靖中山西平陽府刊本

新編西方子明堂灸經八卷

明嘉靖中山西平陽府刊本

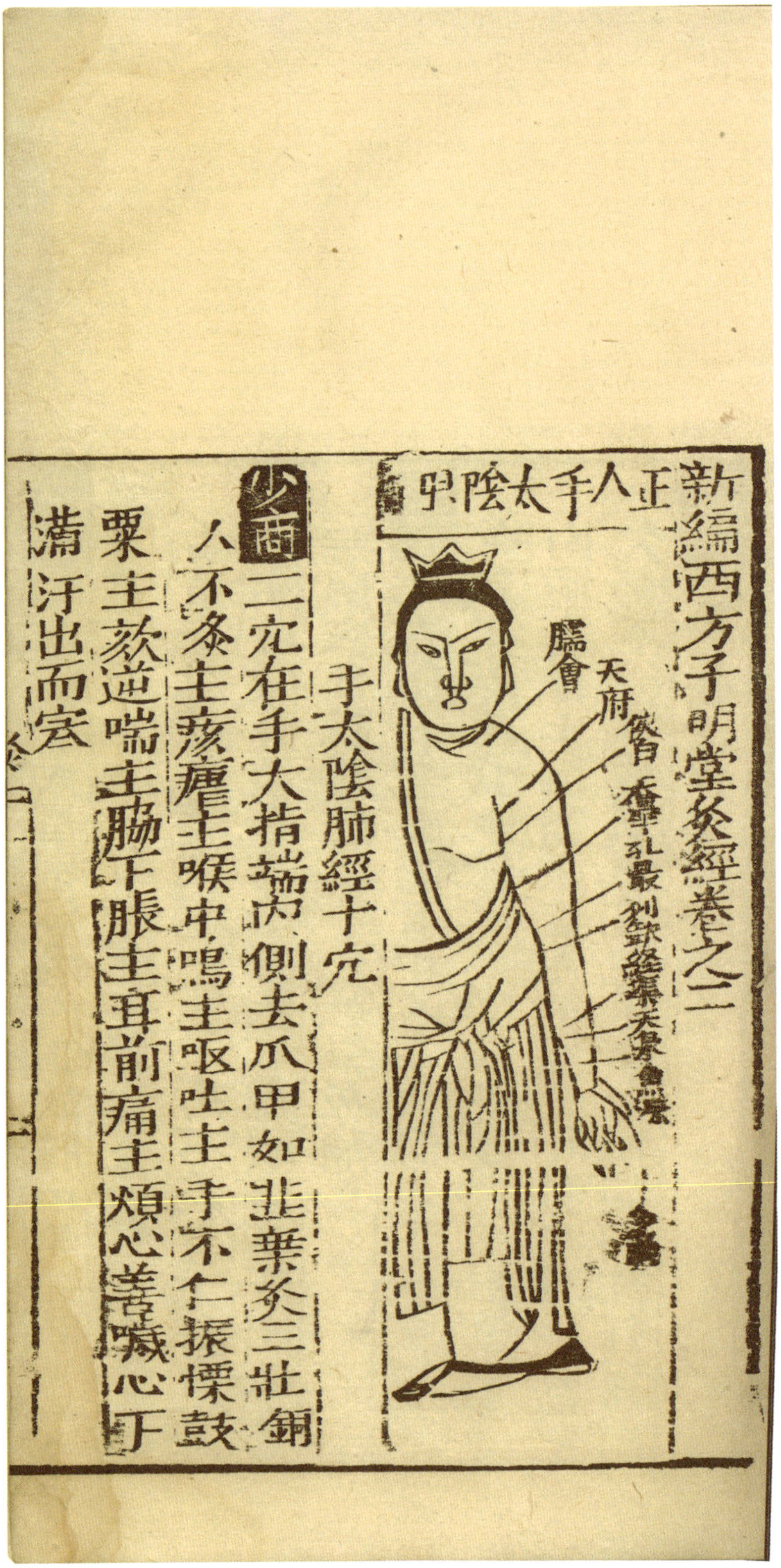

手太陰肺經十穴
少商
二穴在手大指端內側去爪甲如韭葉灸三壯鍼
入一分不灸主痎瘧主喉中鳴主嘔吐主手不仁振慄鼓
頷主欬逆喘主脇下脹主耳前痛主煩心善噦心下
滿汗出而寒

御制律曆淵源一百卷

清雍正二年內府刻本

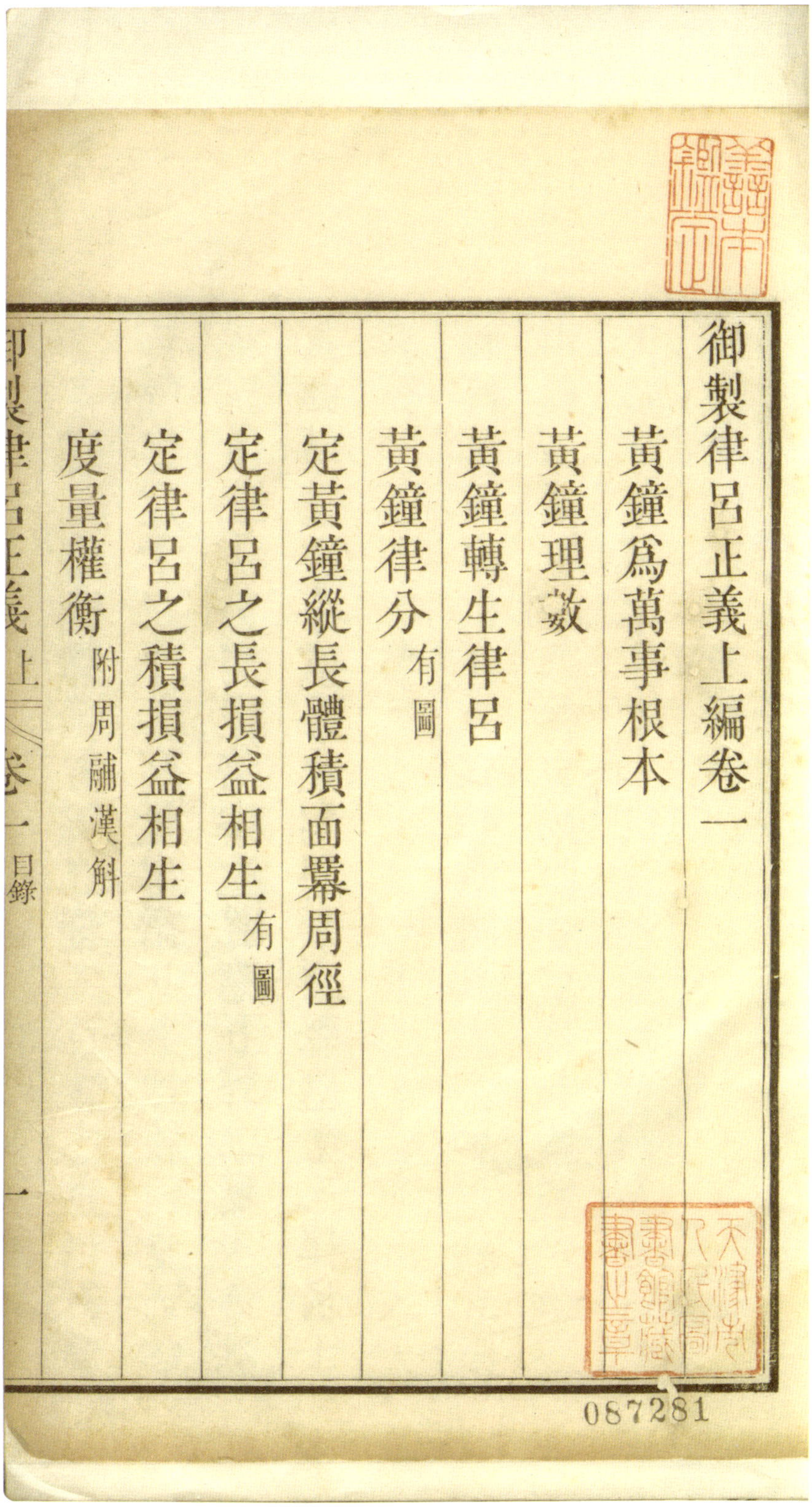

欽定協紀辨方書三十六卷

清乾隆六年武英殿刻本

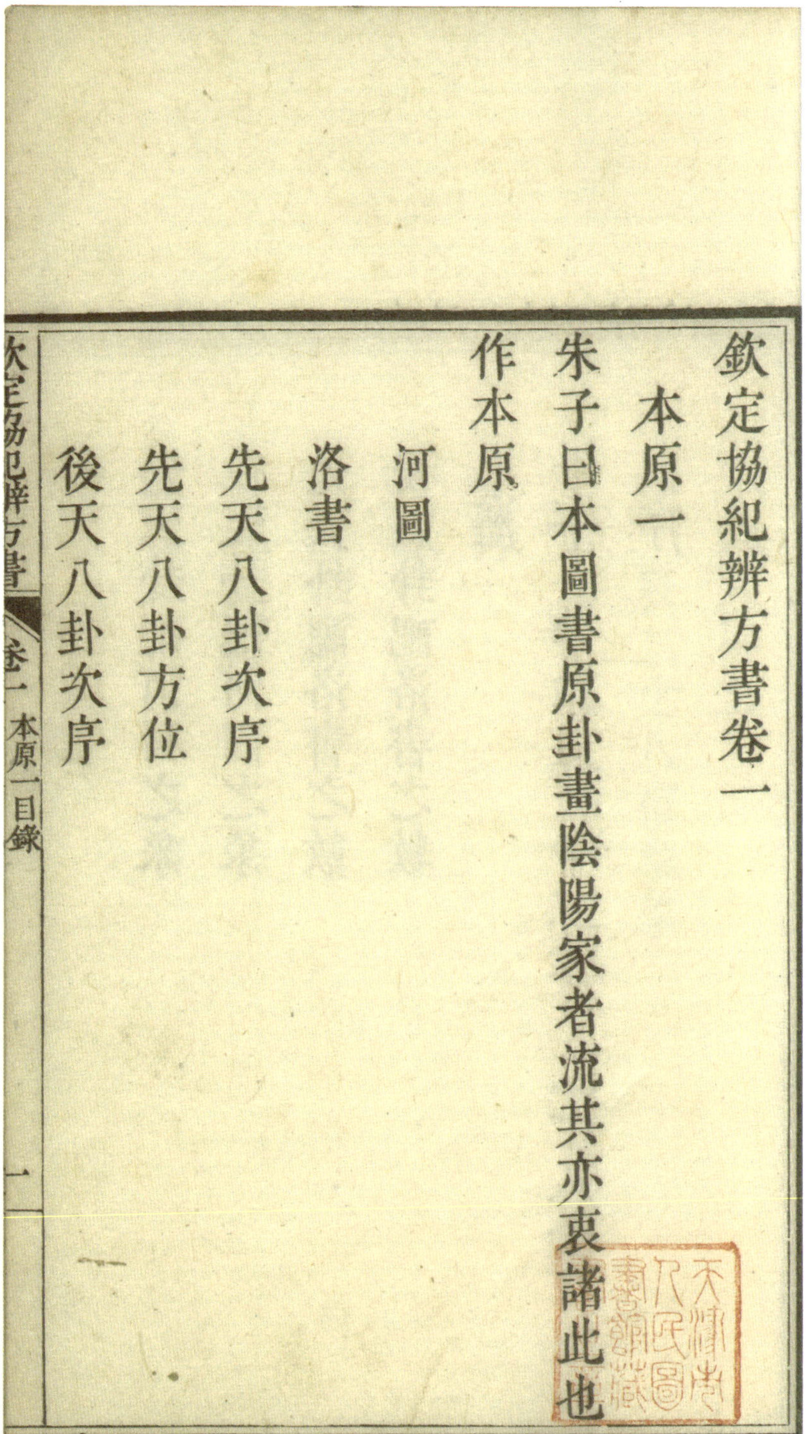

欽定協紀辨方書卷一

本原一

朱子曰本圖書原卦畫陰陽家者流其亦衷諸此也

作本原

河圖

洛書

先天八卦次序

先天八卦方位

後天八卦次序

欽定協紀辨方書　卷一　本原一目錄　一

五代名畫補遺一卷

明末毛氏汲古閣影宋鈔本

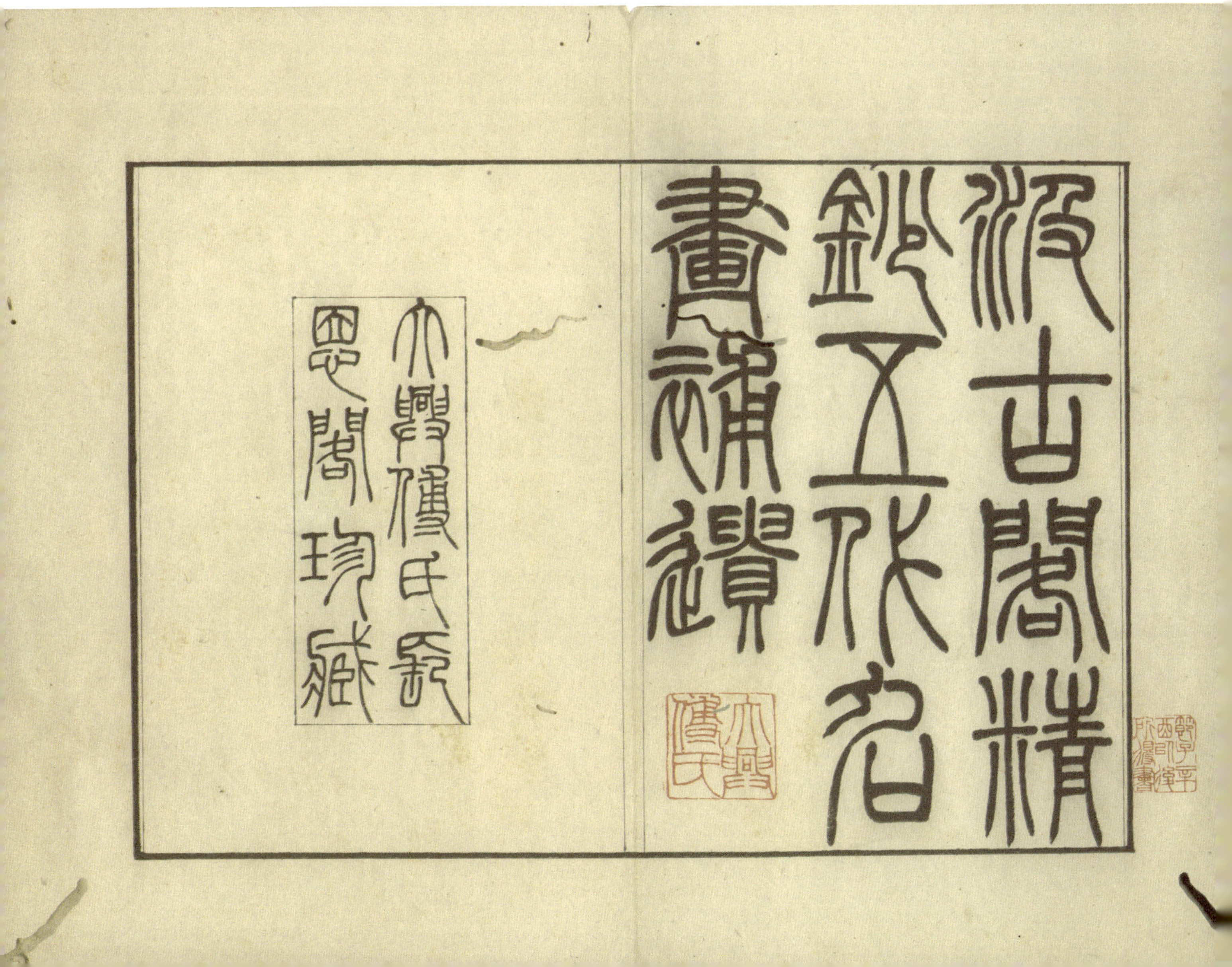
汲古閣精鈔五代名畫補遺

大興傅氏長恩閣珍藏

五代名畫補遺一卷
明末毛氏汲古閣影宋鈔本

五代名畫補遺

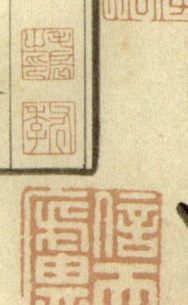

大梁 劉 道醇 纂

人物門第一

神品四人 韓求 張圖 李祝 朱瑤

韓求一云虬 李祝一云祝 不知何處人皆倜儻不拘有經略才能屬唐祚陵季遂退藏不仕以丹青自污而好遊晉唐間時大唐昭宗乾寧乙夘歲乃封并州節度使李克用爲晉王城太原及天祐甲子歲秋八月梁王朱全忠不軌乃立帝子輝王祝是爲哀帝四年夏四月帝禪位于朱全忠時克用陰懷異圖窺伺神器加以左右勸進克用亦懼求祝知之乃命往陝郊畫

龍興寺回廊列壁二百餘堵求祝乃對手畫攝摩騰竺法蘭以經來大各八尺洎三門上神數十身皆高二丈又畫九子母及羅义變像宛有步武之態由是天下畫流雲集于是莫不鼠伏乃爲畫人妬其才識後伺閒隙乃從容言於克用曰韓求李祝有文武經術大略今在陝郊畫日夂矣辭多不順言大王有異圖時克用方與子存勗畫定大謀忽聞求祝之言慮

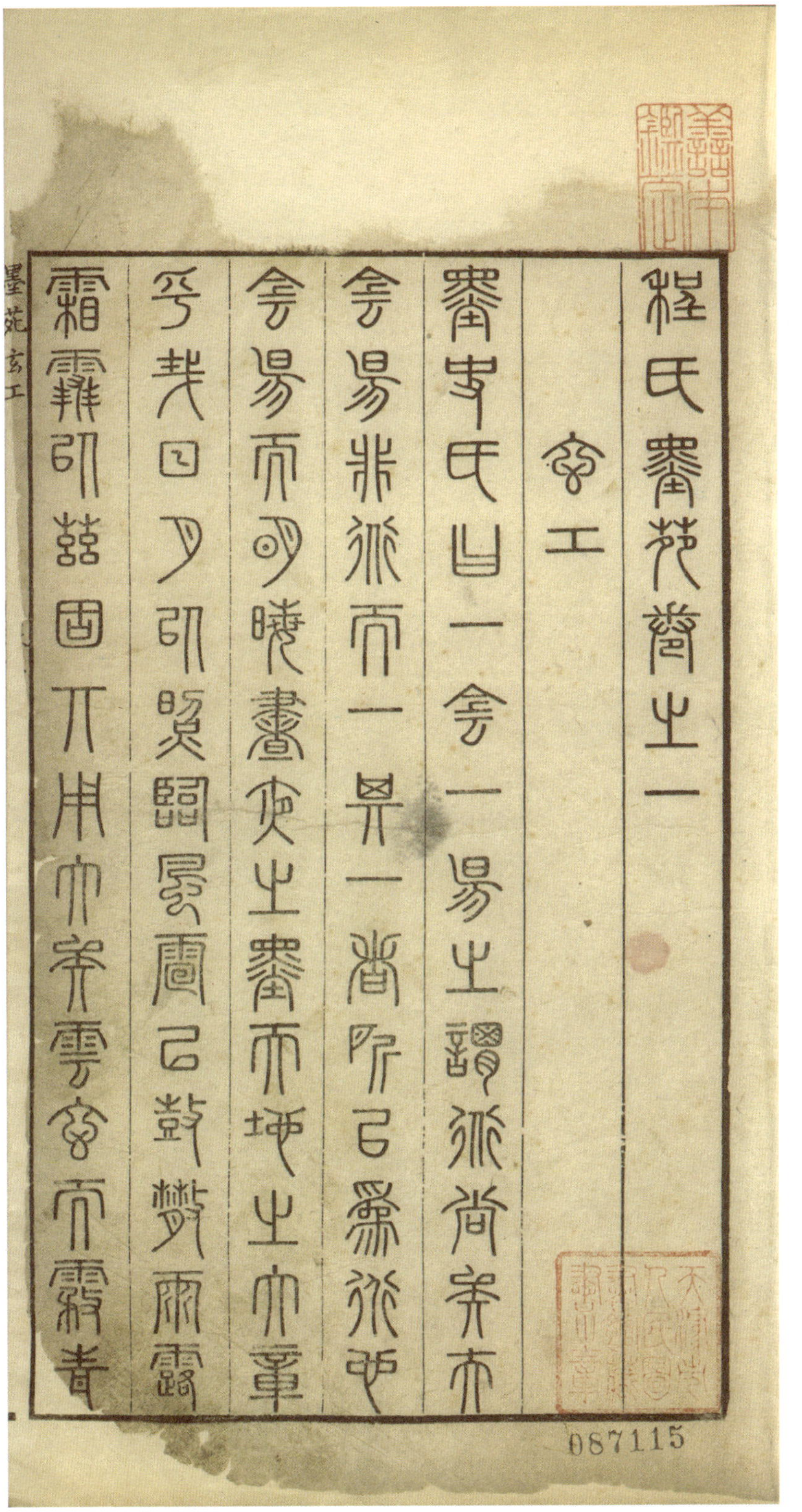
程氏墨苑卷之一

玄工

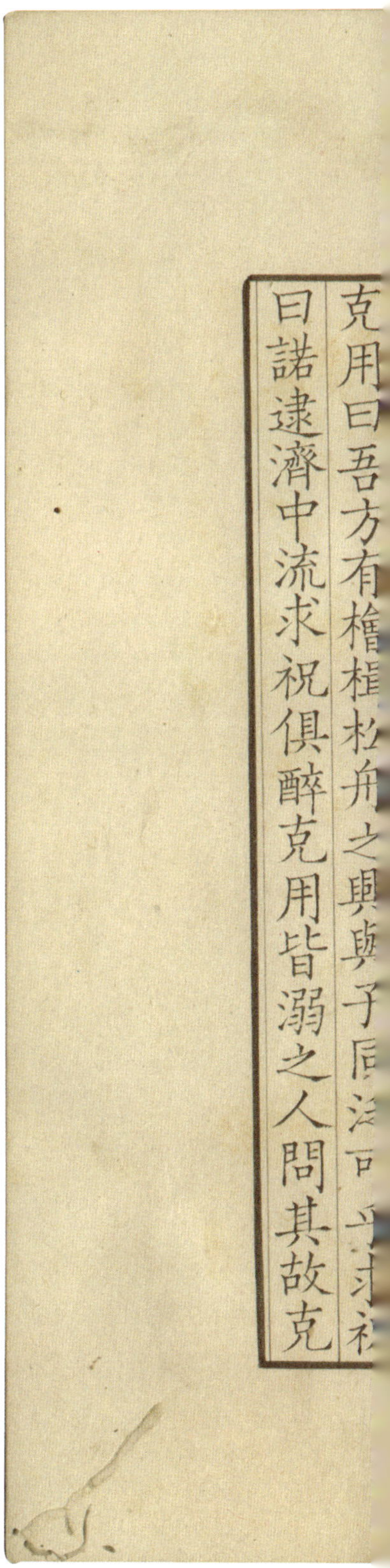
克用曰吾方有檣桯杙舟之與與子同濟可乎求祝
曰諾逮濟中流求祝俱醉克用皆溺之人問其故克

程氏墨苑十四卷人文爵裏八卷

明萬曆程氏滋蘭堂刻本

程氏墨苑十四卷人文爵裏八卷

明萬曆程氏滋蘭堂刻本

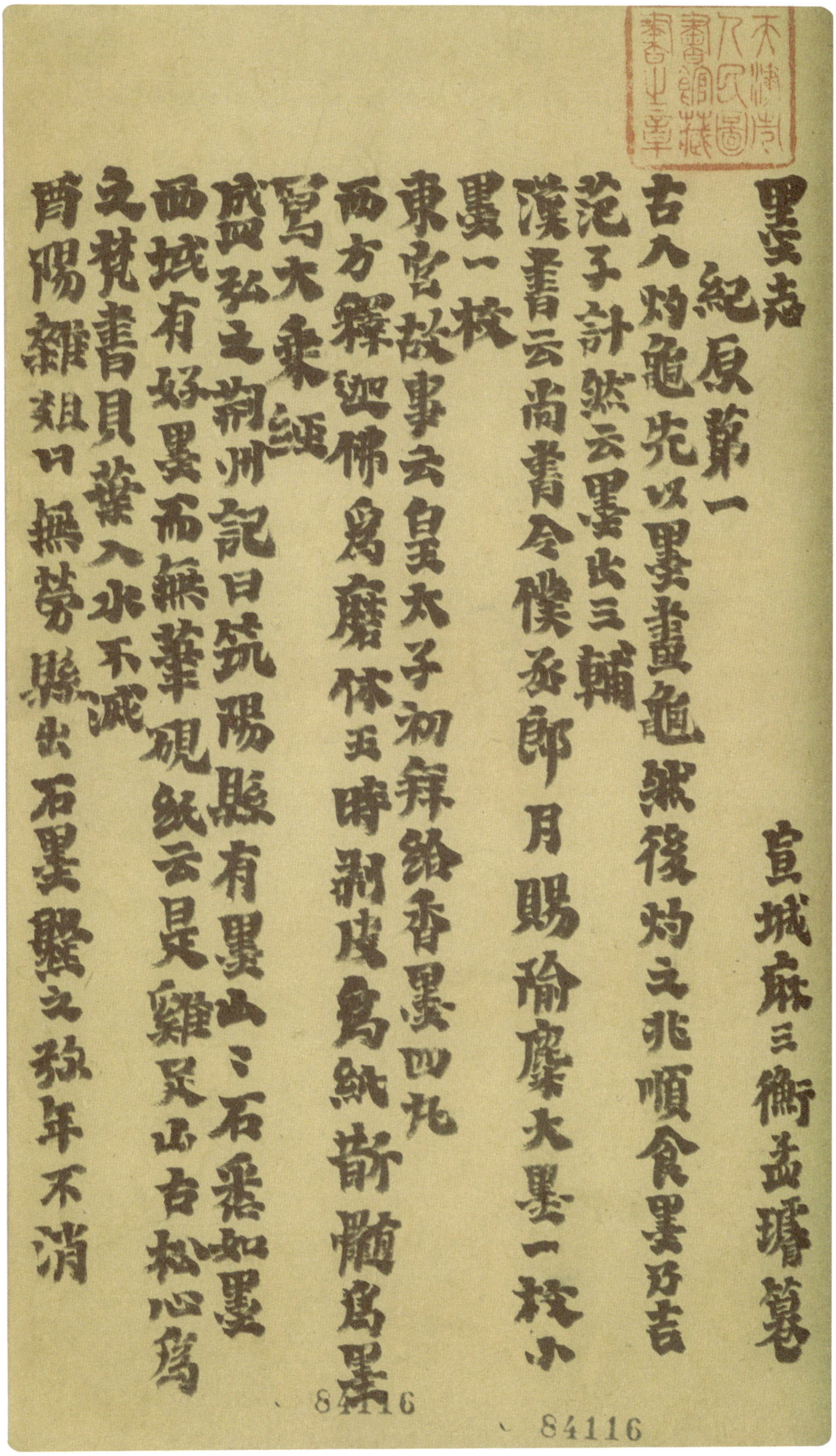
天津市人民圖書館藏書之章
墨志　宣城麻三衡孟璿纂
紀原第一
古人灼龜先以墨畫龜然後灼之兆順食墨乃吉
范子計然云墨出三輔
漢書云尚書令僕丞郎月賜隃麋大墨一枚小
墨一枚
東宮故事云皇太子初拜給香墨四丸
西方釋迦佛爲摩休王時剝皮爲紙析髓爲墨
寫大乘經
盛弘之荊州記曰筑陽縣有墨山山石悉如墨
西域有好墨而無筆硯紙云是雞足山古松心爲
之梵書貝葉入水不滅
酉陽雜俎曰撫勞縣出石墨爨之彌年不消
84116
84116

墨志一卷　清臨金農寫本

佩文齋廣群芳譜一百卷

清康熙四十七年內府刻本

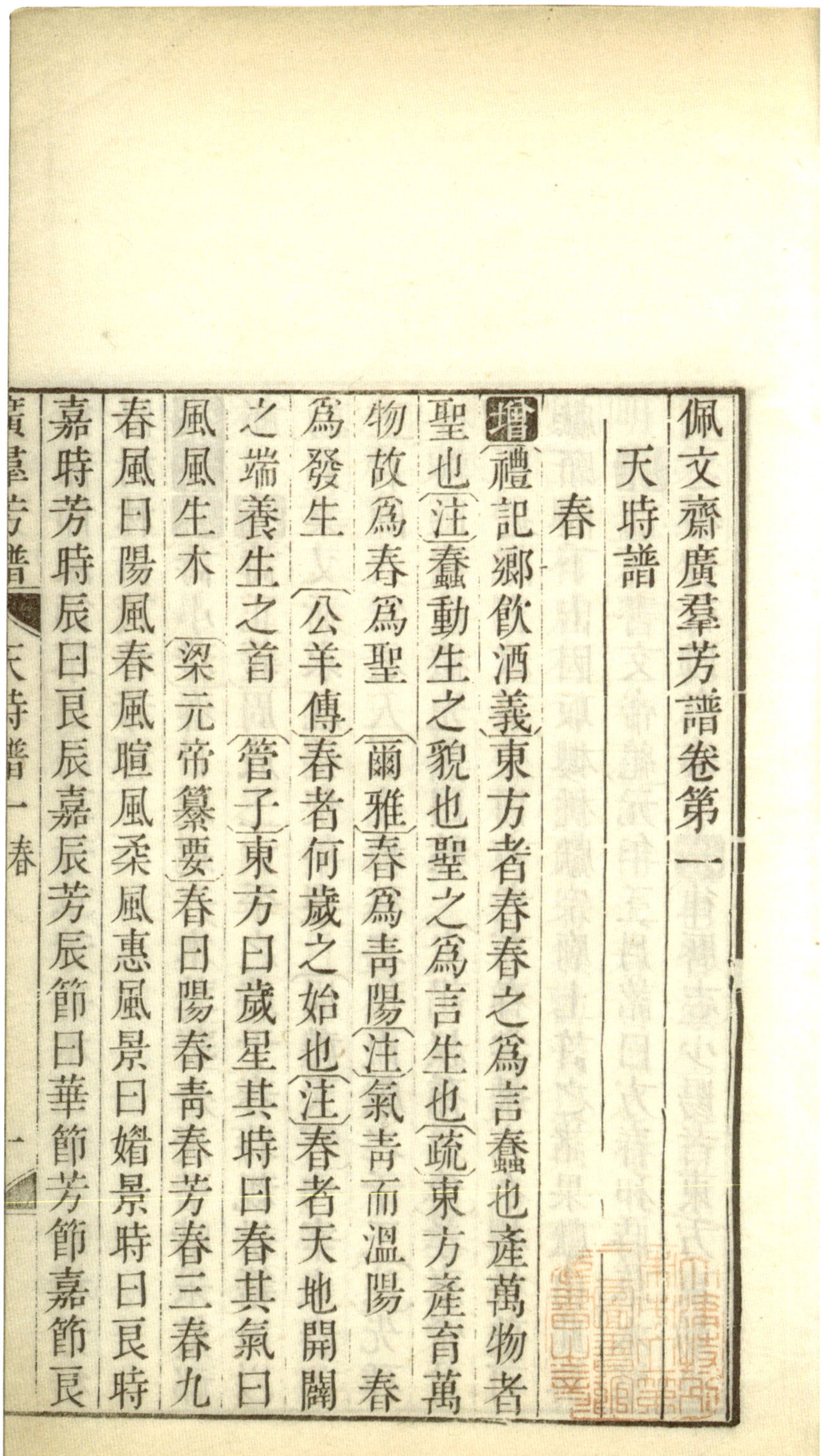
佩文齋廣羣芳譜卷第一

天時譜

春

增禮記鄉飲酒義東方者春春之爲言蠢也產萬物者聖也注蠢動生之貌也聖之爲言生也疏東方產育萬物故爲春爲聖 爾雅春爲青陽注氣青而溫陽 春爲發生 公羊傳春者何歲之始也注春者天地開闢之端養生之首 管子東方曰歲星其時曰春其氣曰風風生木 梁元帝纂要春曰陽春青春芳春三春九春風曰陽風春風暄風柔風惠風景曰媚景時曰良時嘉時芳時辰曰良辰嘉辰芳辰節曰華節芳節嘉節良

廣羣芳譜 卷一 天時譜一 春 一

呂氏春秋二十六卷

明萬曆四十八年凌毓枬刻套印本

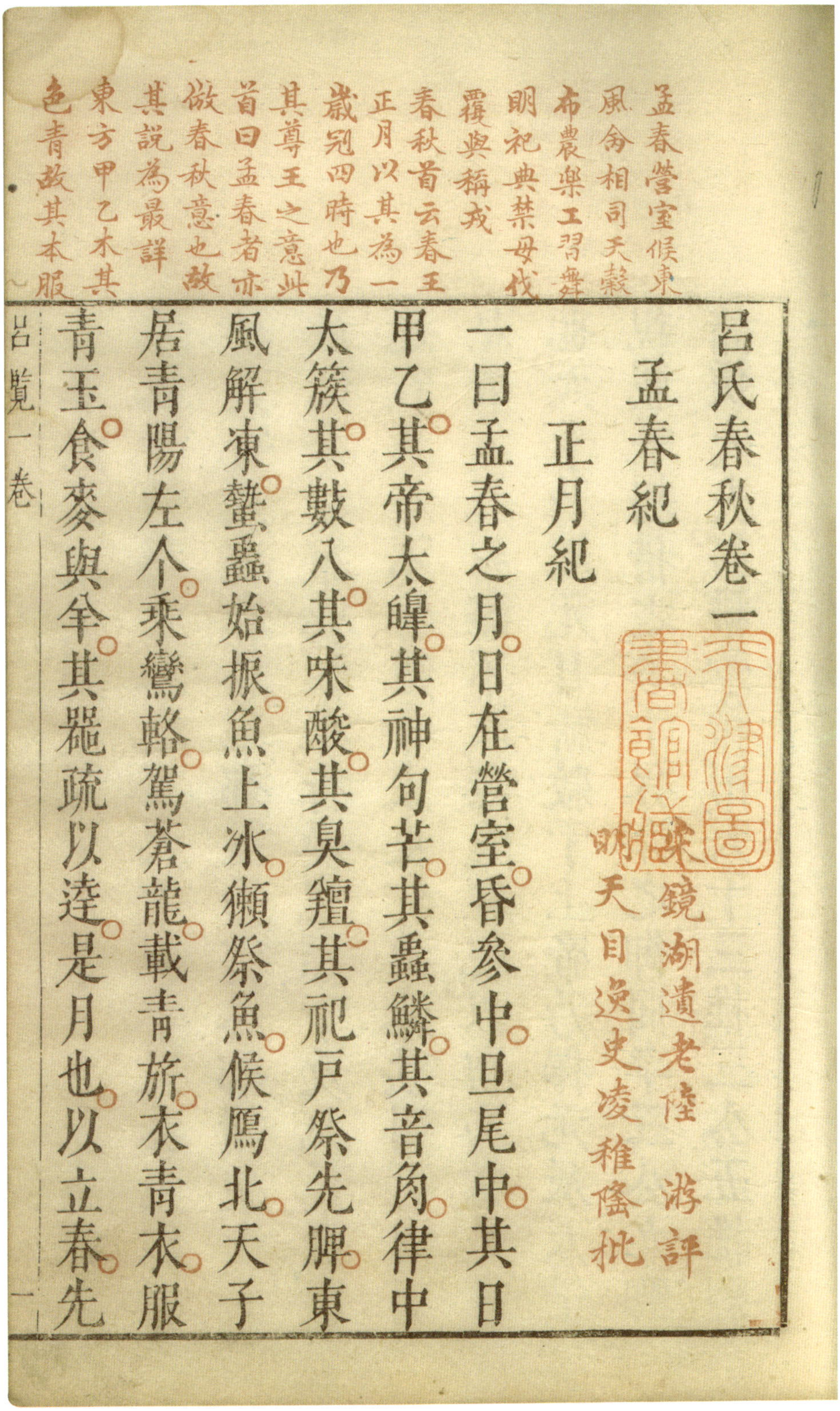

孟春營室候東風令相司天穀布農樂工習舞明祀典禁毋伐覆與稱戎春秋首云春王正月以其為一歲冠四時也乃其尊王之意此首曰孟春者亦倣春秋意也故其說為最詳東方甲乙木其色青故其本服

呂氏春秋卷一

明 鏡湖遺老陸游評

明 天目逸史凌稚隆批

孟春紀

正月紀

一曰孟春之月日在營室昏參中旦尾中其日甲乙其帝太皥其神句芒其蟲鱗其音角律中太簇其數八其味酸其臭羶其祀戶祭先脾東風解凍蟄蟲始振魚上冰獺祭魚候鴈北天子居青陽左个乘鸞輅駕蒼龍載青旂衣青衣服青玉食麥與羊其器疏以達是月也以立春先

呂覽一卷　一

西溪叢語二卷　明嘉靖二十七年俞憲鴸鳴館刻本

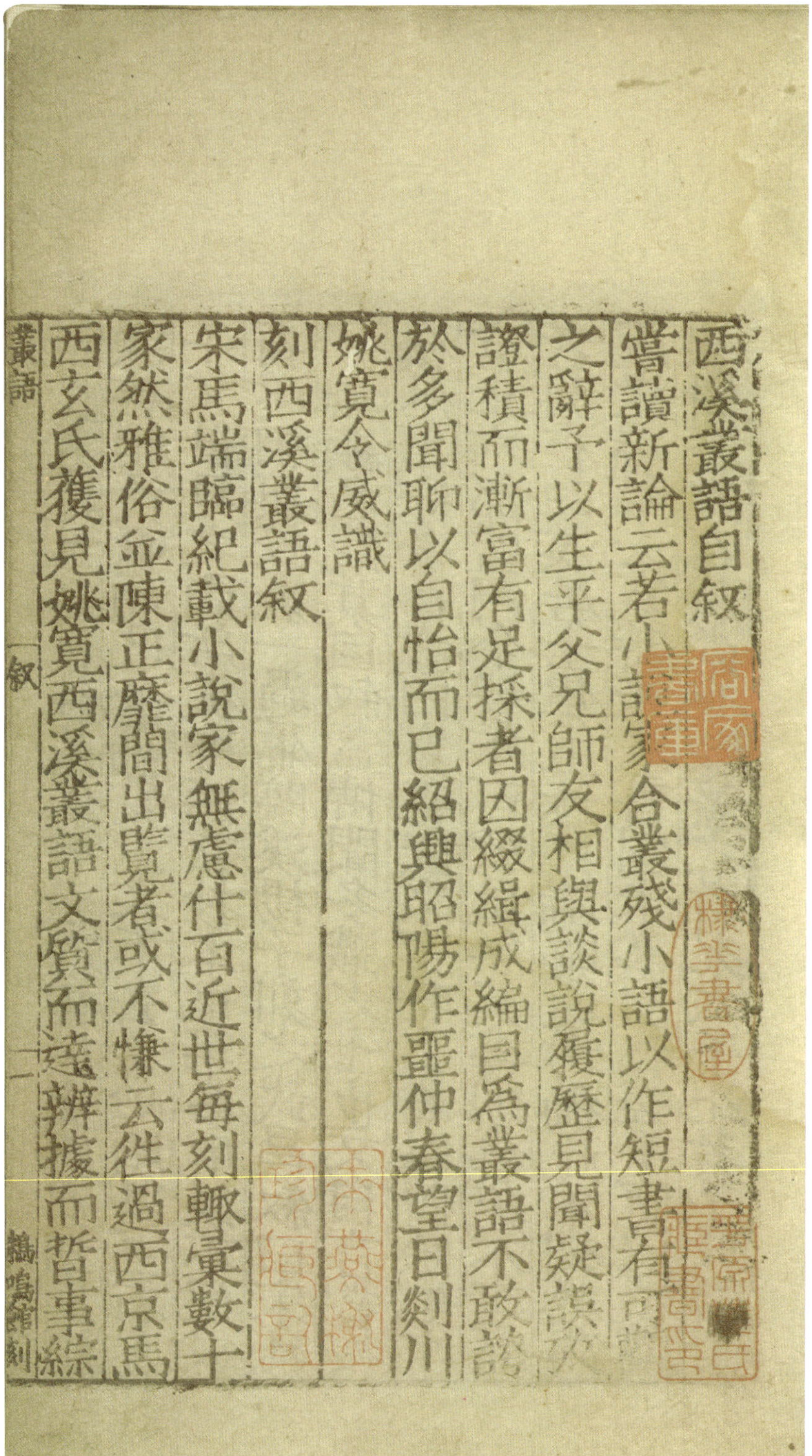

西溪叢語自叙
嘗讀新論云若小說家合叢殘小語以作短書有可
之辭予以生平父兄師友相與談說獲歷見聞疑誤攷
證積而漸富有足採者因綴緝成編目爲叢語不敢誇
於多聞聊以自怡而已紹興昭陽作噩仲春望日剡川
姚寬令威識

刻西溪叢語叙
宋馬端臨紀載小說家無慮什百近世每刻輒彙數十
家然雅俗並陳正靡間出覽者或不慊云往過西京馬
西玄氏獲見姚寬西溪叢語文質而遠辨據而哲事綜

叢語　叙　一　鴸鳴館刻

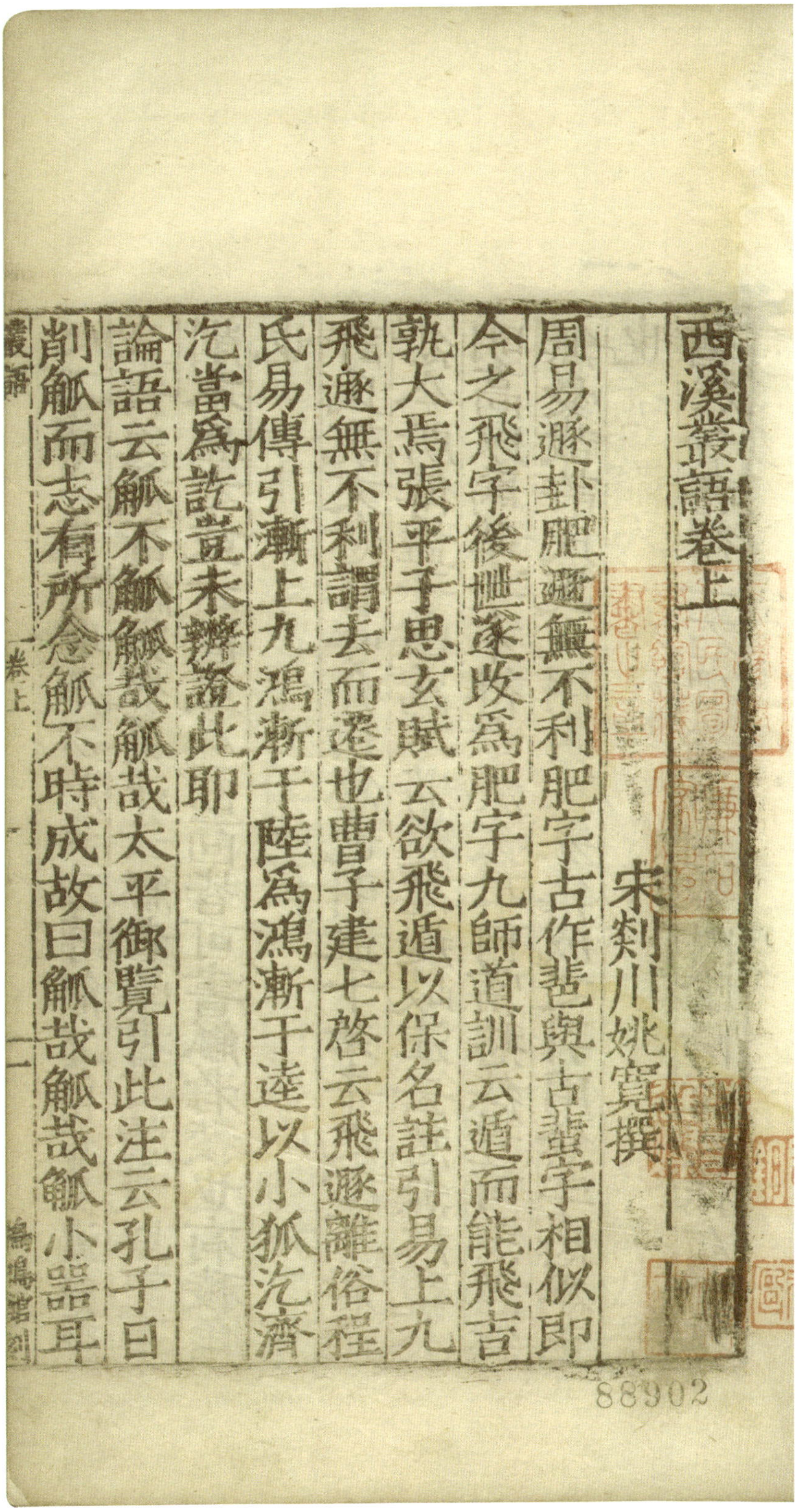

西溪叢語卷上

宋剡川姚寬撰

周易遯卦肥遯無不利肥字古作𩇯與古蜚字相似即今之飛字後世遂改爲肥字九師道訓云遁而能飛吉孰大焉張平子思玄賦云欲飛遁以保名註引易上九飛遯無不利謂去而遷也曹子建七啓云飛遯離俗程氏易傳引漸上九鴻漸于陸爲鴻漸于逵以小狐汔濟汔當爲訖豈未辨此耶

論語云觚不觚觚哉觚哉太平御覽引此注云孔子曰削觚而志有所念觚不時成故曰觚哉觚哉觚小器耳

叢語　卷上　一　鶫鳴館刻

西溪叢語二卷

明嘉靖二十七年俞憲鶫鳴館刻本

南村輟耕録三十卷　明嘉靖中玉蘭草堂刻本

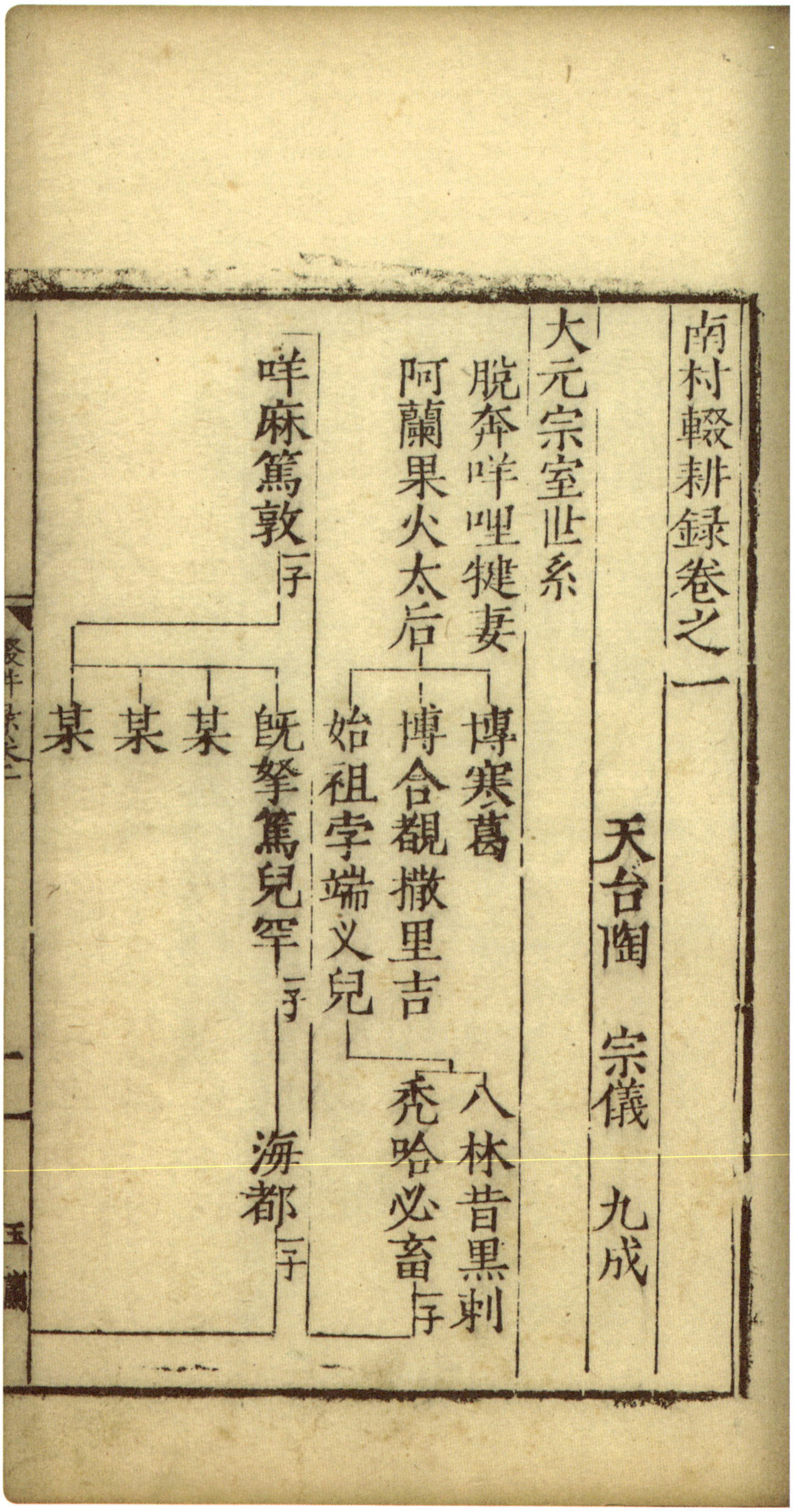
南村輟耕録卷之一
天台陶　宗儀　九成
大元宗室世系
脱奔咩哩犍妻
阿蘭果火太后
博寒葛
博合覩撒里吉
始祖孛端乂兒
八林昔黒剌
秃哈必畜子
咩麻篤敦子
既拏篤兒罕子
海都子
某
某
某

餘冬序録六十卷　明嘉靖七年刻藍印本

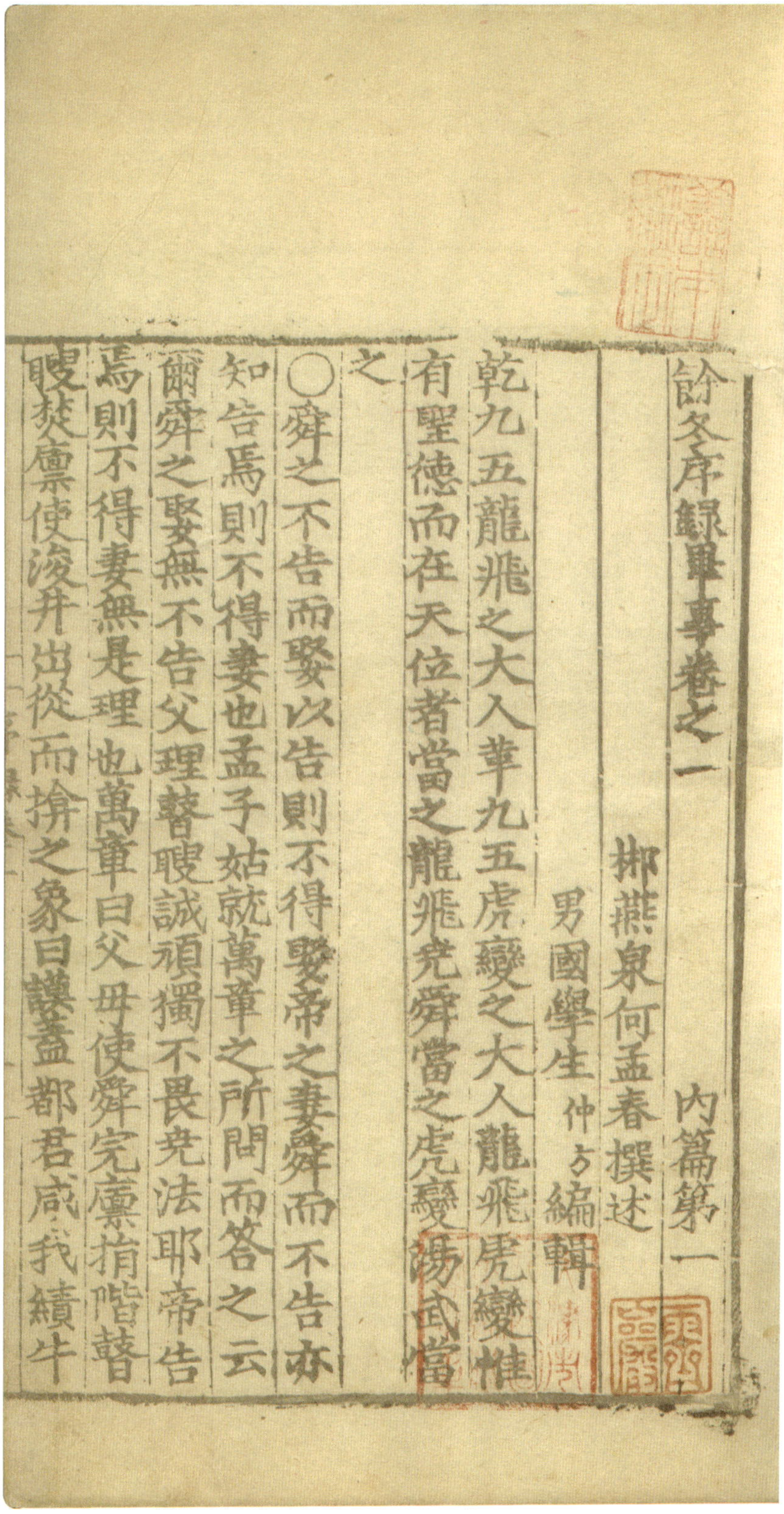

餘冬序録畢事卷之一　内篇第一
郴燕泉何孟春撰述
男國學生仲方編輯
乾九五龍飛之大人革九五虎變之大人龍飛虎變惟有聖德而在天位者當之龍飛堯舜當之虎變湯武當之
○舜之不告而娶以告則不得娶帝之妻舜而不告亦知告焉則不得妻也孟子姑就萬章之所問而答之云爾舜之娶無不告父理瞽瞍誠頑獨不畏堯法耶帝告焉則不得妻無是理也萬章曰父母使舜完廩捐階瞽瞍焚廩使浚井出從而揜之象曰謨蓋都君咸我績牛

世說新語三卷　明嘉靖十四年袁氏嘉趣堂刻本

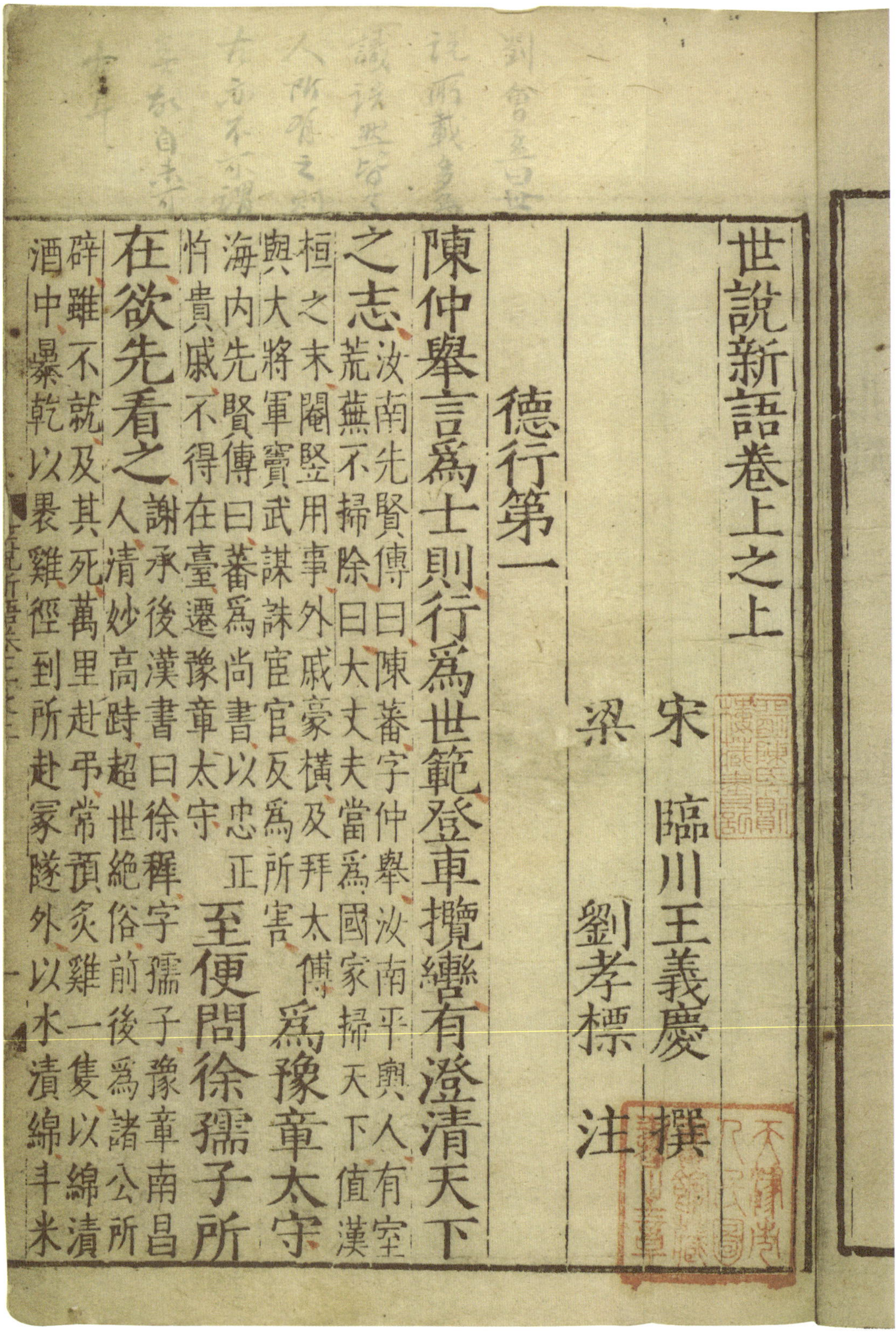

世說新語卷上之上

宋　臨川王義慶　撰

梁　劉孝標　注

德行第一

陳仲舉言爲士則行爲世範登車攬轡有澄清天下之志汝南先賢傳曰陳蕃字仲舉汝南平輿人有室荒蕪不掃除曰大丈夫當爲國家掃天下值漢桓之末閹豎用事外戚豪橫及拜太傅與大將軍竇武謀誅宦官反爲所害爲豫章太守海內先賢傳曰蕃爲尚書以忠正忤貴戚不得在臺遷豫章太守至便問徐孺子所在欲先看之謝承後漢書曰徐穉字孺子豫章南昌人清妙高跱超世絕俗前後爲諸公所辟雖不就及其死萬里赴弔常預炙雞一隻以綿漬酒中暴乾以裹雞徑到所赴冢隧外以水漬綿斗米

為善陰騭十卷

明永樂十七年內府刻本

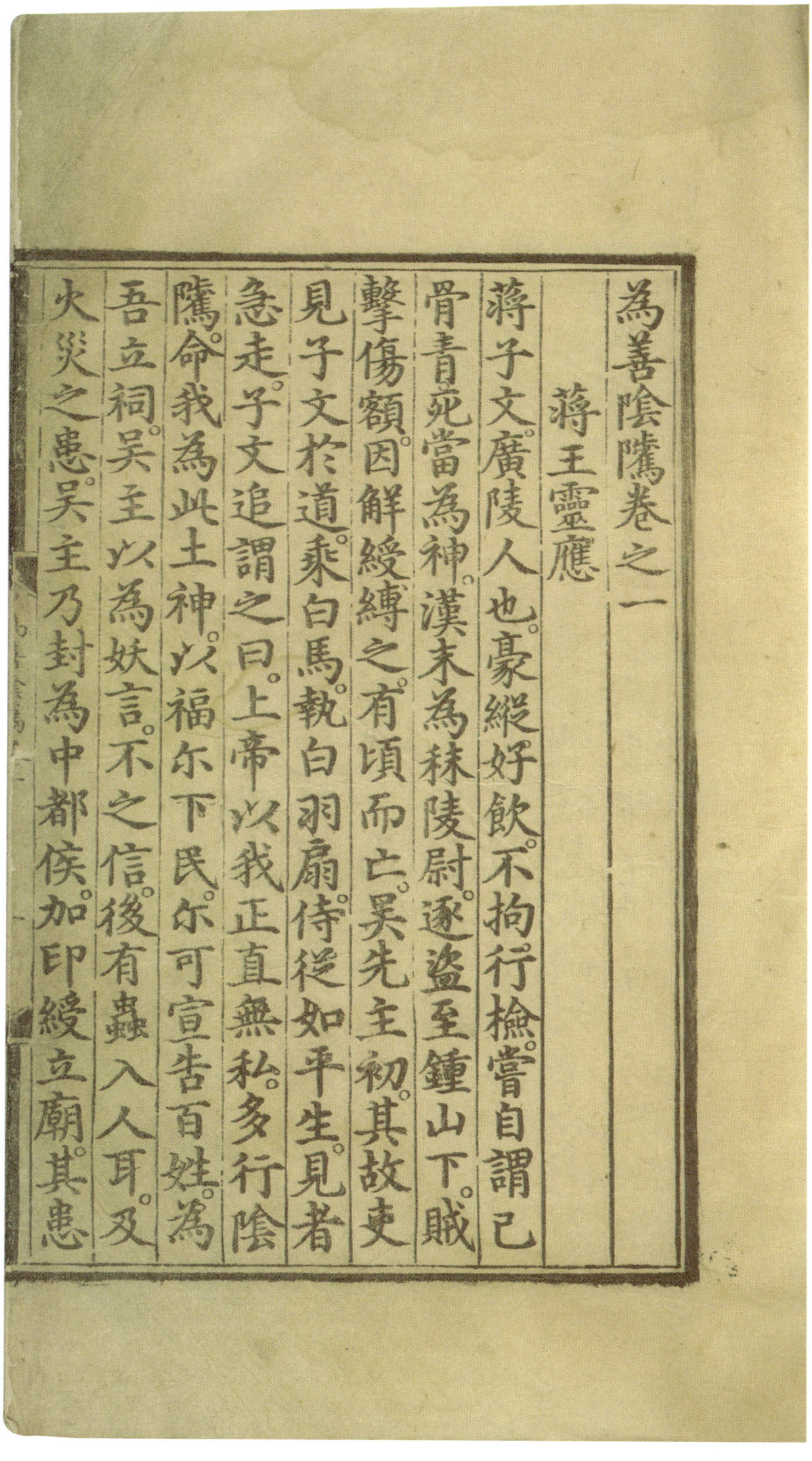
為善陰騭卷之一

蔣王靈應

蔣子文廣陵人也。豪縱好飲。不拘行檢。嘗自謂己骨青死當為神。漢末為秣陵尉。逐盜至鍾山下。賊擊傷額。因解綬縛之。有頃而亡。吳先主初。其故吏見子文於道。乘白馬。執白羽扇。侍從如平生。見者急走。子文追謂之曰。上帝以我正直無私。多行陰騭。命我為此土神。以福尔下民。尔可宣告百姓。為吾立祠。吳主以為妖言。不之信。後有蟲入人耳。及火災之患。吳主乃封為中都侯。加印綬立廟。其患

大明仁孝皇后勸善書二十卷

明永樂五年內府刻本

大明仁孝皇后勸善書卷之七

嘉言

【儒】聖希天。賢希聖。士希賢。

【釋】若人頌作佛。心念阿彌陀。○能起念佛。能行布施。得歡喜心。無有死苦。○若人於劇急之中。一心念佛。至到歸命。即得安隱。○一心稱名觀世音菩薩。即時觀其音聲。皆得解脫。○禮佛者敬佛之德。念佛者感佛之恩。○有人求佛道。而於一劫中。合掌在我前。以無數偈讚。由是讚佛故。得無量福德。○抄寫經法施人讀誦者。所生之處。口辯多才。所學之法。一聞領悟。諸佛菩薩。常加擁護。○如來滅後。若有受持讀誦。為他人說。若自書。若教人書。其福最勝。無量無邊。

【道】寘心望北極。稽首禮拜。念本命真君名號者。亦不虛過本命限期。皆得延生注福。○勸助治寫經書。令人世世聰明。恒值聖世。○若復有人紙墨縑素。抄寫裝治。流通讀誦。當知其人。名書金格。○抄寫經文。令人代代聰明博聞妙賾。○經者聖人垂教。叙録流通。隨我本心。廣寫供養。勸化天人。

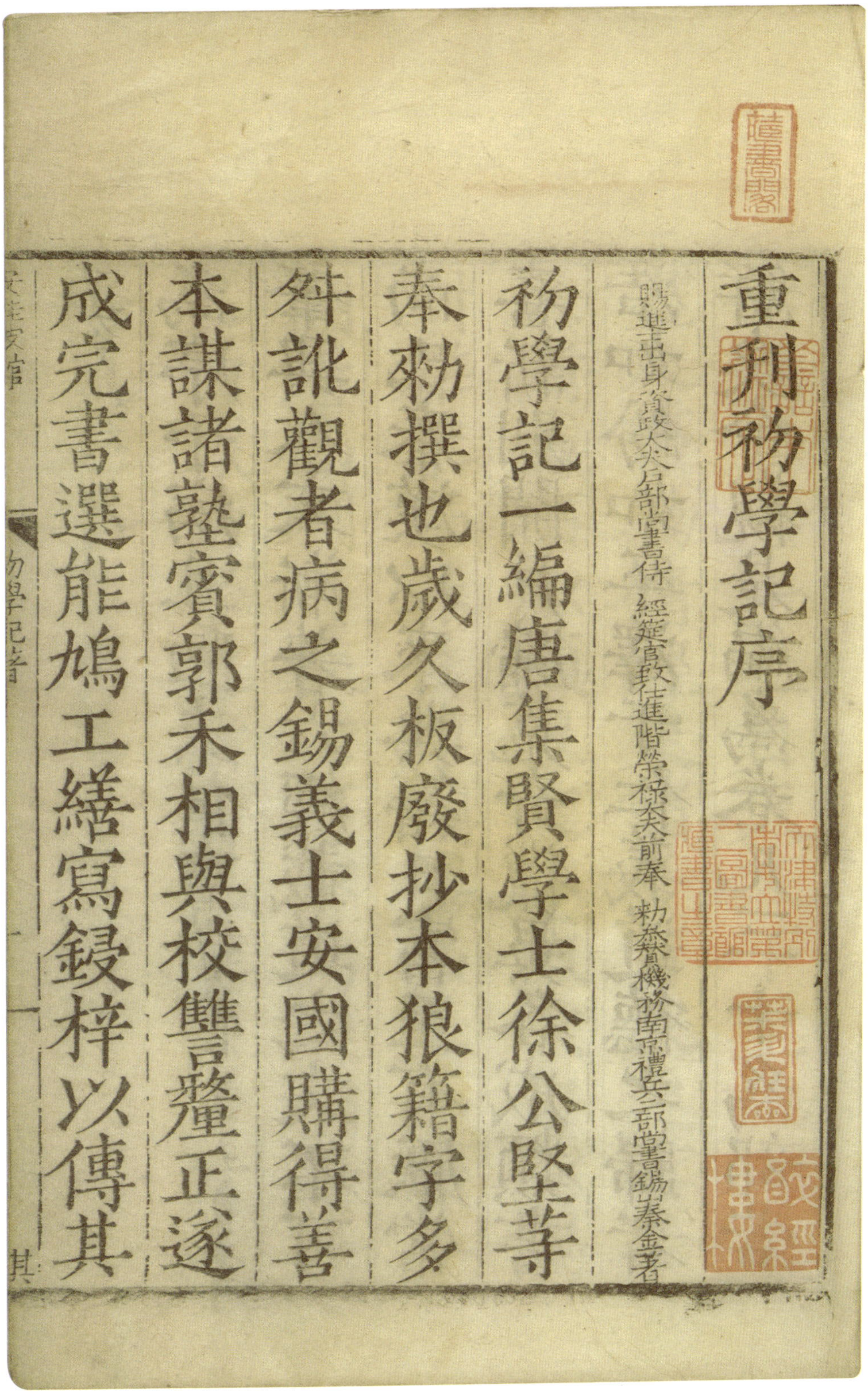
重刊初學記序

賜進士出身資政大夫户部尚書侍 經筵官致仕進階榮祿大夫前奉 勅參贊機務南京禮兵二部尚書錫秦金著

初學記一編唐集賢學士徐公堅等奉勅撰也歲久板廢抄本狼籍字多舛訛觀者病之錫義士安國購得善本謀諸藝賓郭禾相與校讐釐正遂成完書選能鳩工繕寫鋟梓以傳其

安桂坡館 初學記序 一

初學記三十卷

明嘉靖十年安國桂坡館刻本

初學記三十卷　明嘉靖十年安國桂坡館刻本

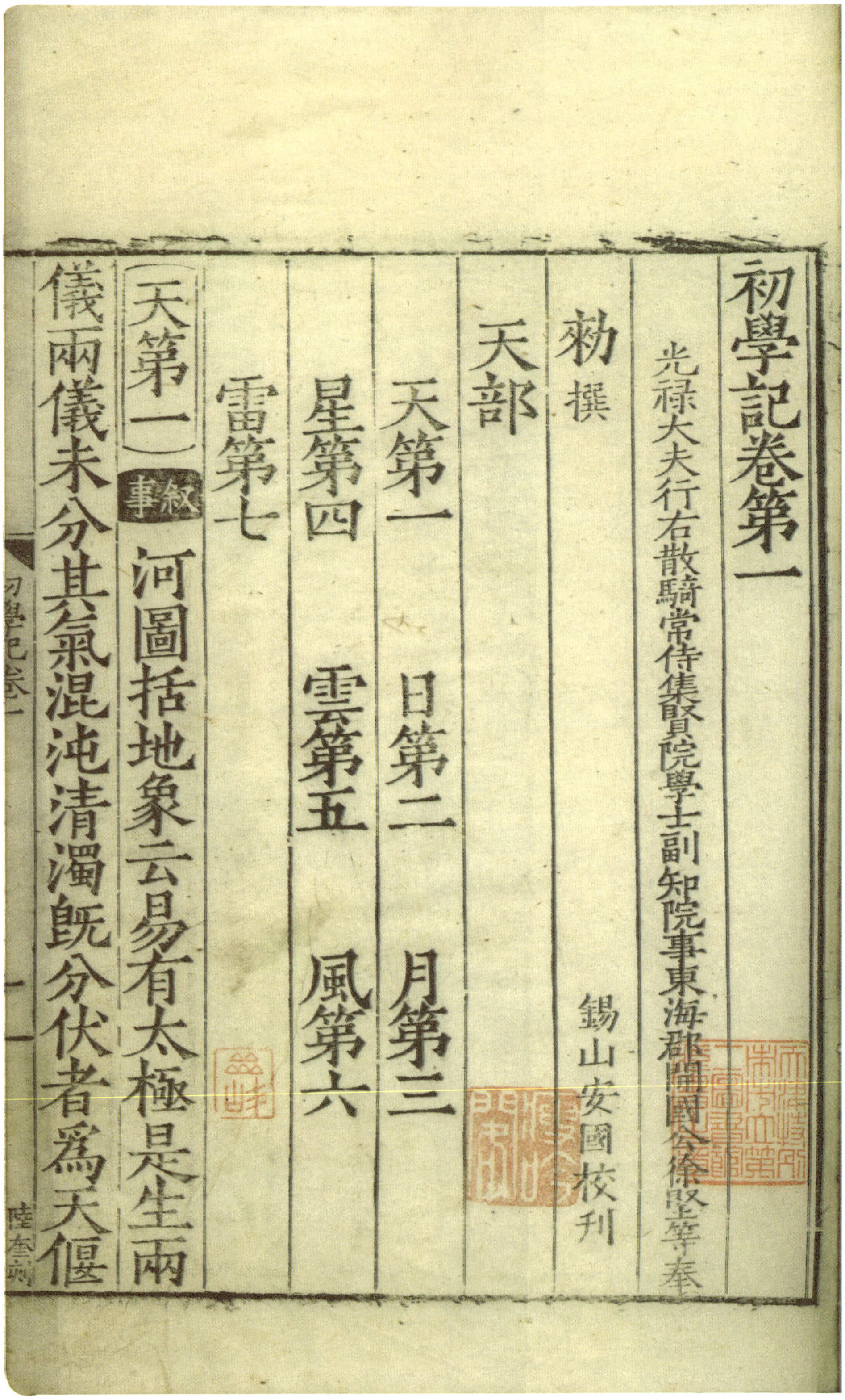

初學記卷第一

光禄大夫行右散騎常侍集賢院學士副知院事東海郡開國公徐堅等奉

勅撰　錫山安國校刊

天部

天第一　日第二　月第三

星第四　雲第五　風第六

雷第七

天第一　敘事　河圖括地象云易有太極是生兩儀兩儀未分其氣混沌清濁既分伏者爲天偃

初學記卷一　一　陸奎刻

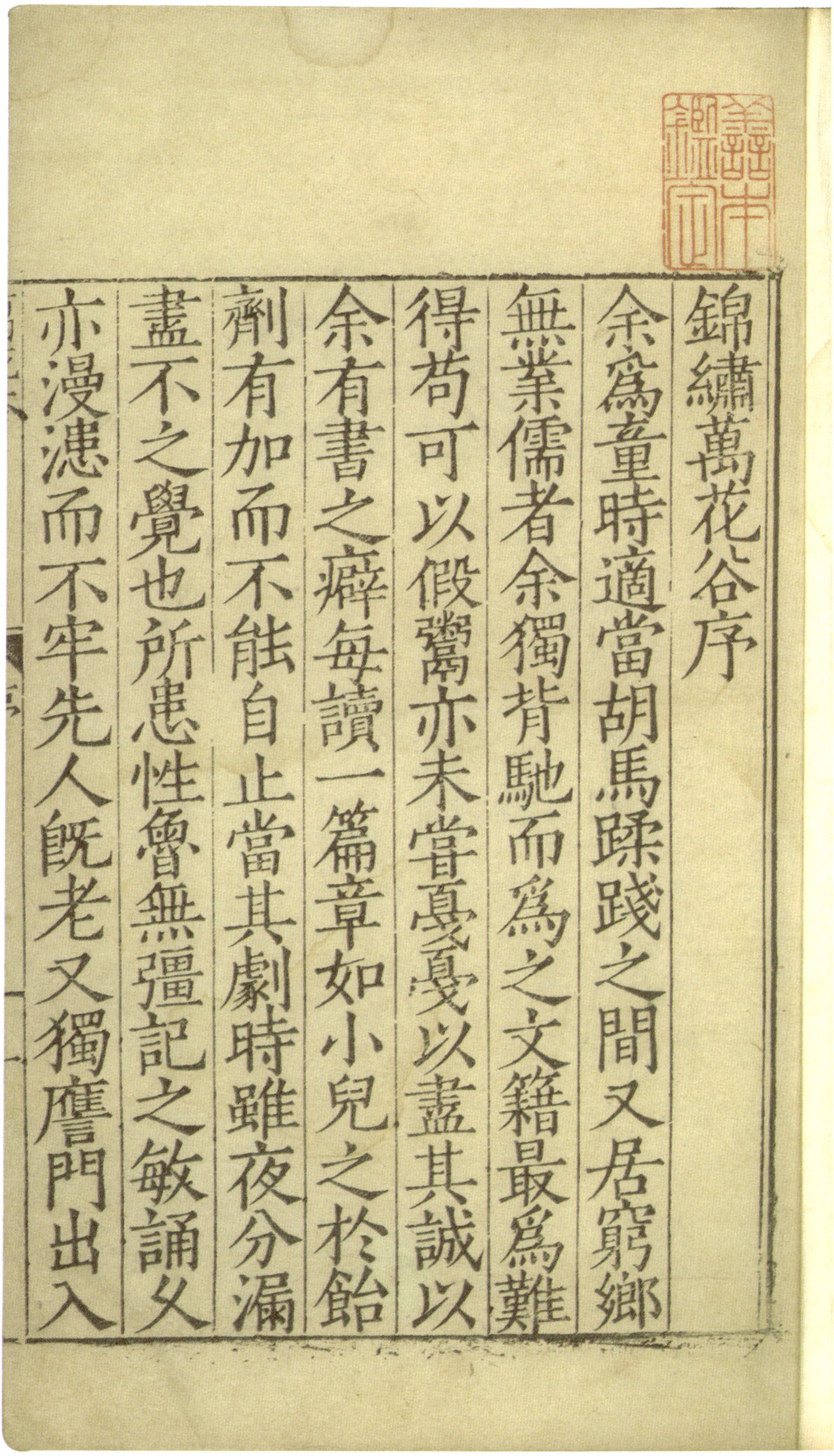

錦繡萬花谷序

余爲童時適當胡馬蹂踐之間又居窮鄉無業儒者余獨背馳而爲之文籍最爲難得苟可以假鬻亦未嘗戞戞以盡其誠以余有書之癖每讀一篇章如小兒之於飴劑有加而不能自止當其劇時雖夜分漏盡不之覺也所患性魯無彊記之敏誦久亦漫漶而不牢先人既老又獨膺門出入

錦繡萬花谷前集四十卷後集四十卷續集四十卷

明嘉靖十五年錫山秦汴繡石書堂刻本

錦繡萬花谷前集四十卷後集四十卷續集四十卷 明嘉靖十五年錫山秦汴繡石書堂刻本

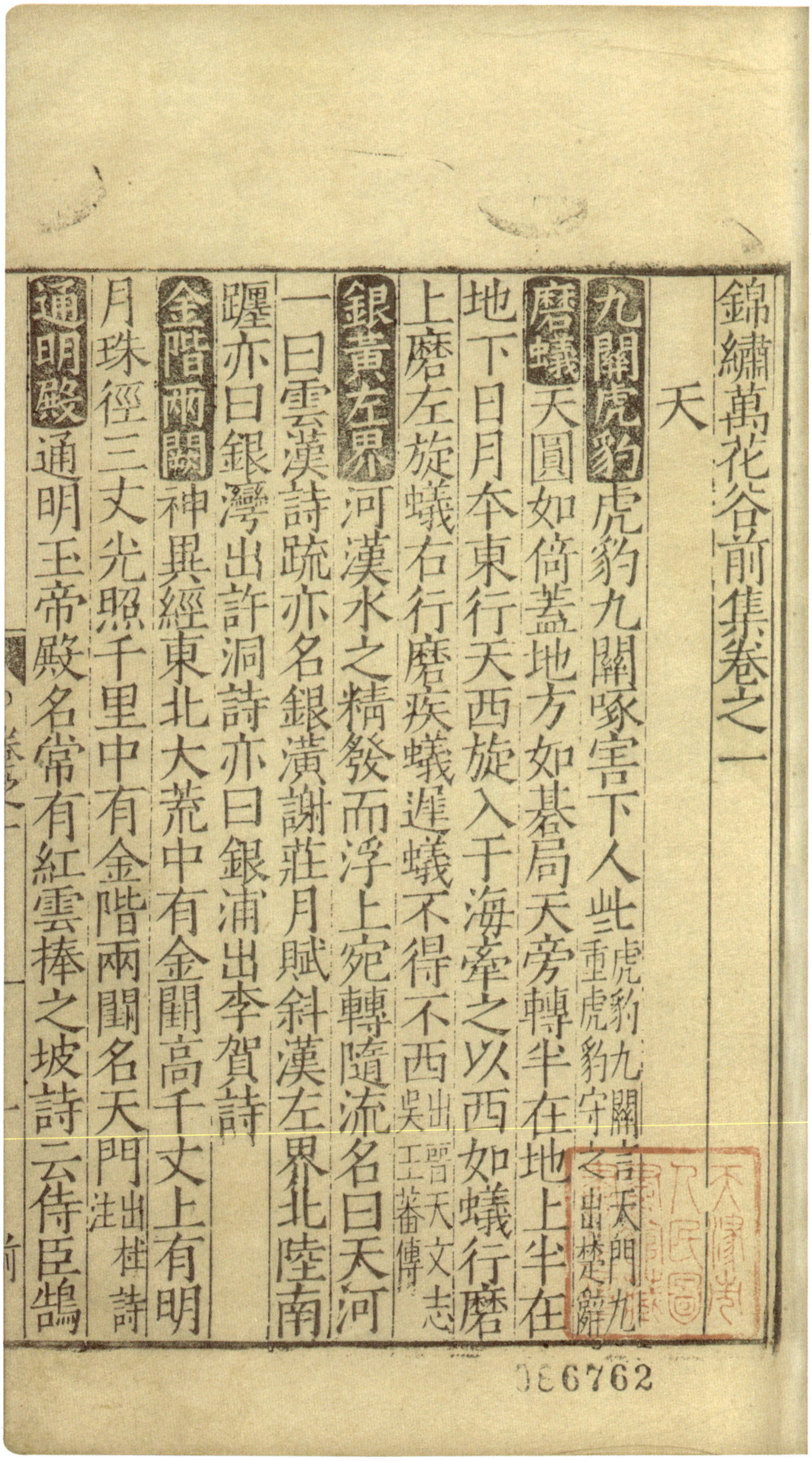
錦繡萬花谷前集卷之一

天

九關虎豹 虎豹九關啄害下人此虎豹九關言天門九重虎豹守之出楚辭

磨蟻 天圓如倚蓋地方如碁局天旁轉半在地上半在地下日月本東行天西旋入于海牽之以西如蟻行磨上磨左旋蟻右行磨疾蟻遲蟻不得不西出晉天文志吳王蕃傳

銀黃左界 河漢水之精發而浮上宛轉隨流名曰天河一曰雲漢詩疏亦名銀潢謝莊月賦斜漢左界北陸南躔亦曰銀灣出許洞詩亦曰銀浦出李賀詩

金階兩闕 神異經東北大荒中有金闕高千丈上有明月珠徑三丈光照千里中有金階兩闕名天門出杜詩注

通明殿 通明玉帝殿名常有紅雲捧之坡詩云侍臣鵠

新編古今事文類聚前集六十卷
明內府刻本

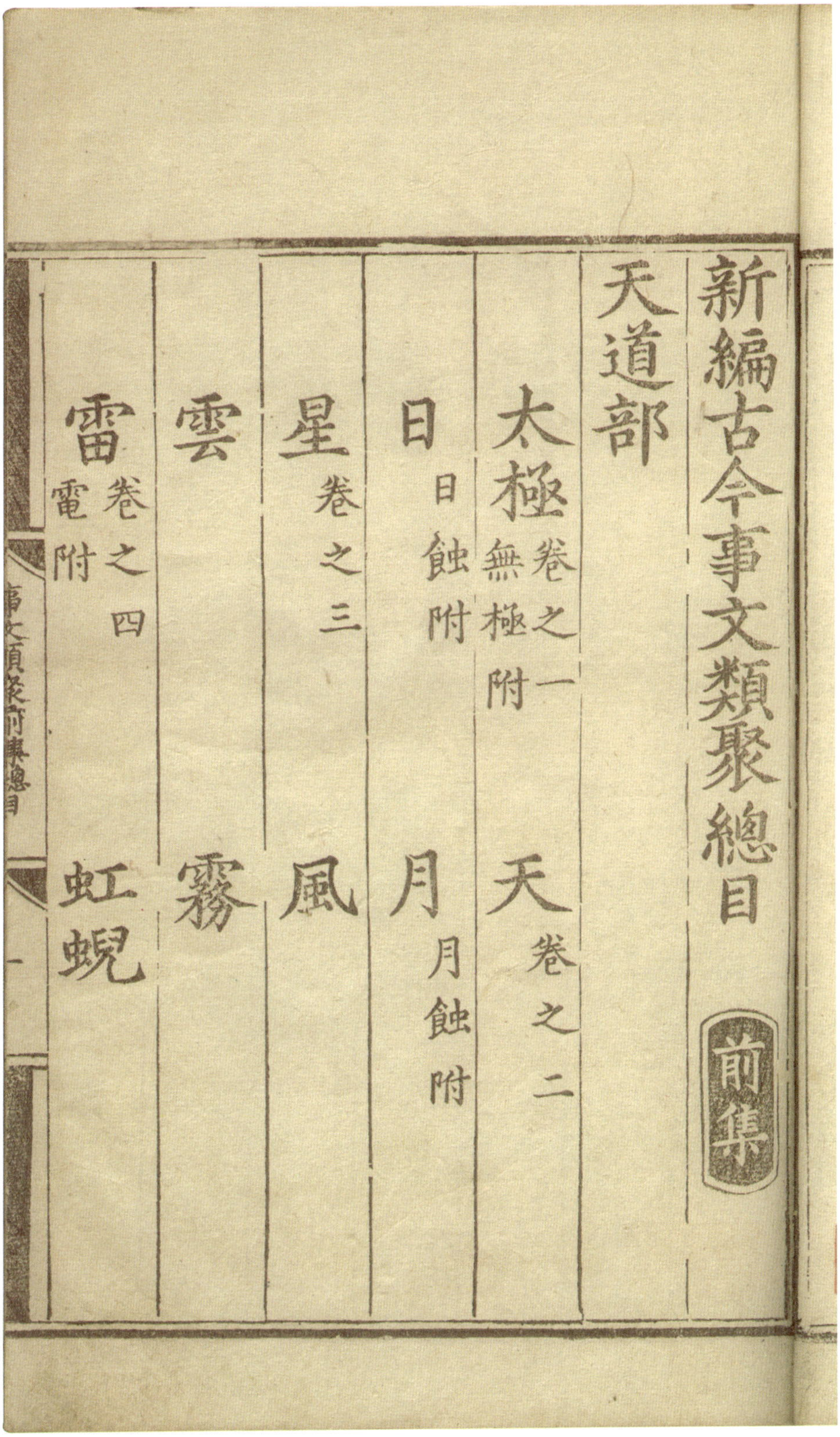
新編古今事文類聚總目 前集

天道部

太極 卷之一 無極附　天 卷之二

日 日蝕附　月 月蝕附

星 卷之三　風

雲　霧

雷 卷之四 電附　虹蜺

新編古今事文類聚前集六十卷　明內府刻本

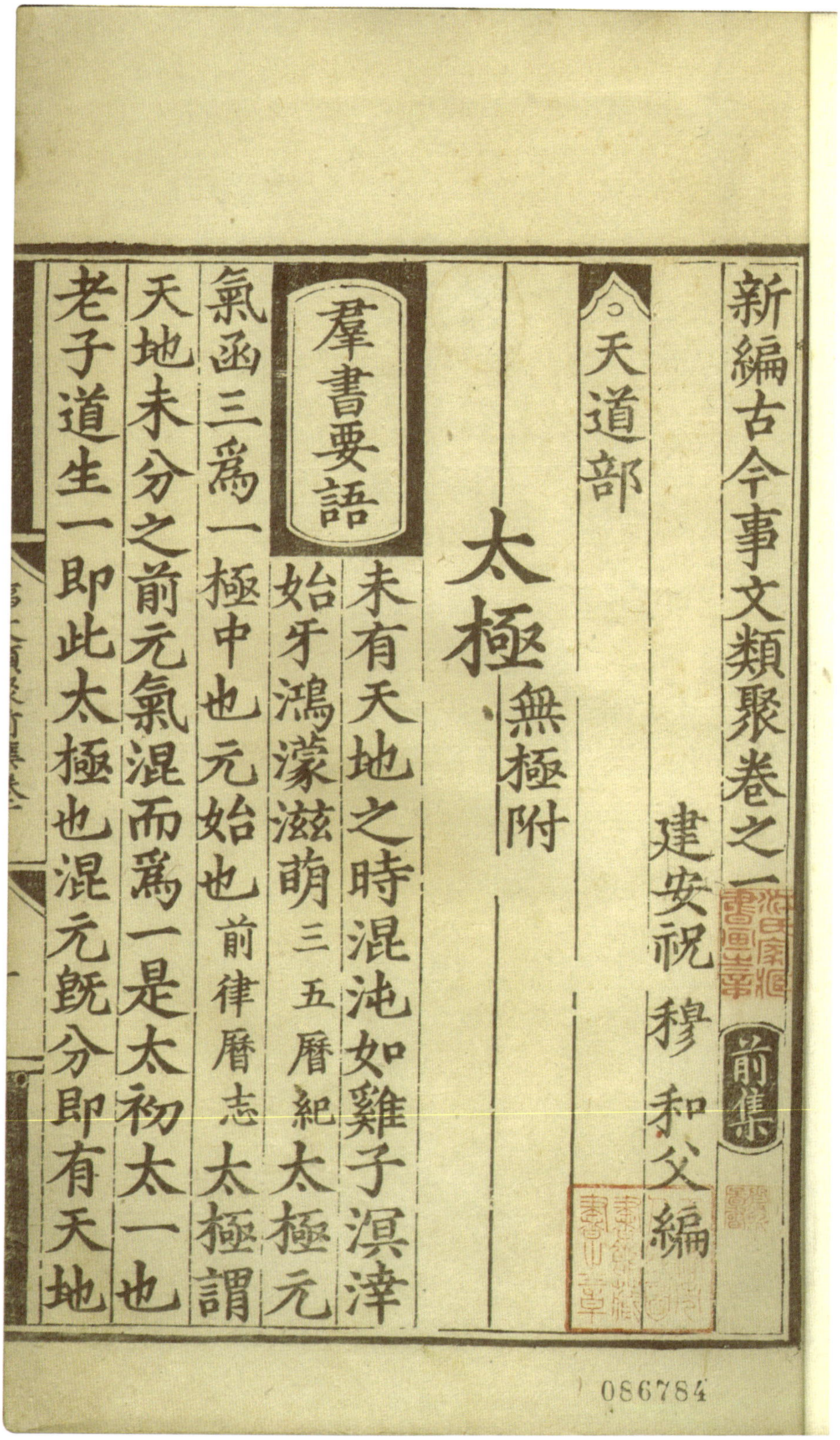

新編古今事文類聚卷之一　前集

建安祝穆和父編

天道部

太極　無極附

羣書要語

未有天地之時混沌如雞子溟涬始牙鴻濛滋萌三五曆紀太極元氣函三爲一極中也元始也前律曆志太極謂天地未分之前元氣混而爲一是太初太一也老子道生一即此太極也混元既分即有天地

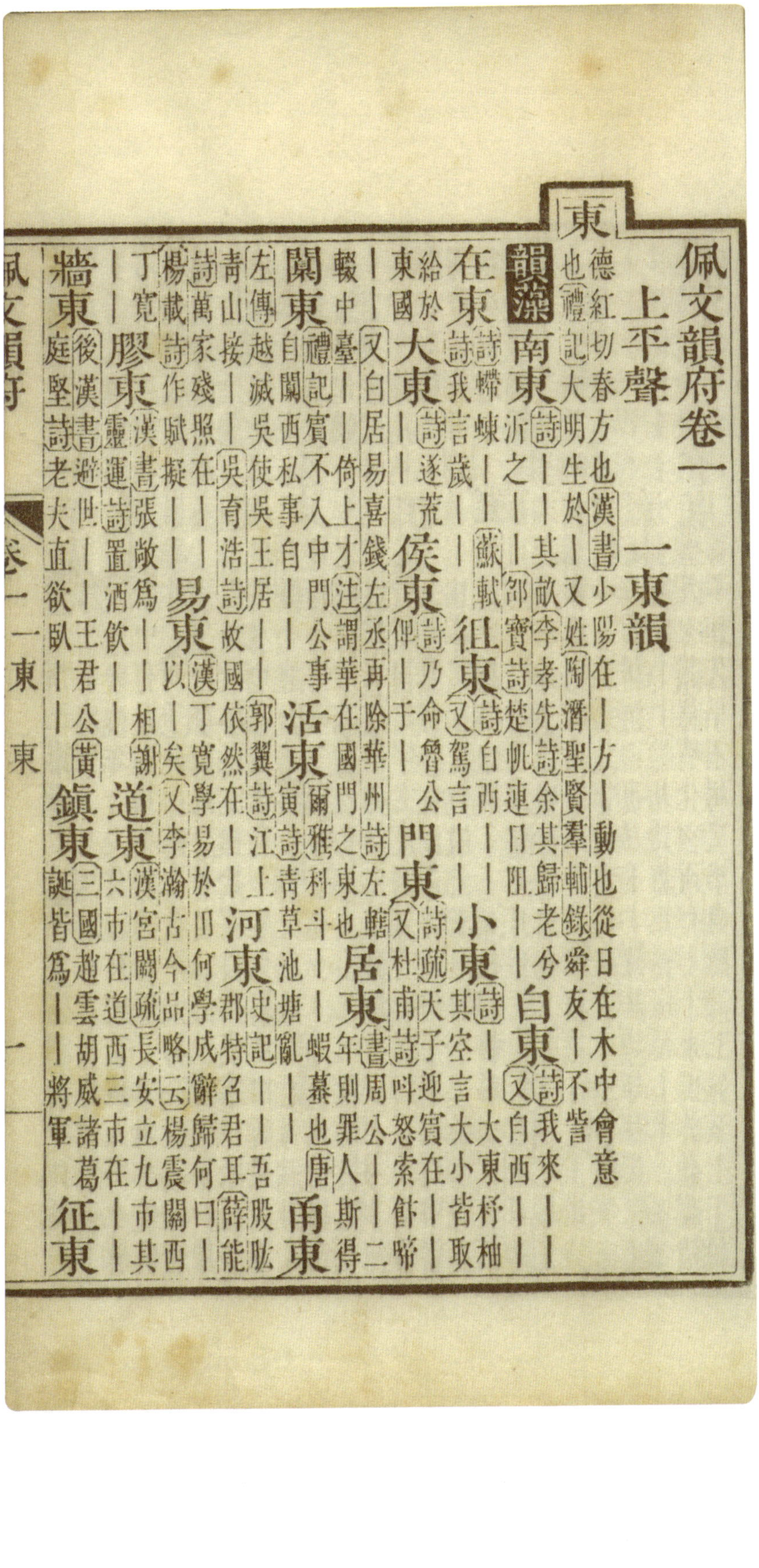
佩文韻府卷一
上平聲　一東韻
東
德紅切春方也漢書少陽在丨方丨動也從日在木中會意
也禮記大明生於丨又姓陶潛聖賢羣輔錄舜友丨不訾
韻藻 南東 詩丨丨其畝李孝先詩余其歸老兮 白東 詩我來丨丨
沂之丨丨郜寶詩楚帆連日阻丨丨 又自西丨丨
在東 詩螮蝀丨丨蘇軾 徂東 詩自西丨丨 小東 詩丨丨大東杼柚
詩我言歲丨丨 又駕言丨丨 其空言大小皆取
給於 大東 詩遂荒 侯東 詩乃命魯公 門東 詩疏天子迎賓在丨丨
東國 丨丨 俾丨于丨 又杜甫詩叫怒索飯啼
丨丨又白居易喜錢左丞再除華州詩左轄 居東 書周公丨丨二
轂中臺丨丨倚上才注謂華在國門之東也 年則罪人斯得
闕東 禮記賓不入中門公事 活東 爾雅科斗丨丨蝦蟇也唐 甬東
自闕西私事自丨丨 寅詩青草池塘亂丨丨
左傳越滅吳使吳王居丨丨郭翼詩江上 河東 史記丨丨吾股肱
青山接丨丨吳育浩詩故國依然在丨丨 郡特名君耳薛能
詩萬家殘照在丨丨 易東 漢丁寬學易於田何學成辭歸何曰丨丨
楊載詩作賦擬丨丨 以丨矣又李瀚古今品略云楊震關西
丁寬 膠東 漢書張敞為丨丨相謝 道東 漢宮闕疏長安立九市其
丨丨 靈運詩置酒飲丨丨 六市在道西三市在丨丨
牆東 後漢書避世丨丨王君公黃 鎮東 三國趙雲胡威諸葛 征東
庭堅詩老夫直欲臥丨丨 誕皆為丨丨將軍
佩文韻府　卷一　一東　東　一

佩文韻府一百六卷

清康熙五十一至五十二年內府刻本

分類字錦六十四卷　清康熙六十一年內府刻本

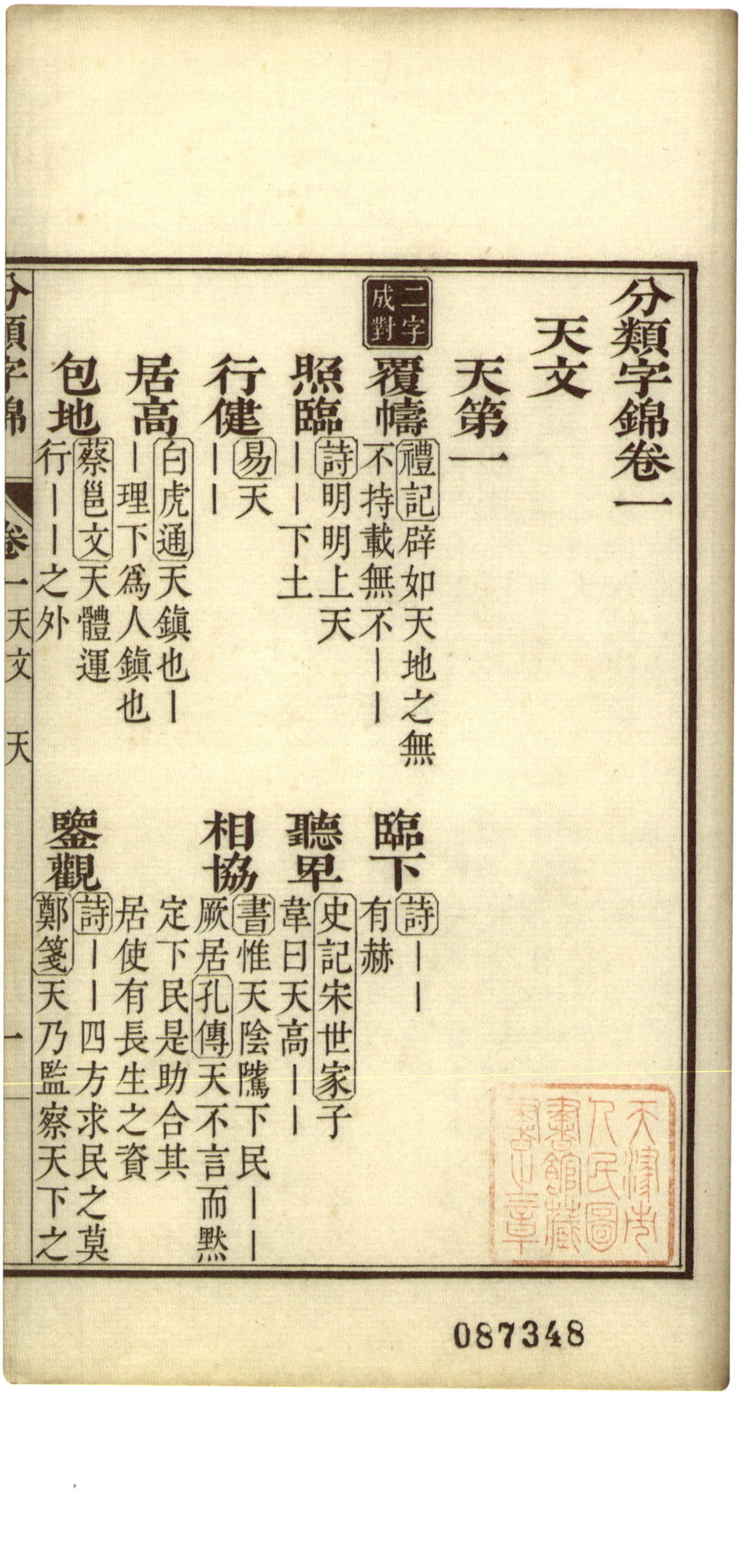
分類字錦卷一

天文

天第一

二字成對

覆幬　禮記辟如天地之無不持載無不｜｜

照臨　詩｜｜明明上天｜｜下土

行健　易天｜｜

居高　白虎通天鎮也｜｜理下爲人鎮也

包地　蔡邕文天體運行｜｜之外

臨下　詩｜｜有赫

聽卑　史記宋世家子韋曰天高｜｜

相協　書惟天陰隲下民｜｜厥居孔傳天不言而默定下民是助合其居使有長生之資

鑒觀　詩｜｜四方求民之莫鄭箋天乃監察天下之

分類字錦　卷一　天文　天　一

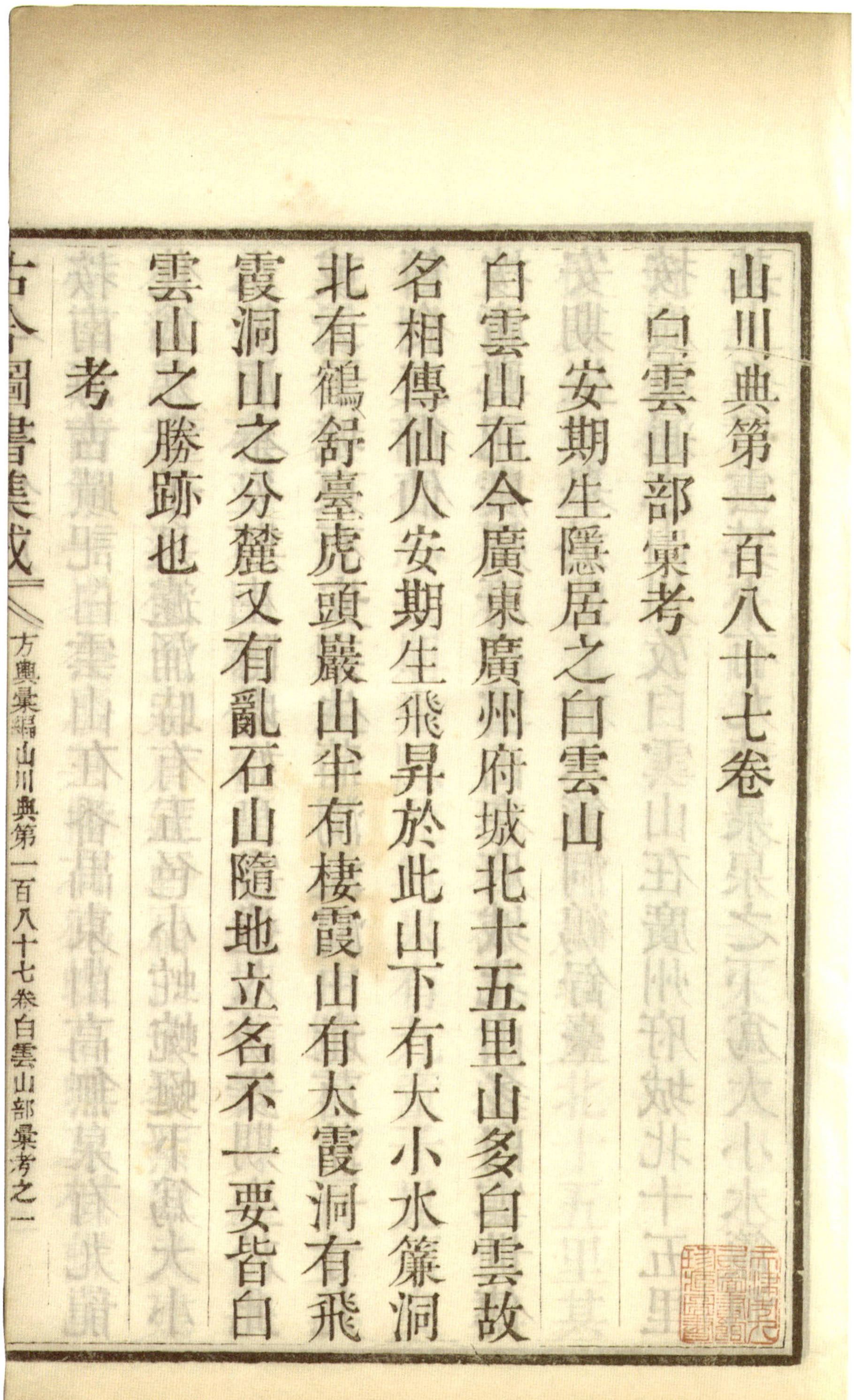
山川典第一百八十七卷
白雲山部彙考
安期生隱居之白雲山
白雲山在今廣東廣州府城北十五里山多白雲故
名相傳仙人安期生飛昇於此山下有大小水簾洞
北有鶴舒臺虎頭巖山半有棲霞山有太霞洞有飛
霞洞山之分麓又有亂石山隨地立名不一要皆白
雲山之勝跡也
考
古今圖書集成
方輿彙編山川典第一百八十七卷白雲山部彙考之一

欽定古今圖書集成一萬卷
清雍正四年內府銅活字印本

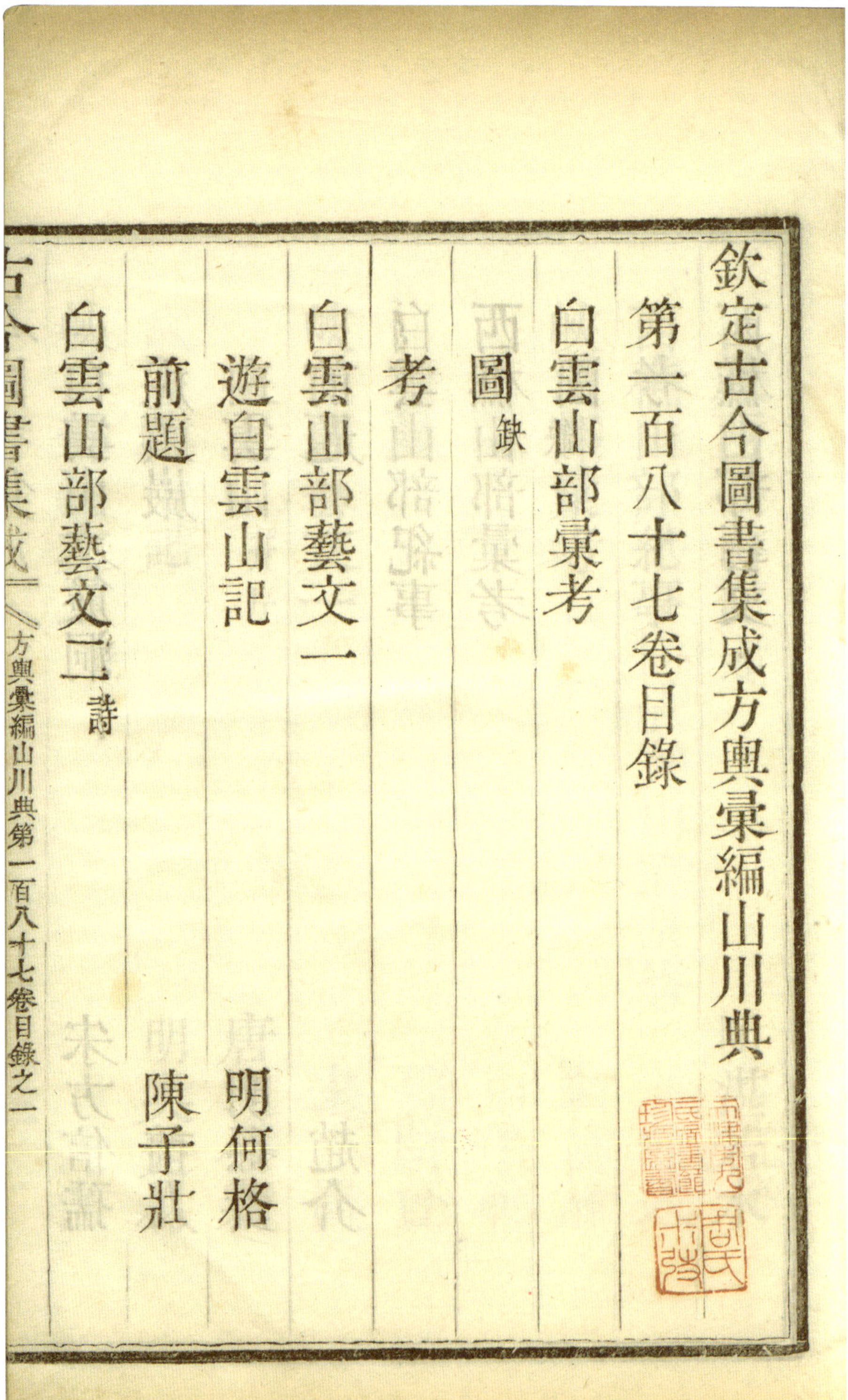
欽定古今圖書集成方輿彙編山川典
第一百八十七卷目錄
白雲山部彙考
圖缺
考
白雲山部藝文一
遊白雲山記　明何格
前題　陳子壯
白雲山部藝文二詩
古今圖書集成　方輿彙編山川典第一百八十七卷目錄之一

欽定古今圖書集成一萬卷　清雍正四年內府銅活字印本

子史精華一百六十卷

清雍正五年內府刻本

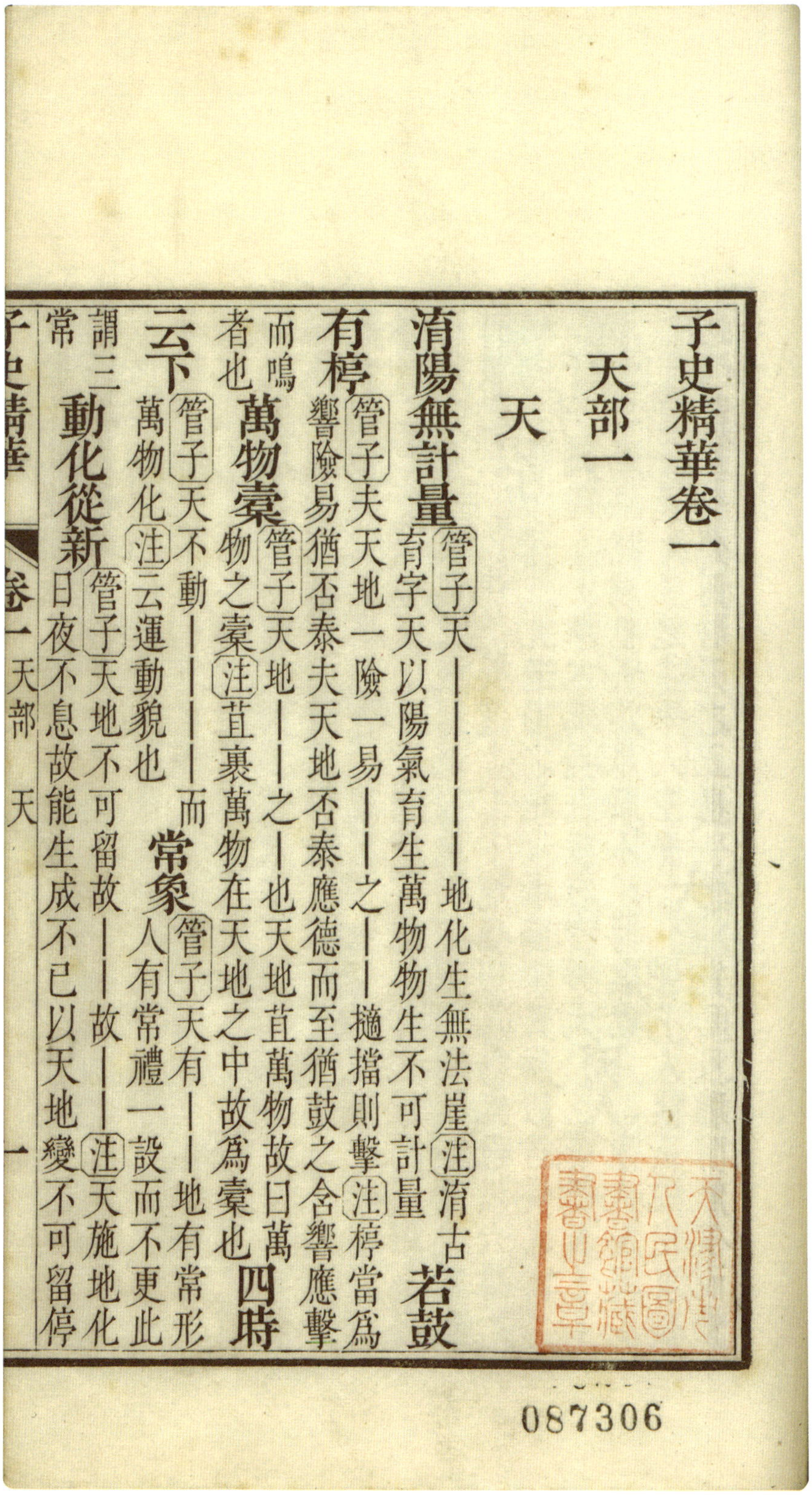
子史精華卷一

天部一

天

清陽無計量管子天｜｜｜｜｜地化生無法崖注湇古育字天以陽氣育生萬物物生不可計量若鼓有桴管子夫天地一險一易｜｜之｜｜擿擋則擊注桴當爲響險易猶否泰夫天地否泰應德而至猶鼓之含響應擊而鳴者也萬物橐管子天地｜｜之｜也天地苴萬物故曰萬物之橐注苴裹萬物在天地之中故爲橐也四時云下管子天不動｜｜｜｜｜而萬物化注云運動貌也常象管子天有｜｜地有常形人有常禮一設而不更此謂三常動化從新管子天地不可留故｜｜故｜｜注天施地化日夜不息故能生成不已以天地變不可留停

子史精華　卷一　天部　天　一

御定駢字類編二百四十卷
清雍正四年武英殿刻本

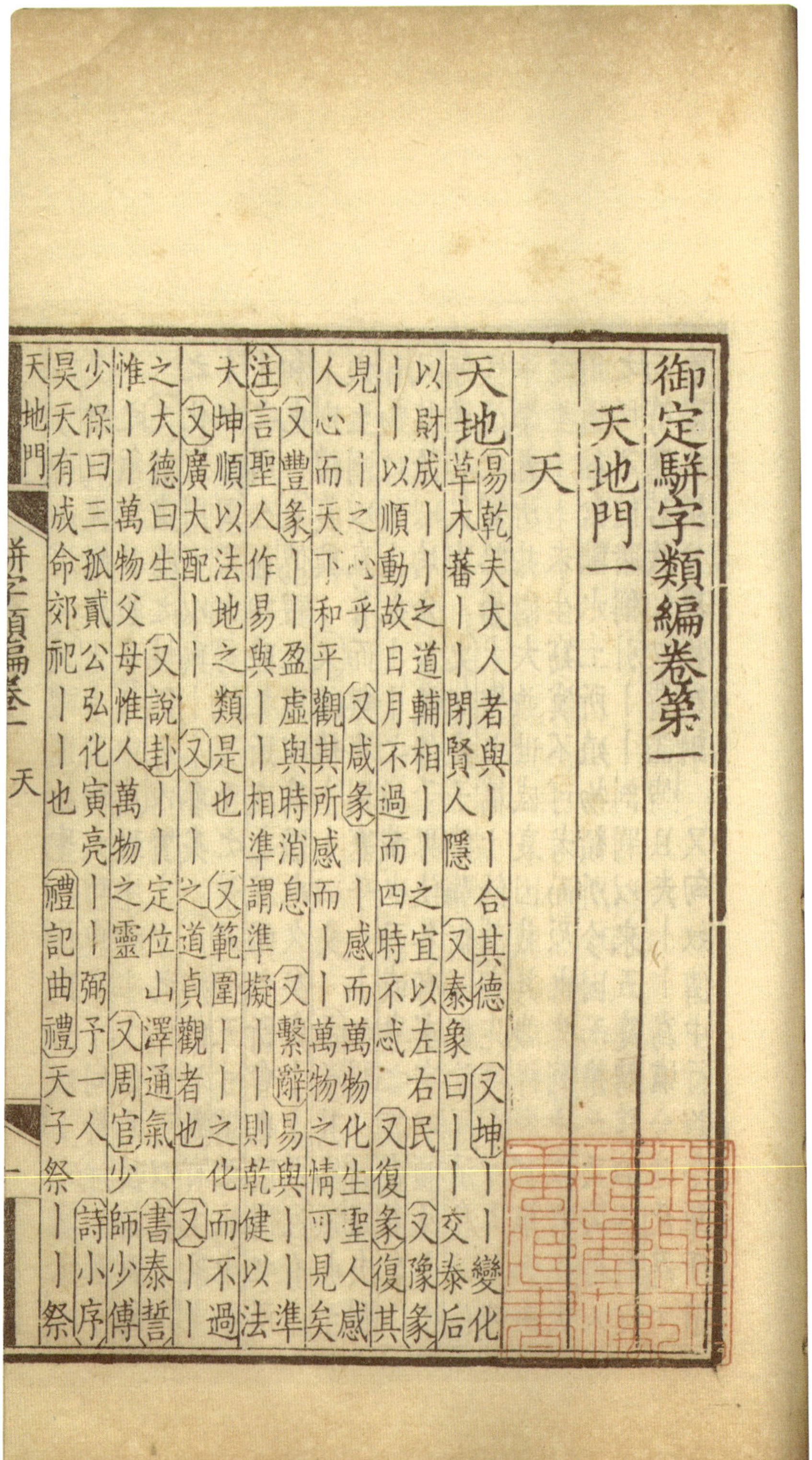

御定駢字類編卷第一

天地門一

天

天地 易乾 夫大人者與｜｜合其德 又坤｜｜變化草木蕃｜｜閉賢人隱 又泰象曰｜｜交泰后以財成｜｜之道輔相｜｜之宜以左右民 又豫象｜｜以順動故日月不過而四時不忒 又復象復其見｜｜之心乎 又咸象｜｜感而萬物化生聖人感人心而天下和平觀其所感而｜｜萬物之情可見矣 又豐象｜｜盈虛與時消息 又繫辭易與｜｜準 注言聖人作易與｜｜相準謂準擬｜｜則乾健以法天坤順以法地之類是也 又範圍｜｜之化而不過 又廣大配｜｜ 又｜｜之道貞觀者也 又｜｜之大德曰生 又說卦｜｜定位山澤通氣 書泰誓惟｜｜萬物父母惟人萬物之靈 又周官少師少傅少保曰三孤貳公弘化寅亮｜｜弼予一人 詩小序昊天有成命郊祀｜｜也 禮記曲禮天子祭｜｜祭

天地門

駢字類編卷一 天

一

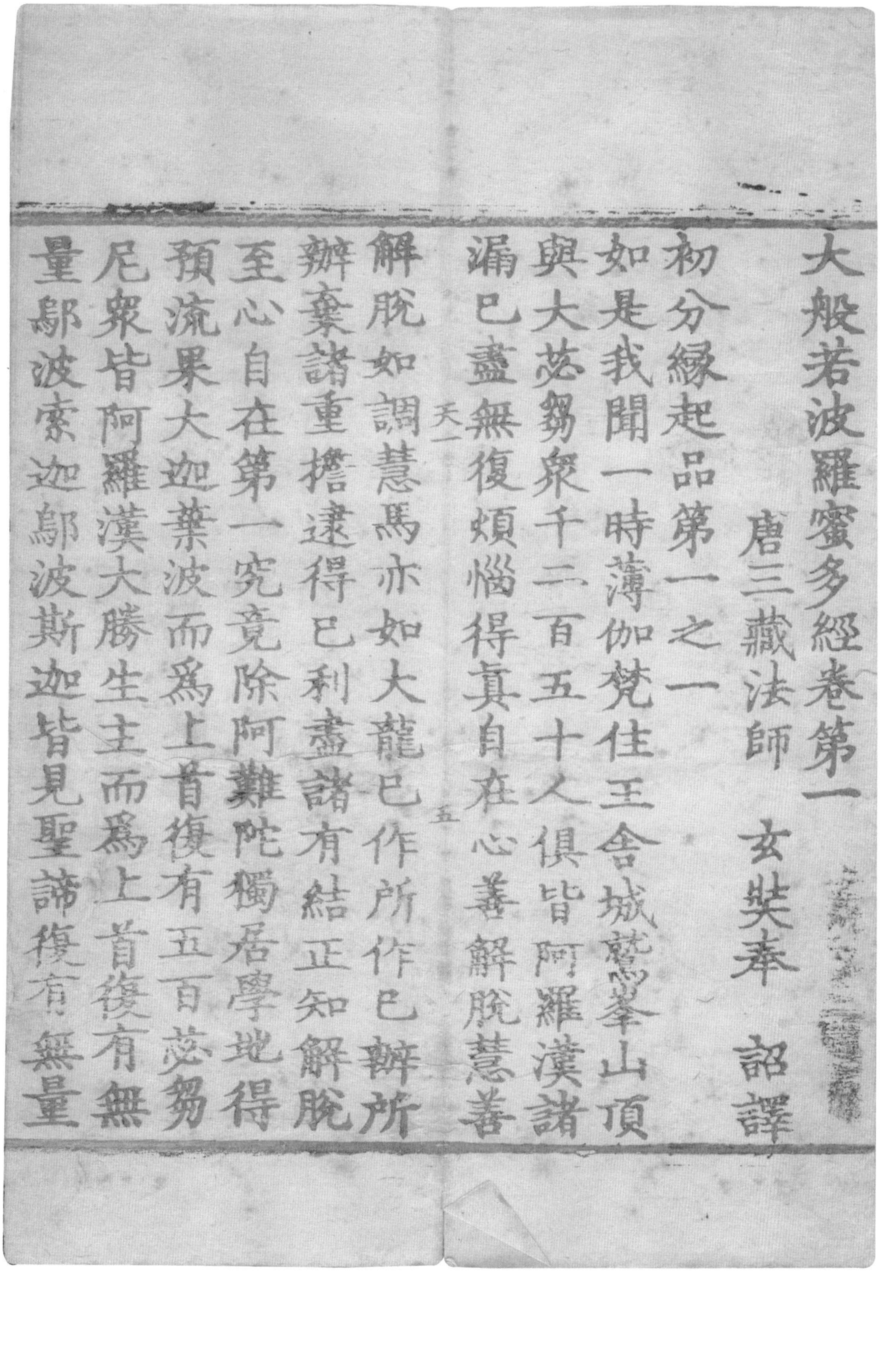

大般若波羅蜜多經卷第一
唐三藏法師　玄奘奉　詔譯
初分緣起品第一之一
如是我聞一時薄伽梵住王舍城鷲峯山頂
與大苾芻衆千二百五十人俱皆阿羅漢諸
漏已盡無復煩惱得真自在心善解脱慧善
天一　五
解脱如調慧馬亦如大龍已作所作已辦所
辦棄諸重擔逮得已利盡諸有結正知解脱
至心自在第一究竟除阿難陀獨居學地得
預流果大迦葉波而爲上首復有五百苾芻
尼衆皆阿羅漢大勝生主而爲上首復有無
量鄔波索迦鄔波斯迦皆見聖諦復有無量

大明重刊三藏聖教一千六百六種六千三百八十二卷　明嘉靖四十四年南京徐筠泉家重刻本

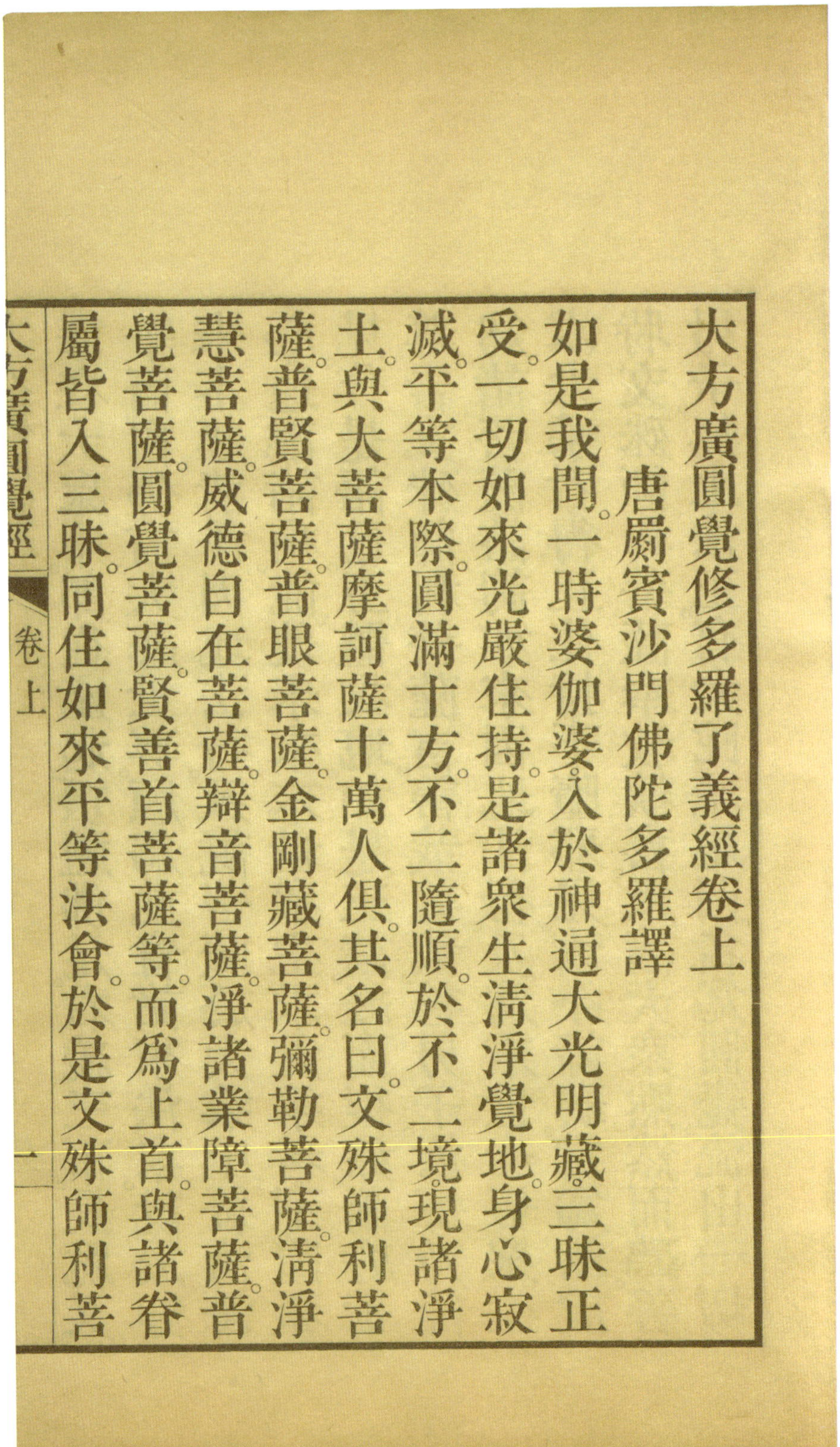
大方廣圓覺修多羅了義經卷上

唐罽賓沙門佛陀多羅譯

如是我聞。一時婆伽婆。入於神通大光明藏三昧正受。一切如來光嚴住持。是諸衆生清淨覺地身心寂滅平等本際。圓滿十方。不二隨順。於不二境現諸淨土。與大菩薩摩訶薩十萬人俱。其名曰文殊師利菩薩。普賢菩薩。普眼菩薩。金剛藏菩薩。彌勒菩薩。清淨慧菩薩。威德自在菩薩。辯音菩薩。淨諸業障菩薩。普覺菩薩。圓覺菩薩。賢善首菩薩等。而爲上首。與諸眷屬皆入三昧。同住如來平等法會。於是文殊師利菩

大方廣圓覺經　卷上　一

御製二十八經一百四十七卷　清雍正十三年武英殿刻本

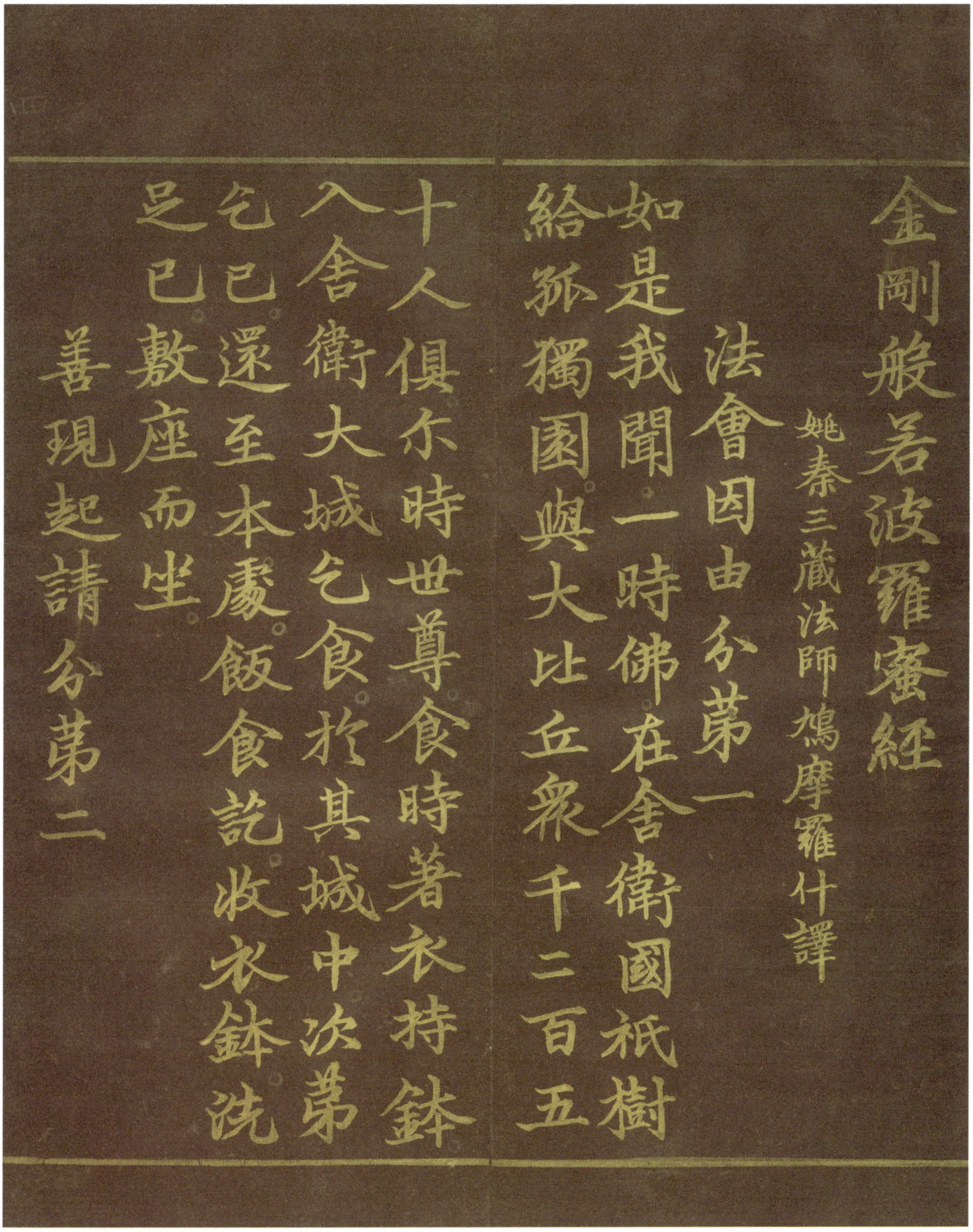

金剛般若波羅蜜經
姚秦三藏法師鳩摩羅什譯
法會因由分第一
如是我聞一時佛在舍衛國祇樹
給孤獨園與大比丘衆千二百五
十人俱尒時世尊食時著衣持鉢
入舍衛大城乞食於其城中次第
乞已還至本處飯食訖收衣鉢洗
足已敷座而坐
善現起請分第二

金剛般若波羅密經一卷　明永樂二十一年晉王泥金寫本

金剛般若波羅密經一卷　明永樂二十一年晉王泥金寫本

孝孫晉王　謹發誠心特書
大乘金剛般若波羅密經壹卷尊爲報薦
皇祖考太祖高皇帝全靈伏願承此
良因百千劫内無邊罪業永消亡無量生中一切冤家咸解釋
頓超煩惱之深淵速證菩提之
聖果
大明永樂貳拾壹年玖月拾捌日施

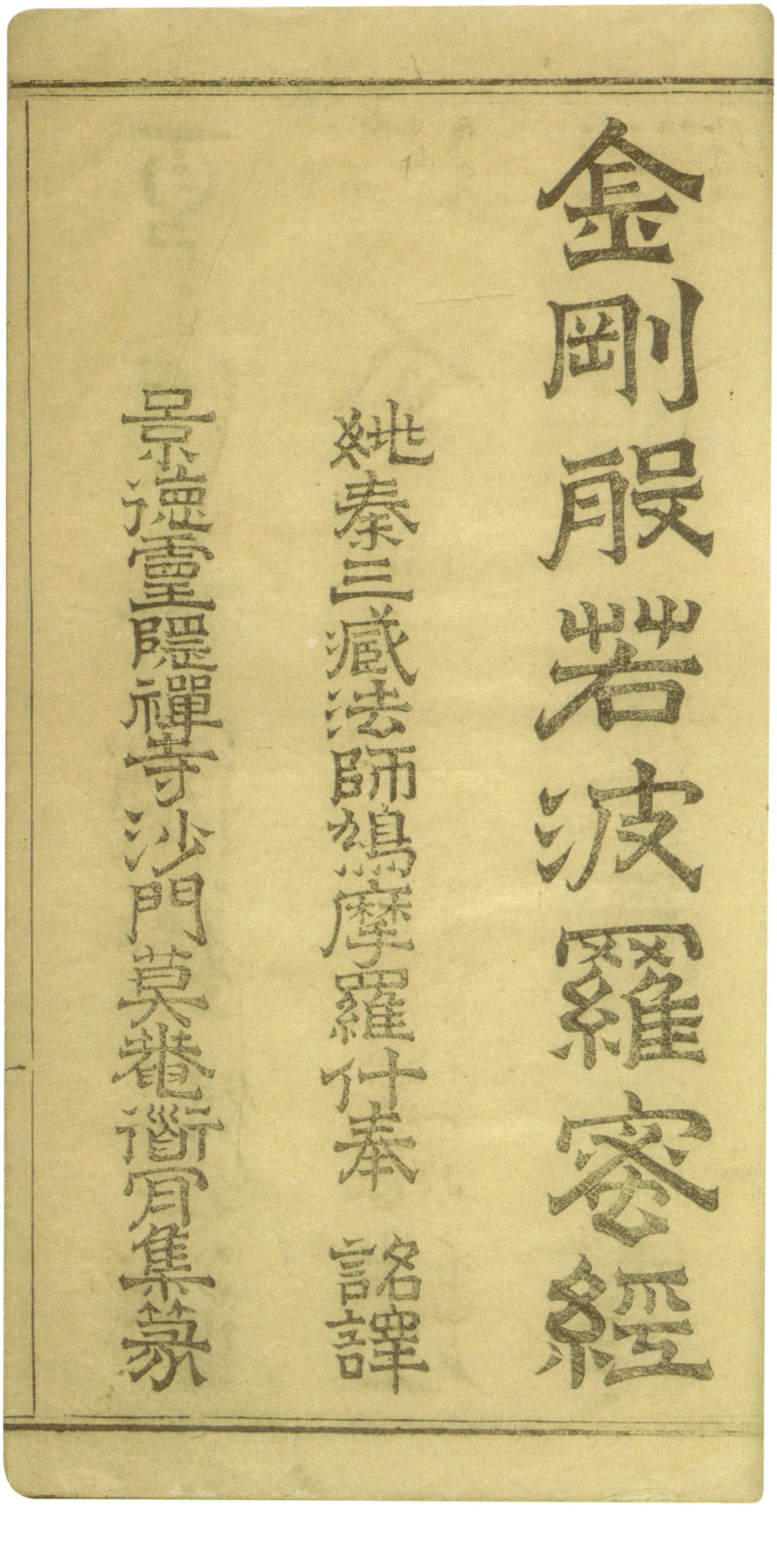
金剛般若波羅密經
姚秦三藏法師鳩摩羅什奉 詔譯
景德靈隱禪寺沙門莫卷衜肎集篆

金剛般若波羅密經一卷
明崇禎二年刻篆文本

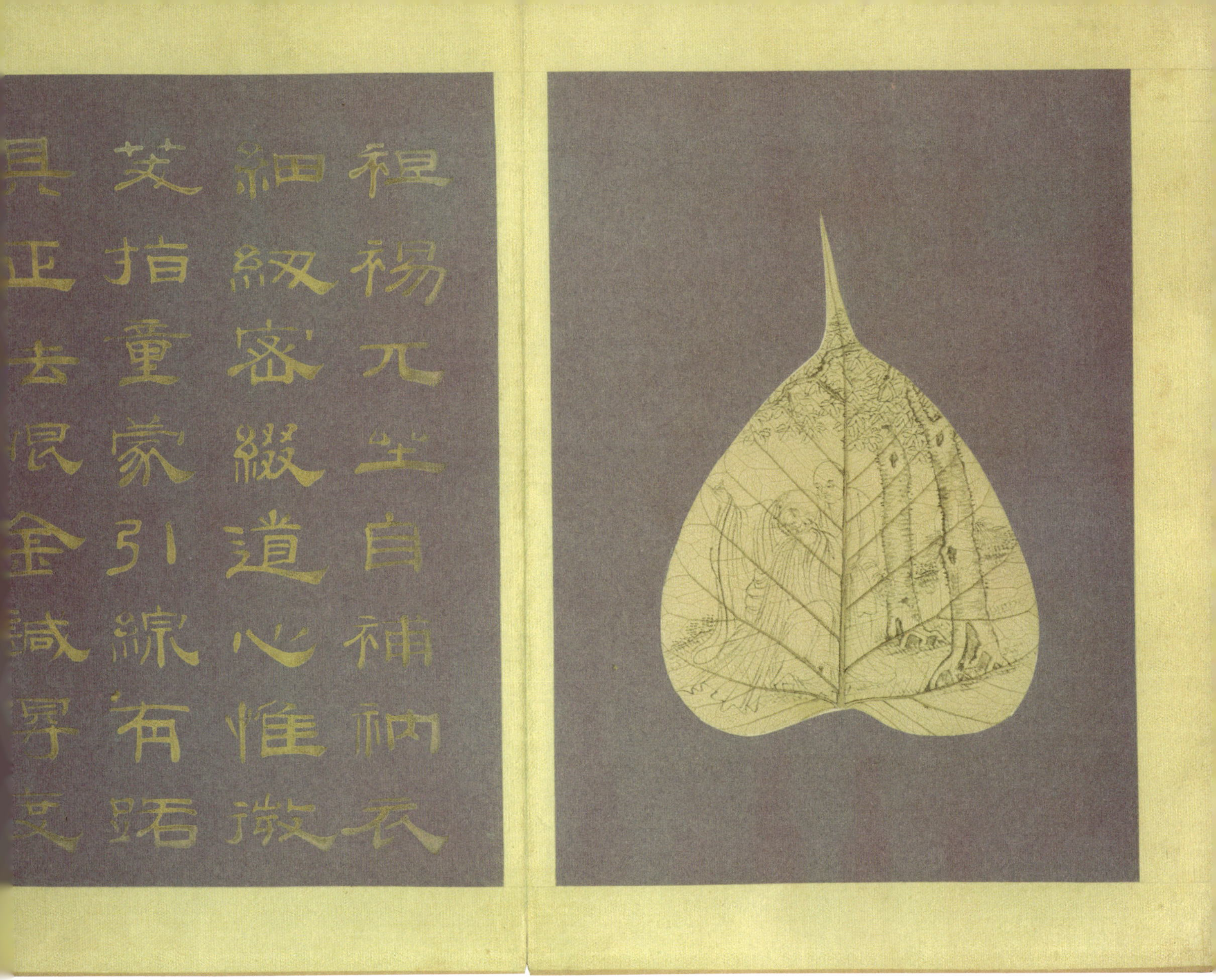

金剛般若波羅密經　清乾隆泥金寫本

金剛般若波羅密經　清乾隆泥金寫本

金剛般若波羅蜜經
如是我聞一時佛在舍衛國祇樹給孤獨園與大比丘衆千二百五十人俱
爾時世尊食時著衣持鉢入舍衛大城乞食於其城中次第乞已還至
本處飯食訖收衣鉢洗足已敷座而坐　時長老須菩提在大衆中即從
座起偏袒右肩右膝著地合掌恭敬而白佛言希有世尊如來善護念
諸菩薩善付囑諸菩薩世尊善男子善女人發阿耨多羅三藐三菩提心
云何應住云何降伏其心　佛言善哉善哉須菩提如汝所說如來善護念諸
菩薩善付囑諸菩薩汝今諦聽當為汝說善男子善女人發阿耨多羅三
藐三菩提心應如是住如是降伏其心　唯然世尊願樂欲聞　佛告須菩
提諸菩薩摩訶薩應如是降伏其心所有一切衆生之類若卵生若胎生
若濕生若化生若有色若無色若有想若無想若非有想非無想我皆令
入無餘涅槃而滅度之如是滅度無量無數無邊衆生實無衆生得滅度
者何以故須菩提若菩薩有我相人相衆生相壽者相即非菩薩　復次

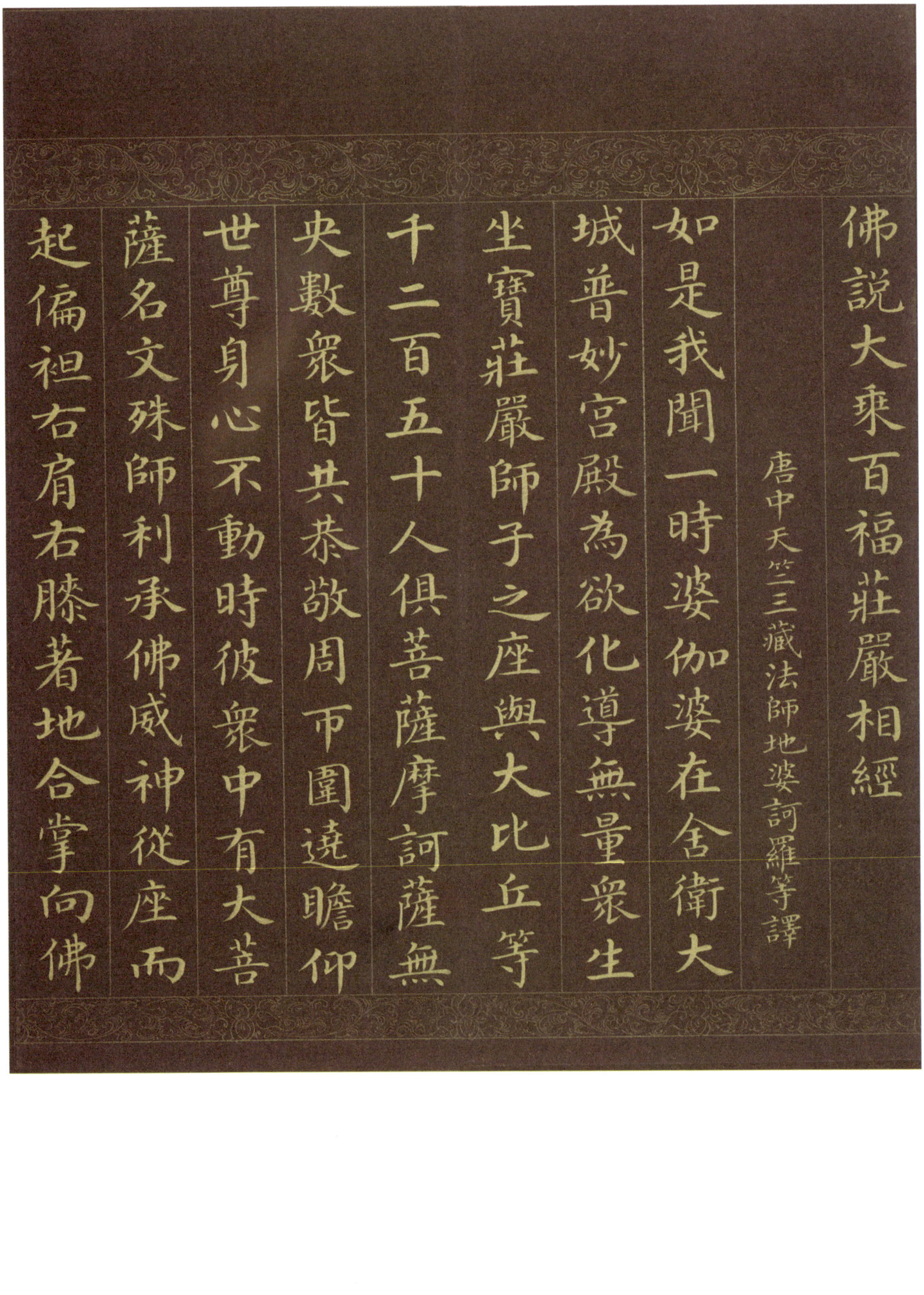

佛說大乘百福莊嚴相經

唐中天竺三藏法師地婆訶羅等譯

如是我聞一時婆伽婆在舍衛大
城普妙宮殿為欲化導無量衆生
坐寶莊嚴師子之座與大比丘等
千二百五十人俱菩薩摩訶薩無
央數衆皆共恭敬周帀圍遶瞻仰
世尊身心不動時彼衆中有大菩
薩名文殊師利承佛威神從座而
起偏袒右肩右膝著地合掌向佛

佛說大乘百福莊嚴相經一卷　清汪廷璵泥金寫進呈本

佛說大乘百福莊嚴相經一卷

清汪廷璵泥金寫進呈本

宗鏡錄一百卷　清雍正十二年內府刻本

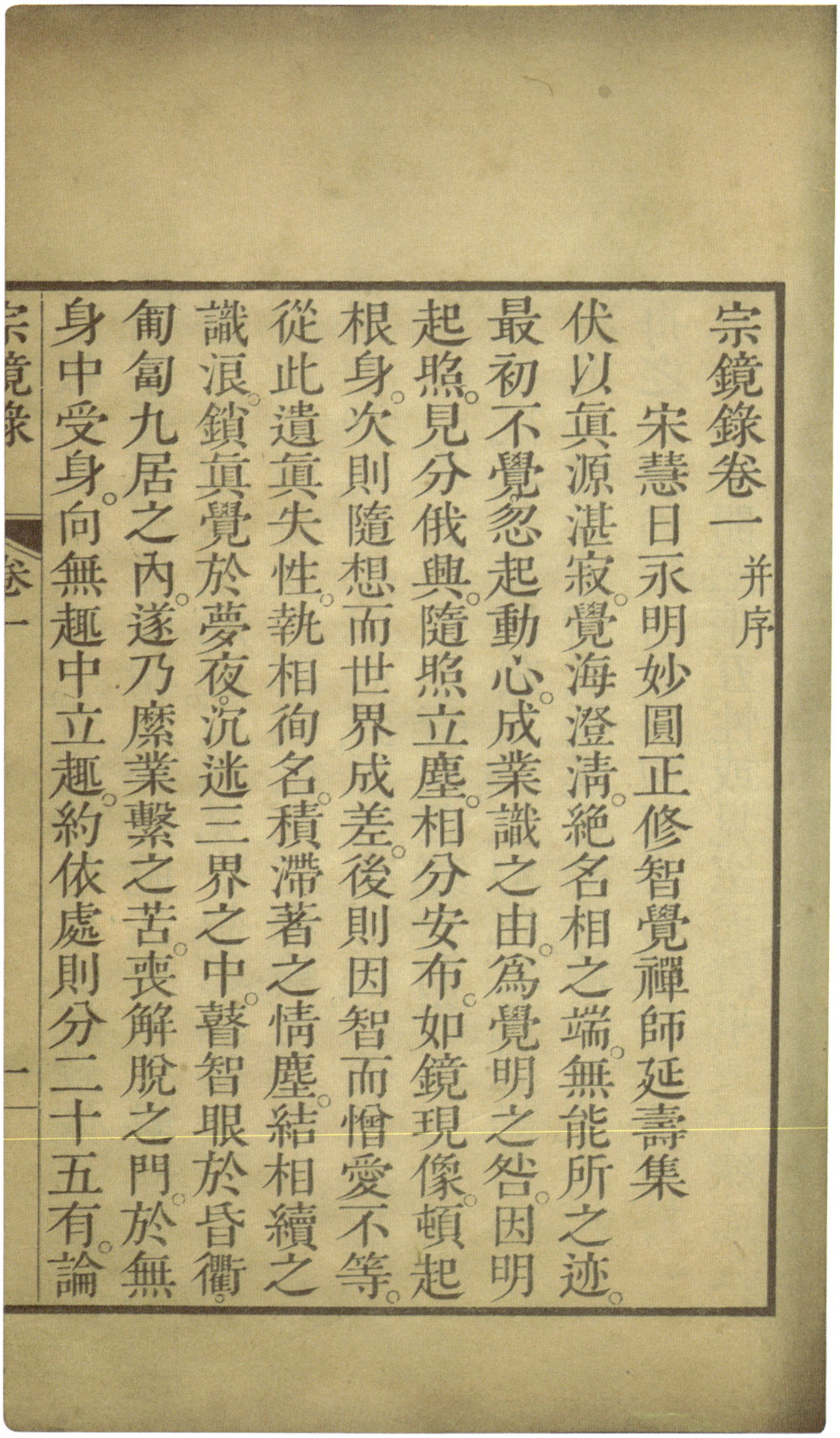
宗鏡錄卷一 并序
宋慧日永明妙圓正修智覺禪師延壽集
伏以眞源湛寂覺海澄淸絕名相之端無能所之迹
最初不覺忽起動心成業識之由爲覺明之咎因明
起照見分俄興隨照立塵相分安布如鏡現像頓起
根身次則隨想而世界成差後則因智而憎愛不等
從此遺眞失性執相徇名積滯著之情塵結相續之
識浪鎖眞覺於夢夜沉迷三界之中瞽智眼於昏衢
匍匐九居之內遂乃縻業繫之苦喪解脫之門於無
身中受身向無趣中立趣約依處則分二十五有論

宗鏡錄　卷一　一

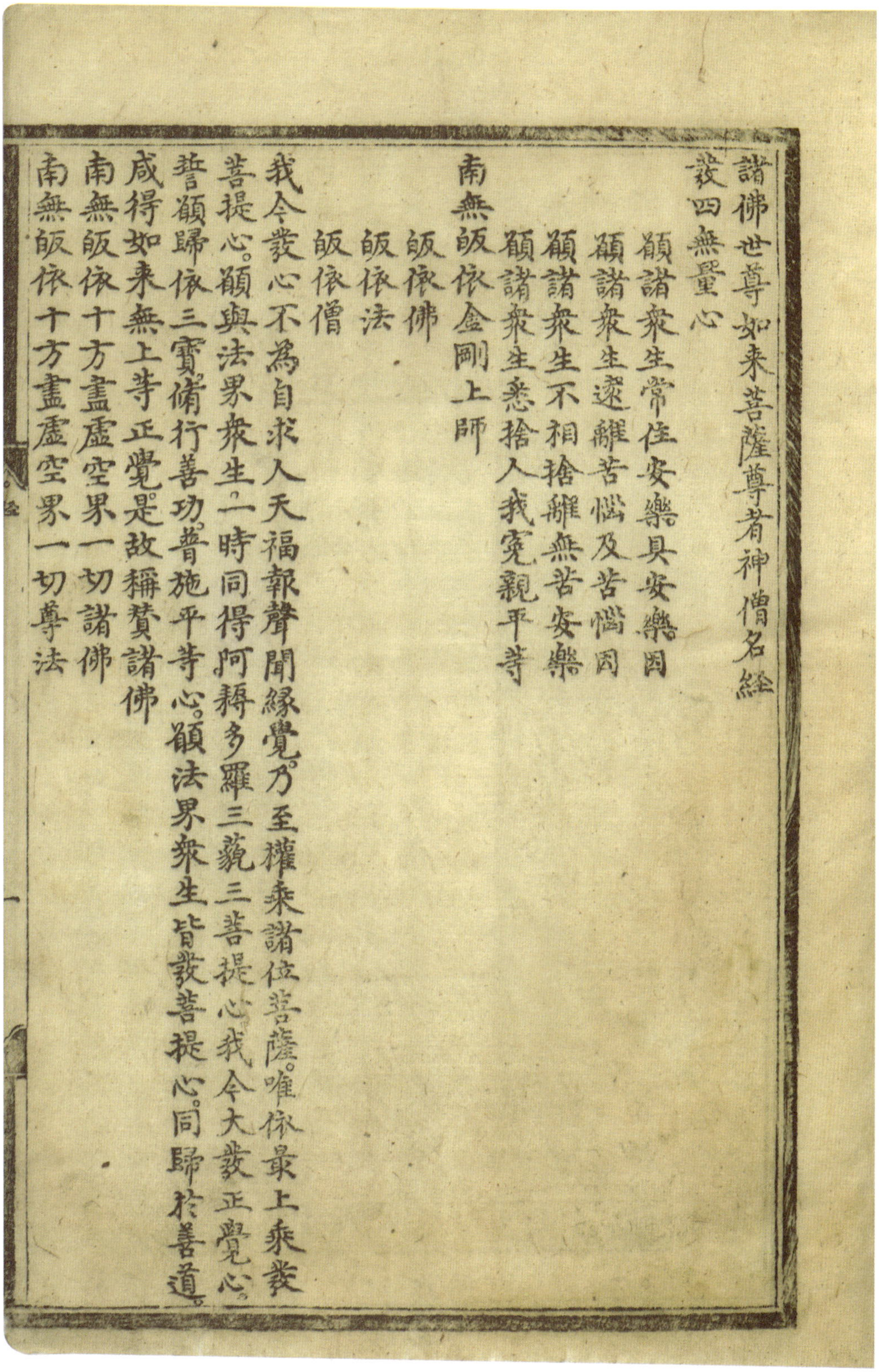
諸佛世尊如来菩薩尊者神僧名經

發四無量心

願諸衆生常住安樂具安樂因

願諸衆生遠離苦惱及苦惱因

願諸衆生不相捨離無苦安樂

願諸衆生悉捨人我寃親平等

南無皈依金剛上師

皈依佛

皈依法

皈依僧

我今發心不爲自求人天福報聲聞緣覺乃至權乘諸位菩薩。唯依最上乘發菩提心。願與法界衆生一時同得阿耨多羅三藐三菩提心。我今大發正覺心。誓願歸依三寶。脩行善功。普施平等心。願法界衆生皆發菩提心。同歸於善道。咸得如來無上等正覺。是故稱贊諸佛

南無皈依十方盡虛空界一切諸佛

南無皈依十方盡虛空界一切尊法

諸佛世尊如來菩薩尊者神僧名經二十卷　明永樂內府刻本

御錄經海一滴六卷　清雍正十三年內府刻本

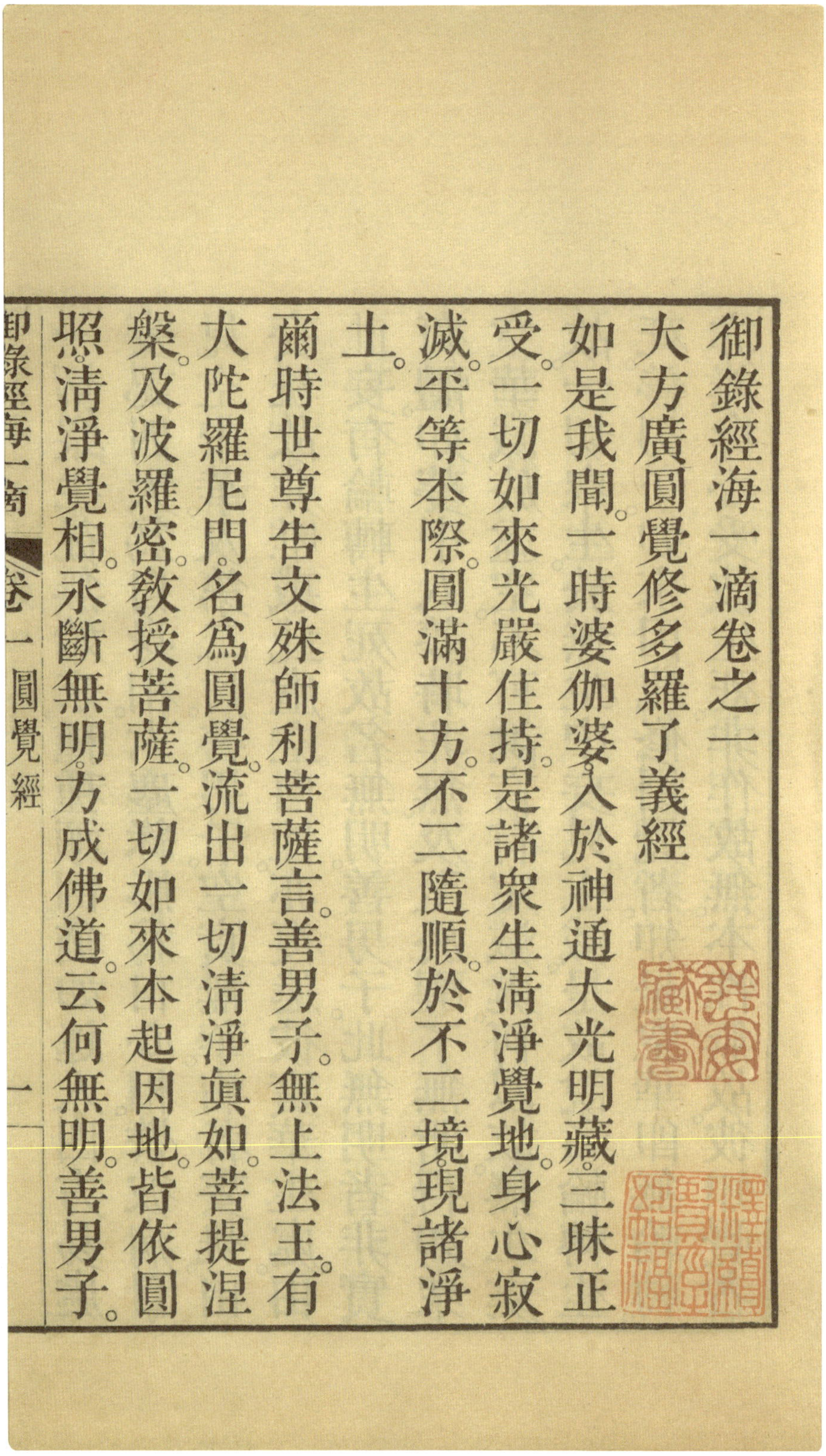
御錄經海一滴卷之一
大方廣圓覺修多羅了義經
如是我聞一時婆伽婆入於神通大光明藏三昧正受一切如來光嚴住持是諸衆生清淨覺地身心寂滅平等本際圓滿十方不二隨順於不二境現諸淨土
爾時世尊告文殊師利菩薩言善男子無上法王有大陀羅尼門名爲圓覺流出一切清淨眞如菩提涅槃及波羅密教授菩薩一切如來本起因地皆依圓照清淨覺相永斷無明方成佛道云何無明善男子

御錄經海一滴　卷一　圓覺經　一

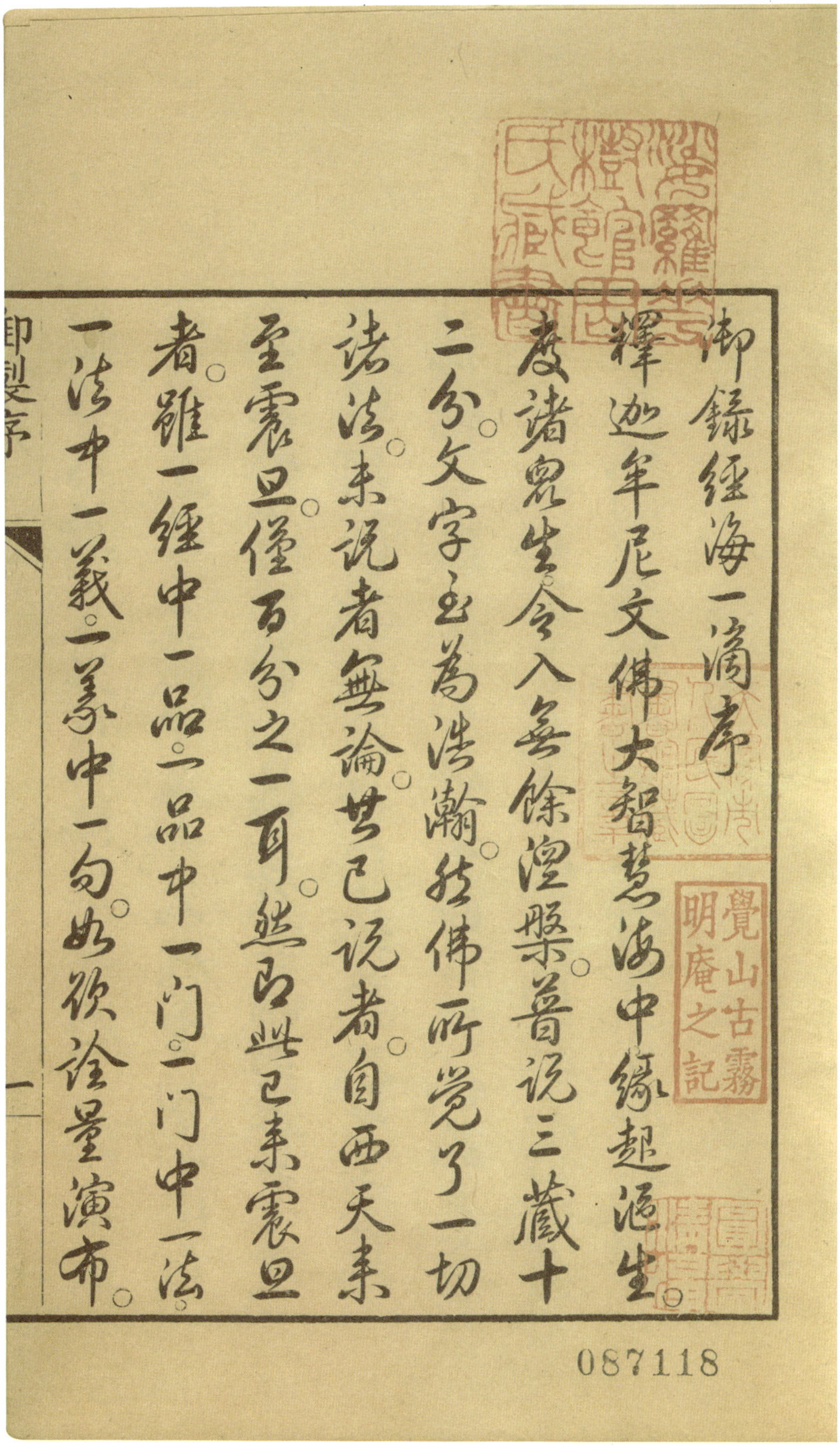
御錄經海一滴序
釋迦牟尼文佛大智慧海中緣起涵生
度諸衆生令入無餘涅槃普說三藏十
二分文字悉爲浩瀚於佛所覺了一切
諸法未說者無論其已說者自西天來
至震旦僅百分之一耳然即此已來震旦
者雖一經中一品一品中一門一門中一法
一法中一義一義中一句如欲詮量演布

御製序　一

087118

御錄經海一滴六卷　清雍正十三年内府刻本

重訂教乘法數十二卷

清雍正十三年武英殿刻本

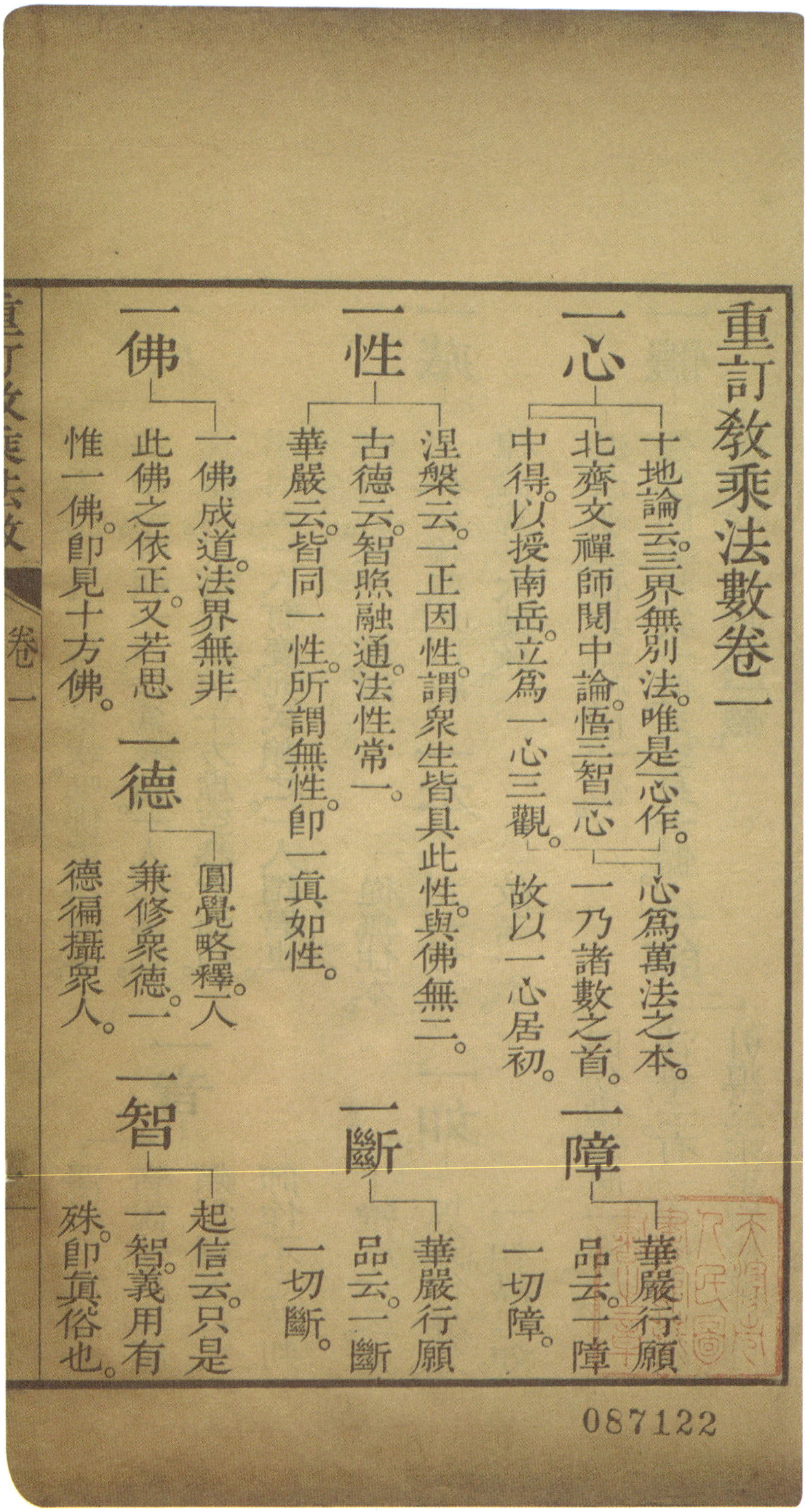
重訂教乘法數卷一

一心

十地論云。三界無別法。唯是一心作。

北齊文禪師閱中論。悟三智一心中得。以授南岳。立爲一心三觀。

一心爲萬法之本

一乃諸數之首。

故以一心居初。

一障

華嚴行願品云。一障一切障。

一性

涅槃云。一正因性。謂衆生皆具此性。與佛無二。

古德云。智照融通。法性常一。

華嚴云。皆同一性。所謂無性。卽一眞如性。

一斷

華嚴行願品云。一斷一切斷。

一佛

一佛成道。法界無非此佛之依正。又若思惟一佛。卽見十方佛。

一德

圓覺略釋。一人兼修衆德。一德徧攝衆人。

一智

起信云。只是一智。義用有殊。卽眞俗也。

087122

御錄宗鏡大綱二十卷

清雍正十二年內府刻本

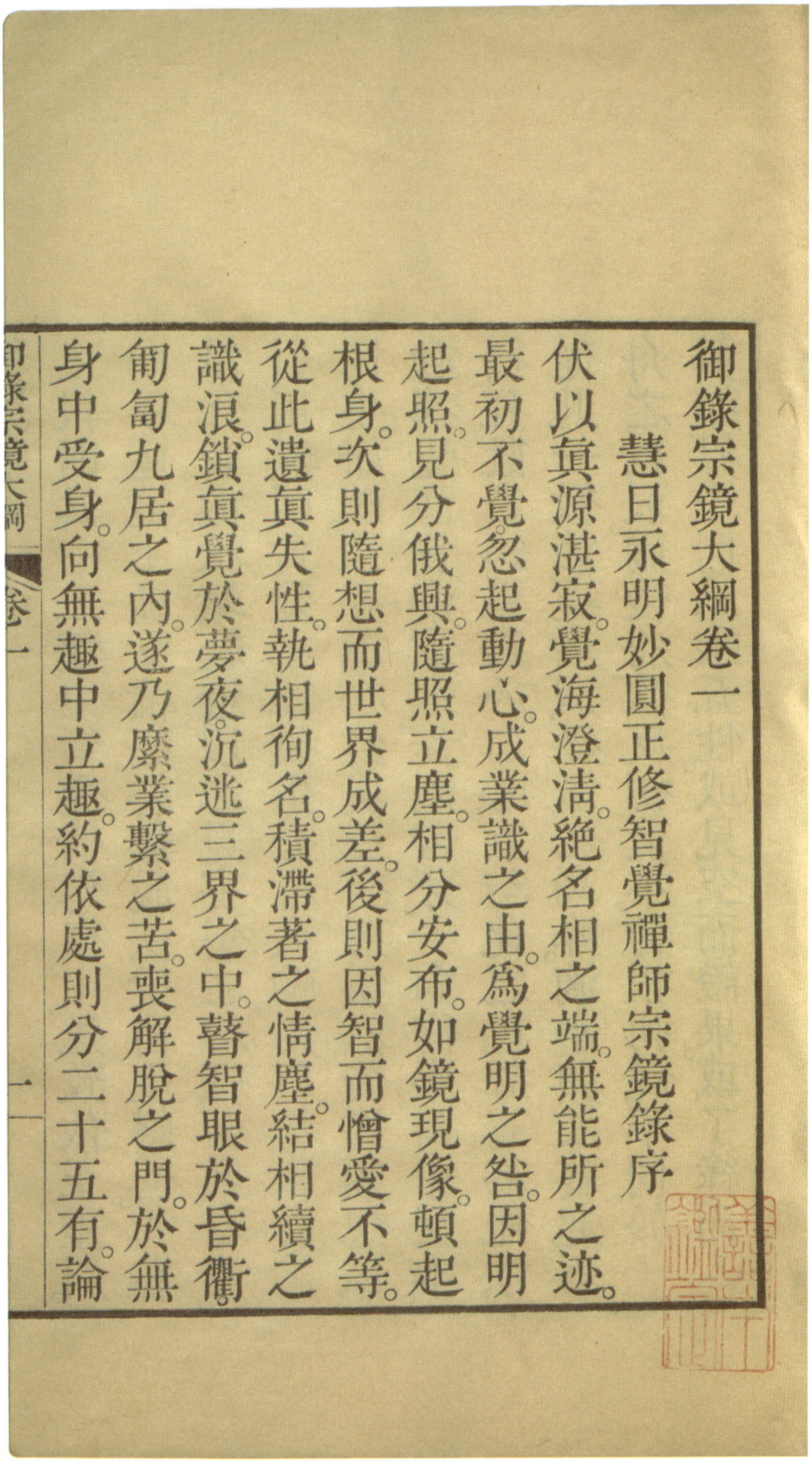

御錄宗鏡大綱卷一

慧日永明妙圓正修智覺禪師宗鏡錄序

伏以眞源湛寂。覺海澄清。絕名相之端。無能所之迹。最初不覺忽起動心。成業識之由。爲覺明之咎。因明起照。見分俄興。隨照立塵。相分安布。如鏡現像。頓起根身。次則隨想而世界成差。後則因智而憎愛不等。從此遺眞失性。執相徇名。積滯著之情塵。結相續之識浪。鎖眞覺於夢夜。沉迷三界之中。瞽智眼於昏衢。匍匐九居之內。遂乃縻業繫之苦。喪解脫之門。於無身中受身。向無趣中立趣。約依處則分二十五有。論

御錄宗鏡大綱 卷一 一

御制揀魔辨異錄八卷

清雍正十二年武英殿刻本

御製揀魔辨異錄卷一

魔忍曰、佛不云乎、吾有正法眼藏、涅槃妙心、實相無相、微妙法門、付囑摩訶大迦葉、夫涅槃妙心、卽吾人本具之廣大心體也、正法眼藏、卽雙明雙暗、同死同生之金剛眼也、心卽眼、眼卽心、實相而無相者也、如國之印璽然、無前際、無後際、無中際、一印而文理備焉、

若欲徵心。則雖豎窮三際。橫亘十方。猶徵不盡。豈未讀楞嚴七處徵心耶。可惜世尊於百萬人天中。拈出一花。不在內。不在外。不在中間。直指人心。見性成佛。却被魔忍吾人本具之廣大心體一句鈍置煞了也。盡大地是一隻眼。乃以正法眼藏爲雙明雙暗同死同生之金剛眼。豈止認奴作郎。明暗生死。如何又是

揀魔辨異錄　卷一　一

087109

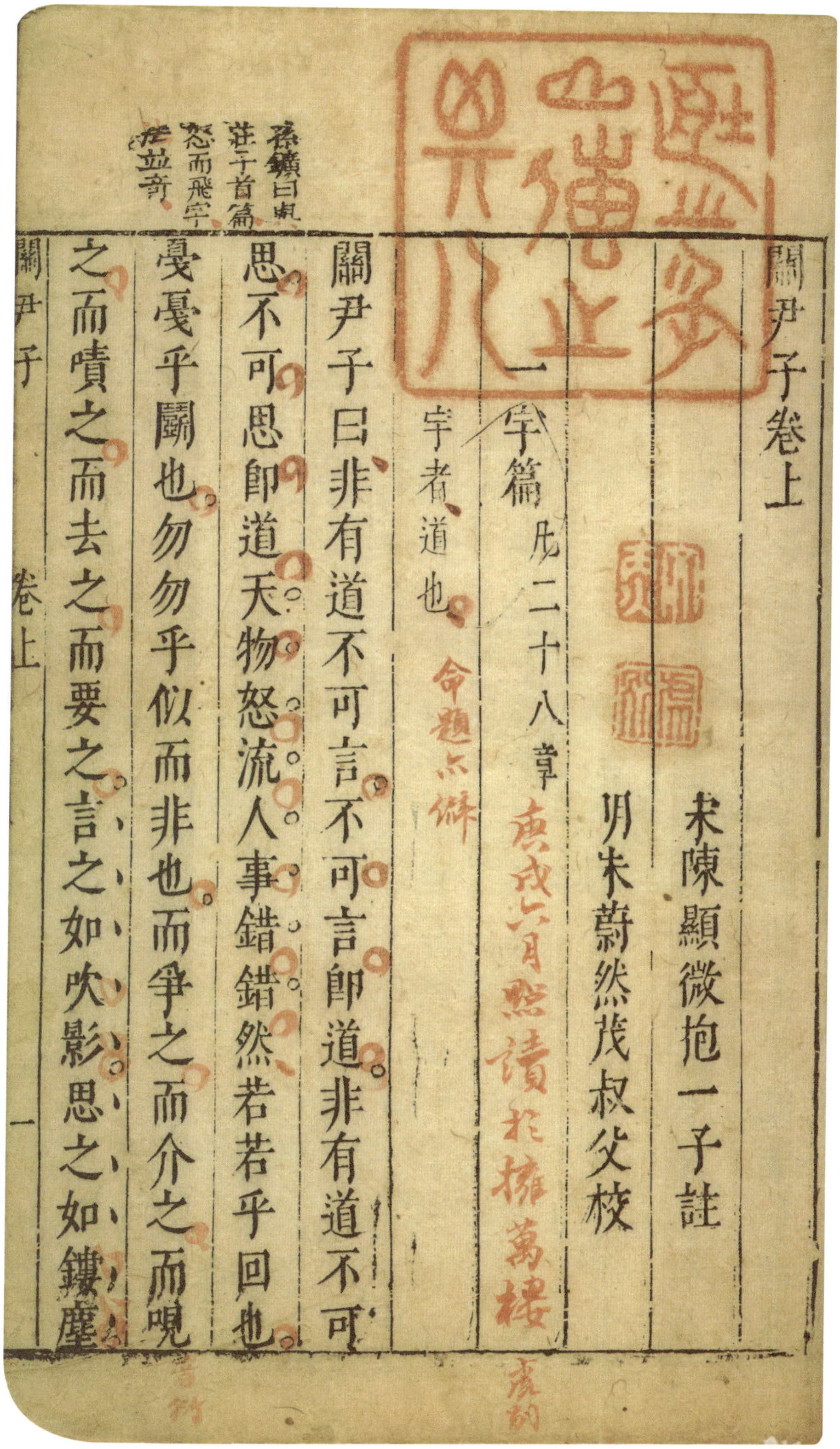

孫鑛曰此莊子首篇怒而飛字法並奇

關尹子卷上

宋陳顯微抱一子註

明朱蔚然茂叔父校

一宇篇　凡二十八章

宇者道也

關尹子曰非有道不可言不可言即道非有道不可思不可思即道天物怒流人事錯錯然若若乎回也戛戛乎鬬也勿勿乎似而非也而爭之而介之而呪之而嘖之而去之而要之言之如吹影思之如鏤塵

關尹子　卷上　一

庚戌六月熙讀於擁萬樓

關尹子二卷

明天啟杭州書肆讀書坊刻本

楚騷五卷　明正德十五年熊宇刻篆楷對照本

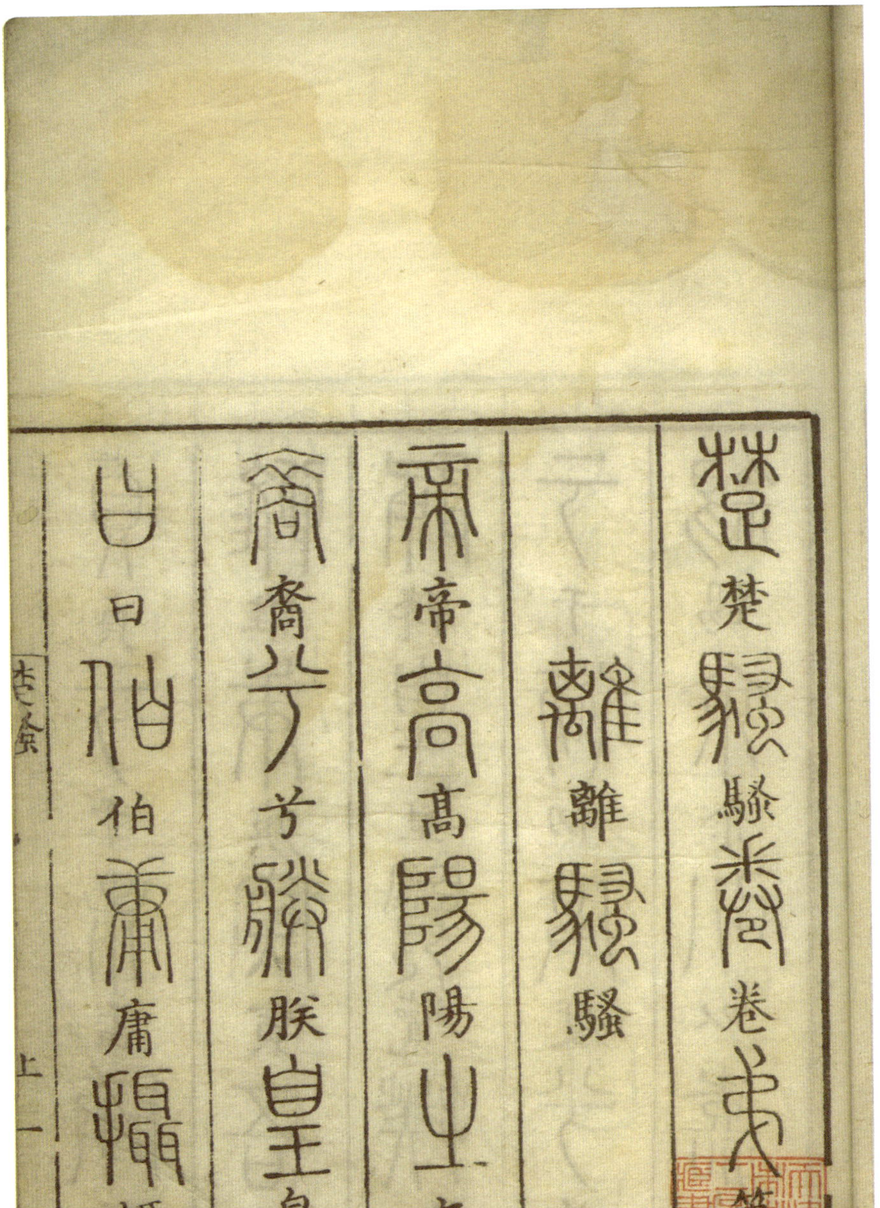
楚騷卷第一
離騷
帝高陽之苗
裔兮朕皇考
曰伯庸攝提

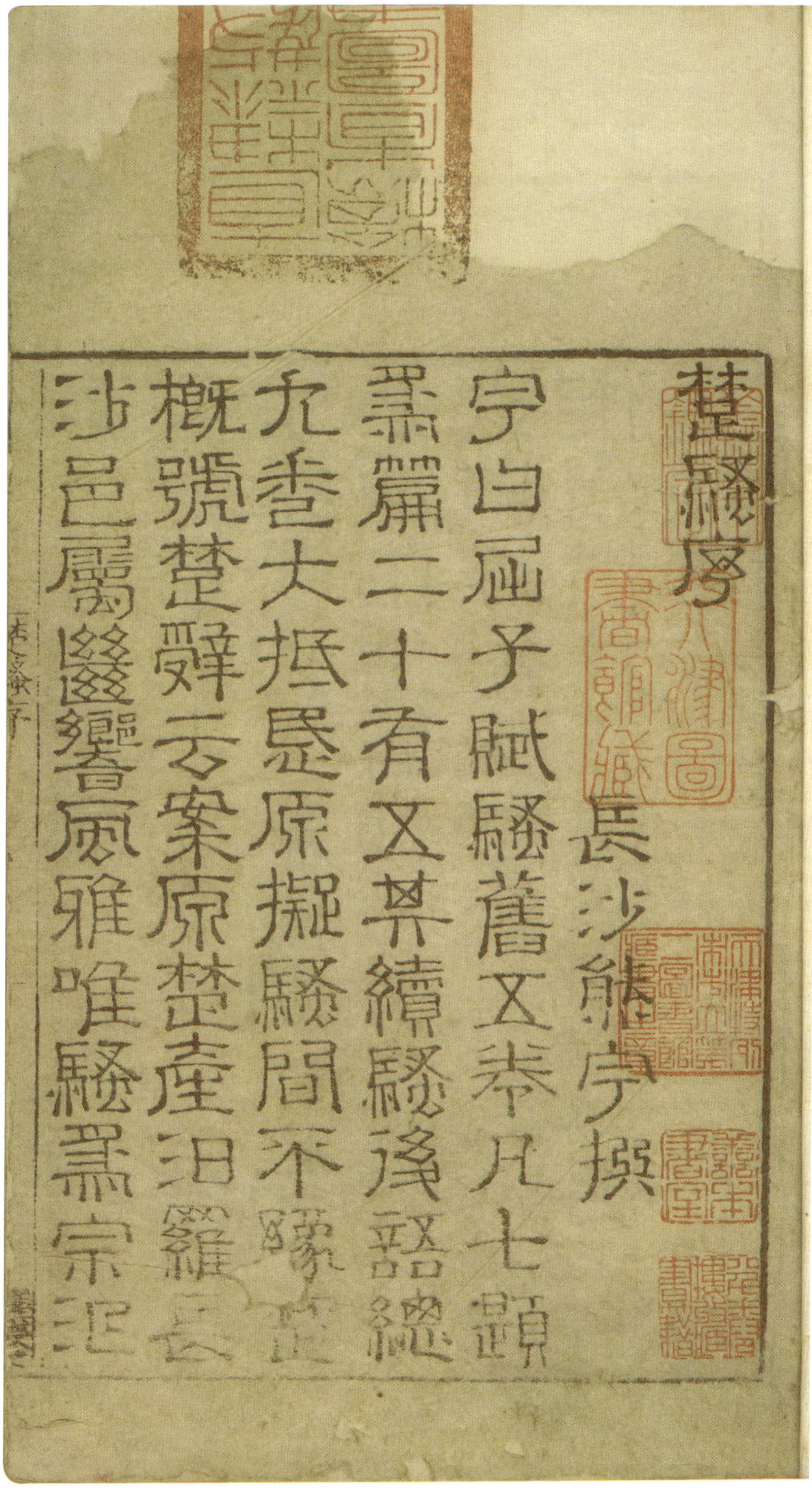

楚騷五卷　明正德十五年熊宇刻篆楷對照本

離騷集傳一卷　清影宋鈔本

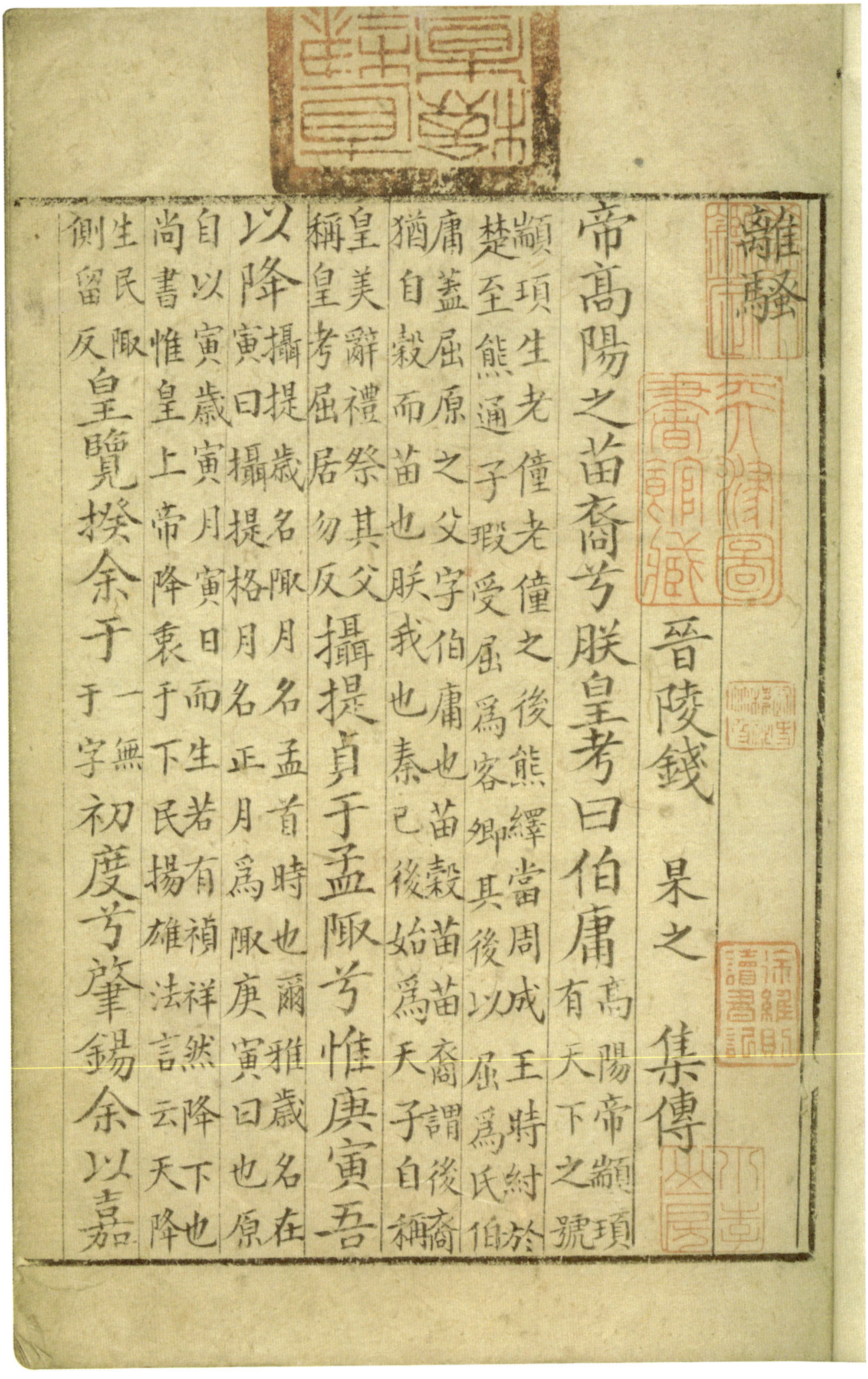
離騷

晉陵錢　杲之　集傳

帝高陽之苗裔兮朕皇考曰伯庸高陽帝顓頊有天下之號顓頊生老僮老僮之後熊繹當周成王時封於楚至熊通子瑕受屈爲客卿其後以屈爲氏伯庸蓋屈原之父字伯庸也苗裔苗苗裔謂後裔猶自穀而苗也朕我也秦已後始爲天子自稱皇美辭禮祭其父稱皇考屈居勿反攝提貞于孟陬兮惟庚寅吾以降攝提歲名陬月名孟首時也爾雅歲名在寅曰攝提格月名正月爲陬庚寅日也原自以寅歲寅月寅日而生若有禎祥然降下也尚書惟皇上帝降衷于下民揚雄法言云天降生民陬側留反皇覽揆余于一無于字初度兮肇錫余以嘉

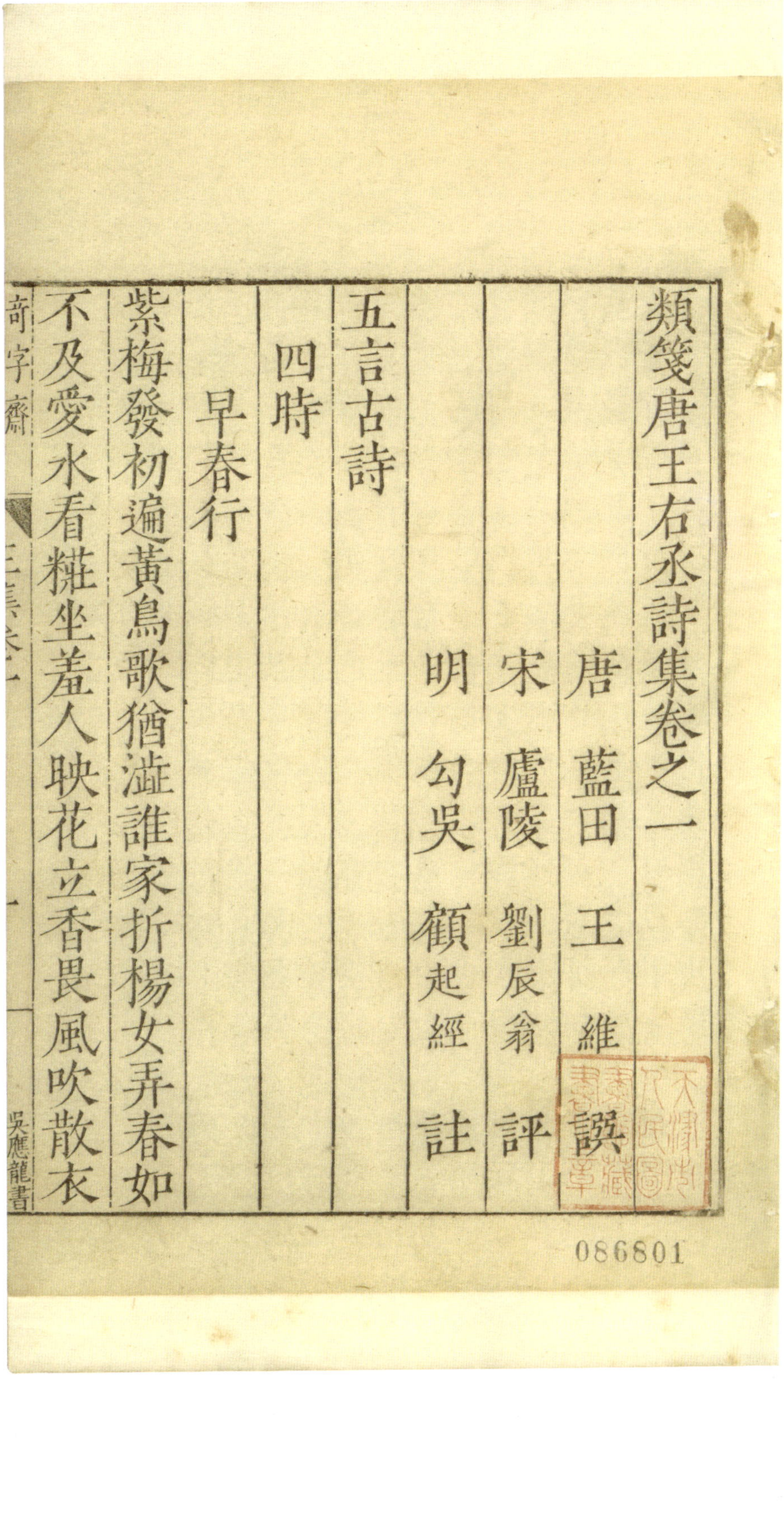
類箋唐王右丞詩集卷之一
唐 藍田 王 維 譔
宋 廬陵 劉辰翁 評
明 勾吳 顧起經 註
五言古詩
四時
早春行
紫梅發初遍黃鳥歌猶澁誰家折楊女弄春如
不及愛水看粧坐羞人映花立香畏風吹散衣
奇字齋
王集卷一
一
吳應龍書
086801

類箋唐王右丞詩集十卷唐王右丞文集四卷

明嘉靖三十五年顧氏奇字齋刻本

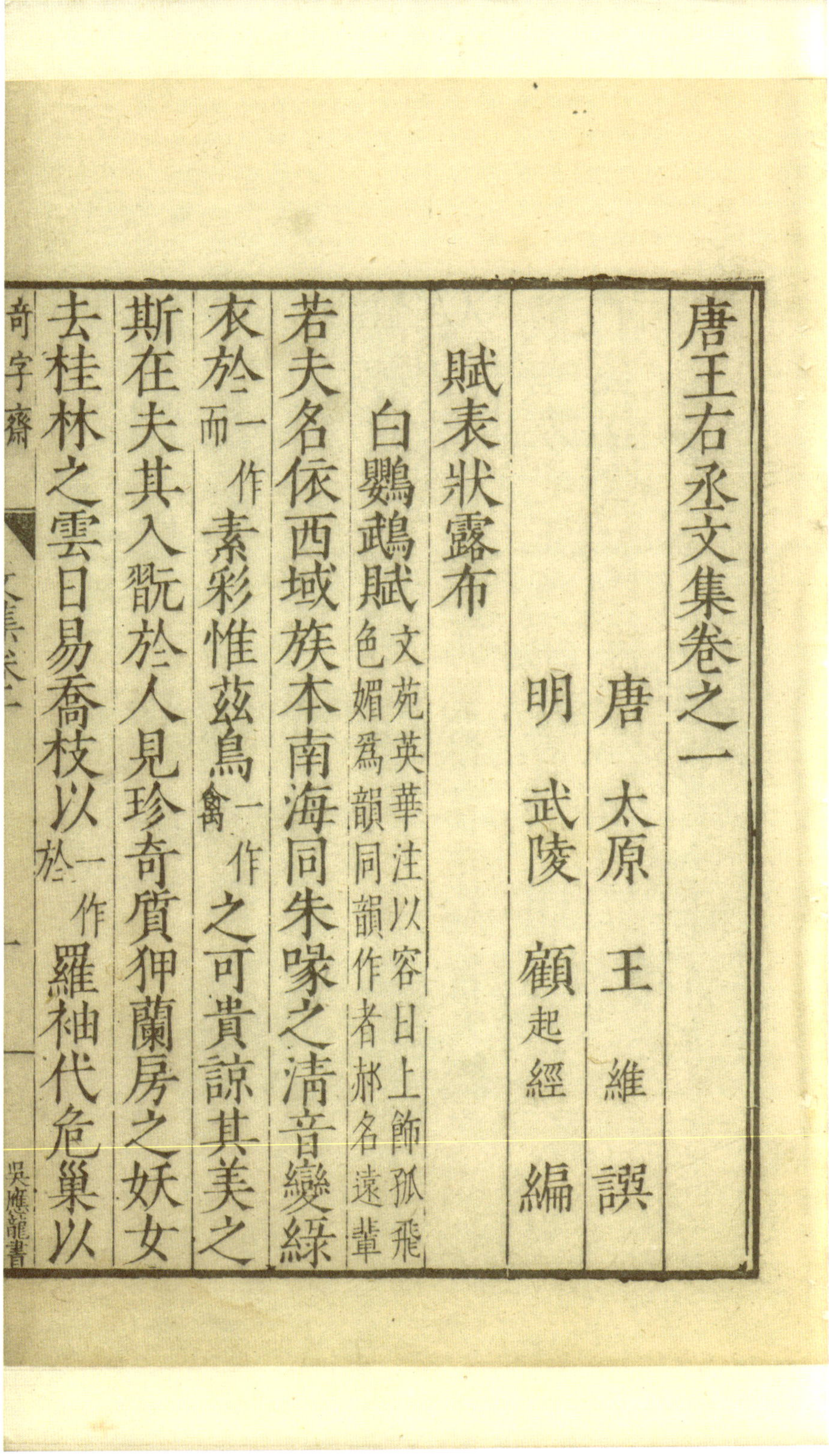
唐王右丞文集卷之一

唐　太原　王　維　譔

明　武陵　顧起經　編

賦表狀露布

白鸚鵡賦 文苑英華注以容日上飾孤飛色媚爲韻同韻作者郝名遠輩

若夫名依西域族本南海同朱喙之清音變綠衣於（一作而）素彩惟茲鳥（一作禽）之可貴諒其美之斯在夫其入翫於人見珍奇質狎蘭房之妖女去桂林之雲日易喬枝以（一作於）羅袖代危巢以

奇字齋　文集卷一　一　吳應龍書

類箋唐王右丞詩集十卷唐王右丞文集四卷　明嘉靖三十五年顧氏奇字齋刻本

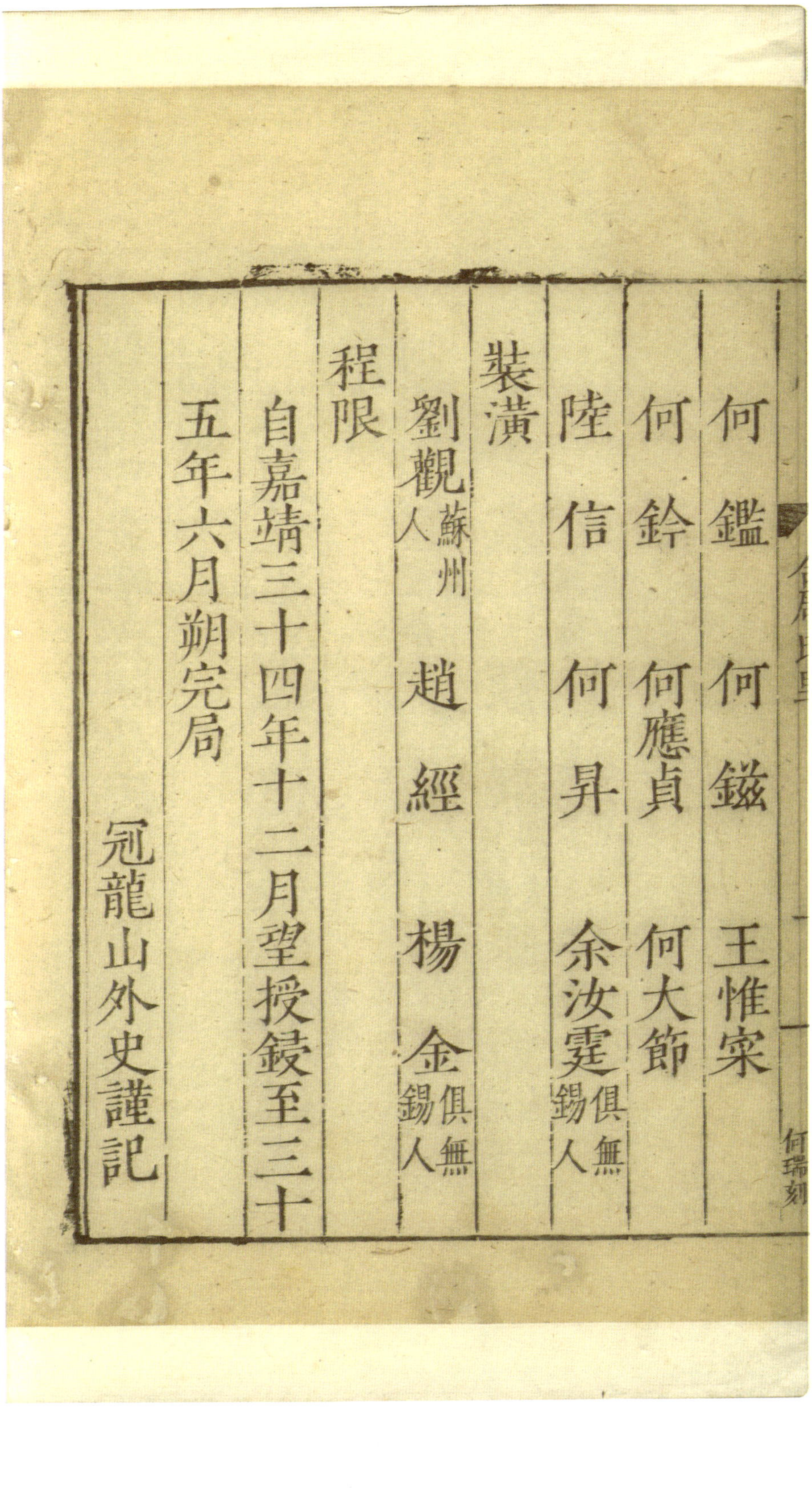
何瑞刻
何鑑　何鎡　王惟寀
何鈐　何應貞　何大節
陸信　何昇　佘汝霆俱無錫人
裝潢
劉觀蘇州人　趙經　楊金俱無錫人
程限
自嘉靖三十四年十二月望授鋟至三十
五年六月朔完局
冠龍山外史謹記

類箋唐王右丞詩集十卷唐王右丞文集四卷　明嘉靖三十五年顧氏奇字齋刻本

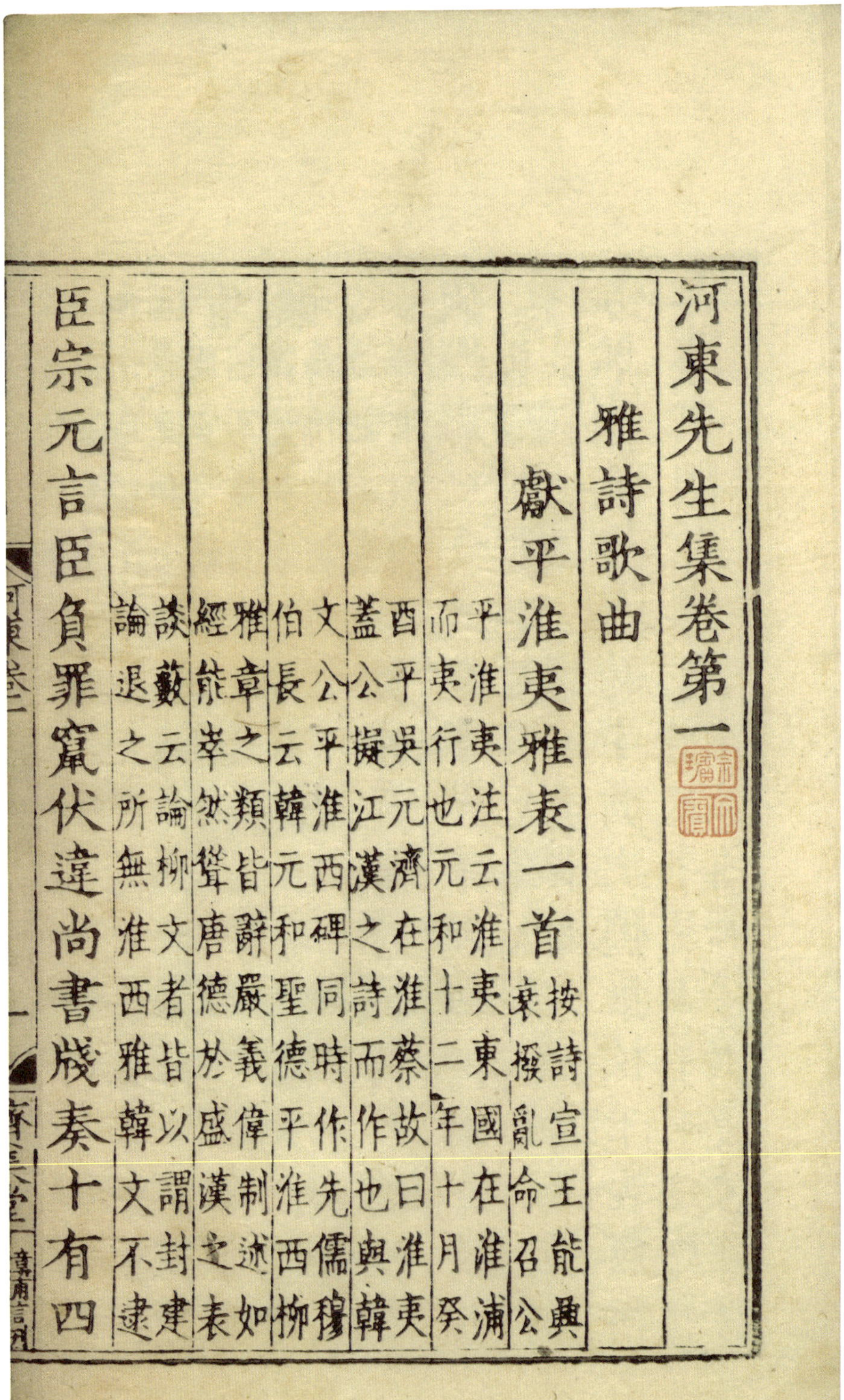
河東先生集卷第一
雅詩歌曲
獻平淮夷雅表一首 按詩宣王能興衰撥亂命召公平淮夷注云淮夷東國在淮浦而夷行也元和十二年十月癸酉平吳元濟在淮蔡故曰淮夷蓋公擬江漢之詩而作也與韓文公平淮西碑同時作先儒穆伯長云韓元和聖德平淮西柳雅章之類皆辭嚴義偉制述如經能卒然聳唐德於盛漢之表談藪云論柳文者皆以謂封建論退之所無淮西雅韓文不逮
臣宗元言臣負罪竄伏違尚書牋奏十有四

河東先生集四十五卷

明郭雲鵬濟美堂刻本

增廣註釋音辯唐柳先生集四十三卷

明正統十三年善敬堂刻萬曆三年補刻本

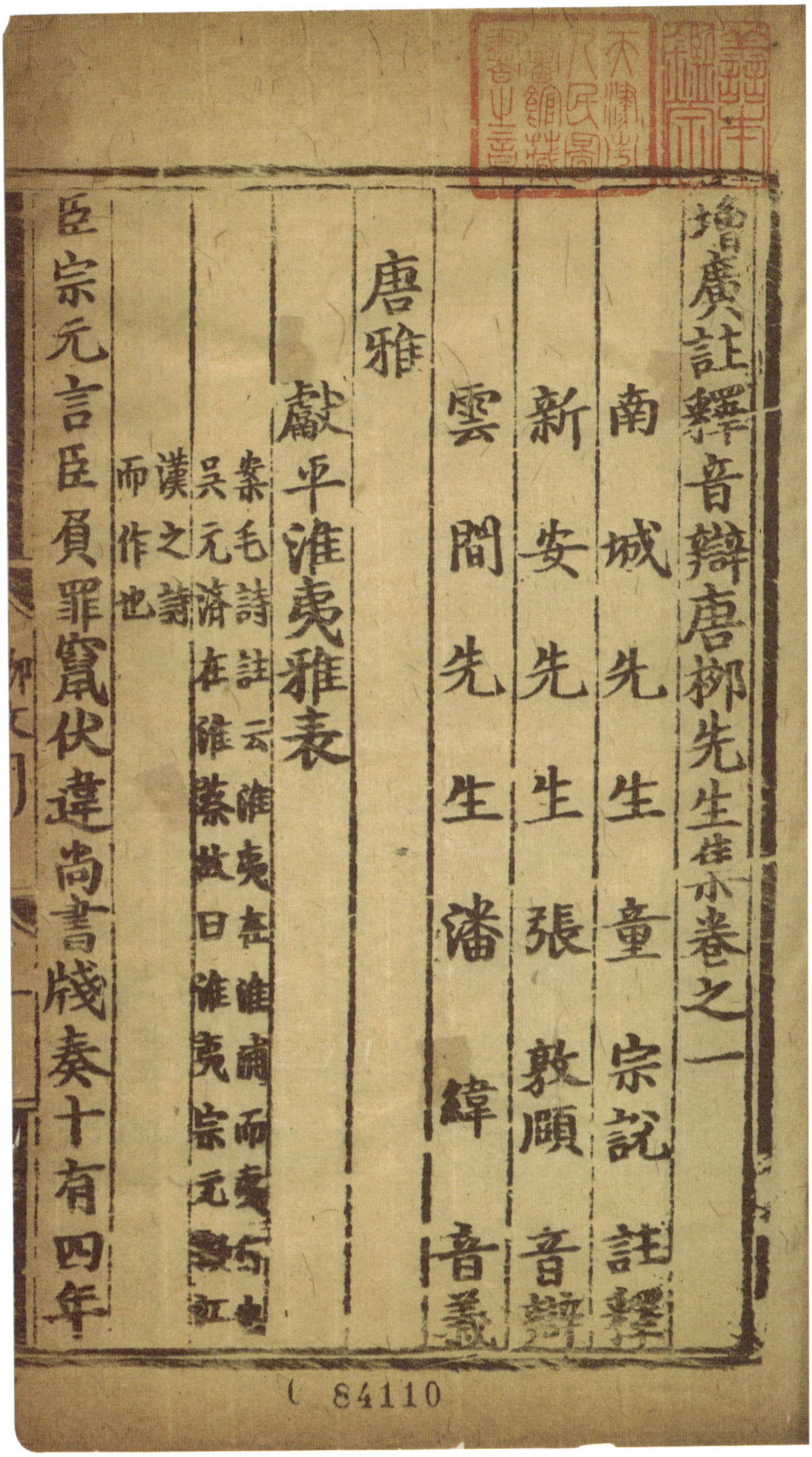

增廣註釋音辯唐柳先生集卷之一

南城先生童宗說註釋

新安先生張敦頤音辯

雲間先生潘緯音義

唐雅

獻平淮夷雅表 案毛詩註云淮夷在淮浦而夷行也吴元濟在淮蔡故曰淮夷宗元擬江漢之詩而作也

臣宗元言臣負罪竄伏違尚書牋奏十有四年

李丞相詩集二卷　清影鈔宋臨安陳宅書籍鋪本

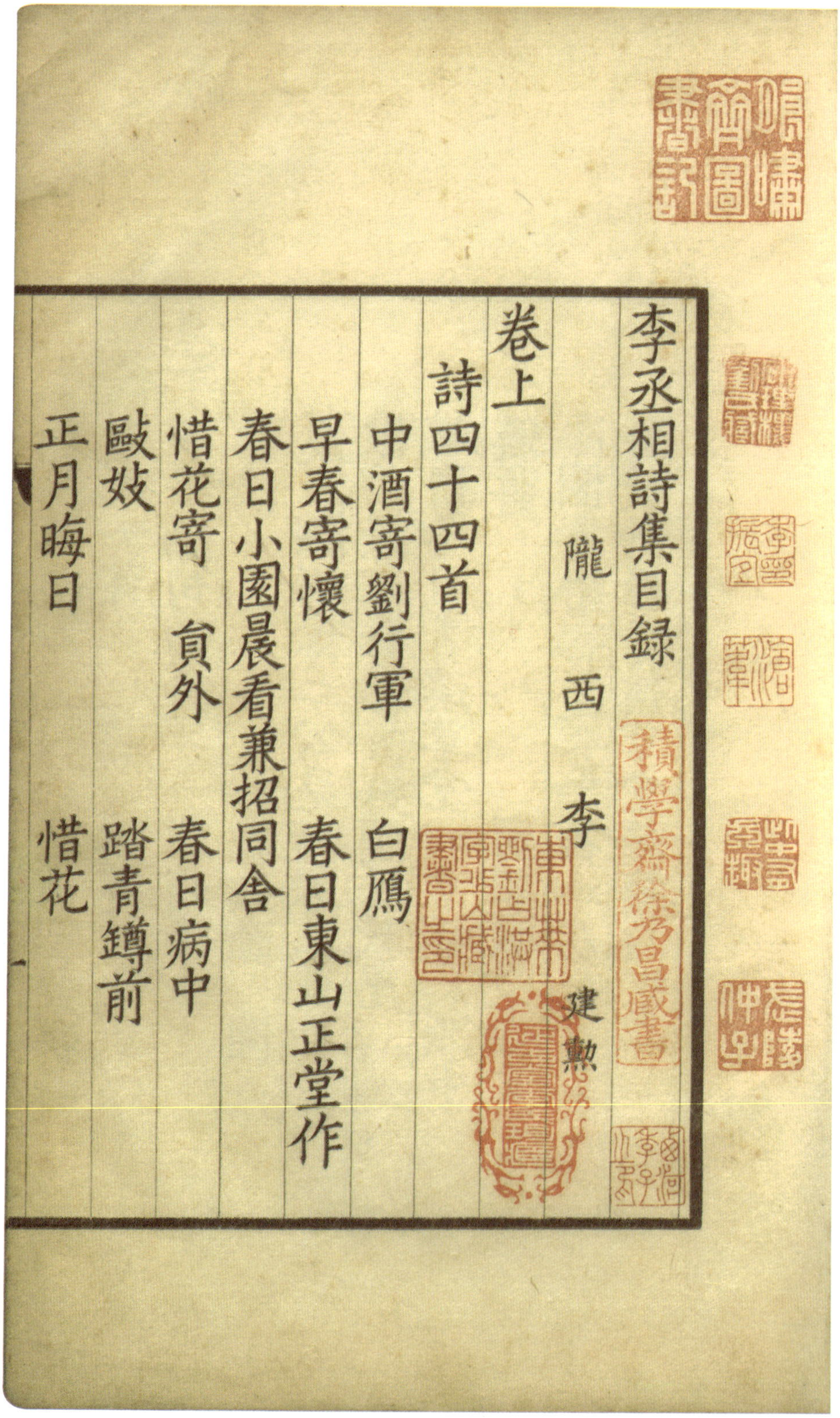

李丞相詩集目録

隴西李建勳

卷上

詩四十四首

中酒寄劉行軍　白鴈

早春寄懷　春日東山正堂作

春日小園晨看兼招同舍

惜花寄　貟外　春日病中

毆妓　踏青罇前

正月晦日　惜花

積學齋徐乃昌藏書

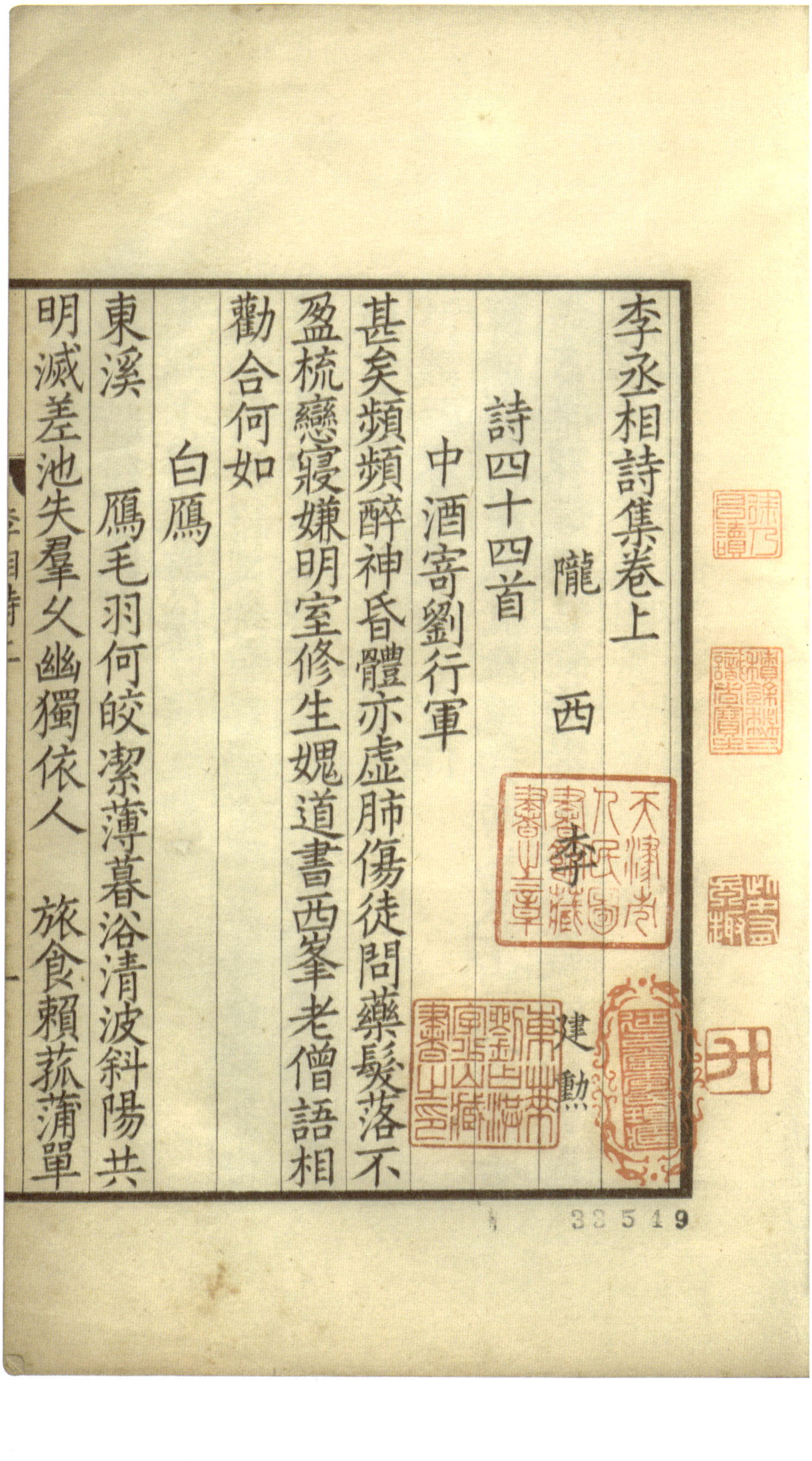
李丞相詩集卷上
隴西　李建勳
詩四十四首
中酒寄劉行軍
甚矣頻頻醉神昏體亦虛肺傷徒問藥髮落不
盈梳戀寢嫌明室修生媿道書西峯老僧語相
勸合何如
白鴈
東溪　鴈毛羽何皎潔薄暮浴清波斜陽共
明滅差池失羣夂幽獨依人　旅食賴菰蒲單
33519

李丞相詩集二卷

清影鈔宋臨安陳宅書籍鋪本

李丞相詩集二卷　清影鈔宋臨安陳宅書籍鋪本

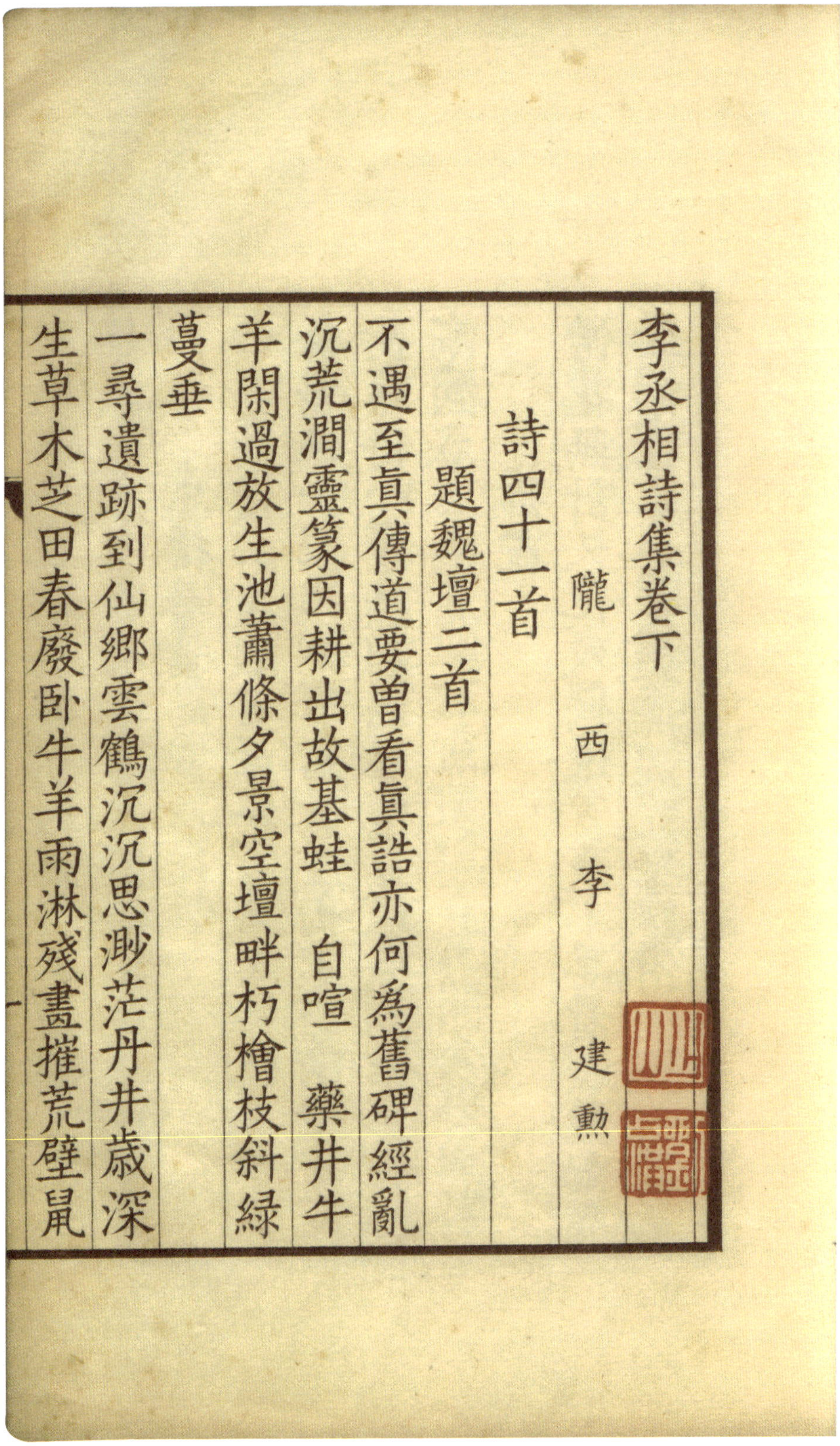
李丞相詩集卷下

隴西李建勲

詩四十一首

題魏壇二首

不遇至眞傳道要曾看眞誥亦何爲舊碑經亂
沉荒澗靈篆因耕出故基蛙　自喧　藥井牛
羊閑過放生池蕭條夕景空壇畔朽檜枝斜緑
蔓垂

一尋遺跡到仙鄉雲鶴沉沉思渺茫丹井歲深
生草木芝田春廢卧牛羊雨淋殘畫摧荒壁鼠

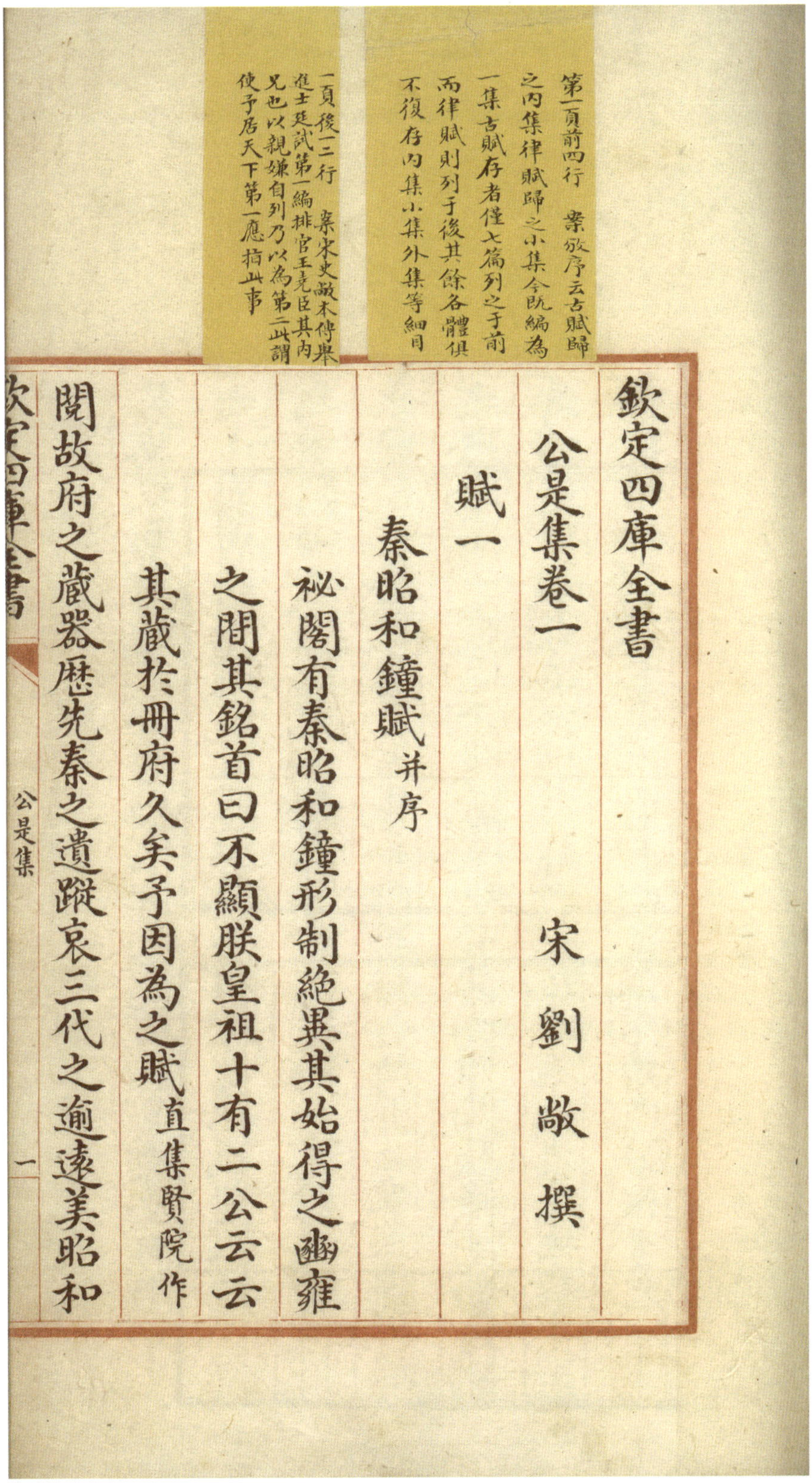

第一頁前四行　案敞序云古賦歸之内集律賦歸之小集今既編為一集古賦存者僅七篇列之于前而律賦則列于後其餘各體俱不復存内集小集外集等細目

一頁後一三行　案宋史敞本傳舉進士廷試第一編排官王堯臣其内兄也以親嫌自列乃以為第二此謂使予居天下第一應指此事

欽定四庫全書

公是集卷一　　宋　劉敞　撰

賦一

秦昭和鐘賦并序

祕閣有秦昭和鐘形制絶異其始得之鄜雍之間其銘首曰不顯朕皇祖十有二公云云其藏於冊府久矣予因為之賦直集賢院作

閲故府之藏器歷先秦之遺蹤哀三代之逈遠美昭和

欽定四庫全書　公是集　一

公是集五十四卷　清四庫全書館寫本

石門文字禪三十卷 明萬曆二十五年徑山興聖萬壽禪寺刻徑山藏本

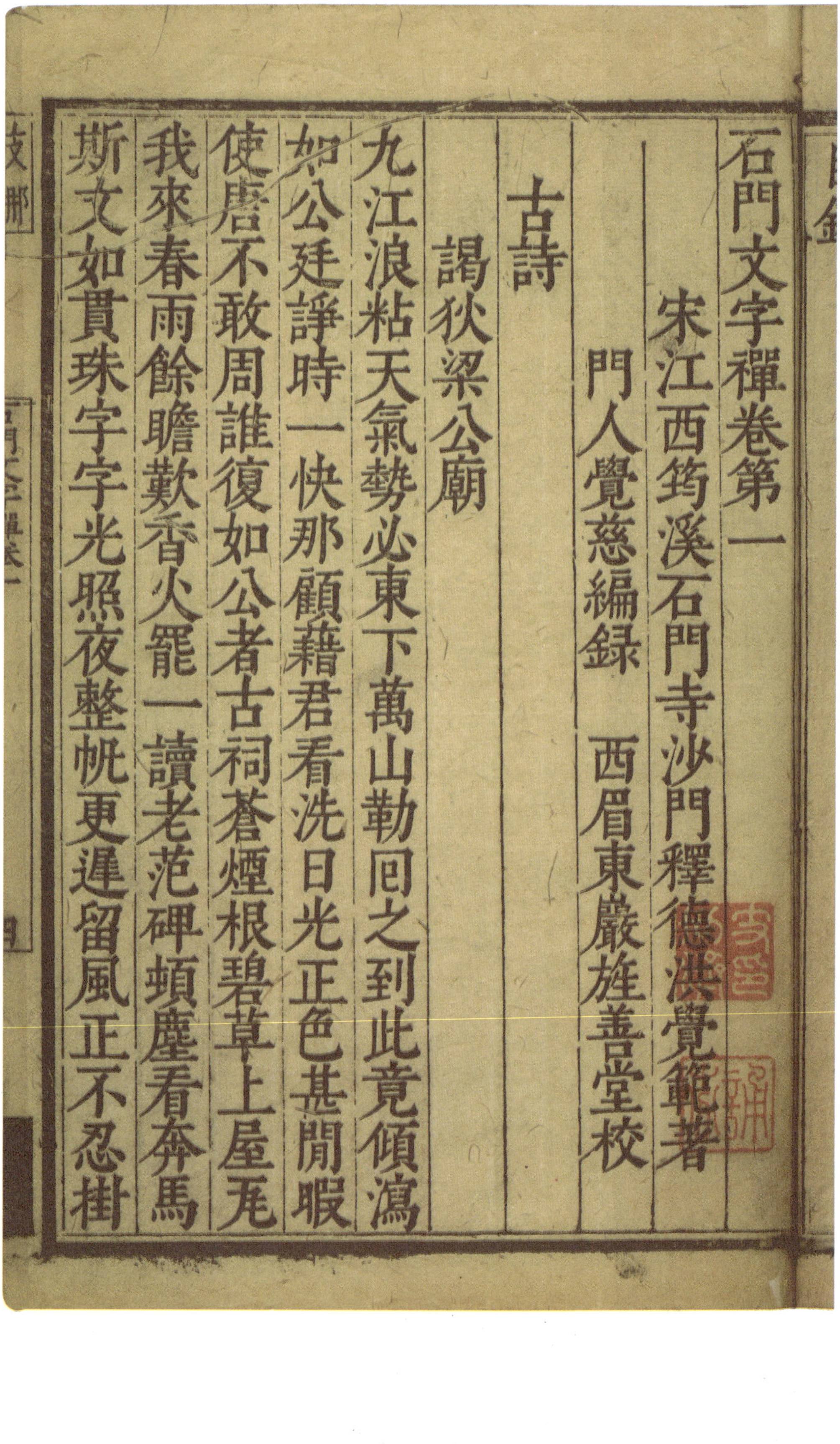

石門文字禪卷第一

宋江西筠溪石門寺沙門釋德洪覺範著

門人覺慈編録 西眉東巖旌善堂校

古詩

謁狄梁公廟

九江浪粘天氣勢必東下萬山勒回之到此竟傾瀉
如公廷諍時一快那顧藉君看洗日光正色甚閒暇
使唐不敢周誰復如公者古祠蒼煙根碧草上屋瓦
我來春雨餘瞻歎香火罷一讀老范碑頓塵看奔馬
斯文如貫珠字字光照夜整帆更遲留風正不忍掛

湖山類稿五卷　清乾隆三十年鮑氏知不足齋刻本

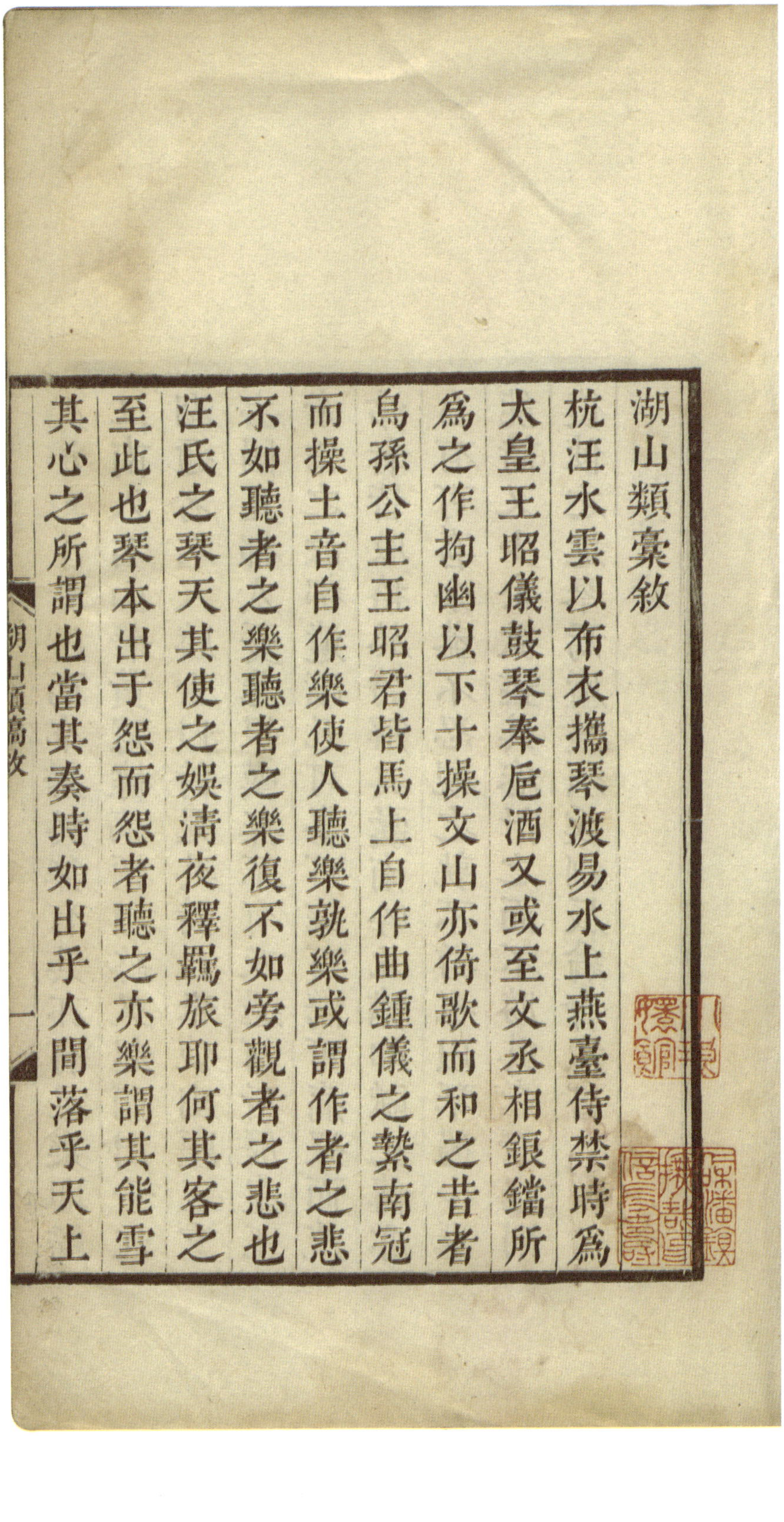
湖山類稾敘
杭汪水雲以布衣攜琴渡易水上燕臺侍禁時爲
太皇王昭儀鼓琴奉巵酒又或至文丞相鋃鐺所
爲之作拘幽以下十操文山亦倚歌而和之昔者
烏孫公主王昭君皆馬上自作曲鍾儀之縶南冠
而操土音自作樂使人聽樂孰樂或謂作者之悲
不如聽者之樂聽者之樂復不如旁觀者之悲也
汪氏之琴天其使之娛清夜釋羈旅耶何其客之
至此也琴本出于怨而怨者聽之亦樂謂其能雪
其心之所謂也當其奏時如出乎人間落乎天上

湖山類稾敘　一

青崖集五卷　清四庫全書館鈔本

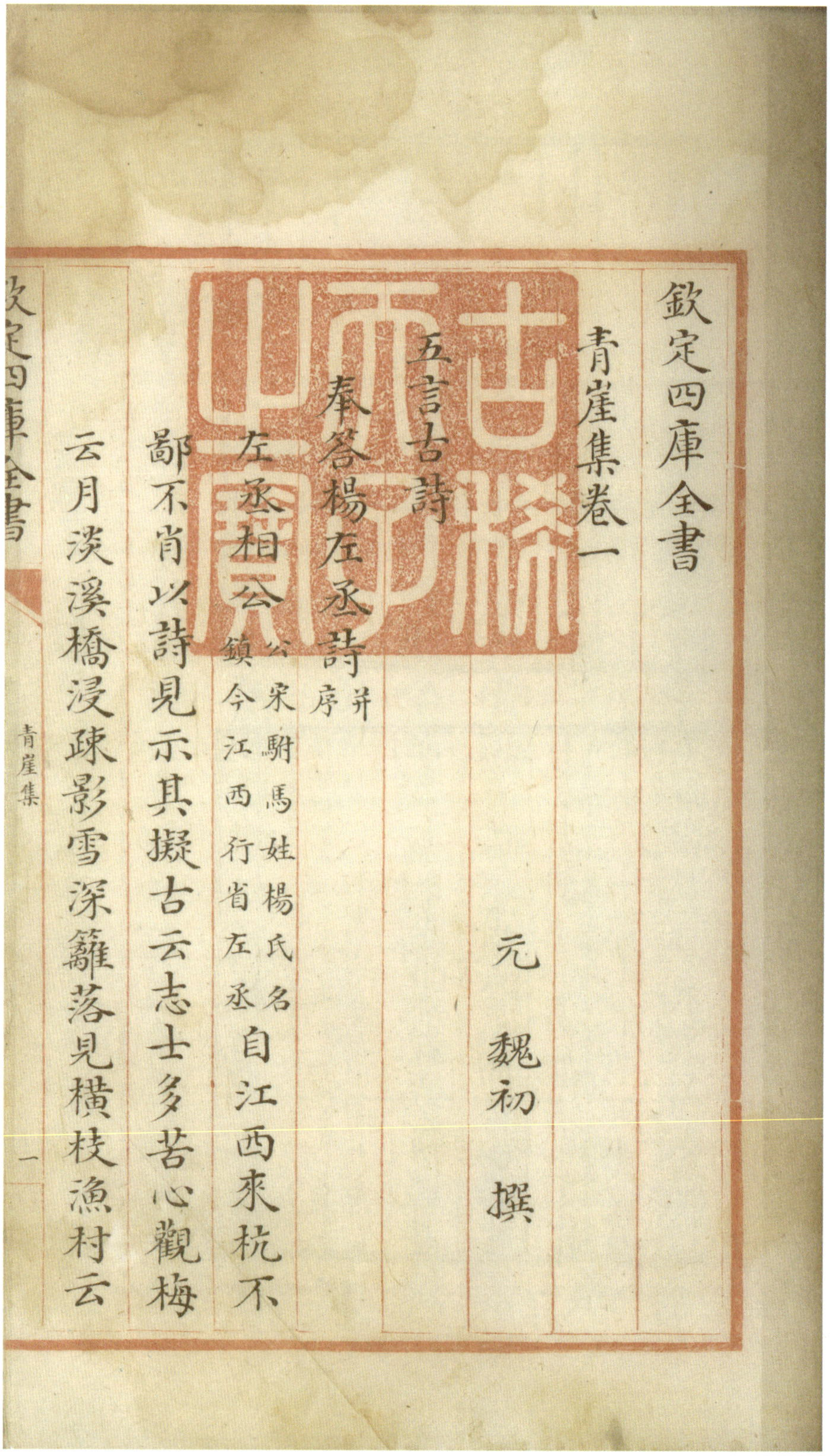
欽定四庫全書

青崖集卷一

元　魏初　撰

五言古詩

奉答楊左丞詩并序

左丞相公公宋駙馬姓楊氏名鎮今江西行省左丞自江西來杭不鄙不肖以詩見示其擬古云志士多苦心觀梅云月淡溪橋浸疎影雪深籬落見横枝漁村云

欽定四庫全書　青崖集　一

欽定四庫全書　　卷三

是為主張　郢斤岷礎呈奇祥銅龍鉄鳳揺輝光神仙
官府千洞房　山人自分過所當彌羅丹華誰比將一
心惟有祈穹蒼　相公眉壽天與昌明年平蜀歸朝堂
盡措民物如成康　渭流西來今湯湯厚福與之孰短
長厚福與之孰短長

青崖集卷三

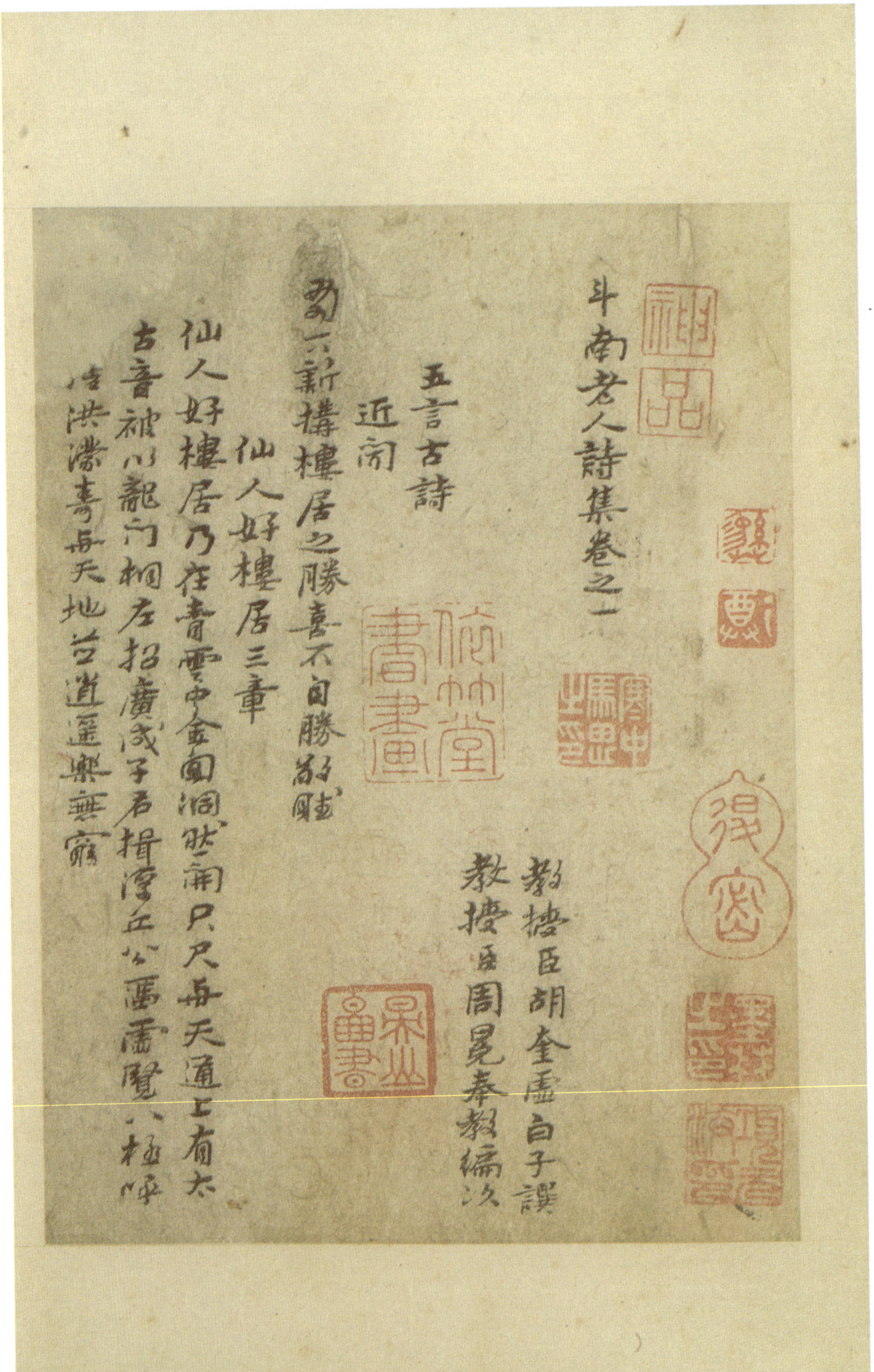

斗南老人詩集卷之一
教授臣胡奎虛白子譔
教授臣周冕奉敕編次
五言古詩
近聞
仙人好樓居三章
蜀人新搆樓居之勝喜不自勝遂賦
仙人好樓居乃在青雲中金闕洞然開只尺與天通上有太
古音被以龍門桐左招廣成子右揖浮丘公靈靈覽八極呼
吸洪濛壽與天地并逍遙樂無窮

斗南老人詩集四卷　明姚綬鈔本

斗南老人詩集四卷　明姚綬鈔本

教授臣胡奎向　譔
教授臣周先奉教編次

七言近体

望紫金山

紫金佳氣擁蟠龍秀拔神京第一峰五色雲中金翡翠九重天上玉芙蓉幸陪周士歌豐鎬敢効高人頌華嵩明旦聞鷄趨鳳闕丹霞承日紫曈曈

過燕磯

中流砥柱壓金鰲上方神界孫權廢帝京潔色還三國

星精呆端占一山高鷗鷺沙樓迎朝日潮撼江風拖涌濤沿月棹戲祠六過來蘋無計奠春醪

欽賜丹侍仙遂道人蔣肅之詩卷

昔聞羽翮開三島今見此君話一溪月色倒流天上六蝶雙飛去又來翡翠巢邊過詩句琅玕節六影西飛仙人吹鳳簫高聞七兵碧雲樓路從

送進士之京會試

十載螢窗守憚勞少年文雅涉風騷已聞蟾窟分丹桂又向龍門釣六鰲一片布帆天上近九重金闕日邊高文場戰罷承恩日更賦新詩奪錦袍

斗南老人詩集四卷　明姚綬鈔本

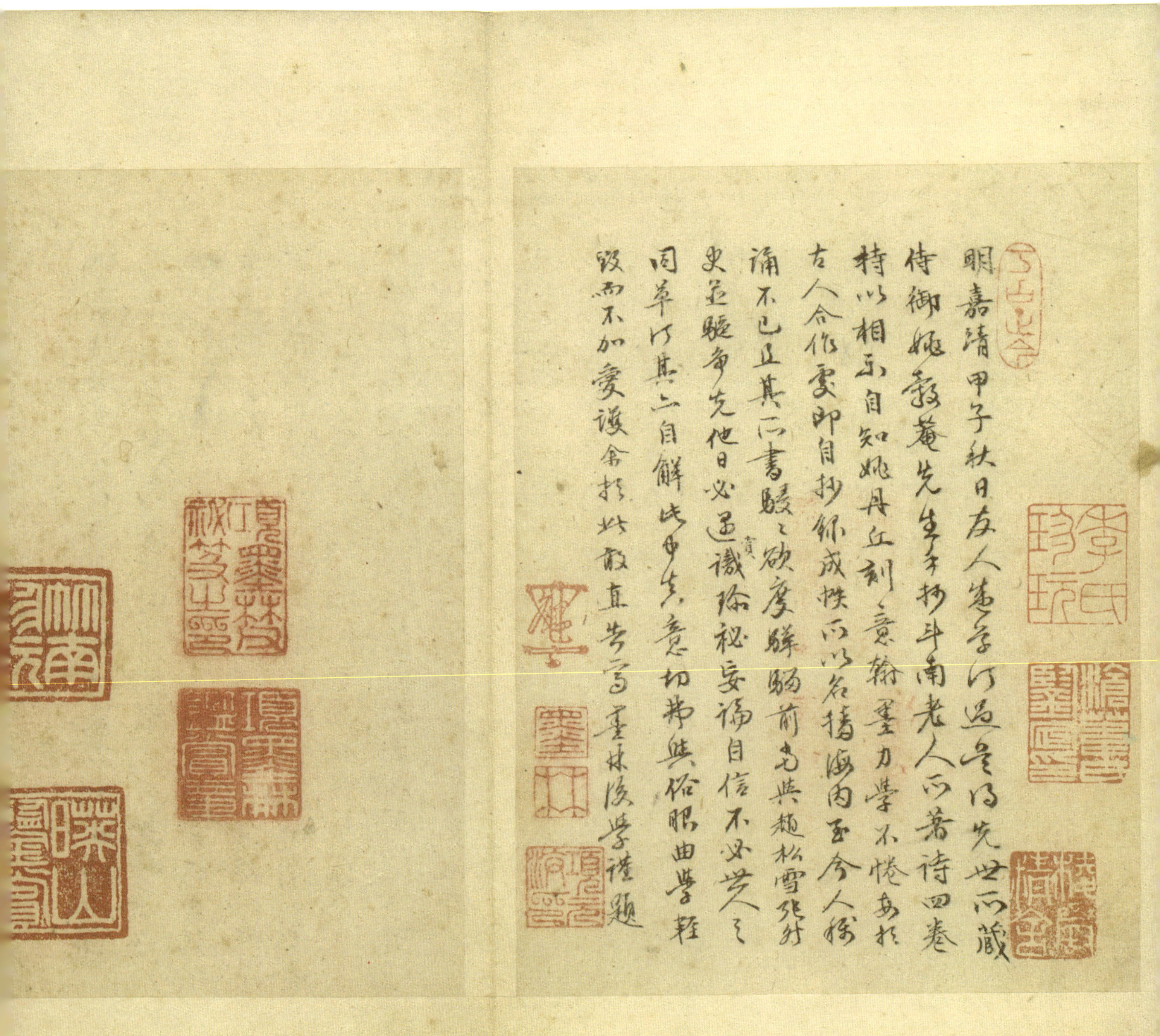
明嘉靖甲子秋日友人蔣子行過余得先世所藏
侍御姚穀菴先生手抄斗南老人所著詩四卷
特以相示自知姚丹丘刻意翰墨力學不倦亦於
古人合作處即自抄錄成帙所以名播海内至今人稱
誦不已且其所書騷騷欲度驊騮前直與趙松雪張外
史並驅爭先他日必遇識賞珍秘妥福自信不必然人人
同草行其二自解此中之意切勿與俗眼曲學輕
毀而不加愛護余於此敢直告雲林後學謹題

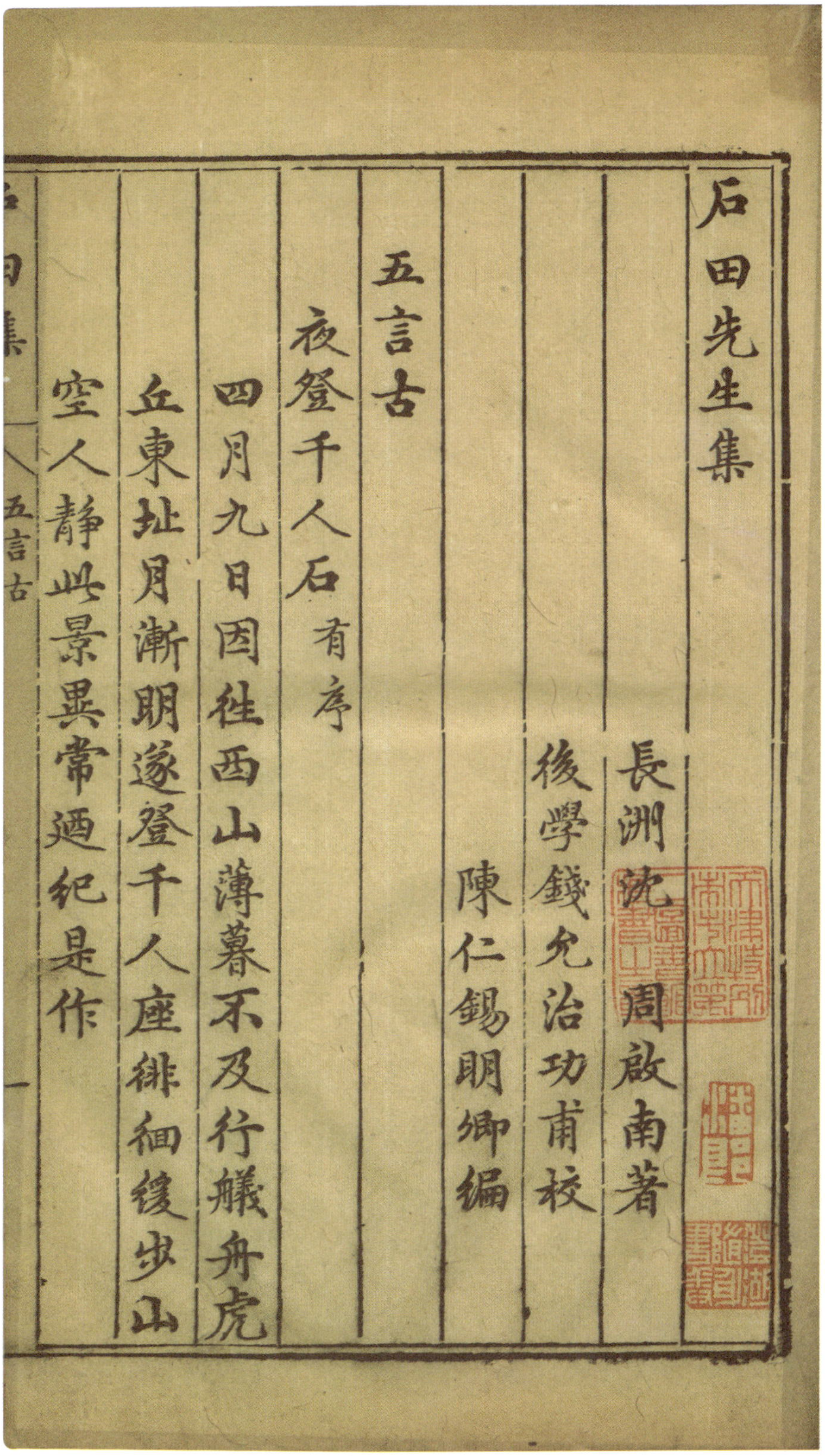

石田先生集

長洲沈周啟南著

後學錢允治功甫校

陳仁錫明卿編

五言古

夜登千人石 有序

四月九日因往西山薄暮不及行艤舟虎丘東址月漸明遂登千人座徘徊縵步山空人静此景異常迺紀是作

石田集　五言古　一

石田先生集不分卷　明萬曆四十三年陳仁錫閱帆堂寫刻本

南沙先生文集八卷　明泰昌元年熊胤衡刻本

南沙先生文集卷之一

蜀郫熊過叔仁著

同邑楊述中
臨邛孫之益思謙　仝校

曾孫熊胤衡重梓

疏

養病疏

奏爲乞恩養病以圖補報事臣貫四川叙州府富順縣籍嘉靖八年蒙恩賜進士出身冑與翰林

南沙文集　卷之一　一

弇州山人四部稿一百八十卷

明萬曆中王氏世經堂家刻本

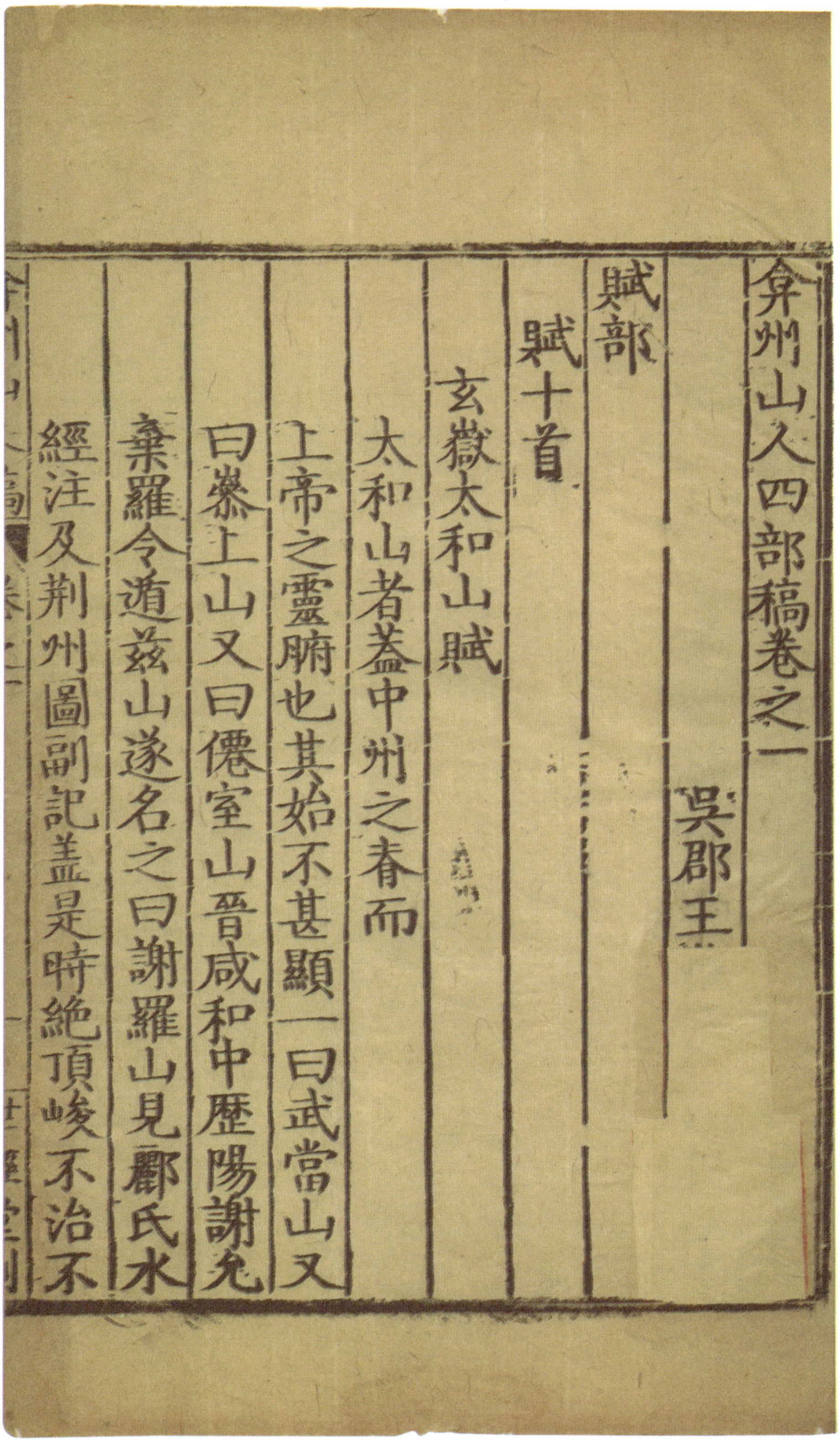
弇州山人四部稿卷之一　吳郡王

賦部

賦十首

玄嶽太和山賦

太和山者蓋中州之春而

上帝之靈廟也其始不甚顯一曰武當山又

曰嵾上山又曰僊室山晉咸和中歷陽謝允

棄羅令遁茲山遂名之曰謝羅山見酈氏水

經注及荆州圖副記盖是時絶頂峻不治不

弇州山人稿　卷之一　一　世經堂刻

陳白陽集不分卷　明萬曆四十三年陳仁錫閲帆堂寫刻本

陳白陽集

古吴陳　淳道復父著

同郡錢允治功甫父校

從孫仁錫編

五言古附排律

秋日山齋即事

閑關成獨坐偶得静中緣但聞山鳥鳴逈無人事牽湘簾轉白日博罏散清烔四壁開卷書半床古琴絃杞菊晚正好梧桐秋失妍撫景歲時換覽鏡

白陽集　五言古　一　閲帆堂

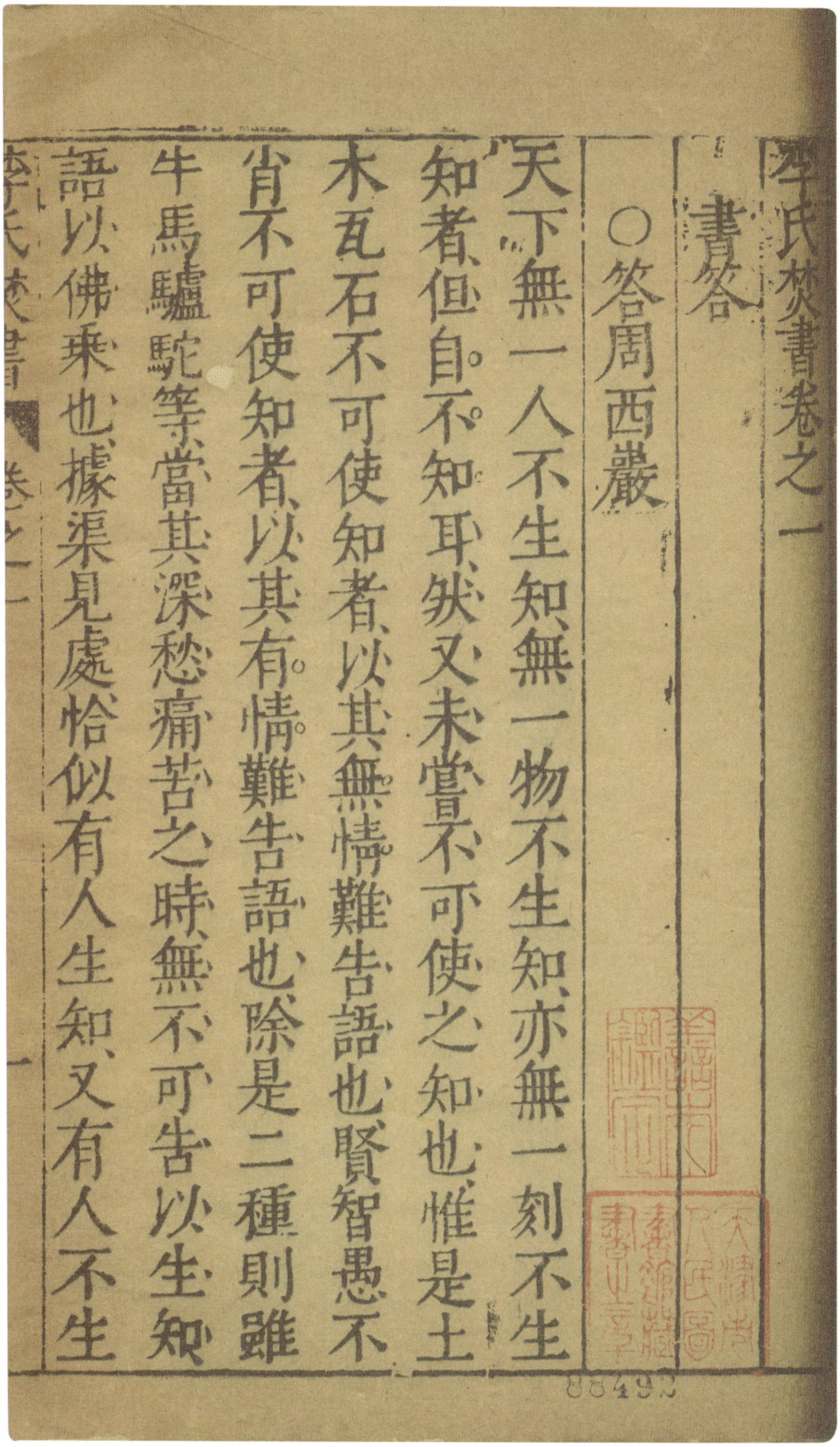
李氏焚書卷之一

書答

○答周西巖

天下無一人不生知、無一物不生知、亦無一刻不生知者、但自不知耳、然又未嘗不可使之知也、惟是土木瓦石不可使知者、以其無情難告語也、賢智愚不肖不可使知者、以其有情難告語也、除是二種、則雖牛馬驢駝等、當其深愁痛苦之時、無不可告以生知語以佛乘也、據渠見處、恰似有人生知、又有人不生

李氏焚書　卷之一　一

李氏焚書六卷

明萬曆中晉江李氏家刊本

牧齋初學集一百十卷

明崇禎十六年瞿式耜刻本

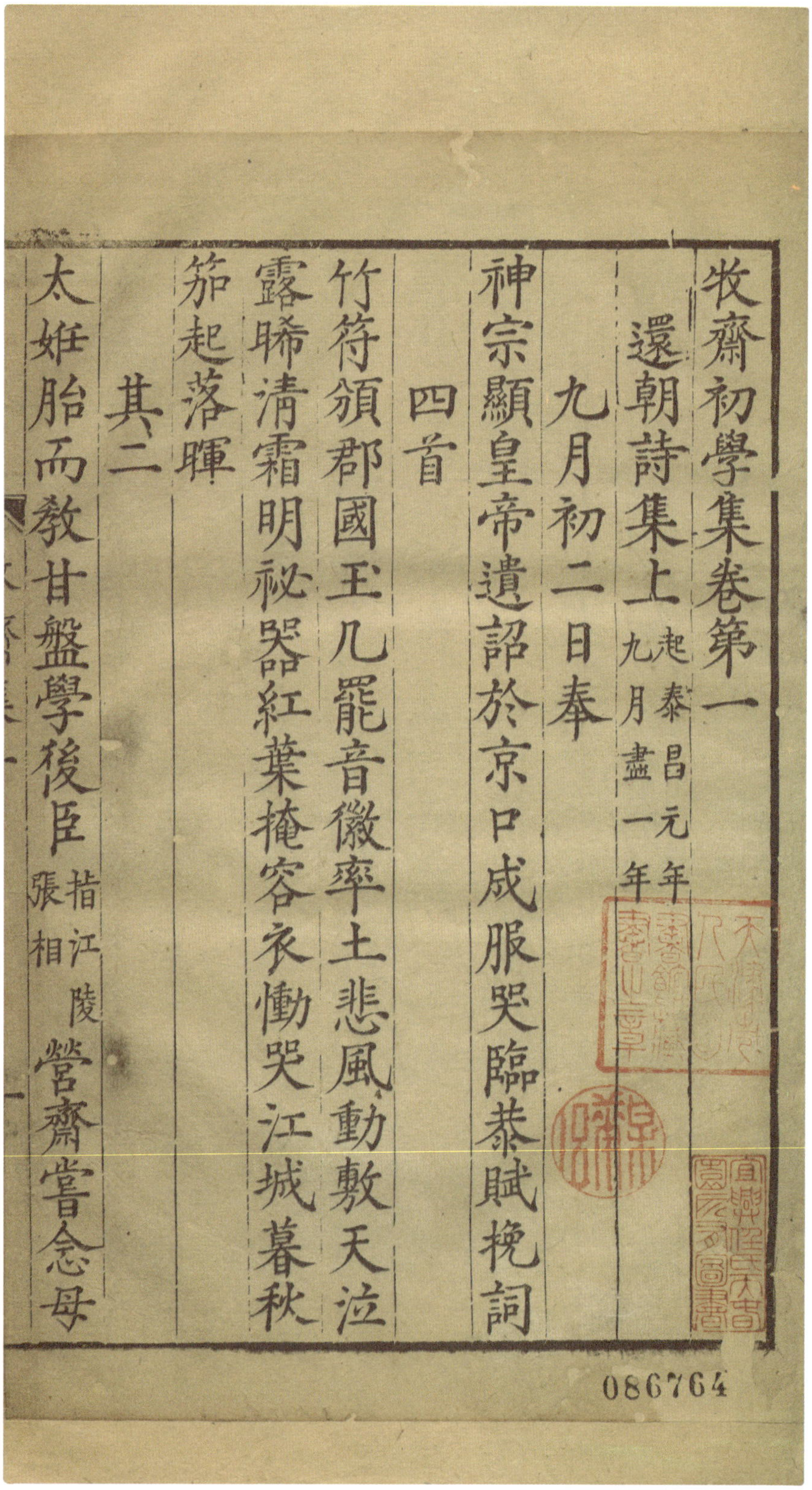

牧齋初學集卷第一

還朝詩集上 起泰昌元年九月盡一年

九月初二日奉

神宗顯皇帝遺詔於京口成服哭臨恭賦挽詞

四首

竹符頒郡國玉几罷音徽率土悲風動敷天泣露晞清霜明祕器紅葉掩容衣慟哭江城暮秋笳起落暉

其二

太姒胎而教甘盤學後臣 指江陵張相 營齋嘗念母

086764

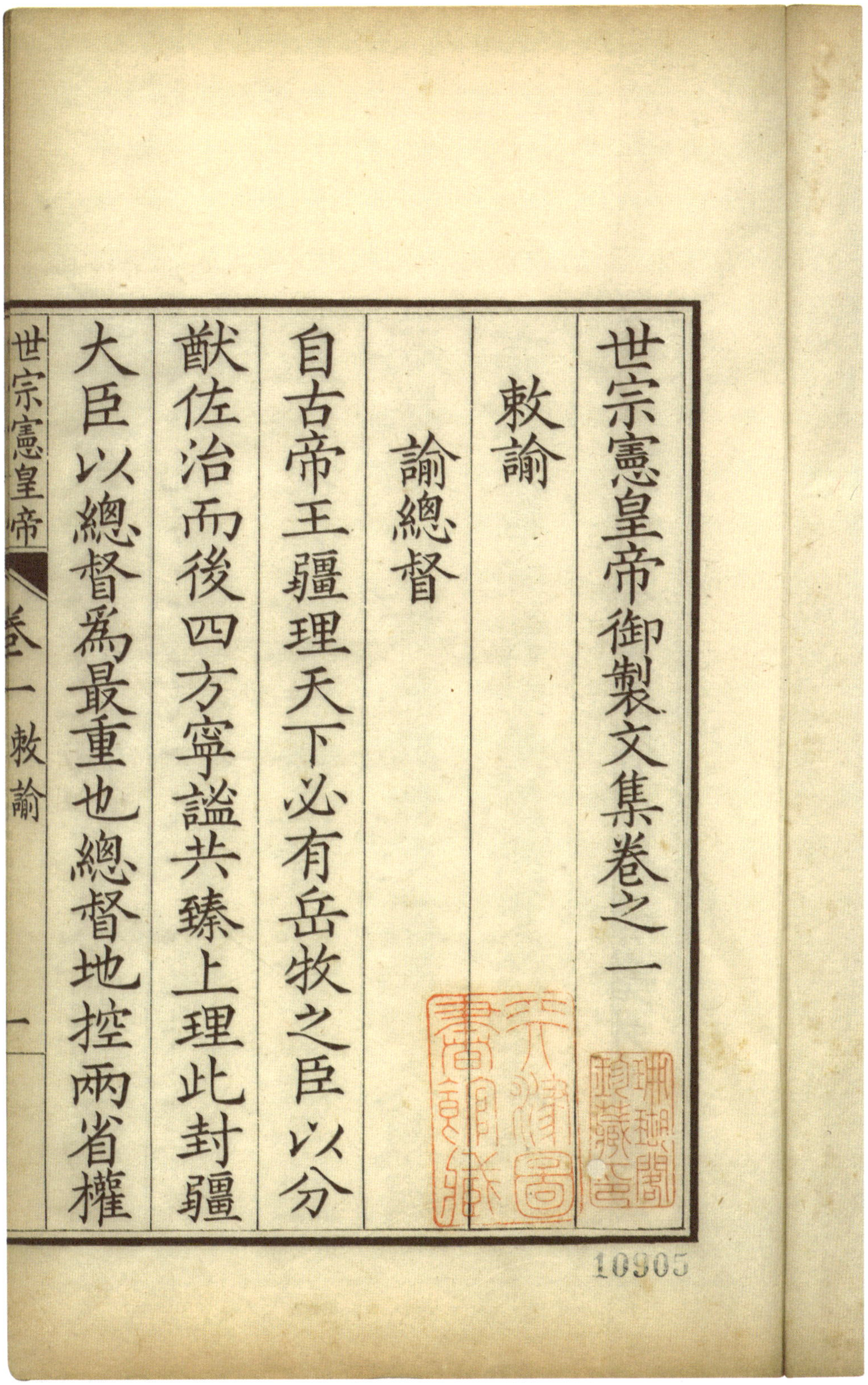
世宗憲皇帝御製文集卷之一

敕諭

諭總督

自古帝王疆理天下必有岳牧之臣以分猷佐治而後四方寧謐共臻上理此封疆大臣以總督爲最重也總督地控兩省權

世宗憲皇帝　卷一　敕諭　一

世宗憲皇帝御製文集三十卷

清乾隆三年武英殿刻本

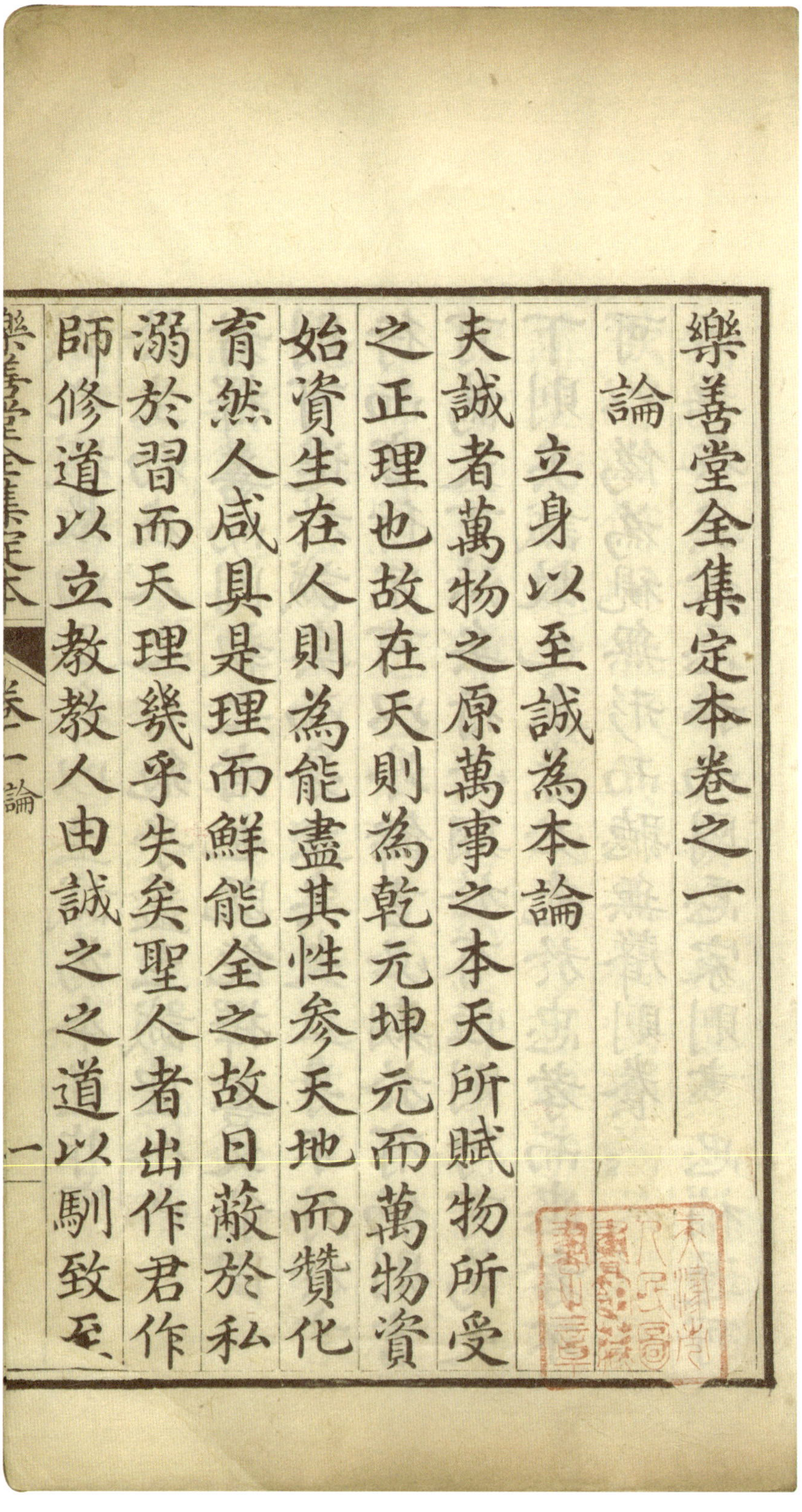
樂善堂全集定本卷之一

論

立身以至誠為本論

夫誠者萬物之原萬事之本天所賦物所受之正理也故在天則為乾元坤元而萬物資始資生在人則為能盡其性參天地而贊化育然人咸具是理而鮮能全之故曰蔽於私溺於習而天理幾乎失矣聖人者出作君作師修道以立教教人由誠之之道以馴致至

樂善堂全集定本　卷一　論　一

樂善堂全集定本三十卷

清乾隆二十四年武英殿刻本

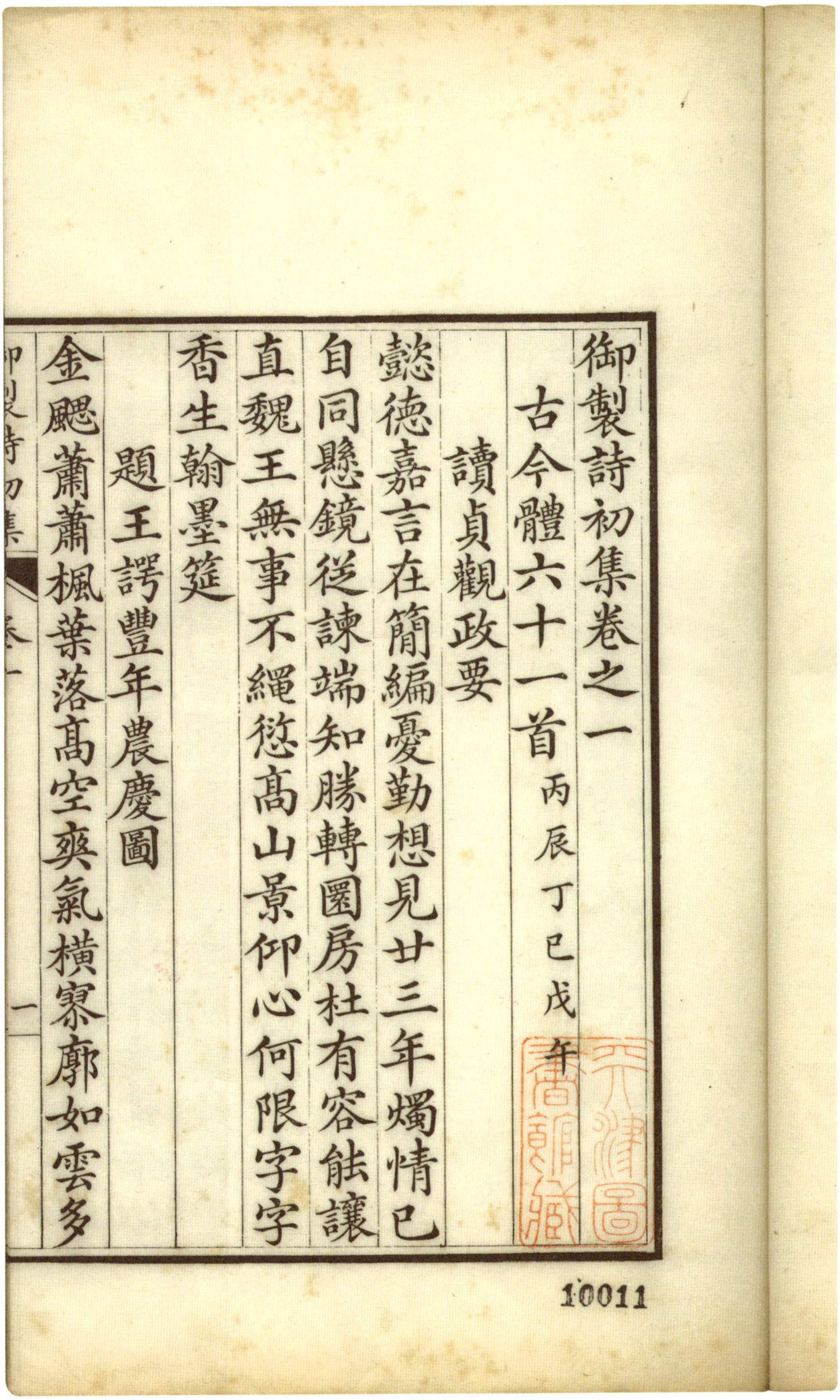
御製詩初集卷之一

古今體六十一首 丙辰丁巳戊午

讀貞觀政要

懿德嘉言在簡編憂勤想見廿三年燭情已自同懸鏡從諫端知勝轉圜房杜有容能讓直魏王無事不繩愆高山景仰心何限字字香生翰墨筵

題王謣豐年農慶圖

金颸蕭蕭楓葉落高空爽氣橫寥廓如雲多

御製詩初集四十四卷

清乾隆十四年武英殿刻本

御製詩餘集二十卷 清嘉慶五年武英殿刻本

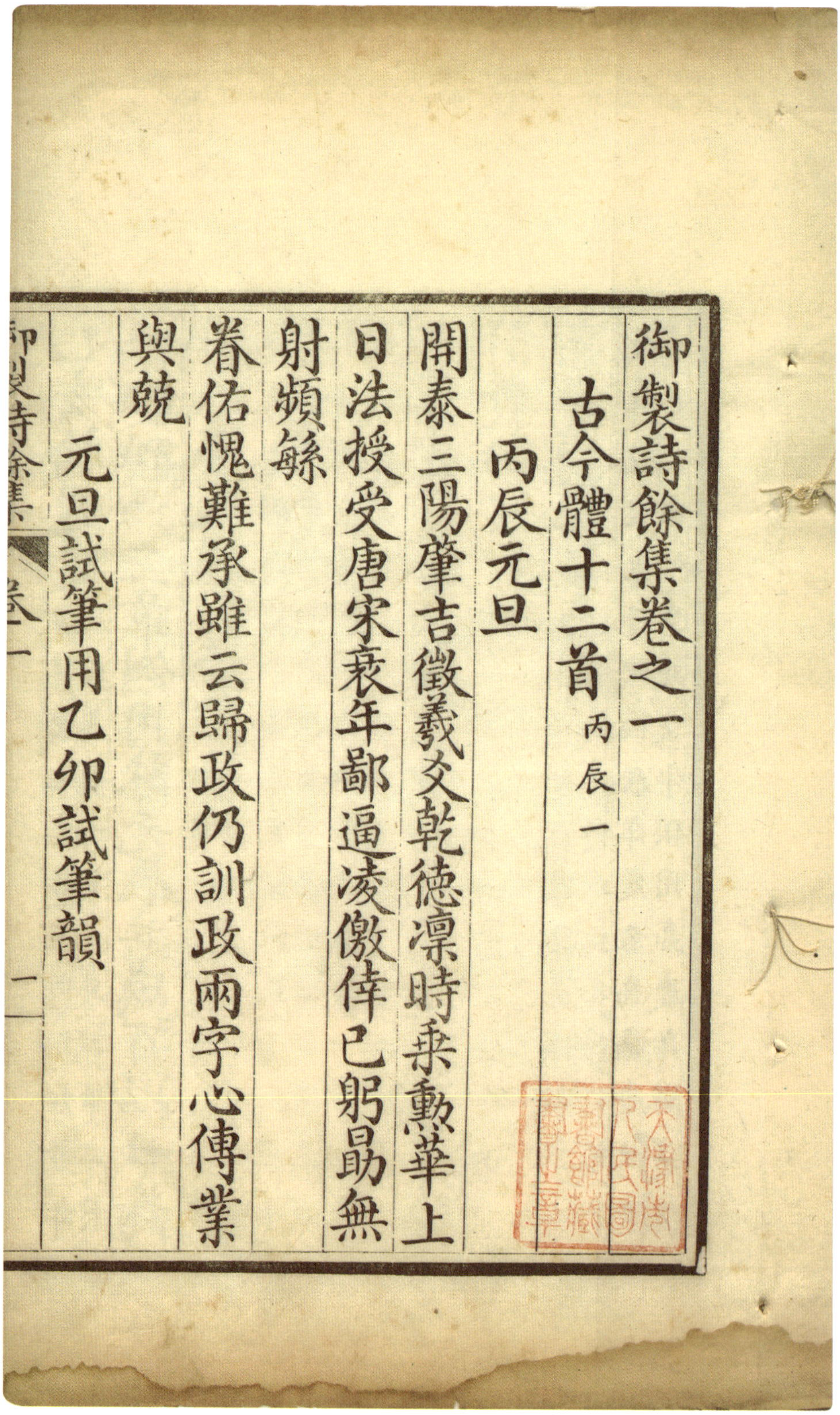
御製詩餘集卷之一

古今體十二首 丙辰一

丙辰元旦

開泰三陽肇吉徵羲爻乾德凜時乘勳華上
日法授受唐宋衰年鄙逼凌儌倖已躬朂無
射頻緐
眷佑愧難承雖云歸政仍訓政兩字心傳業
與兢

元旦試筆用乙卯試筆韻

御製詩餘集 卷一 一

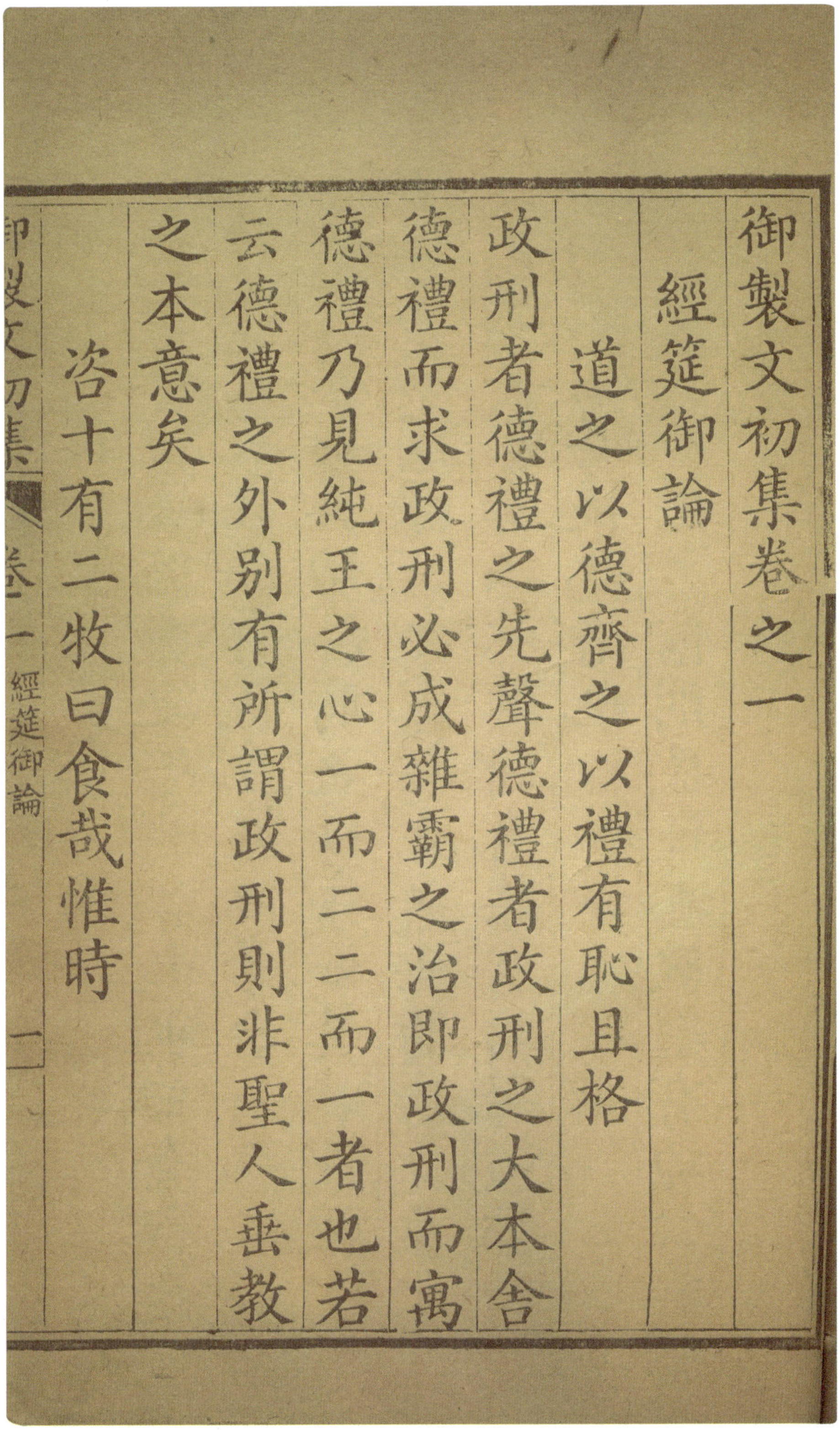

御製文初集卷之一

經筵御論

道之以德齊之以禮有恥且格

政刑者德禮之先聲德禮者政刑之大本舍德禮而求政刑必成雜霸之治即政刑而寓德禮乃見純王之心一而二二而一者也若云德禮之外别有所謂政刑則非聖人垂教之本意矣

咨十有二牧曰食哉惟時

御製文初集　卷一　經筵御論　一

御制文初集三十卷
清乾隆二十八年武英殿刻本

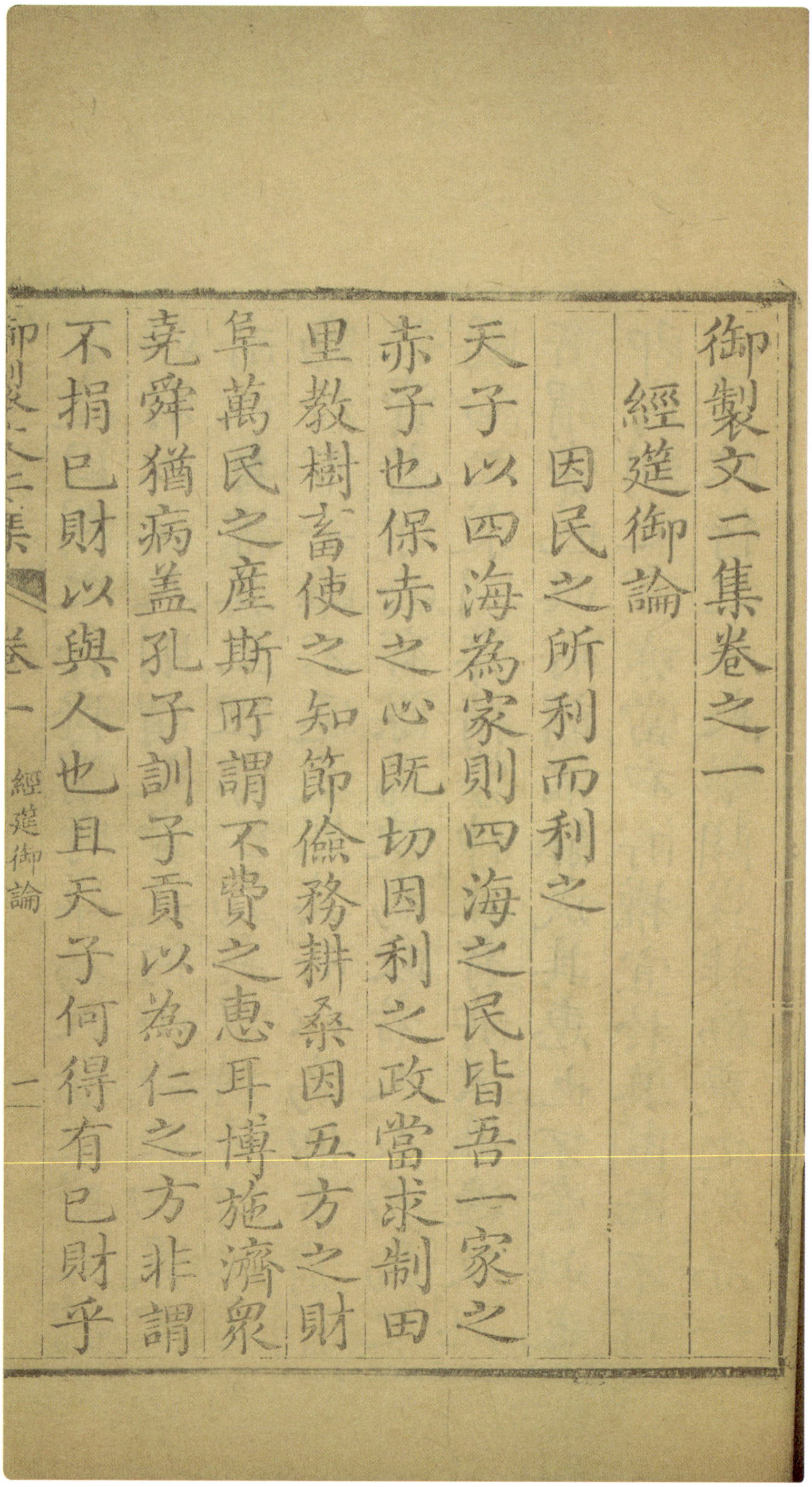
御製文二集卷之一

經筵御論

因民之所利而利之

天子以四海為家則四海之民皆吾一家之赤子也保赤之心既切因利之政當求制田里教樹畜使之知節儉務耕桑因五方之財阜萬民之產斯所謂不費之惠耳博施濟衆堯舜猶病蓋孔子訓子貢以為仁之方非謂不捐已財以與人也且天子何得有已財乎

御製文二集　卷一　經筵御論　一

御製文二集四十四卷

清乾隆五十一年武英殿刻本

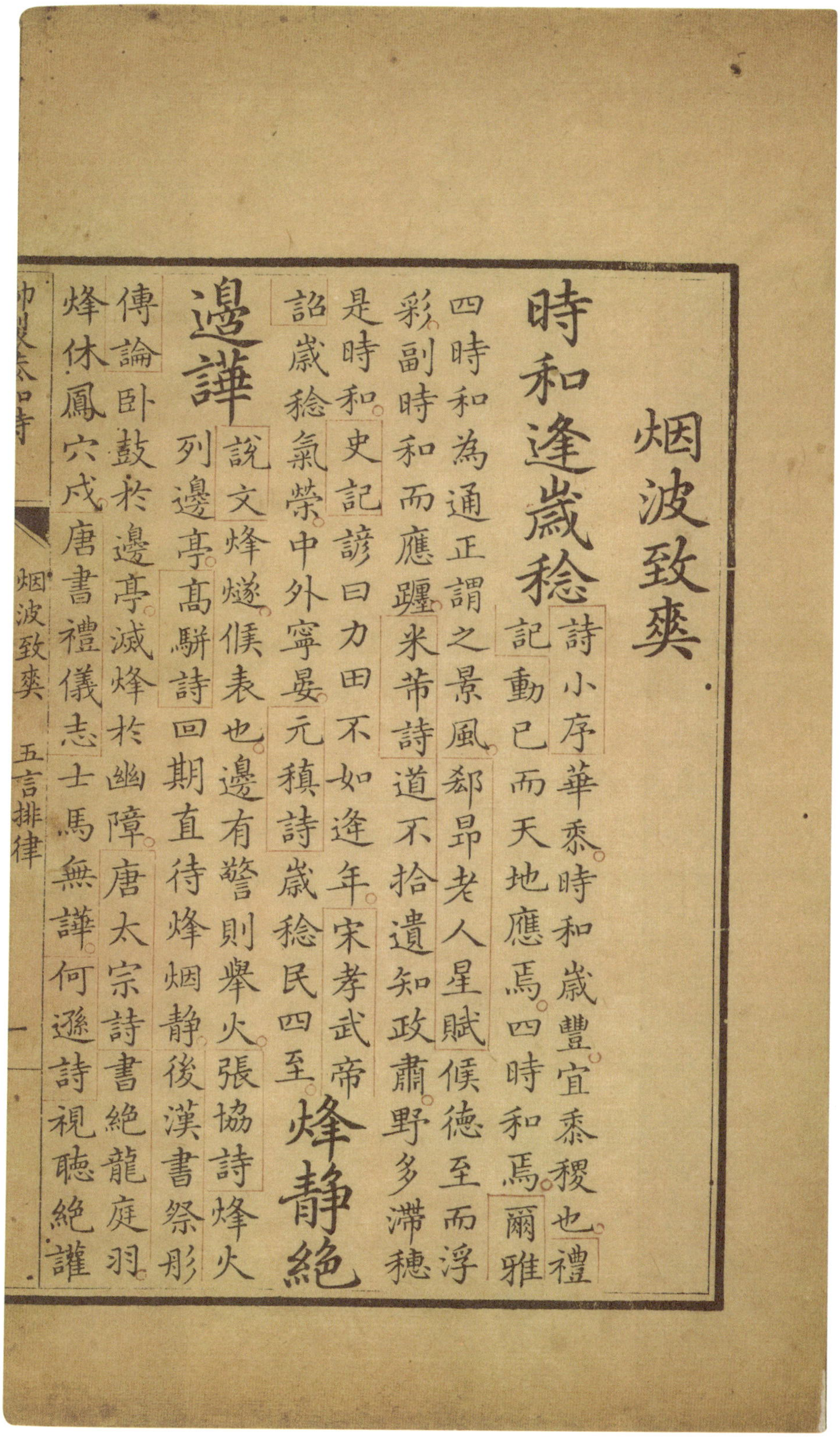

烟波致爽

時和逢歲稔 詩小序華黍時和歲豐宜黍稷也禮記動已而天地應焉四時和焉 爾雅四時和為通正謂之景風 郄昂老人星賦候德至而浮彩副時和而應躔 米芾詩道不拾遺知政肅野多滯穗是時和 史記諺曰力田不如逢年 宋孝武帝詔歲稔氣榮中外寧晏 元稹詩歲稔民四至 烽靜絶邊譁 說文烽燧候表也邊有警則舉火 張協詩烽火列邊亭 高駢詩回期直待烽烟靜 後漢書祭彤傳論卧鼓於邊亭滅烽於幽障 唐太宗詩書絶龍庭羽烽休鳳穴戍 唐書禮儀志士馬無譁 何遜詩視聽絶諠

烟波致爽 五言排律 一

御製避暑山莊詩二卷
清乾隆六年武英殿刻套印本

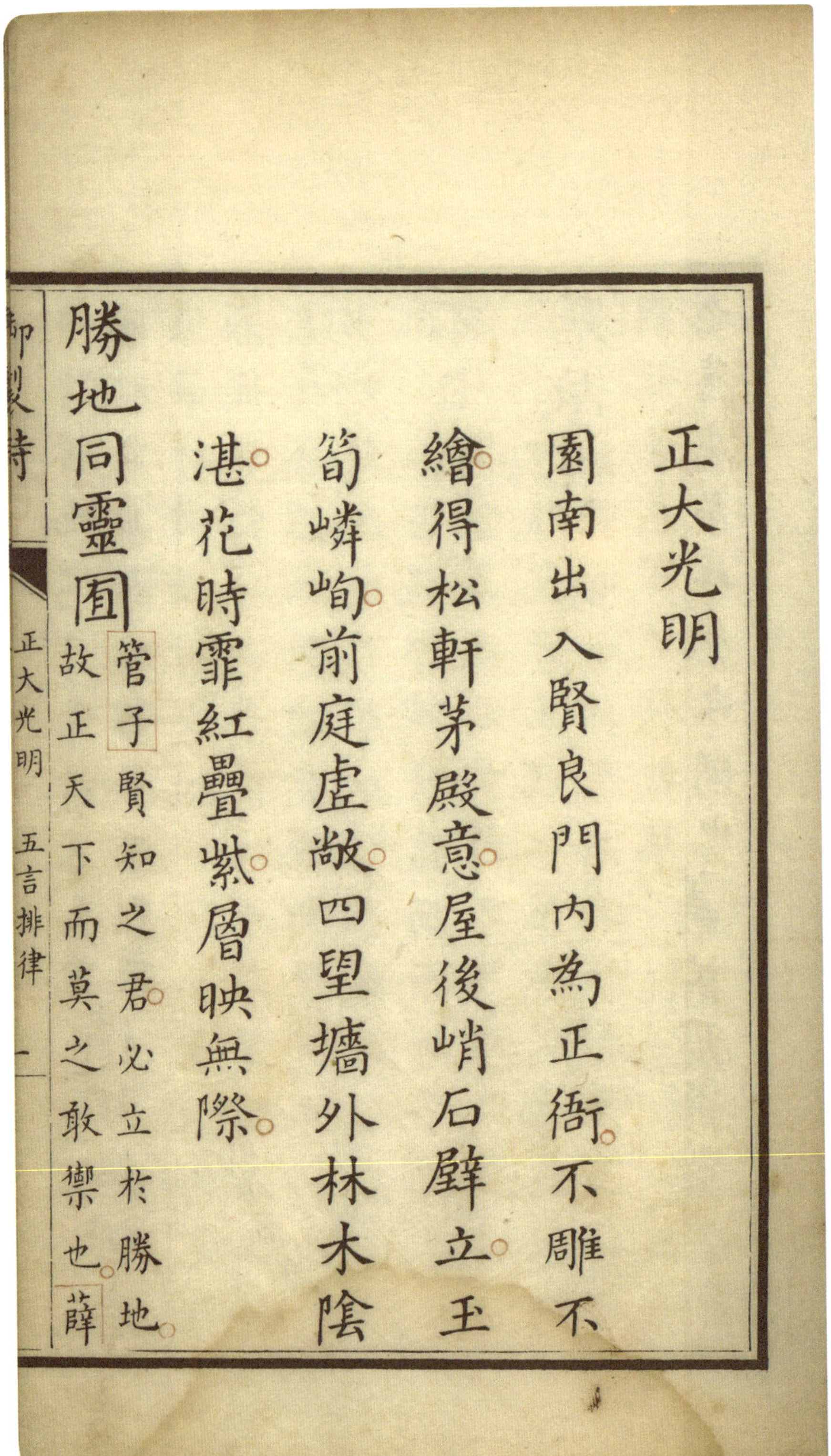

御製詩 正大光明 五言排律 一

正大光明

園南出入賢良門內為正衙不雕不繪得松軒茅殿意屋後峭石壁立玉筍嶙峋前庭虛敞四望牆外林木陰湛花時霏紅疊紫層映無際

勝地同靈囿 管子賢知之君必立於勝地故正天下而莫之敢禦也 薛

御製圓明園詩二卷

清乾隆武英殿刻套印本

御製制圓明園詩二卷
清乾隆武英殿刻套印本

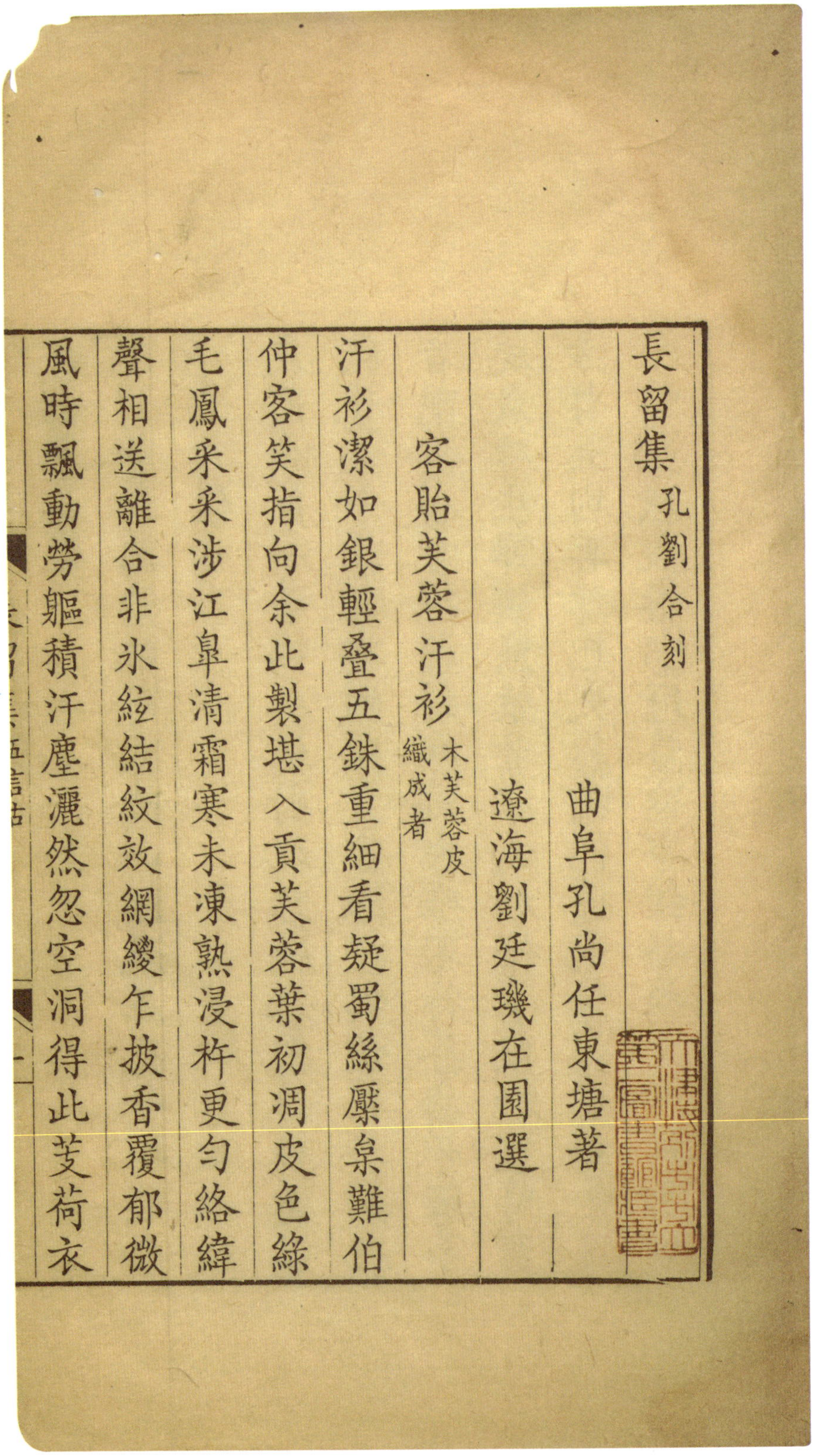
長留集 孔劉合刻

曲阜孔尚任東塘著

遼海劉廷璣在園選

客貽芙蓉汗衫 木芙蓉皮織成者

汗衫潔如銀輕疊五銖重細看疑蜀絲縻枲難伯仲客笑指向余此製堪入貢芙蓉葉初凋皮色綠毛鳳采采涉江臯清霜寒未凍熟浸杵更勻絡緯聲相送離合非氷絃結紋效綱縷乍披香覆郁微風時飄動勞軀積汗塵灑然忽空洞得此芰荷衣

長留集十一卷　清康熙五十四年岱寶樓刻本

文選六十卷

明嘉靖元年金臺汪諒刻本

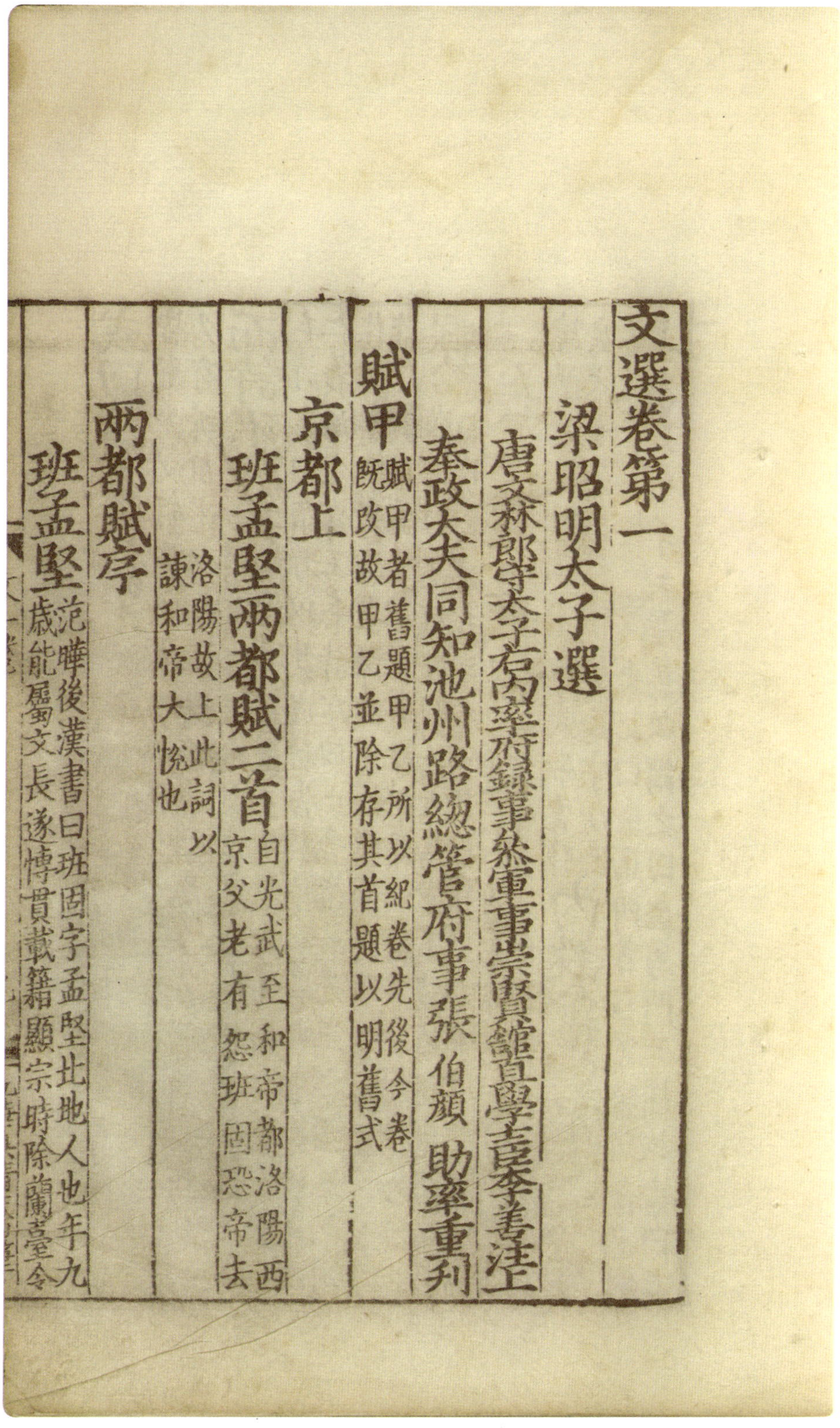

文選卷第一

梁昭明太子選

唐文林郎守太子右内率府録事參軍事崇賢館直學士臣李善注

奉政大夫同知池州路總管府事張伯顏 助率重刊

賦甲 賦甲者舊題甲乙所以紀卷先後今卷既改故甲乙並除存其首題以明舊式

京都上

班孟堅兩都賦二首 自光武至和帝都洛陽西京父老有怨班固恐帝去洛陽故上此詞以諫和帝大悅也

兩都賦序

班孟堅 范曄後漢書曰班固字孟堅北地人也年九歲能屬文長遂博貫載籍顯宗時除蘭臺令

文選六十卷　明嘉靖元年金臺汪諒刻本

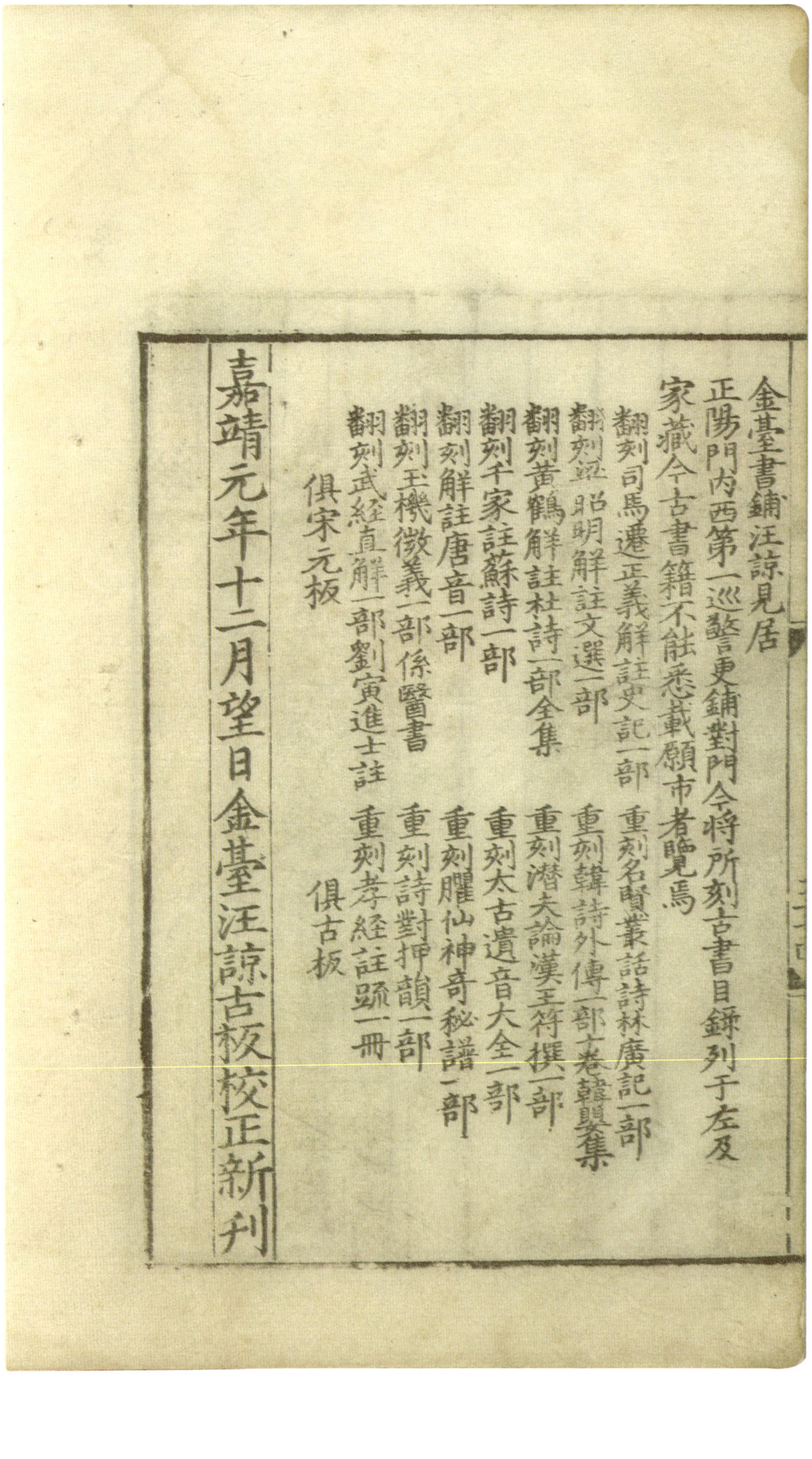
金臺書鋪汪諒見居
正陽門内西第一巡警更鋪對門今將所刻古書目録列于左及
家藏今古書籍不能悉載願市者覽焉
翻刻司馬遷正義解註史記一部
翻刻梁昭明解註文選一部
翻刻黄鶴解註杜詩一部全集
翻刻千家註蘇詩一部
翻刻解註唐音一部
翻刻玉機微義一部係醫書
翻刻武經直解一部劉寅進士註
俱宋元板
重刻名賢叢話詩林廣記一部
重刻韓詩外傳一部十卷韓嬰集
重刻潛夫論漢王符撰一部
重刻太古遺音大全一部
重刻臞仙神奇秘譜一部
重刻詩對押韻一部
重刻孝經註疏一册
俱古板
嘉靖元年十二月望日金臺汪諒古板校正新刊

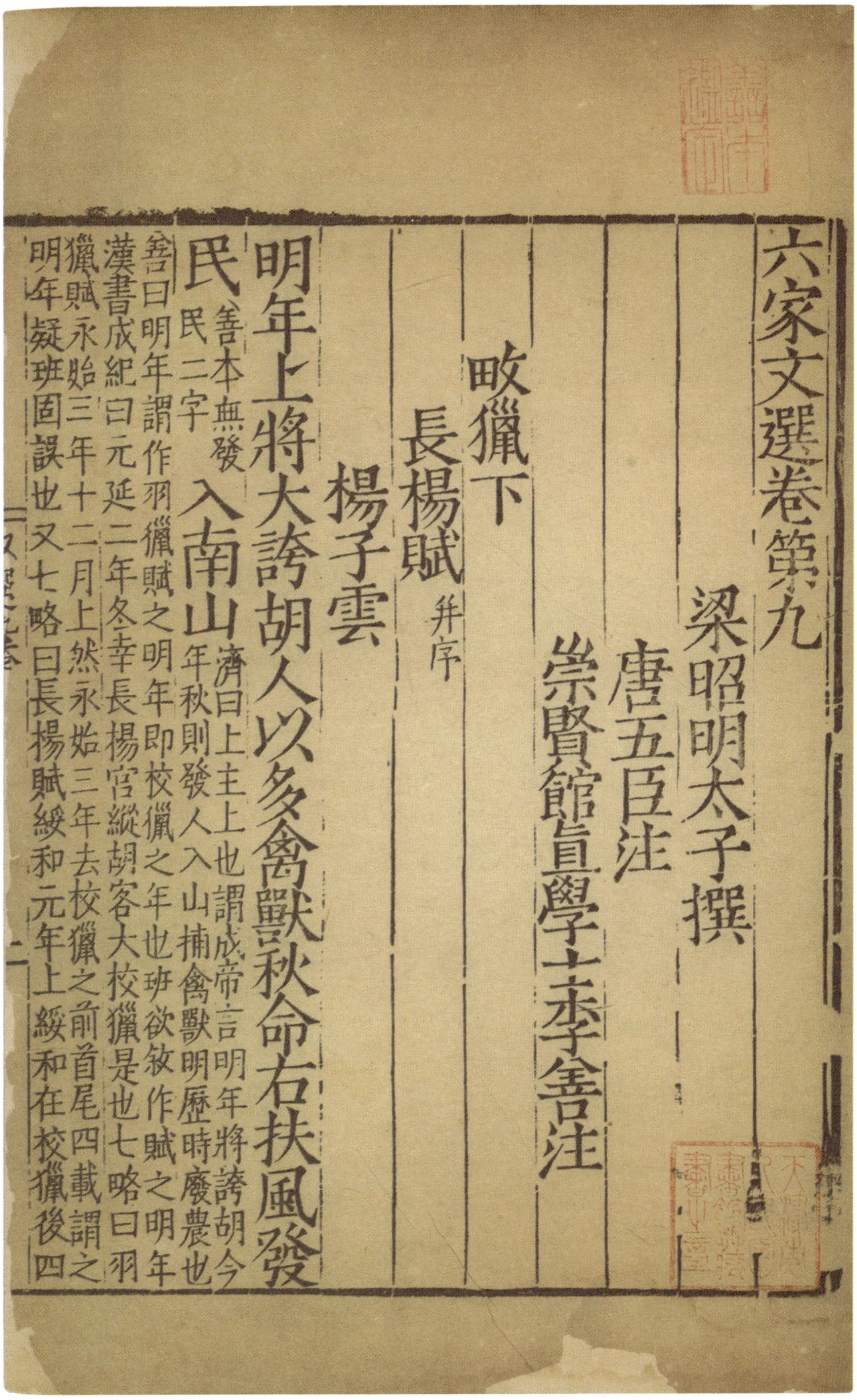
六家文選卷第九

梁昭明太子撰

唐五臣注

崇賢館直學士李善注

畋獵下

長楊賦 并序

楊子雲

明年上將大誇胡人以多禽獸秋命右扶風發民善本無發民二字入南山濟曰上主上也謂成帝言明年將誇胡今年秋則發人入山捕禽獸明歷時廢農也善曰明年謂作羽獵賦之明年即校獵之年也班欲敘作賦之明年漢書成紀曰元延二年冬幸長楊宮縱胡客大校獵是也七略曰羽獵賦永始三年十二月上然永始三年去校獵之前首尾四載謂之明年疑班固誤也又七略曰長楊賦綏和元年上綏和在校獵後四

六家文選六十卷

明嘉靖二十八年吳郡袁氏嘉趣堂覆宋刻本

文苑英華一千卷　明隆慶元年胡維新、戚繼光刻本

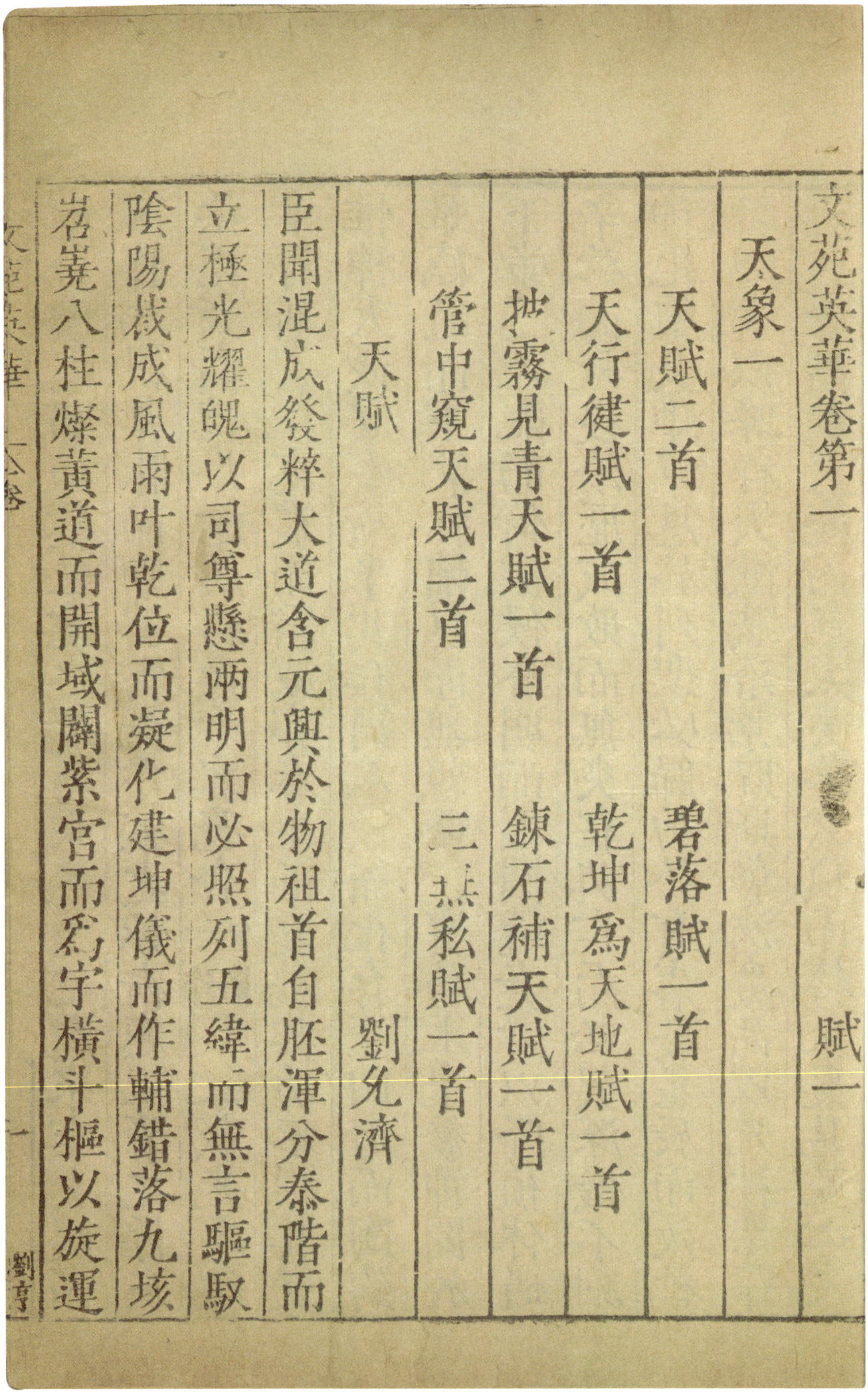
文苑英華卷第一　賦一

天象一

天賦二首　碧落賦一首

天行健賦一首　乾坤爲天地賦一首

披霧見青天賦一首　鍊石補天賦一首

管中窺天賦二首　三無私賦一首

天賦　劉允濟

臣聞混成發粹大道含元與於物祖首自胚渾分泰階而立極光耀魄以司尊懸兩明而必照列五緯而無言驅馭陰陽裁成風雨叶乾位而凝化建坤儀而作輔錯落九垓岧嶢八柱燦黃道而開域闢紫宮而爲宇横斗樞以旋運

文苑英華卷一　一　劉亨

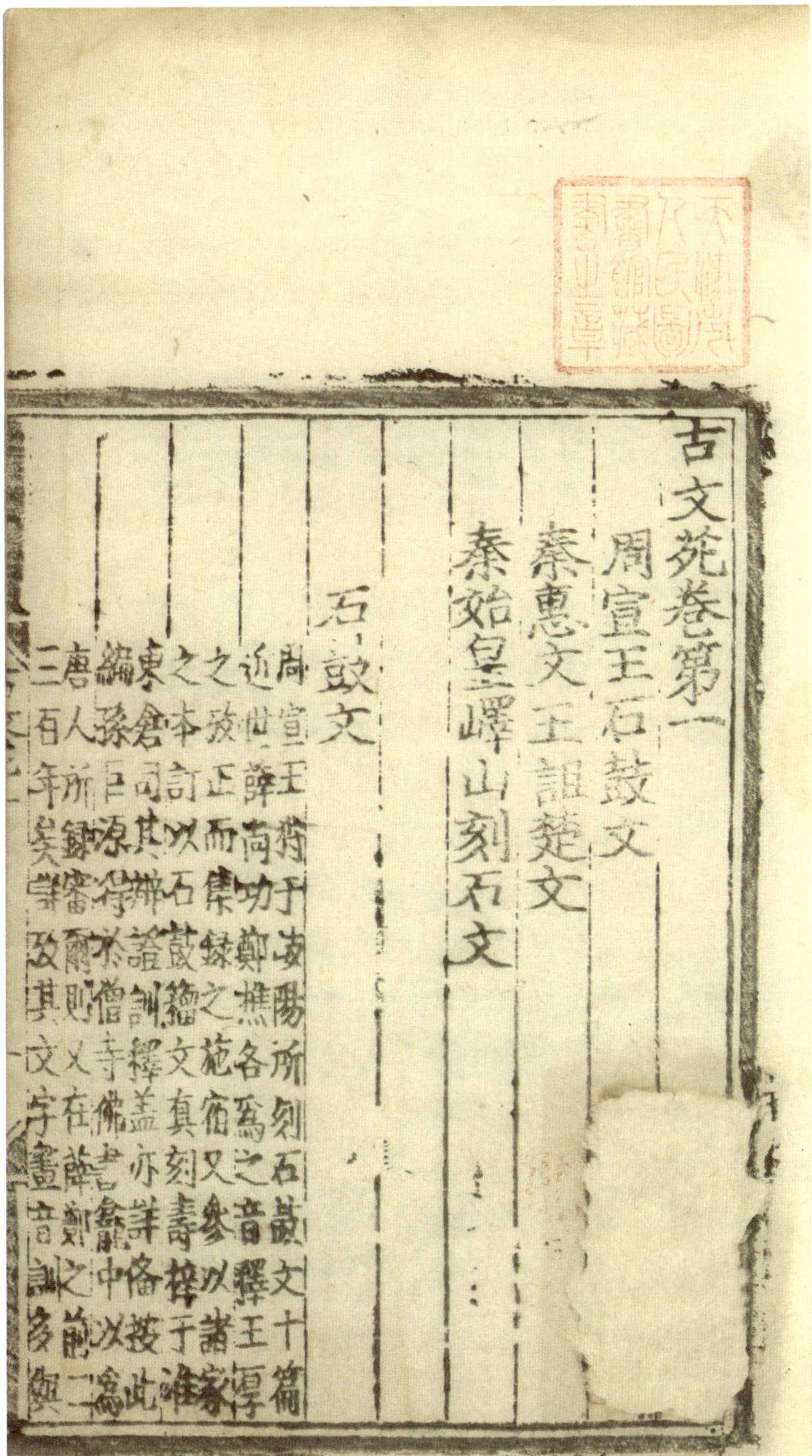

古文苑二十一卷

明成化十八年刻本

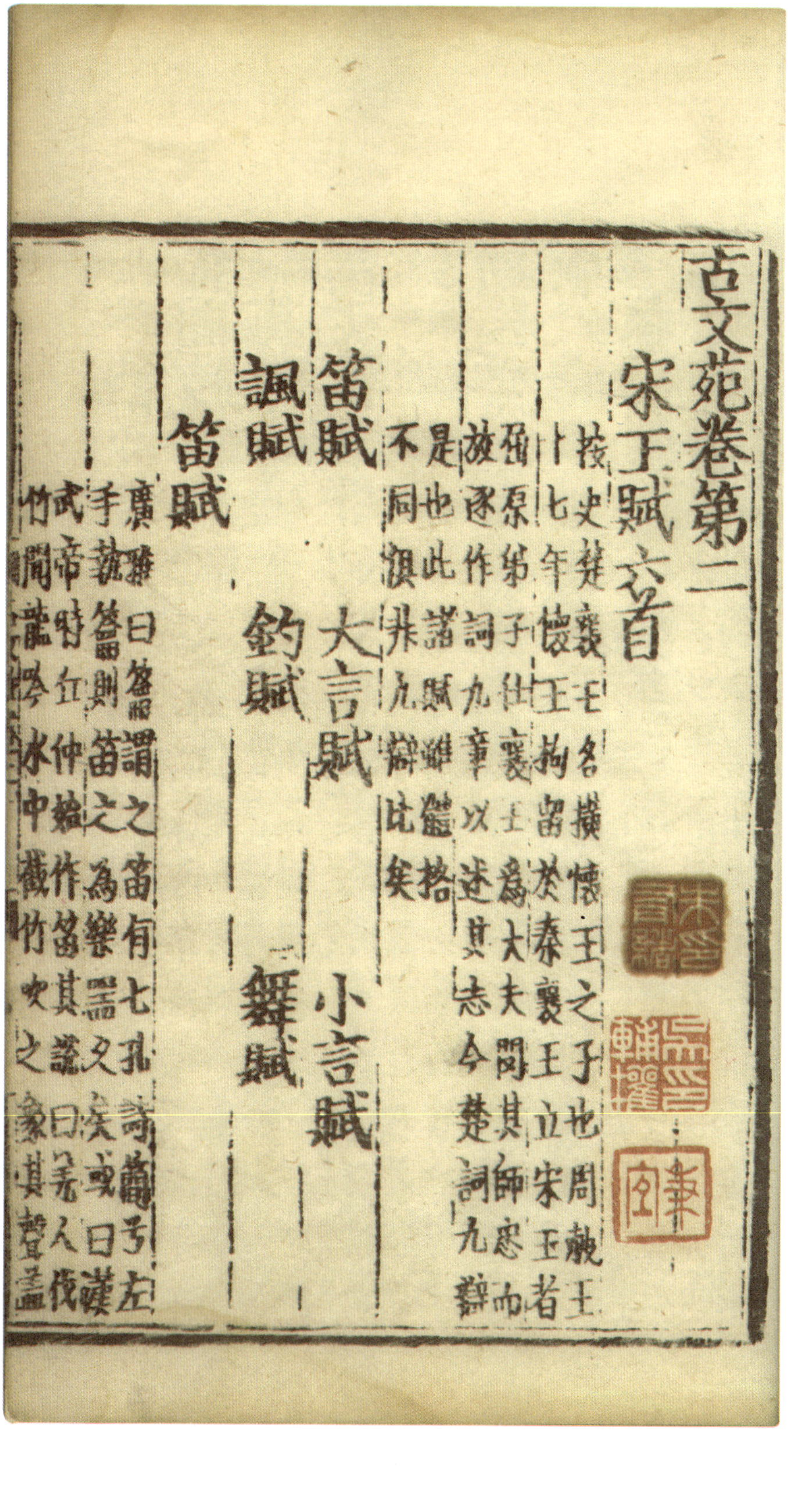
古文苑卷第二
宋玉賦六首
按史楚襄王名横懷王之子也周赧王十七年懷王拘留於秦襄王立宋玉者屈原弟子仕襄王爲大夫悶其師忠而放逐作詞九章以述其志今楚詞九辯是也此諸賦雖篇指不同猶非九辯比矣
笛賦　大言賦　小言賦
諷賦　釣賦　舞賦
笛賦
廣雅曰籥謂之笛有七孔詩簡兮左手執籥則笛之爲樂器久矣或曰漢武帝時丘仲始作笛其說曰羌人伐竹聞龍吟水中截竹吹之象其聲蓋

古文苑二十一卷　明成化十八年刻本

玉臺新詠十卷　明崇禎六年趙均刻本

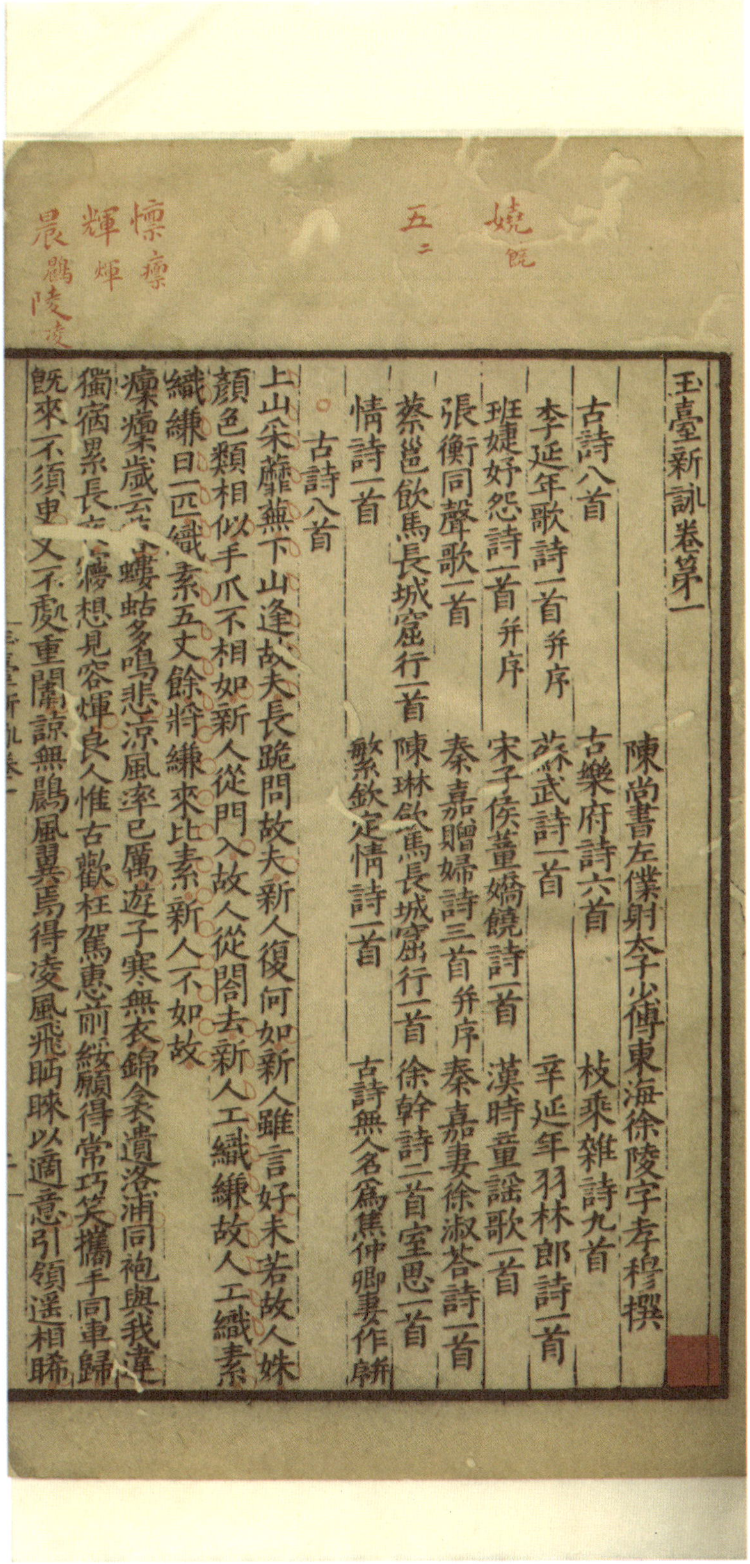
嬈饒　五二　懍凜　輝煇　晨鷐　陵凌

玉臺新詠卷第一

陳尚書左僕射太子少傅東海徐陵字孝穆撰

古詩八首　古樂府詩六首　枚乘雜詩九首

李延年歌詩一首并序　蘇武詩一首　辛延年羽林郎詩一首

班婕妤怨詩一首并序　宋子侯董嬌饒詩一首　漢時童謡歌一首

張衡同聲歌一首　秦嘉贈婦詩三首并序　秦嘉妻徐淑荅詩一首

蔡邕飲馬長城窟行一首　陳琳飲馬長城窟行一首　徐幹詩二首室思一首

情詩一首　繁欽定情詩一首　古詩無人名爲焦仲卿妻作并序

古詩八首

上山采蘼蕪下山逢故夫長跪問故夫新人復何如新人雖言好未若故人姝顔色類相似手爪不相如新人從門入故人從閤去新人工織縑故人工織素織縑日一匹織素五丈餘將縑來比素新人不如故

凜凜歲云暮螻蛄夕鳴悲涼風率已厲遊子寒無衣錦衾遺洛浦同袍與我違獨宿累長夜夢想見容輝良人惟古歡枉駕惠前綏願得常巧笑攜手同車歸既來不須臾又不處重闈諒無鵾風翼焉得凌風飛眄睞以適意引領遥相睎

御選宋金元明四朝詩三百二卷首二卷姓氏爵裏十三卷　清康熙四十八年內府刻本

御選宋詩姓名爵里卷第一

帝系

太祖皇帝姓趙氏諱匡胤涿郡人受周恭帝禪在位十七年謚曰啓運立極英武睿文神德聖功至明大孝皇帝廟號太祖

太宗皇帝諱炅太祖之弟初封晉王開寶九年嗣位在位二十二年謚曰神功聖德文武皇帝廟號太宗有御製集一百二十卷

真宗皇帝諱恒太宗第三子至道元年立爲皇太子三年嗣位在位二十五年謚曰膺符稽古神功讓德文明武定章聖元孝皇帝廟號真宗有御製集三百卷

仁宗皇帝諱禎真宗第六子天禧二年立爲皇太子乾興元年嗣位在位四十五年謚曰體天法道極功全德神文聖武睿哲明孝皇帝廟號仁宗有御製集一百卷

神宗皇帝諱頊英宗長子治平三年立爲皇太子四年嗣位在位十八年謚曰紹天法古運德建功英文烈武欽仁聖孝皇帝廟號神宗有御製集一百六十卷

徽宗皇帝諱佶神宗第十一子紹聖初封端王元符三年嗣位在位二十五年謚曰體神合道駿烈遜功聖文仁德憲慈顯孝皇帝廟號徽宗

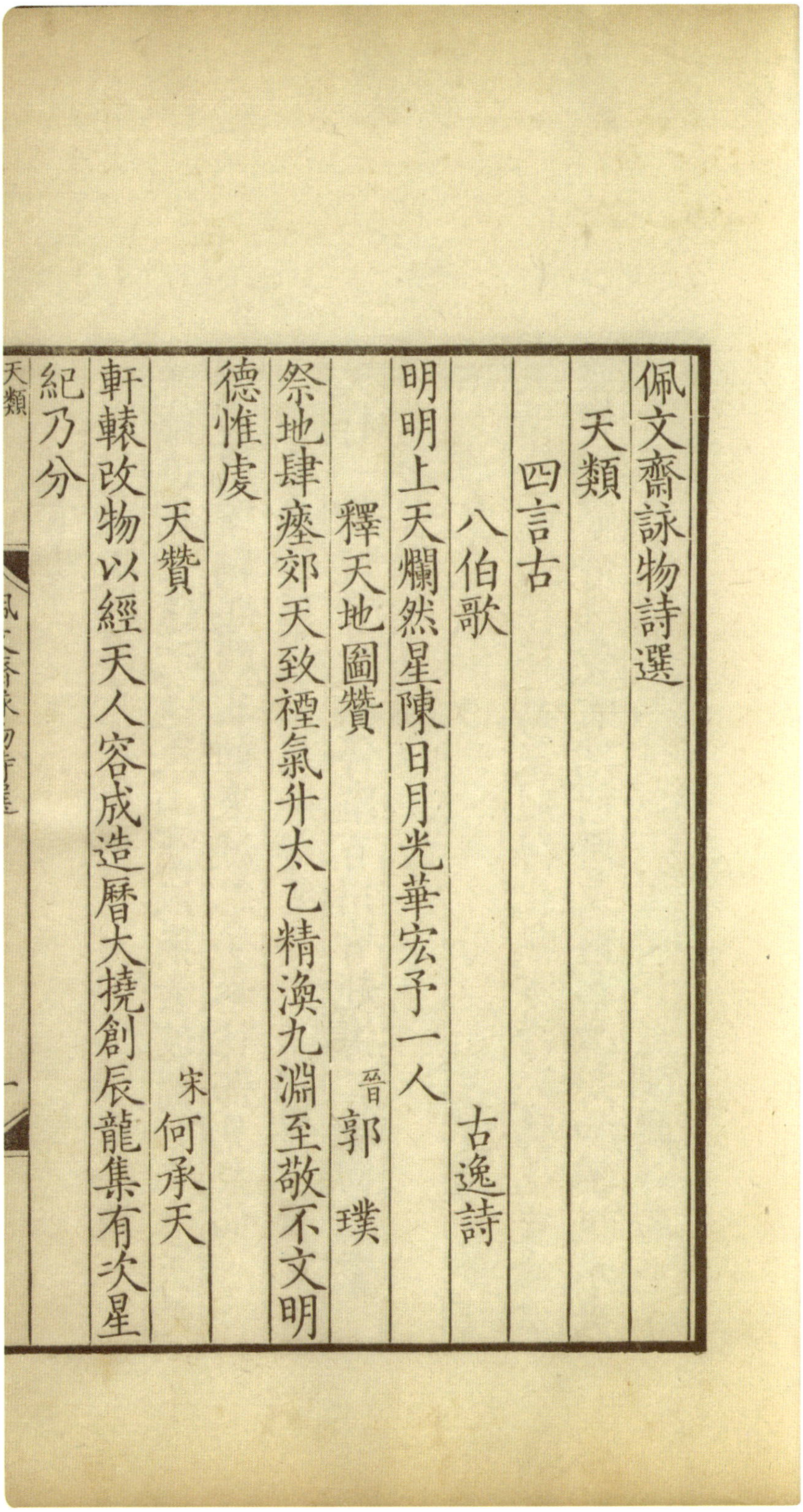
佩文齋詠物詩選
天類
四言古
八伯歌　古逸詩
明明上天爛然星陳日月光華宏予一人
釋天地圖贊　晉郭璞
祭地肆瘞郊天致禋氣升太乙精淪九淵至敬不文明
德惟虔
天贊　宋何承天
軒轅改物以經天人容成造曆大撓創辰龍集有次星
紀乃分

天類　佩文齋詠物詩選　一

佩文齋詠物詩選四百八十六卷
清康熙四十六年內府刻本

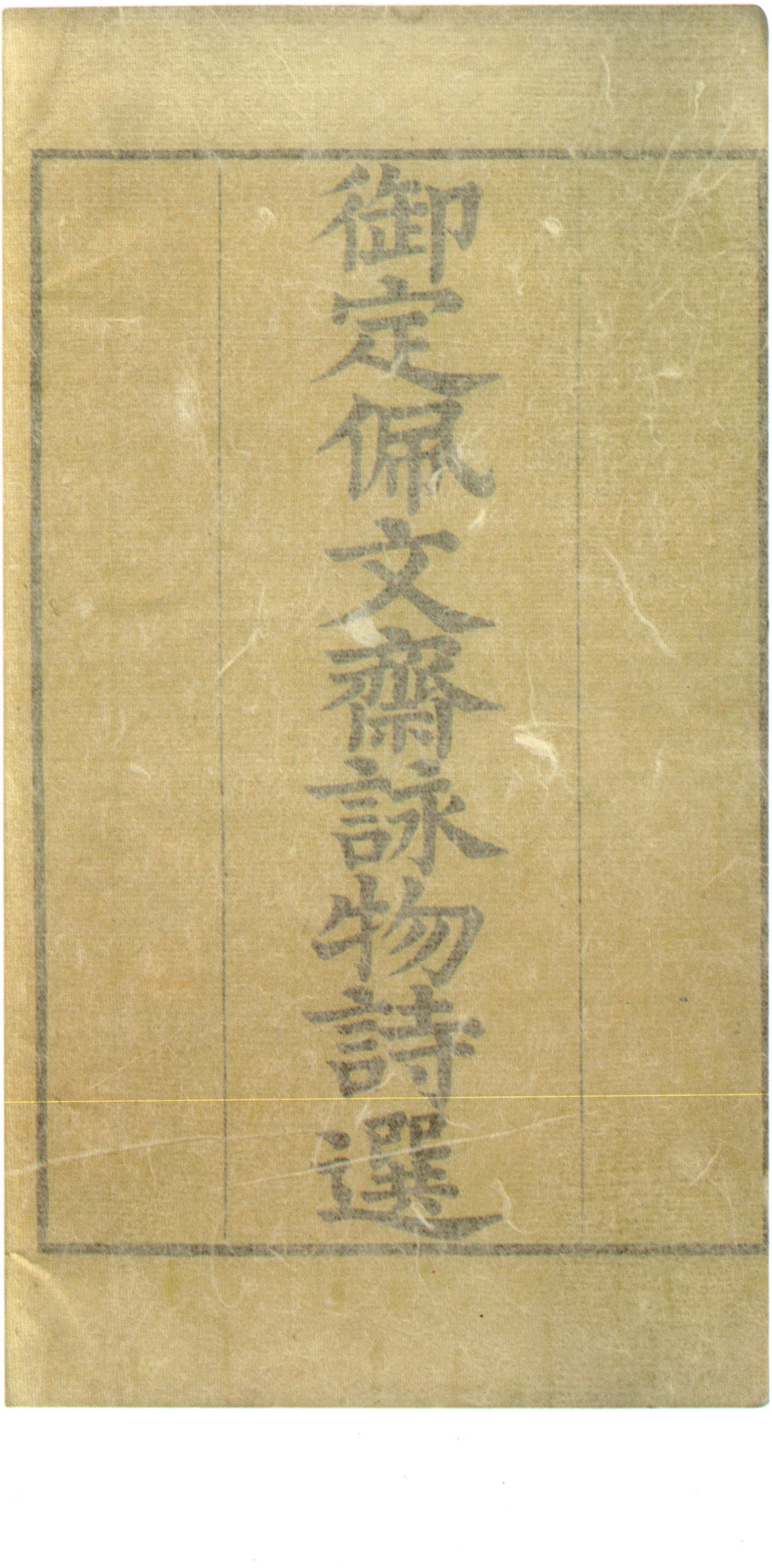

佩文齋詠物詩選四百八十六卷

清康熙四十六年內府刻本

御定歷代題畫詩類一百二十卷

清康熙四十六年內府刻本

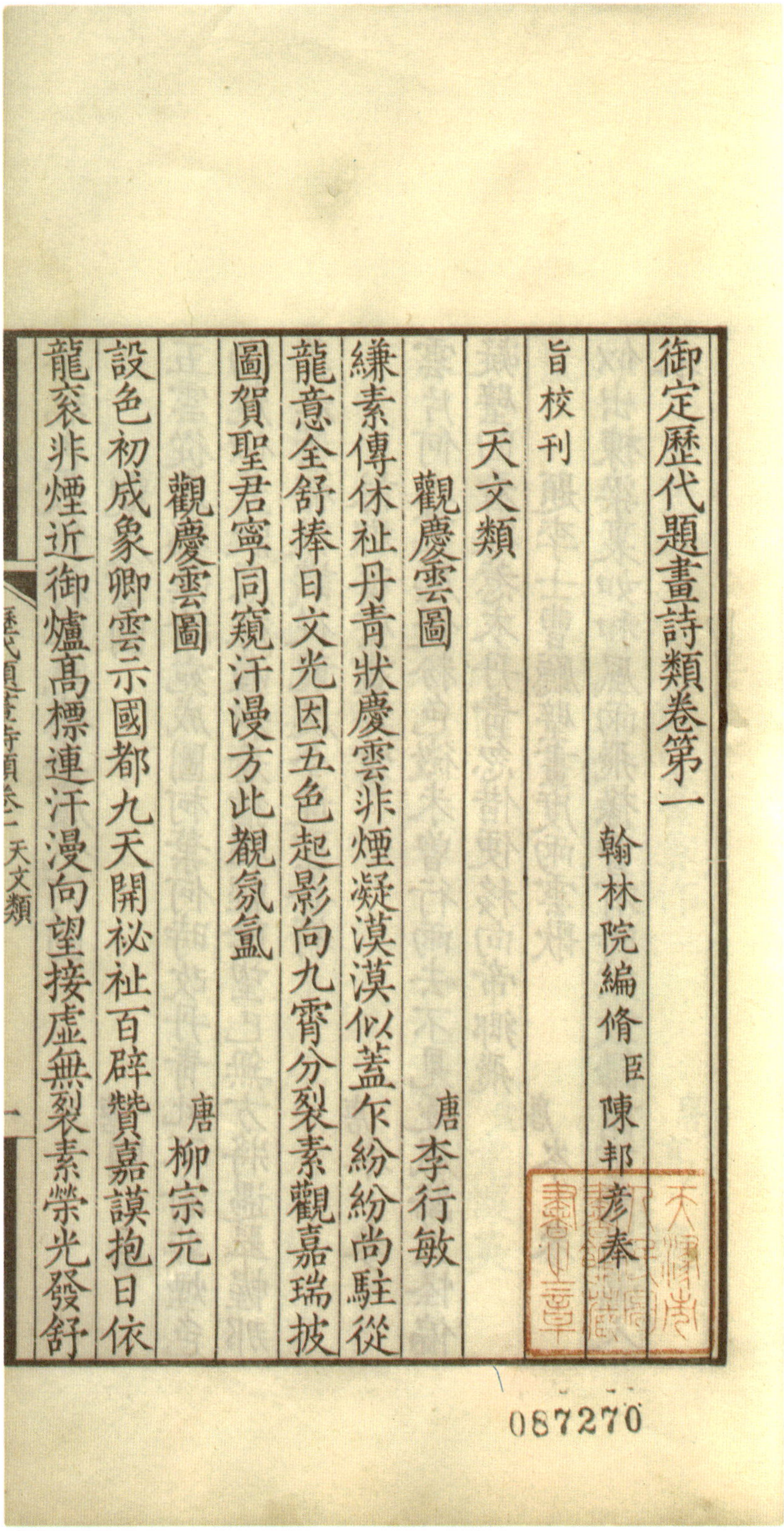
御定歷代題畫詩類卷第一

翰林院編修臣陳邦彥奉

旨校刊

天文類

觀慶雲圖　唐　李行敏

縑素傳休祉丹青狀慶雲非煙凝漠漠似蓋乍紛紛尚駐從

龍意全舒捧日文光因五色起影向九霄分裂素觀嘉瑞披

圖賀聖君寧同窺汗漫方此覩氛氳

觀慶雲圖　唐　柳宗元

設色初成象卿雲示國都九天開祕祉百辟贊嘉謨抱日依

龍衮非煙近御爐高標連汗漫向望接虛無裂素榮光發舒

歷代題畫詩類卷一　天文類　一

087270

御選唐宋詩醇四十七卷

清乾隆十五年內府刻四色套印本

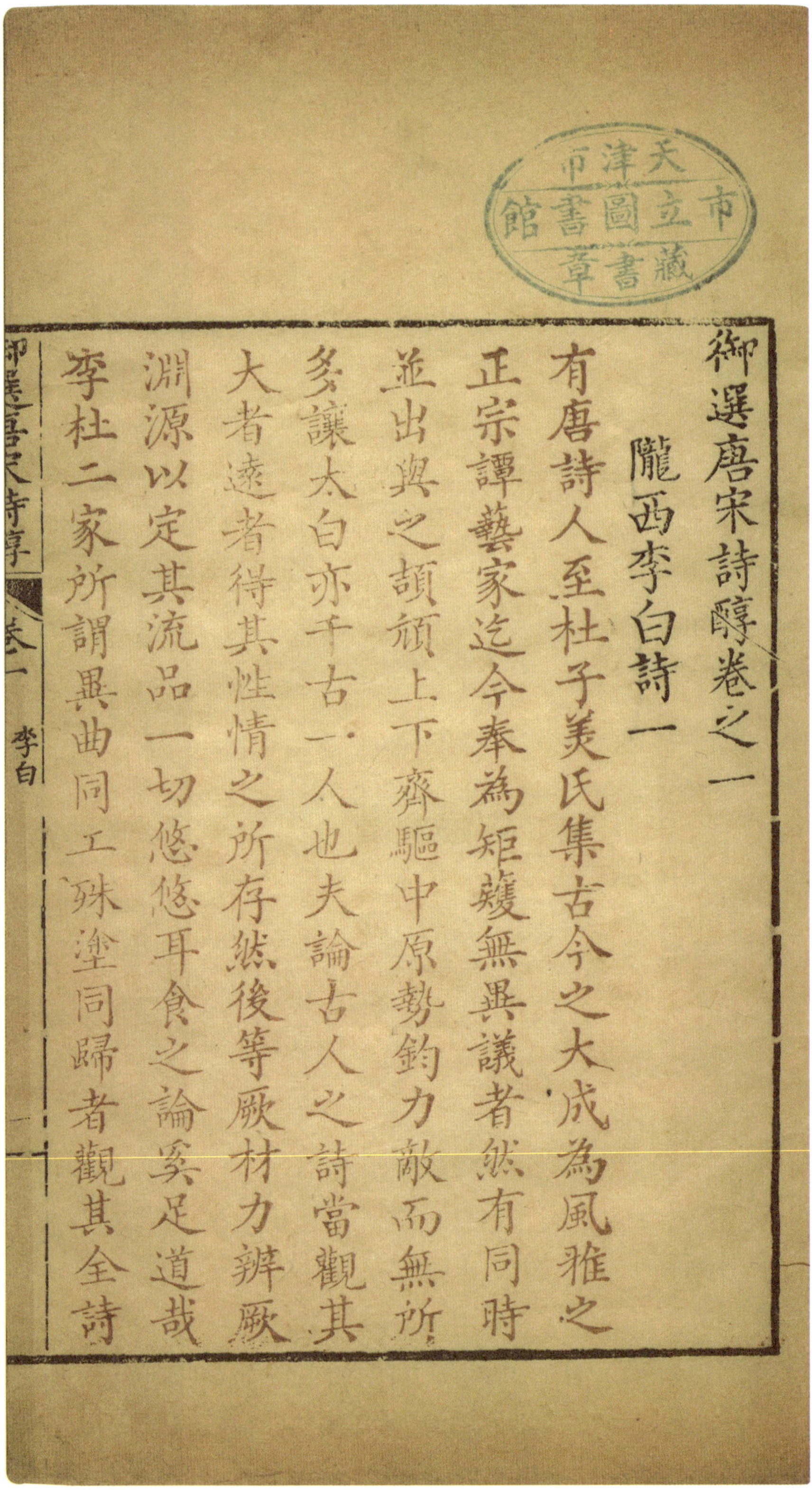

御選唐宋詩醇卷之一

隴西李白詩一

有唐詩人至杜子美氏集古今之大成為風雅之正宗譚藝家迄今奉為矩矱無異議者然有同時並出與之頡頏上下齊驅中原勢鈞力敵而無所多讓太白亦千古一人也夫論古人之詩當觀其大者遠者得其性情之所存然後等厥材力辨厥淵源以定其流品一切悠悠耳食之論奚足道哉李杜二家所謂異曲同工殊塗同歸者觀其全詩

御選唐宋詩醇　卷一　李白　一

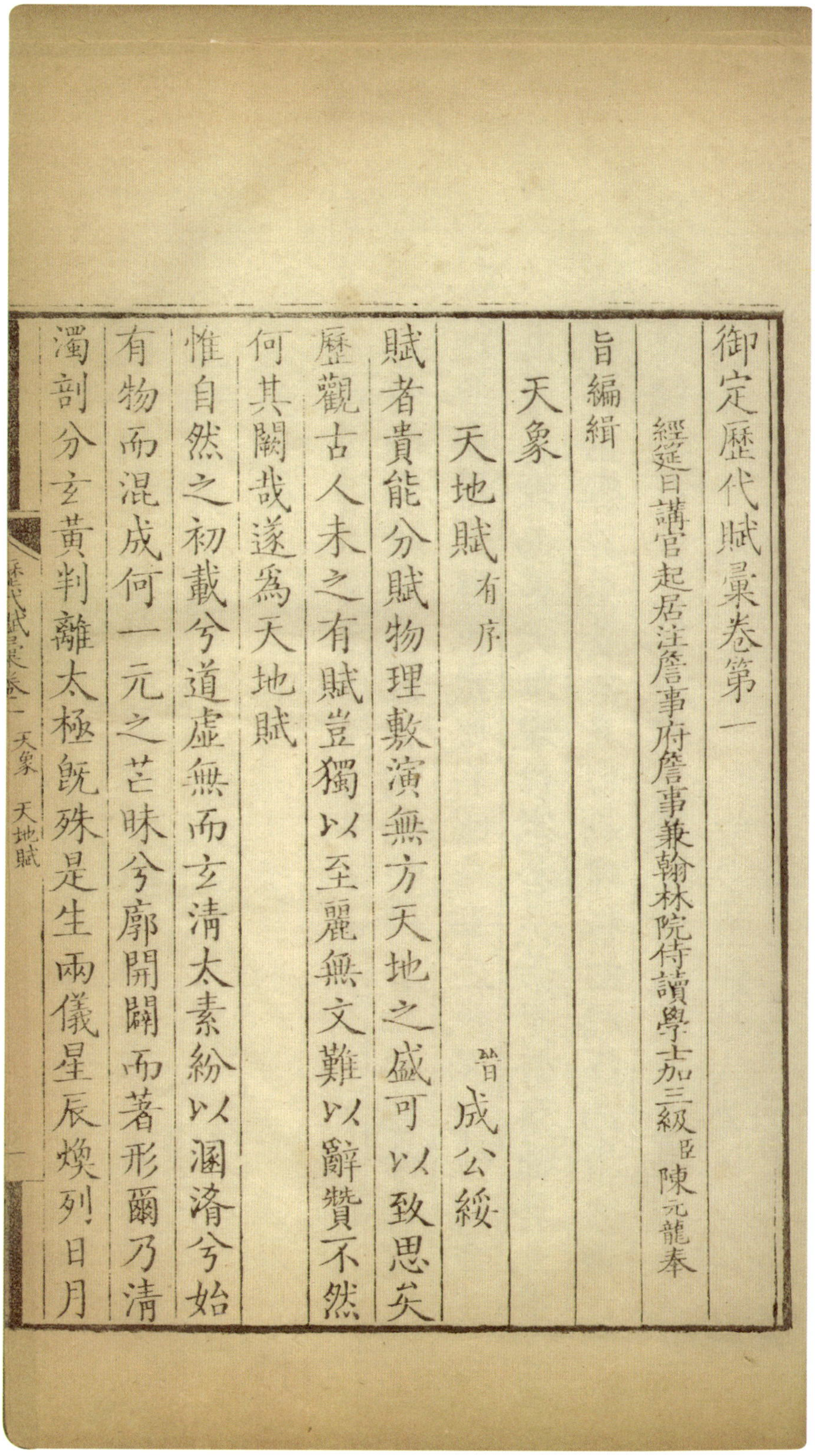

御定歷代賦彙卷第一

經筵日講官起居注詹事府詹事兼翰林院侍讀學士加三級臣陳元龍奉

旨編緝

天象

天地賦有序　　晉成公綏

賦者貴能分賦物理敷演無方天地之盛可以致思矣歷觀古人未之有賦豈獨以至麗無文難以辭贊不然何其闕哉遂爲天地賦

惟自然之初載兮道虛無而玄清太素紛以溷淆兮始有物而混成何一元之芒昧兮廓開闢而著形爾乃清濁剖分玄黃判離太極既殊是生兩儀星辰煥列日月

歷代賦彙卷一　天象　天地賦　一

御定歷代賦彙一百四十卷

清康熙四十五年內府刻本

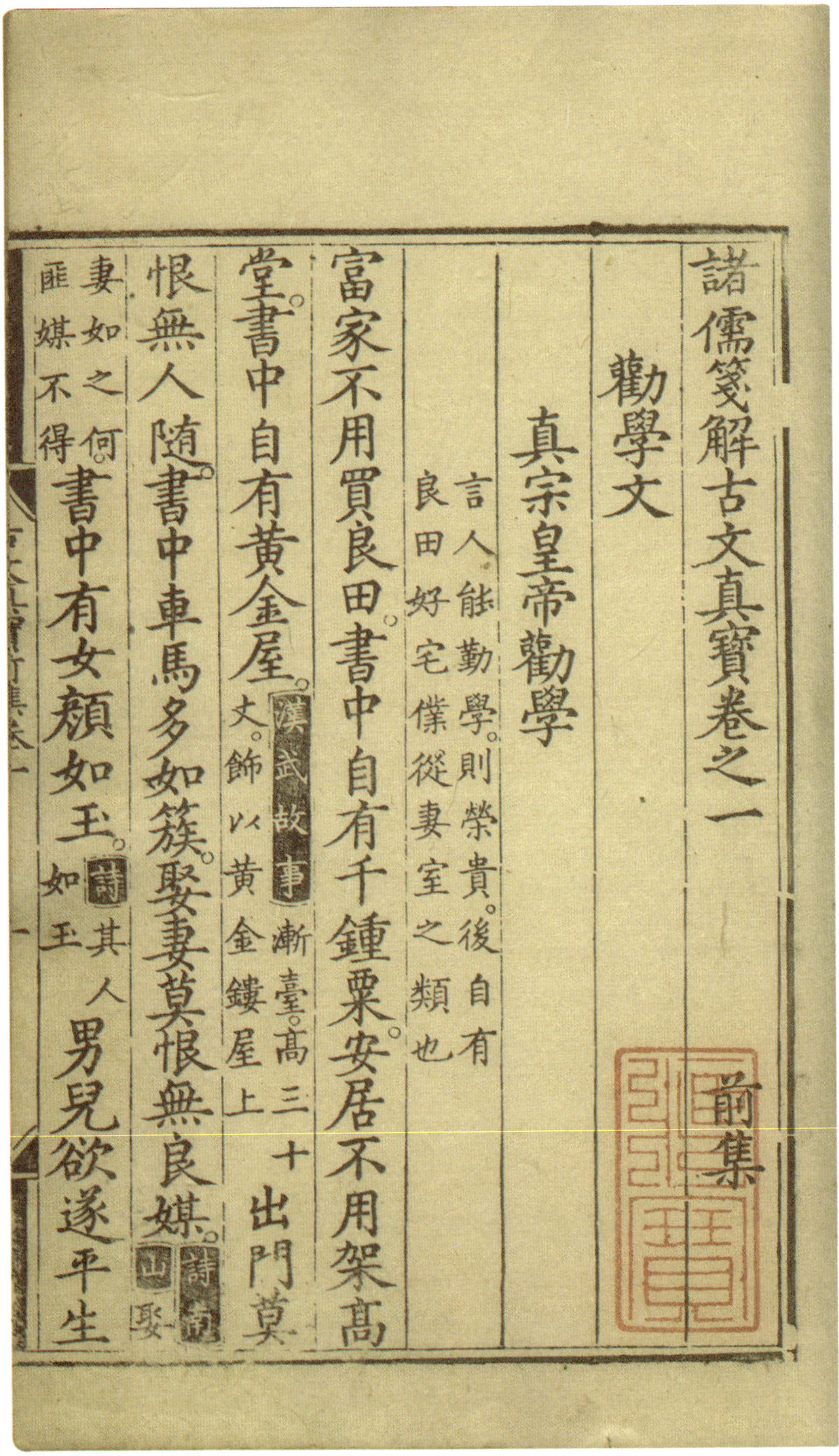

諸儒箋解古文真寶卷之一　前集

勸學文

真宗皇帝勸學

言人能勤學。則榮貴。後自有良田好宅僕從妻室之類也

富家不用買良田。書中自有千鍾粟。安居不用架高堂。書中自有黃金屋。漢武故事漸臺。高三十丈。飾以黃金鏤屋上出門莫恨無人隨。書中車馬多如簇。娶妻莫恨無良媒。詩齊山娶妻如之何匪媒不得書中有女顏如玉。詩其人如玉男兒欲遂平生

諸儒箋解古文真寶前集十卷後集十卷　明萬曆十一年司禮監刻本

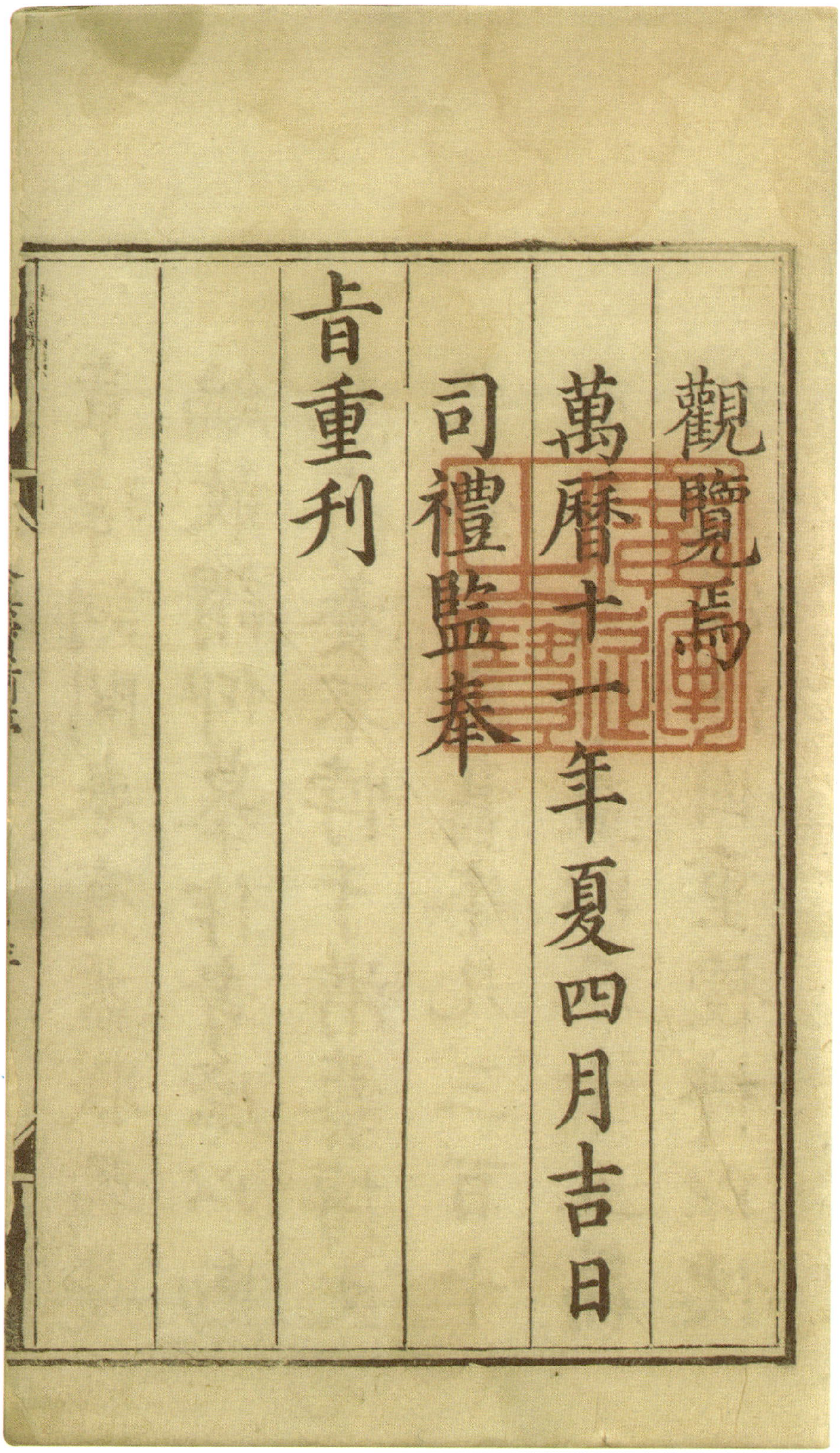
觀覽焉
萬曆十一年夏四月吉日
司禮監奉
旨重刊

諸儒箋解古文真寶前集十卷後集十卷

明萬曆十一年司禮監刻本

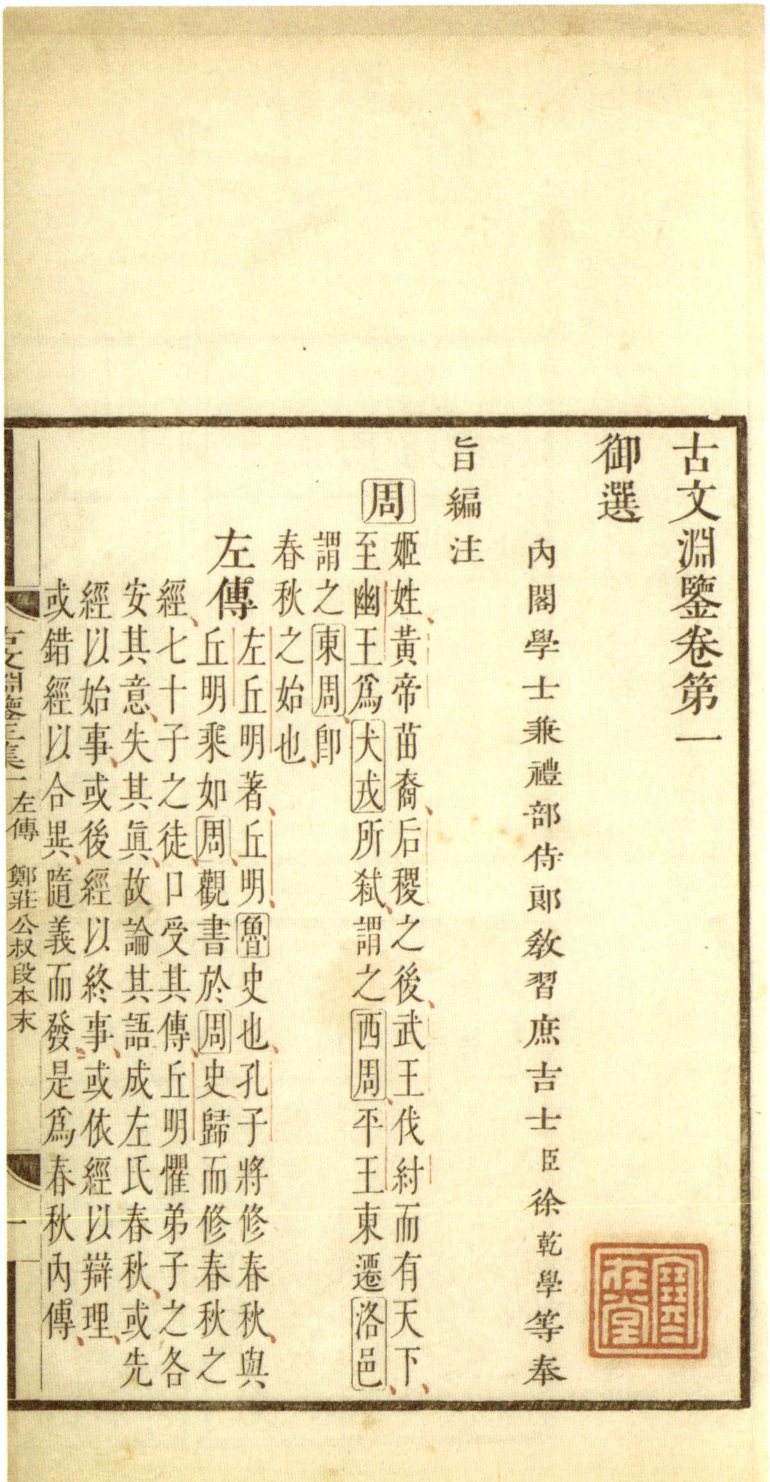

古文淵鑒卷第一

御選

內閣學士兼禮部侍郎教習庶吉士臣徐乾學等奉

旨編注

周 姬姓黃帝苗裔后稷之後武王伐紂而有天下至幽王爲犬戎所弑謂之西周平王東遷洛邑謂之東周即春秋之始也

左傳 左丘明著丘明魯史也孔子將修春秋與丘明乘如周觀書於周史歸而修春秋之經七十子之徒口受其傳丘明懼弟子之各安其意失其眞故論其語成左氏春秋或先經以始事或後經以終事或依經以辯理或錯經以合異隨義而發是爲春秋內傳

古文淵鑒卷一 左傳 鄭莊公叔段本末 一

古文淵鑒六十四卷

清康熙內府刻四色套印本

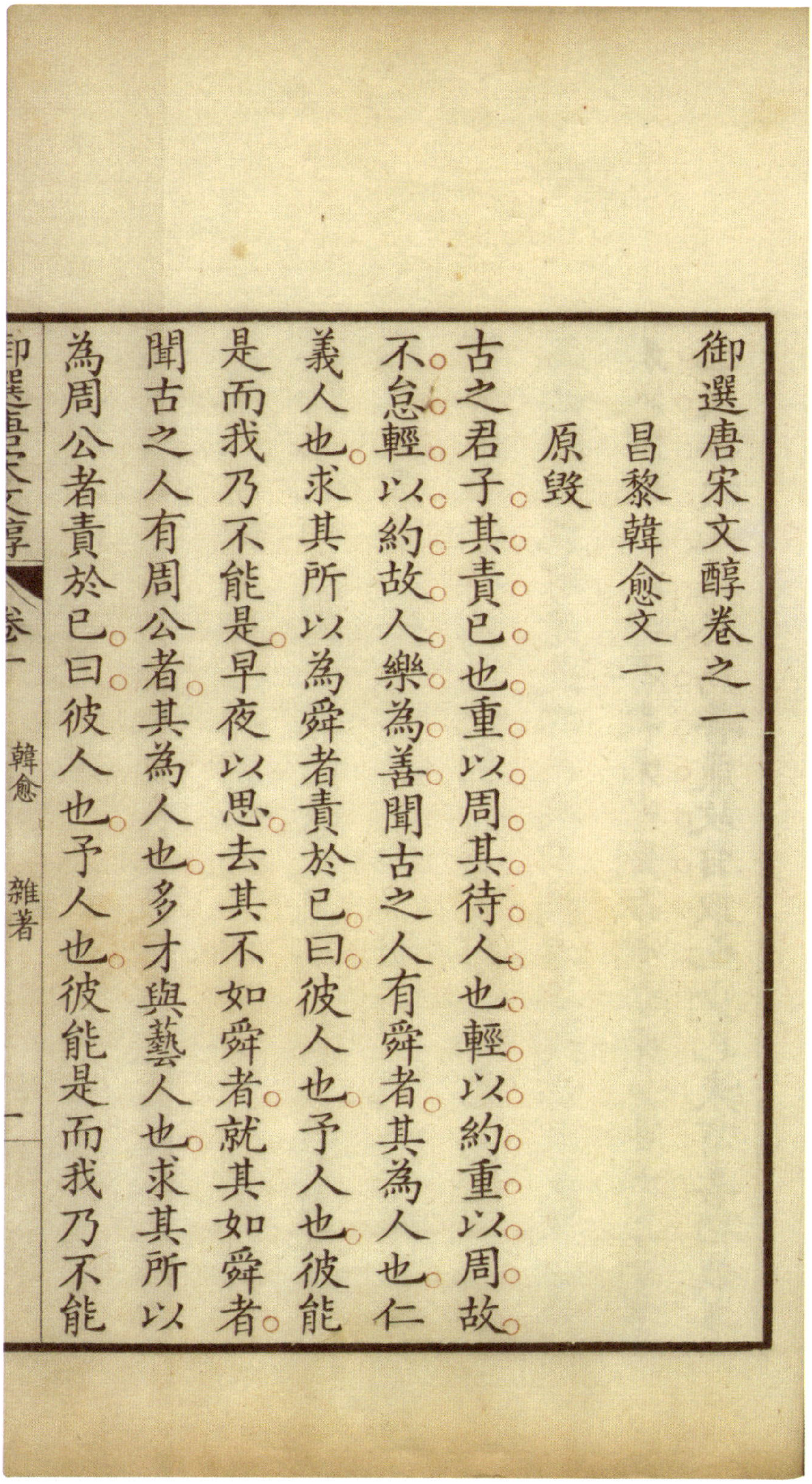
御選唐宋文醇卷之一

昌黎韓愈文一

原毁

古之君子其責已也重以周其待人也輕以約重以周故不怠輕以約故人樂為善聞古之人有舜者其為人也仁義人也求其所以為舜者責於已曰彼人也予人也彼能是而我乃不能是早夜以思去其不如舜者就其如舜者聞古之人有周公者其為人也多才與藝人也求其所以為周公者責於已曰彼人也予人也彼能是而我乃不能

御選唐宋文醇五十八卷詩醇四十七卷

清乾隆十五年武英殿刻四色套印本

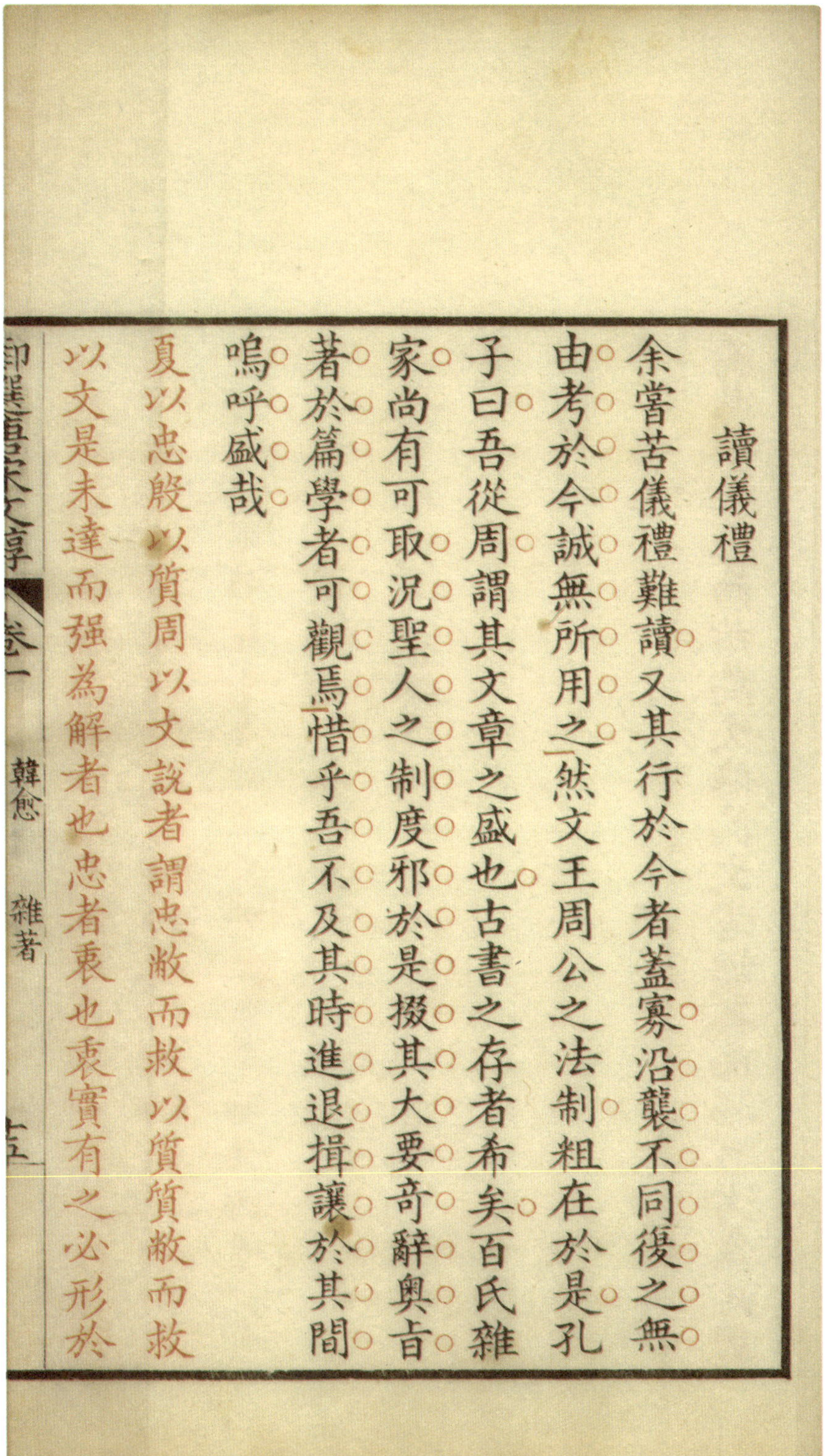

御選唐宋文醇　卷一　韓愈　雜著

讀儀禮

余嘗苦儀禮難讀又其行於今者蓋寡沿襲不同復之無由考於今誠無所用之然文王周公之法制粗在於是孔子曰吾從周謂其文章之盛也古書之存者希矣百氏雜家尚有可取況聖人之制度邪於是掇其大要奇辭奥旨著於篇學者可觀焉惜乎吾不及其時進退揖讓於其間嗚呼盛哉

夏以忠殷以質周以文說者謂忠敝而救以質質敝而救以文是未達而強為解者也忠者衷也衷實有之必形於

御選唐宋文醇五十八卷詩醇四十七卷　清乾隆十五年武英殿刻四色套印本

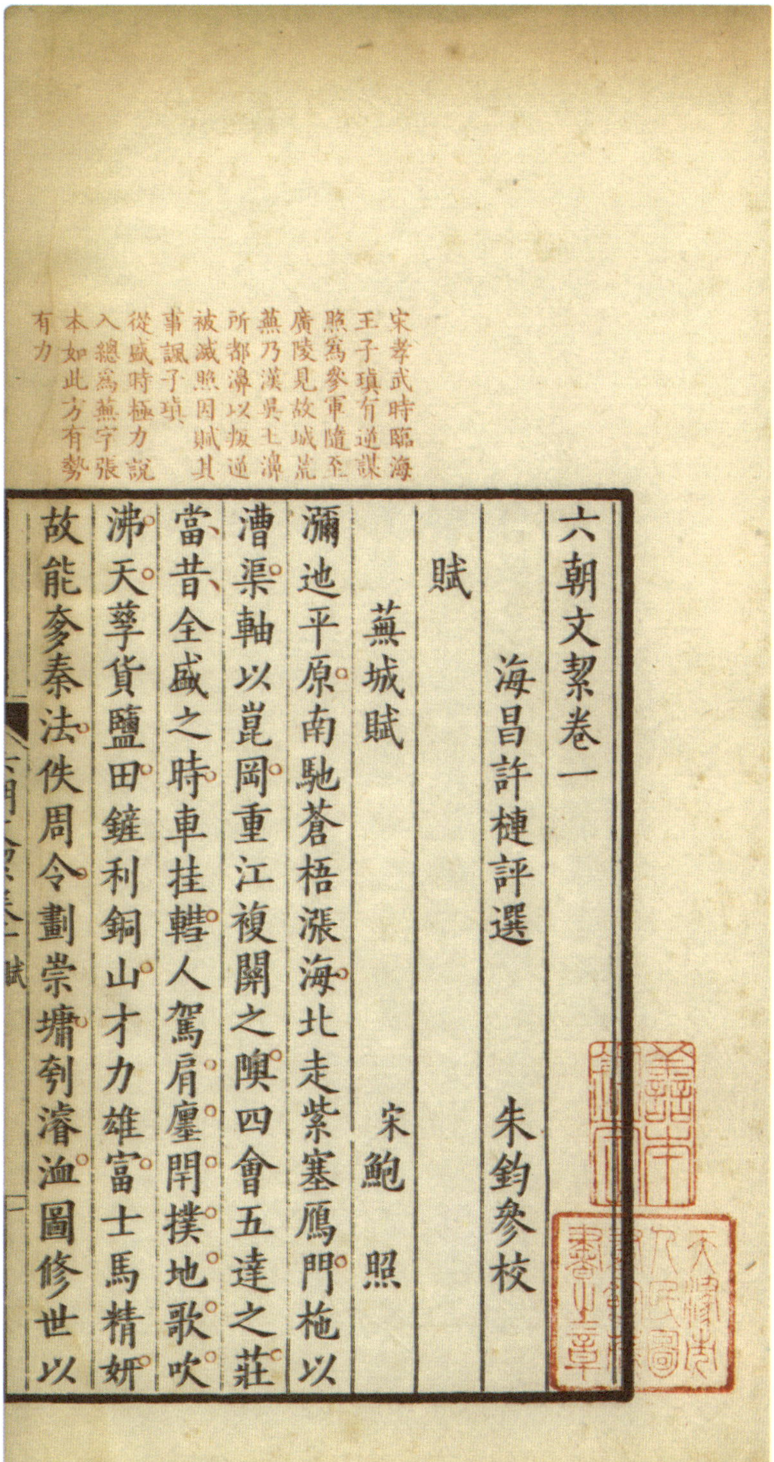
宋孝武時臨海王子頊有逆謀照爲參軍隨至廣陵見故城荒蕪乃漢吳王濞所都濞以叛逆被滅照因賦其事諷子頊從盛時極力說入總爲蕪字張本如此方有勢有力

六朝文絜卷一

海昌許槤評選　朱鈞參校

賦

蕪城賦　宋鮑照

瀰迆平原南馳蒼梧漲海北走紫塞鴈門柂以漕渠軸以崑岡重江複關之隩四會五達之莊當昔全盛之時車挂轊人駕肩廛閈撲地歌吹沸天孳貨鹽田鏟利銅山才力雄富士馬精妍故能奓秦法佚周令劃崇墉刳濬洫圖修世以

六朝文絜四卷

清道光五年許槤亨金寶石齋刻套印本

重校正唐文粹一百卷　明嘉靖三年徐焴刻本

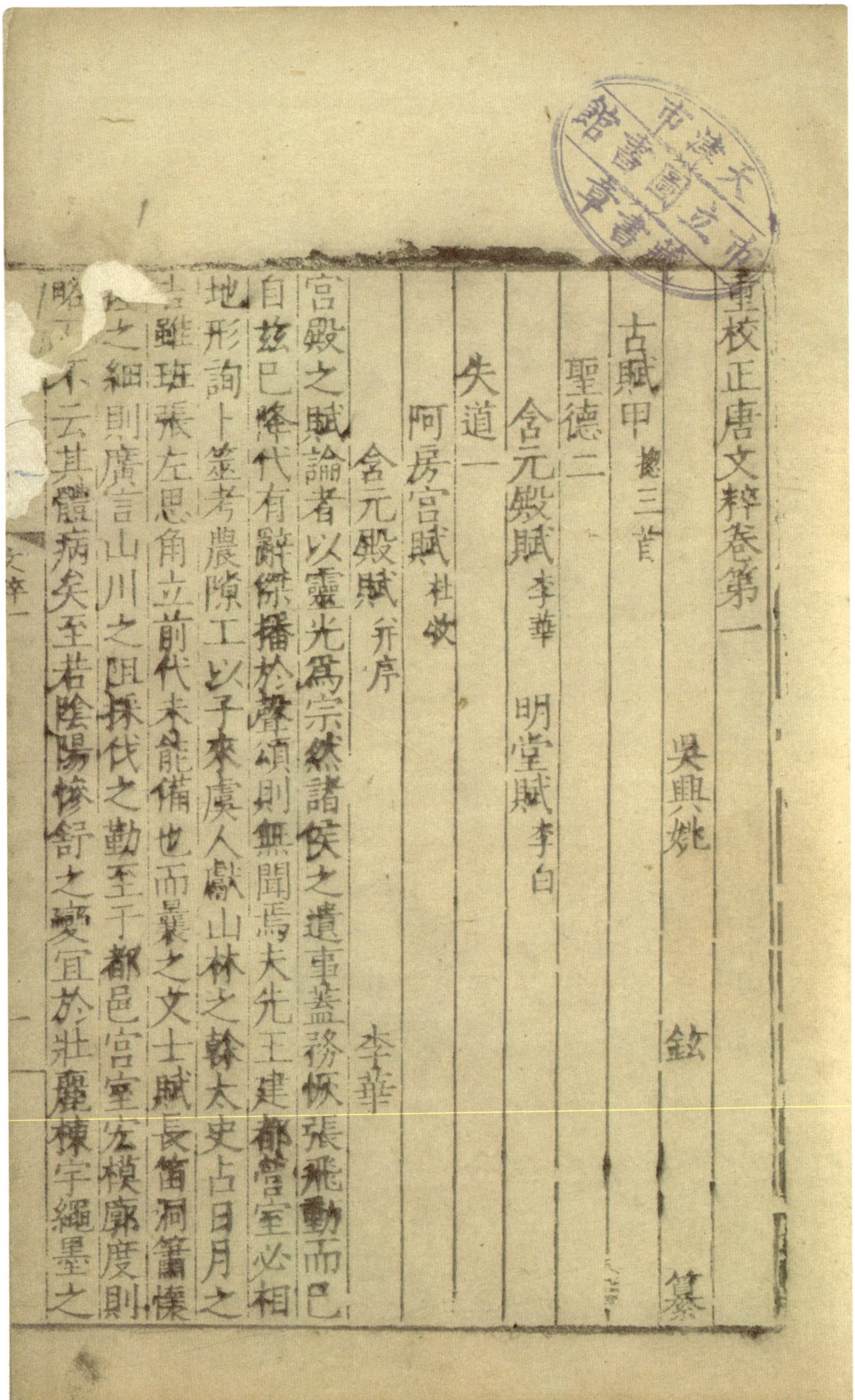

重校正唐文粹卷第一

吳興姚　鉉　纂

古賦甲 總三首

聖德二

含元殿賦 李華　明堂賦 李白

失道一

阿房宮賦 杜牧

含元殿賦 并序　　李華

宮殿之賦論者以靈光爲宗然諸侯之遺事蓋務恢張飛動而已自兹已降代有辭係播於聲頌則無聞焉夫先王建都營室必相地形詢卜筮考農隙工以子來虞人獻山林之幹太史占日月之吉雖班張左思角立前代未能備也而纍之文士賦長笛洞簫懐握之細則廣言山川之阻採伐之勤至于都邑宮室宏模廓度則略而不云其體病矣至若陰陽慘舒之變宜於壯麗棟宇繩墨之

文粹一　一

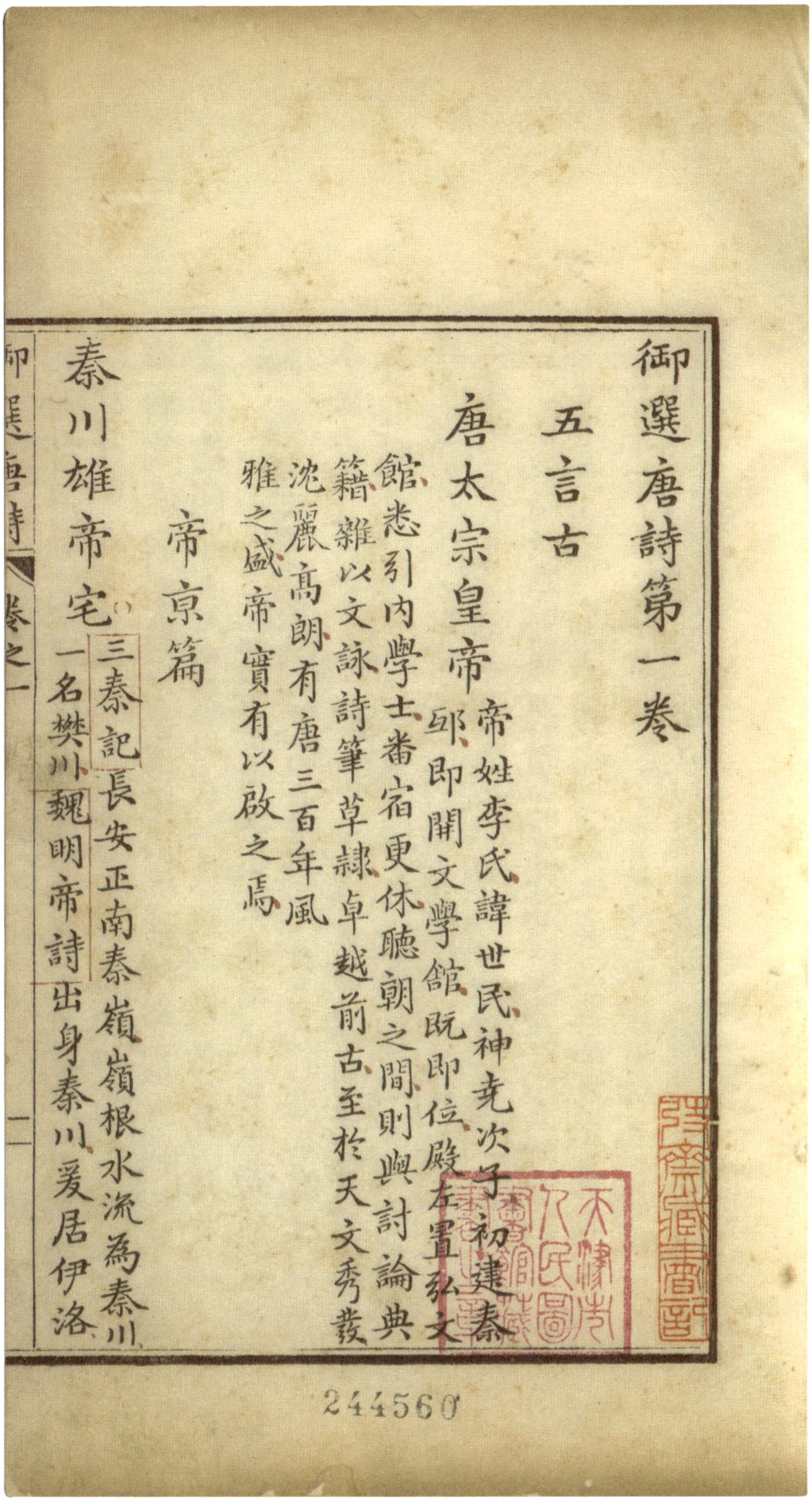
御選唐詩第一卷

五言古

唐太宗皇帝 帝姓李氏諱世民神堯次子初建秦邸即開文學館既即位殿左置弘文館悉引内學士番宿更休聽朝之間則與討論典籍雜以文詠詩筆草隸卓越前古至於天文秀發沈麗高朗有唐三百年風雅之盛帝實有以啟之焉

帝京篇

秦川雄帝宅 (一)三秦記長安正南秦嶺嶺根水流為秦川一名樊川魏明帝詩出身秦川爰居伊洛

御選唐詩 卷之一 一

244560

御選唐詩三十二卷

清康熙五十二年內府刻套印本

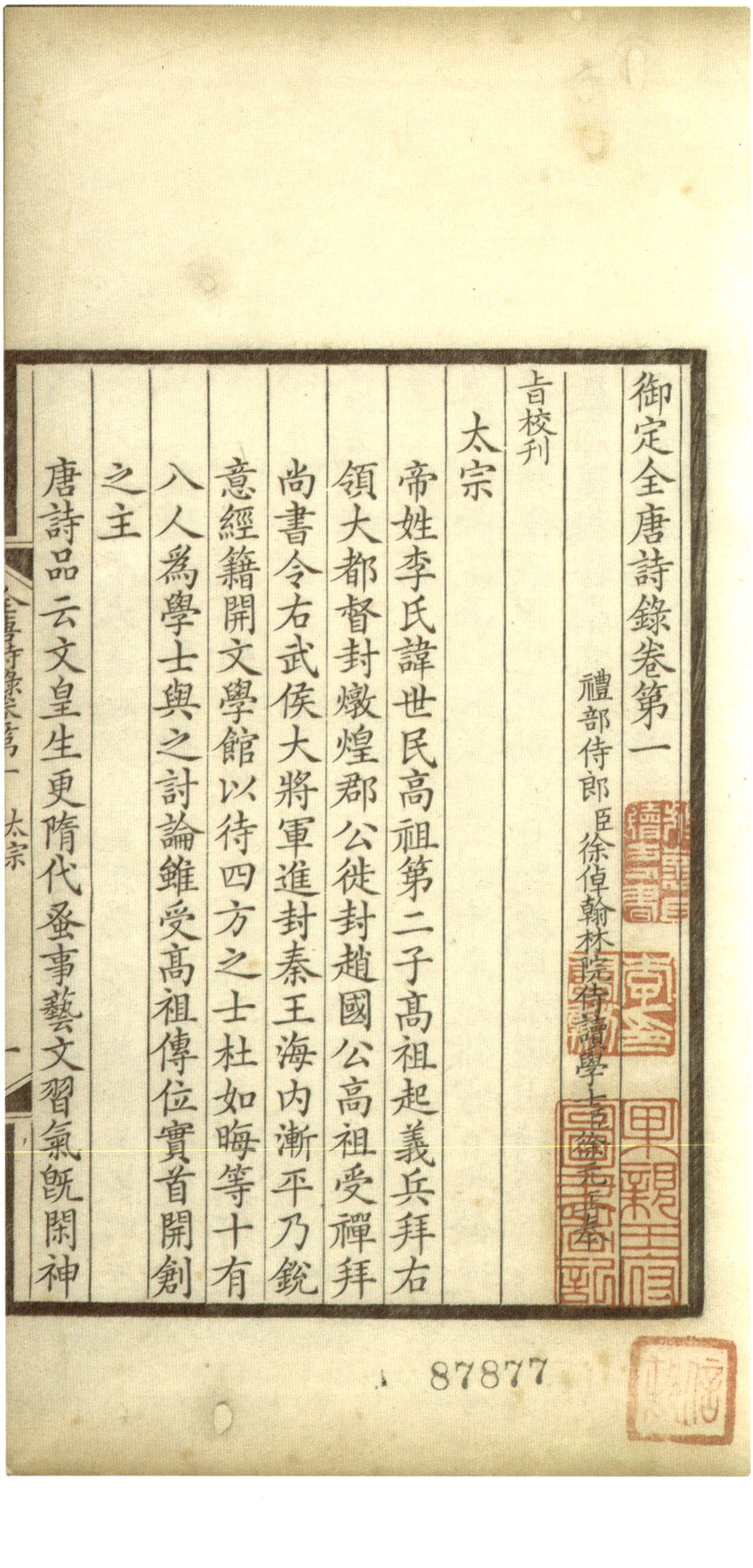

御定全唐詩錄卷第一

禮部侍郎臣徐倬翰林院侍讀學士臣徐元正奉

旨校刊

太宗

帝姓李氏諱世民高祖第二子高祖起義兵拜右領大都督封燉煌郡公徙封趙國公高祖受禪拜尚書令右武侯大將軍進封秦王海內漸平乃鋭意經籍開文學館以待四方之士杜如晦等十有八人爲學士與之討論雖受高祖傳位實首開創之主

唐詩品云文皇生更隋代蚕事藝文習氣既閑神

全唐詩錄卷一 太宗

御定全唐詩錄一百卷

清康熙四十五年內府刻本

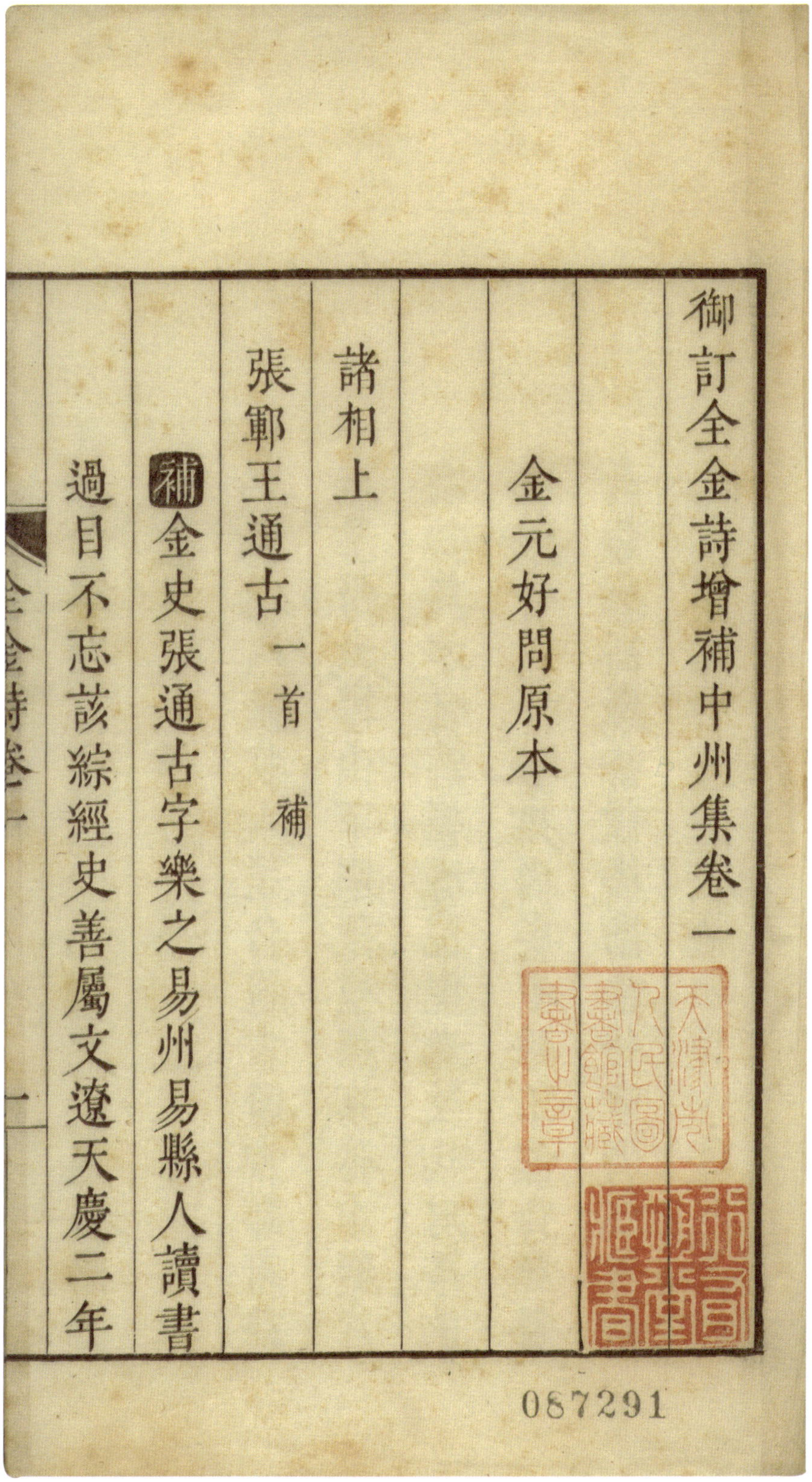

御訂全金詩增補中州集卷一

金元好問原本

諸相上

張鄆王通古 一首 補

補 金史張通古字樂之易州易縣人讀書

過目不忘該綜經史善屬文遼天慶二年

全金詩卷一 一

087291

御訂全金詩增補中州集七十二

清康熙五十年內府刻本

元文類七十卷

明嘉靖十六年晉藩刻遞修本

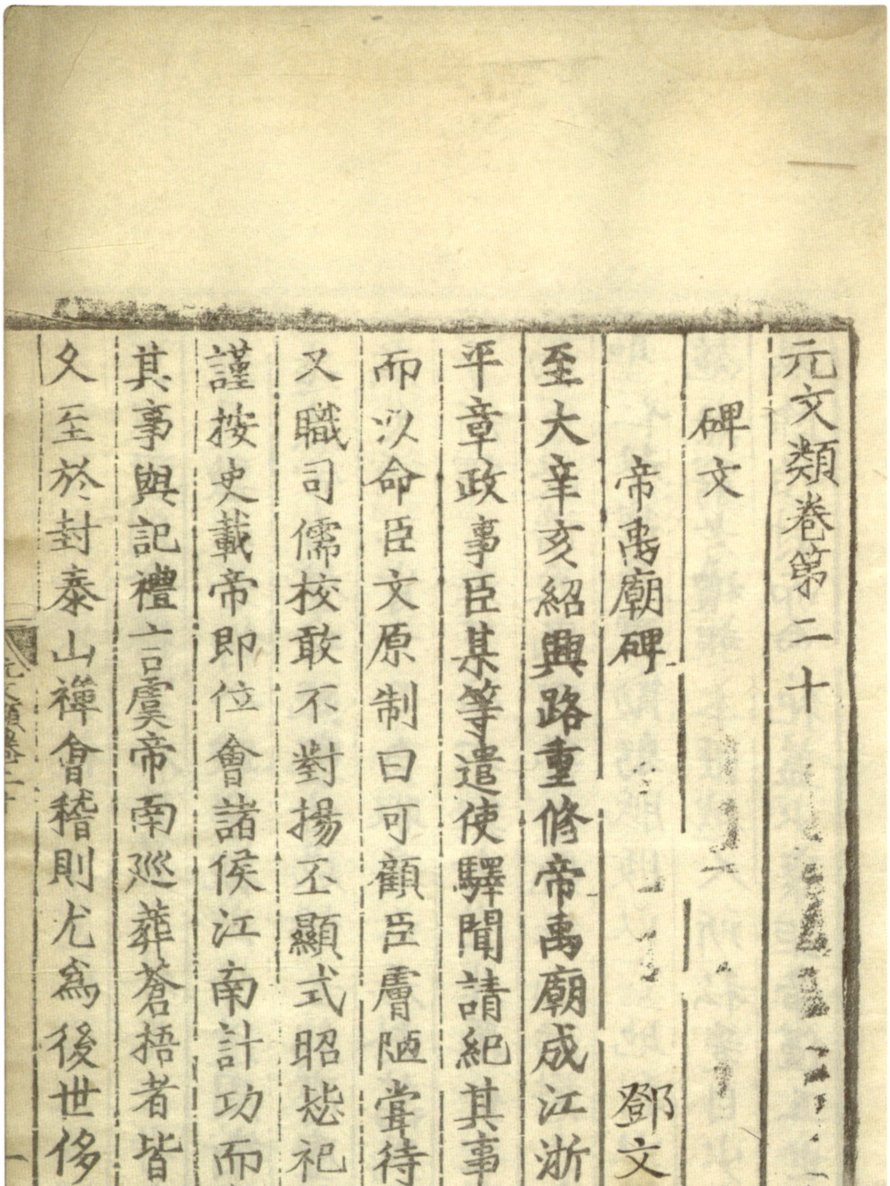

元文類卷第二十

碑文

帝禹廟碑　　鄧文原

至大辛亥紹興路重修帝禹廟成江浙行中書省平章政事臣某等遣使驛聞請紀其事鑱諸樂石而以命臣文原制曰可顧臣譾陋嘗待罪詞林今又職司儒校敢不對揚丕顯式昭毖祀垂憲來今謹按史載帝即位會諸侯江南計功而崩因葬焉其事與記禮言虞帝南巡葬蒼梧者皆語相傳以久至於封泰山禪會稽則尤爲後世侈功好大者

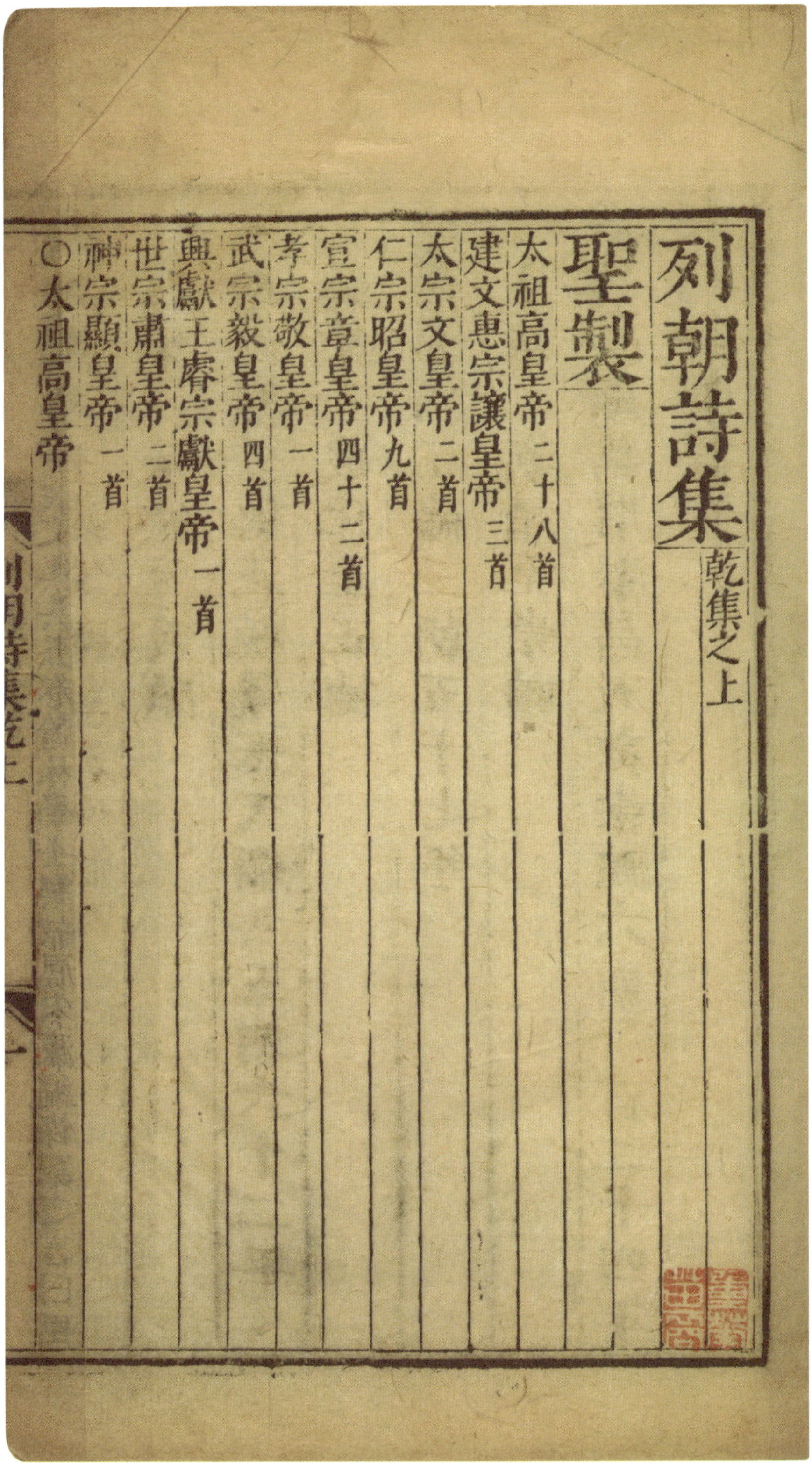
列朝詩集 乾集之上

聖製

太祖高皇帝 二十八首
建文惠宗讓皇帝 三首
太宗文皇帝 二首
仁宗昭皇帝 九首
宣宗章皇帝 四十二首
孝宗敬皇帝 一首
武宗毅皇帝 四首
興獻王睿宗獻皇帝 一首
世宗肅皇帝 二首
神宗顯皇帝 一首

○太祖高皇帝

列朝詩集八十一卷

清順治間毛氏汲古閣刊本

皇清文穎一百卷首二十四卷　清乾隆十二年武英殿刻本

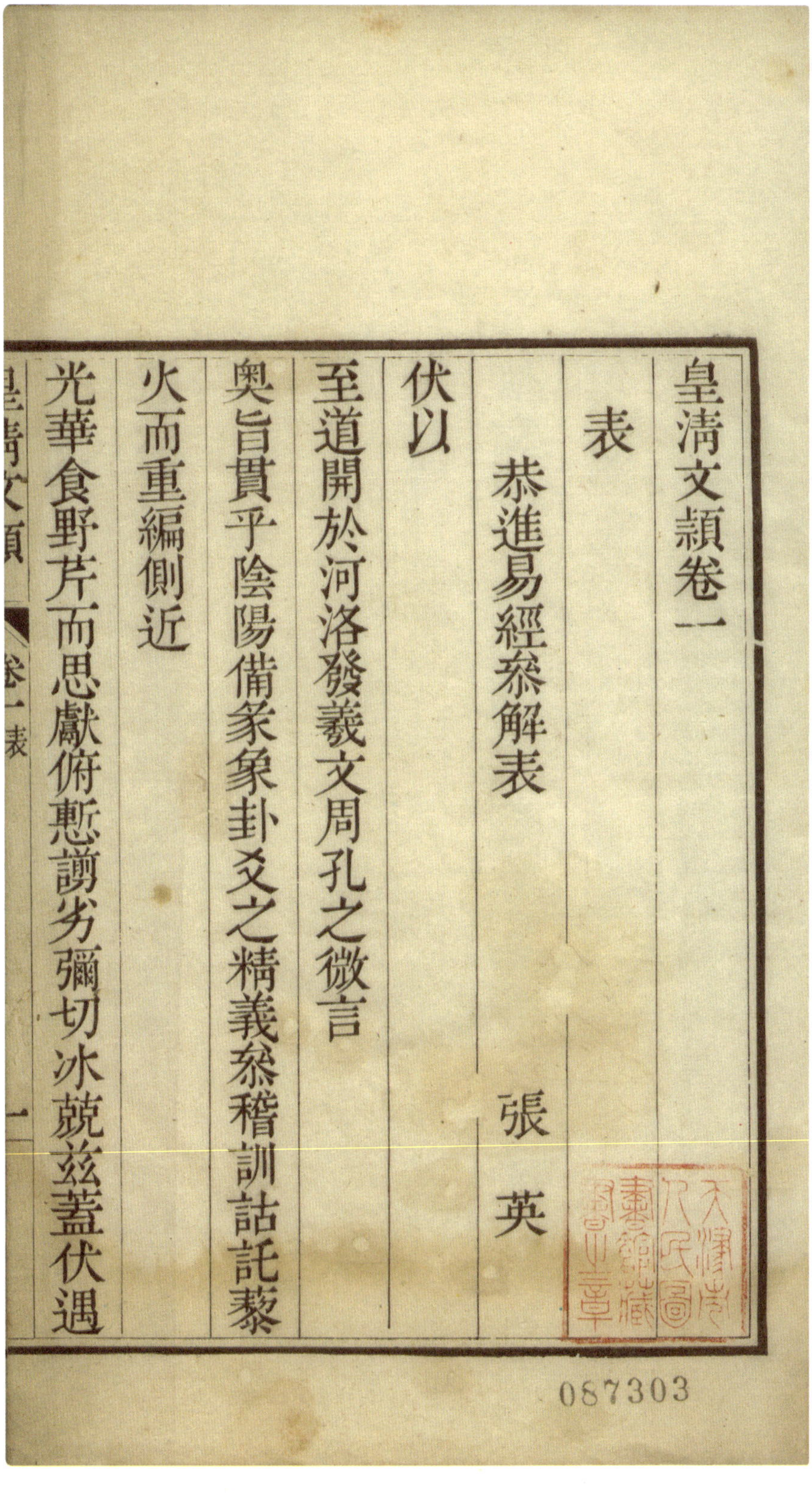
皇清文穎卷一

表

恭進易經衷解表　　張　英

伏以

至道開於河洛發羲文周孔之微言

奧旨貫乎陰陽備彖象卦爻之精義衷稽訓詁託藜

火而重編側近

光華食野芹而思獻俯慙譾劣彌切冰兢茲蓋伏遇

皇清文穎　卷一　表　一

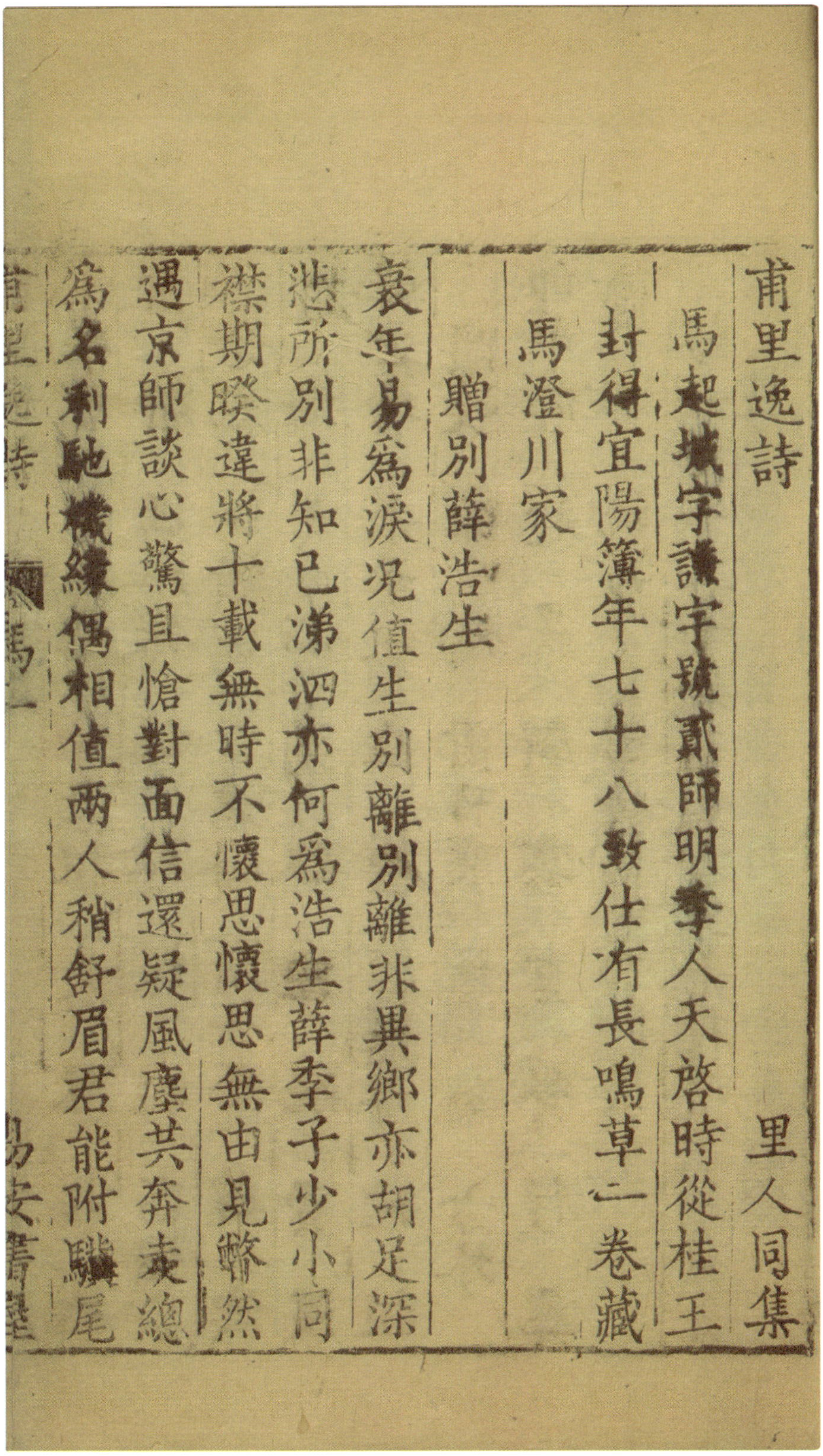
甫里逸詩　　　　里人同集
馬起城字謙宇號貳師明季人天啓時從桂王
封得宜陽簿年七十八致仕有長鳴草二卷藏
馬澄川家
贈別薛浩生
衰年易爲淚况值生別離別離非異鄉亦胡足深
悲所別非知已涕泗亦何爲浩生薛李子少小同
襟期睽違將十載無時不懷思懷思無由見暼然
遇京師談心驚且愴對面信還疑風塵共奔走總
爲名利馳欃纔偶相值兩人稍舒眉君能附驥尾
甫里逸詩　卷一　　易安書屋

甫里逸詩二卷

清乾隆五十八年周氏易安書屋活字印本

精訂綱鑑廿一史通俗衍義二十六卷四十四回

清雍正至乾隆間正氣堂活字泥版印本

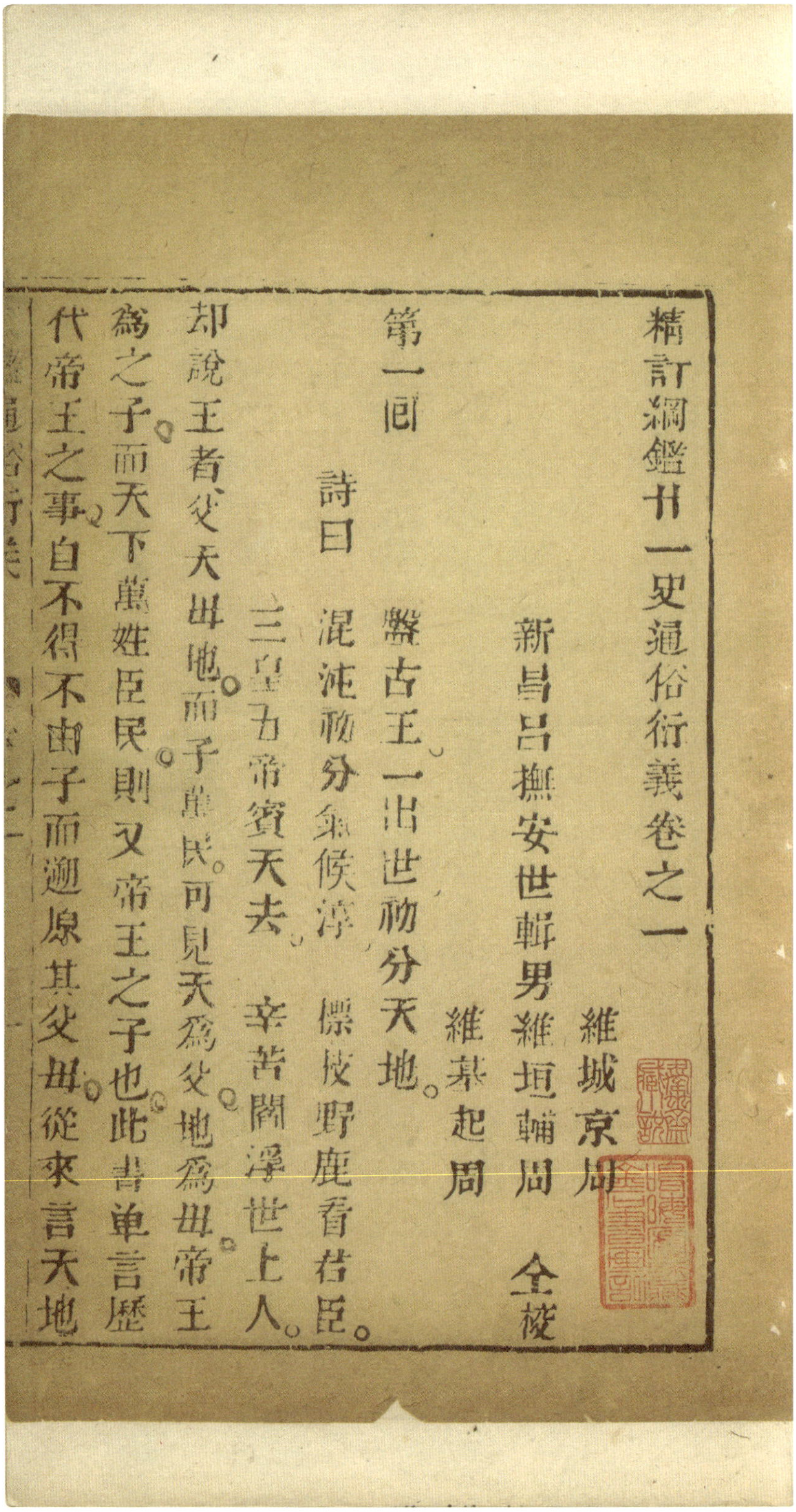
精訂綱鑑廿一史通俗衍義卷之一

維城京周
新昌呂撫安世輯　男維垣輔周　金陵
維基起周

第一回

盤古王一出世初分天地。

詩曰

混沌初分氣候淳。　摽枝野鹿看君臣。

三皇五帝賓天去。　辛苦閻浮世上人。

却說王者父天母地。而子萬民。可見天爲父地爲母帝王爲之子。而天下萬姓臣民則又帝王之子也。此書單言歷代帝王之事。自不得不由子而遡原其父母。從來言天地

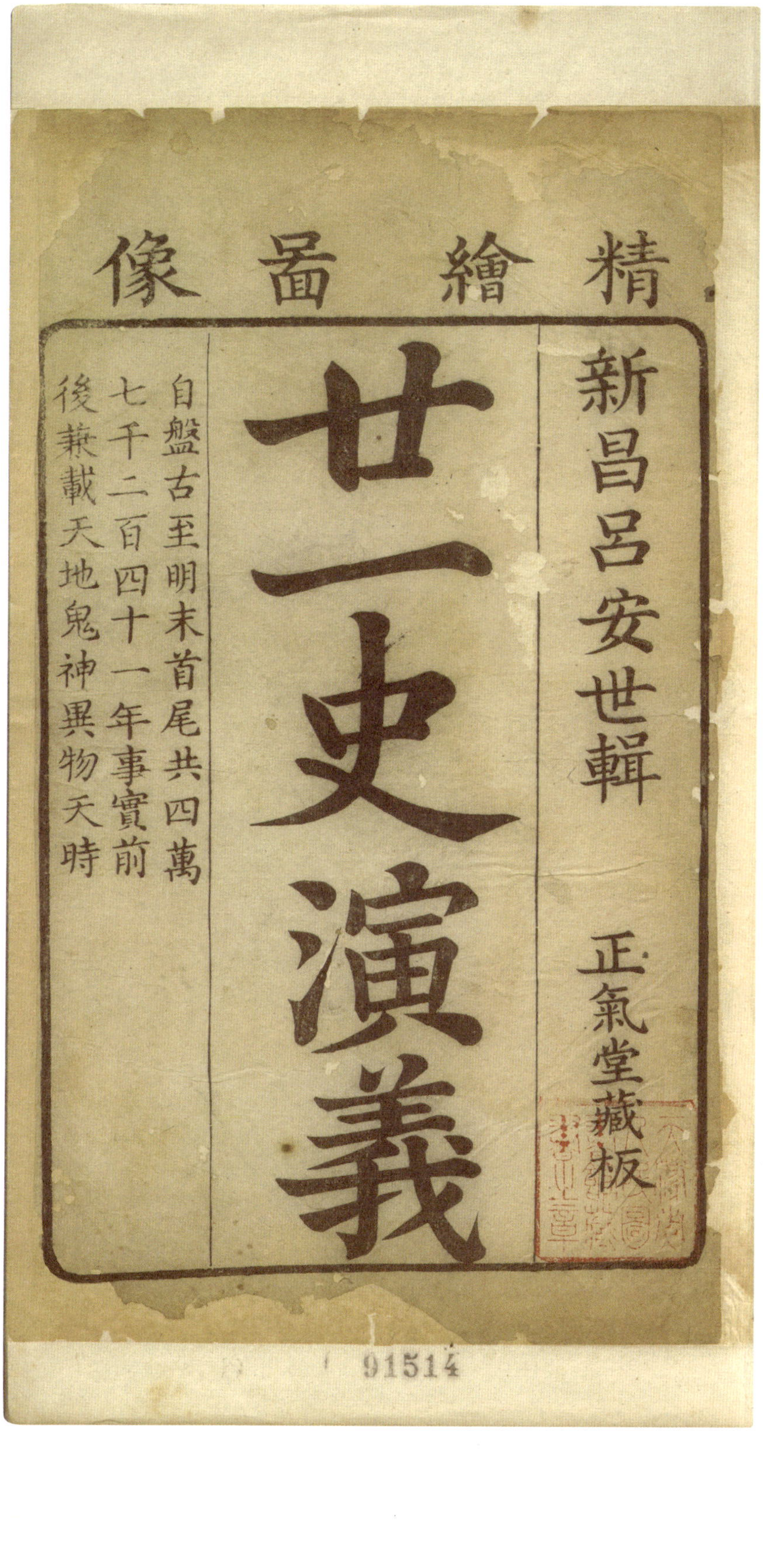
精繪圖像

新昌呂安世輯

廿一史演義

自盤古至明末首尾共四萬七千二百四十一年事實前後兼載天地鬼神異物天時

正氣堂藏板

精訂綱鑑廿一史通俗衍義二十六卷四十四回

清雍正至乾隆間正氣堂活字泥版印本

臺灣外記三十卷

清康熙求無不獲齋活字印本

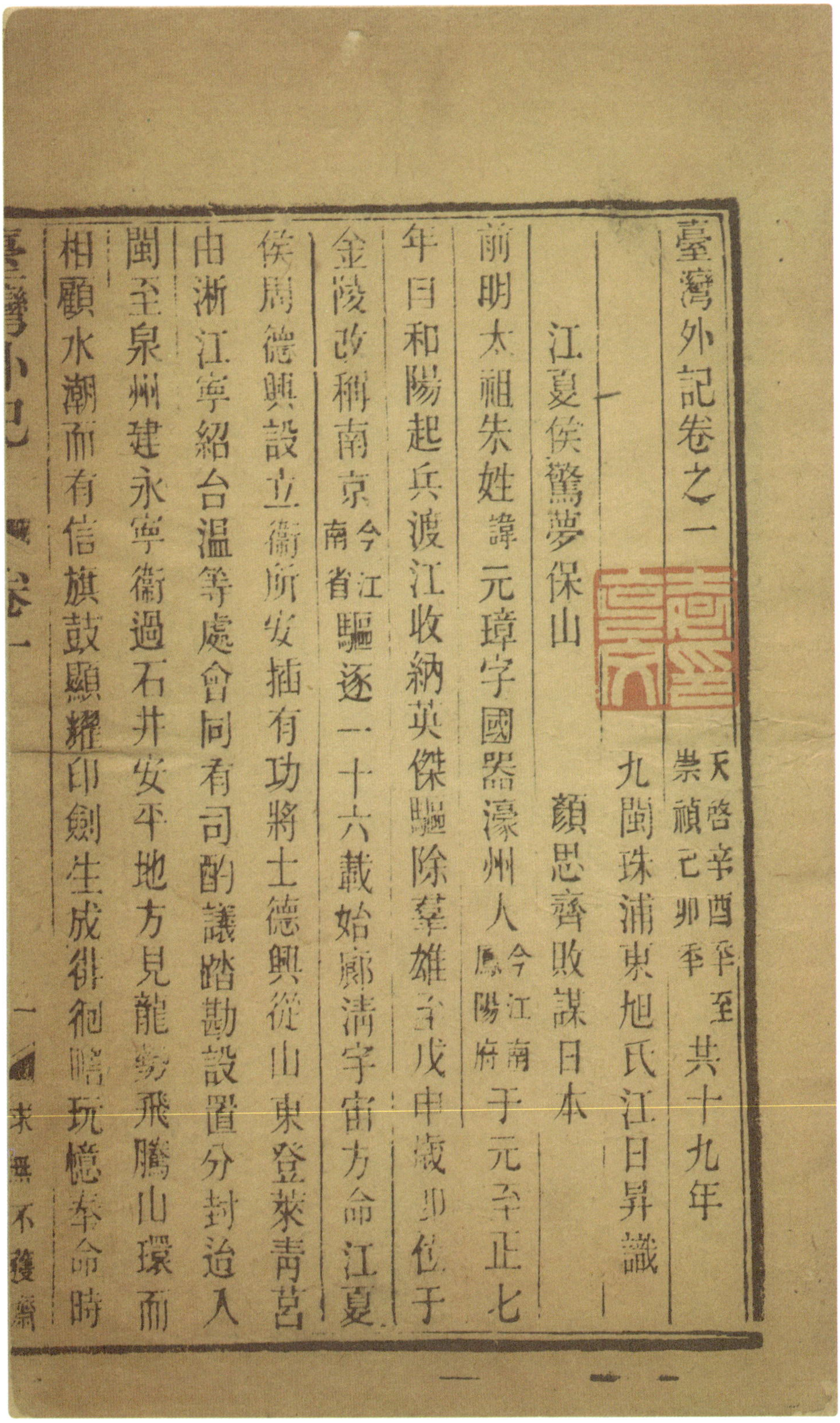

臺灣外記卷之一

天啓辛酉年至崇禎己卯年　共十九年

九閩珠浦東旭氏江日昇識

顔思齊敗謀日本

江夏侯鸞夢保山

前明太祖朱姓諱元璋字國器濠州人（今江南鳳陽府）于元至正七年自和陽起兵渡江收納英傑驅除羣雄至戊申歲即位于金陵改稱南京（今江南省）驅逐一十六載始廓清宇宙方命江夏侯周德興設立衛所安插有功將士德興從山東登萊青莒由浙江寧紹台温等處會同有司酌議踏勘設置分封沿入閩至泉州建永寧衛過石井安平地方見龍勢飛騰山環而相顧水潮而有信旗鼓顯耀印劍生成徘徊瞻玩憶奉命時

臺灣外記　卷一　一　求無不獲齋

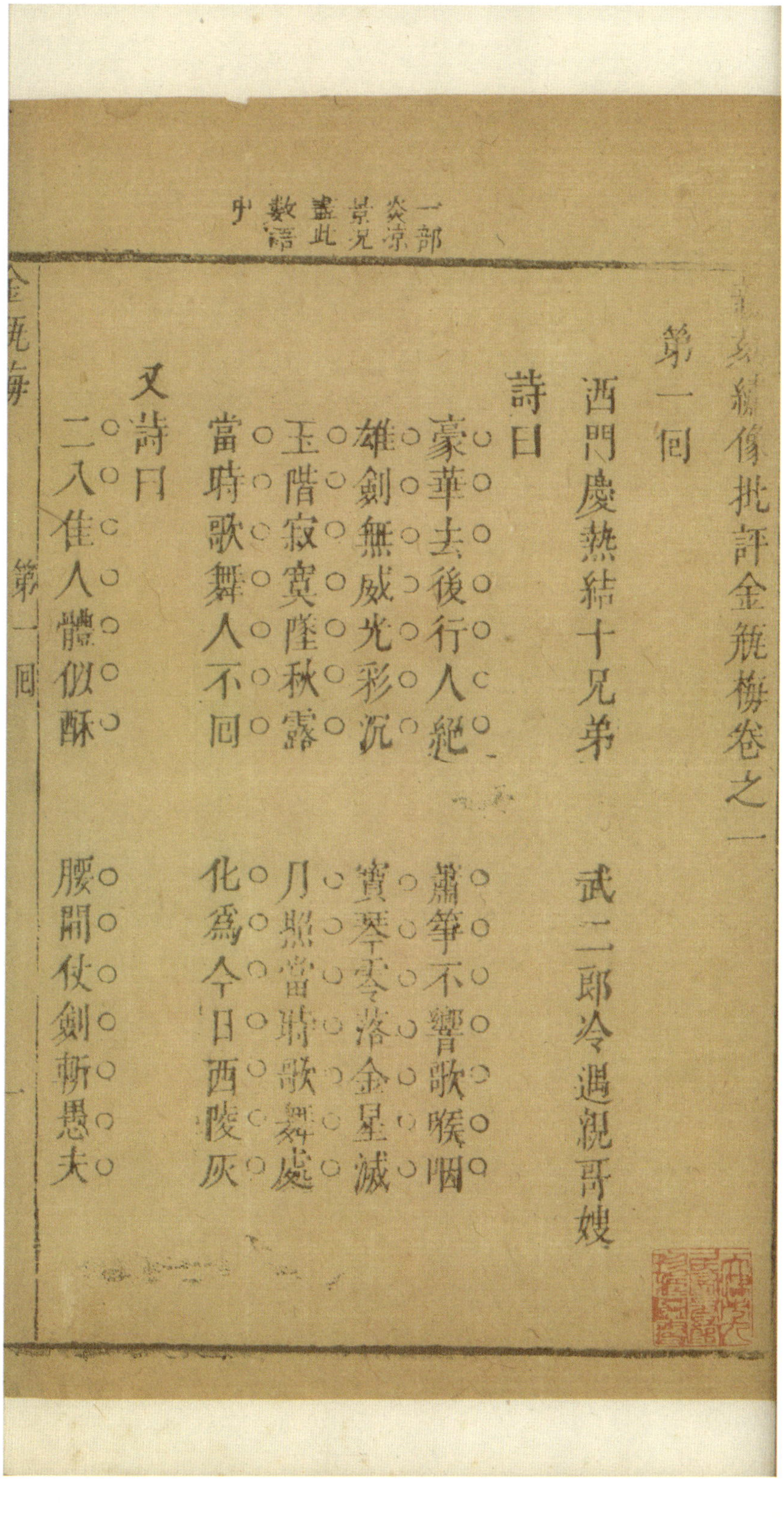

一部炎涼景況盡此數語中

新刻繡像批評金瓶梅卷之一

第一回

西門慶熱結十兄弟　武二郎冷遇親哥嫂

詩曰

豪華去後行人絶　簫箏不響歌喉咽
雄劍無威光彩沉　寶琴零落金星滅
玉階寂寞墜秋露　月照當時歌舞處
當時歌舞人不回　化爲今日西陵灰

又詩曰

二八佳人體似酥　腰間仗劍斬愚夫

金瓶梅　第一回　一

新刻繡像批評金瓶梅二十一卷一百回　明刻本

新刻繡像批評金瓶梅二十一卷一百回　明刻本

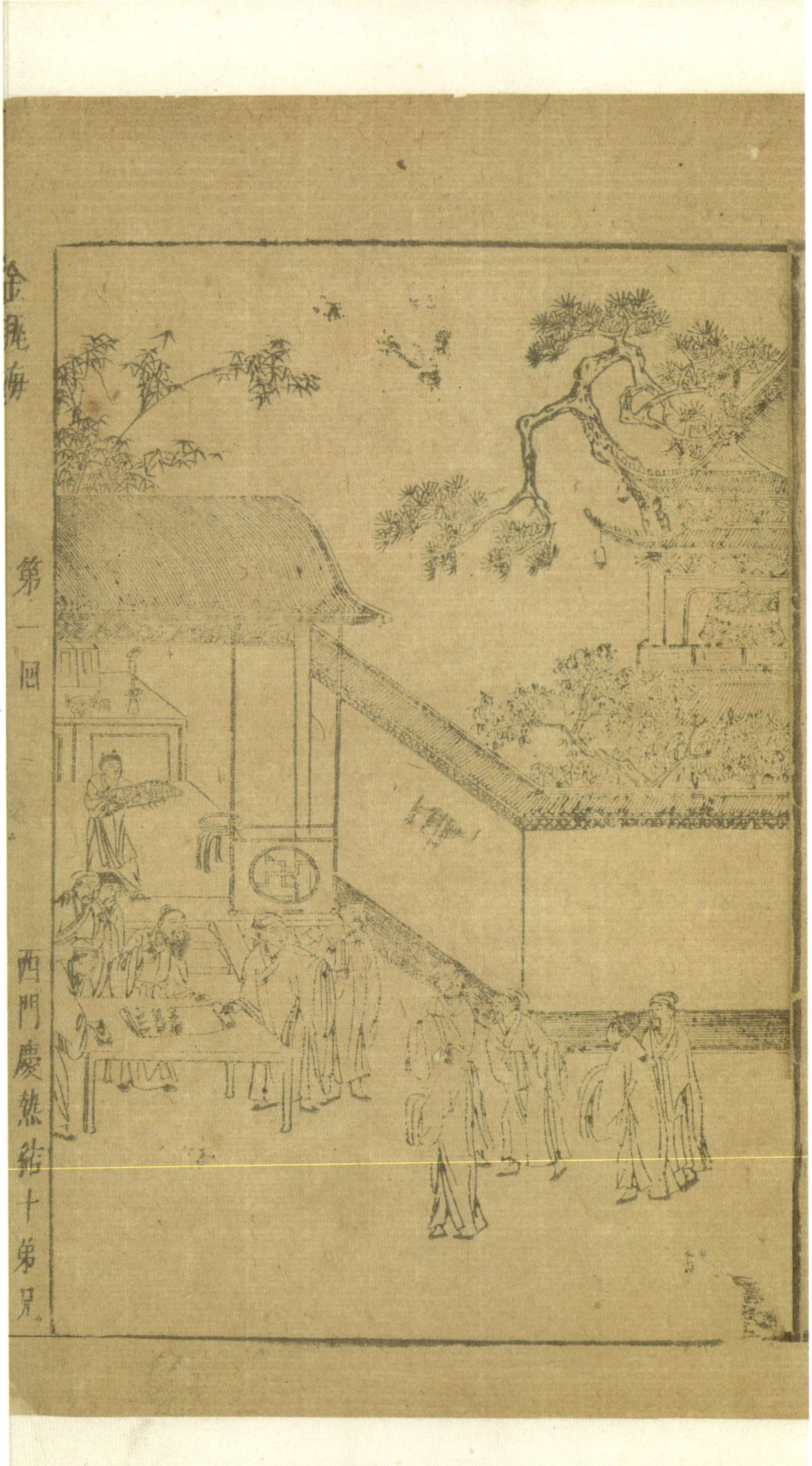

新刻繡像批評金瓶梅二十一卷一百回　明刻本

儒林外史　清嘉慶二十一年藝古堂刻本

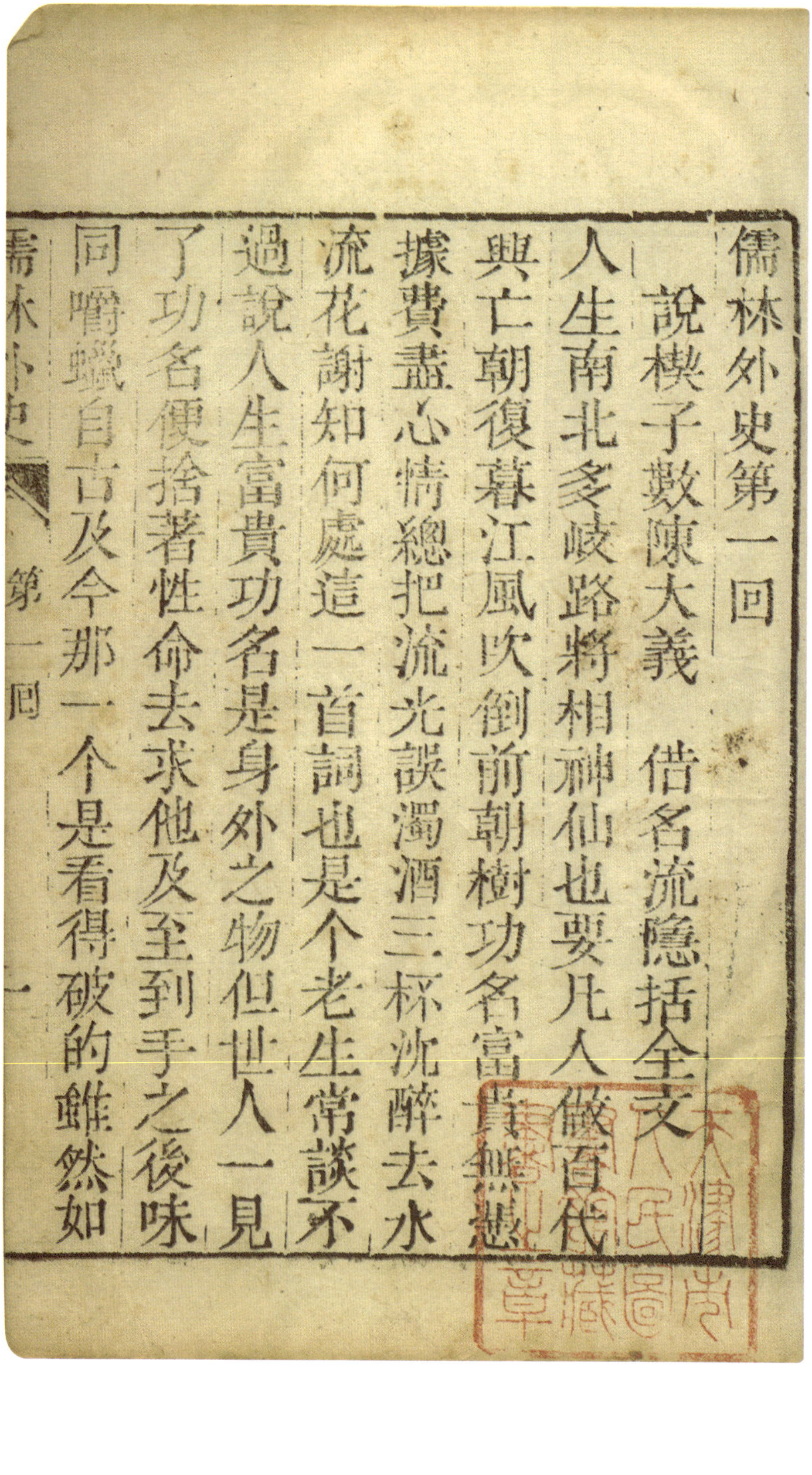
儒林外史第一回
說楔子敷陳大義　借名流隱括全文
人生南北多岐路將相神仙也要凡人做百代
興亡朝復暮江風吹倒前朝樹功名富貴無憑
據費盡心情總把流光誤濁酒三杯沉醉去水
流花謝知何處這一首詞也是个老生常談不
過說人生富貴功名是身外之物但世人一見
了功名便捨著性命去求他及至到手之後味
同嚼蠟自古及今那一个是看得破的雖然如
儒林外史　第一回　一

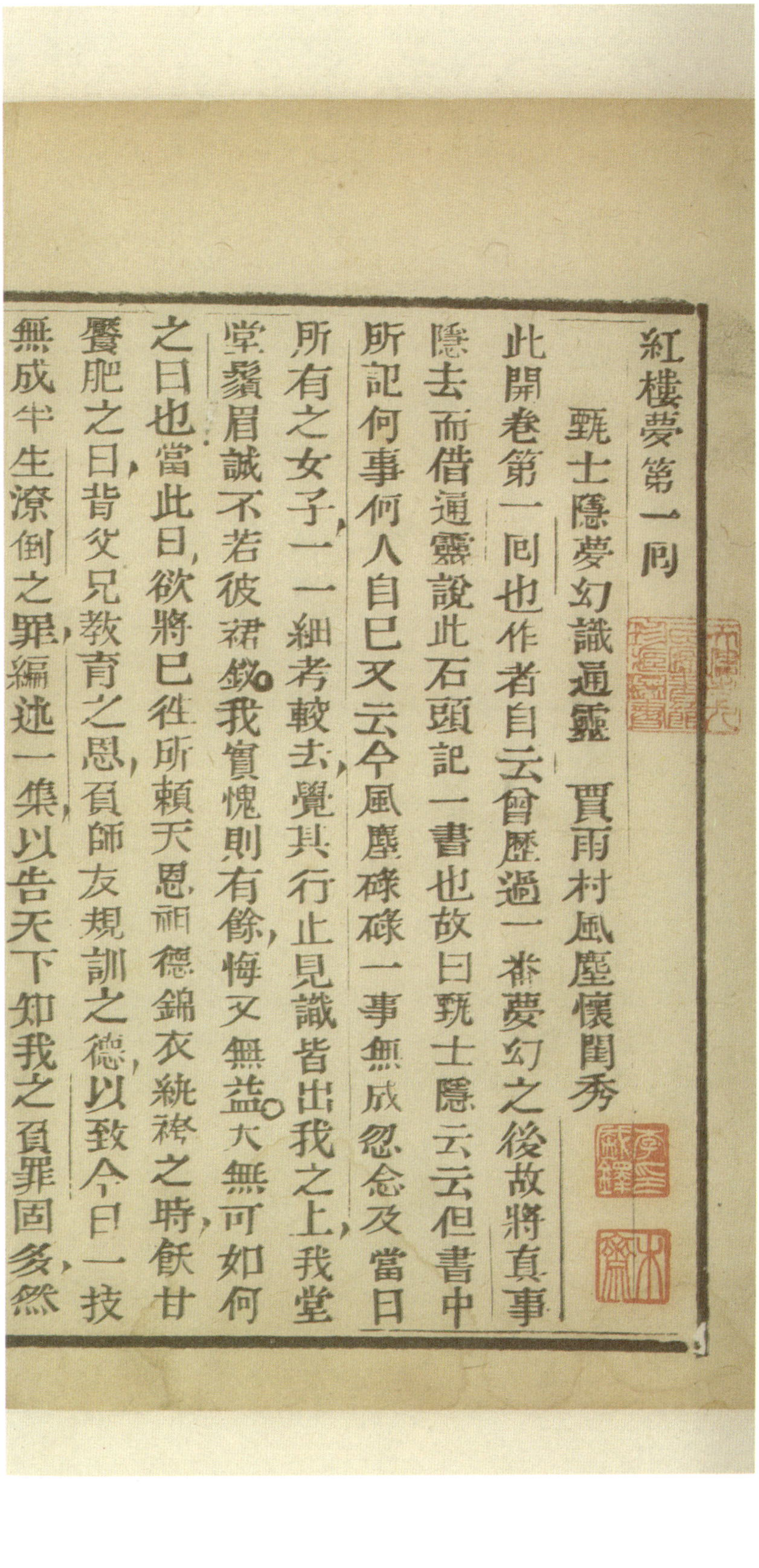

紅樓夢第一回

甄士隱夢幻識通靈　賈雨村風塵懷閨秀

此開卷第一回也作者自云曾歷過一番夢幻之後故將真事隱去而借通靈說此石頭記一書也故曰甄士隱云云但書中所記何事何人自已又云今風塵碌碌一事無成忽念及當日所有之女子一一細考較去覺其行止見識皆出我之上我堂堂鬚眉誠不若彼裙釵我實愧則有餘悔又無益大無可如何之日也當此日欲將已往所賴天恩祖德錦衣紈袴之時飫甘饜肥之日背父兄教育之恩負師友規訓之德以致今日一技無成半生潦倒之罪編述一集以告天下知我之負罪固多然

紅樓夢一百二十回

清乾隆五十七年程氏萃文書屋活字印本

御選歷代詩餘一百二十卷

清康熙四十六年內府刻本

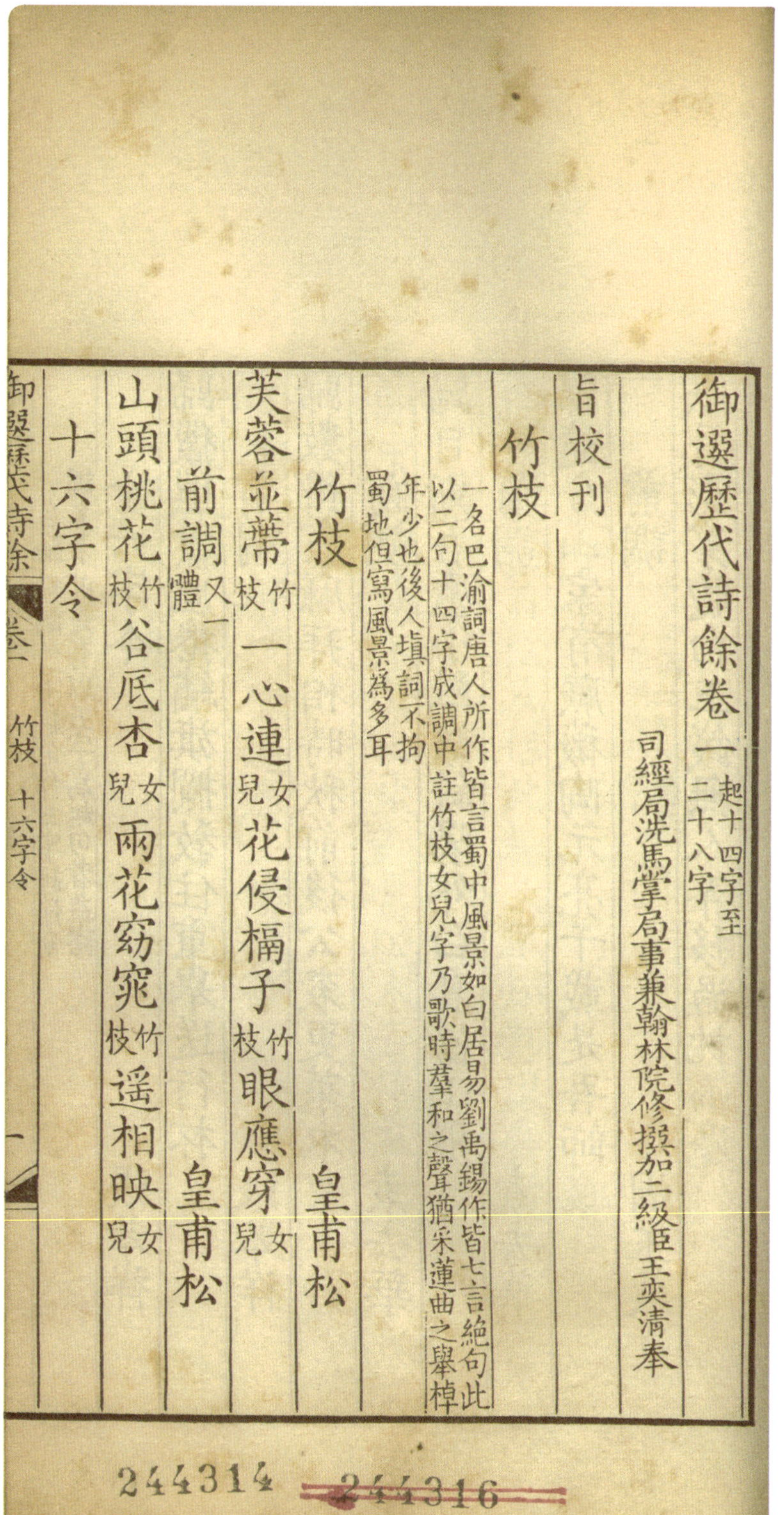

御選歷代詩餘卷一 起十四字至二十八字
司經局洗馬掌局事兼翰林院修撰加二級臣王奕清奉
旨校刊
竹枝
一名巴渝詞唐人所作皆言蜀中風景如白居易劉禹錫作皆七言絕句此以二句十四字成調中註竹枝女兒字乃歌時羣和之聲猶采蓮曲之舉棹年少也後人塡詞不拘蜀地但寫風景爲多耳
竹枝 皇甫松
芙蓉並蔕竹枝一心連女兒花侵槅子竹枝眼應穿女兒
前調又一體 皇甫松
山頭桃花竹枝谷底杏女兒兩花窈窕竹枝遙相映女兒
十六字令
御選歷代詩餘 卷一 竹枝 十六字令 一
244314 244316

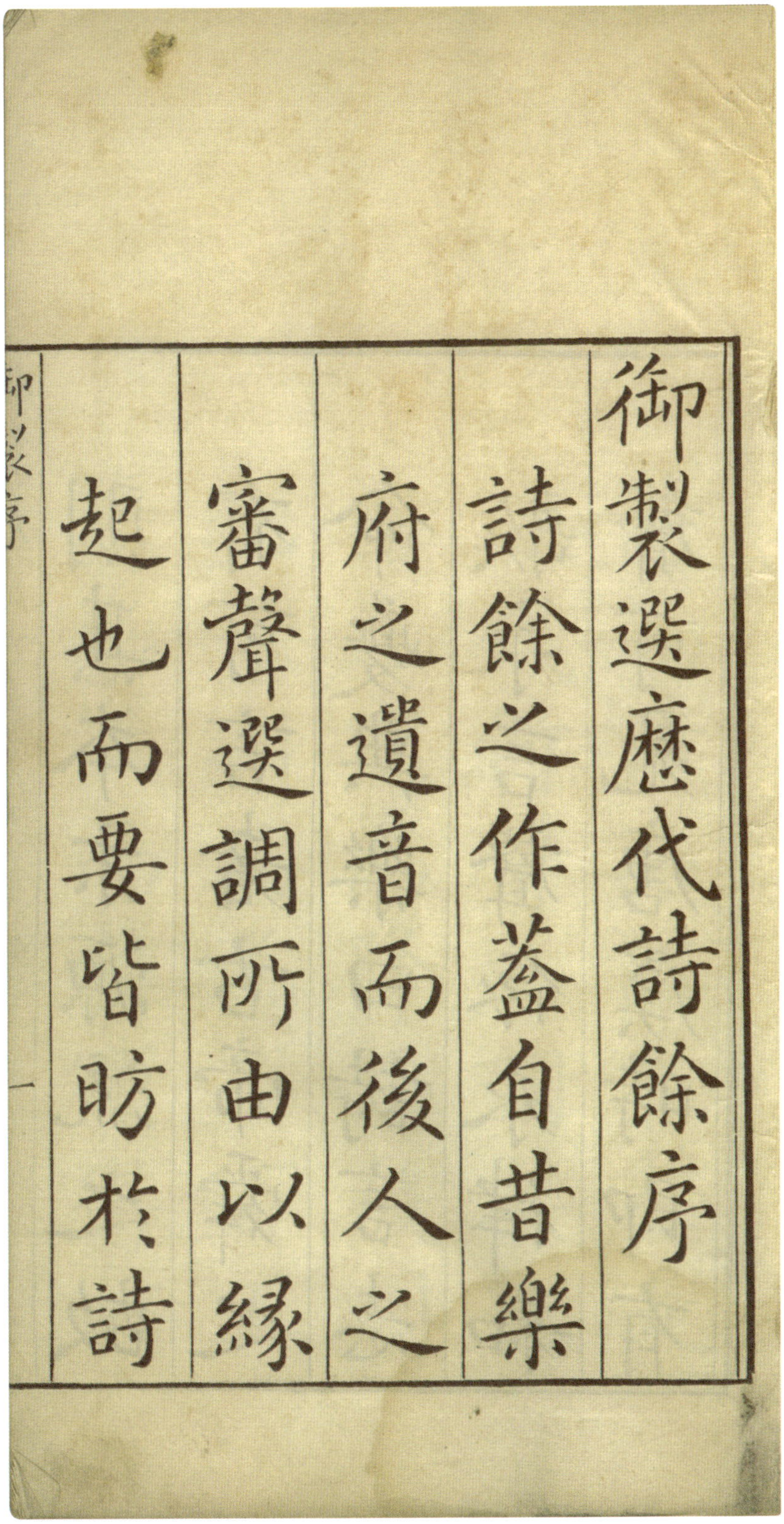
御製選歷代詩餘序
詩餘之作蓋自昔樂
府之遺音而後人之
審聲選調所由以緣
起也而要皆昉於詩
御製序
一

御選歷代詩餘一百二十卷

清康熙四十六年內府刻本

詞譜四十卷

清康熙五十四年內府刻套印本

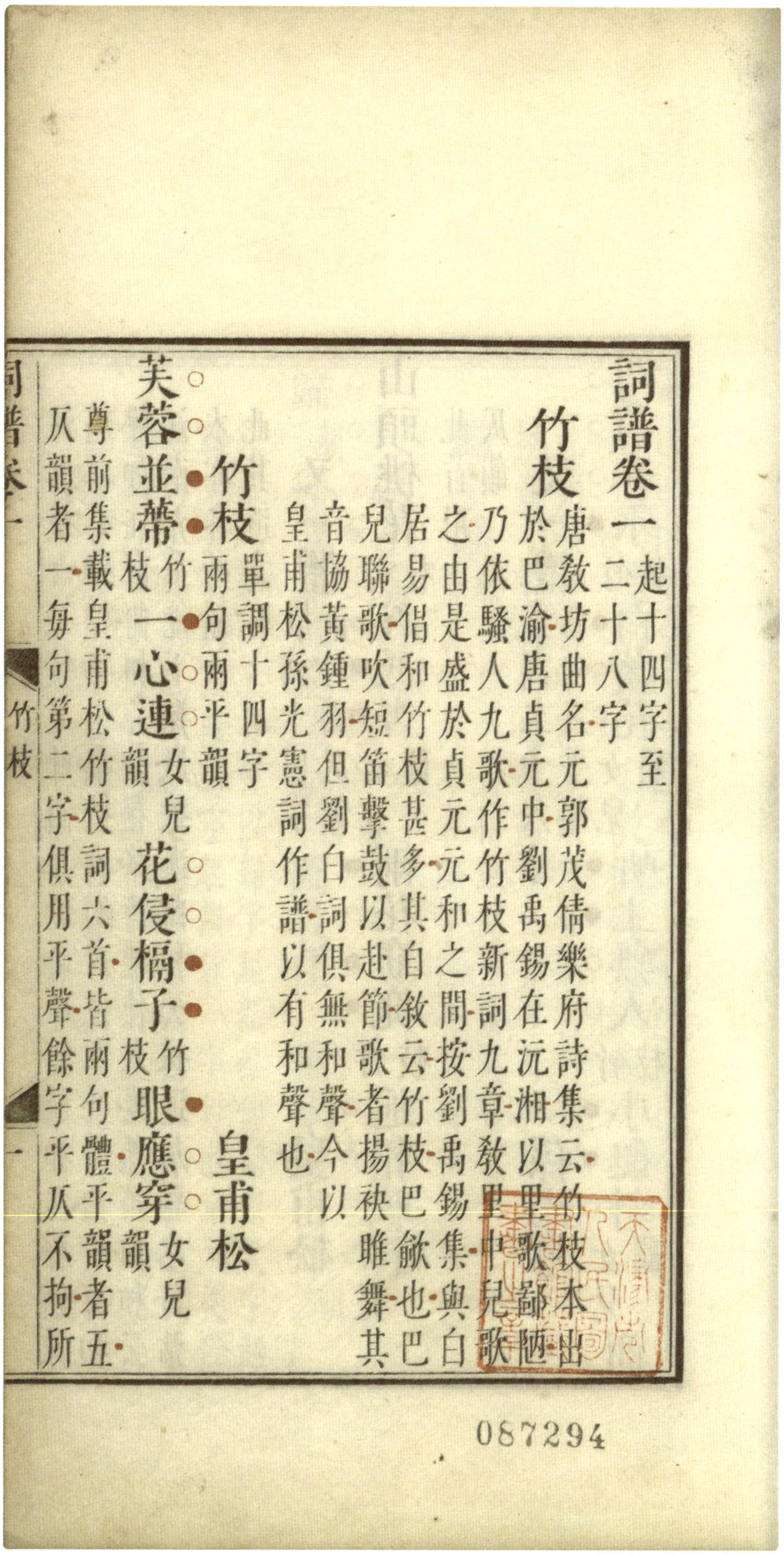

詞譜卷一 起十四字至二十八字

竹枝

唐教坊曲名元郭茂倩樂府詩集云竹枝本出於巴渝唐貞元中劉禹錫在沅湘以里歌鄙陋乃依騷人九歌作竹枝新詞九章敎里中兒歌之由是盛於貞元元和之間按劉禹錫集與白居易倡和竹枝甚多其自敘云竹枝巴歈也巴兒聯歌吹短笛擊鼓以赴節歌者揚袂睢舞其音協黃鍾羽但劉白詞俱無和聲今以皇甫松孫光憲詞作譜以有和聲也

竹枝 單調十四字 兩句兩平韻 皇甫松

芙蓉並蔕竹枝一心連女兒花侵槅子竹枝眼應穿女兒

尊前集載皇甫松竹枝詞六首皆兩句體平韻者五仄韻者一每句第二字俱用平聲餘字平仄不拘所

詞譜卷一 竹枝 一

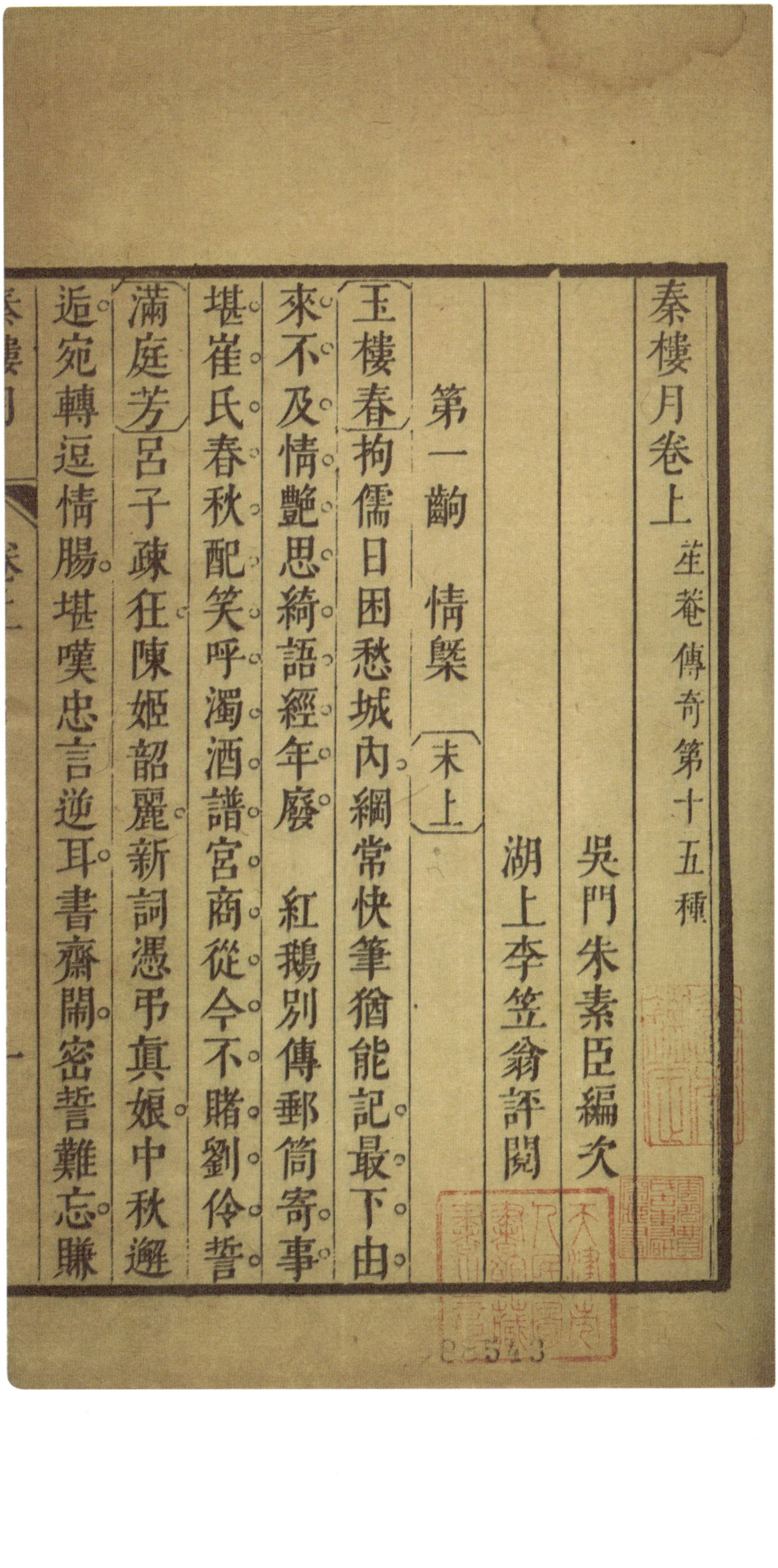
秦樓月卷上　笠菴傳奇第十五種

吳門朱素臣編次

湖上李笠翁評閱

第一齣　情槩　（末上）

【玉樓春】拘儒日困愁城内綱常快筆猶能記最下由來不及情艷思綺語經年廢　紅鵑別傳郵筒寄事堪崔氏春秋配笑呼濁酒譜宫商從今不賭劉伶誓

【滿庭芳】呂子疎狂陳姬韶麗新詞憑弔真娘中秋邂逅宛轉逗情腸堪嘆忠言逆耳書齋鬧密誓難忘賺

秦樓月　卷上　一

秦樓月二卷

清康熙文喜堂刻本

勸善金科二十卷

清乾隆武英殿刻五色套印本

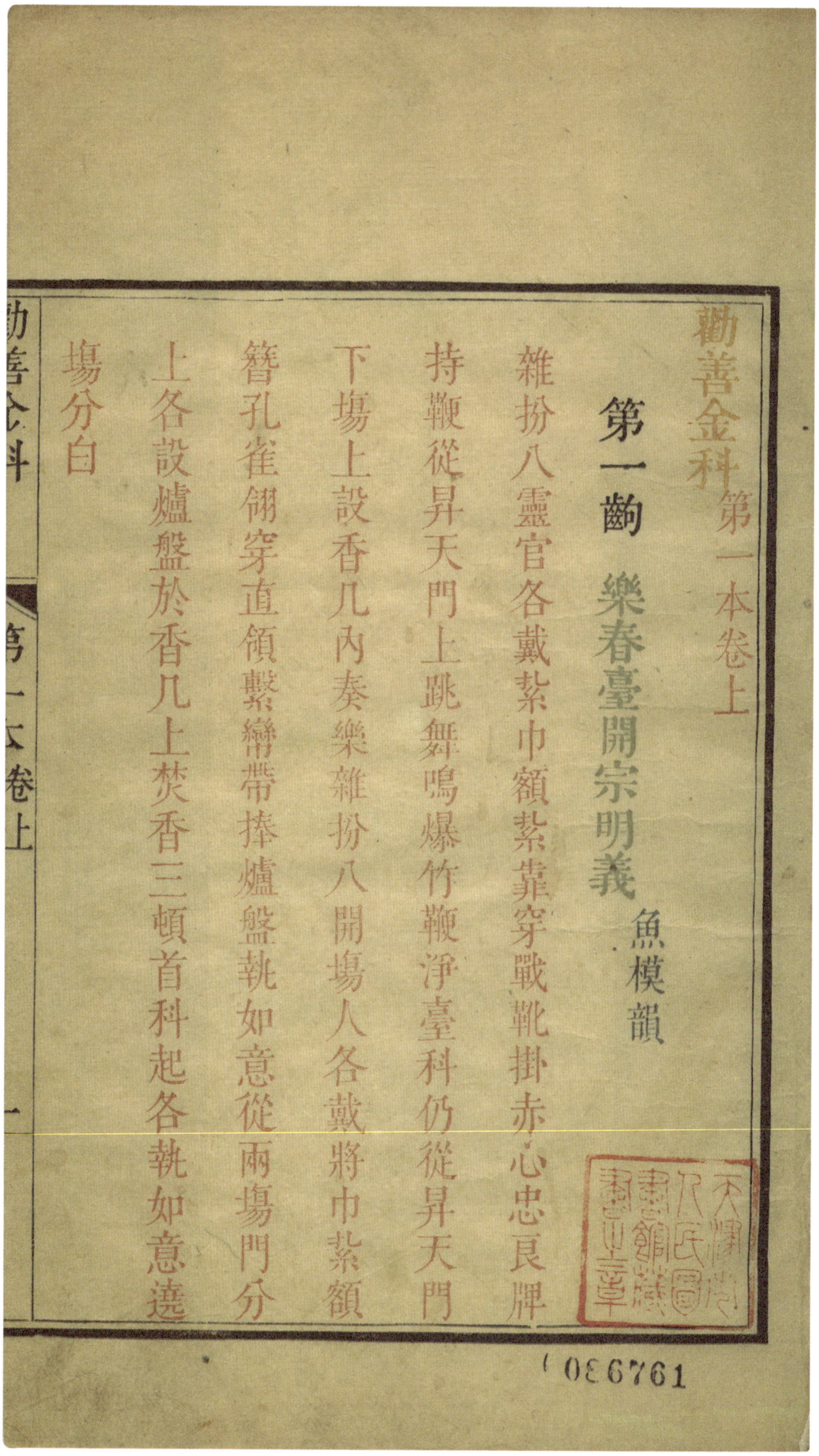

勸善金科　第一本卷上

第一齣　樂春臺開宗明義　魚模韻

雜扮八靈官各戴紮巾額紮靠穿戰靴掛赤心忠良牌持鞭從昇天門上跳舞鳴爆竹鞭淨臺科仍從昇天門下場上設香几內奏樂雜扮八開場人各戴將巾紮額簪孔雀翎穿直領繫鑾帶捧爐盤執如意從兩場門分上各設爐盤於香几上焚香三頓首科起各執如意遶場分白

勸善金科　第一本卷上　一

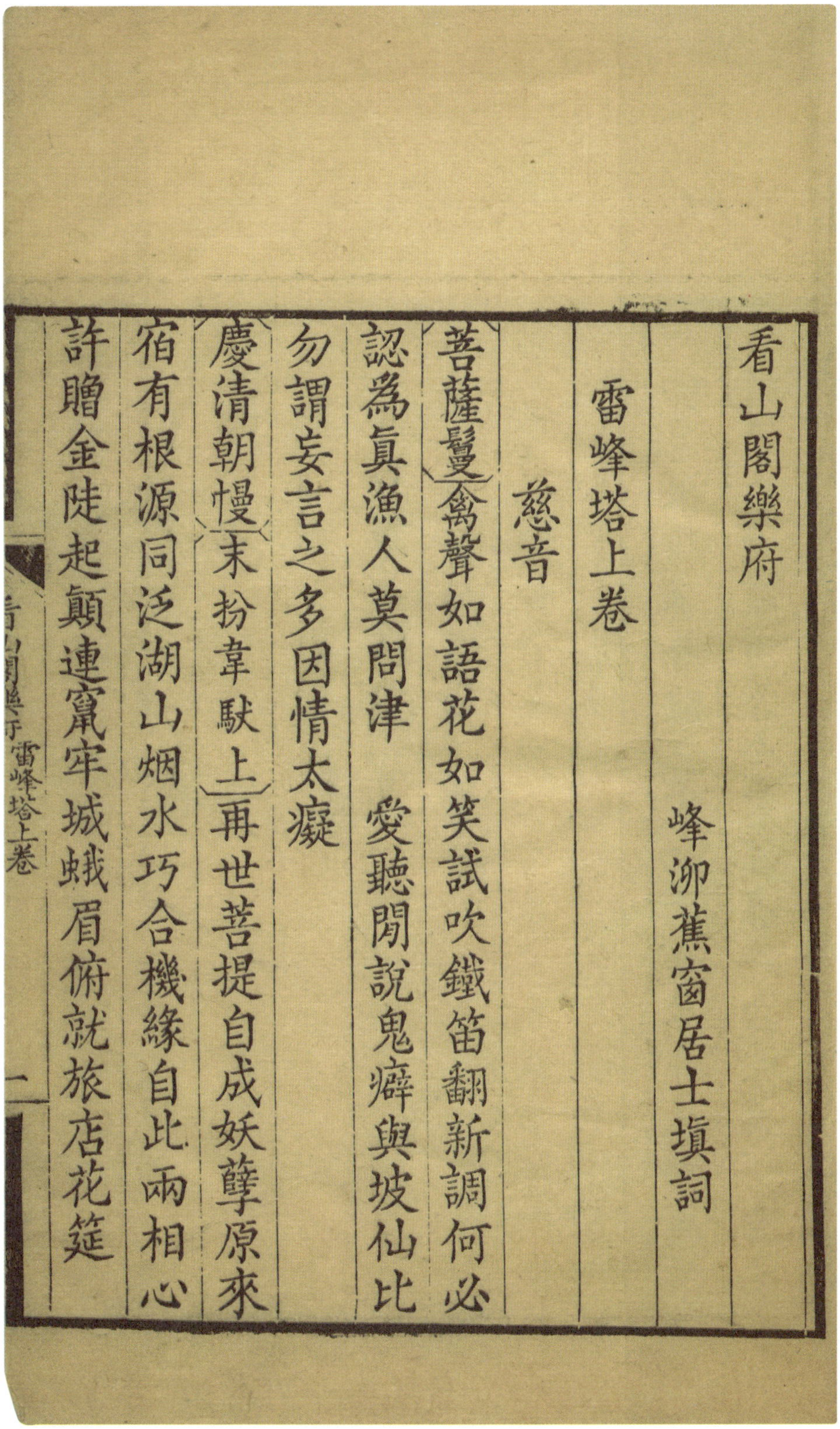

看山閣樂府

雷峰塔上卷

峰泖蕉窗居士填詞

慈音

菩薩鬘 禽聲如語花如笑試吹鐵笛翻新調何必認為真漁人莫問津 愛聽閒說鬼癖與坡仙比勿謂妄言之多因情太癡

慶清朝慢 末扮韋馱上 再世菩提自成妖孽原來宿有根源同泛湖山烟水巧合機緣自此兩相心許贈金陡起顛連竄牢城蛾眉俯就旅店花筵

看山閣樂府 雷峰塔上卷 一

看山閣樂府雷鋒塔二卷

清乾隆三年黃氏看山閣刻本

曲譜十二卷　清康熙內府刻套印本

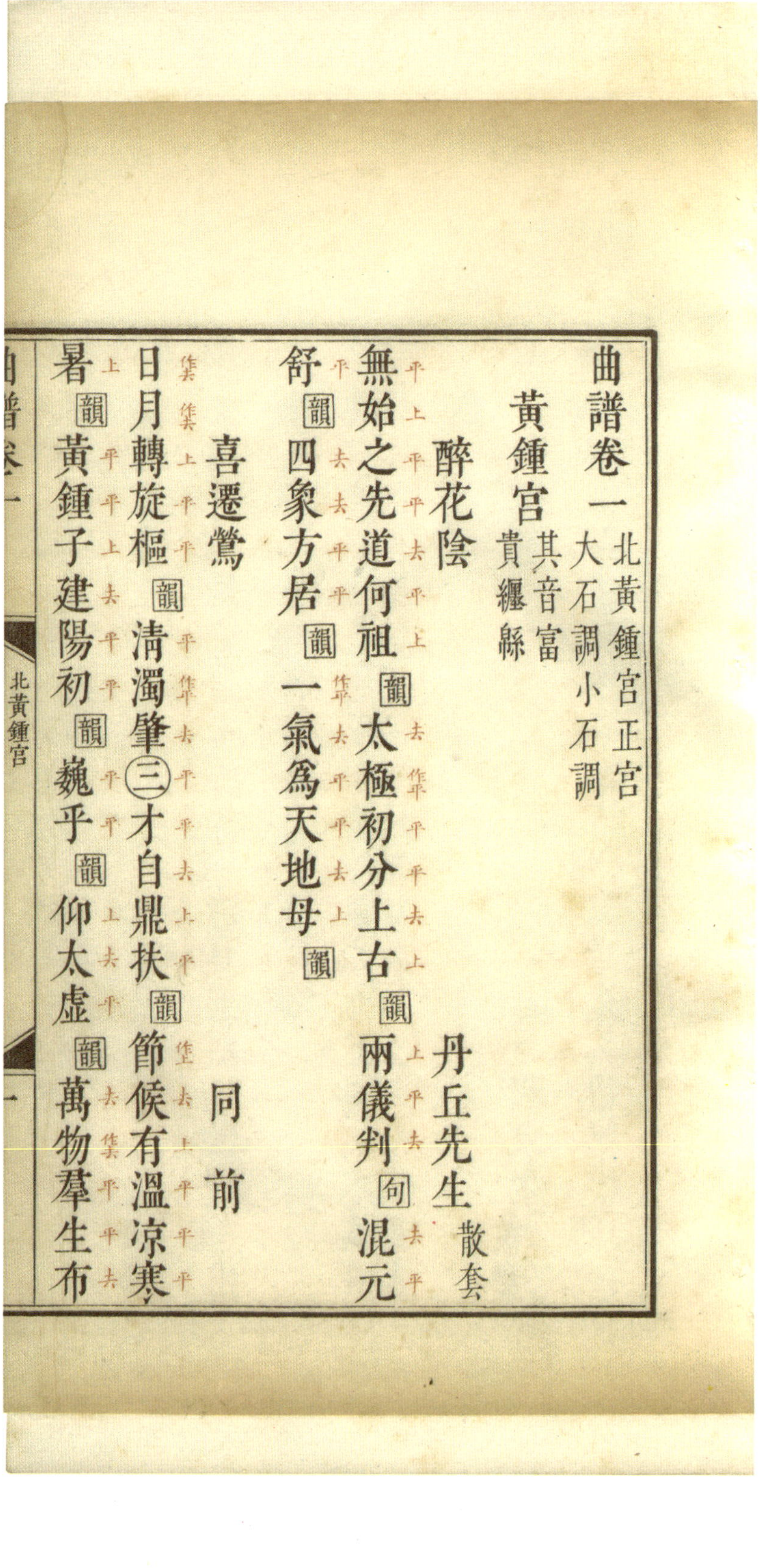

曲譜卷一 北黃鍾宮正宮 大石調小石調

黃鍾宮 其音富貴纏緜

醉花陰　丹丘先生 散套

無始之先道何祖韻太極初分上古韻兩儀判句混元舒韻四象方居韻一氣爲天地母韻

喜遷鶯　同前

日月轉旋樞韻清濁肇三才自鼎扶韻節候有溫涼寒暑韻黃鍾子建陽初韻巍乎韻仰太虛韻萬物羣生布

曲譜卷一　北黃鍾宮　一

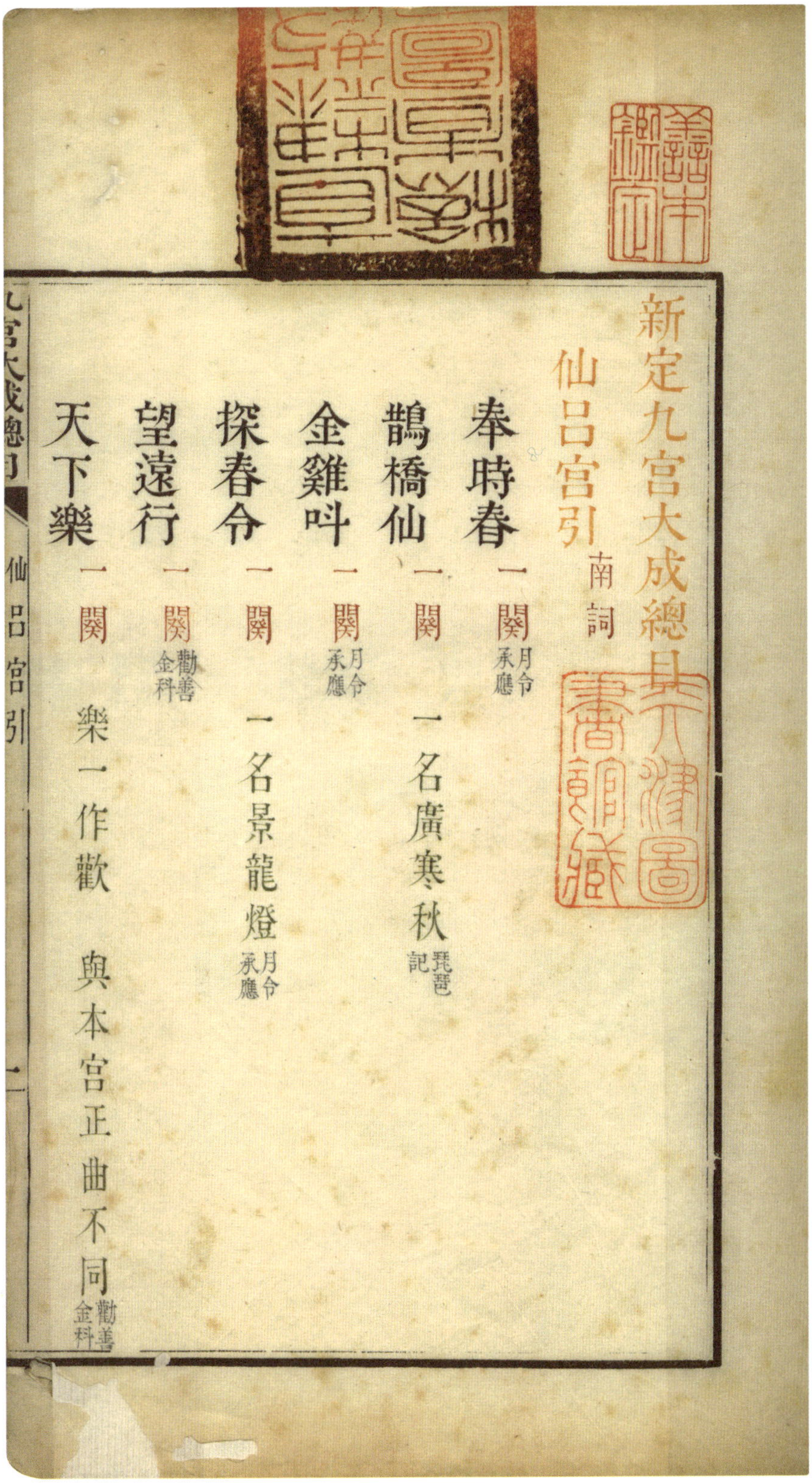
新定九宮大成總目
仙呂宮引 南詞
奉時春 一闋 月令承應
鵲橋仙 一闋 一名廣寒秋 琵琶記
金雞叫 一闋 月令承應
探春令 一闋 一名景龍燈 月令承應
望遠行 一闋 勸善金科
天下樂 一闋 樂一作歡 與本宮正曲不同 勸善金科
九宮大成總目 仙呂宮引 一

新定九宮大成總目不分卷 清末五色寫本

古今說海一百三十五種一百四十二卷　明嘉靖二十三年陸楫儼山書院雲山書院刻本

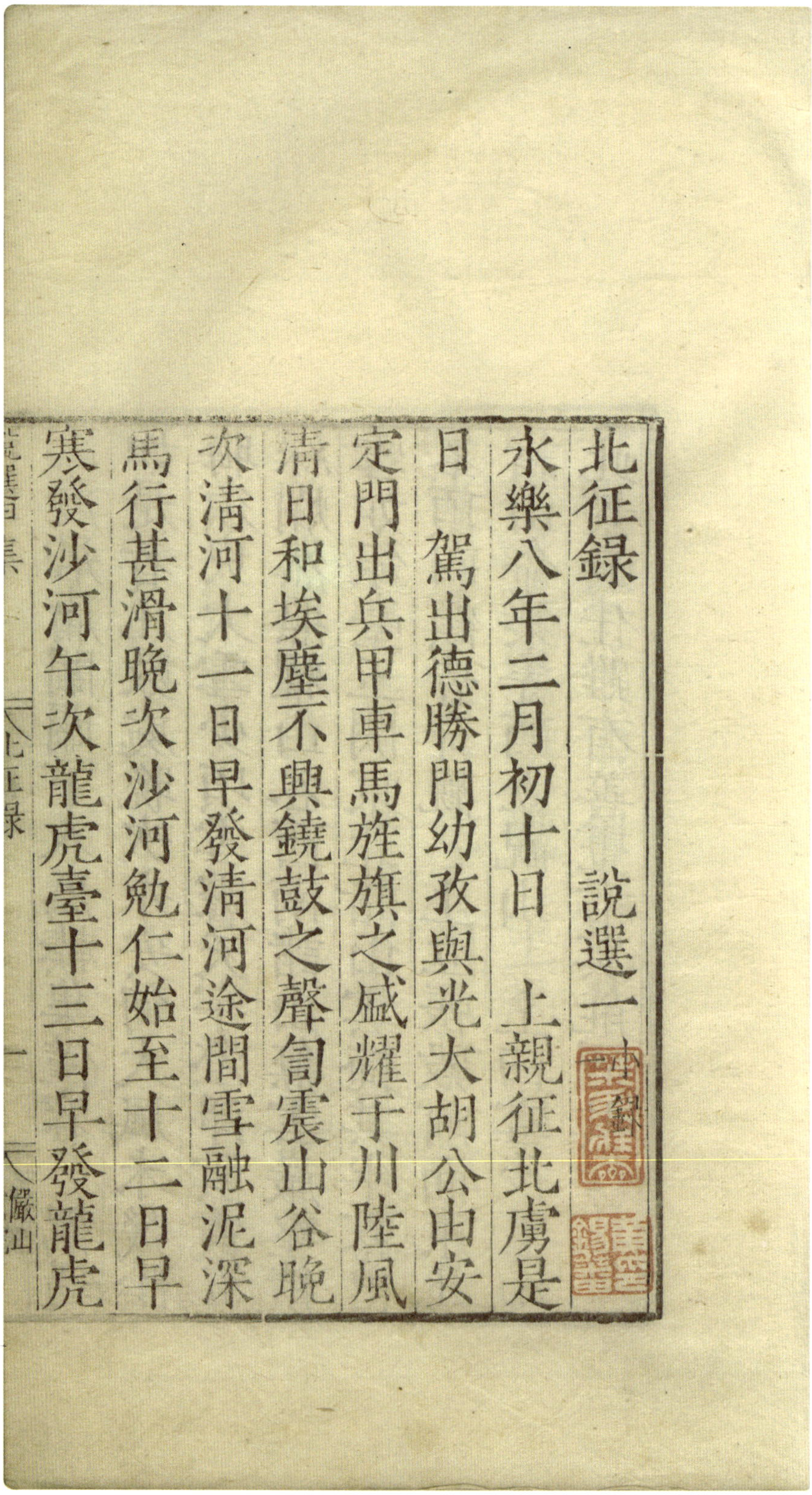
北征録　說選一
永樂八年二月初十日　上親征北虜是
日　駕出德勝門幼孜與光大胡公由安
定門出兵甲車馬旌旗之盛耀于川陸風
清日和埃塵不興鐃鼓之聲震山谷晚
次清河十一日早發清河途間雪融泥深
馬行甚滑晚次沙河勉仁始至十二日早
寒發沙河午次龍虎臺十三日早發龍虎
說選　北征録　一　儼山

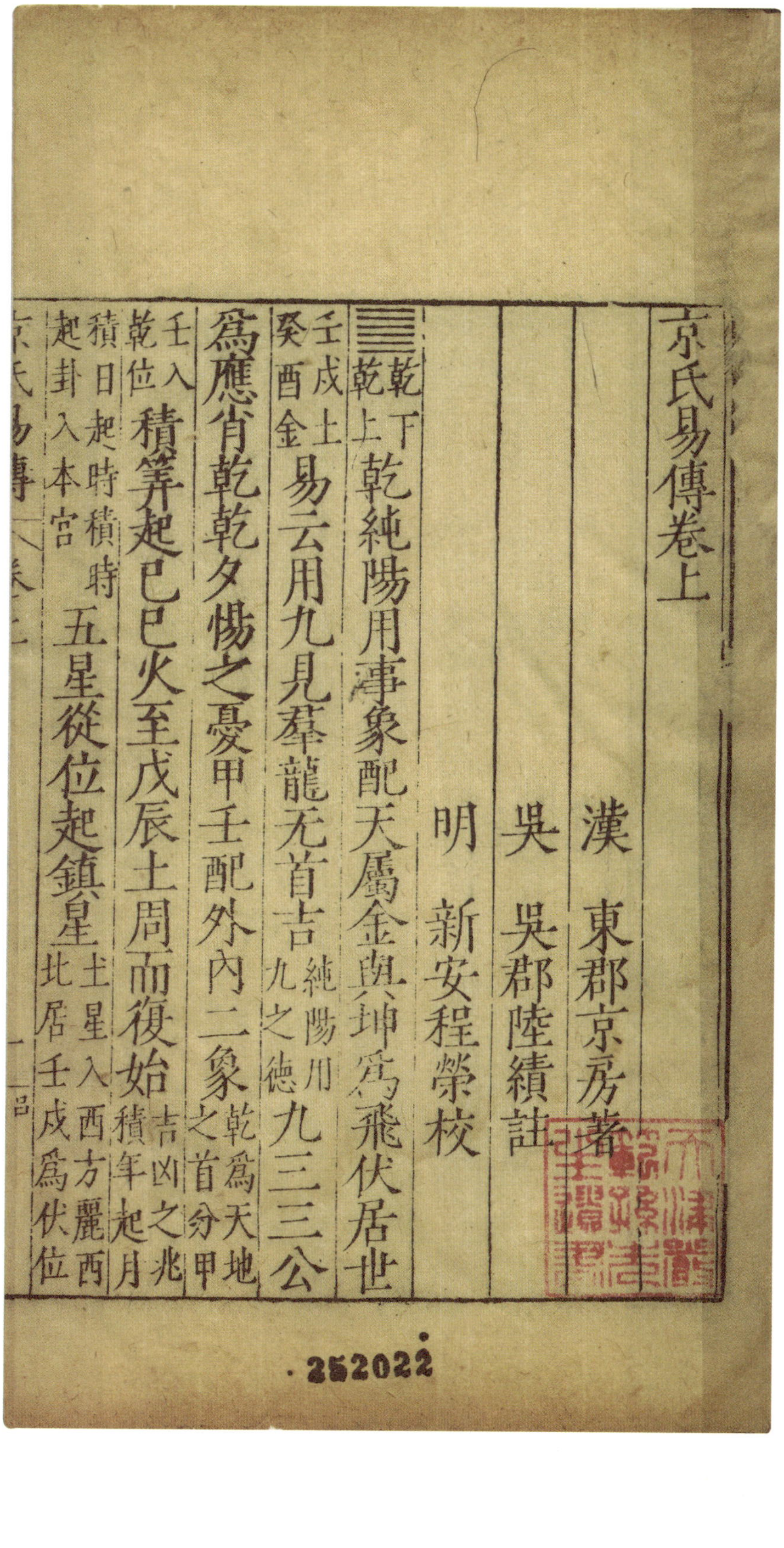

京氏易傳卷上

漢　東郡京房著

吳　吳郡陸績註

明　新安程榮校

☰乾下乾上　乾純陽用事象配天屬金與坤為飛伏居世　壬戌土癸酉金　易云用九見羣龍无首吉　純陽用九之德　九三三公為應肖乾乾夕惕之憂　甲壬配外內二象　乾為天地之首分甲壬入乾位　積筭起巳火至戊辰土周而復始　吉凶之兆積年起月積日起時積時起卦入本宫　五星從位起鎮星　土星入西方麗西北居壬戌為伏位

京氏易傳　卷上　一

漢魏叢書三十八種二百五十卷

明萬曆中新安程氏刻本

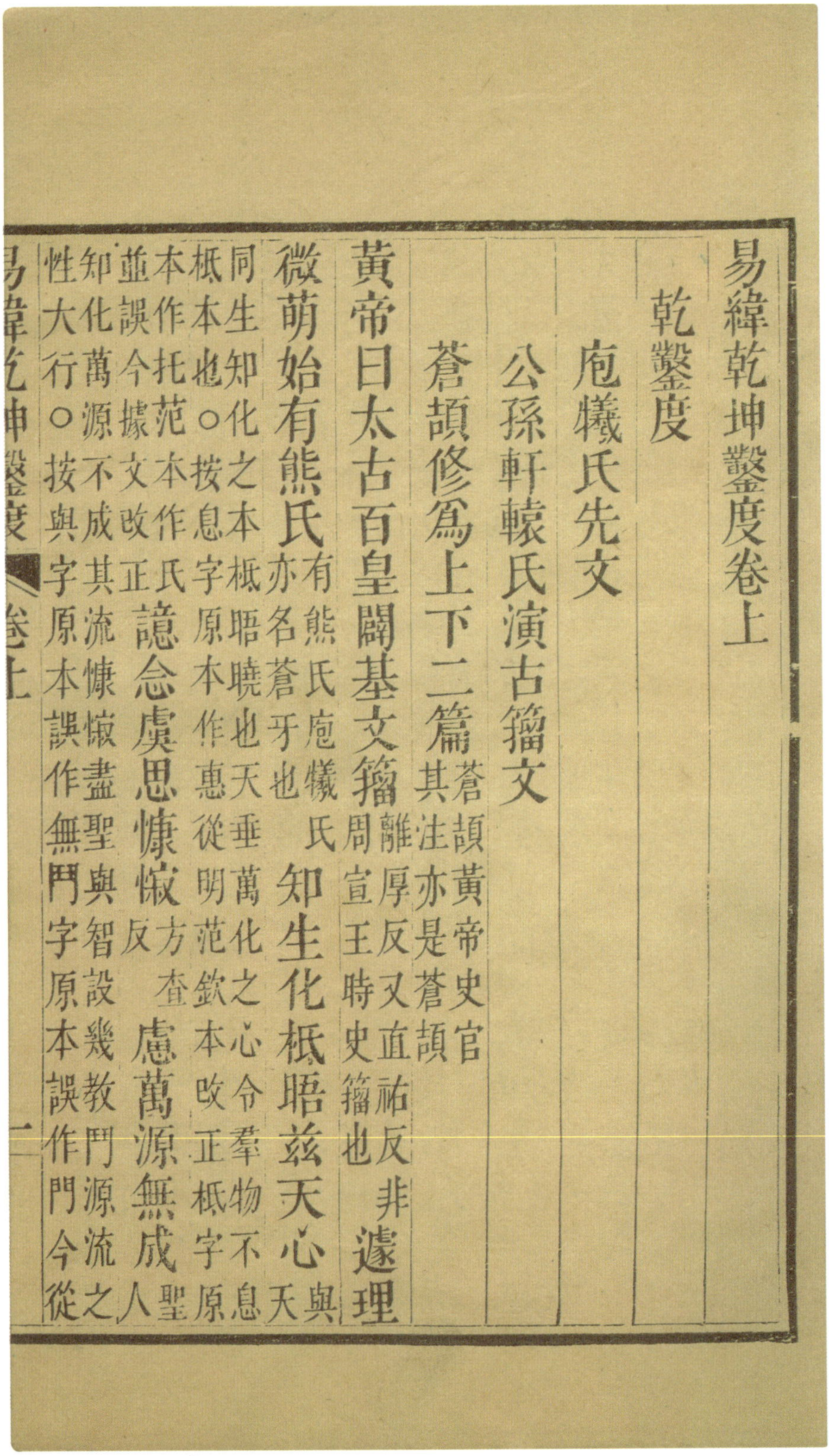

易緯乾坤鑿度卷上

乾鑿度

庖犧氏先文

公孫軒轅氏演古籀文

蒼頡修爲上下二篇蒼頡黃帝史官其注亦是蒼頡

黃帝曰太古百皇闢基文籀離厚反又直祐反非周宣王時史籀也遽理

微萌始有熊氏有熊氏庖犧氏亦名蒼牙也知生化柢晤茲天心與天同生知化之本柢晤曉也天垂萬化之心令羣物不息柢本也○按息字原本作惠從明范欽本改正柢字原本作托范本作氏竝誤今據文改正譩念虞思慊㥦方查反慮萬源無成聖人知化萬源不成其流慊㥦盡聖與智設幾教門源流之性大行○按與字原本誤作無門字原本誤作門今從

易緯乾坤鑿度　卷上　二

武英殿聚珍版叢書一百三十八種二千四百十六卷
清乾隆武英殿聚珍版印本

武英殿聚珍版叢書一百三十八種二千四百十六卷

清乾隆武英殿聚珍版印本

周易口訣義卷一

唐　史　徵　撰

上經　乾　坤　屯　蒙　需　訟　師　比　小畜

周易傳爲上經第一者先儒云易有三名夏曰連山殷曰歸藏周曰周易康成云連山者象山之出雲歸藏者莫不歸藏于其中周易者言易道周普無所不備竊謂易者是文王所演因代爲名故稱周也易取變通爲義上經者三十卦象陽取其三之奇數也經猶徑也謂聖人亦以易道教人可以踐履濟涉徑路

周易口訣義　卷一　一

得神足有五意一者喜二者信三者精進四
者定五者通也四神足念不盡力得五通盡
力自在向六通為道人四神足得五通盡意
可得六通盡意謂万物意不欲也一信二精

多羅三藐三菩提光
等諸佛國土乃至十方亦復如是尒時世尊
舉身毛孔皆亦微咲而放諸光遍照三千大
千國土復至十方如恒河沙等諸佛國土若
有衆生遇斯光者必得阿耨多羅三藐三菩

大安般守意經卷下　唐寫本（第一圖）

摩訶般若波羅蜜經卷一　唐寫本（第一圖）

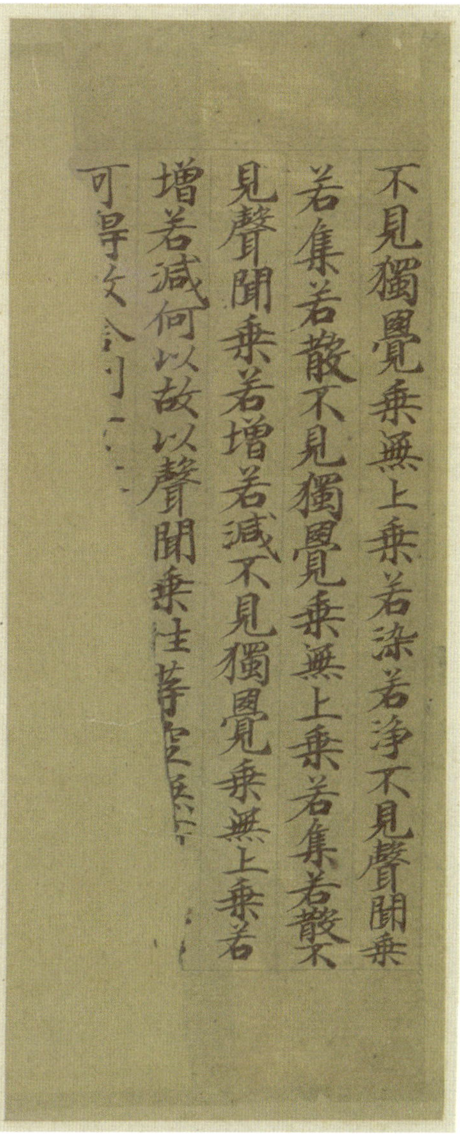
不見獨覺乘無上乘若染若淨不見聲聞乘
若集若散不見獨覺乘無上乘若集若散不
見聲聞乘若增若減不見獨覺乘無上乘若
增若減何以故以聲聞乘性
可得故

大般若波羅蜜多經卷八九　吐蕃統治時期寫本（第一圖）

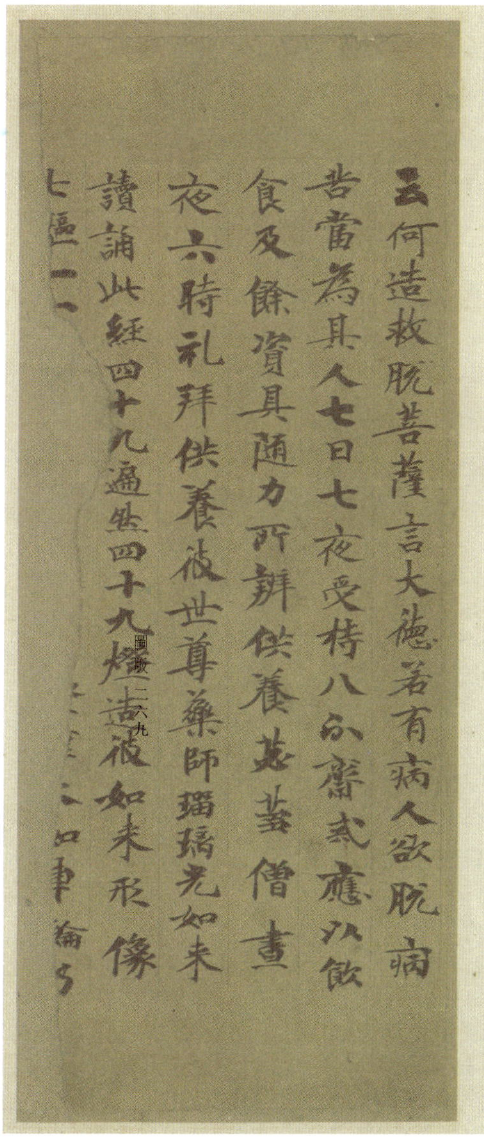
云何造救脫菩薩言大德若有病人欲脫病
苦當為其人七日七夜受持八分齋戒應以飲
食及餘資具隨力所辦供養苾芻僧晝
夜六時礼拜供養彼世尊藥師瑠璃光如來
讀誦此經四十九遍然四十九燈造彼如來形像
七區一一

藥師琉璃光如來本願功德經　唐寫本（第二圖）

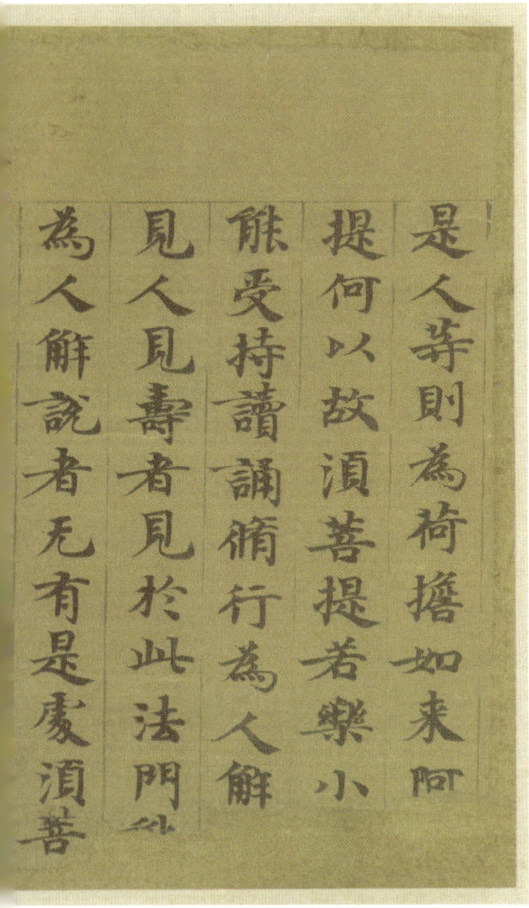
是人等則為荷擔如來阿
提何以故須菩提若樂小
能受持讀誦脩行為人解
見人見壽者見於此法門
為人解說者无有是處須菩

金剛般若波羅蜜經　唐寫本（第一圖）

維摩詰所說經卷上　唐寫本（第二圖）

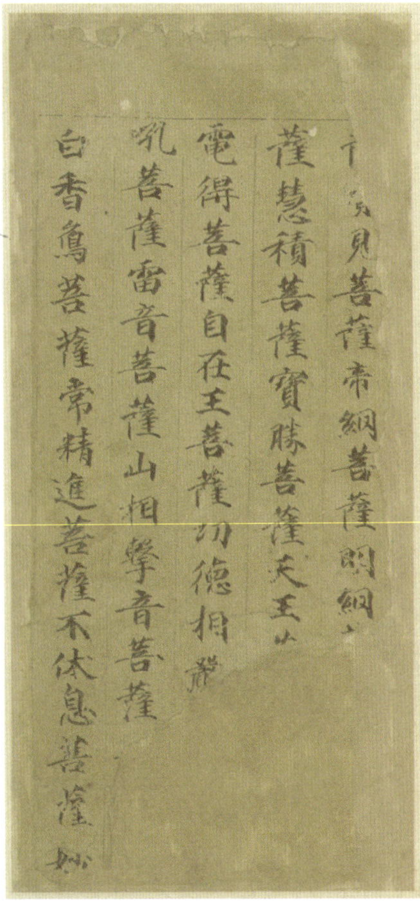
見菩薩帝網菩薩明網
薩慧積菩薩寶勝菩薩天王
電得菩薩自在王菩薩功德相嚴
吼菩薩雷音菩薩山相擊音菩薩
白香象菩薩常精進菩薩不休息菩薩妙

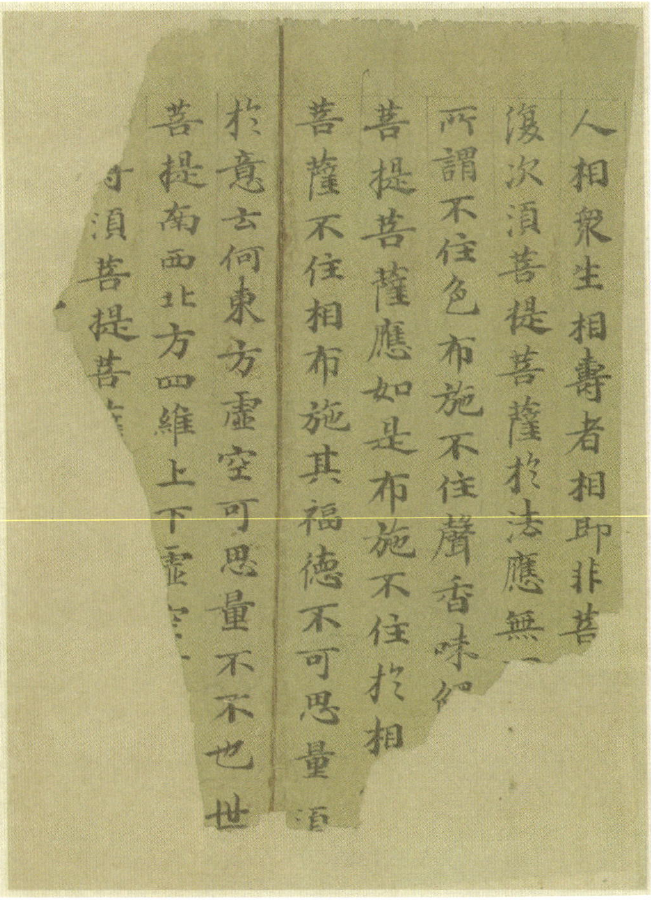
人相衆生相壽者相即非菩
復次須菩提菩薩於法應無
所謂不住色布施不住聲香味
菩提菩薩應如是布施不住於相
菩薩不住相布施其福德不可思量須
於意云何東方虛空可思量不不也世
菩提南西北方四維上下虛空
須菩提菩

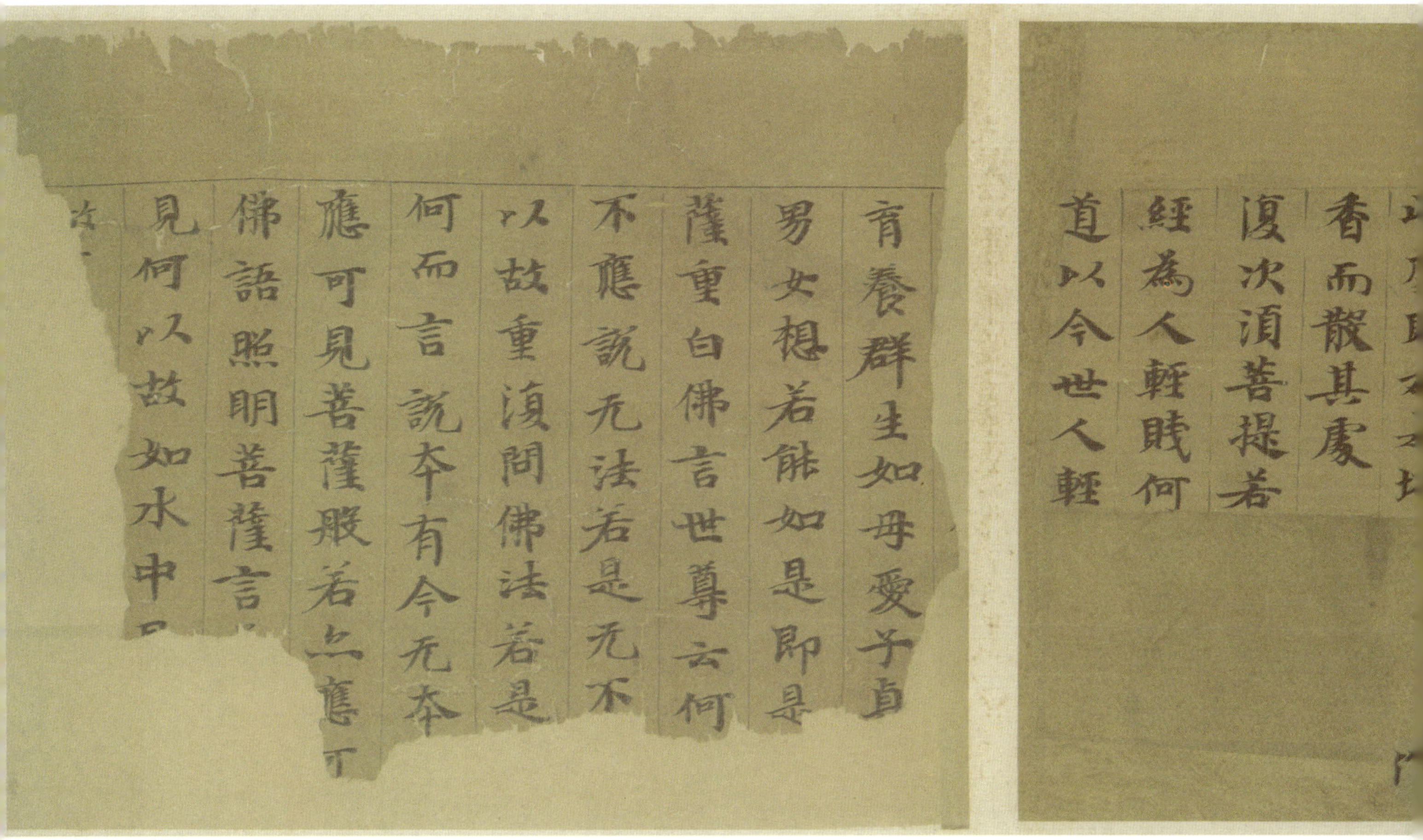
香而散其處
復次須菩提若
經爲人輕賤何
道以今世人輕
育養群生如母愛子自
男女想若能如是即是
薩重白佛言世尊云何
不應説无法若是无不
以故重須問佛法若是
何而言説本有今无本
應可見菩薩般若亦應
佛語照明菩薩言
見何以故如水中

金剛般若波羅蜜經（菩提流支譯本） 隋寫本（第一圖）

待考佛經 唐寫本（第二圖）

妙法蓮華經卷五　唐寫本（第一圖）

阿彌陀經　唐寫本（第二圖）

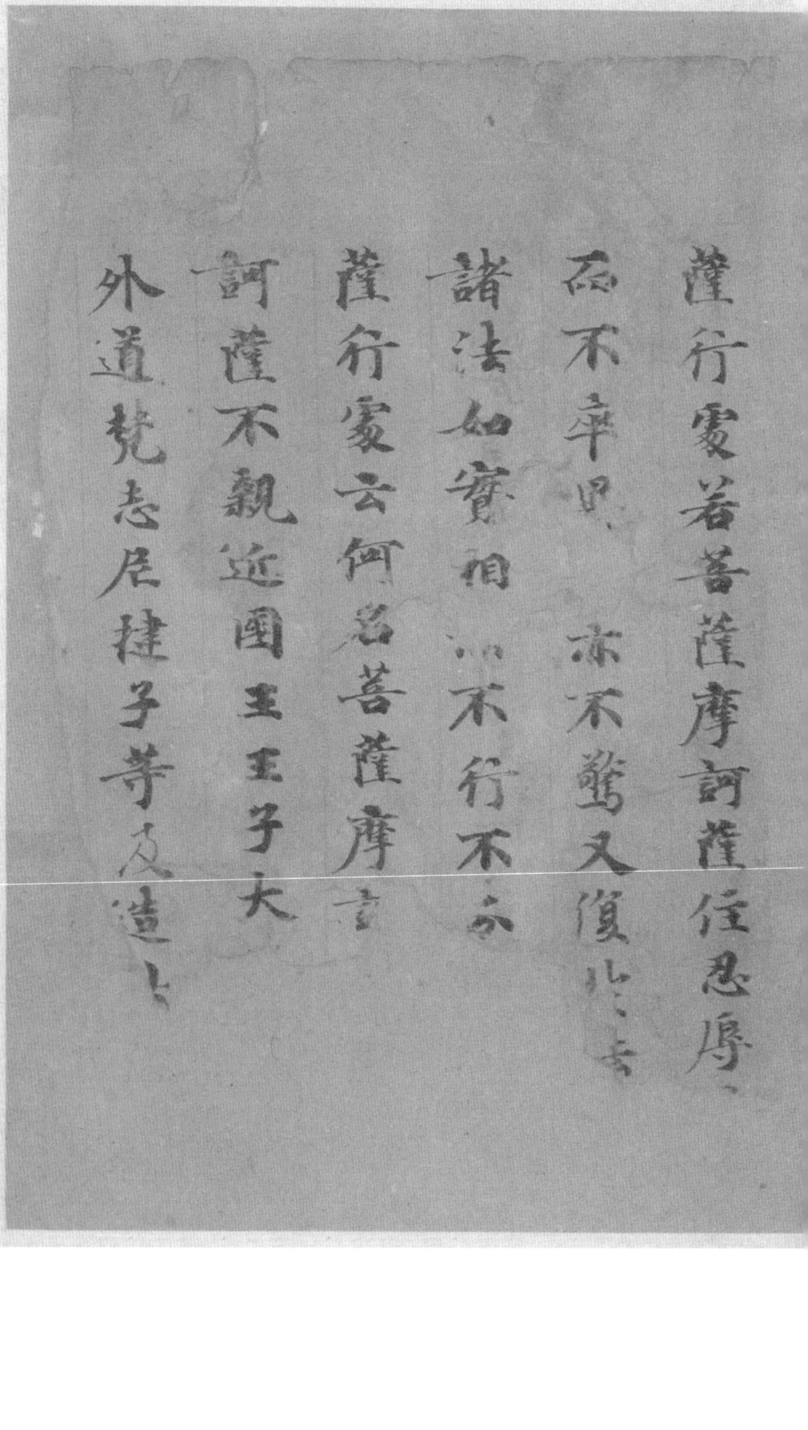

薩行處若菩薩摩訶薩住忍辱
而不卒暴心亦不驚又復於法
諸法如實相亦不行不分
薩行處云何名菩薩摩訶
訶薩不親近國王王子大
外道梵志尼揵子等及造世

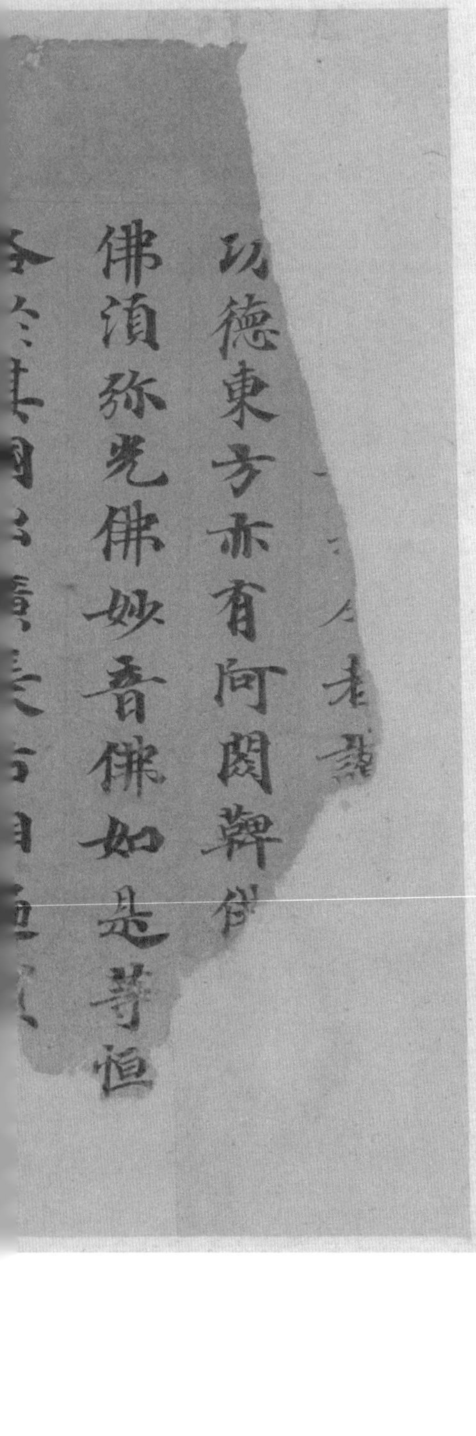

功德東方亦有阿閦鞞佛
佛須彌光佛妙音佛如是等恒

金剛般若波羅蜜經　唐寫本（第一圖）

大般若波羅蜜多經卷二九　吐蕃統治時期寫本（第二圖）

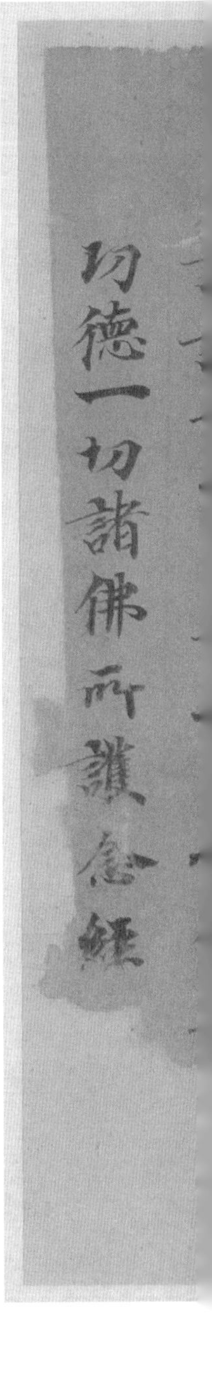

功德一切諸佛所護念經

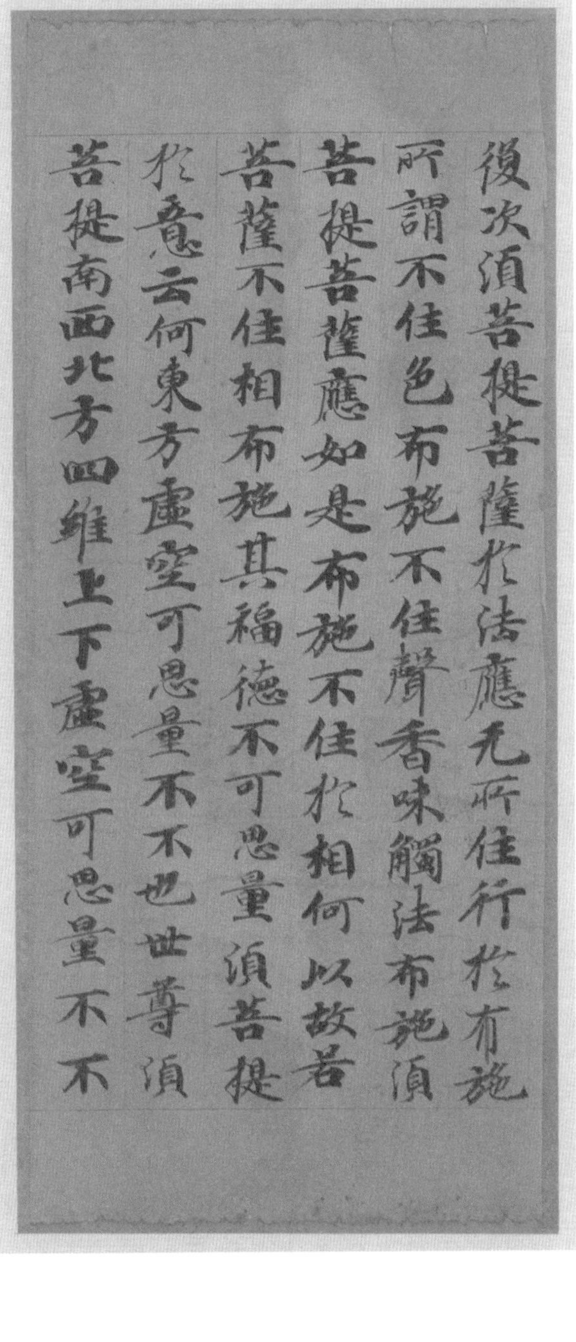

復次須菩提菩薩於法應无所住行於有施
所謂不住色布施不住聲香味觸法布施須
菩提菩薩應如是布施不住於相何以故若
菩薩不住相布施其福德不可思量須菩提
於意云何東方虛空可思量不不也世尊須
菩提南西北方四維上下虛空可思量不不

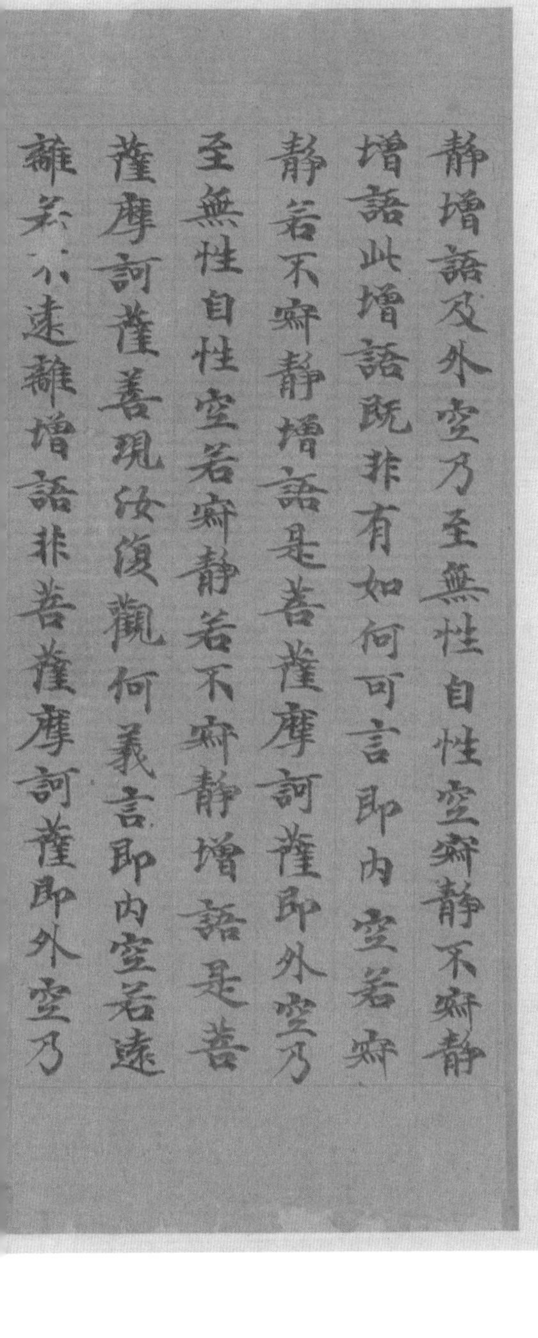

靜增語及外空乃至無性自性空寂靜不寂靜
增語此增語既非有如何可言即內空若寂
靜若不寂靜增語是菩薩摩訶薩即外空乃
至無性自性空若寂靜若不寂靜增語是菩
薩摩訶薩善現汝復觀何義言即內空若遠
離若不遠離增語非菩薩摩訶薩即外空乃

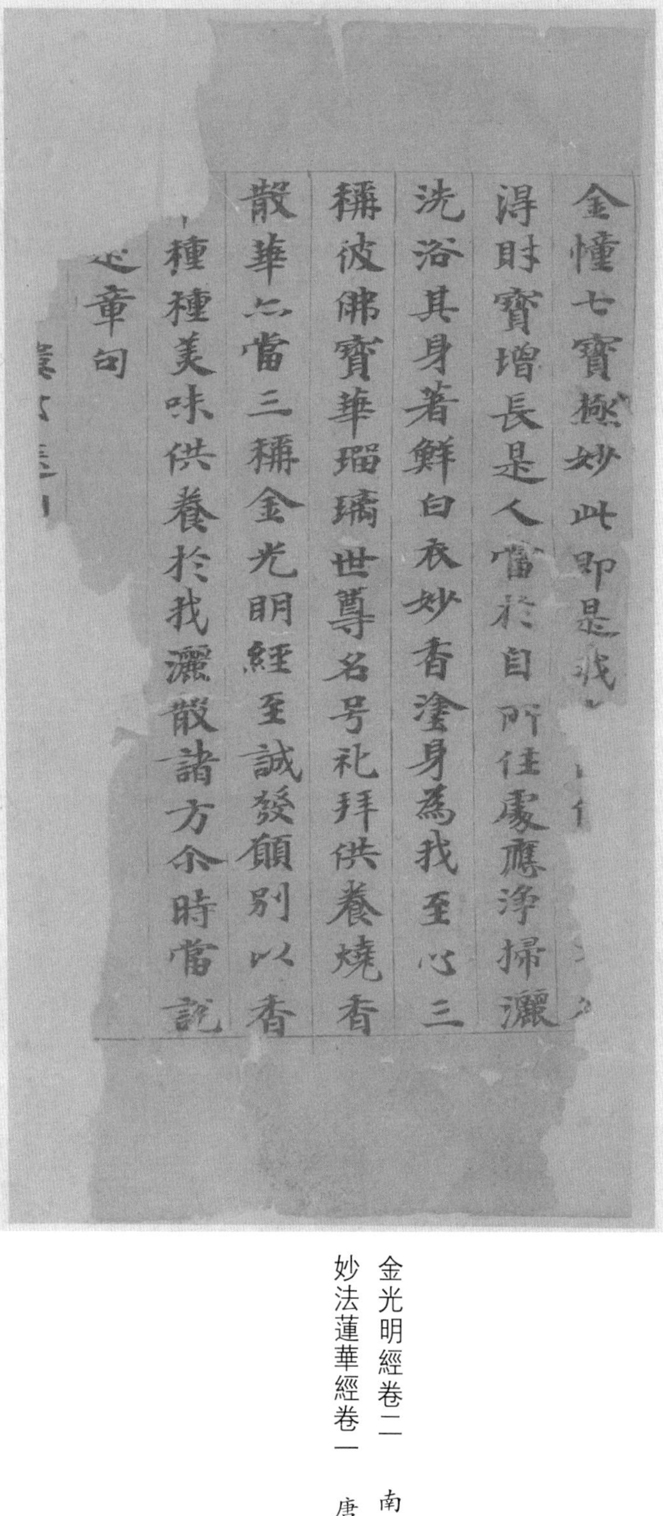
金幢七寶極妙此即是我
淂時寶增長是人當於自所住處應淨掃灑
洗浴其身著鮮白衣妙香塗身爲我至心三
稱彼佛寶華瑠璃世尊名号礼拜供養燒香
散華亦當三稱金光明經至誠發願别以香
種種美味供養於我灑散諸方尒時當説
呪章句

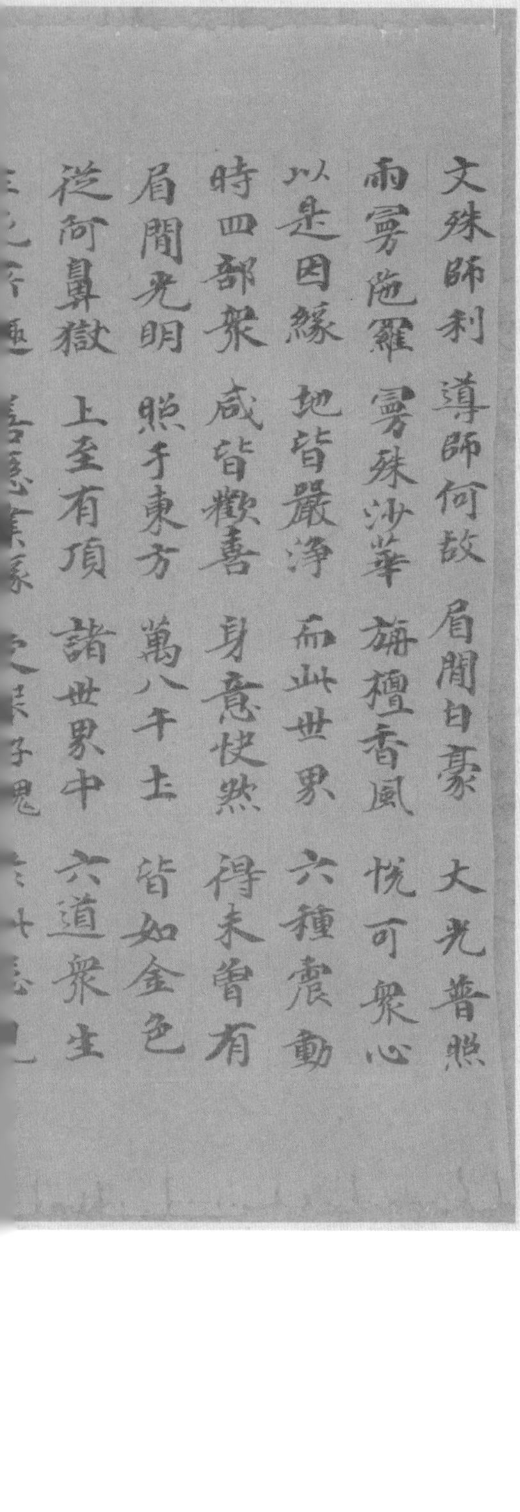
文殊師利 導師何故 眉間白豪 大光普照
雨曼陁羅 曼殊沙華 栴檀香風 悅可衆心
以是因緣 地皆嚴淨 而此世界 六種震動
時四部衆 咸皆歡喜 身意快然 得未曾有
眉間光明 照于東方 萬八千土 皆如金色
從阿鼻獄 上至有頂 諸世界中 六道衆生

金光明經卷二　南北朝寫本（第一圖）

妙法蓮華經卷一　唐寫本（第二圖）

妙法蓮華經卷一　唐寫本（第一圖）

妙法蓮華經卷四　唐寫本（第二圖）

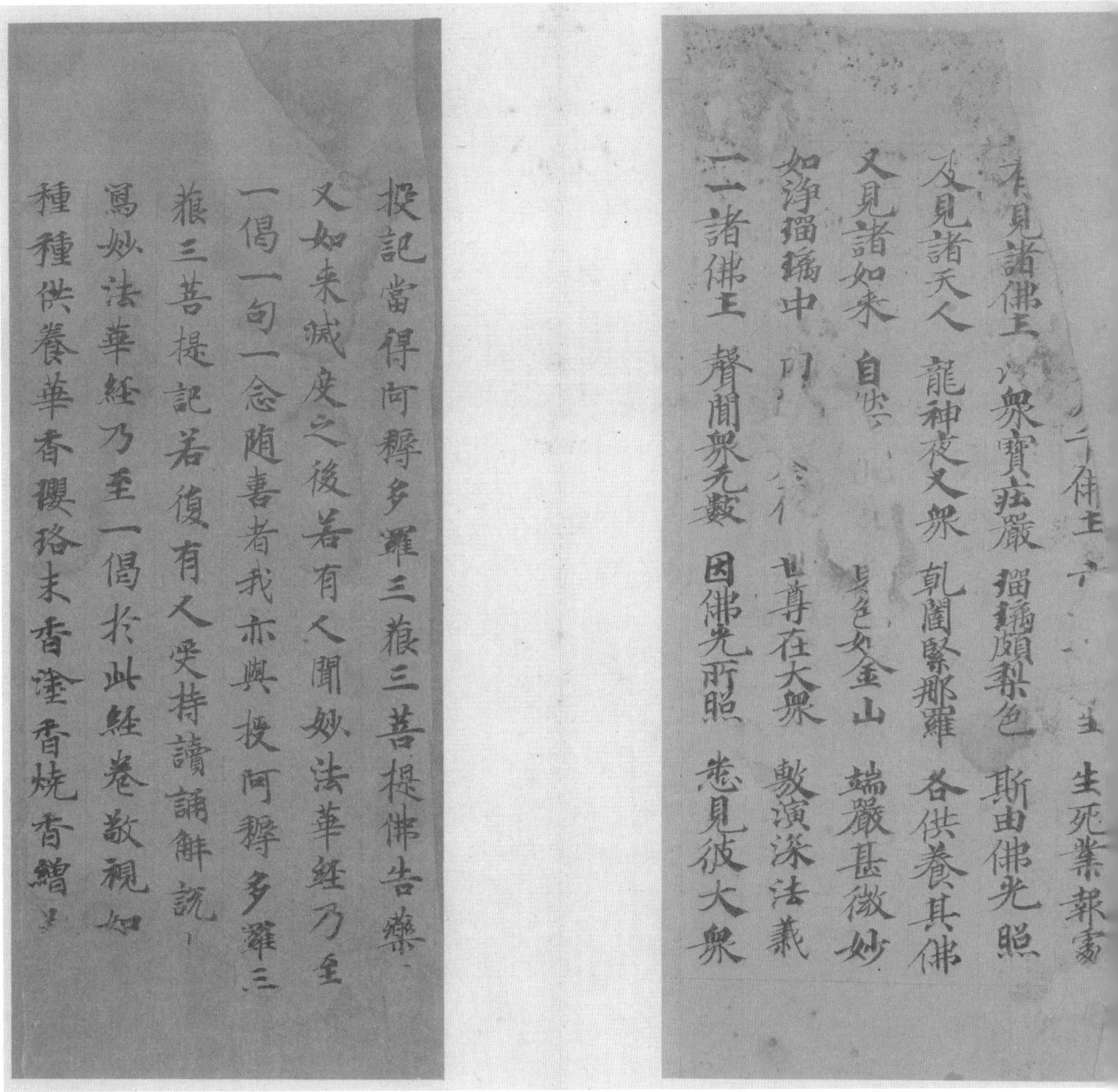

有見諸佛土　[illegible]佛土　[illegible]　生死業報處
以眾寶莊嚴　琉璃頗梨色　斯由佛光照
及見諸天人　龍神夜叉眾　乾闥緊那羅　各供養其佛
又見諸如來　自然成佛道　身色如金山　端嚴甚微妙
如淨琉璃中　內現真金像　世尊在大眾　敷演深法義
一一諸佛土　聲聞眾無數　因佛光所照　悉見彼大眾

授記當得阿耨多羅三藐三菩提佛告藥王
又如來滅度之後若有人聞妙法華經乃至
一偈一句一念隨喜者我亦與授阿耨多羅三
藐三菩提記若復有人受持讀誦解說
書寫妙法華經乃至一偈於此經卷敬視如
佛種種供養華香瓔珞末香塗香燒香繒蓋

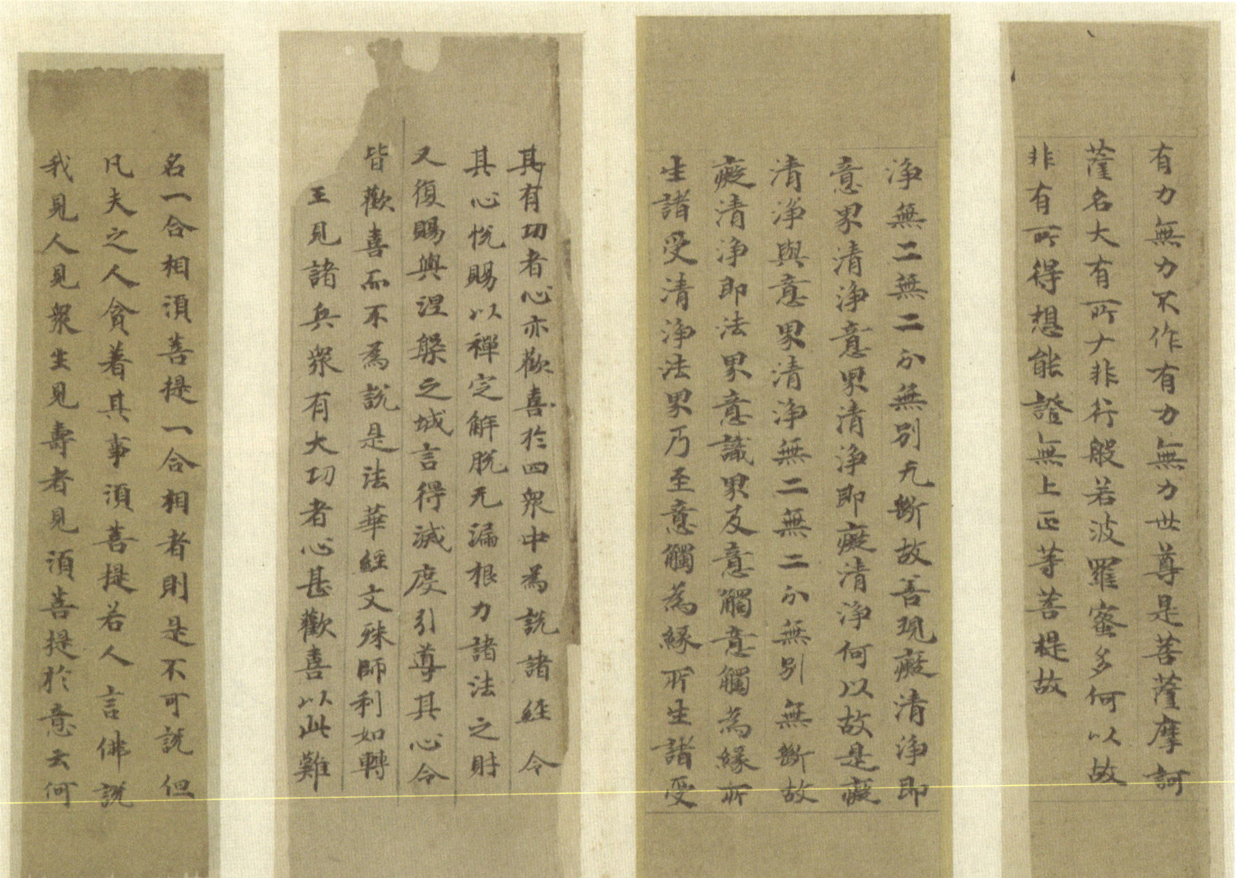
有力無力不作有力無力世尊是菩薩摩訶
薩名大有所作非行般若波羅蜜多何以故
非有所得想能證無上正等菩提故
淨無二無二分無別無斷故善現癡清淨即
意界清淨意界清淨即癡清淨何以故是癡
清淨與意界清淨無二無二分無別無斷故
癡清淨即法界意識界及意觸意觸為緣所
生諸受清淨法界乃至意觸為緣所生諸受
其有功者心亦歡喜於四衆中為說諸經令
其心悅賜以禪定解脫無漏根力諸法之財
又復賜與涅槃之城言得滅度引導其心令
皆歡喜而不為說是法華經文殊師利如轉
王見諸兵衆有大功者心甚歡喜以此難
名一合相須菩提一合相者則是不可說但
凡夫之人貪著其事須菩提若人言佛說
我見人見衆生見壽者見須菩提於意云何

大般若波羅蜜多經卷一七八　吐蕃統治時期寫本（第一圖）　大般若波羅蜜多經卷二〇二　吐蕃統治時期寫本（第二圖）　妙法蓮華經卷五　歸義軍時期寫本（第三圖）　金剛般若波羅蜜經　唐寫本（第四圖）

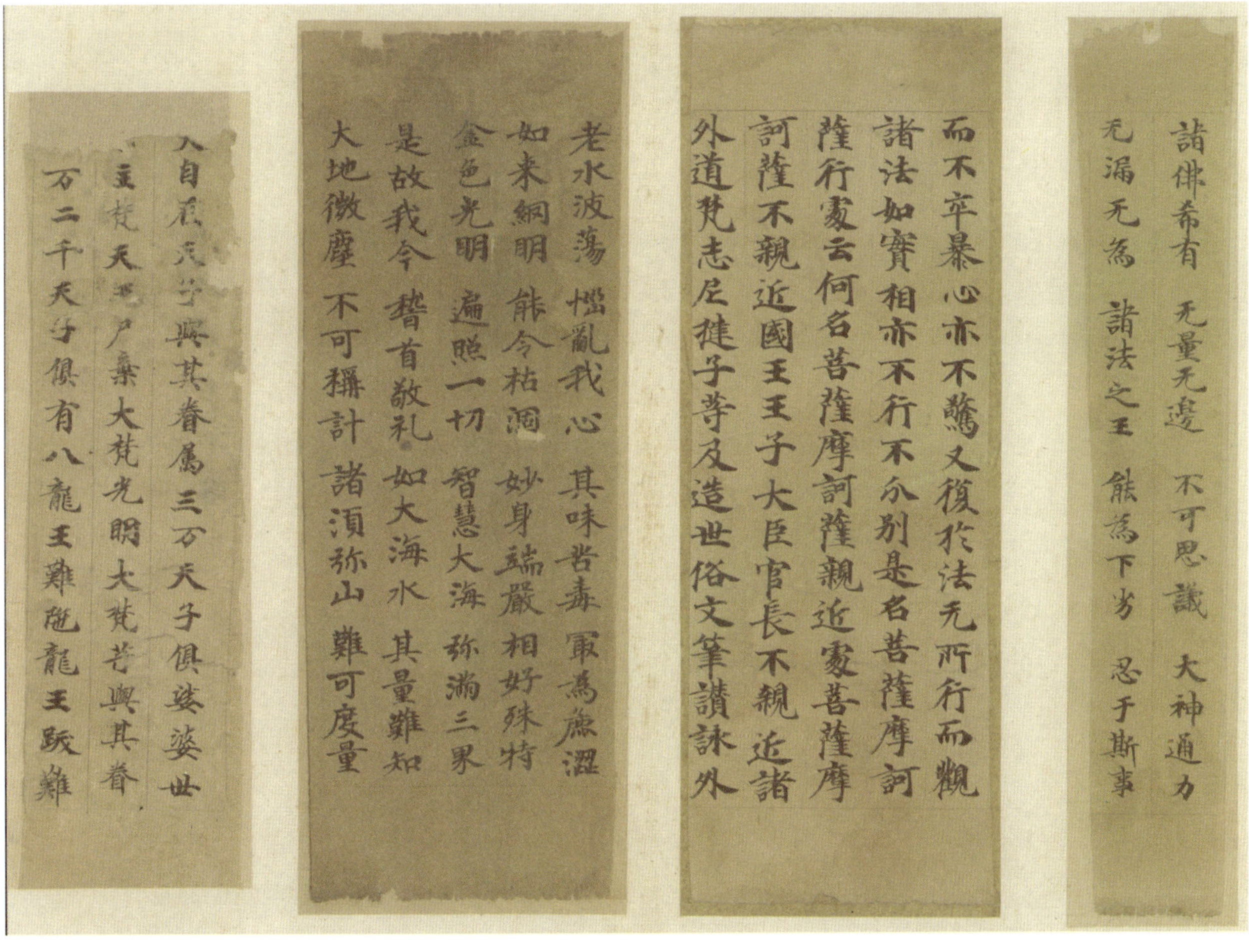

諸佛希有　无量无邊　不可思議　大神通力
无漏无為　諸法之王　能為下劣　忍于斯事

而不卒暴心亦不驚又復於法无所行而觀
諸法如實相亦不行不分別是名菩薩摩訶
薩行處云何名菩薩摩訶薩親近處菩薩摩
訶薩不親近國王王子大臣官長不親近諸
外道梵志尼揵子等及造世俗文筆讃詠外

老水波蕩　惱亂我心　其味苦毒　冣為麁澀
如來綱明　能令枯涸　妙身端嚴　相好殊特
金色光明　遍照一切　智慧大海　弥滿三界
是故我今　稽首敬礼　如大海水　其量難知
大地微塵　不可稱計　諸須弥山　難可度量

入自在天子與其眷屬三万天子俱娑婆世
界主梵天王尸棄大梵光明大梵等與其眷
万二千天子俱有八龍王難陀龍王跋難

妙法蓮華經卷二　唐寫本（第一圖）　妙法蓮華經卷五　唐寫本（第二圖）
金光明經卷一　唐寫本（第三圖）　妙法蓮華經卷一　唐寫本（第四圖）

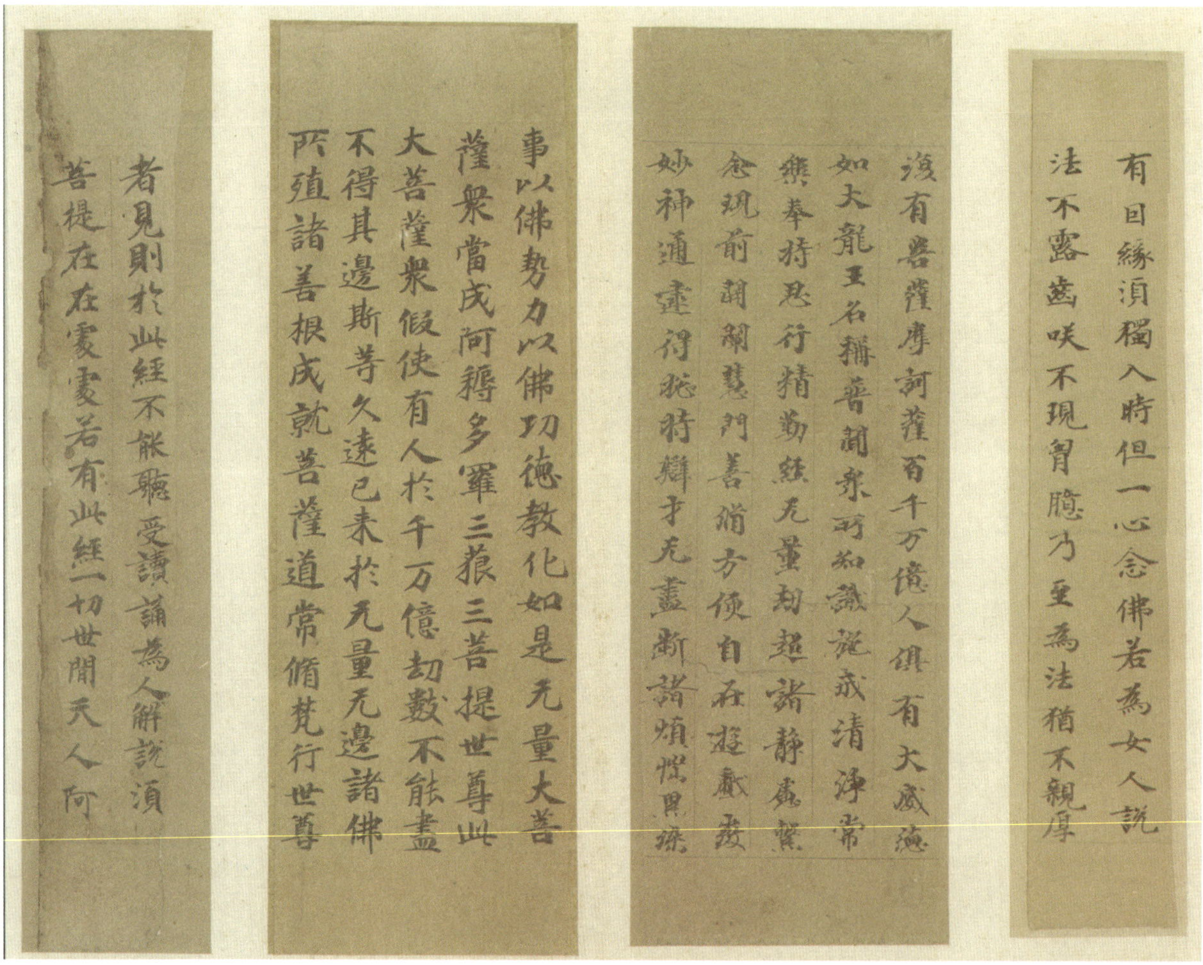

有因緣須獨入時但一心念佛若為女人說
法不露齒咲不現胷臆乃至為法猶不親厚

復有菩薩摩訶薩百千万億人俱有大威德
如大龍王名稱普聞眾所知識施戒清淨常
樂奉持忍行精勤經无量劫超諸靜慮繫
念現前開闡慧門善修方便自在遊戲
妙神通逮得總持辯才无盡斷諸煩惱累染

事以佛勢力以佛功德教化如是无量大菩
薩眾當成阿耨多羅三藐三菩提世尊此
大菩薩眾假使有人於千万億劫數不能盡
不得其邊斯等久遠已來於无量无邊諸佛
所殖諸善根成就菩薩道常脩梵行世尊

者見則於此經不能聽受讀誦為人解說須
菩提在在處處若有此經一切世間天人阿

妙法蓮華經卷五　唐寫本（第一圖）　金光明最勝王經卷一　歸義軍時期寫本（第二圖）　妙法蓮華經卷五　唐寫本（第三圖）　金剛般若波羅蜜經　唐寫本（第四圖）

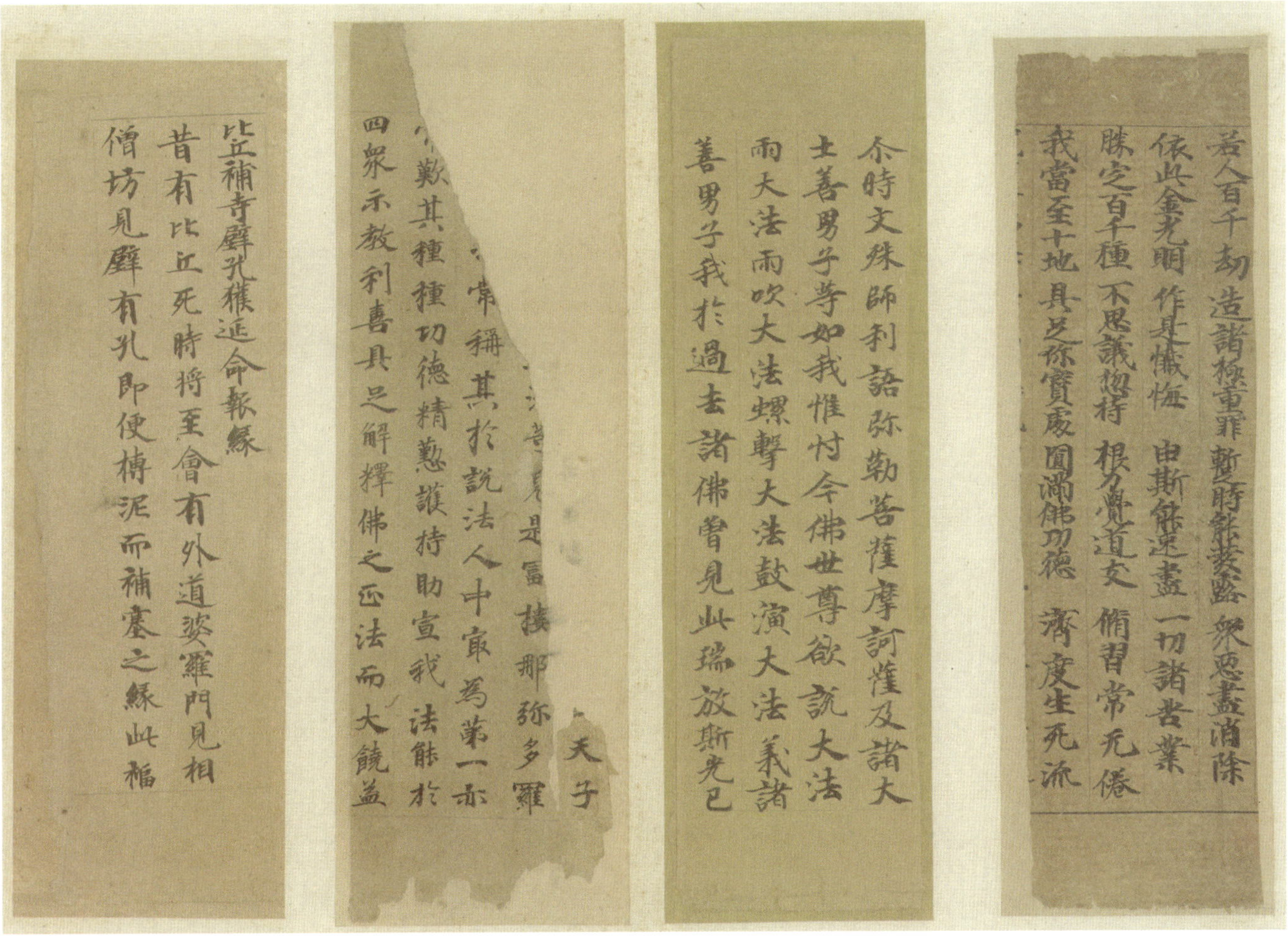

寫本（第二圖）　妙法蓮華經卷四　唐寫本（第三圖）　雜寶藏經（兌廢稿）卷四　唐寫本（第四圖）

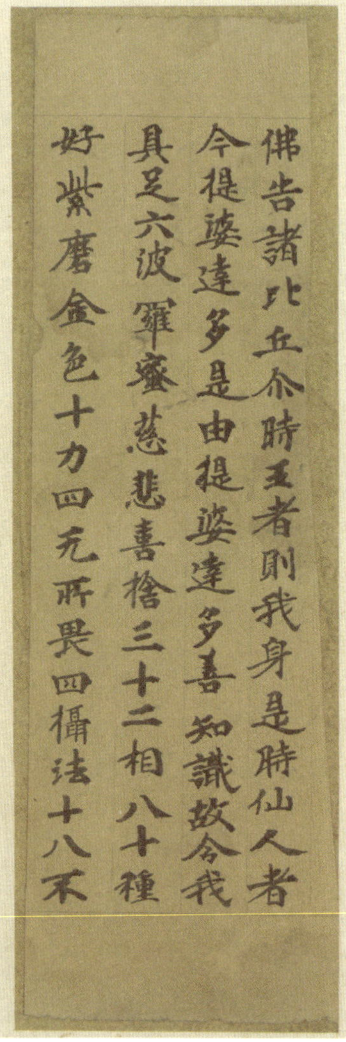
佛告諸比丘尒時王者則我身是時仙人者
今提婆達多是由提婆達多善知識故令我
具足六波羅蜜慈悲喜捨三十二相八十種
好紫磨金色十力四无所畏四攝法十八不

妙法蓮華經卷四　唐寫本（第一圖）

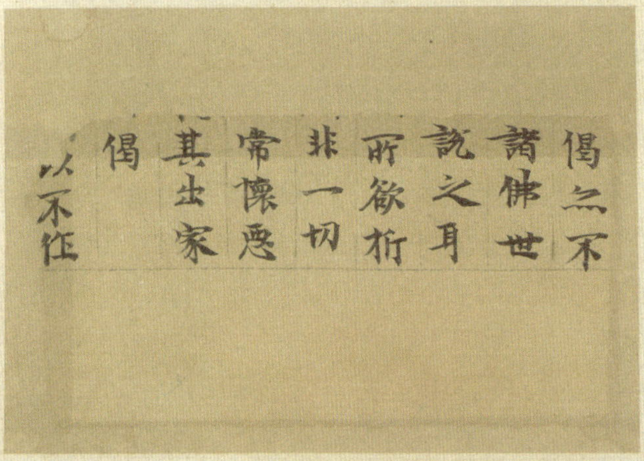
偈之不
諸佛世
説之曰
所欲析
非一切
常懷惡
其出家
偈
以不住

大般涅槃經（北本）卷一〇　南北朝寫本（第二圖）

大智度論卷一九　南北朝寫本

如是諸法甚深清淨觀行得故如是自在念
是名念根定根者菩薩善取定相能生種種
禪定了了知定門善知入定善知住定善知
出定於定不著不味不作依止善知所緣善
知壞緣自在遊戲諸禪定〻如无緣定不隨
他語不專隨禪定行自在出入无㝵是名定
根慧根者菩薩為盡苦聖智慧成就是知慧
為離諸法為涅槃以智慧觀一切三界无常
為三衰三毒火所燒已觀於三界中智慧〻不
著一切三界轉為空无相无作解脫門一心
為求佛法如救頭燃是菩薩智慧无能壞者
於三界无所依於隨意欲中心常離慧根力
故積集无量功德於諸法實相利入无疑无
難於世間无憂於涅槃自在智慧故名為慧
根菩薩得是五根善知衆生諸根知相染欲
衆生根知離欲衆生根知瞋恚衆生〻知離
瞋恚衆生根知愚癡衆生根〻知離愚癡衆
生知欲隨惡道衆生根知欲生人中衆生根
知欲生天上衆生根知鈍衆生根知利衆生
根知上中下衆生根知罪衆生根知无罪衆

大般涅槃經（北本）卷三〇

南北朝寫本

盈諸佛如來亦復如是入大涅槃无有虧盈
以是義故以十五日入般涅槃善男子如十
五日月盛滿時有十一事何等十一一能破
闇二令衆生見道非道三令衆生見道邪正
四除欝烝得清涼樂五能破壞螢火高心六
息一切盜賊之想七除衆生畏惡獸心八能
開敷優鉢羅華九合蓮華十發行人進路之
心十一令諸衆生樂受五欲多獲快樂善男
子如來滿月亦復如是一者破壞无明大闇
二者演說正道邪道三者開示生死邪嶮涅
槃平正四者令人遠離貪欲瞋恚癡熱五者
破壞外道光明六者破壞煩惱結賊七者除
滅畏五蓋心八者開敷衆生種善根心九者
覆蓋衆生五欲之心十者起發衆生進脩趣
向大涅槃行十一者令諸衆生樂脩解脫以
是義故於十五日入大涅槃而我真實不入
涅槃我弟子中愚癡惡人定謂如來入於涅
槃譬如父母人多有諸子其母捨行至他國
土未還之頃諸子咸言我母已死而是母人
實不死也師子吼菩薩言世尊何等比丘能
莊嚴此娑羅雙樹善男子若有比丘受持讀
誦十二部經正其文句通達深義爲人解說
初中後善爲欲利益无量衆生演說梵行如
是比丘則能莊嚴娑羅雙樹師子吼菩薩言
世尊如我解佛所說義者阿難比丘即其人
也何以故阿難比丘受持讀誦十二部經

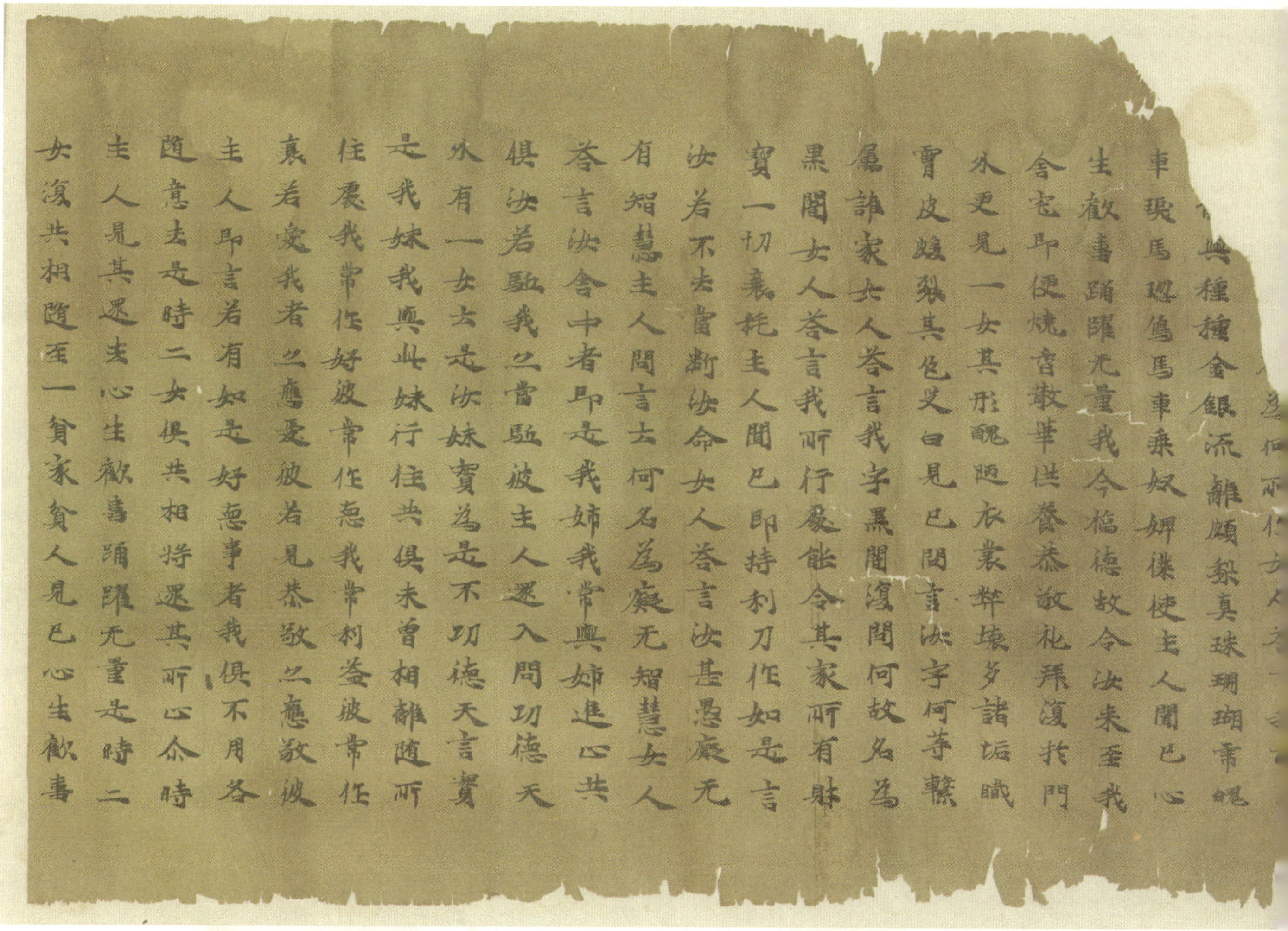

爲何所作女人答言
與種種金銀流離頗梨真珠珊瑚虎珀
車璖馬瑙象馬車乘奴婢僕使主人聞已心
生歡喜踊躍无量我今福德故令汝來至我
舍宅即便燒香散華供養恭敬禮拜復於門
外更見一女其形醜陋衣裳弊壞多諸垢膩
膚皮皴裂其色艾白見已問言汝字何等繫
屬誰家女人答言我字黑闇復問何故名為
黑闇女人答言我所行處能令其家所有財
寶一切衰耗主人聞已即持利刀作如是言
汝若不去當斷汝命女人答言汝甚愚癡无
有智慧主人問言云何名為癡无智慧女人
答言汝舍中者即是我姊我常與姊進止共
俱汝若驅我亦當驅彼主人還入問功德天
外有一女云是汝妹實為是不功德天言實
是我妹我與此妹行住共俱未曾相離隨所
住處我常作好彼常作惡我常利益彼常作
衰若愛我者亦應愛彼若見恭敬亦應敬彼
主人即言若有如是好惡事者我俱不用各
隨意去是時二女俱共相將還其所止爾時
主人見其還去心生歡喜踊躍无量是時二
女復共相隨至一貧家貧人見已心生歡喜

大般涅槃經（北本）卷一二　南北朝寫本

佛名經（十二卷本）卷六　唐寫本

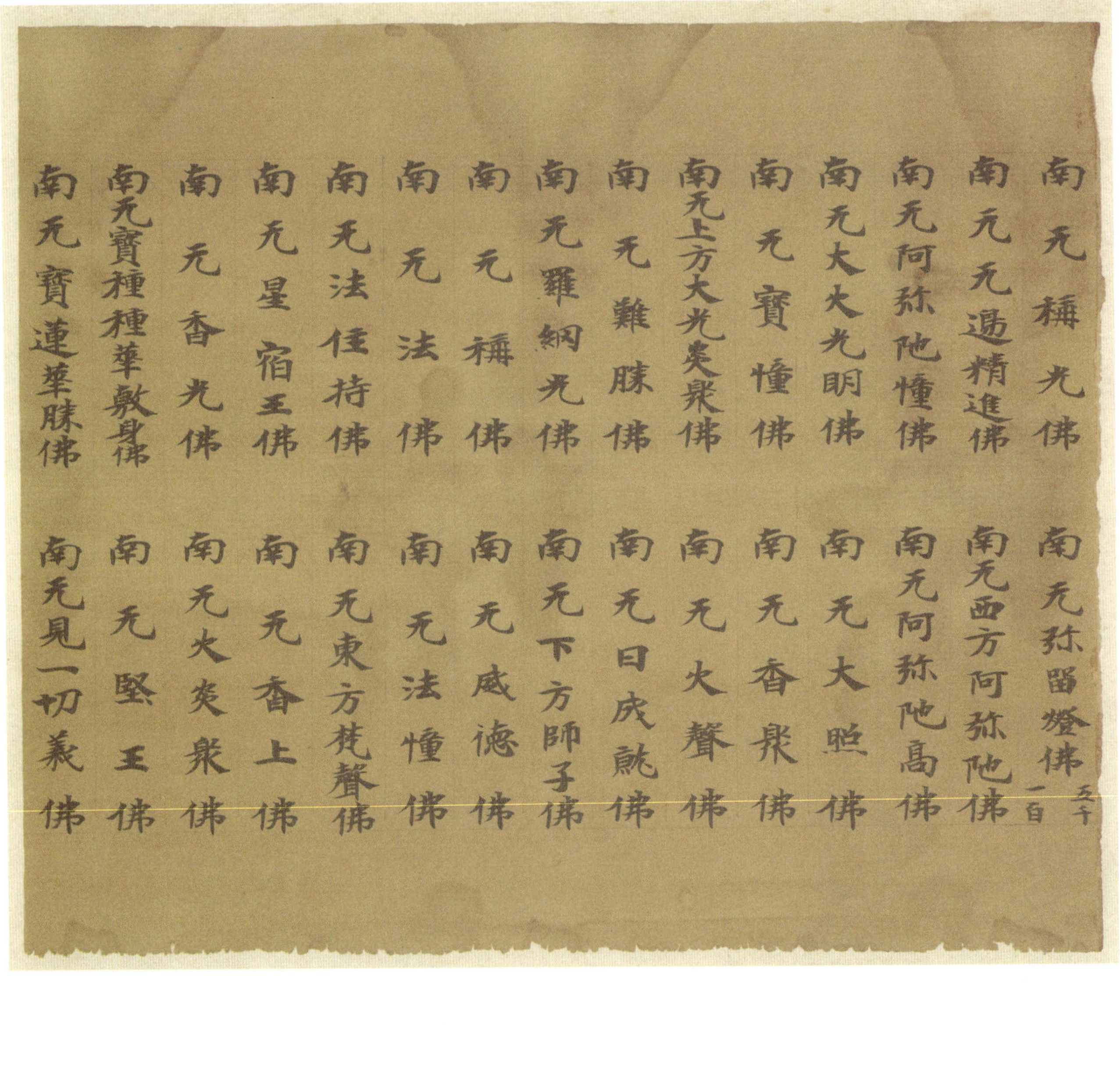
南无稱光佛　南无弥留燈佛 五千一百
南无无邊精進佛　南无西方阿弥陁佛
南无阿弥陁幢佛　南无阿弥陁高佛
南无大大光明佛　南无大照佛
南无寶幢佛　南无香衆佛
南无上方大光炎衆佛　南无火聲佛
南无難勝佛　南无日成就佛
南无羅網光佛　南无下方師子佛
南无稱佛　南无威德佛
南无法佛　南无法幢佛
南无法住持佛　南无東方梵聲佛
南无星宿王佛　南无香上佛
南无香光佛　南无火炎衆佛
南无寶種種華敷身佛　南无堅王佛
南无寶蓮華勝佛　南无見一切義佛

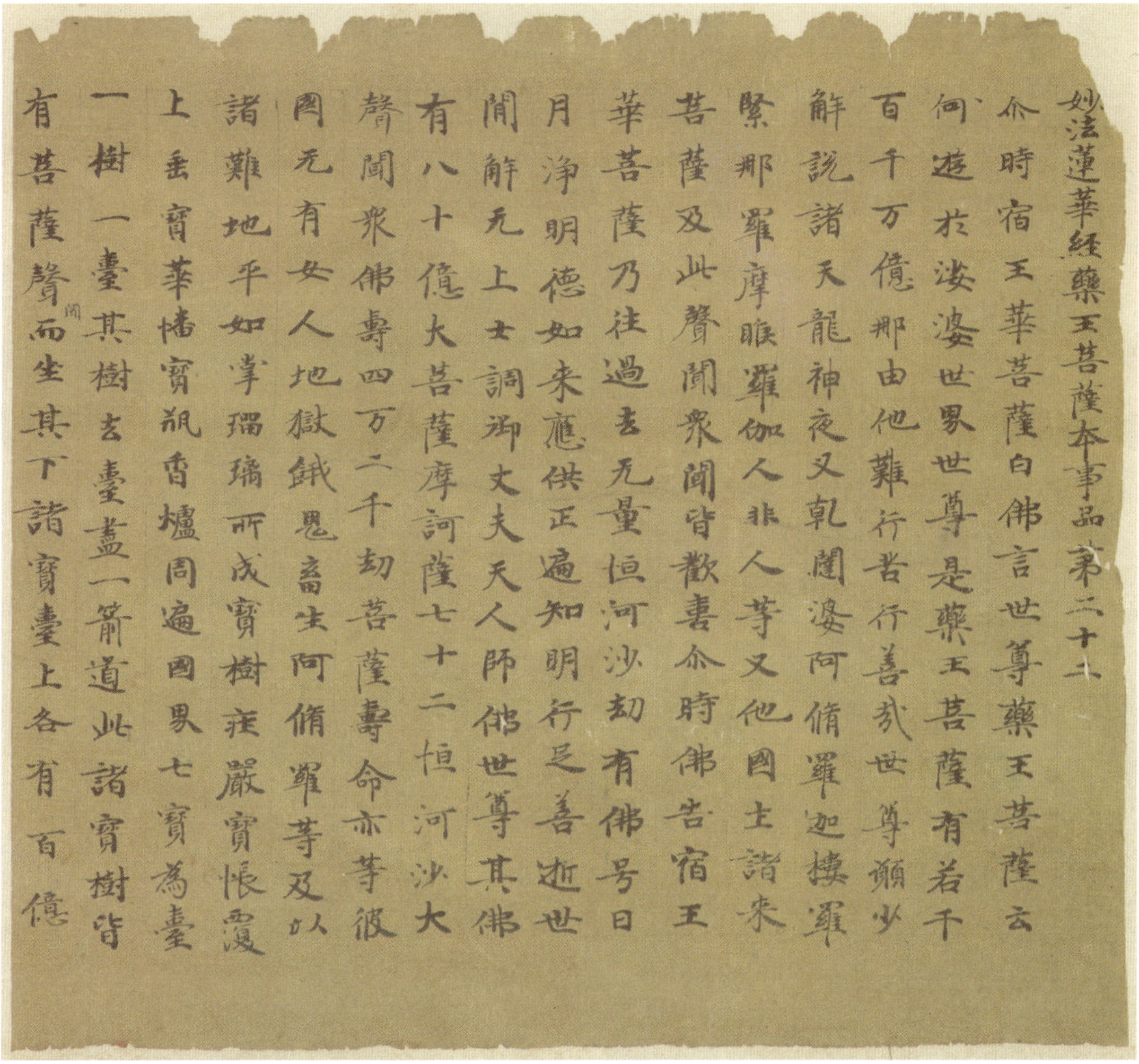
妙法蓮華經藥王菩薩本事品第二十二
尒時宿王華菩薩白佛言世尊藥王菩薩云
何遊於娑婆世界世尊是藥王菩薩有若干
百千万億那由他難行苦行善哉世尊願少
解說諸天龍神夜叉乾闥婆阿脩羅迦樓羅
緊那羅摩睺羅伽人非人等又他國土諸來
菩薩及此聲聞衆聞皆歡喜尒時佛告宿王
華菩薩乃往過去无量恒河沙劫有佛号日
月淨明德如来應供正遍知明行足善逝世
間解无上士調御丈夫天人師佛世尊其佛
有八十億大菩薩摩訶薩七十二恒河沙大
聲聞衆佛壽四万二千劫菩薩壽命亦等彼
國无有女人地獄餓鬼畜生阿脩羅等及以
諸難地平如掌瑠璃所成寶樹莊嚴寶帳覆
上垂寶華幡寶瓶香爐周遍國界七寶為臺
一樹一臺其樹去臺盡一箭道此諸寶樹皆
有菩薩聲聞而坐其下諸寶臺上各有百億

添品妙法蓮華經卷六　唐寫本

諸比丘衆　今告汝等　皆當一心　聽我所說
我大弟子　須菩提者　當得作佛　号曰名相
當供无數　万億諸佛　隨佛所行　漸具大道
冣後身得　三十二相　端正殊妙　猶如寶山
其佛國土　嚴淨第一　衆生見者　无不愛樂
佛於其中　度无量衆　其佛法中　多諸菩薩
皆悉利根　轉不退輪　彼國常以　菩薩莊嚴
諸聲聞衆　不可稱數　皆得三明　具六神通
住八解脫　有大威德　其佛說法　現於无量
神通變化　不可思議　諸天人民　數如恒沙
皆共合掌　聽受佛語　其佛當壽　十二小劫
正法住世　二十小劫　像法亦住　二十小劫

深入衆生之性知其志樂小法深著五欲為
是等故說於涅槃是人若聞則便信受譬如
五百由旬險難惡道曠絕無人怖畏之處若
有多衆欲過此道至珎寶處有一導師聰慧
明達善知險道通塞之相將導衆人欲過此
難所將人衆中路懈退白導師言我等疲極
而復怖畏不能復進前路猶遠今欲退還導

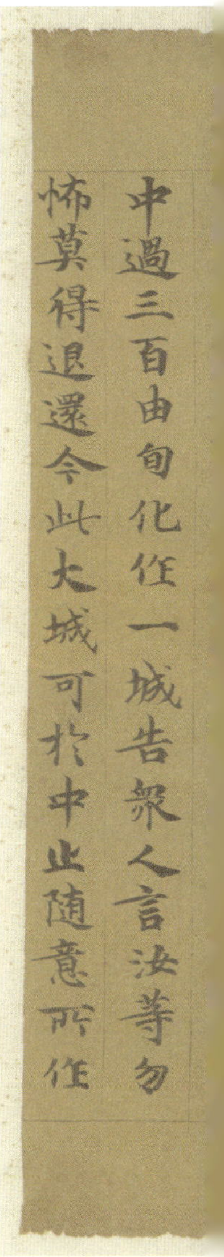

中過三百由旬化作一城告衆人言汝等勿
怖莫得退還今此大城可於中止隨意所作

妙法蓮華經卷三　唐寫本（第一圖）

妙法蓮華經卷三　唐寫本（第二圖）

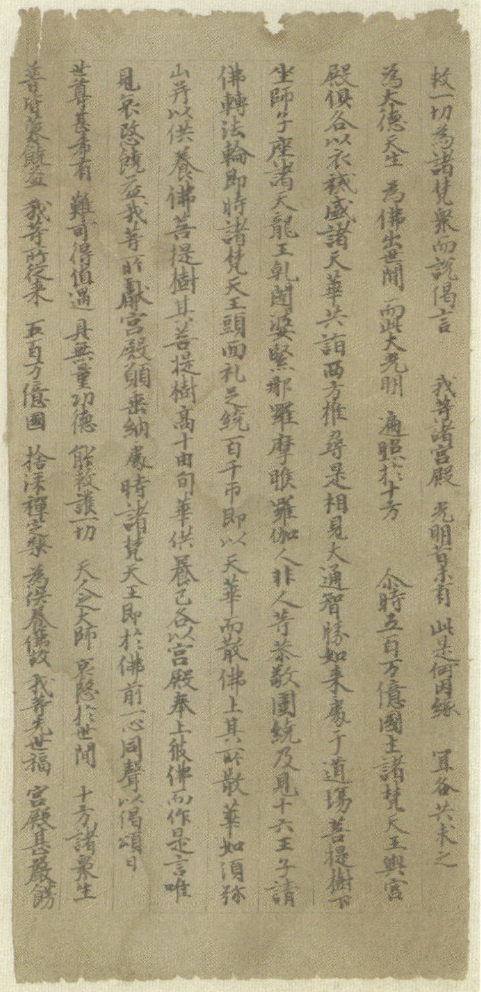

救一切爲諸梵衆而說偈言　我等諸宮殿　光明昔未有　此是何因緣　宜各共求之
爲大德天生　爲佛出世間　而此大光明　遍照於十方　尒時五百万億國土諸梵天王與宮
殿俱各以衣裓盛諸天華共詣西方推尋是相見大通智勝如來處于道場菩提樹下
坐師子座諸天龍王乾闥婆緊那羅摩睺羅伽人非人等恭敬圍繞及見十六王子請
佛轉法輪即時諸梵天王頭面礼佛繞百千帀即以天華而散佛上其所散華如須彌
山并以供養佛菩提樹其菩提樹高十由旬華供養已各以宮殿奉上彼佛而作是言唯
見哀愍饒益我等所獻宮殿願垂納處時諸梵天王即於佛前一心同聲以偈頌曰
世尊甚希有　難可得值遇　具無量功德　能救護一切　天人之大師　哀愍於世間　十方諸衆生
普皆蒙饒益　我等所從來　五百万億國　捨深禪定樂　爲供養佛故　我等先世福　宮殿甚嚴飾

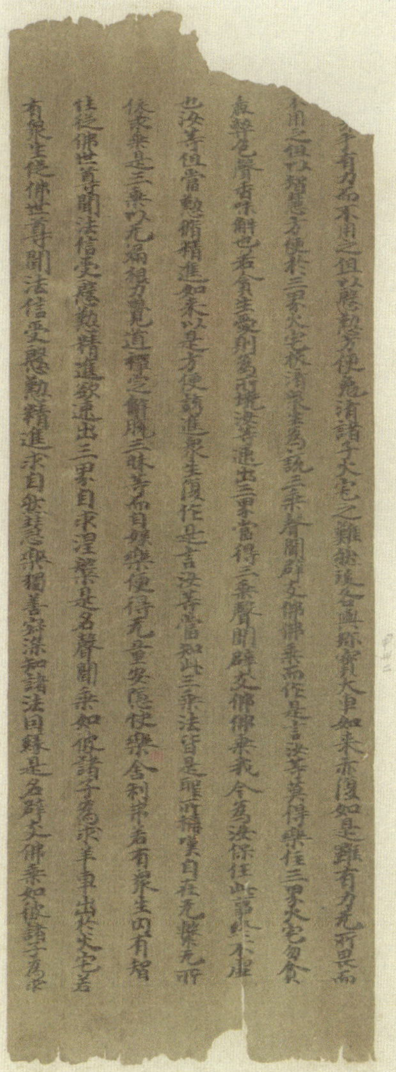

子有力而不用之但以慇懃方便勉濟諸子火宅之難然後各與珍寶大車如來亦復如是雖有力无所畏而
不用之但以智慧方便於三界火宅拔濟衆生爲說三乘聲聞辟支佛佛乘而作是言汝等莫得樂住三界火宅勿貪
麁弊色聲香味觸也若貪著生愛則爲所燒汝等速出三界當得三乘聲聞辟支佛佛乘我今爲汝保任此事終不虛
也汝等但當勤修精進如來以是方便誘進衆生復作是言汝等當知此三乘法皆是聖所稱歎自在无繫无所
依求乘是三乘以无漏根力覺道禪定解脫三昧等而自娛樂便得无量安隱快樂舍利弗若有衆生內有智
性從佛世尊聞法信受慇懃精進欲速出三界自求涅槃是名聲聞乘如彼諸子爲求羊車出於火宅若
有衆生從佛世尊聞法信受慇懃精進求自然慧樂獨善寂深知諸法因緣是名辟支佛乘如彼諸子爲求

妙法蓮華經卷三　吐蕃統治時期寫本（第一圖）

妙法蓮華經卷二　吐蕃統治時期寫本（第二圖）

法華經疏（擬） 唐寫本

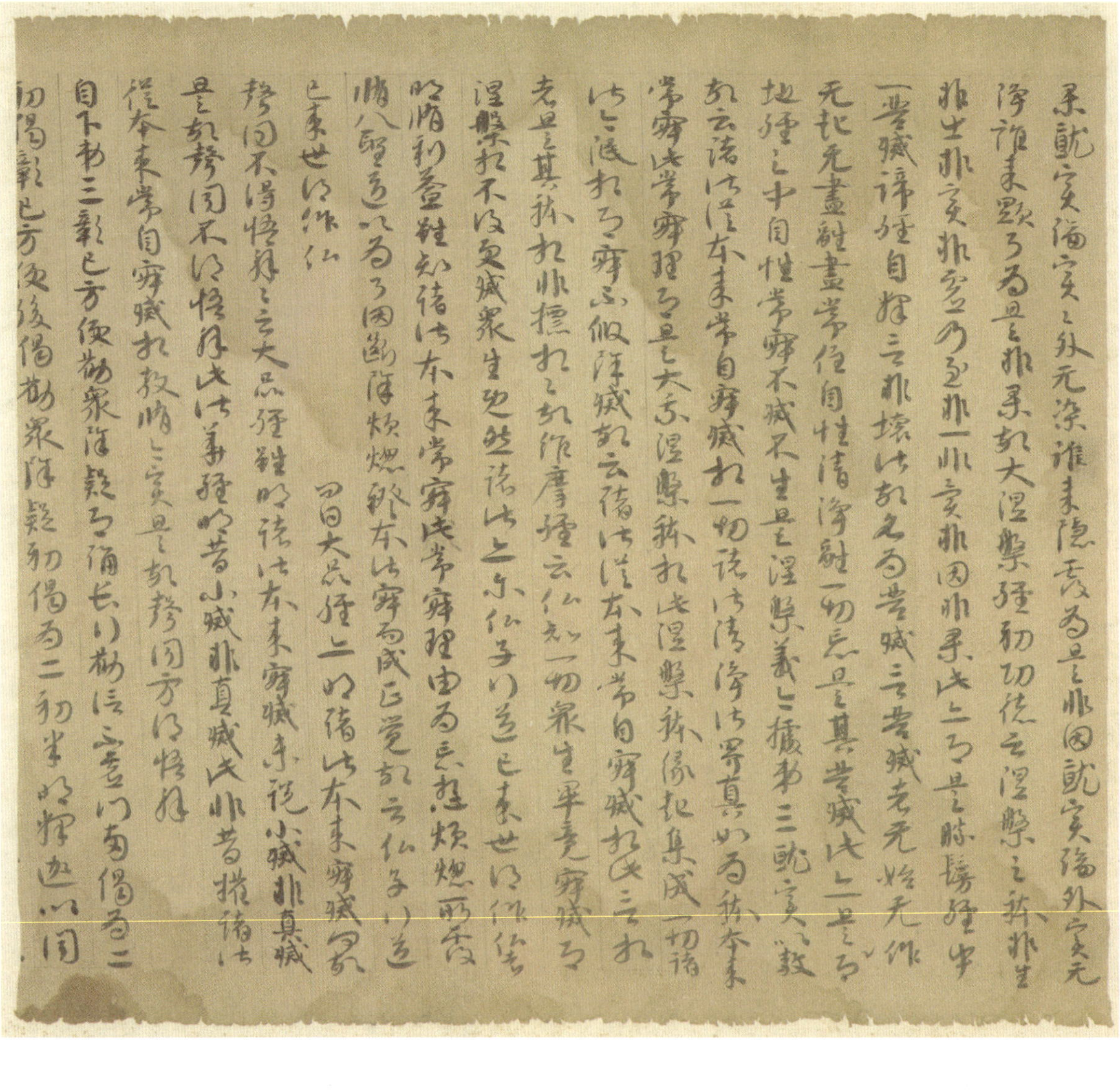

舍利弗重白佛言世尊唯願說之唯願說之
所以者何是會无數百千万億阿僧祇衆生
曾見諸佛諸根猛利智慧明了聞佛所說則
能敬信尒時舍利弗欲重宣此義而說偈言
法王无上尊　唯說願勿慮　是會无量衆　有能敬信者
佛復止舍利弗若說是事一切世間天人阿
脩羅皆當驚疑增上慢比丘將墜於大坑尒
時世尊重說偈言
止止不須說　我法妙難思　諸增上慢者　聞必不敬信
尒時舍利弗重白佛言世尊唯願說之唯願
說之今此會中如我等比百千万億世世已
曾從佛受化如此人等必能敬信長夜安隱
多所饒益尒時舍利弗欲重宣此義而說偈
言
无上兩足尊　願說第一法　我為佛長子　唯垂分別說
是會无量衆　能敬信此法　佛已曾世世　教化如是等
皆一心合掌　欲聽受佛語　我等千二百　及餘求佛者
願為此衆故　唯垂分別說　是等聞此法　則生大歡喜
尒時世尊告舍利弗汝已慇懃三請豈得不

法華經疏（擬）　唐寫本（第一圖）

維摩詰所說經卷下　唐寫本（第二圖）

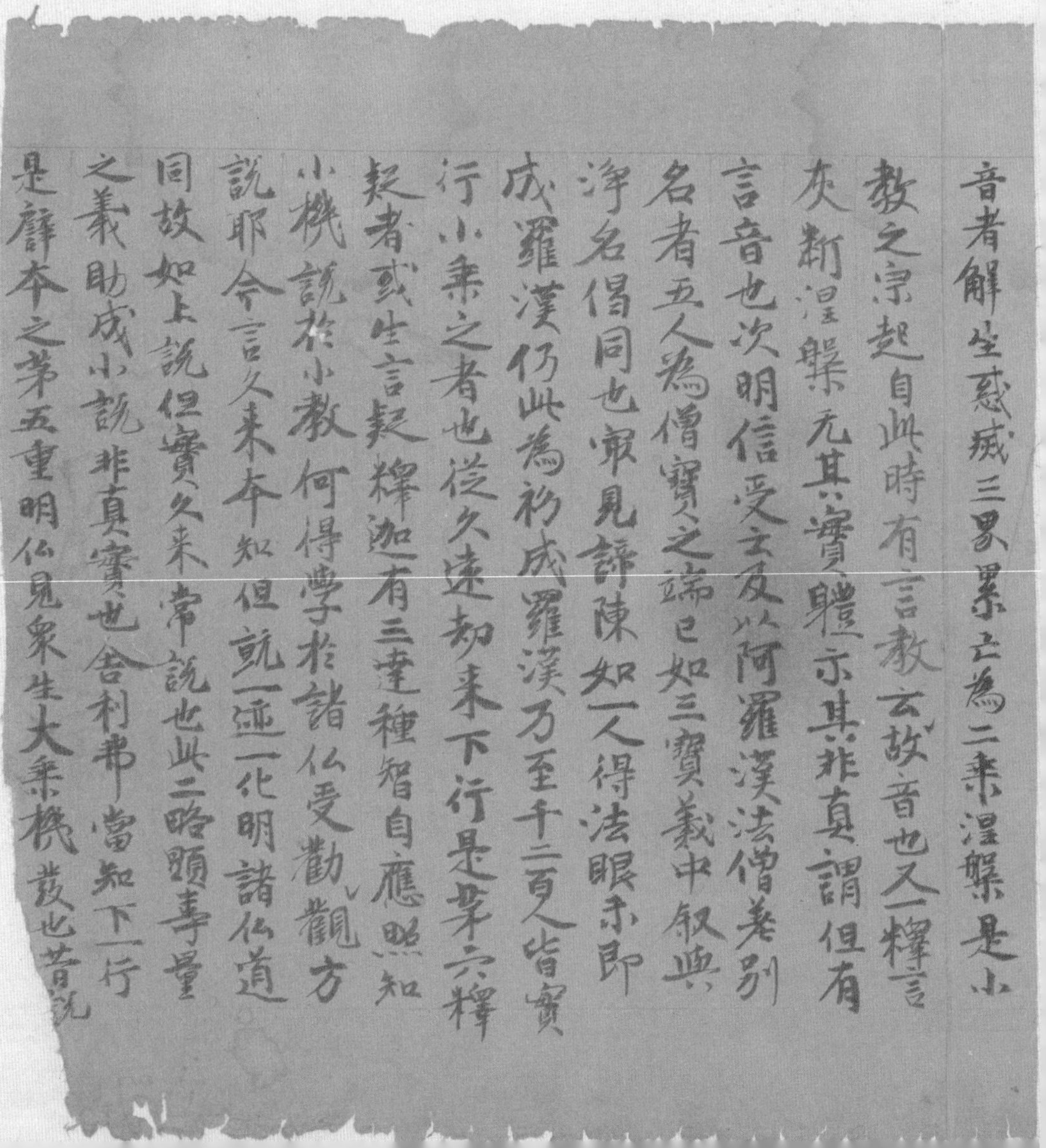

音者解坐惑感三界累亡為二乘涅槃是小
教之宗起自此時有言教云故音也又一釋言
灰斷涅槃无其實體亦其非真謂但有
言音也次明信受云及以阿羅漢法僧差別
名者五人為僧寶之端已如三寶義中敘與
淨名偈同也衆見諦陳如一人得法眼未即
成羅漢仍此為初成羅漢乃至千二百人皆實
行小乘之者也從久遠劫來下行是第六釋
疑者或生言疑釋迦有三達種智自應照知
小機說於小教何得學於諸仏受勸觀方
說耶今言久來本知但就一迹一化明諸仏道
同故如上說但實久來常說也此三略顯壽量
之義助成小說非真實世舍利弗當知下一行
是辟本之第五重明仏見衆生大乘機發也昔說

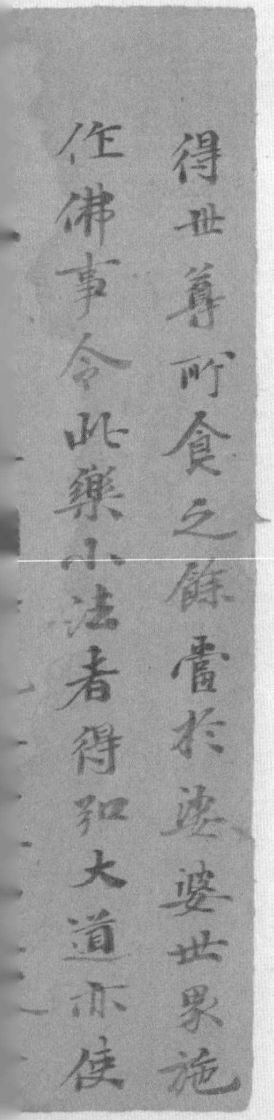

得世尊所食之餘當於娑婆世界施
作佛事令此樂小法者得弘大道亦使

三昧不動三昧莊嚴三昧日光三昧月淨三
昧淨明三昧能作明三昧作行三昧知相三
昧如金剛三昧心住三昧遍照三昧安立三
昧寶頂三昧妙法印三昧法等三昧生喜三
昧到法頂三昧能散三昧壞諸法處三昧字
等相三昧離字三昧斷緣三昧不壞三昧无
變三昧无處行三昧離闇三昧无去三昧不
動三昧度緣三昧集諸德三昧住无心三昧
妙淨華三昧覺意三昧无量辯三昧无等等
三昧度諸法三昧分別諸法三昧散疑三昧
无住處三昧一相三昧生行三昧一行三昧
不一行三昧妙行三昧達一切有底散三昧
入言語三昧離音聲字語三昧燃炬三昧淨
相三昧破相三昧一切種妙足三昧不喜苦
樂三昧不盡行三昧多陁羅尼三昧取諸耶
正相三昧滅憎愛三昧逆順三昧淨光三昧
堅固三昧滿月淨光三昧大莊嚴三昧能照
一切世三昧三昧等三昧无諍行三昧无住
處樂三昧如住定三昧壞身三昧壞語如虛
空三昧離著如虛空不染三昧舍利弗是菩
薩摩訶薩行是諸三昧疾得阿耨多羅三藐
三菩提復有无量阿僧祇三昧門陁羅尼門
菩薩摩訶薩學是三昧門陁羅尼門疾得阿
耨多羅三藐三菩提慧命須菩提隨佛心言

界礼波佛足又聞其言雖摩

摩訶般若波羅蜜經卷三　南北朝寫本

妙法蓮華經卷六　唐寫本

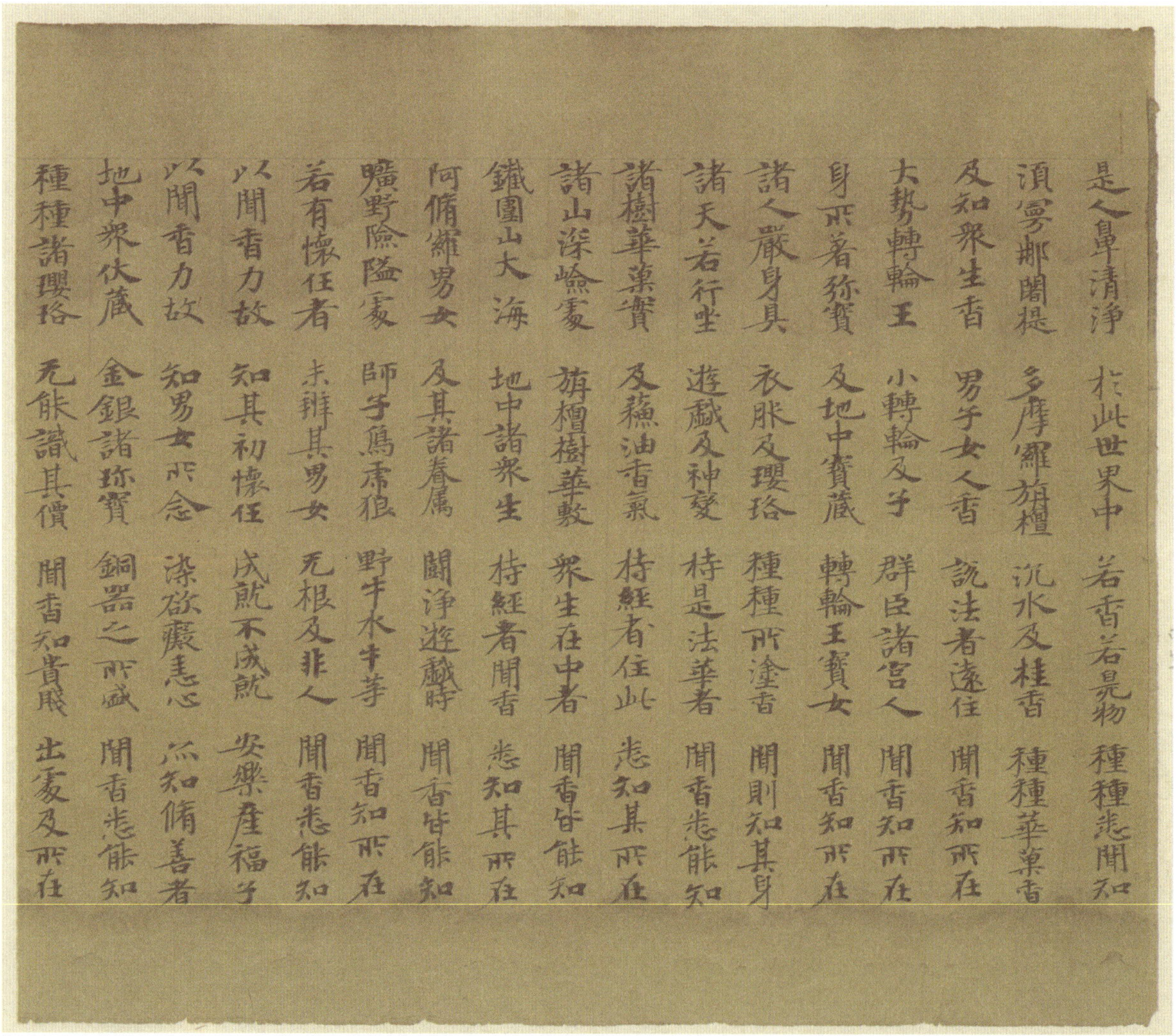

是人鼻清淨　扵此世界中　若香若臰物　種種悉聞知
須曼那闍提　多摩羅旃檀　沉水及桂香　種種華菓香
及知眾生香　男子女人香　說法者遠住　聞香知所在
大勢轉輪王　小轉輪及子　群臣諸宮人　聞香知所在
身所著珎寶　及地中寶藏　轉輪王寶女　聞香知所在
諸人嚴身具　衣服及瓔珞　種種所塗香　聞則知其身
諸天若行坐　遊戲及神變　持是法華者　聞香悉能知
諸樹華菓實　及蘇油香氣　持經者住此　悉知其所在
諸山深嶮處　旃檀樹華敷　眾生在中者　聞香皆能知
鐵圍山大海　地中諸眾生　持經者聞香　悉知其所在
阿脩羅男女　及其諸眷屬　鬪諍遊戲時　聞香皆能知
曠野險隘處　師子象虎狼　野牛水牛等　聞香知所在
若有懷妊者　未辯其男女　无根及非人　聞香悉能知
以聞香力故　知其初懷妊　成就不成就　安樂產福子
以聞香力故　知男女所念　染欲癡恚心　亦知脩善者
地中眾伏藏　金銀諸珎寶　銅器之所盛　聞香悉能知
種種諸瓔珞　无能識其價　聞香知貴賤　出處及所在

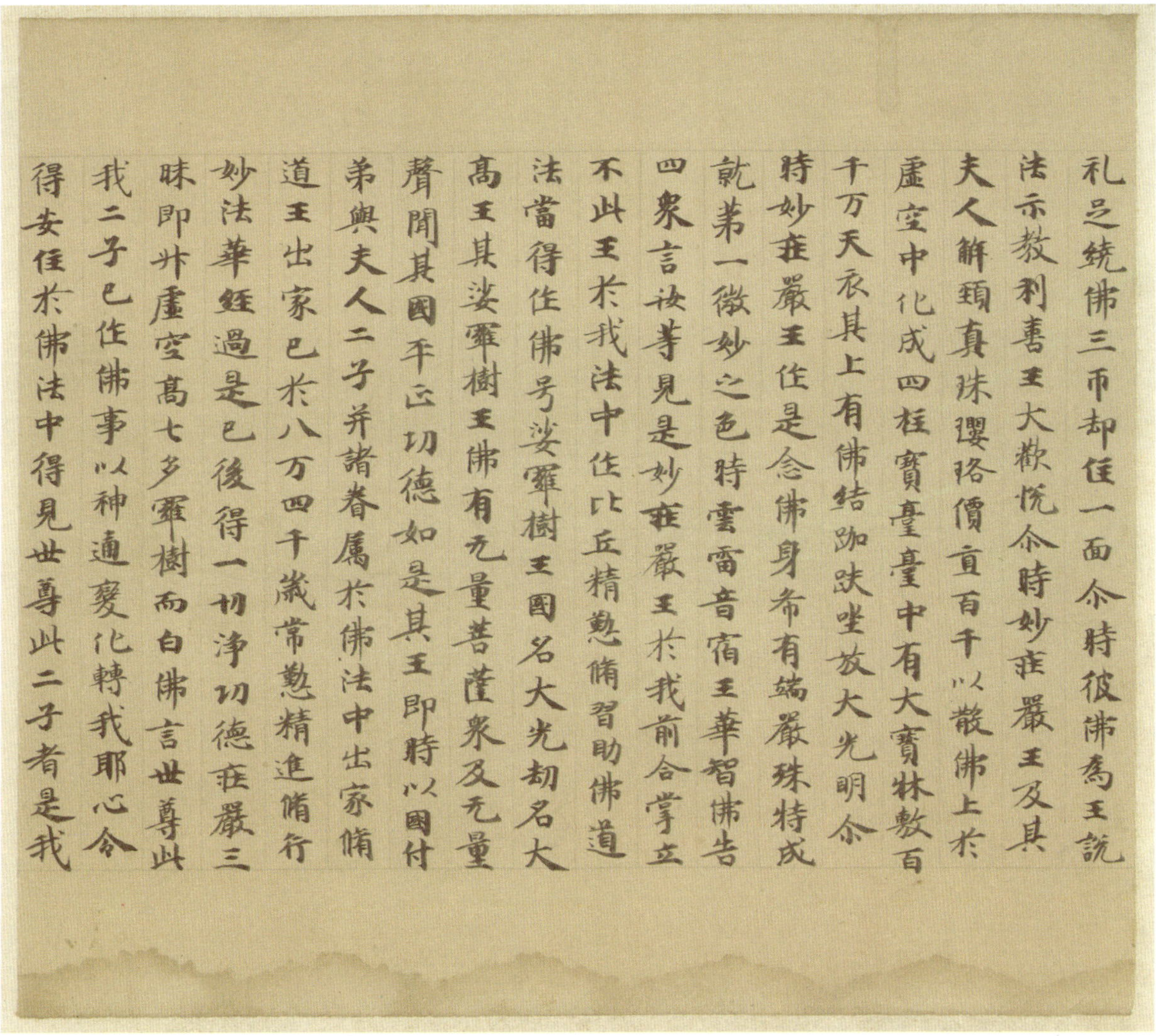

礼足繞佛三帀却住一面尒時彼佛爲王説
法示教利喜王大歡悦尒時妙莊嚴王及其
夫人解頸真珠瓔珞價直百千以散佛上於
虛空中化成四柱寶臺臺中有大寶牀敷百
千万天衣其上有佛結跏趺坐放大光明尒
時妙莊嚴王作是念佛身希有端嚴殊特成
就第一微妙之色時雲雷音宿王華智佛告
四衆言汝等見是妙莊嚴王於我前合掌立
不此王於我法中作比丘精懃修習助佛道
法當得作佛号娑羅樹王國名大光劫名大
高王其娑羅樹王佛有无量菩薩衆及无量
聲聞其國平正功德如是其王即時以國付
弟與夫人二子并諸眷屬於佛法中出家修
道王出家已於八万四千歲常懃精進修行
妙法華經過是已後得一切淨功德莊嚴三
昧即升虛空高七多羅樹而白佛言世尊此
我二子已作佛事以神通變化轉我耶心令
得安住於佛法中得見世尊此二子者是我

妙法蓮華經卷七　唐寫本

南无无垢力三昧奮迅勝佛
南无一切德王光明佛
南无火焰佛
南无須弥劫佛
南无堅自在王佛
南无梵吼聲佛
南无弥樓聚佛
南无善眼佛
南无成就聚佛
南无離愚奮迅佛
南无无㝵眼佛
南无寶幢佛
南无釋迦牟尼佛
南无功德勝藏佛
南无難勝佛
南无樂說莊嚴佛
南无勝藏積吼王佛
南无无邊功德寶莊嚴威德王劫佛
南无功德寶勝威德王劫佛
南无樂說一切法莊嚴勝佛
南无无邊樂說相佛
南无千雲吼聲王佛
南无金上光明勝佛
南无種種威德王光明勝佛
南无覺佛
南无清淨金虛空吼嚴光明佛
南无一切法行威德奮迅光明佛
南无東方无邊功德寶福德莊嚴廣世界
无垢清淨光明菩提分俱獲摩不斷絕光明
莊嚴光佛

佛名經（十二卷本）卷六　唐寫本

藐諸佛世尊猶如醍醐以是義故大涅槃中
説四種性而有差別迦葉復言一切衆生性
相云何佛言善男子如牛新生乳血未別凡
夫之性雜諸煩惱亦復如是迦葉復言拘尸
那城有栴陁羅名曰歡喜佛記是人由一發
心當於此界千佛數中速成无上正真之道
以何等故如来不記尊者舍利弗目揵連等
速成佛道佛言善男子或有聲聞緣覺菩薩
作誓願言我當久久護持正法然後乃成无
上佛道以發速願故與速記復次善男子譬
如商人有无價寶詣市賣之愚人見已不識
輕咲寶主唱言我此寶珠價直无數聞已復
咲各各相謂此非真寶是頗梨珠善男子聲
聞緣覺見亦復如是若聞速記則便懈怠輕咲
薄賤如彼愚人不識真寶於未来世有諸比
丘不能勤修集善法貧窮困苦飢餓所
逼因是出家長養其身心志輕慊邪命諂曲
若聞如来授諸聲聞速疾記者便當大咲輕
慢毀呰當知是等即是破戒自言已得過人之
法以是義故隨發速願故與速記護正法者
為授遠記迦葉菩薩復白佛言世尊菩薩

大般涅槃經（北本）卷一〇　唐寫本

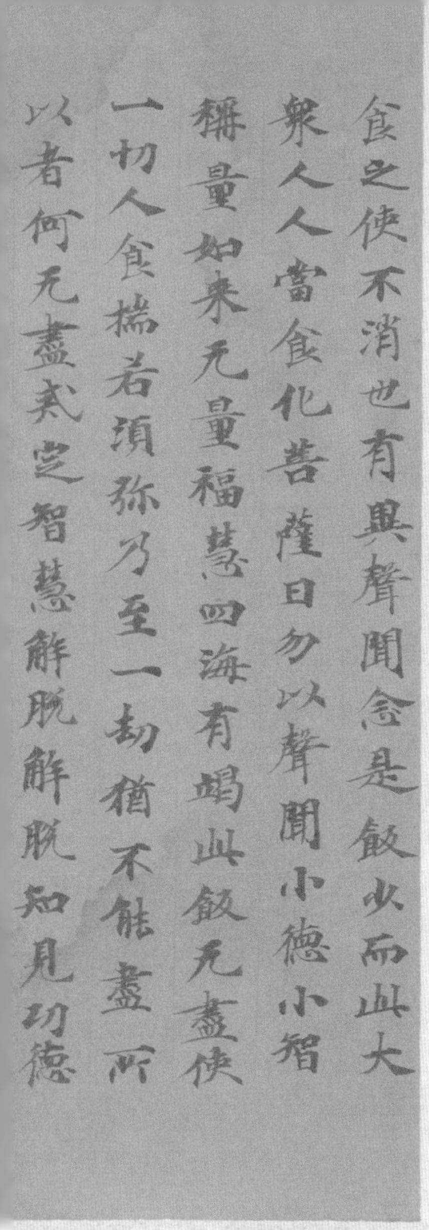

食之使不消世有異聲聞念是飯少而此大
衆人人當食化菩薩曰勿以聲聞小德小智
稱量如來无量福慧四海有竭此飯无盡使
一切人食揣若須弥乃至一劫猶不能盡所
以者何无盡戒定智慧解脱解脱知見功德

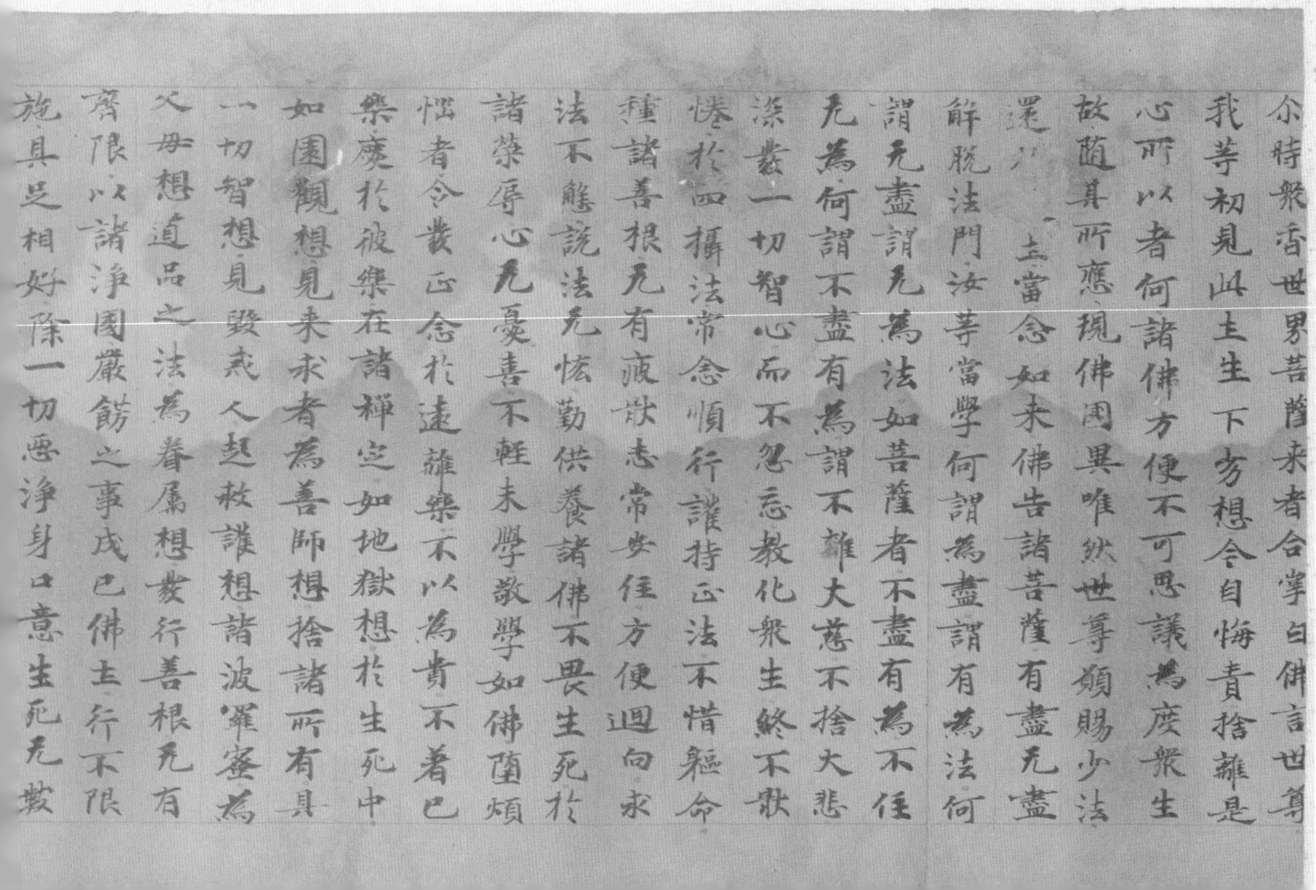

尒時衆香世界菩薩來者合掌白佛言世尊
我等初見此土生下劣想今自悔責捨離是
心所以者何諸佛方便不可思議為度衆生
故隨其所應現佛國異唯然世尊願賜少法
還於彼土當念如來佛告諸菩薩有盡无盡
解脱法門汝等當學何謂為盡謂有為法何
謂无盡謂无為法如菩薩者不盡有為不住
无為何謂不盡有為謂不離大慈不捨大悲
深發一切智心而不忽忘教化衆生終不猒
惓於四攝法常念順行護持正法不惜軀命
種諸善根无有疲猒志常安住方便迴向求
法不懈說法无悋勤供養諸佛不畏生死於
諸榮辱心无憂喜不輕未學敬學如佛墮煩
惱者令發正念於遠離樂不以為貴不著己
樂慶於彼樂在諸禪定如地獄想於生死中
如園觀想見來求者為善師想捨諸所有具
一切智想見毀戒人起救護想諸波羅蜜為
父母想道品之法為眷屬想發行善根无有
齊限以諸淨國嚴餝之事成己佛土行不限
施具足相好除一切惡淨身口意生死无數

維摩詰所説經卷下　唐寫本

維摩詰所說經卷下　唐寫本

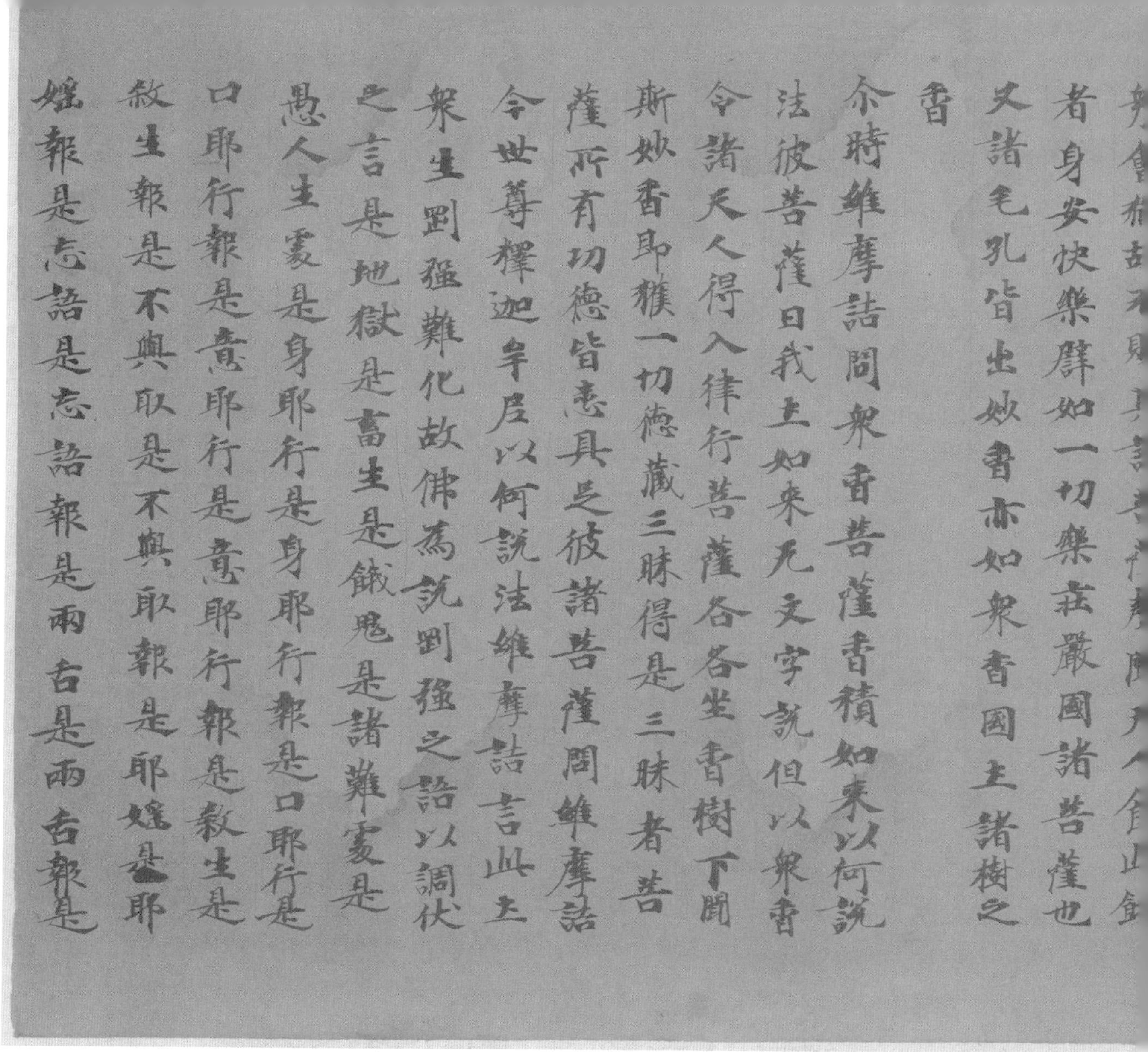
……天人食此飯
者身安快樂譬如一切樂莊嚴國諸菩薩也
又諸毛孔皆出妙香亦如衆香國土諸樹之
香
尒時維摩詰問衆香菩薩香積如來以何說
法彼菩薩曰我土如來无文字說但以衆香
令諸天人得入律行菩薩各各坐香樹下聞
斯妙香即獲一切德藏三昧得是三昧者菩
薩所有功德皆悉具足彼諸菩薩問維摩詰
今世尊釋迦牟尼以何說法維摩詰言此土
衆生剛強難化故佛為說剛強之語以調伏
之言是地獄是畜生是餓鬼是諸難處是
愚人生處是身邪行是身邪行報是口邪行是
口邪行報是意邪行是意邪行報是殺生是
殺生報是不與取是不與取報是邪婬是邪
婬報是妄語是妄語報是兩舌是兩舌報是

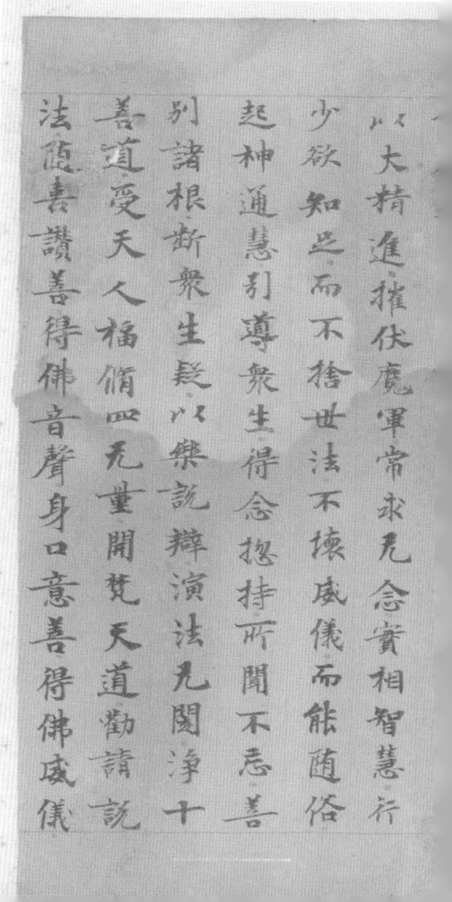
以大精進摧伏魔軍常求无念實相智慧行
少欲知足而不捨世法不壞威儀而能隨俗
起神通慧引導衆生得念揔持所聞不忘善
別諸根斷衆生疑以樂說辯演法无閡淨十
善道受天人福脩四无量開梵天道勸請說
法隨喜讚善得佛音聲身口意善得佛威儀

金剛般若波羅蜜經　唐寫本（第一圖）

金光明經卷四　唐寫本（第二圖）

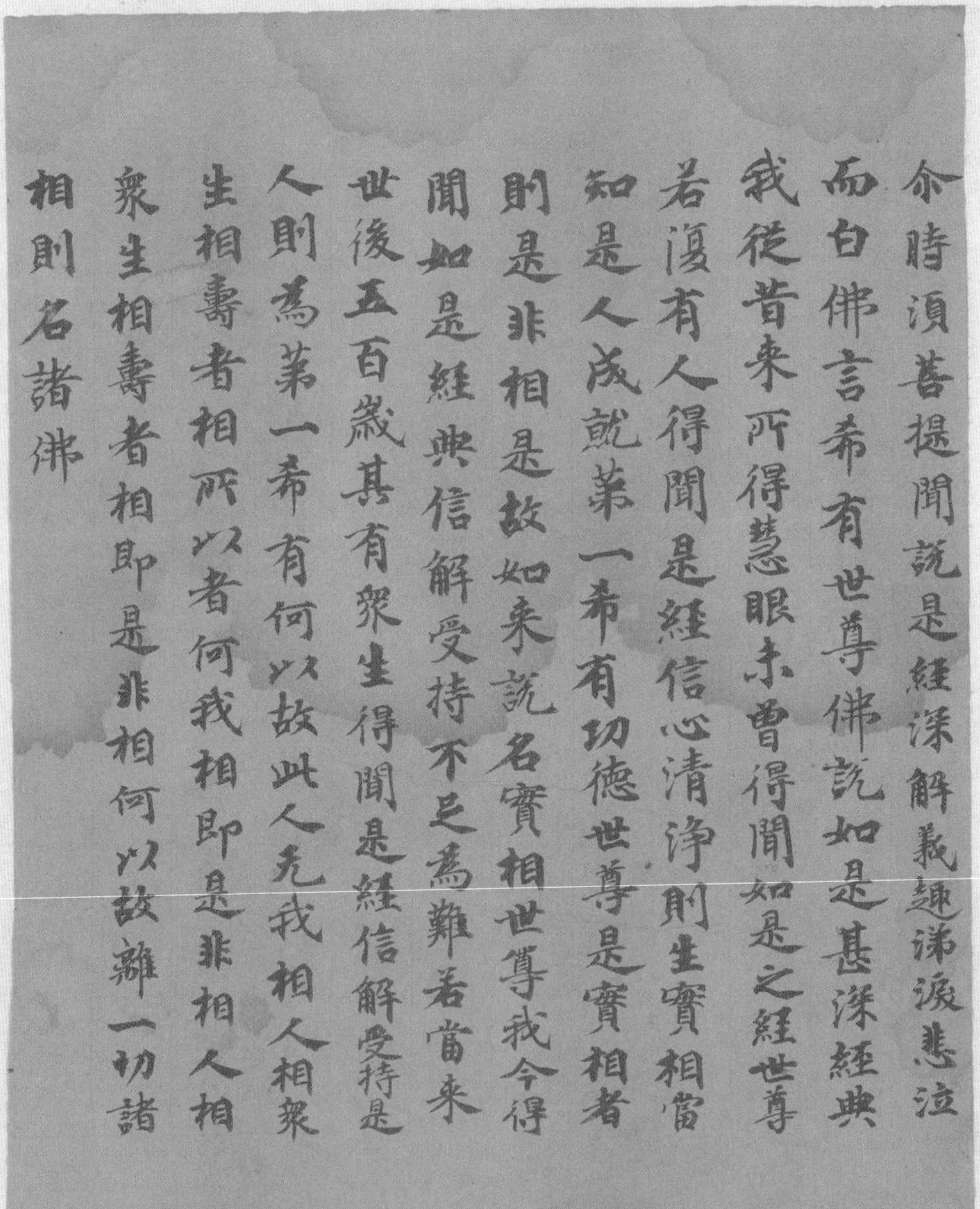

尒時須菩提聞説是經深解義趣涕淚悲泣
而白佛言希有世尊佛説如是甚深經典
我從昔來所得慧眼未曾得聞如是之經世尊
若復有人得聞是經信心清淨則生實相當
知是人成就第一希有功德世尊是實相者
則是非相是故如來説名實相世尊我今得
聞如是經典信解受持不足為難若當來
世後五百歲其有衆生得聞是經信解受持是
人則為第一希有何以故此人无我相人相衆
生相壽者相所以者何我相即是非相人相
衆生相壽者相即是非相何以故離一切諸
相則名諸佛

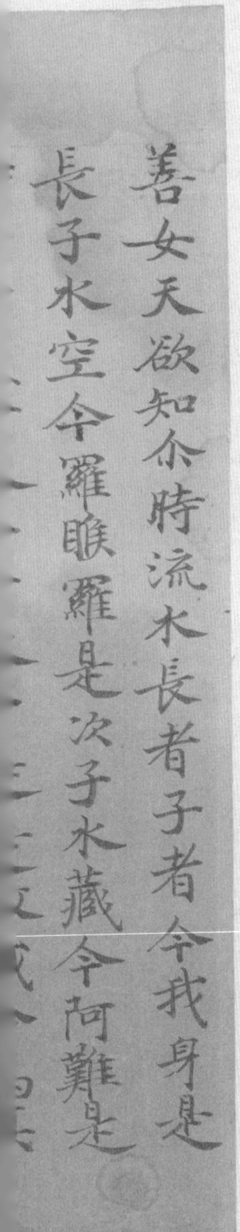

善女天欲知尒時流水長者子者今我身是
長子水空今羅睺羅是次子水藏今阿難是

維摩詰所説經卷上　吐蕃統治時期寫本

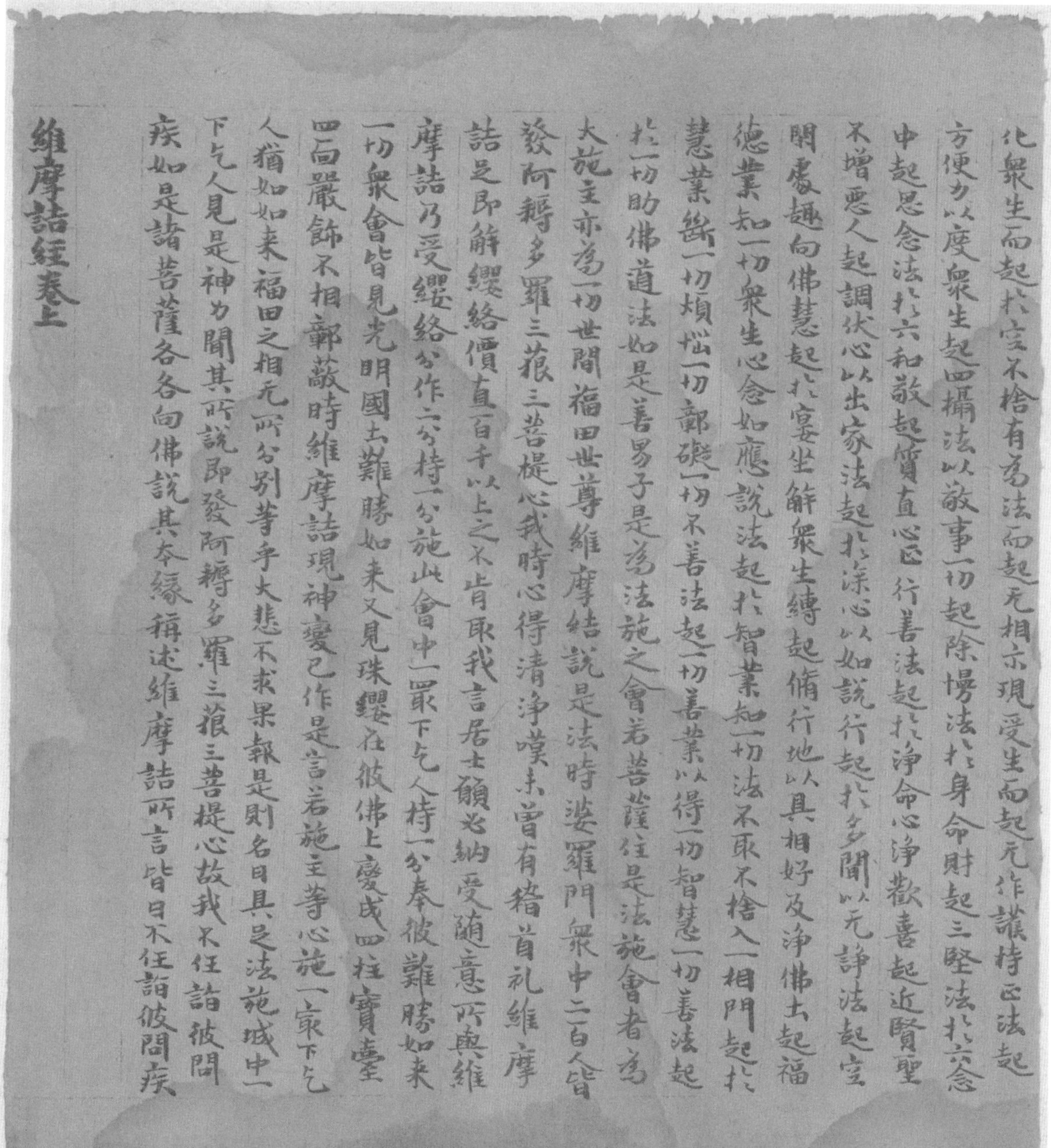
化衆生而起於空不捨有為法而起无相示現受生而起无作護持正法起
方便力以度衆生起四攝法以敬事一切起除慢法於身命財起三堅法於六念
中起思念法於六和敬起質直心正行善法起於淨命心淨歡喜起近賢聖
不增惡人起調伏心以出家法起於深心以如說行起於多聞以无諍法起空
閑處趣向佛慧起於宴坐解衆生縛起脩行地以具相好及淨佛土起福
德業知一切衆生心念如應說法起於智業知一切法不取不捨入一相門起於
慧業斷一切煩惱一切鄣礙一切不善法起一切善業以得一切智慧一切善法起
於一切助佛道法如是善男子是為法施之會若菩薩住是法施會者為
大施主亦為一切世間福田世尊維摩結說是法時婆羅門衆中二百人皆
發阿耨多羅三藐三菩提心我時心得清淨嘆未曾有稽首礼維摩
詰足即解瓔珞價直百千以上之不肯取我言居士願必納受隨意所與維
摩詰乃受瓔珞分作二分持一分施此會中一最下乞人持一分奉彼難勝如来
一切衆會皆見光明國土難勝如来又見珠瓔在彼佛上變成四柱寶臺
四面嚴飾不相鄣蔽時維摩詰現神變已作是言若施主等心施一最下乞
人猶如如来福田之相无所分別等于大悲不求果報是則名曰具足法施城中一
下乞人見是神力聞其所說即發阿耨多羅三藐三菩提心故我不任詣彼問
疾如是諸菩薩各各向佛說其本緣稱述維摩詰所言皆曰不任詣彼問疾
維摩詰經卷上

身者今汝身是

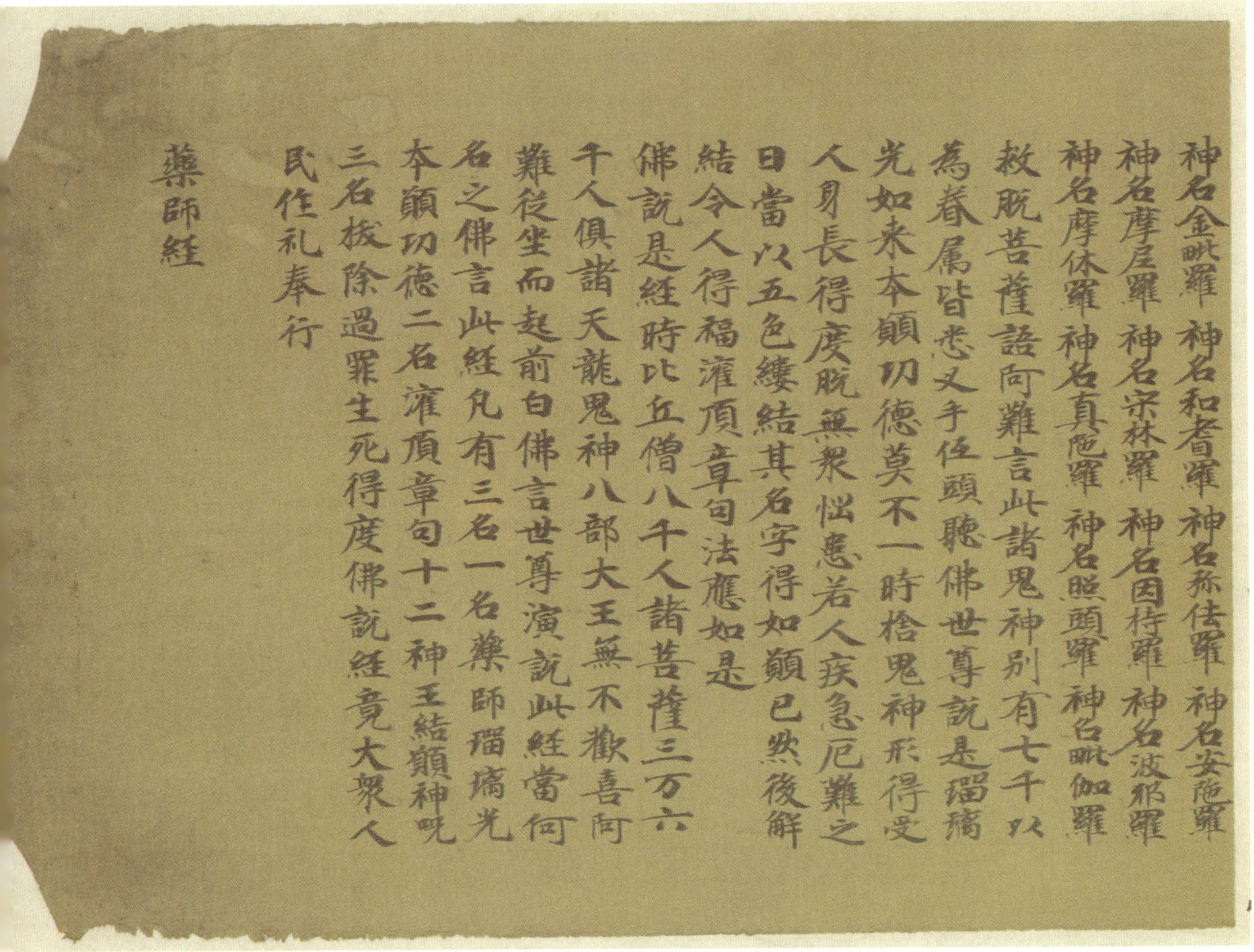

神名金毗羅 神名和耆羅 神名弥佉羅 神名安陁羅
神名摩尼羅 神名宗林羅 神名因持羅 神名波邪羅
神名摩休羅 神名真陁羅 神名照頭羅 神名毗伽羅
救脫菩薩語阿難言此諸鬼神別有七千以
為眷屬皆悉叉手低頭聽佛世尊說是瑠璃
光如來本願功德莫不一時捨鬼神形得受
人身長得度脫無衆惱患若人疾急厄難之
日當以五色縷結其名字得如願已然後解
結令人得福灌頂章句法應如是
佛說是經時比丘僧八千人諸菩薩三万六
千人俱諸天龍鬼神八部大王無不歡喜阿
難從坐而起前白佛言世尊演說此經當何
名之佛言此經凡有三名一名藥師瑠璃光
本願功德二名灌頂章句十二神王結願神呪
三名拔除過罪生死得度佛說經竟大衆人
民作礼奉行
藥師經

灌頂拔除過罪生死得度經 唐寫本

藥師琉璃光如來本願功德經　唐寫本（第一圖）

藥師琉璃光如來本願功德經　唐寫本（第二圖）

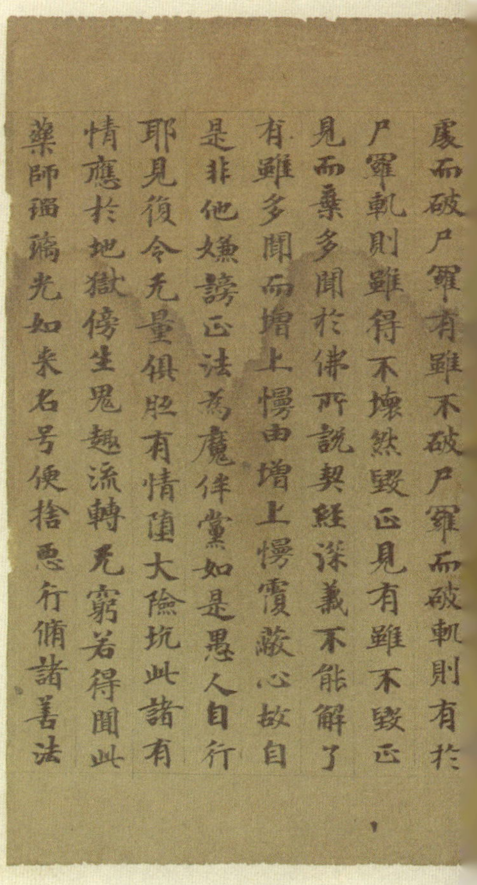

處而破尸羅有雖不破尸羅而破軌則有於
尸羅軌則雖得不壞然毀正見有雖不毀正
見而棄多聞於佛所說契經深義不能解了
有雖多聞而增上慢由增上慢覆蔽心故自
是非他嫌謗正法為魔伴黨如是愚人自行
耶見復令无量俱胝有情墮大險坑此諸有
情應於地獄傍生鬼趣流轉无窮若得聞此
藥師瑠璃光如來名号便捨惡行脩諸善法

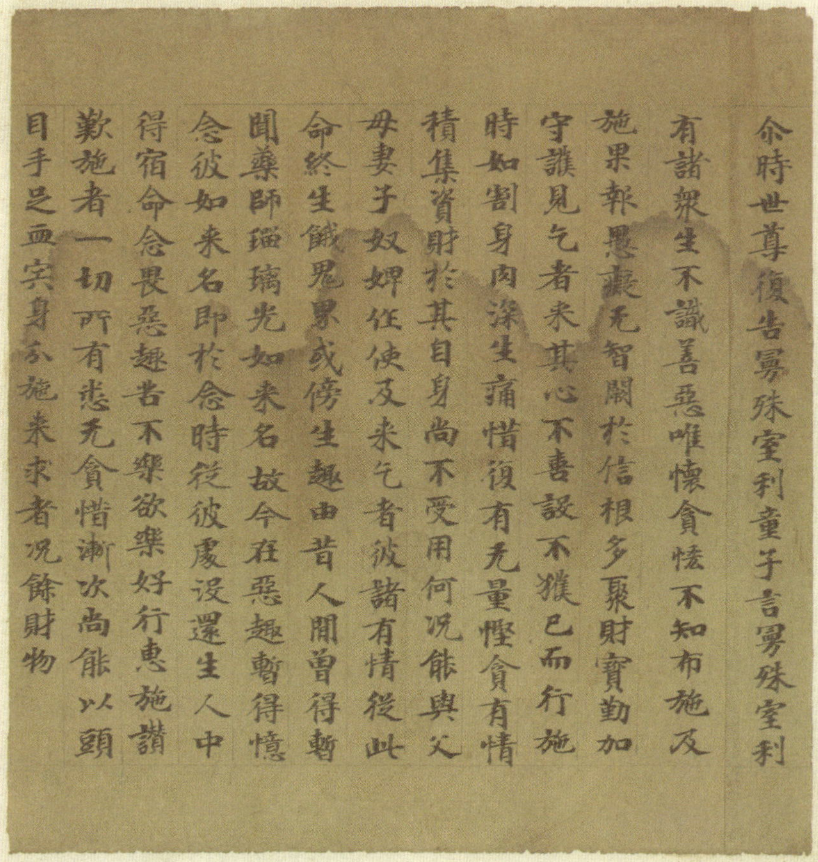

尒時世尊復告曼殊室利童子言曼殊室利
有諸衆生不識善惡唯懷貪悋不知布施及
施果報愚癡无智闕於信根多聚財寶勤加
守護見乞者來其心不喜設不獲已而行施
時如割身肉深生痛惜復有无量慳貪有情
積集資財於其自身尚不受用何況能與父
母妻子奴婢作使及來乞者彼諸有情從此
命終生餓鬼界或傍生趣由昔人間曾得暫
聞藥師瑠璃光如來名故今在惡趣暫得憶
念彼如來名即於念時從彼處沒還生人中
得宿命念畏惡趣苦不樂欲樂好行惠施讚
歎施者一切所有悉无貪惜漸次尚能以頭
目手足血肉身分施來求者況餘財物

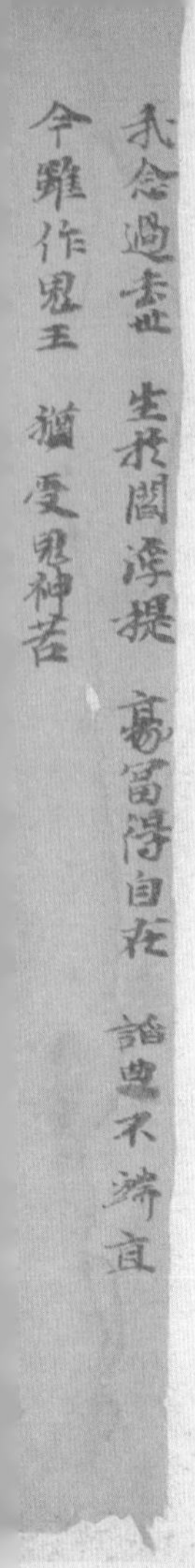

我念過去世　生於閻浮提　為富得自在　諂曲不端直
今雖作鬼王　猶受鬼神苦

稱讚淨土佛攝受經　唐寫本（第一圖）

妙法蓮華經卷四　唐寫本（第二圖）

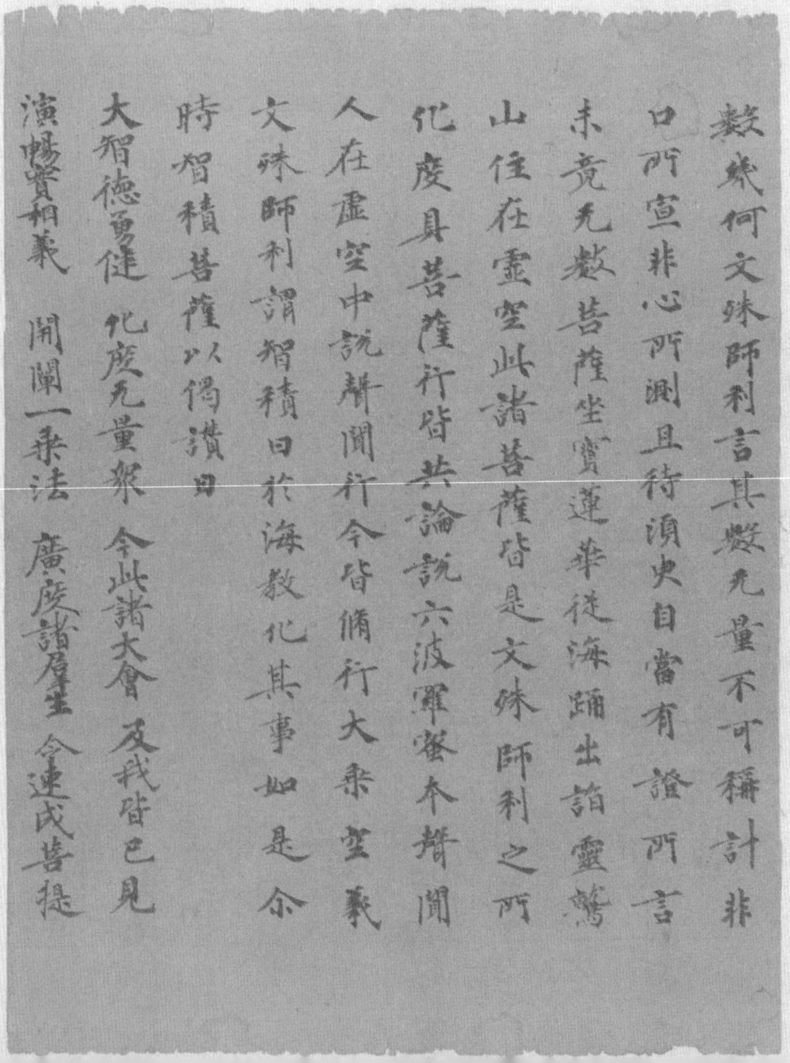

數然何文殊師利言其數无量不可稱計非
口所宣非心所測且待須臾自當有證所言
未竟无數菩薩坐寶蓮華從海踊出詣靈鷲
山住在虛空此諸菩薩皆是文殊師利之所
化度具菩薩行皆共論說六波羅蜜本聲聞
人在虛空中說聲聞行今皆脩行大乘空義
文殊師利謂智積曰於海教化其事如是尒
時智積菩薩以偈讚曰
大智德勇健　化度无量衆　今此諸大會　及我皆已見
演暢實相義　開闡一乘法　廣度諸衆生　令速成菩提

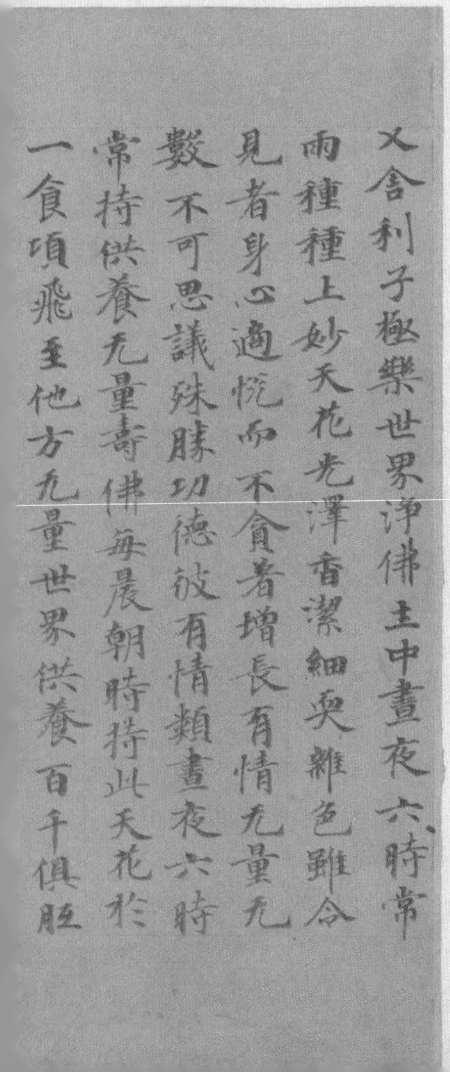

又舍利子極樂世界淨佛土中晝夜六時常
雨種種上妙天花光澤香潔細耎雜色雖令
見者身心適悅而不貪著增長有情无量无
數不可思議殊勝功德彼有情類晝夜六時
常持供養无量壽佛每晨朝時持此天花於
一食頃飛至他方无量世界供養百千俱胝

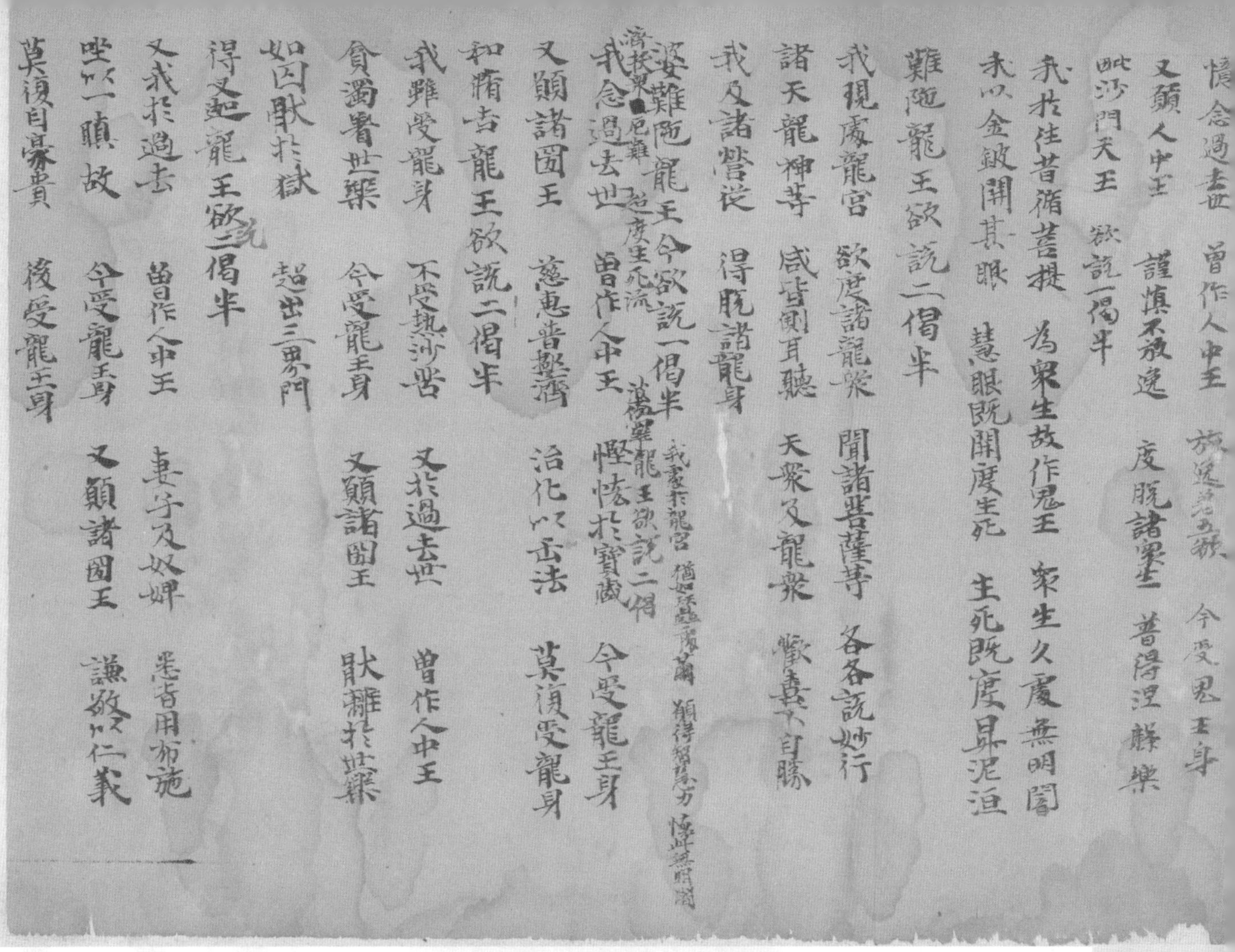
懷念過去世 曾作人中王 放逸墮五趣 今受鬼王身
又願人中王 謹慎不放逸 度脫諸衆生 普得涅槃樂
毗沙門天王 欲說一偈半
我於往昔循菩提 爲衆生故作鬼王 衆生久處無明闇
我以金鈸開其眼 慧眼既開度生死 生死既度昇泥洹
難陀龍王欲說二偈半
我現處龍宮 欲度諸龍衆 聞諸菩薩等 各各說妙行
諸天龍神等 咸皆側耳聽 天衆及龍衆 歡喜不自勝
我及諸眷從 得脫諸龍身
濟拔衆■厄難 超度生死流
婆難陀龍王今欲說一偈半
我念過去世 曾作人中王 慳悋於寶藏 今受龍王身
摩那斯龍王欲說二偈
我處於龍宮 猶如處蓮蘭 願得智慧力 除此無明闇
又願諸國王 慈惠普整濟 治化以正法 莫復受龍身
和脩吉龍王欲說二偈半
我雖受龍身 不受熱沙苦 又於過去世 曾作人中王
貪濁著世樂 今受龍王身 又願諸國王 厭離於世樂
如囚厭於獄 超出三界門
得叉迦龍王欲說二偈半
又我於過去 曾作人中王 妻子及奴婢 悉皆用布施
坐以一瞋故 今受龍王身 又願諸國王 謙敬以仁義
莫復自豪貴 後受龍王身

陀羅尼雜集卷三　歸義軍時期寫本

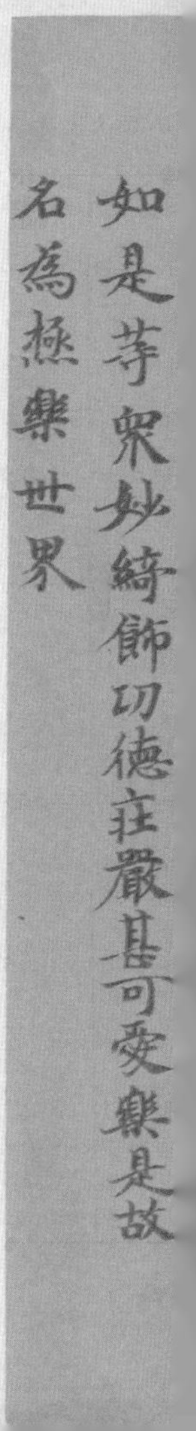
如是等衆妙綺飾功德莊嚴甚可愛樂是故
名爲極樂世界

維摩詰所説經卷中　吐蕃統治時期寫本

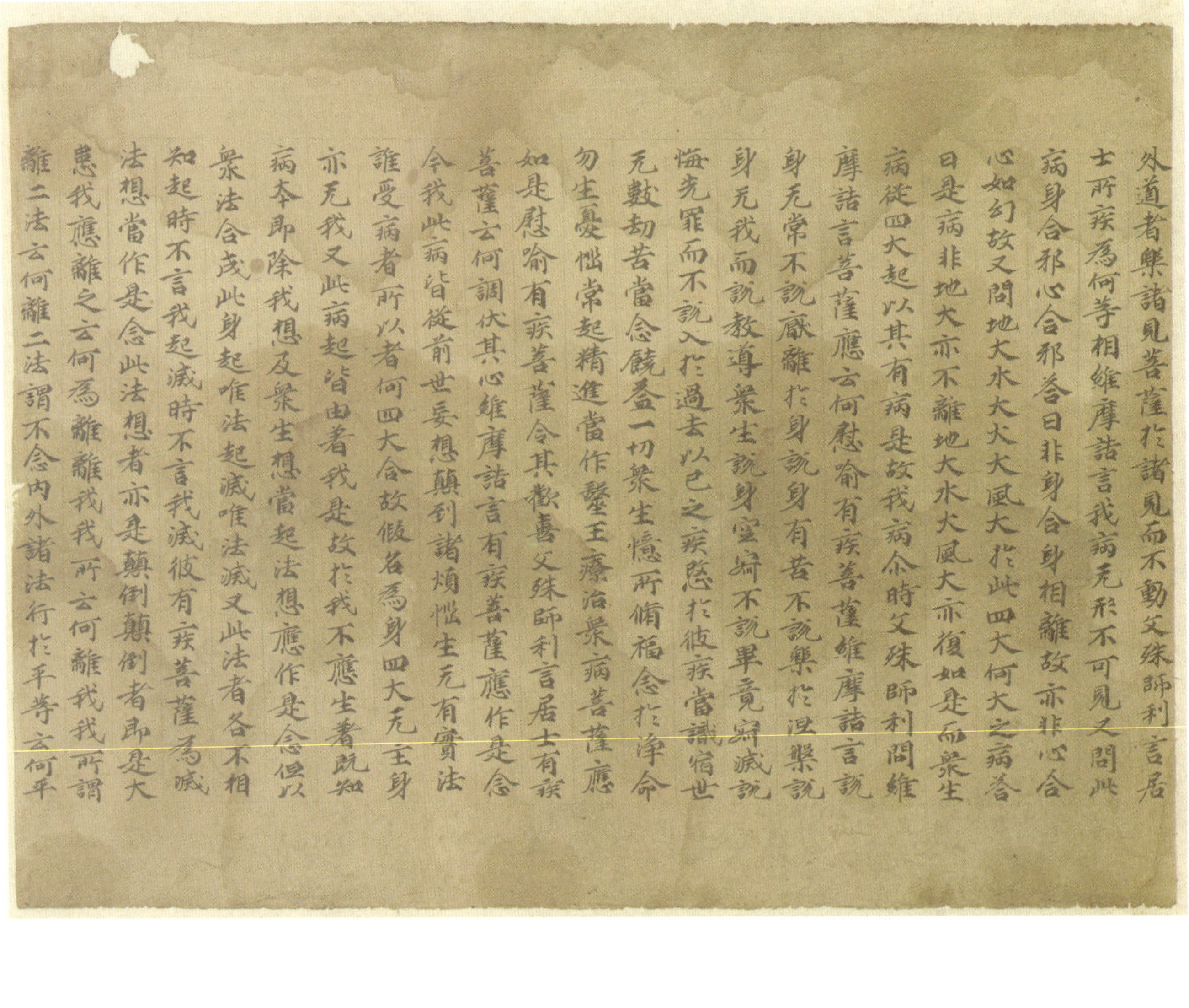

外道者樂諸見菩薩於諸見而不動文殊師利言居
士所疾爲何等相維摩詰言我病无形不可見又問此
病身合耶心合耶荅曰非身合身相離故亦非心合
心如幻故又問地大水大火大風大於此四大何大之病荅
曰是病非地大亦不離地大水火風大亦復如是而衆生
病從四大起以其有病是故我病尒時文殊師利問維
摩詰言菩薩應云何慰喻有疾菩薩維摩詰言說
身无常不說厭離於身說身有苦不說樂於涅槃說
身无我而說教導衆生說身空寂不說畢竟寂滅說
悔先罪而不說入於過去以己之疾愍於彼疾當識宿世
无數劫苦當念饒益一切衆生憶所脩福念於淨命
勿生憂惱常起精進當作醫王療治衆病菩薩應
如是慰喻有疾菩薩令其歡喜文殊師利言居士有疾
菩薩云何調伏其心維摩詰言有疾菩薩應作是念
今我此病皆從前世妄想顛倒諸煩惱生无有實法
誰受病者所以者何四大合故假名爲身四大无主身
亦无我又此病起皆由著我是故於我不應生著既知
病本即除我想及衆生想當起法想應作是念但以
衆法合成此身起唯法起滅唯法滅又此法者各不相
知起時不言我起滅時不言我滅彼有疾菩薩爲滅
法想當作是念此法想者亦是顛倒顛倒者即是大
患我應離之云何爲離離我我所云何離我我所謂
離二法云何離二法謂不念內外諸法行於平等云何平

妙法蓮華經卷一　唐寫本

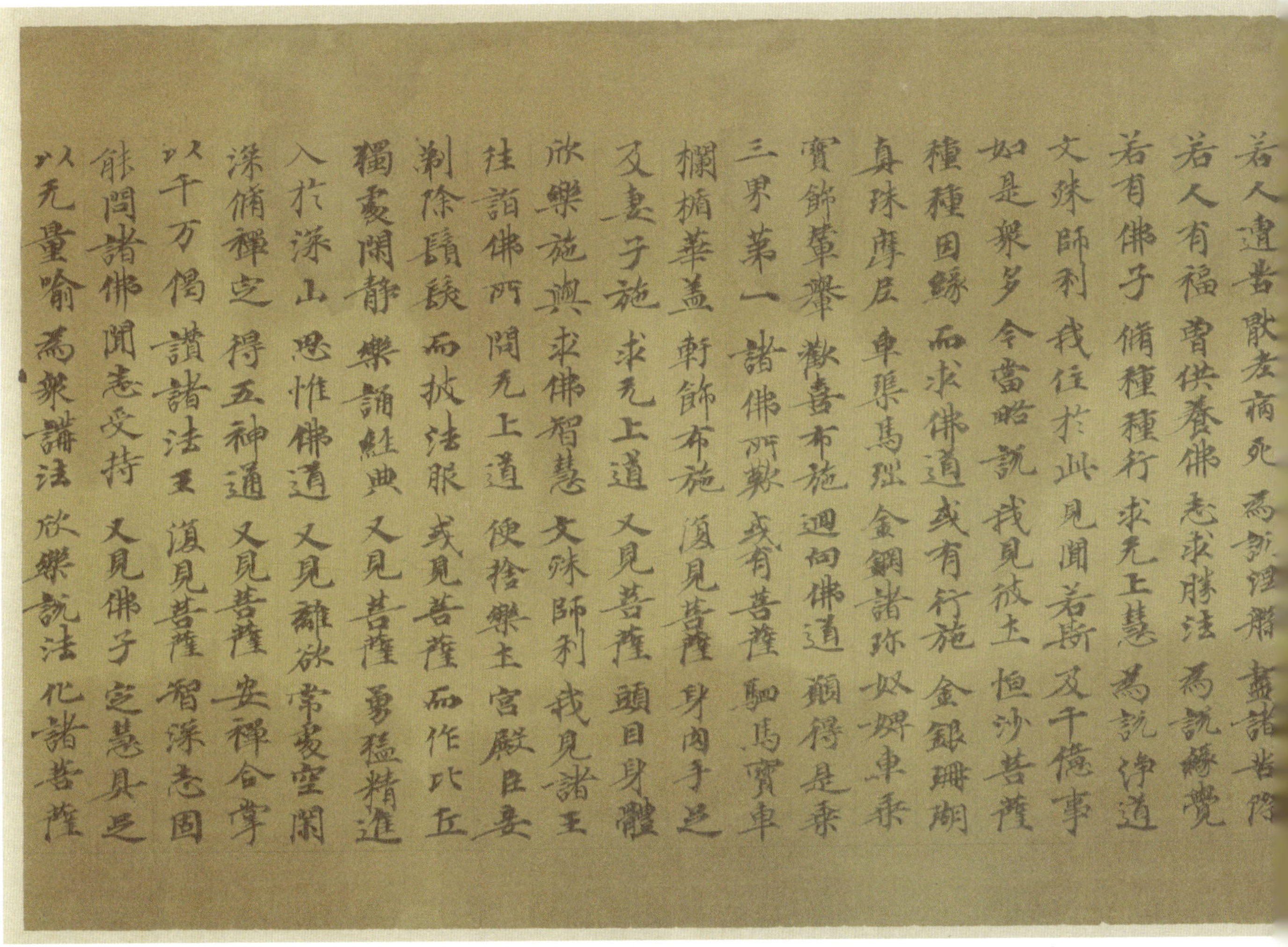
若人遭苦　猒老病死　為說涅槃　盡諸苦際
若人有福　曾供養佛　志求勝法　為說緣覺
若有佛子　脩種種行　求无上慧　為說淨道
文殊師利　我住於此　見聞若斯　及千億事
如是衆多　今當略說　我見彼土　恒沙菩薩
種種因緣　而求佛道　或有行施　金銀珊瑚
真珠摩尼　車𤦲馬瑙　金剛諸珎　奴婢車乘
寶飾輦轝　歡喜布施　迴向佛道　願得是乘
三界第一　諸佛所歎　或有菩薩　駟馬寶車
欄楯華蓋　軒飾布施　復見菩薩　身肉手足
及妻子施　求无上道　又見菩薩　頭目身體
欣樂施與　求佛智慧　文殊師利　我見諸王
往詣佛所　問无上道　便捨樂土　宮殿臣妾
剃除鬚髮　而被法服　或見菩薩　而作比丘
獨處閑靜　樂誦經典　又見菩薩　勇猛精進
入於深山　思惟佛道　又見離欲　常處空閑
深脩禪定　得五神通　又見菩薩　安禪合掌
以千万偈　讚諸法王　復見菩薩　智深志固
能問諸佛　聞悉受持　又見佛子　定慧具足
以无量喻　為衆講法　欣樂說法　化諸菩薩

千眼菩薩總攝身印第一　歸義軍時期寫本（第一圖）

法句經（僞經）　唐寫本（第二圖）

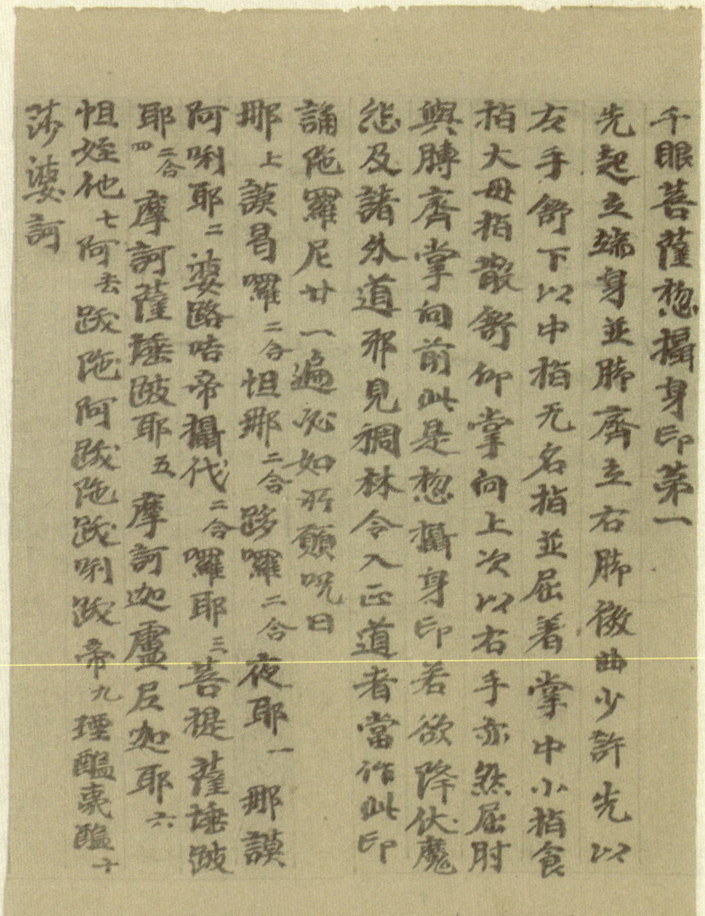
千眼菩薩揔攝身印第一
先起立端身並脚齊立右脚微曲少許先以
右手爵下以中指无名指並屈著掌中小指食
指大母指散舒仰掌向上次以右手亦然屈肘
與膊齊掌向前此是揔攝身印若欲降伏魔
怨及諸外道邪見稠林令入正道者當作此印
誦陁羅尼廿一遍必如所願呪曰
那上謨曷囉二合怛那二合哆囉二合夜耶一 那謨
阿唎耶二 婆路咭帝攝代二合囉耶三 菩提薩埵皤
耶四二合 摩訶薩埵皤耶五 摩訶迦盧尼迦耶六
怛姪他七 阿去跛陁阿跛陁跛唎跛帝九 堙醯裹醯十
莎婆訶

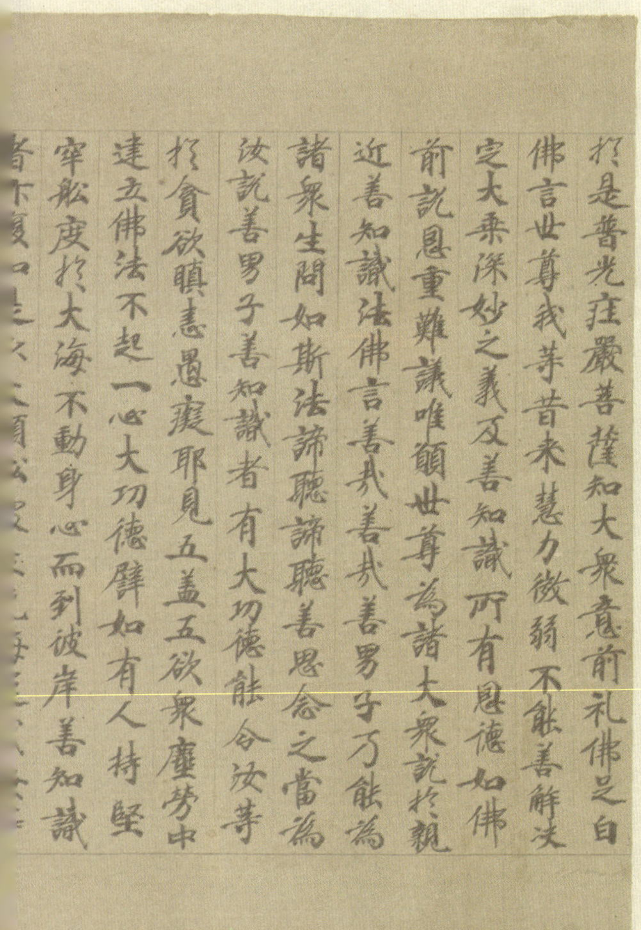
於是普光莊嚴菩薩知大衆意前礼佛足白
佛言世尊我等昔來慧力微弱不能善解決
定大乘深妙之義及善知識所有恩德如佛
前説恩重難議唯願世尊為諸大衆説於親
近善知識法佛言善哉善哉善男子乃能為
諸衆生問如斯法諦聽諦聽善思念之當為
汝説善男子善知識者有大功德能令汝等
於貪欲瞋恚愚癡耶見五蓋五欲衆塵勞中
逮立佛法不起一心大功德譬如有人持堅
牢舡度於大海不動身心而到彼岸善知識
[illegible]

辯中邊論卷一　歸義軍時期寫本

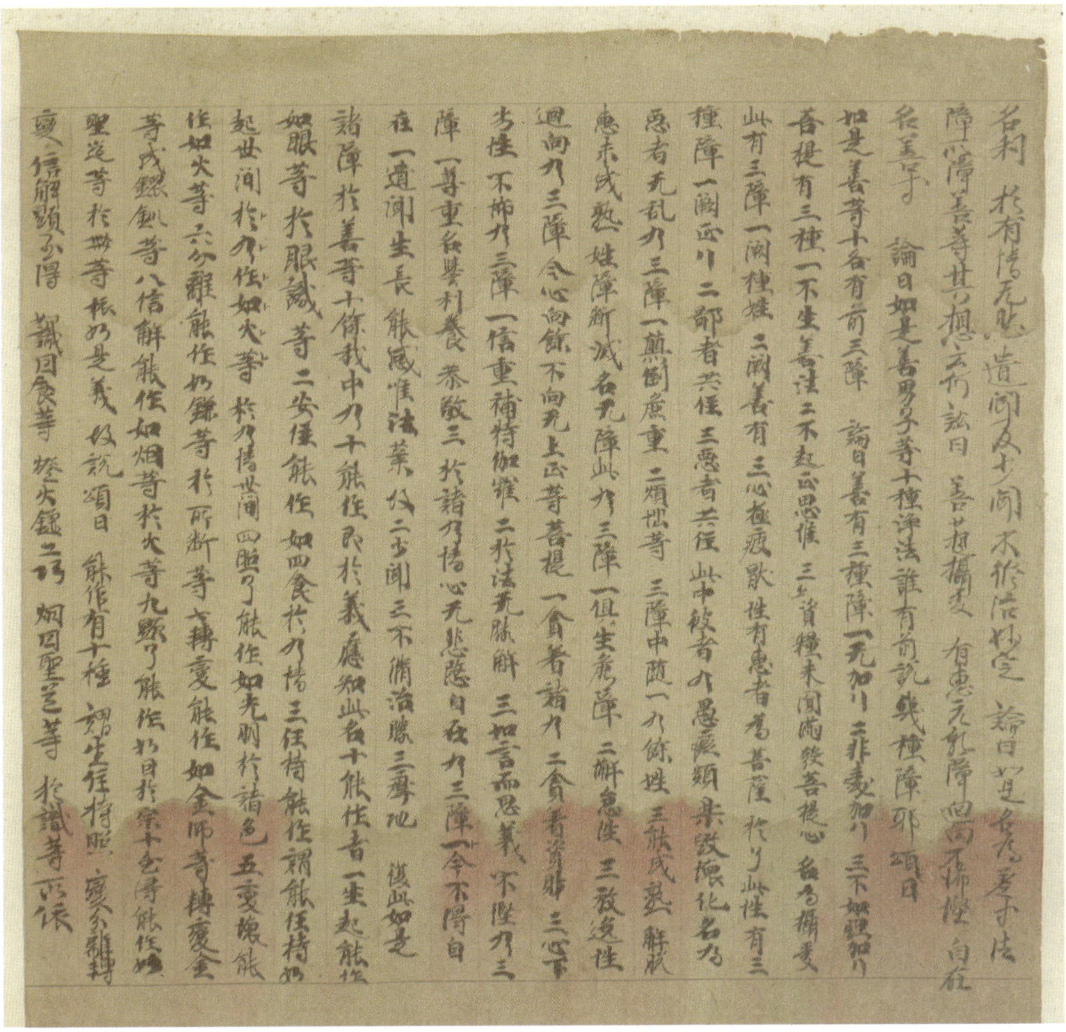

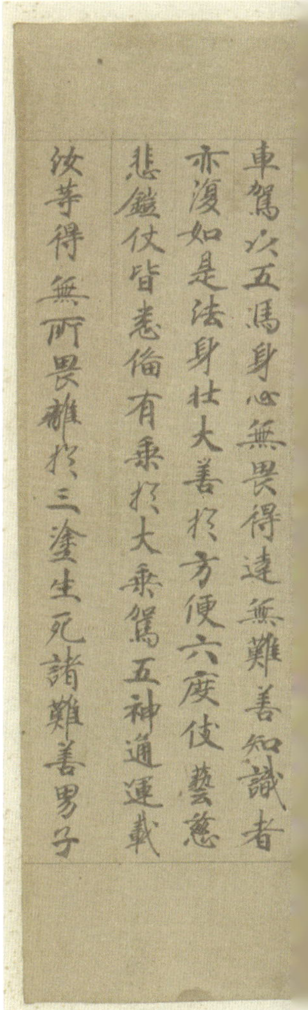
車駕以五馮身心無畏得遠無難善知識者
亦復如是法身壯大善於方便六度使藝慈
悲鎧仗皆悉備有乘於大乘駕五神通運載
汝等得無所畏離於三塗生死諸難善男子

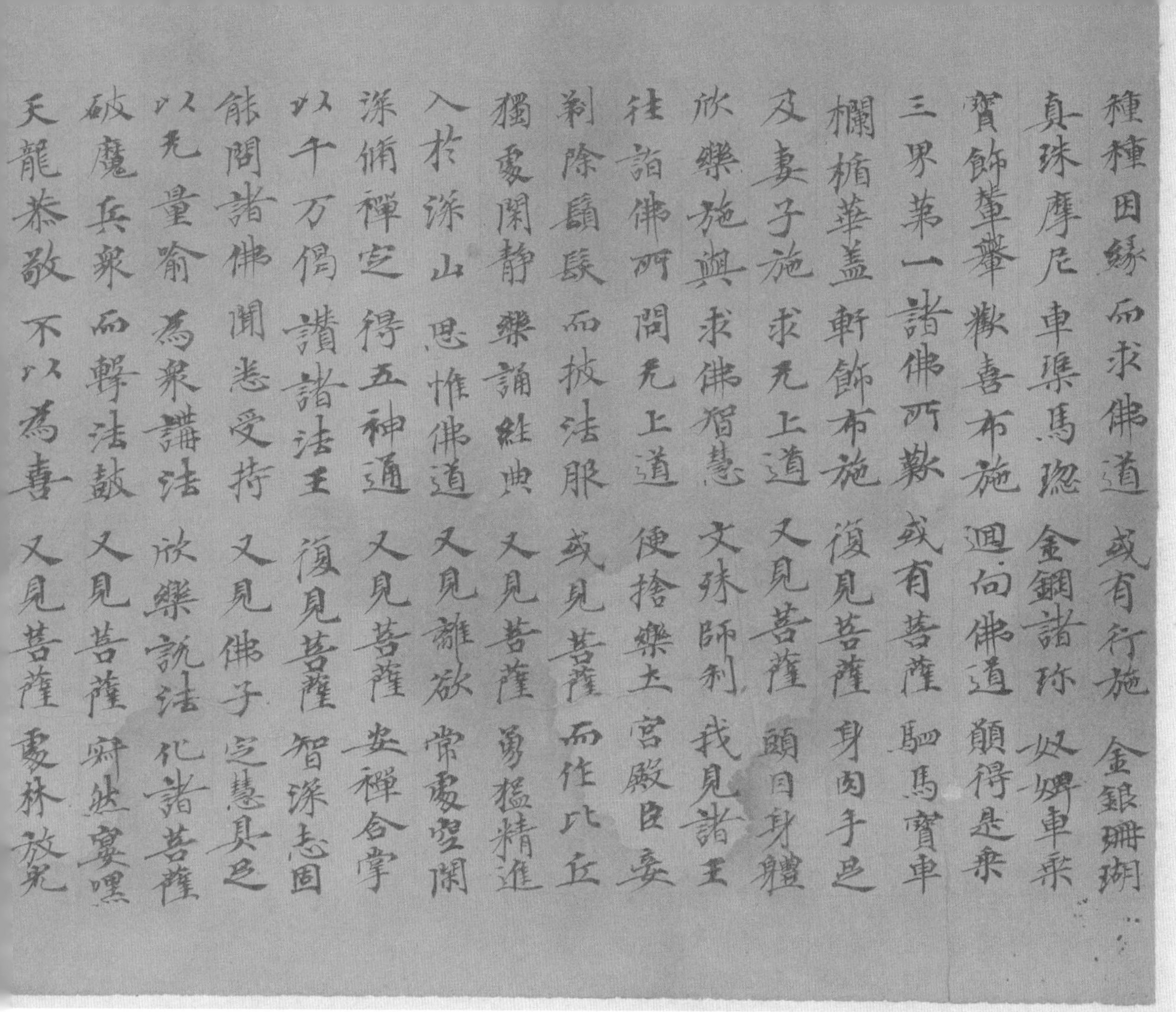
種種因緣而求佛道　或有行施　金銀珊瑚
真珠摩尼　車𤦲馬瑙　金剛諸珎　奴婢車乘
寶飾輦轝　歡喜布施　迴向佛道　願得是乘
三界第一　諸佛所歎　或有菩薩　駟馬寶車
欄楯華蓋　軒飾布施　復見菩薩　身肉手足
及妻子施　求无上道　又見菩薩　頭目身體
欣樂施與　求佛智慧　文殊師利　我見諸王
往詣佛所　問无上道　便捨樂土　宮殿臣妾
剃除鬚髮　而披法服　或見菩薩　而作比丘
獨處閑靜　樂誦經典　又見菩薩　勇猛精進
入於深山　思惟佛道　又見離欲　常處空閑
深脩禪定　得五神通　又見菩薩　安禪合掌
以千万偈　讚諸法王　復見菩薩　智深志固
能問諸佛　聞悉受持　又見佛子　定慧具足
以无量喻　為衆講法　欣樂說法　化諸菩薩
破魔兵衆　而擊法鼓　又見菩薩　寂然宴嘿
天龍恭敬　不以為喜　又見菩薩　處林放光

妙法蓮華經卷一　唐寫本

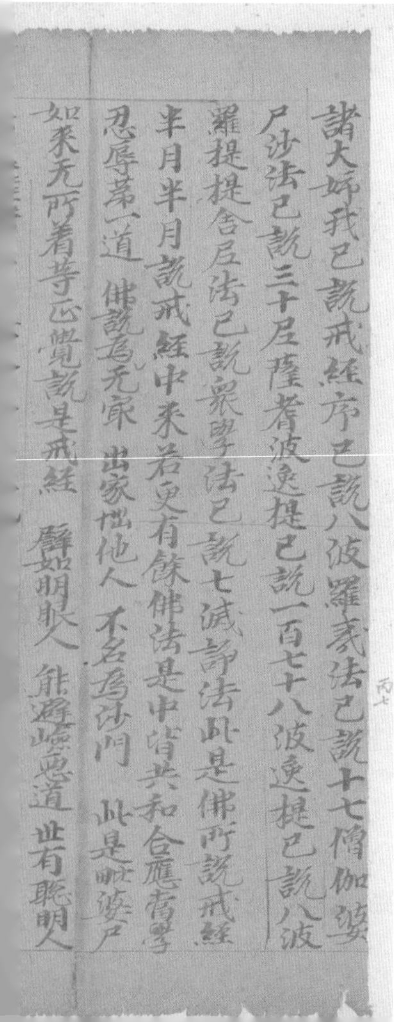
諸大姉我已說戒經序已說八波羅夷法已說十七僧伽婆
尸沙法已說三十尼薩耆波逸提已說一百七十八波逸提已說八波
羅提提舍尼法已說衆學法已說七滅諍法此是佛所說戒經
半月半月說戒經中來若更有餘佛法是中皆共和合應當學
忍辱第一道　佛說為无上　出家惱他人　不名為沙門　此是毗婆尸
如來无所著等正覺說是戒經　譬如明眼人　能避嶮惡道　世有聰明人

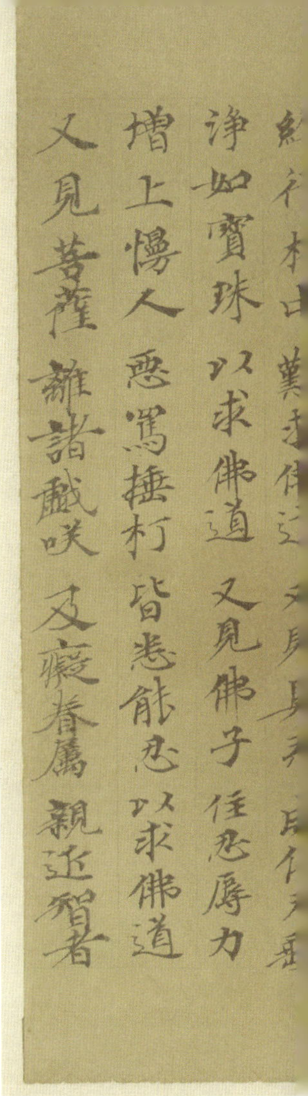

淨如寶珠　以求佛道　又見佛子　住忍辱力
增上慢人　惡罵捶打　皆悉能忍　以求佛道
又見菩薩　離諸戲笑　及癡眷屬　親近智者

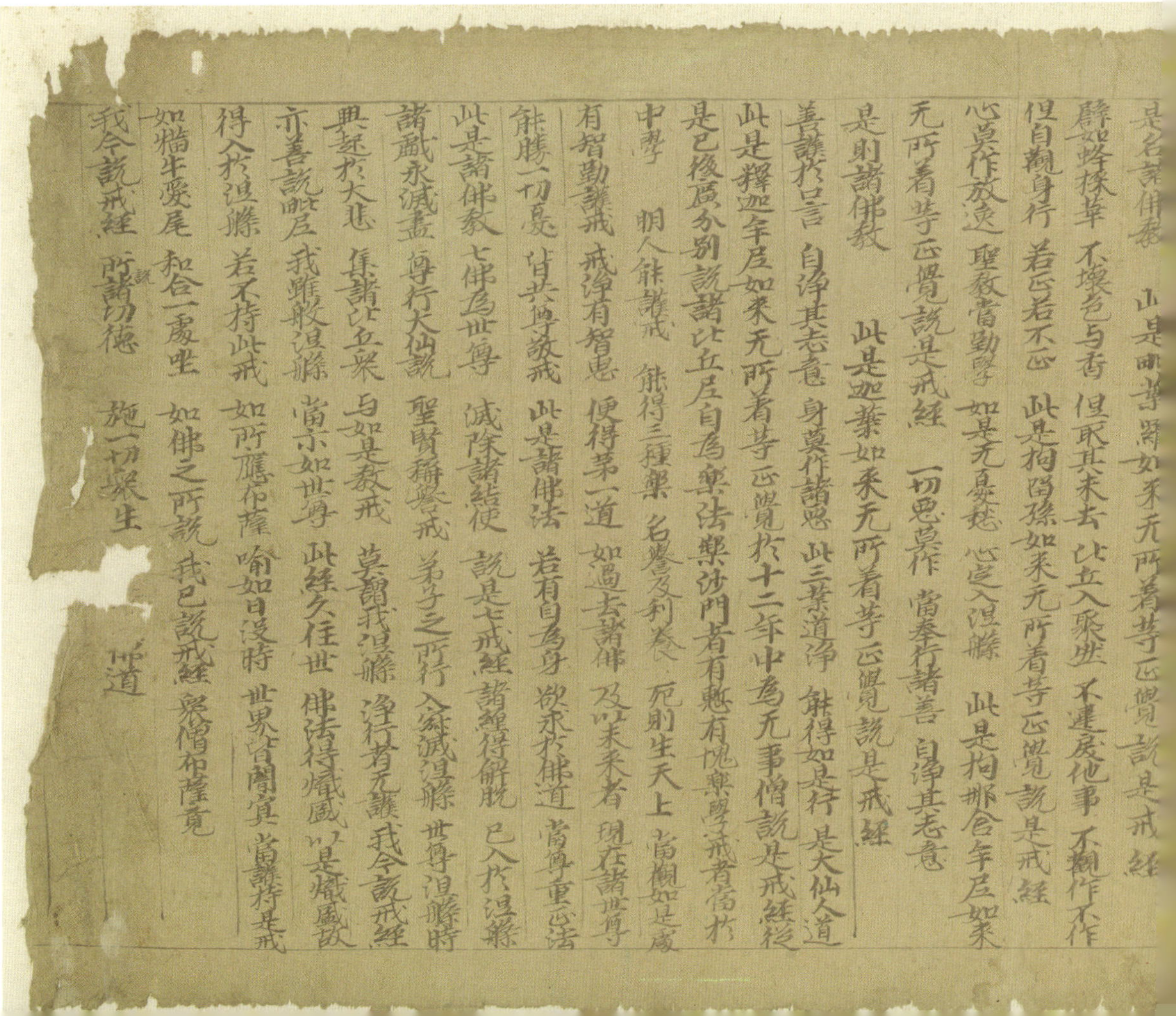

是名諸佛教　此是毗舍浮如來无所著等正覺說是戒經
譬如蜂採華　不壞色与香　但取其味去　比丘入聚然　不違戾他事　不觀作不作
但自觀身行　若正若不正　此是拘留孫如來无所著等正覺說是戒經
心莫作放逸　聖教當勤學　如是无憂愁　心定入涅槃　此是拘那含牟尼如來
无所著等正覺說是戒經　一切惡莫作　當奉行諸善　自淨其志意
是則諸佛教　此是迦葉如來无所著等正覺說是戒經
善護於口言　自淨其志意　身莫作諸惡　此三業道淨　能得如是行　是大仙人道
此是釋迦牟尼如來无所著等正覺於十二年中為无事僧說是戒經從
是已後廣分別說　諸比丘尼自為樂法樂沙門者有慚有愧樂學戒者當於
中學　明人能護戒　能得三種樂　名譽及利養　死則生天上　當觀如是處
有智勤護戒　戒淨有智慧　便得第一道　如過去諸佛　及以未來者　現在諸世尊
能勝一切憂　皆共尊敬戒　此是諸佛法　若有自為身　欲求於佛道　當尊重正法
此是諸佛教　七佛為世尊　滅除諸結使　說是七戒經　諸縛得解脫　已入於涅槃
諸戲永滅盡　尊行大仙說　聖賢稱譽戒　弟子之所行　入寂滅涅槃　世尊涅槃時
興起於大悲　集諸比丘衆　与如是教戒　莫謂我涅槃　淨行者无護　我今說戒經
亦善說毗尼　我雖般涅槃　當視如世尊　此經久住世　佛法得熾盛　以是熾盛故
得入於涅槃　若不持此戒　如所應布薩　喻如日沒時　世界皆闇冥　當護持是戒
如犛牛愛尾　和合一處坐　如佛之所說　我已說戒經　衆僧布薩竟
我今說戒經　所說諸功德　施一切衆生　皆共成佛道

四分比丘尼戒本　吐蕃統治時期寫本

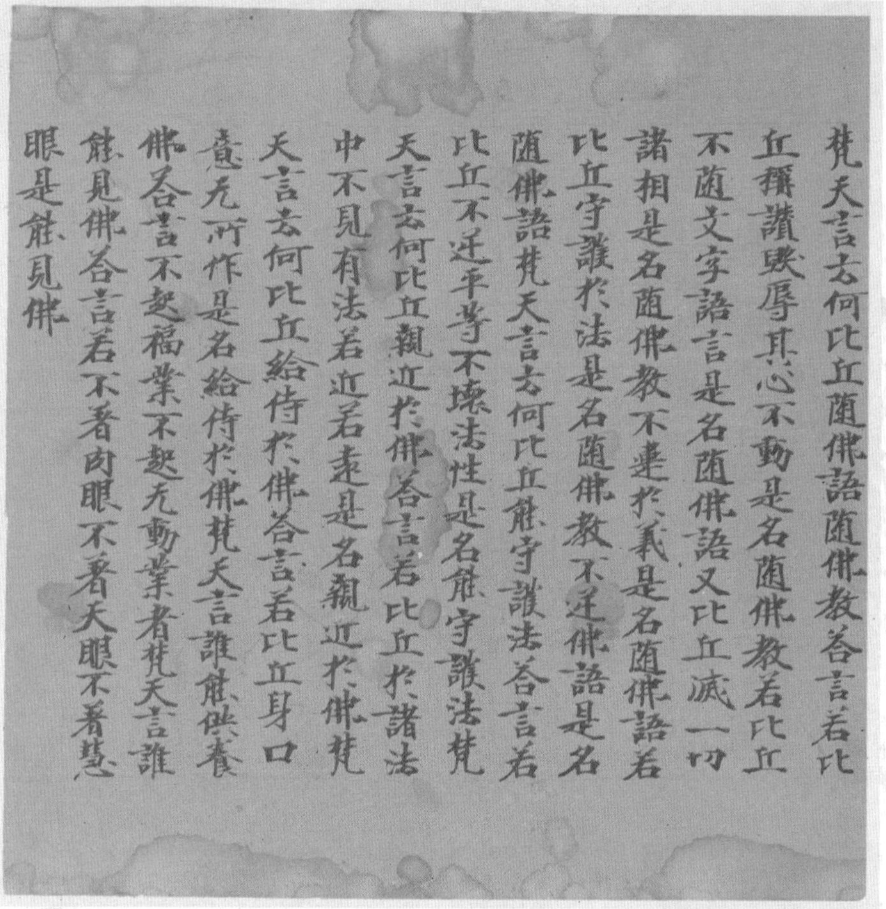

梵天言云何比丘隨佛語隨佛教答言若比
丘稱讃毀辱其心不動是名隨佛教若比丘
不隨文字語言是名隨佛語又比丘滅一切
諸相是名隨佛教不違於義是名隨佛語若
比丘守護於法是名隨佛教不逆佛語是名
隨佛語梵天言云何比丘能守護法答言若
比丘不逆平等不壞法性是名能守護法梵
天言云何比丘親近於佛答言若比丘於諸法
中不見有法若近若遠是名親近於佛梵
天言云何比丘給侍於佛答言若比丘身口
意无所作是名給侍於佛梵天言誰能供養
佛答言不起福業不起无動業者梵天言誰
能見佛答言若不著肉眼不著天眼不著慧
眼是能見佛

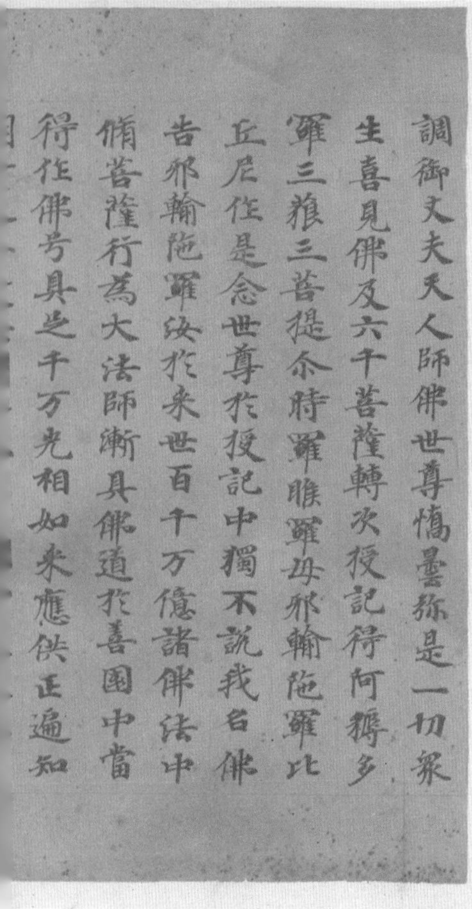

調御丈夫天人師佛世尊憍曇彌是一切衆
生喜見佛及六千菩薩轉次授記得阿耨多
羅三藐三菩提尒時羅睺羅母耶輸陀羅比
丘尼作是念世尊於授記中獨不說我名佛
告耶輸陀羅汝於來世百千万億諸佛法中
脩菩薩行為大法師漸具佛道於善國中當
得作佛号具足千万光相如來應供正遍知

思益梵天所問經卷三　歸義軍時期寫本（第一圖）

妙法蓮華經卷四　唐寫本（第二圖）

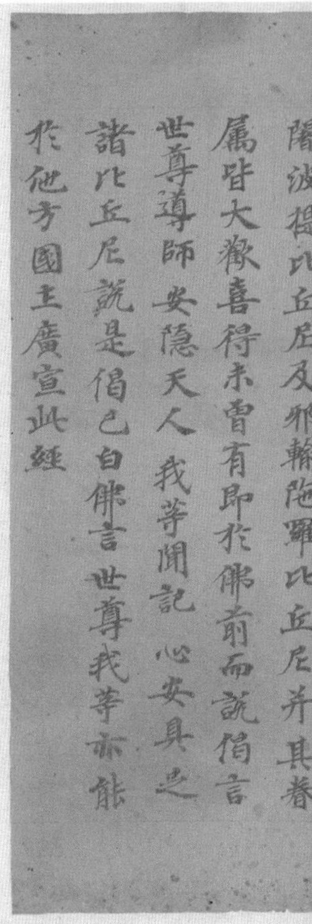

閻波提比丘尼及耶輸陁羅比丘尼并其眷
屬皆大歡喜得未曾有即於佛前而說偈言
世尊導師 安隱天人 我等聞記 心安具足
諸比丘尼說是偈已白佛言 世尊我等亦能
於他方國土廣宣此經

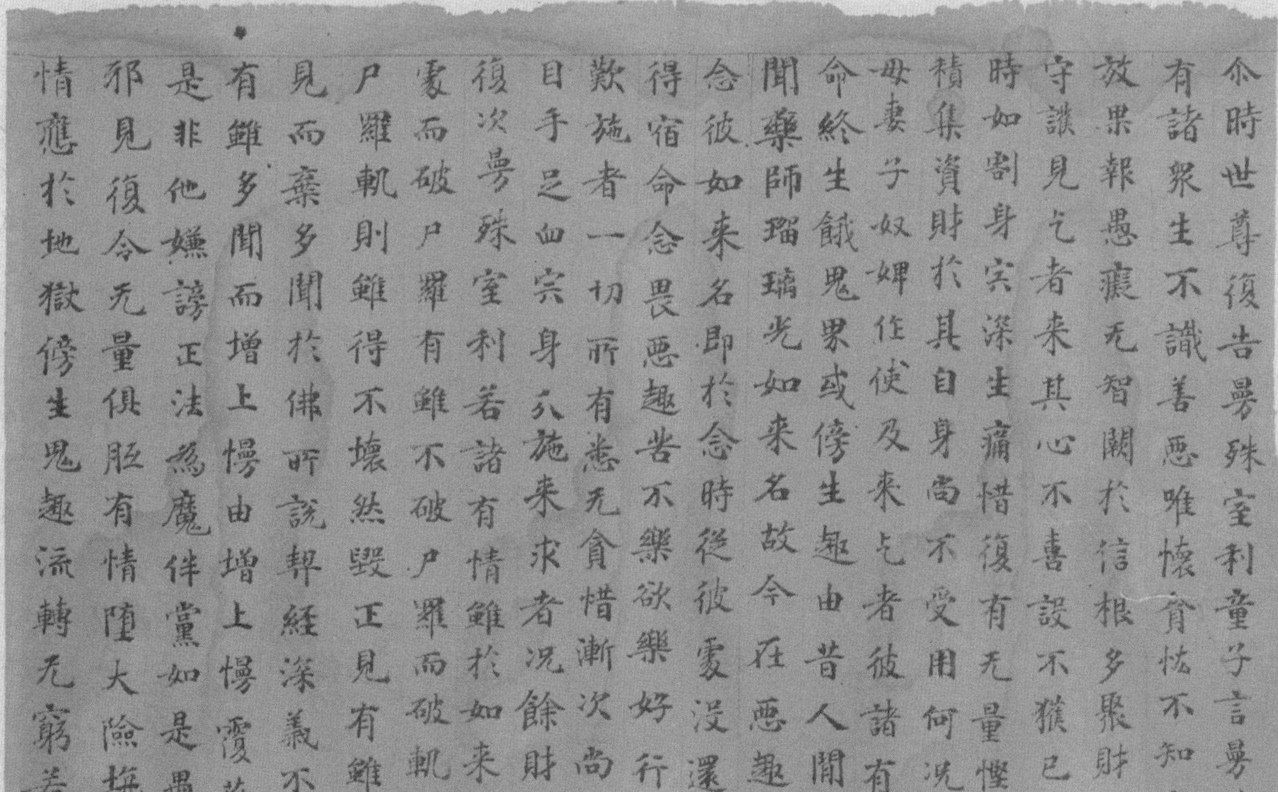

佘時世尊復告曼殊室利童子言曼殊室利
有諸衆生不識善惡唯懷貪悋不知布施及
施果報愚癡无智闕於信根多聚財寶勤加
守護見乞者来其心不喜設不獲已而行施
時如割身宍深生痛惜復有无量慳貪有情
積集資財於其自身尚不受用何況能與父
母妻子奴婢作使及来乞者彼諸有情從此
命終生餓鬼界或傍生趣由昔人閒曾得暫
聞藥師瑠璃光如来名故今在惡趣暫得憶
念彼如来名即於念時從彼處沒還生人中
得宿命念畏惡趣苦不樂欲樂好行惠施讚
歎施者一切所有悉无貪惜漸次尚能以頭
目手足血宍身分施来求者況餘財物
復次曼殊室利若諸有情雖於如来受諸學
處而破尸羅有雖不破尸羅而破軌則有於
尸羅軌則雖得不壞然毀正見有雖不毀正
見而棄多聞於佛所說契經深義不能解了
有雖多聞而增上慢由增上慢覆蔽心故自
是非他嫌謗正法為魔伴黨如是愚人自行
邪見復令无量俱胝有情墮大險坑此諸有
情應於地獄傍生鬼趣流轉无窮若得聞此

藥師琉璃光如來本願功德經 唐寫本

老子　唐寫本（第一圖）

藥師琉璃光如來本願功德經　歸義軍時期寫本（第二圖）

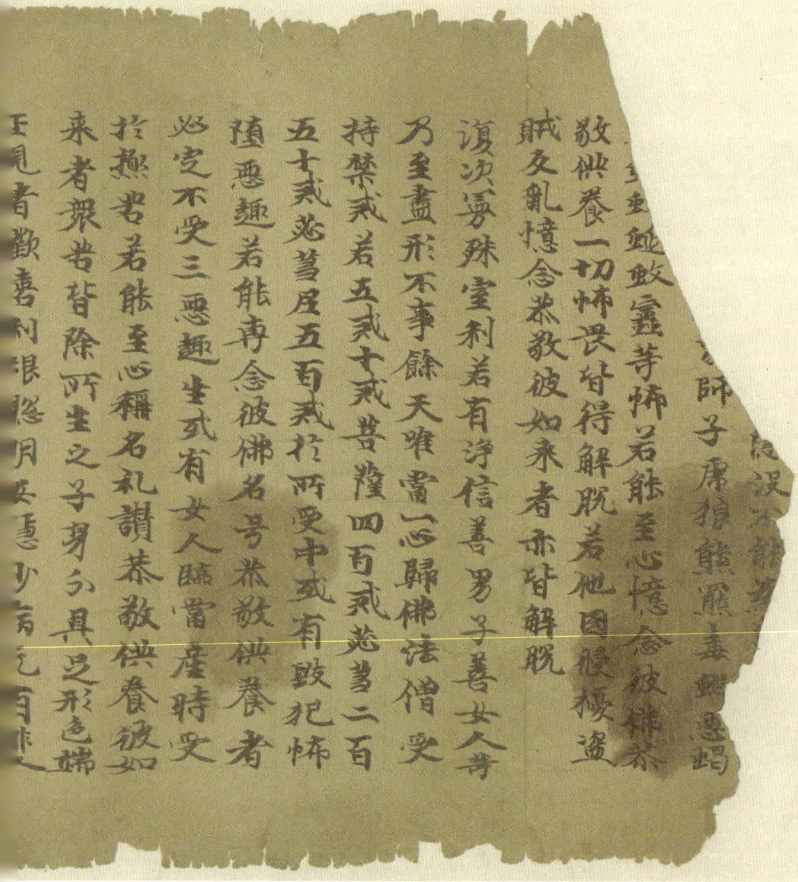

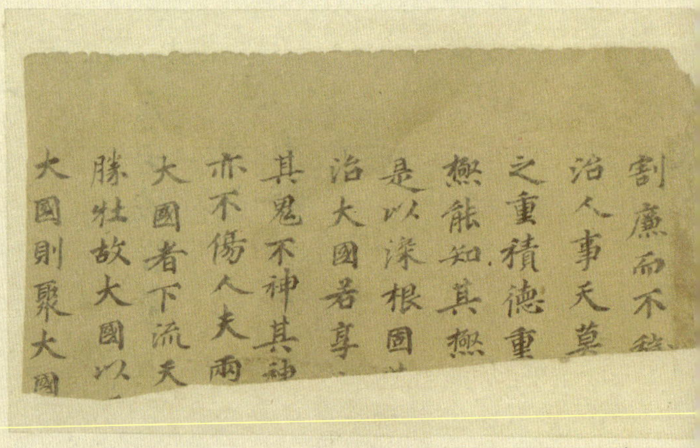

維摩詰所説經卷中　吐蕃統治時期寫本（第一圖）

妙法蓮華經卷七　唐寫本（第二圖）

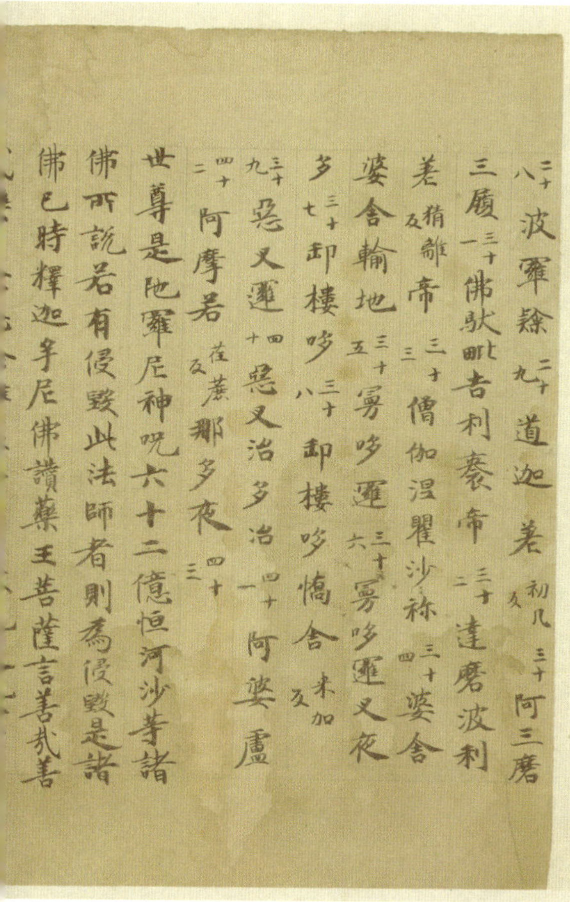

二十八 波羅輸地 二十九 道迦差 初几反 三十 阿三磨
三履 三十一 佛䭾毗吉利袠帝 三十二 達磨波利
差 猜離反 帝 三十三 僧伽涅瞿沙袮 三十四 婆舍
婆舍輸地 三十五 曼哆邏 三十六 曼哆邏叉夜
多 三十七 郵樓哆 三十八 郵樓哆憍舍 未加反
三十九 惡叉邏 四十 惡叉治多治 四十一 阿婆盧
四十二 阿摩若 荏蔗反 那多夜 四十三
世尊是陀羅尼神呪六十二億恒河沙等諸
佛所說若有侵毀此法師者則為侵毀是諸
佛已時釋迦牟尼佛讚藥王菩薩言善哉善

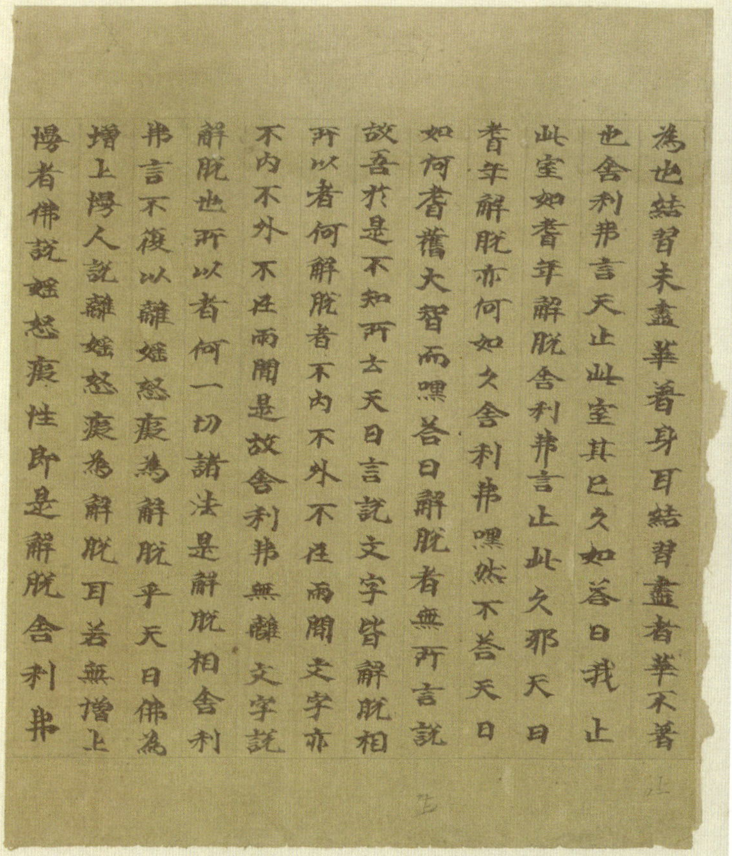

為也結習未盡華着身耳結習盡者華不著
也舍利弗言天止此室其已久如答曰我止
此室如耆年解脫舍利弗言止此久耶天曰
耆年解脫亦何如久舍利弗嘿然不答天曰
如何耆舊大智而嘿答曰解脫者無所言說
故吾於是不知所云天曰言說文字皆解脫相
所以者何解脫者不內不外不在兩間文字亦
不內不外不在兩間是故舍利弗無離文字說
解脫也所以者何一切諸法是解脫相舍利
弗言不復以離婬怒癡為解脫乎天曰佛為
增上慢人說離婬怒癡為解脫耳若無增上
慢者佛說婬怒癡性即是解脫舍利弗

妙法蓮華經卷五

歸義軍時期寫本

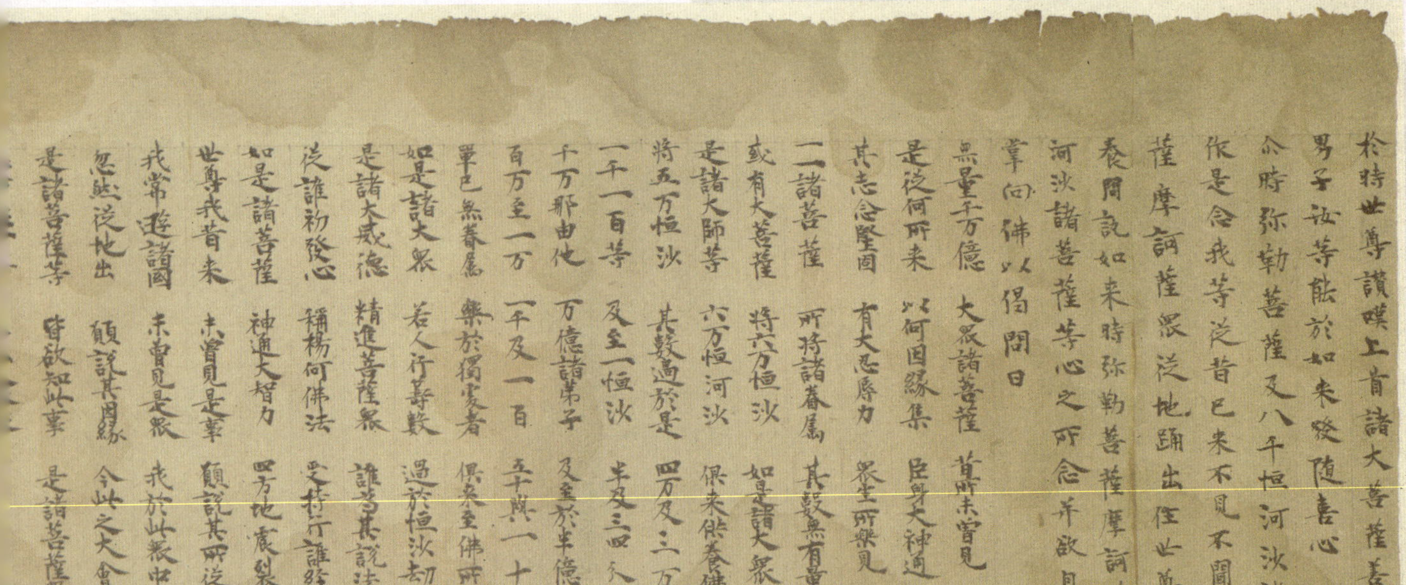

於時世尊讚嘆上首諸大菩薩善哉善哉善
男子汝等能於如來發隨喜心
爾時弥勒菩薩及八千恒河沙諸菩薩眾皆
作是念我等從昔已來不見不聞如是大菩
薩摩訶薩眾從地踊出住世尊前合掌供
養問訊如來時弥勒菩薩摩訶薩知八千恒
河沙諸菩薩等心之所念并欲自決所疑合
掌向佛以偈問曰
無量千万億　大眾諸菩薩　昔所未曾見　願兩足尊說
是從何所來　以何因緣集　巨身大神通　智慧叵思議
其志念堅固　有大忍辱力　眾生所樂見　為從何所來
一一諸菩薩　所將諸眷屬　其數無有量　如恒河沙等
或有大菩薩　將六万恒沙　如是諸大眾　一心求佛道
是諸大師等　六万恒河沙　俱來供養佛　及護持是經
將五万恒沙　其數過於是　四万及三万　二万至一万
一千一百等　乃至一恒沙　半及三四分　億万分之一
千万那由他　万億諸弟子　乃至於半億　其數復過上
百万至一万　一千及一百　五十與一十　乃至三二一
單己無眷屬　樂於獨處者　俱來至佛所　其數轉過上
如是諸大眾　若人行籌數　過於恒沙劫　猶不能盡知
是諸大威德　精進菩薩眾　誰為其說法　教化而成就
從誰初發心　稱揚何佛法　受持行誰經　修習何佛道
如是諸菩薩　神通大智力　四方地震裂　皆從中踊出
世尊我昔來　未曾見是事　願說其所從　國土之名號
我常遊諸國　未曾見是眾　我於此眾中　乃不識一人
忽然從地出　願說其因緣　今此之大會　無量百千億
是諸菩薩等　皆欲知此事　是諸菩薩眾　本末之因緣

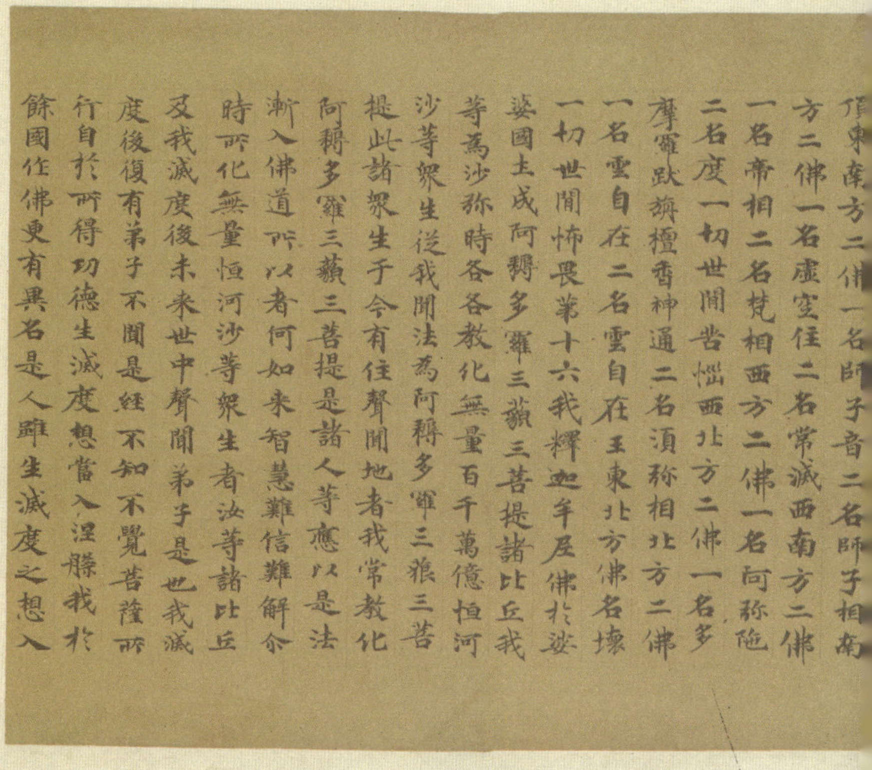

□東南方二佛一名師子音二名師子相南
方二佛一名虛空住二名常滅西南方二佛
一名帝相二名梵相西方二佛一名阿弥陁
二名度一切世間苦惱西北方二佛一名多
摩羅跋旃檀香神通二名須弥相北方二佛
一名雲自在二名雲自在王東北方佛名壞
一切世間怖畏第十六我釋迦牟尼佛於娑
婆國土成阿耨多羅三藐三菩提諸比丘我
等為沙弥時各各教化無量百千萬億恒河
沙等衆生從我聞法為阿耨多羅三藐三菩
提此諸衆生于今有住聲聞地者我常教化
阿耨多羅三藐三菩提是諸人等應以是法
漸入佛道所以者何如來智慧難信難解尒
時所化無量恒河沙等衆生者汝等諸比丘
及我滅度後未來世中聲聞弟子是也我滅
度後復有弟子不聞是經不知不覺菩薩所
行自於所得功德生滅度想當入涅槃我於
餘國作佛更有異名是人雖生滅度之想入

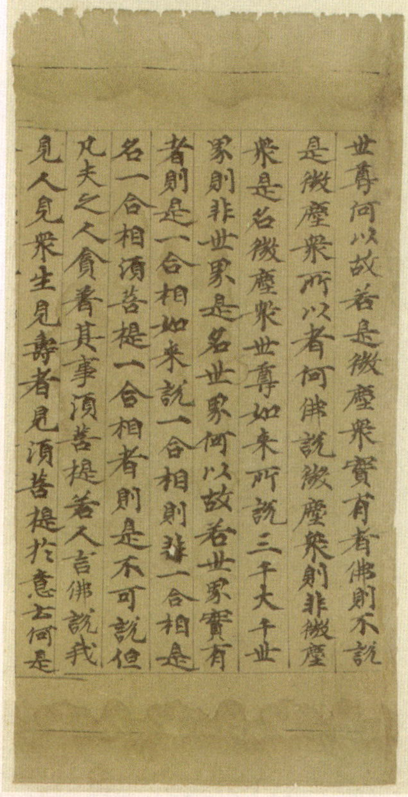

世尊何以故若是微塵衆實有者佛則不說
是微塵衆所以者何佛說微塵衆則非微塵
衆是名微塵衆世尊如來所說三千大千世
界則非世界是名世界何以故若世界實有
者則是一合相如來說一合相則非一合相是
名一合相須菩提一合相者則是不可說但
凡夫之人貪著其事須菩提若人言佛說我
見人見衆生見壽者見須菩提於意云何是

妙法蓮華經卷三　唐寫本（第一圖）

金剛般若波羅蜜經　唐寫本（第二圖）

大般若波羅蜜多經卷五〇四

吐蕃統治時期寫本

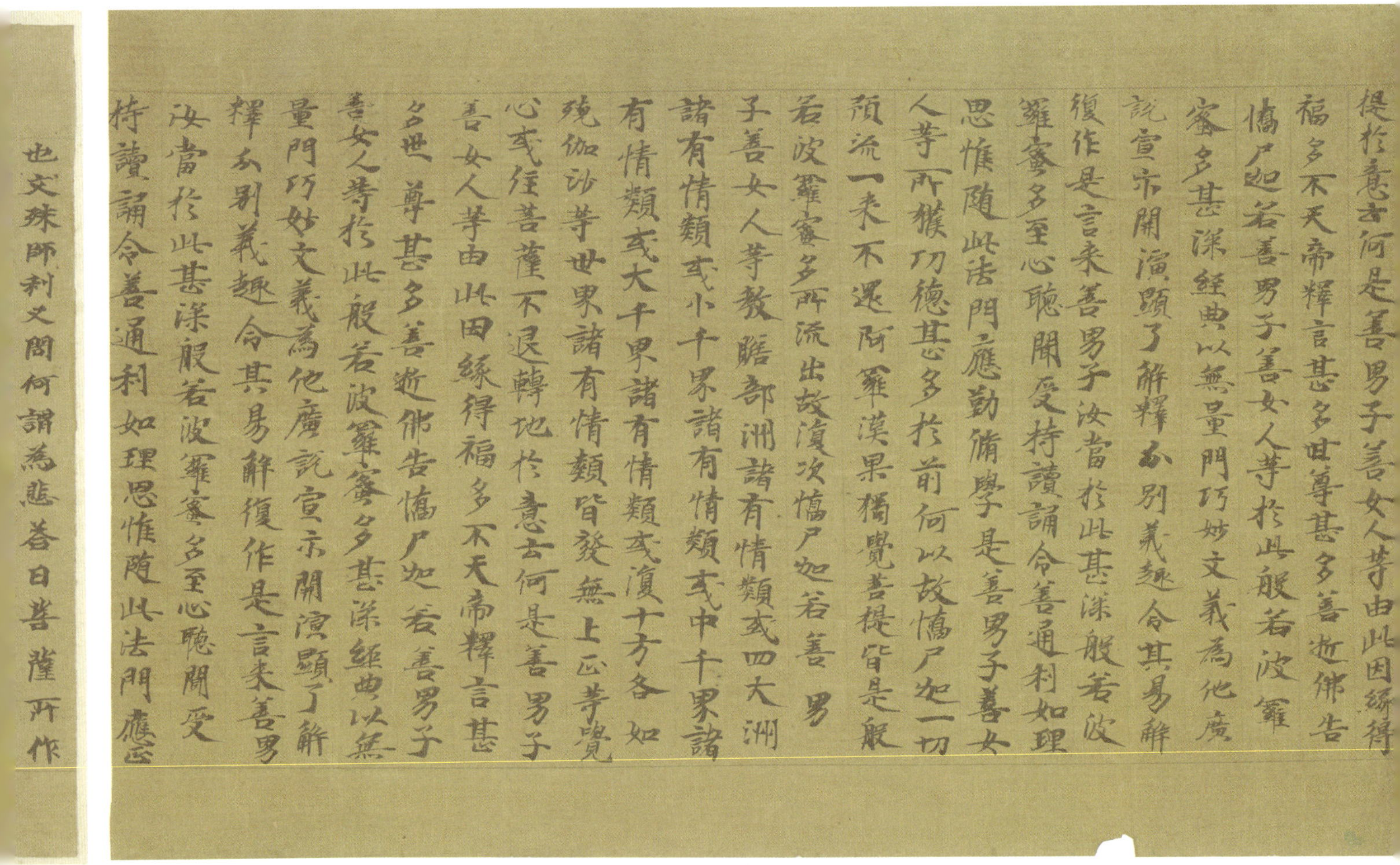

提於意云何是善男子善女人等由此因緣得
福多不天帝釋言甚多世尊甚多善逝佛告
憍尸迦若善男子善女人等於此般若波羅
蜜多甚深經典以無量門巧妙文義為他廣
說宣示開演顯了解釋分別義趣令其易解
復作是言來善男子汝當於此甚深般若波
羅蜜多至心聽聞受持讀誦令善通利如理
思惟隨此法門應勤脩學是善男子善女
人等所獲功德甚多於前何以故憍尸迦一切
預流一來不還阿羅漢果獨覺菩提皆是般
若波羅蜜多所流出故復次憍尸迦若善 男
子善女人等教贍部洲諸有情類或四大洲
諸有情類或小千界諸有情類或中千界諸
有情類或大千界諸有情類或復十方各 如
殑伽沙等世界諸有情類皆發無上正等覺
心或住菩薩不退轉地於意云何是善男子
善女人等由此因緣得福多不天帝釋言甚
多世尊甚多善逝佛告憍尸迦若善男子
善女人等於此般若波羅蜜多甚深經典以無
量門巧妙文義為他廣說宣示開演顯了解
釋分別義趣令其易解復作是言來善男
汝當於此甚深般若波羅蜜多至心聽聞受
持讀誦令善通利如理思惟隨此法門應

也文殊師利又問何謂為悲答曰菩薩所作

維摩詰所說經卷中　歸義軍時期寫本

尸怖望文殊師利又問生死有畏菩薩當何
所依維摩詰言菩薩於生死畏中當依如
来功德之力文殊師利又問菩薩欲依如来
功德力者當住度脫一切衆生又問欲度衆生
當何所除荅曰欲度衆生除其煩惱又問欲除
煩惱當何所行荅曰當何正念又問云何行於
正念荅曰當行不生不滅又問何法不生何
法不滅荅曰不善不生善法不滅又問善
不善孰為夲荅曰身為夲又問身孰為夲
荅曰欲貪為夲又問欲貪孰為夲荅曰虛妄
分別為夲又問虛妄分別孰為夲荅曰顛倒
想為夲又問顛倒想孰為夲荅曰無住為夲
又問無住孰為夲荅曰無住則無夲文殊師
利從無住夲立一切法
尒時維摩詰室有一天女見諸大人聞所說法
便現其身即以天華散諸菩薩大弟子上華
至諸菩薩即皆墮落至大弟子便著不墮一
切弟子神力去華不能令去尒時天問舍利
弗何故去華荅曰此華不如法是以去之天曰
勿謂此華為不如法所以者何是華無所分
別仁者自生分別想耳若於佛法出家有所
分別為不如法若無所分別是則如法觀諸菩
薩華不著者以斷一切分別想故譬如人畏
時非人得其便如是弟子畏生死故色聲
香味觸得其便已離畏者一切五欲無能

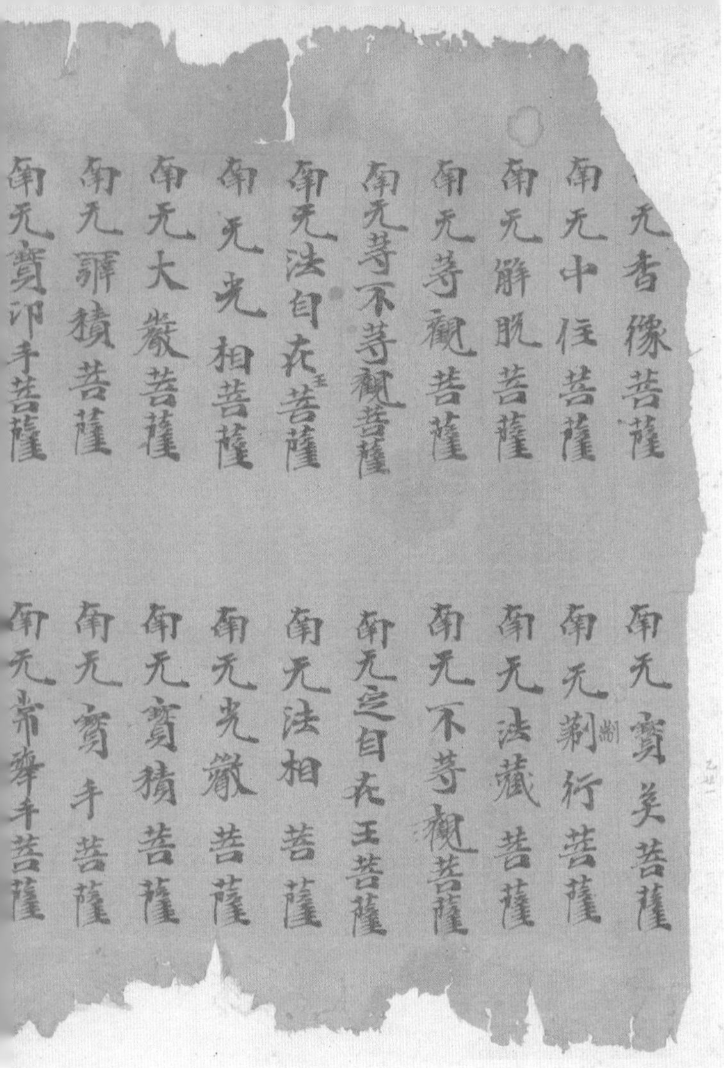

…无香像菩薩
南无中住菩薩
南无解脫菩薩
南无善觀菩薩
南无善不善觀菩薩
南无法自在王菩薩
南无光相菩薩
南无大嚴菩薩
南无靜積菩薩
南无寶印手菩薩
南无寶美菩薩
南无斷行菩薩
南无法藏菩薩
南无不善觀菩薩
南无定自在王菩薩
南无法相菩薩
南无光嚴菩薩
南无寶積菩薩
南无寶手菩薩
南无常舉手菩薩

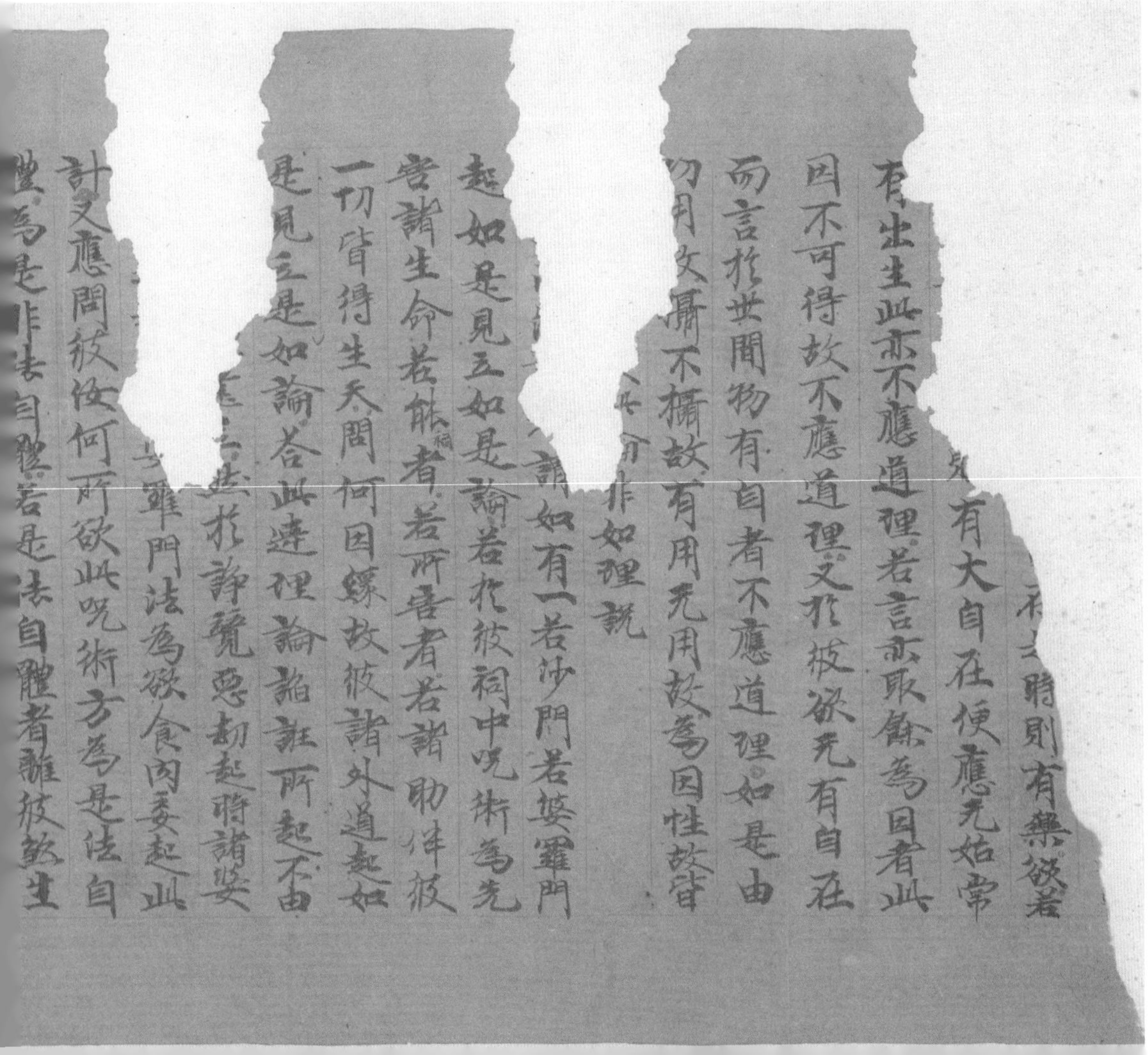

…時則有樂欲若
…有大自在便應无始常
有生生此亦不應道理若言亦取餘為因者此
因不可得故不應道理又於彼欲无有自在
而言於世間物有自者不應道理如是由
切用文屬不攝故有用无用故為因性故皆
…亦非如理說
…論如有一若沙門若婆羅門
起如是見立如是論若於彼祠中咒術為先
害諸生命若能者若所害者若諸助伴彼
一切皆得生天問何因緣故彼諸外道起如
是見立是如論答此違理論諂誑所起不由
…於諍競惡劫起時諸婆
…羅門法為欲食肉妄起此
計又應問彼汝何所欲此咒術方為是法自
體為是非法自體若是法自體者離彼能生

瑜伽師地論卷七　吐蕃統治時期寫本

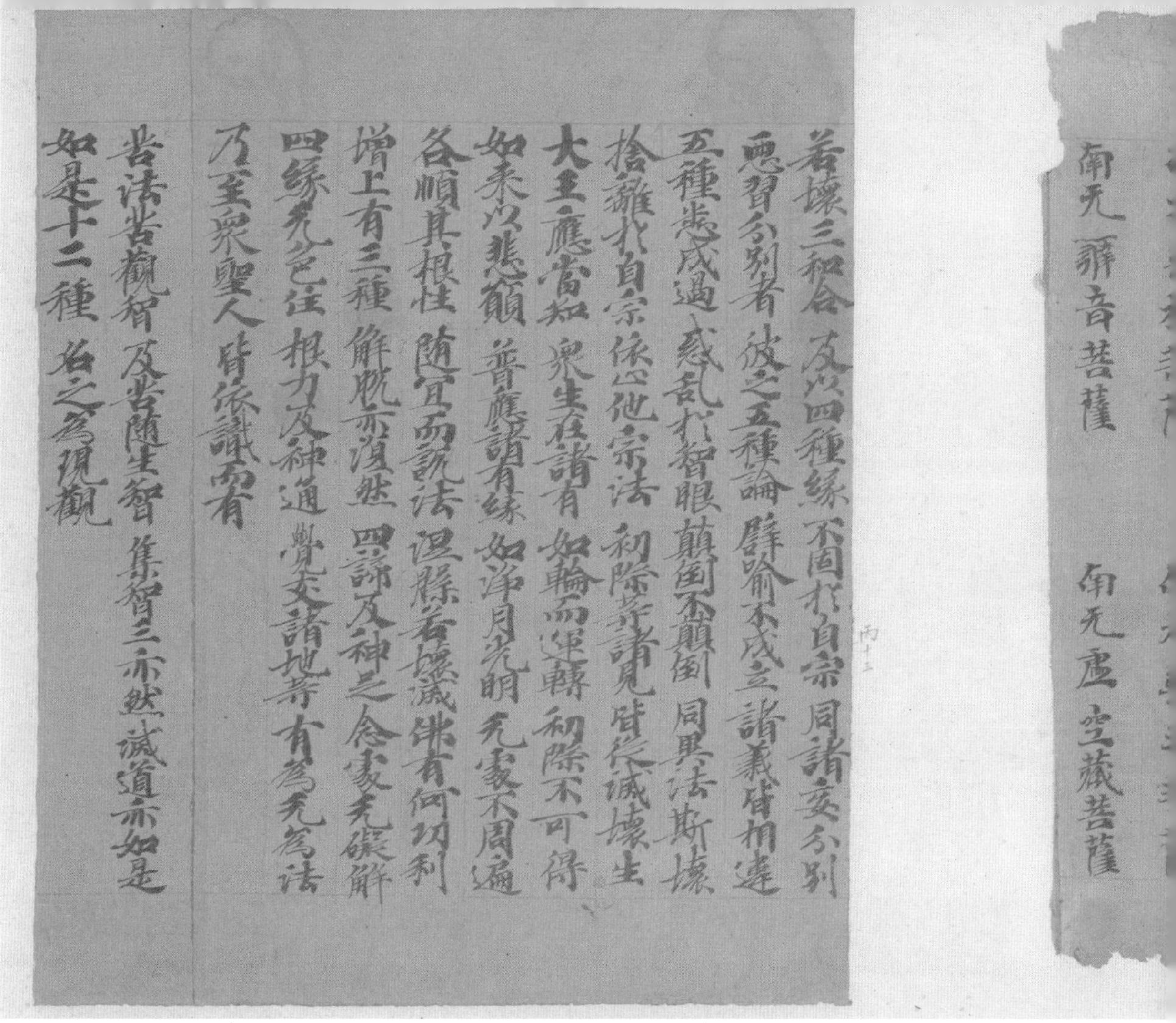

南无雜音菩薩
南无虚空藏菩薩

若壞三和合　及以四種緣　不固於自宗　同諸妄分別
惡習分別者　彼之五種論　譬喻不成立　諸義皆相違
五種悉成過　惑亂於智眼　顛倒不顛倒　同異法斯壞
捨離於自宗　依他宗法　初際并諸見　皆從識壞生
大王應當知　衆生在諸有　如輪而運轉　初際不可得
如來以悲願　普應諸有緣　如淨月光明　无處不周遍
各順其根性　隨宜而説法　涅槃若壞滅　佛有何功利
增上有三種　解脫亦復然　四諦及神足　念處无礙解
四緣无色住　根力及神通　覺支諸地等　有爲无爲法
乃至衆聖人　皆依識而有
皆法皆觀智　及皆隨生智　集智三亦然　滅道亦如是
如是十二種　名之爲現觀

大通方廣懺悔滅罪莊嚴成佛經卷上　南北朝寫本（第一圖）

合餘不愛果法者不應道理如是
世間毒呪術所攝不能息善
當知此呪術方亦復如是今應問彼汝何所
欲如呪術方能息外毒亦能息內貪瞋癡毒
瞋癡等靜息可得故不中理若不能息者汝
呪術方能息外毒亦能息餘非法
汝何所欲此呪術方爲遍
行邪不遍行邪若遍行者自所愛親不先用
祠不應道理若不遍者此呪功能便非決定
不應道理又汝何所欲此呪功能爲唯能轉
因亦導果邪若唯轉因者於果无能不應道

大乘密嚴經（地婆訶羅譯本）卷上　唐寫本（第二圖）

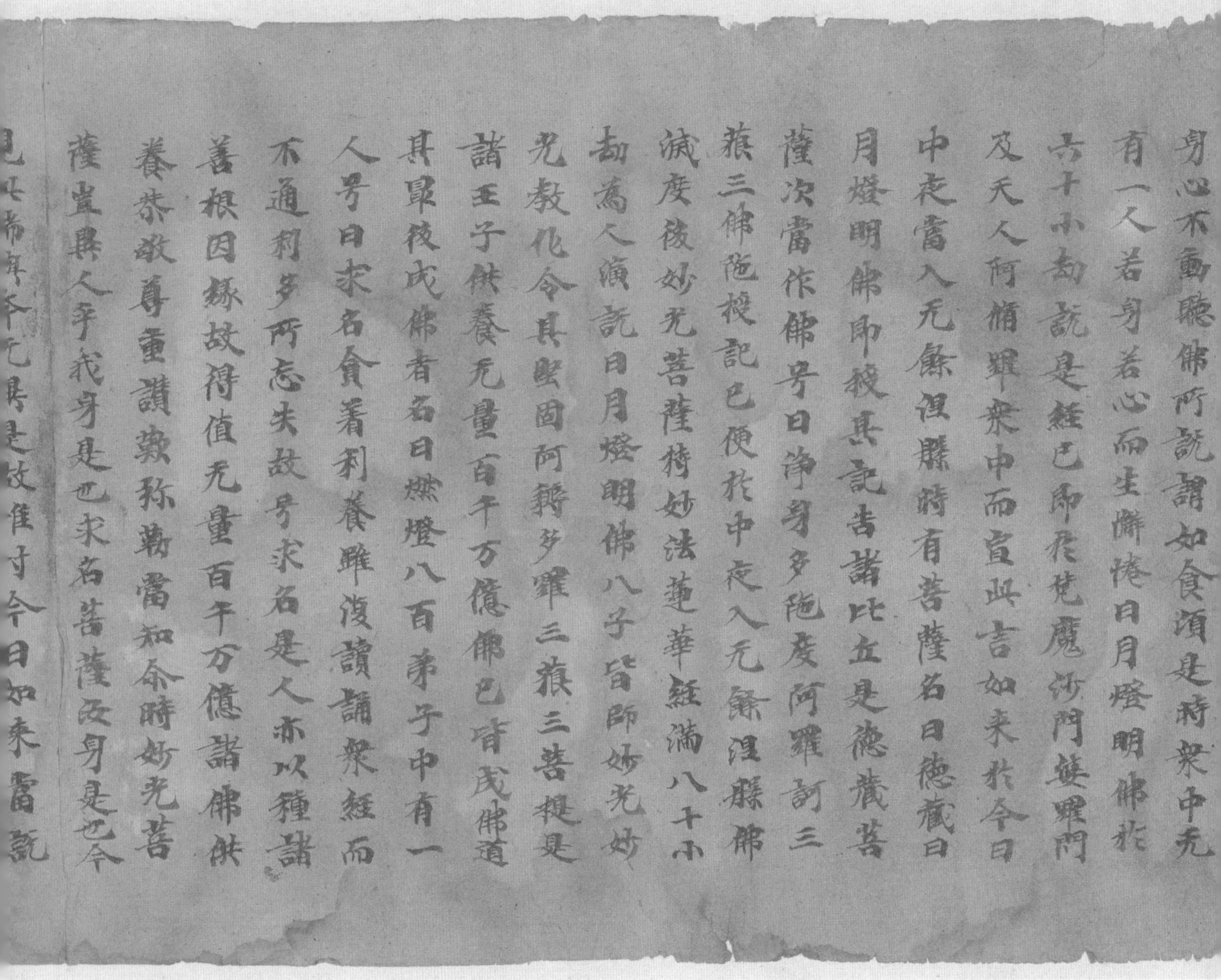

身心不動聽佛所說謂如食頃是時衆中无
有一人若身若心而生懈惓日月燈明佛於
六十小劫說是經已即於梵魔沙門婆羅門
及天人阿脩羅衆中而宣此言如來於今日
中夜當入无餘涅槃時有菩薩名曰德藏日
月燈明佛即授其記告諸比丘是德藏菩
薩次當作佛号曰淨身多陁度阿羅訶三
藐三佛陁佛授記已便於中夜入无餘涅槃佛
滅度後妙光菩薩持妙法蓮華經滿八十小
劫爲人演說日月燈明佛八子皆師妙光妙
光教化令其堅固阿耨多羅三藐三菩提是
諸王子供養无量百千万億佛已皆成佛道
其最後成佛者名曰燃燈八百弟子中有一
人号曰求名貪着利養雖復讀誦衆經而
不通利多所忘失故号求名是人亦以種諸
善根因緣故得值无量百千万億諸佛供
養恭敬尊重讚歎弥勒當知尒時妙光菩
薩豈異人乎我身是也求名菩薩汝身是也今
見此瑞與本无異是故惟忖今日如來當說

添品妙法蓮華經卷一　唐寫本

時文殊師利於大衆中欲重宣此義而說
偈言

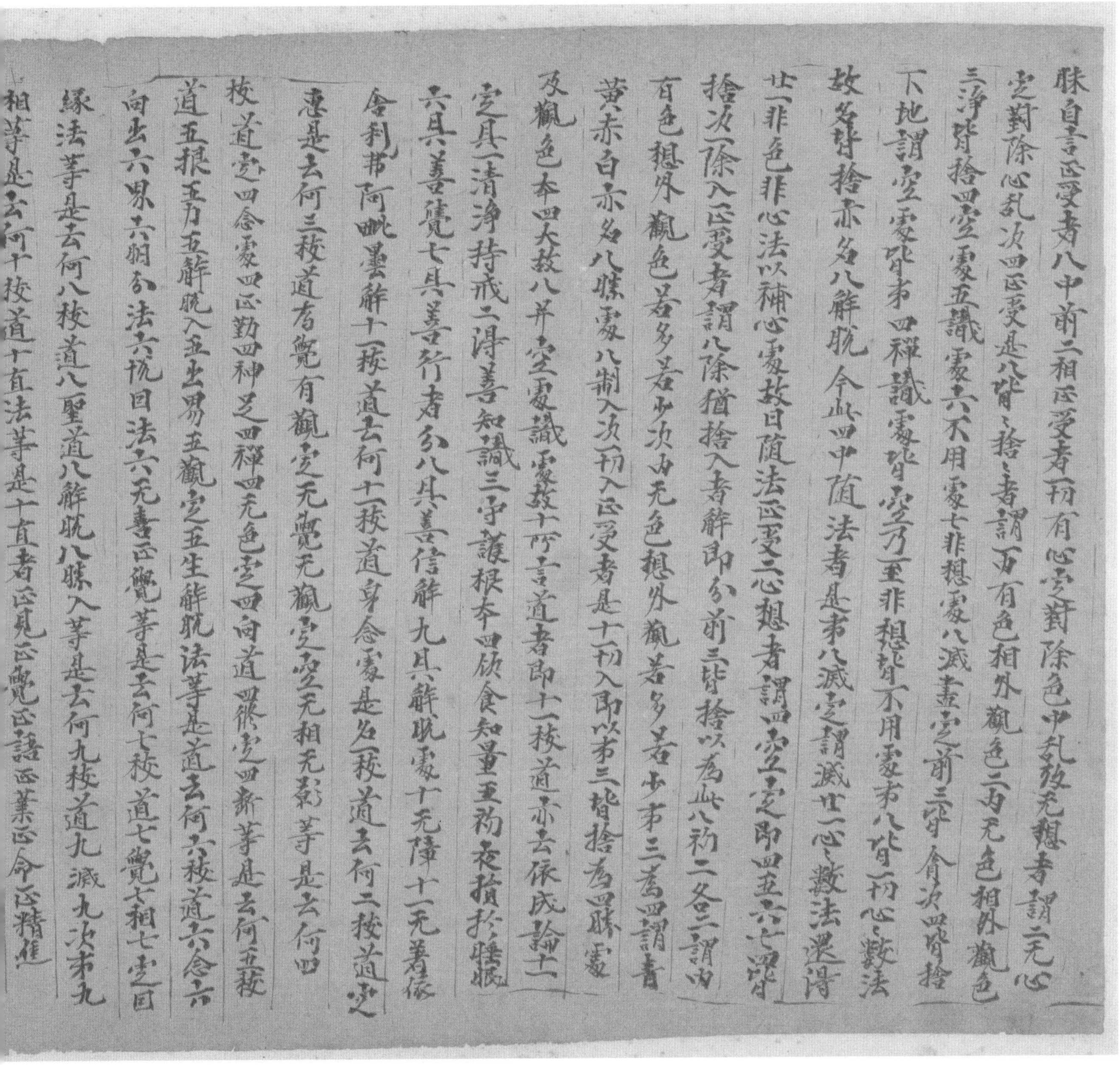
勝自在正受者八中前二相正受者一切有心定對除色中亂故无想者謂二无心
定對除心亂次四正受是八背背捨捨者謂內有色相外觀色二內无色相外觀色
三淨背捨四空處五識處六不用處七非想處八滅盡定之前三守倉次四背捨
下地謂空處背第四禪識處背空乃至非想背不用處第八背一切心心數法
故名背捨亦名八解脫今此四中隨法者是第八滅定謂滅廿一心心數法還得
廿一非色非心法以補心處故曰隨法正受三心想者謂四空定即四五六七背
捨次一除入正受者謂八除猶捨入者解即分前三背捨以為此八初二各二謂內
有色想外觀色若多若少次內无色想外觀若多若少第三為四謂青
黃赤白亦名八勝處八制入次一切入正受者是十一切入即以第三背捨為四勝處
及觀色本四大故八并空處識處故十所言道者即十一枝道亦云依成論十
定具一清淨持戒二得善知識三守護根本四飲食知量五初夜後夜攝於睡眠
六具善覺七具善行者分八具善信解九具解脫處十无障十一无著依
舍利弗阿毗曇解十一枝道云何十一枝道身念處是名一枝道云何二枝道定
慧是云何三枝道有覺有觀定无覺无觀定空无相无願等是云何四
枝道定四念處四正勤四神足四禪四无色定四向道四果定四斷等是云何五枝
道五根五力五解脫入五出界五觀定五生解脫法等是道云何六枝道六念六
向出六界六相分法六抗回法六无諍正覺等是云何七枝道七覺七相七定回
緣法等是云何八枝道八聖道八解脫八勝入等是云何九枝道九滅九次第九
相等是云何十枝道十直法等是十直者正見正覺正語正業正命正精進

論八背捨（擬）　吐蕃統治時期寫本

妙法蓮華經卷六　歸義軍時期寫本

尼菩薩共生一處
瘖瘂口氣不臭舌常无病口亦
垢黑不黃不踈亦不缺落不差不曲脣不下
垂亦不褰縮不麁澁不瘡緊亦不缺壞
亦不喎斜不厚不大亦不黧黑无諸可惡鼻
不匾㔸亦不曲戾面色不黑亦不狹長亦不窊
曲无有一切不可喜相脣舌牙齒悉皆嚴好
鼻脩高直面貌圓滿眉高而長額廣平正
人相具足世世所生見佛聞法信受教誨阿逸
多汝且觀是勸於一人令往聽法功德如此何
況一心聽說讀誦而於大衆為人分別如說脩
行尒時世尊欲重宣此義而說偈言
若人於法會　得聞是經典　乃至於一偈　隨喜為他說
如是展轉教　至于第五十　最後人獲福　今當分別之
如有大施主　供給无量衆　具滿八十歲　隨意之所欲
見彼衰老相　髮白而面皺　齒踈形枯竭　念其死不久
我今應當教　令得於道果　即為方便說　涅槃真實法
世皆不牢固　如水沫泡焰　汝等咸應當　疾生猒離心
諸人聞是法　皆得阿羅漢　具足六神通　三明八解脫
最後第五十　聞一偈隨喜　是人福勝彼　不可為譬喻

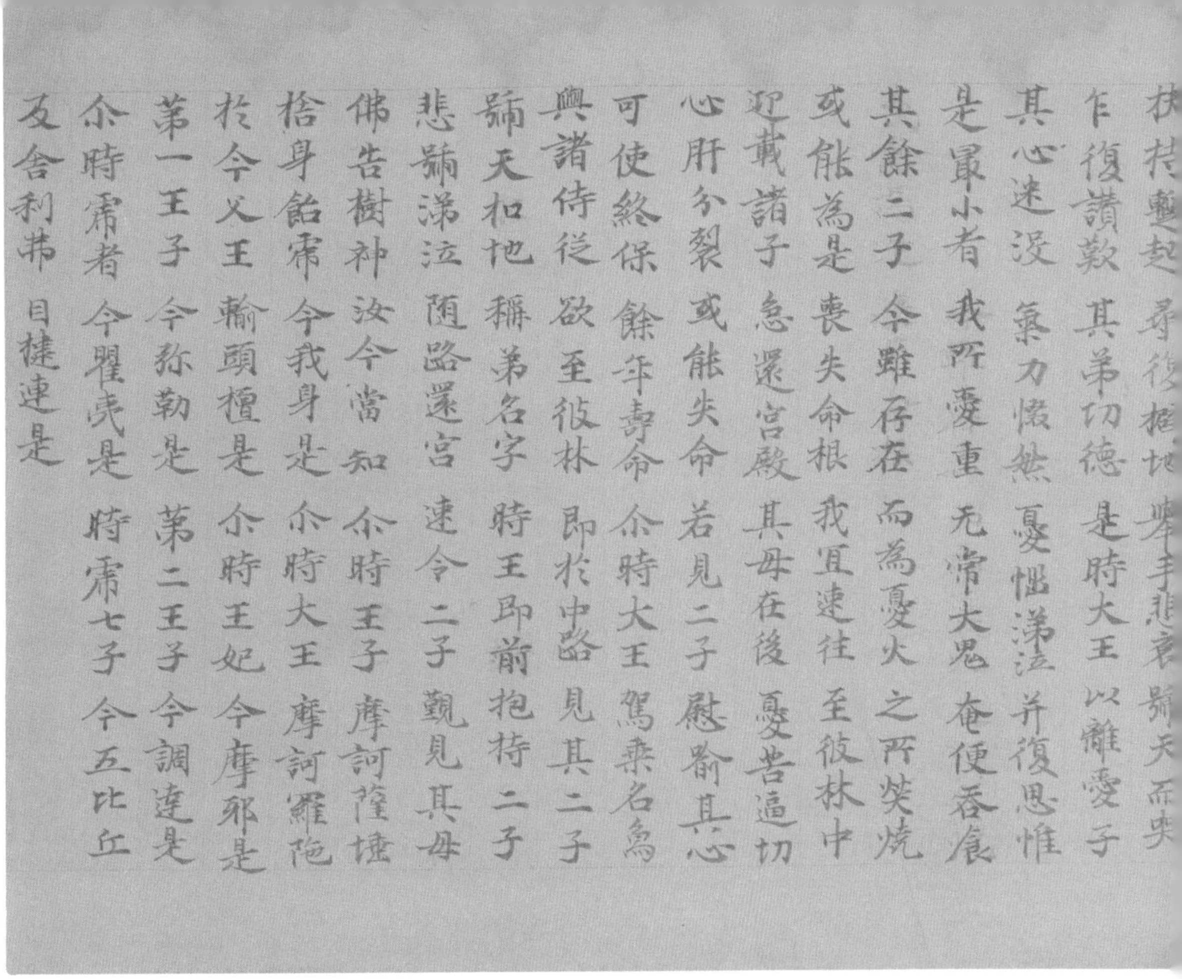

扶持與起　尋復擗地　舉手悲哀　號天而哭
作復讚歎　其弟功德　是時大王　以離愛子
其心迷沒　氣力惱熱　憂惱涕泣　并復思惟
是最小者　我所愛重　无常大鬼　奄便吞食
其餘二子　今雖存在　而爲憂火　之所焚燒
或能爲是　喪失命根　我宜速往　至彼林中
迎載諸子　急還宮殿　其母在後　憂苦逼切
心肝分裂　或能失命　若見二子　慰喻其心
可使終保　餘年壽命　尒時大王　駕乘名象
與諸侍從　欲至彼林　即於中路　見其二子
號天扣地　稱弟名字　時王即前　抱持二子
悲號涕泣　隨路還宮　速令二子　覲見其母
佛告樹神　汝今當知　尒時王子　摩訶薩埵
捨身飴虎　今我身是　尒時大王　摩訶羅陁
於今父王　輸頭檀是　尒時王妃　今摩耶是
第一王子　今彌勒是　第二王子　今調達是
尒時虎者　今瞿夷是　時虎七子　今五比丘
及舍利弗　目揵連是

金光明經卷四　唐寫本

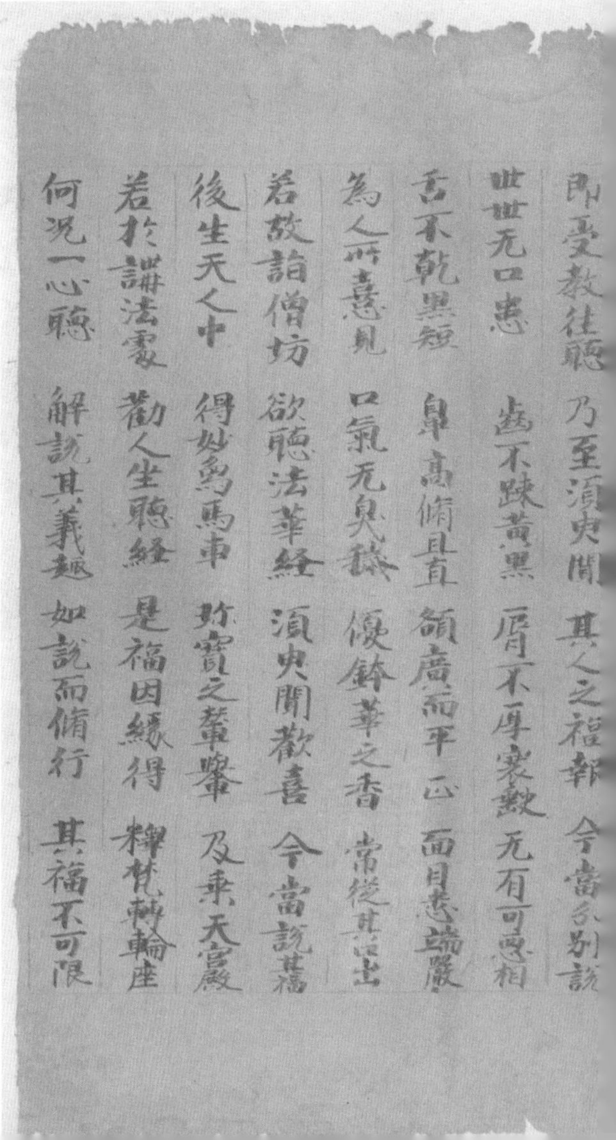

即受教往聽　乃至須臾間　其人之福報　今當分別說
世世无口患　齒不疏黃黑　脣不厚褰缺　无有可惡相
舌不乾黑短　鼻高脩且直　額廣而平正　面目悉端嚴
爲人所憙見　口氣无臭穢　優鉢華之香　常從其口出
若故詣僧坊　欲聽法華經　須臾聞歡喜　今當說其福
後生天人中　得妙象馬車　珍寶之輦輿　及乘天宮殿
若於講法處　勸人坐聽經　是福因緣得　釋梵轉輪座
何況一心聽　解說其義趣　如說而脩行　其福不可限

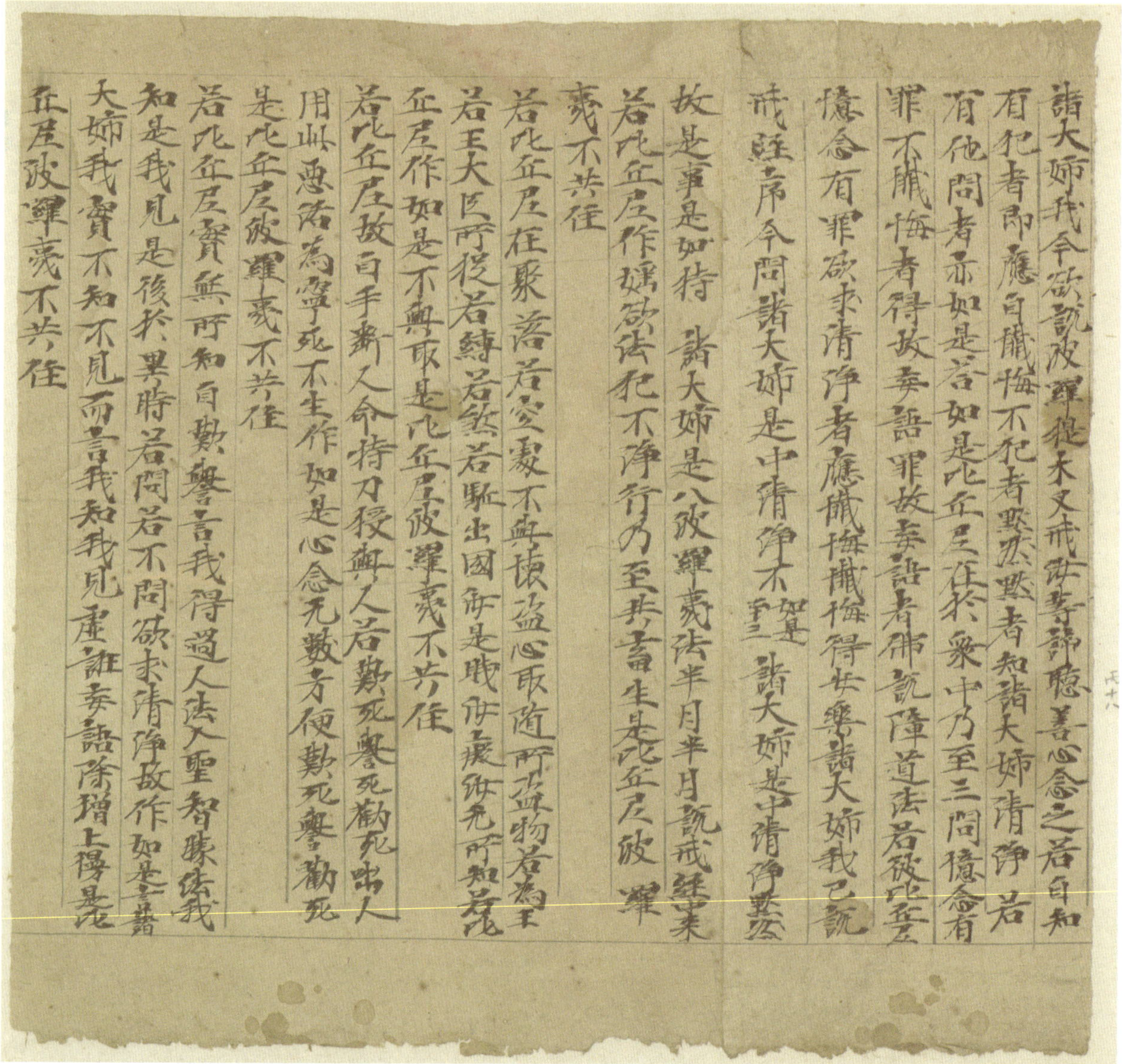

諸大姊我今欲說波羅提木叉戒汝等諦聽善心念之若自知
有犯者即應自懺悔不犯者嘿然嘿然者知諸大姊清淨若
有他問者亦如是答如是比丘尼在於衆中乃至三問憶念有
罪不懺悔者得故妄語罪故妄語者佛說障道法若彼比丘尼
憶念有罪欲求清淨者應懺悔懺悔得安樂諸大姊我已說
戒經序今問諸大姊是中清淨不 如是至三 諸大姊是中清淨嘿然
故是事如是持 諸大姊是八波羅夷法半月半月說戒經中來
若比丘尼作婬欲法犯不淨行乃至共畜生是比丘尼波羅
夷不共住
若比丘尼在聚落若空處不與懷盜心取隨所盜物若為王
若王大臣所捉若縛若殺若驅出國汝是賊汝癡汝無所知若比
丘尼作如是不與取是比丘尼波羅夷不共住
若比丘尼故自手斷人命持刀授與人若歎死譽死勸死咄人
用此惡活為寧死不生作如是心念無數方便歎死譽死勸死
是比丘尼波羅夷不共住
若比丘尼實無所知自歎譽言我得過人法入聖智勝法我
知是我見是後於異時若問若不問欲求清淨故作如是言諸
大姊我實不知不見而言我知我見虛誑妄語除增上慢是比
丘尼波羅夷不共住

四分比丘尼戒本　歸義軍時期寫本

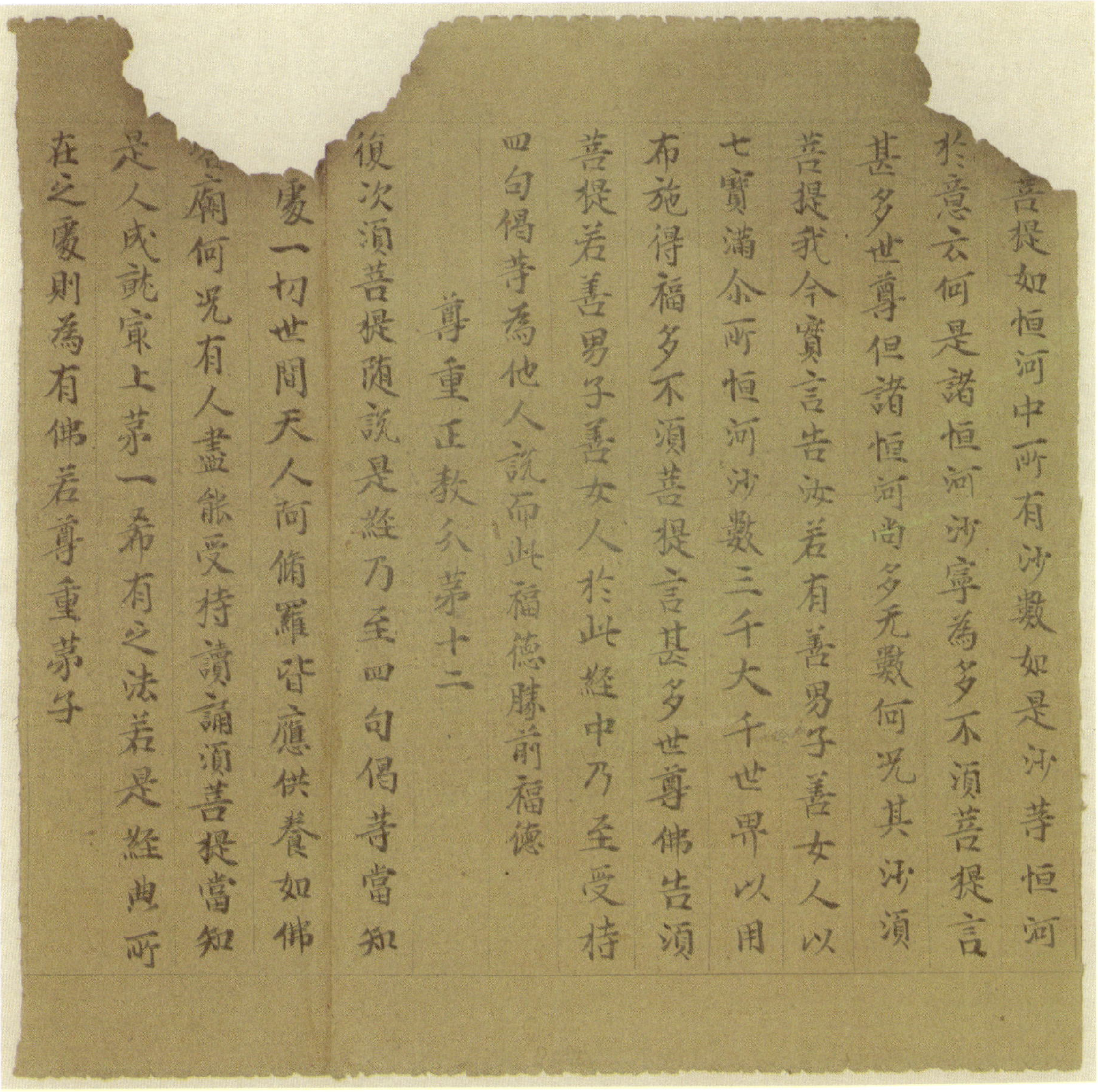

菩提如恒河中所有沙數如是沙等恒河
於意云何是諸恒河沙寧為多不須菩提言
甚多世尊但諸恒河尚多无數何况其沙須
菩提我今實言告汝若有善男子善女人以
七寶滿尒所恒河沙數三千大千世界以用
布施得福多不須菩提言甚多世尊佛告須
菩提若善男子善女人於此經中乃至受持
四句偈等為他人説而此福德勝前福德

尊重正教分第十二

復次須菩提隨説是經乃至四句偈等當知
處一切世間天人阿脩羅皆應供養如佛
塔廟何况有人盡能受持讀誦須菩提當知
是人成就最上第一希有之法若是經典所
在之處則為有佛若尊重弟子

金剛般若波羅蜜經（三十二分本）

歸義軍時期寫本

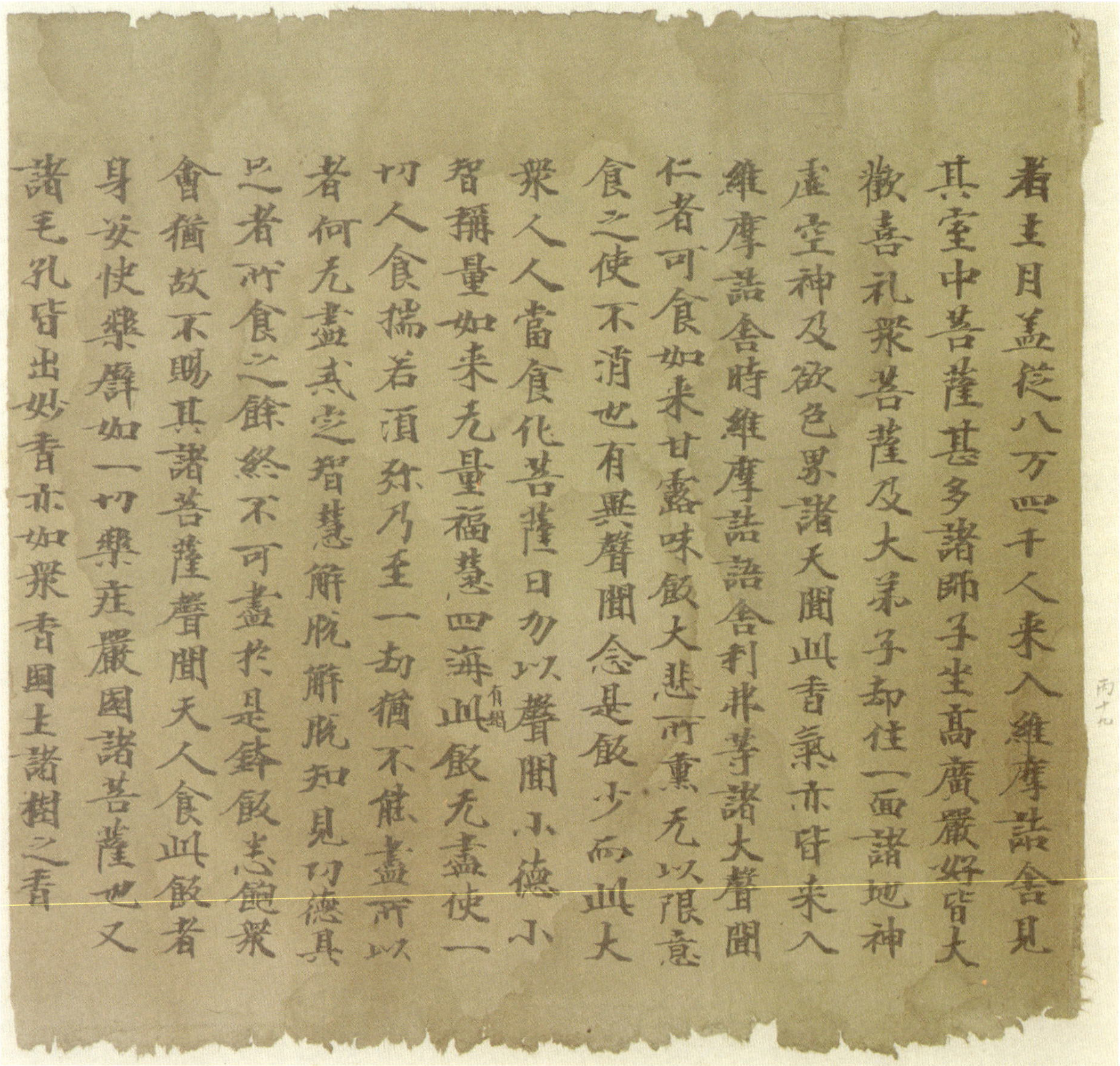
丙十九
者主月蓋從八万四千人来入維摩詰舍見
其室中菩薩甚多諸師子坐高廣嚴好皆大
歡喜礼衆菩薩及大弟子却住一面諸地神
虚空神及欲色界諸天聞此香氣亦皆来入
維摩詰舍時維摩詰語舍利弗等諸大聲聞
仁者可食如来甘露味飯大悲所熏无以限意
食之使不消也有異聲聞念是飯少而此大
衆人人當食化菩薩曰勿以聲聞小德小
智稱量如来无量福慧四海有竭此飯无盡使一
切人食揣若須弥乃至一劫猶不能盡所以
者何无盡戒定智慧解脫解脫知見功德具
足者所食之餘終不可盡於是鉢飯悉飽衆
會猶故不賜其諸菩薩聲聞天人食此飯者
身安快樂譬如一切樂莊嚴國諸菩薩也又
諸毛孔皆出妙香亦如衆香國土諸樹之香

維摩詰所説經卷下　歸義軍時期寫本

大般涅槃經（北本）卷一三　南北朝寫本

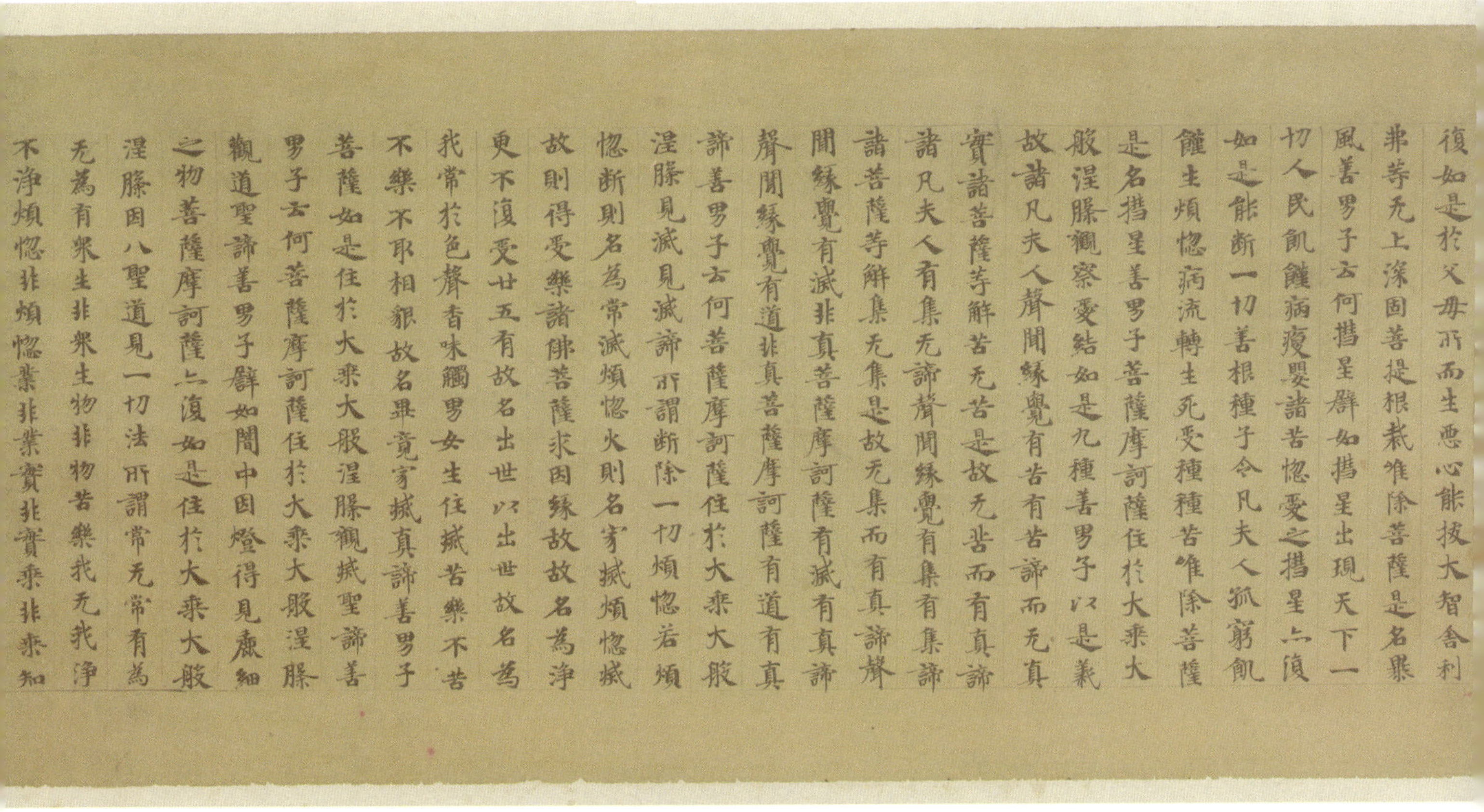
復如是於父母所而生惡心能拔大智舍利
弗等无上深固菩提根栽唯除菩薩是名衆
風善男子云何揩星譬如揩星出現天下一
切人民飢饉病瘦嬰諸苦惱愛之揩星亦復
如是能斷一切善根種子令凡夫人孤窮飢
饉生煩惱病流轉生死受種種苦唯除菩薩
是名揩星善男子菩薩摩訶薩住於大乘大
般涅槃觀察愛結如是九種善男子以是義
故諸凡夫人聲聞緣覺有苦有苦諦而无真
實諸菩薩等解苦无苦是故无苦而有真諦
諸凡夫人有集无諦聲聞緣覺有集有集諦
諸菩薩等解集无集是故无集而有真諦聲
聞緣覺有滅非真菩薩摩訶薩有滅有真諦
聲聞緣覺有道非真菩薩摩訶薩有道有真
諦善男子云何菩薩摩訶薩住於大乘大般
涅槃見滅見滅諦所謂斷除一切煩惱若煩
惱斷則名為常滅煩惱火則名寂滅煩惱滅
故則得受樂諸佛菩薩求因緣故故名為淨
更不復受廿五有故名出世以出世故名為
我常於色聲香味觸男女生住滅苦樂不苦
不樂不取相貌故名畢竟寂滅真諦善男子
菩薩如是住於大乘大般涅槃觀滅聖諦善
男子云何菩薩摩訶薩住於大乘大般涅槃
觀道聖諦善男子譬如闇中因燈得見麁細
之物菩薩摩訶薩亦復如是住於大乘大般
涅槃因八聖道見一切法所謂常无常有為
无為有衆生非衆生物非物苦樂我无我淨
不淨煩惱非煩惱業非業實非實乘非乘知

法華經疏（擬）

唐寫本

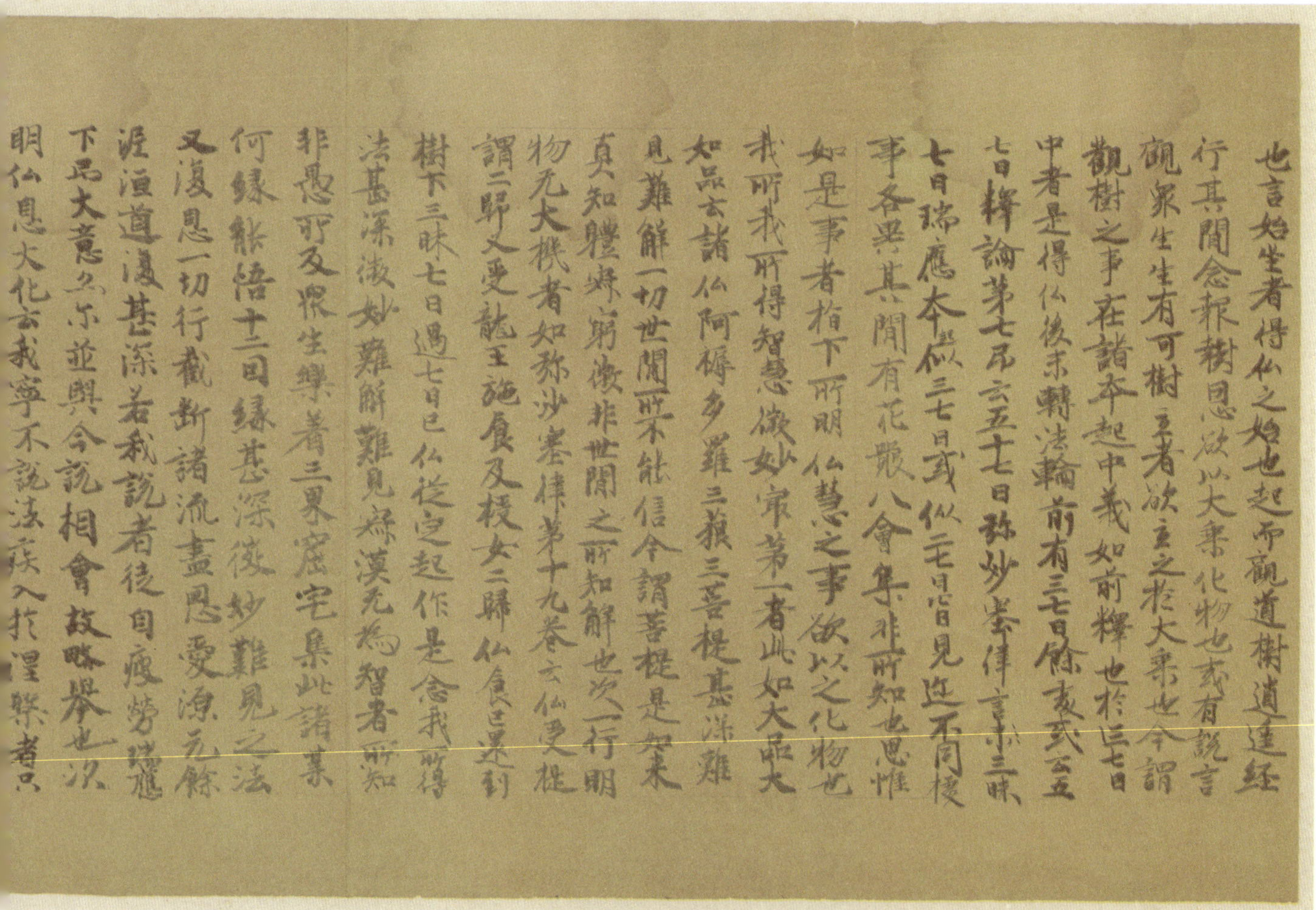
也言始生者得仏之始也起而觀道樹道逕経
行其間念報樹恩欲以大乘化物也或有説言
觀衆生生有可樹之者欲立之於大乘也今謂
觀樹之事在諸本起中義如前釋也於巳七日
中者是得仏後未轉法輪前有三七日餘或云五
七日釋論第七卷云五十七日弥妙塞律言三昧
七日瑞應本起三七日或似二七日見道不同楼
事各異其閒有花聚八會集非所知也思惟
如是事者樹下所明仏慧之事欲以之化物也
我所我所得智慧微妙衆第一者此如大品大
如品云諸仏阿耨多羅三藐三菩提甚深難
見難解一切世間所不能信今謂菩提是如來
真知體精窮徹非世間之所知解也次一行明
物无大機者如弥沙塞律第十九卷云仏受提
謂二歸又受龍王施食及授女三歸仏食已還到
樹下三昧七日過七日已仏從定起作是念我所得
法甚深微妙難解難見寂漠无為智者所知
非愚所及衆生樂著三界窟宅集此諸業
何緣能悟十二因緣甚深微妙難見之法
又復息一切行截斷諸流盡恩愛源无餘
泥洹道復甚深若我説者徒自疲勞聰
下思大意亦尓並與今説相會故略舉也次
明仏息大化云我寧不説法疾入於涅槃者只

大般涅槃經（北本）卷一九　南北朝寫本

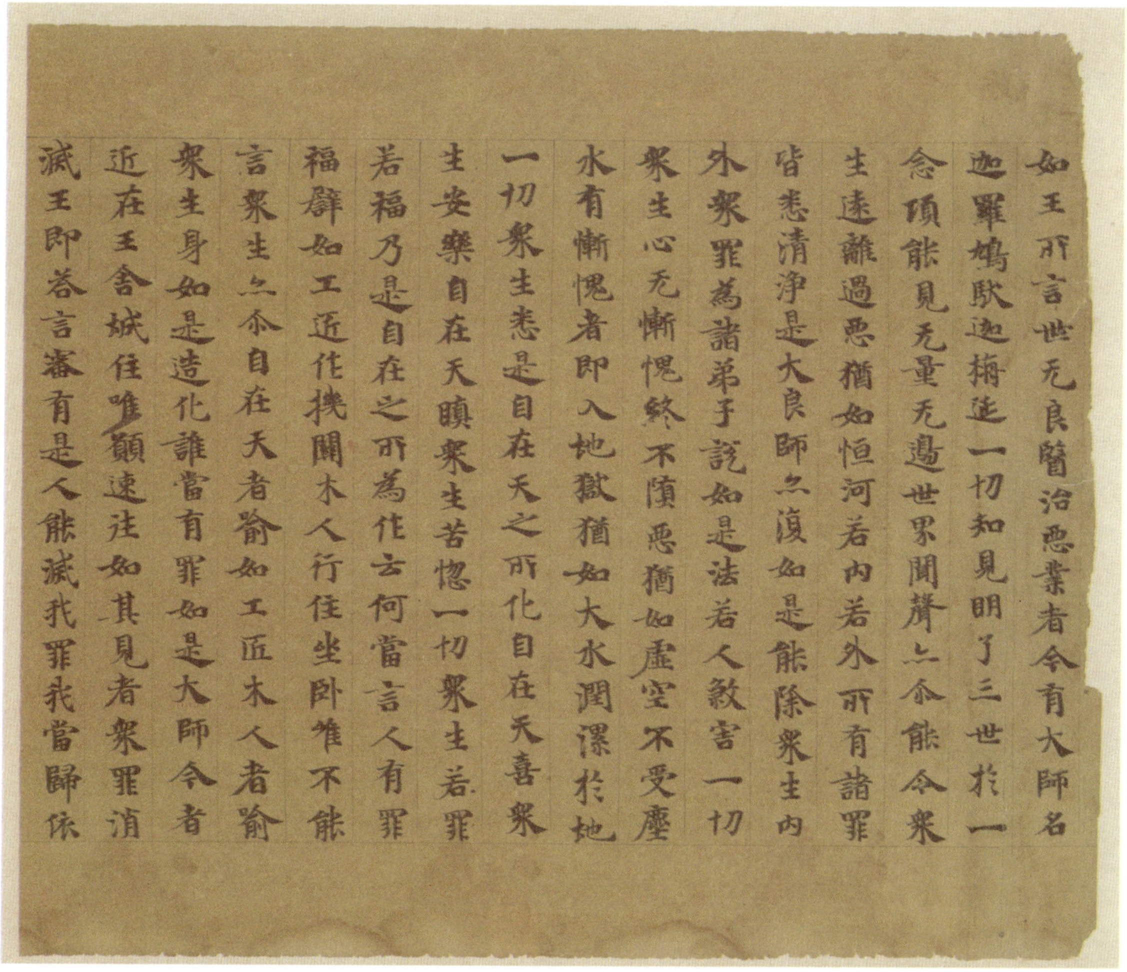
如王所言世无良醫治惡業者今有大師名
迦羅鳩馱迦旃延一切知見明了三世於一
念頃能見无量无邊世界聞聲亦尒能令衆
生遠離過惡猶如恒河若内若外所有諸罪
皆悉清淨是大良師亦復如是能除衆生内
外衆罪爲諸弟子說如是法若人殺害一切
衆生心无慚愧終不墮惡猶如虛空不受塵
水有慚愧者即入地獄猶如大水潤漯於地
一切衆生悉是自在天之所化自在天喜衆
生安樂自在天瞋衆生苦惱一切衆生若罪
若福乃是自在之所爲作云何當言人有罪
福譬如工匠作機關木人行住坐卧唯不能
言衆生亦尒自在天者喻如工匠木人者喻
衆生身如是造化誰當有罪如是大師今者
近在王舍城住唯願速往如其見者衆罪消
滅王即答言審有是人能滅我罪我當歸依

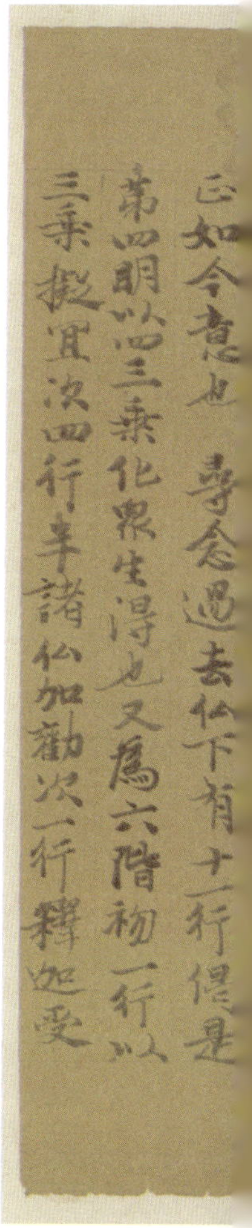
正如今意也　尋念過去仏下有十一行偈是
第四明以四三乘化衆生得也又爲六階初一行以
三乘擬宜次四行舉諸仏加勸次一行釋迦受

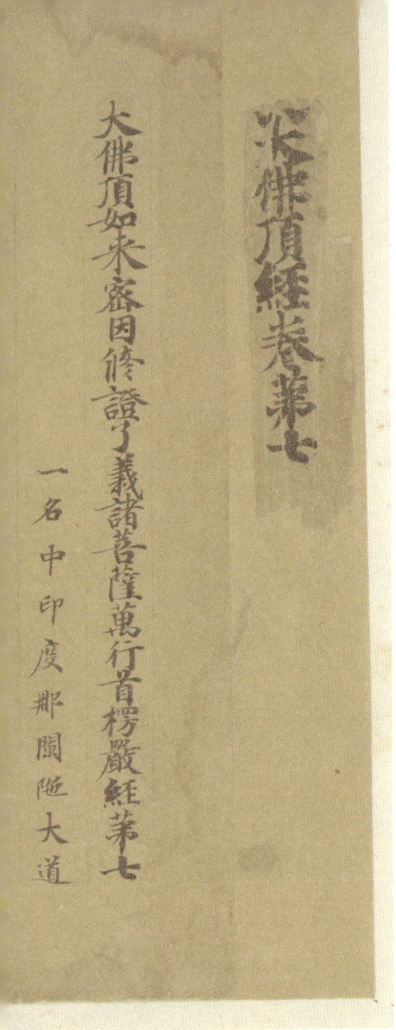
大佛頂經卷第七

大佛頂如來密因修證了義諸菩薩萬行首楞嚴經第七

一名中印度那爛陁大道

維摩詰所說經卷下　歸義軍時期寫本（第一圖）

妙法蓮華經卷五　南北朝寫本（第二圖）

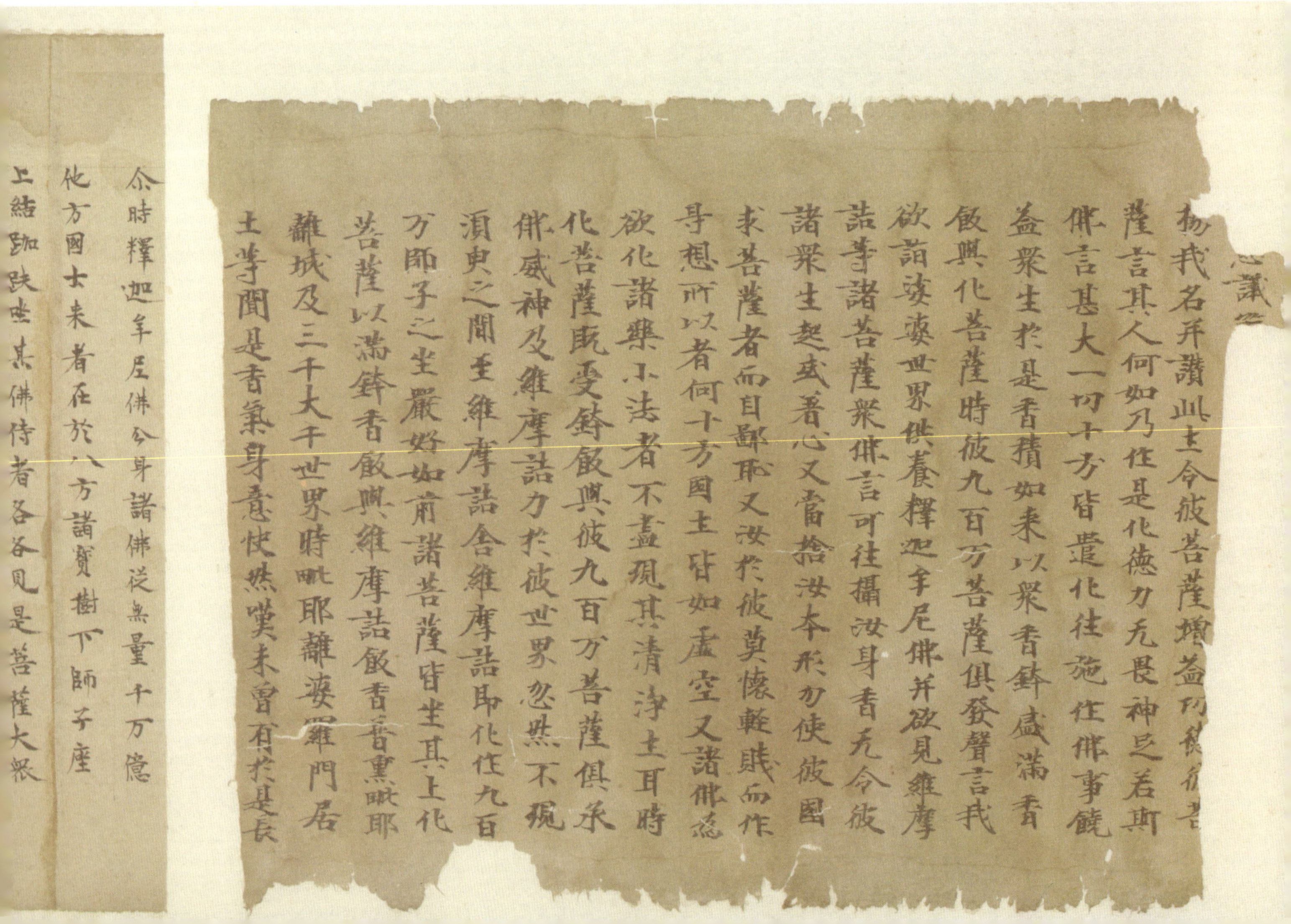
心議也

揚我名并讚此土令彼菩薩增益功德彼菩
薩言其人何如乃作是化德力无畏神足若斯
佛言甚大一切十方皆遣化往施作佛事饒
益衆生於是香積如來以衆香鉢盛滿香
飯與化菩薩時彼九百万菩薩俱發聲言我
欲詣娑婆世界供養釋迦牟尼佛并欲見維摩
詰等諸菩薩衆佛言可往攝汝身香无令彼
諸衆生起惑著心又當捨汝本形勿使彼國
求菩薩者而自鄙恥又汝於彼莫懷輕賤而作
礙想所以者何十方國土皆如虛空又諸佛為
欲化諸樂小法者不盡現其清淨土耳時
化菩薩既受鉢飯與彼九百万菩薩俱承
佛威神及維摩詰力於彼世界忽然不現
須臾之間至維摩詰舍即化作九百
万師子之坐嚴好如前諸菩薩皆坐其上化
菩薩以滿鉢香飯與維摩詰飯香普熏毗耶
離城及三千大千世界時毗耶離婆羅門居
士等聞是香氣身意快然歎未曾有於是長

尒時釋迦牟尼佛分身諸佛從無量千万億
他方國土來者在於八方諸寶樹下師子座
上結跏趺坐其佛侍者各各見是菩薩大衆

門求菩薩道要先持此四種律儀皎如氷霜自不能生一切枝葉心三口四生必无因阿難如是四事若不失遺心尚不緣色香味觸一切魔事云何發生若有宿習不能滅除汝教是人一心誦我佛頂光明摩訶薩怛多般怛羅无上神呪斯是如來无見頂相无為心佛從頂發揮坐寶蓮花所說心呪且汝宿世與摩登伽歷劫因緣恩愛習氣非是一生及與一劫我一宣揚愛心永脫成阿羅漢彼尚婬女无心修行神力冥資速證无學云何汝等在會聲聞求最上乘決定成佛譬如以塵揚于順風有何艱難若有末世欲坐道場先持比丘清淨禁戒要當選擇戒清淨者第一沙門以為其師若其不遇真清淨僧汝戒律儀必不成就戒成已後著新淨衣然香閑居誦此心佛所說神呪一百八遍然後結界建立道場求於十方現住國土无上如來放大悲光來灌其頂阿難如是末世清淨比丘若比丘尼白衣檀越心滅貪婬持佛淨戒於道場中發菩薩願出入澡浴六時行道如是不寐經三七日我自現身至其人前摩頂安慰令其開悟

大佛頂如來密因修證了義諸菩薩萬行首楞嚴經卷七　唐寫本

薩大衆從何所來尒時諸佛各告侍者諸善男子且待須臾有菩薩摩訶薩名弥勒釋迦牟尼佛之所授記次後作佛已問斯事佛今答之汝等自當因是得聞

金剛般若波羅蜜經　唐寫本

須菩提若善男子善女人以三千大千世界
碎為微塵於意云何是微塵衆寧為多不甚
多世尊何以故若是微塵衆實有者佛則不
說是微塵衆所以者何佛說微塵衆則非微
塵衆是名微塵衆世尊如来所說三千大千
世界則非世界是名世界何以故若世界實有
者則是一合相如来說一合相則非一合相
是名一合相須菩提一合相者則是不可說
但凡夫之人貪著其事
須菩提若人言佛說我見人見衆生見壽者
見須菩提於意云何是人解我所說義不世
尊是人不解如来所說義何以故世尊說我
見人見衆生見壽者見即非我見人見衆生
見壽者見是名我見人見衆生見壽者見須
菩提發阿耨多羅三藐三菩提心者於一切

若来若去若坐若卧是人不解我所說義何
以故如来者无所從来亦无所去故名如来
須菩提若善男子善女人以三千大千世界
碎為微塵於意云何是微塵衆寧為多不
甚多世尊何以故若是微塵衆實有者佛則
不說是微塵衆所以者何佛說微塵衆則非
微塵衆是名微塵衆世尊如来所說三千大千
世界則非世界是名世界何以故若世界實
有者則是一合相如来說一合相則非一合
相是名一合相須菩提一合相者則是不可
說但凡夫之人貪著其事須菩提若人言佛
說我見人見衆生見壽者見須菩提於意云
何是人解我所說義不世尊是人不解如来
所說義何以故世尊說我見人見衆生見壽

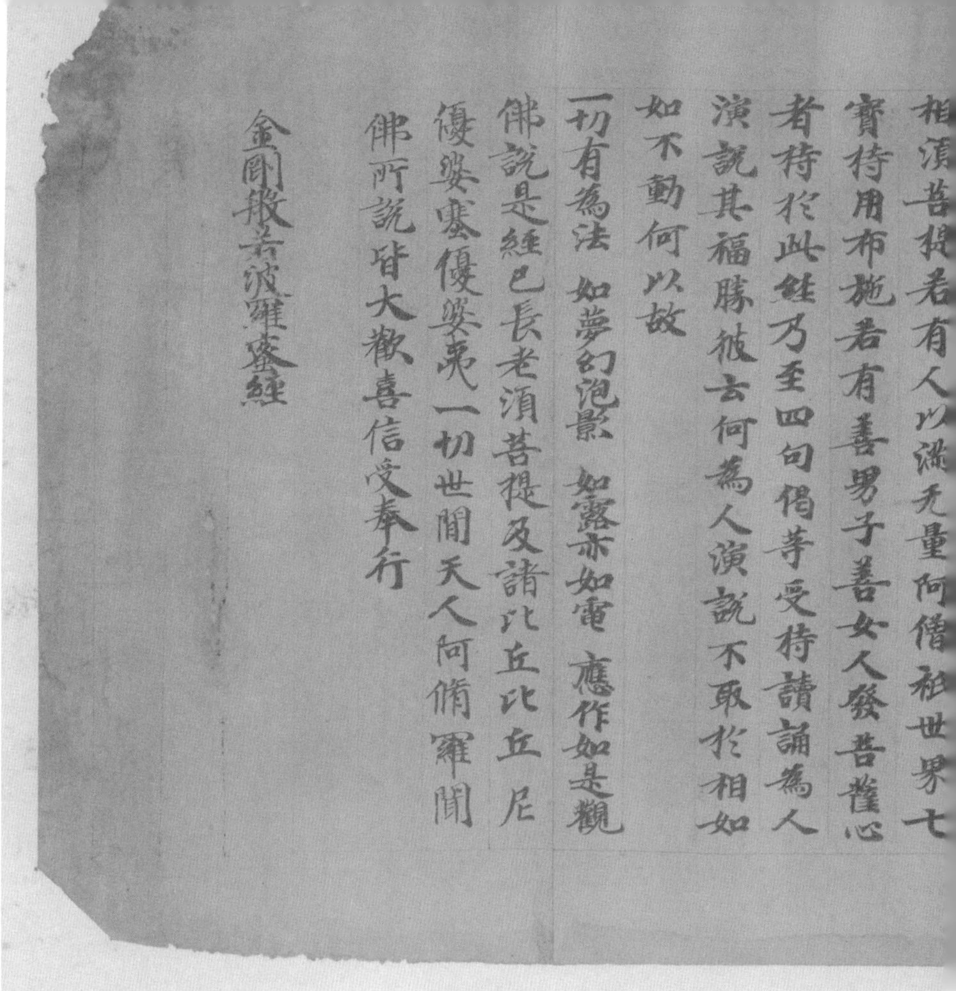

相須菩提若有人以滿无量阿僧祇世界七
寶持用布施若有善男子善女人發菩薩心
者持於此經乃至四句偈等受持讀誦為人
演說其福勝彼云何為人演說不取於相如
如不動何以故
一切有為法　如夢幻泡影　如露亦如電　應作如是觀
佛說是經已長老須菩提及諸比丘比丘尼
優婆塞優婆夷一切世間天人阿脩羅聞
佛所說皆大歡喜信受奉行
金剛般若波羅蜜經

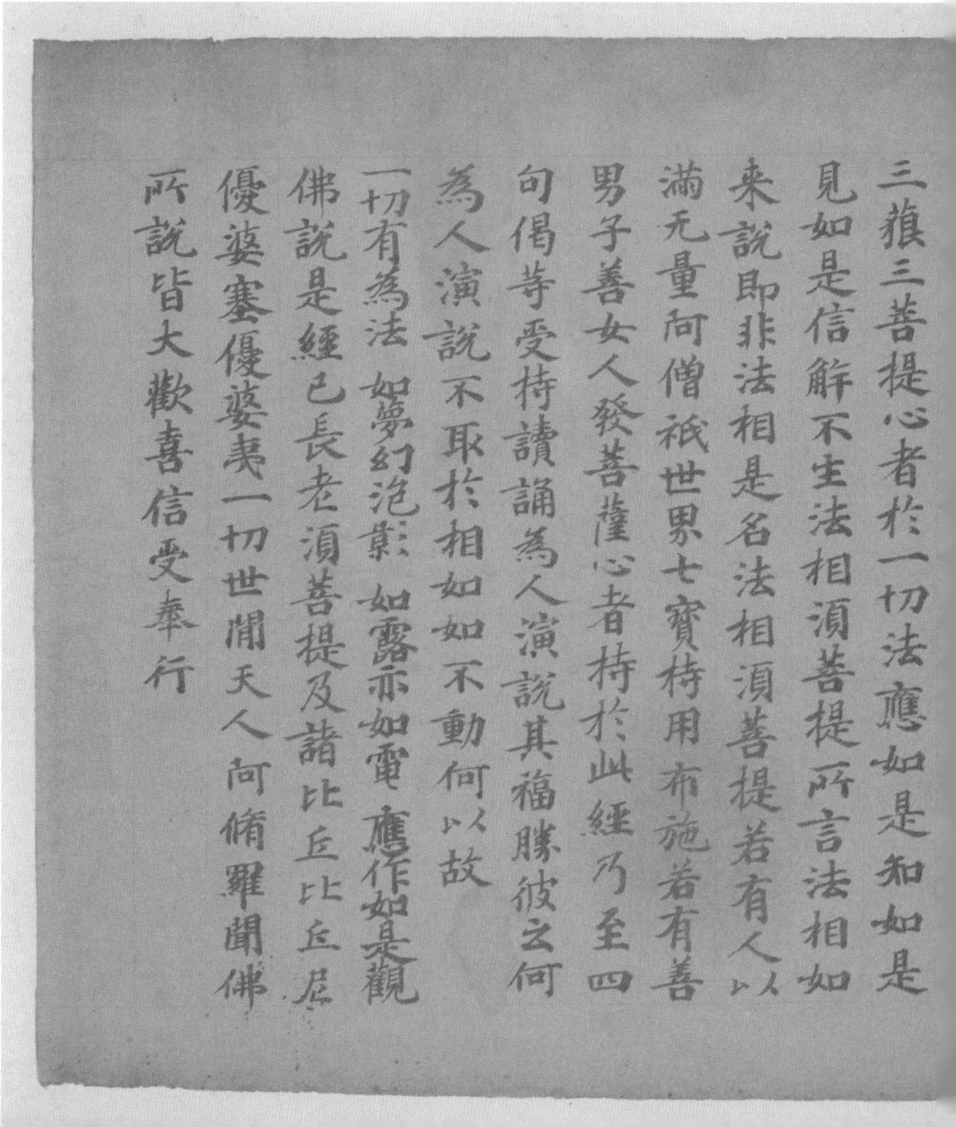

三藐三菩提心者於一切法應如是知如是
見如是信解不生法相須菩提所言法相如
來說即非法相是名法相須菩提若有人以
滿无量阿僧祇世界七寶持用布施若有善
男子善女人發菩薩心者持於此經乃至四
句偈等受持讀誦為人演說其福勝彼云何
為人演說不取於相如如不動何以故
一切有為法　如夢幻泡影　如露亦如電　應作如是觀
佛說是經已長老須菩提及諸比丘比丘尼
優婆塞優婆夷一切世間天人阿脩羅聞佛
所說皆大歡喜信受奉行

金剛般若波羅蜜經　唐寫本

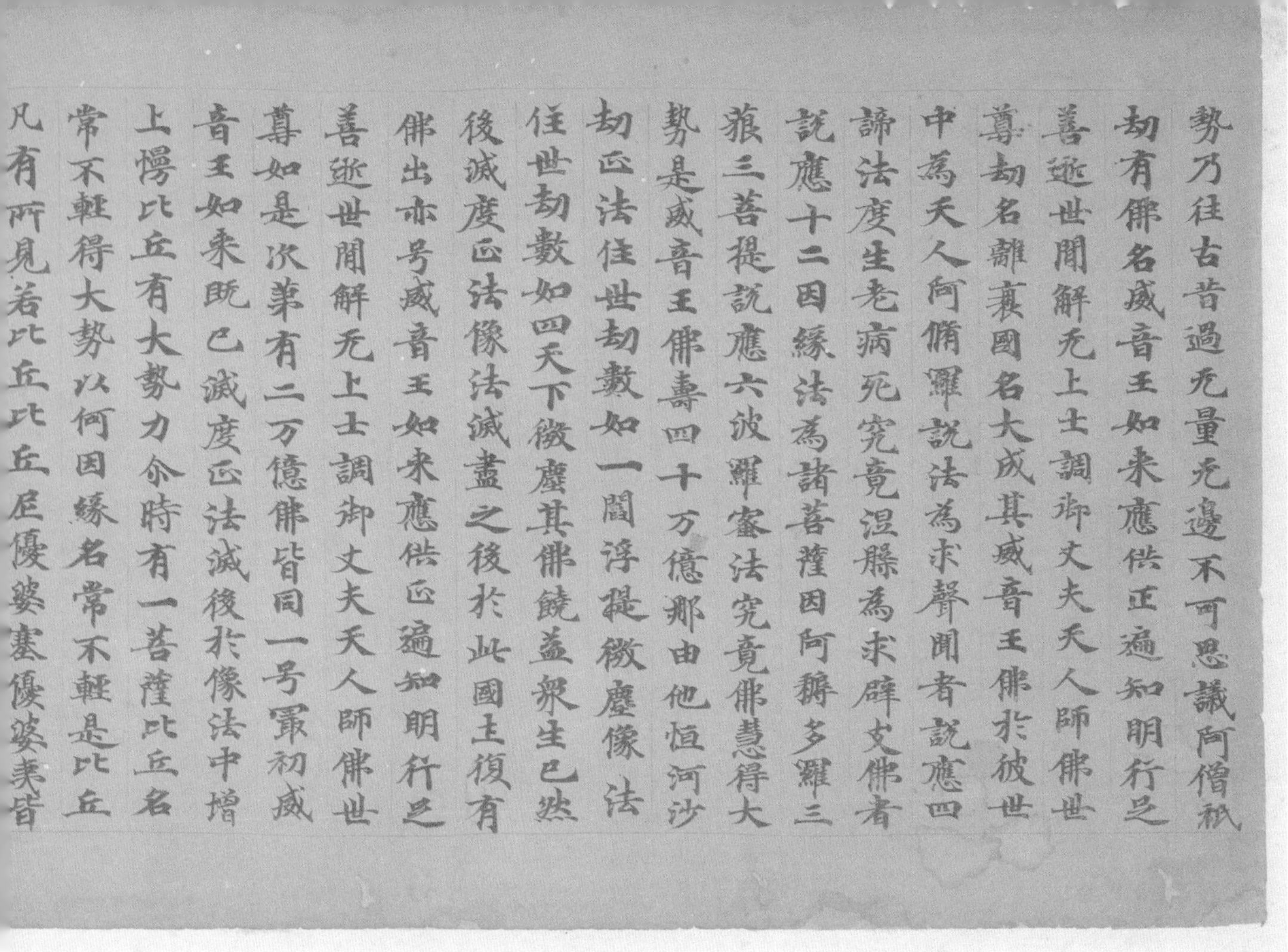
勢乃往古昔過无量无邊不可思議阿僧秪
刧有佛名威音王如來應供正遍知明行足
善逝世間解无上士調御丈夫天人師佛世
尊刧名離衰國名大成其威音王佛於彼世
中為天人阿脩羅說法為求聲聞者說應四
諦法度生老病死究竟涅槃為求辟支佛者
說應十二因緣法為諸菩薩因阿耨多羅三
藐三菩提說應六波羅蜜法究竟佛慧得大
勢是威音王佛壽四十万億那由他恒河沙
刧正法住世刧數如一閻浮提微塵像法
住世刧數如四天下微塵其佛饒益衆生已然
後滅度正法像法滅盡之後於此國土復有
佛出亦号威音王如來應供正遍知明行足
善逝世間解无上士調御丈夫天人師佛世
尊如是次第有二万億佛皆同一号最初威
音王如來既已滅度正法滅後於像法中增
上慢比丘有大勢力尒時有一菩薩比丘名
常不輕得大勢以何因緣名常不輕是比丘
凡有所見若比丘比丘尼優婆塞優婆夷皆

妙法蓮華經卷六 唐寫本

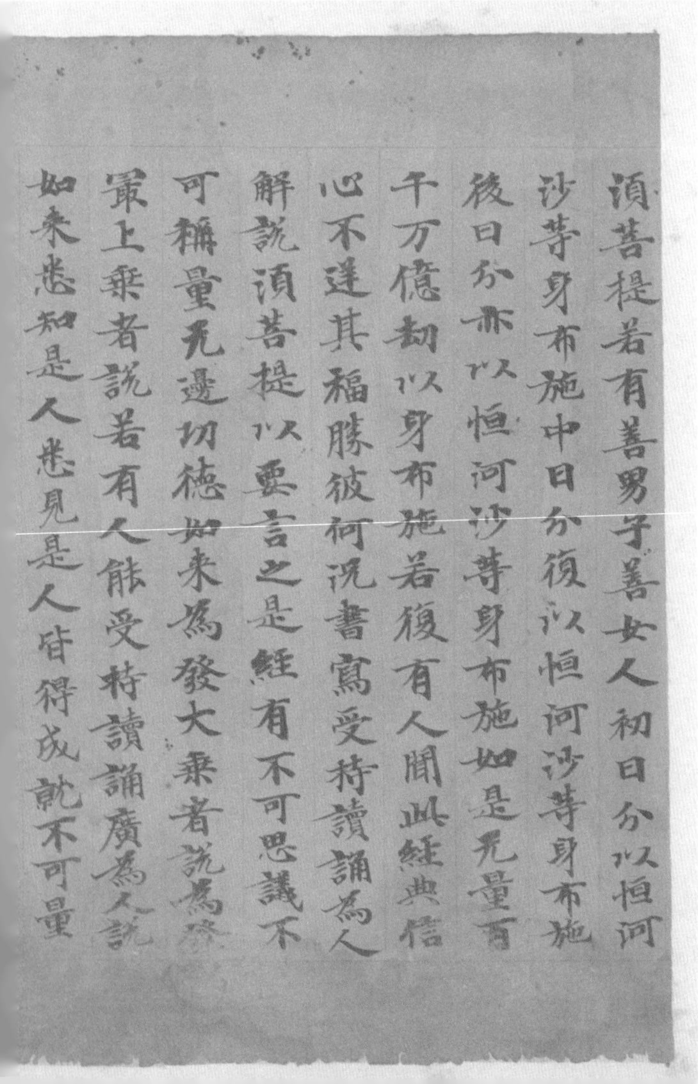
須菩提若有善男子善女人初日分以恒河
沙等身布施中日分復以恒河沙等身布施
後日分亦以恒河沙等身布施如是无量百
千万億刧以身布施若復有人聞此經典信
心不逆其福勝彼何況書寫受持讀誦為人
解說須菩提以要言之是經有不可思議不
可稱量无邊功德如來為發大乘者說為發
最上乘者說若有人能受持讀誦廣為人說
如來悉知是人悉見是人皆得成就不可量

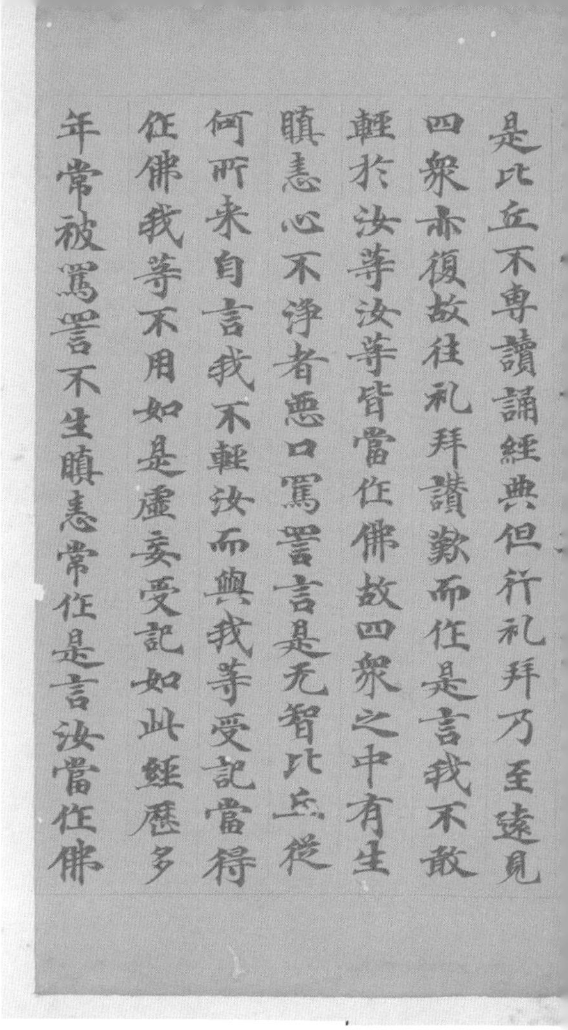
是比丘不專讀誦經典但行礼拜乃至遠見
四衆亦復故往礼拜讃歎而作是言我不敢
輕於汝等汝等皆當作佛故四衆之中有生
瞋恚心不淨者惡口罵詈言是无智比丘從
何所來自言我不輕汝而與我等受記當得
作佛我等不用如是虚妄受記如此經歷多
年常被罵詈不生瞋恚常作是言汝當作佛

金剛般若波羅蜜經 唐寫本

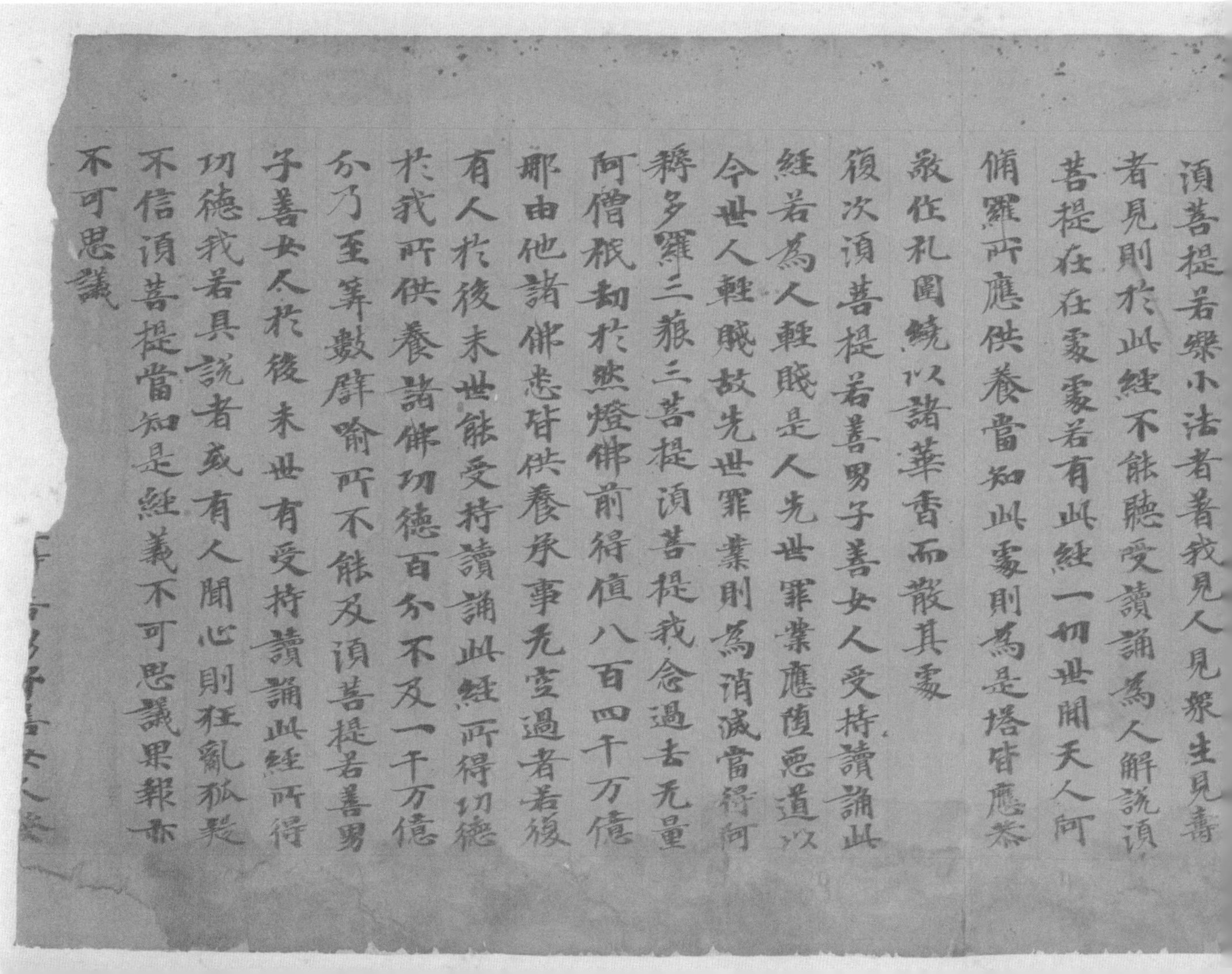
須菩提若樂小法者著我見人見衆生見壽
者見則於此經不能聽受讀誦爲人解説須
菩提在在處處若有此經一切世間天人阿
脩羅所應供養當知此處則爲是塔皆應恭
敬作礼圍繞以諸華香而散其處
復次須菩提若善男子善女人受持讀誦此
經若爲人輕賤是人先世罪業應墮惡道以
今世人輕賤故先世罪業則爲消滅當得阿
耨多羅三藐三菩提須菩提我念過去无量
阿僧祇劫於然燈佛前得值八百四千万億
那由他諸佛悉皆供養承事无空過者若復
有人於後末世能受持讀誦此經所得功德
於我所供養諸佛功德百分不及一千万億
分乃至筭數譬喻所不能及須菩提若善男
子善女人於後末世有受持讀誦此經所得
功徳我若具説者或有人聞心則狂亂狐疑
不信須菩提當知是經義不可思議果報亦
不可思議

金剛般若波羅蜜經　唐寫本

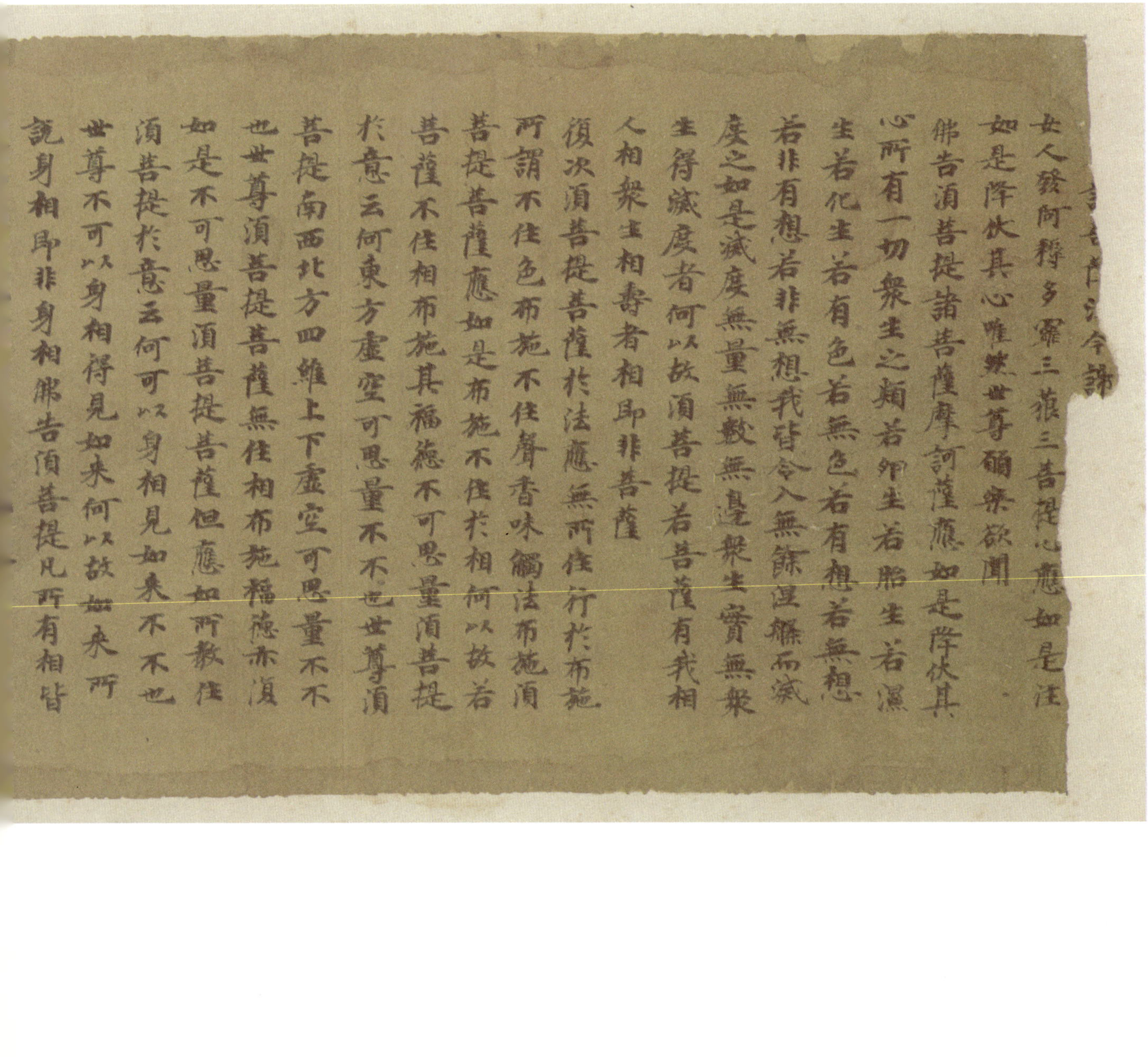
善善[illegible]汝今諦
女人發阿耨多羅三藐三菩提心應如是住
如是降伏其心唯然世尊願樂欲聞
佛告須菩提諸菩薩摩訶薩應如是降伏其
心所有一切衆生之類若卵生若胎生若濕
生若化生若有色若無色若有想若無想
若非有想若非無想我皆令入無餘涅槃而滅
度之如是滅度無量無數無邊衆生實無衆
生得滅度者何以故須菩提若菩薩有我相
人相衆生相壽者相即非菩薩
復次須菩提菩薩於法應無所住行於布施
所謂不住色布施不住聲香味觸法布施須
菩提菩薩應如是布施不住於相何以故若
菩薩不住相布施其福德不可思量須菩提
於意云何東方虛空可思量不不也世尊須
菩提南西北方四維上下虛空可思量不不
也世尊須菩提菩薩無住相布施福德亦復
如是不可思量須菩提菩薩但應如所教住
須菩提於意云何可以身相見如來不不也
世尊不可以身相得見如來何以故如來所
說身相即非身相佛告須菩提凡所有相皆

千手千眼觀世音菩薩姥陀羅尼身經（別本）

歸義軍時期寫本

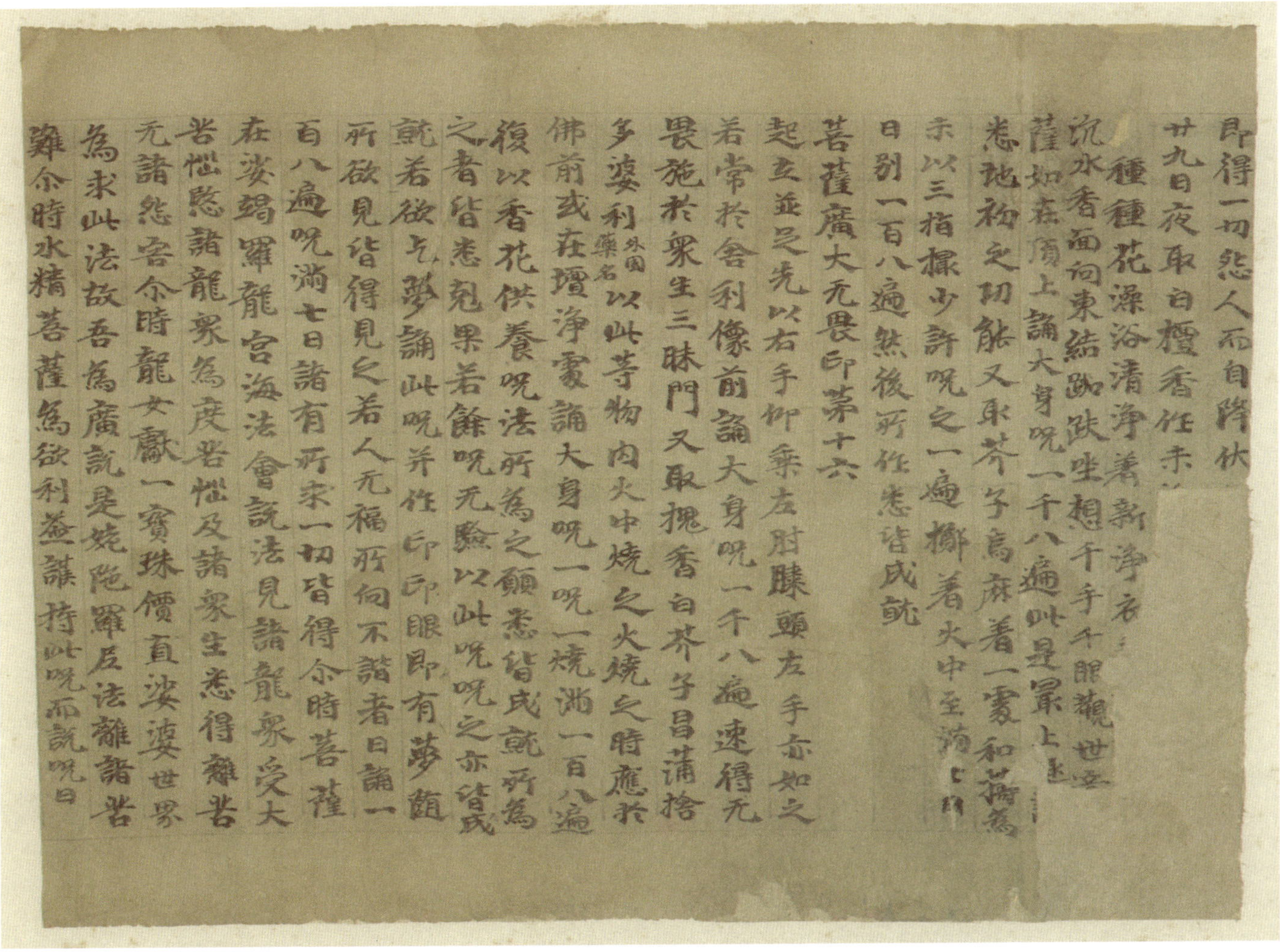
即得一切怨人而自降伏
廿九日夜取白檀香作末
種種花澡浴清淨著新淨衣
沉水香面向東結跏趺坐想千手千眼觀世音
薩如在頂上誦大身呪一千八遍此是最上王
悉弛初之切能又取芥子烏麻着一處和攪為
末以三指撮少許呪之一遍擲着火中至滿七日
日別一百八遍然後所作悉皆成就
菩薩廣大无畏印第十六
起立並足先以右手仰乘左肘膝頭左手亦如之
若常於舍利像前誦大身呪一千八遍速得无
畏施於衆生三昧門又取𢮎香白芥子昌蒲捨
多婆利外國藥名以此等物內火中燒之火燒之時應於
佛前或在壇淨處誦大身呪一呪一燒滿一百八遍
復以香花供養呪法所為之願悉皆成就所為
之者皆悉克果若餘呪无驗以此呪呪之亦皆成
就若欲乞夢誦此呪并作印印眼即有夢随
所欲見皆得見之若人无福所向不諧者日誦一
百八遍呪滿七日諸有所求一切皆得尒時菩薩
在娑竭羅龍宮海法會說法見諸龍衆受大
苦惱慈諸龍衆為度苦惱及諸衆生悉得離苦
无諸怨害尒時龍女獻一寶珠價直娑婆世界
為求此法故吾為廣說是姥陁羅尼法離諸苦
難尒時水精菩薩為欲利益讃持此呪而說呪曰

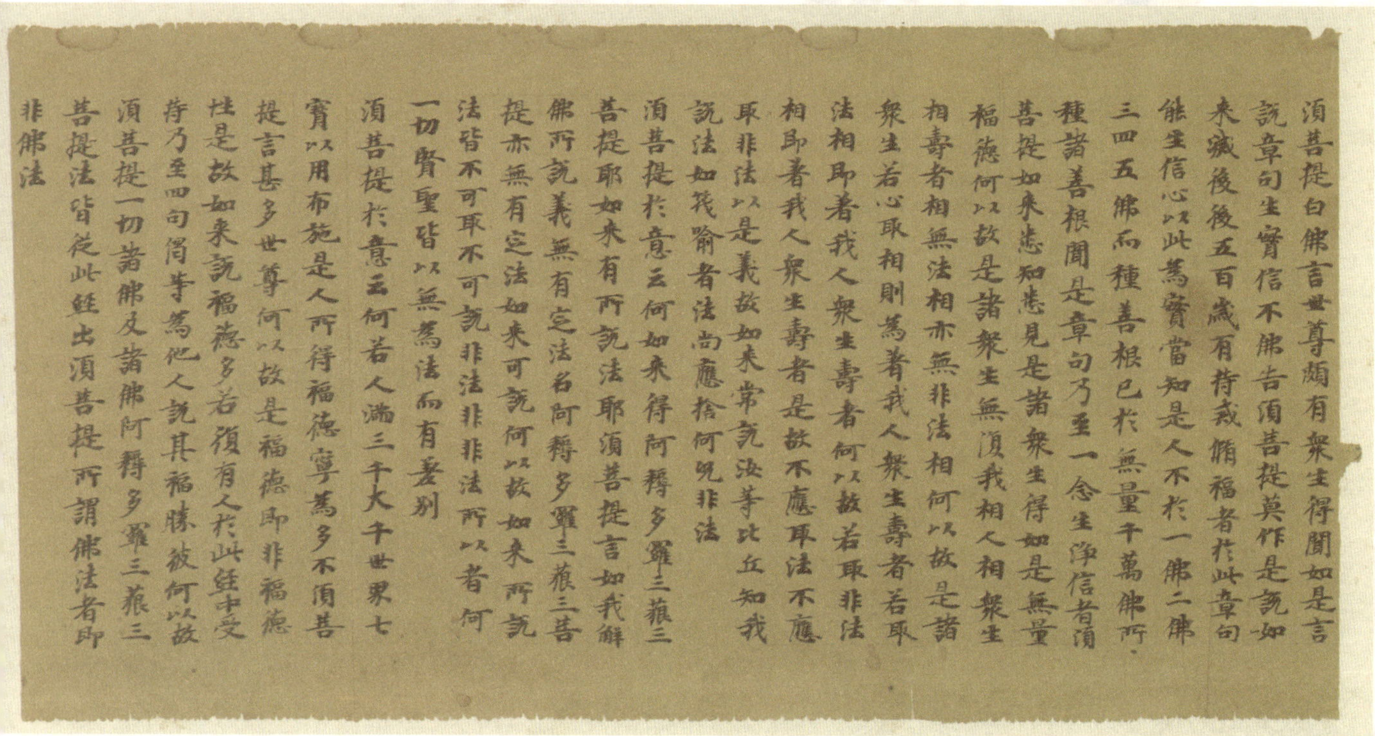
須菩提白佛言世尊頗有衆生得聞如是言
說章句生實信不佛告須菩提莫作是說如
來滅後後五百歲有持戒脩福者於此章句
能生信心以此爲實當知是人不於一佛二佛
三四五佛而種善根已於無量千萬佛所
種諸善根聞是章句乃至一念生淨信者須
菩提如來悉知悉見是諸衆生得如是無量
福德何以故是諸衆生無復我相人相衆生
相壽者相無法相亦無非法相何以故是諸
衆生若心取相則爲著我人衆生壽者若取
法相即著我人衆生壽者何以故若取非法
相即著我人衆生壽者是故不應取法不應
取非法以是義故如來常說汝等比丘知我
說法如筏喻者法尚應捨何况非法
須菩提於意云何如來得阿耨多羅三藐三
菩提耶如來有所說法耶須菩提言如我解
佛所說義無有定法名阿耨多羅三藐三菩
提亦無有定法如來可說何以故如來所說
法皆不可取不可說非法非非法所以者何
一切賢聖皆以無爲法而有差別
須菩提於意云何若人滿三千大千世界七
寶以用布施是人所得福德寧爲多不須菩
提言甚多世尊何以故是福德即非福德
性是故如來說福德多若復有人於此經中受
持乃至四句偈等爲他人說其福勝彼何以故
須菩提一切諸佛及諸佛阿耨多羅三藐三
菩提法皆從此經出須菩提所謂佛法者即
非佛法

金剛般若波羅蜜經　唐寫本

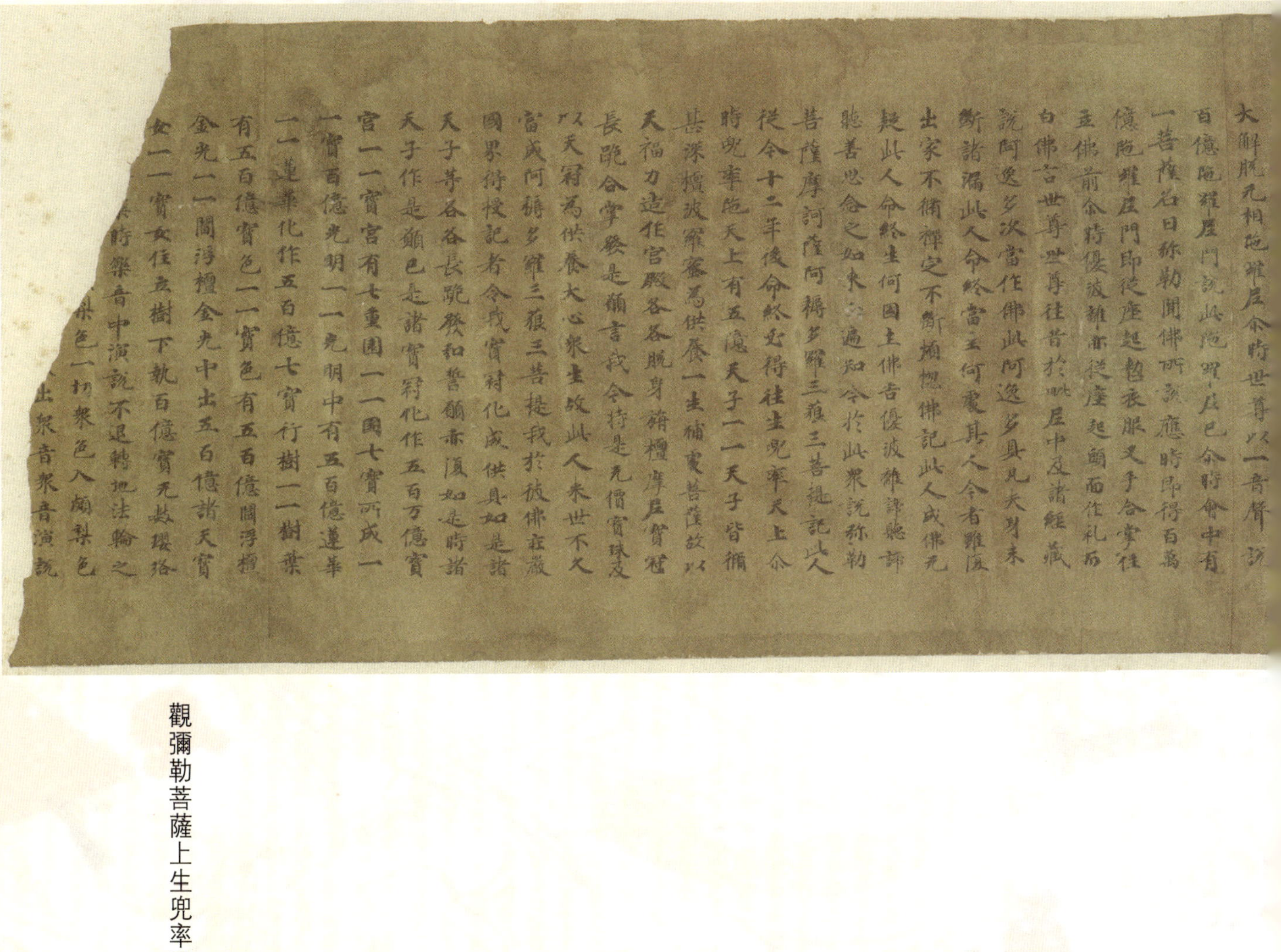
大解脫无相陀羅尼門尒時世尊以一音聲說
百億陀羅尼門說此陀羅尼已尒時會中有
一菩薩名曰彌勒聞佛所說應時即得百萬
億陀羅尼門即從座起整衣服叉手合掌住
立佛前尒時優波離亦從座起頭面作礼而
白佛言世尊世尊往昔於毗尼中及諸經藏
說阿逸多次當作佛此阿逸多具凡夫身未
斷諸漏此人命終當生何處其人今者雖復
出家不修禪定不斷煩惱佛記此人成佛无
疑此人命終生何國土佛告優波離諦聽諦
聽善思念之如來[illegible]遍知今於此眾說彌勒
菩薩摩訶薩阿耨多羅三藐三菩提記此人
從今十二年後命終必得往生兜率天上尒
時兜率陀天上有五百億天子一一天子皆修
甚深檀波羅蜜為供養一生補處菩薩故以
天福力造作宮殿各各脫身栴檀摩尼寶冠
長跪合掌發是願言我今持是无價寶珠及
以天冠為供養大心眾生故此人來世不久
當成阿耨多羅三藐三菩提我於彼佛莊嚴
國界得授記者令我寶冠化成供具如是諸
天子等各各長跪發弘誓願亦復如是時諸
天子作是願已是諸寶冠化作五百万億寶
宮一一寶宮有七重園一一園七寶所成一
一寶百億光明一一光明中有五百億蓮華
一一蓮華化作五百億七寶行樹一一樹葉
有五百億寶色一一寶色有五百億閻浮檀
金光一一閻浮檀金光中出五百億諸天寶
女一一寶女住立樹下執百億寶无數瓔珞
[illegible]時樂音中演說不退轉地法輪之
梨色一切眾色入頗梨色
出眾音眾音演說

觀彌勒菩薩上生兜率天經　吐蕃統治時期寫本

大佛頂如來密因修證了義諸菩薩萬行首楞嚴經卷三　唐寫本

無則意與法及意界三本非因緣非自然性
阿難白佛言世尊如來常說和合因緣一切
世間種種變化皆因四大和合發明云何如
來因緣自然二俱排擯我今不知斯義所屬
唯垂哀愍開示衆生中道了義無戲論法
尒時世尊告阿難言汝先猒離聲聞緣覺諸
小乘法發心勤求無上菩提故我今時爲汝
開示第一義諦如何復將世間戲論妄想因
緣而自纏繞汝雖多聞如說藥人真藥現前
不能分別如來說爲真可憐愍汝今諦聽吾
當爲汝分別開示亦令當來脩大乘者通達
實相阿難黙然承佛聖旨
阿難如汝所言四大和合發明世間種種變
化阿難若彼大性體非和合則不能與諸大
雜和猶如虛空不和諸色若和合者同於變
化始終相成生滅相續生死死生生死死
如旋火輪未有休息阿難如水成冰冰還成
水汝觀地性麁爲大地細爲微塵至鄰虛塵
析彼極微色邊際相七分所成更析鄰虛即
實空性阿難若此鄰虛析成虛空當知虛空
出生色相汝今問言由和合故出生世間諸
變化相汝且觀此一鄰虛塵用幾虛空和合
而有不應鄰虛合成鄰虛又鄰虛塵析入空
者用幾色相合成虛空若色合時合色非空
若空合時合空非色色猶可析空云何合汝
元不知如來藏中性色真空性空真色清淨
本然周遍法界隨衆生心應所知量循業發現
世間無知惑爲因緣及自然性皆識心分別

中陰生如明月光波羅㮈衣故名好色趣於
惡哉是名惡哉身口意惡行種種邪見是名
惡見身口意惡行種種邪見惡行成就誹謗
賢聖是名惡見誹謗計著邪見邪因邪果緣
是造作一切邪業造邪業已受現世樂未來
苦報成現世苦未來苦報是名受邪法因成
就種種惡法生惡道中是名因彼名色分離
是名身壞生分都盡是名命終非法惡行是
名為惡受熱苦觸長夜无間是名惡趣墮熱
下處背大悲等是名為墮增上可猒是名涅
槃與上相違是名淨分乗善行生是名善趣
所受自然是名為天
一切漏无餘斷一切使對治无漏心无漏智
第一增上意增上慧有漏盡名為心解脫慧
解脫依見道脩道心得解脫慧得解脫是名
後有得六神通自如實知能為他說故說自
知作證我生已盡梵行已立如是廣說
如来十力有七種一者自性二者分別三者
不共四者等五者造業六者次第七者差別
自性者有說五根自性有說智慧自性智慧
自性者說處非處智力不說處非處信等力
如是處非處智力餘力亦如是分別者略說
有三種一者時分別過去未来現在入一切智
二者種分別一切有為法自相共相入一切種
三者衆生分別一切衆生界入一切利益如
是三種分別廣說則有无量
不共者如来十力不與聲聞辟支佛共等者
一切如来十力平等无軟中上

菩薩地持經卷一〇　唐寫本

救拔焰口餓鬼陀羅尼經

歸義軍時期寫本

救拔焰口餓鬼陀羅尼經　歸義軍時期寫本（一至四行）

長者女菴提遮師子吼了義經　歸義軍時期寫本（五至四二行）

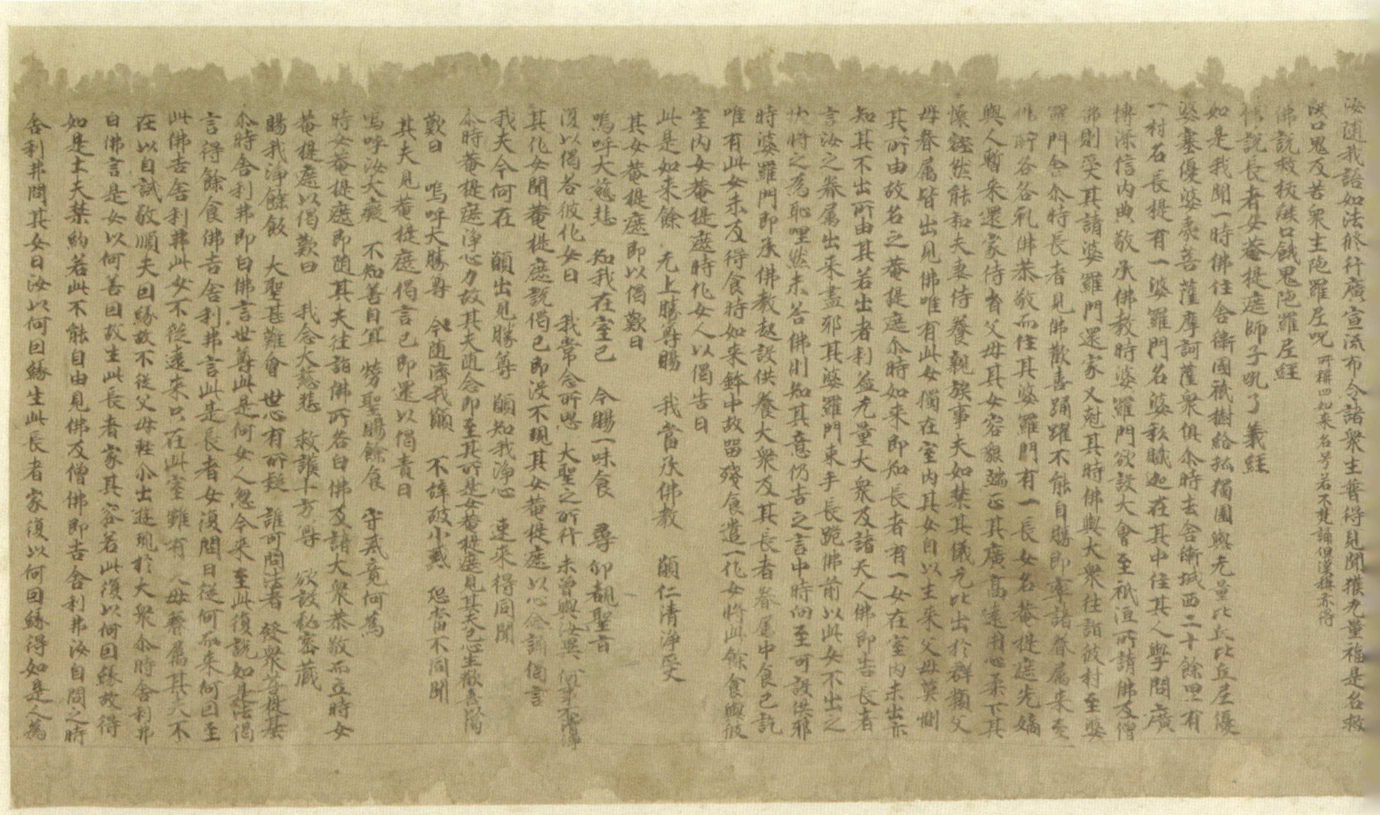

汝隨我語如法修行廣宣流布令諸衆生普得見聞獲无量福是名救
拔口鬼及苦衆生陀羅尼呪　所稱四如來名号若不覺誦但漢梵亦得
佛說救拔焰口餓鬼陀羅尼經
佛說長者女菴提遮師子吼了義經
如是我聞一時佛住舍衛國祇樹給孤獨園與无量比丘比丘尼優
婆塞優婆夷菩薩摩訶薩衆俱尒時去舍衛城西二十餘里有
一村名長提有一婆羅門名婆私膩迦在其中住其人學問廣
博深信内典敬承佛教時婆羅門欲設大會至祇洹所請佛及僧
佛則受其請婆羅門還家又勑其時佛與大衆往詣彼村至婆
羅門舍尒時長者見佛歡喜踊躍不能自勝即率諸眷屬來至
佛所各各礼佛恭敬而住其婆羅門有一長女名菴提遮先嫁
與人暫來還家侍省父母其女容貌端正其廣高遠有心柔下其
懷經然能和夫妻侍養親族事夫如禁其儀无比出於群類父
母眷屬皆出見佛唯有此女獨在室內其女自以生來父母莫制
其所由故名之菴提遮尒時如來即知長者有一女在室內未出示
知其不出所由其若出者利益无量大衆及諸天人佛即告長者
言汝之眷屬出來盡耶其婆羅門束手長跪佛前以此女不出之
狀時之為恥嘿然未答佛則知其意仍告之言中時向至可設供邪
時婆羅門即承佛教趣設供養大衆及其長者眷屬中食已訖
唯有此女未及得食持如來鉢中故留殘食遣一化女將此餘食與彼
室內女菴提遮時化女人以偈告曰
此是如來餘　无上勝尊賜　我當承佛教　願仁清淨受
其女菴提遮即以偈歎曰
嗚呼大慈悲　知我在室已　令賜一味食　尋卹覩聖音
復以偈答彼化女曰　我常念所思　大聖之所行　未曾與汝異　何事不濟渡
其化女聞菴提遮說偈已即沒不現其女菴提遮以心念誦偈言
我夫今何在　願出見勝尊　願知我淨心　速來得同聞
尒時菴提遮淨心力故其夫逈念即至其所是女菴提遮見其夫已生歡喜以偈
歎曰　嗚呼大勝尊　今隨濟我願　不肆破小戒　終當不同聞
其夫見菴提遮偈言已即還以偈責曰
嗚呼汝大癡　不知善自宜　嫪聖賜餘食　守戒竟何為
時女菴提遮即隨其夫往詣佛所各白佛及諸大衆恭敬而立時女
菴提遮以偈歎曰　我念大慈悲　救護十方尊　欲說秘密藏
賜我淨餘飯　大聖甚難會　世心有所疑　誰可問法者　發衆菩提芽
尒時舍利弗即白佛言世尊此是何女人忽今來至此復說如是諸偈
言得餘食佛告舍利弗言此是長者女復聞曰從何而來何因至
此佛告舍利弗此女不從遠來只在此室雖有父母眷屬其夫不
在以自試敬順夫因緣故不從父母種尒出遊現於大衆尒時舍利弗
白佛言是女以何善因故生此長者家其容若此復以何因緣故得
如是丈夫禁約若此不能自由見佛及僧佛即告舍利弗汝自問之時
舍利弗問其女曰汝以何因緣生此長者家復以何因緣得如是人為

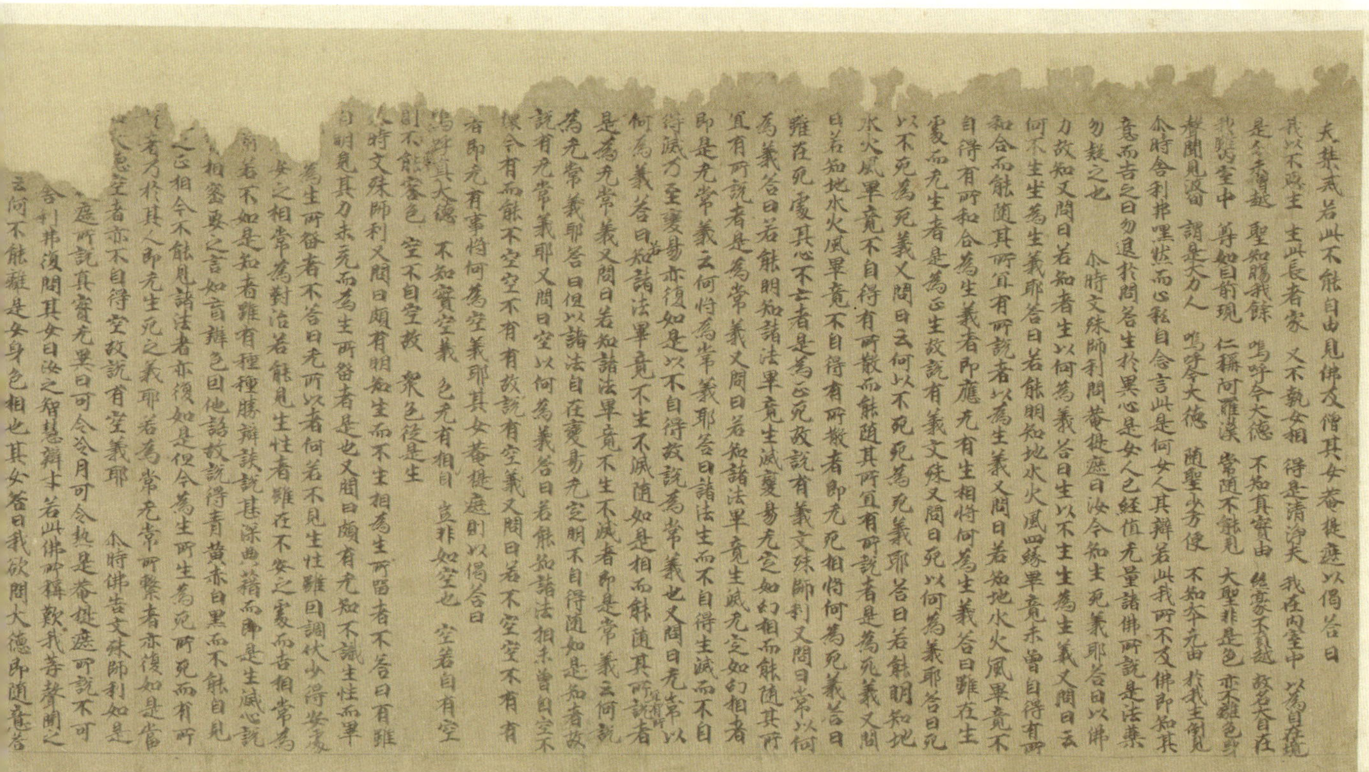

長者女菴提遮師子吼了義經　歸義軍時期寫本

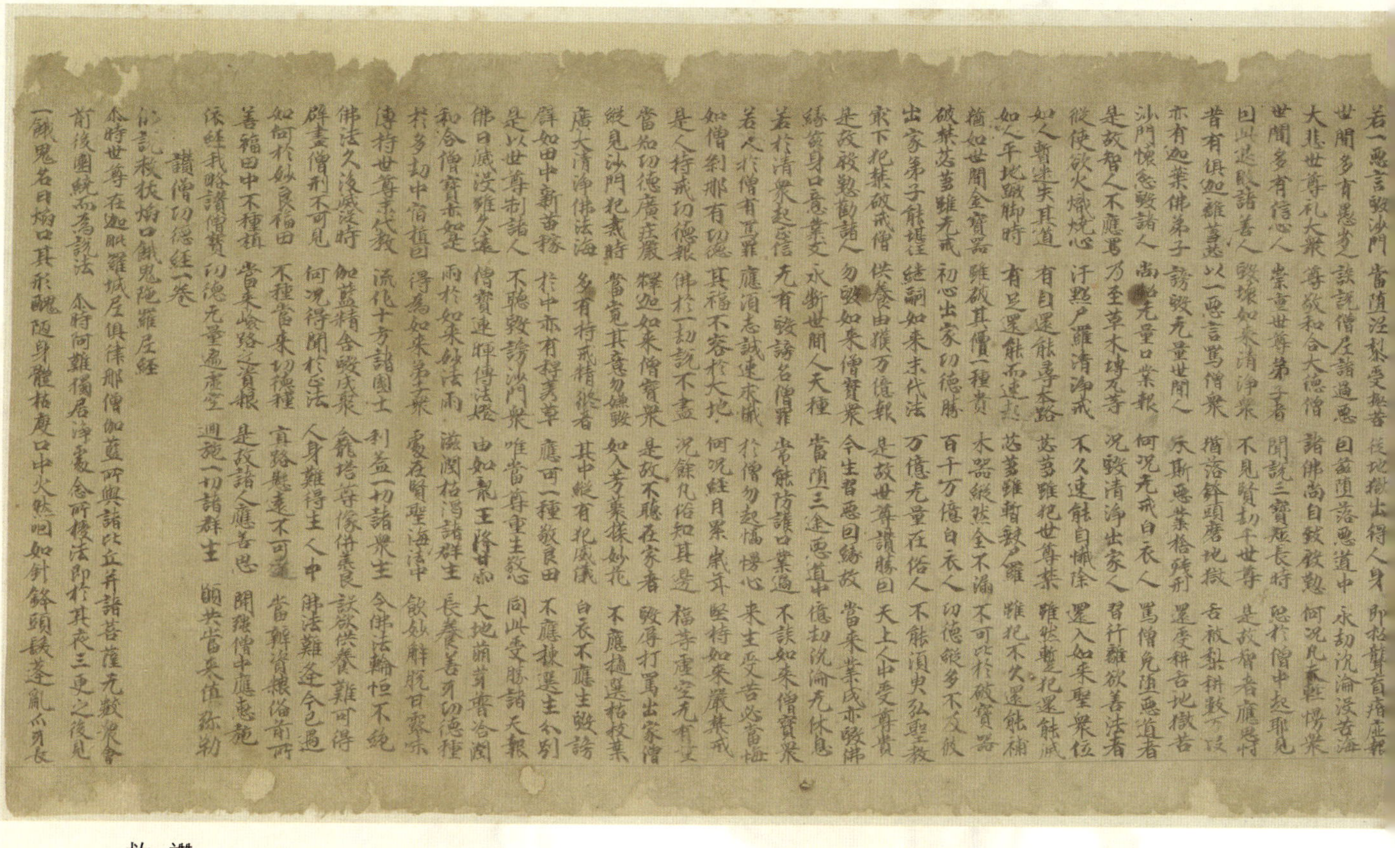

讚僧功德經　歸義軍時期寫本（一至三八行）

救拔焰口餓鬼陀羅尼經　歸義軍時期寫本（三九至四二行）

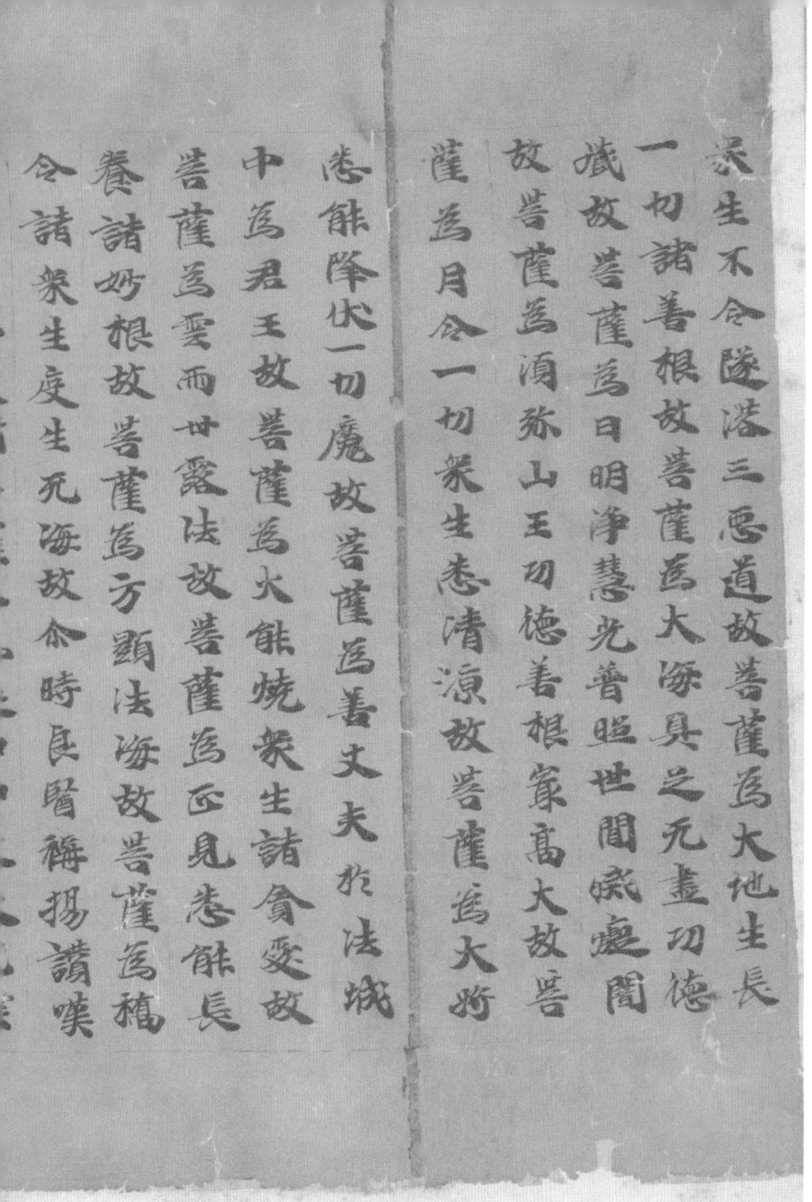

衆生不令墮落三惡道故菩薩爲大地生長
一切諸善根故菩薩爲大海具足无盡功德
藏故菩薩爲日明淨慧光普照世間暗處闇
故菩薩爲須彌山王功德善根最高大故菩
薩爲月令一切衆生悉清涼故菩薩爲大將
悉能降伏一切魔故菩薩爲善丈夫於法城
中爲君王故菩薩爲火能燒衆生諸貪愛故
菩薩爲雲雨甘露法故菩薩爲正見悉能長
養諸妙根故菩薩爲方顯法海故菩薩爲橋
令諸衆生度生死海故尒時長醫稱揚讚嘆

長者女菴提遮師子吼了義經 歸義軍時期寫本

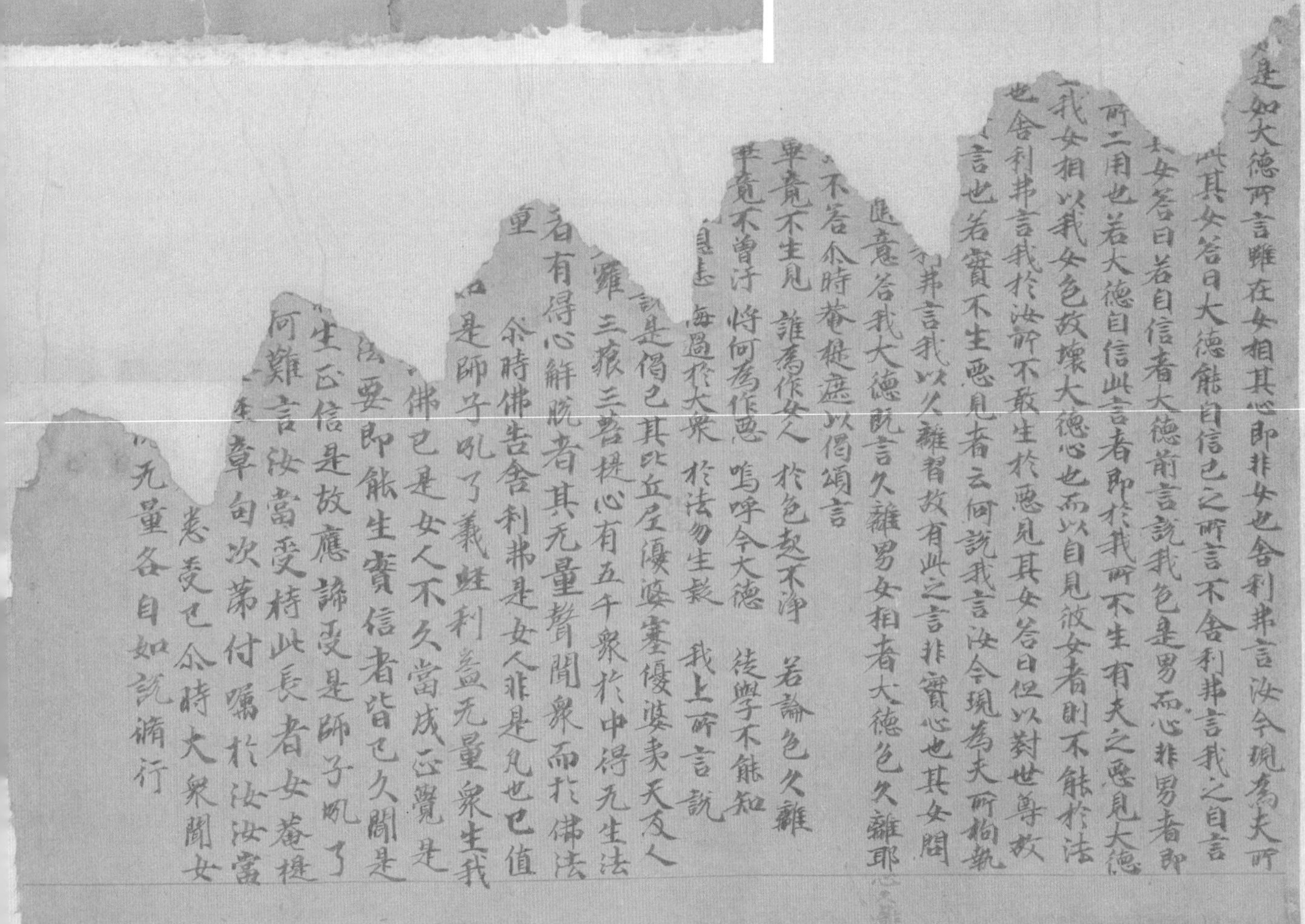

是如大德所言雖在女相其心即非女也舍利弗言汝今現爲丈夫所
其女答曰大德能自信色之所言不舍利弗言我之自言
女答曰若自信者大德前言說我色是男而心非男者即
所二用也若大德自信此言者即於我所不生有丈之惡見大德
我女相以我女色故壞大德心也而以自見彼女者則不能於法
也舍利弗言我於汝所不敢生於惡見其女答曰但以對世尊故
言也若實不生惡見者云何說我言汝今現爲丈夫所栴執
利弗言我以久離習故有此之言非實心也其女問
遮意答我大德既言久離男女相者大德色久離耶
不答尒時菴提遮以偈頌言
畢竟不生見 誰爲作女人 於色起不淨 若論色久離
畢竟不曾汙 將何爲作惡 嗚呼今大德 徒學不能知
息志 海過於大衆 於法勿生疑 我上所言說
說是偈已其比丘尼優婆塞優婆夷天及人
羅三藐三菩提心有五千衆於中得无生法
者有得心解脫者其无量聲聞衆而於佛法
重
尒時佛告舍利弗是女人非是凡世也值
如是師子吼了義經利益无量衆生我
佛也是女人不久當成正覺是
法要即能生實信者皆已久聞是
生正信是故應諦受是師子吼了
阿難言汝當受持此長者女菴提
章句次第付囑於汝汝當
悉受已尒時大衆聞女
无量各自如說修行

力天乃至諸梵天等悉詣良醫時彼良醫即
爲方便隨順分別廣演顯現說論字法教先
經時彼大衆聞此經已於阿耨多羅三藐三
菩提得不退轉所應作已還昇本生告善財
言善男子我已成就所言不虛法門分別了
知三千大千世界諸天語言諸龍夜叉乾闥
婆阿脩羅迦樓羅緊那羅摩睺羅伽人非人
等一切語言如是三千大千世界十方无量
无邊不可說不可說三千大千世界亦復如是
善男子我唯知此菩薩所言不虛法門云何
能說諸菩薩行彼諸菩薩隨順深入衆生一
切相海隨順深入衆生一切施設海隨順深
入諸名號海隨順深入諸語言海隨順深入
諸句相續海隨順深入諸解脫句次第海隨
順深入諸解脫句相續次第海隨順深入諸
如來海隨順深入分別諸句海隨順深入一切
衆生諸語言海逮得一切圓滿莊嚴微妙音
聲出生分別諸文字輪善男子於此南方有
一國土名曰住林彼有長者名曰解脫汝詣
彼問云何菩薩向菩薩道脩菩薩道成菩薩
道思菩薩道時善財童子於良醫所聞此法

大方廣佛華嚴經（晉譯六十卷本）卷四六　南北朝寫本

觀佛三昧海經卷九　唐寫本

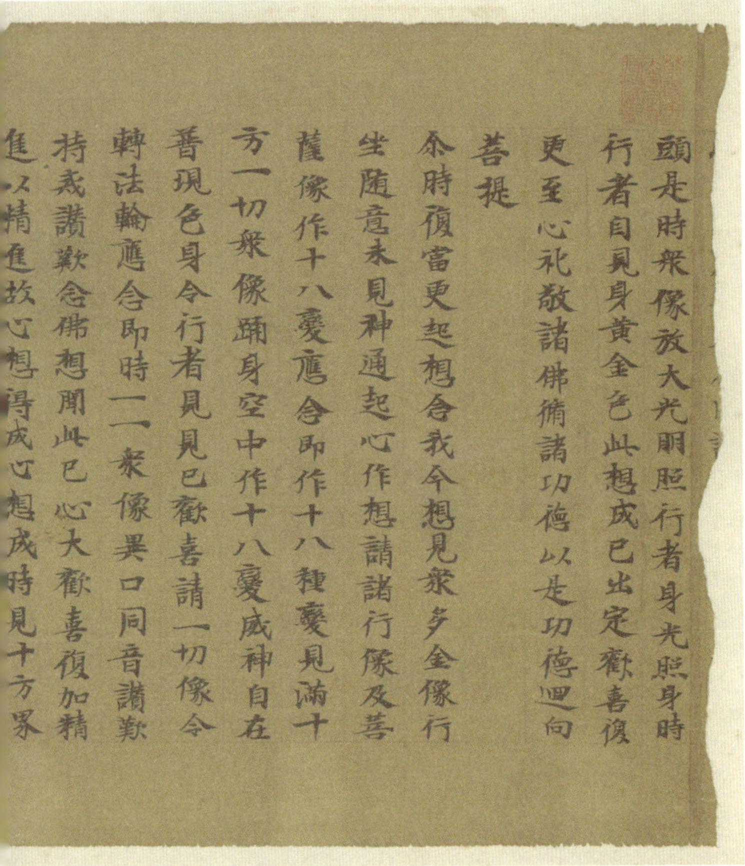
顛是時衆像放大光明照行者身光照身時
行者自見身黄金色此想成已出定歡喜復
更至心礼敬諸佛脩諸功德以是功德廻向
菩提
尒時復當更起想念我今想見衆多金像行
坐隨意未見神通起心作想請諸行像及菩
薩像作十八變應念即作十八種變見滿十
方一切衆像踊身空中作十八變威神自在
菩現色身令行者見見已歡喜請一切像令
轉法輪應念即時一一衆像異口同音讚歎
持戒讚歎念佛想聞此已心大歡喜復加精
進以精進故心想得成心想成時見十方界

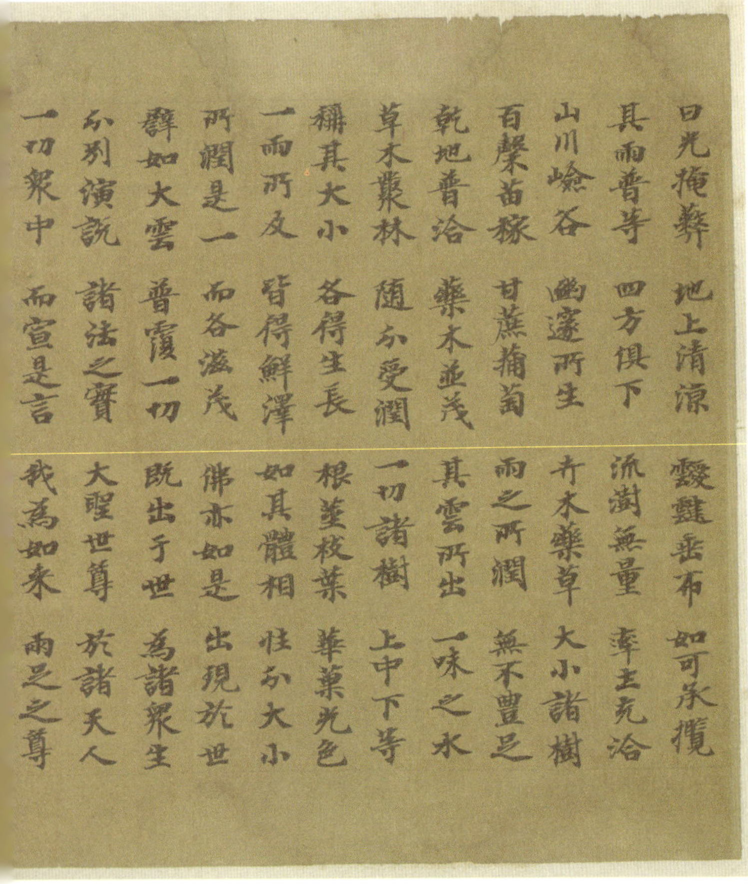
日光掩蔽　地上清涼　靉靆垂布　如可承攬
其雨普等　四方俱下　流澍無量　率土充洽
山川嶮谷　幽邃所生　卉木藥草　大小諸樹
百穀苗稼　甘蔗蒲萄　雨之所潤　無不豐足
乾地普洽　藥木並茂　其雲所出　一味之水
草木叢林　隨分受潤　一切諸樹　上中下等
稱其大小　各得生長　根莖枝葉　華菓光色
一雨所及　皆得鮮澤　如其體相　性分大小
所潤是一　而各滋茂　佛亦如是　出現於世
譬如大雲　普覆一切　既出于世　為諸衆生
分別演說　諸法之實　大聖世尊　於諸天人
一切衆中　而宣是言　我為如來　兩足之尊

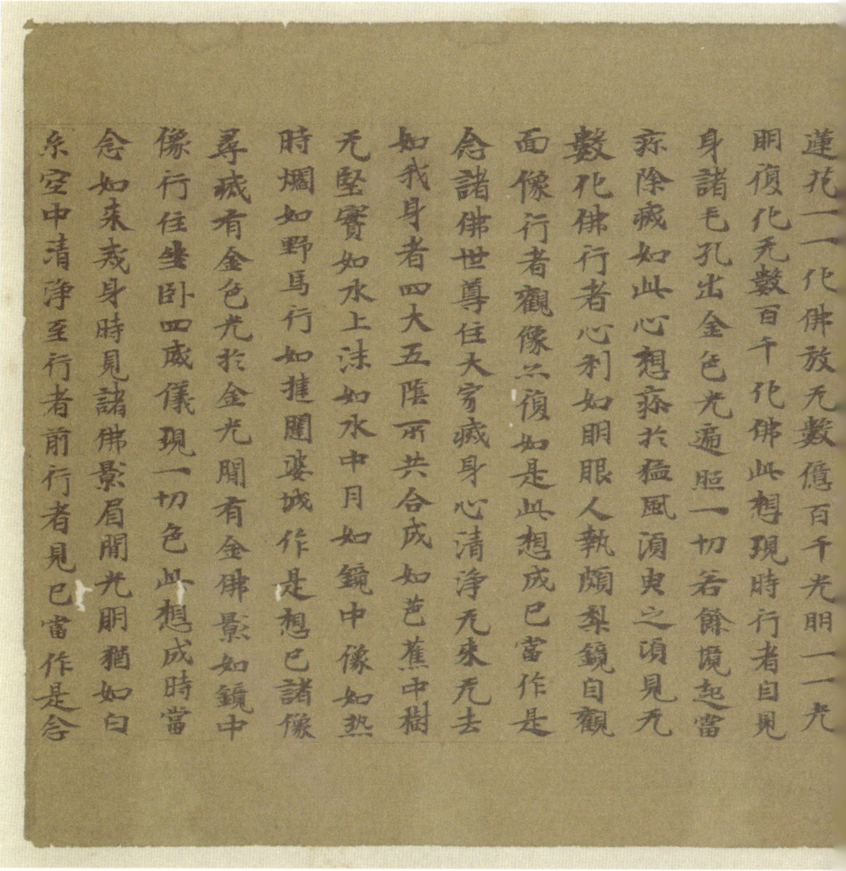

蓮花一一化佛放光數億百千光明一一光
明復化无數百千化佛此想現時行者自見
身諸毛孔出金色光遍照一切吞餘覺起當
疾除滅如此心想疾於猛風須臾之頃見无
數化佛行者心利如明眼人執頗梨鏡自觀
面像行者觀像亦復如是此想成已當作是
念諸佛世尊住大寶藏身心清淨无來无去
如我身者四大五陰所共合成如芭蕉中樹
无堅實如水上沫如水中月如鏡中像如熱
時燭如野馬行如揵闥婆城作是想已諸像
尋滅有金色光於金光間有金佛影如鏡中
像行住坐卧四威儀現一切色此想成時當
念如來戒身時見諸佛影眉間光明猶如白
系空中清淨至行者前行者見已當作是念

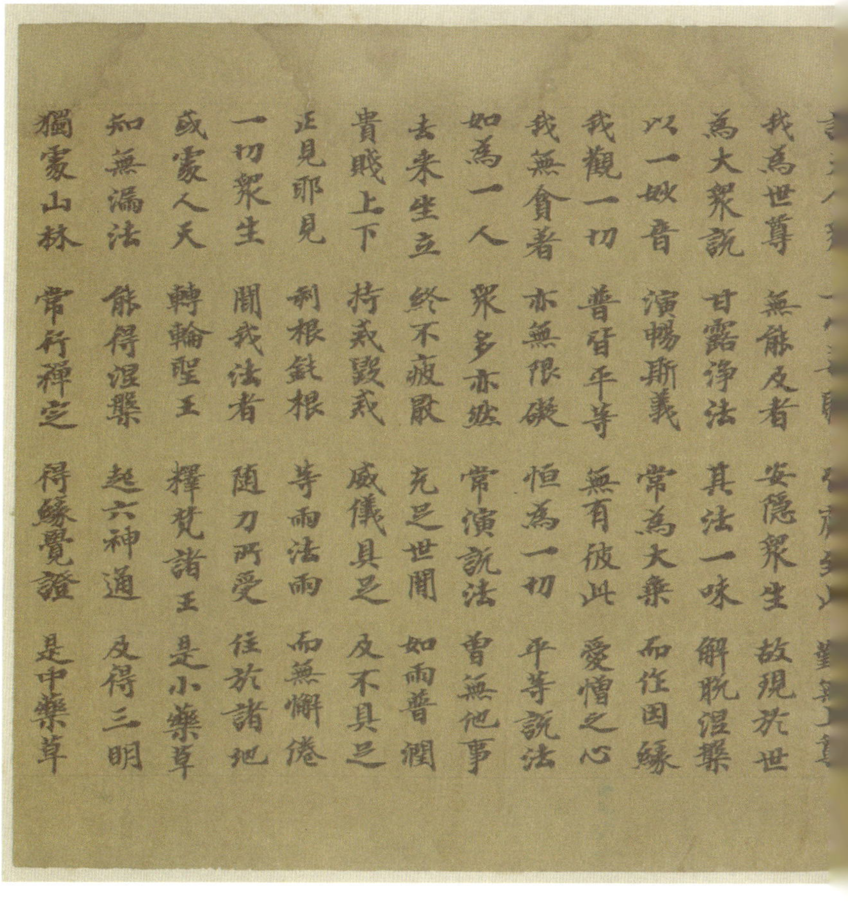

諸天人衆　一心善聽　皆應到此　覲無上尊
我為世尊　無能及者　安隱衆生　故現於世
為大衆說　甘露淨法　其法一味　解脫涅槃
以一妙音　演暢斯義　常為大乘　而作因緣
我觀一切　普皆平等　無有彼此　愛憎之心
我無貪著　亦無限礙　恒為一切　平等說法
如為一人　衆多亦然　常演說法　曾無他事
去來坐立　終不疲厭　充足世間　如雨普潤
貴賤上下　持戒毀戒　威儀具足　及不具足
正見邪見　利根鈍根　等雨法雨　而無懈倦
一切衆生　聞我法者　隨力所受　住於諸地
或處人天　轉輪聖王　釋梵諸王　是小藥草
知無漏法　能得涅槃　起六神通　及得三明
獨處山林　常行禪定　得緣覺證　是中藥草

妙法蓮華經卷三　唐寫本

增壹阿含經卷四七

歸義軍時期寫本

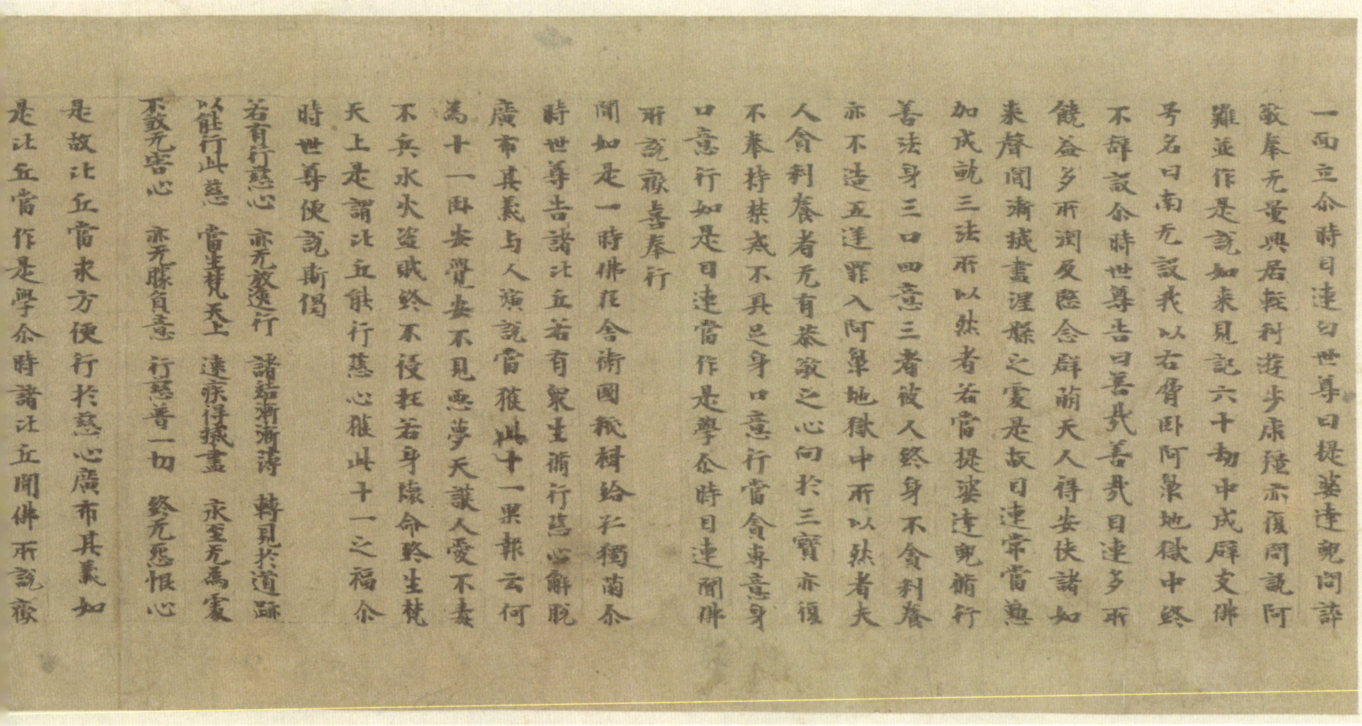
一面立尒時目連白世尊曰提婆達兜問詳
歎奉无量典居輕利遊步康強亦復問訊阿
難並作是說如來見記六十劫中成辟支佛
号名曰南无說我以右脅卧阿鼻地獄中終
不辭說尒時世尊告曰善哉善哉目連多所
饒益多所潤及愍念群萌天人得安使諸如
來聲聞漸減盡涅槃之處是故目連常當熟
加成就三法所以然者若當提婆達兜循行
善法身三口四意三者彼人終身不貪利養
亦不造五逆罪入阿鼻地獄中所以然者夫
人貪利養者无有恭敬之心向於三寶亦復
不奉持禁戒不具足身口意行當貪專意身
口意行如是目連當作是學尒時目連聞佛
所說歡喜奉行
聞如是一時佛在舍衛國祇樹給孤獨園尒
時世尊告諸比丘若有衆生脩行慈心解脫
廣布其義与人演說當獲此十一果報云何
為十一卧安覺安不見惡夢天護人愛不毒
不兵水火盜賊終不侵枉若身壞命終生梵
天上是謂比丘能行慈心獲此十一之福尒
時世尊便說斯偈
若有行慈心 亦无放逸行 諸結漸漸薄 轉見於道跡
以能行此慈 當生梵天上 速疾得減盡 永至无爲處
不殺无害心 亦无勝負意 行慈普一切 終无怨恨心
是故比丘當求方便行於慈心廣布其義如
是比丘當作是學尒時諸比丘聞佛所說歡

妙法蓮華經卷一　唐寫本

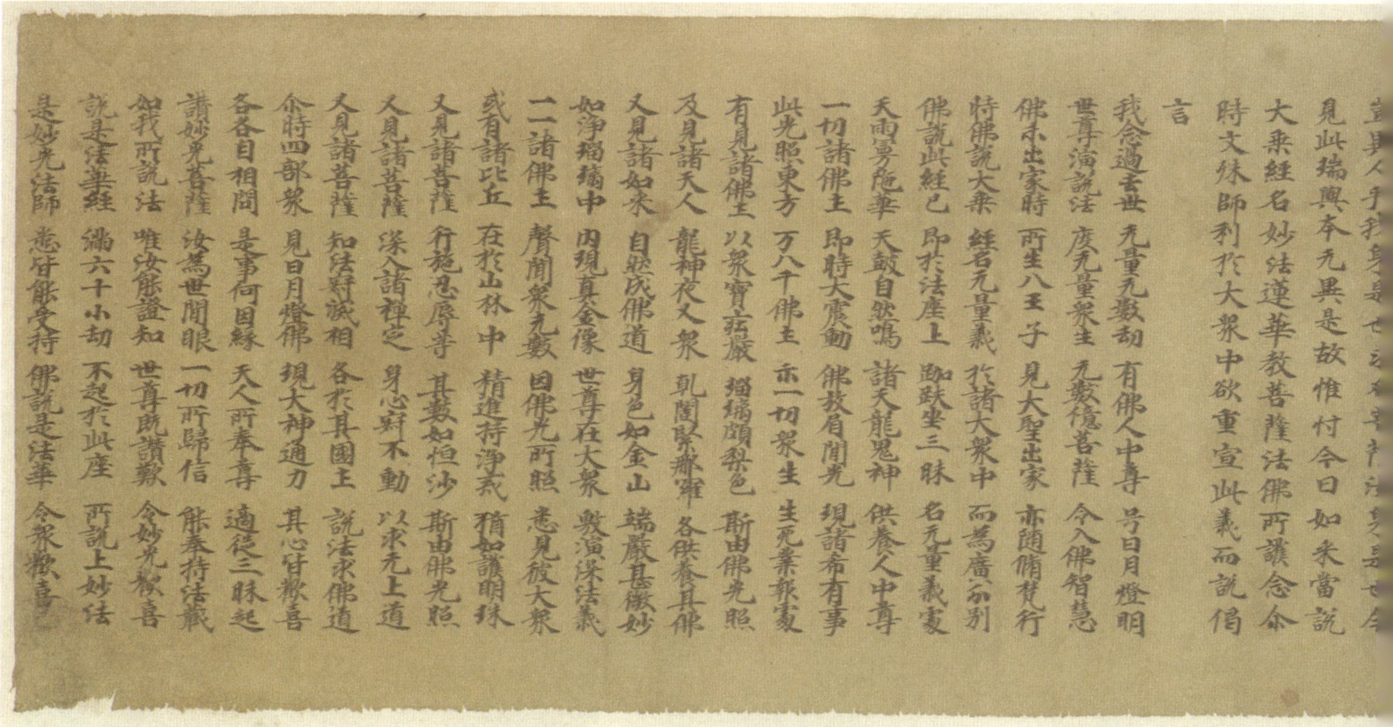

豈異人乎我身是也求名菩薩汝身是也今
見此瑞與本无異是故惟忖今日如來當說
大乘經名妙法蓮華教菩薩法佛所護念尒
時文殊師利於大衆中欲重宣此義而說偈
言
我念過去世　无量无數劫　有佛人中尊　号日月燈明
世尊演說法　度无量衆生　无數億菩薩　令入佛智慧
佛未出家時　所生八王子　見大聖出家　亦隨脩梵行
時佛說大乘　經名无量義　於諸大衆中　而為廣分別
佛說此經已　即於法座上　跏趺坐三昧　名无量義處
天雨曼陀華　天鼓自然鳴　諸天龍鬼神　供養人中尊
一切諸佛土　即時大震動　佛放眉間光　現諸希有事
此光照東方　万八千佛土　示一切衆生　生死業報處
有見諸佛土　以衆寶莊嚴　瑠璃頗梨色　斯由佛光照
及見諸天人　龍神夜叉衆　乾闥緊那羅　各供養其佛
又見諸如來　自然成佛道　身色如金山　端嚴甚微妙
如淨瑠璃中　内現真金像　世尊在大衆　敷演深法義
一一諸佛土　聲聞衆无數　因佛光所照　悉見彼大衆
或有諸比丘　在於山林中　精進持淨戒　猶如護明珠
又見諸菩薩　行施忍辱等　其數如恒沙　斯由佛光照
又見諸菩薩　深入諸禪定　身心寂不動　以求无上道
又見諸菩薩　知法寂滅相　各於其國土　說法求佛道
尒時四部衆　見日月燈佛　現大神通力　其心皆歡喜
各各自相問　是事何因緣　天人所奉尊　適從三昧起
讚妙光菩薩　汝為世間眼　一切所歸信　能奉持法藏
如我所說法　唯汝能證知　世尊既讚歎　令妙光歡喜
說是法華經　滿六十小劫　不起於此座　所說上妙法
是妙光法師　悉皆能受持　佛說是法華　令衆歡喜

須菩提於意云何汝等勿謂如來作是念我
當度衆生須菩提莫作是念何以故實无有
衆生如來度者若有衆生如來度者如來則
有我人衆生壽者須菩提如來說有我者則
非有我而凡夫之人以為有我須菩提凡夫
者如來說則非凡夫須菩提於意云何可以
三十二相觀如來不須菩提言如是如是以
三十二相觀如來佛言須菩提若以三十二
相觀如來者轉輪聖王則是如來須菩提白
佛言世尊如我解佛所說義不應以三十二
相觀如來尒時世尊而說偈言
若以色見我　以音聲求我　是人行邪道　不能見如來
須菩提汝若作是念如來不以具足相故得阿
耨多羅三藐三菩提須菩提莫作是念如來
不以具足相故得阿耨多羅三藐三菩提須
菩提汝若作是念發阿耨多羅三藐三菩提

金剛般若波羅蜜經　唐寫本

菩提若菩薩以滿恒河沙等世界七寶布施
若復有人知一切法无我得成於忍此菩薩
勝前菩薩所得功德須菩提以諸菩薩不
受福德故須菩提白佛言世尊云何菩薩不
受福德須菩提菩薩所作福德不應貪著是
故說不受福德須菩提若有人言如來若來

藥師琉璃光如來本願功德經　唐寫本

恭敬供養彼世尊藥師瑠璃光如來續命幡
燈復云何造救脫菩薩言大德若有病人欲
脫病苦當爲其人七日七夜受持八分齋戒
應以飲食及餘資具隨力所辦供養苾芻
僧晝夜六時礼拜供養彼世尊藥師瑠璃光
如來讀誦此經四十九遍然四十九燈造彼如
來形像七軀一一像前各置七燈一一燈量大
如車輪乃至四十九日光明不絕造五色綵幡
長四十九搩手應放雜類衆生至四十九可
得過度危厄之難不爲諸橫惡鬼所持復次
阿難若刹帝利灌頂王等災難起時所謂
人衆疾疫難他國侵逼難自界叛逆難星
宿變恠難日月薄蝕難非時風雨難過時
不雨難彼刹帝利灌頂王等尒時應於一切
有情起慈悲心赦諸繫閉依前所說供養之
法供養彼世尊藥師瑠璃光如來由此善根
及彼如來本願力故令其國界即得安隱風
雨順時穀稼成熟一切有情无病歡樂於其
國中无有暴惡藥叉等神惱有情者一切
惡相皆即隱沒而刹帝利灌頂王等壽命

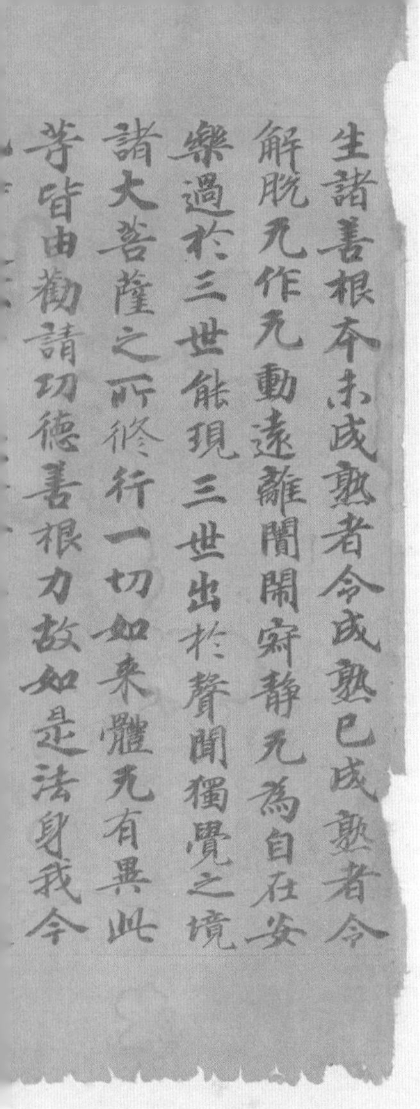
生諸善根本未成熟者令成熟已成熟者令
解脫无作无動遠離閙鬧寂靜无為自在安
樂過於三世能現三世出於聲聞獨覺之境
諸大菩薩之所修行一切如來體无有異此
等皆由勸請功德善根力故如是法身我今

妙法蓮華經卷三　唐寫本

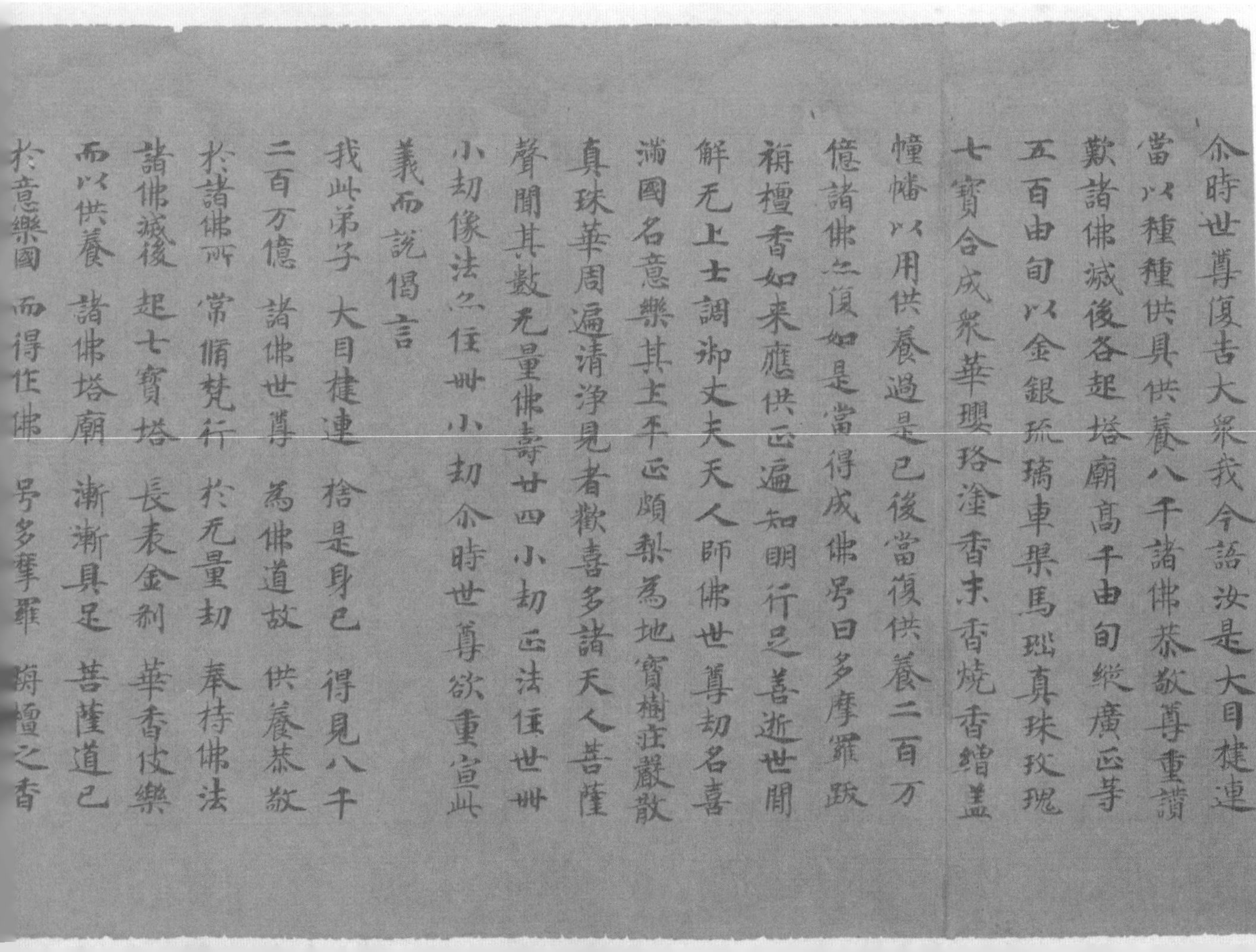
尒時世尊復告大衆我今語汝是大目揵連
當以種種供具供養八千諸佛恭敬尊重讚
歎諸佛滅後各起塔廟高千由旬縱廣正等
五百由旬以金銀琉璃車𤦲馬瑙真珠玫瑰
七寶合成衆華瓔珞塗香末香燒香繒蓋
幢幡以用供養過是已後當復供養二百万
億諸佛亦復如是當得成佛号曰多摩羅跋
栴檀香如來應供正遍知明行足善逝世間
解无上士調御丈夫天人師佛世尊劫名喜
滿國名意樂其土平正頗梨為地寶樹莊嚴散
真珠華周遍清淨見者歡喜多諸天人菩薩
聲聞其數无量佛壽廿四小劫正法住世卌
小劫像法亦住卌小劫尒時世尊欲重宣此
義而說偈言
我此弟子　大目揵連　捨是身已　得見八千
二百万億　諸佛世尊　為佛道故　供養恭敬
於諸佛所　常修梵行　於无量劫　奉持佛法
諸佛滅後　起七寶塔　長表金刹　華香伎樂
而以供養　諸佛塔廟　漸漸具足　菩薩道已
於意樂國　而得作佛　号多摩羅　栴檀之香

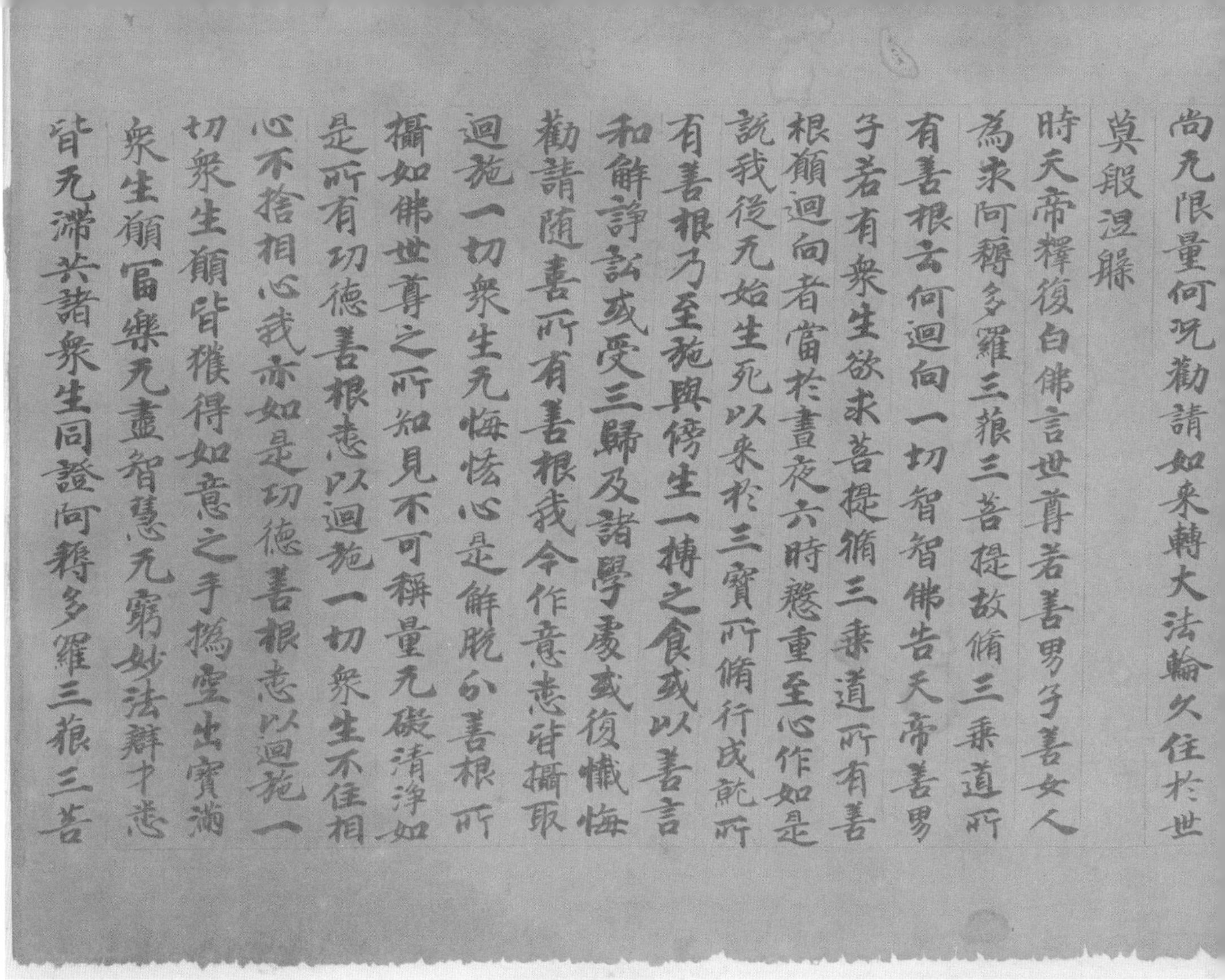
尚无限量何况勸請如来轉大法輪久住於世
莫般涅槃
時天帝釋復白佛言世尊若善男子善女人
為求阿耨多羅三藐三菩提故脩三乘道所
有善根云何迴向一切智智佛告天帝善男
子若有衆生欲求菩提脩三乘道所有善
根願迴向者當於晝夜六時慇重至心作如是
說我從无始生死以来於三寶所脩行成就所
有善根乃至施與傍生一摶之食或以善言
和解諍訟或受三歸及諸學處或復懺悔
勸請隨喜所有善根我今作意悉皆攝取
迴施一切衆生无悔悋心是解脫分善根所
攝如佛世尊之所知見不可稱量无礙清淨如
是所有功德善根悉以迴施一切衆生不住相
心不捨相心我亦如是功德善根悉以迴施一
切衆生願皆獲得如意之手擲空出寶滿
衆生願富樂无盡智慧无窮妙法辯才悉
皆无滞共諸衆生同證阿耨多羅三藐三菩

金光明最勝王經卷三　唐寫本

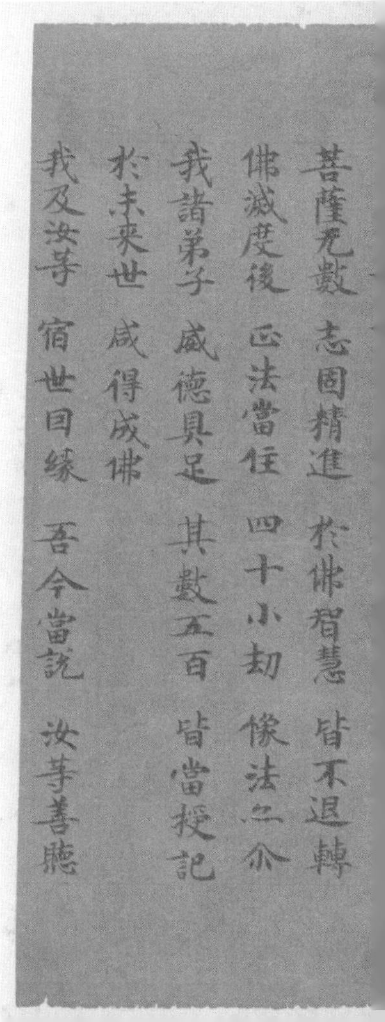
菩薩无數　志固精進　於佛智慧　皆不退轉
佛滅度後　正法當住　四十小劫　像法亦尒
我諸弟子　威德具足　其數五百　皆當授記
於未來世　咸得成佛
我及汝等　宿世因緣　吾今當說　汝等善聽

礼佛而出佛告大衆於意云何妙莊嚴王豈
異人乎今華德菩薩是其淨德夫人今佛前
光照莊嚴相菩薩是哀愍妙莊嚴王及諸眷
屬故於彼中生其二子者今藥王菩薩藥上
菩薩是是藥王藥上菩薩成就如此諸大功
德已於无量百千万億諸佛所殖衆德本成
就不可思議諸善功德若有人識是二菩薩
名字者一切世間諸天人民亦應礼拜佛說
是妙莊嚴王本事品時八万四千人遠塵離
垢於諸法中得法眼淨

妙法蓮華經普賢菩薩勸發品第二十八

尒時普賢菩薩以自在神通威德名聞與大
菩薩无量无邊不可稱數從東方來所經諸
國普皆震動雨寶蓮華作无量百千万億種
種伎樂又與無數諸天龍夜叉乾闥婆阿脩
羅迦樓羅緊那羅摩睺羅伽人非人等大衆
圍繞各現威德神通之力到娑婆世界耆闍
崛山中頭面礼釋迦牟尼佛右繞七帀白佛
言世尊我於寶威德上王佛國遥聞此娑婆
世界說法華經與无量无邊百千万億諸菩

般若多心經一卷
觀自在菩薩行深般若波羅蜜多時照見
五蘊皆空度一切苦厄舍利子色不異空空
不異色色即是空[illegible]

妙法蓮華經卷七　唐寫本

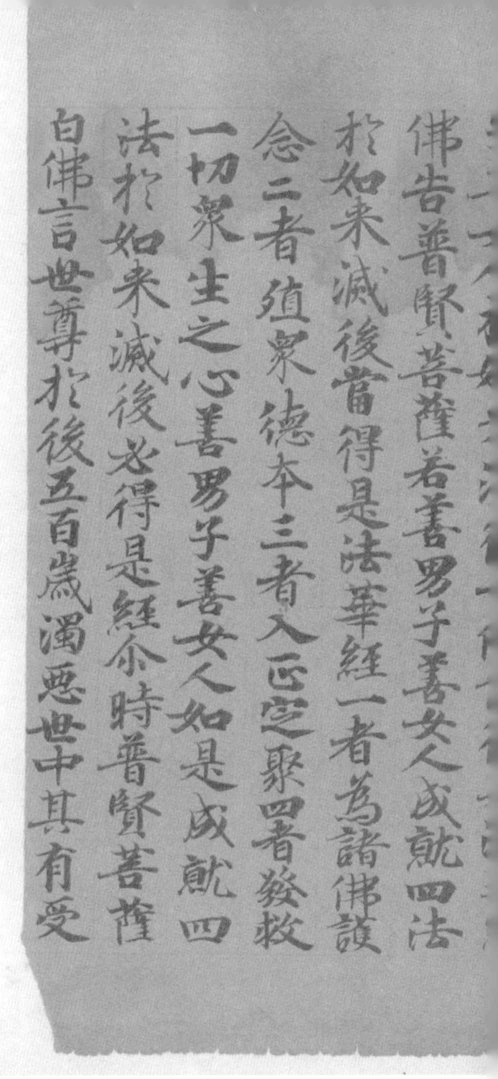

佛告普賢菩薩若善男子善女人成就四法
於如来滅後當得是法華經一者為諸佛護
念二者殖衆德本三者入正定聚四者發救
一切衆生之心善男子善女人如是成就四
法於如来滅後必得是經尒時普賢菩薩
白佛言世尊於後五百歲濁惡世中其有受

般若波羅蜜多心經 歸義軍時期寫本

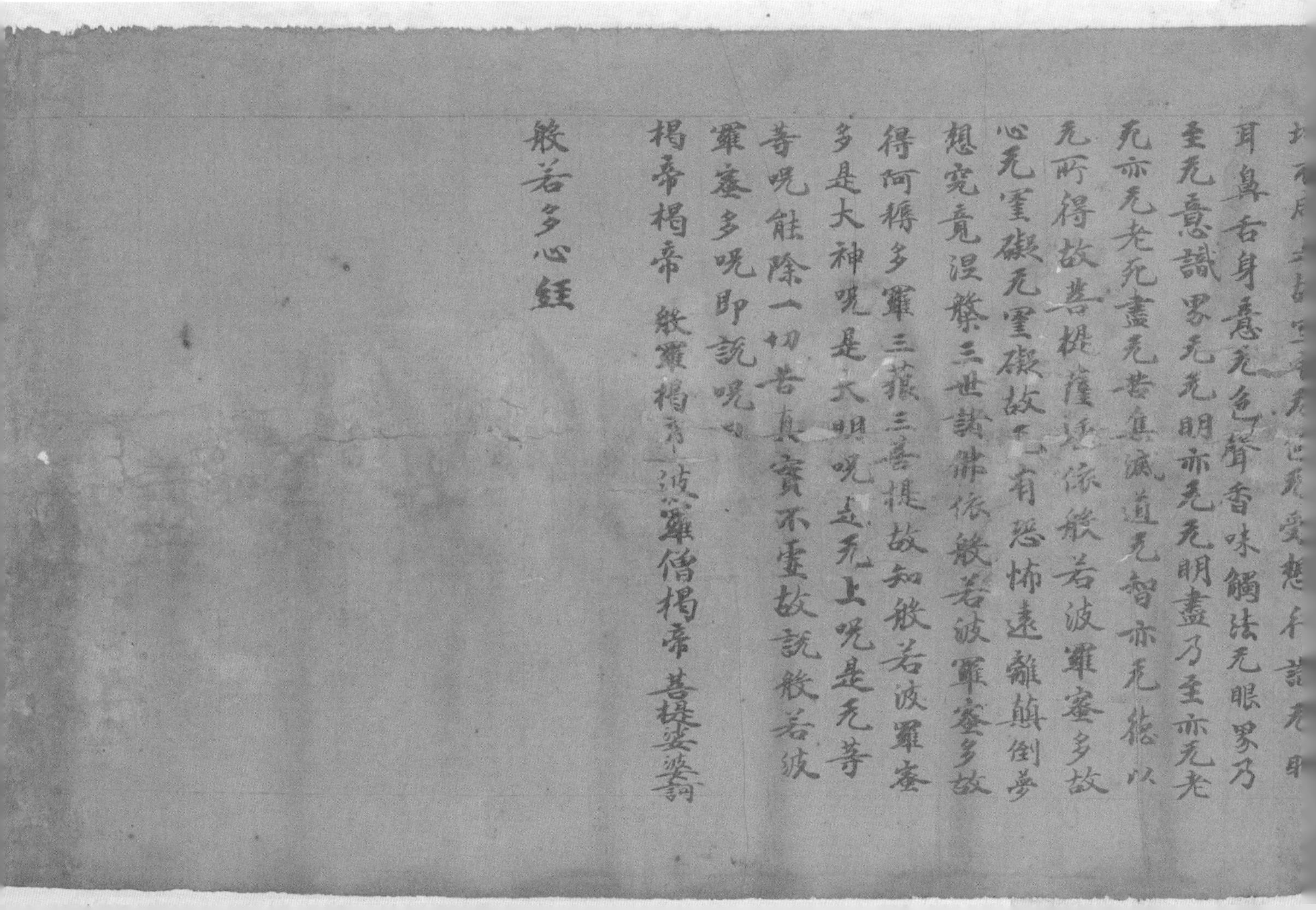

耳鼻舌身意无色聲香味觸法无眼界乃
至无意識界无无明亦无无明盡乃至亦无老
死亦无老死盡无苦集滅道无智亦无得以
无所得故菩提薩埵依般若波羅蜜多故
心无罣礙无罣礙故无有恐怖遠離顛倒夢
想究竟涅槃三世諸佛依般若波羅蜜多故
得阿耨多羅三藐三菩提故知般若波羅蜜
多是大神呪是大明呪是无上呪是无等
等呪能除一切苦真實不虛故說般若波
羅蜜多呪即說呪曰
揭帝揭帝 般羅揭帝 波羅僧揭帝 菩提娑婆訶

般若多心經

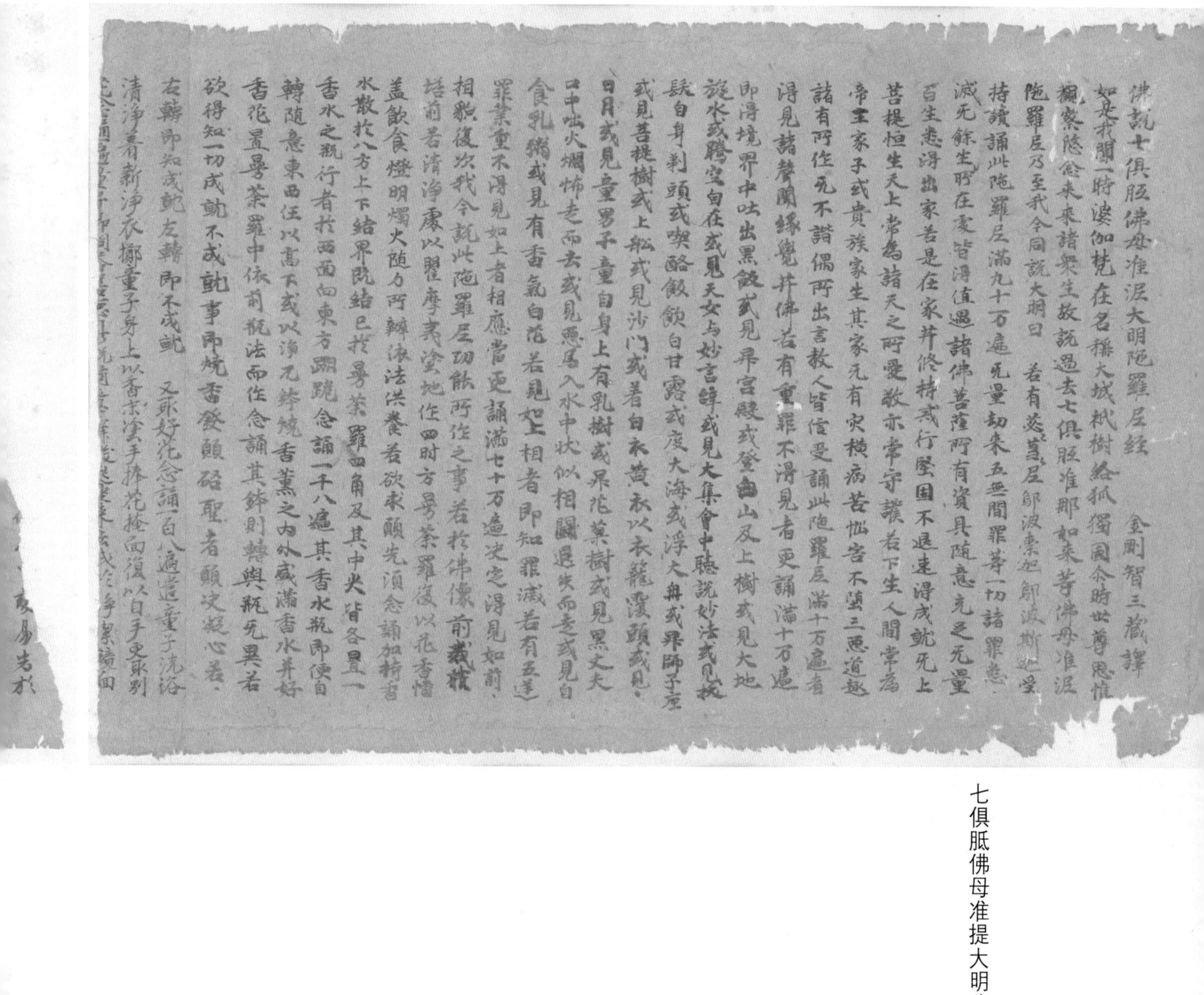
佛說七俱胝佛母准泥大明陁羅尼經　金剛智三藏譯
如是我聞一時婆伽梵在名稱大城祇樹給孤獨園尒時世尊思惟
觀察愍念未來諸衆生故說過去七俱胝准耶如來等佛母准泥
陁羅尼乃至我今同說大明曰　若有苾芻苾芻尼鄔波索迦鄔波斯迦受
持讀誦此陁羅尼滿九十万遍无量劫來五無間罪等一切諸罪悪
滅无餘生所在處皆得值遇諸佛菩薩所有資具隨意充足无量
百生悉得出家若是在家菩薩修持戒行堅固不退速得成就无上
菩提恒生天上常爲諸天之所愛敬亦常守護若下生人間常爲
帝王家子或貴族家生其家无有災横病苦惱害不墮三悪道趣
諸有所作无不諧偶所出言教人皆信受誦此陁羅尼滿十万遍者
得見諸聲聞緣覺并佛若有重罪不得見者更誦滿十万遍
即得境界中吐出黑飯或見昇宮殿或登白山及上樹或見大地
旋水或騰空自在或見天女与妙言辭或見大集會中聽說妙法或見拔
髮白身剃頭或喫酪飯飲白甘露或度大海或浮大舟或昇師子座
或見菩提樹或上船或見沙門或著白衣黃衣以衣籠覆頭或見
日月或見童男子童自身上有乳樹或昇花菓樹或見黑丈夫
口中吐火燗怖走而去或見悪馬入水中狀似相鬪退失而走或見白
食乳糜或見有香氣白花若見如上相者即知罪滅若有五逆
罪業重不得見如上者相應當更誦滿七十万遍决定得見如前
相貌復次我今說此陁羅尼功能所作之事若於佛像前或於
塔前若清淨處以瞿摩夷塗地作四肘方曼荼羅復以花香幢
蓋飲食燈明燭火隨力所辦依法供養若欲求願先須念誦加持香
水散於八方上下結界既結已於曼荼羅四角及其中央皆各置一
香水之瓶行者於西面向東方蹲踞念誦一千八遍其香水瓶即便自
轉隨意東西任以高下或以淨瓦鉢燒香薰之内外威滿香水并好
香花置曼荼羅中依前瓶法而作念誦其鉢則轉與瓶无異若
欲得知一切成就不成就事即燒香發願啓聖者願决疑心若
右轉即知成就左轉即不成就　又取好花念誦一百八遍遣童子洗浴
清淨著新淨衣擲童子身上以香末塗手捧花掩面復以白手更取別
[illegible]
[illegible]

七俱胝佛母准提大明陀羅尼經　歸義軍時期寫本

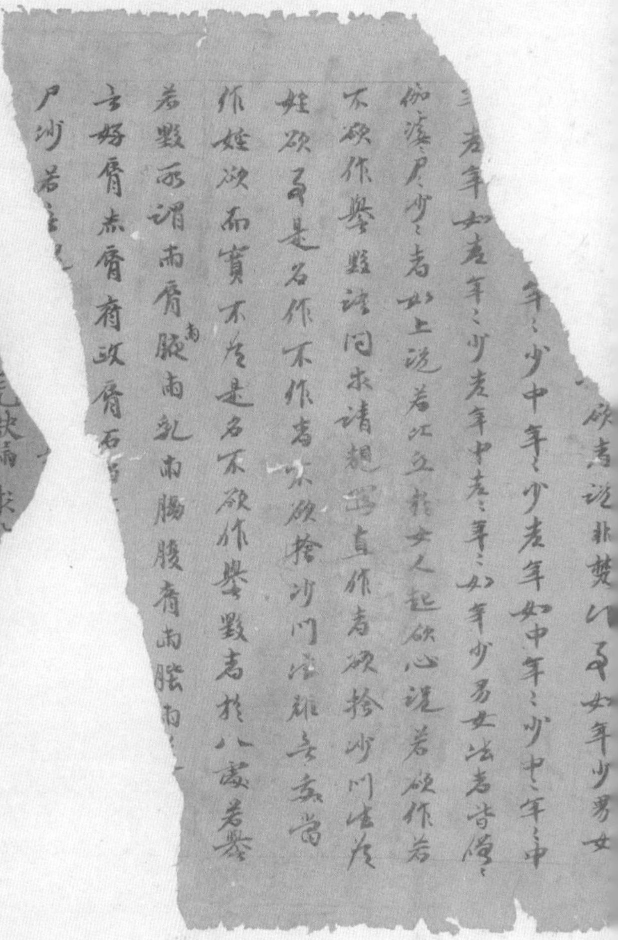

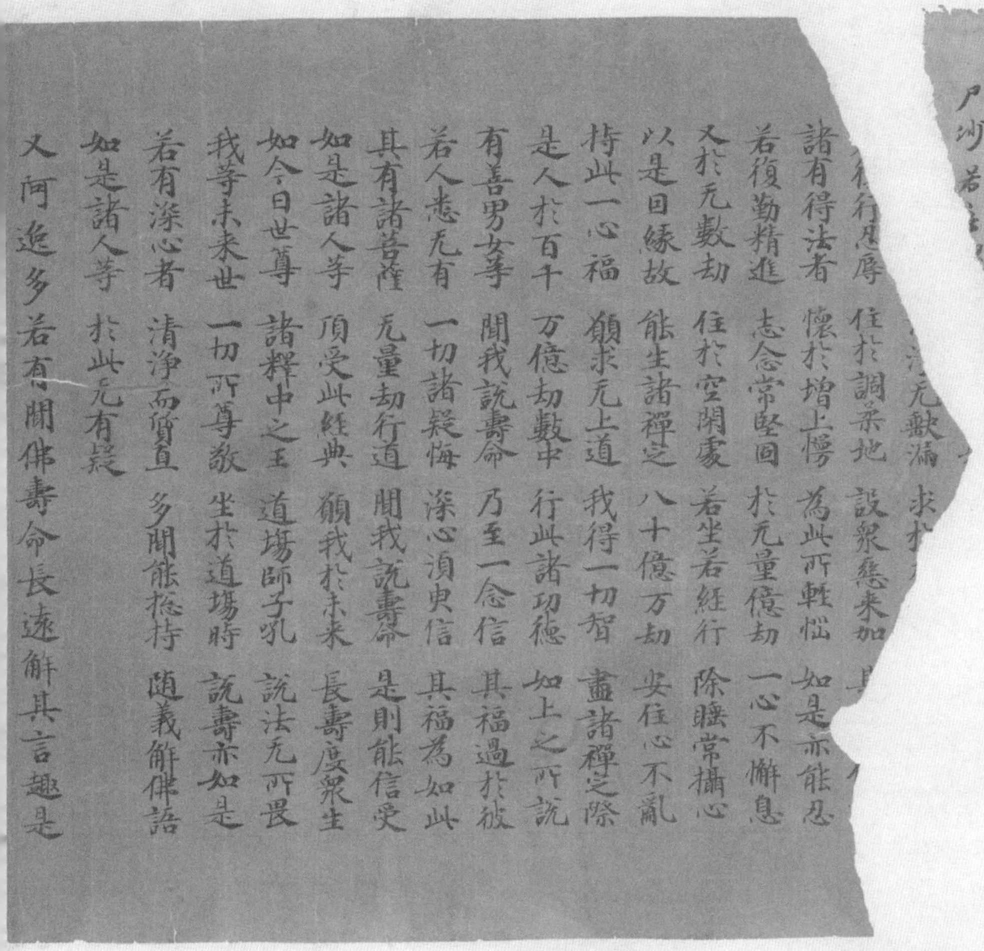

淨无缺漏 求於
行忍辱 住於調柔地 設衆惡來加 其
諸有得法者 懷於增上慢 為此所輕惱 如是亦能忍
若復勤精進 志念常堅固 於无量億劫 一心不懈息
又於无數劫 住於空閑處 若坐若經行 除睡常攝心
以是因緣故 能生諸禪定 八十億万劫 安住心不亂
持此一心福 願求无上道 我得一切智 盡諸禪定際
是人於百千 万億劫數中 行此諸功德 如上之所說
有善男女等 聞我說壽命 乃至一念信 其福過於彼
若人悉无有 一切諸疑悔 深心須臾信 其福為如此
其有諸菩薩 无量劫行道 聞我說壽命 是則能信受
如是諸人等 頂受此經典 願我於未來 長壽度衆生
如今日世尊 諸釋中之王 道場師子吼 說法无所畏
我等未來世 一切所尊敬 坐於道場時 說壽亦如是
若有深心者 清淨而質直 多聞能總持 隨義解佛語
如是諸人等 於此无有疑
又阿逸多 若有聞佛壽命長遠 解其言趣 是

摩訶僧祇律卷五　南北朝寫本（第一圖）

妙法蓮華經卷五　唐寫本（第二圖）

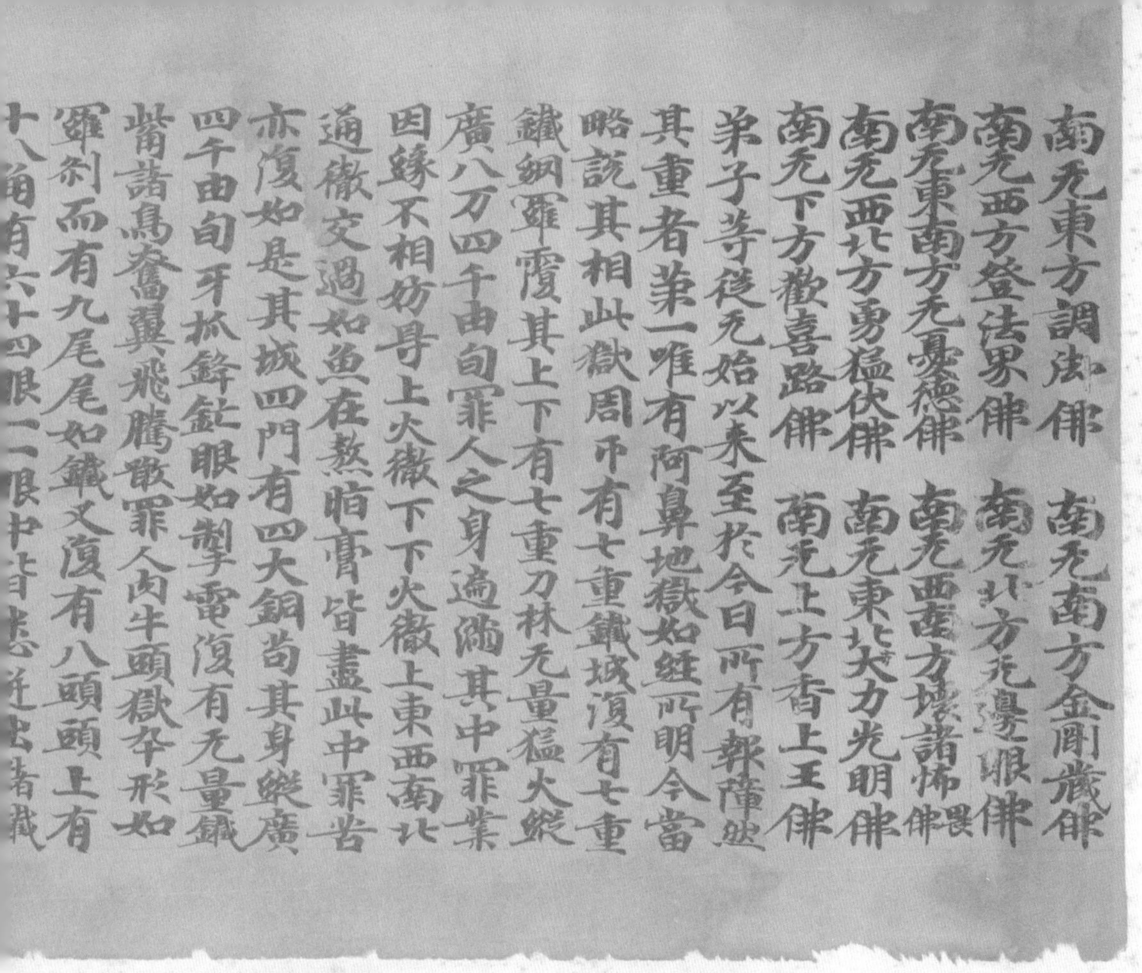
南无東方調御佛　南无南方金剛藏佛
南无西方登法界佛　南无北方无邊眼佛
南无東南方无憂德佛　南无西南方壞諸怖佛畏
南无西北方勇猛伏佛　南无東北方大力光明佛
南无下方歡喜路佛　南无上方香上王佛
弟子等從无始以來至於今日所有罪障然
其重者第一唯有阿鼻地獄如經所明今當
略說其相此獄周帀有七重鐵城復有七重
鐵網羅覆其上下有七重刀林无量猛火縱
廣八万四千由旬罪人之身遍滿其中罪業
因緣不相妨㝵上火徹下下火徹上東西南北
通徹交過如魚在熬脂膏皆盡此中罪苦
亦復如是其城四門有四大銅狗其身縱廣
四千由旬牙抓鋒鋩眼如掣電復有无量鐵
觜諸鳥奮翼飛騰噉罪人肉牛頭獄卒形如
羅剎而有九尾尾如鐵叉復有八頭頭上有
十八角有六十四眼一一眼中皆悉迸出者鐵

佛名經（三十卷本）卷一一　歸義軍時期寫本

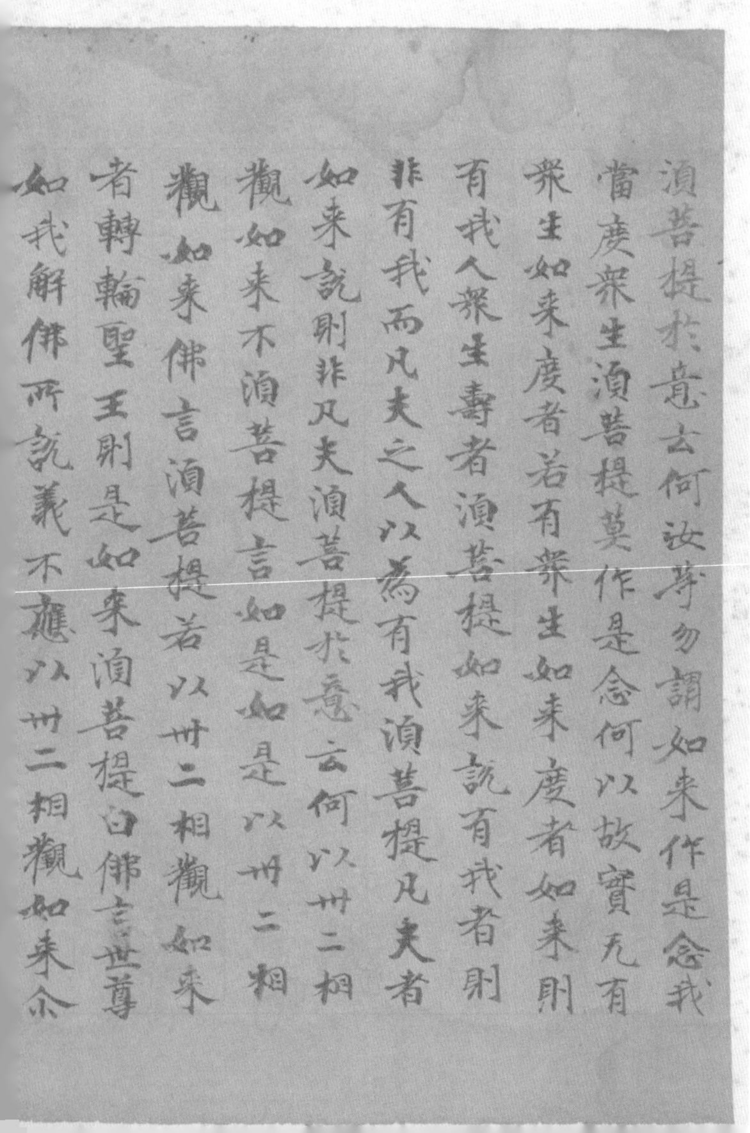
須菩提於意云何汝等勿謂如來作是念我
當度衆生須菩提莫作是念何以故實无有
衆生如來度者若有衆生如來度者如來則
有我人衆生壽者須菩提如來說有我者則
非有我而凡夫之人以為有我須菩提凡夫者
如來說則非凡夫須菩提於意云何以卅二相
觀如來不須菩提言如是如是以卅二相
觀如來佛言須菩提若以卅二相觀如來
者轉輪聖王則是如來須菩提白佛言世尊
如我解佛所說義不應以卅二相觀如來尒

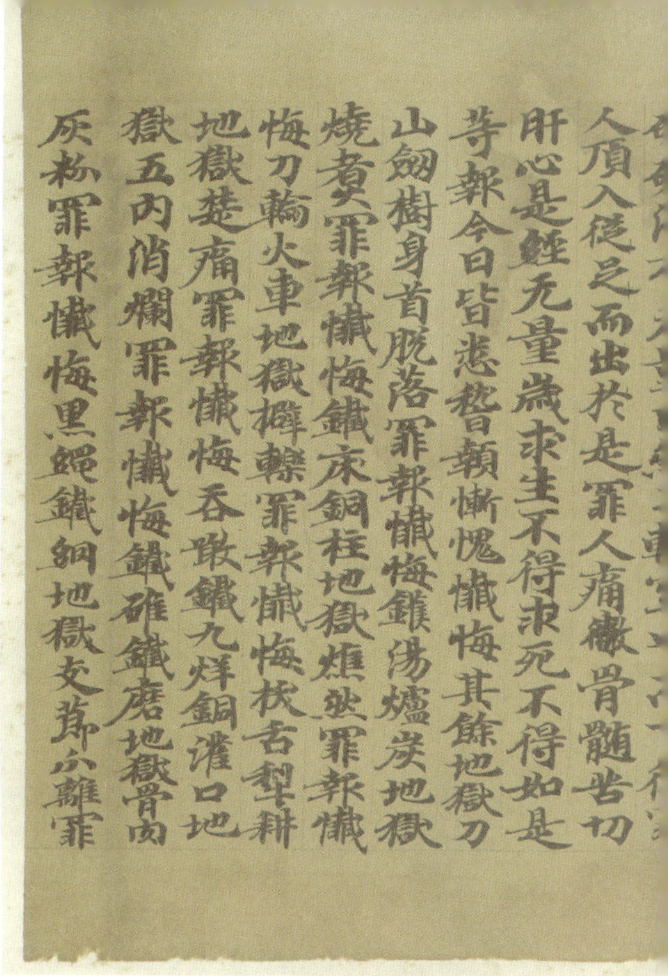
人頂入從足而出於是罪人痛徹骨髓苦切
肝心是罪无量歲求生不得求死不得如是
等報今日皆悉稽顙慚愧懺悔其餘地獄刀
山劍樹身首脫落罪報懺悔鑊湯爐炭地獄
燒煮罪報懺悔鐵床銅柱地獄焦然罪報懺
悔刀輪火車地獄擽轢罪報懺悔拔舌犁耕
地獄楚痛罪報懺悔吞噉鐵丸烊銅灌口地
獄五內消爛罪報懺悔鐵碓鐵磨地獄骨肉
灰粉罪報懺悔黑繩鐵網地獄支節六離罪

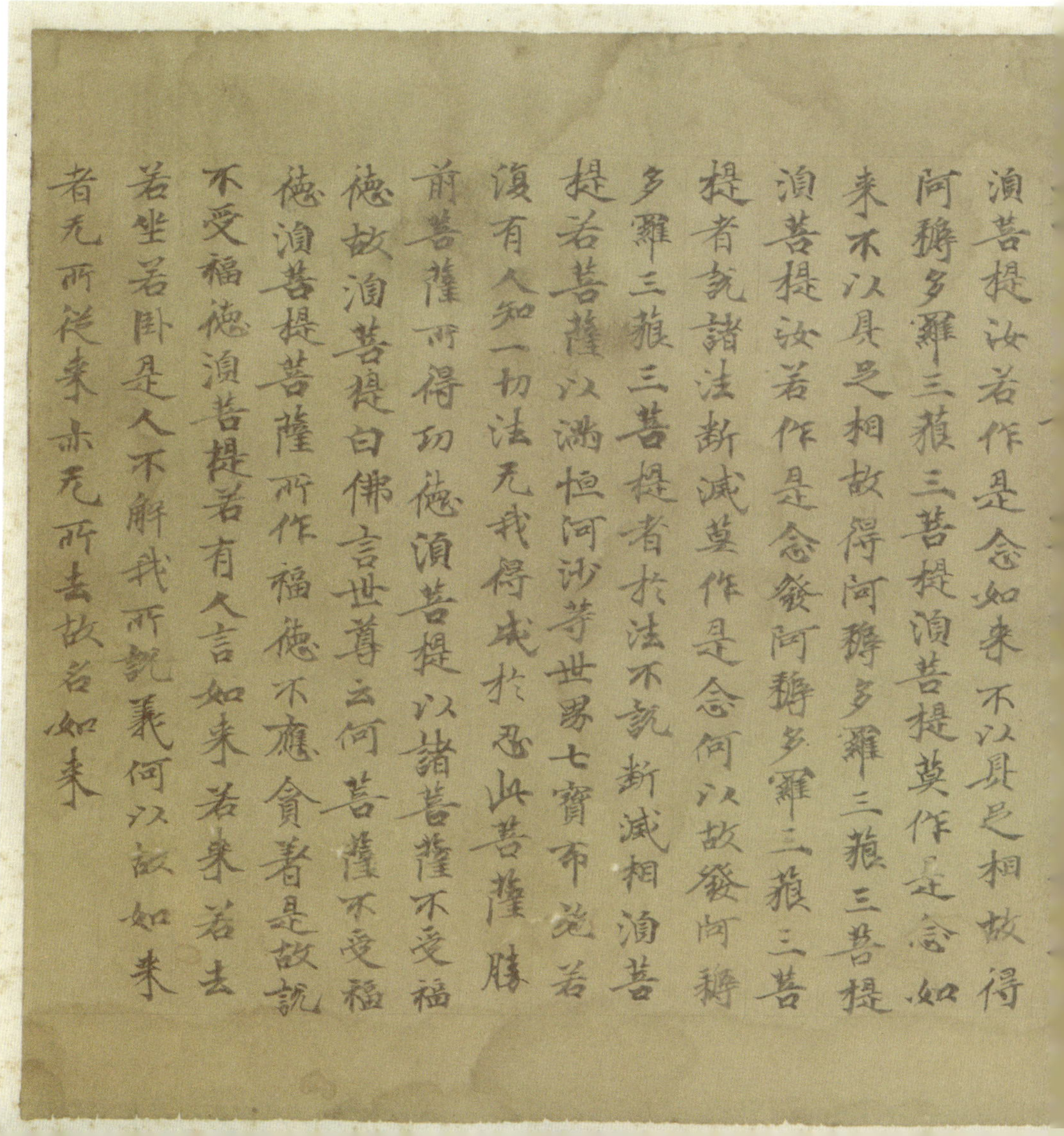
須菩提汝若作是念如來不以具足相故得
阿耨多羅三藐三菩提須菩提莫作是念如
來不以具足相故得阿耨多羅三藐三菩提
須菩提汝若作是念發阿耨多羅三藐三菩
提者說諸法斷滅莫作是念何以故發阿耨
多羅三藐三菩提者於法不說斷滅相須菩
提若菩薩以滿恒河沙等世界七寶布施若
復有人知一切法无我得成於忍此菩薩勝
前菩薩所得功德須菩提以諸菩薩不受福
德故須菩提白佛言世尊云何菩薩不受福
德須菩提菩薩所作福德不應貪著是故說
不受福德須菩提若有人言如來若來若去
若坐若臥是人不解我所說義何以故如來
者无所從來亦无所去故名如來

金剛般若波羅蜜經　唐寫本

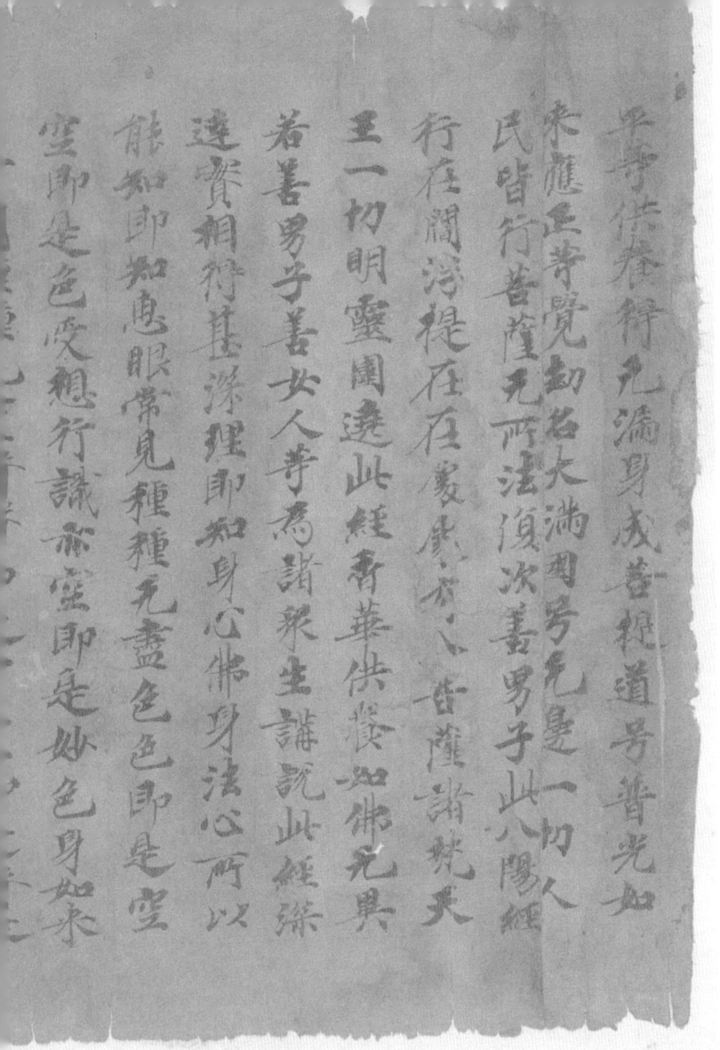
平等供養行无滿身成菩提道号普光如
來應正等覺劫名大滿國号无邊一切人
民皆行菩薩无所法復次善男子此八陽經
行在閻浮提在在處處有八菩薩諸梵天
王一切明靈圍遶此經香華供養如佛无異
若善男子善女人等為諸衆生講說此經深
達實相得甚深理即知身心佛身法心所以
能知即是慧眼常見種種无盡色色即是空
空即是色受想行識亦空即是妙色身如來

妙法蓮華經卷三　歸義軍時期寫本

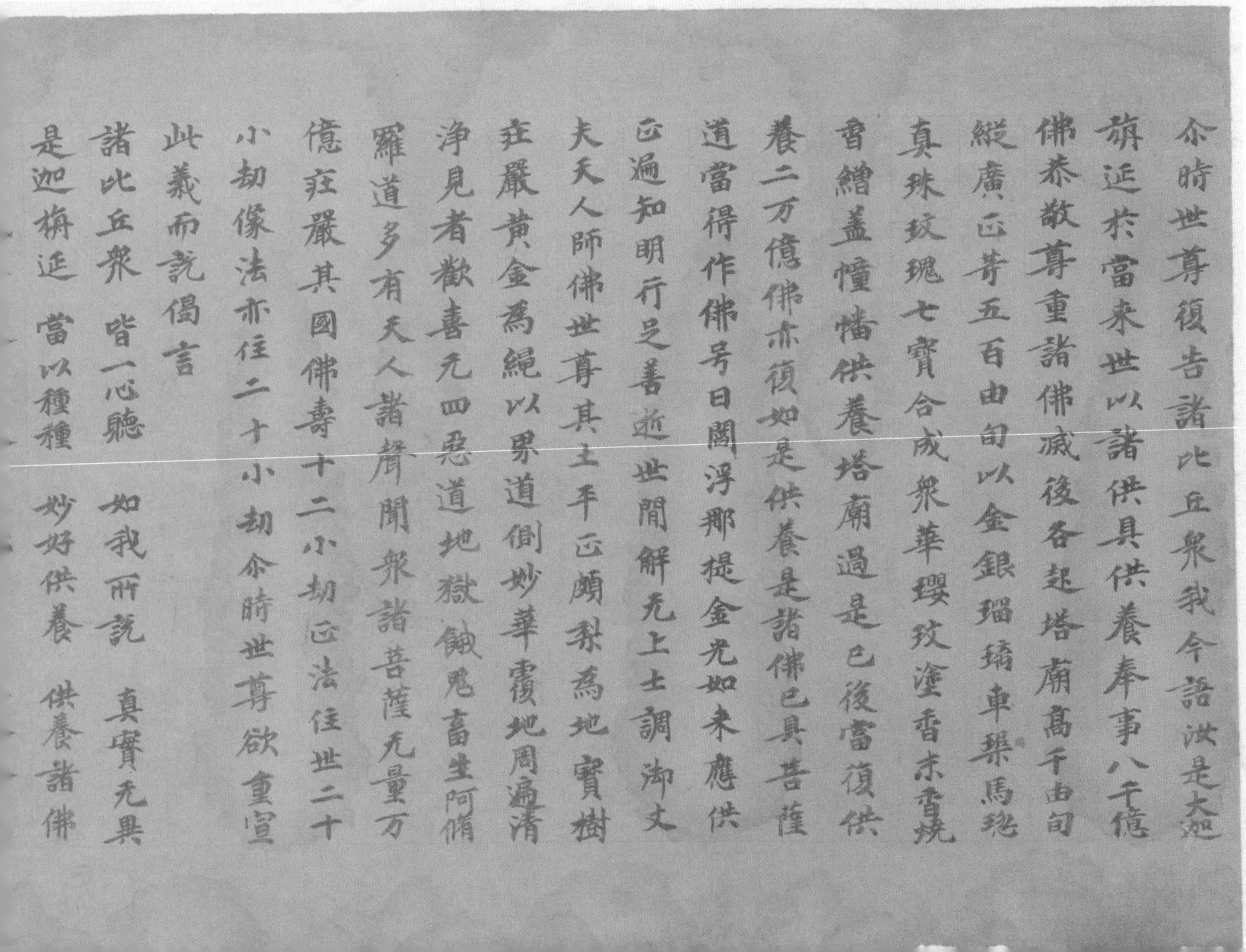
尒時世尊復告諸比丘衆我今語汝是大迦
旃延於當來世以諸供具供養奉事八千億
佛恭敬尊重諸佛滅後各起塔廟高千由旬
縱廣正等五百由旬以金銀瑠璃車璖馬瑙
真珠玫瑰七寶合成衆華瓔珞塗香末香燒
香繒蓋幢幡供養塔廟過是已後當復供
養二万億佛亦復如是供養是諸佛已具菩薩
道當得作佛号曰閻浮那提金光如來應供
正遍知明行足善逝世間解无上士調御丈
夫天人師佛世尊其土平正頗梨為地寶樹
莊嚴黃金為繩以界道側妙華覆地周遍清
淨見者歡喜无四惡道地獄餓鬼畜生阿脩
羅道多有天人諸聲聞衆諸菩薩无量万
億莊嚴其國佛壽十二小劫正法住世二十
小劫像法亦住二十小劫尒時世尊欲重宣
此義而說偈言
諸比丘衆　皆一心聽　如我所說　真實无異
是迦旃延　當以種種　妙好供養　供養諸佛

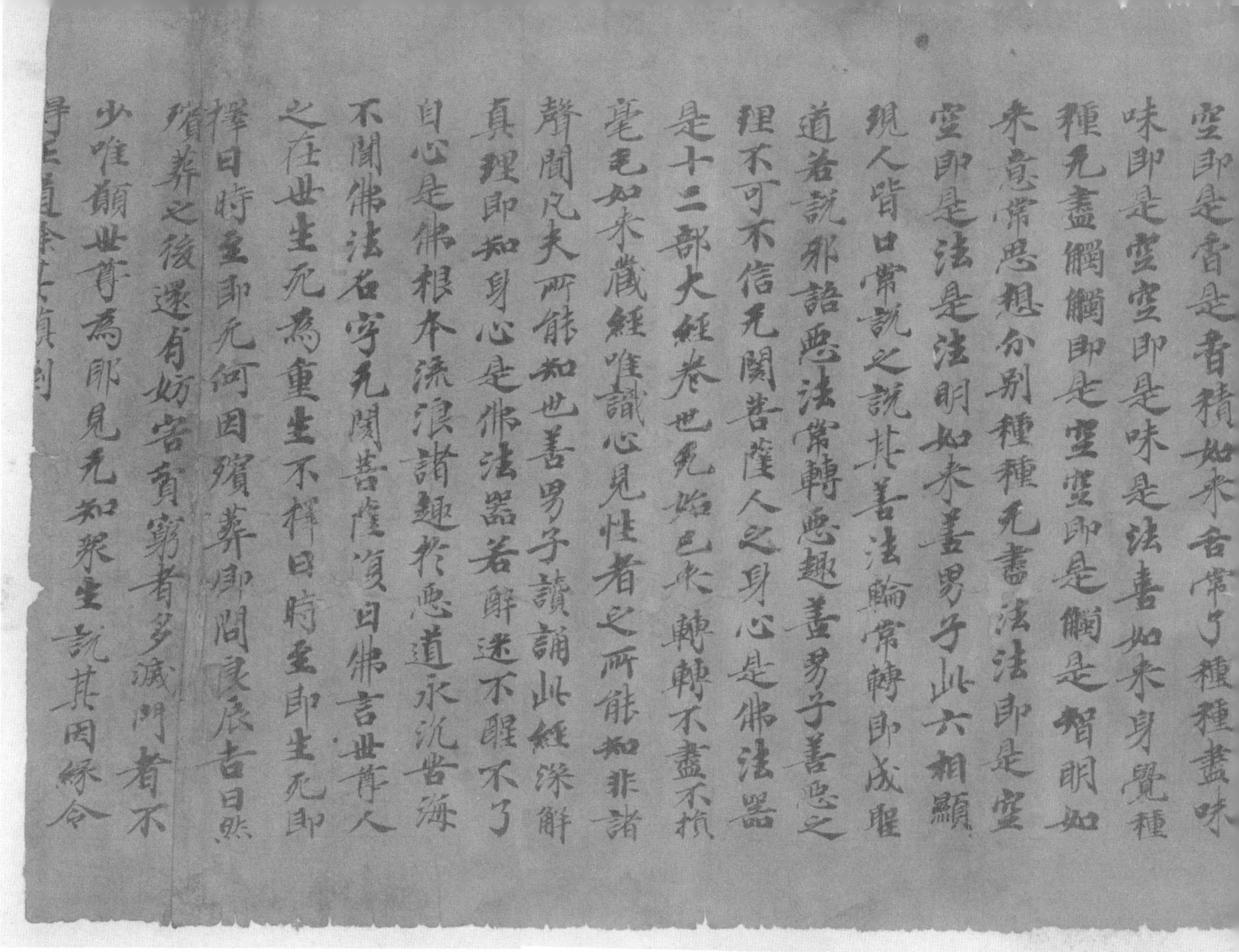
空即是香是香積如来香常了種種盡味
味即是空空即是味是法盡如来身覺種
種无盡觸觸即是空空即是觸是智明如
来意常思想分別種種无盡法法即是空
空即是法是法明如来盡男子此六相顯
現人皆口常說之說其善法輪常轉即成聖
道若說邪語惡法常轉惡趣善男子善惡之
理不可不信无閡菩薩人之身心是佛法器
是十二部大經卷也无始已来轉轉不盡不損
毫毛如来藏經唯識心見性者之所能知非諸
聲聞凡夫所能知也善男子讀誦此經深解
真理即知身心是佛法器若醉迷不醒不了
自心是佛根本流浪諸趣於惡道永沉苦海
不聞佛法名字无閡菩薩復白佛言世尊人
之在世生死為重生不擇日時至即生死即
擇日時至即死何因殯葬即問良辰吉日然
殯葬之後還有妨害貧窮者多滅門者不
少唯願世尊為耶見无知衆生說其因緣令
得正見除其顛倒

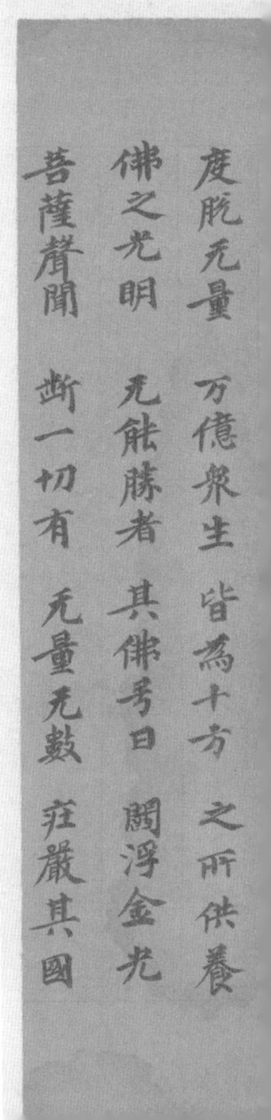
度脫无量　万億衆生　皆為十方　之所供養
佛之光明　无能勝者　其佛号曰　閻浮金光
菩薩聲聞　斷一切有　无量无數　莊嚴其國

天地八陽神咒經　唐寫本

四分律比丘戒本

吐蕃統治時期寫本

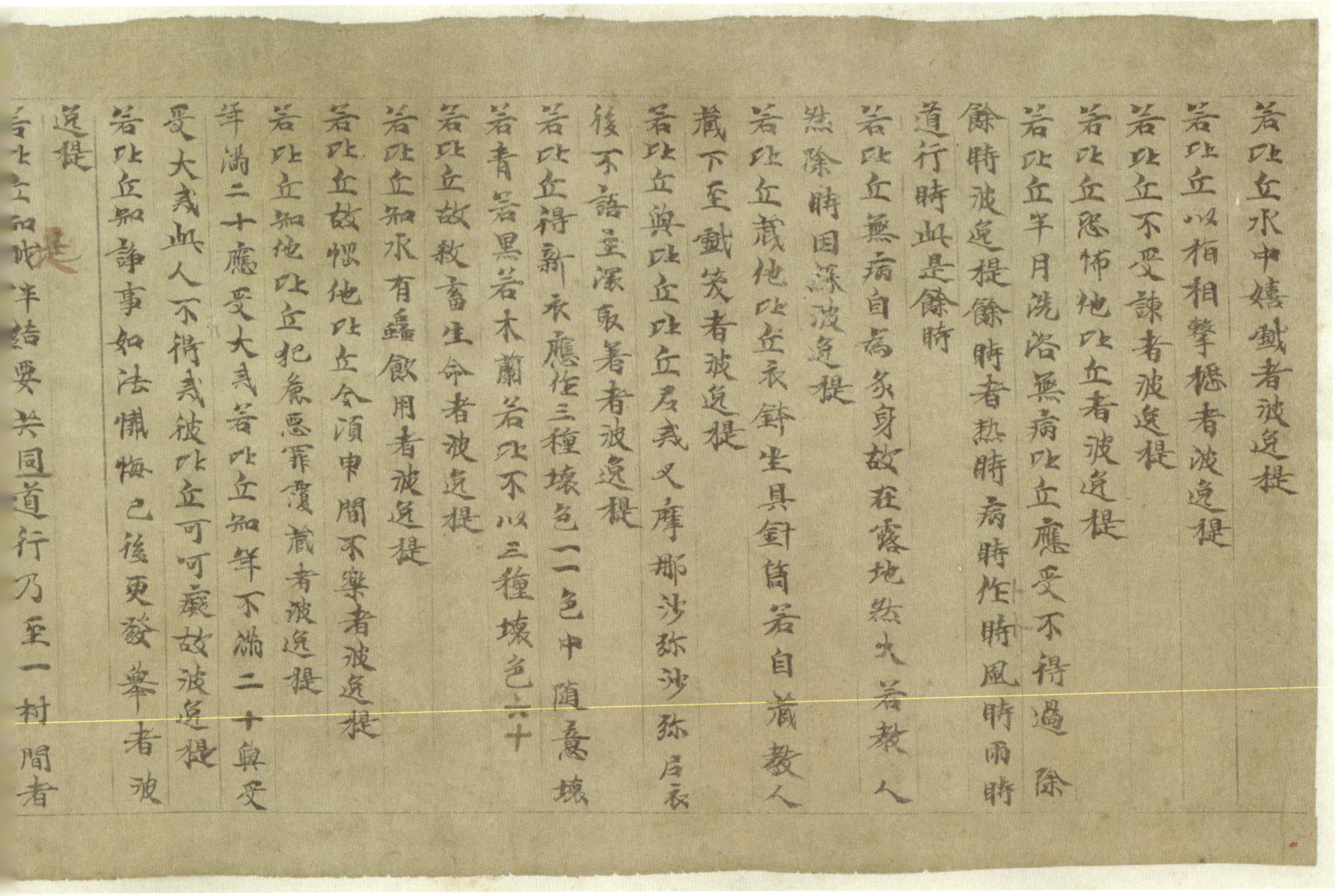
若比丘水中嬉戲者波逸提
若比丘以指相擊攊者波逸提
若比丘不受諫者波逸提
若比丘恐怖他比丘者波逸提
若比丘半月洗浴無病比丘應受不得過除
餘時波逸提餘時者熱時病時作時風時雨時
道行時此是餘時
若比丘無病自為炙身故在露地然火若教人
然除時因緣波逸提
若比丘藏他比丘衣鉢坐具針筒若自藏教人
藏下至戲笑者波逸提
若比丘與比丘比丘尼式叉摩那沙弥沙弥尼衣
後不語主還取著者波逸提
若比丘得新衣應作三種壞色一一色中隨意壞
若青若黑若木蘭若不以三種壞色六十
若比丘故殺畜生命者波逸提
若比丘知水有蟲飲用者波逸提
若比丘故惱他比丘令須臾間不樂者波逸提
若比丘知他比丘犯麁惡罪覆藏者波逸提
年滿二十應受大戒若比丘知年不滿二十與受
受大戒此人不得戒彼比丘可呵癡故波逸提
若比丘知諍事如法懺悔已後更發舉者波
逸提
若比丘知賊伴結要共同道行乃至一村間者

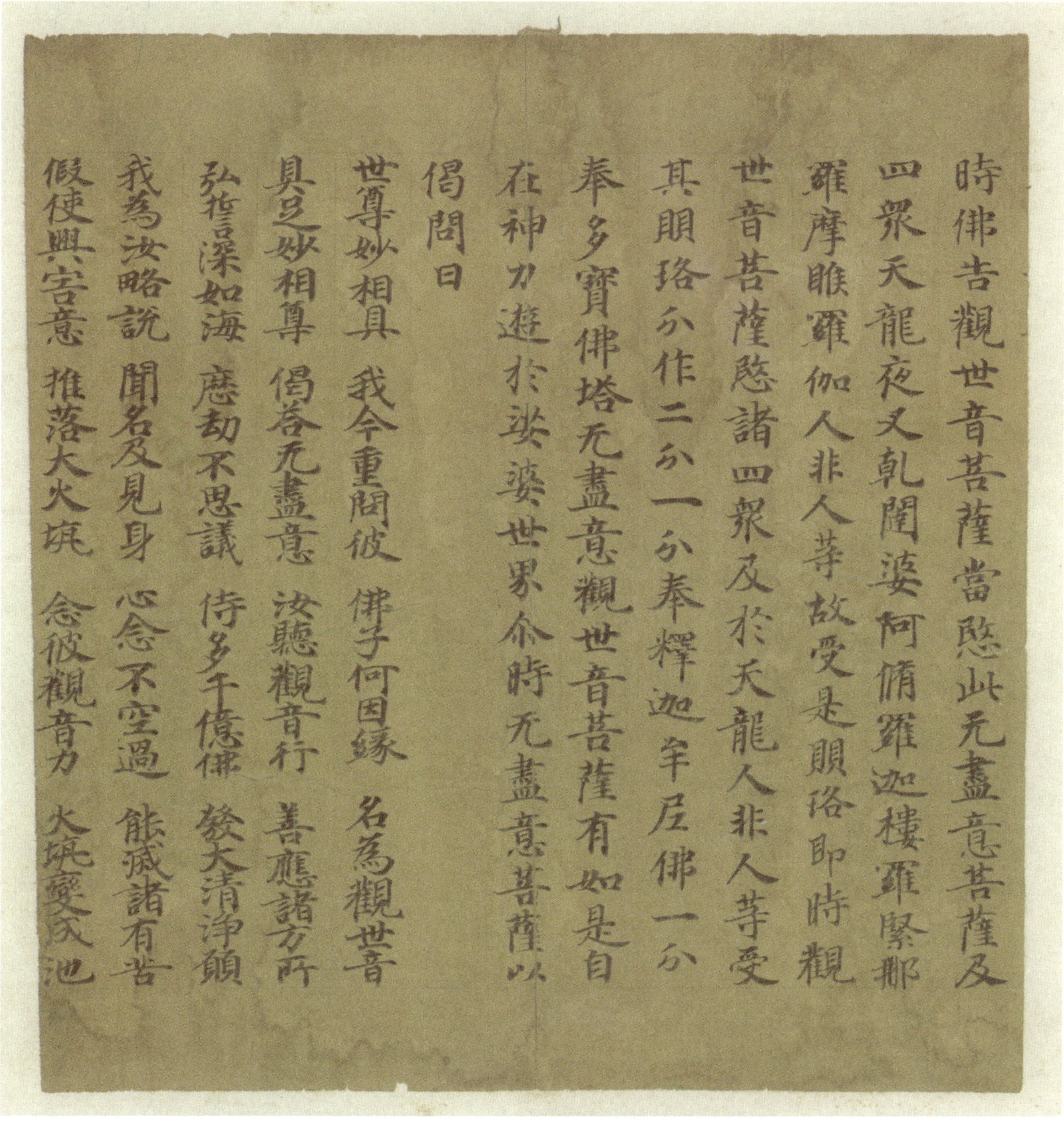
時佛告觀世音菩薩當愍此无盡意菩薩及
四衆天龍夜叉乾闥婆阿脩羅迦樓羅緊那
羅摩睺羅伽人非人等故受是瓔珞即時觀
世音菩薩愍諸四衆及於天龍人非人等受
其瓔珞分作二分一分奉釋迦牟尼佛一分
奉多寶佛塔无盡意觀世音菩薩有如是自
在神力遊於娑婆世界尒時无盡意菩薩以
偈問曰
世尊妙相具　我今重問彼　佛子何因緣　名為觀世音
具足妙相尊　偈荅无盡意　汝聽觀音行　善應諸方所
弘誓深如海　歷劫不思議　侍多千億佛　發大清淨願
我為汝略說　聞名及見身　心念不空過　能滅諸有苦
假使興害意　推落大火坑　念彼觀音力　火坑變成池

妙法蓮華經卷七　唐寫本

大般涅槃經（北本）卷一九

唐寫本

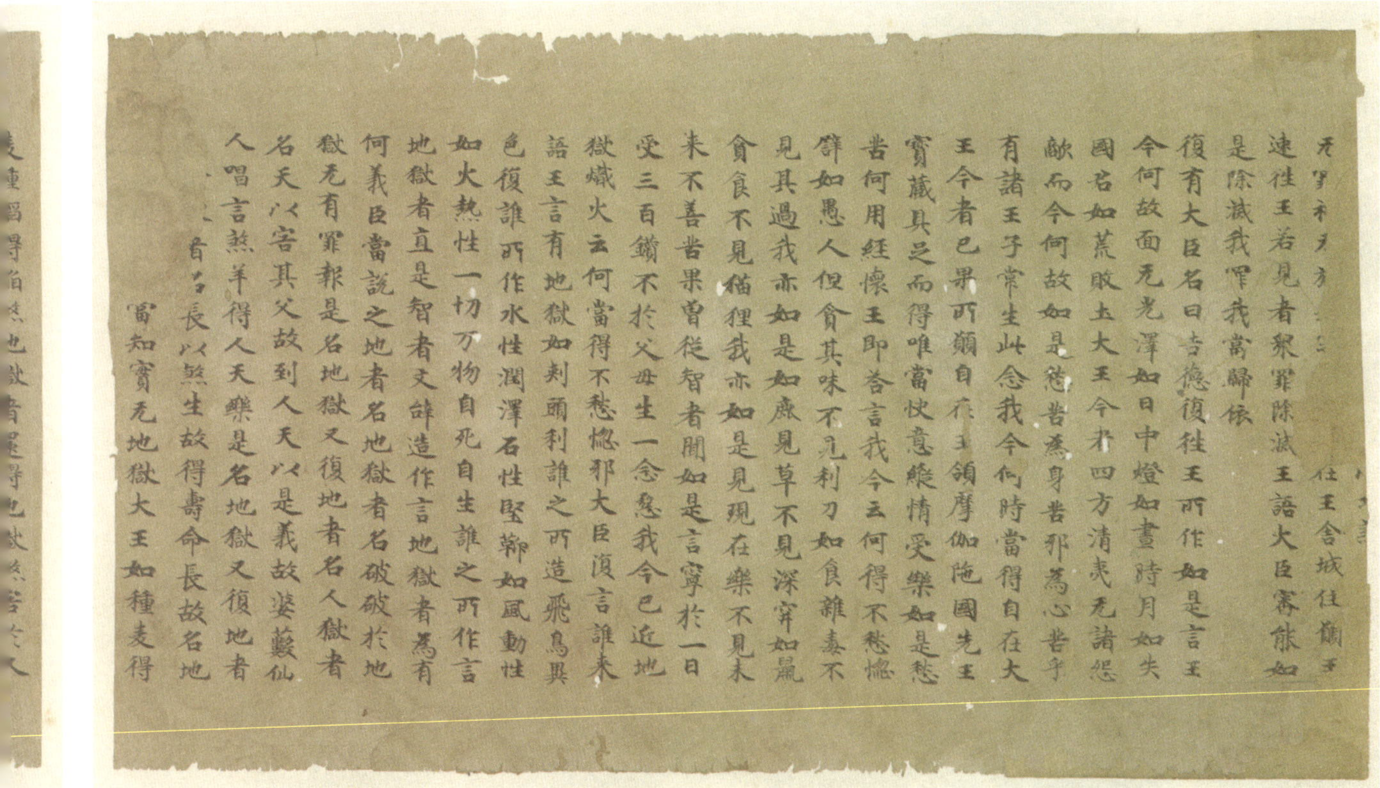
……住王舍城住蘭子
速往王若見者衆罪除滅王語大臣審能如
是除滅我罪我當歸依
復有大臣名曰吉德復往王所作如是言王
今何故面无光澤如日中燈如晝時月如失
國君如荒敗土大王今者四方清夷无諸怨
敵而今何故如是愁苦為身苦耶為心苦乎
有諸王子常生此念我今何時當得自在大
王今者已果所願自在王領摩伽陁國先王
寶藏具足而得唯當快意縱情受樂如是愁
苦何用經懷王即荅言我今云何得不愁惱
譬如愚人但貪其味不見利刀如食雜毒不
見其過我亦如是如鹿見草不見深穽如鼠
貪食不見猫狸我亦如是見現在樂不見未
来不善苦果曽從智者聞如是言寧於一日
受三百鑚不於父母生一念惡我今已近地
獄熾火云何當得不愁惱耶大臣復言誰来
語王言有地獄如刺頭利誰之所造飛鳥異
色復誰所作水性潤澤石性堅鞕如風動性
如火熱性一切万物自死自生誰之所作言
地獄者直是智者文辞造作言地獄者為有
何義臣當說之地者名地獄者名破破於地
獄无有罪報是名地獄又復地者名人獄者
名天以害其父故到人天以是義故婆藪仙
人唱言煞羊得人天樂是名地獄又復地者
……者名長以煞生故得壽命長故名地
當知實无地獄大王如種麦得

大般涅槃經（北本）卷一九　唐寫本

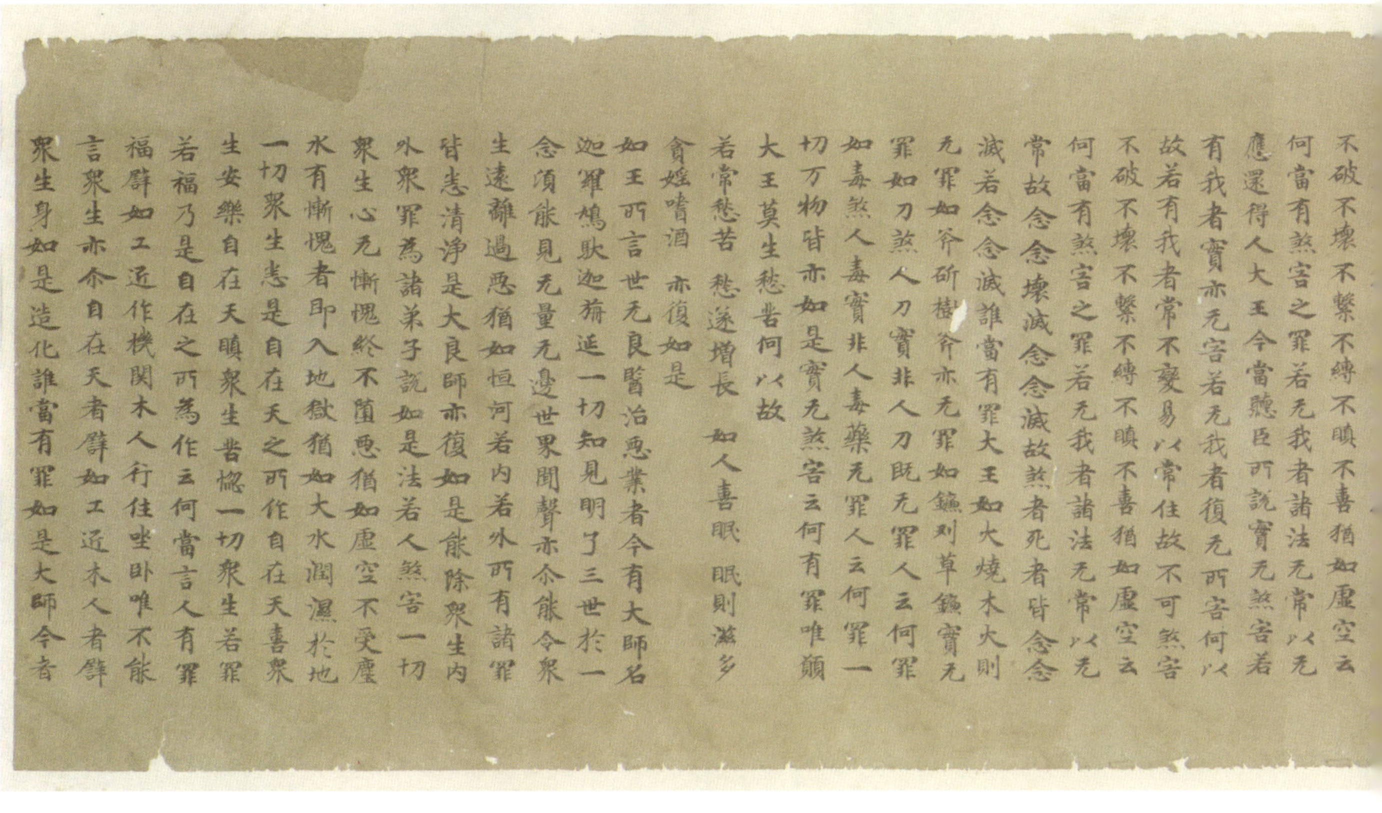
不破不壞不繫不縛不瞋不喜猶如虛空云
何當有煞害之罪若无我者諸法无常以无
應還得人大王今當聽臣所說實无煞害若
有我者實亦无害若无我者復无所害何以
故若有我者常不變易以常住故不可煞害
不破不壞不繫不縛不瞋不喜猶如虛空云
何當有煞害之罪若无我者諸法无常以无
常故念念壞滅念念滅故煞者死者皆念念
滅若念念滅誰當有罪大王如火燒木火則
无罪如斧斫樹斧亦无罪如鐮刈草鐮實无
罪如刀煞人刀實非人刀既无罪人云何罪
如毒煞人毒實非人毒藥无罪人云何罪一
切万物皆亦如是實无煞害云何有罪唯願
大王莫生愁苦何以故
若常愁苦　愁遂增長　如人喜眠　眠則滋多
貪婬嗜酒　亦復如是
如王所言世无良醫治惡業者今有大師名
迦羅鳩馱迦旃延一切知見明了三世於一
念頃能見无量无邊世界聞聲亦尒能令衆
生遠離過惡猶如恒河若內若外所有諸罪
皆悉清淨是大良師亦復如是能除衆生內
外衆罪為諸弟子說如是法若人煞害一切
衆生心无慚愧終不墮惡猶如虛空不受塵
水有慚愧者即入地獄猶如大水潤濕於地
一切衆生悉是自在天之所作自在天喜衆
生安樂自在天瞋衆生苦惱一切衆生若罪
若福乃是自在之所為作云何當言人有罪
福譬如工匠作機關木人行住坐臥唯不能
言衆生亦尒自在天者譬如工匠木人者譬
衆生身如是造化誰當有罪如是大師今者

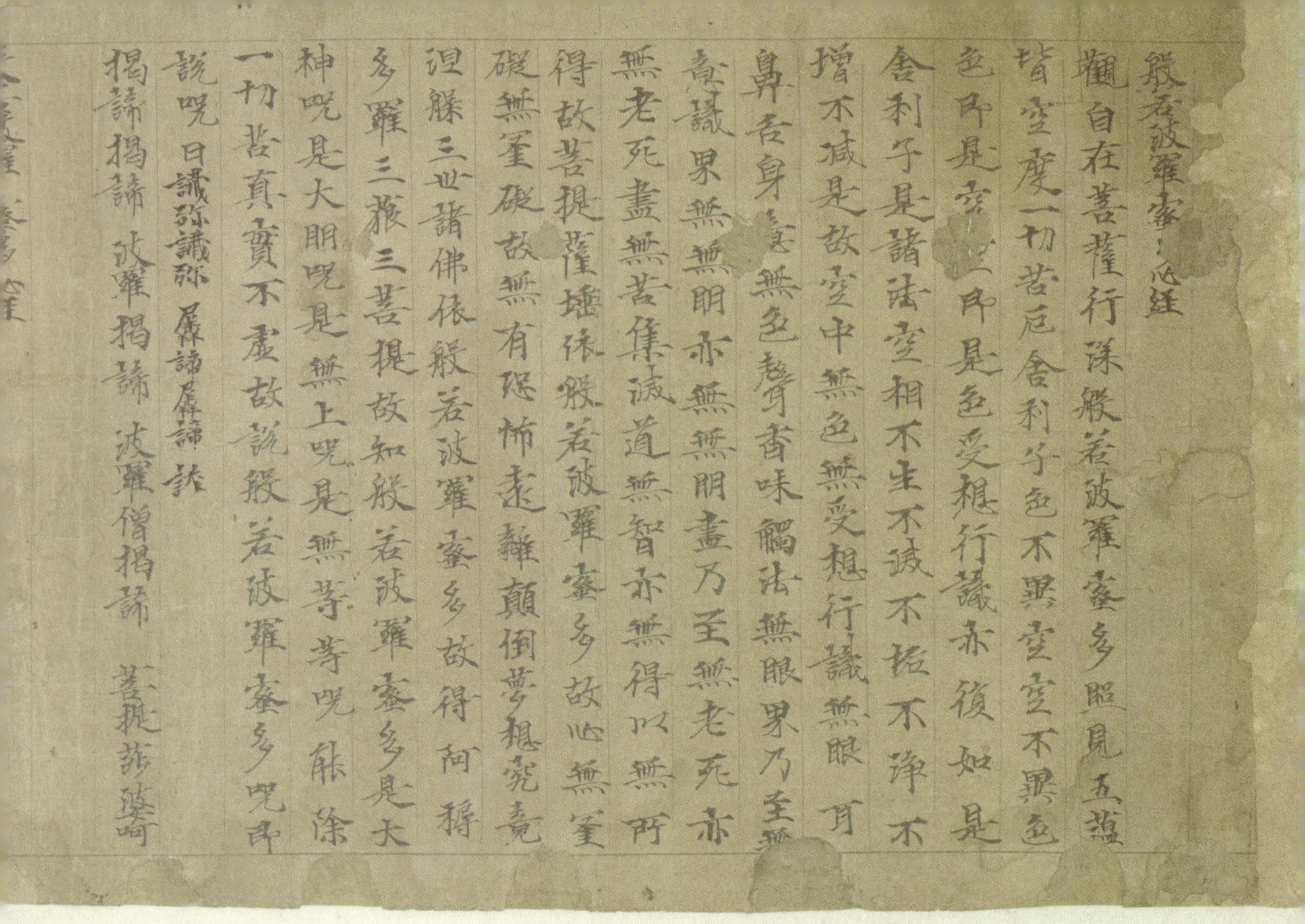
般若波羅蜜多心經
觀自在菩薩行深般若波羅蜜多照見五蘊
皆空度一切苦厄舍利子色不異空空不異色
色即是空空即是色受想行識亦復如是
舍利子是諸法空相不生不滅不垢不淨不
增不減是故空中無色無受想行識無眼耳
鼻舌身意無色聲香味觸法無眼界乃至無
意識界無無明亦無無明盡乃至無老死亦
無老死盡無苦集滅道無智亦無得以無所
得故菩提薩埵依般若波羅蜜多故心無罣
礙無罣礙故無有恐怖遠離顛倒夢想究竟
涅槃三世諸佛依般若波羅蜜多故得阿耨
多羅三藐三菩提故知般若波羅蜜多是大
神咒是大明咒是無上咒是無等等咒能除
一切苦真實不虛故說般若波羅蜜多咒即
說咒曰識弥識弥 羼犇諦羼犇諦 訞
揭諦揭諦 波羅揭諦 波羅僧揭諦 菩提莎婆訶

般若波羅蜜多心經　吐蕃統治時期寫本

勸善經　歸義軍時期寫本

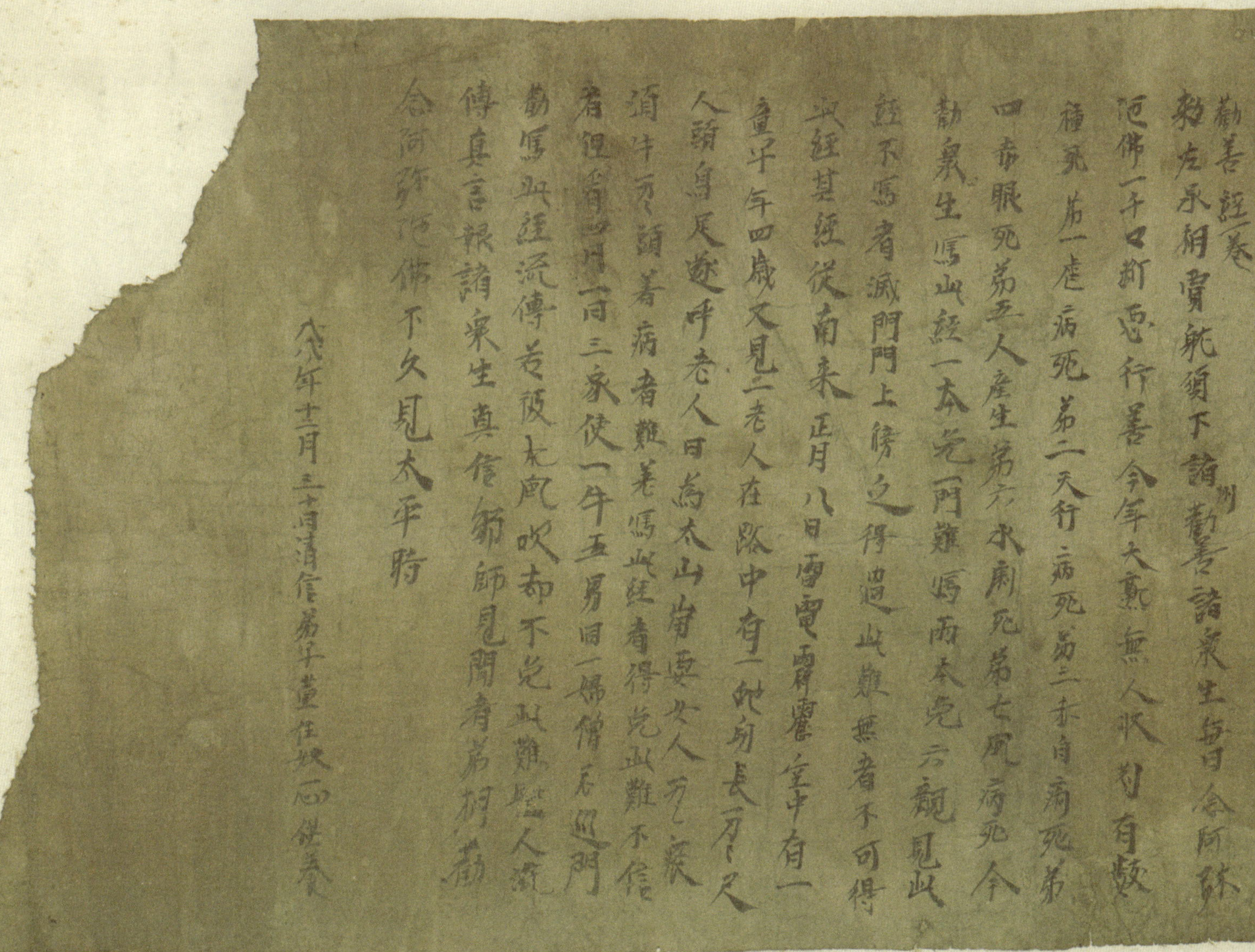
勸善經一卷
敕左丞相賈耽頒下諸州勸善諸衆生每日念阿彌
陀佛一千口斷惡行善今年大熟無人收刈有數
種死第一虐病死第二天行病死第三赤白痢死第
四赤眼死第五人産生死第六水痢死第七風病死令
勸衆生寫此經一本免一門難寫兩本免六親見此
經不寫者滅門門上傍之得過此難無者不可得
此經甚從南來正月八日雷電霹靂空中有一
童子年四歲又見二老人在路中有一蛇身長一丈六尺
人頭鳥足遂呼老人曰爲太山崩要女人万万頭
須牛万万頭著病者難差寫此經者得免此難不信
者但看四月一日三家使一牛五男同一婦倚石過門
勸寫此經流傳若被大風吹却不免此難人識
傳真言報諸衆生真信佛師見聞者弟相勸
念阿彌陀佛不久見太平時
戊戌年十二月三十日清信弟子董住妃一心供養

延壽命經（小本）

歸義軍時期寫本

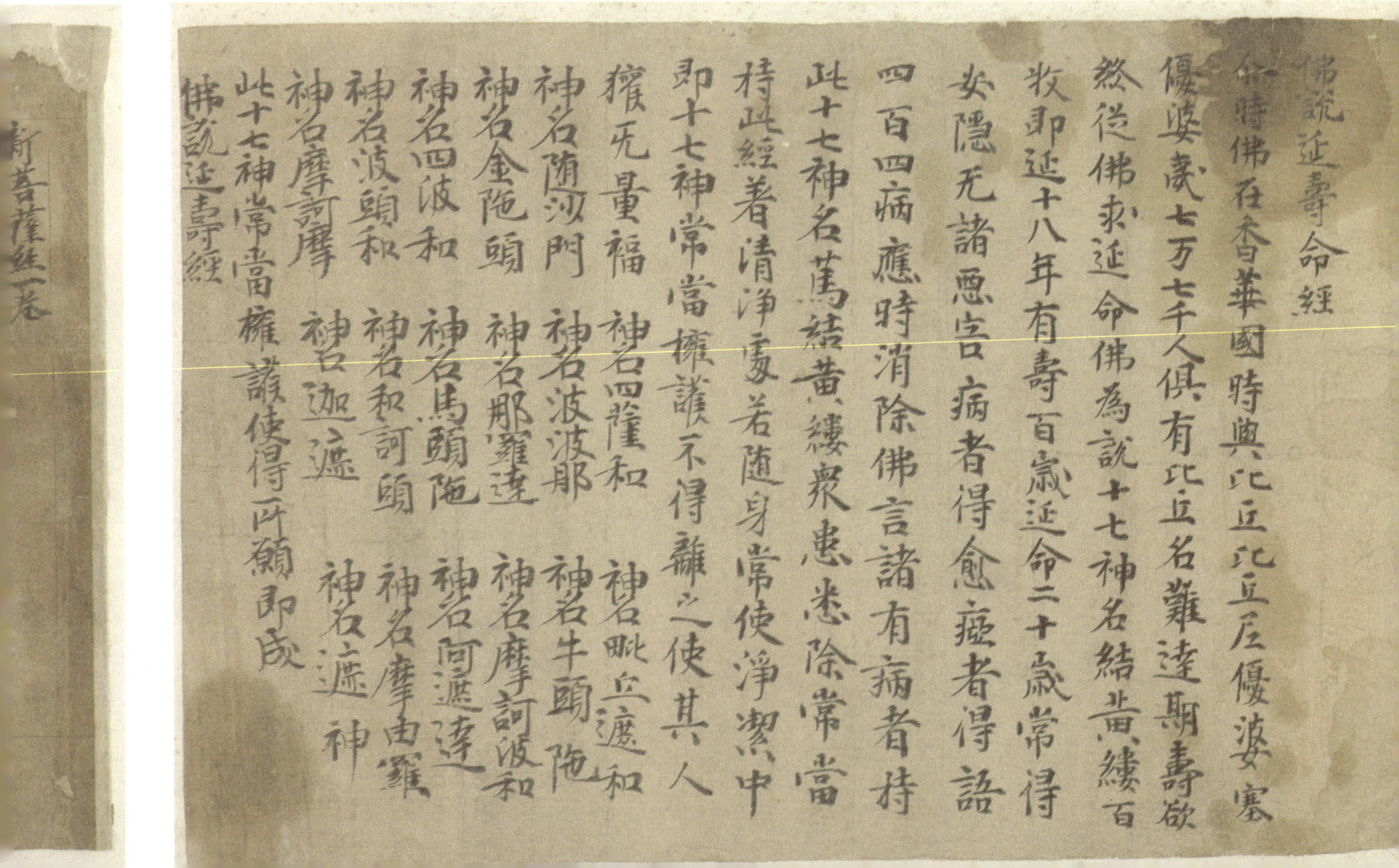

佛說延壽命經
尒時佛在香華國時與比丘比丘尼優婆塞
優婆夷七万七千人俱有比丘名難達斯壽欲
终從佛求延命佛為說十七神名結黃縷百
牧即延十八年有壽百歲延命二十歲常得
安隱无諸惡害病者得愈瘂者得語
四百四病應時消除佛言諸有病者持
此十七神名著結黃縷衆患悉除常當
持此經著清淨處若隨身常使淨潔中
即十七神常當擁護不得離之使其人
獲无量福　神名四薩和　神名毗丘遮和
神名隨沙門　神名波波耶　神名牛頭陁
神名金陁頭　神名那羅達　神名摩訶波和
神名四波和　神名馬頭陁　神名阿遮達
神名波頭和　神名和訶頭　神名摩由羅
神名摩訶摩　神名迦遮　神名遮神
此十七神常當擁護使得所願即成
佛說延壽命經

薩經一卷

新菩薩經　吐蕃統治時期寫本（一至一四行）

新菩薩經　吐蕃統治時期寫本（一五至二八行）

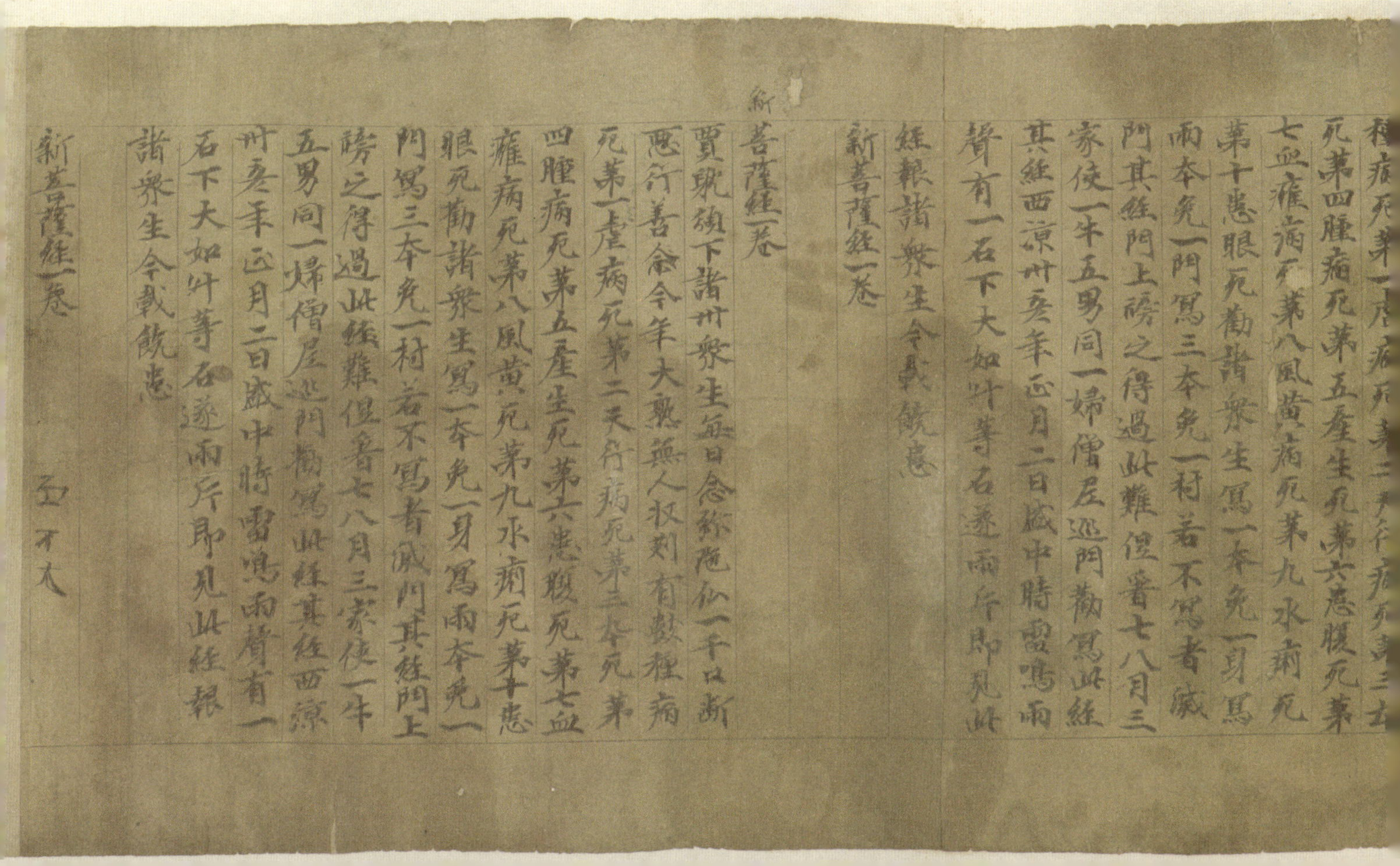
種瘧病死第一虐病死第二天行病死第三
死第四腫病死第五產生死第六患腹死第
七血癰病死第八風黃病死第九水痢死
第十患眼死勸諸衆生寫一本免一身寫
兩本免一門寫三本免一村若不寫者滅
門其經門上牓之得過此難但看七八月三
家使一牛五男同一婦僧尼巡門勸寫此經
其經西涼州夌年正月二日盛中時雷鳴雨
聲有一石下大如升等石遂雨斥即見此
經報諸衆生令載餞患
新菩薩經一卷
新
菩薩經一卷
賈耽頒下諸州衆生每日念阿彌陀佛一千口斷
惡行善今年大熟無人收刈有數種病
死第一虐病死第二天行病死第三赤死第
四腫病死第五產生死第六患腹死第七血
癰病死第八風黃病死第九水痢死第十患
眼死勸諸衆生寫一本免一身寫兩本免一
門寫三本免一村若不寫者滅門其經門上
牓之得過此難但看七八月三家使一牛
五男同一婦僧尼巡門勸寫此經其經西涼
州夌年正月二日盛中時雷鳴雨聲有一
石下大如升等石遂雨斥即見此經報
諸衆生令載餞患
新菩薩經一卷
丞　不大

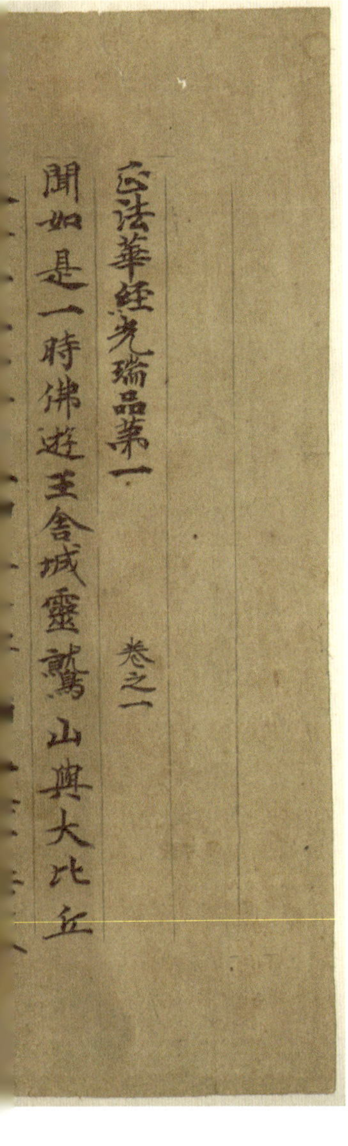

正法華經光瑞品第一　卷之一

聞如是一時佛遊王舍城靈鷲山與大比丘

正法華經卷一　歸義軍時期寫本

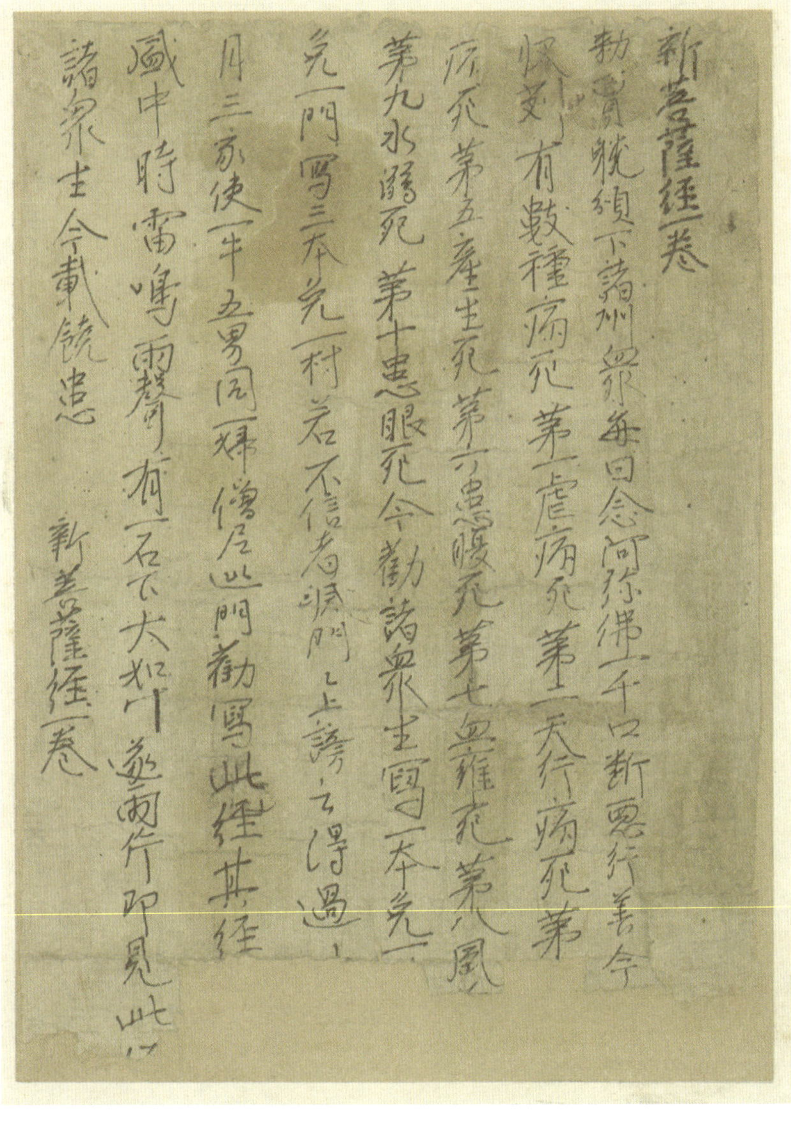

新菩薩經一卷
勅賈耽頒下諸州眾每日念阿彌佛一千口斷惡行善今
歲有數種病死第一虐病死第二天行病死第
病死第五產生死第六患腹死第七血癰死第八風
第九水痢死第十患眼死今勸諸眾生寫一本免一
免一門寫三本免一村若不信者滅門門上上謗上上得過上
月三家使一牛五男同一婦僧尼巡門勸寫此經其經
感中時雷鳴雨聲有一石下大如斗並雨行即見此
諸眾生令載饒患
新菩薩經一卷

新菩薩經　吐蕃統治時期寫本

斷一切由已獲度無極已勝於慧心解得度
名曰賢者智本際賢者大迦葉上時迦葉象
迦葉江迦葉舍利弗大目揵連迦旃延阿那
律劫賓㝹牛齝離越辟利斯薄拘盧揥難陁
善意滿願子須菩提阿難羅云菩薩八万皆
不退轉堅住無上正真之道逮總持法得大
辯才常講歎不退轉法輪供養無數百千諸
佛於無量佛殖衆德本諸佛世尊所見咨嗟
身常行慈入如來慧善權普至大智度無極
從無數劫多所博聞名達十方救護無量百
千衆生遊於三界猶如日明解一切法如幻
如化野馬影響悲無所有住無所住雖見終
始亦無去來既見色像本無形貌現諸所生
永無起滅導利羣黎不著三處分別空慧無
相無願超三脫門至三達智無去來今現在
之想開化黎庶使了本無
其名曰溥首菩薩光世音菩薩大勢至菩薩
常精進菩薩不置遠菩薩寶掌菩薩印手菩
解縛菩薩寶事菩薩恩施菩薩雄世菩薩水
天菩薩帝天菩薩大導師菩薩妙意菩薩慈

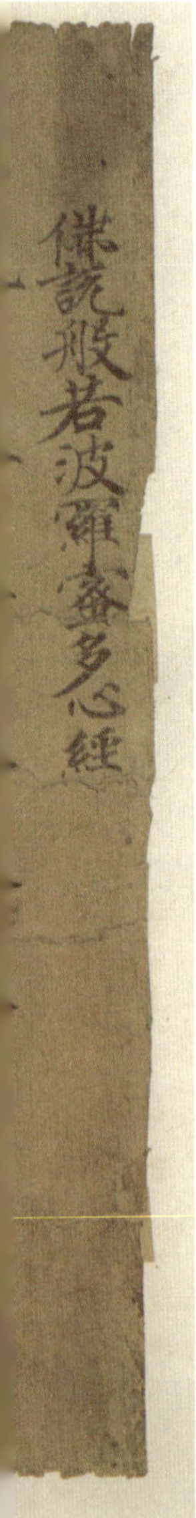

木捺佛像　歸義軍時期寫本

般若波羅蜜多心經　唐寫本

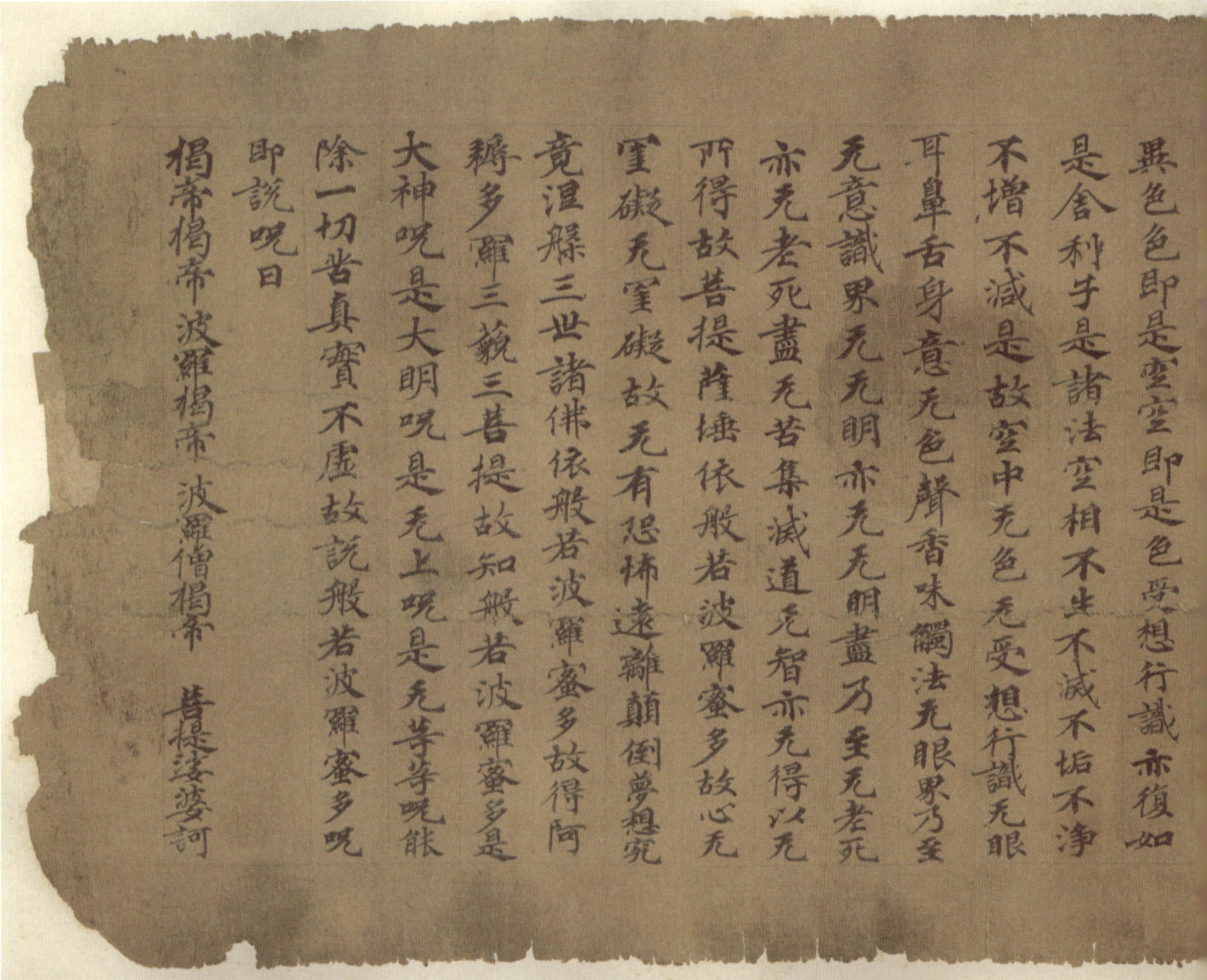
異色色即是空空即是色受想行識亦復如
是舍利子是諸法空相不生不滅不垢不淨
不增不減是故空中无色无受想行識无眼
耳鼻舌身意无色聲香味觸法无眼界乃至
无意識界无无明亦无无明盡乃至无老死
亦无老死盡无苦集滅道无智亦无得以无
所得故菩提薩埵依般若波羅蜜多故心无
罣礙无罣礙故无有恐怖遠離顛倒夢想究
竟涅槃三世諸佛依般若波羅蜜多故得阿
耨多羅三藐三菩提故知般若波羅蜜多是
大神呪是大明呪是无上呪是无等等呪能
除一切苦真實不虛故說般若波羅蜜多呪
即說呪曰
揭帝揭帝　波羅揭帝　波羅僧揭帝　菩提薩婆訶

金剛般若波羅蜜經 歸義軍時期寫本（圖版一）

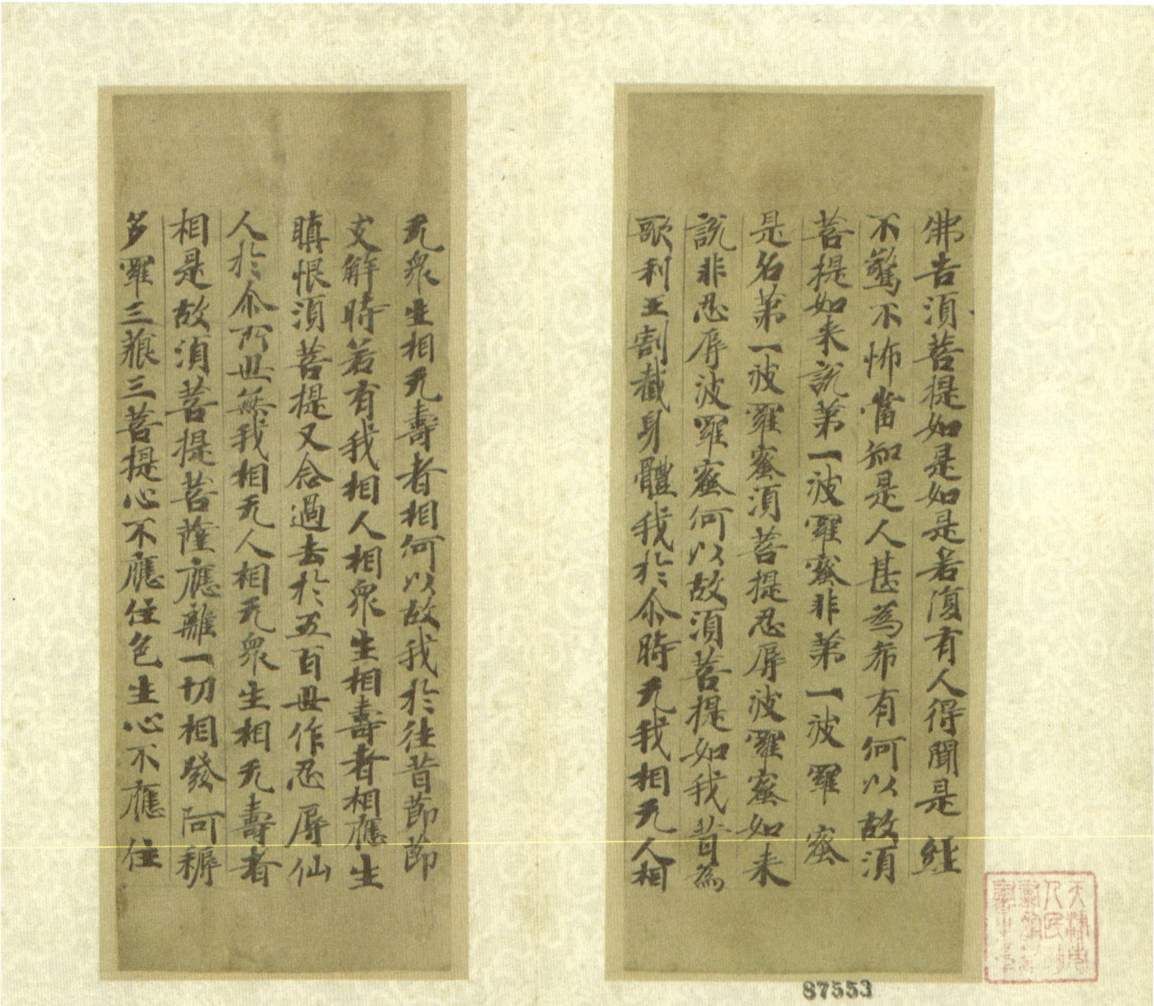
佛告須菩提如是如是若復有人得聞是經
不驚不怖當知是人甚爲希有何以故須
菩提如來說第一波羅蜜非第一波羅蜜
是名第一波羅蜜須菩提忍辱波羅蜜如來
說非忍辱波羅蜜何以故須菩提如我昔爲
歌利王割截身體我於尒時无我相无人相
无衆生相无壽者相何以故我於往昔節節
支解時若有我相人相衆生相壽者相應生
瞋恨須菩提又念過去於五百世作忍辱仙
人於尒所世无我相无人相无衆生相无壽者
相是故須菩提菩薩應離一切相發阿耨
多羅三藐三菩提心不應住色生心不應住

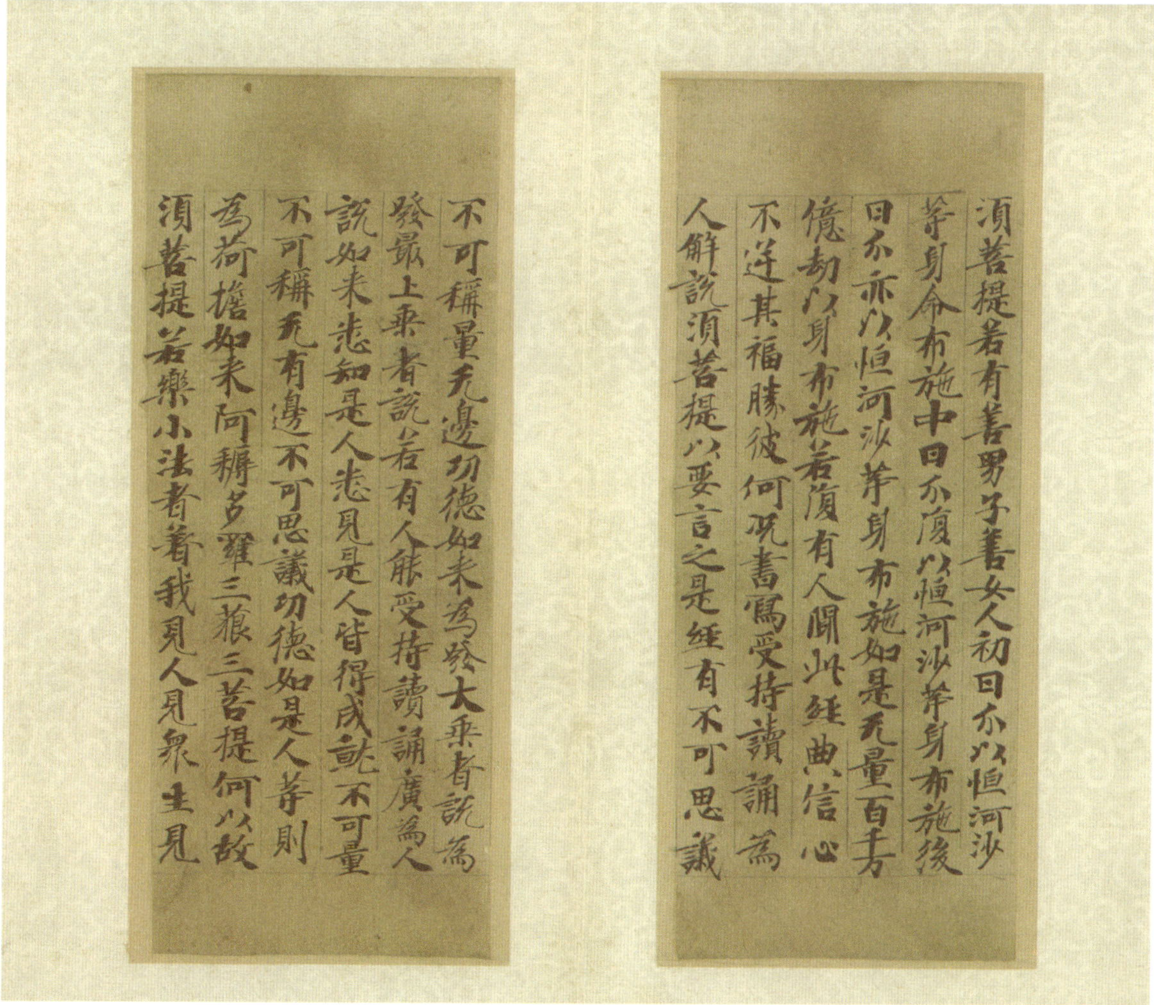
須菩提若有善男子善女人初日分以恒河沙
等身命布施中日分復以恒河沙等身布施後
日分亦以恒河沙等身布施如是无量百千万
億劫以身布施若復有人聞此經典信心
不逆其福勝彼何况書寫受持讀誦爲
人解説須菩提以要言之是經有不可思議

不可稱量无邊功德如来爲發大乘者説爲
發最上乘者説若有人能受持讀誦廣爲人
説如来悉知是人悉見是人皆得成就不可量
不可稱无有邊不可思議功德如是人等則
爲荷擔如来阿耨多羅三藐三菩提何以故
須菩提若樂小法者著我見人見衆生見

金剛般若波羅蜜經 歸義軍時期寫本（圖版二）

金剛般若波羅蜜經 歸義軍時期寫本（圖版三）

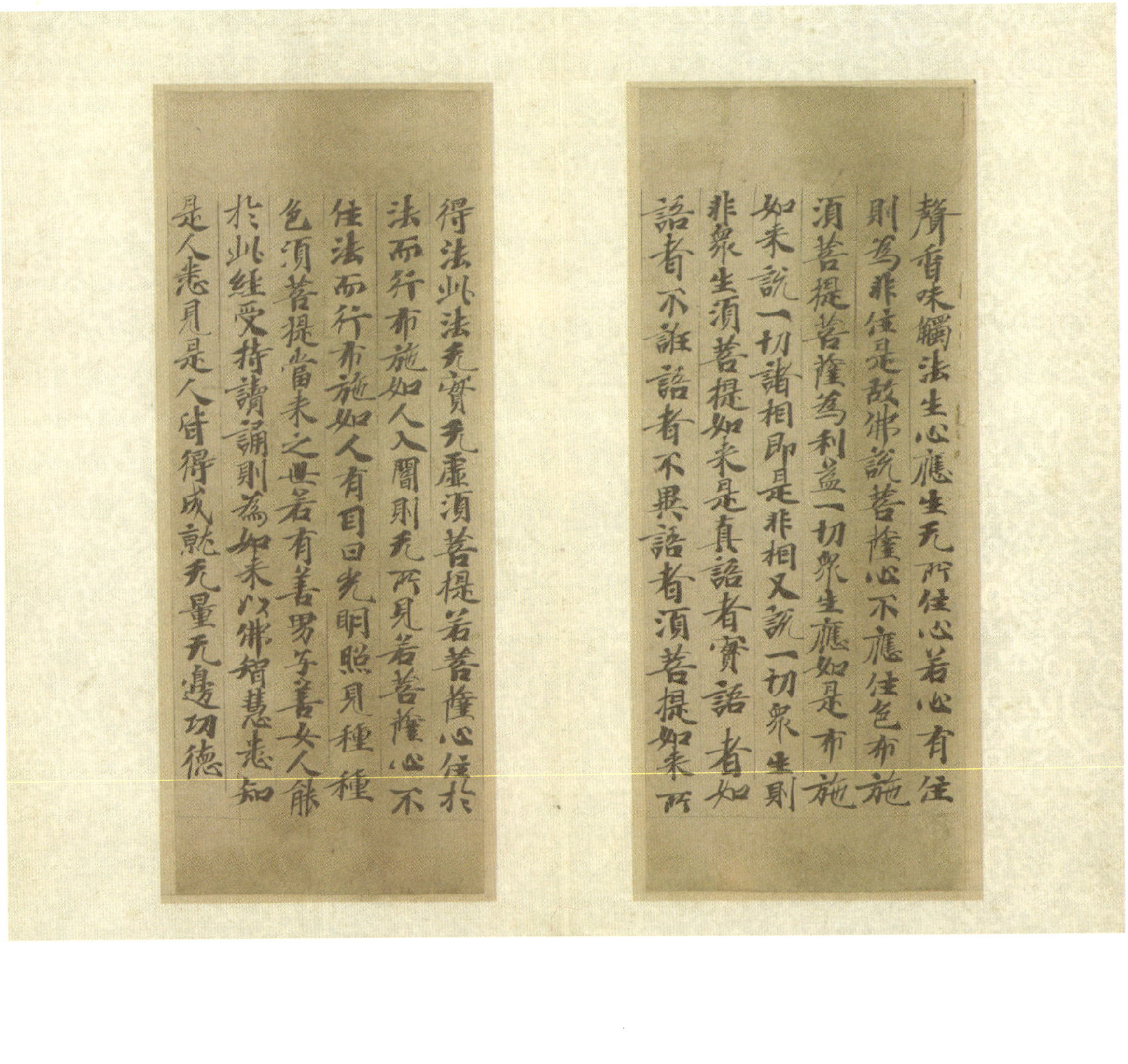
聲香味觸法生心應生无所住心若心有住
則為非住是故佛說菩薩心不應住色布施
須菩提菩薩為利益一切衆生應如是布施
如来說一切諸相即是非相又說一切衆生則
非衆生須菩提如来是真語者實語者如
語者不誑語者不異語者須菩提如来所
得法此法无實无虛須菩提若菩薩心住於
法而行布施如人入闇則无所見若菩薩心不
住法而行布施如人有目日光明照見種種
色須菩提當来之世若有善男子善女人能
於此經受持讀誦則為如来以佛智慧悉知
是人悉見是人皆得成就无量无邊功德

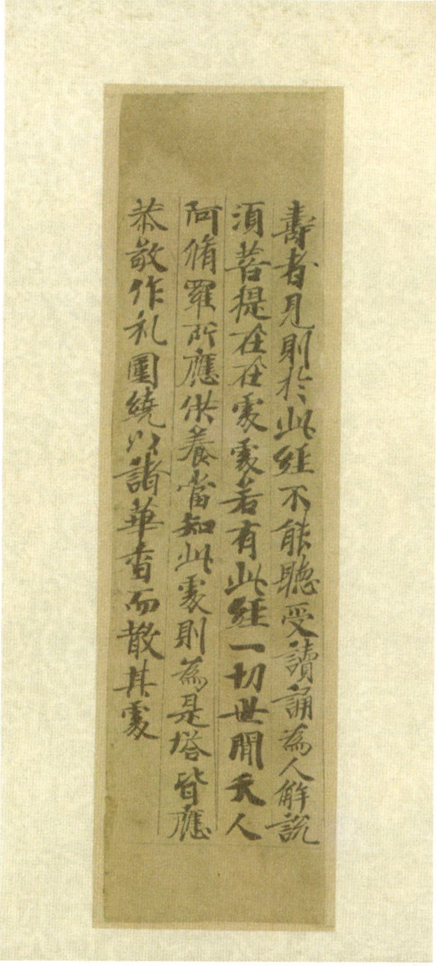
書者見則於此經不能聽受讀誦爲人解説
須菩提在在處處若有此經一切世間天人
阿脩羅所應供養當知此處則爲是塔皆應
恭敬作禮圍繞以諸華香而散其處

金剛般若波羅蜜經　歸義軍時期寫本（圖版四）

妙法蓮華經卷六　唐寫本

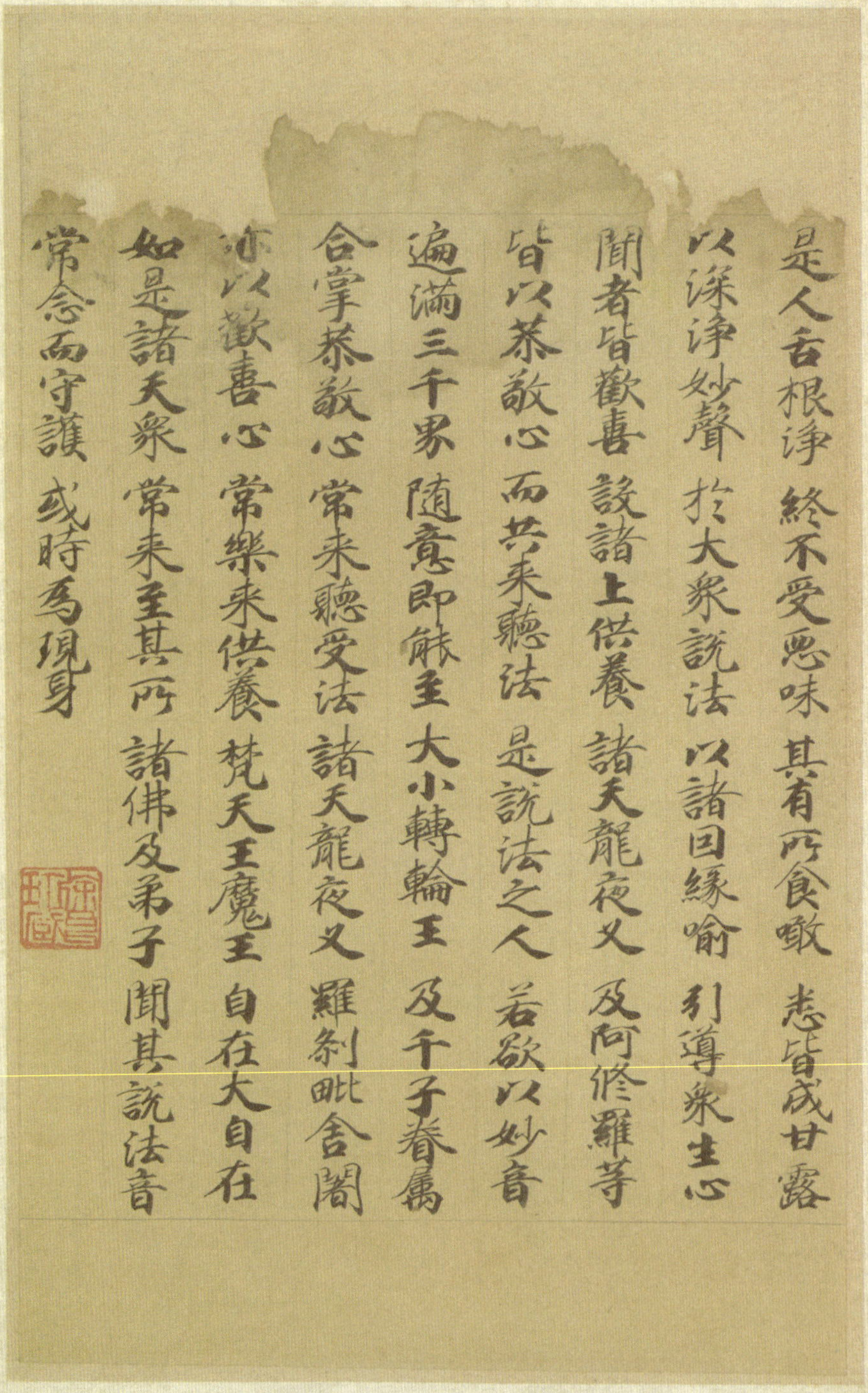
是人舌根淨　終不受惡味　其有所食噉　悉皆成甘露
以深淨妙聲　於大衆說法　以諸因緣喻　引導衆生心
聞者皆歡喜　設諸上供養　諸天龍夜叉　及阿修羅等
皆以恭敬心　而共來聽法　是說法之人　若欲以妙音
遍滿三千界　隨意即能至　大小轉輪王　及千子眷屬
合掌恭敬心　常來聽受法　諸天龍夜叉　羅刹毗舍闍
亦以歡喜心　常樂來供養　梵天王魔王　自在大自在
如是諸天衆　常來至其所　諸佛及弟子　聞其說法音
常念而守護　或時爲現身

佛名經（十二卷本）卷六

歸義軍時期寫本

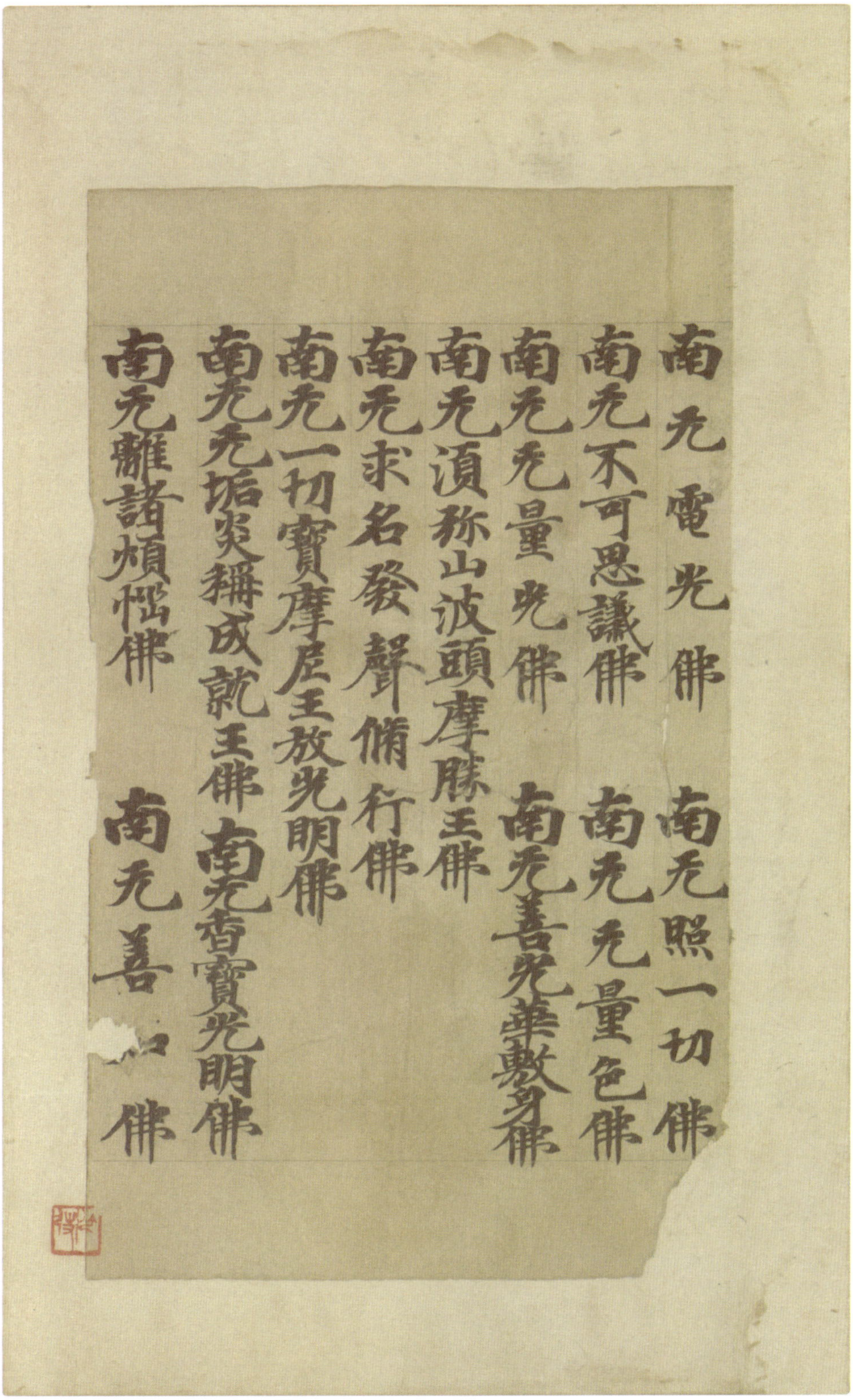
南无電光佛　南无照一切佛
南无不可思議佛　南无无量色佛
南无无量光佛　南无善光華敷身佛
南无須弥山波頭摩勝王佛
南无求名發聲脩行佛
南无一切寶摩尼王放光明佛
南无无垢炎稱成就王佛　南无香寶光明佛
南无離諸煩惱佛　南无善□佛

佛名經（十二卷本）卷八
歸義軍時期寫本

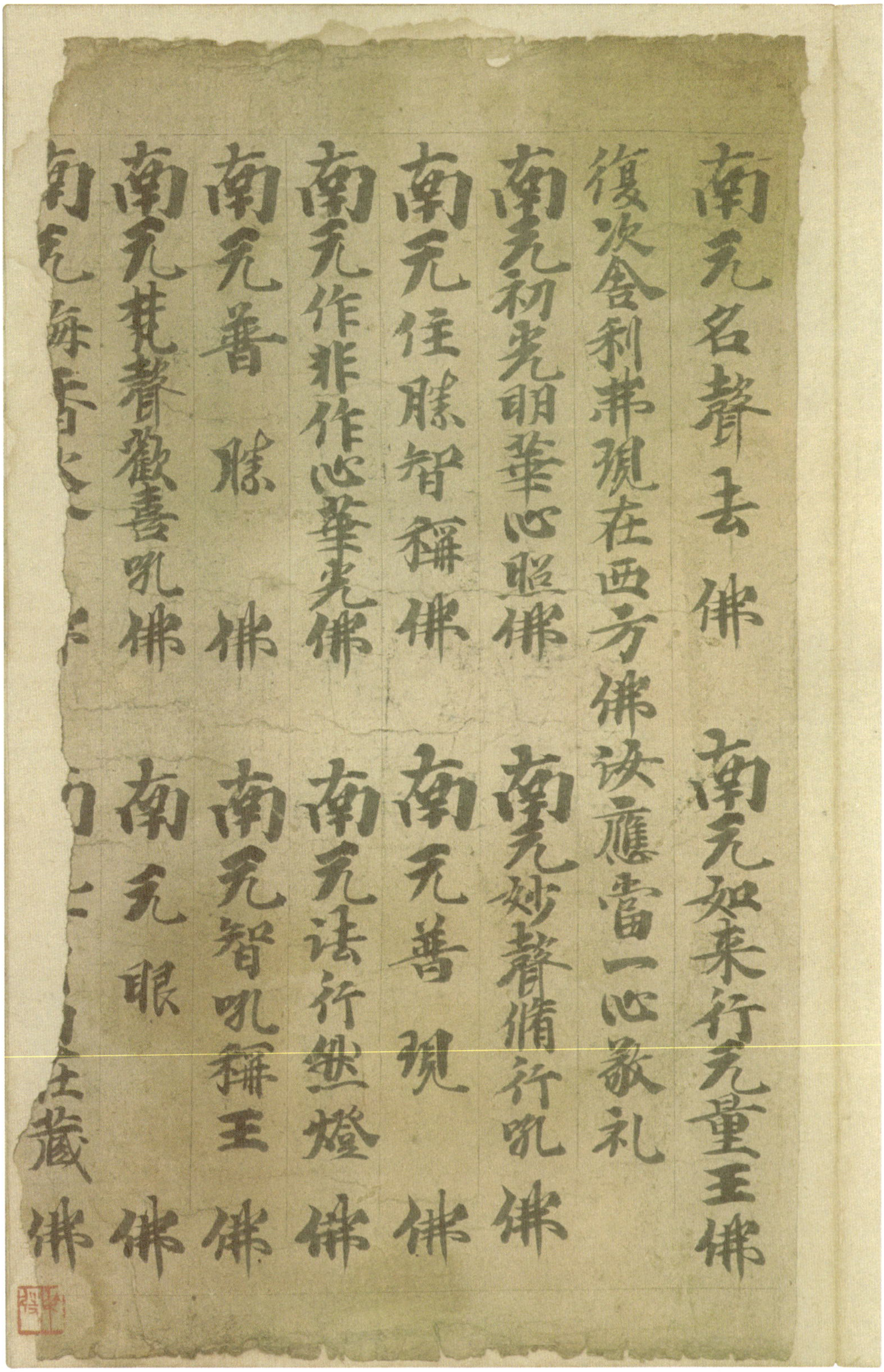
南无名聲去佛　南无如来行无量王佛
復次舍利弗現在西方佛汝應當一心歸礼
南无初光明華心照佛　南无妙聲脩行吼佛
南无住勝智彌佛　南无善現佛
南无作非作心華光佛　南无法行然燈佛
南无善勝佛　南无智吼彌王佛
南无梵聲歡喜吼佛　南无眼佛
南无海香[illegible]　[illegible]藏佛

佛名經（三十卷本）卷二一　南北朝寫本（第一圖）

佛名經（十二卷本）卷六　南北朝寫本（第二圖）

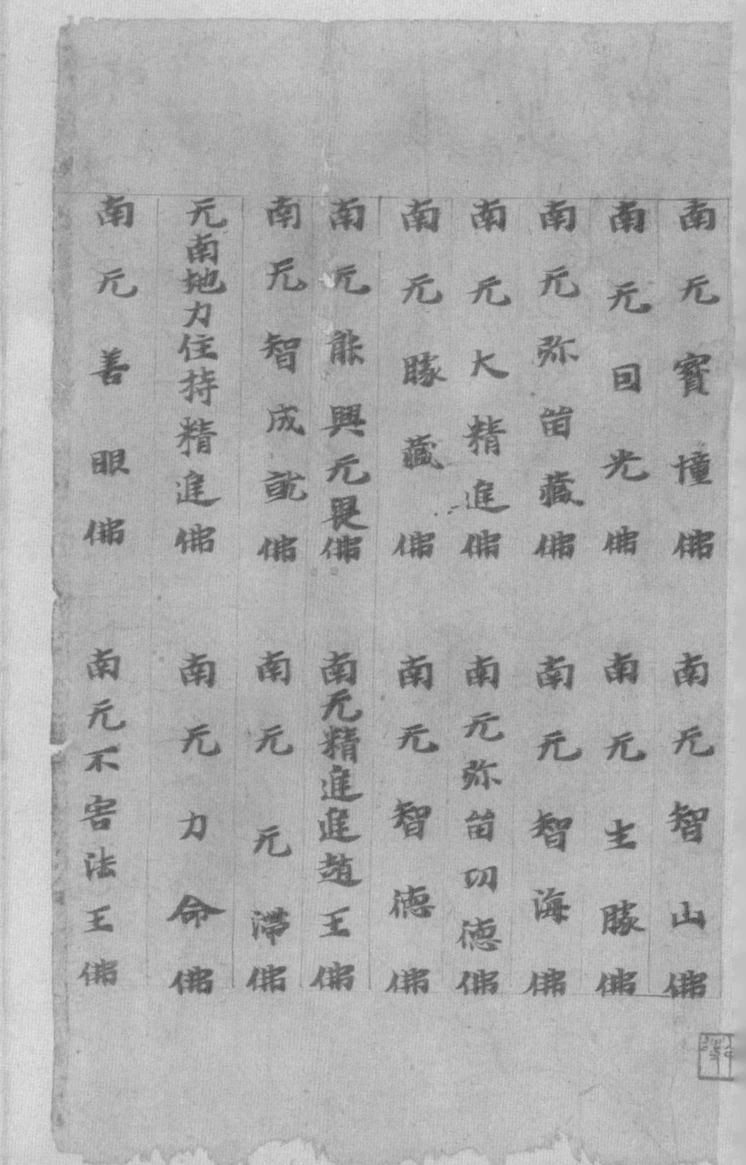

南无寶幢佛　南无智山佛
南无日光佛　南无生勝佛
南无弥留藏佛　南无智海佛
南无大精進佛　南无弥留功德佛
南无勝藏佛　南无智德佛
南无能與无畏佛　南无精進進趣王佛
南无智成就佛　南无无滯佛
无南地力住持精進佛　南无力命佛
南无善眼佛　南无不害法王佛

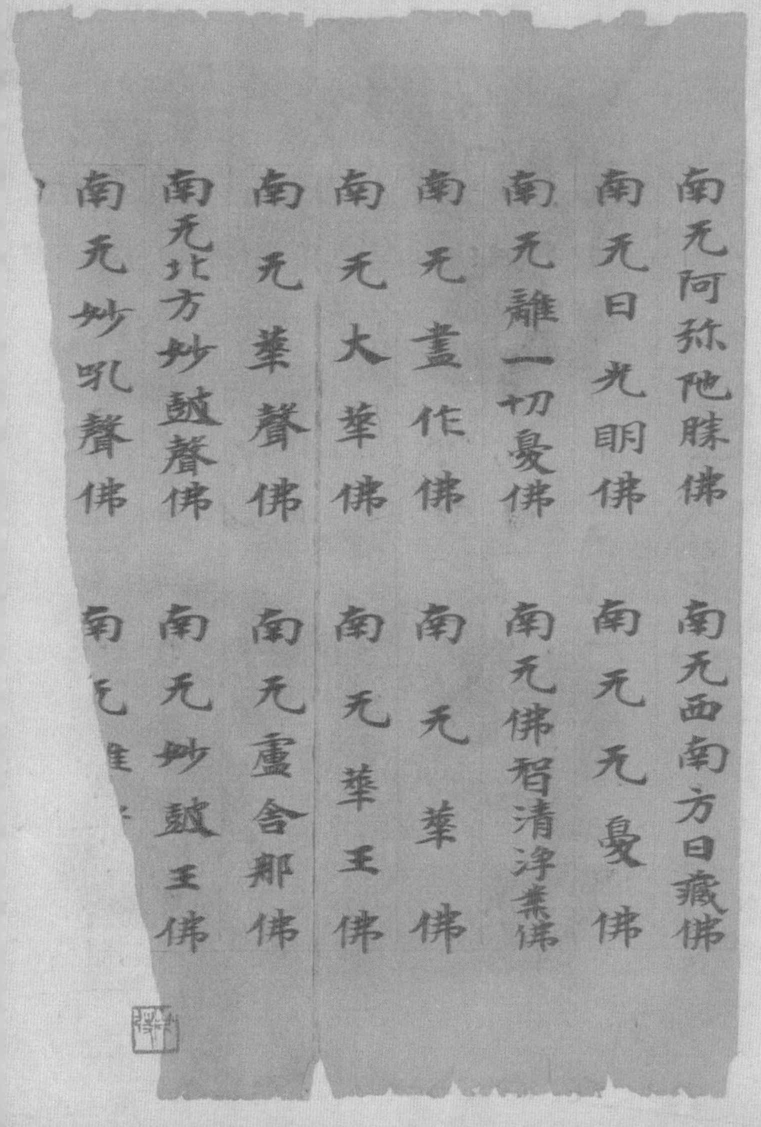

南无阿弥陁勝佛　南无西南方日藏佛
南无日光明佛　南无无憂佛
南无離一切憂佛　南无佛智清淨業佛
南无盡作佛　南无華佛
南无大華佛　南无華王佛
南无華聲佛　南无盧舍那佛
南无北方妙鼓聲佛　南无妙鼓王佛
南无妙吼聲佛　南无[illegible]

妙法蓮華經卷三　唐寫本（第一圖）

妙法蓮華經卷七　唐寫本（第二圖）

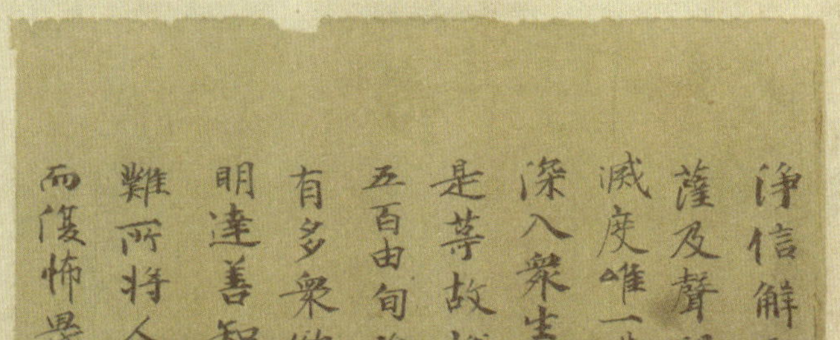
淨信解堅固了達空法深入禪定便集諸菩
薩及聲聞衆爲說是經世間无有二乘而得
滅度唯一佛乘得滅度耳比丘當知如來方便
深入衆生之性知其志樂小法深着五欲爲
是等故說於涅槃是人若聞則便信受譬如
五百由旬險難惡道曠絕无人怖畏之處若
有多衆欲過此道至珍寶處有一導師聰慧
明達善知險道通塞之相將導衆人欲過此
難所將人衆中路懈退白導師言我等疲極
而復怖畏不能復進前路猶遠今欲退還導

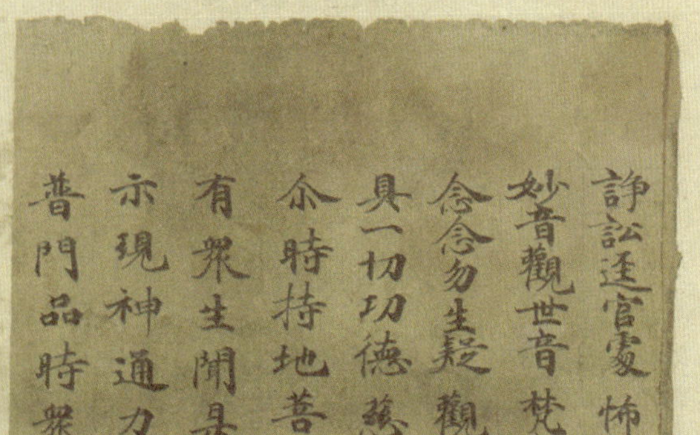
諍訟逕官處　怖畏軍陣中　念彼觀音力　衆怨悉退散
妙音觀世音　梵音海潮音　勝彼世間音　是故須常念
念念勿生疑　觀世音淨聖　於苦惱死厄　能爲作依怙
具一切功德　慈眼視衆生　福聚海无量　是故應頂禮
尒時持地菩薩即從坐起前白佛言世尊若
有衆生聞是觀世音菩薩品自在之業普門
示現神通力者當知是人功德不少佛說是
普門品時衆中八万四千衆生皆發无等等

妙法蓮華經卷三　唐寫本（第一圖）

妙法蓮華經卷四　南北朝寫本（第二圖）

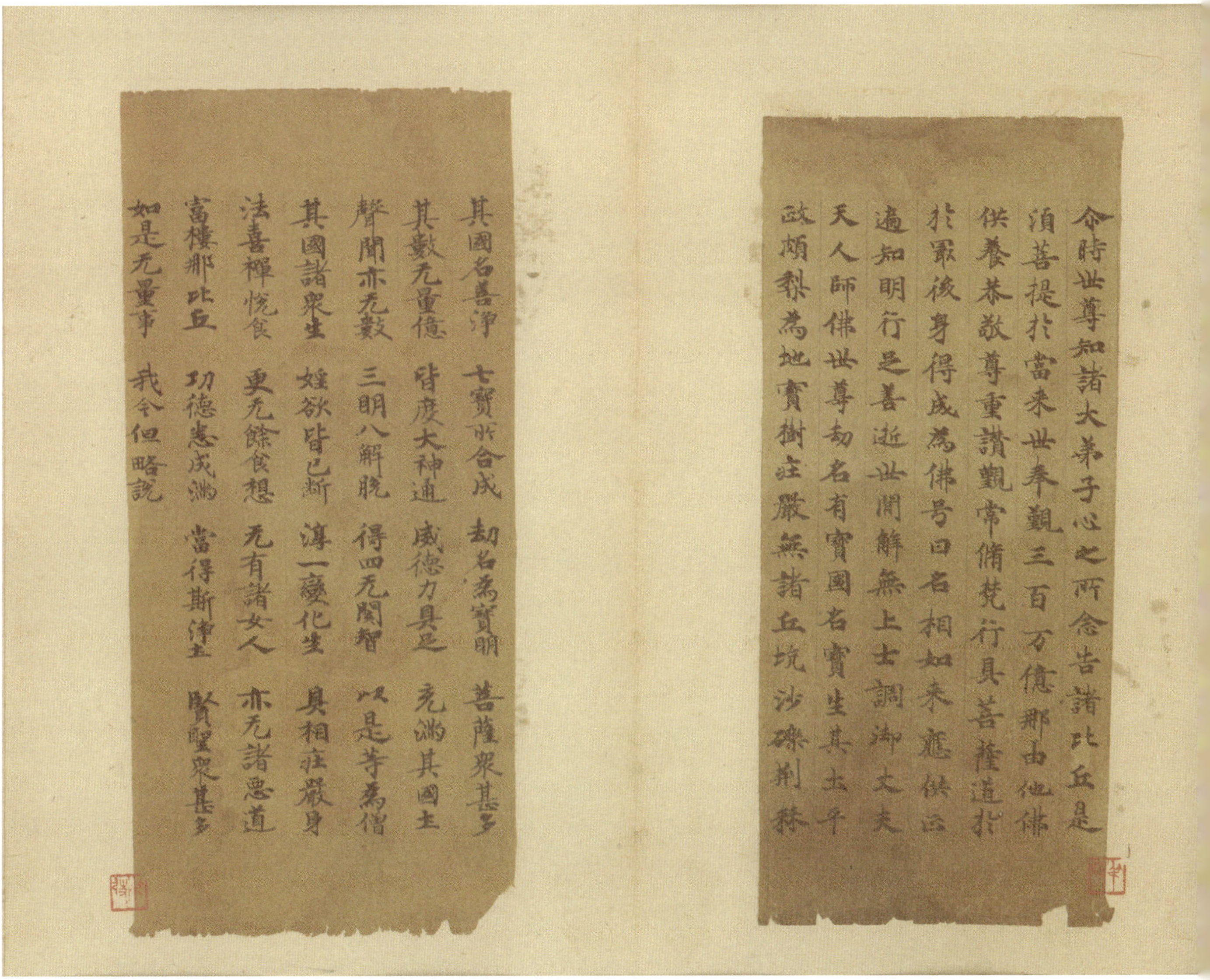

尒時世尊知諸大弟子心之所念告諸比丘是
須菩提於當来世奉覲三百万億那由他佛
供養恭敬尊重讚歎常脩梵行具菩薩道於
於最後身得成為佛号曰名相如來應供正
遍知明行足善逝世間解無上士調御丈夫
天人師佛世尊劫名有寶國名寶生其土平
正頗梨為地寶樹莊嚴無諸丘坑沙礫荊棘

其國名善淨　七寶所合成　劫名為寶明　菩薩衆甚多
其數无量億　皆度大神通　威德力具足　充滿其國土
聲聞亦无數　三明八解脫　得四无閡智　以是等為僧
其國諸衆生　婬欲皆已斷　淳一變化生　具相莊嚴身
法喜禪悅食　更无餘食想　无有諸女人　亦无諸惡道
富樓那比丘　功德悉成滿　當得斯淨土　賢聖衆甚多
如是无量事　我今但略說

妙法蓮華經卷一　唐寫本（第一圖）

妙法蓮華經度量天地品第二十九　歸義軍時期寫本（第二圖）

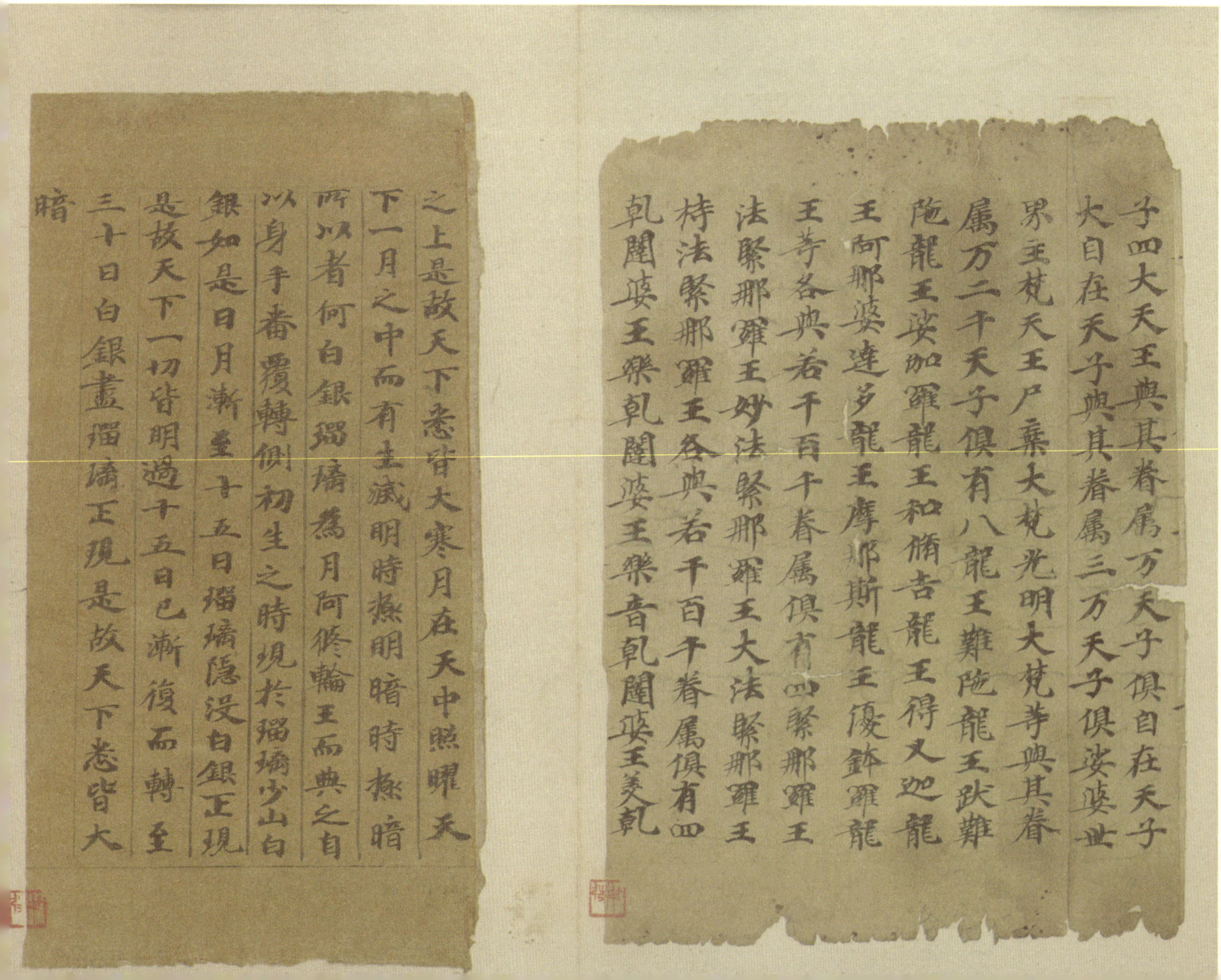
子四大天王與其眷屬万天子俱自在天子
大自在天子與其眷屬三万天子俱娑婆世
界主梵天王尸棄大梵光明大梵等與其眷
屬万二千天子俱有八龍王難陁龍王跋難
陁龍王娑伽羅龍王和脩吉龍王得叉迦龍
王阿那婆達多龍王摩那斯龍王優鉢羅龍
王等各與若干百千眷屬俱有四緊那羅王
法緊那羅王妙法緊那羅王大法緊那羅王
持法緊那羅王各與若干百千眷屬俱有四
乾闥婆王樂乾闥婆王樂音乾闥婆王美乾

之上是故天下悉皆大寒月在天中照曜天
下一月之中而有主藏明時漸明暗時漸暗
所以者何白銀瑠璃為月阿修輪王而與之自
以身手番覆轉側初生之時現於瑠璃少山白
銀如是日月漸至十五日瑠璃隱沒白銀正現
是故天下一切皆明過十五日已漸復而轉至
三十日白銀盡瑠璃正現是故天下悉皆大
暗

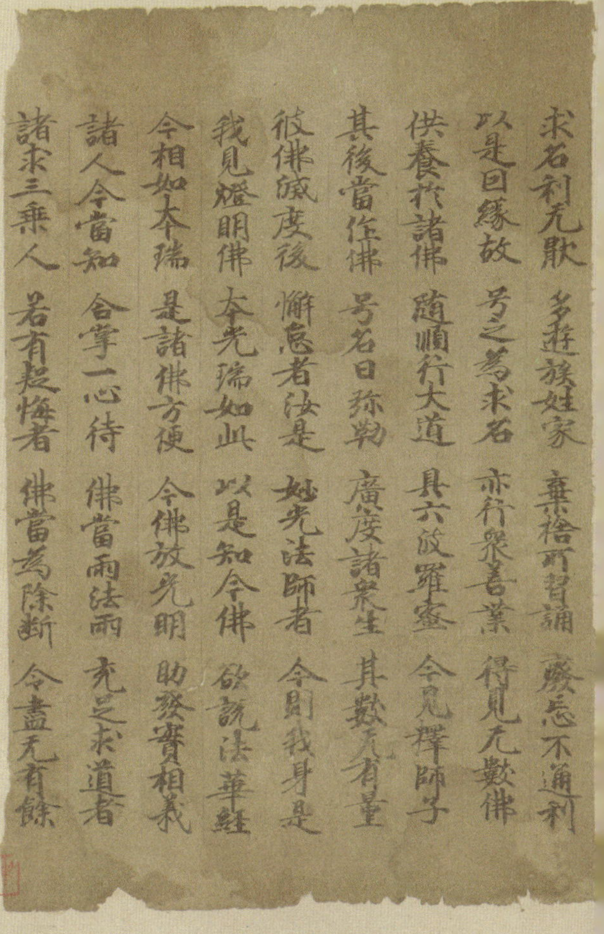
求名利无猒　多遊族姓家　棄捨所習誦　廢忘不通利
以是因緣故　号之為求名　亦行衆善業　得見无數佛
供養於諸佛　随順行大道　具六波羅蜜　今見釋師子
其後當作佛　号名曰弥勒　廣度諸衆生　其數无有量
彼佛滅度後　懈怠者汝是　妙光法師者　今則我身是
我見燈明佛　本光瑞如此　以是知今佛　欲說法華經
今相如本瑞　是諸佛方便　今佛放光明　助發實相義
諸人今當知　合掌一心待　佛當雨法雨　充足求道者
諸求三乘人　若有疑悔者　佛當為除斷　令盡无有餘

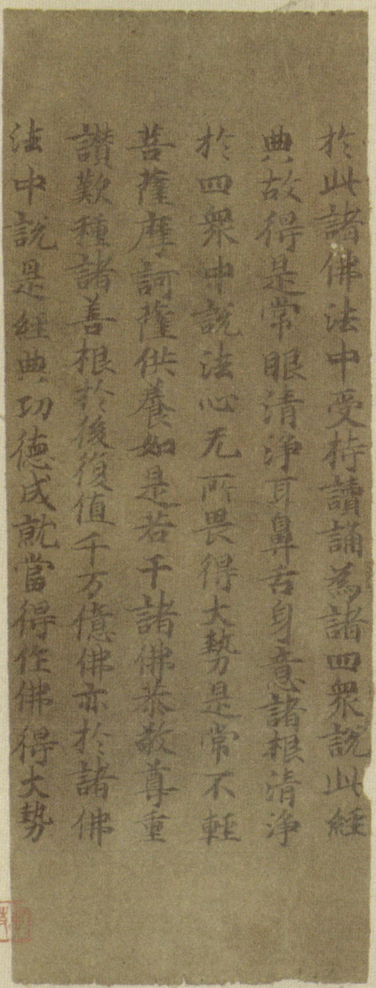
於此諸佛法中受持讀誦為諸四衆說此經
典故得是常眼清淨耳鼻舌身意諸根清淨
於四衆中說法心无所畏得大勢是常不輕
菩薩摩訶薩供養如是若干諸佛恭敬尊重
讚歎種諸善根於後復值千万億佛亦於諸佛
法中說是經典功德成就當得作佛得大勢

妙法蓮華經卷一　唐寫本（第一圖）

妙法蓮華經卷六　唐寫本（第二圖）

摩訶般若波羅蜜經卷一一　南北朝寫本

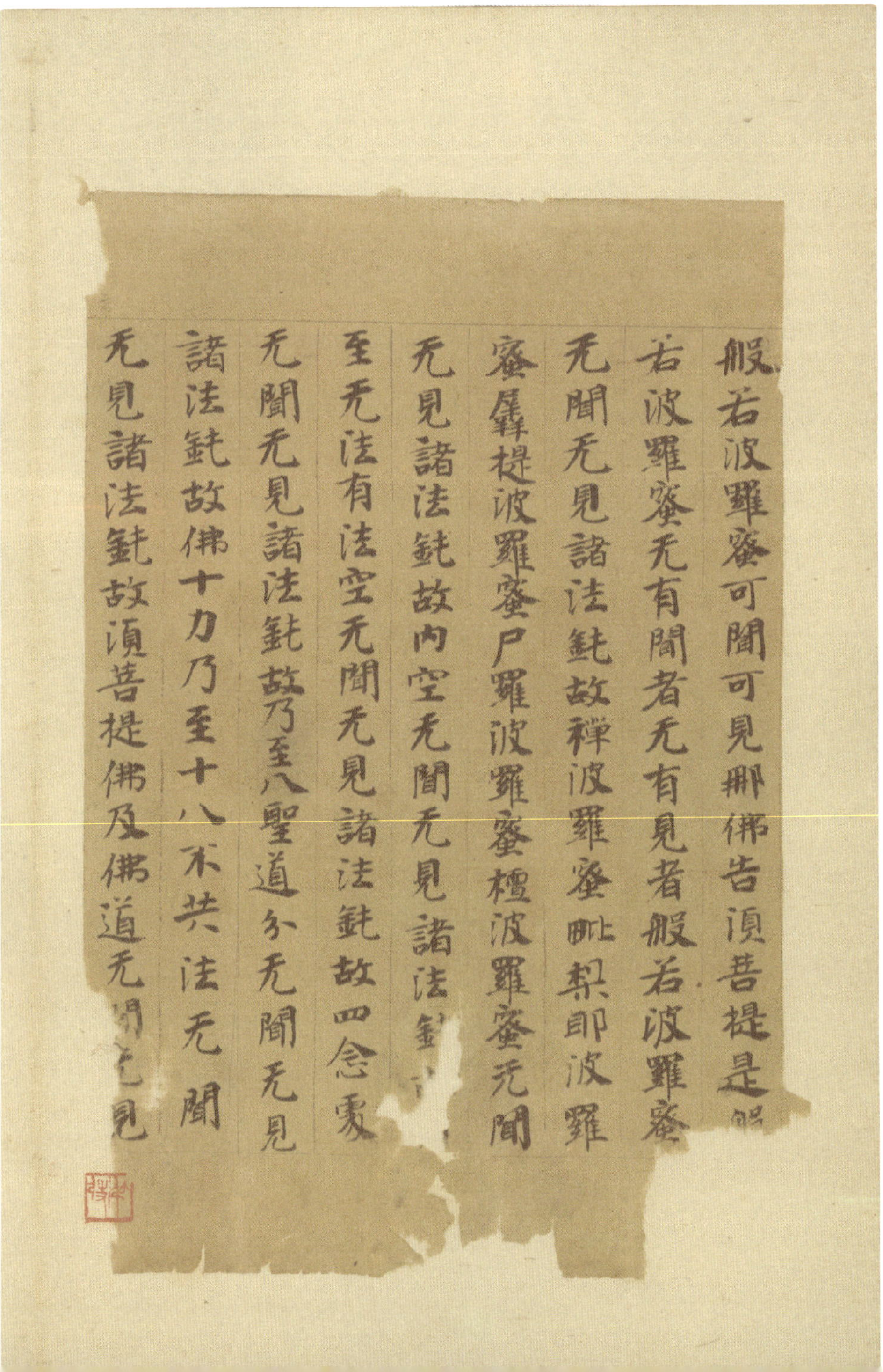
般若波羅蜜可聞可見耶佛告須菩提是般
若波羅蜜无有聞者无有見者般若波羅蜜
无聞无見諸法鈍故禪波羅蜜毗梨耶波羅
蜜羼提波羅蜜尸羅波羅蜜檀波羅蜜无聞
无見諸法鈍故內空无聞无見諸法鈍[illegible]
至无法有法空无聞无見諸法鈍故四念處
无聞无見諸法鈍故乃至八聖道分无聞无見
諸法鈍故佛十力乃至十八不共法无聞
无見諸法鈍故須菩提佛及佛道无聞无見

摩訶般若波羅蜜經卷一三　唐寫本（第一圖）

摩訶般若波羅蜜經卷一三　唐寫本（第二圖）

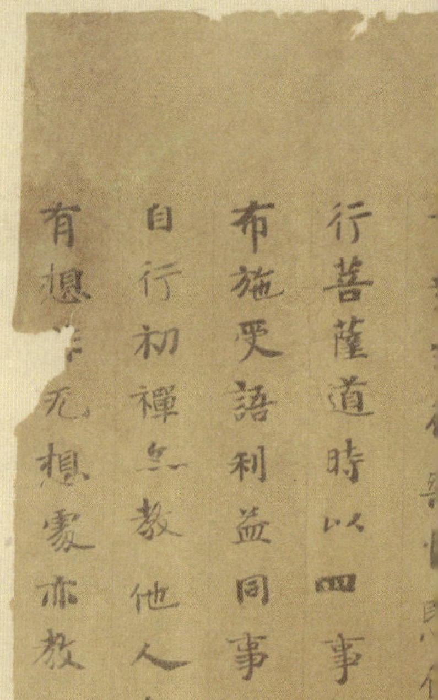
行菩薩道時以四事攝无量百千衆生所謂
布施愛語利益同事亦以十善道成就衆生
自行初禪亦教他人令行初禪乃至自行非
有想非无想處亦教他人令行乃至非有想

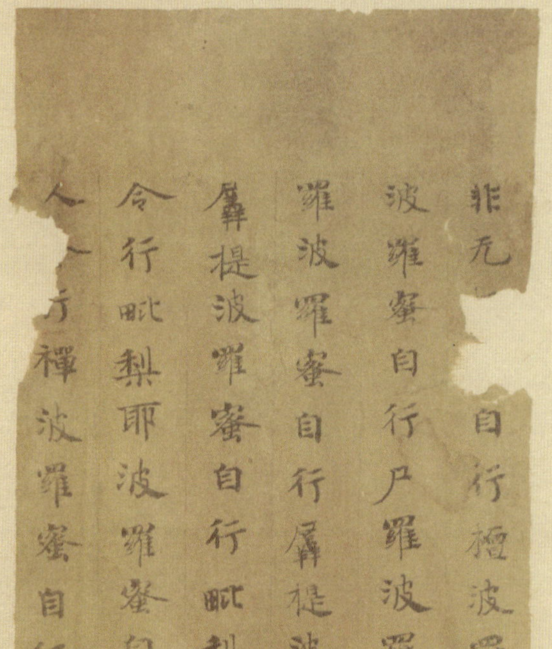
非无[illegible]自行檀波羅蜜亦教他人令行檀
波羅蜜自行尸羅波羅蜜亦教他人令行尸
羅波羅蜜自行羼提波羅蜜亦教他人令行
羼提波羅蜜自行毗梨耶波羅蜜亦教他人
令行毗梨耶波羅蜜自行禪波羅蜜亦教他
人[illegible]禪波羅蜜自行般若波羅蜜亦教他

佛頂尊勝陀羅尼經（佛陀波利本） 唐寫本

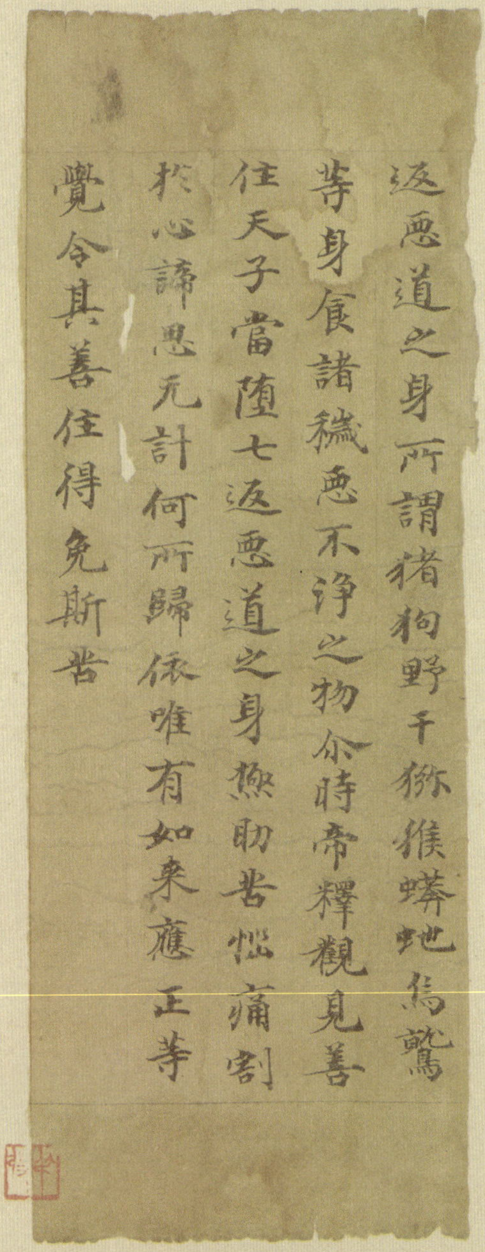
返惡道之身所謂猪狗野干獮猴蟒虵烏鷲
等身食諸穢惡不淨之物尒時帝釋觀見善
住天子當墮七返惡道之身極助苦惱痛割
於心諦思无計何所歸依唯有如來應正等
覺令其善住得免斯苦

大般涅槃經（南本）卷一四

唐寫本

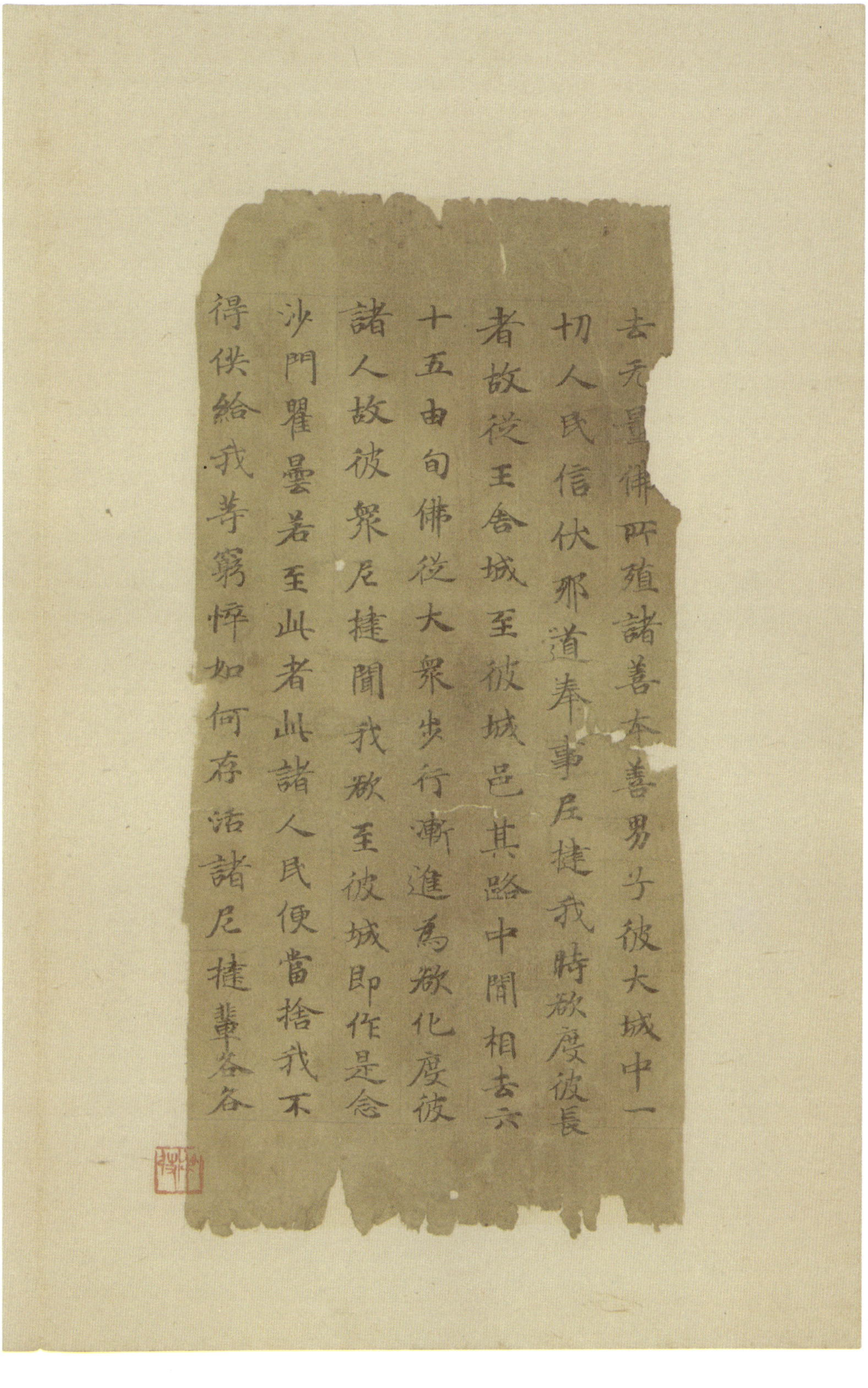
去无量佛所殖諸善本善男子彼大城中一
切人民信伏邪道奉事尼揵我時欲度彼長
者故從王舍城至彼城邑其路中間相去六
十五由旬佛從大衆步行漸進為欲化度彼
諸人故彼衆尼揵聞我欲至彼城即作是念
沙門瞿曇若至此者此諸人民便當捨我不
得供給我等窮悴如何存活諸尼揵輩各各

大般涅槃經（北本）卷七

唐寫本

淨想是名顛倒淨者即是如來常住非雜食
身非煩惱身非是肉身非是筋骨繫縛之身
若有說言如來无常是雜食身乃至筋骨繫
縛之身法僧解脫是滅盡者是名顛倒不淨
淨想名顛倒者若有說言我此身中无有一
法是不淨者以无不淨定當得入清淨之處
如來所說脩不淨觀如是之言是虛妄說是
名顛倒是則名為第四顛倒迦葉菩薩白佛
言世尊我從今日始得正見世尊自是之前
我等悉名邪見之人世尊二十五有有我不耶

大般涅槃經（北本）卷二一

南北朝寫本

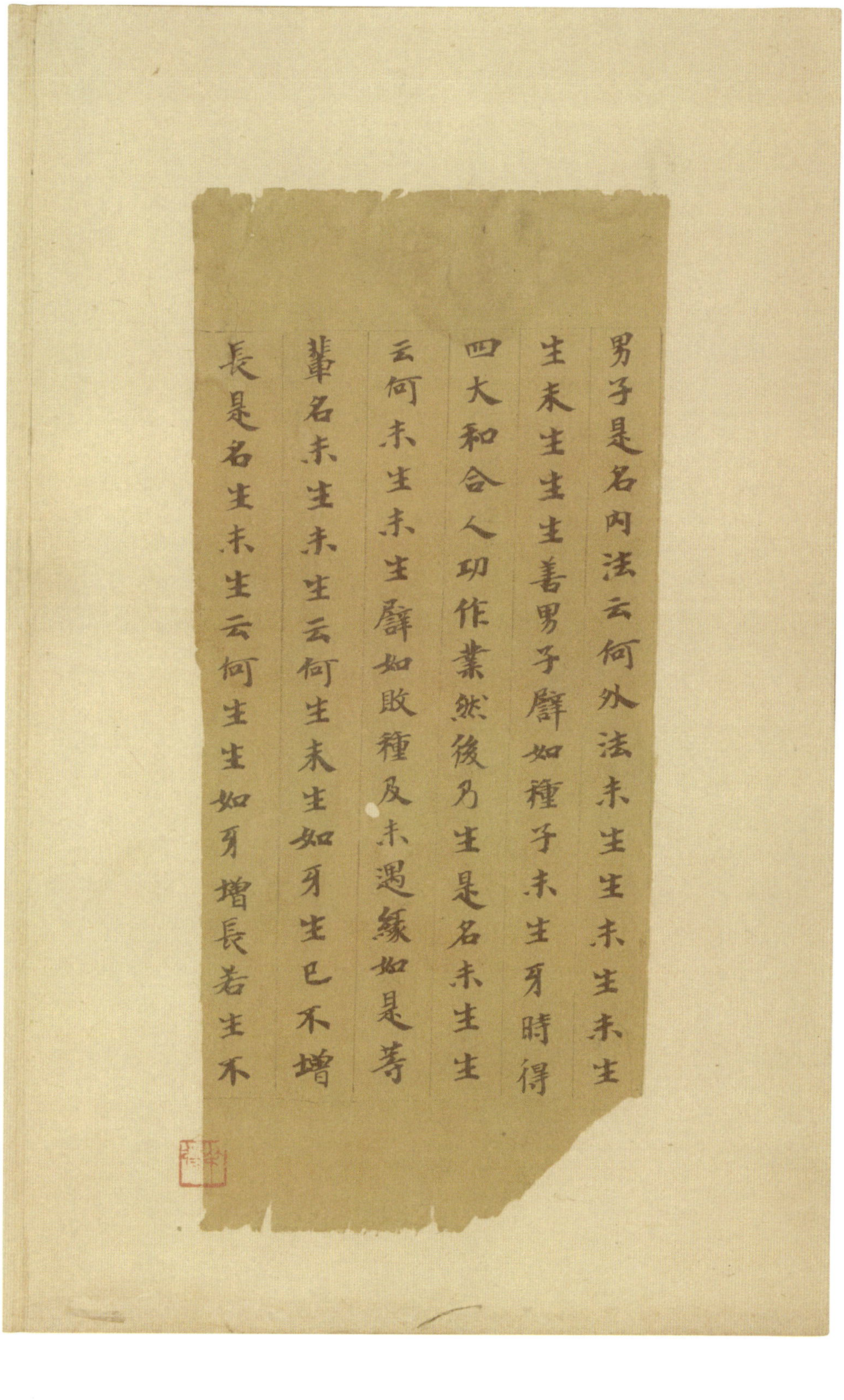
男子是名內法云何外法未生生未生未生
生未生生生善男子譬如種子未生牙時得
四大和合人功作業然後乃生是名未生生
云何未生未生譬如敗種及未遇緣如是等
輩名未生未生云何生未生如牙生已不增
長是名生未生云何生生如牙增長若生不

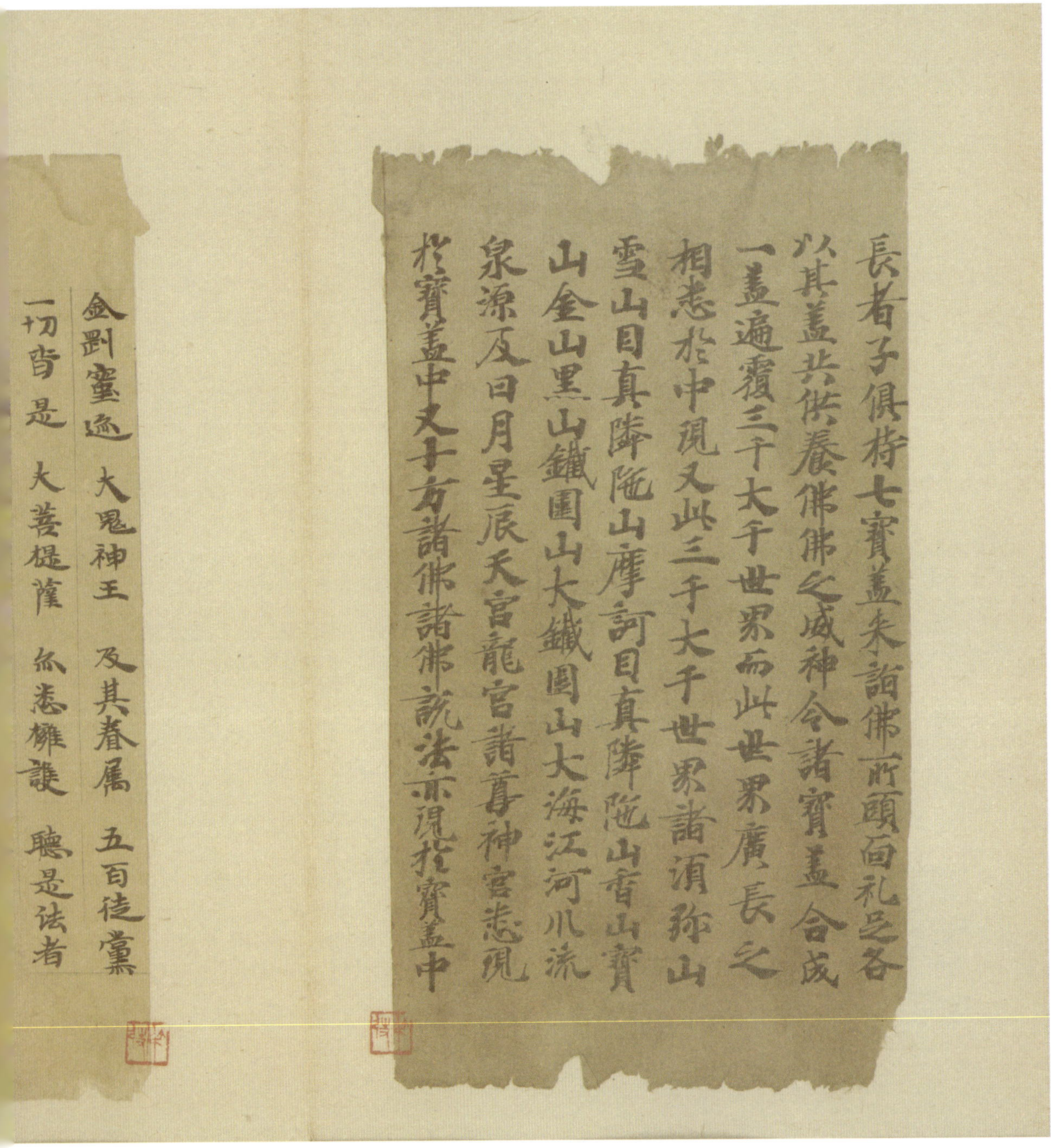
長者子俱持七寶蓋来詣佛所頭面礼足各
以其蓋共供養佛佛之威神令諸寶蓋合成
一蓋遍覆三千大千世界而此世界廣長之
相悉於中現又此三千大千世界諸須弥山
雪山目真隣陁山摩訶目真隣陁山香山寶
山金山黒山鐵圍山大鐵圍山大海江河川流
泉源及日月星辰天宫龍宫諸尊神宫悉現
於寶蓋中又十方諸佛諸佛説法亦現於寶蓋中

金剛密迹　大鬼神王　及其眷屬　五百徒黨
一切皆是　大菩提薩　亦悉擁護　聽是法者

維摩詰所説經卷上　唐寫本（第一圖）

金光明經卷三　南北朝寫本（第二圖）

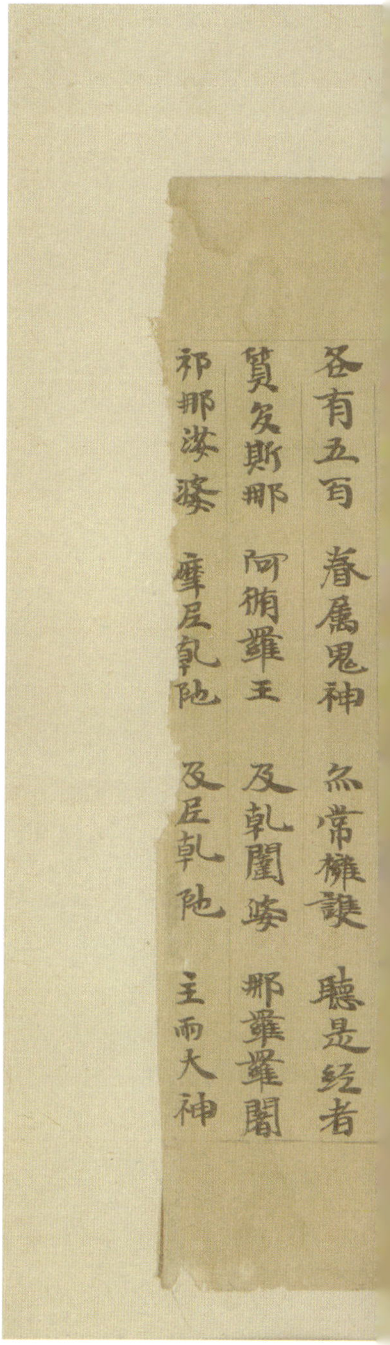

各有五百 眷屬鬼神 亦常擁護 聽是經者
賓叉斯那 阿脩羅王 及乾闥婆 那羅羅闍
祁那婆婆 摩尼乾陀 及尼乾陀 主雨大神

妙法蓮華經卷一

唐寫本

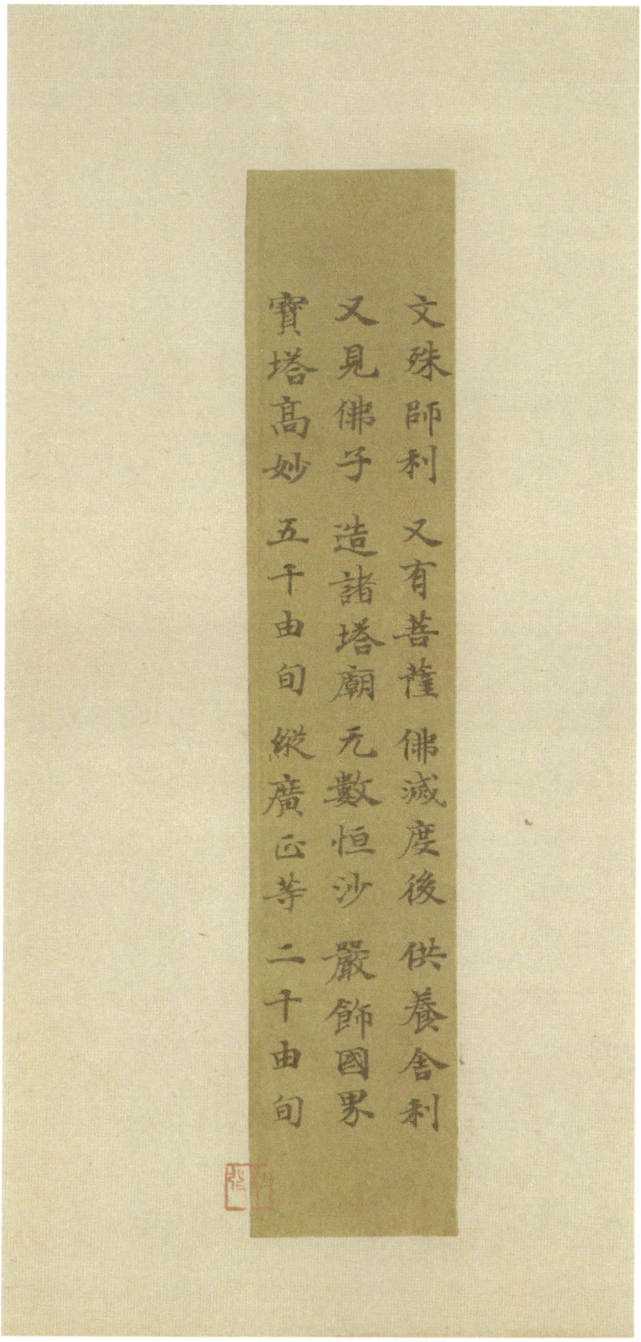

文殊師利 又有菩薩 佛滅度後 供養舍利
又見佛子 造諸塔廟 无數恒沙 嚴飾國界
寶塔高妙 五千由旬 縱廣正等 二千由旬

妙法蓮華經卷三　唐寫本（第一圖）

妙法蓮華經卷三　唐寫本（第二圖）

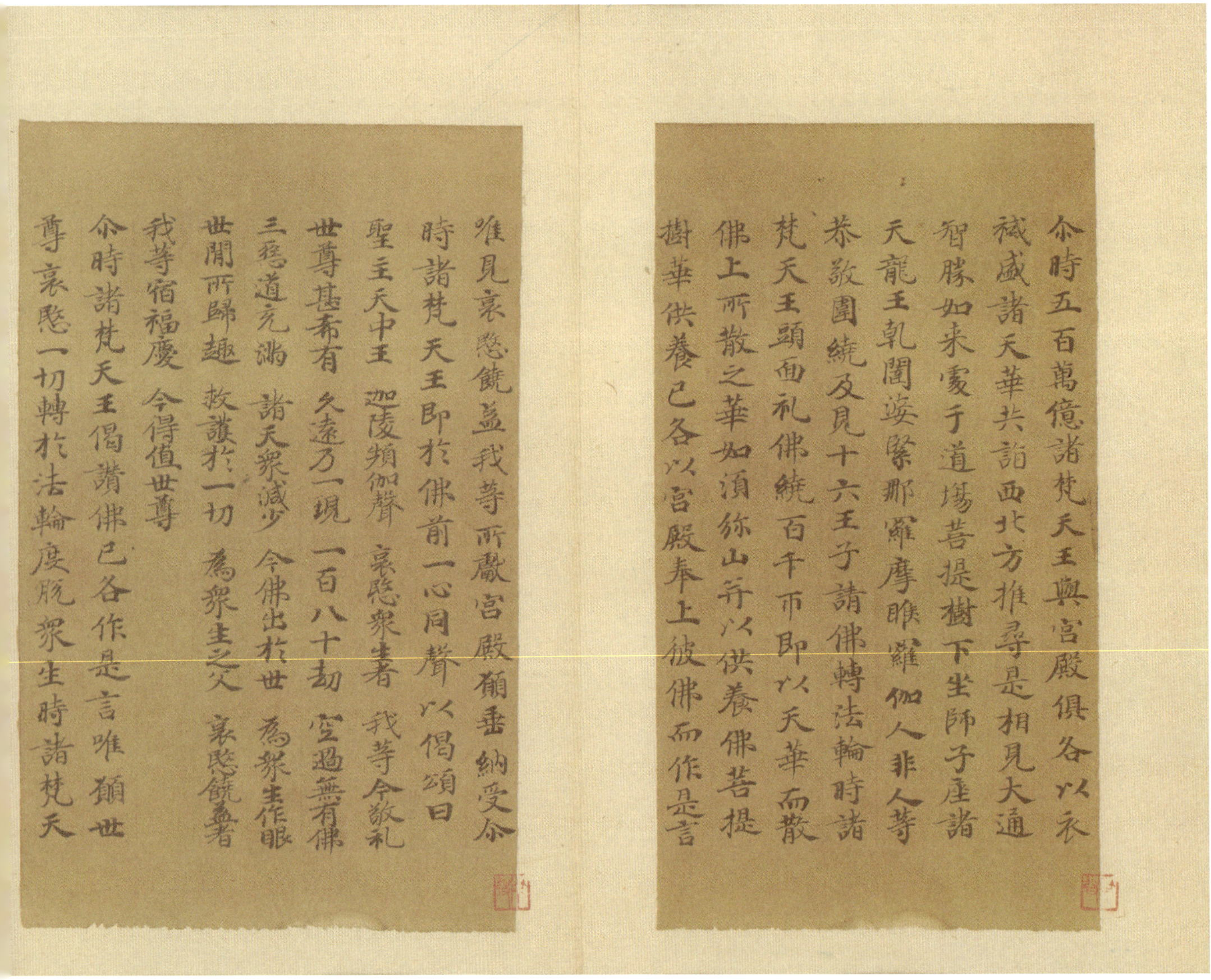
尒時五百萬億諸梵天王與宮殿俱各以衣
裓盛諸天華共詣西北方推尋是相見大通
智勝如来處于道場菩提樹下坐師子座諸
天龍王乾闥婆緊那羅摩睺羅伽人非人等
恭敬圍繞及見十六王子請佛轉法輪時諸
梵天王頭面礼佛繞百千帀即以天華而散
佛上所散之華如須弥山并以供養佛菩提
樹華供養已各以宮殿奉上彼佛而作是言

唯見哀愍饒益我等所獻宮殿願垂納受尒
時諸梵天王即於佛前一心同聲以偈頌曰
聖主天中王　迦陵頻伽聲　哀愍衆生者　我等今敬礼
世尊甚希有　久遠乃一現　一百八十劫　空過無有佛
三惡道充滿　諸天衆減少　今佛出於世　為衆生作眼
世間所歸趣　救護於一切　為衆生之父　哀愍饒益者
我等宿福慶　今得值世尊
尒時諸梵天王偈讚佛已各作是言唯願世
尊哀愍一切轉於法輪度脫衆生時諸梵天

大般涅槃經（北本）卷三〇　南北朝寫本（第一圖）

藥師琉璃光如來本願功德經　唐寫本（第二圖）

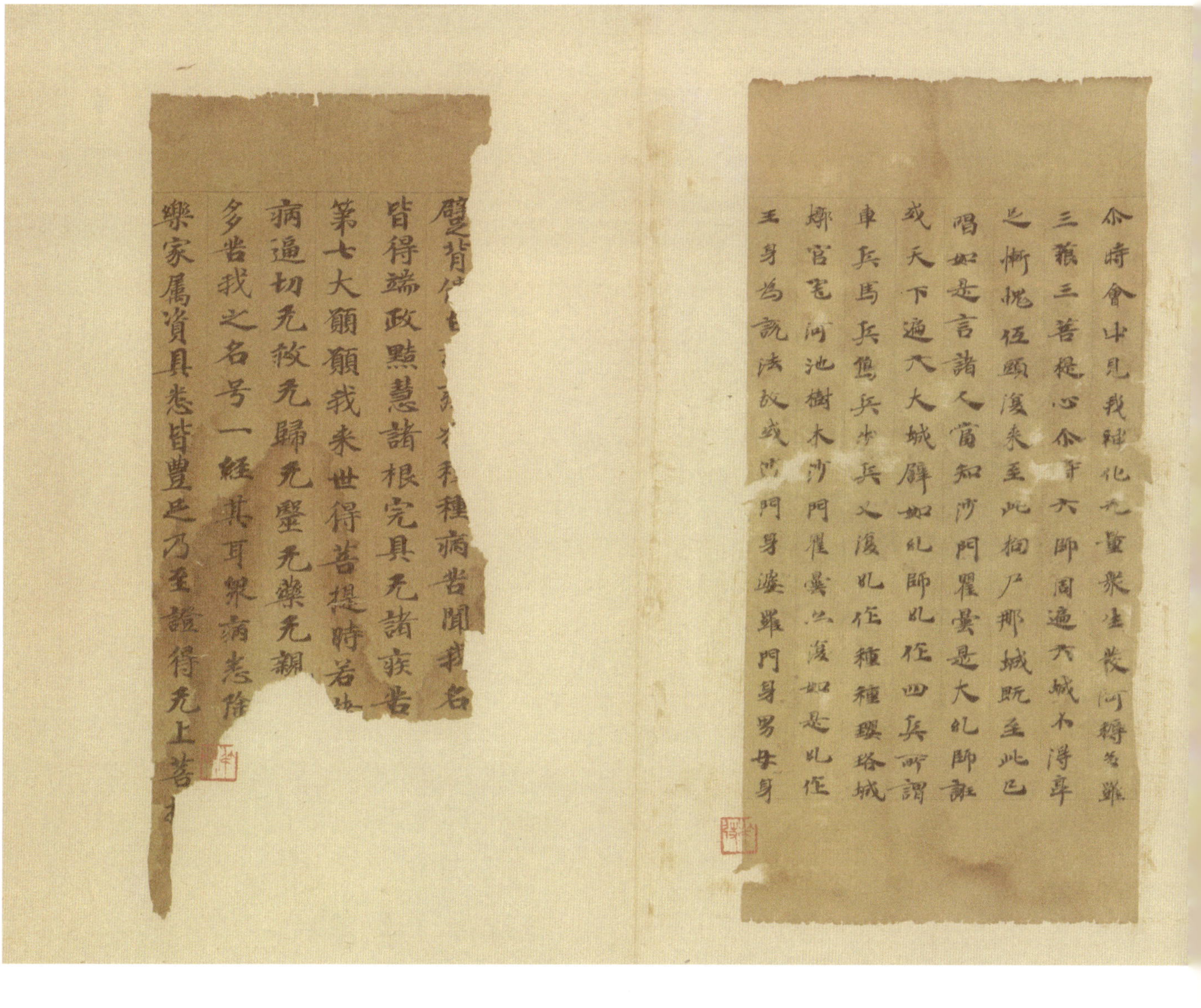

大般若波羅蜜多經卷二四二　吐蕃統治時期寫本（第一圖）

大般若波羅蜜多經卷二四二　吐蕃統治時期寫本（第二圖）

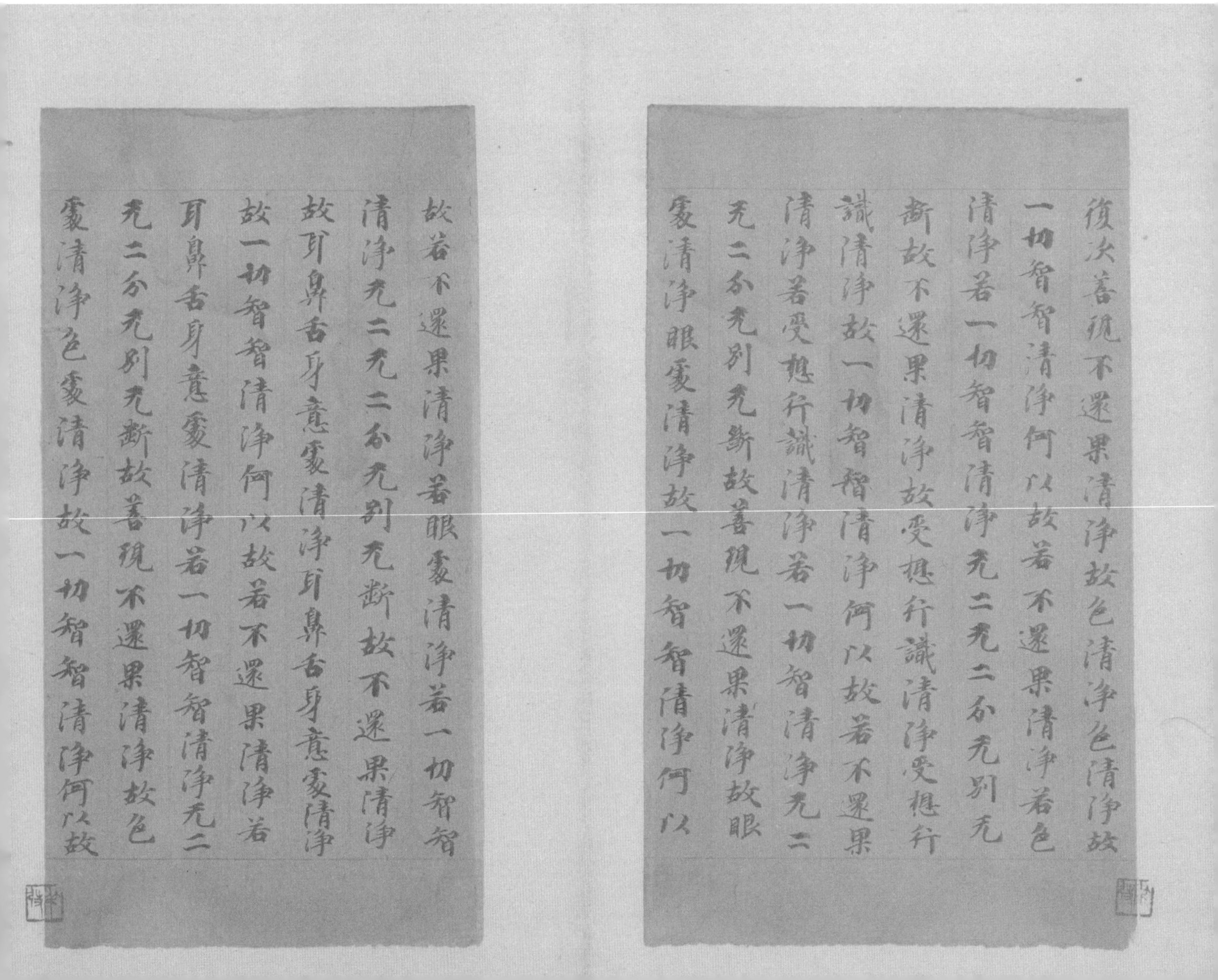
復次善現不還果清淨故色清淨色清淨故
一切智智清淨何以故若不還果清淨若色
清淨若一切智智清淨无二无二分无別无
斷故不還果清淨故受想行識清淨受想行
識清淨故一切智智清淨何以故若不還果
清淨若受想行識清淨若一切智智清淨无二
无二分无別无斷故善現不還果清淨故眼
處清淨眼處清淨故一切智智清淨何以

故若不還果清淨若眼處清淨若一切智智
清淨无二无二分无別无斷故不還果清淨
故耳鼻舌身意處清淨耳鼻舌身意處清淨
故一切智智清淨何以故若不還果清淨若
耳鼻舌身意處清淨若一切智智清淨无二
无二分无別无斷故善現不還果清淨故色
處清淨色處清淨故一切智智清淨何以故

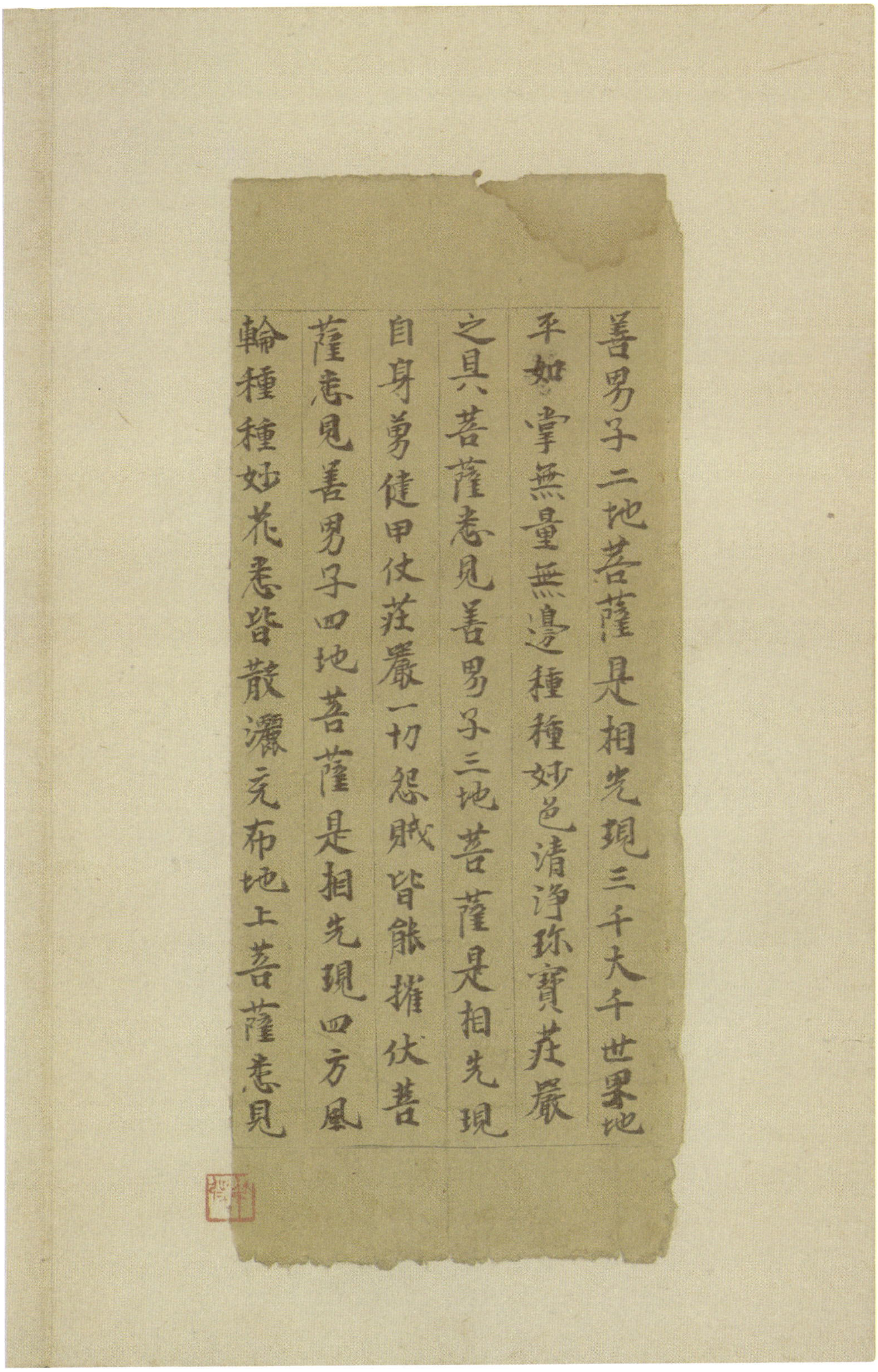
善男子二地菩薩是相先現三千大千世界地
平如掌無量無邊種種妙色清淨珎寶莊嚴
之具六菩薩悉見善男子三地菩薩是相先現
自身勇健甲仗莊嚴一切怨賊皆能摧伏菩
薩悉見善男子四地菩薩是相先現四方風
輪種種妙花悉皆散灑充布地上菩薩悉見

金光明最勝王經卷四

歸義軍時期寫本

大般涅槃經（北本）卷三五　南北朝寫本（第一圖）

大般涅槃經（北本）卷三五　南北朝寫本（第二圖）

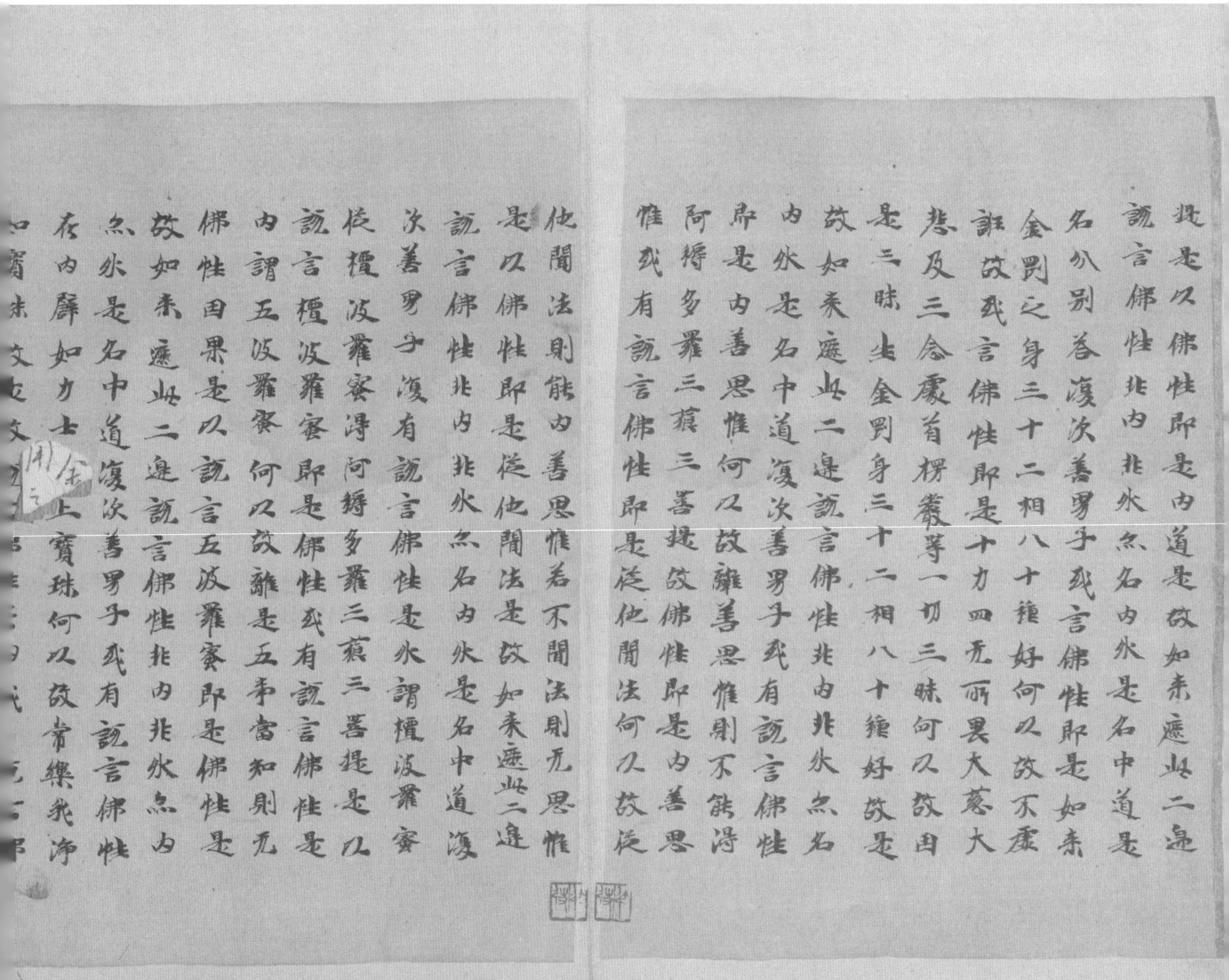
提是以佛性即是內道是故如來處此二邊
說言佛性非內非外亦名內外是名中道是
名分別答復次善男子或言佛性即是如來
金剛之身三十二相八十種好何以故不虛
誑故或言佛性即是十力四無所畏大慈大
悲及三念處首楞嚴等一切三昧何以故因
是三昧生金剛身三十二相八十種好故是
故如來處此二邊說言佛性非內非外亦名
內外是名中道復次善男子或有說言佛性
即是內善思惟何以故離善思惟則不能得
阿耨多羅三藐三菩提故佛性即是內善思
惟或有說言佛性即是從他聞法何以故從
他聞法則能內善思惟若不聞法則無思惟
是以佛性即是從他聞法是故如來處此二邊
說言佛性非內非外亦名內外是名中道復
次善男子復有說言佛性是外謂檀波羅蜜
從檀波羅蜜得阿耨多羅三藐三菩提是以
說言檀波羅蜜即是佛性或有說言佛性是
內謂五波羅蜜何以故離是五事當知則無
佛性因果是以說言五波羅蜜即是佛性是
故如來處此二邊說言佛性非內非外亦內
亦外是名中道復次善男子或有說言佛性
在內譬如力士[illegible]上寶珠何以故常樂我淨

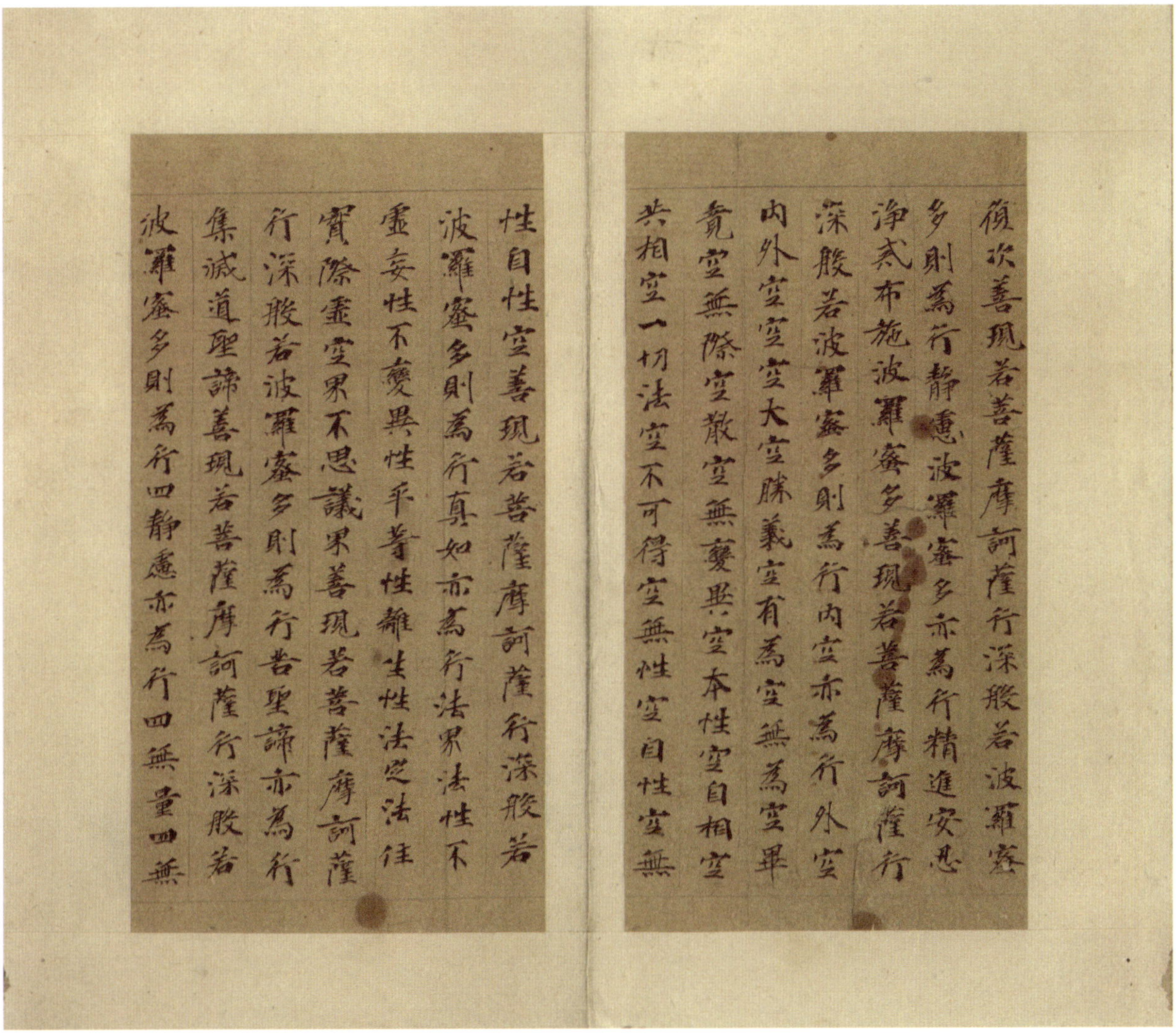
復次善現若菩薩摩訶薩行深般若波羅蜜
多則爲行靜慮波羅蜜多亦爲行精進安忍
淨戒布施波羅蜜多善現若菩薩摩訶薩行
深般若波羅蜜多則爲行内空亦爲行外空
内外空空空大空勝義空有爲空無爲空畢
竟空無際空散空無變異空本性空自相空
共相空一切法空不可得空無性空自性空無
性自性空善現若菩薩摩訶薩行深般若
波羅蜜多則爲行真如亦爲行法界法性不
虚妄性不變異性平等性離生性法定法住
實際虚空界不思議界善現若菩薩摩訶薩
行深般若波羅蜜多則爲行苦聖諦亦爲行
集滅道聖諦善現若菩薩摩訶薩行深般若
波羅蜜多則爲行四靜慮亦爲行四無量四無

大般若波羅蜜多經卷三五五

吐蕃統治時期寫本

大般若波羅蜜多經卷三五五　吐蕃統治時期寫本

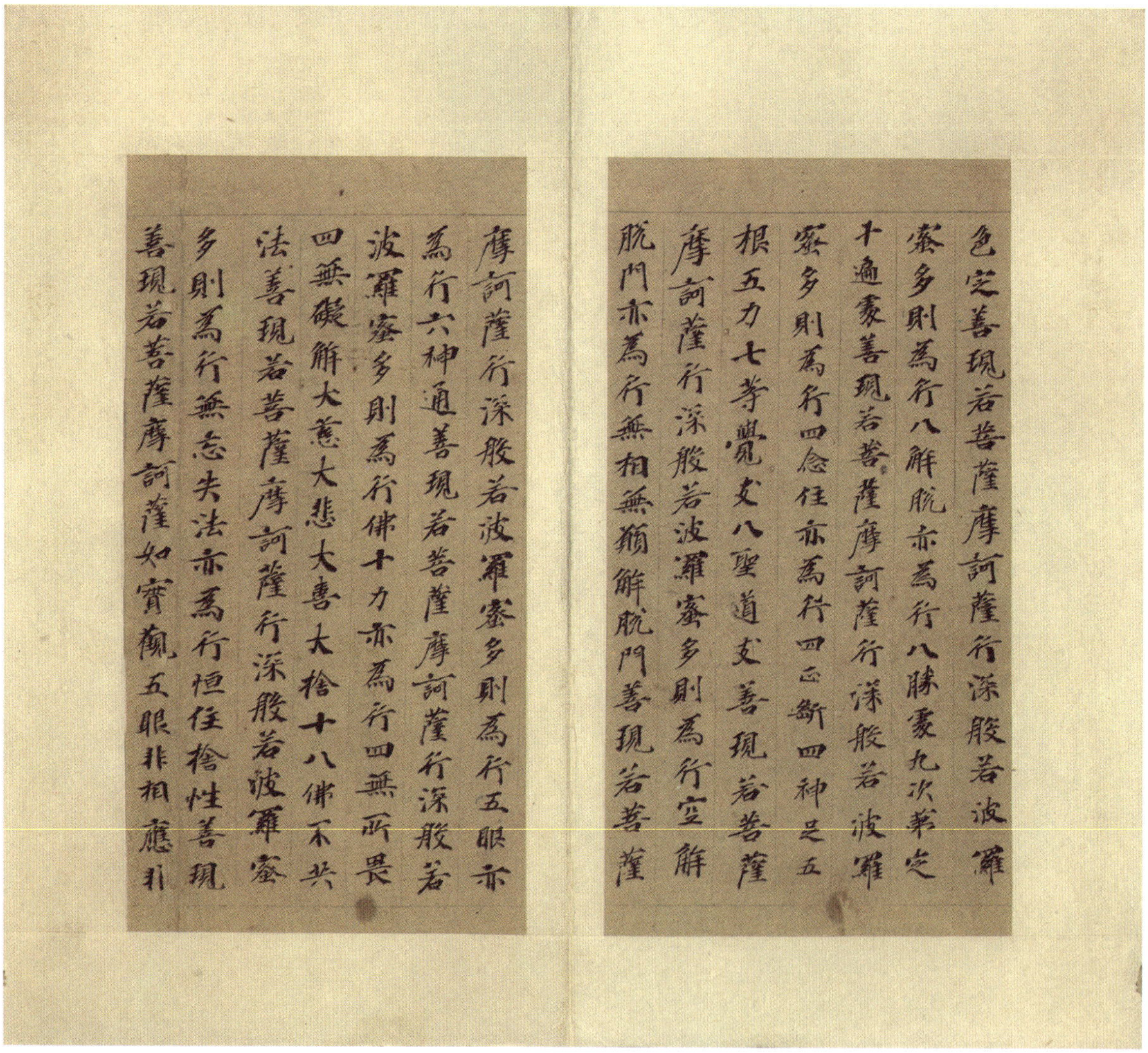
色空善現若菩薩摩訶薩行深般若波羅
蜜多則爲行八解脱亦爲行八勝處九次第定
十遍處善現若菩薩摩訶薩行深般若波羅
蜜多則爲行四念住亦爲行四正斷四神足五
根五力七等覺支八聖道支善現若菩薩
摩訶薩行深般若波羅蜜多則爲行空解
脱門亦爲行無相無願解脱門善現若菩薩
摩訶薩行深般若波羅蜜多則爲行五眼亦
爲行六神通善現若菩薩摩訶薩行深般若
波羅蜜多則爲行佛十力亦爲行四無所畏
四無礙解大慈大悲大喜大捨十八佛不共
法善現若菩薩摩訶薩行深般若波羅蜜
多則爲行無忘失法亦爲行恒住捨性善現
善現若菩薩摩訶薩如實觀五眼非相應非

大般若波羅蜜多經卷三五五

吐蕃統治時期寫本

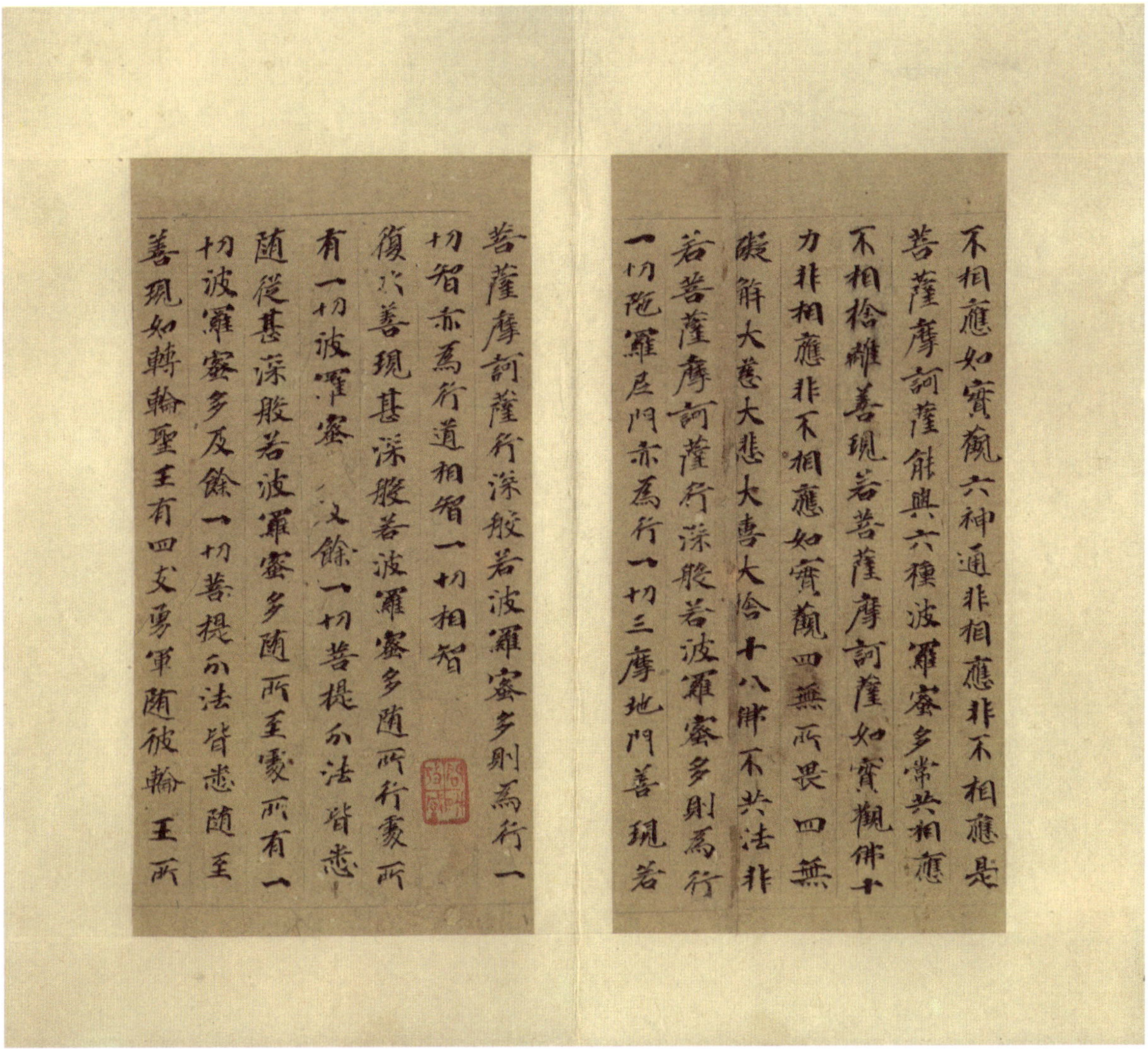
不相應如實觀六神通非相應非不相應是
菩薩摩訶薩能與六種波羅蜜多常共相應
不相捨離善現若菩薩摩訶薩如實觀佛十
力非相應非不相應如實觀四無所畏四無
礙解大慈大悲大喜大捨十八佛不共法非
若菩薩摩訶薩行深般若波羅蜜多則爲行
一切陀羅尼門亦爲行一切三摩地門善現若
菩薩摩訶薩行深般若波羅蜜多則爲行一
切智亦爲行道相智一切相智
復次善現甚深般若波羅蜜多隨所行處所
有一切波羅蜜多及餘一切菩提分法皆悉
隨從甚深般若波羅蜜多隨所至處所有一
切波羅蜜多及餘一切菩提分法皆悉隨至
善現如轉輪聖王有四大勇軍隨彼輪王所

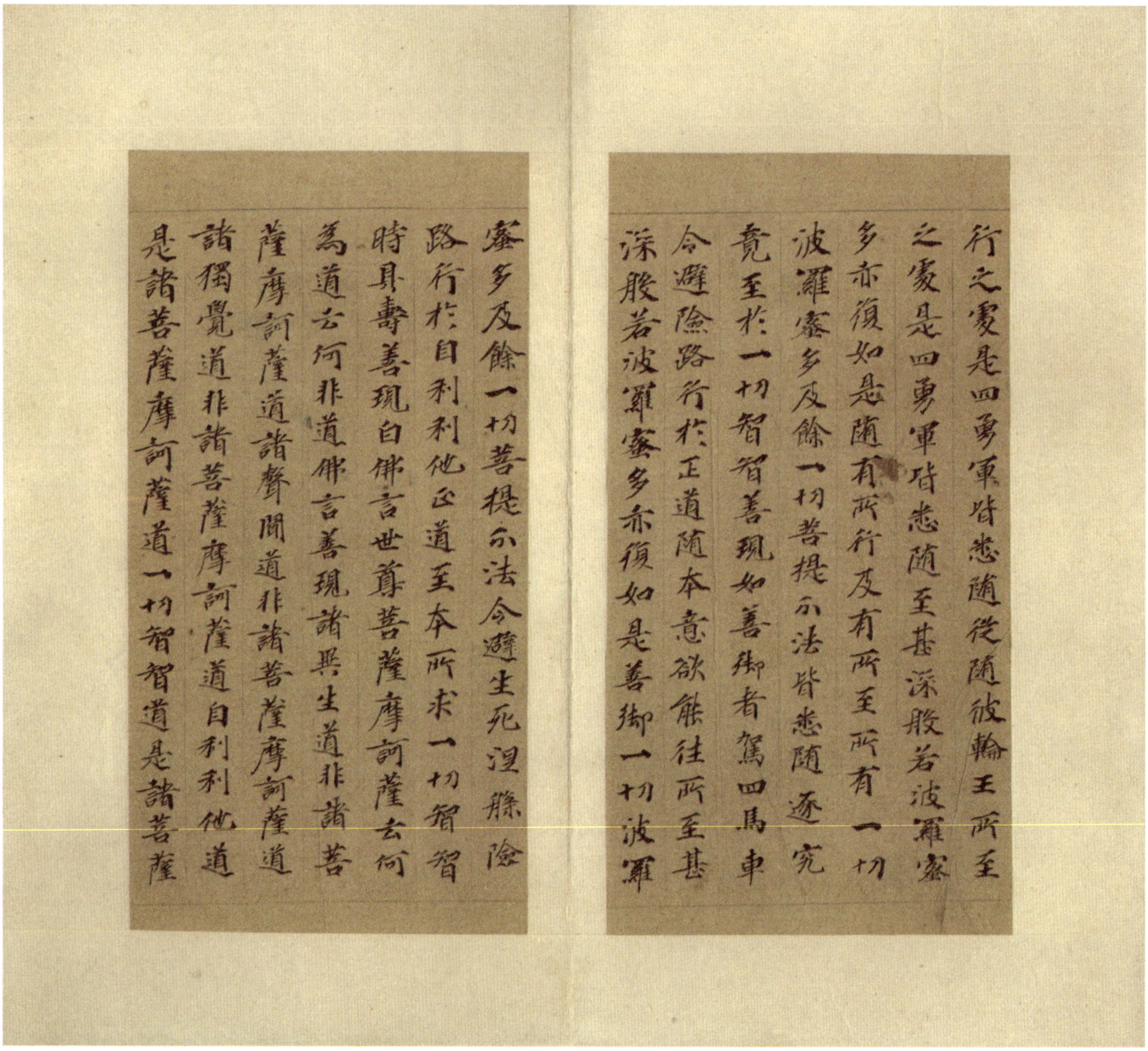
行之處是四勇軍皆悉隨從隨彼輪王所至
之處是四勇軍皆悉隨至甚深般若波羅蜜
多亦復如是隨有所行及有所至所有一切
波羅蜜多及餘一切菩提分法皆悉隨逐究
竟至於一切智智善現如善御者駕四馬車
令避險路行於正道隨本意欲能往所至甚
深般若波羅蜜多亦復如是善御一切波羅
蜜多及餘一切菩提分法令避生死涅槃險
路行於自利利他正道至本所求一切智智
時具壽善現白佛言世尊菩薩摩訶薩云何
爲道云何非道佛言善現諸異生道非諸菩
薩摩訶薩道諸聲聞道非諸菩薩摩訶薩道
諸獨覺道非諸菩薩摩訶薩道自利利他道
是諸菩薩摩訶薩道一切智智道是諸菩薩

大般若波羅蜜多經卷三五五　吐蕃統治時期寫本

大般若波羅蜜多經卷三五五

吐蕃統治時期寫本

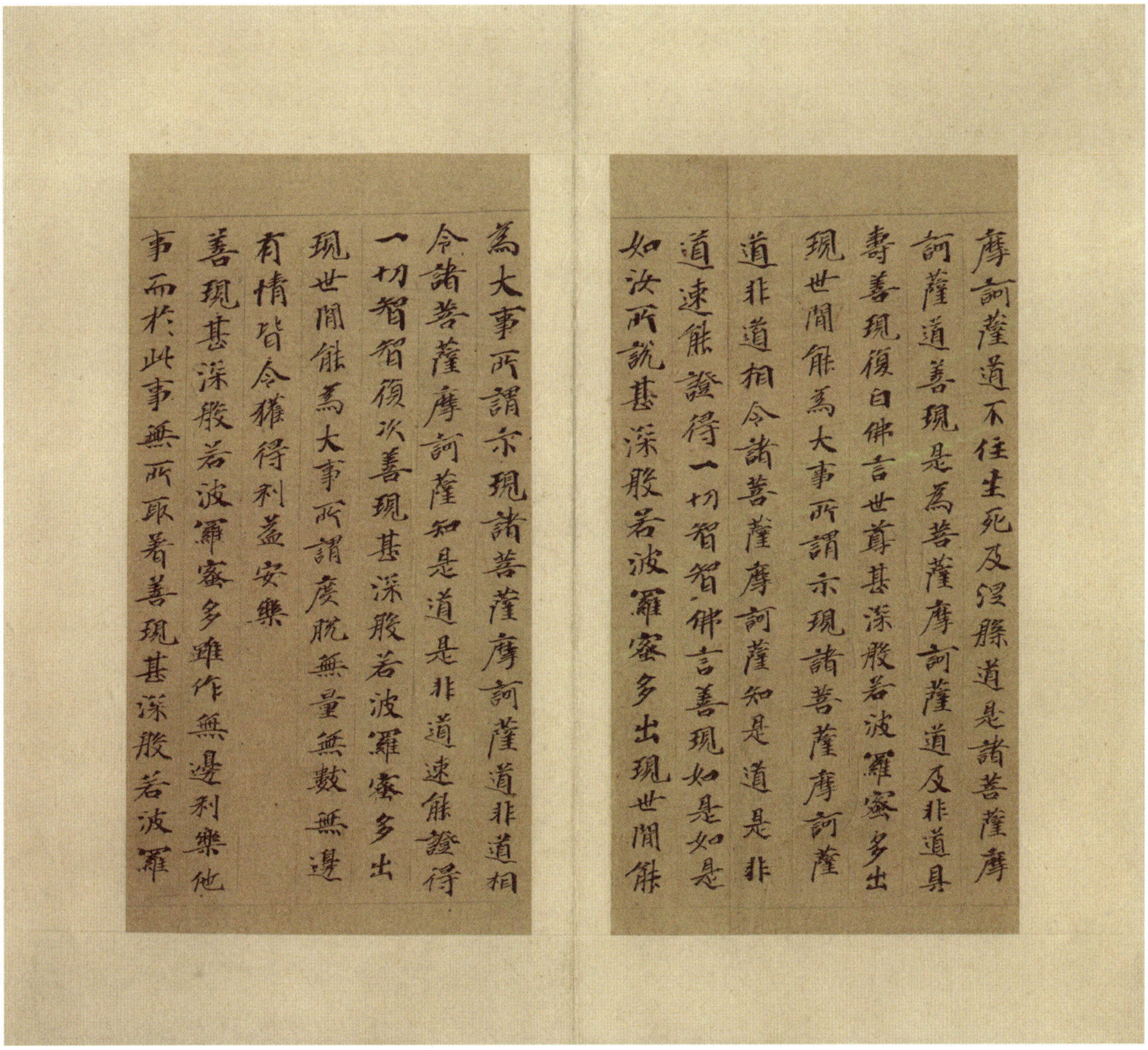
摩訶薩道不住生死及涅槃道是諸菩薩摩
訶薩道善現是為菩薩摩訶薩道及非道具
壽善現復白佛言世尊甚深般若波羅蜜多出
現世間能為大事所謂示現諸菩薩摩訶薩
道非道相令諸菩薩摩訶薩知是道是非
道速能證得一切智智佛言善現如是如是
如汝所説甚深般若波羅蜜多出現世間能
為大事所謂示現諸菩薩摩訶薩道非道相
令諸菩薩摩訶薩知是道是非道速能證得
一切智智復次善現甚深般若波羅蜜多出
現世間能為大事所謂度脱無量無數無邊
有情皆令獲得利益安樂
善現甚深般若波羅蜜多雖作無邊利樂他
事而於此事無所取著善現甚深般若波羅

大般若波羅蜜多經卷三五五　吐蕃統治時期寫本

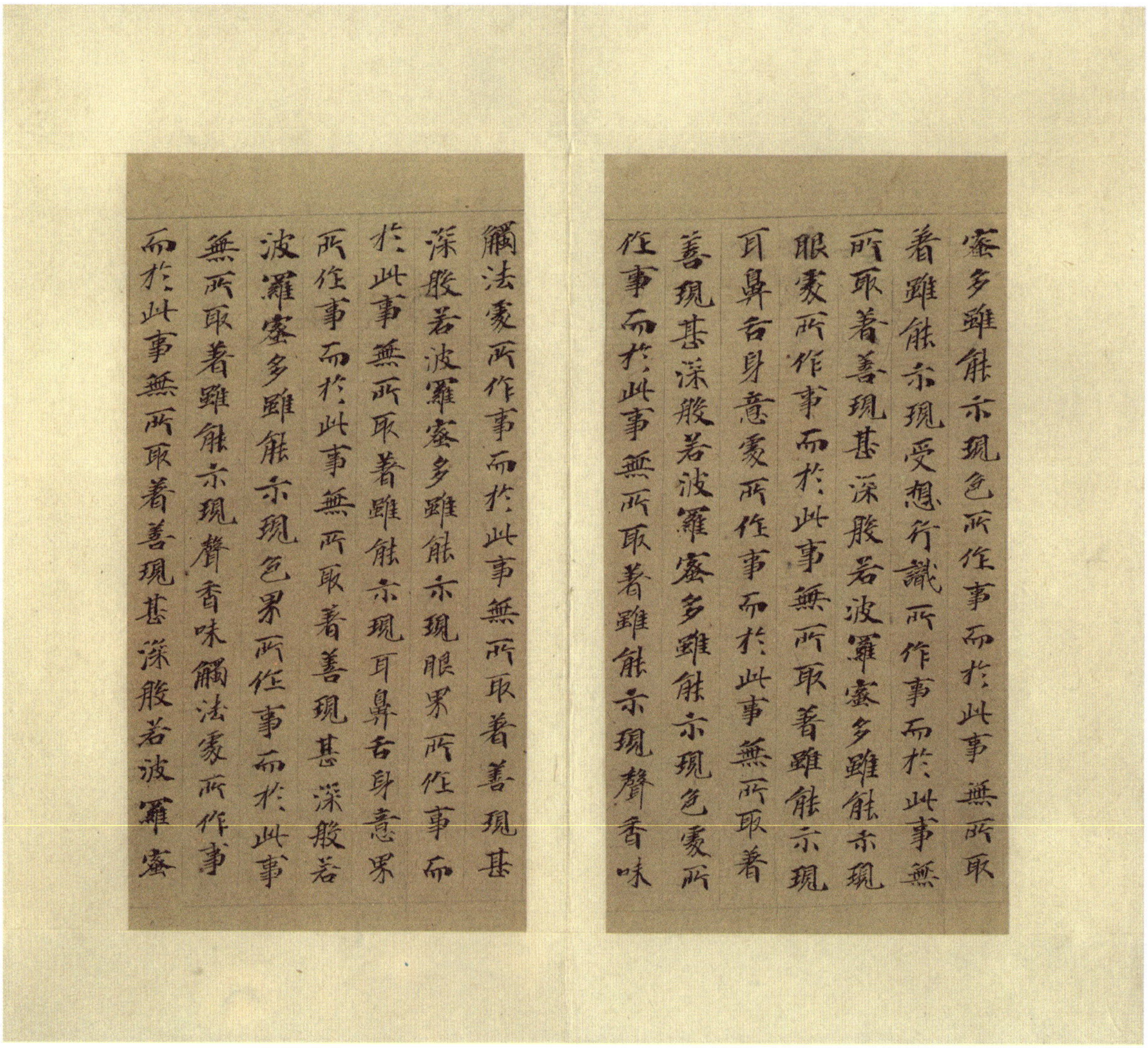
蜜多雖能示現色所作事而於此事無所取
着雖能示現受想行識所作事而於此事無
所取着善現甚深般若波羅蜜多雖能示現
眼處所作事而於此事無所取着雖能示現
耳鼻舌身意處所作事而於此事無所取着
善現甚深般若波羅蜜多雖能示現色處所
作事而於此事無所取着雖能示現聲香味
觸法處所作事而於此事無所取着善現甚
深般若波羅蜜多雖能示現眼界所作事而
於此事無所取着雖能示現耳鼻舌身意界
所作事而於此事無所取着善現甚深般若
波羅蜜多雖能示現色界所作事而於此事
無所取着雖能示現聲香味觸法處所作事
而於此事無所取着善現甚深般若波羅蜜

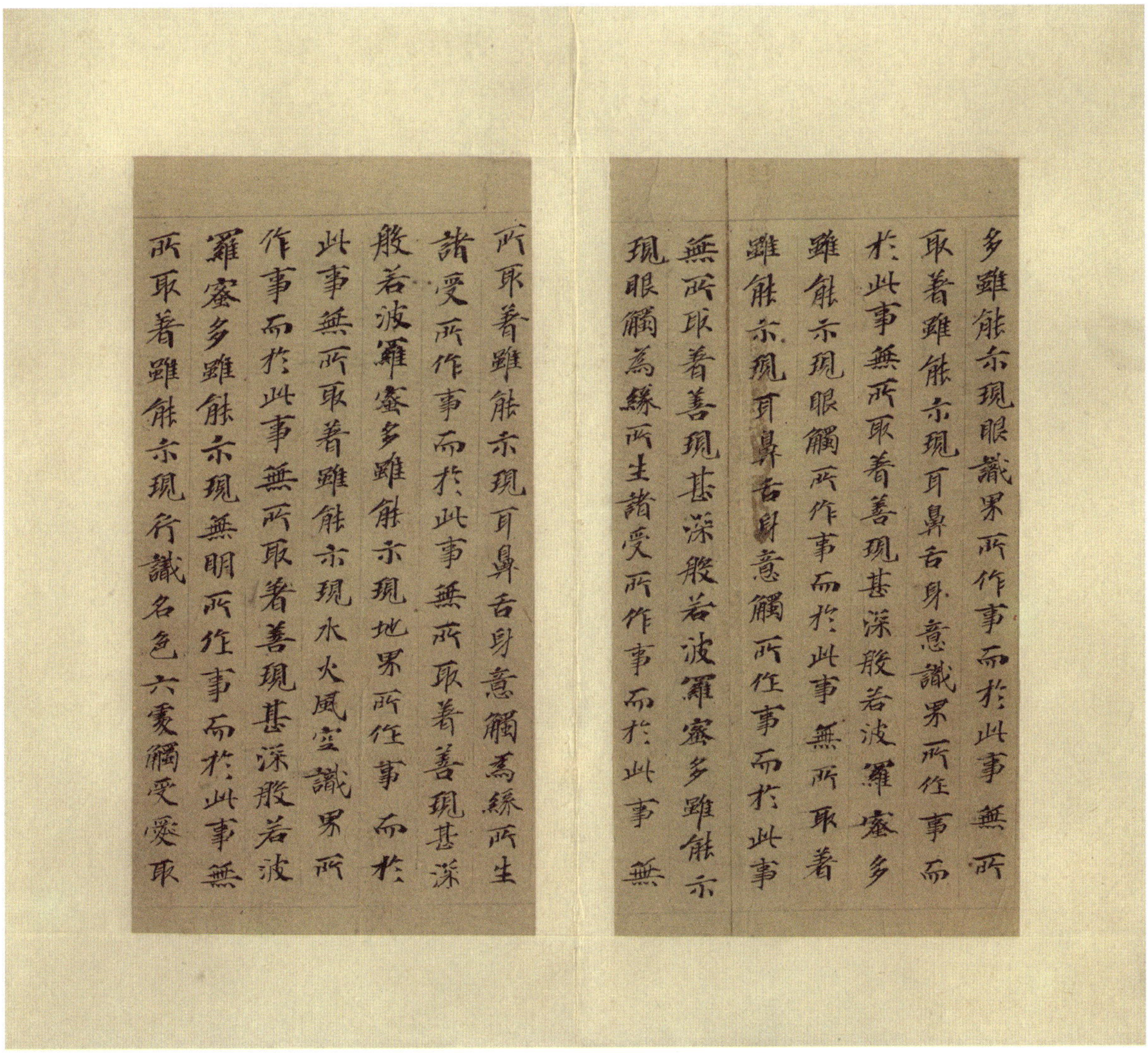
多雖能亦現眼識界所作事而於此事無所
取著雖能亦現耳鼻舌身意識界所作事而
於此事無所取著善現甚深般若波羅蜜多
雖能亦現眼觸所作事而於此事無所取著
雖能亦現耳鼻舌身意觸所作事而於此事
無所取著善現甚深般若波羅蜜多雖能亦
現眼觸為緣所生諸受所作事而於此事無
所取著雖能亦現耳鼻舌身意觸為緣所生
諸受所作事而於此事無所取著善現甚深
般若波羅蜜多雖能亦現地界所作事而於
此事無所取著雖能亦現水火風空識界所
作事而於此事無所取著善現甚深般若波
羅蜜多雖能亦現無明所作事而於此事無
所取著雖能亦現行識名色六處觸受愛取

大般若波羅蜜多經卷三五五

吐蕃統治時期寫本

大般若波羅蜜多經卷三五五

吐蕃統治時期寫本

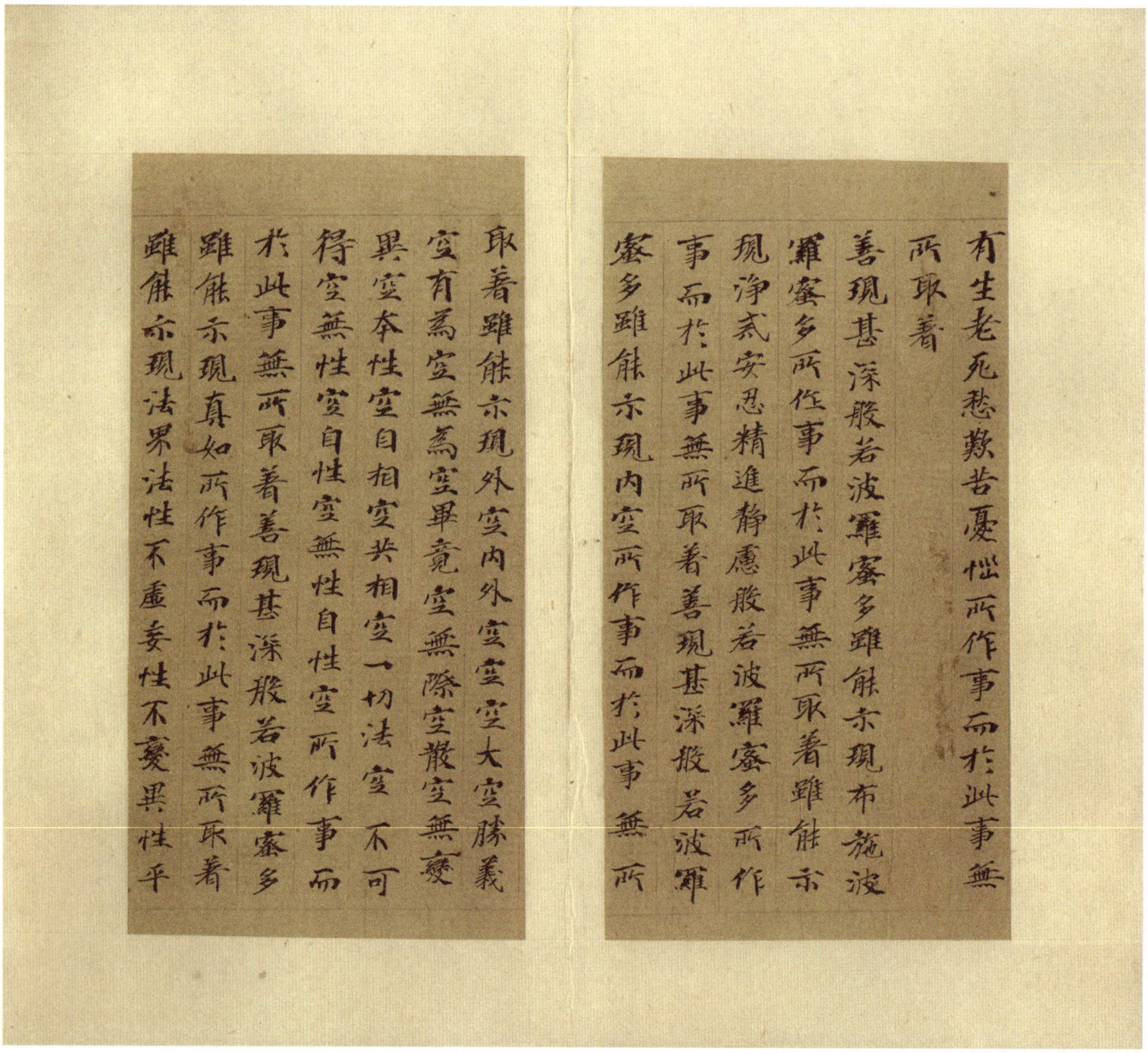
有生老死愁歎苦憂惱所作事而於此事無
所取着
善現甚深般若波羅蜜多雖能示現布施波
羅蜜多所作事而於此事無所取着雖能示
現淨戒安忍精進靜慮般若波羅蜜多所作
事而於此事無所取着善現甚深般若波羅
蜜多雖能示現内空所作事而於此事無所
取着雖能示現外空内外空空空大空勝義
空有為空無為空畢竟空無際空散空無變
異空本性空自相空共相空一切法空不可
得空無性空自性空無性自性空所作事而
於此事無所取着善現甚深般若波羅蜜多
雖能示現真如所作事而於此事無所取着
雖能示現法界法性不虛妄性不變異性平

大般若波羅蜜多經卷三五五

吐蕃統治時期寫本

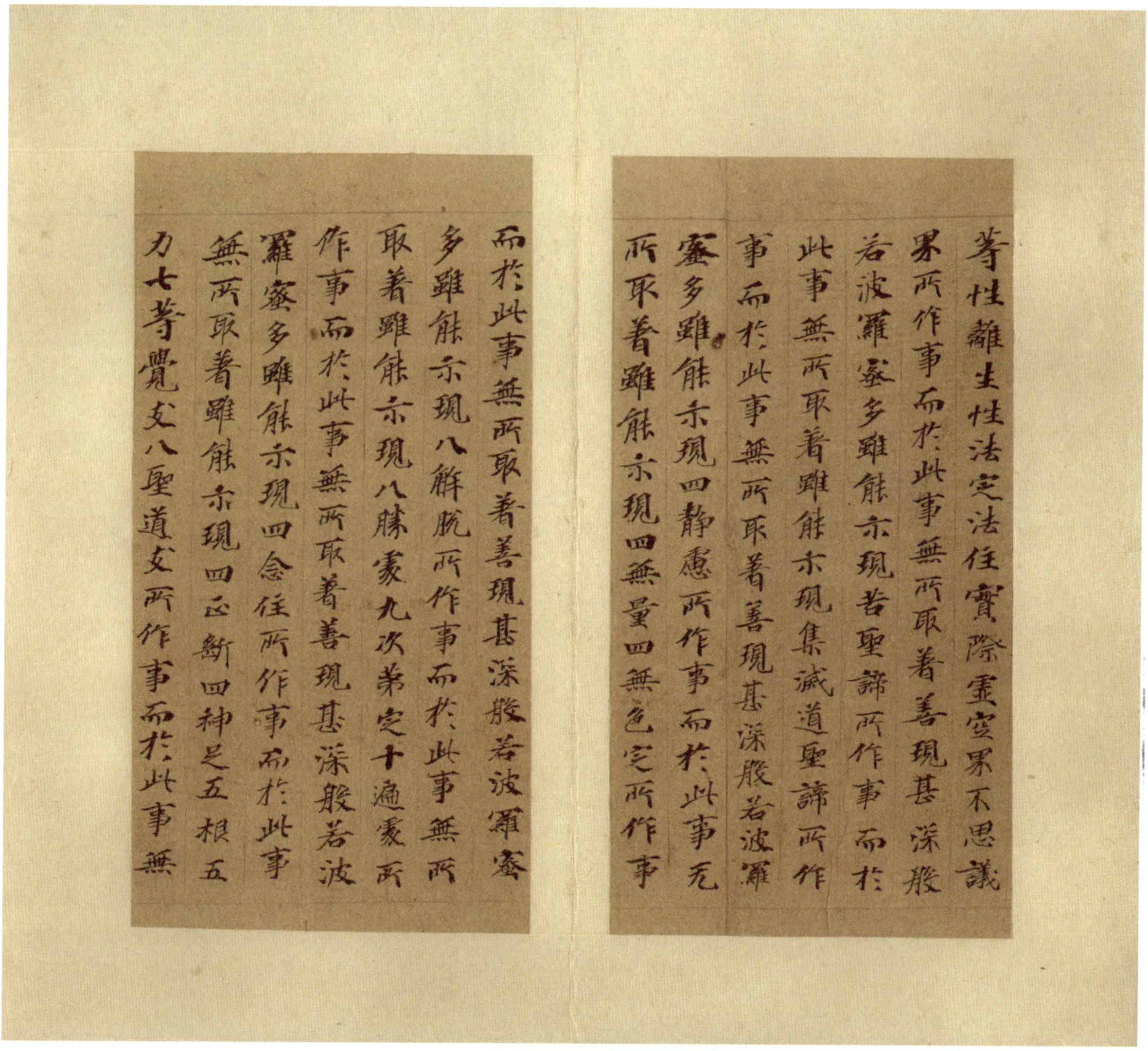
等性離生性法定法住實際虛空界不思議
界所作事而於此事無所取著善現甚深般
若波羅蜜多雖能亦現苦聖諦所作事而於
此事無所取著雖能亦現集滅道聖諦所作
事而於此事無所取著善現甚深般若波羅
蜜多雖能亦現四靜慮所作事而於此事无
所取著雖能亦現四無量四無色定所作事
而於此事無所取著善現甚深般若波羅蜜
多雖能亦現八解脫所作事而於此事無所
取著雖能亦現八勝處九次第定十遍處所
作事而於此事無所取著善現甚深般若波
羅蜜多雖能亦現四念住所作事而於此事
無所取著雖能亦現四正斷四神足五根五
力七等覺支八聖道支所作事而於此事無

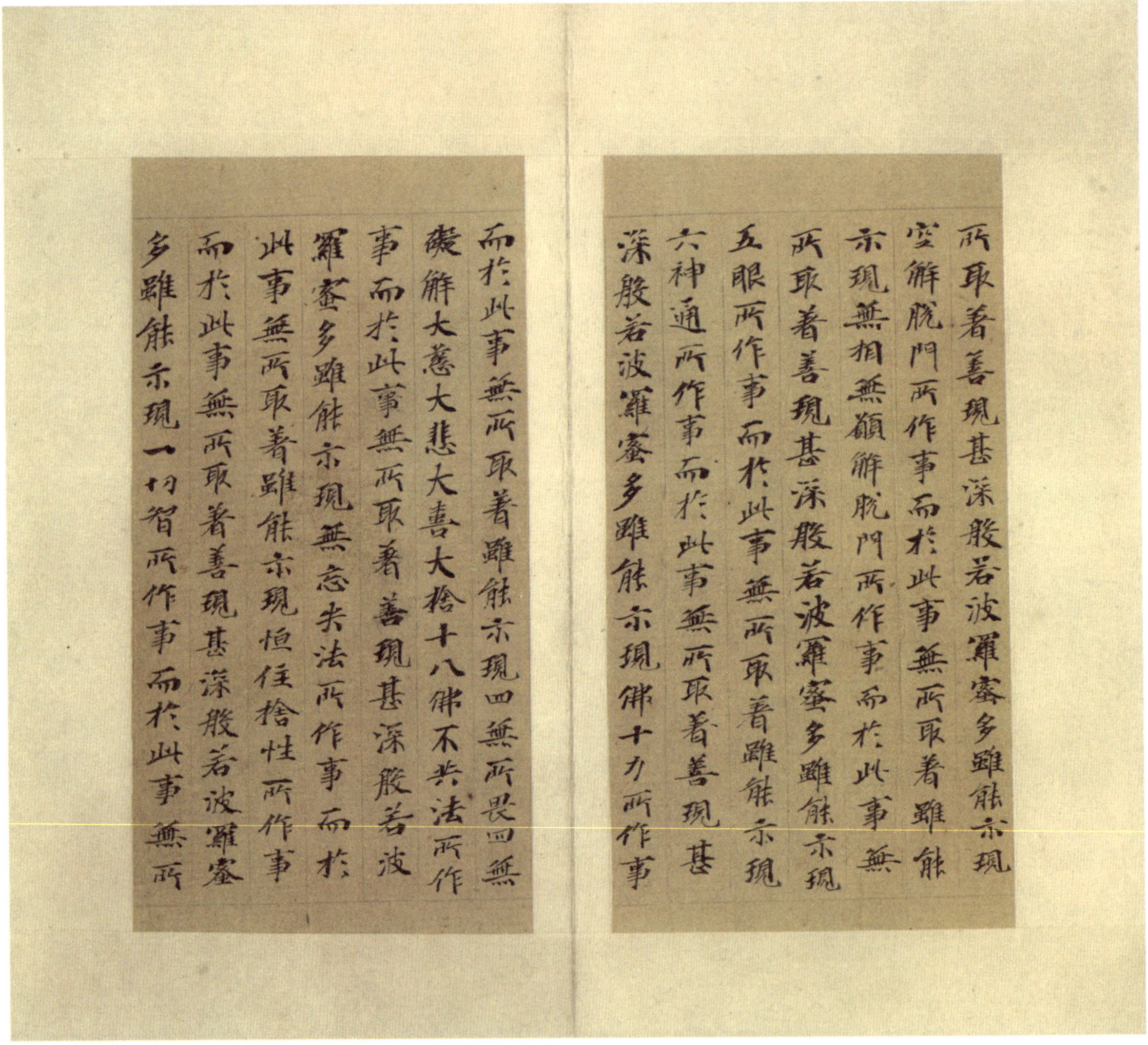

所取着善現甚深般若波羅蜜多雖能示現
空解脫門所作事而於此事無所取着雖能
示現無相無願解脫門所作事而於此事無
所取着善現甚深般若波羅蜜多雖能示現
五眼所作事而於此事無所取着雖能示現
六神通所作事而於此事無所取着善現甚
深般若波羅蜜多雖能示現佛十力所作事

而於此事無所取着雖能示現四無所畏四無
礙解大慈大悲大喜大捨十八佛不共法所作
事而於此事無所取着善現甚深般若波
羅蜜多雖能示現無忘失法所作事而於
此事無所取着雖能示現恒住捨性所作事
而於此事無所取着善現甚深般若波羅蜜
多雖能示現一切智所作事而於此事無所

大般若波羅蜜多經卷三五五　吐蕃統治時期寫本

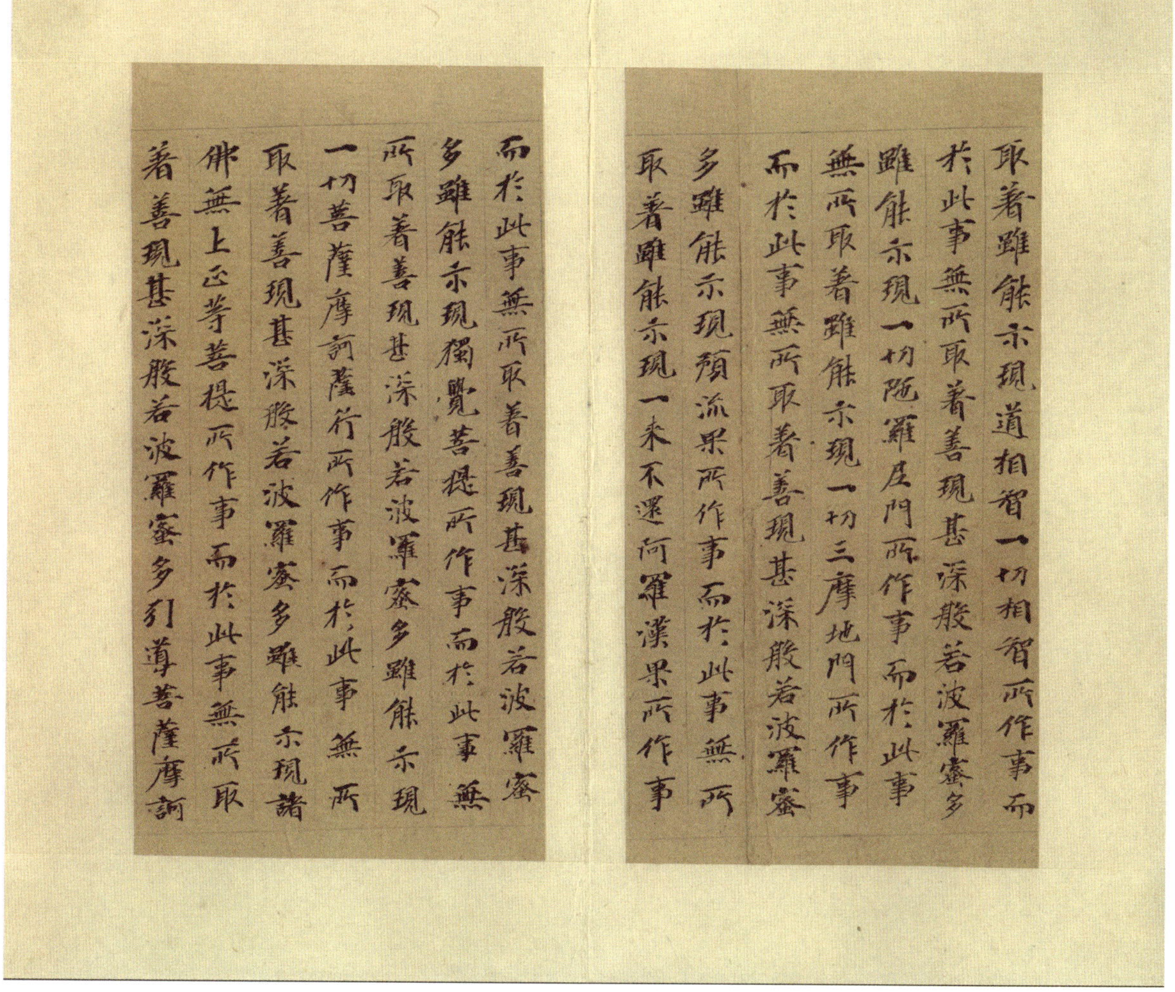

取著雖能示現道相智一切相智所作事而
於此事無所取著善現甚深般若波羅蜜多
雖能示現一切陁羅尼門所作事而於此事
無所取著雖能示現一切三摩地門所作事
而於此事無所取著善現甚深般若波羅蜜
多雖能示現預流果所作事而於此事無所
取著雖能示現一來不還阿羅漢果所作事

而於此事無所取著善現甚深般若波羅蜜
多雖能示現獨覺菩提所作事而於此事無
所取著善現甚深般若波羅蜜多雖能示現
一切菩薩摩訶薩行所作事而於此事無所
取著善現甚深般若波羅蜜多雖能示現諸
佛無上正等菩提所作事而於此事無所取
著善現甚深般若波羅蜜多引導菩薩摩訶

大般若波羅蜜多經卷三五五

吐蕃統治時期寫本

大般若波羅蜜多經卷三五五　吐蕃統治時期寫本

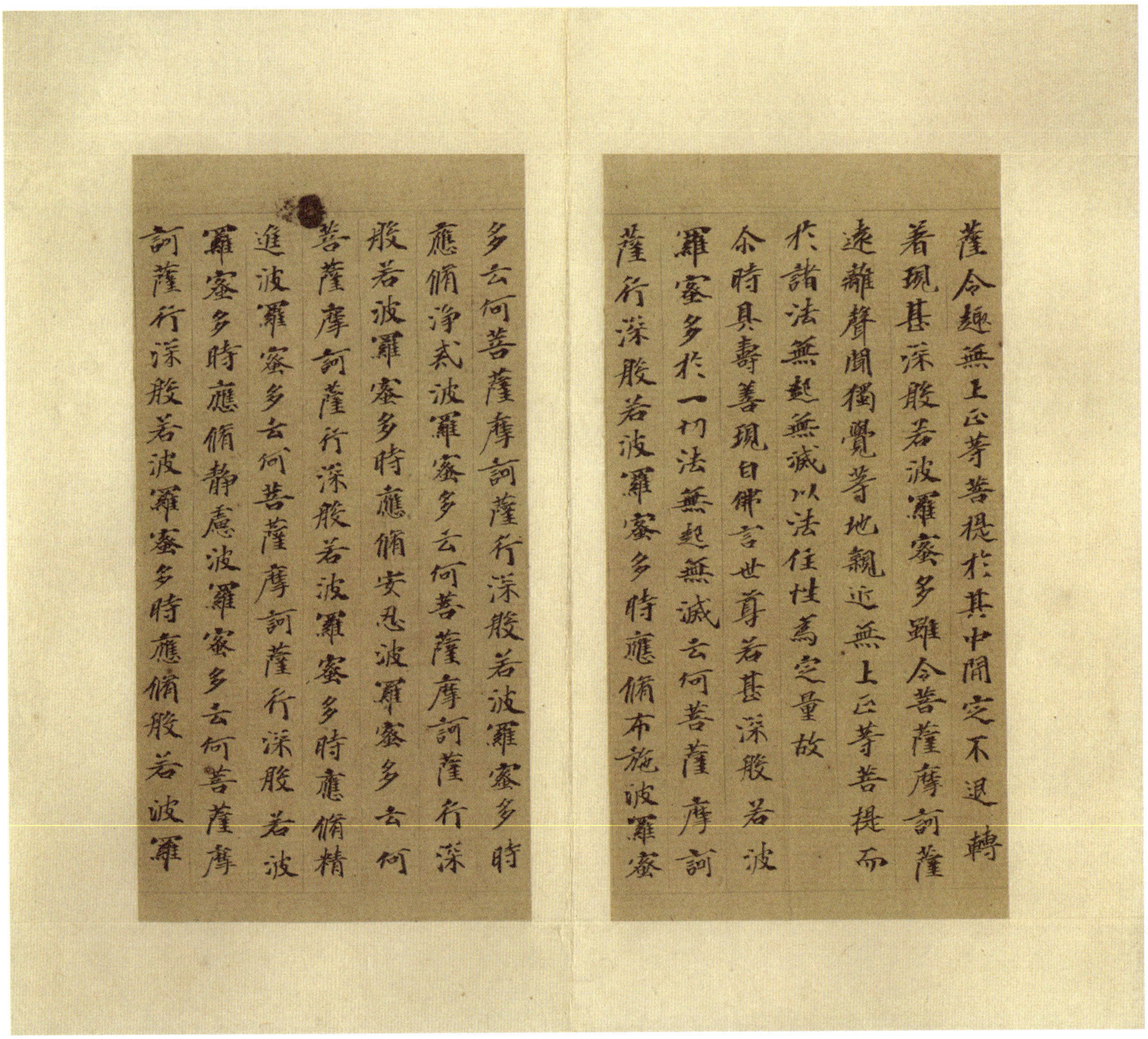
薩令趣無上正等菩提於其中間定不退轉
著現甚深般若波羅蜜多雖令菩薩摩訶薩
遠離聲聞獨覺等地親近無上正等菩提而
於諸法無起無滅以法住性爲定量故
尒時具壽善現白佛言世尊若甚深般若波
羅蜜多於一切法無起無滅云何菩薩摩訶
薩行深般若波羅蜜多時應脩布施波羅蜜
多云何菩薩摩訶薩行深般若波羅蜜多時
應脩淨戒波羅蜜多云何菩薩摩訶薩行深
般若波羅蜜多時應脩安忍波羅蜜多云何
菩薩摩訶薩行深般若波羅蜜多時應脩精
進波羅蜜多云何菩薩摩訶薩行深般若波
羅蜜多時應脩靜慮波羅蜜多云何菩薩摩
訶薩行深般若波羅蜜多時應脩般若波羅

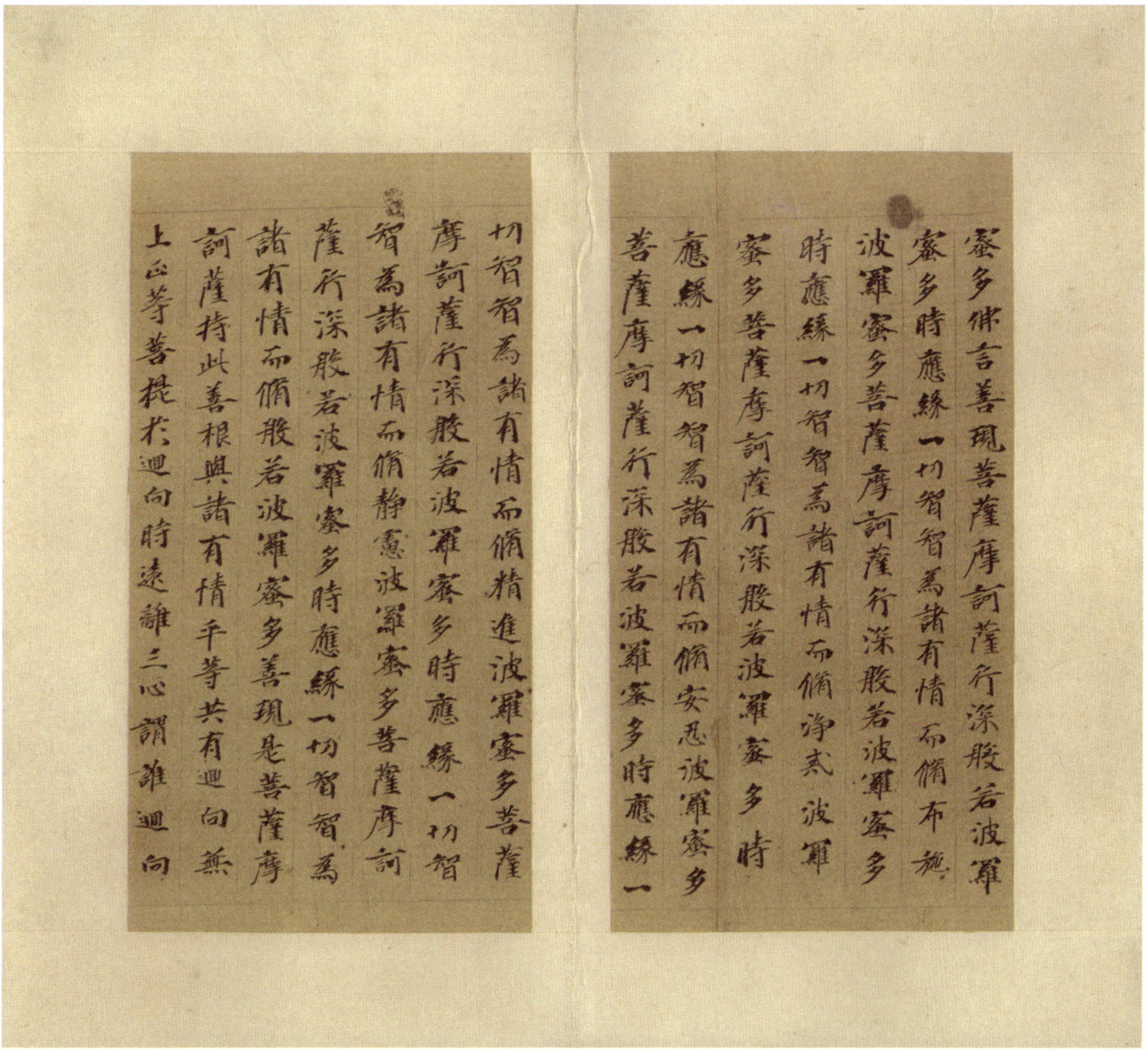
蜜多佛言善現菩薩摩訶薩行深般若波羅
蜜多時應緣一切智智爲諸有情而脩布施
波羅蜜多菩薩摩訶薩行深般若波羅蜜多
時應緣一切智智爲諸有情而脩淨戒波羅
蜜多菩薩摩訶薩行深般若波羅蜜多時
應緣一切智智爲諸有情而脩安忍波羅蜜多
菩薩摩訶薩行深般若波羅蜜多時應緣一
切智智爲諸有情而脩精進波羅蜜多菩薩
摩訶薩行深般若波羅蜜多時應緣一切智
智爲諸有情而脩靜慮波羅蜜多菩薩摩訶
薩行深般若波羅蜜多時應緣一切智智爲
諸有情而脩般若波羅蜜多善現是菩薩摩
訶薩持此善根與諸有情平等共有迴向無
上正等菩提於迴向時遠離三心謂離迴向

大般若波羅蜜多經卷三五五　吐蕃統治時期寫本

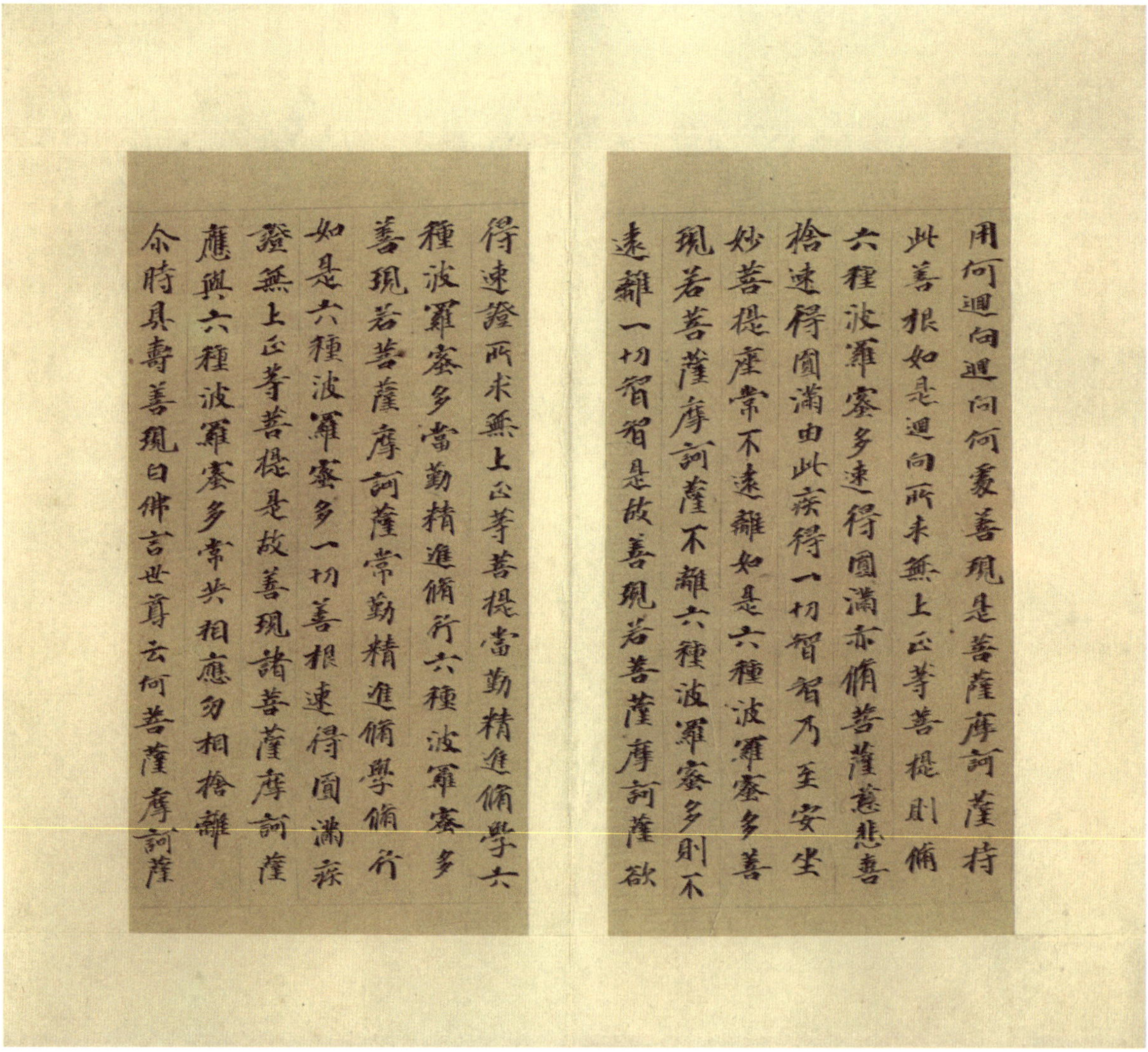
用何迴向迴向何處善現是菩薩摩訶薩持
此善根如是迴向所求無上正等菩提則脩
六種波羅蜜多速得圓滿亦脩菩薩慈悲喜
捨速得圓滿由此疾得一切智智乃至安坐
妙菩提座常不遠離如是六種波羅蜜多善
現若菩薩摩訶薩不離六種波羅蜜多則不
遠離一切智智是故善現若菩薩摩訶薩欲
得速證所求無上正等菩提當勤精進脩學六
種波羅蜜多當勤精進脩行六種波羅蜜多
善現若菩薩摩訶薩常勤精進脩學脩行
如是六種波羅蜜多一切善根速得圓滿疾
證無上正等菩提是故善現諸菩薩摩訶薩
應與六種波羅蜜多常共相應勿相捨離
尒時具壽善現白佛言世尊云何菩薩摩訶薩

大般若波羅蜜多經卷三五五　吐蕃統治時期寫本

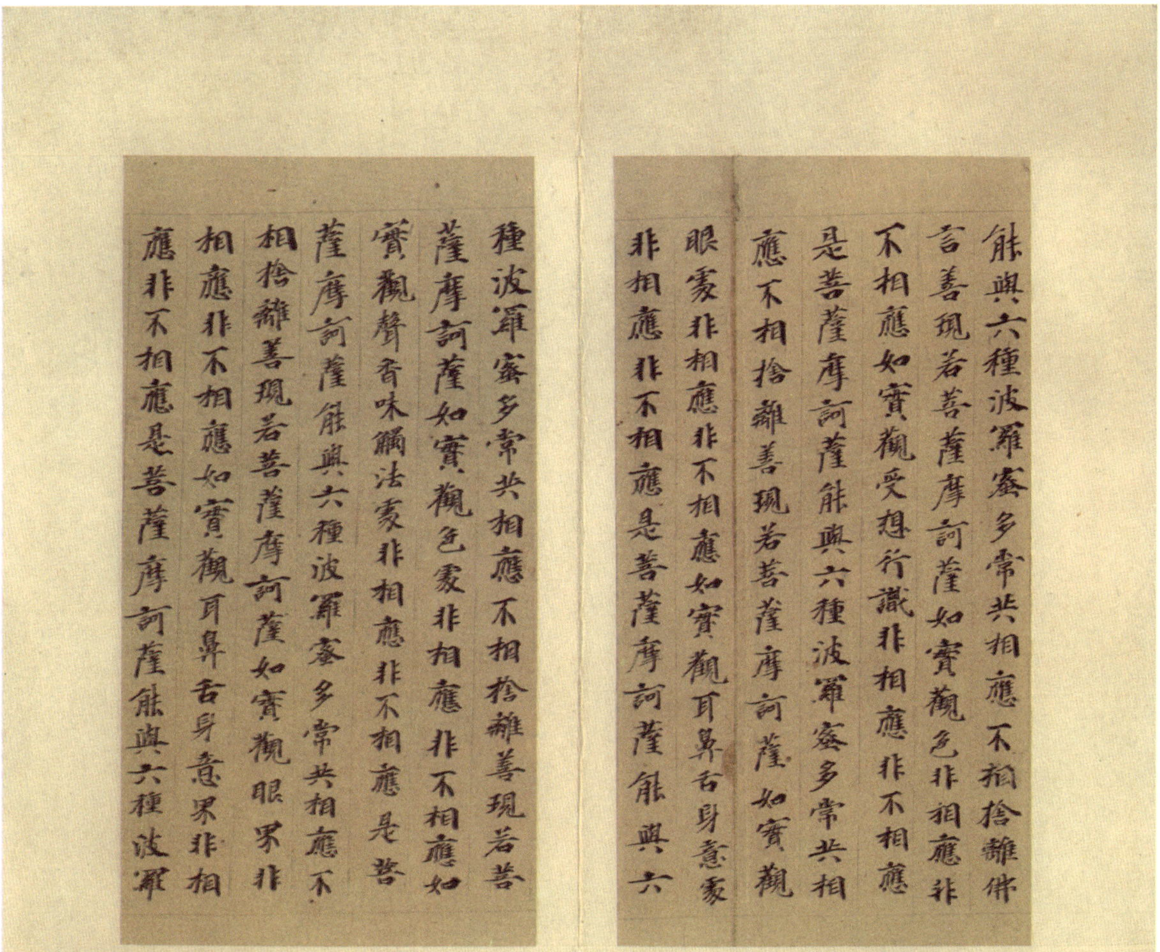
能與六種波羅蜜多常共相應不相捨離佛
言善現若菩薩摩訶薩如實觀色非相應非
不相應如實觀受想行識非相應非不相應
是菩薩摩訶薩能與六種波羅蜜多常共相
應不相捨離善現若菩薩摩訶薩如實觀
眼處非相應非不相應如實觀耳鼻舌身意處
非相應非不相應是菩薩摩訶薩能與六
種波羅蜜多常共相應不相捨離善現若菩
薩摩訶薩如實觀色處非相應非不相應如
實觀聲香味觸法處非相應非不相應是菩
薩摩訶薩能與六種波羅蜜多常共相應不
相捨離善現若菩薩摩訶薩如實觀眼界非
相應非不相應如實觀耳鼻舌身意界非相
應非不相應是菩薩摩訶薩能與六種波羅

大般若波羅蜜多經卷三五五

吐蕃統治時期寫本

大般若波羅蜜多經卷三五五　吐蕃統治時期寫本

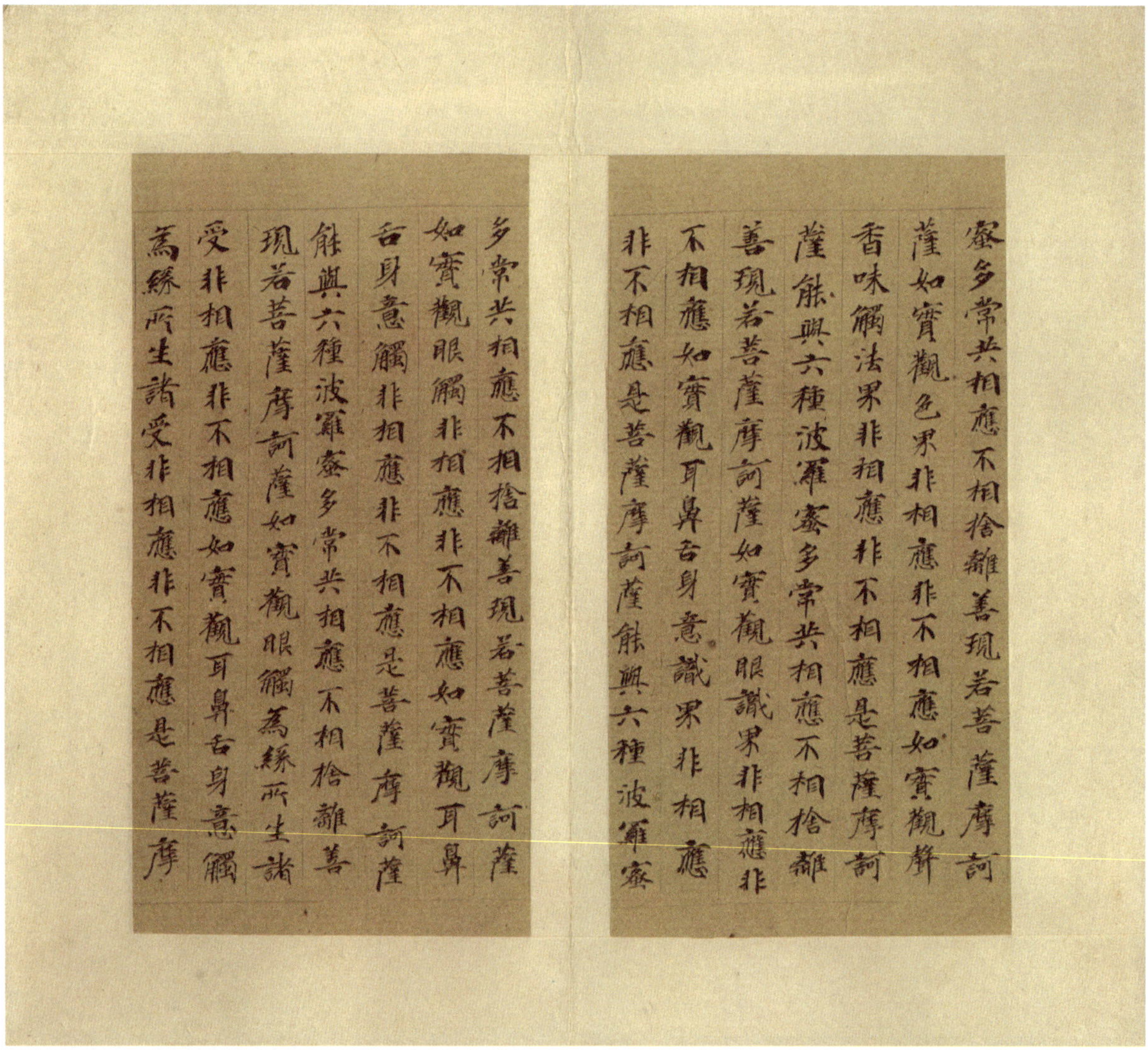
蜜多常共相應不相捨離善現若菩薩摩訶
薩如實觀色界非相應非不相應如實觀聲
香味觸法界非相應非不相應是菩薩摩訶
薩能與六種波羅蜜多常共相應不相捨離
善現若菩薩摩訶薩如實觀眼識界非相應非
不相應如實觀耳鼻舌身意識界非相應
非不相應是菩薩摩訶薩能與六種波羅蜜
多常共相應不相捨離善現若菩薩摩訶薩
如實觀眼觸非相應非不相應如實觀耳鼻
舌身意觸非相應非不相應是菩薩摩訶薩
能與六種波羅蜜多常共相應不相捨離善
現若菩薩摩訶薩如實觀眼觸為緣所生諸
受非相應非不相應如實觀耳鼻舌身意觸
為緣所生諸受非相應非不相應是菩薩摩

大般若波羅蜜多經卷三五五　吐蕃統治時期寫本

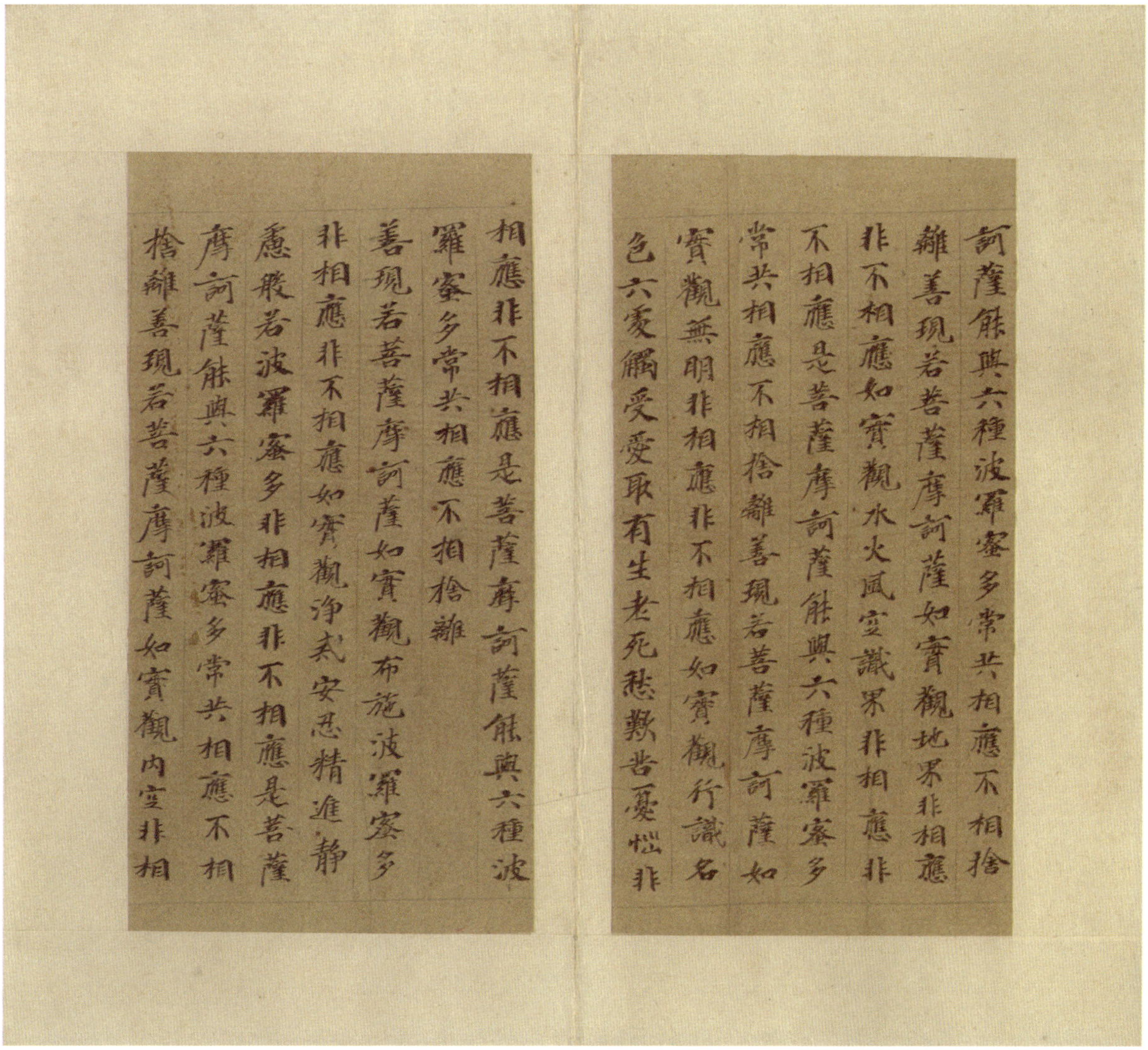
訶薩能與六種波羅蜜多常共相應不相捨
離善現若菩薩摩訶薩如實觀地界非相應
非不相應如實觀水火風空識界非相應非
不相應是菩薩摩訶薩能與六種波羅蜜多
常共相應不相捨離善現若菩薩摩訶薩如
實觀無明非相應非不相應如實觀行識名
色六處觸受愛取有生老死愁歎苦憂惱非
相應非不相應是菩薩摩訶薩能與六種波
羅蜜多常共相應不相捨離
善現若菩薩摩訶薩如實觀布施波羅蜜多
非相應非不相應如實觀淨戒安忍精進靜
慮般若波羅蜜多非相應非不相應是菩薩
摩訶薩能與六種波羅蜜多常共相應不相
捨離善現若菩薩摩訶薩如實觀內空非相

大般若波羅蜜多經卷三五五　吐蕃統治時期寫本

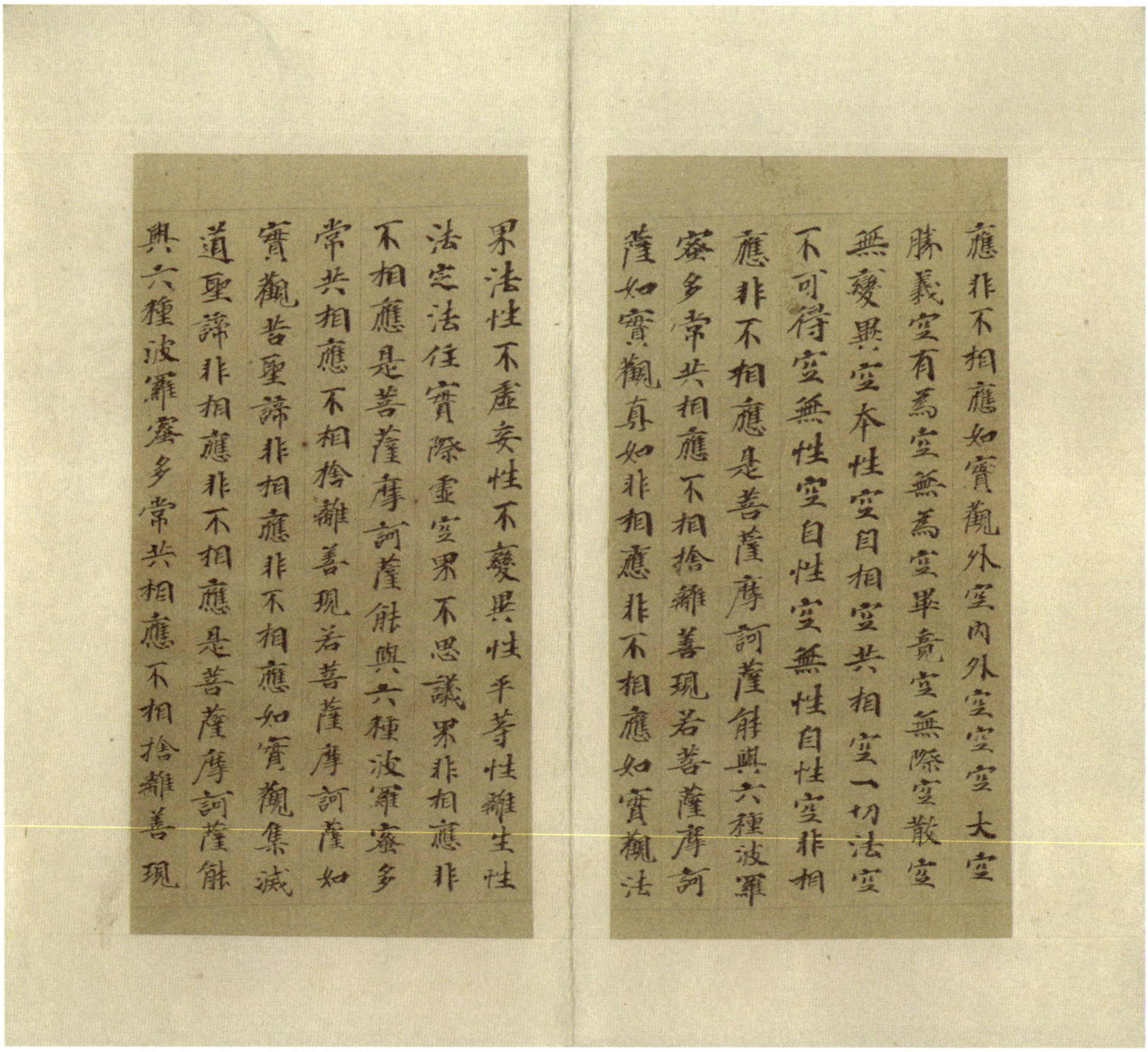
應非不相應如實觀外空內外空空空大空
勝義空有為空無為空畢竟空無際空散空
無變異空本性空自相空共相空一切法空
不可得空無性空自性空無性自性空非相
應非不相應是菩薩摩訶薩能與六種波羅
蜜多常共相應不相捨離善現若菩薩摩訶
薩如實觀真如非相應非不相應如實觀法
界法性不虛妄性不變異性平等性離生性
法定法住實際虛空界不思議界非相應非
不相應是菩薩摩訶薩能與六種波羅蜜多
常共相應不相捨離善現若菩薩摩訶薩如
實觀苦聖諦非相應非不相應如實觀集滅
道聖諦非相應非不相應是菩薩摩訶薩能
與六種波羅蜜多常共相應不相捨離善現

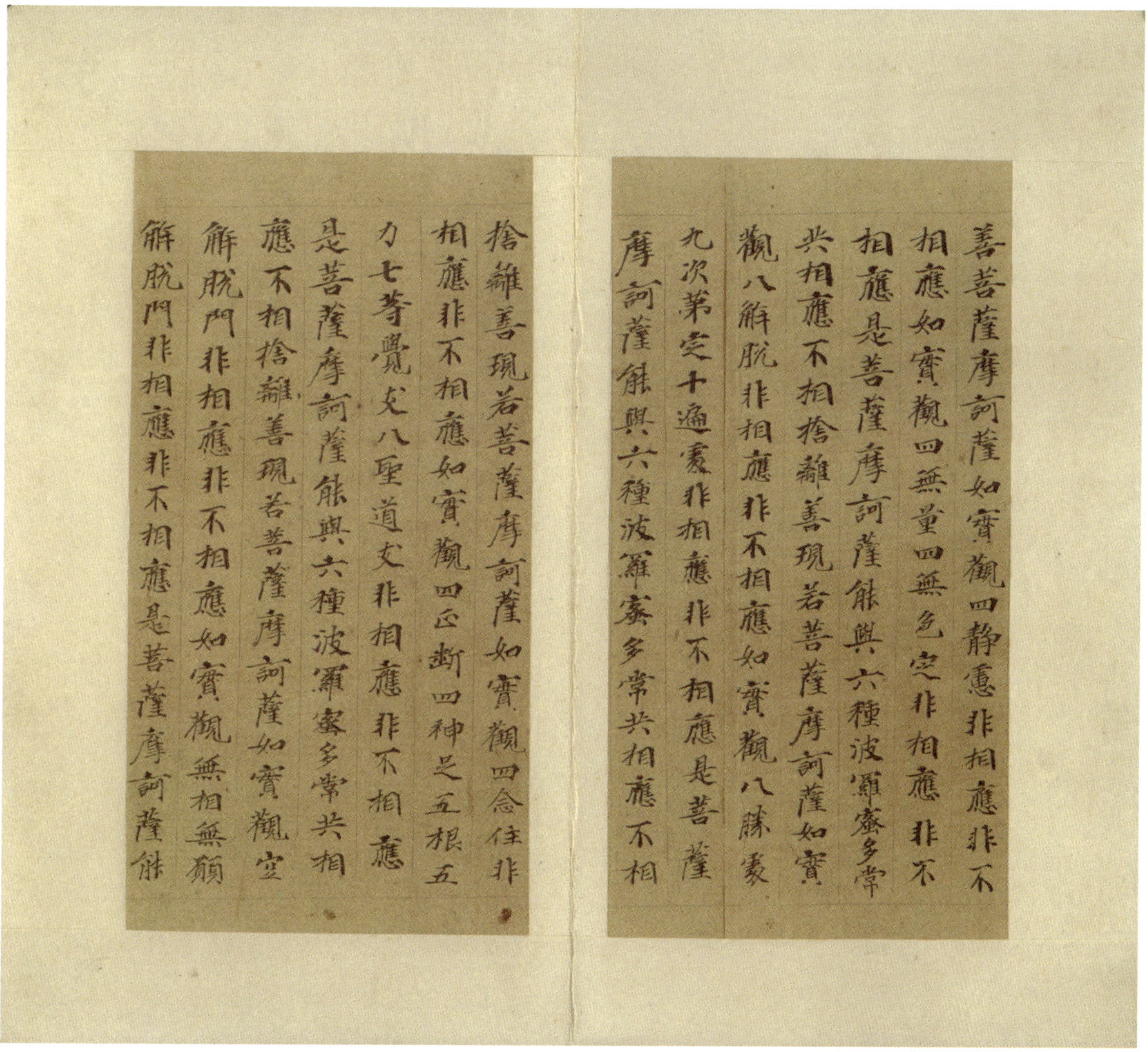

善菩薩摩訶薩如實觀四靜慮非相應非不
相應如實觀四無量四無色定非相應非不
相應是菩薩摩訶薩能與六種波羅蜜多常
共相應不相捨離善現若菩薩摩訶薩如實
觀八解脫非相應非不相應如實觀八勝處
九次第定十遍處非相應非不相應是菩薩
摩訶薩能與六種波羅蜜多常共相應不相
捨離善現若菩薩摩訶薩如實觀四念住非
相應非不相應如實觀四正斷四神足五根五
力七等覺支八聖道支非相應非不相應
是菩薩摩訶薩能與六種波羅蜜多常共相
應不相捨離善現若菩薩摩訶薩如實觀空
解脫門非相應非不相應如實觀無相無願
解脫門非相應非不相應是菩薩摩訶薩能

大般若波羅蜜多經卷三五五
吐蕃統治時期寫本

與六種波羅蜜多常共相應不相捨離

大般若波羅蜜多經卷三五五

吐蕃統治時期寫本

蓮華經提婆達多品　唐寫本

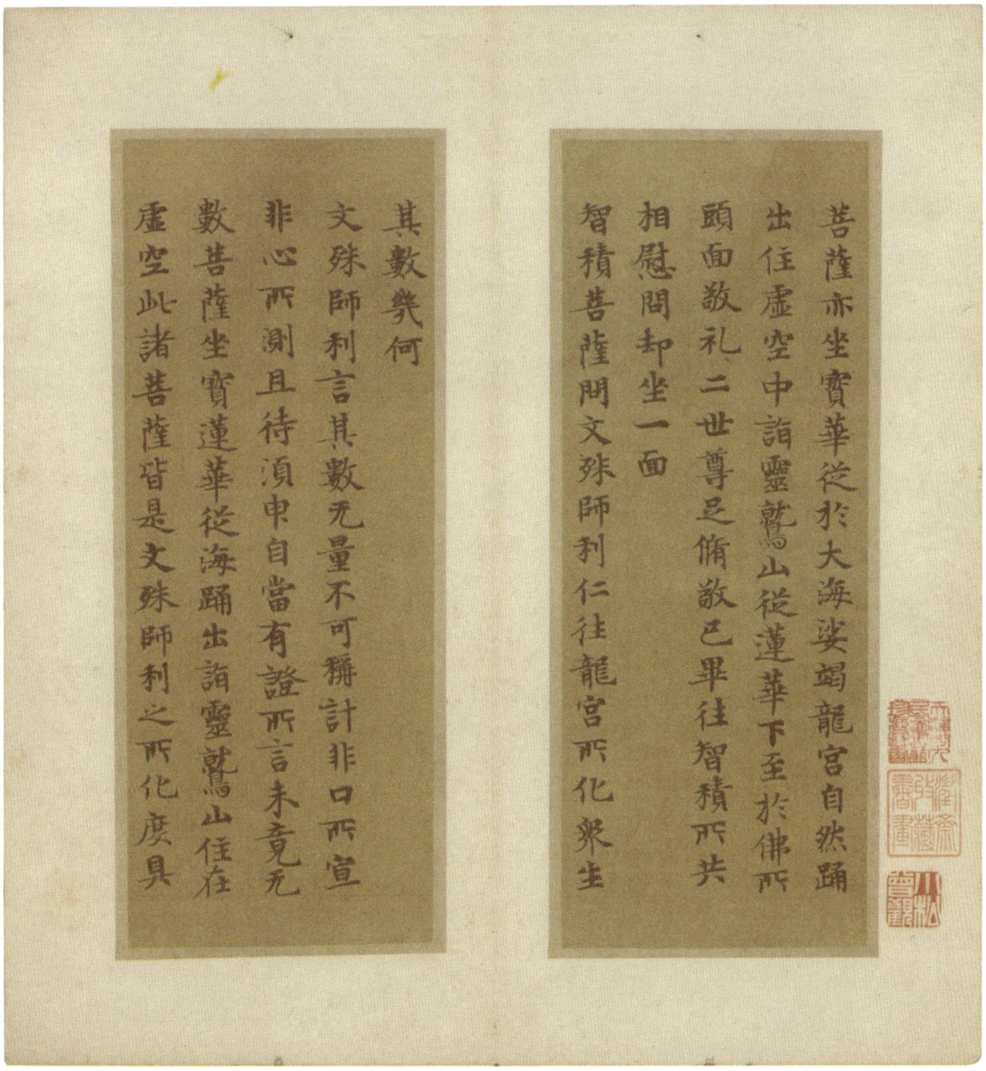

菩薩亦坐寶華從於大海娑竭龍宮自然踊
出住虛空中詣靈鷲山從蓮華下至於佛所
頭面敬礼二世尊足脩敬已畢往智積所共
相慰問却坐一面
智積菩薩問文殊師利仁往龍宮所化衆生
其數幾何
文殊師利言其數无量不可稱計非口所宣
非心所測且待須臾自當有證所言未竟无
數菩薩坐寶蓮華從海踊出詣靈鷲山住在
虛空此諸菩薩皆是文殊師利之所化度具

蓮華經提婆達多品　唐寫本

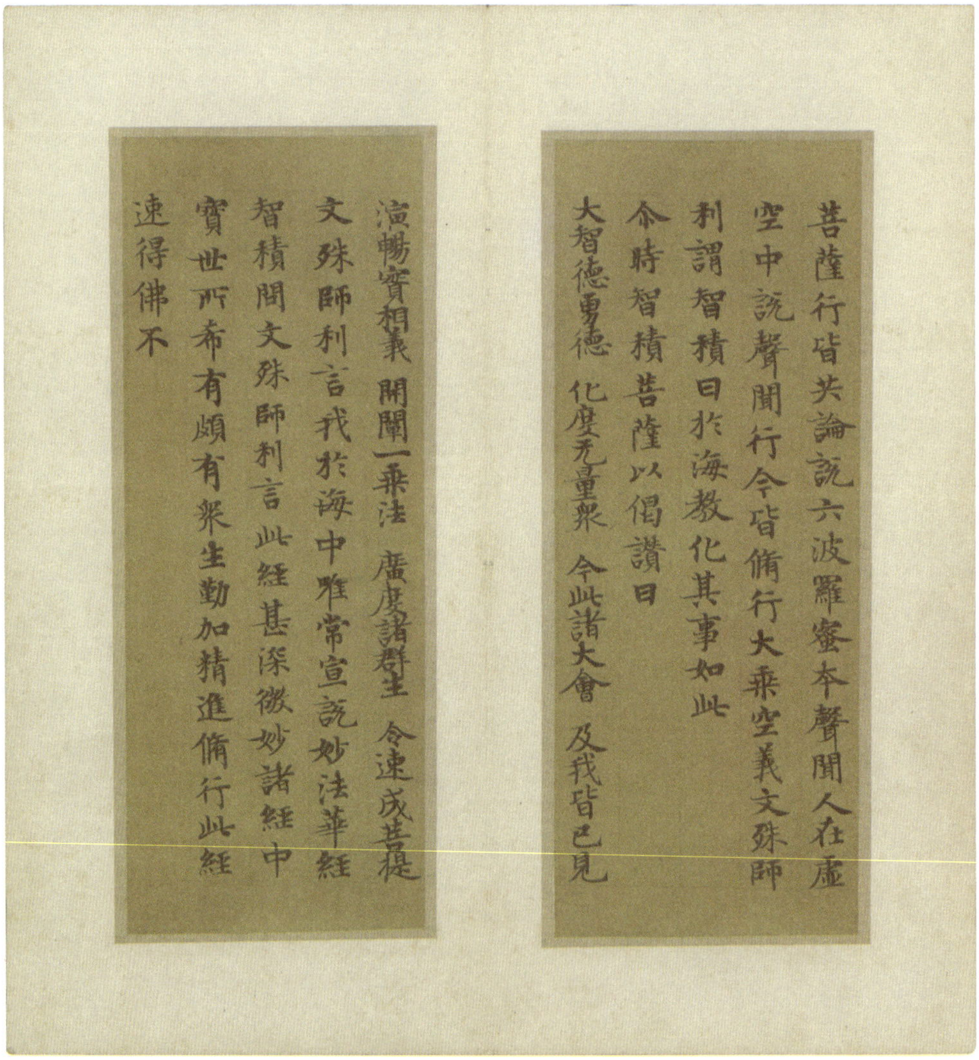
菩薩行皆共論説六波羅蜜本聲聞人在虛
空中説聲聞行今皆脩行大乘空義文殊師
利謂智積曰於海教化其事如此
介時智積菩薩以偈讃曰
大智德勇德　化度无量衆　今此諸大會　及我皆已見
演暢實相義　開闡一乘法　廣度諸群生　令速成菩提
文殊師利言我於海中唯常宣説妙法華經
智積問文殊師利言此經甚深微妙諸經中
寶世所希有頗有衆生勤加精進脩行此經
速得佛不

蓮華經提婆達多品　唐寫本

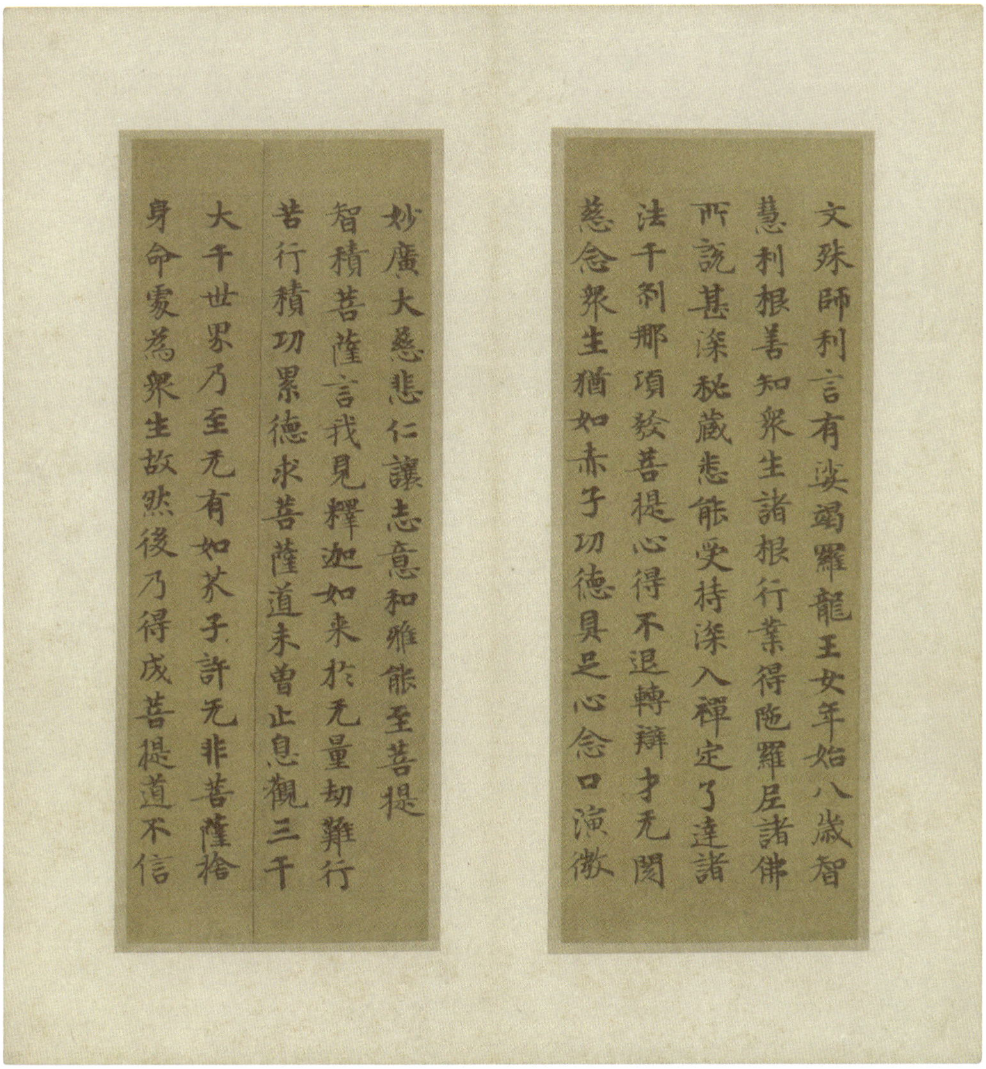
文殊師利言有娑竭羅龍王女年始八歲智
慧利根善知衆生諸根行業得陁羅尼諸佛
所説甚深秘藏悉能受持深入禪定了達諸
法于剎那頃發菩提心得不退轉辯才无閡
慈念衆生猶如赤子功德具足心念口演微
妙廣大慈悲仁讓志意和雅能至菩提
智積菩薩言我見釋迦如來於无量劫難行
苦行積功累德求菩薩道未曾止息觀三千
大千世界乃至无有如芥子許无非菩薩捨
身命處為衆生故然後乃得成菩提道不信

蓮華經提婆達多品　唐寫本

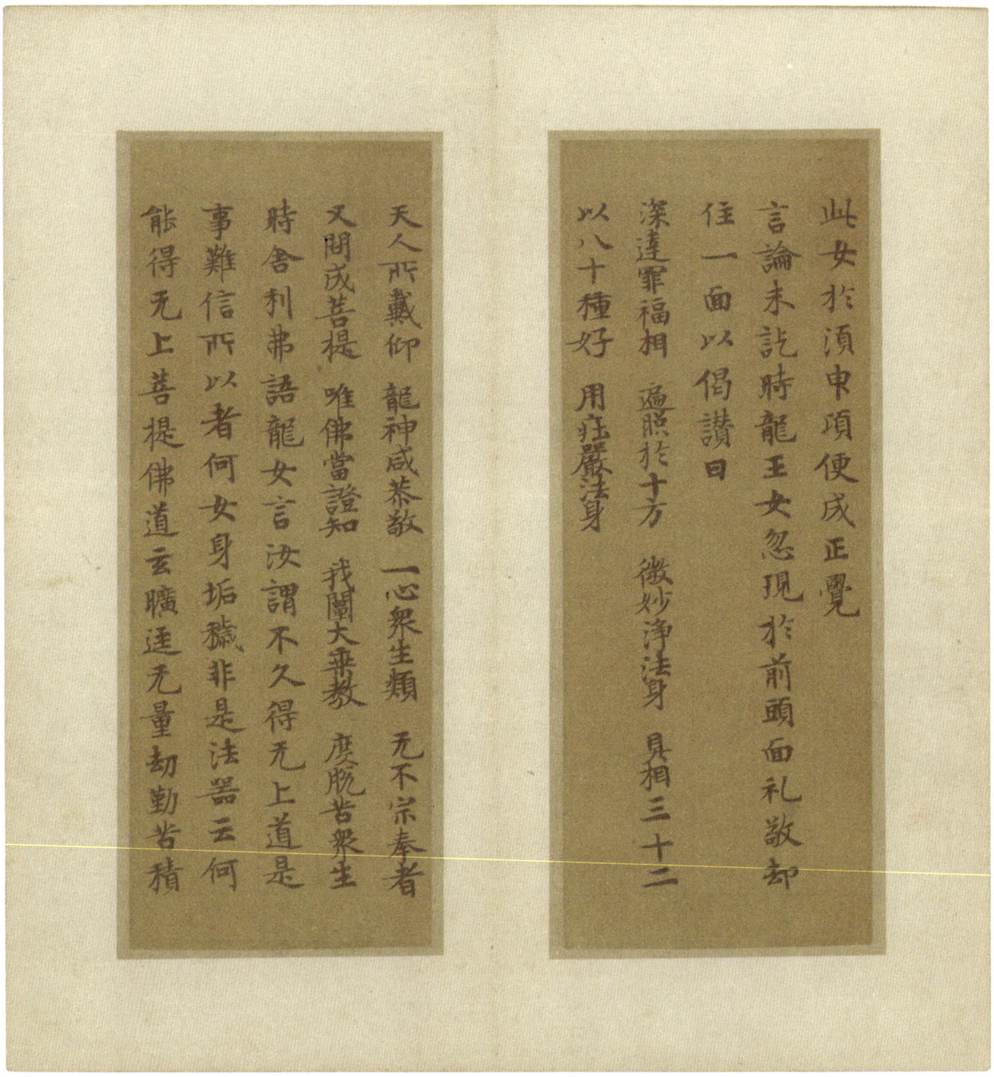
此女於須臾頃便成正覺
言論未訖時龍王女忽現於前頭面礼敬却
住一面以偈讚曰
深達罪福相　遍照於十方　微妙淨法身　具相三十二
以八十種好　用莊嚴法身
天人所戴仰　龍神咸恭敬　一心衆生類　无不宗奉者
又聞成菩提　唯佛當證知　我闡大乘教　度脫苦衆生
時舍利弗語龍女言汝謂不久得无上道是
事難信所以者何女身垢穢非是法器云何
能得无上菩提佛道懸曠逕无量劫勤苦積

蓮華經提婆達多品　唐寫本

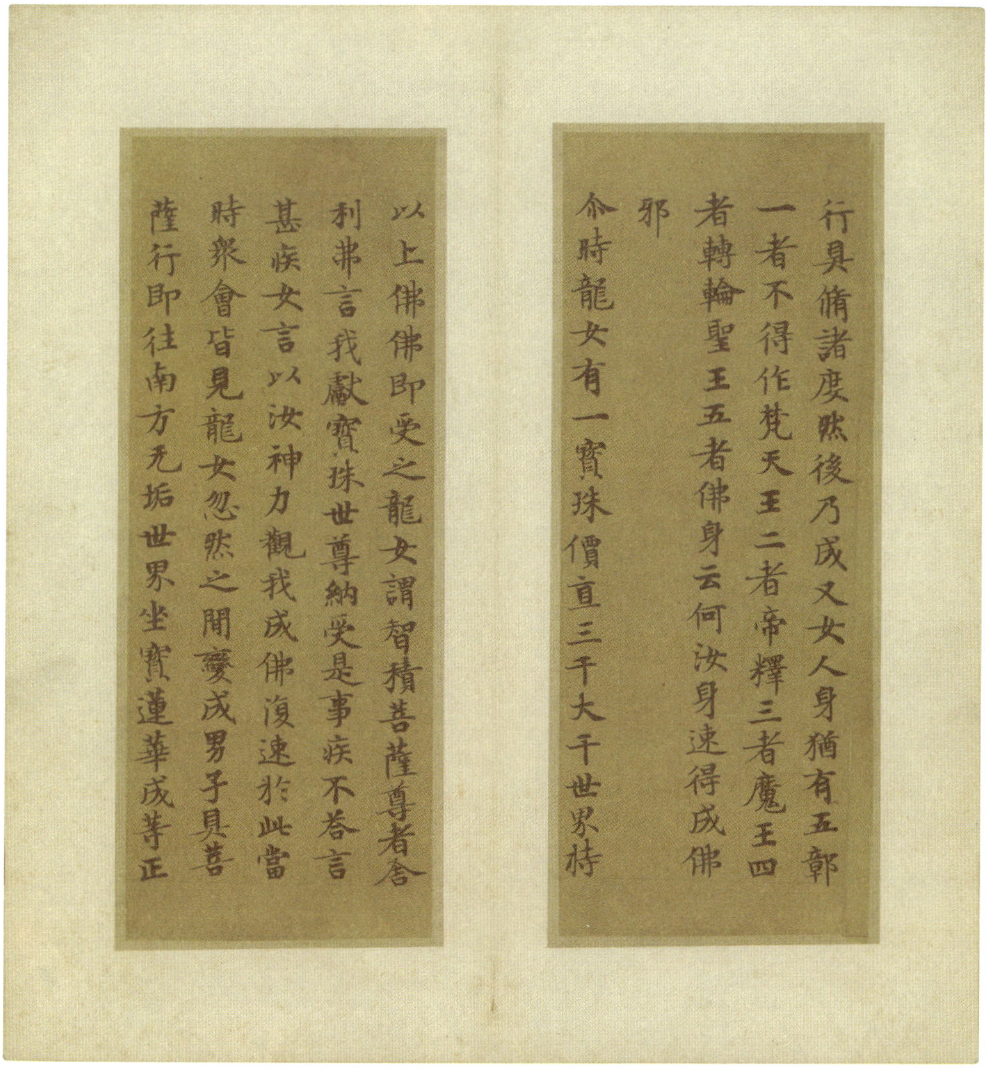
行具脩諸度然後乃成又女人身猶有五鄣
一者不得作梵天王二者帝釋三者魔王四
者轉輪聖王五者佛身云何汝身速得成佛
耶
尒時龍女有一寶珠價直三千大千世界持
以上佛佛即受之龍女謂智積菩薩尊者舍
利弗言我獻寶珠世尊納受是事疾不荅言
甚疾女言以汝神力觀我成佛復速於此當
時衆會皆見龍女忽然之間變成男子具菩
薩行即往南方无垢世界坐寶蓮華成等正

蓮華經提婆達多品　唐寫本

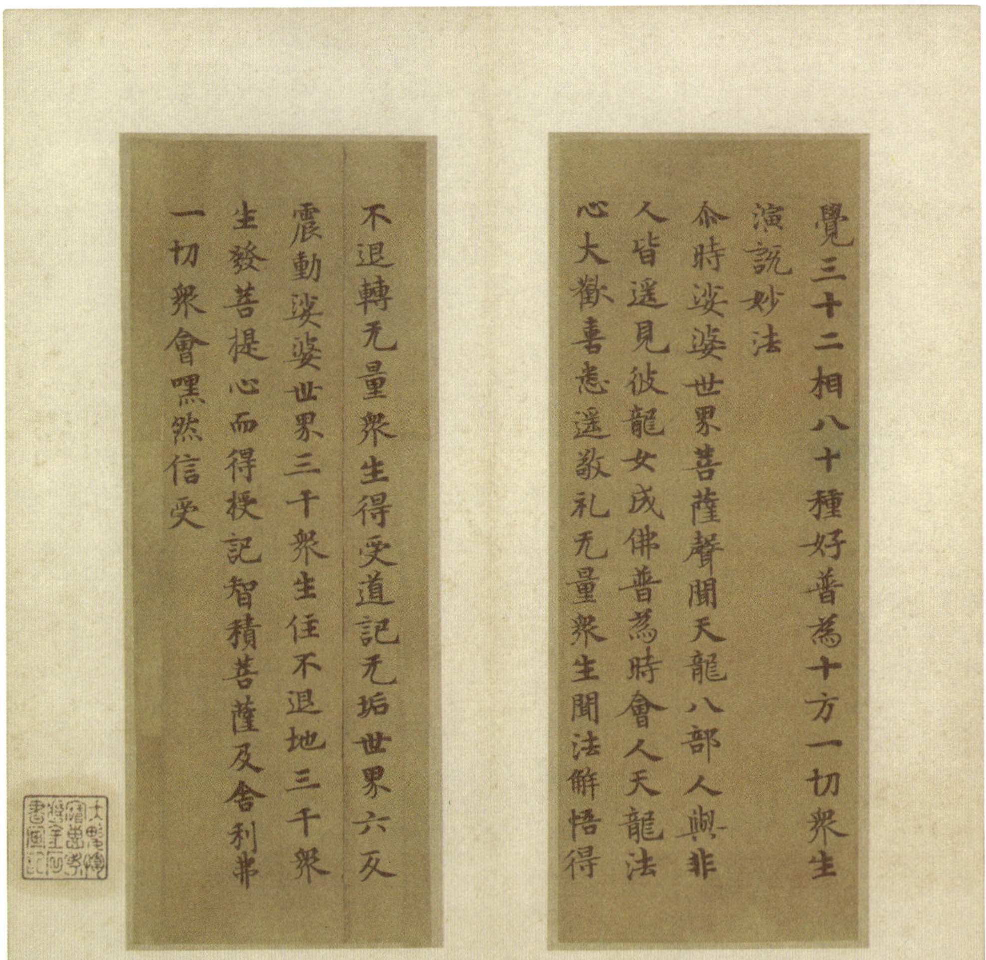
覺三十二相八十種好普為十方一切衆生
演說妙法
尒時娑婆世界菩薩聲聞天龍八部人與非
人皆遥見彼龍女成佛普為時會人天龍法
心大歡喜悉遥敬礼无量衆生聞法解悟得
不退轉无量衆生得受道記无垢世界六反
震動娑婆世界三千衆生住不退地三千衆
生發菩提心而得授記智積菩薩及舍利弗
一切衆會嘿然信受

圖書在版編目（CIP）數據

天津圖書館古籍善本圖録 / 天津圖書館編. —天津：天津古籍出版社，2009.1

ISBN 978—7—80696—608—2

Ⅰ.天… Ⅱ.天… Ⅲ.古籍—善本—圖書館目録—天津市 Ⅳ.Z838

中國版本圖書館CIP數據核字（2008）第187985號

天津圖書館古籍善本圖録

編　　著	天津圖書館
出 版 人	劉文君
出版發行	天津古籍出版社出版
地　　址	（天津市西康路35號　郵編300051）
	http://www.tjabc.net
	E-mail:tjgj@tjabc.net
印　　刷	山東新華印刷廠德州廠印刷
發　　行	全國新華書店發行
開　　本	八八九乘一一九四毫米　十六分之一
印　　張	八十二點六二五
版　　次	二零零九年一月第一版　二零零九年一月第一次印刷
印　　數	一至五佰
書　　號	ISBN 978-7-80696-608-2
定　　價	壹仟陆佰圓